ENGLAND

Ralf Nestmeyer

Text und Recherche: Ralf Nestmeyer
mit Beiträgen von Michael Zeutschner und Lilly Nielitz-Hart
Lektorat: Peter Ritter
Redaktion & Layout: Sven Talaron
Fotos: siehe Fotonachweis
Titelfotos: Lizard Peninsula, Cornwall (oben)
Christ Church College, Oxford (unten, beide Ralf Nestmeyer)
Karten: Gábor Sztrecska, Susanne Handtmann
Cover: Karl Serwotka

Über den Autor:

Ralf Nestmeyer, Jahrgang 1964, ist Historiker und Reisejournalist. Er lebt in Nürnberg und ist Autor mehrerer Reiseführer; zudem hat er die Texte zu Bildbänden über verschiedene europäische Regionen geschrieben, darunter auch den Text zu einem Bildband über die Provence. Im Michael Müller Verlag sind von ihm auch Reiseführer über London, Paris, die Provence und Côte d'Azur, Nürnberg sowie über Franken erschienen.

Vielen Dank an Lilly Nielitz-Hart, die die Kapitel Ostengland, Mittelengland, Nordostengland, Nordwestengland und Yorkshire für die Überarbeitung recherchiert hat.

Fotonachweis

Birgit Hartmann: 415

Eelco Hooijer: 510

Ralf Nestmeyer: 1, 12, 13, 18, 22, 23, 25, 27, 31, 33, 37, 42, 51, 55, 59, 63, 64, 69, 75, 79, 81, 85, 86, 89, 92, 95, 97, 99, 103, 104, 107, 109, 113, 116, 117, 119, 120, 123, 125, 126, 127, 128, 131, 133, 136, 138, 147, 149, 150, 151, 162, 165, 169, 171, 173, 186, 189, 198, 201, 208, 215, 222, 229, 244, 248, 253, 263, 278, 292, 304, 316, 326, 341, 349, 561, 563

Lilly Nielitz-Hart: 71, 425, 434, 441, 443, 453, 456, 464, 466, 521, 539

Stefan Rackelmann: 9, 10, 11, 57, 138, 161, 177, 193, 234, 365, 412, 477, 543

Michael Zeutschner, Oliver Petschulta, Stefan Loose, BTA: 17, 101, 154, 239, 273, 287, 299, 311, 333, 338, 351, 357, 358, 367, 387, 401, 407, 410, 430, 431, 432, 481, 484, 491, 498, 513, 518, 530, 535, 551

Die Fotos der Seite 544 mit freundlicher Genehmigung des Trescher Verlags, Berlin.

ISBN 3-923278-23-3

Aktuelle Infos im Internet unter: www.michael-mueller-verlag.de

4., aktualisierte und erweiterte Auflage 2002

England – Reisepraktisches

London

Südostengland

Südengland

Südwestengland

Westengland

Ostengland

Mittelengland

Yorkshire

Nordostengland

Nordwestengland

INHALT

London ... 75

Südostengland ... 138

Südengland ... 208

Südwestengland ... 253

Yorkshire und Nordostengland ... 432

Nordwestengland ... 513

Kartenverzeichnis

Zeichenerklärung für die Karten und Pläne

mehrspurige Straße	Berggipfel	Information
Asphaltstraße	Kirche/Kapelle	Parkplatz
Piste	Kloster	Post
Wanderweg	Schloss/Festung	Bushaltestelle
Bahnlinie	Turm	Taxistandplatz
Strand	Aussicht	Krankenhaus
Gewässer	Flughafen/-platz	Museum
Grünanlage	Campingplatz	antike Sehenswürdigkeit
	Leuchtturm	Telefon
	Badestrand	Sehenswürdigkeit
	Höhle	

Die Tower Bridge – das Wahrzeichen von London

Routen durch England

Wer seinen Urlaub in London verbringen will, kann von dort aus bequem Tagesausflüge unternehmen. Autofahrern und Besuchern, die Bus und Bahn benutzen, wollen wir hier zusätzlich zwei Rundreisen vorschlagen, die man nach Bedarf kürzen, verlängern oder kombinieren kann. Dabei handelt es sich um eine Route durch Südengland und eine durch den Norden Englands.

Ausflüge von London

London ist nicht nur die Hauptstadt Großbritanniens, sondern auch Verkehrsknotenpunkt der gesamten Insel. Hier laufen die Autobahnen sternförmig zusammen. Mit Bus und Bahn kann man innerhalb weniger Stunden die attraktivsten englischen Städte anfahren. Die schönsten Kathedralen finden Sie in *Canterbury*, *Chichester*, *Winchester*, *Salisbury* sowie in den nördlich gelegenen Städten *York*, *Lincoln* und *Ely*. Auf historische Stadtkerne mit viel Atmosphäre trifft man im Dörfchen *Rye* (bei Hastings) sowie in den traditionellen Universitätsstädten *Oxford* und *Cambridge*. Ausflüge in diese beiden Wissenshochburgen sind besonders zu empfehlen. Aber auch das mondäne Seebad *Brighton* mit seinem weit ins Meer ragenden Pier und dem exotischen Palast ist einen Ausflug wert. Außerordentlich beliebt sind auch Busreisen nach *Stratford-upon-Avon*, der Shakespeare-Stadt, und zu den sagenumwobenen Steinzirkeln von *Stonehenge*. Einige Busunternehmen haben sich auf diese Ziele spezialisiert. In den Londoner Tourist Offices liegen zahlreiche Handzettel mit entsprechenden Angeboten aus.

Kult – die Steine von Stonehenge

Route durch Südengland

Die Route führt von den grellen Kreidefelsen *Dovers* im Osten bis zu den grauen Granitklippen im äußersten Westen, treffend "Land's End" genannt. Rund 600 Straßenkilometer liegen zwischen diesen beiden Eckpunkten. Zwei Wochen sollte man mindestens einplanen, sonst kann es anstrengend werden.

In Kent werden die Straßen von Obstplantagen und Hopfenfeldern gesäumt. Hier ist *Canterbury* einen Abstecher wert, ehe man in Richtung Westen weiterreist. Wer romantische Wasserschlösser liebt, kann bei Maidstone ein ganz besonders schönes besichtigen: *Leeds Castle*, ein Märchen aus Tausendundeiner Nacht.

Weiter geht es die Küste von Sussex entlang, die von ebener Marschlandschaft geprägt wird. Mittendrin erhebt sich ein Hügel, auf dem das Städtchen *Rye* thront: ein Meer von roten Ziegeldächern, nur von der normannische Kirche überragt. Hier scheint die Sanduhr im 15. Jahrhundert stehen geblieben zu sein. Viktorianisches Ambiente herrscht dagegen im traditionsreichen Seebad *Brighton*. Hier ließ der exzentrische *Prince Regent* (der spätere König George IV.) Mitte des 19. Jahrhunderts einen hindu-gotischen Palast erbauen.

Je weiter man nun in den Westen Südenglands vordringt, desto mythischer wird es. Hier irgendwo – niemand kennt die genaue Stätte – herrschte einst der sagenumwobene König Artus. Und tatsächlich kann man in *Winchester* den Tisch seiner Tafelrunde besichtigen. Die Kathedrale von Winchester und die von *Salisbury* sind bei Kirchenkennern sehr beliebt. Nicht allzu weit entfernt liegt *Stonehenge*, der berühmte Steinzirkel, dessen Herkunft noch heute ein Rätsel ist.

Dartmoor – nur ein paar Schafe stören die Einsamkeit

Schaurig – zumindest an regenverhangenen Tagen – wird es dann im Süden der Grafschaft Devon: Man befindet sich im beinahe 800 Quadratkilometer großen Naturpark *Dartmoor*, wo spärlich bewachsene Hügel und schroffe Bergspitzen, deren nackter Fels sich in den Himmel bohrt, eine eher unwirtliche Atmosphäre erzeugen. Ein Sonnentag offenbart allerdings ein ganz anderes Gesicht dieser Region: Von den Höhen herab verliert sich dann der Blick in der Weite der Moorlandschaft, und man sieht munter plätschernde Bäche, grüne Flusstäler und von hohen Bruchsteinmauern umgebene Weiden, auf denen friedlich Ponys grasen.

Badespaß verspricht die "Englische Riviera". So nennt sich der Küstenstreifen südöstlich des Naturparks Dartmoor. *Torquay* ist eine immergrüne Gartenstadt: Subtropische Gewächse, ja sogar schattenspendende Palmen wachsen am Wegesrand und in den weitläufigen Parkanlagen.

In Cornwall dann ist fast jeder Ort ein Höhepunkt. Die atemberaubende Küste mit ihren scharfen Granitfelsen kann auf dem über 400 Kilometer langen Klippenweg (*Cornwall Coast Path*) auch zu Fuß erwandert werden. Auf der Rückreise Richtung Osten locken das *Exmoor* sowie die hübschen Städte *Wells*, *Bath* und natürlich auch *Oxford* zu mehr als nur einem Zwischenstopp.

Route durch Nordengland

Der geeignete Fährhafen für einen Urlaub in Nordengland ist *Hull*. Mit dem Flugzeug fliegt man entweder nach London und benutzt dann die öffentlichen Verkehrsmittel Richtung Norden, oder man fliegt gleich nach *Manchester*.

Traumstrand – in der Nähe von Porthcurno

Wer letztere Alternative wählt, kann sich ein Bild von der Jugendkulturmetropole machen. Interessante Museen erinnern an die Industrielle Revolution, die hier ihren Anfang nahm. Gleich westlich von Manchester liegt der *Peak District*, ein Paradies für Wanderer. Auch Ausflüge nach *Liverpool* oder in das mittelalterliche Städtchen *Chester* sind empfehlenswert.

Die eigentlichen Schönheiten Nordenglands sind jedoch die drei Nationalparks *Lake District*, *Yorkshire Dales* und *North York Moors*. Zentral liegt *York*, die heimliche Hauptstadt des Nordens. Das monumentale Münster wird von engen Gassen umgeben. Von hier aus ist es nicht mehr weit bis zur farbenprächtigen Moorlandschaft der *North York Moors*, die im Osten in einer schroffen Steilküste zur Nordsee hin abfällt. Dort liegt in einem engen Tal zwischen felsigen Klippen der kleine Ort *Robin Hood's Bay*. Beliebte Badeorte der Region sind *Scarborough* und *Whitby*.

Wanderer können entlang der Küste die Ausblicke vom *Cleveland Way* genießen. Mitten im Park lockt *Rievaulx Abbey*, die Ruine einer Zisterzienserabtei, zu einem Besuch. Nordwestlich von York breiten sich die *Yorkshire Dales* aus. Die wildromantische Landschaft mit Burgen und verfallenen Klöstern lädt zu ausgedehnten Wanderungen ein. Am spektakulärsten ist jedoch der *Lake District*: kahle Berge, tiefblaue Seen und (zu bestimmten Zeiten) wohltuende Einsamkeit. Doch ist dieser Nationalpark so beliebt, dass er im Hochsommer völlig überlaufen ist. Frühling und Herbst sind die geeigneten Reisezeiten für diese Region. Nordöstlich der gemütlichen Marktstadt *Carlisle* treffen Sie schließlich auf die Überreste des *Hadrian's Wall*, den die Römer als Bollwerk gegen die Pikten und Scoten erbauten.

Klima und Reisezeit

Das sprichwörtliche englische Klima kann einem den Urlaub verdrießen. Man nimmt sich eine herrliche Wanderung vor und erkennt dann bei strömendem Regen gerade noch die Wipfel der Bäume, während der Rest der Landschaft im grauen Nichts verschwindet. Doch gibt es dann wieder Wochen, in denen man die Tage nur noch an einem schattigen Plätzchen am Strand verbringen will.

Selbst im **Frühjahr** können in Nordengland noch Schneestürme toben, während an der Südküste bereits die ersten sonnenhungrigen Briten die Strandbäder bevölkern. Auf einer unserer letzten Reisen wurden wir im März in den Yorkshire Dales eingeschneit – zwei Wochen später konnten wir bei Sonnenschein Eis schleckend am Strand entlangpromenieren und den ersten Mutigen beim Baden zusehen.

Durch den Golfstrom sind die **Winter** in England (vor allem an der Westküste) mild, die Durchschnittstemperaturen liegen im Januar bei über 5 °C. Zum letzten Mal waren Cornwalls Küsten im Winter 1978/79 schneebedeckt. Andererseits wird es im **Sommer** nicht so heiß wie bei uns, die Durchschnittstemperaturen im Juli betragen etwa 15 °C. Solange man wetterfeste Kleidung oder einen Regenschirm dabeihat, kann England bei jedem Wetter und zu jeder Jahreszeit entdeckt werden.

Im Juli und August scheint ganz England auf den Beinen zu sein. Dazu kommen noch zahlreiche ausländische Besucher, so dass B&Bs und Hotels in den Urlaubsgebieten und in London überfüllt sind. Regelmäßig werden dann auch die Preise erhöht.

Bank Holidays und wichtige Feiertage

Allgemeine Feiertage, die von den Briten gern für einen Kurztrip genutzt werden: *Christmas Day* – 25. Dezember; *Boxing Day* – 26. Dezember (niemand weiß genau, wie der Tag zu diesem Namen kam; vielleicht packen die Beschenkten ihre Christmas boxes aus?); *Karfreitag (Good Friday)/Ostermontag* – Ostern wird traditionsgemäß für Ausflüge genutzt; *Bank Holiday* – Montag nach dem ersten Wochenende im Mai; *Late Spring Holiday* – Montag nach dem letzten Wochenende im Mai; *Late Summer Holiday* – Montag nach dem letzten Augustwochenende.

Geschichte

Stonehenge und Caesar

Die ältesten Spuren menschlichen Lebens lassen sich auf den Britischen Inseln rund 250.000 Jahre zurückverfolgen. Es waren zumeist Jäger und Sammler, die in der letzten Eiszeit über eine Landbrücke vom europäischen Kontinent nach Nordwesten vorstießen. Aus klimatischen Gründen fand eine systematische Besiedlung Englands erst nach der letzten Eiszeit vor knapp 10.000 Jahren statt. Noch einmal 5.000 Jahre mussten vergehen, bevor die

Jäger und Sammler sesshaft wurden und sich auf die Viehwirtschaft und den Ackerbau konzentrierten. An diesem Wandel maßgeblich beteiligt waren Einwanderer aus Frankreich und von der Iberischen Halbinsel; Letztere brachten die Technik der Bronzeherstellung mit und werden in der wissenschaftlichen Literatur als "Glockenbecherleute" bezeichnet, da man bei ihren Toten häufig Grabbeigaben in Form eines glockenförmigen Bechers fand.

England ist reich an prähistorischen Hinterlassenschaften. Das sicherlich herausragendste Monument ist das vermutliche Sonnenheiligtum **Stonehenge**, das auf den Salisbury Plains gelegen ist. Dieses am besten erhaltene vorgeschichtliche Steindenkmal Europas entstand in zwei Bauphasen, wobei die tonnenschweren Steine aus Wales herbeigeschafft wurden – eine unglaubliche technische Leistung! In der südenglischen Grafschaft Wiltshire steht bei Avebury noch ein weiterer, allerdings weniger beeindruckender Steinkreis. Rätselhaft ist auch die Entstehung des nahen Silbury Hill, ein künstlich aufgeschütteter Hügel von beeindruckenden Ausmaßen, dessen Sinn bis heute ungeklärt ist.

Vor rund 2500 Jahren erfolgte die Einwanderung keltischer Stämme in mehreren Wellen. Auf einer höheren kulturellen Stufe stehend, gelang es den **Kelten**, die Urbevölkerung entweder zu unterwerfen oder nach Wales zurückzudrängen. Sie konnten Eisen herstellen, führten neue Getreidesorten ein (z. B. Hafer) und steigerten den Ertrag durch bessere Pflugtechniken. Von den Kelten zeugen nicht nur materielle Hinterlassenschaften; Teile der Bevölkerung von Wales, Westschottland und Irland sprechen noch heute keltisch.

Ein Brite ist blau und hat einen Schnurrbart

"Das Innere Britanniens wird von Ureinwohnern bewohnt, die Küste aber von denen, die in kriegerischer Absicht der Beute wegen gelandet und nach der Eroberung dort blieben und Ackerbau betrieben. Die Bevölkerungsdichte ist sehr groß. Die sehr zahlreichen Häuser stimmen fast völlig mit den gallischen überein. Der Viehbestand ist bedeutend. Als Geld benutzten sie Kupfer- oder Goldmünzen oder Eisenbarren von bestimmtem Gewicht. Im Binnenland wird Zinn gewonnen, im Küstengebiet Eisen; aber seine Ausbeute ist gering [...] Die meisten Binnenlandbewohner bauen kein Getreide an, sondern leben von Milch und Fleisch und sind mit Fellen bekleidet. Alle Britannier bemalen sich mit Waid, der eine blaue Farbe erzeugt und ihren Anblick im Kampf um so schrecklicher macht. Sie tragen langes Haupthaar, sind sonst rasiert, außer eben am Kopf und an der Oberlippe."

Julius Caesar, *Der Gallische Krieg*

Ins Licht der europäischen Geschichtsschreibung trat England erst relativ spät. Noch gegen Ende des fünften Jahrhunderts v. u. Z. gestand Herodot: "Ich weiß auch von den Zinn-Inseln nichts..." Griechische Seefahrer aus Marseille hatten zwar schon hundert Jahre zuvor die *Insel der Albionen* "entdeckt" und von den dortigen Zinnvorkommen berichtet, doch erst mit **Caesar** fand die *splendid isolation* ein Ende. Als Caesar Gallien eroberte, gerieten auch die

Kelten jenseits des Kanals in seinen Aktionsradius. Zweimal, in den Jahren 55 und 54 v. u. Z., landete der geniale Feldherr mit seinen Truppen auf der Insel; in gewohnter Weise kam, sah und siegte er, brach aber dann die Invasion ab, da sein Hauptaugenmerk der politischen Entwicklung in Rom galt.

Vom römischen Britannia zum angelsächsischen Königreich

Die römische Invasion Britanniens erfolgte im Jahre 43 u. Z. mit drei Legionen vom Rhein und einer von der Donau, die unter dem Kommando von Aulus Plautius standen; nur unterbrochen vom blutigen Aufstand der *Boudicca* wurde innerhalb weniger Jahre zuerst Süd- und dann Mittelengland unterworfen. Der militärische Höhepunkt war die Einnahme von *Camulodunum* (Colchester), der Hauptstadt des mächtigsten Stammes der *Trinovantes*. Der Sieger konnte sich der Gunst des herbeigeeilten Kaisers Claudius erfreuen, zu dessen Begleittross sogar Elefanten gehörten. Benachbarte Stämme, die die Herrschaft der Trinovantes nicht geschätzt hatten, nämlich die Iceni (im heutigen Norfolk) und die Bewohner des heutigen Sussex, ergaben sich den Römern, ihre Häuptlinge wurden zu römischen Vasallen. Der Senat ehrte Claudius mit einem Triumphbogen, "da er der erste war, der barbarische Stämme jenseits des Ozeans der Herrschaft des römischen Volkes unterworfen hat". Claudius erhielt außerdem den Beinamen *Britannicus*, den er selbst aber nicht annahm, sondern seinem Sohn übertrug.

An jener Stelle, wo sich das Tal der Themse verengte und zwei kleine Hügel den Sumpf des Nordufers überragten, gründeten sie *Londinium*. Zwar begehrten die Kelten 17 Jahre später noch einmal gegen die römische Fremdherrschaft auf und zerstörten Londinium, doch wurde die Stadt umgehend wiederaufgebaut und durch Mauern und ein mächtiges Kastell, das in der Nähe des heutigen Barbican Centre stand, abgesichert. Mit einer Ausdehnung von rund 140 Hektar war London wesentlich größer als die Römerstädte Mailand, Turin und Verona, und der römische Historiker Cassiodorus stellte lobend fest: "Londinium war für seinen Handel berühmt und wimmelte nur so von Händlern."

Einzig nach Norden und Westen hin mussten die Römer in ihrem Expansionsdrang zurückstecken. Um die Gefahr der immer wieder aus dem heutigen Schottland einfallenden Pikten zu bannen, wurden in Nordengland von Meer zu Meer zwei mächtige Befestigungsanlagen, der Hadrians- und der Antoniuswall, errichtet. Nach bewährtem Muster schufen die **Römer** in kürzester Zeit eine neue Provinz, die den Namen *Britannia* erhielt. Innerhalb weniger Jahrzehnte sprach fast die gesamte Latein und hatte sich der römischen Lebensweise angepasst (u. a. entstanden prachtvolle Bäder wie z. B. in Bath). Die Römer waren vor allem an den Rohstoffen Britanniens interessiert – sie bauten Zinn ab und schürften Gold –, doch modernisierten sie auch den Ackerbau und führten aus Kleinasien eine langwollige Schafrasse ein, welche die Landschaft bis heute prägt.

Als im Zeitalter der Völkerwanderung die römische Vorherrschaft über Europa zu bröckeln begann, zogen sich die römischen Truppen aus Britannien

Der Hadrian's Wall sollte die Römer vor den Pikten und Scoten schützen

zurück; die zivilisatorischen Errungenschaften verkümmerten, das städtische und kulturelle Leben erlahmte, einzig London behielt noch eine gewisse Zeit seine führende Stellung. Doch das Machtvakuum auf der Insel lockte potentielle Eroberer an; die aus der Nordseeregion zwischen Weser und Niederelbe stammenden Sachsen, Angeln und Jüten überfielen England mehrfach, bis sie sich schließlich auf der Insel ansiedelten. Rasch dehnten sie ihren Machtbereich aus, die keltischen Briten wurden unterworfen oder nach Cornwall, Wales oder Schottland zurückgedrängt. Die Einwanderer teilten England untereinander auf, wobei die Grenzen anfangs noch fließend waren. Neben vielen kleinen Fürstentümern entstanden zu Beginn des 6. Jahrhunderts die drei großen Königreiche Wessex, Mercia und Northumbria, die bereits damals das Gebiet des heutigen England absteckten. Gebietsbezeichnungen wie Sussex (Südsachsen), Wessex (Westsachsen), Essex (Ostsachsen) und Northumberland erinnern noch heute an diese Einwanderungswelle. Im Gegensatz zu den Römern lebten die **Angelsachsen** bevorzugt in dörflichen Gemeinschaften, das römische Städtewesen verfiel weitgehend. Viele Orte, deren Namen auf *-ham* oder *-ing* enden, wie beispielsweise Chilham, Worthing oder Hastings, dürften in jener Epoche entstanden sein.

Nachdem die Angelsachsen um das Jahr 600 zum christlichen Glauben übergetreten waren, vollzog sich die **Christianisierung** der Britischen Inseln innerhalb weniger Jahrzehnte. Richtungsweisend waren die Hochzeit von König Ethelbert von Kent, der im Jahre 597 die katholische Prinzessin Berta aus dem fränkischen Königshaus ehelichte, sowie die Konversion der Könige von Essex, Northumbria und East Anglia: England wuchs dauerhaft mit dem abendländisch-christlichen Kulturkreis zusammen. Der Klerus etablierte sich als neue geistige Führungsschicht und förderte den Aufbau eines prosperierenden Städtewesens. Zudem stärkte das Christentum die Stellung des Königs, dessen Amt durch die kirchliche Weihe und Salbung einen sakralen Charakter erhielt. Die Könige, so wurde verkündet, regierten von Gottes Gnaden. Sehr bedeutend war die Klosterkultur, die sich vor allem in Northumbria entfaltete. Am berühmtesten war das von Abt Breda gegründete Jarrow. Zu den ältesten Sakralbauten Englands gehören die Kirche des Klosters Monkwearmouth bei Durham und die ebenfalls aus dem 7. Jahrhundert stammende Klosterkirche Saint Mary in Reculver in der Grafschaft Kent. Von den anderen frühmittelalterlichen Kirchen sind oft nur wenige Überreste erhalten, da sie der nordischen Tradition folgend in Holz errichtet worden sind.

Alfred der Große

Gegen Ende des 8. Jahrhunderts wurde England dann wiederholt von den Wikingern heimgesucht, die mit ihren wendigen Schiffen überraschend an der Küste auftauchten oder die Themse hinauffuhren. Als wohlhabende Handelsstadt war vor allem London ein begehrtes Ziel. Ähnlich wie in der Normandie beschränkten sich die **Wikinger** seit der Mitte des 9. Jahrhunderts nicht mehr auf schnelle Beutezüge; sie versuchten vielmehr, die Angelsachsen zu unterwerfen und sich dauerhaft in England anzusiedeln. Die Königreiche Northumbrien und Mercia waren bereits im Besitz der dänischen Wikinger, als der König von Wessex, *Alfred der Große*, die nordischen Eroberer 878 bei Chippenham besiegte. Nachdem Alfred acht Jahre später schließlich London zurückerobern konnte, gelang es ihm, die angelsächsische Herrschaft zu konsolidieren. Das Haus Wessex wurde zum englischen Königshaus und das in der heutigen Grafschaft Hampshire gelegene Winchester zur Hauptstadt des Landes.

Das Londoner Zollverzeichnis, das unter *König Aethelred* erstellt wurde, zeigt anschaulich, dass bereits im Jahre 1000 deutsche, französische und flandrische Kaufleute Wolle, Öle und Fette aus England ankauften, während die Angelsachsen braunes und graues Tuch, Gewürze, Wein und Fisch vom Kontinent importierten. Wenig später konnte der Däne *Knut der Große* die angelsächsische Vormachtstellung durchbrechen und von 1018 bis 1035 die Insel als englischer König regieren. Die dänische Episode währte aber nicht lange: Unter *Eduard dem Bekenner* kehrten zwar die Angelsachsen auf den Thron zurück, allerdings brachte Eduard, der lange Zeit in der normannischen Heimat seiner Mutter als Flüchtling gelebt hatte, die dortigen Sitten und Bräuche mit auf die Insel. Der Bau der von ihm betriebenen Westminster Abbey zeigte deutlich den Einfluss der normannischen Sakralarchitektur.

1066 und die Folgen

Die normannische Eroberung Englands im Jahre 1066 war nicht etwa ein willkürlicher machtpolitischer Angriff eines äußeren Feindes, wie beispielsweise die geplante Invasionen von Napoleon. Vielmehr begab sich **Wilhelm der Eroberer**, so jedenfalls sahen es auch viele seiner Zeitgenossen, als legitimer Erbe des englischen Throns nach England, da ihn König Eduard der Bekenner schon zu Lebzeiten zu seinem Nachfolger bestimmt hatte. Als der Erbfall im Januar 1066 eintrat und sich *Harold Godwinson*, ein entfernter Verwandter von Eduard, der Wilhelm den Vasalleneid geleistet hatte, bereits einen Tag später selbst zum König krönte, "musste" Wilhelm handeln, wenn er seinen Machtanspruch aufrechterhalten wollte. Der berühmte Bildteppich von Bayeux schildert anschaulich die nun folgende Eroberung Englands: Wilhelm ließ eine ganze Schiffsflotte bauen und begab sich mit 300 Schiffen sowie rund 7000 Mann über den Ärmelkanal. Am 28. September erreichten die hochbordigen normannischen Drachenschiffe bei Pevensey englischen Boden und stellten sich den aus Norden herbeieilenden Truppen Harolds zum Kampf. Trotz der taktisch besseren Stellung erlitten die Angelsachsen am 14. Oktober in der als *Battle of Hastings* berühmt gewordenen Schlacht eine vernichtende Niederlage. Der entscheidende Vorteil der Normannen lag in der besseren Ausrüstung: Die Reiterei konnte aus dem Sattel kämpfen, da die Normannen bereits über Steigbügel verfügten; zudem trugen die normannischen Ritter Kettenhemden, während sich das englische Heer zu einem Großteil aus schlecht bewaffneten Landarbeitern rekrutierte. Am Weihnachtstag des Jahres 1066 wurde Wilhelm in Westminster vom Erzbischof von York zum englischen König gekrönt, doch dauerte es noch weitere fünf Jahre, bis er auch de facto über ganz England herrschte.

Die Normannen waren der einheimischen Bevölkerung zahlenmäßig hoffnungslos unterlegen. Um seinen Machtanspruch militärisch abzusichern, ließ Wilhelm zahlreiche Burgen als Herrschaftszentren errichten. Mit verhältnismäßig geringem Aufwand konnten so große Territorien militärisch kontrolliert werden. Der Tower von London, der in dieser Zeit entstand, diente somit weniger der Verteidigung Londons, als vielmehr der Kontrolle der wankelmütigen Londoner Bevölkerung. Ein Ergebnis der normannischen Eroberung war außerdem die fast vollständige Eliminierung der altenglischen Aristokratie, deren Angehörige entweder getötet oder ins Exil geschickt wurden. An ihre Stelle traten die treuen Gefolgsleute Wilhelms und das System des Feudalismus. Unter den neuen Landesherren gab es keine freien Bauern mehr, da alles Land in

Lehensland verwandelt worden war. Wilhelm ließ als eine seiner ersten Amtshandlungen das *Domesday Book* anlegen, eine Art Besitzkatalog, der die Grundlage für das neue Besteuerungsverfahren werden sollte. Am Hof sprach man fortan französisch, das Angelsächsische wurde zur Volkssprache degradiert. Auch die Rechtsprechung, die Mode, das Heer und der Klerus wurden normannisiert. Ebenso bedeutend war aber sicherlich, dass England durch die Vermittlung der normannischen Prälaten kulturell und intellektuell vom breiten Strom der neuen, von Nordfrankreich ausgehenden Gelehrsamkeit erfasst wurde. Auch in architektonischer Hinsicht erlebte England durch die normannische Eroberung eine Revolution. Die Normannen führten nicht nur den Burgenbau ein, sie bauten in den Jahrzehnten nach Hastings fast jede größere Kirche aus.

London selbst spielte in der normannischen Epoche noch nicht die führende Rolle im Königreich. Der Grundriss der Stadt war von den schachbrettartig verlaufenden Römerstraßen geprägt und noch nicht über die antiken Grenzen hinausgewachsen. Die Vorstadtsiedlungen *Bishopsgate* und *Southwark* lagen an der von Süden nach Norden verlaufenden Verbindungsstraße, die die Themse auf der bislang einzigen vorhandenen Brücke überquerte. Nach Osten schloss sich das Areal des königlichen Tower an, im Westen in einiger Entfernung das Kloster Westminster mit der Krönungskirche. Dazwischen entfaltete sich die kleinteilige mittelalterliche Stadt in der bis heute gültigen Unterteilung in *boroughs*. Erst im Jahre 1176 wurde die alte London Bridge durch eine steinerne Brücke ersetzt.

Gegen Ende des 11. Jahrhunderts erlebte England eine außerordentliche Blütephase. Der in finanziellen Dingen recht geschickte König *Richard Löwenherz* erkannte die Vorteile einer florierenden Wirtschaft, richtete neue Märkte ein und verzichtete auf die Steuereinnahmen der deutschen Kaufleute in ihrer Londoner Niederlassung. England stellte für Richard Löwenherz in erster Linie eine Einnahmequelle dar, die sein Vater, Heinrich II., mit Gewalt und neuen Steuern der Krone erschlossen hatte. Richards Bruder und Nachfolger *Johann Ohneland*, ein rachsüchtiger und unfähiger Herrscher, musste im Jahre 1215 die 61 Artikel der **Magna Carta Libertatum** anerkennen, die die königliche Autorität zu Gunsten von Freiheiten und Privilegien für die Kirche, den Adel sowie das Bürgertum beschnitt und allen späteren konstitutionellen und demokratischen Entwicklungen Tür und Tor öffnete. Auch wirtschaftlich profitierte England von der neuen politischen Situation. Händler und Gilden erhielten Privilegien und Monopole, fremde Kaufleute ließen sich nieder. So richtete die Hanse, deren Kaufleuten zahlreiche Vorrechte eingeräumt wurden, gegen Ende des 13. Jahrhunderts ein Kontor in der Themsestadt ein.

Schwarzer Tod und Rosenkriege

Das 14. und das 15. Jahrhundert waren von Kriegen und schweren Katastrophen gekennzeichnet. Im August 1348 erreichte die Pest England; fast jeder dritte Einwohner Londons starb in den darauffolgenden Monaten am Schwarzen Tod. Eine zweite Pestepidemie breitete sich im Winter 1361 aus und forderte erneut Tausende von Opfern. Doch der Schrecken hatte noch kein Ende:

1369 und 1375 flackerte die Pest abermals auf. Modernen Schätzungen zufolge hat sich die englische Bevölkerung innerhalb weniger Jahrzehnte halbiert.

When Adam delved and Eve span – Who was then a gentleman?

Die englische Gesellschaft war – sieht man einmal vom Klerus und von der Stadtbevölkerung ab – im Mittelalter in zwei Stände gegliedert: in Edelmänner und leibeigene Bauern. Durch den pestbedingten Rückgang der Bevölkerung verknappte sich die menschliche Arbeitskraft, so dass es zahlreichen Leibeigenen gelang, sich durch Freikauf und Landerwerb zu emanzipieren. Innerhalb kürzester Zeit bildeten sich zwei neue Stände: der freie Bauer mit eigenem Landbesitz und der einfache Landarbeiter, der sich als Knecht verdingte. Die verschiedenen gesellschaftlichen Rechte, die sich von dem Grundbesitz ableiteten, führten im letzten Viertel des 14. Jahrhunderts wiederholt zu örtlichen Unruhen. Zu den entschiedenen Gegnern des Feudalsystems gehörte der durch die Grafschaft Kent ziehende Wanderprediger *John Ball*, der offen für die gesellschaftliche Gleichheit und persönliche Freiheit eines Christen eintrat. Berühmt geworden ist er durch die provokante Frage: "When Adam delved and Eve span – Who was then a gentleman?" Als Ball wegen seiner aufrührerischen Predigten 1381 in Maidstone in Ketten lag, wurde er von ein paar Aufständischen unter Führung des Gerbers *Wat Tyler* aus dem Kerker geholt. Die Nachricht von Balls Befreiung verbreitete sich in Windeseile, aus den unzufriedenen Landarbeitern formierte Tyler ein Heer, mit dem er erst den Palast des Erzbischofs von Canterbury stürmte und dann nach London zog. Die Tore der Themsestadt öffneten sich ohne Widerstand, König Richard II. verhandelte mit Tyler und befahl die Aufhebung der Leibeigenschaft. Tyler war am Ziel, doch stieg ihm sein Erfolg zu Kopf: Mit ein paar Getreuen drang er in den Tower ein, um den verhassten Erzbischof von Canterbury hinrichten zu lassen. Die Stimmung schlug um, als die Aufständischen die Stadt plünderten. Der Londoner Lord Mayor erschlug Wat Tyler eigenhändig, woraufhin seine verwirrten Anhänger in kürzester Zeit aufgerieben wurden. Trotz des unrühmlichen Endes gebührt Tyler das Verdienst, den Niedergang des Feudalismus eingeleitet zu haben.

Zeitgleich bekriegten sich England und Frankreich auf dem Kontinent. Nach anfänglichen Erfolgen der Engländer trugen aber letztlich die Franzosen den Sieg im sog. **Hundertjährigen Krieg** (1338–1453) davon. Da sich das Kriegsgeschehen ausschließlich auf dem Kontinent abspielte, bekam die Bevölkerung Englands den Krieg nur durch höhere Steuerlasten zu spüren. Kaum herrschte Frieden, entbrannte zwischen den Häusern York und Lancaster ein gnadenloser Kampf um die Krone. Da beide mit den Plantagenets verwandten Adelsgeschlechter eine Rose im Wappen führten, gingen die von 1455 bis 1485 währenden Konflikte als **Rosenkriege** in die Geschichte ein. Im Laufe dieser langen und erbitterten Kämpfe wurde die Hocharistokratie durch Attentate und Kriegshandlungen dezimiert, während der niedere Adel und die freien

Bürger um die volle Anerkennung der mittelalterlichen Rechte des Parlaments kämpften. Den unrühmlichen Höhepunkt der Rosenkriege bildete der von *Richard III.* in Auftrag gegebene Mord an den unmündigen Söhnen seines 1483 verstorbenen Bruders Eduard IV.; Heinrich Tudor, der Earl of Richmond, stellte sich daraufhin am 22. August 1485 mit Unterstützung des französischen Königs den Truppen Richard III. auf dem Schlachtfeld entgegen. Obwohl die Armee Richards zahlenmäßig überlegen war, trug Heinrich in Bosworth den Sieg davon. Dass Richard bei einer persönlichen Attacke auf seinen Herausforderer ums Leben kam, wurde von den Zeitgenossen als eine Art Gottesurteil interpretiert.

Hampton Court Palace – der Palast Heinrichs VIII. bei London

Die Häuser Tudor und Stuart

Mit Heinrich VII. saß erstmals ein Tudor auf dem Thron. Durch seine Heirat mit Elizabeth von York führte der geschickte Diplomat die verfeindeten Häuser York und Lancaster zusammen. Sein bleibendes Verdienst war es, die Stellung der Monarchie gefestigt zu haben. Als **Heinrich VIII.** 1508 den englischen Thron bestieg, konnte er auf eine gut gefüllte Staatskasse zurückgreifen. Obwohl höfische Manieren, körperliche Fähigkeiten und Bildung des 18-Jährigen von den Zeitgenossen hoch gerühmt wurden, sollte er als Despot in die Geschichte eingehen. Seine Geltungssucht, verbunden mit einem überzogenen Imponiergehabe, steigerte sich ins Unerträgliche. Letztlich waren es aber die Ehe- bzw. Nachfolgeprobleme Heinrich VIII., die zu einer entscheidenden Wendung im Geschick des Landes führten: Da der Papst ihm die Scheidung von Katharina von Aragón verweigert hatte, sagte sich Heinrich VIII. 1534 von Rom los und machte die englische Kirche zu einer Nationalkirche, der anglikanischen Staatskirche mit dem König selbst als *Supreme Head.*

Sechs Frauen und ein Mann

Mit seinen anderen Frauen hatte Heinrich VIII. – oder besser: sie mit ihm – nur wenig Glück. Britische Schüler lernen einen Reim, um sich das Schicksal der Frauen Heinrich VIII. leichter einzuprägen: "Divorced, beheaded, died / divorced, beheaded, survived". Geschieden wurde der englische König von Katharina von Aragón, Anne Boleyn verlor ihren Kopf, Jane Seymour starb, Anna von Klewe wurde ebenfalls geschieden, Katherina Howard starb wiederum durch den Henker, und nur Katharina Parr überlebte ihren Gatten.

Besonders bedeutend war Heinrichs Entscheidung, die Klöster aufzuheben und deren Güter an treue Gefolgsleute zu verteilen. Auf diese Weise etablierte er einen neuen, patriotischen Adel, der entschieden für den Protestantismus eintrat, um die Klostergüter nicht wieder herausgeben zu müssen. Teilweise wurden Ländereien zu Spottpreisen an vermögende Kaufleute veräußert, da Heinrich dringend Geld benötigte, um den Krieg gegen Frankreich zu finanzieren. Gleichzeitig mangelte es nun aber im ganzen Land an einer wirksamen Armenfürsorge; an die Stelle der Klöster und religiösen Stiftungen traten Armengesetze sowie eine Zwangsabgabe zur Unterstützung der Notleidenden.

Statue von Francis Drake

Diese Entwicklung setzte sich auch unter **Elizabeth I.** fort; die zweitälteste Tochter Heinrich VIII. vollendete während ihrer langen Regierungszeit (1558–1603) die Politik ihres Vaters. War bei ihrem Regierungsantritt – bedingt durch die Rekatholisierungsmaßnahmen ihrer Halbschwester Maria – die überwiegende Mehrzahl der Engländer wieder in den Schoß der alten Kirche zurückgekehrt, so dürfte die Zahl der Katholiken gegen Ende ihrer Herrschaft unter zwei Prozent gelegen haben. Angetrieben vom puritanischen Geist prosperierte die Wirtschaft: An der 1571 eröffneten Londoner Börse konnte erstmals ein ständiger Handel stattfinden. Nachdem Elizabeth 1587 die katholische Königin von Schottland, *Maria Stuart*, hatte köpfen lassen, weil sie Maria verdächtigte, einen Mordanschlag auf sie veranlasst zu haben, schickte Philipp II. seine Armada, um England wieder für den rechten Glauben zu gewinnen. Doch trotz der vermeintlichen militärischen Überlegenheit der spanischen Flotte glückte den Engländern vor Gravelingen ein historischer Sieg, der eine jahrhundertelange Vormachtstellung Englands auf allen Weltmeeren zur Folge hatte.

1588 – die gescheiterte Invasion

Nicht nur die Hinrichtung von Maria Stuart, auch die steten Angriffe der englischen Freibeuter vom Schlage eines Hawkins und eines Drake waren dem spanischen König Philipp II. ein Dorn im Auge. Indem die englischen Freibeuter die spanischen Galeonen kaperten, die mit Silber und Gold beladen aus der Karibik kamen, fügten sie den Spaniern einen beträchtlichen materiellen Schaden zu. Und Philipp II. reagierte: Er wollte England erobern und das verhasste protestantische Königreich ein für alle mal vernichten. Für dieses Unterfangen stellte er eine gigantische Flotte zusammen; die spanische Armada bestand aus 130 Schiffen, bestückt mit 2000 Kanonen und 20.000 Soldaten. An Bord befanden sich Nahrungsmittel und Munition, die ausreichend waren, ohne Nachschub sechs Monate auf der Insel ausharren zu können. Die gewaltige Flotte unter dem Kommando von Admiral Sidonia galt als unbesiegbar. Francis Drake erkannte jedoch, dass die Armada aufgrund ihrer Größe schwerfällig und daher verwundbar war. Nachdem sich die beiden Flotten mehrere Tage lang ohne nennenswerte Erfolge bekämpft hatten, fiel die Entscheidung in der Nacht des 28. Juni 1588. Die Engländer verfügten über die beweglicheren Schiffe, die erfahreneren Besatzungen und die bessere Artillerie. Entscheidend wirkte sich der strategische Nachteil für die Spanier aus, sich fern der Heimat in keinen gesicherten Hafen zurückziehen zu können. So sahen sie sich gezwungen, vor Calais im offenen Gewässer zu ankern und boten damit den Brandschiffen der Engländer ein lohnendes Ziel. Als diese deren sechs in den spanischen Flottenverband hineinmanövrierten, kappten die Spanier überstürzt die Ankertaue; die zerstreuten Schiffe waren dem englischen Angriff fast schutzlos ausgeliefert. Vier Schiffe sanken, Tausende von Soldaten und Matrosen fanden den Tod. Den Rest besorgten die Stürme, denen die Armada bei ihrer Flucht um die Britischen Inseln an der Westküste ausgesetzt war: Die hochbordigen Galeonen zerschellten an den Felsküsten Schottlands, Irlands und Cornwalls. Nur die Hälfte der Schiffe kehrte Ende September wieder in einen spanischen Hafen zurück. Die Invasion war kläglich gescheitert.

Auch in kultureller Hinsicht sollte das elisabethanische Zeitalter als *Golden Age* in die Geschichte eingehen. *Christopher Marlowe* und vor allem *William Shakespeare* prägten die Epoche mit ihrer Literatur; am Südufer der Themse entstanden erstmals eigene Theatergebäude, die bis zu 3.000 Zuschauer fassen konnten, darunter das unlängst wieder rekonstruierte *Globe*.

Erst auf dem Sterbebett liegend, bestimmte Elizabeth I. den Sohn von Maria Stuart als Jakob I. zu ihrem Nachfolger. Der für seine liberale Einstellung bekannte Mann war zu diesem Zeitpunkt bereits König von Schottland und sollte bis zu seinem Tod (1625) in Personalunion als König von Schottland und England herrschen. Beinahe wäre Jakob I. einem Anschlag zum Opfer gefallen.

Shakespeares wiederaufgebautes Globe Theatre

Der Katholik Guy Fawkes plante 1605 zusammen mit zwei Jesuiten, den König samt Parlament in die Luft zu sprengen. Der sog. *Gunpowder Plot* war die Antwort auf einen königlichen Erlass, mit dem die Jesuiten ins Exil gezwungen werden sollten. Die "Schießpulver-Verschwörung" flog jedoch auf, weil einer der Anführer einem Freund die Warnung zukommen ließ, dem Parlament am Tag des Anschlags fernzubleiben. Der Brief gelangte in die Hände königstreuer Beamter, woraufhin unter dem Parlamentsgebäude 36 Pulverfässer entdeckt wurden. Fawkes und seine Mitverschwörer wurden gefangen genommen, gefoltert und hingerichtet.

Die Erinnerung an das Haus Stuart, das bis 1714 über England herrschen sollte, bleibt von zwei dramatischen Ereignissen überschattet: Dem Bürgerkrieg, der 1649 in der Exekution Karl I. und der Abschaffung der Monarchie gipfelte – Oliver Cromwell stand als Lord Protector an der Spitze des Staates – sowie dem "Großen Brand" von 1666, dem große Teile Londons zum Opfer fielen. Bereits unter Jakob I. war es mehrfach zu Konflikten zwischen dem König und dem Parlament gekommen, die 1621 in der erzwungenen Entlassung des Lordkanzlers endete. Als das Parlament Karl I. 1628 in der *Petition of Rights* zu Zugeständnissen zwang, löste dieser kurzerhand das Parlament auf und versuchte elf Jahre lang allein zu regieren. Die Auseinandersetzung mündete in zwei Bürgerkriege, der König wurde gefangen genommen und am 30. Januar 1649 hingerichtet. Cromwell, der erfolgreiche Anführer der parlamentarischen Armee, wollte zwar ein demokratisch legitimiertes Regime etablieren, stand aber de facto an der Spitze einer Militärdiktatur. Nach Cromwells Tod (1658) versuchte sich sein Sohn Richard als Nachfolger, doch wandte sich die Armee von ihm ab und holte den Sohn des geköpften Königs als Karl II. auf den Thron zurück. Dessen katholischer Bruder und

Nachfolger Jakob II. geriet erneut mit dem Parlament in Streit und wurde in einer unblutigen – und daher "glorreichen" – Revolution ins Exil getrieben und durch den Protestanten Wilhelm von Oranien "ersetzt". Dieser erkannte die *Bills of Rights* an, und England mutierte zur konstitutionellen Monarchie.

Nach der "Glorreichen Revolution" von 1689 stieg England innerhalb kürzester Zeit zur stärksten Wirtschaftsmacht Europas auf. London löste Amsterdam als weltweit bedeutendstes Handels- und Finanzzentrum ab und dehnte sich ständig weiter aus. 1694 wurde die Bank of England gegründet. Einen wichtigen Anteil am Aufschwung hatten die Hugenotten; Ende des 17. Jahrhunderts siedelten sich mehr als 50.000 aus Frankreich vertriebene Glaubensflüchtlinge in England an. Die Ursache für die Flucht der Hugenotten war das Edikt von Fontainebleau vom 18. Oktober 1685, mit dem der französische König *Ludwig XIV.* das Toleranzedikt von Nantes (1598) widerrief. Der englische König James II. nahm die Flüchtlinge auf, freilich auch, weil er sich davon wirtschaftliche Vorteile sowie die Erschließung neuer Gewerbezweige erhoffte.

Da weder Wilhelm III. noch Königin Anna ihre Linie durch einen Thronfolger weiterführen konnten, fiel gemäß der Erbfolge die englische Krone an das **Haus Hannover**. Mit *Georg I.* bestieg 1714 erstmals ein deutscher Fürst den englischen Thron. Das gesamte 18. Jahrhundert war eine Epoche, die sich vor allem im Londoner West End und in Marylebone durch eine rege Bautätigkeit auszeichnete. London wuchs weit über seine Stadtgrenzen hinaus. *Daniel Defoe* bezeichnete das aufstrebende London 1726 als "eine monströse Stadt" und stellte die Frage: "Wo kann hier eine Grenzlinie gezogen oder ein Umgrenzungswall angelegt werden?" Im Gegensatz zu anderen europäischen Städten fehlte in London ein umfassender Bebauungsplan. Niemand gab Richtlinien vor, vielmehr war die Stadtentwicklung das Ergebnis einer Vielzahl begrenzter privater Initiativen.

Da zwischen 1714 und 1830 alle englischen Könige den Namen Georg trugen, werden die damals entstandenen Bauten dem sog. "georgianischen Stil" zugeordnet. Hierzu zählen die zahlreichen Backstein-Reihenhäuser, die weiträumigen, rechteckigen *Squares* und die abgerundeten *Crescents*. Das südenglische Bath, das zweifellos das schönste georgianische Stadtbild des Landes besitzt, war in städtebaulicher Hinsicht wegweisend. Die von Vater und Sohn Wood zwischen 1727 und 1767 realisierten Straßenzüge wurden mustergültig für die englische Städtebaukunst des 18. Jahrhunderts. In London und anderen Städten wurde das lockere Zusammenspiel von *Crescent, Square, Circus* und *Terrace* kopiert. In London ragt unter den damals errichteten Stadtpalästen vor allem das Somerset House am Strand heraus. Eine Sonderform ist der Regency-Stil von *John Nash* (1752–1835). Nash entwarf im Auftrag des Prinzregenten unter anderem den Regent's Park sowie zahlreiche Stadtvillen, zudem führte er um 1780 die weißen Stuckfassaden und Säulenarkaden ein, die noch heute viele Londoner Straßenzüge kennzeichnen.

Sieht man einmal von den Städten ab, so stellen vor allem die Landsitze des Adels und nicht etwa die königlichen Schlösser die architektonischen Hinterlassenschaften aus dieser Epoche dar. Doch nicht nur der Adel, sondern auch der große Teil der Bevölkerung partizipierte am Vorabend des industriellen

Zeitalters am allgemeinen Wohlstand. Wer auf dem Land keine Zukunftschancen sah, suchte sein Glück in London, das inzwischen in vielerlei Hinsicht eine Ausnahmestellung einnahm. Um 1750 lebte jeder zehnte Engländer in der Themsemetropole, die im Gegensatz zu den ländlichen Regionen ein deutliches Missverhältnis von Todes- und Geburtenrate aufzuweisen hatte. London wirkte nicht nur als demographisches Korrektiv, sondern bewirkte mit seiner wachsenden Nahrungsnachfrage das Entstehen eines nationalen Marktes, der eine Spezialisierung der landwirtschaftlichen Produktion nach sich zog. Der wachsame Chronist Daniel Defoe registrierte 1724 auf seiner *Tour through the whole Island of Great Britain*, dass alle Teile des Königreichs dazu beitrügen, die Versorgung der Hauptstadt zu gewährleisten.

Royal Crescent, Baths Prachtbau im georgianischen Stil

Industrielle Revolution

England ist fraglos das Mutterland der Industrialisierung, wobei die "Industrielle Revolution" als ein komplexer Prozess technischen Fortschritts, gepaart mit einem durchgreifenden wirtschaftlichen und sozialen Wandel, verstanden werden muss. In vielerlei Hinsicht waren die Voraussetzungen günstig: Landwirtschaft und Handel florierten, und zwischen Bevölkerung und Ressourcen bestand ein ausgezeichnetes Gleichgewicht. Mit anderen Worten: Arbeitskräfte und Nahrungsmittel standen ausreichend zur Verfügung. Hinzu kamen bahnbrechende Erfindungen wie Arkwrights Wasserspinnmaschine, Hargreaves "Spinning Jenny", Cartwrights mechanischer Webstuhl, Watts Dampfmaschine und Corts Puddelprozess, auf denen der Erfolg von Englands Textil- und Eisenindustrie maßgeblich fußte. Selbst der amerikanische

Unabhängigkeitskrieg und die langwierigen Auseinandersetzungen mit Frankreich konnten den wirtschaftlichen Aufschwung nicht brechen. Am größten war die Bewunderung der Zeitgenossen für George Stephensons Dampflokomotive *Rocket*. Die Eisenbahn wurde zu einem Vorzeigeprodukt der Industrialisierung: Schon 1850 umfasste das englische Schienennetz mehr als 10.000 Kilometer, Menschen und Güter konnten in einer bis dato unvorstellbaren Anzahl und Geschwindigkeit befördert werden. Dass die rasante industrielle Entwicklung mit der Kinderarbeit und anderen frühkapitalistischen Methoden der Ausbeutung ihre Schattenseiten hatte, sollte dabei nicht vergessen werden. Die neben London bedeutendsten Industriezentren entwickelten sich in Mittelengland rund um die später so krisengeschüttelten Regionen Manchester, Birmingham und Liverpool. Nach etwas mehr als einem Jahrhundert war der Wandel Englands hin zu einem kapitalistischen Industriestaat modernen Zuschnitts abgeschlossen.

Im 19. Jahrhundert, als Dampfschiffe eine zügigere Überquerung des Ärmelkanals ermöglichten, wurde England auch zunehmend als Reiseziel entdeckt. In erster Linie wollten die Reisenden die ungeheuren sozialen und politischen Dimensionen der "Weltstadt" London kennen lernen. Als *Heinrich Heine* 1828 in London eintraf, bot sich ihm folgendes Bild: "Ich habe das Merkwürdigste gesehen, was die Welt dem staunenden Geiste zeigen kann, ich habe es gesehen und staune noch immer – noch immer starrt in meinem Gedächtnisse dieser steinerne Wald von Häusern und dazwischen der drängende Strom lebendiger Menschengesichter mit all ihren bunten Leidenschaften, mit all ihrer grauenhaften Hast der Liebe, des Hungers und des Hasses [...] Dieser bare Ernst aller Dinge, diese kolossale Einförmigkeit, diese maschinenhafte Bewegung, diese Verdrießlichkeit der Freude selbst, dieses übertriebene London erdrückt die Phantasie und zerreißt das Herz [...] Ich erwartete große Paläste und sah nichts als lauter kleine Häuser. Aber eben die Gleichförmigkeit derselben und ihre unabsehbare Menge imponirt so gewaltig."

Heines Enttäuschung war bedingt durch die Auswirkungen der Industriellen Revolution, die England und vor allem London damals voll erfasst hatte. Aus allen Teilen des Königreichs strömten die Menschen nach London, um in den dortigen Fabriken Arbeit zu finden. Die Einwohnerzahl begann in bis dato unbekanntem Ausmaß zuzunehmen; Ende des 18. Jahrhunderts überschritt London als erste europäische Stadt die Millionengrenze. Heine erlebte London als eine Stadt des Liberalismus, die infolge der Befreiungskriege von einer fortschreitenden wirtschaftlichen Depression geprägt war. Große Teile der Bevölkerung, vor allem die irische Minderheit, lebten unterhalb der Armutsgrenze. Dies führte zu sozialen Missständen, die Charles Dickens in seinen Werken so eindrucksvoll geschildert hat. Auch die Schriften von Marx und Engels sind ohne die englische Erfahrung der beiden Begründer der kommunistischen Bewegung nicht denkbar. Friedrich Engels charakterisierte 1845 die Lage der arbeitenden Klasse in England wie folgt: "Die brutale Gleichgültigkeit, die gefühllose Isolierung jedes einzelnen auf seine Privatinteressen tritt um so widerwärtiger und verletzender hervor, je mehr diese einzelnen auf den kleinen Raum zusammengedrängt sind; und wenn wir auch wissen, daß diese

Isolierung des einzelnen, diese bornierte Selbstsucht überall das Grundprinzip unserer heutigen Gesellschaft ist, so tritt sie doch nirgends so schamlos unverhüllt, so selbstbewußt auf als gerade hier in dem Gewühl der großen Stadt."

Viktorianisches Zeitalter

Während der langen Herrschaft von **Queen Victoria** (1837–1901), die einem ganzen Zeitalter den Namen gab, nahm die englische Bevölkerung deutlich zu. Jeder fünfte Engländer wohnte in London. Die Stadt umfasste beinahe das gesamte 30.000 Hektar große Gebiet der 1888 geschaffenen Grafschaft gleichen Namens. In Europa gab es keinen vergleichbaren städtischen Ballungsraum.

In den ersten Jahrzehnten des *Victorian Age* blühten die Wirtschaft und der technische Fortschritt. England wurde zur Werkstatt der Welt, da es über die leistungsfähigste Produktionsgüterindustrie verfügte. Innenpolitisch erfolgten Verbesserungen im Bereich des Sozialwesens, der Arbeitsbedingungen und des Wahlrechts. In der zweiten Hälfte des 19. Jahrhunderts waren erstmals auch die Arbeitnehmer im Parlament vertreten. Dort etablierte sich ein Zweiparteiensystem aus Konservativen und Liberalen.

In den siebziger Jahren wendet sich das Blatt. Die Wirtschaft beginnt zu stagnieren, innere Unruhen erschüttern das Land, die Frauenbewegung entsteht, und die Arbeiter machen ihrer Unzufriedenheit durch Streiks Luft und gründen zu Anfang des 20. Jahrhunderts die *Labour Party*.

In der Außenpolitik regiert der Imperialismus. 1876 wird Viktoria zur Kaiserin von Indien ernannt. England übernimmt Zypern, besetzt Ägypten und versucht, Afrika in einer Linie von Kairo bis zum Kap zu kolonialisieren.

Die Weltausstellung von 1851

Fast alle Anwesenden waren zu Tränen gerührt, als am 1. Mai 1851 Hunderte von Chorsängern das "Halleluja" aus Händels "Messias" anstimmten, nachdem Königin Victoria in Anwesenheit des Erzbischofs von Canterbury die "Great Exhibition of the Works of Industry of All Nations" im Londoner Kristallpalast feierlich eröffnet hatte. Dabei war der Anlass der Feierlichkeiten eigentlich ganz profaner Natur: Fast 14.000 Aussteller aus der ganzen Welt waren zusammengekommen, um ihre Produkte und technischen Errungenschaften auf der ersten Weltausstellung zu präsentieren. Die Vorreiterrolle spielte zweifellos Großbritannien, das sich als Vorbild für andere Nationen verstand. Konzipiert wurde die Ausstellung von Prinz Albert, dem eine Symbiose aus Wissenschaft, Industrie und Kunst vorschwebte. Das Leitmotiv der Ausstellung war allerdings nicht der Fortschritt, sondern der "Frieden" zwischen den Völkern, weswegen der gläserne Kristallpalast auch als "Friedenstempel" bezeichnet wurde. Thomas Carlyle rümpfte allerdings die Nase angesichts dieses "Tempels zur Anbetung des Kommerzes". Auch in sozialintegrativer Hinsicht war die Wirkung der Ausstellung begrenzt: In erster Linie feierte sich die bürgerliche Industriegesellschaft; für die Arbeiterschaft war noch kein gleichrangiger Platz vorgesehen.

20. Jahrhundert

Zu Beginn des 20. Jahrhunderts erstarkte die Frauenbewegung, getragen von den sogenannten *Suffragetten* (suffrage = Wahlrecht). Ihr erklärtes Ziel bestand im Wesentlichen in der Erlangung des Wahlrechts für Frauen. Zur Propagierung und Durchsetzung ihrer Forderung wurden Demonstrationen veranstaltet, die den Einfluss der Frauen nach und nach verstärkten.

Am 14. August 1914 trat England in den Ersten Weltkrieg ein, nachdem deutsche Truppen die Souveränität des neutralen Belgien verletzt hatten. Der Staat griff nun sehr stark in das wirtschaftliche und gesellschaftliche Gefüge des Landes ein, und es wurde eine Koalitionsregierung mit Beteiligung der Labour Party gebildet. Mit dem *Osteraufstand* von 1916 versuchten die Iren, aus der schwierigen Lage des Empire Nutzen zu ziehen und die politische Unabhängigkeit zu erzwingen. Dieser Aufstand wurde jedoch blutig niedergeschlagen.

Nach Beendigung des Ersten Weltkriegs beschleunigte sich der Niedergang des Britischen Empire. Arbeitslosigkeit, Streiks und die Überalterung der Industrie schwächten den Staat. In den Kolonien kam es zu immer massiveren Unabhängigkeitsbestrebungen. Man entließ viele Gebiete in die Autonomie und verlieh ihnen einen *Dominion Status* – der *British Commonwealth of Nations* entstand. 1921 erhielt auch Irland den Status eines *Dominion*, Nordirland blieb jedoch ein Teil Großbritanniens.

Angesichts der deutschen nationalsozialistischen Bedrohung rüstete England ab 1937 stark auf. Die Regierung versuchte jedoch weiterhin, mit einer Beschwichtigungspolitik den Krieg zu verhindern, da das Land mit der Wahrung seiner weltweiten Interessen schon über Gebühr belastet war. Nach dem deutschen Überfall auf Polen im September 1939 erklärte England Deutschland den Krieg, aus dem Großbritannien 1945 zusammen mit den Alliierten als Sieger hervorging.

The Blitz und Baedeker Raids

Die Kriegserfahrungen spielen bis heute im Nationalbewusstsein der Engländer eine wichtige, häufig verklärte Rolle, wie man im Londoner *Britain at War Museum* oder in Dover in der *White Cliff Experience* anschaulich verfolgen kann. Besonders in Erinnerung geblieben ist "The Blitz": Vom 7. September 1940 bis zum 10. Mai 1941 flog die deutsche Luftwaffe 58 nächtliche Angriffe auf die englische Hauptstadt. Besonders verheerend wirkte sich der letzte Angriff vom 10. Mai aus, an dem 550 Flugzeuge beteiligt waren. Insgesamt kamen zwischen 20.000 und 30.000 Menschen ums Leben, mehr als 250.000 Häuser wurden zerstört. Die einfachste und sicherste Möglichkeit, sich vor den Bombenangriffen zu schützen, war, die Nacht in den Tunneln und Schächten der Untergrundbahn zu verbringen. Neben London mussten auch Bath, Canterbury und Dover schwere Schäden hinnehmen, weshalb die Angriffe auch als "Baedeker Raids" bezeichnet wurden. Die Intention der Nazis war deutlich: Sie planten, die bekanntesten historischen Sehenswürdigkeiten Englands zu zerstören, und orientierten sich dabei offensichtlich an der alphabetischen Ordnung des Baedeker-Reiseführers.

Nach dem Ende des *Zweiten Weltkriegs* verlor England seinen Großmachtstatus. Die Folgen des Krieges waren für die englische Wirtschaft verheerend, und es dauerte einige Jahre, bis es im Land wieder aufwärts ging. Bei den Parlamentswahlen des Jahres 1945 wurden die *Tories* unter *Winston Churchill* schwer geschlagen, die *Labour Party* mit dem Premierminister *Clement Attlee* übernahm die Regierungsverantwortung. Labour verstaatlichte wichtige Wirtschaftszweige und versuchte, das Land in einen modernen Sozialstaat umzugestalten.

In den fünfziger Jahren ließen sich zahlreiche Immigranten aus Indien und der Karibik in England nieder. London erhielt dadurch zwar seinen bis heute so faszinierenden multikulturellen Touch, doch gleichzeitig wuchs die Ablehnung der weißen Bevölkerung gegenüber der farbigen Minderheit. Die Konflikte entluden sich im Sommer 1958, als die ersten Rassenunruhen in London ausbrachen, geschürt von einem Steine werfenden Mob, der durch die Straßen von Notting Hill zog.

Ein Mann wie ein Denkmal: Winston Churchill

1968 brach in Nordirland der offene Bürgerkrieg zwischen katholischen und protestantischen Extremisten aus. Die englische Regierung entsandte Truppen in das Krisengebiet; gelöst ist der Konflikt trotz der zunächst ermutigenden Entwicklung in der zweiten Hälfte der neunziger Jahre bis heute nicht.

1970 übernahm wiederum die Konservative Partei unter *Edward Heath* die Führung im Unterhaus. Sie betrieb den englischen Beitritt zur EG, der 1973 vollzogen wurde. Die umstrittene Mitgliedschaft in der Europäischen Gemeinschaft wurde 1975 Gegenstand einer Volksabstimmung. Gegen den Widerstand der Labour Party und der Gewerkschaften entschieden sich die Bürger mit großer Mehrheit für eine Mitgliedschaft.

1979 begann die Ära der *Eisernen Lady* Margaret Thatcher. Sie wurde die erste Premierministerin in der Geschichte Großbritanniens. Margaret Thatchers Regierung steuerte einen harten Sparkurs, der die sozialen Gegensätze in der Gesellschaft verschärfte. Im November 1990 trat Margaret Thatcher auf

Drängen der eigenen Partei von ihrem Amt zurück. Die Tories versprachen sich dadurch mehr Chancen bei den nächsten Unterhauswahlen. Nachfolger von Frau Thatcher wurde *John Major*. Doch der neue Premierminister konnte den Abwärtstrend der Konservativen nur noch kurz aufhalten; am 1. Mai 1997 triumphierte New Labour unter *Tony Blair*, dessen Regierungsauftrag bei den jüngsten Unterhauswahlen im Frühjahr 2001 bestätigt wurde.

Die englischen Herrscher auf einen Blick

Angelsächsische Könige

Edwin	955–959
Edgar	959–975
Eduard der Märtyrer	975–978
Sven Gabelbart	1013–1014
Knut der Große	1016–1035
Edmund Ironside (mit Knut)	1016
Harold I.	1035–1040
Hardknut	1040–1042
Eduard der Bekenner	1042–1066
Harold II.	1066

Normannische Könige

Wilhelm I. der Eroberer	1066–1087
Wilhelm II. Rufus	1087–1100
Heinrich I.	1100–1135
Stephan I.	1135–1154

Haus Plantagenet

Heinrich II.	1154–1189
Richard I. Löwenherz	1189–1199
Johann I. Ohneland	1199–1216
Heinrich III.	1216–1272
Eduard I.	1272–1307
Eduard II.	1307–1327
Eduard III.	1327–1377
Richard II.	1377–1399

Haus Lancaster

Eduard IV.	1399–1413
Heinrich V.	1413–1422
Heinrich VI.	1422–1461

Haus York

Eduard IV.	1461–1483
Eduard V.	1483
Richard III.	1483–1485

Haus Tudor

Heinrich VII.	1485–1509
Heinrich VIII.	1509–1547
Eduard VI.	1547–1553
Maria I.	1553–1558
Elisabeth I.	1558–1603

Haus Stuart

Jakob I.	1603–1625
Karl I.	1625–1649

Commonwealth/Protektorat

Oliver Cromwell (Lordprotektor)	1653–1658
Richard Cromwell (Lordprotektor)	1658–1659

Haus Stuart

Karl II.	1660–1685
Jakob II.	1685–1688
Maria II. und Wilhelm II.	1688–1702
Anna	1702–1714

Haus Hannover

Georg I.	1714–1727
Georg II.	1727–1760
Georg III.	1760–1820
Georg IV.	1820–1830
Wilhelm IV.	1830–1837
Viktoria	1837–1901

Haus Sachsen-Coburg

Eduard VII.	1901–1910

Haus Windsor

Georg V.	1910–1936
Eduard VIII.	1936
Georg VI.	1936–1952
Elisabeth II.	seit 1952

Tower Bridge

England heute

Wirtschaft

Nach schwerer wirtschaftlicher Rezession Anfang der 1990er Jahre zeigt die Wirtschaft Englands wieder eine aufsteigende Tendenz. Die *Mehrwertsteuer* liegt bei 17,5 %, das Pfund ist wieder stabilisiert und hat Ende 2000 gegenüber dem Euro weiter an Boden gut gemacht. Das merken besonders die Touristen, die jetzt etwas tiefer in die Urlaubskasse greifen müssen als in den Vorjahren.

Die Arbeitslosenzahlen hatten sich während der Regierung unter Margaret Thatcher verdoppelt, zeitweise betrug die *Arbeitslosenquote* 10 %, doch im Herbst 2000 präsentierte sie sich wieder mit hoffnungsvollen 6 %. Während die durchschnittliche *Inflationsrate* in der Zeit von 1980 bis 1988 5,7 % und 1990 gar 9,5 % betrug, war 1996 ein Rekordtief von 3 % zu verzeichnen. Die wirtschaftliche Talfahrt scheint vorerst gestoppt worden zu sein. Einzig der hohe Pfundkurs belastet die exportorientierte Industrie.

Die Leidtragenden der Misswirtschaft der 1980er Jahre sind nach wie vor die Schulabgänger, vor allem die farbigen Jugendlichen. So verwundern die Unruhen in Brixton (Süd-London), Toxteth (Manchester), Newcastle oder Birmingham wenig. Jugendarbeitslosigkeit, Rassendiskriminierung und massive Polizeipräsenz besonders in Ausländervierteln haben ein Ventil gesucht. Hier versucht die neue Regierung, wie schon ihre Vorgängerin, durch Beschäftigungs- und Ausbildungsprogramme Abhilfe zu schaffen.

Gewerkschaften

In keinem anderen europäischen Land mit Ausnahme Italiens wurde in den 1970er und frühen 1980er Jahren so viel gestreikt wie in England. Besonders Margaret Thatcher war diese Tatsache ein Dorn im Auge. Sie verstand es, die Gewerkschaften so zu schwächen, dass die Streikbereitschaft deutlich abnahm. Und das im Mutterland der Gewerkschaftsbewegung.

Alles begann in der zweiten Hälfte des 19. Jahrhunderts, als die ersten Gewerkschaften, zunächst nur für gelernte Arbeiter, entstanden. Erst am Ende des Jahrhunderts folgten die Vereinigungen für an- und ungelernte Arbeiter. Alle Gewerkschaften waren und sind nach dem Berufsprinzip organisiert. Damit unterscheiden sie sich grundlegend von den deutschen, die nach Branchen gegliedert sind. Zum Vergleich: Bei einem deutschen Großunternehmen (z. B. Siemens) sind fast sämtliche Arbeiter und Angestellte, ungeachtet der Tätigkeit, die sie verrichten, in der IG Metall organisiert. Im englischen Ford-Werk Halewood gehören dagegen von den fast 5.000 Beschäftigten etwa 70 % der großen Transportarbeiter-Gewerkschaft und 15 % der Maschinenbauer-Gewerkschaft an. Der Rest der Belegschaft verteilt sich auf etwa ein Dutzend kleinerer Gewerkschaften, beispielsweise die "Vereinigung des Büro- und technischen Personals", die "Vereinigung der Modellmacher" usw.

In England gibt es über 280 verschiedene berufsständische Gewerkschaften. Der größte Teil der organisierten Arbeitnehmer sind Mitglieder der 20 großen Gewerkschaften. Nur 75 verschiedene Gewerkschaften – darunter allerdings die größten und wichtigsten – sind im Dachverband *TUC (Trade Union Congress)* zusammengeschlossen. Diesen kann man keinesfalls mit dem DGB vergleichen. Das britische Gegenstück ist ein mit wenig Kompetenzen ausgestatteter, loser Zusammenschluss.

Kompliziert wird die Angelegenheit bei den *Tarifverhandlungen*. Hier müssen sich die Unternehmer mit mehreren Gewerkschaften einigen, die wiederum unterschiedliche Interessen vertreten. Beispiel: Die Gewerkschaft der Lokomotivführer lehnte es ab, Zugbegleiter mit auf die Lok zu nehmen. Sie hätten ja eventuell zum Lokführer aufsteigen können – und damit wäre die Gewerkschaft der Lokführer von der Eisenbahner-Gewerkschaft geschluckt worden.

Betriebsräte, wie wir sie kennen, gibt es nur im öffentlichen Dienst. In den Industriebetrieben werden die Interessen der Arbeiter und Angestellten von den *Shop Stewards* (Vertrauensleuten) wahrgenommen. Diese sind besonders engagierte Personen, oft Angehörige einer Berufsgewerkschaft, die alle betrieblichen Belange einschließlich der Löhne, Arbeits- und Urlaubszeiten mit dem jeweiligen Arbeitgeber aushandeln. Eine besondere Vergütung oder Freistellung von ihrer Arbeit bekommen sie dafür nicht.

Eine große Anzahl der Gewerkschafter ist gleichzeitig Mitglied der *Labour Party*. Immerhin entstand diese zuerst als reine Föderation verschiedener Gewerkschaften und sozialistischer Gruppen. Erst seit 1981 ist neben dieser indirekten Mitgliedschaft auch eine direkte in Ortsgruppen möglich. Jede Labour-Regierung muss also viel mehr auf die Gewerkschaften Rücksicht nehmen als z. B. in Deutschland die SPD.

Die Regierung Thatcher hatte ab 1979 die Kompetenzen der Gewerkschaften stark beschnitten und versucht, deren Rolle als politischer Machtfaktor zu beenden. Offizielle Sympathiestreiks wurden ebenso verboten wie das "Secondary Picketing" (unterstützende Streikposten aus fremden Betrieben) und der "Closed Shop", wonach Firmen nur Gewerkschaftsmitglieder einstellen dürfen. Während der Regierungszeit von Margaret Thatcher (1979–90) haben die Gewerkschaften einen großen Teil ihrer Mitglieder verloren. Außer den gesetzlichen Veränderungen ist die Umstrukturierung der Wirtschaft von traditioneller Produktion hin zu Dienstleistungen dafür verantwortlich.

Parteien und Wahlen

England gilt als das traditionelle Zwei-Parteien-Land, obwohl natürlich auch hierzulande mehr Parteien politisch tätig sind. Der Eindruck entsteht durch das englische Wahlsystem. Als gewählt gilt in jedem Wahlbezirk nur derjenige, der die meisten Stimmen auf sich vereint. Alle anderen abgegebenen Stimmen für den zweit-, dritt- oder viertstärksten Kandidaten sind ohne jede Bedeutung.

Die Ergebnisse der Parlamentswahlen 2001
(in Klammern zum Vergleich die Zahlen von 1997)

Labour Party	413 Sitze (419)
Conservatives	164 Sitze (165)
SDP/Lib	47 Sitze (46)
Sonstige*	35 Sitze (29)

*Scottish National Party, Plaid Cymru, Ulster Unionist, Democratic Unionist, Sinn Fein usw.

Bei diesem Wahlsystem kommt es besonders auf die Wahlkreiseinteilung an. Trotz mehrerer Korrekturen seit 1948 gibt es nach wie vor in einigen Wahlkreisen erhebliche Abweichungen von der durchschnittlichen Zahl der Wahlberechtigten pro Wahlkreis. Die Wahlkreiskommissionen haben diese Abweichungen aber bewusst einkalkuliert. Sie gehen davon aus, dass die Wahlkreise besonders in Schottland und Wales zu groß werden, wenn man an sie den gleichen Bevölkerungsmaßstab wie in Ballungsgebieten anlegen würde. Außerdem meinen sie, dass diese abgelegenen Wahlkreise immer noch unterrepräsentiert sind. Im Verhältnis zur Anzahl ihrer Wähler schneiden die nationalen Parteien in Wales und Schottland im Hinblick auf ihre Unterhaussitze jedenfalls äußerst günstig ab.

Parteien des Unterhauses

Conservative Party: Bürgerliche Partei, deren Wählerpotential vorrangig in den oberen und mittleren Einkommensschichten zu suchen ist. Unangefochtener Kopf der sog. *Tories* war bis 1990 Margaret Thatcher. Doch sie stieß wegen ihrer harten Steuerpolitik, insbesondere der "Poll Tax", auf den Widerstand der Bevölkerung und zog auch den Zorn ihrer eigenen Partei auf sich. Massendemonstrationen in London (1990) verschärften die Lage. Um ihre Chancen bei der Unterhauswahl von 1992 zu wahren, setzten die Tories Thatcher ab, John Major wurde ihr Nachfolger. Allerdings hat auch er die abnehmende Popularität seiner Partei nicht mehr bremsen können. In den Regionalwahlen 1993/94 verloren die Tories selbst in den konservativen Hochburgen ihre Mehrheit, und bei den Unterhauswahlen von 1997 und 2001 mussten sie sich der Labour Party mit Tony Blair an der Spitze mit deutlichem Abstand beugen.

Labour Party (Arbeiterpartei): Sozialdemokratische Partei, in der die Gewerkschaften bedeutenden Einfluss ausüben. Sie stellen den Großteil der Parteifinanzen und vereinigen auf Parteitagen die größten Stimmenblöcke hinter sich. Bis zur Wahl von 1992 war Neil Kinnock Chef der Partei. Sein Nachfolger John Smith verstarb im Frühling 1994. Seither steht Tony Blair an der Spitze der Partei. Dank seiner Ambitionen, Labour-Sozialpolitik und konsequente Wirtschaftspolitik in Einklang zu bringen (Stichwort "New Labour"), konnte er mit seiner Partei einen überwältigenden Sieg bei den Parlamentswahlen von 1997 erringen, den er 2001 in annähernd gleicher Höhe bestätigte.

Social Democratic Party (Sozialdemokratische Partei): Von Angehörigen des rechten Labour-Flügels im Unterhaus 1981 gegründet, hat diese Partei inzwischen Wählerstimmen aus dem gesamten Spektrum der Bevölkerung auf sich vereinen können. Ihre Ausstrahlung auf den rechten Labour-Block ist beachtlich. In einem Wahlbündnis mit den Liberalen (SDP/Liberal Alliance) soll die traditionelle Zwei-Parteien-Landschaft aufgebrochen werden.

Liberal Party (Liberale Partei): Kleine bürgerliche Partei, die in den vergangenen Jahren etwas linksliberaler geworden ist. Früher, als die Labour Party noch nicht existierte, waren die Liberalen der große Gegenspieler der Konservativen.

Scottish National Party (Schottische National-Partei): Schottische Regionalpartei mit Wählern aus allen Schichten. In ländlichen Gebieten stärker vertreten als in den Städten. Innerhalb der Partei werden Forderungen bis hin zur Loslösung vom Vereinigten Königreich erhoben. Alle sind sich darin einig, dass das Nordseeöl Schottland gehört und für dessen wirtschaftliche Entwicklung eingesetzt werden sollte. Der bekannteste Fürsprecher der Partei ist der Schauspieler Sean Connery.

Plaid Cymru: Walisische National-Partei, Pendant zur Scottish National Party.

Irische Abgeordnete: Zwanzig Abgeordnete des Unterhauses sind verschiedenen politischen Gruppierungen Nordirlands (in erster Linie der Ulster Unionist Party) zuzurechnen. Selbst der politische Arm der IRA, die *Sinn Fein*, hat 1997 zwei Sitze im Unterhaus gewonnen.

Eine weitere Partei in Großbritannien ist die **National Front**, eine eindeutig faschistische Partei, die z. B. dafür plädiert, die Einwanderer wieder in die ehemaligen Kolonien abzuschieben, aus denen sie gekommen sind. Im linken Spektrum gibt es noch zahlreiche Parteien bzw. politische Gruppen, von denen einige trotzkistisch orientiert sind.

Typisches Bild – Fachwerk im Südosten Englands

Architektur

Bauwerke aus fast allen Phasen der Menschheitsgeschichte sind in England zu finden. Das gilt für neolithische Steinzirkel genauso wie für die hässliche Nachkriegsarchitektur, die u. a. in London zu finden ist. Die einzelnen architektonischen Stile veränderten sich stetig, wobei die vorhergehenden Epochen die nachfolgenden erkennbar beeinflussen. Die Jahresangaben sollen eine grobe Orientierung ermöglichen. Neogotische Bauten wurden beispielsweise noch bis ins 18. Jahrhundert hinein errichtet.

Prähistorisch

Prähistorisch nennt sich alles, was vor der Ankunft der Römer gebaut wird. Tempel, Steinkreise und Gräber sind Überbleibsel aus dieser Zeit. Berühmtestes Beispiel ist wohl *Stonehenge*, das nordwestlich von Salisbury gelegen ist. Die monumentalen Gebilde aus massivem Stein entstanden in einem Zeitraum von mehreren Jahrhunderten, wahrscheinlich um damit die Stellung von Sonne und Mond zu messen.

Römisch (43–423)

Die Römer besetzten fast ganz Britannien für vier Jahrhunderte und hinterließen einige architektonische Relikte, die noch heute zu besichtigen sind. Wichtige Zeugnisse römischer Bauweise sind Stadtmauern (Chester, London), Bäder, schachbrettartige Straßenführungen und natürlich der *Hadrian's Wall*, ein über 100 Kilometer langer Schutzwall gegen die Schotten. Gebäude aus dieser Zeit sind leider nur recht rudimentär erhalten.

Angelsächsisch (423–1066)

Nur sehr wenige angelsächsische Bauten aus der Zeit vor 700 existieren heute noch. Ursprünglich handelte es sich hierbei um kleine Holzhütten, die in der Regel keine Fenster hatten. Das Dach wurde mit Stroh bedeckt. Gebäude aus Stein gab es nur wenige. Ausnahmen sind einige Kirchen und Krypten, wie man sie z. B. in *Canterbury* oder *Ripon* antrifft. Deren architektonische Merkmale sind beispielsweise Rundbögen und schlanke, rechteckige Türme.

Normannisch (1066–1200)

Schon bevor Wilhelm der Eroberer die Insel mit seinen Truppen eingenommen hatte, gab es normannische Einflüsse auf die englische Baukunst. Die Normannen taten sich als geübte Steinmetze hervor. Zahlreiche ihrer Kathedralen, Burgen und Abteien überlebten die Jahrhunderte. Normannische Kathedralen finden sich in *Norwich*, *Oxford*, *Peterborough* usw. Auch der älteste Teil (White Tower) des *Londoner Tower* stammt aus dieser Periode. Typisch normannisch sind massive Mauern aus bearbeitetem Stein (dazwischen loses Geröll), gerundete Tor- und Fensterbögen sowie einfache Verzierungen. Die Pfeiler sind gänzlich unverziert.

Gotik (1200–1480)

Die Gotik wird in der englischen Kunstgeschichte in drei Perioden unterteilt: Early English (Frühgotik), Decorated (Hochgotik) und Perpendicular (Spätgotik). Gekennzeichnet ist die gesamte Epoche vom wirtschaftlichen Wachstum in Britannien.

Early English (1200–1300): Frühgotische Architektur ist an ihrer Schlichtheit erkennbar. Die Fenster sind größer und die Wände dünner als in normannischen Gebäuden. Auffällig ist auch, dass ein großer Vierungsturm das Äußere der Kathedralen bestimmt. Innen fallen die typischen Rippengewölbe ins Auge. Beispiele für den *Early English Style* sind die Kathedralen in Lincoln, Wells und Salisbury.

Decorated (1300–1380): Der Decorated-Stil ist die Verfeinerung des Early-English-Stils. Wände und Fenster sind jetzt mit Ornamenten versehen. Besonders realistisch sind die Abbildungen von Blättern und Zweigen. Außerdem befinden sich in den Fenstern vertikale Mittelbalken. Ein Bau dieser Epoche ist z. B. die *Exeter Cathedral*.

Perpendicular (1380–1480): Die englische Spätgotik führt zum Höhepunkt der dekorativen Formen. Die Kirchen und Kathedralen sind dank ihrer großen Fenster lichtdurchflutet und von fächerförmigen Netzgewölben überdacht. Die Torbögen werden im Laufe der Zeit flacher, bis sie beinahe rechtwinklig sind. Das Langhaus der Kathedrale von *Winchester* wurde z. B. im Perpendicular-Stil errichtet.

Tudor (1480–1600)

In der Tudor-Ära entstehen weit mehr Land- und Bürgerhäuser sowie Paläste als zuvor. Dafür werden weit weniger Burgen und Kirchen gebaut. Mehr und mehr werden Ziegelsteine (meist mit Verzierungen) eingesetzt. Zunächst jedoch findet man nur Ziegel um die Fenster und an den Ecken der Häuser. Auch die windschiefen Fachwerkhäuser mit dem schwarzen Fachwerk und der weißen Füllung stammen aus dieser Zeit. Schornsteine werden üblich, und in die Häuser der Adeligen und reichen Kaufleute werden bereits Glasfenster eingesetzt.

Elisabethanisch (1558–1603)

Die elisabethanische Ära ist eine Blütezeit des britischen Handels. Es entwickelt sich eine Schicht reicher Kaufleute, die sich repräsentative Stadthäuser oder Landsitze bauen lässt. Erste Versuche werden unternommen, die Renaissance-Architektur auch in England einzuführen. Charakteristisch sind runde Torbögen, Stützpfeiler und klassische Ornamentierung. Allerdings bleiben die Formen der Gebäude dem Tudor-Stil verhaftet.

Renaissance (1603–1714)

Ganze zwei Jahrhunderte nachdem die Italiener römische Architektur- und Kunstformen für sich wiederentdeckt hatten, schwappte die Renaissance auch nach England über. Berühmte Architekten und Baumeister wie *Inigo Jones* und *Sir Christopher Wren* übertrugen die italienische Renaissance und den *Barock* auf englische Verhältnisse. Das erste komplett im Renaissance-Stil errichtete Gebäude war *Queen's House* in Greenwich (Inigo Jones, 1616). Jones baut auch von 1619 bis 1622 die *Whitehall* in London. Als 1666 große Teile Londons in Schutt und Asche lagen, war Christopher Wren für den Bau von über fünfzig Kirchen verantwortlich, darunter auch *St Paul's Chathedral*, die er nach dem Vorbild der Peterskirche in Rom erbaute.

Georgianisch (1714–1810)

Die Gebäude dieser Epoche sind weniger klobig als noch zur Renaissance-Zeit, ihr Inneres ist lichtdurchflutet. Prächtige Stadthäuser werden recht funktional nebeneinander gestellt. Bemerkenswerte Beispiele für georgianische Stadtarchitektur finden sich vor allem in *Bath*, wobei besonders *The Royal Crescent*, *The Circle* und die *Pultney Bridge* erwähnenswert sind. Dort finden sich auch die eleganten Eingangstore mit den charakteristischen Oberlichtern. Vorgärten werden angelegt, und das Erdgeschoss wird mit Arkaden versehen. Charakteristisch sind außerdem die symmetrischen Treppen links und rechts vom Eingangsportal.

Regency (1810–1830)

Als ein Regent (später George IV.) eingesetzt wurde, um den geistesgestörten und blinden König Georg III. zu vertreten, erfuhr die Architektur einige

Veränderungen. Der Regency-Stil ist nicht unbedingt durch Abwechslungsreichtum geprägt. Fast identische Reihenhäuser mit Säulengängen waren zu dieser Zeit modern. Zum ersten Mal wurde Eisen eingesetzt, beispielsweise bei Zäunen, Fensterriegeln und Fußmatten. Ebenso häufig finden sich Stuckarbeiten. Aber auch die Industrielle Revolution beeinflusste den Architekturstil. Erste Fabrikanlagen, riesige Lagerhallen und Eisenbrücken wurden errichtet.

Viktorianisch (1830–1901)

Was sich im Regency-Stil schon angedeutet hatte, zeigte sich in der viktorianischen Periode in noch stärkerem Maß: Der technische Fortschritt hielt Einzug in die Architektur. Bahnhöfe wurden zuhauf erbaut. Konstruktionen aus Gusseisen und Glas im Treibhaus-Stil herrschten vor. Ein weiteres Produkt dieser Zeit sind die typischen Reihenhäuser aus rotem Ziegelstein, in denen die Arbeiter der Industriezentren wohnten. Wer einmal nach *Manchester* kommt, kann sich vor allem in den Vororten von dieser recht monotonen Architektur ein Bild machen. Das 19. Jahrhundert ist aber auch die Zeit des *Gothic Revivals*. Nach einem Feuer in den *Houses of Parliament* wird es gotisch wiedererrichtet. Auch die *Tower Bridge* entspricht diesem Stil.

20. Jahrhundert

Die größten Veränderungen in der Architektur sind wohl im 20. Jahrhundert zu verzeichnen. Beton wird zum bevorzugten Baumaterial und löst den Ziegelstein ab. Der Zweite Weltkrieg bringt große Zerstörungen durch die Deutsche Luftwaffe. Die so entstandenen Lücken versucht man durch moderne Hochhäuser und Blockbauten zu schließen. Glas- und Stahlkonstruktionen beherrschen noch heute zahlreiche Stadtbilder. Diese Art von Architektur wird **New Brutalism** genannt. Sie wird am auffälligsten vom *National Theatre* in London repräsentiert.

Reiselektüre

Die Zahl der Bücher und Romane, deren Handlung in England spielt, ist immens, so dass die folgende Auflistung nicht den Anspruch der Vollständigkeit erheben kann.

Austen, Jane: *Sanditon.* DTV Taschenbuch, München.

Baddiel, David: *Was man so Liebe nennt.* Antje Kunstmann Verlag, München 2000. Eine leidenschaftliche Liebesgeschichte, wobei Baddiel scheinbar schwerelos mit den Themen Sexualität und Tod umzugehen weiß. Schauplatz: London.

Barnes, Julian: *England, England.* Kiepenheuer & Witsch, Köln 1999. Barnes entwirft auf der Isle of Wight ein groteskes Tourismus-Bild der Zukunft. Auch als BTB Taschenbuch erhältlich.

Barnes, Julian: *Briefe aus London.* Rororo Taschenbuch, Reinbek 1999. Fünfzehn witzige und hintergründige Essays, die Barnes als "Auslandskorrespondent im eigenen Land" für den New Yorker geschrieben hat. Auch als englisches Taschenbuch zu empfehlen.

Brontë, Emily: *Sturmhöhe (Wuthering Heights).* DTV Taschenbuch. Emiliy Brontës einziger und weltberühmter Roman spielt auf einer sturmumtosten Anhöhe in der Moorlandschaft Yorkshires. Einer der Klassiker der englischen Literatur.

Bryson, Bill: *Reif für die Insel.* Goldmann Taschenbuch, München 2001. Die witzige Reise eines Amerikaners durch Großbritannien und seine Begegnung mit den skurrilen Vorlieben und Marotten der Inselbewohner.

Chaucer, Geoffry. *Canterbury Tales.* Zweisprachige Ausgabe im Reclam Verlag, Stuttgart.

Dickens, Charles: *Oliver Twist* oder *David Copperfield.* Es gibt nur wenige Städte, die so eng mit dem Werk eines Schriftstellers verbunden sind wie London mit dem von Charles Dickens. Dickens Romane lassen sich als eine illustre Sozialgeschichte des 19. Jahrhunderts lesen.

Falconer, Helen: *Primrose Hill.* Faber and Faber, London 1999. Tragische Geschichte über zwei Jugendfreunde, die im Londoner Stadtteil Primrose Hill zwischen Liebe und Drogen ums Erwachsenwerden kämpfen. Nur als englisches Taschenbuch erhältlich.

Fowles, John: *Die Geliebte des französischen Leutnants.* Ullstein Taschenbuch 1990. Spielt in Lymes Regis, einem traditionsreichen Seebad westlich von Dorset.

Garnett, Angelica: *Freundliche Täuschungen.* Wagenbach Verlag, Berlin 1990. Angelica Garnett, die Tochter von Vanessa Bell und Duncan Grant, schildert ihre ungewöhnliche Kindheit im Charleston Farmhouse der Bloomsbury Group.

Greene, Graham: *Am Abgrund des Lebens.* Rowohlt, Reinbek 1981. Greene schildert in seinem Roman – Originaltitel "Brighton Rock" – die Geschichte von Pinkie Brown, dem 17-jährigen Anführer einer Jugendbande, die im Seebad Brighton ihr Unwesen treibt. Derzeit vergriffen.

Hildesheimer, Wolfgang: *Zeiten in Cornwall.* Insel Taschenbuch, Frankfurt 1998. Sehr persönliche Reiseprosa, die Cornwall zu einer fast geisterhaften Märchenwelt werden lässt.

Hornby, Nick: *Fever Pitch.* Kiepenheuer & Witsch 1994. Faszinierende Hommage an den Fußball; beschreibt auf witzige und hintergründige Weise die Freuden und Leiden im Leben eines Arsenal-London-Fans. Wer an Hornby Gefallen gefunden hat, kann es auch mit seinem zweiten Bestseller *High Fidelity* versuchen (Knaur Taschenbuch). Erzählt das Leben eines 35-jährigen Londoners, der in Camden einen Plattenladen betreibt und ewig auf der Suche nach der richtigen Frau ist.

Ishiguro, Kazuo: *Was vom Tage übrigblieb.* Rororo Taschenbuch, Reinbek 1992. Der japanische Romancier schildert das Leben eines Butlers auf einem alten englischen Herrensitz im Süden Englands. Wurde später mit Antony Hopkins verfilmt.

Johnson, Uwe: *Insel-Geschichten.* Suhrkamp Verlag, Frankfurt 1995.

Kureishi, Hanif: *Der Buddha aus der Vorstadt.* Kindler Verlag 1990. Witziger Entwicklungsroman über Karim, Sohn einer Engländerin und eines Inders, der in London seinen Durchbruch als Schauspieler feiert. Kureishi versteht es, das London der Hippies und Punks in ein zynisch-skurriles Licht zu tauchen. Wie alle Bücher von Kureishi auch als englisches Taschenbuch erhältlich (Faber & Faber).

Lawrence, D. H.: *Lady Chatterley.* Rororo Taschenbuch. Einst skandalumwitterter Roman, der in den Midlands spielt. Die Offenheit, mit der Lawrence 1928 die Affäre zwischen der Adeligen und ihrem Liebhaber, dem Wildhüter Mellors, schilderte, führte dazu, dass das Buch erst 1960 offiziell in England erscheinen durfte.

Lessing, Doris: *Auf der Suche.* DTV Taschenbuch.

Llewellyn, Caroline: *Ein trügerisches Bild.* BTB, München 1997. Kriminalistische Spurensuche im einsamen, mysteriösen Cornwall.

Naipaul, V.S.: *Das Rätsel der Ankunft.* Kiepenheuer & Witsch, Köln 1993. Derzeit nicht lieferbar. Der aus Trinidad stammende Nobelpreisträger schildert die Erfahrungen, die er als junger Mann in England gemacht hat. Von einem geradezu ethnographischen Spürsinn zeugen seine Beobachtungen der englischen Mentalität, die er auf einem alten Landgut in der Grafschaft Wiltshire anstellt.

Marías, Javier: *Alle Seelen.* DTV Taschenbuch, München 1998. Ein faszinierender Roman über Oxford, komisch und melancholisch, von einem der talentiertesten zeitgenössischen Romanciers geschrieben.

Mitford, Nancy: *Englische Liebschaften.* Rororo Taschenbuch. Gesellschaftsroman, der Einblicke in das Leben der englischen Oberschicht in den 1930er Jahren gewährt.

Nicholson, Geoff: *London, London.* Haffmanns Verlag, Zürich 1999. Drei Menschen werden von unterschiedlichen Obsessionen durch die Straßen der Themsemetropole getrieben. Ungewöhnliche Annäherung an London, untermalt von viel Crime und Sex.

Pepys, Samuel: *Tagebuch aus dem London des 17. Jahrhunderts.* Das Tagebuch des großen Chronisten zeichnet ein eindrucksvolles Bild vom damaligen London. Reclam Verlag 1999.

Powys, John Cowper: *Weymouth Sands.* Powys, einer der großen, aber wenig bekannten englischen Dichter, erinnert sich an die mythischen Orte seiner Kindheit. Ähnlich auch der Roman *Maiden Castle.* Beide sind nur in Englisch erhältlich.

Richardson, Nigel: *Breakfast in Brighton – Adventures on the Edge of Britain.* Englisches Taschenbuch.

Rutherford, Edward: *Sarum.* Lebendig erzählte Geschichte von Salisbury, der erzählerische Bogen spannt sich von Stonehenge über den Kathedralenbau bis in die jüngste Vergangenheit. Derzeit nur in Englisch erhältlich; eine deutsche Übersetzung erschien 1988 und steht in manchen Bibliotheken.

Rutherford, Edward: *London.* Knaur Verlag 2000. Fast 900-seitiges Mammutwerk zur Geschichte Londons, die Rutherford am Schicksal seiner Bewohner erzählt.

Satterthwait, Walter: *Eskapaden.* DTV Taschenbuch, München 2000. Der typisch englische Landhauskrimi spielt im Jahre 1921 und nutzt das Schloss Maplewhite in Devon als stimmungsvollen Hintergrund.

Wilde, Oscar: *Das Bildnis des Dorian Gray.* Suhrkamp Taschenbuch 1998. Wildes berühmtester Roman spiegelt auch Londons Fin-de-Siècle-Atmosphäre wider.

Woolf, Virginia: *Mrs. Dalloway.* Fischer Taschenbuch 1997. Souverän erzählter Roman über das Leben der Londoner Upper Class in den 1920er Jahren.

Travel Bookshop in Notting Hill

Reiseliteratur

Bengel, Michael: *Tea time vor Land's End.* Picus Verlag, Wien 2000. Die ansprechenden Reiseessays sind ein kurzweiliger Begleiter durch den Süden Englands.

Merian: *Englands Süden.* Eine Zeitreise mit dem Klassiker unter den Reisemagazinen. Hamburg 1977. Nur noch antiquarisch erhältlich.

Moritz, Karl Philipp: *Reisen eines Deutschen in Südengland.* Insel Verlag 2000. Authentische Schilderung einer Wanderung durch Mittelengland und London im Jahre 1782.

Nestmeyer, Ralf: *London.* Stadtführer mit ausführlich kommentierten Rundgängen. Michael-Müller-Verlag, Erlangen 2000.

Nestmeyer, Ralf: Südengland. Michael Müller Verlag, Erlangen 2001.

Nink, Stefan und Heeb, Christian: *London.* Stürtz Verlag 1997. Überaus anspruchsvoller Bildband mit hervorragendem Layout, "ergänzt" durch einen interessanten Begleittext.

Raykowski, Harald: *London – Elf Spaziergänge.* Insel Verlag 2000. Elf informative Spaziergänge durch das literarische London von Shakespeare bis zur Gegenwart.

Walter, Kerstin: *Gärten in Südengland.* DuMont Verlag 2000. Der ultimative Reisebegleiter für alle Gartenliebhaber.

White, Andrew: *London Walks.* Penguin Books 1999. 31 Stadtspaziergänge, auf denen die Londoner Metropole in ungewöhnlicher Weise durchstreift werden kann.

Geschichte und andere Sachbücher

Barley, Nigel: *Traurige Insulaner*. DTV 1999. Der bekannte Ethnologe Barley unterzieht die Engländer einer amüsanten Feldstudie, die zu einer gänzlich anderen Sichtweise anregt.

Brown, Richard Allen: *Die Normannen*. Artemis Verlag, München 1988. Ausführliche Würdigung der militärischen, politischen und kulturellen Leistungen der Normannen. Nicht mehr lieferbar.

Corbin, Alain: *Meereslust*. Fischer Taschenbuch, Frankfurt 1994. Ausgezeichnetes kulturgeschichtliches Werk über die europäische Sehnsucht zum Meer und die Anfänge des Küstentourismus.

Defoe, Daniel: *Die Pest zu London*. Ullstein 1990. Vergriffen.

Gelfert, Hans Dieter: *Kleine Kulturgeschichte Großbritanniens*. C. H. Beck Verlag 1999. Informative Überblicksdarstellung der wichtigsten Strömungen in der britischen Kulturgeschichte (Taschenbuch).

Hagemann, Gerald: *London: Von Scotland Yard bis Jack the Ripper*. Ein Führer zu über 400 Kriminalschauplätzen. Eulen Verlag 2000.

Inwood, Stephen: *A History of London*. Macmillan Verlag. Die schwergewichtige Stadtgeschichte ist in allen Londoner Buchhandlungen erhältlich.

Maurer, Michael: *Kleine Geschichte Englands*. Reclam Verlag 1998. Viele historische Fakten auf über 500 Seiten.

Ohff, Heinz: *Gebrauchsanweisung für England*. Piper Verlag 1997. Humorvolle, verständnisvolle Annäherung an die Mentalität der Inselbewohner.

Pernoud, Régine: *Der Abenteurer auf dem Thron*. DTV Taschenbuch, München 1996. Anregende und kenntnisreiche Biographie von Richard Löwenherz.

Pross, Steffen: *In London treffen wir uns wieder*. Eichborn Verlag 2000. Die Geschichte der deutschsprachigen Emigranten, die in den 1930er Jahren in England lebten.

Sackville-West, Vita und Nicolson, Harold: *Sissinghurst*. Schöffling & Co, Frankfurt 1998. Anregende Beschreibung des wohl berühmtesten Gartens von Südengland.

Semsek, Hans-Günter: *Häuser englischer Dichter*. Insel Verlag 2001. "Hausbesuch" bei 18 großen englischen Schriftstellern (Virginia Woolf, Lawrence von Arabien, Dylan Thomas, etc.).

Sobel, Dava: *Längengrad*. BTB Taschenbuch 1998. Sobel erzählt die spannende Geschichte des schottischen Uhrmachers John Harrison, der mit dem Bau eines exakten Chronometers das Problem der Längengradbestimmung löste. Fundierter Hintergrundbericht für alle Greenwich-Besucher.

Wende, Peter: *Geschichte Englands*. Kohlhammer Verlag, Stuttgart 1995. Kompetente, gut lesbare Überblicksdarstellung.

Was haben Sie entdeckt?

Welches Pub haben Sie in besonders guter Erinnerung, wo haben Sie die schönsten Wanderungen gemacht, welches B&B hat Ihnen am besten gefallen, welchen Campingplatz würden Sie wieder besuchen?

Bitte schreiben Sie uns, wenn Sie Kritik, Verbesserungen, Anregungen oder Empfehlungen haben.

Ralf Nestmeyer
Stichwort "England"
Michael Müller Verlag
Gerberei 19
91054 Erlangen
E-Mail: ralf.nestmeyer@michael-mueller-verlag.de

Anreise

Wer auf der Insel Urlaub machen will, muss zunächst über den "kleinen Teich". Seit September 1994 können Besucher England durch den Eurotunnel erreichen. Auch Pkws werden auf den Shuttle-Zügen transportiert. Die Fährgesellschaften haben endlich Konkurrenz bekommen, was bereits nach wenigen Jahren Wirkung zeigt: Die Preise sind in den letzten Jahren nicht mehr gestiegen, bei den meisten Reedereien sind sie sogar gesenkt worden.

Von zahlreichen Städten an der Nordseeküste, wie z. B. Hamburg, Hoek van Holland, Vlissingen, Oostende und Calais, kann man mit Fähren zu den englischen Häfen übersetzen. Wer es etwas flotter mag, der wählt das Luftkissenboot (Hovercraft). Schnell und nicht zu teuer sind die Flüge nach London, Manchester und Birmingham. Das preiswerteste Transportmittel ist der Bus: Von vielen deutschen Städten bestehen regelmäßige Busverbindungen nach London.

Mit dem Auto

Für Reisende aus West- und Norddeutschland ist die An- und Abreise nach England bequem in einem Tag zu bewältigen. Wer jedoch in Süddeutschland, Österreich oder der Schweiz wohnt, sollte eventuell eine Übernachtung einplanen.

Welchen Hafen man für seine Überfahrt auf die Insel wählt, ist von mehreren Faktoren abhängig. Liegt das Reiseziel im Norden Englands (z. B. Yorkshire), ist eine Verbindung nach Hull (von Rotterdam oder Zeebrügge) zu empfehlen. Besucher Ostenglands legen am günstigsten in Harwich oder Felixstone an (von Hamburg, Zeebrügge und Hoek van Holland). Nach London kommt man am besten über Folkestone, Dover, Newhaven oder Harwich (von Boulogne, Calais, Oostende, Dieppe, Hoek van Holland und Hamburg). Die schnellste Fährverbindung besteht zwischen Calais und Dover (ca. 75 Minuten). Auf der Reise von Hamburg nach Harwich dagegen kann man sich getrost einige Stunden aufs Ohr legen (Dauer: ca. 20 Stunden). Abkürzen kann man die Reise über den Kanal mit einer *Hovercraft* oder einer *Schnellfähre*. Das Luftkissenboot bewältigt die Strecke von Calais nach Dover in 35 Minuten, der schnelle Katamaran der gleichen Gesellschaft benötigt für die Fahrt von Boulogne nach Folkestone 55 Minuten.

Im September 1994 wurde der *Eurotunnel* endlich für den Passagierverkehr zwischen Frankreich und England eröffnet. Seitdem fährt praktisch jede Viertelstunde ein Zug, der auch Pkws befördert, in rund einer halben Stunde von Calais nach Folkestone und umgekehrt. Eine überlegenswerte Alternative zur Fähre.

Fährverbindungen

Man kann bei der Wahl der richtigen Fähre eine Menge Geld sparen. Interessant sind aber auch die Spezialtarife, die von den verschiedenen Unternehmen angeboten werden. Die **Fährpreise** schwanken je nach Saison stark; zumeist

Fährverbindungen Großbritannien/Irland

ist es aber unerheblich, wie viele Personen mitfahren. Günstiger ist es fast immer, wenn Hin- und Rückfahrt innerhalb von fünf Tagen stattfinden oder die Fähre spätabends bzw. in den frühen Morgenstunden ablegt. Häufig gewähren die Fährgesellschaften bei rechtzeitiger Reservierung einen Frühbuchertarif. Wer in der Nebensaison reist, kann leicht die Hälfte sparen.

Die angegebenen Hin- und Rückfahrtpreise dienen nur als Richtwerte und beziehen sich auf ein Auto und zwei Personen in der Hauptsaison; ein Motorrad und zwei Personen kosten in der Regel knapp 50 Prozent weniger. Fahrräder werden fast ausnahmslos kostenlos transportiert. Aktuelle Preise findet man im Internet unter der Homepage der jeweiligen Fährgesellschaft oder im Reisebüro. Der **Britische Fremdenverkehrsverein** (BTA) informiert in ihrer Broschüre *Großbritannien* auch über die aktuellen Fährverbindungen.

• _Adressen_: **Deutschland**, BTA, Westendstr. 16–22, 60325 Frankfurt/Main, ✆ 069-971123, 📠 069-97112444.

Schweiz, BTA, Limmatquai 78, 8001 Zürich, ✆ 01-2614277, 📠 01-2514456.

In **Österreich** gibt es kein BTA-Büro;

Interessierte müssen sich also an eines der zwei oben genannten wenden.

• *Fährverbindungen im Einzelnen*: **Calais–Dover**: Fahrtzeit: 70 Min., tgl. bis zu 35 Verbindungen. Kosten: ca. 280 €. Buchung über P & O Stena Line, ✆ 0211-3870691. Internet: www.posl.com

Seafrance Sealink (Fahrtzeit: 90 Min.) bietet tgl. bis zu 15 Verbindungen an. Kosten: ca. 320 €. ✆ 069196-42911.
Internet: www.seafrance.co.uk

Dieppe–Newhaven: Fahrtzeit: 3 Std., tgl. 2 Abfahrten. Kosten: ca. 280 €. Buchung über P & O Stena Line, ✆ 0211-3870691.
Internet: www.posl.com

Hoek van Holland – Harwich: Nachdem auch auf dieser Route ein Hochgeschwindigkeits-Katamaran die große Fähre abgelöst hat, ist die Fahrtdauer von 8 auf gut 3,5 Stunden gesunken; tgl. zwei Verbindungen. Kosten: ca. 360 €. Informationen bei Stena Line, ✆ 0211-9055150.
Internet: www.stenaline.de

Cherbourg–Poole: Die Fahrt mit Britany Ferries dauert etwa 4,5 Stunden (ein- bis zweimal täglich). Kosten: ca. 420 €. Informationen und Buchung bei den DER-Reisebüros oder über DER-Traffic Schiffservice, ✆ 069-95885800.

Cherbourg–Portsmouth/Le Havre – Portsmouth: Fahrtdauer: 5,5 Stunden tagsüber (von Cherbourg) und 8 Stunden nachts; von Le Havre benötigt man tagsüber 5 Stunden und nachts ebenfalls 8 Stunden. Tgl. zwischen 1 (Winter) und 7 Abfahrten (Sommer). Die Preise sind stark saisonabhängig. Kosten: ca. 420 €. Buchung über P & O European Ferries, ✆ 0044-8702424999.
Internet: www.poportsmouth.com

Rotterdam–Hull: P & O North Sea Ferries fährt ganzjährig einmal täglich in 14 Stunden diese Strecke (Rückfahrt: 12 Stunden). Kosten: ca. 700 €. Buchungen bei P & O Nort Sea Ferries, Beneluxhaven, Postbus 1123, NL-3180 AC Rozenburg. ✆ 0031-181-255555. Internet: www.ponsf.com

Zeebrügge–Hull: Fahrtdauer: 14 Stunden. Abfahrt täglich um 18.15 Uhr. Kosten: ca. 700 €. Buchungen bei P & O Nort Sea Ferries, Beneluxhaven, Postbus 1123, NL-3180 AC Rozenburg. ✆ 0031-181-255555. Internet: www.ponsf.com. Buchungen auch jeweils bei den DER-Reisebüros oder über DER-Traffic Schiffservice, ✆ 069-95885800.

Hamburg–Harwich: Die Überfahrt auf der "Prince of Scandinavia" dauert etwa 20 Stunden. Das Schiff der Scandinavian Seaways ist modern und bequem. Bis zu fünfmal in der Woche bestehen Verbindungen nach Harwich. Kosten: ca. 870 €. Generell sind die Passagen freitags und samstags rund 15 € teurer als an den restlichen Tagen. Prospekte mit Fahrplänen und Tarifen bekommt man beim Reisebüro oder direkt bei DFDS Deutschland GmbH, Van-der-Smissen-Str. 4, 22767 Hamburg, ✆ 040-3890371. Internet: www.dfdsseaways.de

Hamburg–Newcastle: Fahrtdauer: ca. 23 Stunden (Mitte Mai bis September an jedem dritten Tag). Auf dieser Strecke verkehren im Wechsel die "Prince of Scandinavia" und die langsamere "Admiral of Scandinavia", nur Letztere verfügt über Liegesessel. Kosten: ca. 930 €. Auskunft: DFDS Deutschland GmbH, Van-der-Smissen-Str. 4, 22767 Hamburg, ✆ 040-3890371.
Internet: www.dfdsseaways.de

• *Hovercraft-Verbindungen*: **Calais–Dover**: Fahrtzeit: 30 Min., tgl. bis zu 12 Verbindungen. Kosten: ca. 350 €.

Oostende–Dover: Fahrtzeit: 2 Std., tgl. bis zu 7 Verbindungen. Kosten: ca. 380 €.

Boulogne-sur-Mer – Folkestone: Fahrtzeit: 1 Std., tgl. 4 Verbindungen. Kosten: ca. 380 €.

Dieppe–Newhaven: tgl. bis zu 3 Verbindungen. Kosten: ca. 430 €.

Informationen bei *Hoverspeed Fast Car Ferries*, ✆ 069-24246677 (Calais) bzw. 069-250197 (Oostende und Boulogne-sur-Mer).
Internet: www.hoverspeed.de

Eurotunnel

Im Herbst 1994 wurde der Eurotunnel endlich in Betrieb genommen. Der *Chunnel* ist die direkte Verbindung von der französischen Autobahn A 16 zur englischen Autobahn M 20 (folgen Sie in Calais den Hinweisschildern "Tunnel sous la Manche"). In hochmodernen Pendelzügen, *Le Shuttle* genannt, kann man in 36 Minuten den Ärmelkanal unterqueren. Sowohl Fußpassagiere als auch Pkws und Lastwagen werden befördert. Da die Züge alle 15 Minuten fahren, sind Reservierungen nicht erforderlich. Das Ticket kauft man vom Auto aus an einem Schalter und fährt dann in die doppelstöckigen Waggons. Passkontrolle und Zollformalitäten für beide Länder erfolgen vor der Auffahrt auf den Pendelzug. Mit dem Pkw oder Kleinbus mit bis zu neun Personen zahlt man für eine Fünf-Tages-Tour (hin und zurück) je nach Tageszeit und Saison bis zu 420 €.

Aktuelle Informationen zu Preisen und Verbindungen erteilt: **Eurotunnel Passagierservice,** Giradetstr. 2, 45131 Essen, ✆ 0180-5000248. Internet: www.eurotunnel.com

Mit der Bahn

Eine einfache Methode, nach England zu reisen – aber auf keinen Fall die billigste. Nur die ermäßigten Jugendpreise der Deutschen Bahn sind etwas günstiger als die Flugangebote.

Generell fahren die Züge aus Deutschland und Österreich über *Oostende* oder *Hoek van Holland*, die Züge aus der Schweiz zum Teil auch über *Paris/Calais*. Dort steigt man auf eine Fähre und nach der Ankunft in England wieder in den Zug – eine umständliche und recht teure Möglichkeit zu reisen. Schneller und auch nicht teurer ist die Fahrt durch den Tunnel mit dem Hochgeschwindigkeitszug *Eurostar* ab Köln (s. o. "Eurotunnel"). Eine Rückfahrkarte ohne Ermäßigungen nach London/Waterloo kostet je nach Angebot zwischen 117 und 140 € inklusive Tunneltransfer. Die Fahrzeit beträgt nur rund 5 Stunden und 45 Minuten. Achtung: Die direkte Mitnahme eines Fahrrads bis zum Urlaubsort in England ist leider nicht möglich. Radfahrer müssen selbst Sorge tragen, wie sie ihren Drahtesel zum Fährhafen transportieren. Genaue Infos erteilt der VCD (Eifelstraße 2, 53119 Bonn, ✆ 0228-985850, ℻ 0228-9858550).

Der Kauf von Platzkarten ist bei einer so langen Fahrt in jedem Fall zu empfehlen. Wenn das Reiseziel in Nordengland liegt, ist die Anreise mit einer Scandinavian-Seaways-Fähre von Hamburg nach Harwich ein echte Alternative.

Tarife und Vergünstigungen der Deutschen Bahn

Das Tarifsystem der Deutschen Bahn befand sich bei Redaktionsschluss (Herbst 2001) noch vollkommen im Umbruch. Welche Vergünstigungen Zugreisenden ab Mai zur Verfügung stehen, ließ sich daher nur ungenau eruieren. Den Planungen zu folge sollte am Inter-Rail-Ticket genauso wie am Zonenpass für Großbritannien und Irland festgehalten werden.

Auf dem Schienennetz der Deutschen Bahn sollen drei Preisgruppen mit Ermäßigungen von 10, 25 und 40 % eingeführt werden, die vom Zeitpunkt der Buchung abhängig und an einen bestimmten Zug gebunden sind. Die BahnCard wird ebenfalls erhalten bleiben, allerdings war ihr Preis genauso wie die Höhe der eingeräumten Vergünstigung noch unklar. Es ist daher ratsam, sich direkt bei der Deutschen Bahn nach den aktuellen Preisen zu erkundigen.

Auskunft: Weitere Informationen zu Verbindungen und Vergünstigungen erteilt die Reiseauskunft der Deutschen Bahn (bundeseinheitliche Rufnummer ✆ 01805/996633).

Schneller als mit dem Flugzeug geht es nicht

Mit dem Flugzeug

Die schnellste Variante, nach England zu kommen, und in vielen Fällen auch eine erstaunlich billige. Nach nur etwa 90 Minuten Flug quietschen die Reifen der Passagiermaschine auf dem Rollfeld eines englischen Flughafens.

Die häufigste und günstigste Verbindung ist ein Flug nach **London**. Die Fluggesellschaften *Eurowings*, *Lufthansa*, *British Airways*, *Swissair/Crossair*, *Austrian Airways* sowie *KLM* fliegen London mehrmals täglich von verschiedenen Städten aus an. Die Lufthansa fliegt beispielsweise nach London-Heathrow (Terminal 2); Eurowings von Dortmund, Hamburg, Münster/Osnabrück, Nürnberg und Paderborn nach London-Stansted. London-Luton wird mehrmals täglich auch von Mönchengladbach und Frankfurt/Hahn aus angeflogen, und Chartermaschinen landen in der Regel in Gatwick.

Wer gleich im Süden, Westen oder Norden Englands landen will, kann mit British Airways von Frankfurt/Main direkt nach **Plymouth** sowie nach **Newquay** fliegen (täglich zwei Verbindungen); über London kommt man zudem einmal täglich mit dem Flieger nach **Bristol**. Auch ab Zürich geht es direkt nach **London**, **Manchester** oder **Birmingham**. Weitere Verbindungen nach **Birmingham** bestehen von Berlin, Düsseldorf, Frankfurt, Hamburg, München und Stuttgart.

Manchester, der dritte internationale Flughafen in England, wird direkt von Berlin, Düsseldorf, Frankfurt, München und Wien angeflogen.

Erst kürzlich hat die Billigfluglinie Ryanair eine Verbindung zwischen Frankfurt/Hahn und **Bournemouth** eingerichtet (einmal täglich). Die Preise variieren (ab 110 € möglich), doch in der Regel kostet ein Hin- und Rückflug etwa 160 €.
Information: ✆ 0033/144552000 oder 0033/803857857 (Buchung und Reservierung).

• *Fluggesellschaften im Internet*: **Eurowings**, www.eurowings.de; **Lufthansa**, www.lufthansa.de; **Ryanair**, www. ryanair.com; **Buzz**, www.buzzawy.com.

Londoner Flughäfen

London besitzt fünf Flughäfen, von denen Heathrow der mit Abstand größte ist. Ein weiterer Vorteil von Heathrow ist, dass er am leichtesten und günstigsten vom Zentrum aus zu erreichen ist.

Heathrow: 24 Kilometer westlich der City gelegen, besitzt Heathrow die besten Verkehrsanbindungen. Der *Heathrow Express* düst seit 1988 in nur 15 Minuten für £ 12 zur Paddington Station. Wer will, kann beim Rückflug bereits am Bahnhof Paddington einchecken. Mit der *Piccadilly Line* gelangt man für £ 3.50 in 50 Minuten zum Piccadilly Circus. Tipp: Direkt an der Tube Station Heathrow befindet sich ein Schalter der städtischen Verkehrsbetriebe (London Transport), wo man sich bei Bedarf gleich eine Tages- bzw. Wochenkarte für die Untergrundbahn kaufen kann.

Gatwick: Der Charterflughafen liegt 45 Kilometer südlich von London. Passagiere können am Bahnhof Victoria einchecken. Der *Gatwick Express* fährt in einer halben Stunde zur Victoria Station (£ 10.50); 45 Minuten benötigen die Züge der *Connex South Central* (£ 8.20). Günstiger ist nur noch der stündlich verkehrende Bus von *Flightline 777* für £ 8, der in 90 Minuten zur Victoria Station fährt.

Stansted: Der Flughafen mit seiner neuen, von Sir Norman Forster entworfenen Abfertigungshalle liegt 50 Kilometer nordöstlich des Zentrums. Mit dem *Stansted Express* gelangt man für £ 13 in 45 Minuten in das Zentrum. Als Alternative empfiehlt sich die Buslinie *Flightlight*, die für £ 7 in 100 Minuten zur Victoria Station fährt.

Luton: Der relativ kleine Flughafen Luton befindet sich 53 Kilometer nordwestlich von London; von München aus wird Luton tgl. (außer Samstag) angeflogen (Europaen Air Express). Die Züge via Luton Station nach King's Cross schlagen mit £ 12.20 für die 45-minütige Fahrt zu Buche. Die Busse der *Green Line 757* benötigen doppelt so lange, kosten aber nur £ 7.50.

City Airport: 14 Kilometer östlich der City gelegen, aber wenig frequentierter Flughafen. Mit dem *Shuttle Bus* gelangt man alle zehn Minuten für £ 5 in 25 Minuten zur Liverpool Station.

Tarifdschungel

Das Tarifsystem der Fluggesellschaften ist nicht gerade übersichtlich. Die Fluglinien locken mit Standby, Fly & Drive, Flieg-&-Spar-Tarif, Super-Flieg-&-Spar-Tarif, Partnertarifen, Jugendtarifen, Miles-&-More-Gutschriften, Studententickets und anderen verführerisch klingenden Angeboten. Am besten erkundigt man sich in einem guten Reisebüro nach den aktuellen Angeboten und studiert zudem noch die Tarife im Internet. Faustregel: Die Preise für den Hin- und Rückflug bewegen sich je nach Angebot in der Regel zwischen 60 und 300 €, hinzu kommen noch häufig Steuern, Passagier- und Sicherheitsgebühren (jeweils bis zu 40 €).

Jugendtarif: Für Jugendliche unter 25 Jahre und Studenten unter 30 gibt es noch die Jugendtarife Europa (25 % Ermäßigung). In den meisten größeren Städten Europas erhält man diese preiswerten Flugscheine für unausgelastete Maschinen. Im Falle Englands gilt, dass die Jugendtarife für London generell, für Birmingham und Manchester nur ausnahmsweise angeboten werden. Am besten erkundigt man sich in einem Reisebüro nach den Chancen.

Charterflüge: In den Sommermonaten bieten die großen Reiseveranstalter preisgünstige Charterflüge nach England an, meistens natürlich nach London. Diese Flüge beinhalten oft auch Übernachtungen. Auskünfte über die verschiedenen Charterarrangements erhalten Sie in den Reisebüros.

Mit dem Bus

Das preisgünstigste Verkehrsmittel für die Anreise ist der Bus! Die Eurolines verkehren regelmäßig zwischen Deutschland und England.

Eurolines ist ein Konsortium verschiedener Busgesellschaften (Deutsche Touring, Continentbus etc.) und verfügt so über ein weit verzweigtes Netz. Deshalb kann man aus vielen Städten (München, Stuttgart, Mannheim, Nürnberg, Dresden, Leipzig, Jena, Frankfurt/Main, Mainz, Koblenz, Kassel, Remagen, Bonn, Köln, Aachen) auch über Zubringerbusse auf die Englandstrecke umsteigen. In den komfortablen Bussen ist das Reisen relativ angenehm. Die Anreisezeiten variieren je nach Abfahrtsort zwischen 8 und 20 Stunden. Eine Fahrt von Nürnberg nach London kostet hin- und zurück rund 135 €, von Frankfurt/Main nach London 100 €. Es ist ratsam, Buchungen rechtzeitig vorzunehmen. Anschlussfahrten sind ab London in alle Zielgebiete möglich.

Information: **Deutsche Touring**, ✆ 069-79030, Internet: www.deutsche-touring.com. Reservierungen aus Deutschland nimmt das Reisebüro Winkelmann (✆ 05143-93434) entgegen; Österreicher können sich an Blaguss Reisen (✆ 01-7120453), Schweizer an das Reisebüro Marti (✆ 032-3910111) wenden.

Pauschalreisen: Zahlreiche Reisebusunternehmen bieten Pauschalreisen nach England an. Die meisten Angebote beziehen sich auf die Weltstadt London. Höchst unterschiedliche Preise und Unterkünfte lassen es ratsam erscheinen, die Offerten sorgfältig zu vergleichen. Informationen über die Reiseveranstalter Ihrer Region erhalten Sie in den Reisebüros.

Mitfahrzentralen/Trampen

Die goldenen Tramperzeiten sind – wenn es sie jemals gegeben hat – schon lange vorbei. Das Warten kann zur harten Geduldsprobe werden. Abhilfe schaffen die preiswerten Mitfahrzentralen.

Wer die Ungewissheit und Risiken des Trampens scheut, sollte sich an die Mitfahrzentralen (MFZ) wenden. Sie sind für Fahrer und Mitfahrer gleichermaßen eine feine Sache. Ersterer bekommt einen Fahrtkostenzuschuss, Letzterer gelangt zuverlässig und günstig an das gewünschte Ziel; die Kosten liegen erheblich unter denen eines Bahntickets. Genauere Informationen zu Mitfahrgelegenheiten und Preisen können in den größeren deutschen Städten unter der **bundeseinheitlichen Rufnummer 19440** erfragt werden. Frauen haben die Möglichkeit, nur Frauen mitzunehmen bzw. nur bei ihnen mitzufahren.

Die Preise errechnen sich aus einer *Benzinkostenbeteiligung* und einer *Vermittlungsgebühr* und belaufen sich derzeit auf 4,5 Cent pro Kilometer; der Fahrer erhält 3 Cent, die jeweilige Mitfahrzentrale 1,5 Cent. Von Nürnberg nach London beträgt der Gesamtpreis für den Mitfahrer 40 €, wovon dem Fahrer 27,50 € zustehen. Hinzu kommen noch rund 25 € für die Fähre. Um spätere Schwierigkeiten zu vermeiden, sollte man unbedingt den von der MFZ ausgestellten Beleg mitführen. Für einen Euro kann jeder Mitfahrer bei der MFZ eine *Zusatzversicherung* abschließen.

Unterwegs in England

Mit dem Auto

Gleich nach der Ankunft auf englischem Boden wird man mit dem Schild "Keep Left" konfrontiert. **Linksfahren** ist die schwierigste Hürde, die für den kontinentalen Autofahrer in England zu nehmen ist. Probleme treten häufig beim Abbiegen auf. Wer nach rechts abbiegt, muss ungewohnterweise eine große Kurve fahren und die Gegenfahrbahn kreuzen. Wichtig und hilfreich ist ein Rückspiegel auf der rechten Seite, um den nachfolgenden oder überholenden Verkehr beobachten zu können.

Nostalgie pur: Taxi in London

Das englische Straßennetz ist ausgezeichnet. Einzig das Autobahnnetz ist nicht so gut ausgebaut wie in Deutschland. Dafür sind die großen *A Roads*, die unseren Bundesstraßen entsprechen, zumeist zweispurig ausgebaut (*dual carriageway*) und ermöglichen ein zügiges Vorwärtskommen. Selbst auf den kleinsten Seitenstraßen findet man Asphaltbelag, wenig Verkehr und richtig ländliches England (auch auf den *B* und *C Roads* macht das Autofahren Spaß). Allerdings sind besonders diese kleinen Straßen oft sehr schmal und unübersichtlich, so dass man vorsichtig fahren sollte; die Nebenstraßen scheinen kaum für Gegenverkehr ausgelegt zu sein. Der Linksverkehr wird fast zur Nebensache, da zwei Autos einander nur an den Haltebuchten passieren können. Wer dem anderen großzügig den Vortritt gewährt, wird mit einem freundlichen Gruß des Entgegenkommenden belohnt. Eine Erkundungsfahrt kann allerdings leicht in eine kleine Odyssee ausarten, da die Straßenbeschilderung nicht immer verlässlich ist.

Benzin: Benzin und vor allem Diesel ist erheblich teurer als in Deutschland oder Österreich. Durchschnittliche Benzinpreise im Herbst 2001:
Normal bleifrei (Unleaded, 95 Octane): ca. £ 0,90
Super bleifrei (Unleaded, 98 Octane): ca. £ 0,96
Diesel (Diesel): ca. £ 0,87
Fahrzeugpapiere: Der nationale *Führerschein* und der *Fahrzeugschein* genügen vollkommen; die internationale *Grüne Versicherungskarte* ist zwar nicht mehr Pflicht, sie kann aber bei Unfällen sehr hilfreich sein.
Gurtpflicht: Für Fahrzeuglenker und alle Insassen besteht Gurtpflicht. Es droht eine Strafe von £ 50!
Kreisverkehr: Der im deutschsprachigen Verkehrsraum relativ seltene Kreisverkehr erfreut sich in England als Alternative zur ampelgesteuerten Kreuzung großer Beliebtheit, wobei das sich bereits im Kreisverkehr befindliche Fahrzeug fast immer Vorfahrt hat. Beim Herausfahren aus dem Kreisverkehr sollte man das Blinken nicht vergessen.
Promillegrenze: Sie liegt derzeit bei 0,8.
Tempolimit: Innerhalb geschlossener Ortschaften 30 mph (48 km/h), auf zweispurigen Landstraßen 60 mph (96 km/h), auf vierspurigen Landstraßen und auf der Autobahn sind 70 mph (112 km/h) erlaubt.
Pannenhilfe: Die beiden englischen Pannendienste *The Automobile Association (AA)* und *The Royal Automobile Club (RAC)* sind Partnerclubs des ADAC. Sie können von ADAC-Mitgliedern kostenlos in Anspruch genommen werden. Neben der ADAC-Mitgliedschaft ist auch ein ADAC-Euro-Schutzbrief zu empfehlen, der zusätzlichen Service bietet. Tag und Nacht erreicht man beide Pannendienste gebührenfrei unter ✆ 0800/887766 (AA) bzw. ✆ 0800/828282 (RAC).
Parken: Gelbe Linien am Straßenrand signalisieren Halteverbot, bei doppelt gezogenen gelben Linien herrscht absolutes Halteverbot. Bei Missachtung drohen Strafzettel oder Radsperren (*wheel-clamps*).
Vorfahrt: Die Vorfahrt wird anders als auf dem Kontinent gehandhabt. Straßenkreuzungen und Einmündungen sind mit Linien gekennzeichnet, die die Vorfahrt regeln (durchgezogene Linie heißt Vorfahrt achten). Kreuzungen mit einem *gelben diagonalen Raster* (box) dürfen nur befahren werden, wenn sich kein anderer Wagen in der Box befindet – "Do not enter box unless clear".
Zusatzversicherung: Für wertvolle oder neuwertige Fahrzeuge, die nur Teilkaskoversichert sind, empfiehlt sich der kurzfristige Abschluss einer Vollkaskoversicherung.

Mit der Bahn (British Rail)

England ist bekanntlich das Mutterland der Eisenbahn. Mit ihrem dichten Schienennetz eignet sich die Bahn daher ausgezeichnet, um das Land zu erkunden. Infolge der Privatisierung des Bahnwesens existiert allerdings keine durchgehende Verbindung entlang der Südküste.

Das Reisen mit der *British Rail* (BritRail) ist grundsätzlich teurer als mit dem Bus. Beim Lösen von Fahrkarten ist zu beachten: *Single-Tickets* gelten für einfache Bahnfahrten, und *Return-Tickets* entsprechen Rückfahrkarten. Daneben gibt es häufig noch die sogenannten *Cheap-Day-Return-Tickets (CDR)*, die manchmal sogar billiger als ein Single-Ticket sind. CDR bedeutet, dass man noch am selben Tag wieder die Rückfahrt antreten muss. Da die CDR-Fahrkarte häufig das billigste Ticket ist, kann man die Rückfahrt ohne schlechtes Gewissen sausen lassen. Lohnend kann auch der Kauf eines *Apex-* oder *Super-Apex-Tickets* sein, allerdings muss man dann die Fahrt 7 oder 14 Tage im Voraus buchen; der Preis eines Return-Tickets von London nach Newcastle kann sich so von £ 144 auf phantastische £ 31 vermindern. Achtung: Es steht oft nur ein kleines Platzkontingent zur Verfügung. Die verschiedenen privaten Bahnlinien halten ebenfalls spezielle Angebote für bestimmte Strecken bereit.

• *Auskunft*: Weitere Informationen zu Verbindungen und Vergünstigungen erteilt die **Reiseauskunft der Deutschen Bahn** (bundeseinheitliche Rufnummer 01805-996633). Außerdem bekommt man Infos bei **Brit Rail**, c/o Rail Europe, Lindenstr. 5, 60325 Frankfurt, ✆ 069-97584646, 📠 069/97584625 (für Deutschland), bzw. **Brit Rail** c/o Rail Europe, Gutenbergstr. 1, 3001 Bern, ✆ 031-3801944, 📠 031-3801049 (für die Schweiz und Österreich).

Fahrradmitnahme: In den Zügen ist es außerhalb der Stoßzeiten erlaubt, Fahrräder mitzuführen. Da oft nur eine bestimmte Anzahl von Rädern geduldet wird, ist es ratsam, sich vorab zu informieren. Dieser Service ist zwar häufig kostenlos, in IC-Zügen zahlt man jedoch £ 3.

BritRail-Flexi-Pass: Wer England mit dem Zug bereisen will, dem empfiehlt sich der Kauf eines BritRail-Flexi-Passes. Mit diesem Pass kann man sich an vorher festgelegten Tagen auf dem gesamten Schienennetz von England, Schottland und Wales bewegen. Beispiel: Man ist vier Wochen in England, will aber länger an einem oder mehreren Orten bleiben. Mit dem Flexi-Pass – er besitzt eine Gültigkeit von einem oder zwei Monaten – kann man nun 3, 4, 8 oder 15 Tage bestimmen, an denen dieser gültig sein soll. Man muss nur am jeweiligen Reisetag das Datum handschriftlich eintragen. Zudem erhält jeder Erwachsene einen kostenlosen Kinderpass! Weitere Kinder unter 16 zahlen den halben Preis. Achtung: Der BritRail-Flexi-Pass muss vor Reiseantritt in Deutschland, Österreich oder der Schweiz gekauft werden (in den Bahnhöfen und Reisebüros)!

Preise: **3 Tage**: 120 € (Erwachsene) und 100 € (Jugendliche bis einschließlich 25 Jahren); **4 Tage**: 150 €/120 €; **8 Tage**: 215 €/155 €; **15 Tage**: 330 €/190 €. Diese Preise gelten für die 2. Klasse.

Jugend-/Studententicket: Studenten mit einem internationalen Studentenausweis und Jugendliche (16–24 Jahre) können eine *Young Persons Railcard* erstehen, mit der man auf den meisten Strecken in England (zweiter Klasse) ein Drittel billiger fahren kann. Der Pass kostet £ 18 und gilt ein Jahr. Dieselbe Vergünstigung gilt für Senioren. Kinder zwischen 5 und 15 Jahren fahren generell zum halben Preis.

Regionale Vergünstigungen: Weitere Alternativen sind die *London Visitor Travelcard* und der *SouthEast Pass* (gültig von Canterbury bis Exeter). Diese Pässe ermöglichen uneingeschränkte Fahrt auf den entsprechenden Schienennetzen. Erstehen kann man sie jedoch nicht in England, sondern wiederum nur vor Urlaubsantritt in den heimischen Reisebüros.

• *London Visitor Travelcard*: Gilt für alle Londoner U-Bahnen und Busse. Zur Visitor Travelcard gehört zudem ein Gutscheinheft im Wert von bis zu £ 40, mit dem bei manchen Restaurants und Sehenswürdigkeiten Ermäßigungen gewährt werden. Für drei Tage kostet sie 26 €, für 4 Tage 35 €, für sieben Tage 53 €.

• *SouthEast Pass*: Insgesamt acht Tage gültig. Wer von diesen acht Tagen drei Tage lang das Ticket nutzen will, zahlt 70 €, für vier Tage 100 € und für sieben Tage (15 Tage gültig) 135 €. Die Preise für Jugendliche unter 25 J. sind um rund 10 % günstiger.

Mit dem Bus

In England wird zwischen *Coaches* und *Buses* unterschieden. *Coaches* sind komfortable Fernbusse, die Ziele auf der gesamten Insel ansteuern. *Buses* sind nur für den Nahverkehr zuständig. Allerdings verbinden die *County Buses* auch zahlreiche Städte innerhalb einer Grafschaft miteinander. Das Reisen mit den *Coaches* ist immer etwas preisgünstiger als mit der Bahn. Als Jugendlicher zwischen 16 und 25 Jahren oder nach Vorlage eines internationalen Studentenausweises kann man sich für £ 9 eine *Discount Coach Card* besorgen. Sie gilt ein ganzes Jahr und macht das Benutzen von *National Express Coaches* um 30 Prozent billiger.

Tourist Trail Pass: Mit diesem Pass kann man an 5, 7 oder 14 Tagen, die man sich aus 10, 21 oder 30 Tagen frei wählen kann, alle *National Express* und *Caledonian Express Coaches* in England, Schottland und Wales benutzen.

• *Preise*: 5 Tage: £ 85 (erm. £ 69); 7 Tage: £ 120 (erm. £ 94); 14 Tage: £ 187 (erm. £ 143). Erhältlich an den National-Express-Schaltern der Busbahnhöfe der größeren Städte sowie vorab in Deutschland über: **Winkelmann Reisen**, Schulstr. 2, 29308 Winsen/Aller, ✆ 05143-93434, 📠 05143-2337.

Regionale Busunternehmen bieten oft auch preisgünstige *Explorer-*, *Rover-* oder *Rambler-Tickets* an. Bevor man sich eine Einzelkarte kauft, sollte man nach diesen Tickets fragen. Mit ihnen kann man einen Tag, manchmal auch mehrere Tage lang eine Busgesellschaft kostenlos in Anspruch nehmen. Die Tourist Offices geben Auskunft.

Radwandern

Eine der schönsten Arten, England zu bereisen, ist die mit dem Fahrrad. Die zahlreichen schmalen Landstraßen abseits der Autoschlangen sind ideal für Radwanderungen. Mit Hilfe staatlicher Lotteriegelder ist in den letzten Jahren das Fahrradnetz für 400 Millionen Pfund erheblich ausgebaut worden. Entlang stillgelegter Bahntrassen, auf alten Treidelpfaden und wenig befahrenen Landstraßen (*Lanes*) ist ein richtiges Fernradwanderwegnetz (*National Cycle Routes*) entstanden, das bis zum Jahr 2005 auf mehr als 10.000 Kilometer ausgebaut werden soll. Das *National Cycle Network* gibt Streckenkarten und Infopakete heraus.

Adresse: National Cycle Network Information Department Sustrans, 35 King Street, Bristol BS1 4DZ, ✆ 0044-0117-9290888. Internet: www.sustrans.org.uk

Falls Sie nicht mit dem eigenen Drahtesel unterwegs sind, finden Sie in diesem Reisehandbuch Adressen von Unternehmen, die Fahrräder verleihen. Es empfiehlt sich, zu der entsprechenden Region eine gute Karte zu kaufen. Praktisch sind z. B. die *Outdoor Leisure Maps von Ordnance Survey* (gibt es allerdings nur für einige Gegenden). In den lokalen Tourist Offices liegen meistens auch Tourenvorschläge aus, welche die schönsten Routen der Umgebung beschreiben. Weitere Informationen sind über die größte britische Radorganisation, den *Cyclists' Touring Club*, erhältlich. Der *CTC* bietet auch geführte Radtouren von 3 bis 21 Tagen an.

Adresse: CTC, 69 Meadrow, Gondalming, Surrey GU7 3HS, ✆ 0044-01483-417217, ℻ 0044-01483-426994.
Internet: www.ctc.org.uk

Wandern in Cornwall

Wandern

Wanderwege findet man überall, und zu jeder Jahreszeit sind unermüdliche Wanderfreunde unterwegs. Besonders beliebt sind Langstrecken wie der *Pennine Way* (400 km) von der schottischen Grenze durch den Lake District bis in die Midlands oder der *Cornwall* und der *Devon Coast Path*, auf denen man die südwestlichste Ecke Englands umrunden kann. Sind Sie zu Fuß in Englands Bergen, Mooren und Küstenregionen unterwegs, finden Sie häufig gut ausgeschilderte Wanderwege. Trotzdem sollten Sie bei mehrtägigen Touren nicht auf eine Karte verzichten, insbesondere die *Ordanance Survey Maps* erweisen sich als nützlich. Die *Landranger*-Serie im Maßstab 1:50.000 leistet gute Dienste, in schwierigem Gelände ist jedoch eine Karte der *Explorer*-Serie (Maßstab 1:25.000) empfehlenswert.

Informationen: Die recht informative Broschüre **Wandern in Großbritannien** (mit Adressen, Buch- und Kartentipps) wird von den BTA-Vertretungen herausgegeben.

Übernachten

In England ist die Zimmersuche kein großes Problem. Fast jeder Ort verfügt über eine *Touristen-Information*, zu erkennen an dem blauen Schild. Hier kann man sich über alle B&Bs, Hotels und andere Möglichkeiten informieren. Meist gibt es auch eine Adressenliste mit Preisen. Über den hier angebotenen *Accomodation Service* wird einem ein Zimmer nach Wahl vermittelt. Die zu entrichtende Gebühr wird dann häufig vom Übernachtungspreis abgezogen. Außerdem können Sie über das Tourist Office ein Zimmer in einer anderen Stadt vorbestellen. Dies nennt sich *Book-A-Bed-Ahead* und ist gebührenpflichtig (ab £ 1.50). Kommt man in einen kleineren Ort oder ist die Informationsstelle geschlossen, geht man einfach in ein Hotel oder ein B&B, auch wenn alles belegt ist. Meist sind die Leute recht freundlich und suchen telefonisch ein passendes Quartier. That's English! Im Folgenden ein Überblick über die verschiedenen Übernachtungsmöglichkeiten:

Schloss- und Landhotels

Luxuriös und englisch-traditionell zugleich. Häufig in einem Park gelegen, mit alten, riesigen Zimmern und entsprechendem Mobiliar. Diese Hotels bieten meist auch ein köstliches Dinner für Nichtgäste an. Die Zimmerpreise liegen hier zwischen £ 80 und £ 200 für ein Doppelzimmer, ein Dinner kostet um £ 20.

Hotels

Hotels gibt es in den verschiedensten Kategorien, vom teuren Luxushotel für £ 100 oder mehr bis zu kleineren Familienhotels, die zwischen £ 25 und £ 50 für ein Doppelzimmer kosten. Londoner Hotels sind generell um ein Viertel teurer als vergleichbare Häuser auf dem Land. Erkundigen Sie sich, ob im Preis das Frühstück enthalten ist.

Bed & Breakfast (B&B)

Diese Unterkunftsart ist eine typische englische Einrichtung. Wann es das erste B&B gegeben hat, liegt im Dunkeln, doch nimmt man an, dass sofort nachdem das erste Fachwerkhaus eines Angelsachsen fertig war, das Gästezimmer von seiner Frau an einen vorbeiziehenden normannischen Eindringling vermietet wurde ...

Zwischen £ 12 und £ 25 pro Person müssen einkalkuliert werden. Darin ist nicht nur das reichliche Frühstück enthalten, sondern meist auch die Benutzung des Familienbads, Fernsehzimmers oder anderer Räume.
Gerade in den ländlichen Gebieten kommt man mit den Gastgebern schnell ins Gespräch und kann allerhand über die Gegend erfahren. Von diesem herzlichen Umgang schwärmen viele Englandreisende. Die Zimmer sind oft einfach, haben einen Fernseher, ein Waschbecken, einen Schrank, einen Nachttisch und manchmal eine Dusche. In den meisten B&Bs befinden sich auch die unvermeidlichen Teekocher (teaboiler). Mit ihnen kann man sich auf die Schnelle einen Tee oder Kaffee zubereiten. Teebeutel und lösliches Kaffeepulver liegen daneben. Wer keine Dusche im Zimmer hat, findet das Bad auf dem

Flur. Morgens wird zur verabredeten Zeit das herzhafte Frühstück aufgetischt. Auf Wunsch wird auch vegetarisches oder Diätfrühstück zubereitet. Wenn ein Zimmer vom Wohnhaus abgetrennt ist (muss nicht) und ein eigenes Bad besitzt, heißt das *en-suite*. Das Übernachten in diesen Räumen ist häufig etwas teurer als in den anderen.

Jugendherbergen (Youth Hostels)

Ein Häuschen, daneben ein Tannenbaum – dieses Symbol zeigt den Weg zur nächsten Jugendherberge. Insgesamt gibt es rund 250 Jugendherbergen in England und Wales. Die Jugendherbergen in *London* sind häufig schon Monate im Voraus ausgebucht. Ähnlich kann es auch zur Hauptreisezeit (Juli/August) bei landschaftlich schön gelegenen Häusern sein. In einigen Herbergen besteht die Möglichkeit, ein Bett in einer anderen Herberge im Voraus zu reservieren. Am besten fragt man an der Rezeption nach. Nur in einem Jugendherbergsschlafsack oder Bettbezug ist das Übernachten in einer Jugendherberge gestattet. Wer beides nicht besitzt, bekommt die "Sheets" in jeder Herberge (im Preis enthalten).

In vielen Einrichtungen ist eine Gemeinschaftsküche vorhanden. Hier bereitet man sich seine Mahlzeiten am preisgünstigsten zu. In den Kantinen wird Frühstück ausgegeben, das man am Tag zuvor bestellt und bezahlt. Auch Abendessen wird manchmal angeboten.

Stilvolle JH in Canterbury

Einige Hostels erlauben (meist für den halben Preis) das Zelten auf ihrem Grundstück. Die Einrichtungen des Hauses (Duschen, Küche usw.) dürfen dann mitbenutzt werden.

• *Informationen*: **Deutsches Jugendherbergswerk**, Bismarckstr. 8, Postfach 1455, 32756 Detmold, ✆ 05321-99360.

Youth Hostel National Office, Trevelyan House, 8 St. Stephens Hill, St. Albans, Herts AL1 2DY, ✆ 01727-845047, 📠 01727-844126. Internet: www.yha.org.uk

• *Preise*: Es gibt in England die Alterskategorien **Under 18** (Jugendliche und Kinder bis 18 Jahre) und **Adult** (Erwachsene ab 18 Jahre). Erstere bezahlen pro Übernachtung £ 4.65–6.75, Adults £ 6.65–10.85. Die Jugendherbergen in London und anderen touristisch interessanten Städten sind jedoch wesentlich teurer (London £ 22.95). Frühstück kostet £ 3.20, ein dreigängiges Abendessen zumeist £ 4.80.

• *Reservierungen*: Es ist ratsam, rechtzeitig zu reservieren. Dies lässt sich entweder telefonisch oder im Internet erledigen, wenn man über eine Kreditkarte verfügt. Andernfalls empfiehlt sich eine schriftliche Buchung. Bei kurzfristigen Vorbestellungen (weniger als eine Woche) sollte man bis spätestens 18 Uhr anreisen. Denn bei großem Andrang wird um diese Zeit auch das freigehaltene Bett vergeben.

- *Jugendherbergsausweis*: Wer plant, seinen Urlaub in Jugendherbergen zu verbringen, benötigt einen **Internationalen Jugendherbergsausweis**, den man sich schon zu Hause besorgen sollte (in Jugendherbergen oder Fremdenverkehrsämtern).

Das informative Handbuch **Accomodation Guide** (jährlich neu aufgelegt) ist beim *Youth Hostel National Office* (s. o.) oder in einigen *Tourist Information Offices* für rund £ 5 erhältlich. Darin werden alle Jugendherbergen in England und Wales beschrieben (auch Preise). Wer diese Lektüre schon zu Hause kaufen will, wendet sich an den BTA:

Britische Fremdenverkehrsverein (BTA), Westendstr. 22, D-60325 Frankfurt a. M., ✆ 069-971123, 📠 97112444.

YMCA und YWCA

Young Men's (bzw. Women's) Christian Association bietet ebenfalls Unterkünfte in ganz England an. Einrichtungen und Preise dieser Herbergen sind höchst unterschiedlich. Es gibt YMCAs und YWCAs, in denen Männer und Frauen unter einem Dach übernachten können. Andere wiederum achten streng auf Geschlechtertrennung.

- *Adressen*: **National Council of YMCAs**, 640 Forest Road, Walthamstow, London E17 3DZ. **YWCA of Great Britain**, Claredon House, 52 Cornmarket Street, Oxford OX1 3EJ.

Camping

Über 3.000 Campingplätze gibt es in Großbritannien. Seit dem Jahr 2000 lässt der *English Tourism Council* die Campingplätze von neutralen Prüfern besuchen, die je nach Sauberkeit, Service und Lage zwischen einem und fünf Sternen vergeben. Prinzipiell gilt: Ausstattung und Preise nehmen mit der Zahl der Sterne zu. Zumeist berechnet sich der Übernachtungspreis pro Stellplatz, unabhängig ob man in einem Zelt oder Wohnwagen schläft. Je nach Ausstattungsstandard müssen für eine Übernachtung zwischen £ 6 und £ 12 einkalkuliert werden.

Viele Campingplätze sehen leider aus wie eine Wohnwagen-Reihenhaussiedlung, oft ist Zelten nicht einmal erlaubt ("tents not admitted"). Wer einen Platz sucht, kann sich an den braunen Schildern mit dem Campingsymbol orientieren. Grundsätzlich ist es empfehlenswert, vorher beim Campingplatz anzurufen.

Günstiger als die kommerziellen Campingplätze, auf denen man manchmal zwischen Wohnwagen in der Masse versinkt, sind private Plätze auf *Bauernhöfen* oder Ähnlichem. Einige Farmer weisen per Schild auf diese Möglichkeiten hin. Oder fragen Sie einfach einen Bauern, ob Sie auf seiner Wiese ein Zelt aufschlagen dürfen. Tut man dies jedoch, ohne zuvor zu fragen, begeht man Landfriedensbruch, der mit einer empfindlichen Geldstrafe geahndet werden kann.

Bei einer Campingreise nach England hilft die von der **British Tourist Authority** herausgegebene Broschüre *Camping & Caravan Parks in Britain*. Sie enthält alle staatlich zugelassenen Plätze, gibt Auskunft über Preise und Ausstattung sowie die Lage. Erhältlich in den BTA-Vertretungen: Britische Fremdenverkehrsverein (BTA), Westendstr. 22, D-60325 Frankfurt a. M., ✆ 069-971123, 📠 97112444.

English Breakfast für Hungrige

Essen und Trinken

Der Gemeinplatz, ein Franzose lebe, um zu essen, und ein Engländer esse, um zu leben, lässt sich heute nicht mehr ohne weiteres aufrechterhalten. Vor allem London hat sich auf dem kulinarischen Sektor in den letzten beiden Jahrzehnten vom Entwicklungsland zum gastronomischen Trendsetter gemausert.

Für viele Engländer ist der Morgen die kulinarische Glanzstunde des Tages, die sie am liebsten mit einem opulenten Mahl zelebrieren. Zu jedem guten **Frühstück** gehören Orangen- oder Grapefruitsaft, Müsli (*Cereals*), Haferbrei (*Porridge*), wahlweise Spiegel- oder Rührei und zwei Scheiben knusprig gebratener Bacon. In besonders traditionellen Herbergen besteht ein *English Breakfast* zudem noch aus Würstchen (auf die man besser verzichten sollte), Grilltomaten und gegrillten Champignons sowie weißen Bohnen, manchmal auch noch aus Bratfisch oder Bückling (*Kippers*). Auf alle Fälle werden zudem Toast, gesalzene Butter und die unvermeidliche bittere Orangenmarmelade (*Marmalade*) gereicht. *Jam* heißen übrigens alle anderen Marmeladensorten. Je nach Wunsch bekommt man noch Tee oder Kaffee serviert.

Im Gegensatz zum *English Breakfast* besteht das sogenannte *Continental Breakfast* in der Regel nur aus Brötchen, Butter und Marmelade. Da in den meisten B&Bs beide Arten von Frühstück gleich viel kosten (im Übernachtungspreis enthalten), sollte man sich die gebratenen Leckereien nicht entgehen lassen.

> "Die Butterscheiben, welche zum Tee gegeben werden, sind so dünne wie Mohnblätter. Aber es gibt eine Art, Butterscheiben am Kamin zu rösten, welche unvergleichlich ist. Es wird nehmlich eine Scheibe nach der anderen so lange mit einer Gabel ans Feuer gesteckt, bis die Butter eingezogen ist, alsdann wird immer die folgende drauf gelegt, so daß die Butter eine ganze Lage solcher Scheiben allmählich durchzieht: man nennt dies einen *Toast.*"
>
> *Karl Philipp Moritz (1782)*

Nach einem derart üppigen Frühstück dauert es mehrere Stunden, bis sich wieder ein Hungergefühl einstellt. Für ein preiswertes Mittagessen (*Lunch*) bieten sich die zahlreichen **Fish-'n'-Chips-Restaurants** oder Imbissbuden an, die in nahezu jedem Ort zu finden sind. Besonders gut schmecken die in einem Teigmantel gebackenen Fischfilets natürlich an der Küste – leider ist es um die Qualität der Chips fast immer schlecht bestellt. Die Engländer salzen ihre Chips übrigens nicht, sondern würzen sie mit Essig (*Vinegar*). Wer seine in eine offene Papiertüte verpackten Fish 'n' Chips in der richtigen Atmosphäre essen will, setzt sich an den Hafenkai, um gedankenverloren die Möwen zu beobachten und auf das Meer zu blicken.

Wer gerne günstig und bodenständig isst, sollte es einmal mit *Pub Food*, auch *Pub Grub* genannt, versuchen. Je nach der Gegend, in der man sich gerade aufhält, hat auch das Pub seinen individuellen Stil. Im Londoner Bankenviertel drängen sich beispielsweise die Gentlemen im Nadelstreifenanzug, aber auch einige Arbeiter im Overall stehen in der Ecke und schlürfen ihr Bier. Einige Pubs, vor allem an den großen Straßen, bieten mittags auch ein kaltes *Buffet* an, bei dem man sich von allen Köstlichkeiten etwas nehmen kann. Auch die mittäglichen *Lunch Specials* sind sehr zu empfehlen und relativ preiswert (ab £ 3). Wie die Getränke, so bestellt und bezahlt man im Pub auch die Speisen direkt an der Theke.

Ein traditionelles Gericht ist der *Ploughman's Lunch*: Frisches, Weißbrot mit sauer eingelegten Zwiebeln, Butter und einem handfesten Stück Cheddar Cheese oder Ham and Egg Pie. Klassiker wie *Steak and Kidney Pie*, eine mit Nieren gefüllte Rindfleischpastete, sind sicherlich nicht jedermanns Sache. Leckerer sind der traditionelle *Shepherd's Pie* (Fleisch mit Zwiebeln und Kartoffelbrei) oder der *Devonshire Squab Pie*, eine delikate Lammfleischpastete. Beim Salat ist Vorsicht angebracht, denn allzu oft wird er von einer dicken Schicht Mayonnaise erdrückt. England ist ein multikulturelles Land, so verwundert es auch nicht, dass selbst in den urigsten Pubs ein *Chicken Kourma* und andere indische *Currys* auf der großen schwarzen Wandtafel stehen.

Eine weitere Spezialität sind die *Cornish Pasties*, welche auch in Bäckereien zum Mitnehmen verkauft werden. Die sowohl mit Gemüse und Fleisch als auch mit Süßem gefüllten Teigtaschen besitzen einen knusprigen Rand, so dass sich die Fischer und Minenarbeiter stärken konnten, ohne sich die Hände waschen zu müssen: Der Rand des praktischen "Eintopfs" wurde nämlich nicht mitgegessen.

Wer nur einen kleinen Happen essen will, kann sich mit einem Sandwich begnügen. Als Alternative empfehlen sich die Lebensmittelabteilung eines

Kaufhauses (Marks & Spencer) oder ein Supermarkt (Tesco), die Salate, leckere Sandwiches oder belegte Baguettes sowie exotische Spezialitäten in appetitlich zurechtgemachten Portionen feilbieten. Wer Wert auf biologische Kost legt, sollte auf den Hinweis *organic food* achten.

Tee ist nicht nur das obligatorische Frühstücksgetränk; der Genuss einer "cuppa tea" ist kaum noch aus irgendeiner Situation wegzudenken. Die Verbundenheit, die zwischen den Menschen und ihrem milchig verdünnten, süßen Getränk besteht, brachte der viktorianische Premierminister Gladstone so zum Ausdruck: "Wenn Dir kalt ist, wird Dich Tee wärmen, wenn Du erhitzt bist, wird er Dich abkühlen; bist Du deprimiert, wird er Dich aufrichten, bist Du aufgeregt, wird er Dich beruhigen!" Wegen dieser Allround-Medizin wurden Kriege ausgefochten und parlamentarische Debatten geführt. Für die Teepause stehen in allen Fabriken die Maschinen still. Seit 1960 hat jeder englische Arbeiter das Recht auf zwei Teepausen pro Tag. Getrunken werden zumeist Earl Grey oder Darjeeling.

Zur nachmittäglichen *Tea Time* gehören Unmengen an Süßigkeiten, Kuchen, eingelegten Früchten und Sahne (Cream) – sehr empfehlenswert ist die Devonshire *Clotted Cream*. Überall im Südwesten wird am Nachmittag *Cream Tea* serviert – ein Kännchen Tee mit süßen, noch warmen Brötchen (Scones), Clotted Cream und Erdbeermarmelade. Während man in Devon erst die Cream und dann die Marmelade auf die Scones streicht, handhaben es die Einwohner Cornwalls genau umgekehrt. Außerdem ist Devon berühmt für seinen *Fudge*, Zuckerwerk, das es in verschiedenen Geschmacksrichtungen gibt. Wenn es frisch ist, zergeht es auf der Zunge und ersetzt vom Nährwert her ein ganzes Mittagessen!

Das Abendessen (*Dinner*) wird in der Regel zwischen 19 und 19.30 Uhr eingenommen und besteht in einem Restaurant zumeist aus drei oder vier Gängen. Manchmal wird man zunächst in die *Lounge* oder an die *Bar* gebeten, um einen Aperitif zu sich zu nehmen und die Speisekarte (*Menu*) zu studieren. Erst kurz bevor das Essen serviert wird, wird man dann zu Tisch gebeten. Der Unterschied zwischen einem guten und einem schlechten Restaurant zeigt sich nicht zuletzt beim Gemüse. Findet man auf seinem Teller eine Ansammlung von Erbsen oder Karotten vor, die weder Geschmack noch Biss aufweisen und samt ihren Farbstoffen den direkten Weg aus der Kühltruhe genommen haben, so ist man im falschen Restaurant gelandet. Wer die Reisekasse schonen will, geht am besten in ein Pub, das für seine gute Küche bekannt ist. Klassiker der englischen Küche sind Lammbraten (*Roast Lamb*) mit Pfefferminzsauce (*Mint Sauce*) und – trotz BSE – das sonntägliche *Roast Beef*. Die Restaurants legen längst Wert auf eine ambitionierte Küche. Statt *Gammon Steak* (Schinkensteak) mit Pommes frites werden Köstlichkeiten wie *Somerset Hare with Walnuts* (in Cider gegarter Hase mit Walnüssen) aufgetischt. Apropos Somerset: Dort sollte man zum Nachtisch eine delikate *Somerset Apple Cake* ordern. Positiv zu vermerken ist die wachsende Zahl vegetarischer Restaurants, die mittlerweile in allen größeren Städten vorzufinden sind. Zumeist finden **Vegetarier** auch in den indischen Restaurants mehrere fleischlose Gerichte auf der Speisekarte.

Modern British

"The same procedure as every year, James", instruiert die greise Miss Sophie ihren Butler zum x-ten Mal in "Dinner for one". Getreu diesem Motto wurde in britischen Restaurants jahraus, jahrein aufgetischt, was sich schon seit langer Zeit bewährt hatte. Wer einmal die Vokabeln "kidney pie", "sausage", "cod", "chips", "cabbage" und "peas" gelernt hatte, stieß bei der Lektüre der Speisekarte vor Ort auf keinerlei Schwierigkeiten. Doch seit einiger Zeit wird vor allem in London die altehrwürdige englische Küche mehr und mehr von der sogenannten "Modern British Cuisine" verdrängt. Was aber verbirgt sich hinter diesem Schlemmertrend?

Erfrischende Obstsalate, zartes Fleisch und knackige Gemüse hatten in der englischen Küche nichts zu suchen. "Fish 'n' Chips" waren der Ausdruck britischer Esskultur. Seit den späten sechziger Jahren entwickelte sich jedoch eine Konkurrenz zu fettigem Heilbutt und Pommes mit Essig, denn zahlreiche Commonwealth-Mitbürger ließen sich im Mutterland nieder und führten dort ihre Traditionen und Kochkünste weiter. Afrikanische, fern- und nahöstliche Restaurants öffneten überall in der Hauptstadt ihre Pforten. Tandooris und Taj Mahals boomten, was dazu führte, dass London sich in dem Ruf sonnen durfte, die beste und authentischste indische Küche außerhalb Indiens zu besitzen. Pikante Currygerichte mit Geflügel, Hack- und Rindfleisch sowie eine riesige Auswahl an feurigen Saucen, bunten Salaten und milden Joghurt-Dressings lockten Gäste aus nah und fern. Gewohnt gelassen reagierten alteingesessene Londoner Gastronomen auf diese Herausforderung mit Plumpudding und blutigen Gammon Steaks. Die erhoffte Kundschaft aber blieb nun aus.

Seit wenigen Jahren wird in den traditionellen Lokalen endlich Neues ausprobiert. Damit auch Laien auf diese Entwicklung aufmerksam werden, nennt man den jüngsten Gourmet-Trend "Modern British". Haute Cuisine und die abwechslungsreiche Küche der entlegensten Länder werden dabei zu einem "multikulinarischen" Gaumenschmaus vermengt. Oberstes Gebot ist die hohe Qualität der Zutaten. Möhren, Tomaten, Bohnen, Paprika, Auberginen und Spargel werden deshalb täglich frisch von den Londoner und Pariser Märkten besorgt. Vitamine sind mittlerweile auch auf der Insel begehrt. Wo die Zutaten früher geduldig zerkocht wurden, wird heute blanchiert, mariniert und gedünstet. Ebenso bekommen die Gewürze plötzlich einen ungewohnt hohen Stellenwert. In den Gewürzregalen, wo jahrzehntelang Salz- und Pfefferstreuer vereinsamten, stehen nun Dutzende von Gläsern mit Aufschriften wie Kurkuma, Nelken, Koriander und Safran. Ein Novum ist auch, dass Speiseöl nicht länger Basis jedes Kochvorgangs ist.

Das **Preisniveau** der englischen Restaurants ist ausgesprochen hoch. Für ein dreigängiges Menü muss man mindestens £ 10 bezahlen, besitzt das Restaurant ein gewisses Renommee, so sollte man ohne Getränke zwischen £ 20 und £ 30 pro Person veranschlagen. Lohnend ist es daher, in einem guten

Restaurant nach einem *Set-Price-Menu* Ausschau zu halten, das oft nur halb so teuer ist wie das abendliche Dinner.

Abschließend noch einige Anmerkungen: An der Eingangstür jedes Restaurants hängt eine Speisekarte. Darauf sind die aktuellen Preise inklusive Mehrwertsteuer (VAT) verzeichnet. In manchen Lokalen wird automatisch zu den angegebenen Preisen eine *Service Charge* von 10 bis 15 % hinzugerechnet. Ist dies nicht der Fall, erwartet das Personal ein **Trinkgeld** (*Tip*) in gleicher Höhe. Andere wiederum berechnen eine *Cover Charge* von £ 1 oder £ 2, man bezahlt also für Tischdecke, Brot, Butter usw. Wichtig zu wissen ist, dass es Restaurants gibt, die keine Lizenz für alkoholische Getränke besitzen. Für Kontinentaleuropäer kurios sind die BYO-Gaststätten (BYO für *Bring Your Own*), in die man seine Getränke selbst mitbringen darf. In beliebten Restaurants ist es ratsam, sich rechtzeitig einen Tisch reservieren zu lassen.

Pubs

Die Public Houses (Pubs) sind Treffpunkte für Jung und Alt. Nachdem die Öffnungszeiten jahrzehntelang generell bis 23 Uhr begrenzt waren, erlaubt ein neues Gesetz der Labour-Regierung, dass Gaststätten außerhalb von Wohngebieten rund um die Uhr ausschenken dürfen.

In manchen Pubs sind die Klassenunterschiede bis heute zu erkennen – an der rustikalen Public Bar trinken die einfacheren Leute ihr Bier, die "bessere" bis vornehme Kundschaft sitzt in der Saloon Bar auf Plüschsofas. Pubs sind eine Lebenseinstellung und mit kontinentalen Kneipen, Bistros oder italienischen Bars keinesfalls vergleichbar. Viele Engländer betrachten das Pub um die Ecke als ihr erweitertes Wohnzimmer, in dem sie zwanglos mit ihren Nachbarn und Freunden ins Gespräch kommen können. Und auch der Kontinentaleuropäer merkt schnell: Wenn an kalten Wintertagen das Kaminfeuer prasselt, gibt es keinen schöneren Ort als ein Pub.

Pub mit Tradition: Turks Head

Normalerweise bestellt man sein Bier an der Bar, bekommt sein ½ Pint (ausgesprochen: Paint) oder 1 Pint (0,568 Liter) gezapftes Bier und muss gleich bezahlen; eine Bedienung am Tisch ist nicht vorgesehen, Trinkgeld wird nicht erwartet. Das gezapfte Bier ist weniger kalt als auf dem Kontinent und hat fast keinen Schaum.

Pub Lord Nelson

Die meisten Pubs sind werktags in der Regel von 11 bis 23 Uhr sowie sonntags von 12 bis 15 und von 19 bis 22.30 Uhr geöffnet. Pünktlich zehn Minuten vor Feierabend wird eine Glocke geläutet: *"Last orders, please!"* Außerhalb von Wohngebieten ist die Sperrstunde für Gaststätten – wie oben schon erwähnt – ganz aufgehoben worden. In größeren Städten wie London, Leeds oder Birmingham finden sich problemlos Pubs und Bars, die bis weit nach Mitternacht geöffnet haben.

Die gängigsten Biersorten

Bitter	dunkles Fassbier (draught), bitterer Geschmack
Lager	helles Bier
Stout	Starkbier – Guinness (bitter), Mackeson (süß)
Barley Wine	extra starkes Bier
Brown Ale	kräftig, dunkel und süß
Light Ale	hell, schäumend
Mild	dunkel, geschmackvoll
Real Ale	Fassbier ohne Kohlensäure, bis 8 % Alkoholgehalt
Newcastle Brown	Starkbier

Man muss im Pub natürlich nicht zwangsweise Bier trinken. Diejenigen, die keinen Gerstensaft mögen, können *Cider* probieren. Cider ist ein moussierender Apfelwein, der je nach Region anders schmeckt. Bevor man zu tief ins Glas schaut, sollte man bedenken, dass der englische Cider einen höheren Alkoholgehalt als der deutsche Apfelmost aufweist. Die meisten Pubs bieten auch mehrere gute *Weine* an (französische, italienische und spanische). Zwar wird auch in England Wein angebaut, aber um ihn zu lieben, ist ein gehöriges Maß Lokalpatriotismus notwendig. Außerdem gibt es natürlich alle gängigen Marken von *Softdrinks*. Besonders beliebt sind Ginger Ale und Tonic Water.

Wissenswertes von A bis Z

Arbeiten in England

Trotz New Labour ist es auch in England nicht leicht, Arbeit zu finden! Immerhin braucht man als Angehöriger eines EU-Mitgliedsstaates keine Arbeitsgenehmigung. Wer länger als ein paar Wochen arbeitet, sollte nach Rücksprache mit dem Arbeitgeber eine *National Insurance Card* (gesetzliche Krankenversicherung) anfordern. Diese erhält man beim *Department of Health and Social Security (DHSS)*. Fragen zur Krankenversicherung, zu Steuern usw. sollte man mit seinem Arbeitgeber klären. Wer steuerpflichtig wird, kann die Abgaben teilweise beim Lohnsteuerjahresausgleich rückerstattet bekommen (Formular in England rechtzeitig anfordern).

Die Engländer sind im Übrigen recht unbürokratisch, und ähnlich gelassen und "casual" geht es meist auf der Arbeitsstelle zu. Solange man nicht eine hochqualifizierte Tätigkeit ausübt, ist allerdings nicht mit einem allzu hohen Einkommen zu rechnen. Generell ist der Lohn hier niedriger als in Deutschland, Österreich und der Schweiz. Außerdem kann man bei längerfristigen Jobs damit rechnen, früher oder später auf den noch ausstehenden Eintritt in die Gewerkschaft angesprochen zu werden.

Informationsquelle für Ferienjobs

Das *Central Bureau for Educational Visits and Exchanges* gibt die sehr informative Broschüre "Working Holidays" heraus. Darin findet man eine Fülle von nützlichen Tipps (Einreisebestimmungen, Beschreibungen von Arbeitsstellen, Adressen usw.). Zu beziehen ist dieses Info-Heft für rund £ 9 direkt beim *Central Bureau for Educational Visits and Exchanges*, 10 Spring Gardens, London SW1A 2BN (Zahlung per Kreditkarte oder internationaler Überweisung).

Au-pair: Meist wohnt und isst man in der Familie, versorgt Haushalt und Kinder und hat Anspruch auf ein wöchentliches Taschengeld sowie eine Arbeitszeit, die den Besuch einer Sprachschule ermöglicht. Hier hängt vieles von der Familie ab, bei der man arbeitet; bei Schwierigkeiten wendet man sich an die *Citizens Advice Bureaus*, von denen es in jeder Gemeinde einige gibt. Weitere Informationen und Kontaktadressen erhält man von der *Federation of*

Recruitment and Employment Services, 36–38 Mortimer Street, London W1N 7RB. Gegen Einsendung eines internationalen Antwortscheins wird einem ein Adressenverzeichnis von zahlreichen registrierten Au-pair-Agenturen zugesandt. Die Gesellschaft ist auch im Internet zu finden (www.fres.co.uk).

Praktika: Wer sich in England um eine Praktikumsstelle bemühen will, kann sich an die Gesellschaft *Eagle UK* wenden. Auch die *Gesellschaft für internationale Jugendkontakte e. V.* vermittelt Praktika.

Adressen: **Eagle UK**, 16 Wall Well Lane, Halesowen, West Midlands, B63 4RY. **Gesellschaft für internationale Jugendkontakte**, Ubierstraße 92–94, 53173 Bonn, ✆ 0228-957300.

Kurzfristige Jobs: In London sind kurzfristige Jobs (casual work) in Hotels und Gaststätten zu finden – hingehen und fragen. Oder man erkundigt sich bei der *Cathy Coyne Employment Agency* (vermittelt Arbeit in Lokalen und Restaurants für mindestens drei Monate) bzw. beim *Lawrence Marshall Recruitment* (vermittelt Stellen in Hotels, Restaurants und Lokalen). In beiden Fällen sind sehr gute Englischkenntnisse unbedingt erforderlich. Manchmal gibt es auch Jobs in einer Jugendherberge oder beim YMCA/YWCA. Im Londoner Stadtmagazin *Time Out* bietet die Rubrik "Domestic Work" im Anzeigenteil manchmal ebenfalls Jobs (putzen, einkaufen, babysitten usw.).

Adressen: **Cathy Coyne Employment Agency**, National House, Sixth Floor, 60–66 Wardour Street, London W1V 3HP, ✆ 020-74373230.

Langzeitjobs: Wer einen langfristigen Job sucht und etwas Englisch spricht, kann in den Tageszeitungen (Evening Standard) die Annoncen durchkämmen oder sich an eine *Employment Agency* (in jeder High Street gibt's welche) bzw. ein *Job Centre* (ebenfalls in fast jeder High Street oder beim Citizens Advice Bureau nachfragen) wenden.

Autoverleih

Wer sich bei seinem Englandaufenthalt ein Auto oder Wohnmobil mieten will, kann dies ohne Probleme bei den zahlreichen großen Firmen tun. Es besteht die Möglichkeit, schon im heimischen Reisebüro die Buchung vorzunehmen. Einige Autoverleihfirmen und Fluggesellschaften bieten einen *Fly-&-Drive-Service* an. Dabei wird einem sofort nach der Ankunft auf einem englischen Flughafen ein Auto zur Verfügung gestellt. Bei den größeren Firmen wie *Hertz, Avis, Budget, British Car Rental* oder *Nationwide Vehicle Rentals,* die in ganz England Filialen besitzen, kann man den Wagen bei der einen Niederlassung abholen und bei einer anderen wieder abstellen.

Will man für zwei- bis dreitägige Ausflüge ein Auto mieten, sollte man sich an die lokalen und oft preiswerteren Autoverleihfirmen wenden. Die Tourist Offices halten ein Verzeichnis bereit. Ein Vergleich der Unternehmen ist ratsam, da auch hier starke Preisunterschiede bestehen. Die günstigsten Angebote liegen um £ 25 pro Tag (inkl. Versicherung und "free mileage", also kein Kilometergeld). Bei den größeren Verleihern beginnen die Preise ab £ 30. Wochen- und Monatspreise sind reduziert.

Bei den meisten Autovermietungen muss der Kunde mindestens 21 Jahre alt sein und seit mindestens einem Jahr einen Führerschein besitzen. Gelegentlich gibt es einen Aufpreis für Fahrer unter 23 Jahren.

Tipp: Zumeist ist es jedoch günstiger, schon vorab in Deutschland ein Auto über das Reisebüro zu mieten. Bei der Recherche erwiesen sich die Angebote des Veranstalters *FTI* als konkurrenzlos günstig. So konnte man beispielsweise im Jahr 2001 einen Nissan Micra für rund 18 € pro Tag (ab 7 Tagen) bzw. 20 € pro Tag (ab 2 Tagen) mieten (jeweils inkl. Vollkaskoversicherung und ohne Kilometerbegrenzung). Im Vergleich hierzu lagen die Angebote der großen internationalen Autovermietungen um das Zwei- bis Dreifache höher. *FTI* vermietet darüber hinaus auch Wohnmobile ab 77 € pro Tag.

Diplomatische Vertretungen und Informationsstellen

Deutsche Botschaft: German Embassy, 23 Belgrave Square, London SW 1, ✆ 020-78241300. U: Hyde Park Corner.

Österreichische Botschaft: Austrian Embassy, 18 Belgrave Mews West, London SW 1X 8HU, ✆ 020-73440292. U: Hyde Park Corner.

Schweizerische Botschaft: Swiss Embassy, 16–18 Montague Place, London W1 H2BQ, ✆ 020-76166000. U: Baker Street.

• *In Deutschland*: **Britische Botschaft**, Unter den Linden 32, 10117 Berlin, ✆ 030-201840.

Britischer Fremdenverkehrsverein (BTA), Westendstr. 22, D-60325 Frankfurt a. M., ✆ 069-971123, Fax 97112444.

• *In Österreich*: **Britische Botschaft**, Jauresgasse 10, 1030 Wien, ✆ 01-76135151, Fax 716135900.

Da es in Österreich keine BTA-Vertretung gibt, sollte man sich an die deutsche oder schweizerische Vertretung wenden.

• *In der Schweiz*: **Britische Botschaft**, Thunstr. 50, 3005 Bern, ✆ 031-3525021, Fax 3520583.

BTA, Limmatquai 78, CH-8001 Zürich, ✆ 01-2614277.

Einkaufen

Die gestiegenen Wechselkurse machen das Einkaufen in Großbritannien für deutsche, österreichische und Schweizer Kunden leider wieder etwas kostspieliger. Lohnenswert ist ein Bummel durch die großen Kaufhäuser oder die kleinen, oft sehr individuell gestalteten Läden. Die modische Vielfalt in den Boutiquen und größeren Textilhäusern entschädigt für den finanziellen Aufwand. Und so teuer ist England nun auch wieder nicht. Gerade in abgelegenen Gegenden kann man recht preisgünstig heimische Produkte erwerben (z. B. Schafwollpullover im Lake District). In London locken auch die Secondhandshops und Straßenmärkte zum durchaus preisgünstigen Einkaufsvergnügen. Anfang Januar beziehungsweise Anfang Juli finden die Schlussverkäufe (sales) statt. Vor allem Textilien und Schuhe sind dann merklich herabgesetzt. Beste Informationsquelle für Sonderangebote sind die Lokalzeitungen.

Öffnungszeiten: Im Prinzip von 9 bis 17.30 Uhr, aber wie bei anderen Dingen macht man auch hier Ausnahmen. So gibt es einmal in der Woche einen *Early Closing Day*, an dem die Geschäfte bereits um 13 Uhr schließen. Dafür haben Läden in der Innenstadt an einigen Tagen, meist Mittwoch oder Donnerstag, bis 19 oder sogar bis 20 Uhr geöffnet. In London findet man in bestimmten Stadtteilen sogar Shops, die 24 Stunden geöffnet sind (vgl. London/Einkaufen). Auch in ländlichen Gebieten kommt man immer öfter in den Genuss langer Öffnungszeiten. In den letzten Jahren wurden außerhalb der Städte viele riesige "Superstores" gebaut, die während der Woche bis 20 bzw. 22 Uhr und sogar sonntags bis 16 Uhr geöffnet haben.

Umrechnungstabelle für Kleidergrößen

	Kleider	Schuhe	Kragen
England	10 12 14 16	6 7 8	15 16
Kontinent	36 38 40 42	39 40 41	39 40

Einreisebestimmungen

Die Einreisebestimmungen für Großbritannien sind je nach Staatsangehörigkeit sowie Länge und Zweck des Aufenthalts unterschiedlich. Deutsche, Schweizer und Österreicher können sich mit ihrem Personalausweis oder Reisepass bis zu sechs Monaten in Großbritannien aufhalten. Da innerhalb der EU Freizügigkeit besteht, können EU-Bürger (Schweizer nicht) ihre Aufenthaltserlaubnis problemlos verlängern lassen. Dafür wendet man sich an das *Undersecretary of State*. Ebenso steht einer Erwerbstätigkeit für EU-Bürger (sofern man einen Job findet) nichts im Wege.

Adresse: **Undersecretary of State**, Home Office, Immigration and Nationality Department, Lunar House, Wellesley Road, Croydon CR9 2BY, ✆ 020-86860688.

Der englische Zoll hat sein Abfertigungssystem (Clearway System) mittlerweile dem europäischen Standard angepasst. Es gibt "Schleusen" für Leute, die etwas verzollen müssen, und für solche, die nichts zu deklarieren haben. Auffällig sind die besonders strengen Sicherheitsmaßnahmen; Stichproben werden häufiger als auf dem Festland durchgeführt.

English Heritage/National Trust

Wer sich Sehenswürdigkeiten wie Castles, historische Häuser, Parkanlagen usw. anschauen will, wird schnell merken, dass dies mit einem erheblichen finanziellen Aufwand verbunden ist. Oft zahlt man schon für die Besichtigung einer Burgruine £ 6. In England gibt es zwei große Gesellschaften, die sich um die Pflege der Kunst- und Naturschätze kümmern: *National Trust* (NT) und *English Heritage* (EH). Tritt man einer dieser Gesellschaften für eine bestimmte Zeit bei, kann man deren Eigentum kostenlos oder zumindest stark reduziert besichtigen.

- *English Heritage Membership*: Kostenloser Eintritt zu über 350 Sehenswürdigkeiten (Stonehenge, Dover Castle, Rievaulx Abbey, Hadrian's Wall usw.) für ein Jahr. Erwachsene bezahlen £ 26, Familien (Eltern und alle Kinder unter 21 Jahren) £ 40, Jugendliche unter 16 Jahren £ 12, Studenten unter 21 Jahren £ 17 (darüber wie Erwachsene). Zu erstehen in den Eintrittshäuschen der English-Heritage-Besitztümer oder bei English Heritage, 23 Savile Row, London W1X 1AB, ✆ 0171-9733434. Internet: www.english-heritage.org.uk
- *National Trust Membership*: Kostenloser oder ermäßigter Eintritt zu den Einrichtungen des NT (z. T. auch für English Heritage) für ein Jahr. Das Ganze kostet für Erwachsene £ 28, für Jugendliche unter 23 Jahren £ 14, für Familien £ 53. Erhältlich beim National Trust Membership Department, P. O. Box 39, Bromley, Kent BR1 1XL, ✆ 020-83151111. Internet: www.nationaltrust.org.uk
- *Great British Heritage Pass*: Mit diesem Pass hat man für die Zeit von wahlweise 15 Tagen oder einem Monat freien Zutritt zu fast 600 Sehenswürdigkeiten von NT und English Heritage in England, Wales und Schottland. Dafür muss man aber auch etwas tiefer in die Tasche greifen: für eine

Mächtig: Dover Castle

Woche £ 30, für 15 Tage £ 42, für einen Monat £ 56. Information: ✆ 0181-8469000. Internet: www.english-heritage.org.uk

Erwerben kann man diese Mitgliedspässe auch bei den folgenden Adressen:

• *In Deutschland*: **Britain Direct GmbH**, Ruhbergstr. 8, 69242 Mühlhausen, ✆ 06222-678050, 📠 06222-6780519.

• *In Österreich*: **British Bookshop**, Weihburggasse 24–26, 1010 Wien, ✆ 01-5121945, 📠 01-5121026.

• *In der Schweiz*: **Charterboot Ferien Thommen AG**, Bauerngasse 19, 4242 Laufen, ✆ 061-7639540, 📠 061-7639541.

Geld und Geldwechsel

Da Großbritannien bis dato nicht der Europäischen Währungsunion beigetreten ist, bleibt das **Pfund** (£) auch nach dem 1. Januar 2002 das einzige akzeptierte Zahlungsmittel im Königreich; ein **Pound Sterling** ist in 100 Pence (p) unterteilt. Es gibt Münzen zu 1 p, 2 p, 5 p, 10 p, 20 p und 50 p sowie zu £ 1 und £ 2, Scheine sind im Wert von £ 5, £ 10, £ 20 und £ 50 im Umlauf.

In den letzten Jahren blieb der **Wechselkurs** des Britischen Pfunds relativ konstant. Im Sommer 2001 musste man für £ 1 umgerechnet 1,63 € bezahlen. Wegen der relativ hohen Umtauschgebühren für Bargeld lohnt ein Vergleich zwischen den verschiedenen Banken. Am sinnvollsten ist es, sich schon zu Hause mit den für die ersten Tage nötigen Pfund einzudecken und nur eine kleine Barreserve mitzuführen; in England helfen dann Reiseschecks sowie ec- oder Kreditkarten weiter. Pfundbanknoten, ausländische Banknoten und Reiseschecks dürfen übrigens in beliebiger Höhe ein- und ausgeführt werden.

Kreditkarten sind weit verbreitet; sie werden von den meisten, jedoch nicht von allen Tankstellen, Hotels und Restaurants akzeptiert. **Eurocheques** werden voraussichtlich noch bis 2002 bis zu einer Höhe von £ 100 eingelöst, allerdings wird das heimische Konto mit einer Gebühr von 1,75 % belastet. Bleiben noch **Reiseschecks**; bei ihnen beträgt die Tauschgebühr zumeist 1 %. Wegen der umständlichen Prozeduren am Bankschalter erweist sich eine **ec-Karte mit Geheimzahl** oder eine **Kreditkarte** als sehr hilfreich, denn Geldautomaten sind mittlerweile weit verbreitet; von der heimischen Bank werden pro Abhebung 2,50 € berechnet, unabhängig von der Höhe des Betrags. Wer Geld mit seiner Kreditkarte abhebt, dessen Konto wird in der Regel mit 2 % des Betrags bzw. mindestens 5 € belastet. Inhaber von Postsparbüchern können nur noch mit der *Postbank SparCard 3000plus* Geld abheben. Die Banken haben in der Regel Mo–Fr zwischen 9.30 und 15.30 Uhr, gelegentlich auch bis 17.30 Uhr geöffnet. Beim Bargeldumtausch je nach Höhe wird eine Gebühr von £ 1 bis £ 4 erhoben.

• *Achtung:* Bei Verlust der ec-Karte sollten Sie diese umgehend unter folgender Rufnummer in Deutschland sperren lassen: ✆ 0180/5021021; bei der Eurocard ist die Gesellschaft für Zahlungssysteme zu benachrichtigen: ✆ 069/79331910 oder ✆ 0145678484; Visa: ✆ 0836690880; Diners: ✆ 0149061750; American Express: ✆ 0147777200.

Gesundheit

Für Besucher aus den EU-Mitgliedsländern ist die *Notfallbehandlung* in den Ambulanz-Abteilungen der Krankenhäuser, die dem staatlichen Gesundheitswesen *(National Health Service)* unterstellt sind, kostenlos. Die Adressen entnehmen Sie bitte unseren Serviceabschnitten (Krankenhaus) oder den Yellow Pages. Wer die Sucherei umgehen will, geht in eines der *Health Centres*, von denen es in fast jedem Stadtteil eines gibt. Ebenso verhält es sich mit einer Notbehandlung beim Zahnarzt. Bei Folgebehandlungen muss man oft das Geld vorstrecken, bekommt dieses aber gegen Vorlage der Quittung von seiner Versicherung zurückerstattet.

In **Notfällen** wählt man die 999 (kostenlos von allen Telefonzellen) und lässt einen Krankenwagen kommen.

Goethe-Institute

In England gibt es drei Goethe-Institute: in London, Manchester und York. Hier liegen deutsche Zeitungen und Zeitschriften aus.

• *London*: 50 Princes Gate-Exhibition Road, SW7 2PH, ✆ 020-75964000, 📠 020-75940240. U: South Kensington.
• *Manchester*: Fourth Floor, Churchgate House, 56 Oxford Street, Manchester M1 6EU, ✆ 0161-2371077.
• *York*: 61 Micklegate, York YO1 1LY, ✆ 01904-611122.

Hausboote

Ein beliebtes Fortbewegungsmittel ist das Kanalboot. An die 2.500 Kilometer Wasserwege verbinden zahlreiche Städte in England und Wales miteinander. Über Kanäle und Flüsse geht die Fahrt mit einem Hausboot in die entlegensten Ecken der Insel. Zum Führen der Boote sind keine speziellen Vorkenntnisse erforderlich. Alles, was man wissen sollte, wird einem vor dem Fahrtan-

Hausboot – Route durch den Leeds-Liverpool-Canal

tritt mitgeteilt. Die Kosten pro Boot und Woche beginnen bei etwa £ 300, für komfortable Boote zahlt man auch schon einmal über £ 1000. Informationen und Broschüren (*Waterway Britain*) erhält man auf Anfrage bei den BTA-Vertretungen.

Haustiere

Seit dem 28. Februar 2000 sind die neuen Quarantäne-Bestimmungen für Haustiere in Kraft. Tiere dürfen nun nur mit einer tierärztlichen Bescheinigung über Impfung und Entwurmung einreisen, zudem muss ihr Blut untersucht worden sein. Ein implantierter Mircrochip ist ebenfalls zwingend vorgeschrieben. Achtung: Jedem illegal eingeführten Tier droht die Todesstrafe!

Information: PETS Helpline, ✆ 0044-8702411710.

Internet

Wer sich bereits vorab beim Surfen im Internet über England informieren möchte, kann dies unter folgenden Adressen tun:

www.londontown.com

www.visitbritain.com (Die attraktive Site des Vereinigten Königreiches umfasst mehr als 40.000 Seiten. Auf der interaktiven Karte kann man sich bis in das kleinste Dorf hinunterklicken und nach Unterkünften und Veranstaltungen suchen. Nützlich ist die Suche nach Sehenswürdigkeiten per Datenbank. Ganz England lässt sich so nach Schlössern durchforsten.)

www.visitbritain.de

www.londonnet.co.uk

www.royal.gov.uk (Das ultimative Angebot für überzeugte Monarchisten.)

www.timeout.com (Aktuelle Infos aus dem bekannten Londoner Stadtmagazin.)

www.streetmap.co.uk

Maße und Gewichte

Obwohl in Großbritannien offiziell im metrischen und dezimalen System gemessen wird, begegnet man im Alltag noch oft den sogenannten "Imperial Standards":

Längenmaße: 1 Inch (in) = 2,54 cm; 1 Foot (ft) = 30,48 cm; 1 Yard (yd) = 91,44 cm; 1 Mile = 1,609 km.

Hohlmaße: 1 Pint (pt) = 0,5683 l; 1 Gallon (gall) = 4,5459 l.

Gewichte: 1 Stone = 6,36 kg; 1 Pound (lb) = 453,59 g; 1 Ounce (oz) = 28,35 g.

Temperaturen: Einen Taschenrechner braucht man, um eine Temperaturansage aus dem Wetterbericht von Fahrenheit in Celsius umzurechnen. Wer weiß schon, ob man bei 40 Grad Fahrenheit den Wollpullover oder das T-Shirt aus dem Koffer packen soll? Mit einer kleinen Formel kann man Grad Celsius in Grad Fahrenheit umrechnen. Und zwar muss man von der Gradzahl Fahrenheit 32 abziehen, die Differenz dann mit 5 multiplizieren und dann durch 9 dividieren. Genau umgekehrt funktioniert das mit der Umwandlung von Celsius nach Fahrenheit. Celsius mal 9, dann durch 5 teilen und zu dem Ergebnis 32 dazuzählen. Alles klar?

Post

Ähnlich wie in Deutschland sind die englischen Postämter Mo–Fr zwischen 9 und 17 Uhr sowie samstags zwischen 9 und 12.30 Uhr geöffnet. Das Porto für Postkarten sowie Briefe bis 20 Gramm beträgt innerhalb Europas 30 p. Innerhalb des Vereinten Königreiches kosten Briefe bis 60 Gramm, die als "First Class Mail" innerhalb von 24 Stunden ausgeliefert werden, 26 p; als "Second Class Mail" 19 p (Auslieferung innerhalb von 72 Stunden).

Radio und Fernsehen

Radio und Fernsehen müssen innerhalb eines gesetzlich festgelegten Rahmens senden. Zunächst gibt es die in der ganzen Welt bekannte *British Broadcasting Corporation* (BBC), die zwei Fernseh- und vier Radioprogramme sowie 20 lokale Rundfunksender betreibt. Außerdem sendet BBC in 36 verschiedenen Sprachen nach Übersee. Daneben existieren private Fernsehstationen (z. B. ITV oder Channel 4) und Radiosender, die von der *Independent Broadcasting Authority* kontrolliert werden. Das britische Innenministerium bestellt die Mitglieder dieser Kommission, die selbst keine Sendungen ausstrahlt, sondern nur Lizenzen an private Gesellschaften vergibt. Finanziert werden diese privaten Sender durch Werbeeinnahmen, die BBC vorwiegend aus Gebühren.

Reisegepäckversicherung

Sicherheitsbewusste fahren nur mit Reisegepäckversicherung ins Ausland, andere halten dies für einen übertriebenen Luxus. Wie auch immer man es persönlich hält, Tatsache ist, dass Autoaufbrüche insbesondere in London zur Tagesordnung gehören. Wer sein Gepäck im Wert von 1500 € für 24 Tage versichern will, muss mit etwa 26 € rechnen. Kaum teurer ist dann allerdings die Kombination mit einer Reiseunfall- und Reisekrankenversicherung. Achtung: Tritt ein Schadensfall ein, muss dieser polizeilich dokumentiert werden, da sonst keine Schadensregulierung erfolgen kann.

Sprachkurse

Eltern, die es sich leisten können, schicken ihre vom Englischunterricht geplagten Kinder für einen längeren Zeitraum auf eine private Sprachschule in Großbritannien. Oft hilft es nicht viel, denn viele Orte sind in den Sommerferien von Englisch lernenden deutschen Schülergruppen bevölkert – und außerhalb des Unterrichts wird eben Deutsch gesprochen. Weitaus empfehlenswerter ist es, als *Paying Guest* in einer englischen Familie zu wohnen. Oft behält man hier durch Hören und Sprechen mehr als im täglichen Unterricht an der Sprachschule. Schließlich kann man die Alltagssprache mit ein paar Jahren Schulenglisch als Hintergrund relativ schnell in den Griff bekommen.

Private Sprachschulen: Privatschulen zu empfehlen ist eine heikle Angelegenheit. Schwarze Schafe gibt es auch hier. Als Orientierungshilfe: Sämtliche Institute, deren Kurse vom Erziehungs- und Wissenschaftsministerium anerkannt sind, haben sich in der *ARELS* (Association of Recognized English Language Schools) zusammengeschlossen. ARELS gibt jährlich einen umfangreichen Katalog heraus, in dem die verschiedenen Schulen aufgelistet und kommentiert sind. Viele dieser Schulen haben sich auf besondere Kurse spezialisiert, etwa für Techniker oder Manager, aber alle bieten Sprachkurse der verschiedenen Lernstufen an. Sie reichen von "complete beginners" bis "very advanced students". Man kann den Katalog entweder bei ARELS oder bei jedem British Council in den größeren Städten Deutschlands anfordern bzw. abholen. Es ist nicht gerade billig, einen solchen Sprachkurs zu belegen. Daher sollte man sich zuvor umfassend informieren. ARELS hat übrigens für weniger wohlhabende Sprachstudenten ein *Stipendium* eingerichtet. Infos dazu ebenfalls über ARELS.

- *ARELS*: 2 Pontypool Place, Valentine Place, London SE1 8QF, ✆ 0044-20-72423136. Internet: www.arels.org.uk
- *British Council*: Es gibt insgesamt fünf Büros in Deutschland (Berlin, Leipzig, Hamburg, Köln und München). Die Münchener Adresse: Information Centre, Rumfordstr. 7, 80469 München. Internet: www.britcoun.de

Strom

Normalerweise 230 Volt Wechselstrom. Da die englischen Steckdosen einer anderen Norm unterliegen – sie sind dreipolig und flach – , wird für die kontinentalen Zweistiftstecker ein Adapter benötigt, der vor Ort in Supermärkten oder im Fachhandel erhältlich ist. Elektrische Rasierer lassen sich in den Hotels zumeist problemlos verwenden. Achtung: Wenn die Nachttischlampe oder andere elektrische Geräte nicht funktionieren, sollte man zuerst einen Blick auf die Steckdose werfen. Dort befindet sich ein kleiner Schalter, der so gestellt sein muss, dass ein winziger roter Punkt erscheint.

Telefon

Die öffentlichen Münzfernsprecher, die berühmten, fotogenen roten Häuschen, sind mittlerweile alle frisch gestrichen und mit modernen Münzapparaten ausgestattet worden, die wie die Münztelefone auf dem Kontinent benutzt werden. Es werden 10-p-, 20-p-, 50-p- und 1-£-Münzen angenommen. Ertönt während des Gesprächs ein Signal, müssen neue Münzen eingeworfen werden, sonst wird man schnell unterbrochen.

Von den neuen Telefonhäuschen stehen meist zwei nebeneinander. Eines mit der Aufschrift *Telephone*, in dem man mit Münzen telefonieren kann, und ein anderes mit der Aufschrift *Phonecard* oder *Coins & Cards*, das (auch) mit Telefonkarten funktioniert. In Wechselstuben, Kiosken, Tourist Offices und Souvenir-Shops kann man sie zu verschiedenen Werten erstehen: 20 Einheiten (units) zu £ 2, 50 Einheiten zu £ 5, 100 Einheiten zu £ 10 und 200 Einheiten zu £ 20. Vor allem das Telefonieren ins Ausland ist mit diesen Phonecards viel einfacher. Einige Apparate können zusätzlich mit Kreditkarten (z. B. Mastercard) mit Magnetstreifen benutzt werden, dabei gibt es allerdings eine Mindestgebühr von 50 p.

Wer sein Handy mit nach England nimmt, sollte beachten, dass das heimische Telefonkonto für einen eingehenden Anruf von nur wenigen Sekunden mit – je nach Tageszeit – mehr als einem Euro belastet wird, da viele englische Telefongesellschaften nur im Minutentakt abrechnen.

Wichtige Telefonnummern

Auskunft für Großbritannien	192
Auslandsauskunft	153
Vermittlung	100
Durchwahlnummer für Deutschland	0049
Durchwahlnummer für Österreich	0043
Durchwahlnummer für die Schweiz	0041
Polizei, Feuerwehr und Rettungsdienst. Dieser Anruf ist immer kostenlos, auch von allen Telefonzellen aus!	999

Zeitungen/Zeitschriften

Die überregionalen deutschsprachigen Tages- und Wochenzeitungen (*Süddeutsche Zeitung*, *Frankfurter Allgemeine Zeitung*, *Neue Zürcher Zeitung*, *Spiegel*, *ZEIT*, gelegentlich auch die *Welt* oder die *Frankfurter Rundschau*) sind in der Regel noch am Erscheinungstag in den gut sortierten Zeitungsgeschäften erhältlich. Wer sich jenseits der Boulevardpresse mit der englischen Politik und Kultur beschäftigen möchte, hat die Wahl zwischen der traditionsreichen *Times*, dem liberalen *Independent*, dem links angesiedelten *Guardian* oder dem konservativen *Daily Telegraph*. Am Sonntag kann man zusätzlich den *Observer* lesen. In London informieren die Stadtmagazine *Time Out* (jeden Mittwoch für £ 1.95) und *What's On* umfassend über das Kulturleben. Kostenlos gibt die British Tourist Authority monatlich den rund 100 Seiten starken *London Planer* heraus, der auf aktuelle Ausstellungen, Konzerte und diverse Veranstaltungen hinweist sowie nützliche touristische Information liefert.

Big Ben und Houses of Parliament

London

London ist die weltoffenste Metropole Europas, eine Metropole, die geradezu von Lebenslust sprüht. Ständig erobern neue Trends von hier aus die Welt – egal, ob in der Mode, im Design oder in der Musik. London ist der Trendsetter schlechthin, eine Stadt, die geradezu süchtig macht und bei einem England-Trip nicht ausgespart werden darf.

Sicherlich gibt es auch noch jene Ecken, die nach wie vor vom Glanz vergangener Zeiten zeugen, als das British Empire tonangebend war. Doch das wahre London erschließt sich einem jenseits von Westminster und St Paul's Cathedral. Als gäbe es nicht genug Attraktionen, hat sich London anlässlich des neuen Millenniums noch einmal selbst übertroffen: Mit dem Millennium Wheel, dem größten Riesenrad der Welt, und dem gigantischen Millennium Dome wurde das neue Jahrtausend gebührend gefeiert.

London, das ist ein gigantischer Moloch, der sich weit in das Umland gefressen hat. Groß-London weist einen Durchmesser von rund 50 Kilometern auf und erstreckt sich von Barnet im Norden bis in das südliche Bexley, in westöstlicher Richtung von Heathrow bis nach Upminster. Ein Grund für die gewaltige Ausdehnung der Stadt ist auch, dass auf der Wunschliste fast aller Briten ein eigenes Haus mit Garten steht. "My home is my castle" lautet die Devise. Gleichwohl bietet die immense Größe Londons auch die einmalige Gelegenheit, bei jedem Besuch ein neues Stadtviertel zu entdecken. Wer kennt schon Primrose Hill? Neugierige sollten sich vielleicht von dem Schriftsteller Hanif Kureishi inspirieren lassen: "London kam mir vor wie ein Haus mit fünftausend verschiedenen Zimmern; der ganze Reiz lag darin, zu entdecken, wie die Zimmer untereinander verbunden waren, und sie allmählich alle zu durchlaufen."

Information/Diverses

• Information: **London Tourist Board**, Glen House, Stag Place, London SW1E 5LT, ✆ 0044-20-79322000, 📠 0044-20-79320222. In London angekommen, erhält man an den Zweigstellen des London Tourist Board zahlreiche nützliche Informationen, so beispielsweise am Flughafen Heathrow, der Victoria Station Forecourt, der Liverpool Street Underground Station, am Waterloo International Terminal und am Piccadilly Circus in der 1 Regent Street. Letztere ist Mo–Fr von 9–18.30 Uhr sowie am Wochenende von 10–16 Uhr geöffnet.

Wer sich bereits vorab beim **Surfen im Internet** über London informieren möchte, kann dies unter folgenden Adressen tun:

www.londontown.com

www.visitbritain.de

www.londonnet.co.uk

www.timeout.com (aktuelle Infos aus dem bekannten Londoner Stadtmagazin)

www.londontransport.co.uk (alles über Fahrpläne und -preise im öffentlichen Nahverkehr)

• Telefonvorwahl: 020

• Fundbüro: Wer sein Handgepäck in der U-Bahn oder im Bus verloren hat, erhält es mit viel Glück im Fundbüro von London Transport zurück: **Lost Property Office**, 200 Baker Street, NW 1. Mo–Fr 9.30–14 Uhr.

• Goethe-Institut: Informationen über das aktuelle politische Geschehen in Deutschland sowie eine große Auswahl an Zeitungen und Zeitschriften in der Bibliothek. 50 Princes-Gate-Exhibition Road, SW7 2PH, ✆ 020-75964000, 📠 020-75940240. U: South Kensington.

• Stadtführungen: In London gibt es weit mehr als ein Dutzend Veranstalter, die Stadtführungen zu den unterschiedlichsten Themen anbieten:

The Original London Walks, ✆ 020-76243978. Internet: www.london.walks.com

Mystery Walks, ✆ 020-85589446.

Architectural Tours, ✆ 020-83411371.

Black Taxi Tours of London, individuelle Stadtführung mit speziell geschulten Taxifahrern. ✆ 020-72894371. Internet: www.tourism-uk.com/taxitours

London Pub Walks, ✆ 020-84459191.

• Schwule und Lesben: Infos gibt es beim rund um die Uhr geöffneten **Lesbian and Gay Switchboard**, ✆ 020-78377324. Internet: www.ligs.org.uk

• Stadtplan: Sehr hilfreich und übersichtlich ist *London AZ*, den es als Stadtplan oder in Taschenbuchform gibt. Wer patentgefaltete Stadtpläne vorzieht, kann sich bereits im heimischen Buchhandel einen Falkplan besorgen.

• Stadtmagazine: Die Stadtmagazine *Time Out* (jeden Mittwoch für £ 1.95) und *What's On* informieren umfassend über das Londoner Kulturleben – von aktuellen Ausstellungen bis zu den neuesten Restauranttipps.

Verbindungen

London ist der englische Verkehrsknotenpunkt schlechthin. Von hier fahren Busse und Bahnen in (fast) jeden Winkel des Landes.

Bus: Die *Victoria Coach Station* ist das Zentrum des Busnetzes der gesamten Insel. Von hier aus fahren die vielen Busunternehmen in die entlegensten Ecken Englands, aber genauso nach Schottland oder Wales. Dabei unterscheiden sich ihre Tarife kaum. *National Express* steuert von der Victoria Coach Station aus (in der Buckingham Palace Road, 5 Minuten Fußweg vom Victoria Bahnhof für Züge) Ziele in ganz England und Wales an. Die *Green Line Coaches* verbinden den Stadtkern mit den Orten der Umgebung. Die Reise dieser Busse beginnt an der Eccleston Bridge (hinter der Victoria Station). Hier gibt es auch ein Büro, in dem man sich genauer informieren kann (Mo–Fr

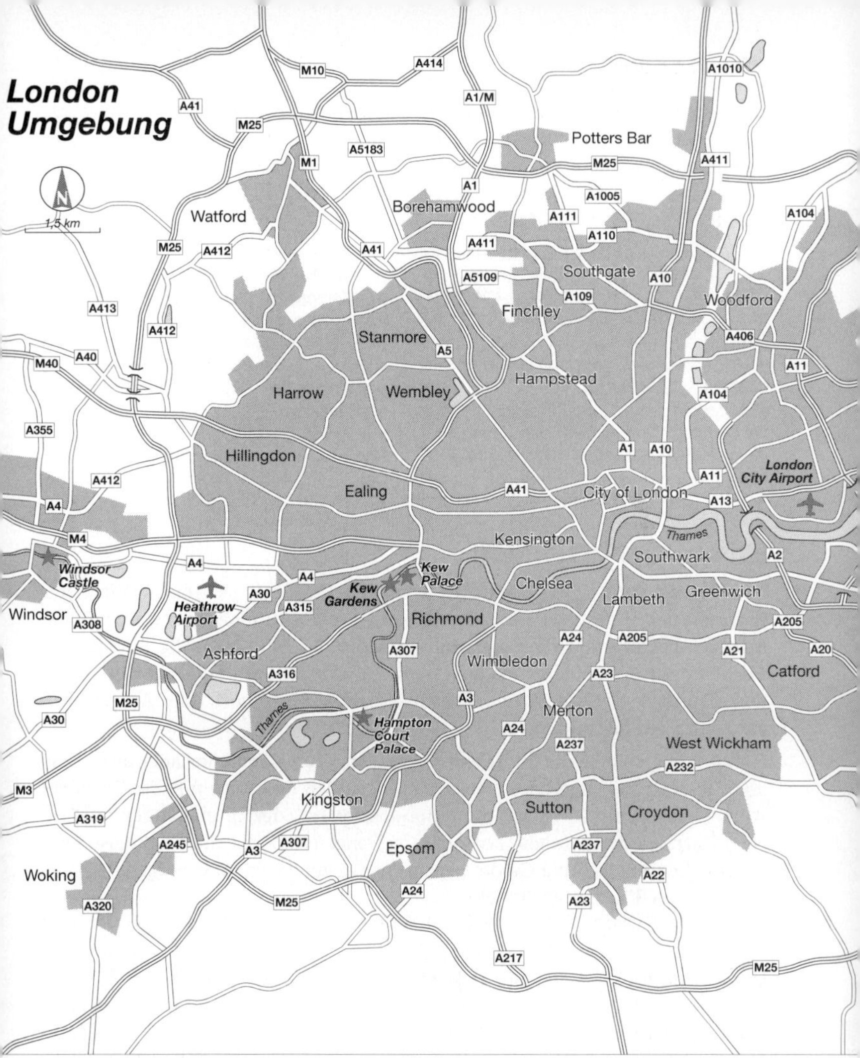

9–17 Uhr, Sa/So 8.30–16.30 Uhr). Die Fahrkarten werden beim Busfahrer gekauft; die Preise sind übrigens wochentags vor 9 Uhr (Rushhour!) höher.

Information: **NatEx**, 52 Grosvenor Gardens und 13 Lower Regent Street, ✆ 0990-808080. **Green Line Coaches**, ✆ 081-6687261.

Bahn: Das Reisen auf den Schienen kann richtig erholsam sein. Schnell lässt man die endlosen Verkehrsschlangen hinter sich. Mit den *Intercity-Zügen*, die London mit den wichtigsten Hafen- und Industriestädten, aber auch mit Urlaubsorten wie Bournemouth, Brighton, Penzance und York verbinden, kann man sein gewünschtes Ziel direkt erreichen. Von den acht großen Bahnhöfen (King's Cross, Euston, St Pancras, Paddington, Charing Cross, Waterloo, Victoria und Liverpool Street) werden jeweils verschiedene Regionen angefahren.

Die Bahnhöfe sind mit der *Tube* einfach und schnell zu erreichen. Die jeweilige Tube-Station hat immer denselben Namen wie der Bahnhof. *Fahrkarten* bekommt man in den Bahnhöfen oder in einem der zahlreichen *British Rail Travel Centres* (z. B. 12–16 Regent Street, 14 Kingsgate Parade oder in den Flughäfen).

- *King's Cross (Euston Road)*: Intercity-Züge in den Norden und Nordosten, nach West Yorkshire und Schottland; Informationen unter ✆ 0345-484950 (gilt auch für alle anderen Bahnhöfe).
- *Charing Cross (Strand)*: Nahverkehrszüge nach Südostengland.
- *Euston (Euston Road)*: Intercity-Züge in den Norden und Nordwesten, aber auch einige Nahverkehrszüge nach Watford.
- *Liverpool Street (Liverpool Street)*: Schnellzüge nach Ostengland (Stansted Airport) und Nahverkehrszüge in den Osten und Nordosten.
- *Paddington (Praed Street)*: Schnellzüge nach Bristol sowie in den Südwesten, Westen und Nordwesten.
- *Victoria (Terminus Place)*: Schnellzüge zu den Kanalhäfen, nach Brighton, Canterbury und Gatwick.
- *Waterloo (York Road)*: Schnellzüge nach Portsmouth, Southampton, Salisbury sowie Dorset und Nahverkehrszüge in den Südwesten von London.

Unterwegs in London

London mit dem eigenen Auto zu erkunden empfiehlt sich nicht. Nicht nur während der Hauptverkehrszeiten erfordert eine Autofahrt ein strapazierfähiges Nervenkostüm. Wenn irgendwie möglich, sollte man die öffentlichen Verkehrsmittel benutzen; sie sind dem Auto in vielerlei Hinsicht überlegen, und man muss sich weder über Parkplätze, Strafzettel noch über Autoaufbrüche Gedanken machen.

Parken: Diejenigen, die im Rahmen eines längeren Englandurlaubs auch London für ein paar Tage besuchen möchten, sollten das Auto für die Zeit ihres Aufenthaltes am besten auf dem Hotelparkplatz oder in einem der öffentlichen Parkhäuser abstellen. *National Car Parks (NCP)* gibt die kostenlose Broschüre "London Parking Guide" heraus, in der alle Parkplätze aufgeführt sind. Sie ist im NCP Office erhältlich.

Adresse: **NCP Office**, 12 Bryanston Street, W1A 4NH London, ✆ 020-74997050. U: Marble Arch.

Underground: Die Londoner U-Bahn ist die älteste der Welt; die erste "Tube" ging 1863 in Betrieb. Bis heute wurde das System auf zwölf Linien ausgebaut, und es ist immer noch unschlagbar, was Schnelligkeit und Effizienz betrifft. In London gibt es mehr als 275 U-Bahnhöfe sowie zwölf Linien (Bakerloo, Central, Circle, District, East London, Hammersmith & City, Jubilee, Metropolitan, Northern, Piccadilly, Victoria und Waterloo & City), die bis zu 50 Meilen weit ins Umland fahren. Die ersten Züge nehmen am Morgen um 5.30 Uhr (sonntags ab 7 Uhr) den Betrieb auf, und kurz nach Mitternacht (0.30 Uhr) ertönt zum letzten Mal das obligatorische "Mind the gap".

Tickets werden vor Fahrtantritt am Automaten oder am Schalter gelöst. Dabei gibt man seinen Zielbahnhof an, denn die U-Bahn-Tarife sind nach Zonen gestaffelt.

Umsteigen – falls für die Strecke erforderlich – ist inbegriffen, nicht jedoch das Umsteigen von Tube auf Bus oder umgekehrt und nicht von einem Bus

Das wichtigste Londoner Transportmittel: Underground

London
Karten S. 77 und Umschlaginnenklappe hinten

zum anderen. Wohnt man weit außerhalb, summiert sich das Fahrgeld schnell. Das sollte man besonders bei der Hotelsuche berücksichtigen. Am Ende der Fahrt wird das Ticket an den Sperren eingezogen (nicht aber die Travelcard, s. u.) – man muss es also bis zum Zielbahnhof aufbewahren. Um Schlangen vor den automatischen Sperren zu vermeiden, empfiehlt es sich, den Fahrschein rechtzeitig bereitzuhalten. Wer größeres Gepäck mitführt, wendet sich an einen Mitarbeiter der Verkehrsbetriebe; sie sind an ihren orangefarbenen Westen zu erkennen und öffnen spezielle Schwenktüren.

Hinweis: Um die Orientierung zu erleichtern, ist in diesem Reiseführer bei allen Londoner Sehenswürdigkeiten, Hotels oder Restaurants die nächstgelegene Underground-Station angegeben.

- *Informationsbroschüren und Pläne*: Empfehlenswert ist es, sich nach der Ankunft in London bei einem der London Transport Information Centres die verschiedenen Pläne und Informationsbroschüren zu holen. Offices gibt es beispielsweise in den folgenden U-Bahnhöfen: Heathrow Central, St James's Park, Euston Station, King's Cross, Victoria Station, Oxford Circus, Waterloo, Piccadilly Circus.
- *Tarife*: Die Tube ist in sechs verschiedene Zonen eingeteilt. In der Regel reicht ein Ticket für zwei Zonen vollkommen aus. Nur wer einen Ausflug nach Kew Gardens, Richmond oder Wimbledon unternimmt, muss einen geringfügigen Aufschlag bezahlen. Ähnliches gilt für Windsor Castle, das nur mit dem Zug zu erreichen ist. Einfache Tickets sind an den jeweiligen Fahrkartenautomaten erhältlich, Travelcards an den Schaltern der U-Bahnhöfe.

One Day Travelcard: Gültig von Mo–Fr ab 9.30 Uhr; für 2 Zonen £ 4, für bis zu 6 Zonen £ 4.90. Am Wochenende ohne Ausschlusszeiten. Wer werktags ohne Ausschlusszeiten fahren will, wählt eine One Day LT Card für £ 5.10 bzw. £ 7.70.

Weekend Travelcard: Gültig am Wochenende; für 2 Zonen £ 5.80, für bis zu 6 Zonen £ 7.

Family Travelcard: Die Tageskarte empfiehlt sich für 2 Erwachsene mit bis zu 4 Kindern. Mo–Fr erst ab 9.30 Uhr gültig. Kosten: je erwachsene Person für 2 Zonen £ 2.60, für bis zu 6 Zonen £ 3.20, pro Kind nur £ 0.80 (ohne Zonenbegrenzung).

Weekly Travelcard: Gültig an sieben aufeinander folgenden Tagen ohne Ausschlusszeiten. Für 2 Zonen £ 18.90, für bis zu 6 Zonen £ 36.40. Für die Wochenkarte benötigt man eine *Photocard*, daher empfiehlt es sich, gleich ein Passbild mitzubringen.

Carnet: Wer nur gelegentlich in der Zone 1 die U-Bahn benutzt, kann sich für £ 11.50 ein Heft mit zehn Fahrscheinen kaufen (Kinder £ 5), die ein Jahr gültig sind. Im Vergleich zu zehn Einzelfahrscheinen (je £ 1.50) ist das Heft £ 3.50 günstiger.

Visitor Travelcard: In Deutschland, Österreich und der Schweiz kann man bei der Deutschen Bahn, im Reisebüro oder bei Reiseveranstaltern eine Visitor Travelcard erwerben, mit der man alle Londoner U-Bahnen und Busse unbegrenzt benutzen darf. Zur Visitor Travelcard gehört zudem ein Gutscheinheft im Wert von bis zu £ 40, mit dem bei manchen Restaurants und Sehenswürdigkeiten Ermäßigungen gewährt werden. Die Visitor Travelcard für alle Zonen hat eine Gültigkeit von 1 bis zu 7 aufeinander folgenden Tagen. 3 Tage kosten 32 €, 7 Tage 63,50 €. Visitor Travelcards für die Zonen 1 und 2 haben eine Gültigkeitsdauer von 3, 4 oder 7 aufeinander folgenden Tagen. 3 Tage kosten 21.50 €, 7 Tage ca. 32.75 €.

London Pass: Freie Fahrt mit den öffentlichen Verkehrsmitteln und freier Eintritt zu 40 Londoner Sehenswürdigkeiten (z. B. Aquarium und St Paul's Cathedral). Erhältlich u. a. im Britain Visitor Centre an der Regent Street.

Achtung: Kinder bis zu 5 Jahren fahren in Begleitung Erwachsener kostenlos, ab 6 Jahren muss ein Kinderpreis gezahlt werden. Jugendliche im Alter von 14 und 15 Jahren benötigen eine Photocard; sie ist kostenlos erhältlich, daher sollte man rechtzeitig an das Passbild denken. Infoline von London Transport: ✆ 020-72221234.

Bus: Auf dem Oberdeck eines *Routemaster*, wie die roten Doppeldecker genannt werden, behält man stets die Übersicht. Manche Buslinien (6, 10, 15 oder 23) eignen sich auch hervorragend als Ersatz für eine teure Sightseeingtour. Besonders zu empfehlen ist die Linie Nr. 9; sie wird noch von den berühmten Doppeldeckern bedient und führt an zahlreichen Sehenswürdigkeiten vorbei durch das Londoner Zentrum. Wenn die Doppeldeckerbusse im Stau stehen (z. B. auf der Oxford Street), kann man jederzeit aus- und zusteigen. Es ist nicht nötig, auf die nächste Haltestelle zu warten. Die 17.000 Londoner Bushaltestellen sind immer an dem Zeichen "Bus Stop" zu erkennen. Einige sind Bedarfshaltestellen (*on request*), an denen man einen Bus heranwinken muss, sonst fährt er vorbei. In der Regel fahren die Stadtbusse von 6 Uhr morgens bis 0.30 Uhr. Danach steigt man auf Nachtbusse um, die bis in die frühen Morgenstunden verkehren. Diese Linien sind mit einem "N" vor der entsprechenden Nummer gekennzeichnet. *One Day Travelcards* und *Visitor Travelcards* haben nachts keine Gültigkeit (im Gegensatz zu Wochen- oder Monatskarten). Ansonsten sind auch die Busfahrpreise nach Zonen gestaffelt, und man muss dem Fahrer oder Schaffner (*conductor*) sagen, wo man aussteigen möchte (z. B. Oxford Street, Ecke New Bond Street). Je nach Entfernung kostet eine Busfahrt zwischen £ 0.70 und £ 1.20, Kinder bezahlen stets £ 0.40. Eine Fahrt mit dem Nachtbus kostet immer £ 1.50, eine Bustageskarte £ 2.80.

Information: London Transport gibt den kostenlosen und recht praktisch zu handhabenden Plan **Central Bus Guide** heraus, auf dem die Buslinien im Citybereich eingezeichnet sind. Er ist in allen Tube-Stations und LT-Informationsbüros erhältlich. Zudem liegen auch die Buspläne für vier weitere Stadtbereiche (South West, North West, North East und South East) aus.

London
Karten S. 77 und Umschlaginnenklappe hinten

Empfehlenswert bei schönem Wetter – Sightseeing by bus auf dem Sonnendeck

Schiff: Bootstouren auf der Themse, die einst die wichtigste Verkehrsader Londons war, sind eine nette Abwechslung vom U-Bahn- und Busfahren. Wenn man vorne im Boot Platz nimmt, hat man die beste Aussicht auf die Sehenswürdigkeiten der Stadt. Die Themse kann man bis nach Greenwich oder flussaufwärts zum Hampton Court Palace entlangschippern. Die meisten Boote sind auch für *Rollstuhlfahrer* geeignet, dennoch sollte man sich vorher informieren (✆ 0839-123432, nur in England wählbar). Boote zum *Hampton Court* sowie nach *Kew* und *Richmond* fahren nur in den Sommermonaten. Weitere Informationen erhalten Sie bei der *Westminster Passenger Service Association* (✆ 020-79302062). An folgenden Piers legen die Boote ab:

Embankment Pier: Gegenüber der Tube-Station Embankment. Boote nach Greenwich (£ 8.50, alle 30 Minuten) und zum Tower of London (£ 5.70, alle 30 Minuten).

Westminster Pier: Die Treppen an der Westminster Bridge hinuntersteigen (Tube Westminster). Boote nach Greenwich (alle 30 Minuten, £ 6), zum Hampton Court (3-mal täglich, £ 10), nach Kew Gardens (4-mal täglich, £ 7), zur Thames Barrier (2- bis 3-mal täglich, £ 6.95) und zum Tower of London (alle 40 Minuten, £ 5).

Tower Pier: Tower Hill, gegenüber dem Haupteingang zum Tower (Tube Tower Hill). Boote zur Thames Barrier (£ 10, 3-mal täglich, umsteigen in Greenwich), nach Greenwich (alle 30 Minuten, £ 8.50) und Westminster (alle 30 Minuten, £ 5).

Greenwich Pier: Cutty Sark Gardens (mit British Rail bis Greenwich oder Docklands Light Railway bis Island Gardens und dann die Fußgängerunterführung nach Greenwich). Boote nach Charing Cross (alle 30 Minuten), Thames Barrier (3- bis 4-mal täglich) und Westminster (alle 30 Minuten).

Taxi: Eine Fahrt mit einem der 19.000 "black cabs" gehört schon fast zum Pflichtprogramm eines Londonbesuchs. Taxistände finden sich an Bahnhöfen und zahlreichen öffentlichen Plätzen. Es ist aber jederzeit möglich, einen Wagen an der Straße anzuhalten, falls das gelbe Taxizeichen leuchtet ("Taxi" oder "For Hire"). Zu Stoßzeiten, bei Regen und in den Abendstunden ist es allerdings schwer, ein Taxi zu bekommen.

Übernachten

Aufgrund der starken Nachfrage verfügt der Großraum London derzeit über mehr als 90.000 Nachtquartiere, die bis zum Jahre 2006 um nochmals 13.000 Zimmer erweitert werden sollen. Das Preisspektrum ist breit und nach oben offen. Neben persönlichen Vorlieben setzt nur der eigene Geldbeutel Grenzen.

• *Hotels*: **The Hempel**, wenige Fußminuten nördlich des Hyde Park. Hinter der viktorianischen Fassade verbirgt sich ein anspruchsvolles Designerhotel mit nur 36 Zimmern und 12 Suiten. Die Zimmer sind nicht nur hinsichtlich der Ästhetik, sondern auch in Bezug auf den Komfort vorbildlich. So gehört beispielsweise auch ein CD-Player zur Ausstattung. Der mit geometrischen Formen und fernöstlichen Traditionen spielende Garten ist eine wahre Oase der Sinnlichkeit. Das Restaurant hat sich auf die thailändische und italienische Küche spezialisiert. DZ £ 288–335, Suiten ab £ 493. Jeweils plus 17,5 % VAT. 31–35 Craven Hill Gardens, W2 3 EA. ✆ 020-72989000, 📠 020-74024666. U: Bayswater und Lancaster Gate.

One Aldwych, bereits die stimmungsvoll klassisch-nüchterne Hotel-Lobby mit ihrer sakralen Atmosphäre hebt sich von anderen Hotels ab. Zeitgemäßer britischer Minimalismus ist angesagt. Und im Pool ist die Musik auch nur zu hören, wenn man den Kopf unter Wasser hält. Glücklicherweise enttäuschen auch die Zimmer und der Service des erst 1998 eröffneten Design-Hotels nicht. Lohnend ist auch ein Besuch des Restaurants Axis, das sich im Untergeschoss befindet. EZ ab £ 323, DZ ab £ 344. 1 Aldwych, WC2, ✆ 020-73001000, 📠 020-73001001.
Internet: www.onealdwych.co.uk.
U: Charing Cross bzw. Temple.

Blakes Hotel, distinguiertes Hotel mit exotisch-plüschigem Ambiente. Vorherrschend sind schwarzer Lack und chinesische Antiquitäten. Zu den Stammgästen gehört beispielsweise Robert de Niro. EZ £ 130–155, DZ £ 220–310, Suite ab £ 485. Jeweils plus 17,5 % VAT. 33 Roland Gardens, SW7 3 PF, ✆ 020-73706701, 📠 020-73730442. U: South Kensington.

My hotel, am Rande von Bloomsbury gelegen, wird dieses geschmackvolle Designerhotel auch höchsten Ansprüchen gerecht. Wer Lust hat, kann mit seiner Lieblingsmusik am eigenen CD-Player einschlafen. Der Architekt orientierte sich übrigens an der Feng-Shui-Lehre, damit die Energie schön fließen kann... Das zugehörige Restaurant *my chi* kredenzt "the best of east + west". EZ £ 18 –200, DZ £ 229–240. 11–13 Bayley Street, WC1B 3 HD, ✆ 020-76676000, 📠 020-76676001. U: Goodge Street.

Hotel 167, empfehlenswertes kleines Hotel mit nur 17 Zimmern. Der Clou: Jedes Zimmer ist in einem anderen Stil eingerichtet. EZ £ 72–86, DZ £ 80–90 (jeweils inkl. Frühstück). 167 Old Brompton Road, SW5 0AN, ✆ 020-73730672, 📠 020-73733360. U: South Kensington.

Fielding Hotel, inmitten einer verkehrsberuhigten Zone gelegen, findet man in dem historischen Gebäude aus dem 18. Jahrhundert geruhsam in den Schlaf. Zuvor tragen die umliegenden Opern- und Musicalhäuser allerdings zum Amüsement bei, tagsüber geht es in ein paar Minuten zu Fuß zum Einkaufen in den Covent Garden. EZ £ 76, DZ £ 100–115. 4 Broad Court, Bow Street, WC2B 5QZ, ✆ 020-78368305, 📠 020-74970064. U: Covent Garden.

Windermere Hotel, einladendes Hotel mit Restaurant und gepflegter viktorianischer Architektur. EZ £ 67–88, DZ £ 84–136. 142–144 Warwick Way, SW1V 4JE, ✆ 020-78345163, 📠 020-76308831. U: Victoria.

Morgan Hotel, das Hotel in einem Gebäude aus dem 18. Jahrhundert ist eine ideale Adresse für den wahren Kunstfreund: Das British Museum ist nicht einmal zwei Fußminuten entfernt. EZ £ 58, DZ ab £ 68 (Preise inkl. English Breakfast). 24 Bloomsbury Street, WC1 3QJ, ✆ 020-76363735. U: Tottenham Court Road.

Ibis Euston, sicherlich kein kleines, charmantes Hotel, dafür ist angesichts der 300 Zimmer die Wahrscheinlichkeit hoch, auch an Ostern oder Pfingsten kurzfristig ein Zimmer zu bekommen. Die Einrichtung ist modern und funktional, und es ist schwer, in London mehr Komfort zu einem günstigeren Preis zu finden. Das Frühstücksbuffet mit Kantinenflair bietet eine vergleichsweise große Auswahl für £ 4.50, und zur Tubestation Euston sind es nur zwei Fußminuten. EZ £ 69.95, DZ £ 69.95. 3 Cardington Street, NW1 2LW, ✆ 020-73887777, 📠 020-73880001. U: Euston.

Hampstead Village Guesthouse, liebevoll exzentrisch eingerichtete Herberge mit nur sechs Zimmern in einem viktorianischen Stadthaus. EZ £ 48–90, DZ £ 72–120. Nur Nichtraucherzimmer, familienfreundlich (Babysitterservice). 2 Kemplay Road, NW3 1SY, ✆ 020-74358679, 📠 020-77940254. U: Hampstead.

Philbeach Hotel, beliebtes Gay-Hotel mit nettem Restaurant. Viele Stammgäste. EZ £ 60, DZ £ 69–90 (inkl. Continental Breakfast). 30–31 Philbeach Gardens, SW5, ✆ 020-73731244, 📠 02072440149. Internet: www. philbeachhotel.freeserve.co.uk U: Earl's Court.

Gate Hotel, kleine, geschmackvolle Unterkunft in Notting Hill. Ein Tipp für all jene, die der berühmten Portobello Road mit ihren zahlreichen Antiquitätengeschäften ganz nahe sein wollen. EZ £ 65–70, DZ £ 85–95 (inkl. Continental Breakfast). 6 Portobello Road, W11 3 DG, ✆ 020-72210707, 📠 020-72219128. Internet: www.gatehotel.com. U: Notting Hill Gate.

Half Moon Hotel, kleines, ordentlich geführtes Hotel in unmittelbarer Nähe der Tubestation Earl's Court. EZ £ 30–50, DZ £ 50–60. 10 Earl's Court Square, SW5 9DP, ✆ 020-73739956, 📠 020-73738456. U: Earl's Court.

Lord Jim Hotel, günstiges, aber ordentlich geführtes Hotel. Die Zimmer sind allerdings recht klein. In der gleichen Straße finden sich fünf weitere Hotels mit ähnlichen Preisen. EZ £ 35–55, DZ £ 48–68. 23–25 Penywern Road, SW5 9TT, ✆ 020-73706071, 📠 020-73708919. U: Earl's Court.

Hyde Park House, einfaches kleines Hotel mit Gemeinschaftsduschen. EZ £ 28–30, DZ £ 40–42 (inkl. Continental Breakfast). 48 St Petersburgh Place, W2 4LD, ✆ 020-72299652, 📠 020-72291687. U: Bayswater oder Queensway.

County Hotel, das Hotel befindet sich im nördlichen Teil von Bloomsbury und besitzt über 224 Betten. Die für Londoner Verhältnisse relativ günstigen Zimmer verfügen nur über ein Waschbecken, jeweils sechs Zimmer teilen sich einen Bathroom. EZ £ 36, DZ £ 50. Upper Wobum Place, WC1H 0JW, ✆ 020-73875544. U: Euston.

Hotel Strand Continental, mitten im Londoner Zentrum zu wohnen muss nicht zwangsweise teuer sein. Das unter indischer Leitung stehende Hotel gefällt allerdings nicht nur wegen seiner Preise. Von der Ausstattung der Zimmer darf man aber nicht zu viel erwarten. EZ £ 32, DZ £ 40, Family Room £ 50 (jeweils mit Continental Breakfast). 143 Strand, WC2R, ✆ 020-78364880. 📠 020-73796105. U: Temple oder Covent Garden.

North Gower Hotel, verteilt auf mehrere angrenzende Gebäude, gehört das unweit der Euston Station gelegene Hotel (unter indischer Leitung) zu den Low-Budget-Unterkünften für Reisende mit geringen Ansprüchen. EZ je nach Reisezeit ab £ 25, DZ £ 30. Wer will, kann sich auch mit anderen Reisenden ein Zimmer teilen: Bett ab £ 11. Günstigere Wochentarife. 190–198 North Gower Street, NW1 2LY, ✆ 020-73801414, 📠 020-73837997. U: Euston.

• B&B: Zimmer in Privathäusern, die je nach Lage und Ausstattung zwischen £ 16 und £ 35 pro Nacht und Person kosten (Mindestaufenthalt 3 Nächte), vermitteln die **London Homestead Services**: ✆ 020-89494455, 📠 020-85495492.

Lesbian & Gay Accommodation Outlet, Zimmervermittlung für Schwule und Lesben. 32 Old Crompton Street, W1, ✆ 020/72874244, 📠 020/77342249. Internet: www.outlet.co.uk.

• Jugendherbergen: In London gibt es mittlerweile sieben Jugendherbergen, die aber im Sommer schon Monate im Voraus ausgebucht sind. Dennoch werden oft ein paar Betten für Kurzentschlossene freigehalten:

Holland House, die vielleicht am schönsten gelegene und sauberste Herberge Londons. Sie befindet sich im Holland Park, umgeben von viel Grün. Das jakobinische Haus mit seiner eigenartig geschwungenen Giebelfront ist schon für sich einen Besuch wert. 200 Betten, eine Gemeinschaftsküche steht zur Verfügung. Erwachsene £ 19.95, Jugendliche £ 17.95 (jeweils inkl. Frühstück). (King George VI. Memorial YH) Holland Walk, Kensington, W8 7QN, ✆ 020-79370748, 📠 020-73760667. U: Holland Park oder High Street Kensington.

Earl's Court, altes Stadthaus in einem Wohngebiet. Große Gemeinschaftsküche, über 150 Betten, von denen meistens zehn in einem Zimmer stehen. B&B, Erwachsene £ 19.95, Jugendliche £ 17.95. 38 Bolton Gardens, SW5 0AQ, ✆ 020-73737083, 📠 020-78352034. U: Earl's Court (von der U-Bahn-Haltestelle nimmt man den Ausgang Earl's Court rechts, dann die fünfte Straße links).

London
Karten S. 77 und Umschlaginnenklappe hinten

City of London, Carter Lane, der alte Schlafsaal der Sängerknaben von St Paul's, wurde in den letzten Jahren von Grund auf renoviert und ist jetzt eine der teuersten Herbergen von London: Kantine, Geldwechsel und Theaterticket-Verkauf. Erwachsene bezahlen £ 22.95, Jugendliche £ 19.70 (Preise inkl. Frühstück). 36 Carter Lane, EC4V 5AB, ✆ 020-72364965, 📠 020-72367681. U: Blackfriars oder St Paul's.

Hampstead Heath, etwas dezentral, 200 Betten in netten Mehrbettzimmern. Kochgelegenheit vorhanden. Erwachsene £ 19.70, Jugendliche £ 17.30. 4 Wellgarth Road, Golders Green, NW11 7HR, ✆ 020-84589054, 📠 020-82090546. U: Golders Green, dann Bus 210 (von der U-Bahnstation links in die North End Road, nach 500 m links in die Wellgarth Road).

Rotherhithe, eine der neueren Jugendherbergen der Stadt im modernen Design (Glas-Stahl-Konstruktion). Zwei bis sechs Betten pro Zimmer, die absolut sauber sind. Restaurant und Bar im Haus. B&B Erwachsene £ 22.95, Jugendliche £ 19.70. Island Yard, Salter Road, SE16 1PP, ✆ 020-72322114, 📠 020-72372919. U: Rotherhithe (von der U-Bahnstation die Brunel Road hinunter –15 Minuten –, bis sie zur Salter Road wird, dann auf der linken Seite).

Oxford Street, verkehrstechnisch günstig mitten in London gelegen. Knapp 90 Betten in Zwei- bis Vierbettzimmern. Keine Küche. Erwachsene £ 20.55, Jugendliche £ 16.85. 14–18 Noel Street, W1V 3PD, ✆ 020-77341618, 📠 020-77341657. U: Oxford Circus (von der U-Bahnstation in östliche Richtung auf die Oxford Street, dann rechts in die Poland Street).

St Pancras, 1997 eröffnet, eine der teuersten und zentralsten Jugendherbergen mit 153 Betten (in Zwei bis Sechsbettzimmern). Dafür sind alle Zimmer mit Bad oder Dusche ausgestattet. B&B Erwachsene £ 25.40, Jugendliche £ 22.50. Direkt gegenüber der neuen British Library. 79–81 Euston Road, NW1 2QS, ✆ 020-73889998, 📠 020-73886766. U: King's Cross.

• _Camping_: **Lee Valley Leisure Center**, liegt etwa 6 km vom Zentrum entfernt. Gut ausgestattet mit Waschmaschinen, Duschen, Laden u. a. Zelt und zwei Personen £ 11, ganzjährig geöffnet. Picketts Lock Leisure Centre, Picketts Lock Lane, N9 OAS, ✆ 020-88036900. Mit British Rail bis Edmonton Green.

Tent City (Hackney Camping), der Zeltplatz befindet sich in Londons East End. Rund 200 Stellplätze, nur von Juni bis August geöffnet. Für ein Zelt und zwei Personen bezahlt man £ 10. Im Sommer kann man auch in Großraumzelten für £ 5 übernachten. Hier treffen sich Rucksacktouristen aus aller Welt. Achtung: Es wird viel geklaut! Millfields Road, Hackney Marshes, E5, ✆ 020-89857656, 📠 020-87499074. U: Leyton. Bus 38 fährt vom Piccadilly Circus hierher.

Crystal Palace, ganzjährig geöffneter Campingplatz südlich der City. Crystal Palace Parade, London SE19 1 UF, ✆ 020-87787155. British Rail ab Victoria Station nach Crystal Palace oder Bus 3 ab Piccadilly.

Essen/Trinken/Nachtleben

City of London

Fuego, mitten in der City gelegen, begeistert das Tapa-Restaurant durch seine freundliche Atmosphäre und die Qualität der kleinen "Deckel". Ausgezeichnet sind die *pulpo +pulpo a la gallega* (Tintenfische mit Paprika) für £ 4.70. Eine Flasche Hauswein kostet £ 9.50. Am Wochenende geschlossen. 1a Pudding Lane, EC3, ✆ 020-79293366. U: Bank oder Monument.

Searcy's at the Barbican, es soll Leute geben, die nur wegen des tollen Blicks über den Barbican Lake und die St Giles Cripplegate Church hierher kommen. Die Aussicht ist phantastisch, die Qualität der Küche nicht minder. Ausgezeichnet ist die mit Knoblauch und Mandeln gebackene Scholle. Das Menü mit zwei Gängen kostet £ 19.50, mit drei Gängen £ 22.50. Wer es weniger vornehm liebt, kann einen oder zwei Stock tiefer das Balcony Café bzw. das Waterside Café mit Selbstbedienung aufsuchen. Silk Street, Barbican, Level 2, EC2, ✆ 020-75883008. U: Barbican.

Bar Bourse, die schönsten Bars und Restaurants in der City finden sich vorzugsweise in den Untergeschossen der Bürogebäude, so auch die Bar Bourse, die von einer ehemaligen Stockbrokerin geführt wird. Während mittags ein paar leichte Häppchen (*Cajun Calamari* oder *Bruscetta* *with Serrano ham*) serviert werden, mausert sich das perfekt gestylte Lokal nach Büroschluss zu einem trendigen Treffpunkt. Mo–Fr bis 3.30 Uhr geöffnet, am Wochenende geschlossen. 67 Queen Street, EC4, ✆ 020-72482200. U: Mansion House.

Da Vinci, die kleine italienische *Pasta Bar* bietet schmackhafte Nudelgerichte für £ 6.95. Am Wochenende geschlossen. 42–44 Carter Lane, EC4, ✆ 020-72363938. U: Blackfairs.

Sri Thai, das ebenfalls im Kellergeschoss gelegene thailändische Restaurant ist ein beliebter Mittagstreff in der City. Wer nicht im Voraus gebucht hat, muss sich eventuell eine Weile gedulden, bis ein Tisch frei wird. Die Thaiküche begeistert auch anspruchsvolle Gaumen. Ausgezeichnet ist das *Kaeng Massaman Kai*, ein delikates Hühnercurry mit Kartoffeln und Erdnüssen. Ein Tipp: Das Menü zu £ 16.95 – auch in vegetarischer Version – bietet ein lobenswertes Preis-Leistungs-Verhältnis. Am Wochenende geschlossen. Bucklersbury House, 3 Queen Victoria Street, EC4, ✆ 020-78270200. U: Bank.

Shaw's Booksellers, der Name verwirrt – es handelt sich hier keineswegs um eine Buchhandlung, sondern um eines der angenehmsten Pubs in der Londoner City, das u. a. durch seine schönen, großen Fenster überzeugt. Am Wochenende geschlossen. 31–34 St Andrews Hill, EC4, ✆ 020-74897999. U: Blackfairs.

Simpson's Tavern, alteingesessener, kleiner Pub in einem 300 Jahre alten Haus. Nur werktags von 11–15 Uhr geöffnet. Off Ball Court, 38 Cornhill, EC3, ✆ 020-76269985. U: Bank oder Monument.

Amerikanische Coffee-Shops boomen

Strand/Holborn/Clerkenwell

The India Club, seit nunmehr 50 Jahren befindet sich der India Club im zweiten Stock des Gebäudes. Das Ambiente mit dem Linoleumboden wirkt heute etwas antiquiert, während die Küche unverändert gut ist. Serviert werden Köstlichkeiten aus dem Süden wie aus dem Norden des Subkontinents zu günstigen Preisen. Lecker ist das Lamm mit Champignons (£ 5.30), vor den höllisch scharfen *chillie bhajais* (£ 2.60) sollte man sich allerdings in Acht nehmen. Sonntag Ruhetag. 143 Strand, WC2. U: Temple oder Covent Garden.

St John, eine der empfehlenswertesten Adressen in London, um sich intensiv mit der traditionellen englischen Küche zu beschäftigen. Es gibt zwar auch vegetarische Gerichte, doch im Großen und Ganzen geht es recht "fleisch-deftig" zu. Das Ambiente ist wohltuend unterkühlt. Samstagmittag und Sonntag geschlossen. 26 St John Street, EC1, ✆ 020-72510848. U: Farringdon.

Cicada, die Mischung aus Bar und Restaurant gehört zu den trendigen Adressen in Clerkenwell. Hinter einer großen Fensterfront wird leichte asiatische Küche serviert. Relativ günstig sind die wechselnden Menüs. Samstagmittag und Sonntag geschlossen. 132 St John Street, EC1, ✆ 020-76081550. U: Farringdon.

Café im Exmouth Market, Clerkenwell

Dust, im coolen Industrial-Design vergnügt sich hier Clerkenwells Szene (oder das, was sich dafür hält). Serviert werden internationale Köstlichkeiten. Hauptgerichte zwischen £ 4.50 und £ 6.50, beispielsweise ein gegrillter Schwertfisch. Ein Glas Wein kostet satte £ 4. Freitagabend und Samstagabend ab 9 Uhr £ 3. Sonntag geschlossen. 27 Clerkenwell Road, EC1, ✆ 020-74905120. U: Farringdon.

Moro, inmitten des beliebten Exmouth Market gelegen, ist das Speisenangebot des recht spartanisch eingerichteten Restaurants deutlich von der Küche Spaniens und Nordafrikas beeinflusst. Am Wochenende geschlossen. 36 Exmouth Market, EC1, ✆ 020-78338336. U: Farringdon oder Angel.

Punch Tavern, stilvolles viktorianisches Pub mit vielen alten Karikaturen, verblichenen Zeitungen und einer Messingfigur von Mr. Punch. Noch immer treffen sich hier Journalisten, Redakteure und andere Zeitungsleute. Am Wochenende abends geschlossen. 99 Fleet Street, EC4, ✆ 020-73536658. U: Blackfriars.

Ye Olde Cheshire Cheese Pub, eine Alternative zur Punch Tavern ist das 1667 erbaute Pub auf der Fleet Street gleich neben der Nummer 143, die man leicht an der *Statue der Queen Mary of Scotland* erkennen kann. Früher verkehrten hier Berühmtheiten wie Pope, Dickens, Voltaire und Doyle. Wer ein Jurastudium erfolgreich absolviert hat, wird sich unter seinen Standesgenossen sichtlich wohl fühlen. Serviert wird recht gutes englisches Essen. 145 Fleet Street, EC4. U: Blackfriars.

Fabric, brandneue, erst im Herbst 1999 eröffnete Riesendisco in einer unterirdischen Fabrikhalle. Aufgelegt wird viel Hip-Hop und Drum & Bass. Ungewöhnlich ist die 24-Stunden-Lizenz für Alkoholausschank. 77a Charterhouse Street, WC1. U: Farringdon.

Heaven, Europas größte Gay-Disco mit drei Tanzflächen und mehreren Bars liegt unter den Arkaden beim Bahnhof Charing Cross. Under The Arches, Craven Street, WC2, ✆ 020-79302020.

Camden

Jazz Café, derzeit eine der angesagtesten Adressen für anspruchsvolle Livemusik, auch Courtney Pine und Gil Scott Heron standen hier schon auf der Bühne. Den besten Blick hat man vom Balkonrestaurant aus (3-Gänge-Menü £ 25). Achtung: Das musikalische Angebot beschränkt sich nicht auf Jazz, es wird auch Reggae oder Irish Folk gespielt. Tgl. 19–24 Uhr, am Wochenende bis 2 Uhr, So auch 12–16 Uhr geöffnet. Eintritt: £ 4–7. 5 Parkway, NW1, ✆ 020-73440044. Internet: www.jazzcafe.co.uk; U: Camden Town.

WKD, das Kürzel des Musikclubs mit Restaurant steht für "Wisdom, Knowledge and Destiny". Bis 3 Uhr nachts kann man sich hier bei Soul und Funk amüsieren. Tgl. ab 12 Uhr mittags geöffnet, abends wird zumeist Eintritt erhoben (Türsteher). 18 Kentish Town Road, NW1, ✆ 020-72671869. U: Camden Town.

Marylebon

La Spighetta, beliebter kleiner Italiener mit erfreulich günstigen Preisen. Neben diversen Pizzen (*Pizza Bresaola* £ 7.50) und leckeren Nudelgerichten (*Pappardelle di castagne con funghi e erbe* £ 8) werden auch wechselnde Fisch- und Fleischgerichte angeboten. Eine Flasche Wein gibt es ab £ 9.50. Sonntagmittag geschlossen, in der zweiten Augusthälfte Betriebsferien. 43 Blandford Street, W1, ✆ 020-74867340. U: Bond Street oder Baker Street.

Giraffe, interessant designtes Ethno-Restaurant. Passend zur musikalischen Berieselung mit World Music werden an den lang gestreckten Tischen Delikatessen aus der ganzen Welt serviert. Auf der netten kleinen Straßenterrasse kann man aber auch einfach nur einen Cappuccino genießen. Zuvorkommender Service und angemessene Preise. 6–8 Blandford Street, W1, ✆ 020-779352333. U: Bond Street oder Baker Street.

Stephen Bull, gehobene französische Küche mit mediterranem Einschlag in einem stilvoll modernen Ambiente. Was will man mehr? Samstagmittag und Sonntag geschlossen. 5–7 Blandford Street, W1, ✆ 020-74869696. U: Bond Street oder Baker Street.

Fairuz, wer lieber arabische Spezialitäten genießen möchte, sollte das libanesische Restaurant nebenan aufsuchen. Vorspeisen £ 4, Hauptgerichte etwa £ 10, Mezza-Menü für £ 14.95. 3 Blandford Street, W1, ✆ 020-74868108. U: Bond Street oder Baker Street.

Zoe, von 11.30 bis 23.30 Uhr durchgehend geöffnetes Restaurant-Café mit ansprechend modernem Interieur. Serviert wird mediterrane Küche. Menüs ab £ 10.75. Sonntag geschlossen. 3–5 Barrett Street, St Christopher's Place, W1, ✆ 020-72241122. U: Bond Street.

Soho

Mezzo, mit seinen rund 700 Sitzplätzen ist das von Designguru Sir Terence Conran entworfene Lokal das größte der Stadt. Sicherlich ist das Mezzo alles andere als ein intimes Restaurant, doch das Flair und der Zuspruch des Publikums sprechen für sich. Während die ausgelassenen Gäste auf zwei Etagen den kulinarischen Freuden frönen, tummelt sich hinter einer zweistöckigen Glaswand eine ganze Heerschar von Köchen. Das Restaurant im Erdgeschoss (Mezzonine) bietet sich auch für einen kurzen Stopp an, in dem im Untergeschoss gelegenen Mezzo sollte man am besten den ganzen Abend verbringen. Menüs abends ab £ 15.50, ein besonderes Lob verdienen die Desserts. Von Mittwoch bis Samstag gibt es im Mezzo Livemusik (meistens Jazz), weshalb an diesen Tagen ein Aufschlag von £ 5 berechnet wird. Am Wochenende bis 3 Uhr geöffnet. 100 Wardour Street, W1, ✆ 020-73144000. U: Piccadilly Circus.

busaba eathai, direkt nebenan wird in einem trendigen, in dunklem Holz gehaltenen Ambiente hervorragende Thaiküche serviert. Man sitzt in lockerer Atmosphäre auf Bänken an großen quadratischen Tischen zusammen mit anderen Gästen, so dass sich oft eine spontane Konversation mit den Tischnachbarn ergibt. Störend ist einzig der daraus resultierende hohe Geräuschpegel. Hervorragend mundet das rote Lammcurry; Hauptgerichte zwischen £ 6 und £ 9. Durchgehend ab 12 Uhr geöffnet. 106 Wardour Street, W1, ✆ 0800-3169950. U: Piccadilly Circus.

Centrale, das kleine Lokal am lebhaften Cambridge Circle hat den Charme einer Autobahnraststätte der siebziger Jahre, doch es ist immer gut besucht, die Portionen sind üppig und die Nudelgerichte mit Preisen zwischen £ 3 und £ 4 für Londoner Verhältnisse geradezu revolutionär günstig. Tgl. bis 21.45 Uhr geöffnet. 16 Moro Street, W1, ✆ 020-74375513. U: Leicester Square oder Tottenham Court Road.

Bar Italia, die rund um die Uhr geöffnete Coffeebar ist längst eine Institution in Soho. Angeblich wird hier der beste Cappuccino von London zubereitet, nachts trifft sich ein zumeist buntes Publikum. 22 Frith Street, W1, ✆ 020-74374520. U: Leicester Square, Tottenham Court Road oder Piccadilly.

Bank, exzellente Mischung aus Bar und Restaurant mit einem riesigen bugförmigen Tresen und viel Glas. Das Design ist anspruchsvoll bis zum letzten Detail. Das

Speisenangebot wechselt je nach Saison, vorzüglich sind die *Tagliatelle with wild mushrooms* und das *Cajun-blackened Chicken* (£ 14). Bevor es zum Essen geht, sollte man am besten eine "Bank" aufsuchen, gutes Design kostet nun mal Geld... Wochentags bereits ab 7 Uhr geöffnet. 1 Kingsway (Ecke Aldwych), WC2, ✆ 020-73799797. U: Covent Garden.

Punjab, das 1951 gegründete Restaurant rühmt sich, eines der ältesten Londoner Curry-Restaurants zu sein. Der 1962 installierte Tandoor-Ofen soll zu den ersten in Großbritannien gehört haben. Wie dem auch sei, die Küche verdient noch immer ein Lob, vor allem, weil man bemüht ist, den Gast jenseits der klassischen Gerichte für die indische Küche zu begeistern. Zu empfehlen ist das mit Lamm zubereitete *acharri gosht* für £ 7.50. 80–82 Neal Street, WC2, ✆ 020-78369787. U: Leicester Square.

Belgo Centraal, hinter der rot angestrichenen Ziegelsteinfassade werden belgische Spezialitäten serviert. Das Ambiente ist zeitlos modern. Wer will, kann sich mit einem Blick durch den gläsernen Boden davon überzeugen, dass die Köche im Untergeschoss mit viel Geschick zu Werke gehen. Das Menü zu £ 16.95 bietet einen *Salat liègeoise*, Muscheln mit den obligatorischen Pommes frites und Majonäse, danach eine hausgemachte Vanilleeiskrem. Ein *Hoegaarden beer* ist auch inklusive. 50 Earlham Street, WC2, ✆ 020-78132233. U: Covent Garden.

The Rock and the Sole Plaice, das bereits 1871 eröffnete Restaurant ist laut Werbung der älteste Fish & Chips Shop in London. Positiv: Die günstigen Preise und die große Straßenterrasse. 47 Endell Street, WC2, ✆ 020-78363785. U: Covent Garden.

Mr Kong, eine der empfehlenswertesten Adressen in Chinatown. Die Einrichtung ist eher langweilig, was die gute chinesische Küche aber schnell vergessen lässt. Mehrere Menüs zwischen £ 10 und £ 12 stehen zur Auswahl. Täglich von 12 bis 3 Uhr nachts geöffnet. 21 Lisle Street, WC2, ✆ 020-74377341. U: Leicester Square.

Freedom, trendige Bar mit lockerer Atmosphäre, viel von Schwulen und Lesben besucht. Tgl. von 11–3 Uhr, So nur bis 24 Uhr geöffnet. 60–66 Wardour Street, W1. U: Piccadilly Circus oder Leicester Square.

Dog & Duck, das 1734 eröffnete Pub besitzt viel Flair und Atmosphäre. Am Wochenende nur abends geöffnet. 18 Bateman Street, W1, ✆ 020-74374447. U: Leicester Square oder Tottenham Court Road.

Lamb & Flag, in dem traditionsreichen Pub wurden früher Boxkämpfe veranstaltet. Sonntags gibt es Jazzmusik. 33 Rose Street, WC2, ✆ 020-74979504. U: Covent Garden oder Leicester Square.

Ronnie Scott's, im ältesten und wohl renommiertesten Jazz-Club Londons treten immer wieder absolute Topstars auf. Eine Vorausbuchung ist ratsam. 47 Frith Street, W1, ✆ 020-74390747. U: Leicester Square.

Home, 1999 eröffneter gigantischer Superclub, verteilt auf mehrere Stockwerke. Auf jeder Etage legt ein anderer DJ die neuesten Trends auf. 1 Leicester Square, WC2. U: Leicester Square.

St James

Chor Bizarre, hinter dem etwas seltsam anmutenden Namen verbirgt sich ein indisches Restaurant mit Anspruch und Stil. Hauptgerichte zwischen £ 8 und £ 10. Sonntagmittag geschlossen. 16 Albemarle Street, W1, ✆ 020-76299802. U: Green Park.

Mash (8), das Mash trägt eindeutig Designer-Handschrift, die Küche versteht sich auf Kreationen im beliebten Modern European Style. Gehobenes Preisniveau. Zwischen 18 und 19.30 Uhr kostet ein zweigängiges Menü nur £ 12, ein dreigängiges £ 15. 26B Albemarle Street, W1, ✆ 020-749559997. U: Green Park.

The Zinc Bar and Grill, mit einem Zinktresen und einer anspruchsvollen Speisenauswahl versucht der Designguru Terence Conran, ein wenig Pariser Flair an die Themse zu holen. Tgl. von 12–19 Uhr gibt es ein attraktives Menü für £ 11.50 (zwei Gänge) bzw. £ 14 (drei Gänge). Sonntag geschlossen. 21 Heddon Street, W1, ✆ 020-72558899. U: Piccadilly Circus oder Oxford Circus.

Momo, zwei Häuser weiter öffnet sich das Tor zum Orient. Gehobene marokkanische Küche in feinstem Dekor. P.S.: Den Gang auf die Toilette sollte man nicht versäumen... 25 Heddon Street, W1, ✆ 020-74344040. U: Piccadilly Circus oder Oxford Circus.

Muscheln und Bier im Belgo Centraal (Soho)

The Hard Rock Café, in den siebziger Jahren eröffnet, ist das originale Hard Rock Café längst zum Klassiker avanciert. Die Schlange am Eingang reicht manchmal sogar bis um die Ecke. Ein Rätsel bleibt allerdings, warum das Hard Rock Café im noblen Mayfair eröffnet wurde. Das Speisenangebot lässt sich auf die Kurzformel Tex-Mex and Burgers (auch vegetarische) bringen. Reservierungen werden nicht angenommen. 150 Old Park Lane, W1, ✆ 020-76290388. U: Hyde Park Corner.

Westminster

Jenny Lo's Teahouse, das ansprechend nüchtern gestylte Ambiente ist ein lobenswerter Kontrast zu dem kitschigen Stil der meisten chinesischen Restaurants. Glücklicherweise enttäuscht auch die Küche nicht, denn schließlich gehört das Restaurant der Tochter von Englands bekanntestem Autor über chinesische Kochkunst. Hauptgerichte £ 6–7. Sonntag Ruhetag. 14 Ecclestone Street, SW1, ✆ 020-72590399. U: Victoria.

Boisdale, von Geschäftsleuten gerne besuchtes schottisches Restaurant mit Clubatmosphäre. Selbstverständlich gibt es auch Lachs und Malt Whiskey. Menüs zu £ 14 und £ 17.45. Samstagmittag und Sonntag geschlossen. 15 Ecclestone Street, SW1, ✆ 020-77306922. U: Victoria.

Red Lion, das Pub in unmittelbarer Nähe zum Parlament wird seit jeher gern von Politikern aller Fraktionen besucht. 48 Parliament Street, SW1, ✆ 020-79305826. U: Westminster.

EasyEverything, das mit 400 Computerterminals ausgestattete, größte Internetcafé der Welt befindet sich direkt gegenüber der Londoner Victoria Station (weitere Filialen im Stadtgebiet). Unschlagbar ist vor allem der Preis: Eine Stunde surfen kostet nur £ 1 – und das mit der neuesten Hardware und ultraschnellen Verbindungen! Ein weiteres Plus: Das Café hat rund um die Uhr geöffnet. 9–13 Wilson Road. Internet: www.easyeverything.com. U: Victoria.

Chelsea

Bluebird, Terence Conrans "Filiale" in Chelsea trägt den Namen eines legendären Rennautos – schließlich befindet sich das Bluebird in einer Autowerkstatt aus den

London
Karten S. 77 und Umschlaginnenklappe hinten

dreißiger Jahren. Neben einem anspruchsvollen Restaurant gehören auch eine Bar, ein Café und ein Delikatessen-Supermarkt zu diesem Designertempel. Mittagsmenüs zu £ 12.75 und £ 15.75. 350 King's Road, SW3, ✆ 020-75591000. U: Sloane Square.

The Pheasantry, das stattliche Haus mit seinem von einer Quadriga gekrönten Portikus beherbergte einst einen bekannten Nachtclub, zu dessen Stammgästen Eric Clapton und Dylan Thomas gehörten. Heute bietet ein Restaurant mit Café (eine Filiale der Pizza-Express-Kette) seinen Gästen vergleichsweise günstige Preise. 152 King's Road, SW3. U: Sloane Square.

New Culture Revolution, Noodle Bar mit zeitlos minimalistischem Interieur. Die leckeren Nudelsuppen und Nudelgerichte – nordchinesische Küche – kosten zwischen £ 4.80 und £ 6.80, aber auch die anderen Gerichte, beispielsweise die gegrillten Scampis mit Chilli und Knoblauch, enttäuschen nicht. Schneller Service, zur Mittagszeit muss man wegen des großen Andrangs dennoch Schlange stehen. 305 King's Road, SW3, ✆ 020-73529281. U: Sloane Square.

Chelsea Potter, das Pub ist ein beliebter Treffpunkt in Chelsea. Durch die großen Fenster lässt sich das Treiben auf der King's Road gut beobachten, während man sich mit *Ham & Eggs* für £ 4.75 oder *Cajun sausages and chilli mash* für £ 5.25 stärkt. 119 King's Road, SW3, ✆ 020-73529479. U: Sloane Square.

Kensington

Pizza on the Park, beliebtes Pizzarestaurant direkt am Hyde Park. Schön ist die Atmosphäre: Man sitzt auf hölzernen Freischwingern vor hell gekachelten Wänden. Pizzen etwa £ 9. Wochentags ab 8.15 Uhr und am Wochenende ab 9.30 Uhr wird Frühstück serviert (Continental £ 4, English £ 4.95). Es empfiehlt sich, am Sonntag zu kommen, denn dann gibt es Jazz live! Jazz wird im Kellerrestaurant übrigens täglich gespielt, allerdings gegen Eintritt. 11 Knightsbridge, SW1, ✆ 020-72355273. U: Hyde Park Corner.

O Fado, das älteste portugiesische Restaurant Londons ist bekannt für seine exquisite Fischküche, hervorragend mundet der *Halibut à Fado* zu £ 9.80. Das Restaurant heißt übrigens nicht grundlos Fado: Abends wird oft ein Ständchen mit den melancholischen Balladen gegeben. Sonntagabend geschlossen. 45–50 Beauchamp Place, SW3, ✆ 020-75893002. U: Knightsbridge.

The Bunch of Grapes, urkundlich bereits 1770 erwähnt, besitzt der Pub viel Patina. Fish & Chips für £ 6.95. 207 Brompton Road, SW3, ✆ 020-75894944. U: Knightsbridge oder South Kensington.

Sezuchan Vegeterian, einladendes chinesisches Nichtraucher-Restaurant in einer ruhigen Seitengasse. Auf der Speisenkarte finden sich nur vegetarische Gerichte, Mittagsbuffet zu £ 4.95. 8 Egerton Gardens Mews, SW3, ✆ 020-75847007. U: South Kensington.

The Collection, imposant ist schon allein der Eingang, der von zwei Fackeln eingerahmt wird. Ein beleuchteter Laufsteg führt in den riesigen Gastraum, der von einer langen Theke dominiert wird. Das Restaurant befindet sich auf einer Empore über einer lauten Bar mit Clubatmosphäre. Die Küche zeigt sich Modern British, Hauptgerichte zwischen £ 10 und £ 15. Sonntags nur abends geöffnet. 264 Brompton Road, SW3, ✆ 020-72251212. U: South Kensington.

Bibendum, im phantastischen Michelin House, Sir Terence Conrans Lieblingslocation, warten eine Oyster Bar im Foyer und ein anspruchsvolles Restaurant auf Gäste, die das in London einmalige Dekor zu würdigen wissen. 81 Fulham Road, SW3, ✆ 020-75815817. U: South Kensington.

The Orangerie, das in der Orangerie des Kensington Palace untergebrachte Café ist ein angenehmer Ort, um bei Kaffee und Kuchen einige Mußestunden zu verbringen. Mittags werden auch warme Speisen serviert. Tgl. 10–18 Uhr, im Winter nur bis 16 Uhr geöffnet. Kensington Garden, W8. U: High Street Kensington oder Queensway.

Sushi Wong, modernes japanisches Restaurant. Man sitzt auf gelben oder blauen Stühlen an langen Glastischen, Einzelpersonen können sich beim Essen im Spiegel beobachten. Egal, welchen Eindruck das Design beim Gast hinterlässt, das Sushi ist jedenfalls ausgezeichnet, Hauptgerichte £ 10–13. Sonntagmittag geschlossen. 37–38 Kensington Church Street, W8, ✆ 020-79375007. U: High Street Kensington.

Notting Hill

Books for Cooks, eigentlich eine gut sortierte, auf Kochbücher spezialisierte Buchhandlung (angeblich gibt es mehr als 8000 Exemplare). Im hinteren Teil des Geschäfts, dem "Kochstudio", werden die besten Rezepte gleich vor Ort ausprobiert und von den lesenden Feinschmeckern mit Begeisterung "verkostet". Serviert werden täglich wechselnde Mittagsgerichte zu günstigen Preisen, aber auch Kaffee und leckerer Kuchen. 4 Blenheim Crescent, W11. U: Ladbroke Grove oder Notting Hill Gate.

The Mandola, beliebtes sudanesisches Restaurant mit einem überaus ansprechenden Preis-Leistungs-Verhältnis. Die Gerichte werden mit Liebe zubereitet, wobei sich der Koch viel Zeit lässt. Kein Ruhetag, Montag nur abends geöffnet. 139 Westbourne Grove, W11, ✆ 020-72294734. U: Notting Hill Gate.

Pharmacy, der wohl schrägste Treff von ganz London. Wie der Name bereits erahnen lässt, vermittelt das von Damien Hurst entworfene Dekor des 1998 eröffneten Restaurants mit Bar mehr als glaubhaft den Eindruck, in einer Apotheke bedient zu werden. Die Wände sind von Glasvitrinen eingerahmt, die mit einer bunten Ansammlung von Pharmazeutika gefüllt sind. Von dem ungewöhnlichen Ambiente sollte man sich aber keinesfalls abschrecken lassen, denn das Speisenangebot ist vorzüglich, wenn auch alles andere als günstig (*roast lamb* für £ 17.50). P.S.: Einen Besuch wert ist auch die Männertoilette: Man lullert gegen einen mit medizinischem Abfall gefüllten Glaskasten... Tgl. bis 1 Uhr, am Wochenende bis 2 Uhr geöffnet. 150 Notting Hill Gate, W11, ✆ 020-72212442. U: Notting Hill Gate.

Rôtisserie Jules, wem die Pharmacy zu schrill ist, geht am besten schräg gegenüber in die Rôtisserie Jules. Mitten im Lokal drehen sich die Hühnchen (1–2 Hühnchen kostet £ 6.95) auf dem offenen Grill. Einladendes, modernes Ambiente. 133a Notting Hill Gate, W11, ✆ 020-72213331. U: Notting Hill Gate.

Ground Floor Bar, freundliche Cafébar mit Patina und schlichtem Interieur. Die leicht zerschlissenen Sofas und die Straßenterrasse laden ein, sich durch den Tag treiben zu lassen und das illustre Publikum zu beobachten. 186 Portobello Road, W11. U: Ladbroke Grove oder Notting Hill Gate.

Dan's Bar & Grill, ansprechendes Kaffeehaus im New-York-Style. An den lang gestreckten Tischen kommt man leicht mit den anderen Gästen ins Gespräch. Montag

Schräges Design: The Pharmacy (Notting Hill)

London
Karten S. 77 und Umschlaginnenklappe hinten

geschlossen. 105 Talbot Road, W11, ✆ 020-72218099. U: Notting Hill Gate oder Westbourne Park.

The Churchill Arms, das Churchill sieht von außen aus wie ein ganz gewöhnliches Pub, doch wird hier überraschenderweise die wohl beste Thaiküche von ganz London serviert. Und der Clou: Jedes der üppig bemessenen Hauptgerichte kostet mittags nur £ 5.50, abends 50 p mehr. Die Getränke muss man sich mittags selbst am Tresen holen. Schneller Service, das einzige Manko: Es gibt weder Salate noch Suppen. Sonntagabend kein Restaurantbetrieb. 119 Kensington Church Street, W8, ✆ 020-77921246. U: Notting Hill Gate.

Lambeth und Southwark

Ministry of Sound, zählt unter Insidern zu den besten Londoner Discos. An den Plattentellern stehen die bekanntesten DJs aus Großbritannien und Amerika. Ab Mitternacht geöffnet. 103 Gaunt Street, SE1, ✆ 0171-3786528. U: Elephant & Castle.

Blue Print Café, im ersten Stock des Design Museum gelegen, bietet das Blue Print Café viel für das Auge. Wundervoll ist die offene Terrasse mit Blick auf die Tower Bridge! Glücklicherweise enttäuschen auch die Leistungen des Küchenchefs nicht, der seine Gäste in Modern-British-Manier verwöhnt. Eine Vorspeise und ein Hauptgericht schlagen allerdings mit rund £ 20 zu Buche. Sonntagabend geschlossen. Butler's Wharf, SE1, ✆ 020-73787031. U: Tower Hill.

Butler's Wharf Chop House, ebenfalls ein durchgestyltes Conran-Restaurant, gekocht wird allerdings ziemlich traditionell. Wie wäre es einmal mit *steak kidney* und *oyster pudding*? Schön sitzt man auf der Straßenterrasse direkt über der Themse. Recht preisgünstig sind die Mittagsmenüs zu £ 8 und £ 10, abends kostet ein zweigängiges Menü beachtliche £ 19.75, ein dreigängiges Menü £ 23.75. Butler's Wharf, SE1, ✆ 020-74033403. U: Tower Hill.

Cantina del Ponte, nur ein paar Meter weiter werden anspruchsvolle italienische Gerichte mit einem orientalischen Einschlag serviert. Freitagabend diniert man mit Livemusik. Pizzen und Pasta zwischen £ 7 und £ 10, Menüs zu £ 12.95 und £ 15. Butler's Wharf, SE1, ✆ 020-74035403. U: Tower Hill.

Fina Estampa, das einzige peruanisches Restaurant in London lädt zur kulinarischen Reise nach Lateinamerika. Unbedingt sollte man einmal die als "Potato Surprise" angepriesenen *causa rellena* probieren: Eine exzellente Mischung aus kalten Kartoffeln, Avocado und Thunfisch für £ 4.95. Samstagmittag und Sonntag geschlossen. 150 Tooley Street, SE1, ✆ 020-74031342. U: London Bridge.

The Anchor, das relativ große Pub befindet sich an einem historischen Ort. Bereits vor mehreren hundert Jahren soll hier ein *Public House* gestanden haben, in dessen Hinterzimmern sich ein paar leichte Mädchen um das Wohl der Gäste kümmerten... Das heutige Gebäude wurde um 1770 errichtet. Im Sommer sitzt man auf der großen Terrasse mit Blick auf die Themse. 34 Park Street, SE1, ✆ 020-74071577. U: London Bridge.

The George Inn, das ehrwürdige Pub mit seinen doppelstöckigen hölzernen Galerien ist eine Londoner Institution. Bereits Chaucer, Johnson und Dickens haben hier gezecht. Wem der Nikotinqualm zu sehr in die Augen steigt, kann sich in den glücklicherweise vorhandenen Nichtraucherraum zurückziehen. 77 Borough High Street, SE1, ✆ 020-74072056. U: Borough oder London Bridge.

Kultur

In kultureller Hinsicht wartet London mit einem geradezu überwältigenden Angebot auf. Abend für Abend kann man allein im West End zwischen 50 verschiedenen Aufführungen auswählen. Das Spektrum reicht von modernen Musicals wie "Chicago" über klassische Konzerte bis hin zu Agatha Christies "The Mousetrap", einem Klassiker, der seit 1953 ununterbrochen auf dem Spielplan des *St Martin Theatre* steht. Die etablierten Theater befinden sich fast alle im West End. Das erst 1976 eröffnete *Royal National Theatre* liegt am südlichen Ufer der Themse in einem großen Kulturkomplex, dem *South Bank*

Centre. Fringe nennt man die Avantgardebühnen am Rande des etablierten Geschehens. Das Programm dieser Theater ist oft interessanter und spannender. In den letzten Jahren sind jedoch viele erfolgreiche Fringe-Stücke von West-End-Theatern übernommen worden. Über das aktuelle Kino-, Konzert und Theaterprogramm informiert das Stadtmagazin *Time Out*, Theaterfreude sollten das Magazin *Hot Tickets* intensiver studieren, das jeden Donnerstag dem *Evening Standard* beiliegt.

London
Karten S. 77 und Umschlaginnenklappe hinten

Wer sich bereits vor Reiseantritt Tickets für eine bestimmte Vorstellung sichern möchte, kann Karten für Musicals, Theatervorführungen, Konzerte und Opern über das deutsche Büro von Globaltickets buchen: ✆ 030-6888960, Internet: www.globaltickets.com. In London angekommen, kann man das Office unter der Rufnummer 020-77344555 erreichen. Adresse: **Globaltickets Theatre Desk at the Britain Visitor Center**, 1 Regent Street, SW1. U: Piccadilly Circus. Geöffnet: Mo–Fr 9–18.30 Uhr, Sa und So 10–16 Uhr.

Theater/Oper/Tanz

Royal National Theatre, Londons renommiertestes Theater verfügt über drei Säle: das große Olivier, das Lyttelton und die Studiobühne Cottesloe. South Bank, SE1, ✆ 020-74523000. U: Waterloo.

The Globe Theatre, seit ein paar Jahren besitzt London eine Rekonstruktion von Shakespeares berühmtem Theater, das 1644 abgerissenen wurde. Gespielt wird nur bei Tageslicht, 500 Zuschauerplätze auf den Rängen und 1000 Stehplätze im Hof. Tickets ab £ 5. Bankside, Southwark, ✆ 020-74019919. U: Blackfriars oder London Bridge.

The Royal Shakespeare Company, das renommierte Ensemble bespielt Bühnen im Barbican Centre: das größere *Barbican Theatre* und das intimere *The Spit*. Tickets ab £ 6. Barbican Centre, Silk Street, EC2, ✆ 020-76384141. U: Barbican oder Moorgate.

Donmar Warehouse, experimentelles Theater, das gelegentlich mit großen Stars aufwartet. Als Nicole Kidmann 1998 in "The Blue Room" mitspielte, löste sie einen nicht enden wollenden Besucheransturm aus. Thomas Neal's, Earlham Street, WC2, ✆ 020-73691732. U: Covent Garden.

Almeida, kleines, sehr ambitioniertes Theater. Almeida Street, N1, ✆ 020-73594404. Tickets £ 6.50–19.50. U: Angel oder Highbury & Islington.

King's Head Theatre, anspruchsvolle Kleinkunstbühne im Hinterzimmer eines Pubs. Vor der Aufführung wird ein dreigängiges Menü serviert. 115 Upper Street, N1, ✆ 020-72261916. U: Angel oder Highbury & Islington.

Royal Opera House, nach seiner Renovierung für 80 Millionen Pfund bietet das Opernhaus seit seiner Wiedereröffnung im Dezember 1999 hervorragende Inszenierungen. Bow Street, WC2, ✆ 020-73044000. U: Covent Garden oder Charing Cross.

Musicals

Cats, der Klassiker von Andrew Lloyd Webber steht seit mehr als 20 Jahren auf dem Programm. New London Theatre, Parker Street, WC2,✆ 020-74050072. U: Covent Garden.

Chicago, eines der derzeit begehrtesten Londoner Musicals über eine Tänzerin, die ihren Liebhaber ermordet hat. Adelphi Theatre, Strand, WC2, ✆ 020-73440055. U: Charing Cross.

Les Miserables, freie Interpretation des berühmten Romans von Victor Hugo. Spielt im Frankreich des Jahres 1832. Palace Theatre, Cambridge Circus, W1, ✆ 020-73691731. U: Leicester Square.

Mamma Mia, eine Mutter und ihre Tochter erinnern sich am Abend vor ihrer Hochzeit an vergangene Tage und lassen Abbas größte Hits Revue passieren. Prince Edward Theatre, Old Crompton Street, W1,

020-74475400. U: Leicester Square.

The Phantom of the Opera, Andrew Lloyd Webbers beliebtestes Musical. Her Majesty's Theatre, Haymarket, SW1, ✆ 020-74945400. U: Piccadilly Circus.

The Witches of Eastwick, John Updickes berühmte Novelle wird nun auch in einer Bühnenversion gezeigt. Prince of Whales Theatre, 31 Coventry Street, SW1, ✆ 020-78395987. U: Piccadilly Circus.

Half Price Ticket Booth

Kurzentschlossene können am Half Price Ticket Booth auf dem Leicester Square noch Karten zum halben Preis für nicht ausverkaufte Vorstellungen des jeweiligen Abends erstehen. Der Schalter ist Mo–Sa 12–18.30 Uhr und So 12–15.30 Uhr geöffnet. Pro Karte wird zusätzlich eine Gebühr von £ 2 erhoben.

Musik

Astoria, unterschiedliche Konzerte, von Hip-Hop bis Hard Rock sowie Crossover. Schwerpunkt Independent. 157 Charing Cross Road, W1, ✆ 020-74340403. U: Tottenham Court Road.

Brixton Academy, viele Hip-Hop- und Reggae-Konzerte vor größerem Publikum. Auch die Rolling Stones waren schon da. 211 Stockwell Road, SW9, ✆ 020-77712000. U: Brixton.

Forum, hier finden zahlreiche Konzerte von Rock- und Pop-Größen statt. 1999 gab beispielsweise Natalie Imbruglia ein Konzert. 9–17 Highgate Road, NW5, ✆ 020-73440044. U: Kentish Town.

Jazz Café, momentan eine der angesagtesten Adressen für anspruchsvolle Livemusik, auch Courtney Pine und Gil Scott Heron standen hier schon auf der Bühne. Stilrichtung: Jazz und World Music. 5 Parkway, NW1, ✆ 020-73440044. U: Camden Town.

The Grand, hauptsächlich Rockkonzerte. Clapham Junction, St John's Hill. British Rail von Waterloo oder Victoria bis Clapham Junction.

Hammersmith Apollo, beliebter Treff, Mainstream-Musik. Queen Caroline Street, W6, ✆ 020-74146080. U: Hammersmith.

Ronnie Scott's, im ältesten und wohl renommiertesten Jazz-Club Londons treten immer wieder absolute Topstars auf. Eine Vorausbuchung ist ratsam. 47 Frith Street, W1, ✆ 020-74390747. U: Leicester Square.

Royal Albert Hall, in dem weltberühmten Konzertsaal treten neben Klassik- und Jazzinterpreten auch immer mehr Popmusiker auf. Kensington Gore, SW7, ✆ 020-75898212. U: Knightsbridge oder South Kensington.

Wembley Arena, riesige Musikhalle für Mammutkonzerte. Hier spielen fast ausnahmslos nur die absoluten Musikgrößen. Empire Way, Wembley, Middlesex, ✆ 020-89020902. U: Wembley Park oder Wembley Central.

Kinos

Everyman, Londons ältestes und ambitioniertestes Programmkino. Viele Schwarzweiß-Klassiker. Hollybush Vale, NW3, ✆ 020-74351525. U: Hampstead.

ICA Cinema, abwechslungsreiche Kinokost für Cineasten. Nash House, The Mall, SW1, ✆ 020-79303647. U: Charing Cross oder Piccadilly Circus.

National Film Theatre, alljährlich im November findet hier das renommierte London Film Festival statt, sonst gibt es aber viele Hollywood-Produktionen. South Bank, SE1, ✆ 020-79283232. U: Waterloo oder Embarkment.

Barbican Cinema, modernes Kino im Barbican Centre. Silk Street, EC2, ✆ 020-73827000. U: Moorgate oder Barbican.

Notting Hill Coronet, günstiges älteres Kino. 11 Rupert Street, W11, ✆ 020-77276705. U: Notting Hill Gate.

IMAX, für £ 20 Millionen wurde 1999 das neue IMAX-Kino mit 500 Sitzplätzen eröffnet. Waterloo Bullring, SE1, ✆ 020-79283535. U: Waterloo.

Odeon Leicester Square, mit 1943 Sitzplätzen der größte Kinosaal Londons. Anspruchsvolle Kinokost darf man bei abendlichen Preisen von mindestens £ 8.50 allerdings nicht erwarten. Leicester Square, WC2, ✆ 08705050007. U: Leicester Square.

Empire Leicester Square, der zweitgrößte Londoner Kinopalast. Leicester Square, WC2, ✆ 020-74371234. U: Piccadilly Circus.

Einkaufen

Große Kaufhäuser

Harrods, das berühmteste Kaufhaus von London, wenn nicht gar der ganzen Welt. Hier gibt es nichts, was es nicht gibt. Und auch die Queen geht bei Harrods einkaufen, allerdings zu besonderen Öffnungszeiten. Eindrucksvoll sind die Food Halls und die Egyptian Hall. P.S.: Wer nur einmal schnell auf die Toilette möchte, sollte sich hierfür £ 1 einstecken... Sonntag geschlossen. Knightsbridge, SW1X. U: Knightsbridge.

Harvey Nichols, das unweit von Harrods gelegene Kaufhaus ist vor allem für seine ausgefallene Schaufensterdekorationen bekannt. Modebewusste KundInnen finden bei "Harvey Nicks" eine breite Auswahl an bekannten Namen wie Gaultier, YSL, John Smedley, Tommy Hilfiger, Hugo Boss und Ralph Loren. Anschließend trifft man sich im fünften Stock zum Lunch. Auch sonntags von 12–18 Uhr geöffnet. 109–125 Knightsbridge, SW1X. U: Knightsbridge.

Fortnum & Mason, F & M ist weniger ein Kaufhaus als eine Londoner Institution. Schon vor der Schlacht von Waterloo labten sich die englischen Offiziere an den Köstlichkeiten des Delikatessenhändlers. Sehenswert ist vor allem die Lebensmittelabteilung im Erdgeschoss, Antiquitäten und erlesene Möbel gibt es im 4. Stock. Auch wenn man nur ein kleines Glas Orangenmarmelade erstanden hat, eine Tüte von Fortnum & Mason macht sich einfach gut. 181 Piccadilly, W1. U: Green Park oder Piccadilly Circus.

Selfridges, eines der großen und alteingesessenen Kaufhäuser von London. Umfassendes Warenangebot mit verlockenden Food Halls. Es gibt (fast) keinen Wunsch, der unerfüllt bleibt. Die Parfümabteilung ist angeblich die größte der Welt. Auch Sonntag von 12–18 Uhr geöffnet. 400 Oxford Street, W1A. U: Bond Street.

Marks & Spencer, die Filiale in der Oxford Street ist das Flaggschiff der größten britischen Warenhauskette. Textilien wie Pullover, Socken und Kinderkleidung sind hier immer noch günstig. Bekannt ist M & S für seine Wäscheabteilung. Das umgangssprachlich "Marks n' Sparks" genannte Kaufhaus ist das Harrods des kleinen Mannes. Ebenfalls Sonntag von 12–18 Uhr geöffnet. 458 Oxford Street, W1. U: Marble Arch.

Shop until you drop: Harrods

Liberty, das mit Pseudofachwerk verkleidete Kaufhaus wurde 1924 als Reminiszenz an die Tudor-Epoche konzipiert. Im holzgetäfelten Interieur wird anspruchsvoller Kommerz bis hin zu Haushaltswaren feilgeboten. Berühmt ist das Liberty für seine hochwertigen Baumwoll- und Seidenstoffe. 210–220 Regent Street, W1R. U: Oxford Circus.

Peter Jones, nach Harrods und Selfridges gilt Peter Jones als die Nummer drei unter den Londoner Kaufhäusern. Die Präsentation der Waren wirkt allerdings ziemlich antiquiert. Sloane Square, SW1. U: Sloane Square.

Klamotten & Schuhe

Dr Marten Department Store, ein Eldorado für alle Liebhaber von Doc-Martens-Schuhen, die auch in Deutschland längst ein Klassiker sind. Direkt beim Covent Garden wird auf fünf Etagen allerhand Schuhwerk in den Farben Schwarz, Braun und Burgund sowie in Pastelltönen verkauft. 1–4 King Street, WC2. U: Covent Garden.

Nike Town, der ultimative Shop für alle Nike-Fans. Zahlreiche Animationen lassen einen Besuch in der weltweit größten Filiale des Sportartikelherstellers zum Einkaufserlebnis werden. 236 Oxford Street, W1. U: Oxford Circus.

Topman, große Bekleidungsboutique mit Friseurabteilung. Vergleichsweise günstiges Angebot an hochmodischen Klamotten, die nicht nur bei jungen Londonern beliebt sind. Auch Sonntag 12–18 Uhr geöffnet. 214 Oxford Street, WR1. U: Oxford Circus.

Vexed Generation, Szeneboutique, die mit ausgefallenen Kreationen den Unbilden des städtischen Alltagslebens trotzen will. Wer schon immer auf der Suche nach einem mit Teflon beschichteten Rock war, ist hier genau an der richtigen Adresse. Sonntag geschlossen. 3 Berwick Street, W1. U: Piccadilly Circus.

Agent Provocateur, phantasievolle Dessous von namhaften Modemachern. Die beeindruckende Wirkung sollte frau schon mindestens £ 35 wert sein. 6 Broadwick Street, W1. U: Oxford Circus oder Tottenham Court Road.

Burlington Arcade, vornehme, 1819 eröffnete Einkaufspassage für den "Verkauf von Kurzwaren, Kleidungsstücken und Gegenständen, die weder durch ihr Aussehen noch ihren Geruch Anstoß erregen". W1. U: Piccadilly Circus.

Vivienne Westwood, die Queen unter den englischen Modemachern bietet in ihrer Boutique ausgefallene Kreationen feil. Sonntag geschlossen. 6 Davies Street, W1Y. U: Bond Street.

John Lobb, wer bei Londons berühmtestem Schuhmacher ein Paar Schuhe kaufen möchte, muss mindestens ein halbes Jahr warten. Schließlich wird exakt Maß genommen und ein Holzmodell des Fußes gefertigt, bevor der Schuh nach den Wünschen des Kunden in reiner Handarbeit hergestellt wird. Das Endprodukt kostet dann ab £ 1200 aufwärts und hält ein Leben lang. P.S.: Das zweite Paar ist billiger... 9 St James's Street, SW1. U: Green Park.

Steinberg & Tolkien, riesige Auswahl an Secondhand-Klamotten, darunter auch so manches edle Designerstück. 193 King's Road, SW3. U: Sloane Square.

World's End, die Stammboutique von Vivienne Westwood, die in den siebziger Jahren den Punk-Look salonfähig gemacht hat, ist an ihrer großen Uhr mit den rückwärts laufenden Zeigern leicht zu erkennen. 430 King's Road, SW3. U: Sloane Square.

Muji, die japanische Muji-Kette unterhält in London mehrere Shops. Das Konzept setzt auf minimalistisches, funktionales Design (schlichter ist schöner), gute Qualität und günstige Preise. Von der Klobürste bis zum Fahrrad ist hier alles zu haben. Der Schwerpunkt liegt allerdings auf Kleidung und Wohnaccessoires. Das Londoner *Time Out Magazin* verlieh Muji kürzlich das Adjektiv "über-cool" (sic!). Auch am Sonntag von 12–18 Uhr geöffnet. 157 Kensington High Street, W8. U: High Street Kensington.

The Swatch Store, ein Eldorado für die Fans des Schweizer Uhrenherstellers. Die zeitmessenden Kultobjekte gibt es hier in zahllosen Variationen. 313 Oxford Street, W1R. U: Bond Street.

Musik

Virgin Megastore, größtes Musikgeschäft Londons! Hardrock, Pop, Blues, Jazz, Klassik – beinahe alles unter den normalen Verkaufspreisen. Daneben gibt es noch T-Shirts, Poster, Bücher und Videos. Natürlich ist auch eine große Auswahl an CDs im Angebot, die leider teurer sind als in Deutschland. Ein Plus: Man kann auch am Sonntag von 12–18 Uhr einkaufen. 14–30 Oxford Street, W1N. U: Tottenham Court Road.

HMV, sowohl von den Ausmaßen als auch vom Angebot her mit dem Virgin Megastore

Dem neuesten Modetrend auf den Fersen: Chelsea's King's Road

zu vergleichen. Ebenfalls sonntags von 12–18 Uhr geöffnet. 150 Oxford Street, W1N. U: Oxford Circus oder Tottenham Court Road.

Ray's Jazz Shop, sehr gut sortiertes, auf Jazz spezialisiertes Musikgeschäft. Das Angebot umfasst CDs und Vinyl, neu und secondhand. 180 Shaftesbury Avenue, WC2H. U: Tottenham Court Road oder Leicester Square.

Beatles for Sale, der ultimative Shop für jeden Beatles-Fan. Das Angebot reicht von Büchern über T-Shirts bis hin zu Miniatur-Straßenschildern von Penny Lane und Abbey Road. Tgl. 10–19 Uhr geöffnet. 8 Kingly Street, W1.U: Oxford Circus.

Bücher

Hatchard's, zurückhaltend vornehm präsentiert sich die älteste noch bestehende Buchhandlung Londons. Genau besehen gehört Hatchard's allerdings schon längst zum Waterstone-Imperium. Auch sonntags von 12–18 Uhr geöffnet. 187 Piccadilly, W1V. U: Piccadilly Circus.

Borders Books & Music, das Borders ist eine riesige Buchhandlung (größte Zeitschriftenabteilung der Stadt!) mit angegliederter CD-Abteilung. Doch auch wer kein Faible für die englische Literatur hegt, sollte sich einmal in dem netten Café in der zweiten Etage umsehen. Es eröffnet einen herrlichen Blick auf die Oxford Street, zudem ist der Kaffee gut und preiswert. 197–213 Oxford Street, WR1. U: Oxford Circus.

Foyles, im Vergleich zu den zahllosen modernen Buchketten ist ein Besuch bei Foyles wie eine Zeitreise. Verteilt über mehrere Stockwerke präsentiert sich Foyles als wahre Bücherfundgrube, selbst Titel, die schon lange vergriffen sind, stehen hier noch in den Regalen. Falls man sie findet... 113–119 Charing Cross Road, WC2H. U: Leicester Square.

Zwemmer, eine lohnenswerte Adresse für Liebhaber von Kunstbüchern sowie Bildbänden zu Fotografie und Design. 80 Charing Cross Road, WC2H. U: Leicester Square.

Silver Moon, der größte Frauenbuchladen Europas bietet auf zwei Etagen alles von und über Frauen. P.S.: Auch Männer dürfen in den gut sortierten Regalen stöbern. 64–68 Charing Cross Road, WC2H. U: Leicester Square.

European Bookstore, hervorragende Auswahl an fremdsprachiger Literatur (vor allem in französischer und deutscher Sprache).

Wer noch eine anspruchsvolle Urlaubslektüre sucht, wird hier garantiert fündig. 5 Warwick Street, W1. U: Piccadilly Circus.

Murder One, hier findet man auch jenseits von Agatha Christie eine große Auswahl an Kriminalliteratur. 71–73 Charing Cross Road, WC2. U: Leicester Square.

Travel Bookshop, der zu Filmehren gekommene Reisebuchladen besitzt ein umfassendes Sortiment an englischsprachigen Reiseführern Bildbänden und Landkarten. 13 Blenheim Crescent, W11. U: Ladbroke Grove oder Notting Hill Gate.

Märkte

Spitalfields Market, nicht so bekannt wie der Camdem Market (s. u.) und daher noch mit ursprünglicherem Flair. Tgl. außer Samstag geöffnet; besonders gut besucht ist der Markt am Sonntag. Großes Angebot an Biokost. Commercial Street (zwischen Lamb und Brushfield Street), E1. U: Liverpool Street.

Petticoat Lane Market, auch wenn man es sich bei den von modernen Glas- und Betonbauten eingerahmten Marktständen kaum vorstellen kann, blickt der Petticoat Lane Market auf eine mehr als 250-jährige Geschichte zurück. Jeden Sonntag werden in der Middelsex Street und ihren Nebenstraßen vor allem Klamotten verkauft. Das Secondhand-Angebot ist stark rückläufig, die Preise dennoch günstig. U: Aldgate oder Aldgate East oder Liverpool Street.

Brick Lane Market, der sonntägliche Brick Lane Market wird nie wie der Camden Market zum touristischen Kanon Londons gehören. Dieser Markt, der zwischen der Eisenbahnunterführung und der Bethnal Green Road sowie auf der Scalter Street und der Cheshire Street stattfindet, ist ein authentischer Straßenmarkt der einfachen Leute. Zwischen schäbigen Häusern werden ab 6 Uhr morgens Gemüse, billige Kleidung, Fahrräder sowie allerlei Ramsch und Schrott an den Mann bzw. die Frau gebracht, mittags ist bereits alles vorbei. U: Aldgate East oder Liverpool Street.

Columbia Road Market, der schönste Blumenmarkt Londons. Jeden Sonntag werden in der Columbia Road Sonnenblumen, Anemonen und Gummibäume palettenweise verhökert. U: Shoreditch.

Leadenhall Market, eigentlich eine viktorianische Einkaufsarkade und daher schon von der Architektur her interessant. Unter den gusseisernen Bögen werden Gemüse, Fisch, Wild und Geflügel sowie zahlreiche andere Köstlichkeiten angeboten (besonders geschäftig geht es in den Mittagsstunden zu). Wer will, kann sich vor dem Restaurantbesuch hier meisterlich die Schuhe putzen lassen. Werktags von 7–16 Uhr. Whittington Avenue, EC3. U: Bank oder Monument.

Camden Market, in der Camden High Street und der Chalk Farm Road wird am Wochenende ab 10 Uhr einer der buntesten Londoner Straßenmärkte abgehalten. Das vielfältige Angebot reicht von Klamotten über diversen Nippes bis hin zu exotischen Schrumpfköpfen. Mehrere Imbissbuden sorgen für das leibliche Wohl. Die Geschäfte im überdachten, auf Kunsthandwerk spezialisierten **Camden Lock** haben täglich außer Montag geöffnet. U: Camden Town.

Portobello Market, der samstägliche Markt auf der Portobello Road wird als der schönste der Stadt gerühmt. Mehr als 1000 Händler säumen den sich über eine Meile hinziehenden Markt. Viel Ramsch, doch es lässt sich auch das eine oder andere Schnäppchen machen. Unter der Woche wird hingegen vor allem Obst und Gemüse feilgeboten. W11. U: Notting Hill Gate.

Berwick Street Market, mitten in Soho gelegen, bietet der kleine Obst- und Gemüsemarkt in der Berwick Street erstaunlich günstige Preise. Die Musikgeschäfte direkt neben dem Markt führen eine gute Auswahl an Schallplatten und CDs. U: Leicester Square oder Piccadilly.

Brixton Market, großer Markt mit echt karibischem Einschlag: Reggae-Musik, Gewürze, exotisches Essen und viel westindisches Publikum. Oben auf der Brixton Station Road konzentrieren sich die Secondhand-Stände. Die beste Atmosphäre herrscht hier am Samstagvormittag. Brixton Station Road und Electric Avenue. U: Brixton.

Haltung bewahren: Royal Guard

Über den Dächern von London

Das größte Gebäude Londons ist der 244 Meter hohe Canary Wharf Tower. Leider ist er wie der Telecom Tower (189 Meter) und das International Financial Centre (183 Meter) nicht öffentlich zugänglich. Ein faszinierender Blick auf London bietet sich von der St Paul's Cathedral, der Westminster Cathedral, dem Fußweg über der Tower Bridge sowie von Hampstead Heath und der 60,6 Meter hohen Gedenksäule The Monument. Den besten Überblick hat man, gute Wetterverhältnisse vorausgesetzt, mit einem Heliumballon in 122 Metern Höhe. Der **London Balloon** startet alle 15 Minuten im Spring Garden, Vauxhall Bridge, SE11, gegenüber der Tate Gallery (U: Vauxhall, Mo–Do 10 Uhr bis Dämmerung, Fr–So bis 22 Uhr, £ 12, erm. £ 7.50). Seit dem Jahr 2000 steht am Themse-Ufer gegenüber dem Parlament das mit einer Höhe von 135 Metern größte Riesenrad der Welt namens **London Eye.**

Veranstaltungskalender

Jedes Jahr finden zahllose Sport- und Kulturereignisse in London statt. Als sehr nützlich erweist sich ein Blick in die Stadtmagazine *Time Out* oder *What's On*. Im Folgenden ein kurzer Überblick über die wichtigsten wiederkehrenden Ereignisse des Jahres:

Januar/Februar

Am 1. Sonntag nach dem Chinesischen Neujahr findet in der Londoner Chinatown das *Chinese New Year Festival* statt.

April

London Marathon mit alljährlich mehr als 30.000 Teilnehmern.

Mai

Chelsea Flower Show, Ende Mai wird auf einem unbebauten Gelände in Chelsea der hohen Kunst der Gartengestaltung gehuldigt.

Juni

Pflichttermin für alle Monarchisten und die Regenbogenpresse: Am 16. Juni findet die Geburtstagsparade (*Trooping the Colour*) für die Queen statt.

Ende Juni bis Mitte Juli bietet das *City of London Festival* drei Wochen lang Musik- und Theateraufführungen sowie Lesungen.

Das Pferderennen *Royal Ascot* ist ein Höhepunkt für die Londoner Upper Class.
Internet: www.ascot.co.uk

Juli

Klassikliebhaber pilgern zur First Night der Henry Wood Promenade Concerts in der Royal Albert Hall. Tennisfans fahren hingegen nach Wimbledon zu den *International All England Lawn Tennis Championships*, die auch ohne Boris und Steffi der unumstrittene Höhepunkt im Tenniszirkus sind.

August

Der *Notting Hill Carnival* ist eines der weltweit größten Straßenfeste. Seit 1965 wird am letzten Augustwochenende ein Stück Karibik zelebriert.
Internet: www.nottinghillcarnival.net.uk

September

Am 15. September feiern die Briten den Battle of Britain Day mit Paraden und Düsenjägern, die über die Londoner Innenstadt donnern.

November

Am 2. Samstag im November präsentiert sich die *Lord Mayor's Show* als farbenprächtiger Umzug, den der neue Bürgermeister von London mit einer vergoldeten Kutsche anführt.

Das *London Film Festival* ist der alljährliche Höhepunkt aller Cineasten.

Dezember

Die große öffentliche Party in der Neujahrsnacht steigt am Trafalgar Square. Besonders Übermütige springen um Mitternacht in den Brunnen vor der National Gallery.

Auch vom südlichen Themseufer aus ist St Paul's Cathedral zu sehen

Stadterkundung

City of London

Die City of London erstreckt sich nur über wenig mehr als eine Quadratmeile. Sie wird von der *Temple Bar* im Westen begrenzt, im Norden von der *Smithfield Long* und der *Chiswell Street* (bis zur Liverpool Station), östlich von der *Middlesex Street* (bis zum Tower Hill) und im Süden von der *Themse*. Vermutlich befand sich hier schon vor Ankunft der Römer eine Ansiedlung mit einem kleinen Hafen. Die Eroberer nannten sie *Londinium* und befestigten sie mit einer Mauer. In der Folgezeit entwickelte sich daraus ein blühendes Handelszentrum, dessen Zeugnisse heute in den hiesigen Museen zu besichtigen sind. Seit dem Jahr 1215 ist die City durch die *Magna Carta* in rechtlicher Hinsicht weitgehend unabhängig; der Bürgermeister genießt seither zahlreiche Privilegien und hat einen direkten Zugang zum königlichen Hof. Zweimal wurde das Gesicht der City of London entscheidend verändert: 1666 zerstörte ein Großfeuer zwei Drittel der überwiegend aus Holz errichteten Stadt; ähnlich verheerend waren die Verwüstungen durch die deutschen Luftangriffe im Zweiten Weltkrieg.

Das jetzige Stadtbild wurde in der zweiten Hälfte des 20. Jahrhunderts geprägt. Sofort fallen dem Besucher die Gebäudekomplexe der Banken und Versicherungsgesellschaften ins Auge. Wohnraum ist eine Seltenheit. In der City wird nicht gewohnt, sondern gearbeitet. Nur noch rund 6.000 Menschen leben im historischen Zentrum Londons, fast zwei Drittel in den begehrten Eigentumswohnungen des Barbican Centre. Den City-Bewohnern stehen mehr als

300.000 Pendler (*commuters*) gegenüber, die Tag für Tag aus den Vorstädten hierher kommen. Nachts und am Wochenende ist das Viertel vollkommen ausgestorben, doch nach Feierabend und während der Mittagspause, wenn die Angestellten in die umliegenden Cafés und Sandwich-Bars strömen, geht es richtig hektisch zu.

Sehenswertes

The Monument: Eine 62,15 Meter hohe dorische Säule erinnert an die Verwüstungen durch das sog. "Große Feuer" im Jahre 1666. Die Höhe des Denkmals entspricht exakt der Entfernung zu jener Bäckerei in der Pudding Lane, wo der schreckliche Brand ausbrach. Das eindrucksvolle Monument stammt von Sir Christopher Wren, der maßgeblich am Wiederaufbau der City beteiligt war. Der kurze, aber anstrengende Aufstieg – für die 311 Stufen bekommt man hinterher sogar eine Urkunde – wird mit einem schönen Panoramarundblick über die Dachlandschaft der City belohnt.

Adresse/Öffnungszeiten: Monument Street, EC3. U: Monument. Tgl. 10–18 Uhr. Eintritt: £ 1.50, erm. 50 p.

Das Große Feuer

Als in den frühen Morgenstunden des 2. September 1666 in einer Bäckerei an der Pudding Lane ein kleiner Brand ausbrach, wurde er fälschlicherweise als ungefährlich eingestuft. Der damalige Lord Mayor Sir Thomas Bloodworth murmelte etwas von "Kinderkram, den sogar eine Frau auspinkeln könnte", und legte sich wieder in sein Bett. Eine fatale Fehleinschätzung, denn wegen ungünstiger Windverhältnisse breitete sich der "Kinderkram" zu einer fünf Tage währenden Feuersbrunst aus: "Und der mächtig starke Wind trieb das Feuer in die Stadt, und alles erwies sich nach so langer Trockenheit als brennbar, selbst die steinernen Kirchenmauern", notierte der Augenzeuge Samuel Pepys in seinem Tagebuch. Der Schaden war verheerend: Vier Fünftel der Londoner City und die Hälfte der westlichen Peripherie waren vernichtet. Rund 13.000 Häuser sowie 87 Kirchen, darunter die alte St Paul's Cathedral, wurden ein Opfer der Flammen. Das einzig Positive an der Feuersbrunst war, dass auch die Pest aus London verschwand.

Tower of London: Der Tower of London ist die am besten erhaltene mittelalterliche Festung Großbritanniens. Gleich nach der Schlacht von Hastings (1066) befahl Wilhelm der Eroberer den Bau einer Bastion außerhalb der Stadtmauern, um die Bevölkerung besser unter Kontrolle halten zu können und seine Macht zu demonstrieren. Diese später als *White Tower* bezeichnete Burganlage – Baumeister war der Bischof Gundulf von Rochester – diente zunächst als Wohnsitz und Beobachtungsposten. Die Mauern sind mehr als drei Meter dick! Im Laufe des 12. und 13. Jahrhunderts wurde die Anlage wesentlich erweitert, unter anderem durch den *Bell Tower*, einen äußeren Befestigungsring und einen Wassergraben. Eine Besichtigung des Tower beginnt am *Middle Tower*, wo sich einst eine Zugbrücke befand. Danach gibt es keine vor-

Zeugnis der normannischen Macht: der Tower

geschriebene Route, doch empfiehlt es sich, zuerst die interessanteste Dauerausstellung zu besuchen: Im *White Tower* wird man nämlich umfassend über die Baugeschichte des Tower informiert. Für die meisten Besucher ist es überraschend, dass bis 1835 zum Tower auch eine Menagerie mit Löwen und Elefanten gehörte, die später im Londoner Zoo aufging. Kinder sind besonders für die ausgestellten mittelalterlichen Waffen und Rüstungen zu begeistern. Die *St John's Chapel* im zweiten Stockwerk, ein schlichter romanischer Sakralbau, ist das älteste erhaltene Gotteshaus Londons.

Trotz langer Warteschlangen empfehlenswert ist eine eingehende Betrachtung der Kronjuwelen im *Jewel House*. Die meisten Kroninsignien sind während der kurzlebigen Republik eingeschmolzen worden. Die älteste Krone stammt deshalb aus der Zeit der Restauration (der Zeit nach der Republik), sie wiegt fünf Pfund und wird noch heute für Krönungen benutzt. Schön ist Königin Viktorias *Imperial State Crown*, die mit mehr als 3.000 Diamanten aufwarten kann. Die Krone der Königinmutter aus dem Jahre 1937 wird u. a. vom berühmten Diamanten *Kohinoor* mit 108 Karat (1 Karat entspricht 0,2 Gramm) geschmückt. Er ist einer der größten Diamanten der Welt; überreicht wurde er Königin Viktoria 1850 von der britischen Indienarmee. Außerdem sind natürlich viele Zepter, Reichsäpfel und Staatsschwerter zu besichtigen. Auf einem Rollband wird man an den Kronjuwelen vorbeigefahren, damit es nicht zu Staus kommt (die sich trotzdem bilden).

Nicht versäumen sollte man eine Besichtigung des zur Themse zeigenden *Traitor's Gate* und des angrenzenden *Medieval Palace*, in dem einst Edward I. residierte. Im *Beauchamp Tower* haben bedeutende Staatsgefangene ihre Mauerkritzeleien hinterlassen, im *Bloody Tower* verbrachte *Sir Walter Raleigh*, der Gründer der englischen Kolonie Virginia, zusammen mit seiner Frau und seinen beiden Kindern zwölf lange Jahre und schrieb dabei seine "History of the World". Der *Wall Walk* führt die östliche Befestigungsmauer entlang. Von einem Besuch des Infanteriemuseums (*Fusiliers' Museum*), für den ein zusätzlicher Obolus berechnet wird, kann man getrost Abstand nehmen. Wer im Tower die Orientierung verloren hat, sollte sich mit seinen Fragen an die *Yeomen Warders* wenden. Die uniformierte königliche Garde – im Volksmund werden sie *Beefeaters* genannt – gibt gerne Auskunft.

Tower Bridge

Ein Beleg für das ausgeprägte Traditionsbewusstsein der Engländer ist die nächtliche Zeremonie der Schlüsselübergabe. Seit etwa 700 Jahren wird immer um Punkt 21.53 Uhr das Haupttor des Tower abgeschlossen. Eine Teilnahmeerlaubnis dafür ist mindestens vier, besser noch acht Wochen vorher bei *Ceremony of the Keys* zu beantragen. Achtung: Legen Sie dem Brief einen internationalen Antwortschein bei. Die schriftliche Genehmigung muss man um 21.30 Uhr dem diensthabenden Offizier am Haupttor vorlegen.

Adresse/Öffnungszeiten: SE1. U: Tower Hill. Tgl. 9–18 Uhr, So erst ab 10 Uhr. Eintritt: £ 10.50, erm. £ 6.90. Ceremony of the Keys, 2nd Floor, Waterloo Block, HM Tower of London, EC3N 4AB.

Tower Bridge: Obwohl gerade erst ein gutes Jahrhundert alt, ist die Tower Bridge das meistfotografierte Wahrzeichen Londons. Die 1894 in der Nähe des Tower errichtete Hängebrücke wurde als technisches Wunderwerk bestaunt, da ihr beweglicher Mittelteil hochgezogen werden kann, um so auch größeren Schiffen die Durchfahrt zu ermöglichen. Die Zugbrücke – Architekt war *Sir Horace Jones* – gilt als technische Meisterleistung: Innerhalb von 90 Sekunden ist es möglich, die beiden Flügel hochzuziehen. Obwohl die Brücke damals mit modernster Hydrauliktechnik betrieben wurde, hüllte man den Mechanismus in ein mittelalterliches Gewand, damit Brücke und Tower ein harmonisches Ensemble bildeten.

Adresse/Öffnungszeiten: SE1. U: Tower Hill. Tower Bridge Experience. Tgl. 10–18.30 Uhr. Eintritt: £ 6.15, erm. £ 4.15.

Lloyd's Building: Lloyd's, die wohl berühmteste Versicherungsgesellschaft der Welt, ließ sich von 1978 bis 1986 für 169 Millionen Pfund den wohl architektonisch anspruchsvollsten Bau in der Londoner City errichten. Die Pläne stammen von Richard Rogers, der kurz zuvor mit seinem Pariser Centre Pompidou für Furore gesorgt hatte.

Adresse: Lime Street, EC3. U: Monument.

Museum of London: Zugegeben, der weiß gekachelte Bau wirkt nicht gerade anziehend, doch sollte man keinesfalls einen Besuch des 1976 eröffneten Londoner Stadtmuseums versäumen. Direkt neben einem Teilstück der römischen Stadtmauer gelegen, lädt das Museum zu einer didaktisch sehr ansprechenden Erkundung der Stadtgeschichte ein. Im Vordergrund stehen – abgesehen vom Großen Feuer des Jahres 1666 – weniger die bedeutenden Ereignisse, sondern in erster Linie die Sozial- und Kulturgeschichte der englischen Hauptstadt. Von der Frühgeschichte über die römische Epoche bis zum multikulturellen London der 1990er Jahre wird nichts ausgelassen. Besonders prachtvolle Exponate sind ein Art-déco-Aufzug, der aus dem an der Oxford Street gelegenen Kaufhaus Selfridges stammt, und die reich verzierte Kutsche des Lord Mayor – die 1757 gefertigte Staatskarosse bringt mit ihren drei Tonnen mehr Gewicht auf die Waage als ein moderner Mercedes-Benz.

Adresse/Öffnungszeiten: London Wall, EC2. U: St Paul's. Tgl. 10–17.50 Uhr, So erst ab 12 Uhr. Eintritt: £ 5, erm. £ 3.

Barbican Centre: Der riesige, zwischen 1959 und 1981 errichtete Komplex des Barbican Centre – der Name erinnert an einen mittelalterlichen Wachtturm – wird von manchen Leuten als das englische Gegenstück zum New Yorker Lincoln Centre bezeichnet. Unter "einem Dach" sind hier die *Concert Hall*, das *Royal Shakespeare Company Theatre*, das *Pit Theatre*, die Kunstgalerie *Barbican Art Gallery*, die *Exhibition Hall*, eine *Bibliothek* und mehrere *Kinos* vereint. Im Konservatorium spielt auch das berühmte *London Symphony Orchestra*. Innenhöfe, Cafés, Bars und Restaurants sorgen für einen gemütlichen Rahmen.

Adresse: Silk Street, EC2. U: Barbican oder Moorgate.

St Paul's Cathedral: Der Sitz des anglikanischen Bischofs von London ist nach der Peterskirche in Rom das zweitgrößte Gotteshaus Europas: Das Kirchenschiff misst 152 Meter in der Länge! Ähnlich wie in der Westminster Abbey ruhen in der Krypta von St Paul viele Persönlichkeiten der englischen Geschichte, beispielsweise der Duke of Wellington, Lord Horatio Nelson sowie der Architekt der Kirche, Sir Christopher Wren (der von außen zugängliche Eingang befindet sich beim nördlichen Kirchturm). Die Kirche selbst zeigt sich trotz ihrer Dimensionen als ein harmonischer, von der italienischen Renaissance beeinflusster Bau mit zwei Barocktürmen. Verglichen mit der Formenfülle deutscher Barockkirchen strahlt die Kathedrale eine geradezu unterkühlte Atmosphäre aus. St Paul ist gewissermaßen das Meisterwerk von Christopher Wren (1632–1723), dem wohl bekanntesten Baumeister im nachrepublikanischen London. Wer die Kirche besucht, sollte trotz des zusätzlichen Entgeltes nicht versäumen, die 530 Stufen zur 111 Meter hohen Kuppel und den Galerien emporzusteigen. Die Aussicht ist phantastisch!

Adresse/Öffnungszeiten: St Paul's Churchyard, EC4. U: St Paul's. Mo–Sa 8.30–16 Uhr, Galleries ab 9.30 Uhr. Eintritt: £ 4, erm. £ 3.50. Für die Galleries werden nochmals £ 3.50 (erm. £ 3) fällig.

Old Bailey: Das oberste Gerichtsgebäude der Stadt (*Central Criminal Court*) wird überragt von einer 165 Meter hohen Kuppel. Auf dieser befindet sich die vier Meter hohe Statue der *Justitia* (Lady of Justice). Alle fünf Jahre wird sie neu vergoldet und jedes Jahr im August gründlich gereinigt.

Adresse: Newgate Street, EC2. U: St Paul's. Hinweis: Die Gerichtssitzungen sind generell öffentlich, man kann montags bis freitags von 10.30 bis 13 Uhr sowie zwischen 14 und 16 Uhr daran teilnehmen. Das Mindestalter für Zuschauer liegt bei 14 Jahren.

Strand, Fleet Street, Holborn und Clerkenwell

Da London ursprünglich aus zwei Städten, der City of London und der City of Westminster, bestand, kann man die Law Courts guten Gewissens als Nahtstelle bezeichnen. Die Gerichtshöfe liegen direkt an der Fleet Street, die als "Straße der Tinte" weltberühmt geworden ist. Die Geburtsstunde der *Inns of Court* schlug gegen Ende des 13. Jahrhunderts, als König *Eduard I.* einen großen Teil der Rechtsprechung auf einige vom Gericht bestimmte Personen übertrug, um den Kirchenfürsten die Gerichtsbarkeit zu entziehen. Um diesen Einstieg in das *English Common Law* zu ermöglichen, wurden auf einem Areal, das einst dem Orden der Tempelritter gehört hatte, die ersten Rechtsschulen gegründet. Im Laufe des 15. und 16. Jahrhunderts entstand dann eine beschauliche Anlage mit Höfen, Gärten und Kirchen.

In unmittelbarer Nachbarschaft, in der Fleet Street, eröffnete *Wynkyn de Worde* im Jahre 1491 eine Druckerwerkstatt. Mit einiger Verzögerung zogen auch die Zeitungsverleger in die Fleet Street. Den Anfang machte der *Daily Courant*, der am 11. März 1702 erstmals erschien. Zahllose weitere renommierte Tageszeitungen, darunter die *Times*, sollten folgen. Ein Standortvorteil war die Nähe zu den Gerichten und zur Börse, so dass die Journalisten noch kurz vor Redaktionsschluss die neuesten Urteile kommentieren konnten. Bis in die 1980er Jahre war die "Straße der Tinte" das Zentrum der britischen Presse. In den Untergeschossen der Bürohäuser wurden alle großen Zeitungen, wie der *Daily Telegraph*, die *Financial Times* und der *Daily Express*, gedruckt. Da es durch die Entwicklung neuer Technologien nicht mehr länger notwendig war, dass Journalisten, Setzer und Drucker gemeinsam unter einem Dach arbeiten, lagerten viele Zeitungen ihr Druckhaus in die Docklands aus.

Nordöstlich der Fleet Street liegt Clerkenwell, einer jener Stadtteile, die derzeit voll im Trend liegen. Nach dem Ende des Zweiten Weltkriegs verkam Clerkenwell zunehmend, bis das durch verlassene Industriebauten geprägte Viertel zu Beginn der 1990er Jahre unerwartet vom Schmuddelkind zum Geheimtipp mutierte. Leerstehende Fabrikgebäude wurden zu schicken Lofts umgebaut, Architekturbüros und Werbeagenturen gegründet. Aufgrund der günstigen Mieten und der vorteilhaften Nähe zur City und nach Soho richteten sich Künstler ihre Ateliers ein, Galerien und Szenekneipen folgten nach. Quasi über Nacht war Clerkenwell en vogue. Der urbane Charakter, gepaart mit verwinkelten Gassen und kleinen Plätzen, gefiel auch den Fotografen, Graphikern und Architekten. Es wird nicht mehr lange dauern, bis sich die Künstler die Mieten für ihre Ateliers nicht mehr leisten können, da es in Yuppiekreisen als chic gilt, ein Loft in Clerkenwell zu besitzen.

Sehenswertes

Courtauld Gallery: Obwohl die Courtald Gallery nur über eine bescheidene Ausstellungsfläche verfügt, besitzt sie eine der hochkarätigsten Sammlungen

Hier wird Recht gesprochen: Royal Courts of Justice

von ganz England. Zu ihrem Fundus gehören Werke von Rubens, Tiepolo, Botticelli, Pieter Bruegel, Lucas Cranach, Manet, Degas, Cézanne, Monet, Pissarro, Gaugin, Renoir, Seurat, Toulouse-Lautrec und van Gogh.

Adresse/Öffnungszeiten: Somerset House, Strand, WC2R. U: Temple. Di–Sa 10–18 Uhr, Mo 12–18 Uhr. Eintritt: £ 4, erm. £ 2. Internet: www.courtauld.ac.uk

Royal Courts of Justice: Seit Ende des 19. Jahrhunderts hat der oberste Gerichtshof von England hier seinen Sitz. 1874 begannen die Arbeiten unter Anleitung des Architekten G. E. Street, doch es dauerte acht Jahre, bis Queen Viktoria den neogotischen Bau einweihen konnte. Über tausend Räume und mehr als 5,5 Kilometer lange Korridore findet man im Inneren. Von der riesigen Eingangshalle mit ihrem eindrucksvollen Mosaikfußboden kommt man in einen kleineren Nebenraum, in dem einige Roben ausgestellt sind. Während der Öffnungszeiten darf man auf allen *Public Galleries* den Verhandlungen beiwohnen.

Adresse/Öffnungszeiten: Strand, WC2. U: Temple. Mo–Fr 9.30–16.30 Uhr.

Inns of Court: In der unmittelbaren Umgebung der Royal Courts of Justice befinden sich die vier Inns of Court (Lincoln's Inn, Inner Temple, Middle Temple und Gray's Inn). Hier werden die *Barristers*, jene Rechtsanwälte, die vor Gericht plädieren dürfen, ausgebildet. Ihr besonderer Status – im Vergleich zu den übrigen Advokaten – ist allein an ihrer kleinen Zahl zu erkennen, denn in England und Wales gibt es gerade einmal 6.000 *Barristers* (alle anderen heißen *Solicitors*). Und nur ein *Barrister* kann in den Richterstand erhoben werden. Wer allerdings ein solcher Elitejurist werden will, muss zunächst den mühevollen Weg durch die altehrwürdigen Rechtsschulen gehen.

Adresse: Strand, WC2. U: Temple (für die beiden Temple Inns), Holborn oder Chancery (für Lincoln's Inn) und Chancery (für Gray's Inn).

Dr Johnson's House: Der Kritiker *Samuel Johnson* (1709–1784) gilt als der herausragende Gelehrte der englischen Spätaufklärung. Außer Shakespeare wird kein englischer Schriftsteller so häufig zitiert wie Samuel Johnson. Von 1748 bis 1759 lebte Johnson in diesem Haus und arbeitete zusammen mit sechs Sekretären an seinem berühmten *Dictionary of the English Language*.

Adresse/Öffnungszeiten: 17 Gough Square, EC4. U: Chancery Lane. Mo–Sa 11–17.30 Uhr. Am ersten Montag des Monats auch 18–21 Uhr. Eintritt: £ 3, erm. £ 1.

Sir John Soane's Museum: Das wahrscheinlich ungewöhnlichste Museum in ganz London. Mit seinen verwinkelten, ineinander verschachtelten Räumlichkeiten erinnert es stark an ein frühneuzeitliches Kuriositätenkabinett. Der Architekt *Sir John Soane* (1753–1837) hat hier 24 Jahre seines Lebens verbracht und das Haus sukzessive in ein Museum umgewandelt. Seither steht das im nahezu unveränderten Zustand erhaltene Museum allen interessierten Besuchern offen. Zu den wertvollsten Exponaten zählt ein ägyptischer Sarkophag des Herrschers Seti I.; im *Picture Room* und anderen Zimmern hängen Bilder von Hogarth, Turner und Watteau.

Adresse/Öffnungszeiten: 13 Lincoln's Inn Fields, WC2. U: Holburn. Di–Sa 10–17 Uhr. Eintritt frei. Sonderausstellungen: £ 2.

Bloomsbury

Bloomsbury ist traditionell das Viertel der Dichter und Intellektuellen, der Universitäten und Bibliotheken. Mit dem British Museum besitzt Bloomsbury zudem einen der größten Londoner Publikumsmagneten, der im Jahre 2003 sein 250. Jubiläum feiern wird. Die vielen Studenten machen auf die 1836 am Gordon Square im Herzen von Bloomsbury eröffnete University of London aufmerksam. Nach einem Campus sucht man allerdings vergeblich, denn die Universität ist auf mehr als hundert Gebäude verteilt. In der imaginären Rangfolge der englischen Universitäten rangiert das "Cockney College" hinter Oxford und Cambridge an dritter Stelle.

Sehenswertes

British Museum: Den Grundstock für das 1759 gegründete British Museum bildete die Sammlung des irischen Arztes Hans Sloane, die der englische Staat wenige Jahre zuvor erworben hatte. In der Anfangsphase fungierte diese nationale Institution nur als Bibliothek und naturwissenschaftliche Sammlung, die von den Zeitgenossen als "the old curiosity shop" verspottet wurde; Fürst Pückler Muskau stufte die Sammlung gar als "Mischmasch" ein. Erst infolge der napoleonischen Kriege und Beutezüge stieg das British Museum im frühen 19. Jahrhundert, dem Vorbild des Pariser Louvre nacheifernd, zur ersten Adresse unter den Antikensammlungen auf. Hatte das Museum bis dato im alten Montague House Platz gefunden, legte John Smirke 1823 einen Entwurf für einen Neubau vor, den sein Bruder Robert 1857 vollendete. Der mächtige Bau des Greek Revival mit ionischem Portikus wies demonstrativ auf die Kostbarkeiten der Sammlung hin. Ganz im Geiste der Aufklärung war man darum bemüht, alle Ausdrucksformen der menschlichen Kultur im Stil einer Enzyklopädie unter einem Dach zu versammeln.

Um sich einen ersten Überblick über die einzelnen Sammlungen zu verschaffen, empfiehlt es sich, am Eingang des "BM" einen der kostenlosen Übersichtspläne sowie aktuelles Informationsmaterial mitzunehmen. In vielen Sälen enttäuscht jedoch die antiquierte Darbietung der Kunstschätze; mit Hilfe einer modernen museumsdidaktischen Präsentation würde das British Museum sicher an Attraktivität gewinnen. Nichtsdestotrotz können Kunstliebhaber problemlos mehrere Tage in diesem musealen Labyrinth verbringen. Von herausragender Bedeutung ist fraglos die im Westflügel untergebrachte Sammlung griechischer und römischer Altertümer mit den *Elgin Marbles* in Raum 8. Die kostbaren Marmorreliefs gehörten zu einem Fries, der die Cella des Pantheons umgab und den Festzug der Panathenäen zu Ehren der Athena darstellt.

Raub oder Kauf?

Die berühmtesten Exponate aus der Sammlung griechischer und römischer Altertümer sind die vom Athener Pantheon stammenden *Elgin Marbles*. Als Athen im frühen 19. Jahrhundert von den Türken besetzt war, kaufte der namensgebende Lord Thomas Elgin die Reliefs und rettete sie vor dem Verfall – so die englische Version. Für die Griechen stellt der "Kauf" einen klassischen Kunstraub dar, weshalb sie nicht müde werden, die *Elgin Marbles* zurückzufordern. Und sie haben Recht: Lord Elgin hat nämlich nicht nur eine der Koren des Erechtheions abtransportiert, sondern auch fast die Hälfte des Frieses vom Pantheon sowie die Giebelfiguren und Metropen abreißen lassen, weshalb ihn schon ein Zeitgenosse, der bayerische König Ludwig I., der "Barbarei" bezichtigte. Die Bemühungen um die Rückgabe der *Elgin Marbles* sind aber fast zwangsläufig vergeblich, denn ein großer Teil der Exponate des British Museum ist das Ergebnis eines einzigartigen Kunstimperialismus. Wo auch immer in der Welt Vertreter des Empire auftauchten, klauten – respektive kauften – sie, so viel sie nur konnten. Würde man nun die griechischen Forderungen als rechtmäßig anerkennen, müssten die Engländer sich von einem beachtlichen Teil der im British Museum ausgestellten Exponate trennen.

Großer Beliebtheit erfreut sich die ägyptische Abteilung mit ihren Mumien (Raum 60 bis 65) und der in Raum 25 stehende *Stein von Rosetta*, mit dessen Hilfe Jean-François Champollion 1822 die Entzifferung der ägyptischen Hieroglyphen glückte. Ebenfalls im Westflügel befinden sich die Altertümer aus dem Nahen Osten mit vielen sehenswerten assyrischen Skulpturen. Einblicke in die prähistorische und römische Vergangenheit Großbritanniens bieten die Exponate in den Räumen 37 und 49; hier ist auch der *Mildenhall Treasure* – ein reich verziertes römisches Tafelsilber aus dem 4. Jahrhundert u. Z. – zu bewundern. Die orientalischen Sammlungen umfassen seltene Keramiken aus Japan, China und Persien (Räume 33, 34 sowie 91 bis 94). Für Kinder ist sicherlich die ethnographische Abteilung (Raum 33 c und 33 d) mit ihren Exponaten zur Geschichte und Kultur der Indianer in Nordamerika und Mexiko besonders interessant.

An die ursprünglich dem British Museum angeschlossene *British Library* erinnert nur noch der kreisrunde Lesesaal; die kostbaren Bücher und Handschriften sind vor einigen Jahren in einen Neubau an der Euston Road gebracht worden. Dieser weltberühmte *Reading Room*, in dem bereits Marx an seinem "Kapital" gearbeitet hat, bildet auch das Herz des von *Sir Norman Forster* realisierten Umbaus des British Museum (Gesamtkosten: 100 Millionen Pfund). Im Rahmen der im Dezember 2000 abgeschlossenen Arbeiten wurde der gesamte Innenhof mit einem grazilen Glasdach mit 3312 einzelnen Fensterscheiben überzogen, um so neue Ausstellungsflächen für die ethnographischen Sammlungen sowie Platz für Seminarräume, Shops und Restaurants zu schaffen. Der *Reading Room* selbst wird das Annenberg Centre mit der Paul Hamlyn Library aufnehmen und erstmals auch Besuchern zugänglich sein.

• *Adresse/Öffnungszeiten*: Great Russell Street, WC1, U: Tottenham Court Road (ein zweiter Eingang befindet sich am Montague Place). Mo–Sa 10–17 Uhr, So 12–18 Uhr. Eintritt frei.
Internet: *www.british-museum.ac.uk* oder *www.br-museum-co.co.uk/press*.

• *Tipp*: Wegen des stets großen Andrangs empfiehlt es sich, das Museum in den Vormittagsstunden zu besuchen; Sonntage gilt es, wenn möglich, zu meiden. Wer will, kann sich für £ 3 einen Audioguide leihen, der die *Elgin Marbles* ausführlich kommentiert.

Dickens House: Nach der auch in finanzieller Hinsicht sehr erfolgreichen Veröffentlichung der "Pickwick Papers" bezog Charles Dickens (1812–1870) ein Haus in der Doughty Street. Zwischen 1837 und 1839 lebte er in dem georgianischen Reihenhaus und schrieb dort große Teile von "Oliver Twist" und "Nicholas Nickelby". Da das Haus als einziges von Dickens zahlreichen Wohnsitzen erhalten geblieben ist, lag es nahe, hier ein Museum einzurichten. Die Räume des Dickens House wurden weitgehend in den damaligen Zustand zurückversetzt. Neben einer umfangreichen Dickens-Bibliothek sind vor allem Porträts, Fotos, Manuskripte, Briefe und weitere Gegenstände aus Dickens persönlichem Besitz zu sehen. Ein Raum ist seiner Schwägerin und heimlichen Liebe Mary Hogarth gewidmet, die hier im zarten Alter von 16 Jahren verstarb. Im Keller ist die Küche von Digley Dell, die in den "Pickwick Papers" beschrieben wird, nachgebildet.

Adresse/Öffnungszeiten: 48 Dougthy Street, WC1, U: Chancery Lane oder Russell Square. Mo–Fr 9.45–17.30 Uhr, Sa 10–17 Uhr. Eintritt: £ 4, erm. £ 2.50.

London
Karten S. 77 und Umschlaginnenklappe hinten

Marylebone

Das zwischen Hyde Park und Regent's Park gelegene Viertel gefällt mit seinen beschaulichen Straßenzügen. Madame Tussaud's und das London Planetarium sind die Hauptattraktionen von Marylebone; im Vergleich dazu führt die hochkarätig bestückte Wallace Collection ein regelrechtes Schattendasein. Noch vor weniger als 300 Jahren war Marylebone ein unbedeutendes Dorf am nördlichen Rand von London, dem die Kirche *St Mary by the bourne* ihren Namen gab; der nördliche Teil – der heutige Regent's Park – diente als königliches Jagdgebiet. Mit anderen Worten: eine ländliche Idylle, in der die Londoner gerne spazieren gingen. Im Laufe des 18. Jahrhunderts erfolgte dann durch Edward Harley, den 2. Earl of Oxford, eine planmäßige Bebauung im georgianischen Stil.

Little Venice

Mit der *Bakerloo Line* sind es von Marylebone nur ein paar Stationen zur Warwick Avenue. In unmittelbarer Nähe der Tube-Station eröffnet sich dem Besucher eine andere Welt: Little Venice. Dort, wo der Grand Union Canal, der Paddington-Zweig und der Regent's Canal zusammentreffen und ein kleines Hafenbecken bilden, liegen bunte Hausboote vor Anker, einige wurden zum Café oder Restaurant umfunktioniert. Eine absolut malerische Kulisse! Vor allem in den 1960er und 70er Jahren war es in Hippiekreisen sehr beliebt, auf einem Hausboot in Little Venice zu wohnen. *Richard Branson*, der Gründer des Virgin-Imperiums, gehörte in seinen jungen Jahren zur eingeschworenen Gemeinde der Hausbootbesitzer. Wer will, kann mit dem Boot einen Ausflug bis zum Camden Lock unternehmen oder am Kanal entlang bis zum London Zoo wandern.

Das Viertel wuchs schnell zu einem exklusiven Stadtteil heran, das bis heute zu den beliebtesten Wohnadressen des Londoner Großbürgertums gehört. Besonders die Luxuswohnungen in den sogenannten *Nash Terraces* am Regent's Park sind schier unerschwinglich. Positiv zu vermerken ist, dass sich Marylebone trotz seiner Nähe zur Oxford Street bis heute ein kleinstädtisches Flair bewahren konnte.

Sehenswertes

Madame Tussaud's: Das Wachsfigurenkabinett ging aus einer 1770 in Paris begründeten Wanderausstellung hervor, die im Jahre 1802, als die Einnahmen aufgrund der napoleonischen Kriege zurückgingen, erstmals nach England kam. Die anfangs 36 Figuren umfassende Ausstellung wuchs so schnell an, dass sich Marie Tussaud 1835 dauerhaft in London niederließ. Seit 1884 ist die Sammlung am Nordrand von Marylebone untergebracht. Um stets auf der Höhe der Zeit zu sein, werden beständig berühmte Persönlichkeiten in den erlesenen Wachsfigurenzirkel aufgenommen. Wer also schon immer einmal der Royal Family tief in die Augen blicken wollte, dem bietet sich bei Madame Tussaud's die einmalige Gelegenheit. Glaubensfeste Katholiken können sich vor Papst Johannes Paul II. verbeugen, und auch die Fans von Mel Gibson und Pierce Brosnan kommen selbstverständlich nicht zu kurz; egal, ob man nun Elvis oder John Lennon verehrt, jeder Besucher wird hier sein Idol finden. Ausführlichere Informationen zu den dargestellten Personen werden leider nicht gegeben.

Auf Gruseleffekte setzt die im Untergeschoss eingerichtete *Chamber of Horrors* (Schreckenszimmer). Den Besucher erwartet ein schaurig-geschmackloses Szenario, das von einer französischen Guillotine bis hin zu verschiedenen Massenmördern – Adolf Hitler hat hier seinen verdienten Platz gefunden – ein breites Spektrum zeigt. Realistisch wirkt die Darstellung der Schlacht von Trafalgar, die aus der Perspektive des nachgebauten unteren Geschützdecks von Lord Nelsons Schlachtschiff "Victory" studiert werden kann. Die erst unlängst eröffnete Abteilung *Spirit of London* lädt zu einer effekthaschenden Zeitreise durch die Londoner Geschichte ein – Great Fire und Swinging London inklusive.

- Adresse/Öffnungszeiten: Marylebone Road, NW1. U: Baker Street. Tgl. 10–17.30 Uhr, am Wochenende ab 9.30 Uhr. Eintritt: £ 9.75, erm. £ 6.60. Kombiticket mit London Planetarium: £ 12, erm. £ 8.05.
- Tipp: Wer keine Lust hat, sich in die schier endlose Schlange vor der Kasse einzureihen und eine Kreditkarte besitzt, kann sich vorab telefonisch ein Ticket bestellen: ✆ 020-79356861. Wer ein Kombiticket ersteht, spart sich das Anstellen beim Planetarium und bei Madame Tussaud's.

London Planetarium: Das direkt an das Wachsfigurenkabinett angrenzende Planetarium bietet unter seiner kupfernen Kuppel eine imaginäre Reise durch das Universum. Die ausgefeilte Show dauert jeweils 30 Minuten, die einzelnen Vorführungen finden im 40-Minuten-Rhythmus statt.

Adresse/Öffnungszeiten: Marylebone Road, NW1. U: Baker Street. Tgl. 10.20–17 Uhr, von September bis Mai wochentags erst ab 12.20 Uhr. Eintritt: £ 5.85, erm. £ 4.50. Kombiticket mit Madame Tussaud's: £ 12, erm. £ 8.05.

Sherlock Holmes Museum: Bereits an der Tube-Station Baker Street macht ein als Sherlock Holmes kostümierter Mann Werbung für das Museum. Diese verheißungsvolle Werbeaktion hat das dem berühmten Detektiv gewidmete Museum gewiss nötig: Das kleine Haus mit Kaminzimmer, "Think Tank" und diversem viktorianischen Nippes besitzt zwar fraglos eine gewisse Atmosphäre, ob diese allerdings den happigen Eintrittspreis rechtfertigt, ist zu bezweifeln. Hintergründiges, beispielsweise über den Schriftsteller *Sir Arthur Conan Doyle*, erfährt der Besucher jedenfalls nicht. Und der fiktive Meisterdetektiv lebte sowieso in der Baker Street 221b...

Adresse/Öffnungszeiten: 239 Baker Street, NW1. U: Baker Street. Tgl. 9.30–18 Uhr. Eintritt: £ 5, erm. £ 3.

Regent's Park

Regent's Park: Der Regent's Park ist eine der größten und schönsten Londoner Grünanlagen. Sein besonderes Flair verdankt der Park vor allem den ihn umrahmenden Wohnpalästen, die im frühen 19. Jahrhundert nach Plänen von *John Nash* (1752–1835) errichtet wurden. Die Grundidee war, ein aristokratisches Wohnquartier zu schaffen, in dem anspruchsvolle Baukunst und gepflegte Natur zu einer harmonischen Einheit finden. Nash war der Lieblingsarchitekt von *Georg IV.*, der bereits als *Prince Regent* darum bemüht war, London von seinem provinziellen Touch zu befreien.

Es gibt zwei Möglichkeiten, den Regent's Park zu erkunden. Entweder folgt man dem rund 3,2 Kilometer langen *Outer Circle*, der das gesamte Areal mitsamt *London Zoo* einschließt, oder man strebt direkt dem kreisrunden *Inner Circle* zu. Letzterer beherbergt die *Queen Mary's Gardens*, deren größter Teil von einem traumhaften Rosengarten eingenommen wird, sowie das *Open Air Theatre.* Wasserfreunde können am künstlichen y-förmigen *Boating Lake* zu einer Bootsfahrt aufbrechen oder am *Regent's Canal* entlangspazieren. Am

London Karten S. 77 und Umschlaginnenklappe hinten

Westrand des Parks befindet sich auch die Londoner Zentralmoschee mit ihrem auffälligen Kuppelmosaik.

London Zoo: Im Jahre 1828 gegründet, ist der Londoner Zoo der älteste zoologische Garten Europas. Seither hat er sich um den Erhalt bedrohter Tierarten verdient gemacht. Es gibt auf dem Areal des Tiergartens auch anspruchsvolle moderne Architektur zu bewundern, so das Elefantenhaus von Hugh Casson oder das Pinguinbecken aus den 1930er Jahren. Die jüngsten Besucher können im attraktiven Children's Zoo herumtollen.

Adresse/Öffnungszeiten: Regent's Park, NW1. U: Baker Street oder Camden Town. Tgl. 10–17.30 Uhr, im Winter nur bis 16 Uhr. Eintritt: £ 8.50, erm. £ 7.50.

The Wallace Collection: Die Familie des Marquess of Hertford hat über mehrere Generationen eine außergewöhnliche Kunstsammlung zusammengetragen. Besonders *Sir Richard Wallace*, der Sohn des vierten Marquess, hat sich um die Gemäldesammlung verdient gemacht und diese durch gezielte Zukäufe erweitert. Seine Witwe überließ die Kunstwerke 1897 dem Staat mit der Auflage, dass diese für immer in London verbleiben müssen. Die Wallace Collection ist seither im ehemaligen Stadtpalast der Hertfords untergebracht und bietet einen guten Einblick in die europäische Malerei. Ausgestellt sind Werke von Rembrandt, Rubens, Tizian, Fragonard, Boucher, Watteau, Delacroix, Velázquez, Murillo und Turner. Abgerundet wird die Sammlung durch wertvolle Möbel, Porzellan, Keramik, Medaillen und Uhren. Für Kinder ist sicherlich die Waffensammlung mit zahlreichen Rüstungen aus dem Orient und Okzident am interessantesten. Erst unlängst wurde das Museum für 10,5 Millionen Pfund umgebaut. Die Ausstellungsfläche wurde vergrößert, der Innenhof mit einem Glasdach geschlossen, wodurch Platz für einen Skulpturengarten, ein Restaurant, eine Buchhandlung und einen Vortragssaal entstand.

Adresse/Öffnungszeiten: Manchester Square, NW1. U: Bond Street. Mo–Sa 10–17 Uhr, So 14–17 Uhr. Eintritt frei.

Speaker's Corner: Bei einem Brainstorming zum Thema London denkt wahrscheinlich jeder Zweite innerhalb einer Minute an Speaker's Corner. Wie so oft ist aber der Ruf besser als die Realität. Seit 1872 hat zwar jeder Bürger das Recht, hier öffentlich seine Meinung vorzutragen, doch gehören hitzige Debatten und kontroverse politische Diskussion angesichts moderner Massenkommunikationsmittel natürlich der Vergangenheit an; schon seit langem beherrschen religiöse Fanatiker die Szenerie. Statt Gedankenfreiheit wird heute oft Intoleranz gepredigt. "Hochbetrieb" herrscht besonders an den Sonntagen. Wer des Englischen ein bisschen mächtig ist, wird an den teilweise sehr schlagfertigen Zwischenrufen, mit denen die Zuhörer die dargebotenen Heilsbotschaften kommentieren, seinen Spaß haben.

Soho und Covent Garden

Soho und Covent Garden – das ist Nachtleben pur. Auf einer Quadratmeile drängen sich Kinos, Kneipen, Theater und Restaurants. Bis spät in der Nacht stehen Menschentrauben auf der Straße; es wird gelacht, getrunken und musiziert, gerade so, als befände man sich in Florenz oder Siena. Angeblich leitet sich der Name Soho von einem Jagdruf ab. Mit *so ho!* sollen ehedem in den königlichen Waidgründen, die hier lagen, die Hunde angetrieben worden sein. Nachdem Charles II. 1675 Soho zur Bebauung freigegeben hatte, entwickelte sich das Areal schnell zu einer beliebten, nicht allzu vornehmen Wohngegend, in der sich auch viele Hugenotten niederließen. In der Mitte des 19. Jahrhunderts war Soho der am dichtesten besiedelte Stadtteil Londons. Prostitution und Kleinkriminalität hielten ihren Einzug und schufen ein Klima, das Literaten und Bohemiens magisch anzog. Rimbaud und Verlain lebten und amüsierten sich genauso in Soho wie Francis Bacon. In den 1970er Jahren drohte Soho zu einer wahren Lasterhöhle zu verkommen, doch konnte die Prostitution glücklicherweise eingedämmt werden. Der *Red Light District* beschränkt sich heute nur noch auf wenige Straßen mit ein paar Stripteaselokalen, Peepshows und Sexshops, die ihren Umsatz mit Pornomagazinen und diversen "Spielgeräten" bestreiten. Während der Thatcher-Jahre entwickelte sich Soho zu einem Brennpunkt der Medien-, Film- und Modewelt. Viele Yuppies sind der *Sohoitis* verfallen, einer Art Krankheit, bei der sich der Infizierte regelmäßig in dem Gewirr von Sohos Straßen und Kneipen verliert. Sich zu infizieren ist nicht schwer: Manche Coffeebars haben rund um die Uhr geöffnet. Angesichts der pulsierenden Glitzerwelt übersieht man allzu leicht, dass neben den Musicalpalästen die Obdachlosen unter Pappkartons liegen.

Chinatown

Londons Chinatown ist eine eigene Welt, die man durch drei mit viel Gold und Rot dekorierte Torbögen betritt. In den Schaufenstern der Restaurants glänzen lackierte Enten, und zweisprachige Straßenschilder und Telefonzellen mit asiatischen Plastikdächern lassen keinen Zweifel daran, dass man sich auf "chinesischem Territorium" befindet. Bereits im 19. Jahrhundert gab es in London eine kleine chinesische Gemeinde. Chinatown entstand jedoch erst in den fünfziger Jahren des 20. Jahrhunderts, als sich zahlreiche Hong-Kong-Chinesen in der Lisle Street und der Gerrard Street niederließen. Die Neuankömmlinge eröffneten Restaurants, Einzelhandelsgeschäfte, kleine Supermärkte und – so wird jedenfalls behauptet – mehrere illegale Spielhöllen in dunklen Kellergewölben. Selbstverständlich wohnt in Chinatown nur ein Bruchteil der 60.000 Londoner Chinesen, doch sind die Straßenzüge am Südrand von London der Mittelpunkt der *chinese community*. Die meisten Besucher kommen aus kulinarischen Gründen nach Chinatown. Allerdings ist Vorsicht geboten: Die *all-you-can-eat*-Angebote der Restaurants sind für Londoner Verhältnisse mit £ 4 oder £ 5 zwar erstaunlich günstig, doch lässt die Qualität der Selbstbedienungsbuffets meist sehr zu wünschen übrig. Wer chinesisch essen möchte, sollte daher besser nicht an der falschen Stelle sparen.

Sehenswertes

Covent Garden: Bis in das 16. Jahrhundert hinein wurde diese Gegend tatsächlich als "Convent Garden" (Klostergarten) von den Mönchen der Westminster Abbey genutzt. Nach der Auflösung der Klöster durch Heinrich VIII. gelangte der Besitz in die Hände der Earls of Bedford. Im 17. Jahrhundert

London
Karten S. 77 und Umschlaginnenklappe hinten

Covent Garden

verwandelte der Architekt *Inigo Jones* den Garten in eine Piazza nach italienischem Vorbild. Es entstand der berühmte Covent Garden Market, ein Obst-, Gemüse- und Blumenmarkt. Im frühen 19. Jahrhundert wurde dann ein klassizistisches Gebäude errichtet, um die einzelnen Marktstände unterzubringen. Das *Central Market Building* erhielt 1889 eine Dachkonstruktion aus Glas und Eisen. Sorgfältig erneuert und in eine obere und untere Passage unterteilt, erstrahlt das Herzstück des Covent Garden Market heute wieder in seinem alten Glanz. Draußen sorgen Clowns, Akrobaten und Artisten für Abwechslung. Der Gemüsemarkt zog 1974 in die Nine Elms Lane (Battersea) und erhielt den Namen *New Covent Garden Market.*

London Transport Museum: Ein Lob vorweg: Das London Transport Museum setzt sich in geradezu mustergültiger Weise mit der Geschichte des öffentlichen Nahverkehrs auseinander. Von den ersten Pferdebahnen bis zu den roten Doppeldeckerbussen verschiedener Modellreihen und der unterirdischen Tube ist alles vertreten. Interessant sind auch die Werbeplakate, anhand derer sich die Weiterentwicklung und Veränderung der Plakatkunst anschaulich nachvollziehen lässt. Für Kinder wurden nicht nur spezielle "KidZones" eingerichtet, sie können das Museum auch mit einer Laufkarte erkunden und diese abstempeln lassen.

<u>Adresse/Öffnungszeiten</u>: Covent Garden Piazza, WC2. U: Covent Garden. Tgl. 10–18 Uhr, Fr erst ab 11 Uhr. Eintritt: £ 5.50, erm. £ 2.95.

Theatre Museum: Das Museum gehört zum Pflichtprogramm eines jeden Theaterfreundes. Das ehemalige Blumenmarktgebäude am Covent Garden beherbergt eine interessante Ausstellung zur Geschichte des englischen Theaters seit Shakespeare. Eine Rampe führt in das Untergeschoss, in dem sich neben einem Studiotheater auch die eigentlichen Ausstellungsräume befinden. Historische Bühnenmodelle, Kostüme, Gemälde, Plakate und Requisiten bieten einen Einblick in die Entwicklung und Vielfalt der Theaterwelt.

<u>Adresse/Öffnungszeiten</u>: Russell Street, WC2. U: Covent Garden. Tgl. außer Mo 11–19 Uhr. Eintritt: £ 4, erm. £ 2.50.

Photographer's Gallery: Die allererste Adresse in London für alle Freunde anspruchsvoller Fotokunst und sozialkritischer Fotoreportagen. Auch wenn die Räumlichkeiten – in zwei benachbarten Häusern – von ihren Ausmaßen her eher bescheiden sind, werden hier absolut hochkarätige Wechselausstellungen gezeigt. Zur 1971 eröffneten Galerie gehören auch ein Bookshop sowie ein ansprechendes Café (einen Hauseingang weiter), das man unbedingt besuchen sollte.

Adresse/Öffnungszeiten: 5 und 8 Great Newport Street, WC2. U: Leicester Square. Tgl. 11–18 Uhr. Eintritt frei.

London
Karten S. 77 und Umschlaginnenklappe hinten

Mayfair und St James's

In Mayfair und St James's zeigt sich London von seiner vornehmsten Seite. Die Herren der Londoner High Society treffen sich in den distinguierten Clubs, während sich ihre Ehefrauen in den edlen Geschäften der Bond Street wie im Paradies fühlen. Mayfair verdankt seinen Namen einer Frühjahrsmesse, die über Jahrhunderte hinweg stets im Mai abgehalten wurde. Als das Stadtviertel aber im 17. Jahrhundert zu einem adeligen Wohnquartier aufstieg, mehrten sich die Klagen über die Lärmbelästigung während der Messe; 1764 fand dann letztmals eine "Mayfair" statt.

Doppelberuf? Hairdresser und Schuhputzer

Seit mehr als drei Jahrhunderten gehören Mayfair und das benachbarte St James's zu den exklusivsten Wohngegenden Londons. Hier findet man die teuersten und luxuriösesten Hotels der Stadt, darunter die Hotellegende Ritz, die Auktionshäuser Sotheby's und Christie's sowie mehrere Botschaften, zahlreiche Bürohäuser und verschiedene Vertretungen der großen Fluggesellschaften. Während Erholungssuchende nur einen Katzensprung vom St James's Park sowie vom Hyde Park entfernt sind, reihen sich links und rechts der Old Bond Street und der New Bond Street, die die Oxford Street mit Piccadilly verbindet, teure Antiquitäten-, Möbel- und Modegeschäfte aneinander.

Sehenswertes

Trafalgar Square: Unzählige Tauben werden am Trafalgar Square von Touristen gefüttert, und dies alles inmitten des chaotischen Londoner Verkehrs. Auf einer 56 Meter hohen Granitsäule thront die Bronzestatue von *Lord Horatio Nelson*, der am 21. Oktober 1805 in der Schlacht von Trafalgar Napoleons

Flotte vernichtend geschlagen und dabei sein Leben verloren hatte. Wenige Jahrzehnte nach Nelsons Tod dankten die Engländer ihrem Nationalhelden mit dem Denkmal für seine glorreiche Tat, die eine drohende Invasion der Franzosen verhinderte. Flankiert wird die Säule von vier überdimensionalen Bronzelöwen, die scheinbar den Kletterinstinkt aller Kinder und Jugendlichen dieser Welt herausfordern. Interessant ist die Geschichte der vier Reliefs am Sockel der Statue. Aus dem Metall der eroberten französischen Kanonen wurden hier vier bedeutende Seeschlachten verewigt. Das Denkmal zieht den Betrachter so sehr in den Bann, dass die mit Tritonen verzierten Brunnen von *Sir Edwin Lutyen* fast übersehen werden.

National Gallery: Gewissermaßen als Ergänzung zum British Museum planten kunstinteressierte Kreise an der Wende zum 19. Jahrhundert die Einrichtung einer nationalen Gemäldegalerie. Der Architekt *William Wilkens* entwarf direkt am Trafalger Square einen lang gestreckten klassizistischen Bau, der seither mehrere Erweiterungen erfahren hat. Architektonisch besonders gelungen ist der sogenannte "Sainsbury Wing", ein Anbau, der von 1989 bis 1991 errichtet wurde und seither die Gemälde der italienischen Frührenaissance sowie ein Restaurant und einen Vortragssaal beherbergt; zudem finden hier Wechselausstellungen statt.

Zum Fundus der National Gallery gehören mehr als 2000 Gemälde aus der Zeit von 1260 bis 1900, darunter Werke von Leonardo da Vinci, van Eyck, Bellini, Botticelli, Raphael, Holbein, Cranach, Bruegel, El Greco, Tintoretto, Tizian, Veronese, Rembrandt, Vermeer, Rubens, Bosch, Memling, Dürer, Poussin, Claude, Velázquez, Caravaggio, Lorrain, Turner, Caspar David Friedrich, Tiepolo, Hogarth, Goya, Renoir, Monet, Manet, Seurat, Degas, van Gogh, Cézanne und Picasso. Mit anderen Worten: Es gibt kaum einen bedeutenden westeuropäischen Maler, der hier nicht mit mindestens einem Bild vertreten wäre.

• *Adresse/Öffnungszeiten*: Trafalgar Square, WC2, U: Charing Cross. Tgl. 10–18 Uhr, So erst ab 12 Uhr und Mi bis 21 Uhr. Eintritt: normale Sammlung frei. Sonderausstellungen: £ 7, erm. £ 4.50. Internet: www.nationalgallery.org.uk. Hinweis: Es empfiehlt sich, einen Audio-Guide auszuleihen, der für £ 4 die Kunstwerke sehr ausführlich kommentiert. Wer des Englischen mächtig ist, sollte unbedingt die englischsprachige Version wählen, da diese – im Gegensatz zur deutschen – alle Kunstwerke vorstellt. Ein genauer Lageplan ist am Eingang erhältlich.

National Portrait Gallery: In unmittelbarer Nähe der National Gallery gelegen, spiegelt sich in der 1856 gegründeten Galerie die englische Geschichte in bedeutenden Porträtstudien wider. Von den Tudors – sehenswert ist Hans Holbeins Porträt Heinrichs VIII. – über Elisabeth I. und Shakespeare bis hin zu Oliver Cromwell und Horatio Nelson sind hier die wichtigsten Persönlichkeiten des Königreichs vereint. Besonders wertvoll ist das Porträt von Shakespeare, da es als das einzige authentische Bildzeugnis des großen Schriftstellers gilt. Was das 20. Jahrhundert betrifft, dürfen Elisabeth II., Margaret Thatcher und Lady Diana selbstverständlich auch nicht fehlen. Ende der 1960er Jahre wurden auch Fotografien bekannter zeitgenössischer Persönlichkeiten aufgenommen.

Adresse/Öffnungszeiten: St Martin's Place, Trafalgar Square, WC2, U: Charing Cross oder Leicester Square. Tgl. 10–18 Uhr, So erst ab 12 Uhr. Eintritt frei. Internet: www.npg.org.uk

Relaxen im St James' Park

London
Karten S. 77 und Umschlaginnenklappe hinten

St James's Palace: Im Mittelalter stand hier noch ein Spital für Leprakranke, das Heinrich VIII. abreißen ließ, um sich stattdessen eine neue, prachtvolle Residenz errichten zu lassen. Der Ziegelbau im Tudor-Stil wurde 1698 zur offiziellen Hauptresidenz, nachdem der Whitehall Palace einem Brand zum Opfer gefallen war. Dies änderte sich erst, als es Königin Victoria 1837 vorzog, im nahen Buckingham Palace zu residieren. Der St James's Palace wurde aber dennoch weiterhin von Mitgliedern der Königsfamilie bewohnt, derzeit beispielsweise von Prince Charles, der sich nach seiner Trennung von Diana hier häuslich eingerichtet hat.

Adresse: W1, U: Piccadilly Circus.

St James's Park: Der St James's Park ist der älteste und zugleich kleinste der königlichen Parks in London. Heinrich VIII. veranlasste die Trockenlegung des einstigen Sumpfgebietes sowie die Umgestaltung zu einem Park, den James I. um eine Menagerie und Vogelvolieren erweiterte. Da die Downing Street No. 10 gleich ums Eck liegt, versammeln sich auch gelegentlich hochrangige Staatsgäste zum Fototermin im St. James's Park. Zusammen mit dem angrenzenden Green Park ist der St James's Park für die Angestellten aus den umliegenden Büros im Sommer ein beliebtes Ziel, um die Mittagspause zu verbringen.

Westminster

So wie sich in der City of London alles um das Geld dreht, so steht in Westminster die hohe Politik im Mittelpunkt des Geschehens: Die Ministerien haben an der Whitehall ihren Sitz, der Premierminister wohnt in der Downing Street No. 10, die Queen im Buckingham Palace, und das Ober- sowie das Unterhaus tagen in den Houses of Parliament. Die Keimzelle von Westminster ist die gleichnamige Abtei, die Benediktinermönche auf einer ehemals sumpfigen Insel im Westen von London errichteten. Eduard der Bekenner, der große Förderer des Benediktinerklosters, verlegte im 11. Jahrhundert seine Hauptresidenz aus der City in die Nähe des "westlichen Münsters" direkt an die Themse, um die Baufortschritte besser mitverfolgen zu können. Als Residenz ließ er sich einen Palast erbauen, der Ende des 12. Jahrhunderts unter Wilhelm II. erweitert wurde und heute als Westminster Hall bekannt ist. Das Gebäude gehört heute zu den Houses of Parliament, also zum Sitz des englischen Ober- und Unterhauses. Westminster Abbey, Big Ben und die Houses of Parliament bilden ein Dreieck, das Besucher aus aller Welt geradezu magisch anzuziehen scheint. Nördlich von Westminster erstreckt sich entlang der Whitehall das Londoner Regierungsviertel. Verwaltungstechnisch umfasst der Stadtteil Westminster einen großen Teil des West End. Die Grenzen der City of Westminster bilden die Themse und die Chelsea Bridge im Süden, Kensington im Westen, Regent's Park im Norden und Soho beziehungsweise Covent Garden im Nordosten.

Blick von der Westminster Bridge

Sehenswertes

Downing Street No. 10: Wer kennt sie nicht, die Dienstwohnung des englischen Premierministers, ein von außen unscheinbares Häuschen. Die Straße selbst wurde von *Sir Georg Downing* im späten 17. Jahrhundert entworfen. Im Jahre 1732 schenkte König George II. das Haus mit der Nummer 10 dem damaligen Premierminister *Sir Robert Walpole*, der es wiederum an seinen Nachfolger abtrat. *Tony Blair* kommt man allerdings nicht nahe, da die Straße nur von dem 1989 angebrachten Eisengatter eingesehen werden kann. Außerdem wohnt Blair im benachbarten Haus Nummer 11, da der angestammte Sitz des Premiers für seine vier Kinder nicht genug Platz bietet.

Adresse: Downing Street, SW1. U: Westminster.

Cabinet War Rooms: Die "Kabinettsräume", von denen aus Winston Churchills Regierung im Zweiten Weltkrieg den Kampf gegen Deutschland aufnahm, sind im Originalzustand erhalten. Ein Besuch ist dank der informativen Audiotour sehr zu empfehlen. Wer jetzt an üppig ausgestattete Konferenzräume denkt, wird sich verwundert die Augen reiben, denn die Cabinet War Rooms sind nichts anderes als eine zur Kommandozentrale ausgebaute Bunkeranlage. Die unterirdischen Räume vermitteln einen hervorragenden Eindruck von der Zeit des Zweiten Weltkriegs, auch wenn man sich den Lärm, die Enge und die Hektik, die damals geherrscht haben müssen, nur schwer vorstellen kann. Die beiden wichtigsten Räume waren das Sitzungszimmer des Kabinetts und der Kartenraum, in dem die exakten Truppenbewegungen vermerkt wurden. Die meisten Besucher interessieren sich allerdings mehr für Churchills Schlafzimmer inklusive Nachttopf.

Adresse/Öffnungszeiten: King Charles Street, SW1. U: Westminster. Tgl. 10–18 Uhr. Eintritt: £ 4.80, erm. £ 3.80.

Houses of Parliament: Am Anfang der Baugeschichte stand die *Westminster Hall*, ursprünglich von Eduard dem Bekenner errichtet und von Wilhelm II. erweitert. Hier residierten bis zur Ära Heinrichs VIII. die Könige von England. Ab 1550 tagte das *House of Commons* in der *St. Stephen's Chapel* und das *House of Lords* in einem heute nicht mehr vorhandenen Gebäudeteil, der den *Old Palace Yard* umgab. Im Jahre 1605 planten der konvertierte Katholik *Guy Fawkes* und seine Komplizen den *Gunpowder Plot*. Dabei sollte das Parlament samt König James I. in die Luft gesprengt werden. Der Plan wurde jedoch vereitelt, und die Übeltäter wurden zum Tode verurteilt. Seither werden vor jeder neuen Sitzungsperiode die Kellerräume nach Sprengstoff durchsucht. Ein großes Feuer zerstörte am 16. Oktober 1834 fast den gesamten Palace of Westminster. Den Brand überstanden nur die *Westminster Hall* und die Kellergewölbe der *St. Stephen's Chapel*. Ein Wettbewerb für den Wiederaufbau wurde ausgeschrieben, der sich zu einem heftigen Ringen zwischen den Vertretern der neugotischen und der neoklassizistischen Stilrichtung entwickelte. Aus rund 1400 Entwürfen von 97 Architekten fiel die Wahl auf *Charles Barry*, dessen Houses of Parliament dem neugotischen Stil in ganz England zum Durchbruch verhalfen.

Adresse/Öffnungszeiten: Westminster, SW1. U: Westminster. Öffnungszeiten während der Sitzungsperiode: Mo–Do 14.30–22.30 Uhr, Mi auch 9.30–14 Uhr, Fr 9.30–15 Uhr. Eintritt frei. House of Commons, ✆ 020-72194272; House of Lords, ✆ 020-72193107.

Big Ben: Die Silhouette der Houses of Parliament (auch Palace of Westminster genannt) mit ihrem Clock Tower ist das Wahrzeichen Londons. In diesem Turm befindet sich die 13,5 Tonnen schwere Glocke *Big Ben*, die jede volle Stunde mit 16 Schlägen einläutet. Das berühmte Läuten, das eine Arie aus Händels "Messias" interpretiert, wird übrigens von der BBC in die ganze Welt übertragen. Der Glockenturm ist für die Öffentlichkeit leider nicht zugänglich, dabei wäre es wirklich eine Herausforderung, die 344 Stufen hinaufzusteigen.

Adresse: Westminster, SW1. U: Westminster.

London
Karten S. 77 und Umschlaginnenklappe hinten

Westminster Abbey: Gleich neben den Houses of Parliament steht die Westminster Abbey, eines der bedeutendsten Zeugnisse der englischen Geschichte. Eduard der Bekenner ließ hier in der Mitte des 11. Jahrhunderts eine Abtei und eine Kirche nach normannischem Vorbild erbauen. Die Abtei erhielt den Namen "West Minster", da sie westlich des alten Stadtkerns lag. Nur wenige Reste dieser Bauten sind heute noch zu sehen. Als Eduard am 28. Dezember 1065 starb, wurde er direkt vor dem Hochaltar beigesetzt. Seither haben sich – mit wenigen Ausnahmen – die englischen Könige hier krönen lassen. Den Anfang machte Harold I., und wenige Monate später folgte Wilhelm der Eroberer seinem Beispiel. Heinrich III. entschied sich im Jahre 1145, dem Gotteshaus ein neues, imposanteres Aussehen zu verleihen. Nachdem Heinrich VIII. alle englischen Klöster aufgelöst hatte, verstärkte sich der Einfluss der Krone auf Westminster Abbey: Da bereits Heinrich VII. seine letzte Ruhestätte in Westminster gefunden hatte – seine prachtvolle Grabkapelle wird von einem wunderschön gearbeiteten Fächergewölbe gekrönt –, wurde die Kirche zur königlichen Begräbnisstätte erklärt. Insgesamt befinden sich die Gräber von 16 Königen, darunter auch das von Elizabeth I., in dem Gotteshaus; der letzte König, der in Westminster beigesetzt wurde, war Georg II. (gestorben 1760).

Bei einer Besichtigung sollte man auf keinen Fall die *Poets' Corner* versäumen. Hier liegen die führenden britischen Dichter begraben. *Geoffrey Chaucer* war der erste seiner Zunft, der seine letzte Ruhe im südlichen Querschiff fand (1400). Ihm folgten literarische Größen wie *Spenser*, *Ben Jonson*, *Dryden*, *Samuel Johnson*, *Browning* und *Tennyson*. Anderen wiederum wurde eine Gedenktafel gewidmet (z. B. Shakespeare, Epstein, Shelley, Coleridge, Wordsworth, Dickens, T. C. Eliot und D. H. Lawrence), obwohl sie hier nicht begraben liegen. Die Gräber von *Newton*, *Rutherford*, *Kelvin*, *Stephenson*, *Telford* und *Darwin* sind ebenfalls in der Kirche zu finden. Alle auf den Schlachtfeldern Gefallenen werden stellvertretend durch das Grab des Unbekannten Soldaten geehrt.

Adresse/Öffnungszeiten: Broad Sanctuary, SW1. U: St. James's Park. Mo–Fr 9.30–16.45 Uhr, Sa 9.30–14.45 Uhr. Eintritt: £ 5, erm. £ 3. Kloster: tgl. 10–18 Uhr.

Tate Gallery of British Art: Die direkt an der Themse gelegene Tate Gallery gibt einen Gesamtüberblick über die britische Malerei der letzten fünf Jahrhunderte, mit Ausnahme der Kunst des 20. Jahrhunderts, die seit Mai 2000 in der Tate Gallery of Modern Art im Stadtteil Southwark präsentiert wird (s. S. 132). In den angestammten Räumen an der Millbank sind Werke der bekanntesten englischen Maler wie William Turner, Joshua Reynolds, Thomas Gainsborough, William Blake, George Stubbs, John Constable und William Hogarth sowie von renommierten internationalen Künstlern ausgestellt. Durch die Eröffnung der Tate Gallery of Modern Art wurden bis zum Jahr 2001 sechs neue Galerien eingerichtet, außerdem werden mehrere bestehende Galerien neu konzipiert. Begründet wurde die Tate Gallery 1897 von dem namensgebenden *Sir Henry Tate*, der es im Zuckerhandel zum mehrfachen Millionär gebracht hatte. Tate übereignete seine Kunstsammlung der Öffentlichkeit und versprach, ein Museum zu stiften, falls die britische Regierung hierfür ein Grundstück zur Verfügung stellen sollte.

Adresse/Öffnungszeiten: Millbank, SW1. U: Pimlico. Tgl. 10–18 Uhr. Eintritt frei. Es empfiehlt sich aber, einen Audio Guide für £ 3 auszuleihen. Eintritt bei Sonderausstellungen: £ 6, erm. £ 4.

Westminster Abbey – Café im Kreuzgang

Buckingham Palace: Für überzeugte Royalisten gehört ein Besuch zum Pflichtprogramm. Der Palast hatte in der ersten Hälfte des 18. Jahrhunderts dem Duke of Buckingham gehört, ehe er 1762 an Georg III. verkauft wurde. Queen Victoria war schließlich die Erste, die hier residierte. Ihr Denkmal steht direkt vor dem Eingangstor, wo sich heute die Touristenmassen versammeln, in der Hoffnung, ein Mitglied der königlichen Familie zu erspähen. Doch das passiert höchst selten. Ragt die königliche Standarte nicht über dem Gebäude, ist die Queen erst gar nicht zu Hause. Insgesamt zählt der Buckingham Palace über 600 Räume, aber nur zwölf werden von der Queen und ihrem Gemahl genutzt. Nach dem Feuer im Windsor Castle hatte die Queen entschieden, die teuren Reparaturen durch die Öffnung des Buckingham Palace für die Allgemeinheit zu finanzieren – allerdings nur für zwei Monate im Jahr. Nach mehr als zwei Stunden Schlangestehen können die Besucher nur 18 Zimmer, die außerdem noch zu den weniger interessanten gehören, besichtigen.

Adresse/Öffnungszeiten: Buckingham Palace Road, SW1. U: Victoria. Nur August und September tgl. 9–16 Uhr. Eintritt: £ 10, erm. £ 5. Ticketvorverkauf: ✆ 020-79304832.

Chelsea

Die Swinging Sixties und die punkigen Achtziger sind längst Geschichte, doch Chelsea und die King's Road haben noch immer einen klangvollen Namen. Chelsea ist ein uraltes Fischerdorf, dessen Bewohner trotz unmittelbarer Nähe zur Londoner City von der hohen Politik unbeeindruckt in den Tag hineinlebten, bis der Humanist *Thomas Morus* im Jahre 1520 hier ein Landhaus bezog. Sowohl der Hochadel als auch König Heinrich VIII. folgten seinem Beispiel und ließen sich hier prächtige Herrenhäuser errichten, so dass Chelsea zum "Village of Palaces" aufstieg. Die berühmte King's Road ging beispielsweise aus einer dem König und seinem Gefolge vorbehaltenen Privatstraße hervor, die erst 1820 für die Öffentlichkeit freigegeben wurde. Im 18. Jahrhundert trafen sich berühmte Schriftsteller wie Jonathan Swift und John Gay sowie William Congreve und Alexander Pope regelmäßig zum gemeinsamen Gedankenaustausch in Chelsea. Aber auch die Maler William Turner, Joseph Mallord, Dante Gabriel Rossetti und John Singer Sargent nannten Chelsea ihre Heimat. Langsam entwickelte sich Chelsea zu einem Künstlerviertel. Eine Vorreiterrolle kam dem Dichter Percy Bysshe Shelly zu; auch George Eliot, Oscar Wilde, Henry James und Jack London wohnten – zumindest zeitweise – in der Nähe des Cheyne Walk. Wer mit offenen Augen durch Chelsea schlendert, wird zahlreiche blaue Gedenktafeln entdecken, die an die berühmten Bewohner des Stadtteils erinnern.

King's Road – Laufsteg modischer Provokationen

In den letzten drei Jahrzehnten konnte man in den Geschäften und Boutiquen der King's Road den letzten modischen Schrei erwerben. In Mary Quants "Bazaar" wurde der Minirock erfunden, während Mick Jagger, David Bailey und George Best sowie der Rest vom "Chelsea Set" wüste Partys feierten. Spätestens in den 1970er Jahren waren die letzten Metzgereien, Gemüsehändler und Bäcker von modernen Designerläden und Galerien verdrängt worden. Vivienne Westwood, die damals mit Malcolm McLaren, dem Manager der Sex Pistols zusammenlebte, eröffnete eine Boutique mit ihren avantgardistischen Kreationen. Punks aus aller Welt kauften in Chelsea ihre zerfetzten Klamotten, Ketten, Nieten und Nägel ein, um anschließend auf irgendeiner Treppenstufe von einer Freiheit jenseits aller bürgerlichen Konventionen zu träumen. Heute ist nur noch wenig von diesem Flair zu spüren. Ein Schaufensterbummel durch die King's Road macht zwar nach wie vor viel Spaß, die Trends von morgen wird man hier allerdings nicht mehr entdecken können.

Kensington

Kensington – das sind Nobelkaufhäuser, attraktive Museen und gepflegte viktorianische Häuserzeilen. Naturliebhaber lockt Londons "grüne Lunge", der Hyde Park und die angrenzenden Kensington Gardens. Kensington, das bereits 1068 im *Domesday Book* erwähnt wurde, hat dem Pioniergeist von Prinz Albert von Sachsen-Coburg-Gotha (1819–1861) viel zu verdanken. Der deutschstämmige Gemahl von Königin Victoria initiierte nicht nur die Weltausstellung von 1851, die in einem riesigen Kristallpalast im Hyde Park stattfand, sondern finanzierte mit den dadurch erwirtschafteten Gewinnen zudem den Kauf eines 35 Hektar großen Grundstücks südlich der Kensington Road. Der Prinzgemahl, der übrigens zugleich auch Victorias Cousin war, plante nämlich dort den Bau eines der weltweit größten Museenkomplexe, der auch scherzhaft-ehrfürchtig als "Albertopolis" bezeichnet wurde. Eineinhalb Jahrhunderte später lässt sich das Resümee ziehen, dass sich mit dem auf Kunstgewerbe spezialisierten *Victoria and Albert Museum*, dem *Natural History Museum* und dem *Science Museum* die hehren Vorstellungen des Prinzgemahls mehr als erfüllt haben.

Hyde Park – Londons grüne Lunge

Sehenswertes

Apsley House: Der am Rande des Hyde Park gelegene Stadtpalast widmet sich vor allem dem Gedenken seines berühmtesten Bewohners, des Herzogs von Wellington. Da das Haus ursprünglich zwischen 1771 und 1778 für den Grafen Bathurst, der auch den Titel eines Baron Apsley führte, errichtet worden war, führt es allerdings noch immer den Namen Apsley House. Wellington erwarb das Anwesen aus rotem Backstein im Jahre 1817, als er nach der Schlacht von Waterloo den Zenit seiner Karriere erreicht hatte. Die vornehmen, reich verzierten Räumlichkeiten beherbergen heute das *Wellington Museum* mit einer kostbaren Gemäldegalerie, darunter Werke von Velázquez, Goya, Rubens, van Dyck, Bruegel und Correggio. Neben dem Treppenaufgang steht eine von Antonio Canova geschaffene überlebensgroße Statue Napoleons, die den Imperator im Adamskostüm zeigt. Wellington erhielt die Skulptur 1816 vom Prinzregenten als Geschenk für seine Verdienste.

Adresse/Öffnungszeiten: Hyde Park Corner, W1V. U: Hyde Park Corner. Tgl. 11–17 Uhr. Eintritt: £ 4.50, erm. £ 3.50, Jugendliche bis 18 J. frei. Am Waterloo-Tag (18. Juni) ist der Eintritt für alle Besucher frei.

Victoria and Albert Museum: Das V & A, wie die Londoner das größte Kunstgewerbemuseum der Welt nennen, besitzt ein geradezu erschlagendes Spektrum an Kunstschätzen. Daher empfiehlt es sich, ausgerüstet mit einem der kostenlosen Übersichtspläne, das Museum je nach persönlicher Interessenlage zu erkunden. Präsentiert werden Bilder, Miniaturen, Zeichnungen, Textilien, Glas, Musikinstrumente, Juwelen, edle Gold-, Silber- und Töpferarbeiten sowie Porzellan und Wandschmuck aus nahezu allen Ecken unseres Kontinents.

Ein kurzer Überblick über die bedeutendsten Sammlungen erleichtert die Orientierung: Die meisten Besucher zieht es zu den *Raphael Cartoons* (Level A, Raum 48a), die der Renaissancekünstler 1516 im Auftrag von Papst Leo X. als Vorlage für die Wandteppiche der Sixtinischen Kapelle angefertigt hat. Besonders spektakulär sind die beiden Räume mit den *Plaster Casts* (Level A, Raum 46a und 46b), maßstabsgetreue Abgüsse weltberühmter Kulturgüter, darunter Michelangelos "David", die römische Trajansäule – aus Platzgründen in zwei Teile "gesägt" – sowie das Hauptportal der Kathedrale von Santiago de Compostela. Wer die europäischen Grenzen in künstlerischer Hinsicht überschreiten will, dem empfiehlt sich eine Besichtigung der *Nehru Gallery of Indian Art* (Level A, Raum 41) sowie der benachbarten Räume, die der islamischen (Raum 42), chinesischen (Raum 44) und japanischen Kunst (Raum 45) gewidmet sind. In der *Canon Photography Gallery* (Level A, Raum 38) sind historische Fotografien ausgestellt, einen Besuch lohnt die Gallery aber insbesondere wegen der anspruchsvollen Wechselausstellungen berühmter Fotografen (Cartier-Bresson etc.). Modernes Wohndesign von Bauhaus bis Alvar Aalto zeigen die *Twentieth-Century Galleries* (Level B, Räume 70–74). Die *Frank Lloyd Wright Gallery* im Henry Cole Wing besticht durch ein in den 1930er Jahren nach den Plänen des Avantgardearchitekten gefertigtes Bürointerieur (Level 2, Raum 202) sowie mehrere Skulpturen von August Rodin, die der Künstler dem Museum 1914 geschenkt hat (Level 6, Raum 603a).

Victoria and Albert Museum

<u>*Adresse/Öffnungszeiten*</u>: Cromwell Road (Haupteingang), SW7 2 RL. U: South Kensington. Tgl. 10–17.45 Uhr, Mo erst ab 12 Uhr. Eintritt: £ 5, Studenten und unter 18 J. frei. Ab 16.30 Uhr freier Eintritt für alle. Internet: www.vam.ac.uk

Natural History Museum: Das Natural History Museum gehört zu den interessantesten naturhistorischen Museen der Welt. Aufgeteilt in die *Earth Galleries* und *Life Galleries*, wartet das Museum mit einem faszinierenden Einblick in die Geschichte der Erde und ihrer Bewohner auf. Faszinierend sind die erst kürzlich neu konzeptionierten *Earth Galleries*. Wer das Museum in der Exhibition Road betritt (*Earth Galleries*), dringt auf einer lang gestreckten Rolltrep-

Natural History Museum

pe gewissermaßen in das Innere eines langsam rotierenden Globus vor. Die Entstehungsgeschichte unseres Planeten wird mit Hilfe von Videofilmen und interaktiven Displays auch für Kinder interessant dargestellt. Neu sind die Abteilungen "The Power Within", in der auf recht spektakuläre Weise Erdbeben und Vulkanausbrüche simuliert werden, und "The Restless Surface" zu den Themen Erosion und Erwärmung der Erdatmosphäre. Im Erdgeschoss mahnt die Abteilung "The Earth Today and Tomorrow" einen bewussteren Umgang mit den natürlichen Ressourcen unseres Planeten an und warnt vor den Folgen der globalen Umweltverschmutzung. Die meisten Besucher widmen sich dennoch den *Life Galleries*, deren große Attraktionen ein 30 Meter langes Modell eines Blauwals und mehrere Dinosaurierskelette sind. Einige Modelle dieser Urviecher sind automatisiert und können bewegt werden. Aber auch kleinere Tierarten wie Amphibien, Reptilien und Vögel werden eingehend behandelt. Von Experten hoch geschätzt wird die paläontologische Abteilung. Beeindruckend ist eine riesige Baumscheibe eines 1300 Jahre alten Sequoia-Baumes.

• *Adresse/Öffnungszeiten*: Exhibition Road/Cromwell Road, SW7. U: South Kensington. Tgl. 10–17.50 Uhr, So erst ab 11 Uhr. Eintritt: £ 6.50, erm. £ 3.50. Eintritt ab 16.30 Uhr oder 17 Uhr (Wochenende) frei. Internet: www.nhm.ac.uk

Achtung: In der Hauptsaison und während der Ferien empfiehlt es sich wegen des großen Andrangs, das Museum nicht durch den Haupteingang in der Cromwell Road zu betreten, sondern den Seiteneingang in der Exhibition Road zu benutzen.

Science Museum: Auf sieben Ebenen zeigt sich das Science Museum als wahres Eldorado für Technikfreunde; es bietet einen umfassenden Einblick in die Wissenschafts- und Technikgeschichte von ihren Anfängen bis ins 21. Jahrhundert. Zu den Exponaten gehören viele für die industrielle Entwicklung Englands wegbereitende Erfindungen, beispielsweise Dampfmaschinen von

Royal Albert Hall: königliche "Suppenschüssel"?

James Watt, der erste Dieselmotor und die älteste Lokomotive der Welt (Puffing Billy). Ein alter Benz von 1888, ein Rolls Royce von 1904 sowie viele Flugzeugmodelle und ein originalgetreuer Nachbau der Apollo-11-Landekapsel fehlen ebenfalls nicht. Egal ob man sich für das Thema "Optik", "Medizin", "Fotografie", "Computer", "Telekommunikation", "Mathematik", "Chemie", "Wetter", "Papier und Druck", "Landwirtschaft", "Luftfahrt", "Schifffahrt" oder "Weltraumfahrt" interessiert, in jeweils einer eigenen Abteilung wird man darüber umfassend informiert. Nicht nur Kinder und Jugendliche sind von den zahlreichen Simulatoren und interaktiven Displays begeistert. Das Experimentieren ist ausdrücklich erwünscht! Im Rahmen des im Sommer 2000 abgeschlossenen Erweiterungsbaus erhielt das Museum einen neuen Eingangsflügel mit einer Ausstellung zum Thema "Making the Modern World" und ein IMAX-Kino mit 450 Sitzplätzen.

Adresse/Öffnungszeiten: Exhibition Road, SW7. U: South Kensington. Tgl. 10–18 Uhr. Eintritt: £ 6.50, erm. £ 3.50, bei Sonderausstellungen £ 9.50, erm. £ 5.50. Freier Eintritt tgl. ab 16.30 Uhr! Internet: www.nmsi.ac.uk oder www.sciencemuseum.org.uk

Royal Albert Hall: Die mit schönen Mosaikarbeiten und einem Terrakottafries verzierte Konzerthalle, ein mächtiger Ziegelrundbau, ist eine wahre Augenfreude. Um die immensen Baukosten zu finanzieren, verfiel Sir Henry Cole, der Vorsitzende der *Society of Arts*, auf die Idee, Sitzplätze für einen Preis von 100 Pfund für die Dauer von 999 Jahren zu "vermieten". Insgesamt 1.300 der 8.000 Sitzplätze wurden so verkauft und seither von einer Generation auf die nächste vererbt, die sich über kostenlose Konzertbesuche freuen darf. Am 29. März 1871 war es so weit: Der Prince of Wales eröffnete den Prachtbau am Hyde Park. Die erwartungsvoll gestimmten Zuschauer erlebten allerdings eine herbe Enttäuschung: Um die Akustik der "Suppenschüssel" war es alles andere als gut bestellt, ein lästiger Echoeffekt störte das Konzertvergnügen. Erst 1960 konnten die unangenehmen Störungen endgültig beseitigt werden.

Adresse: Kensington Road, SW7. U: Knightsbridge oder High Street Kensington.

Hyde Park: Der Hyde Park, der nach Westen in die Kensington Gardens übergeht, ist Londons größte Grünfläche. Von West nach Ost misst der Park mehr als drei Kilometer! Berühmt ist der Hyde Park aber vor allem für die *Speakers' Corner* (s. S. 114) an seiner nordöstlichen Ecke. Der ehemalige königliche Park wurde 1640 für die Öffentlichkeit zugänglich gemacht und 1830 durch die *Serpentine*, einen künstlichen See, der sich zum Rudern und Schwimmen eignet, bereichert.

Adresse/Öffnungszeiten: Hyde Park. U: Knightsbridge, Marble Arch, Hyde Park Corner oder Lancaster Gate. Tgl. 5–24 Uhr.

Kensington Palace: Tag für Tag pilgern noch immer zahllose Verehrer und Verehrerinnen zum letzten offiziellen Wohnsitz der im Sommer 1997 bei einem Verkehrsunfall tragisch ums Leben gekommenen Prinzessin Diana. Diana wohnte nicht zufällig im Kensington Palace: Seit 1689 ist der Landsitz, der von Christopher Wren zu einem Palast umgebaut wurde, im Besitz der Königsfamilie. Allerdings ist der größte Teil des Palastes nicht zugänglich, da hier Prinzessin Margret, die Schwester der Königin, der Herzog und die Herzogin von Kent sowie der Herzog und die Herzogin von Gloucester wohnen; Besucher – der Eingang befindet sich an der Nordseite – haben nur Zutritt zu den *State Apartments*. Hierzu gehören die einst dem König und der Königin vorbehaltenen Räumlichkeiten. Ebenfalls besichtigt werden kann die *Royal Ceremonial Dress Collection*, eine Ausstellung zur Kleidung, die in den letzten 250 Jahren am englischen Hof getragen wurde.

Adresse/Öffnungszeiten: Hyde Park. U: High Street Kensington oder Queensway. Tgl. 10–17 Uhr. Eintritt: £ 8.50, erm. £ 6.70.

Notting Hill

Notting Hill ist seit dem gleichnamigen Film mit Julia Roberts und Hugh Grant quasi über Nacht zu einem der weltweit bekanntesten Londoner Stadtteile aufgestiegen. Zuvor war Notting Hill allerdings schon für seinen lebendigen Samstagsmarkt und den farbenprächtigen Notting Hill Carnival berühmt.

Notting Hill Carnival

Der Notting Hill Carnival war gewissermaßen die friedliche Antwort auf die Rassenunruhen von 1958. Damals zogen weiße Engländer Steine werfend durch das Viertel und prügelten auf die Schwarzen ein. Sieben Jahre später fand Ende August am *August Bank Holiday* erstmals ein Straßenfest statt, das sich seither zum weltweit zweitgrößten Karneval nach Rio de Janeiro entwickelt hat. Drei Tage dauert das Spektakel, bei dem mehr als eine Million Menschen tanzend und feiernd auf den Straßen zusammenkommen. Der sonntäglichen Kostümparade der Kinder folgen am Montag die Umzüge der Erwachsenen, begleitet von prächtig geschmückten Wagen und Livemusik. Der rund fünf Kilometer lange Rundkurs beginnt am Ladbroke Grove und führt durch die Westbourne Grove, die Chepstow Road und die Great Western Road.

London
Karten S. 77 und Umschlaginnenklappe hinten

In den späten 1980er Jahren entwickelte sich Notting Hill zu einem Szeneviertel mit Werbeagenturen, Bars, Secondhand-Shops und Boutiquen. Die Mieten zogen schnell an, so dass die alteingesessene schwarze Bevölkerung langsam wieder zur Minderheit wurde. Quadratmeterpreise von umgerechnet 10.000 Mark sind keine Seltenheit. Besonderer Beliebtheit erfreuen sich die Häuser, die einen *communal garden* umschließen, der nur von den angrenzenden Anwesen aus zugänglich ist. Zu den berühmtesten Bewohnern gehören beispielsweise Richard Branson, der Gründer des Virgin-Imperiums, Madonna und das Supermodel Kate Moss.

Lambeth und Southwark

Das schlecht beleumundete Südufer der Themse, die South Bank, wurde jahrhundertelang auch in städtebaulicher Hinsicht vollkommen vernachlässigt. Eine Aufwertung des Viertels erfolgte erst in den letzten Jahrzehnten. Mehrere ansprechende Museen, darunter das *Design Museum* und die *Tate Gallery of Modern Art*, machen das Südufer für viele Reisende und Kulturfreunde interessant. Durch die Verlängerung der Jubilee Line bis nach North Greenwich und den Bau einer Fußgängerbrücke über die Themse verbesserte sich die Infrastruktur des Südufers erheblich. Verwaiste Dockanlagen wurden in moderne Büros und Einkaufszentren verwandelt, citynahe Luxuswohnungen mit Themseblick erzielen auf dem Immobilienmarkt ausgezeichnete Preise. Bei einem gemütlichen Spaziergang entlang der Uferpromenade kann man das faszinierende Panorama der britischen Metropole genießen.

Sehenswertes

Design Museum: Seit 1989 befindet sich das weltweit erste Designmuseum in einem einstigen Lagerhaus mit einer hell leuchtenden Fassade. In der Dauerausstellung wird die Bedeutung des Designs für die industrielle Massenfertigung vom Kinderstuhl über Rollstühle bis hin zur Waschmaschine und Kaffeekanne veranschaulicht. Wechselausstellungen ergänzen das Angebot. Manche Entwürfe können im Museumsshop, dem ein Café angegliedert ist, erworben werden. Im gleichen Gebäude befindet sich zudem das Blue Print Café – designed by Museumsgründer Sir Terence Conran –, das einen tollen Blick auf die Tower Bridge bietet.

Adresse/Öffnungszeiten: Butler's Wharf, Shad Thames, SE1 2 YD. U: Tower Hill. Mo–Fr 11.30–18 Uhr, Sa und So 12–18 Uhr. Eintritt: £ 5.50, erm. £ 4.50.

HMS Belfast: Direkt neben der Tower Bridge liegt Europas einziger noch existierender Zerstörer aus dem Zweiten Weltkrieg vor Anker. Die 1938 gebaute "HMS Belfast" war beim Kampf um das deutsche Schlachtschiff "Scharnhorst" beteiligt und bis zum Ende des Koreakrieges aktiv im Einsatz. Das 187 Meter lange schwimmende Museum mit neun Decks kann von der Admiralsbrücke bis hinunter in den Maschinenraum erkundet werden. Es vermittelt einen authentischen Eindruck vom Leben auf einem Kriegsschiff, der durch Filmvorführungen und Tondokumente ergänzt wird.

Adresse/Öffnungszeiten: Morgan's Lane, Tooley Street, SE1. U: Tower Hill. Tgl. 10–18 Uhr, im Winter nur bis 17 Uhr. Eintritt: £ 4.70, erm. £ 3.60.

Winston Churchill's Britain at War Museum: Die Nächte, als Hitlers Flugzeuge ihre Bombenteppiche über der englischen Hauptstadt abwarfen, sind vielen Londonern als traumatisches Erlebnis in Erinnerung geblieben. In Winston Churchill's Britain at War Museum wird die düstere Atmosphäre der Kriegsjahre anschaulich zum Leben erweckt. Eingestimmt von zeitgenössischer Musik und Radioshows reist der Besucher mit dem "Aufzug" in die vierziger Jahre, wo er sich durch allerlei Ungemach (Bombenangriffe, Notunterkünfte etc.) den Weg in die rettende Freiheit bahnen muss.

Adresse/Öffnungszeiten: Tooley Street, SE1. U: London Bridge. Tgl. 10–16.30 Uhr. Eintritt: £ 5.95, erm. £ 3.95.

London Dungeon: Unter dem Bogen einer Eisenbahnbrücke hat sich der London Dungeon, ein modernes Horrorkabinett, als beliebte Touristenattraktion etabliert. Die Glorifizierung von Folter, Schmerz und Tod mutet allerdings recht seltsam an. Die mittelalterliche Geschichte Englands wird mit all ihren schlimmen Ereignissen in Lebensgröße dargestellt: Thomas Becket liegt in einer Blutlache vor dem Altar, eine Familie wird von der Pest dahingerafft, auf Lanzen gespießte Köpfe "grüßen" die Besucher. Dass auch Jack the Ripper nicht fehlen darf, versteht sich fast von selbst. Für Kinder unter zehn Jahren ist von einem Besuch abzuraten, auch wenn sie in Begleitung eines Erwachsenen Zutritt hätten.

Adresse/Öffnungszeiten: 28–34 Tooley Street, SE1. U: London Bridge. Tgl. 10–18.30 Uhr, im Winter nur bis 17.30 Uhr. Eintritt: £ 9.50, erm. £ 8.50 bzw. £ 6.50.

Golden Hind: Sieht man die "Golden Hind" auf ihrem Trockendock liegen, so kann man sich schwer vorstellen, dass *Sir Francis Drake* mit einem Schiff von solch bescheidenen Ausmaßen von 1577 bis 1580 die Welt umsegelte und als erfolgreichster Freibeuter der englischen Geschichte zurückkehrte. Die ursprüngliche "Golden Hind" ist zwar längst verrottet, doch haben sich ein paar Enthusiasten zusammengefunden, um Drakes Flaggschiff originalgetreu nachzubauen.

Adresse/Öffnungszeiten: Cathedral Street, SE1. U: London Bridge. Tgl. 10–18 Uhr. Eintritt: £ 2.50, erm. £ 1.50. Internet: www.goldenhinde.co.uk

Golden Hind

Shakespeare's Globe Theatre: Das 1599 errichtete Globe Theatre brannte schon 1613 während einer Aufführung des Dramas "Heinrich VIII." bis auf die Grundmauern nieder. Innerhalb eines Jahres wiederaufgebaut, fiel das Theater 1642 der puritanischen Sittenstrenge zum Opfer. Erst durch die unermüdliche Initiative des amerikanischen Schauspielers und Regisseurs Sam Wanamaker kamen in den 1990er Jahren so viele Spendengelder zusammen, dass heute – nur wenige Meter vom ursprünglichen Standort entfernt – eine weiß verputzte Rekonstruktion von Shakespeares berühmtem Theater auf Besucher wartet. Die drei Rängen und der Innenhof bieten Platz für rund 1500 Zuschauer; Theateraufführungen finden wie zu Shakespeares Zeiten von Mitte Mai bis Mitte September bei Tageslicht unter freiem Himmel statt, die Schauspieler agieren vor einem minimalistischen Bühnenbild, der Schauplatz eines Dramas wird einzig durch die Magie der Worte beschworen. Übrigens: Essen und Trinken ist ausdrücklich erlaubt. Die dem Theater angegliederte *Shakespeare's Globe Exhibition* bietet eine Einführung in die Geschichte des elisabethanischen Theaters. Ein Café und ein Restaurant sorgen für das leibliche Wohl.

Adresse/Öffnungszeiten: New Globe Walk, Bankside, SE1. U: Mansion House. Tgl. 9–12.15 Uhr. Eintritt: £ 6, erm. £ 5.

Größtes Riesenrad der Welt – Millennium Wheel

Tate Gallery of Modern Art: Die Tate Gallery of Modern Art residiert seit dem Frühjahr des Jahres 2000 in einem wuchtigen Gebäude, das ehedem von *Sir Giles Gilbert Scott* für das Kraftwerk "Bankside Power Station" errichtet wurde. Rund 134 Millionen Pfund kostete der von den Schweizer Architekten Herzog & de Meuron entworfene Umbau, durch den nicht nur die moderne Kunst der Tate Gallery endlich den ihr zustehenden Platz erhielt, sondern der es nun auch London ermöglicht, endlich in der gleichen Liga zu spielen wie New York mit seinem Museum of Modern Art und Paris mit dem Centre Pompidou. Bis auf einen zweistöckigen Glasaufbau, der die Proportionen des Gebäudes positiv beeinflusst, ist das einstige Kraftwerk äußerlich unverändert. Die Dimensionen sind wahrhaft gewaltig:

Allein die Haupthalle der Tate Gallery of Modern Art ist 160 Meter lang und 30 Meter hoch. Hinzu kommen weitere Ausstellungsräume mit einer Raumhöhe von zwölf Metern. Somit können auch überdimensionale moderne Kunstwerke, die in ehemaligen Industriehallen oder Lofts entstanden sind, angemessen präsentiert werden. Über eine Rampe werden die Besucher in den Bauch des Museums geleitet. Zu besichtigen sind Kunstwerke aus dem 20. Jahrhundert, beispielsweise von Picasso, Matisse, Duchamp, Dalí, Moore, Bacon, Giacometti, Beuys und Warhol. Hinzu kommen wechselnde zeitgenössische Plastiken sowie ein Skulpturengarten.

<u>Adresse/Öffnungszeiten</u>: Bank Side, SE1. U: Mansion House. Tgl. 10–18 Uhr, Fr und Sa bis 22 Uhr. Eintritt frei. Internet: www.tate.org.uk

Museum of the Moving Image (MOMI): Das Londoner Filmmuseum genießt einen ausgezeichneten Ruf. Leider ist es voraussichtlich bis zum Jahr 2003 wegen einer Neukonzeption geschlossen. Bei Interesse kann man sich einstweilen im Internet über den Stand der Arbeiten informieren (www.bfi.org.uk).

<u>Adresse</u>: Queen Walk, SE1. U: Waterloo.

Hayward Gallery: Die 1968 eröffnete Galerie bietet der modernen Kunst ein respektables Forum. Einen festen Fundus gibt es nicht, dafür finden mehrmals im Jahr anspruchsvolle Wanderausstellungen statt.

<u>Adresse/Öffnungszeiten</u>: SE1. U: Queen Walk, Waterloo oder Embankment. Tgl. 10–18 Uhr. Eintritt: £ 6, erm. £ 4. Internet: www.hayward-gallery.org.uk

Millennium Wheel: Auf der Suche nach neuen Attraktionen für die Millenniumsfeierlichkeiten durfte anscheinend auch ein Riesenrad nicht fehlen. Dass es sich dabei um das größte der Welt handelt (135 Meter), versteht sich fast schon von selbst. Auf der rund 30-minütigen Fahrt mit dem "London Eye" erheben sich die gläsernen Gondeln im Zeitlupentempo über die britische Metropole. Ein phantastischer Panoramablick ist garantiert! Pro Jahr sollen mit dem Riesenrad zwei Millionen Fahrgäste transportiert werden, bevor es nach fünf Jahren an einem anderen Standort wieder aufgebaut werden soll.

<u>Adresse/Öffnungszeiten</u>: Jubilee Gardens, SE1. U: Westminster oder Waterloo. Tgl. 10–22 Uhr. Fahrtkosten: £ 6.95, erm. £ 4.80.

London Aquarium: Das London Aquarium bietet einen faszinierenden Einblick in die Unterwasserwelt. In den verschiedenen Sektionen des Aquariums wird die für die jeweiligen Meere (Atlantik, Pazifik und Indischer Ozean) typische Flora und Fauna vorgestellt. Ein Korallenriff, Mangrovensümpfe und ein Beken mit tropischem Süßwasser dürfen selbstverständlich nicht fehlen. Die größte Attraktion sind natürlich die Haifische im Pazifikbecken, bei Kindern besonders beliebt ist ein Bassin mit Rochen, die sich bereitwillig streicheln lassen.

<u>Adresse/Öffnungszeiten</u>: County Hall, Riverside Building, SE1. U: Westminster oder Waterloo. Tgl. 10–18 Uhr. Eintritt: £ 8, erm. £ 6.

FA Premier League Hall of Fame: England ist bekanntlich das Mutterland des Fußballs. Die Begeisterung für die Jagd nach dem runden Leder kennt keine Grenzen, und so verwundert es auch nicht, dass die Helden der Premier League seit 1999 mit einer eigenen "Hall of Fame" gewürdigt werden.

<u>Adresse/Öffnungszeiten</u>: County Hall, Riverside Building, SE1. U: Westminster oder Waterloo. Tgl. 10–18 Uhr. Eintritt: £ 9.95, erm. £ 7.50. Internet: www.hall-of-fame.co.uk

London Karten S. 77 und Umschlaginnenklappe hinten

Florence Nightingale Museum: Es gibt wohl kaum jemanden, der in den 1960er Jahren geboren und im Englischunterricht nicht mit der Lebensgeschichte von Florence Nightingale (1820–1910) konfrontiert wurde. Das St Thomas's Hospital ist der richtige Ort für ein entsprechendes Museum, denn hier gründete Florence 1860 die weltweit erste professionelle Schule zur Ausbildung von Krankenschwestern (noch heute werden die Schwestern des St Thomas's Hospital *Nightingales* genannt).

Adresse/Öffnungszeiten: 2 Lambeth Palace Road, SE1. U: Westminster oder Waterloo. Tgl. außer Mo 10–17 Uhr. Eintritt: £ 3.50, erm. £ 2.50. Internet: www.florence-nightingale.co.uk

Imperial War Museum: Man sollte sich von den vielen Kampfflugzeugen, Raketen und Kanonen im Erdgeschoss nicht abschrecken lassen, denn das Imperial War Museum ist sicherlich das anspruchsvollste Kriegsmuseum in London. Untergebracht in einer ehemaligen Nervenheilanstalt, wird hier die Geschichte des britischen Militärs seit dem Ersten Weltkrieg festgehalten. U-Boote, Panzer, Flugzeuge, Kanonen, Uniformen, Schlachtendarstellungen usw. können besichtigt werden. Filmvorführungen zeigen das Kriegsmaterial im Einsatz. Didaktisch sehr gut aufbereitet sind die Ausstellungen zu den beiden Weltkriegen und zum Holocaust. Eine technische Meisterleistung ist "The Blitz Experience", ein simulierter Bomben- bzw. Raketenangriff auf London, bei dem sogar der Boden bebt. Ebenfalls sehr eindrucksvoll ist die Szenerie "The French Experience", die eine authentische Vorstellung vom Leben und Sterben in den Schützengräben des Ersten Weltkriegs vermittelt.

Adresse/Öffnungszeiten: Lambeth Road, SE1. U: Waterloo oder Elephant & Castle. Tgl. 10–18 Uhr. Eintritt: £ 5.20, erm. £ 4.20. Ab 16.30 Uhr: Eintritt frei.

East End

Das East End ist die Heimat der Cockneys. Aber auch die Hugenotten und Juden haben hier ihre erste Heimstätte gefunden. Heute wird das Armenviertel im Londoner Osten vor allem von Pakistani und Bengalen geprägt. Große Sehenswürdigkeiten gibt es nicht, abgesehen von den vier bekannten Märkten (Spitalfield Market, Petticoat Lane Market, Brick Lane Market, Columbia Road Market). Einen schlechten Ruf hatte das East End schon immer: Bereits aus dem Mittelalter gibt es Berichte über Elendsquartiere, die sich dicht an dicht in den Sümpfen außerhalb von Aldgate drängten. Im Zeitalter der Industriellen Revolution waren es vor allem irische Immigranten, Fabrikarbeiter und Hafenarbeiter, die in den Slums des East End eine billige Unterkunft fanden. Im Jahre 1870 wurden im Londoner Osten 600.000 Menschen gezählt. Zumeist lebten ganze Familien in einem einzigen Zimmer ohne Wasseranschluss, von sanitären Einrichtungen ganz zu schweigen. In der Hochphase der Industrialisierung lag im East End die durchschnittliche Lebenserwartung bei sechzehn Jahren; 55 Prozent aller Kinder starben, bevor sie das fünfte Lebensjahr erreicht hatten! Angesichts dieser Zustände verwundert es nicht, dass die von *William Booth* gegründete Heilsarmee 1878 im East-End-Bezirk Whitechapel mit ihrer Missionsarbeit begann und 1888 dort das erste Nachtasyl für Obdachlose eröffnet wurde.

Ein Mann namens Jack the Ripper

Die fünf Morde, die sich 1888 im Londoner East End ereigneten, gehören zu den mysteriösesten und grausamsten Fällen der englischen Kriminalgeschichte. Der erste Mord geschah am 31. August, als eine Prostituierte in einer nebeligen Nacht verstümmelt aufgefunden wurde. Im East End standen damals Mord und Totschlag auf der Tagesordnung, so dass diese Tat noch kein großes Aufsehen erregte. Erst als am 8. September erneut eine Prostituierte unter den gleichen Umständen ums Leben kam, breiteten sich Angst und Schrecken aus, die dadurch noch gesteigert wurden, dass der Mörder in einem mit "Jack the Ripper" unterschriebenen Brief an eine Londoner Zeitung weitere Morde ankündigte. In der Nacht des 30. September ereigneten sich die nächsten beiden Morde. Ihren Höhepunkt erreichte die schreckliche Serie am 9. November: Die junge Prostituierte Mary Jane Kelly wurde in ihrem Zimmer in der Hanbury Street vollkommen zerstückelt aufgefunden, ihre Eingeweide waren über den Fußboden verteilt. Danach brach die Mordserie unvermittelt ab. Wer "Jack the Ripper" war, konnte nie aufgeklärt werden. Es gab zwar einen großen Kreis von Verdächtigen, zu denen auch der Duke of Clarence gezählt wurde, da sich der homosexuelle Sohn Edwards VII. bekanntlich in den einschlägigen Lokalitäten des East End herumtrieb. Zwei der Hauptverdächtigen kamen kurze Zeit nach dem letzten Mord unter tragischen Umständen ums Leben, was das abrupte Ende der Serie erklären könnte.

Docklands

Der einstmals größte Dockhafenkomplex der Welt mit seinen gigantischen Lagerhäusern und Hafenbecken wurde in den letzten beiden Jahrzehnten in ein hypermodernes Büroviertel verwandelt. Im Jahre 1981 begann die London Docklands Development Corporation, das brachliegende, 2200 Hektar große Areal einer neuen Nutzung zuzuführen. Doch anstatt den großen städteplanerischen Wurf zu wagen, entstand auf der sog. *Isle of Dogs*, die eigentlich eine Halbinsel ist, ein architektonisches Potpourri aus Glas, Stahl, Marmor und Granit. Das Ergebnis ist ein seelenloses Terrain mit riesigen Häuserklötzen und postmodernem Schnickschnack. Abends und am Wochenende sind die Docklands fast menschenleer, grundlegende Versorgungseinrichtungen fehlen weitgehend. Auch Prince Charles rümpfte die Nase angesichts der "mittelmäßigen Bauten" mit ihrer unterkühlten Eleganz. Zum Wahrzeichen der Docklands wurde der einer Rakete oder einem überdimensionalen Obelisken ähnelnde *Canary Wharf Tower* von Cesar Pelli. Seit seiner Fertigstellung 1991 ist das 244 Meter hohe Bürohochhaus zwar das höchste Gebäude in Großbritannien, doch konnten bis dato noch immer einige Etagen nicht vermietet werden. Zum Teil liegt es auch an der schlechten Infrastruktur. Architektonisch ausgefallen wirkt *Cascades*, ein zwanzigstöckiges Gebäude von Piers Gough, das direkt an der Themse emporwächst. Mit seinen Türmchen, Bullaugen und seinem abgeschrägten Anbau erinnert es an einen steinernen Wasserfall.

Greenwich

Greenwich ist ein traditionsreicher Ort am Südufer der Themse. Durch seine Königliche Sternwarte und den Nullmeridian ist Greenwich gewissermaßen zum Nabel der Welt geworden. Einen Besuch lohnt aber auch das National Maritime Museum. Ursprünglich war Greenwich ein kleines Fischerdorf an der Themse. Dies änderte sich erst, als der Herzog von Gloucester hier 1428 ein Schloss errichten ließ. Letztlich war es aber Karl II., der die "Schuld" am Aufstieg von Greenwich trug; der englische König beschloss 1685, "auf dem höchsten Punkt in unserem Park in Greenwich eine kleine Sternwarte zu bauen."

Einmal auf dem Nullmeridian stehen

Sehenswertes

Cutty Sark: Direkt am Greenwich Peer liegt die "Cutty", der schnellste und wohl schönste Teeklipper des 19. Jahrhunderts, auf einem Trockendock. 1871 stellte das Schiff mit einer Fahrtzeit von 107 Tagen einen Rekord auf der Strecke von China nach England auf.

Adresse/Öffnungszeiten: Greenwich, SE 10. DLR: Island Gardens. Tgl. 10–18 Uhr, im Winter bis 17 Uhr. Eintritt: £ 3.50, erm. £ 2.50.

Royal Naval College: Das Royal Naval College zählt zu den vier weltlichen Bauten von *Christopher Wren*. Allerdings war Wren hier nicht allein am Werk, Teile des klassizistischen Ensembles wurden von seinem Schüler *Nicholas Hawksmoor* entworfen. Auftraggeberin war Queen Mary II., die sich Greenwich als Standort für ein Marinehospital wünschte, das als Pendant zum Chelsea Hospital alten Seeleuten einen geruhsamen Lebensabend gewährleisten sollte. Die architektonische Vorgabe war, dass das dahinterliegende *Queen's House* von *Inigo Jones* von der Themse aus weiterhin sichtbar bleiben müsse und daher nicht verdeckt werden durfte.

Adresse/Öffnungszeiten: Greenwich, SE 10. DLR: Island Gardens. Tgl. 10–17 Uhr, So erst ab 12.30 Uhr. Eintritt: £ 5, erm. 3. Ein Tipp: Jeweils montags und dienstags ist der Eintritt frei.

National Maritime Museum: Großbritannien war einst die größte Seefahrernation der Welt. An diese hehre Vergangenheit erinnert das Museum zur Geschichte der Seefahrt in mustergültiger Form. Rund um einen überdachten Innenhof sind die verschiedenen Sektionen des Museums gruppiert, die beispielsweise sehr anschaulich die großen Entdecker und ihre Expeditionen, allen voran *James Cook* (1728–1779), vorstellen; aber auch Fragen nach der Zukunft der Ozeane bleiben nicht ausgeklammert. Wer sich für Seeschlachten interessiert, kommt ebenfalls nicht zu kurz.

Adresse/Öffnungszeiten: Greenwich, Romney Road, SE 10. DLR: Island Gardens. Tgl. 10–17 Uhr. Eintritt: £ 7.50, erm. £ 6. Kombiticket mit Royal Observatory und Queen's House: £ 10.50, erm. £ 8.40. Für Kinder ist der Eintritt frei. Internet: www.nmm.ac.uk

Royal Observatory: Sir Christopher Wren entwarf die königliche Sternwarte nebst einem Haus für den Hofastronomen *John Flamsteed.* Bis 1945 blickten Flamsteeds Nachfolger von hier aus in den nächtlichen Himmel, dann musste die Sternwarte aufgrund der zunehmenden Luftverschmutzung nach Herstmonceux in East Sussex verlegt werden. Das Royal Observatory wurde daraufhin in ein Museum umgewandelt.

Adresse/Öffnungszeiten: Greenwich, SE 10. DLR: Island Gardens. Tgl. 10–17 Uhr. Eintritt: £ 6, erm. £ 4.80. Kombiticket mit National Maritime Museum und Queen's House: £ 10.50, erm. £ 8.40. Für Kinder ist der Eintritt frei. Internet: www.rog.nmm.ac.uk

Millennium Dome: Wie eine riesige Schildkröte ruht der Millennium Dome auf dem Areal eines ehemaligen Gaswerks im Norden von Greenwich. Der Dome ist ein Prestigeobjekt von Tony Blair, das den Geist von "Cool Britannia" mit dem Vertrauen auf die zukünftige Welt vereinen soll. Für diese hehren Pläne scheute die britische Regierung weder Kosten noch Mühen. Der britische Staat stellte knapp 800 Millionen Pfund für den Bau und die Vermarktung des Millennium Dome bereit. Hierbei sind die 140 Millionen Pfund, die aufgewendet wurden, das verseuchte Areal zu dekontaminieren, sowie die Kosten für die Verlängerung der Jubilee Line gar nicht eingerechnet. Stararchitekt Richard Rogers wurde ausgewählt, um den größten Kuppelbau der Welt mit einer Grundfläche von 80.000 Quadratmetern zu errichten. Ironischerweise wusste zu diesem Zeitpunkt noch niemand, welche Attraktionen unter dem lichtdurchlässigen Zeltdach Platz finden sollten. Allein die Dimensionen des Bauwerks sind gewaltig: Der Dome ist nach Flächengröße hinter dem Kennedy Space Center in Florida und der Montagehalle von Boeing in Seattle der drittgrößte Bau der Welt. Die Kuppel könnte bequem den Trafalgar Square samt der 50 Meter hohen Säule Nelsons überspannen; das Fassungsvermögen entspricht 18.000 Doppeldeckerbussen. Hielte man den Millennium Dome unter die Niagara Fälle, so würde es rund zehn Minuten dauern, bis er mit Wasser gefüllt wäre. Die zwölf gelben, knapp 90 Meter hohen Stahlmasten, die die Konstruktion tragen, sind schnell zum Erkennungszeichen des Domes geworden. Publicitywirksam rutschte James Bond in seinem Film "007 – Die Welt ist nicht genug" das Dach hinunter. Inzwischen wurde der Dome an eine japanische Investmentbank verkauft, die auf dem Areal für 800 Millionen Pfund mehrere Hotels und eine Flaniermeile am Themseufer errichten will.

Adresse: Millennium Dome. U: North Greenwich (Tarifzone 3).

London
Karten S. 77 und Umschlaginnenklappe hinten

Ruinenromantik: Scotney Castle

Südostengland

Kent – Sussex – Surrey

Südöstlich der britischen Hauptstadt liegen die Grafschaften Kent, East und West Sussex sowie Surrey. Schon lange ist diese Region das Naherholungsgebiet der Londoner. An Wochenenden und in den Ferien herrscht reger Verkehr auf den Hauptverkehrsrouten, die Züge von und nach London sind häufig überfüllt.

Für Urlauber vom europäischen Festland ist insbesondere Kent erste Anlaufstation. Die wichtigsten Fährhäfen (auch für Hovercrafts) sind Dover, Folkestone, Ramsgate und Sheerness. Seit Mai 1994 besteht nun auch eine "Landverbindung" zwischen Folkestone und Calais: der Eurotunnel.

Den Beinamen "Gateway to Britain" hat sich Südostengland vor über 2000 Jahren verdient. Im Jahre 55 v. u. Z. betrat Julius Cäsar bei Deal englischen Boden. Die römische Herrschaft (erst beim dritten Versuch im Jahre 50 u. Z. war die Invasion erfolgreich) dauerte beinahe vier Jahrhunderte und hinterließ besonders in diesem Teil Englands ihre Spuren. Besterhaltene Relikte sind Teile eines römischen Palastes in *Fishbourne* bei Chichester. Im 6. Jahrhundert wählte Augustinus *Canterbury* zum Ausgangspunkt der Christianisierung Britanniens und gründete dort ein Kloster. Eine mächtige Kathedrale und die historische Altstadt sind heute die Hauptattraktionen von Kent.
Etwas weiter westlich nahm die letzte erfolgreiche Invasion der Insel im Jahre 1066 ihren folgenschweren Lauf. In einer blutigen Schlacht besiegten

die Normannen bei *Hastings* die angelsächsischen Verteidiger. In *Battle* – wie die historische Stätte treffender kaum heißen kann – ließ Wilhelm der Eroberer eine Abtei errichten, deren Ruinen heute nur einen kleinen Teil der normannischen Hinterlassenschaften bilden. *Dover Castle*, die *Docks von Chatham* und *Chichester Cathedral* sind weitere Sehenswürdigkeiten aus dieser Zeit.

Die Grafschaft Kent

"Kent, Sir, everybody knows Kent – apples, cherries, hops and women", schrieb Charles Dickens 1837 in seinem Roman "Pickwick Papers". Für Touristen trifft das allerdings nicht zu. Denn wer wie die meisten von den Fähren in Dover oder Folkestone Richtung London fährt, verschwendet kaum einen Blick an die mannigfaltigen Schönheiten des ehemaligen jütischen Königreiches.

In West-Ost-Richtung durchziehen zwei Bergkämme, die North Downs, die bis zu 270 m ansteigen, und ihr südlicher Nachbar, das Ragstone Ridge, den ansonsten flachen Landstrich. Das Wandern über den North Downs Way, der bis an die Grenzen von Hampshire reicht, ist ein landschaftliches Erlebnis. Hopfenfelder, Obstplantagen und saftig grüne Wiesen voll bunter Blumen verleihen Kent das Prädikat "Garden of England". Steil und schroff wird es erst wieder an den grellen Kreidefelsen der Kanalküste. Die White Cliffs von *Dover* sind das Wahrzeichen der gesamten Insel. Entlang der stets von Angriffen bedrohten Küstenlinie gründete Edward the Confessor im 11. Jahrhundert die "Cinque Ports": Die fünf Hafenstädte Hastings, Romney, Hythe, Dover und Sandwich stellten die erste organisierte Flotte Englands; am Ende des 12. Jahrhunderts wurde das Bündnis um Winchelsea und Rye erweitert.

Man könnte Tage verbringen, um die unzähligen Burgen und Schlösser zu besichtigen. Das hübscheste ist sicherlich Leeds Castle bei *Maidstone*, ein märchenhaftes Wasserschloss in einem kleinen See, umgeben von einer ausgedehnten Parklandschaft. Aber auch die Burgen in *Dover*, *Deal* und *Walmer* sind nicht weniger bewundernswert. Und dann wären da noch die beiden Kathedralenstädte *Canterbury* und *Rochester* mit ihrem einzigartigen historischen Gepräge. Canterbury – das bedeutet gleichzeitig eine Reise ins Mittelalter. Hier, wo im 12. Jahrhundert die Ermordung des Erzbischofs Becket in der gigantischen Kathedrale einen wahren Pilgeransturm auslöste, sind noch heute die abgewetzten Stufen des damaligen Menschenstroms zu bestaunen. Das Lebensgefühl jener Epoche schildert Geoffrey Chaucer in seinen "Canterbury Tales". Ein anderer Schriftsteller, nämlich Charles Dickens, scheint in *Broadstairs* und *Rochester* zum Anfassen nahe. Teils kleine Ausstellungen, teils aufwendige Museen berichten über sein Leben und Wirken.

Der Badespaß kommt ebenfalls nicht zu kurz. Auf der *Isle of Thanet* reihen sich drei traditionelle Badeorte aneinander: *Ramsgate*, *Broadstairs* und *Margate* sind nur in den Monaten Juli und August von Touristen überfüllt.

Folkestone

Als Fährhafen ist die Stadt nicht so bedeutend wie Dover. Doch wenige Kilometer nordwestlich von Folkestone tritt ein Jahrhundertbauwerk aus der Erde: der Eurotunnel. Seit September 1994 fahren von hier im 15-Minuten-Takt Pendelzüge nach Calais.

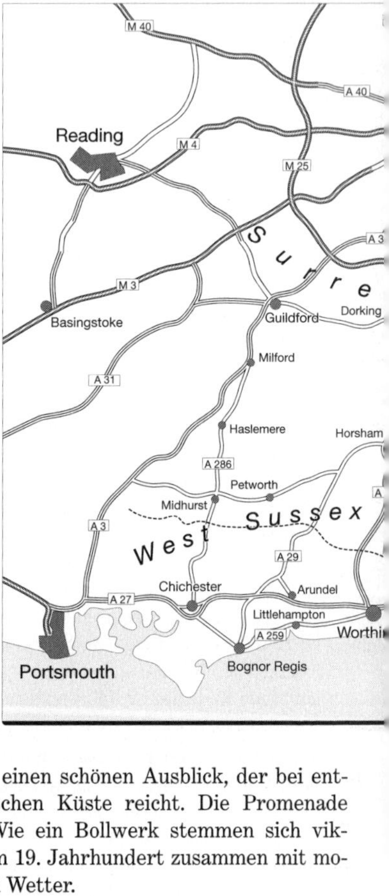

Die Stadt profitiert davon allerdings nur in geringem Maße, denn für viele ist Folkestone eine reine Durchgangsstation, die allenfalls zum Übernachten genutzt wird. Zu Unrecht, denn auch in Folkestone gibt es einiges zu entdecken: So trifft man bei einem Hafenspaziergang auf *The Stade*, das alte Fischerviertel, das sich mit seinen gedrungenen roten Steinhäusern einiges an Flair erhalten hat. Einen eindrucksvollen Kontrast hierzu bilden die in Sichtweite ankernden Passagierschiffe. Eine angenehme Überraschung ist der etwas oberhalb liegende alte Stadtkern *The Bayle* mit seinen enge Gassen, den dicht aneinander gereihten Häusern und den urigen Pubs. Von der erhöhten Promenade *The Leas* hat man einen schönen Ausblick, der bei entsprechendem Wetter bis zur französischen Küste reicht. Die Promenade selbst ist nicht weniger sehenswert: Wie ein Bollwerk stemmen sich viktorianische Hotels und Gasthöfe aus dem 19. Jahrhundert zusammen mit modernen Hotelkomplexen gegen Wind und Wetter.

An verregneten Tagen ist das hiesige **Museum** (mit Kunstgalerie) am Grace Hill eine gute Alternative. Höhepunkt der Ausstellung zur Stadtgeschichte ist das Skelett eines Sachsen.

Öffnungszeiten: Mo–Sa 9.30–17 Uhr. Eintritt frei.

Leider wurde die **Eurotunnel-Ausstellung** geschlossen, doch ein Exponat steht heute unübersehbar gleich neben der Autobahn London–Dover und gegenüber dem Abfertigungsterminal für den Shuttle-Zug: einer der riesigen Bohrer, die beim Mammutprojekt eingesetzt wurden. Eine Kostprobe des englischen Humors wird hier mitgeliefert: Das Objekt sei "zu verkaufen" und habe "nur einen Vorbesitzer" gehabt!

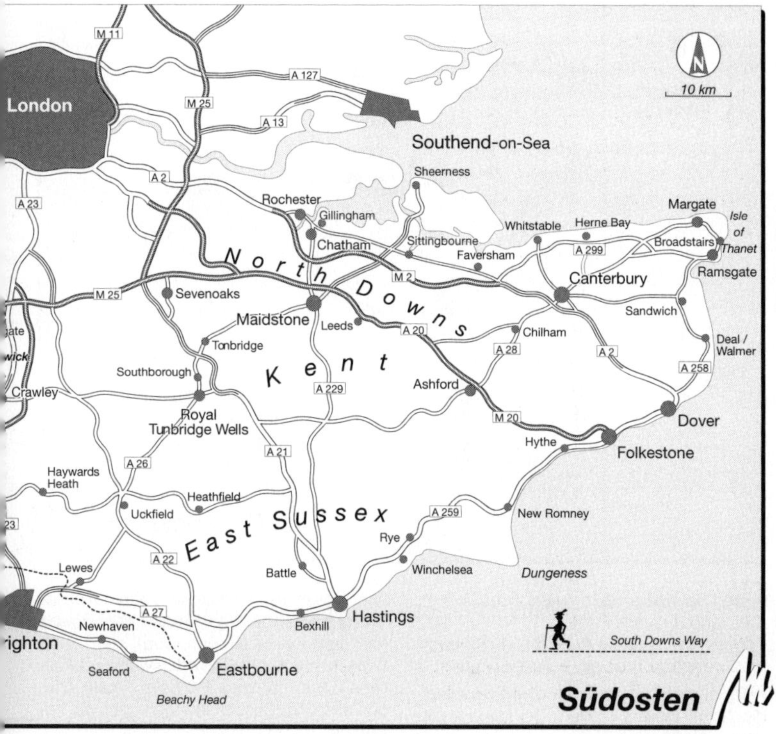

Südostengland
Karte S. 140/141

Information/Verbindungen

- *Information*: **Tourist Office**, Harbour St., Kent CT20 1QN, ✆ 01303-258594. Zu finden in einem kleinen Holzbungalow in der Ortsmitte (ausgeschildert). Material über den gesamten Südosten Englands.
- *Telefonvorwahl*: 01303
- *Verbindungen*: **Bus** – Busbahnhof am Middelburg Square. Ashford (Bus 10), Hastings (Bus 11, 12, 711), Canterbury (Bus 16, 17), Dover (Bus 90, 93, 94, 711) sowie London sind direkt und regelmäßig zu erreichen. Fahrkarten im Travel Office oder im Bus.

Zug – drei Bahnhöfe in Folkestone: *Central Station* (Cheriton Rd.), *Harbour Station* (am Ferry Terminal), *West Station* (Station Rd.). Regelmäßiger Zugverkehr nach London; nach Canterbury in Ashford oder Dover umsteigen.

Adressen

- *Einkaufen*: Kunsthandwerks-, Kram- und Souvenirshops in der High Street. Campingausrüstung und Zubehör sowie wetterfeste Kleidung führt **The Outdoor Habit**, 10 Guildhall Street.
- *Fahrräder*: Eine schöne Gegend zum Radfahren ist das Gebiet zwischen der A 20 und der A 2. Schmale Straßen führen durch eine hügelige Parklandschaft und kleine Dörfer – England, wie man es sich vorstellt. Fahrräder mietet man bei **Renham's Cycle Centre**, 17 Grace Hill, ✆ 241884 (März–Okt. Mo–Sa 9–17.30 Uhr).
- *Geldwechsel*: viele **Banken** entlang der Fußgängerzone (Sandgate Road).

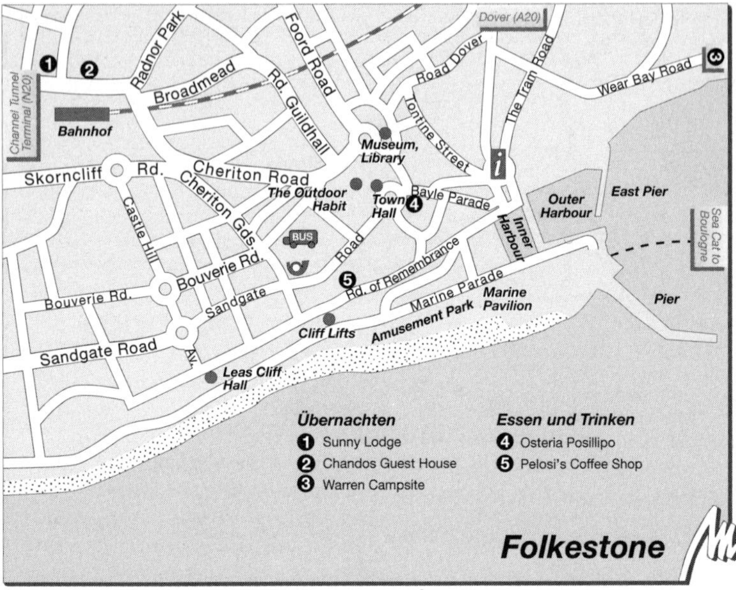

• *Post*: Sandgate Road (nahe Busbahnhof, Kreuzung Bouverie Place).

• *Reisebüro*: **Thomas Cook**, 29–33 Sandgate, ✆ 01303-241544; auch Geldwechsel.

• *Wandern*: Hier kann man eine Tour durch die **North Downs** starten. Der ausgeschilderte Wanderweg führt von Canterbury über Dover und Folkestone durch die waldreiche, hügelige Landschaft der Downs (der erste Teil ist ein Rundweg), dann nach Westen bis Rochester oder weiter. Detaillierte Karten für etwa £ 5 beim Tourist Office; einfache Beschreibungen gibt es kostenlos.

Übernachten

Zimmervermittlung durch das Tourist Office. **B&Bs** befinden sich in der Cheriton Road.

Sunny Lodge (1), Eckhaus mit hellen, großen Räumen, genießt einen sehr guten Ruf. TV und Teekocher auf jedem Zimmer, Etagendusche, Parkplatz vorhanden; B&B ab £ 17.50 pro Person. 85 Cheriton Road, ✆ 01303-251498, 📠 258267.

Chandos Guest House (2), familiär geführtes kleines Haus mit sieben ordentlichen Zimmern; B&B ab £ 16 pro Person. 77 Cheriton Road, ✆ 01303-851202.

• *Jugendherberge*: siehe Dover.

• *Camping*: Eine Liste mit Campingmöglichkeiten in der weiteren Umgebung von Folkestone gibt's im Tourist Office.

Warren Campsite (3), 1,5 Kilometer östlich des Zentrums in schöner Lage an den Kreidefelsen. Über Treppen Zugang zum Strand. 82 Zeltplätze; Zelt oder Caravan (inkl. zwei Personen) £ 9.60–12.10. Von Ostern bis September geöffnet, ✆ 01303-255093.

Black Horse Farm, ein weiterer Campingplatz mit sehr guter Sanitärausstattung befindet sich nördlich von Folkestone im Ort Densole. Zelt und Caravan (inkl. zwei Personen) £ 6.20–13.60. In der Hochsaison unbedingt vorher buchen (ganzjährig geöffnet). 385 Canterbury Road, ✆ 01303-892665.

Essen

Im alten Stadtkern *The Bayle* findet man viele kleine Restaurants und Pubs, in denen man sich Snacks oder mehr genehmigen kann.

Osteria Posillipo (4), vergleichsweise günstiger Italiener im historischen Zentrum. Großzügige Räumlichkeiten mit kleinen Zweiertischen, an denen man fast immer einen freien Platz ergattern kann. Pasta £ 6–7. Dienstag Ruhetag. 18 Rendezvous Street, ✆ 01303-246666.

Cliff Top Café, wie der Name schon andeutet, besticht das Café vor allem durch seine Lage auf den Klippen mit Blick auf den Ärmelkanal. Zwei Kilometer östlich von Folkstone an der Straße nach Dover.

Ein beliebter Treff für Jung und Alt ist **Pelosi's Coffee Shop (5)** (an der Kreuzung von West Terrace, The Leas und der Road of Remembrance, direkt gegenüber dem McDonald's). Die Einrichtung des ständig vollen Cafés hat italienisches Flair, und durch die gebogene Panoramaglasfront lässt sich das Geschehen auf der Promenade gut beobachten. Neben dem üblichen englischen Kuchen gibt es auch leckeren Cappuccino und zahlreiche Eisspezialitäten.

Eurotunnel: ein Jahrhundertprojekt mit Hindernissen

Fast zwei Jahrhunderte verstrichen, ehe die Idee von einem Tunnel zwischen Frankreich und England verwirklicht wurde. Im Jahre 1802 legte Albert Mathieu Pläne für eine Kutschenstrecke unter dem Ärmelkanal vor. 1851 war es Hector Horeaus, der mit einer wasserdichten Eisenröhre auf dem Meeresboden eine "Landverbindung" zwischen Kontinent und Insel schaffen wollte. Beide Vorschläge fanden keinen Anklang. Erst der französische Ingenieur Aimée Thome de Gamond lieferte überzeugende geologische Befunde, die eine Untertunnelung des Kanals möglich erscheinen ließen. So trieb man 1882 einen Stollen in die Shakespeare Cliffs. Doch plötzlich war sie wieder da, die Angst vor einer Invasion. Nach fast zwei Kilometern stellte man die Arbeit auf Anweisung Königin Viktorias wieder ein. 1974 scheiterte ein französisch-britisches Vorhaben an finanziellen Schwierigkeiten. Erst in den achtziger Jahren wurde die Idee erneut aufgegriffen. Der Bau (ab 1987) gestaltete sich jedoch sehr problematisch, so dass die Eröffnung mit über einem Jahr Verspätung erfolgte. Außerdem machte Ende 1996 ein brennender Lkw den Tunnel für einige Zeit unpassierbar. Eigentlich logisch, dass die veranschlagten Kosten dramatisch überschritten wurden.

Umgebung von Folkestone

Einen Ausflug nach Hythe, einen der "Cinque Ports", sollte man mit einem Abstecher zur **Burg Saltwood** (Ruine einer normannischen Festung; nicht zugänglich) und zum fünf Kilometer westlich liegenden **Castle of Lympne** verbinden (Tierpark). Busse nach Hythe fahren ab Busbahnhof (Bouverie Square).

Öffnungszeiten: Castle of Lympne ist von Ostern bis Sept. tgl. von 10–17 Uhr, im Winter von 10–16 Uhr geöffnet. Eintritt: £ 8.90, erm. £ 6.90.

Kent Battle of Britain Museum: In Hawkinge (an der A 260, ca. 4 km nordwestlich von Folkestone) befindet sich ein ehemaliger Militärflughafen der Royal Airforce. In den Hangars sind zahlreiche Flugzeuge (Spitfires, Messerschmitts usw.) und Zeppeline zu besichtigen.

Adresse/Öffnungszeiten: Aerodrome Road, Hawkinge Airfield. Ostern bis Sept. tgl. 10–17 Uhr, im Okt. 10–16 Uhr. Eintritt: £ 3, erm. £ 2.50.

Dover

Wie eine gigantische Stufe heben sich die hellen Kreidefelsen vom dunklen Meer ab. Auf einer Anhöhe die Umrisse der Burg, im Vordergrund die modernen Dockanlagen.

Wenn von der Fähre aus die weißen Klippen von Dover zu sehen sind, werden die Kaffee, Tee und vor allem Bier trinkenden Passagiere unruhig. Bei Wind und Wetter stürzen sie mit der Kamera hinaus oder drücken ihre Nasen an den zahlreichen Fenstern platt, um den ersten Anblick Englands zu genießen. Wer hier anlandet oder abfährt, ist meist nicht so berühmt wie einige Vorgänger, die den Kanal in der Luft oder im Wasser überquerten. So wurde z. B. Captain *Methew Webb* zu einer Legende, weil er 1875 in 21 Stunden und 45 Minuten von Calais nach Dover schwamm.

Dover ist vor allem eine Hafenstadt mit immensem Durchreiseverkehr. Statistiken zufolge halten sich Ankömmlinge hier durchschnittlich zwanzig Minuten auf, ehe sie weiterreisen. Außerdem hat man viele Passagiere an den Kanaltunnel verloren, so dass man sich mit Deal und Sandwich zusammentat, um

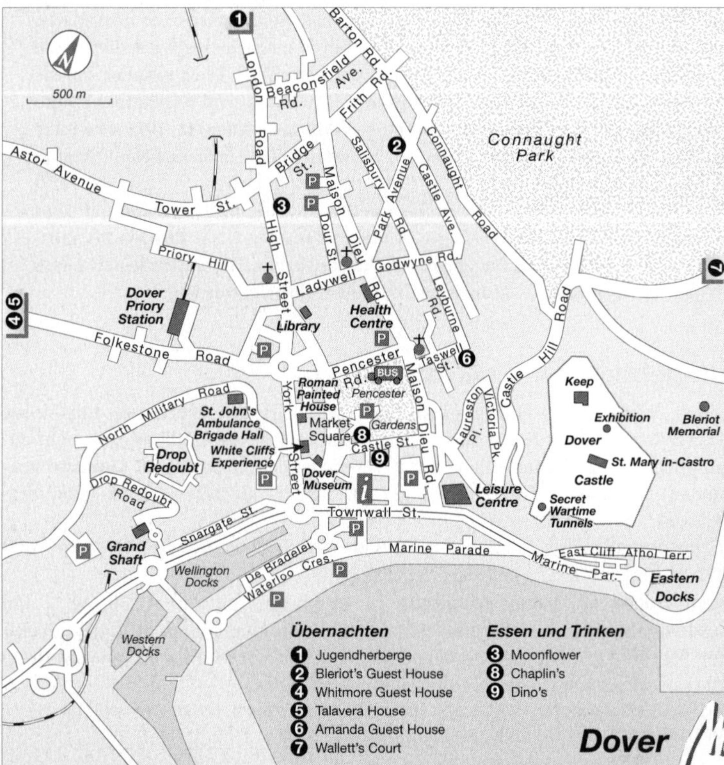

mit einem Etat von umgerechnet einer Million Euro für diese Region zu werben (die gemeinsame Urlaubsbroschüre "White Cliffs Country" liegt in allen Tourist Offices von Kent aus). Wer sich entschlossen hat, in Dover etwas länger zu bleiben, sollte auf jeden Fall zwei bis drei Stunden für eine Burgbesichtigung einplanen. Außerdem können von hier aus Tagesausflüge nach Deal, Walmer und Sandwich unternommen werden.

Information/Verbindungen

- *Information*: **Tourist Information Centre** beim Burlington House, Townwall Street, Kent CT16 1JR, ✆ 01304-205108, Fax 245409. Internet: www.dover.gov.uk. Infos über ganz Kent (auch deutschsprachig), Zimmervermittlung; lohnenswert ist der kostenlose historische Stadtrundgangsführer. Im Büro sind auch Fähr- und Hovercraft-Tickets erhältlich, die allerdings im Wechselbüro nebenan oft billiger zu haben sind.
- *Telefonvorwahl*: 01304
- *Verbindungen*: **Zug** – *Hauptbahnhof* in der Folkestone Rd., Verbindungen nach Canterbury, Sandwich, Deal und London; *Marine Station* an den Western Docks (Verbindungen wie Hauptbahnhof).

Bus – Busbahnhof in der Pencester Rd. (ausgeschildert), ✆ 01304-240024; Verbindungen nach London (ab 10 Uhr im 90-Min.-Rhythmus), nach Canterbury, Folkestone, Deal und Sandwich. Fahrkarten im National Office oder im Bus.

Adressen

- *Einkaufen*: im **Charlton Shopping Centre** (High St.) oder in der Einkaufsstraße (Biggin Street) zwischen Marktplatz und Rathaus.
- *Geldwechsel*: mehrere **Banken** am Market Sq.; außerhalb der Banköffnungszeiten **Wechselbüro** an der Townhall St. neben dem Tourist Office.
- *Deutsches Konsulat*: Limekiln St., ✆ 01304-201201.
- *Krankenhaus*: **Buckland Hospital**, Coombe Valley Road, ✆ 01304-201624.
- *Polizei*: Ladywell, ✆ 01304-240055.
- *Post*: 68–72 Pencester Rd., Geldwechsel möglich (Mo–Sa 8.30–17.30 Uhr).
- *Reisebüros*: **Thomas Cook**, 3 Cannon St., ✆ 01304-204215. **Going Places**, 10 Worthington St., ✆ 01304-206273.

Übernachten

Dover ist mit unzählig vielen B&Bs bestückt. Dennoch ist es in der Hochsaison problematisch, eine Unterkunft aufzutreiben. Die meisten B&Bs liegen an der *Folkestone Road*. Am besten versucht man, ein Zimmer nach hinten zu bekommen, damit man nicht von den Lkws geweckt wird. Für Frühaufsteher, die die erste Fähre zum Festland nehmen, wird in einigen B&Bs schon um 5 Uhr morgens Frühstück zubereitet. Wer auf das Frühstück verzichtet, zahlt oft ein bis zwei Pfund weniger.

Wallett's Court (7), das Hotel liegt etwas außerhalb von Dover in einem historischen Gebäude in St Margaret's-at-Cliffe. Einladende Zimmer, Hallenbad und Sauna sorgen für die nötige Entspannung nach der Anreise. DZ ab £ 75. ✆ 01304-852424, Fax 853430.
E-Mail:WalletsCourt@Compuserve.com

Amanda Guest House (6), gemütlich wirkendes viktorianisches Haus abseits vom Straßenlärm. Sechs Mehrbettzimmer, £ 14–18 pro Person. 4 Harold Street, ✆ 01304-201711.

Whitmore Guest House (4), vier gepflegte Zimmer (keine Einzelzimmer) mit TV und Teekocher; B&B £ 15–25 pro Person. 261 Folkestone Road, ✆ 01304-203080.

Talavera House (5), hier stehen sechs Mehrbettzimmer im Top-Zustand zur Verfügung, 1991 wurde das Haus, das um 1890 erbaut wurde, komplett renoviert. Teekocher und TV auf jedem Zimmer. £ 14–16. 275 Folkestone Road, ✆ 01304-206794.

Blériots Guest House (2), der freundliche Besitzer Mr. Casey führt gerne ein Gespräch mit "Backpackers" und informiert über Dover. Die acht Zimmer mit Dusche/WC sind in ordentlichem Zustand, das

Frühstück ist reichhaltig. Doppelzimmer £ 15–20 pro Person, Wochenendrabatte! 47 Park Avenue, ✆ 01304-211394.

• *Jugendherberge*: **Charlton House (1)**, 306 London Road, ✆ 01304-201314, ✆ 202236. Ganzjährig geöffnet, wurde 1991 renoviert. Hier herrscht ein reges Kommen und Gehen, gut geeignet, um Reiseerfahrungen auszutauschen. Erwachsene £ 10.85, Jugendliche £ 7.40. Vom Hauptbahnhof die Folkestone Road ins Zentrum, dann links in die High Street, die zur London Road wird (ca. 1,5 km). Von den Western Docks durch die Innenstadt Richtung London (ca. 2 km).

• *Camping*: (vgl. Folkestone) **Hawthorn Farm**, über 100 Zeltplätze in schöner ländlicher Lage, jedoch nahe der Bahnlinie. Von Dover die A 258 Richtung Deal, in Martin Mill links ab (ausgeschildert). Caravan/Zelt £ 8.50–11. Nov.–Feb. geschlossen. ✆ 01304-852658.

Essen (siehe Karte Seite 144)

Wer vom Kontinent kommt, muss sich nun erst einmal auf die englische Küche umstellen, und das heißt Fish 'n' Chips statt Pommes rot-weiß. Eine Vitaminkategorie darunter liegen die Wimpy Bars (gibt es in der Cannon Street und am Market Square). Die Pubs in der Innenstadt sind allemal zum Lunchen gut. In der High Street gibt es zwei chinesische Restaurants.

Dino's (9), italienisches Restaurant mit vielen Zweiertischen. Gedämpftes Licht und jede Menge italienischer Weine sorgen für eine angenehme Atmosphäre. Nudelgerichte um £ 6, Pizza £ 6–7 und Fisch £ 10–15. 58 Castle Street, ✆ 01304-204678.

Chaplin's (8), ein beliebter Treff ist dieses Restaurant mit Bar. Sandwiches ab £ 2, ein Frühstück bis £ 3.35 (Mo–Sa 8.30–21 Uhr, So 10.30–21 Uhr). 2 Church Street, ✆ 01304-204870.

Moonflower (3), einer der beiden Chinesen. Zu empfehlen die leckeren Gerichte für zwei Personen (£ 10–15). Nebenan gibt es chinesische Speisen zum Mitnehmen zwischen £ 1.50 und £ 4, aber auch Ente für £ 5.90. 32–34 High Street, ✆ 01304-212198.

Sehenswertes

Dover Castle: Die aus dem 12. Jahrhundert stammende Burg wurde im Laufe der Zeit mehrmals umgebaut und erweitert. Sie ist heute neben den Kreidefelsen die Attraktion der Stadt. Als Einfallstor nach England war sie immer von hoher strategischer Bedeutung; noch während des Zweiten Weltkriegs war die Anlage Ziel der V-2-Raketen, die die Deutschen von Boulogne aus abfeuerten.

Heute bietet die Burg dem Betrachter ein eher friedliches Bild. Auf einer Anhöhe gelegen, versinkt sie besonders im Frühjahr häufig in dichten Nebelschwaden – eine Besichtigung mit besonderer Atmosphäre. Mehrere Ausstellungen zur Stadt- und Burggeschichte runden einen Besuch ab.

Unter dem Castle befinden sich "Geheimgänge", die noch während des Zweiten Weltkrieges genutzt wurden. In dieser sogenannten *Hellfire Corner* plante Admiral Ramsay die Evakuierung Dünkirchens im Jahr 1940. Ursprünglich wurden sie im 18. Jh. wegen des befürchteten Angriffs Napoleons auf England angelegt. Wer interessiert ist, kann an einer der Führungen teilnehmen. Für Nervenstarke empfiehlt sich die "Ravens Quest", eine nächtliche Tour mit Geistergarantie (so der Prospekt)!

Etwas vorgelagert in Richtung Meer steht ein Leuchtturm aus römischer Zeit, der der benachbarten angelsächsischen Kirche *St Mary-in-Castro* lange Zeit als Glockenturm diente. Unterhalb am Castle Hill liegen die Ruinen der *Church of St. James*. Deutsche V-1- und V-2-Raketen trafen die Kirche im Zweiten Weltkrieg. Sie wurde nicht wieder restauriert.

Die "weißen" Klippen von Dover

• *Öffnungszeiten*: April–Sept. tgl. 10–18 Uhr, Okt. tgl. 10–17 Uhr, Nov.–März tgl. 10–16 Uhr. Eintritt: £ 6.90, erm. £ 5.20 oder £ 3.20. Family Ticket: £ 17.30.

• *Führungen*: Dauer: 45 Minuten; im Sommer alle 20 Minuten, letzte Führung 17 Uhr; im Winter alle 40 Minuten, letzte Führung 15 Uhr.

Roman Painted House: Aus derselben Epoche wie der Leuchtturm stammt dieses 1970 bei Ausgrabungen entdeckte römische Wohnhaus. Die außerordentlich gut erhaltenen Wandmalereien sind auf jeden Fall einen Besuch wert.

Adresse/Öffnungszeiten: New Street. April–Okt. tgl. außer Mo 10–17 Uhr. Eintritt: £ 2, erm. £ 0.80.

Nackte Tatsachen!

1909 gelang dem Franzosen Louis Blériot die erste Kanalüberquerung mit einem Motorflugzeug. Bei diesem prämierten Wettkampf waren zuvor schon einige Flugzeuge "abgesoffen". Noch heute erinnert ein Gedenkstein nahe der Burg an den tollkühnen Flieger.

Doch schon über hundert Jahre zuvor, nämlich 1785, fand die erste Kanalüberquerung (fliegenderweise!) statt. In einem Heißluftballon nahmen der Franzose Jean-Pierre Blanchard und der Amerikaner John Jeffries das Wagnis in Angriff. Als vor der Küste Dovers der Ballon drastisch an Höhe verlor, entschieden sich die beiden Fahrer, Ballast abzuwerfen. Ihr Ziel schon vor Augen, mussten sie feststellen, dass der Ballon immer weiter sank, das Meer bedrohlich nahe kam. Mehr Ballast musste von Bord, doch die einzigen Gewichte, die noch zu entbehren waren, trugen sie an ihren Körpern... Etwas fröstelnd, aber wohlbehalten landeten beide am Strand von Dover und wurden dort von verdutzten Einwohnern in Empfang genommen.

White Cliffs Experience: Gleich neben dem Roman House wird in originalgetreu nachgebauten Straßen mit gelegentlichem Fliegeralarm (!) die Geschichte Dovers lebendig.

Adresse/Öffnungszeiten: Market Place. April–Okt. tgl. 10–18.30 Uhr, Nov.–März tgl. 10–16.30 Uhr. Letzter Einlass 90 Minuten vor Schließung. Eintritt: £ 5.75, erm. £ 4.60.

Dover Museum at the White Cliffs Experience: Eine neuere Errungenschaft der Stadt, die als Ergänzung zur gerade genannten Einrichtung gedacht ist. Auf drei Stockwerken wird hier die Stadtgeschichte veranschaulicht.

Adresse/Öffnungszeiten: Market Place. April–Okt. tgl. 10–18 Uhr, Nov.–März tgl. 10–17.30 Uhr. Eintritt: £ 1.80, erm. £ 0.90. Mit der Eintrittskarte von The White Cliffs Experience ist der Eintritt frei.

Maison Dieu: Sehenswert auch das Rathaus im Stadtzentrum (High Street), mit dessen Bau 1203 begonnen wurde. Es diente jahrhundertelang als Herberge für Pilger und wird daher auch *Maison Dieu* genannt. Im Inneren eine Ausstellung mit Herrscherporträts und Waffen sowie wechselnde Ausstellungen.

Old Town Gaol: Gruseln kann man sich im ehemaligen Stadtkerker in den Kellerräumen des Rathauses. Und wer selbst nicht genug Probleme hat, lauscht den Klagen der Wachspuppen...

Öffnungszeiten: Tgl. außer Mo 10–16.30 Uhr, So erst ab 14 Uhr; von Okt. bis Mai jeweils Mo und Di geschlossen. Eintritt: £ 3.50, erm. £ 2.10.

Umgebung/White Cliffs

Geht man etwa eine halbe Stunde die Snargate Street entlang in westliche Richtung, kommt man zum **Shakespeare Cliff** (Wegweiser), dem weißesten, steilsten und imponierendsten Kliff Englands. Es wird vermutet, dass es Shakespeare als Vorbild für die Kliffszene in "King Lear" diente.

Etwas näher am Stadtzentrum (ebenfalls über die Snargate Street zu erreichen) befindet sich **The Grand Shaft.** Aus Angst vor einer Invasion der Armee Napoleons wurde dieser Zugang von den Heights zum Hafen 1806–09 angelegt. Drei scheinbar ineinander verschlungene Wendeltreppen führen durch den Kreidefels hinab. Für £ 1.20 (Kinder 80 p) kann man die Treppe begehen.

Öffnungszeiten: Mai–September Mi–Sa 14–17 Uhr.

Reizvoll ist außerdem ein Spaziergang über die Kreidefelsen in östliche Richtung. Nach etwa sieben Kilometern erreicht man *St. Margaret's-at-Cliffe*, von wo man den Bus zurück nehmen kann.

Deal

Deal ist ein ruhiges, friedliches Städtchen. In hellen Farben leuchten die Häuser an der Promenade. Nur wenige Meter entfernt liegen bunte Fischerboote aneinander gereiht auf dem lang gestreckten Kiesstrand.

An Sonntagen scheint der ganze Ort auf den Beinen zu sein. In einer frischen Brise spazieren Familien samt ihren Hunden am Kiesstrand entlang. Am Pier, der weit ins Meer reicht, treffen sich die Angler, um Tee trinkend ihrem Hobby nachzugehen. Sie haben sich die Stelle ausgesucht, von der man den besten Blick auf Deal hat.

Im Jahre 55 v. u. Z. soll an diesem Kiesstrand Julius Caesar gelandet sein, um von hier aus Britannien zu erobern. 1600 Jahre später ließ Heinrich VIII. diese Küstenlinie befestigen und in Deal und im angrenzenden *Walmer* Verteidigungsanlagen erbauen. Beide Burgen können besichtigt werden, wobei *Walmer Castle* noch heute Residenz des *Lord Warden* (Gouverneur der Cinque Ports) ist.

Vorsaison am Strand von Deal

Information/Verbindungen/Adressen

- *Information*: **Town Hall**, High St., Kent CT14 6BB, ✆ 01304-369576, ✆ 380641.
- *Telefonvorwahl*: 01304
- *Verbindungen*: **Zug** – Der Bahnhof liegt in der Queen Street (westlich), ausgeschildert. Deal liegt an der Strecke Dover – Isle of Thanet (Ramsgate) mit Verbindungen nach Sandwich.

Bus – Busbahnhof in der South Street am Anfang der High Street (Fußgängerzone). Regelmäßiger Busverkehr nach Dover, Folkestone, Sandwich und Canterbury. Ticket Office: Mo–Sa 9.30–16.45 Uhr, Do geschlossen.

- *Angeln*: Wer mit einem Boot zum Angeln aufs Meer fahren will, meldet sich bei Mr. Chamberlain, ✆ 01304-362744, bzw. Mr. Robinson, ✆ 01304-361850, oder direkt am Pier.
- *Einkaufen*: Supermärkte in der Stadtmitte (High St.).
- *Fahrradverleih*: **Deal Pram & Cycle Hire Centre**, 42 High St. Ab £ 10 pro Tag.
- *Geldwechsel*: Banken entlang der High St., z. B. **National Westminster** an der Kreuzung High Street/Broad Street.
- *Kino*: im **Deal's Entertainment Centre**, Queen St. (Kreuzung West St.).
- *Post*: Queen Street.
- *Waschen*: 5 Queen St. Mo–Fr 8–20 Uhr, Sa/So 8–18 Uhr (letzter Waschgang 75 Min. vor Geschäftsschluss).

Übernachten/Essen

Die Hotels entlang der *Beach Road* sind relativ teuer. Billigere B&Bs findet man in den Nebenstraßen wie der *Gilford Road* (am Castle) und der *Raneleigh Road*.

Channel View, Unterkunft im Zentrum, nur einen Katzensprung vom Hafen. Zimmer ab £ 50. 7 Beach Street, ✆ 01304-368194.

Cannongate Guesthouse, alle drei Zimmer des Guesthouse haben Waschgelegenheit, Teeboiler und TV. Übernachtung mit Frühstück ab £ 18. 26 Gilford Road, ✆ 01304-375238.

Dunkerley's, nettes Restaurant (englische Küche, Menü £ 8.50) mit Hotelbetrieb. B&B ab £ 40 pro Person. 19 Beach Street, ✆ 01304-375016.

King's Head, einladendes Pub mit großer Terrasse, von der man einen schönen Blick auf den Ärmelkanal hat. 9 Beach Street.

Feste/Veranstaltungen

Erst seit wenigen Jahren steht der sogenannte **Trail of Blood** auf dem Programm. Schauspieler stellen die Schmugglervergangenheit der Stadt auf den Straßen nach (Auskünfte und Spielpläne im Tourist Office).

Ende Juli oder Anfang August findet in Deal ein **Summer Music Festival** mit zahlreichen Konzerten statt (Auskünfte am Ticketschalter des Astor Theatre oder unter ✆ 366077).

Sehenswertes

Deal Castle/Walmer Castle: Während der Regierungszeit Heinrichs VIII. wurden in Deal und Walmer Burgen errichtet, die der Küstenverteidigung und Sicherung der "Cinque Ports" dienten. Um Deal Castle angriffssicher zu machen, wurde es konzentrisch in Form einer Tudorrose angelegt. Innen kann man die kühlen und dunklen Gewölbe erforschen, dabei wird man immer wieder auf interessante Ausstellungen stoßen.

Öffnungszeiten: April–Sept. tgl. 10–18 Uhr, Okt. tgl. 10–17 Uhr, Nov.–März tgl. 10–16 Uhr. Eintritt: £ 3, erm. £ 2.30 oder £ 1.50.

Walmer Castle

Eine Besichtigung von Walmer Castle lässt sich gut mit einem Spaziergang von Deal über den Kiesstrand verbinden (ca. 2 km). Auf der rechten Seite, vom Strand etwas zurückgesetzt, erblickt man die Burg, die den Grundriss eines vierblättrigen Kleeblatts hat. Walmer Castle ist seit dem 18. Jahrhundert die offizielle Residenz des *Lord Warden*. Diese Position bekleideten so berühmte Leute wie Wellington und Churchill. Seit 1968 wird das symbolische Amt von Queen Mum ausgeübt. Innen befindet sich eine kleine Ausstellung mit Wellingtons Stiefeln, seinem Rasierspiegel, seiner Lieblingsteekanne usw.

• *Adresse/Öffnungszeiten*: Kingsdown Road. April–Sept. tgl. 10–18 Uhr, Okt. 10–17 Uhr, Nov. und März Mi–So 10–16 Uhr, Jan. und Feb. nur Sa und So 10–16 Uhr. Die Anlage ist für die Öffentlichkeit nicht zugänglich, wenn der Lord Warden hier residiert. Eintritt: £ 4.50, erm. £ 3.40 oder £ 2.30.

Maritime and Local History Museum: Gleich hinterm Rathaus von Deal befindet sich ein kleines Museum, das die Geschichte der Stadt und der Seefahrt zum Thema hat.

Adresse/Öffnungszeiten: St George's Road. Ostern bis Sept. tgl. außer So 12–17 Uhr. Eintritt: £ 1.50, erm. £ 0.50.

Sandwich: Fachwerk und Flair

Sandwich

Kaum zu glauben, dass dieser verschlafene Ort einst der bedeutendste Hafen der "Cinque Ports" und eine der größten Städte Englands war. Doch seitdem sich das Meer immer weiter zurückgezogen hat und der Fluss Stour zu einem kleinen Bach versandet ist, scheint in Sandwich die Uhr stillzustehen.

Innerhalb der alten Stadtmauer drängen sich zwei- und dreistöckige verwinkelte Ziegelhäuser, die häufig uraltes Fachwerk aufweisen. Den Balken sieht man ihr Alter an, ohne dass die Gebäude baufällig wirken. In den mittelalterlichen Gassen stößt der Besucher ohne großes Suchen auf traditionelle Pubs, die neben ihrem köstlichen Ale einen deftigen Lunch anbieten (z. B. *The Crispin Inn*, High Street nahe The Quay und nach Aussage einiger Einheimischen "der beste Pub am Platz"). Nahe der schmalen, alten Brücke, die dem modernen Verkehr kaum noch gerecht wird, steht das einzige erhaltene Stadttor (*Fisher Gate*), das aus dem 14. Jahrhundert stammt.

Die Ruinen von *Richborough Castle*, einer römischen Befestigungsanlage aus dem 1. Jh. u. Z., befinden sich zwei Kilometer nördlich der Stadt. Etwa drei Kilometer nordöstlich von Sandwich erstreckt sich eine Dünenlandschaft bis zum Meer, die als Naturschutzgebiet ausgewiesen ist.

• *Information*: **The Guildhall**, Cattle Market, Sandwich, Kent CT13 9AH, ✆ 01304-613565. Geöffnet nur von April bis September tgl. 11–16 Uhr.

• *Telefonvorwahl*: 01304

• *Verbindungen*: **Bus** – am Cattle Market (bei Guildhall); regelmäßig von Deal nach Canterbury über Sandwich. Informationen über Fahrplan und Tarife unter ✆ 0345-696996.

Zug – Bahnhof an der Delfside St.; Verbindungen nach Deal, Dover, London, Ashford, Ramsgate und Margate.

• *Geldwechsel*: Mehrere **Banken** befinden sich in der Market Street und am Cattle Market (Kreuzung Delf Street).

• *Polizei*: am Cattle Market neben der Guildhall, ✆ 01304-240055.

• *Post*: im Spar-Supermarkt an der Market Street.

• *Übernachten/Essen*: **Bell Hotel**, das erste Haus am Platz, günstige Wochenendtarife, ab £ 50 pro Person. Barbican, ✆ 01304-613388.

Fleur de Lis, gepflegte Unterkunft mit dazugehörigem Restaurant in der Ortsmitte. Einzel- und Mehrbettzimmer ab £ 18 pro Person (im Mehrbettzimmer). Delf Street, ✆ 01394-611131.

Mrs. Rogers, zwei hübsche Zimmer etwas außerhalb des Zentrums. B&B £ 16. 57 St George's Rd., ✆ 01304-612772.

Riverside Town Houses, vier wunderschöne Häuser am Fluss mit kleiner Terrasse. Preise auf Anfrage unter ✆ 01304-611433.

Fishermans Wharf, ausgezeichnete Fischküche zu moderaten Preisen. Menü mit zwei Gängen £ 10.95. Quayside, ✆ 01304-613636.

Sandwich? Kommt mir doch irgendwie bekannt vor!

Ist Sandwich etwa nach den leckeren Butterbroten mit den üppigen Belägen benannt worden? Weit gefehlt – doch einst lebte hier John Montagu, seines Zeichens Earl of Sandwich. Dieser war ein großer Verehrer der zusammengeklappten Schnellmahlzeiten. Wo und wann er nur konnte, stillte er seinen Hunger mit deftigen Stullen, die fortan überall Sandwiches genannt wurden.

Sehenswertes

Wer mit dem Auto anreist, kann dieses auf dem Parkplatz hinter der Guildhall abstellen und zu Fuß eine Erkundungstour durch das historische Städtchen machen.

Guildhall: Hier ist eine Fotoausstellung aus viktorianischer Zeit untergebracht. Im Eintritt inbegriffen ist auch der alte Gerichtsraum mit voll versenkbarer Geschworenenbank aus dem 16. Jahrhundert.

Adresse/Führungen: New Street. Jeweils Di, Mi, und Do um 11.30 und 14.30 Uhr. Eintritt: £ 1.

Richborough Roman Fort: Fährt man auf der Canterbury Road etwa zwei Kilometer in nördliche Richtung, weisen Schilder am Straßenrand auf das Fort hin. Ausgrabungen förderten hier eine römische Befestigungsanlage aus dem 1. Jh. u. Z. zutage, die zur Verteidigung der Küste diente. Von der auf einer Anhöhe strategisch günstig errichteten Festung reicht der Blick weit in das flache Land. Ein mächtiges Windrad und zwei weiße Kühltürme eines Kraftwerks sind die modernen Nachbarn der Burg. Im Tickethäuschen sind örtliche Ausgrabungsfunde ausgestellt.

• *Adresse/Öffnungszeiten*: Richborough Road. April–Sept. tgl. 10–18 Uhr, Okt. tgl. 10–17 Uhr, Nov. und März Di–So 10–16 Uhr, Dez.–Feb. Sa und So 10–16 Uhr. Eintritt: £ 2.50, erm. £ 1.90 oder £ 1.30. Kostenlose Audioführungen.

Ramsgate

Ramsgate ist ein typisch englischer Badeort am südlichen Zipfel der Isle of Thanet. Weiße, beigefarbene, rotbraune und hellblaue Häuser aus viktorianischer Zeit reihen sich entlang der Promenade zu einem beachtenswerten Blickfang auf.

In den für die Besucher hübsch aufgemachten Pubs und Restaurants lässt es sich bei Tee, einem Snack oder Eis gut aushalten. Während der Sommermonate drängen sich die sonnenhungrigen Urlauber nordöstlich des Hafens an den lokalen Sandstrand (*Ramsgate Sands*), der sich etwa zwei Kilometer weit in Richtung Broadstairs erstreckt. Außer den üblichen sportlichen Aktivitäten eines Badeortes hat Ramsgate nicht allzu viel zu bieten. Recht interessant ist das bunte Treiben am Hafen (von hier aus kann man Boote für Küstentouren und zum Fischen mieten) oder das **Motor-Museum** (Westcliff Promenade). Gezeigt werden dort u. a. Motorräder aus der Zeit Eduards VII. und Autos aus den Fünfzigern. Verregnete Tage lassen sich auch im **Maritime Museum** (Pier Yard) verschönern. Neben einer Dokumentation über die Isle of Thanet werden allerlei Gerätschaften von Schiffen, die vor Ramsgate kenterten, präsentiert.

Goodwin Sands – des einen Freud, des anderen Leid!

Der Schrecken aller Seefahrer waren einst die heimtückischen Goodwin Sands. Hierbei handelt es sich um Sandbänke, die sich aufgrund der Strömungsverhältnisse vor der Pegwell Bay gebildet haben. Weil diese sich ständig verlagern, waren sie in der Vergangenheit Ursache für zahlreiche Schiffskatastrophen. An klaren Tagen und bei Ebbe sind noch heute die Masten einiger Wracks zu erkennen (am besten von der Edwards-Promenade aus).

"Typically English" – die gefährlichen Sandbänke dienten auch dem Vergnügen. Bis 1968 fuhren bei Ebbe regelmäßig einige sportliche Herren mit dem Boot auf die Sandbänke. Dort trugen sie dann mehrere Kricketspiele aus, ehe die Flut den "Spielplatz" wieder überschwemmte. Seit einigen Jahren wird diese Tradition jedes Jahr im Mai wiederholt.

• *Öffnungszeiten der Museen*: **Motor-Museum**, Ostern bis Okt. tgl. 10.30–17.30 Uhr, Nov.–Ostern So 10–17 Uhr. Eintritt: £ 2.50, erm. 50 p oder £ 1.50.

Maritime Museum, April bis September tägl. 9.30–16.30 Uhr, Oktober bis März Mo–Fr 9.30–16.30 Uhr. Eintritt: £ 1, Kinder 50 p.

• *Information*: **Tourist Information Centre**, 19–21 Harbour Street, Ramsgate, Kent CT11 8HA, ✆ 01843-583333, 591086. Neben Zimmervermittlung und Prospektmaterial auch Theaterkartenverkauf. Hat als einzige Informationsstelle auf der Isle of Thanet auch an Sonntagen geöffnet.

• *Telefonvorwahl*: 01843

• *Verbindungen:* **Bus** – National Express, Harbour St. (am Yachthafen) gegenüber dem Ticket Office. Busse Richtung Dover, Canterbury und London.

Zug – Bahnhof in der Wilfred Rd. (vom Tourist Office die Queen St. in östliche Richtung, links in die High St., dann rechts in die Chatham St. und direkt nach der Kreuzung links in die Station Approach Rd.); Verbindungen nach Margate, Broadstairs, Canterbury, Dover.

• *Geldwechsel*: vier **Banken** in der Queen Street.

• _Kino_: **Granville Theatre Cinema**, Victoria Parade (nördlich vom Hafen), ✆ 01843-591750.

• _Post_: 81 Range Rd.

• _Übernachten/Essen_: **Eastwood Guesthouse**, einladende viktorianische Villa in zentraler Lage. 13 Einzel- oder Mehrbettzimmer; B&B ab £ 17 pro Person. 28 Augusta Road, ✆ 01843-591505.

Sion Hill Hotel, eine Alternative in der gleichen Preisklasse. Einige der zehn Zimmer haben einen Balkon, von dem sich ein hübscher Ausblick über den Yachthafen bietet. Im Restaurant des Hauses werden typisch englische Gerichte serviert; B&B £ 18–22 pro Person. 2 Sion Hill, ✆ 01843-591908.

Noknoi's Kitchen, gute Thaiküche, die die Reisekasse nicht übermäßig strapaziert. 4 Westcliff Arcade, ✆ 01843-852750.

Broadstairs

"The healthiest and freshest of all places" – so nannte Charles Dickens den Ort, an dem er zwischen 1837 und 1850 seinen alljährlichen Urlaub verbrachte. Obwohl sich das Stadtbild verändert hat, konnte Broadstairs noch einiges von seiner ursprünglichen Atmosphäre bewahren.

Enge Gassen mit zweistöckigen Häusern erlauben es gerade einmal einem Auto, sich vorwärts zu bewegen. Der Gegenverkehr muss warten. Einige Gebäude erzählen lebhaft von Broadstairs berühmtestem Gast. Da sind z. B. das *Dickens House*, ein kleines, aber feines Museum, und das *Bleak House*, in dem der Schriftsteller mit seiner Familie wohnte. Hier schrieb er große Teile des Romans "David Copperfield". Das im Juni stattfindende *Dickens Festival*, bei dem die Bewohner des Ortes in historischen Kostümen durch die Straßen ziehen, lockt eine große Fan-Gemeinde an. Ebenfalls einmal im Jahr (im August) wird das *Folk Music Festival* veranstaltet, das von Musikern in Folklorekostümen bestritten wird. Gut besucht ist es auf jeden Fall, denn es ist gratis und findet in den Straßen von Broadstairs statt.

Lohnenswert ist auch ein Ausflug nach Kingsgate nördlich der Stadt. Direkt am Meer auf weißen Klippen erhebt sich Kingsgate Castle. In der Umgebung bieten sich gute Möglichkeiten zum Klettern (Vorsicht, weiches Gestein!) und Spazierengehen.

• _Information_: **Tourist Information Center**, 6B High Street, Kent CT10 1IH, ✆ 01843-862242, 📠 865650.

• _Telefonvorwahl_: 01843

• _Verbindungen_: **Busse** halten im Ort und fahren nach Margate oder Ramsgate.

Bahnhof an der Kreuzung High Street und Lloyd Road (ausgeschildert), Zugverbindungen siehe Ramsgate.

• *Übernachten/Essen*: **Royal Albion Hotel**, vornehmes Hotel mit Meerblick beim Dickens House Museum, Doppelzimmer ab £ 80. Albion Street, ✆ 01843-868071, 📠 861509.

Sunnydene Guest House, zwei Einzel- und sechs Mehrbettzimmer mit TV und Teekocher. £ 16–25. 10 Chandos Road, ✆/📠 01843-863347.

The Queens Hotel, reizendes, familiär geführtes Hotel mit zehn Zimmern (davon zwei Einzelzimmer) ab £ 18. 31 Queens Road, ✆ 01843-861727.

Marchesi Brothers, Broadstairs Gourmettempel. Zweigängiges Menü zu £ 10.50, drei Gänge zu £12.50, abends £ 5 teuerer. Lecker ist die Lammschulter mit Rosmarin. Albion Street.

Osteria Posillipo, italienisches Restaurant mit gutem Preis-Leistungs-Verhältnis. Pasta £ 6–7. Albion Street.

Clifton Restaurant, für Liebhaber der englischen Küche (*steak and kidney pie* etc.), zweigängiges Menü für £ 5.95. 45 Albion Street.

Cheattinis, nettes Café mit Blick auf den Hafen. Auch warme Gerichte.

Neptune's Hall, einladendes Pub, nicht nur für den Abend geeignet. Harbour Street.

• *Jugendherberge*: Viktorianisches Haus mit Garten nahe dem Bahnhof (unter der Brücke durch, an der Ampel links, 100 m). Erwachsene zahlen £ 9.80, Jugendliche £ 6.75. Dez.–März geschlossen. Thistle Lodge, 3 Osborne Road, ✆/📠 01843-604121.

Sehenswertes

Dickens House Museum: Ein hübsches Häuschen direkt am Strand. Einst wohnte hier Mary Strong, Dickens "Vorbild" für den berühmten Charakter der Miss Betsey Trotwood aus "David Copperfield". Innen sind persönliche Gegenstände des Schriftstellers (u. a. Briefe) ausgestellt. Zu erreichen ist das Museum (2 Viktoria Parade) über die High Street in Richtung Meer.

Öffnungszeiten: April bis Mitte Okt. tgl. 14–17 Uhr. Eintritt: £ 1, erm. £ 0.50.

Charles Dickens – Mr. Popular Sentiment

1812 in Portsmouth geboren, verbrachte Dickens seine Kindheit im ländlichen Chatham. Als Zehnjährigen verschlug es ihn nach London, wo sein Vater eine Anstellung im dortigen Navy Pay Office angenommen hatte. Dieser gönnte sich ein großspuriges Leben, was ihn schließlich ins Schuldgefängnis brachte. Charles wurde von seiner Familie getrennt und musste drei Monate in einer Schuhkremfabrik arbeiten – seine erste Begegnung mit der Armut. Diese traumatische Erfahrung verarbeitete er später in seinen Werken (z. B. in "Klein Dorrit").

Nach einem abgebrochenen Jurastudium war er schon als Zwanzigjähriger hochdotierter Reporter. Mit seinen Romanen, die in wöchentlichen Fortsetzungen veröffentlicht wurden, brachte er fast ganz England zum Lachen und Weinen. "Mr. Popular Sentiment" ("Herr Volksempfinden"), wie er deshalb genannt wurde, zeichnete ein sehr einfühlsames Porträt der viktorianischen Gesellschaft, insbesondere des unteren sozialen Milieus. Durch Romane wie "Pickwick Papers", "Oliver Twist", "David Copperfield", "Bleak House", "Hard Times " und "Great Expectations" kam er zu Weltruhm und Reichtum. 1870 starb er an einem Herzschlag, während er noch am "Geheimnis des Edwin Drood" schrieb.

Bleak House (Dickens & Maritime Museum): In eindrucksvoller Lage auf einem schroffen Kliff erhebt sich das Bleak House. Das eher an eine Festung erinnernde Gebäude war 1850 und 1851 Dickens' Unterkunft bei seinen Besuchen in Broadstairs. Das frühere Ford House verdankt seinen heutigen Namen dem Dickens-Roman "Bleak House". Die Räume, die der Schriftsteller bewohnte, sind gut erhalten und beherbergen eine interessante Ausstellung. Besonders beeindruckend ist das "luftige" Zimmer mit Seeblick, in dem "David Copperfield" geschrieben wurde. Ein Schmuggelmuseum und eine "Maritime Section" ergänzen die Sammlung.

Öffnungszeiten: März bis Mitte Dez. tgl. 10–18 Uhr, Juli und Aug. 10–21 Uhr. Eintritt: £ 3, erm. £ 1.50.

Crampton House Museum: Eisenbahnliebhaber zieht es in diese Ausstellung. Thomas Russell Crampton (geboren 1816 in Broadstairs) war ein berühmter Eisenbahningenieur seiner Zeit. Einige seiner Lokomotiven-Entwürfe und Originalpatente sind hier zu besichtigen. Das Museum befindet sich in der High Street hinter dem Postamt.

Öffnungszeiten: Ostern bis Okt. tgl. außer Mi und Sa 14.30–17 Uhr. Eintritt: £ 1.50, Kinder 80 p.

Margate

Margate ist einer der ersten und größten Badeorte Englands. Von der Westbrook Bay bis nach Cliftonville erstreckt sich über drei Kilometer eine Kette mehr oder weniger prunkvoller alter Hotelbauten.

Den kilometerlangen Sandstrand bevölkern vor allem Kinder. Auf den Bänken sitzen Senioren in der Sonne, angelockt durch die besonders attraktiven Preise außerhalb der Hauptsaison. Entlang der Marine Terrace reihen sich die bunt aufflackernden Spielhallen mit dem dazugehörigen Getöse auf. Hier trifft man sich nicht nur an lauen Sommerabenden und vergnügt sich nach Leibeskräften und Budget. Unterhaltung verspricht das *Winter Gardens Theatre* (auch mit Sommershows) und das *Dreamland*, ein Rummelplatz mit Riesenrad und vielen Spielgeräten. Interessant sind auch die Kalksteinhöhlen, die *Margate Caves*, die vor über tausend Jahren künstlich angelegt wurden. Von unbekannter Herkunft ist die *Shell Grotto*, eine Muschelgrotte. Man nimmt an, dass die herrlichen Muschelmosaike mehr als 2.000 Jahre alt sind.

Information/Verbindungen/Adressen

- *Information*: **Tourist Information Centre**, 22 High Street (Nähe Bahnhof), Margate, Kent CT9 1DS, ✆ 01843-220241, 📠 230099.
- *Telefonvorwahl*: 01843
- *Verbindungen*: **Zug** – Bahnhof an der Stichstraße zur Marine Terrace (nahe Tourist Office); stündlich Züge Richtung Dover und London.

  Busse ab Cecil Square nach Ramsgate und Canterbury.
- *Geldwechsel*: mehrere **Banken** in "The Centre" am Cecil Square.
- *Fahrräder*: **Ken's Bike Shop**, 32 Eaton Road, ✆ 01843-221422; ab £ 7 pro Tag oder £ 20 pro Woche kann man ein Fahrrad ausleihen.
- *Sport*: Beim Tourist Office ist eine kostenlose Broschüre erhältlich, in der zahlreiche Sportmöglichkeiten (Badminton, Jet Ski, Squash, Schwimmen, Tennis, Wasserski, Windsurfen) aufgelistet sind.

Übernachten/Essen

Sehr viele Hotels und B&Bs in Margate und Cliftonville. Entlang der Uferpromenade sind aber selbst die B&Bs ziemlich teuer. Die Zimmerpreise steigen während der

Hauptsaison zum Teil drastisch an. Am besten sucht man sich ein Zimmer in den Seitenstraßen (z. B. in der *Warwick Road*, der *Stanley Road* und der *Norfolk Road*), in *Cliftonville* oder in der *Westbrook Avenue* in Westbrook.

The Walpole Hotel, das Hotel in Cliftonville strahlt noch den Charme der zwanziger Jahre aus. B&B ab £ 35 pro Person. Fifth Avenue, ✆ 01843-221703, ✆ 297399.

Florence Court Privat Hotel, wenige Meter südlich des Bowling Centre. Der Strand ist zu Fuß leicht zu erreichen; ab £ 15.50. 18 Surrey Road, Cliftonville, ✆ 01843-221439.

Vienna Guest House, ansehnliches Gasthaus an der A 28 in Westbrook. Drei Einzel- und zwölf gemütliche Mehrbettzimmer ab £ 14 pro Person. 28 Canterbury Road, ✆ 01843-224522.

• Jugendherberge: **Beachcomber Hotel**, Haus mit 51 Betten, von April bis Ende Oktober geöffnet, Self Catering. Wie in der Jugendherberge in Dover gibt es auch hier verbilligte Fährtickets für Rucksackreisende. Erwachsene £ 10.85, Jugendliche £ 7.40. 3–4 Royal Esplanade, ✆/✆ 01843-221616.

• Camping: Die nächsten Zeltplätze liegen einige Kilometer landeinwärts zwischen Birchington und Acol.

Two Chimneys Caravan Park, Five Acres, Shottendane Road, Birchington, ✆ 01843-843157 und 841068. Mit sauberen Toiletten/Duschen, Waschmaschinen, Laden und kleiner Bar. Zelt/Wohnwagen £ 6.50–14 (April–Oktober), Anfahrt: auf der A 28 von Margate in Birchington links in die Park Lane, dann wieder links Richtung RAF Manston (Manston Rd.), erste links in Shottendane, nach 500 m auf der rechten Seite.

• Essen: Am *Marine Drive* befinden sich zahlreiche Restaurants der üblichen Fish-'n'-Chips- bzw. Hamburger-Kategorie. Pubs u. a. in der High Street.

Sehenswertes

Dreamland: Der Rummelplatz, dessen Achterbahn schon von weitem zu sehen ist, ist Traum und Alptraum zugleich. Der Eintritt ist frei, man zahlt jedoch kräftig für jedes einzelne Fahrgeschäft. Für "Vielfahrer" ist vielleicht eine Tageskarte günstiger, sie kostet abhängig von der Körpergröße £ 8–12. Neben der Achterbahn erwarten Sie ein Ponyexpress und zahlreiche Vergnügungsbuden. Wessen Portemonnaie noch immer zu schwer ist, der kann an den Spielautomaten Abhilfe schaffen.

Öffnungszeiten: April–Okt. an Wochenenden und Feiertagen von 10–18 Uhr, Juni–Sept. tgl. bis 21 Uhr, am Wochenende sogar bis 22 Uhr.

Margate Caves: Eine Kalksteinhöhle, die vor über tausend Jahren künstlich angelegt wurde. Sie diente ursprünglich als Kultstätte, im Mittelalter wurde sie dann als Verlies und Folterkammer genutzt. Später fanden auch die Schmuggler hier Unterschlupf.

Adresse/Öffnungszeiten: 1 Northdown Road. Ostern bis Okt. 10–16 Uhr, im Sommer bis 17 Uhr. Eintritt: £ 1.50, erm. £ 0.75.

Shell Grotto: Die Grotte mit Muschelmosaiken, die wahrscheinlich mehr als 2000 Jahre alt sind, wurde 1835 zufällig von Schulkindern entdeckt. Millionen von Muscheln wurden gebraucht, um die gewundenen Gänge (ca. 600 qm Fläche!) zu dekorieren.

Öffnungszeiten: Ostern bis Okt. 10–16 Uhr, im Sommer bis 17 Uhr. Eintritt: £ 1.50, erm. £ 0.75.

Winter Gardens Theatre: Fort Crescent (unterhalb der Promenade), der 1911 im eduardianischen Stil erbaute Theaterkomplex, dient heute als Mehrzweckhalle. Kartenreservierungen für die unterschiedlichen Veranstaltungen wie Wrestling, Konzerte, Theater, Ballett usw. nimmt das Tourist Office vor.

The most delicious Fried Breakfast

Unser Frühstückstipp: Eine leckere Überraschung erlebten wir schon morgens im Coffee Shop. Auf einem großen weißen Teller wurde uns ein deftiges englisches Frühstück für £ 3 serviert. Die knackig gebratenen Pilze sowie Wurst, Tomaten, Schinken, Toast, Spiegelei und Bohnen schmeckten ausgesprochen gut. Zu loben ist vor allem der ungewöhnlich dezente Einsatz von Öl bei der Zubereitung. Und Gutes muss nicht teuer sein. "The most delicious Fried Breakfast", wie es uns die Köchin empfahl, wird bis 11.30 Uhr serviert.

Außerdem werden hier in gemütlicher Atmosphäre – die rustikale Holzeinrichtung ist in Schwarzweiß gehalten – u. a. Snacks (bis £ 2), Spaghetti, gebackene Kartoffeln, Omeletts und Salate (bis £ 3) zubereitet. Selbstverständlich sind auch immer Kaffee, Tee und Kuchen zu haben.

The Coffee Shop, 15 New Street, erreicht man über die High St. (Richtung Hafen), dann rechts in die schmale Seitengasse (nach etwa 20 m auf der linken Seite).

Canterbury

Canterbury profitiert von seinem imposanten mittelalterlichen Flair. Eine massive Steinmauer umrahmt die Stadt wie ein kostbares Gemälde. Enge Gassen werden von kunstvollen Straßenlaternen erleuchtet. Zu beiden Seiten schmiegen sich ansehnliche Häuser aneinander.

Wer an Canterbury vorbeifährt, der verpasst einiges: Giebel im schwarzweißen Fachwerkstil, Erkerfenster, aus altertümlichen Glasrechtecken zusammengesetzt, und ganze Stockwerke, die förmlich in die Straße hineinragen, geben der Stadt ihr historisches Gepräge. Inmitten dieser nostalgischen Szenerie thront Ehrfurcht gebietend die gewaltige *Kathedrale*; seit jeher ist sie nicht nur das Herz Canterburys, sondern der gesamten Anglikanischen Kirche. Hier spielte sich 1170 eine Gräueltat ab (s. u.), die Canterbury zur meistbereisten Pilgerstadt des mittelalterlichen England machte.

Heute steht die Stadt auch aus einem ganz anderen Grund im Mittelpunkt des öffentlichen Interesses. Seit 1991 hat Canterbury einen neuen Erzbischof. *Dr. Carey* erstaunte seine Gemeinde mit moderner Synthesizermusik in den Messen. Äußerungen, in denen das geistliche Oberhaupt der Anglikanischen Kirche das Leben mit einem Fußballspiel gleichsetzte, erweckten zugleich Empörung wie auch Bewunderung (nicht nur bei Fußballfans!).

Canterbury hat sich weiterentwickelt: Schulen und Colleges sind im gesamten Stadtgebiet verteilt, im Nordwesten befindet sich die University of Kent. Wenn in den Studentenkneipen Live-Bands spielen, ist die Stimmung riesig! Zudem ist die Stadt idealer Ausgangspunkt für Erkundungstouren in die Grafschaft Kent (z. B. Rochester, Isle of Thanet oder Leeds Castle).

Südostengland
Karte S. 140/141

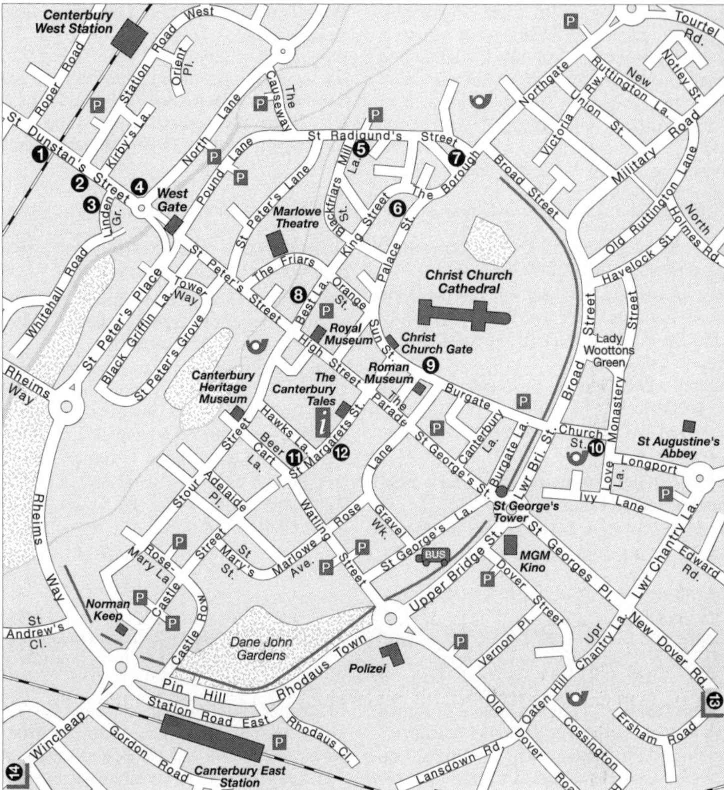

Übernachten

1. The Dickens Inn at the House of Agnes
4. Falstaff Hotel
8. Tudor House
9. Cathedral Gate Hotel
12. Slatters Hotel
13. Jugendherberge
14. Wincheap Guest House

Essen und Trinken

2. Ray Venue
3. Café des Amis du Mexique
4. Othello
5. The Miller's Arms
6. Tapas en Las Trece
7. Simple Simon's
10. Bangkok House
11. Alberry's

Information/Verbindungen

• Information: **Tourist Information Centre**, 34 St. Margaret's Street (auf der High St. ausgeschildert), Kent CT1 2TG, ✆ 01227-766567, ℻ 459840. Internet: www.canterbury.gov.uk; Prospektmaterial und eine große Auswahl an Literatur über Canterburys Kathedrale und andere Sehenswürdigkeiten. Von hier aus werden Stadtführungen organisiert.

• Telefonvorwahl: 01227

• Verbindungen: **Zug** – In Canterbury gibt es zwei Bahnhöfe, von denen unterschiedliche Ziele angefahren werden. East Station ist der Hauptbahnhof, während West Station eher Nahverkehrsverbindungen anbietet. Auskunft über Abfahrtszeiten und Preise unter ✆ 0345-484950 (nationale Zugauskunft zum Ortstarif täglich 24 Std.).

East Station, Station Rd. East; ein bis zwei Züge stündlich über Chatham nach London Victoria Station (ca. 80 Min.); Verbindung nach Dover mit Anschluss an Folkestone.

West Station, Station Rd. West; Züge über Ashford nach London Charing Cross (ca. 100 Min.); Nahverkehrslinie zur Isle of Thanet mit Anschluss an Rye, Maidstone und Hastings.

Bus – Busbahnhof in der St George's Lane; Ticket Office, ✆ 766567. Mit *National Express* zu den Fährhäfen (Dover, Folkestone, Ramsgate) sowie nach London und an die Südostküste. Wer mit dem Bus die Gegend um Canterbury erkunden will, sollte sich nach einem *Explorer Ticket* erkundigen.

Adressen

- *Fahrräder*: **Downland Cycles**, Canterbury West Station, ✆ 01227-479643.
- *Geldwechsel*: viele Banken auf der High St. im Zentrum, z. B. **NatWest** (Mo–Fr 9–17 Uhr, Sa 9.30–17.30 Uhr); Wechselbüro im Tourist Office.
- *Kino*: **ABC Cinema**, St. George's Place, ✆ 462022.
- *Polizei*: Old Dover Rd., ✆ 01227-762055.
- *Post*: 26 High Street.
- *Krankenhaus*: **Kent and Canterbury Hospital**, Ethelbert Road, ✆ 01227-766877.
- *Markt*: Auf dem Markt an der Northgate Street (Kreuzung Kingsmeat Road), der jeden Mittwoch stattfindet (9–14 Uhr), gibt es frisches Obst und Gemüse.
- *Reisebüro*: **Thomas Cook Travel**, High St., auch Geldwechsel. **Going Places**, St. Margaret's St., auch Geldwechsel.
- *Stadtrundgänge*: Von April bis Okt. tgl. um 14 Uhr, im Juli und August auch um 11.30 Uhr. Treffpunkt: Visitor Information Center. Teilnahmegebühr: £ 3.50, erm. £ 3.
- *Waschen*: Launderettes in der 36 St Peter's St. (Mo–Fr 8.30–17 Uhr) und nahe der Jugendherberge in der 20 Dover Street (Mo–Fr 8.45–20 Uhr).

Übernachten (siehe Karte Seite 159)

Zahlreiche B&Bs in der *London Road* und *Whitstable Road* (A 2 und A 290) wie auch in der *South Canterbury Road* – leider alle etwas außerhalb. Traditionelle (und teure) Hotels in der Innenstadt (St. Peter's-, High-, St. George's Street).

**** The Dickens Inn at the House of Agnes (1)**, kleines, freundlich geführtes Altstadthotel in einem historischen Gebäude, das Charles Dickens in "David Copperfield" als Haus der Agnes Wickford beschrieben hat. Der Besitzer John Durcan bemüht sich um seine Gäste, gelegentlich organisiert er Jazz-Abende und steht selbst am Herd des Restaurants. Parkplätze im Hinterhof. EZ ab £ 49.50, DZ ab £ 54. Das Zimmer "Trotwood" verfügt über eine kleine Terrasse zum Garten. 71 St Dunstan's Street, ✆ 01227-472185, ℻ 464527. E-Mail: houseagnes@aol.com

***** Slatters Hotel (12)**, zentrale, unlängst renovierte Unterkunft. B&B ab £ 30 pro Person. St Margaret's Street, ✆ 01227-463271, ℻ 764117. E-Mail: slatters@netcomuk.co.uk

Cathedral Gate Hotel (9), komfortables Hotel in einem Gebäude aus dem frühen 15. Jahrhundert. Die Lage könnte nicht zentraler sein: direkt am Christ Church Gate neben der Kathedrale. Wir waren begeistert. Pro Person bezahlt man für eine außergewöhnliche Übernachtung £ 22–39.50. 36 Burgate, ✆ 01227-464381, ℻ 462800.

***** Falstaff Hotel (4)**, nur ein paar Schritte weiter befindet sich ein anderes historisches Hotel, das auf wohltuend moderne Art renoviert wurde. Anspruchsvolles Restaurant. B&B ab £ 49.50 pro Person. 8–10 St Dunstan's Street, ✆ 01227-462138, ℻ 463525.

Tudor House (8), ein 450 Jahre altes Tudor-Haus direkt im Zentrum in einer der engen Gassen. TV und Teekocher auf jedem der drei hellen Zimmer. Wegen seiner optimalen Lage und der freundlichen Besitzer im Sommer auf Wochen hinaus ausgebucht. £ 20–25 pro Person. 6 Best Lane, ✆/℻ 01227-765650.

Wincheap Guest House (14), viktorianisches Gebäude an der A 28 Richtung Ashford (nahe der East Station). Privater Parkplatz; sieben Zimmer ab £ 16–20 pro Person. 94 Wincheap, ✆/℻ 01227-762309.

Canterbury University, Unterbringung im Studentenwohnheim nur während der Semesterferien Anfang April und von Juli bis Mitte September. 1700 Zimmer (zumeist EZ) mit Bad und Küche. B&B ab £ 18 pro Person. 20 Fußminuten vom Zentrum entfernt. ✆ 01227-828000, ℻ 828019.

Old Weavers – im alten Zentrum von Canterbury

• *Jugendherberge*: **Youth Hostel Ellerslie (13)**, die Herberge liegt im Südosten der Stadt (östl. der Eastern Railway Station und 800 m vom Busbahnhof). Im Sommer empfiehlt es sich, vorher anzurufen, ob noch ein Bett frei ist! Herberge in viktorianischer Villa, saubere Duschen, Waschmaschine und Trockner; das nette Personal gibt gerne Auskunft über Canterburys Nachtleben. Beim Frühstück bekommt man so viel Kaffee/Tee, wie man will. Erwachsene £ 10.85, Jugendliche £ 7.40. Wenn die Jugendherberge voll ist, kann man hinterm Haus zelten (halber Normalpreis). Im Januar geschlossen. 54 New Dover Road, ✆ 01227-462911, 📠 470752.

• *Camping*: **** **Camping and Caravanning Club**, etwa zwei Kilometer östlich der Stadtmauer in Bekesbourne an der A 257 (Richtung Sandwich), gut ausgeschildert. Stadtbusse fahren alle 30 Minuten hierher. Ganzjährig geöffnet. Stellplatz £ 13.60–14.60. Bekesbourne Lane, ✆ 463216.

**** **Yew Tree Caravan Park**, sieben Kilometer südlich von Canterbury in Petham. Übernachtung £ 7.50–11.50. Von März bis Oktober geöffnet. Stone Street, ✆ 01227-700306.

Essen und Trinken (siehe Karte Seite 159)

In den Straßen der Innenstadt wimmelt es nur so von Bäckereien, Tea Rooms und "Sweet Shops".

Café des Amis du Mexique (3), das bei den Studenten beliebte Lokal liegt direkt neben dem Westgate. Authentische mexikanische Küche, angenehme Atmosphäre. Enchiladas £ 5.95. 95 St Dunstan's Street, ✆ 01227-464390.

Othello (4), das Restaurant im Falstaff Hotel versteht sich auf die englische Kochkunst. Ansprechend ist die *lemon sole* zu £ 9.95. 8–10 St Dunstan's Street, ✆ 01227-462138.

Ray Venue (2), gleich nebenan werden im modernen Ambiente indische und napalesische Gerichte serviert. *Lamb tikka corrai* zu £ 6.95. 92 St Dunstan's Street, ✆ 01227-462653.

Bangkok House (10), wer eher auf thailändische Gaumenfreuden steht, sollte es in der Nähe der St Augustine's Abbey versuchen. Nach einer würzigen Tom-Yum-Suppe für £ 3.25 folgte ein delikates *Gai Pad Khaing* für £ 7.95. 13 Church Street St Paul, ✆ 01227-471141.

Tapas en Las Trece (6), leckere Tapas (ca. £ 4) in lockerer Atmosphäre. 13 Palace

Street, ✆ 01227-762637.

Simple Simon's (7), unser Lieblingspub in Canterbury. Studentenkneipe mit uriger Einrichtung (großer Kamin!). Ein internationales Publikum (Sprachschüler, Studenten) genießt hier englisch temperiertes Bier (lauwarm). An manchen Tagen Live-Bands, dann geht's hier hoch her. St Radigund's Street (Nähe Kreuzung mit The Borough).

Alberry's (11), die Adresse für ein Pint oder Glas Wein nach der Sperrstunde (geöffnet bis 24 Uhr, Fr/Sa bis 2 Uhr). An manchen Donnerstagen kann man tanzen (ein DJ legt auf). 38 St Margaret's Street, ✆ 01227-452378.

The Miller's Arms (5), abends treffen sich Einheimische und Reisende bei einem Pint. Mill Lane, ✆ 01227-456057.

Feste/Veranstaltungen (siehe Karte Seite 159)

Auskünfte über aktuelle Veranstaltungen sind im Tourist Office zu erhalten. Am schwarzen Brett in der Bücherei (High Street) hängen Hinweise über Theaterveranstaltungen, Ausstellungen und Konzerte aus.

Nicht versäumen sollte man eine Vorstellung im bekannten **Marlowe Theatre**. Das Programm reicht von Tragödien über Komödien bis zu Konzerten mit bekannten Künstlern. Kartenreservierungen sind direkt am Theater (The Friars, ✆ 01227-787787) oder über das Tourist Office möglich.

Christ Church Gate

Im Sommer finden außerdem im **Gulbenkian Theatre** an der University of Kent Aufführungen statt (University Rd., ✆ 01227-769075).

Von Mitte Juli bis Mitte August werden in der Kathedrale mittelalterliche **Mysterienspiele** aufgeführt.

Alljährlich Mitte Oktober findet das **Canterbury Festival** statt. Zwei Wochen werden in der großzügig geschmückten Stadt eine Vielzahl von Konzerten, Theateraufführungen, Tanz sowie Ausstellungen geboten. Das Programm kann man schriftlich ab Juli anfordern: The Canterbury Festival, Festival Office, The Precincts, Canterbury, Kent CT1 2 EE. Oder man ruft an und kann dabei schon sein Englisch erproben: ✆ 01227-455600.

Ende Juni kann man 8 km südwestlich von Canterbury (bei Ashford) der Musik vergangener Epochen lauschen. Dann findet nämlich zehn Tage lang das beliebte **Stour Music Festival** in der All Saint's Boughton Aluph Church statt. Die Karten sind allerdings schon oft im Mai vergriffen. Information: Ashford Tourist Office, The Churchyard, Kent TN23 1QG, ✆ 01233-629165 (dort auch Buchungen). Anfahrt: mit dem Pkw über die A 28 oder mit dem Zug ab West Station.

Sehenswertes

Lohnenswert ist ein Spaziergang über die *Stadtmauer* (Hinweisschilder). Gerade während der Dämmerung oder bei Dunkelheit bietet sich dem Betrachter eine eindrucksvolle Aussicht auf die historische Stadt. Fotografen sollten das Stativ nicht vergessen.

Canterbury Cathedral: Im Jahre 597 wurde der hl. Augustinus von Papst Gregor nach Canterbury geschickt, um die Einheimischen zum Christentum

zu bekehren. Als Ausgangspunkt für die Missionierung der Insel entstand hier die *Christ Church*. Auf ihren Ruinen wurde ab dem 11. Jahrhundert eine Kathedrale errichtet. Die Bauarbeiten zogen sich ganze 600 Jahre hin (ein Brand vernichtete im 12. Jahrhundert einen großen Teil des Bauwerks), ehe das mächtige Gotteshaus in seiner heutigen Form vollendet wurde.
Das Innere der Kathedrale überwältigt. Die Farbenpracht der zum Teil mittelalterlichen Glasfenster bestimmt die Atmosphäre, die gewaltigen Säulen und Rundbögen lassen das Auge nicht zur Ruhe kommen.

Mord in der Kathedrale und die "Canterbury Tales"

Thomas Becket und Heinrich II. waren in ihrer Jugend enge Freunde. Das gute Verhältnis setzte sich fort, als Becket Kanzler des Königs wurde und diesen uneingeschränkt unterstützte. 1162 ernannte Heinrich II. seinen Schützling zum Erzbischof von Canterbury, in der Hoffnung, so größeren Einfluss auf die Kirche zu erlangen. Doch es sollte anders kommen: Becket vertrat von nun an gewissenhaft die Belange der Kirche. Klar, dass sich der König schwarz ärgerte. Am späten Nachmittag des 29. Dezember 1170 trafen vier königstreue Ritter in Canterbury ein, um den Adrenalinfluss des Monarchen einzudämmen. Schwertschwingend jagten sie den armen Thomas durch seine Kathedrale. Im Nordwest-Querschiff (Gedenktafel) grub sich schließlich eine der Klingen tief in die Schädeldecke des Flüchtenden. Thomas starb für seinen Glauben und wurde deshalb heilig gesprochen. Beim Thron des Erzbischofs im Altarraum wurde der goldene Schrein St. Thomas errichtet.

Der Einfluss der katholischen Kirche, namentlich des Papstes, wuchs in der Folgezeit in England so stark an, dass sich der König im Jahre 1174 auf einen "politischen" Bußgang zur Grabstätte des Märtyrers begeben musste. Im 13. und 14. Jahrhundert strömten schließlich gewaltige Pilgermassen nach Canterbury. Darauf basieren die "Canterbury Tales". Das unvollendete Werk stammt aus der Feder des wohl meistgelesenen englischen Autors seiner Zeit – des Londoners Geoffrey Chaucer (1343–1400). Darin pilgert eine Gruppe unterschiedlichster Charaktere von London zum Schrein des heiligen Thomas. Die Reise geht aber keineswegs zurückhaltend-fromm vonstatten, sondern lustig, frivol und derb. Jeder Reisende muss eine Geschichte – die Canterbury Tales – erzählen, von denen die beste prämiert werden soll. Aber entscheiden Sie doch einfach selbst (Geoffrey Chaucers "Canterbury Tales" sind als zweisprachige Version bei Reclam erschienen).

Übrigens – noch heute ist die Stelle zu erkennen, an der einst der goldene Schrein stand; er wurde von Heinrich VIII. im Zuge der Reformation eingeheimst. Die Treppen, die zu diesem Ort hinaufführen, sind von zigtausend Pilgerfüßen völlig abgewetzt.

Impressionen der englischen Geschichte, die in den Details der riesigen Hallen verborgen liegen, werden einem während des *abendlichen Chorgesangs* am eindrucksvollsten zugänglich.

Nahe dem Schrein des heiligen Thomas wurde 1376 der *Schwarze Prinz* (Black Prince), der Sohn Eduards III., beigesetzt. Eine Ironie des Schicksals: Ihm gegenüber liegt *Heinrich IV.*, der den Thron von *Richard II.*, dem Sohn des Schwarzen Prinzen, gewaltsam an sich riss. Dennoch ein einträchtiges Bild.

Man benötigt schon Zeit, um die zahlreichen Einzelheiten der Kathedrale kennen zu lernen. Am besten versucht man, dem Ansturm der Touristenmassen aus dem Weg zu gehen und seine Besichtigungstour am frühen Morgen zu starten. Hilfreich für einen Rundgang ist der Führer *Guide Yourself Round Canterbury Cathedral* (ca. £ 1), den man an der Kathedrale oder im Tourist Office erhält.

• *Öffnungszeiten*: Mo–Fr 9–17.30 Uhr, Sa 9–14.30 Uhr, So 12.30–14.30 Uhr und 16.30–17.30 Uhr. Eintritt: £ 3, erm. £ 2.

• *Chorgesang*: Mo–Fr 17.30 Uhr, Sa/So 15.15 Uhr; Dauer: ca. 45 Minuten.

Westgate: Die Hauptstraße (St. Peter's Street) mit modernen Auslagen endet am Westgate, dem einzigen Stadttor, das die deutschen Bombenangriffe im Zweiten Weltkrieg unbeschadet überstanden hat. Es wurde 1381 fertig gestellt. Geht man die steile Wendeltreppe hinauf, wird man mit einem schönen Blick auf die St. Peter's Street belohnt. Zu sehen gibt es hier auch ein *Waffenmuseum*.

Adresse/Öffnungszeiten: St Peter's Street. Tgl. außer So 11–12.30 Uhr und 13.30–15.30 Uhr. Eintritt: £ 1, erm. £ 0.65 oder £ 0.50.

Roman Museum: Das im Untergeschoss eines Stadthauses untergebrachte Museum vermittelt einen Einblick in die römische Vergangenheit der Stadt. Mit Hilfe einer Computeranimation wird gezeigt, wie es vor zweitausend Jahren in *Durovernum Cantiacorum* ausgesehen haben könnte. Das Prunkstück des Museums ist aber fraglos der antike Mosaikboden, der nach den deutschen Bombenangriffen entdeckt worden ist. Sehenswert sind zudem die Ausstellungen über das Alltagsleben in einer römischen Provinzstadt.

Adresse/Öffnungszeiten: Butchery Lane. Tgl. außer So 10–17 Uhr, von Juni bis Okt. auch So 13.30–17 Uhr. Eintritt: £ 2.40, erm. £ 1.60 oder £ 1.20.

Museum of Canterbury Heritage: In einem hübsch renovierten ehemaligen Armenhaus für Priester (Poor Priests' Almhouse, Stour Street) ist heute ein Museum untergebracht. Die mehrfach ausgezeichnete Ausstellung beschreibt die Stadtgeschichte Canterburys von der Römerzeit bis zum Zweiten Weltkrieg.

Adresse/Öffnungszeiten: Stour Street. Tgl. außer So 10.30–17 Uhr, von Juni bis Okt. auch So 13.30–17 Uhr. Eintritt: £ 2.40, erm. £ 1.60 oder £ 1.20.

Royal Museum and Art Gallery: Wer sich für Landschaftsmalerei interessiert, sollte sich dieses Museum nicht entgehen lassen.

Adresse/Öffnungszeiten: High Street (in den Räumen der Stadtbibliothek). Tgl. außer So 10–17 Uhr. Eintritt frei.

St Augustine's Abbey: Nur einige hundert Meter östlich der Kathedrale, aber außerhalb der Stadtmauer befindet sich die Ruine der St Augustine's Abbey. Umgeben von einer Mauer liegt sie heute auf dem Anwesen des St Augustine's College, das im vorigen Jahrhundert entstand. Der heilige Augustinus errichtete hier im Jahre 598 eine Abtei, die auch als Begräbnisstätte für Erzbischöfe und Könige diente. Friedhöfe mussten nach einem damaligen Gesetz außerhalb der Stadt liegen. Der angelsächsische Gebäudekomplex, der in etwa so groß wie die heutige Kathedrale war, wurde im Laufe der Zeit durch eine normannische Kirche ergänzt. Im Zuge der englischen Reformation wurde St Augustine's Abbey 1538 zerstört.

Öffnungszeiten: Tgl. 10–18 Uhr, im Winter bis 17 Uhr. Eintritt: £ 2.50, erm. £ 1.90 oder £ 1.30. Eingang über Longport!

St Martin's Church: Die zierliche Kirche am St Martin's Hill östlich der befestigten Stadt gab es bereits, bevor Augustinus kam. Sie ist die älteste Kirche Englands.

Adresse/Öffnungszeiten: North Holmes Road. Tgl. 9–17 Uhr.

The Canterbury Tales: Eingeladen wird zu einem beeindruckenden Zeitsprung zurück ins düstere Mittelalter. Hier begibt man sich selbst auf eine den Canterbury Tales nachempfundene Pilgerschaft von Southwark nach Canterbury. Dabei werden nicht nur Augen und Ohren angesprochen, sondern auch der Geruchssinn. Der etwa 45-minütige Weg führt durch verschiedene Räume, die jeweils eine Station der Pilger behandeln. Ein per Sensor gesteuertes Tonbandgerät liefert dazu Erklärungen (auch in Deutsch).

Adresse/Öffnungszeiten: St Margaret's Street. März–Juni sowie Sept. und Okt. 9.30–17.30 Uhr, Juli und Aug. 9–17.30 Uhr, Nov.–Feb. 10–16.30 Uhr. Uhr. Eintritt: £ 5.50, erm. £ 4.60.

Die Welt durch den Spitzbogen

Ausflüge

Die gesamte Grafschaft Kent lässt sich bequem von Canterbury aus erkunden; man kann z. B. Ausflüge zum Leeds Castle (bei Maidstone), zur Isle of Thanet (Margate, Ramsgate, Broadstairs) oder nach Rochester unternehmen. Informationen über diese Orte sind den entsprechenden Abschnitten dieses Buches zu entnehmen.

Chilham: Ein altes Dorf auf einem Hügel, das am früheren Pilgerpfad zwischen London und Canterbury liegt. Noch heute stehen in Chilham schmucke Fachwerkhäuser. Mehrere traditionsreiche Restaurants (z. B. The White Horse) und Tea Shops sorgen für das leibliche Wohl.

Verbindung: Busse verkehren regelmäßig von Canterburys Busbahnhof nach Chilham (8 km südwestlich von Canterbury).

Faversham: Fährt man von Canterbury weiter durch die Gartenlandschaft Kents in Richtung Westen, erreicht man nach 15 Kilometern die kleine Hafenstadt

Faversham. Ihr historisches Zentrum (Abbey Street) wurde im 19. Jahrhundert restauriert. Die alte Abtei ist heute Teil des *Arden House* und kann besichtigt werden, allerdings nur an einigen Samstagen im Juli. Im Ort gibt es vierzig Pubs, die zum größten Teil in historischen Gebäuden untergebracht sind. Diese beeindruckende Zahl kommt nicht von ungefähr, denn in der Gegend wird überwiegend Hopfen angebaut. Vor lauter Bierfreude haben schon manche den letzten Anschluss nach Canterbury verpasst.

• *Information*: **Fleur de Lis Heritage Centre and Museum**, 13 Preston Street, Faversham, Kent ME13 8NS, ✆ 01795-534542, 📠 533261.

• *Verbindung*: Von Canterbury nach bzw. über Faversham fahren die Buslinien 602 und 603; auch Zugverkehr zwischen den beiden Städten (Rückfahrkarte etwa £ 4).

Rochester

Auf dem Weg von Canterbury Richtung London durchquert man eine Industrieregion voller rußiger Fabriken und schier endloser Reihenhaussiedlungen. Orte wie Rainham, Gillingham, Chatham und Strood, das auf der anderen Seite des River Medway liegt, lassen nicht erahnen, dass sich hier auch eine reizvolle mittelalterliche Stadt befindet.

Der Weg nach Rochester lohnt sich, denn im Zentrum zeigt die Stadt ihre angenehme Seite. *High Street* und *Eastgate* (schmuckes elisabethanisches Haus) sind Zeugen des historischen Handelsweges von London nach Dover. Hier ging es in der Vergangenheit äußerst geschäftig zu. Glanz und Gloria der einstigen Prachtstraße sind auch heute noch augenfällig. Häuser aus vielen Jahrhunderten, zumeist geschichtsträchtige Hotels, Pubs, Trödel- und Antiquitätenläden säumen die verkehrsberuhigte Einkaufsstraße. Etwas erhöht liegen – nur wenige hundert Meter voneinander entfernt – *Burgruine* und *Kathedrale*, die Wahrzeichen der Stadt.

Heute ist Rochester völlig auf seinen berühmten Literaten eingestellt. Beim *Dickens Festival* verwandelt sich die Fußgängerzone in ein Meer von Menschen, gekleidet im Stil des 19. Jahrhunderts. Umzüge und zahlreiche historische Aufführungen stehen auf dem Programm. Während der vier Dickens-Tage besuchen etwa eine Viertelmillion Menschen die Stadt.

Dickens' Rochester

Die mittelalterliche Kathedrale, die halbverfallene Burgruine und die schmalen Gassen mit den verwinkelten Häusern tauchen mehrfach in Charles Dickens Romanen ("Pickwick Papers", "Great Expectations", "The Mystery of Edwin Drood") auf und sind eng mit seinem Leben verbunden. Der englische Schriftsteller verbrachte nämlich seine Jugend im benachbarten Chatham und besaß später in Rochester ein Haus, in dem er an seinem letzten Buch "The Mystery of Edwin Drood" arbeitete, ohne es jemals fertig zu stellen. Dickens starb am 9. Juli 1870 im Alter von 58 Jahren.

Information: Beim Tourist Office sind mehrere Broschüren zu Dickens und den in seinen Romanen erwähnten Gebäuden bzw. Personen erhältlich.

Information/Verbindungen/Adressen

• Information: **Visitor Information Centre**, 95 High Street, Kent ME1 1LX, ✆ 01634-843666.

• Telefonvorwahl: 01634

• Verbindungen: **Bus** – lokale Buslinien nach Chatham, Strood und Gillingham von den Bushaltestellen in Rochester (z. B. auf der Corporation St. am Information Centre).

Zug – Bahnhof an der High Street (und in den benachbarten Orten Strood und Chatham), regelmäßige Verbindungen nach London Charing Cross und Victoria Station (Dauer: 45 Min.) sowie nach Canterbury, Dover und zur Isle of Thanet. Von der Strood Station auch direkte Verbindung nach Maidstone.

• Antiquitäten: entlang der High Street im verkehrsberuhigten Zentrum zahlreiche Antiquitätenläden.

• Bootstouren: In den Sommermonaten fahren Dampfboote auf dem River Medway. Touren ab Historic Dockyard in Chatham, Rochester Pier und Esplanade. Auskünfte über Abfahrtszeiten und Preise gibt es im Tourist Office.

• Kino: in Chatham (an der Kreuzung von High Street und The Brock).

• Markt: Dienstag und Samstag auf der Gillingham High Street, Freitag auf der Corporation Street, wo samstags auch ein Flohmarkt abgehalten wird.

Südostengland
Karte S. 140/141

Übernachten/Essen

• Übernachten: **The Royal Victoria & Bull Hotel**, das traditionelle Hotel mitten in der Altstadt. Queen Victoria stieg 1836 im "Bull" ab, und auch in der Literatur, nämlich in Dickens "Pickwick Papers", findet es Erwähnung. Die meisten Zimmer sind mit Dusche/WC ausgestattet. EZ ab £ 52.50, DZ ab £ 57.50. 16–18 High St., ✆ 01634-846266, 📠 832312.

The Cottage, kleines viktorianisches Landhaus, B&B ab £ 16 pro Person. 66 Borstal Road, ✆ 01634-201333.

• Essen: Es lohnt sich auf jeden Fall, in der *High Street* in ein traditionelles Restaurant einzukehren, von denen eines stilvoller als das andere ist. Wer seinen Geldbeutel nicht so arg strapazieren will, sollte auf die Lunch Specials achten.

Giannino's, gepflegtes Restaurant mit italienischer Küche gleich neben dem Victoria & Bull Hotel, zu dem es auch gehört. Der gehobene Anspruch des Hotels findet sich in den servierten Speisen wieder. Die leckere Pasta kostet entweder £ 4.15 als Vorspeise oder £ 6.55 als Hauptgericht. 16 High Street, ✆ 01634-828555.

City Wall, angenehme Atmosphäre, einfache Tische und leckere Snacks wie *cajun chicken burger* für £ 4.75. 122 High Street.

Goldings Bakery & Tea Rooms, einfacher, aber netter Tea- und Coffee-Room mit Blick auf die Mauern der Kathedrale. Hier fanden wir ein günstiges und schmackhaftes Tea-Time-Angebot: *pot of tea* mit *buttered scone* für £ 1.15. 89 High Street.

Feste/Veranstaltungen

Ein besonderes Bonbon für Dickens-Fans dürfte das Anfang Juni stattfindende **Dickens Festival** sein. Die gesamte Stadt und dazu noch etwa 250.000 Besucher sind während der vier Tage auf den Beinen.

Das **Norman Rochester Festival** erinnert mit Ritterturnieren, Bogenschießen und Falknervorführungen an das normannische Rochester (drei Tage Ende August).

Sehenswertes

Kathedrale: Die eindrucksvolle Kathedrale geht zurück auf einen angelsächsischen Kirchenbau, der vom ersten Bischof Rochesters im Jahre 604 erbaut wurde. Dieser war ein Gefährte von St. Augustinus, der in Canterbury wirkte und von hier aus die christliche Missionierung vorantrieb. Ganze 476 Jahre später errichtete *Bischof Gundulf* (siehe Castle) an derselben Stelle ein normannisches Kirchenschiff, dessen Vollendung fast sechzig Jahre in Anspruch

nahm. Im Lauf des 13. Jahrhunderts erfolgten dann Ergänzungen im frühenglischen Stil. Beachtenswert sind die Figuren am Westportal. Einer der ältesten Gebäudeteile ist der *Gundulf-Turm* (links vom Haupteingang).
Wem das stündliche Glockengeläut, das einen Ausschnitt der Tonleiter wiederzugeben scheint, zu monoton ist, sollte sich beim Bischof beschweren: Die zehn Glocken werden nämlich von Hand betätigt (innen gibt es für ein paar Pence einen deutschen Kathedralenführer).

Adresse: 70 a High Street. Eintritt: "freiwillige Spende" von £ 2.

Castle: Wo heute die Burgruine steht, befand sich einst ein römisches Gebäude, das zur Bewachung des hier vorbeiführenden Handelsweges zwischen Dover und London ("Watling Street") diente. Die Außenmauern der späteren Burg wurden 1088 vom Bischof Gundulf, selbst Baumeister des normannischen Eroberers William, errichtet. Übrigens war der architektonisch bewanderte Kleriker auch maßgeblich am Bau des *Tower of London* beteiligt. Der mächtige Burgfried ist mit über 30 Metern der höchste im Land. Von oben hat man einen eindrucksvollen Rundblick über das Medway-Gebiet.

Öffnungszeiten: Tgl. 10–16 Uhr, im Winter nur bis 16 Uhr. Eintritt: £ 3.60, erm. £ 2.50 (EH).

Charles Dickens Centre: Eine interessante Präsentation der literarischen Welt von Dickens. Mit Hilfe von Wachspuppen, die Charaktere verschiedener Romane darstellen (z. B. aus "A Christmas Carol", "The Mystery of Edwin Drood", "Pickwick Papers"), werden kurze Sequenzen in Englisch nacherzählt. Mittels Filmprojektoren wird ein sprechendes Gesicht auf die Puppenköpfe geworfen, so dass diese lebendig wirken.

Adresse/Öffnungszeiten: Die Ausstellung befindet sich im Eastgate House in der High Street. Tgl. von 10–17.30 Uhr (letzter Einlass 16.45 Uhr). Eintritt: £ 3.50, Kinder und Studenten zahlen £ 2.50.

Wo Arme einen Armenpass benötigt hätten!

Richard Watts, Abgeordneter des Londoner Parlaments für Rochester, verfügte 1579 testamentarisch, dass das elisabethanische Haus in der High Street als Unterkunft für sechs arme Reisende ("six poor travellers") dienen sollte. Dieses edle Vorhaben war nicht so einfach in die Tat umzusetzen. Häufig musste aus einer großen Anzahl von Kandidaten ausgewählt werden. Die Bewerber mussten zunächst ihre Armut beweisen – welch undankbare Aufgabe. Wie das Auswahlverfahren ablief, bleibt ein Rätsel. Inspiriert von der wohltätigen Einrichtung schrieb Dickens 1854 die Weihnachtsgeschichte "Seven Poor Travellers".
Bis zum Zweiten Weltkrieg diente die Herberge als Armenhaus. Interessantestes Ausstellungsstück ist das (an diese Stelle transportierte) romantische Sommerhäuschen, das Dickens vom französischen Schauspieler Charles Fechter bekam. Hier arbeitete der Schriftsteller noch unmittelbar vor seinem Tod an dem Roman "The Mystery of Edwin Drood".

Adresse/Öffnungszeiten: **Watts' Charity**, High Street. März–Okt. Di–Sa 14–17 Uhr. Eintritt frei.

Guildhall Museum: Das Rathaus in der High Street stammt aus dem Jahr 1687. Es gilt in Kent als eines der schönsten Stadthäuser des 17. Jahrhunderts. Im Conservancy Wing des Rathauses ist seit 1994 eine ganz neue Ausstellung untergebracht. Mit Hilfe audiovisueller Technik werden längst vergangene Zeiten wieder zum Leben erweckt. Ein Rundgang führt durch mehrere Epochen bis zur viktorianischen Ära. Zu sehen sind außerdem Spielzeug und Fotografien aus dem 19. Jahrhundert. Das Museum ist in jedem Fall einen Besuch wert.

Öffnungszeiten: Tgl. 10–17.15 Uhr. Eintritt frei.

Drapers Museum of Bygones: Das neueste Museum von Rochester wurde erst 1996 eröffnet. Gezeigt werden zahlreiche Warenverpackungen der vergangenen hundert Jahre. Der Schwerpunkt liegt auf der Zeit des Zweiten Weltkriegs.

Adresse/Öffnungszeiten: 4 High Street. Tgl. 10–17 Uhr. Eintritt: £ 2.25, erm. £ 1.75 oder £ 1.75.

Ein Picknick im Grünen muss sein

Chatham

Im Jahre 1547 wurde in Chatham das erste Lagerhaus errichtet, um die Versorgung der königlichen Schiffe, die im Medway vor Anker lagen, zu sichern. Schon bald entstand hier ein wichtiger Marinestützpunkt: 1588 lief beispielsweise die englische Kriegsflotte von Chatham aus, um dann die spanische Armada vernichtend zu schlagen. 1984 schließlich wurden die Docks geschlossen und in ein riesiges Freilichtmuseum verwandelt: *The Historic Dockyard.* Wer von der Dock Road aus die Ausstellung betritt, hat einen spannenden und lehrreichen Rundgang vor sich. Die Geschichte der Docks wird durch Videos, Modelle, Illustrationen usw. veranschaulicht. Die Ausstellung ist so interessant, dass man hier leicht einen ganzen Tag verbringen kann.

Öffnungszeiten: April–Okt. tgl. 10–17 Uhr; Feb., März und Nov. jeweils Mi, Sa und So 10–17 Uhr. Eintritt: £ 8.50, erm. £ 6.50 oder £ 5.50.

Maidstone

Die Stadt liegt am Fuß der North Downs an den Ufern des Medway. Handel und Landwirtschaft, vor allem der Hopfenanbau, haben der Stadt über die Jahrhunderte hinweg einen gewissen Wohlstand verschafft und sie zum Verwaltungs- und Agrarzentrum Südostenglands gemacht. Im Mittelalter residierte zeitweise sogar der Erzbischof von Canterbury in Maidstone. Aufstände und Rebellionen warfen die aufblühende Stadt aber immer wieder in ihrer Entwicklung zurück. Ihr heutiges Gesicht wird durch die sehr lebendigen Geschäftsstraßen des Stadtzentrums geprägt. Zu Recht rühmt sich Maidstone seiner guten Einkaufsmöglichkeiten, doch das damit verbundene starke Verkehrsaufkommen verstellt den Blick auf manch hübsches Gebäude.

- *Information*: **Maidstone Town Centre Tourist Information Centre**, The Gatehouse, Palace Gardens, Mill Street, Maidstone, ME15 6 YE. ✆ 01622-602169, 📠 673581.
- *Vorwahl*: 01622
- *Verbindungen*: **Busse** fahren regelmäßig vom Chequers Shopping Centre nach London, Canterbury sowie Brighton.

Zug – *East Station* (Hbf.) an der Sandling Rd.; Züge nach London Victoria Station (zweimal stdl.), Canterbury, Folkestone, Dover (stdl.). *West Station* (Haltestelle), Zugang über Tonbridge Rd.; Linie Paddock Wood – Strood (Nahverkehr).

- *Übernachten*: **Marriot Tudor Park Hotel**, in Bearstead (wenige Kilometer östlich von Maidstone). Modernes Ambiente mit einem großzügigen Hallenbad. DZ ab £ 88. Ashford Road, ✆ 01622-734334, 📠 735360.

Rock House Hotel, angenehmes Hotel in einem viktorianischen Haus. B&B ab £ 19 pro Person im Doppelzimmer. 102 Tonbridge Road, ✆ 01622-751616, 📠 756119.

Langley Oast, drei sehr gut ausgestattete Gästezimmer in einem alten Hopfenhaus. EZ £ 25, DZ £ 45–60. Langley Park, ✆/📠 01622-863523.

- *Camping*: ***** **Pine Lodge Touring Park**, bei dem kleinen Dorf Hollingbourne in der Nähe von Leeds Castle. Schönes Wiesengelände, ausgezeichnete Sanitärausstattung, ganzjährig geöffnet. Stellplatz £ 8–10. Ashford Road, ✆ 01622-730018.
- *Essen/Treffpunkte*: **Ye Olde Thirsty Pig!**, urgemütliches Pub mit niedriger Decke (Vorsicht Kopf!) und schwarzen Holzbalken, die aus den Wänden ragen. Makkaroni mit Käse oder Gemüse-Lasagne (lecker!) £ 3.50, preisgünstige Specials. Livemusik in unregelmäßigen Abständen. Knight Rider Street.

Bar Coast, nette Bar mit guten und preiswerten Gerichten. Middle Row, ✆ 01622-606941.

Sehenswertes

All Saints Church: Die Kirche nahe dem östlichen Flussufer stammt aus dem 14. Jahrhundert. Beachtenswert ist innen eine Gedenktafel, die zu Ehren *Lawrence Washingtons*, eines Großonkels des amerikanischen Präsidenten, angebracht wurde. Das Familienwappen weist u. a. auch das Motiv der "Stars 'n' Stripes" auf. Die Kirche ist nur im Sommer geöffnet.

Adresse/Öffnungszeiten: Palace Gardens. Mai–Sept. Di–Do 10–16 Uhr, Sa 10–12.30 Uhr.

Archbishop's Palace: Am Fluss (nördlich der Kirche) liegt der Palast des Erzbischofs aus dem 14. Jahrhundert. Als hier der Erzbischof von Canterbury residierte, schlug selbst Heinrich VIII. sein Lager im bischöflichen Palast auf.

Öffnungszeiten: Tgl. 10.30–16 Uhr. Eintritt frei.

Tyrwhitt-Drake Museum of Carriages: Gegenüber befinden sich die *Tithe Barn*, die ehemaligen Stallungen des erzbischöflichen Palastes. Heute ist hier ein Museum mit historischen Kutschen, Sänften und aufwendigen Pferdegeschirren untergebracht.

Adresse/Öffnungszeiten: Mill Street. März–Okt. tgl. 10.30–17 Uhr. Eintritt: £ 1.60, erm. £ 1.05.

Maidstone Museum & Art Gallery: Einen Besuch wert ist auch das städtische Museum. Ansehnlich ist vor allem das "Chillington House", ein elegantes Tudorhaus. Die Sammlung umfasst antike Möbel, Gemälde und Skulpturen, archäologische Funde aus der Jungsteinzeit, Fotografien und eine ägyptische Mumie. Die Textilabteilung zeigt Damenunterwäsche der dreißiger und vierziger sowie die Modetrends der fünfziger bis siebziger Jahre. Neuerwerbungen sind ein Bibelmanuskript und "Mode" aus dem Mittelalter.

Adresse/Öffnungszeiten: St Faith's Street. Mo–Sa 10–17.15 Uhr, So 11–16 Uhr. Eintritt frei.

Cobtree Museum of Kent Life: 1984 öffnete etwas außerhalb das Museum of Kent Life seine Pforten. Die Ausstellung auf dem 27 Hektar großen Gelände über Landleben und Landwirtschaft wird ständig erweitert.

Adresse/Öffnungszeiten: Loch Lane, Sandling. März–Okt. Eintritt: £ 4.50, erm. £ 3.

Allington Castle: Etwa drei Kilometer nördlich der Stadt am Medway liegt Allington Castle, ein befestigtes Herrenhaus, 1282 erbaut. Hier wurde 1503 der Dichter und Staatsmann *Sir Thomas Wyatt* geboren. Seine Affäre mit Anne Boleyn, Gattin Heinrichs VIII., brachte ihn in den "Kerker Englands", den Tower of London. Die bis vor einiger Zeit hier lebenden Mönche des Karmeliterordens mussten nach Aylesford umziehen, als das Anwesen in private Hände kam.

Leeds Castle

Wer wollte hier nicht wach geküsst werden? Eines der wundervollsten und berühmtesten Castles liegt sechs Kilometer südöstlich von Maidstone an der A 20. Jährlich wird es von über einer halben Million Touristen besucht – man stellt sich am besten darauf ein. Umgeben von einer herrlichen Landschaft, wurde das Castle inmitten eines kleinen Sees auf zwei Inseln erbaut. Seit dem 12. Jahrhundert diente das Gebäude als Wohnsitz verschiedener Königinnen. Über das Jahr verteilt finden Open-Air-Konzerte, Ballon-Wettbewerbe und Blumenfeste statt, die für den Besucher schon wegen des einzigartigen Schauplatzes ein Erlebnis sind. Neu im Programm sind regelmäßige Jazz-Paraden.

Märchenschloss: Leeds Castle

- Öffnungszeiten: März–Okt. tgl. 10–17 Uhr, Nov.–Feb. tgl. 10–15 Uhr. Eintritt: £ 9.50, erm. £ 7.50 oder £ 6, Family Ticket £ 26. EH. Internet: www.leeds-castle.co.uk
- Anfahrt: von Maidstone (Queen's Monument) mit Bus 10.

Schlemmen wie Gott in Leeds

Für Königin Elisabeth oder Prinz Charles vielleicht eine alltägliche Sache, für den Englandbesucher aber einzigartig: ein königliches Festmahl in einem Märchenschloss. In den Mauern von Leeds Castle lässt sich dieser Wunsch für jeden erfüllen. Einmal pro Monat (außer im August) finden hier die beliebten Kentish Evening Dinners statt. Auch wir ließen uns dieses Erlebnis nicht entgehen: Empfangen wurden wir mit einem Glas Sherry, an das sich eine interessante Führung durch das Castle anschloss. Letzte Station auf dem Rundgang war die Fairfax Hall, eine ehemalige Scheune aus dem 17. Jahrhundert, denn hier findet in stilvollem Ambiente das Festmahl statt. Während Minnesänger für den musikalischen Rahmen sorgen, wird ein fünfgängiges Dinner gereicht (inklusive Wein). Auf Hühnerleberpastete folgte eine kräftige Gemüsebrühe. Die Hauptspeise bestand aus einer saftig gebratenen Hochrippe vom Rind, dazu gab's einen deftigen Yorkshire Pudding sowie Gemüse und Kartoffeln. Dazu wurde Rotwein gereicht. Zum Dessert kamen Apple Pie, Käse und Biskuits auf den Tisch. Bei der Verdauung half ein kräftiger Kaffee. Als wir uns nach diesem Festessen bequem zurücklehnten und in Gedanken schon die Nachttischlampe ausknipsten, wurde die Musik plötzlich lauter. Obwohl im Laufe des Abends fast alle Gäste tanzten, waren wir außerstande, die zuvor eingenommenen Kalorien in Bewegungsenergie umzuwandeln.

Buchungen entweder über das Sales Office, ✆ 01622-765400 (Anzahlung), oder über das Tourist Office in Maidstone. Das Dinner dauert von 19 bis 0.30 Uhr und kostet inkl. Führung etwa £ 50 pro Person.

Sevenoaks

Auf dem Weg nach London ist Sevenoaks eine Reiseunterbrechung wert. Die Stadt ist zwar bis auf die ansehnliche High Street von geringem touristischem Interesse, doch lockt das **Knole House** zahlreiche Besucher in diese Gegend. Hierbei handelt es sich um eines der hübschesten und mit über 360 Zimmern größten Anwesen Englands. Die Geschichte dieses Herrenhauses reicht bis in das 15. Jahrhundert zurück. Thomas Bourchier, Erzbischof von Canterbury, lebte hier bis zu seinem Tod im Jahre 1486. Mitte des 16. Jahrhunderts kam Heinrich VIII. in den Besitz von Knole. Heute ist das Innere mit kostbaren Möbeln des 17. und 18. Jahrhunderts ausgestattet. An den Wänden hängen Porträts von so berühmten britischen Malern wie Gainsborough und Reynolds.

• *Information*: Buckhurst Lane, Kent TN13 1LQ, ✆ 01732-450305, 📠 461959. Achtung: Das Büro liegt hinter einer großen Kastanie versteckt.

• *Öffnungszeiten des Knole House*: April–Okt. Mi–Sa 12–16 Uhr, So 11–17 Uhr. Eintritt: £ 5, erm. £ 2.50 (NT).

• *Jugendherberge*: Das nächste Hostel befindet sich in **Kemsing** (fünf Kilometer nordöstlich von Sevenoaks). Meistens im Januar geschlossen (manchmal jedoch Fr und Sa geöffnet). Preise: Erwachsene £ 9.80, Jugendliche £ 6.75, Church Lane, Kemsing, ✆ 01732-761341, 📠 763044.

Lesertipp: "Eine Nebenattraktion von Knole House ist der weitläufige Park mit den darin frei herumlaufenden Rehen und Hirschen, die sich von den Touristen nicht stören, allerdings leider auch nicht anfassen lassen" (Stefanie Eber, Nürnberg).

Royal Tunbridge Wells

Mit den Worten "those people who have nothing to do any where else, seem to be the only people who have any thing to do at Tunbridge" beschrieb Daniel Defoe die Gäste des exklusiven Kurortes des 17. und 18. Jahrhunderts. Mitglieder des englischen Adels und des Königshauses trafen sich hier zum Bad in den eisenhaltigen Heilquellen ("Wells") und verliehen der Stadt damit das Prädikat "Royal". Glanzstück sind die *Pantiles*, eine von Kolonnaden gesäumte Einkaufspromenade aus dem späten 17. Jahrhundert. Hier hat sich der Ort etwas vom einstigen Flair erhalten können.

• Information: **The Old Fishmarket**, The Pantiles, Kent TN2 5TN, ✆ 01892-515675, ✆ 534660.

• Verbindungen: Von der Central Station (Mount Pleasant Rd.) verkehren regelmäßig **Züge** nach Maidstone (umsteigen in Paddock Wood), nach London und zu den Kanalhäfen.

• Übernachten: **Hotel du Vin & Bistro**, elegantes Hotel in einem georgianischen Stadthaus, individuell gestaltete Zimmer (DZ ab £ 79). Crescent Road, ✆ 01892-526455, ✆ 512044.

Dewspel, in Old Groombridge, westlich von Royal Tunbridge Wells. Nettes kleines B&B mit modernen und komfortablen Zimmern. B&B £ 20 pro Person. Bird-In-Hand-Street, ✆ 01892-864369.

Südostengland Karte S. 140/141

Weißer Garten in Sissinghurst

Sissinghurst

Sissinghurst ist ein Mekka für Gartenliebhaber. Die vielfach als "schönster Garten Englands" gerühmte Anlage wurde von der Schriftstellerin *Vita Sackville-West* und ihrem Mann, dem Historiker und Diplomaten *Sir Harold Nicolson* (1886–1968), in jahrzehntelanger Arbeit geschaffen. Um ihre Gartenträume zu verwirklichen, kaufte das Ehepaar 1930 das aus dem 16. Jahrhundert stammende Herrenhaus. Das Familienleben war auf verschiedene Gebäude verteilt, Vita Sackville-West richtete sich ihr Arbeitszimmer im Turm ein, Harold arbeitete im South Cottage, während die Zimmer der Kinder Nigel und Ben im Priest House untergebracht waren, wo man sich auch zu den gemeinsamen Mahlzeiten zusammenfand. Im Mittelpunkt ihres Lebens stand die Pflege des 2,5 Hektar großen Gartens mit seinen zehn verschiedenen "Zimmern", die über das Jahr verteilt in ihrer faszinierenden Blütenpracht leuchten.

Öffnungszeiten: März–Okt. tgl. 10.30–18 Uhr, Nov. und Dez. tgl. 10.30–16 Uhr, Jan. und Feb. nur am Wochenende 10.30–16 Uhr. Eintritt: £ 6.50, erm. £ 3.

Die Grafschaft Sussex

Sussex ist der altenglische Begriff für das Territorium der South Saxons, also der südlichen Sachsen. Heute zerfällt dieses Gebiet in die beiden Grafschaften East und West Sussex. Die Landschaft wird vorwiegend durch die flache Küstenlinie mit ihren zahlreichen Sandstränden geprägt. Einzig westlich von *Eastbourne* fallen Steilklippen fast senkrecht ins Meer: *Beachy Head* und die *Seven Sisters Cliffs* leuchten in hellen Farben und sind eine ernst zu nehmende Konkurrenz zu den Weißen Klippen von Dover.

Fährt man weiter ins Landesinnere, geht es nur allmählich bergauf. Erst die *South Downs* bilden einen Gegensatz zum sonst flachen Land. Die sanft geschwungene Hügelkette verläuft parallel zur Küste. Hunderttausende von Schafen grasen in der schönen Weidelandschaft.

Nördlich davon erstreckt sich dann wieder eine weite Ebene, die zum Teil mit Lärchen-, Birken- und Kiefernwald bewachsen ist. Eine Wanderung im *Ashdown Forest* ist schon deshalb eine angenehme Abwechslung.

Sussex ist hauptsächlich Naherholungsgebiet. Wenn Londons Geschäfte, Fabriken und Verwaltungsgebäude ihre Pforten geschlossen haben, wälzt sich schon am frühen Morgen eine endlose Schlange Richtung Süden. Man bummelt durch *Brighton* mit seinem hindu-gotischen *Pavilion* und den berühmten *Piers*, oder man genießt bei einer kühlen Meeresbrise das Leben in Caravan-Reihensiedlungen. Daneben lohnen Ausflüge in historische Orte wie *Arundel* mit seiner *normannischen Burg* oder das ehemals römische *Chichester*.

Sussex hat auch Stätten großer historischer Ereignisse aufzuweisen, wie beispielsweise *Hastings*. Im Jahre 1066 kam es hier zur normannischen Eroberung Englands. *William the Conqueror* machte seine Ansprüche auf den Thron geltend und verdrängte den damaligen König *Harold I.* gewaltsam. In *Battle* bei Hastings kam es zur sicherlich folgenschwersten Schlacht in der Geschichte Englands. Die Normannen unter William siegten und nahmen in kurzer Zeit ganz England ein. Sie bildeten den Adel, stellten den König und führten sogar die französische Sprache als Amtssprache ein. Der Schauplatz der Schlacht von Hastings kann in Battle besichtigt werden.

Rye

Rye ist eine der schönsten und besterhaltenen Kleinstädte Englands. Von der Kirchturmspitze schweift der Blick über die engen gepflasterten Straßen, den Markt und die roten Dächer der kleinen, überhängenden Häuser. Hier scheint die Sanduhr im 16. Jahrhundert stehen geblieben zu sein.

Wer vor einem Stadtrundgang das *Rye Town Model* (im Tourist Office), eine maßstabsgetreue Nachbildung des mittelalterlichen Ortes mit Licht- und Tonpräsentation, besichtigt hat, dem klingt noch das Donnern feindlicher Kanonen und das tosende Meer in den Ohren. Tatsächlich aber ist das Meer nicht zu hören, denn in den vergangenen Jahrhunderten ist der Hafen nach und nach versandet. Mittlerweile muss man etwa drei Kilometer zurücklegen, um seine Füße in der Gischt zu kühlen. So war er denn hin, der Wohlstand, den die einstige Cinque-Ports-Stadt ihren Bewohnern bescherte. Heute sorgt der Tourismus für die nötigen Einnahmen.

Südostengland
Karte S. 140/141

Ein gemütlicher Bummel entlang der perfekt erhaltenen historischen Bauten führt zu schnuckeligen *Antiquitätenläden* und *Teestuben*. Hobbyfotografen verschießen dabei nicht selten einen ganzen Film. In der pittoresken *Mermaid Street*, die sich steil zum Ortskern hochzieht, befindet sich auf der linken Seite unübersehbar das schmucke *Mermaid Inn*. Längst sind es nicht mehr Schmuggler, die sich in dem beeindruckenden Fachwerkhaus aus der Zeit um 1500 treffen. Heute genießt man hier ein frisch gezapftes Bier oder eine deftige Mahlzeit.

Information/Verbindungen/Adressen

- *Information*: **The Heritage Centre**, am Strand Quay, East Sussex TN31 7AY, ✆ 01797-226696.
- *Telefonvorwahl*: 01797
- *Verbindungen*: **Bus** – Busse mit zahlreichen Fernzielen halten am Bahnhof (dort hängen auch Fahrpläne aus); Information: Stagecoach (nach Dover und Brighton), ✆ 01424-433711; Local Rider (nach Hastings und Tunbridge Wells), ✆ 01273-474747.

Zug – Bahnhof in der Cinque Ports St.; Rye liegt an der Linie Ashford–Hastings, Züge fahren stündlich in beide Richtungen.

- *Fahrradverleih*: **Rye Hire**, Cyprus Place, ✆ 01797-223033. Trekkingräder für £ 7 pro Tag (Ausweis und Kaution).
- *Geldwechsel*: mehrere **Banken** in der Ortsmitte (High St., West St.).
- *Markt*: allgemeiner Markt donnerstags neben dem Bahnhof; mittwochs Viehmarkt.
- *Polizei*: Cinque Ports St., ✆ 01797-222112.
- *Post*: Cinque Ports St.
- *Waschen*: Launderette, Ropewalk Arcade, Mo–Sa 8–17 Uhr.

Übernachten

Klar, dass die B&Bs und Hotels in der Altstadt ziemlich teuer sind. Etwas vorgelagert gibt es jedoch einige bezahlbare Alternativen. Ein Unterkunftsverzeichnis ist im Tourist Office erhältlich.

King Charles II. Guesthouse, ansehnliches mittelalterliches Haus im Ortszentrum. EZ ab £ 40, DZ ab £ 64. High Street, ✆ 01797-224954.

Rye Lodge, einladender Gasthof mit geschmackvollen Zimmern. B&B ab £ 40 pro Person. Hilder's Cliff, ✆ 01797-223838, ℻ 223585.

Durrant House Hotel, gemütliches Hotel mitten in der historischen Altstadt von Rye.

Neun hübsche Zimmer, einige davon en-suite. B&B ab £ 22 pro Person. East Street, ✆ 01797-223182.

• *Jugendherberge*: siehe Hastings (Guestling).

Essen

In Rye gibt es viele kleine Teestuben, die oft überfüllt sind. Preiswert lunchen (um £ 3) kann man in *Quencher's Restaurant* in der High Street (über National Trust Shop) oder im *Standard Inn* (The Mint).

Mermaid Inn, das stattliche Fachwerkhaus aus dem 15. Jahrhundert beherbergt das traditionsreichste Gasthaus von Rye. Angeblich haben sich hier einst die Schmuggler getroffen. Das Restaurant genießt einen guten Ruf, das viergängige Dinner schlägt allerdings mit stolzen £ 32 zu Buche. B&B ab £ 54 pro Person. Mermaid Street, ✆ 01797-223065.

The Flushing Inn, ansehnliches Fachwerkhaus neben dem Rathaus. Erlesene Küche mit wechselnden Menüs, bekannt für seine Fischgerichte, doch auch die *Romney Marsh Lamb Cutlets* zu £ 9.80 mundeten vorzüglich. Market Street, ✆ 01797-223292.

Simon the Pieman, gemütlicher Tea Room nahe der Kirche. An kühlen Tagen wärmt ein Kamin. Leckere Lunch-Angebote zu moderaten Preisen, köstlich sind die selbstgemachten Kuchen und das Gebäck. Lion Steet.

Fletcher's Ancient Tea Rooms, direkt neben Simon the Pieman. Geburtshaus des berühmten Dramatikers John Fletcher (1579–1625). Viele schmackhafte Pasteten. Nur am Wochenende geöffnet! Lion Street.

Ypres Castle Inn, hinter dem Castle. Pub mit gemütlichem Biergarten über der Fishmarket Road. Lecker die *Garlic Mushrooms* (£ 3.95). Tipp: Rind- oder Lammfleisch in Guinness-Pastete mit Pommes und Erbsen für etwa £ 8.

Einkaufen/Veranstaltungen

• *Antiquitäten*: **Strand Antiques**, The Strand Quay, ehemalige Getreidespeicher, heute gibt es in dieser Zeile mehrere Antiquitätenläden mit Möbeln, Porzellan und jeder Menge Kleinkram.

Mint Antiques, The Mint, in einem bizarr verwinkelten Raum Antiquitäten aller Art; besonders schöne Möbel und Waffen.

Simmons of the Mint, 68/69 The Mint. Allerlei Gegenstände in stilvollen Verkaufsräumen; auf Schnäppchen achten (z. B. Schmuck).

• *Töpfereien*: Töpferwaren kann man in der **Rye Pottery**, Ferry Rd., oder bei **David Sharp Ceramics**, 55 The Mint (neben The Mint Antiques), erstehen.

• *Veranstaltungen*: Für eine Woche findet Anfang September das **Rye Festival** statt. Dargeboten werden Theater- und Musikaufführungen. Nähere Auskünfte im Tourist Office.

Sehenswertes

Rye Town Model: Im Heritage Centre am Strand Quay (vgl. Tourist Office) wird eine anschauliche Einführung in die Stadtgeschichte präsentiert. Man setzt sich um eine maßstabsgetreue Nachbildung (1:100) des mittelalterlichen Rye, die als Kulisse für die spannende Ton- und Lichtbildschau dient. Man kann diese Show mittlerweile in vier verschiedenen Sprachen genießen. Die Vorführungen werden mündlich angekündigt und beginnen alle dreißig Minuten.

Eintritt: Erwachsene £ 2, Kinder £ 1.

Lamb House: Einen Rundgang durch Rye kann man am Rathaus (erbaut 1742) beginnen. Über den Church Square spaziert man zum Lamb House (National Trust), wo sich der Romancier *Henry James* Ende des 19. Jahrhunderts für 18 Jahre niederließ. Das Innere und der Garten sind zu besichtigen.

Öffnungszeiten: April bis Okt. Mi und Sa 14–18 Uhr. Eintritt: £ 2.50, erm. £ 1.20 (NT).

Rye – für Autos gesperrt

St Mary Church: In unmittelbarer Nähe erblickt man schon die Kirche St Mary. Der grandiose Ausblick vom Glockenturm lohnt sich. Auf dem Weg zur Spitze über die ungemein schmale und fast senkrechte Holztreppe kommt man an der ältesten funktionstüchtigen Turmuhr Englands vorbei.

Öffnungszeiten: Tgl. von 10 Uhr bis zur Dämmerung. Eintritt: £ 2, erm. £ 1.

Rye Castle Museum: Der Ypres Tower, der in der Mitte des 13. Jahrhunderts errichtet wurde, um die Stadt gegen drohende Übergriffe aus Frankreich zu schützen, bildet zusammen mit dem einstigen Gefängnis in der East Street das Rye Castle Museum. Im Mittelpunkt der Dauerausstellung stehen Exponate zur Lokalgeschichte, darunter ein mit Holzfeuer betriebener Motor.

Adresse/Öffnungszeiten: 3 East Street. Tgl. 10.30–17.30 Uhr, im Winter nur bis 16.30 Uhr. Eintritt: £ 3, erm. £ 1.

Umgebung von Rye: Winchelsea

Der fünf Kilometer südwestlich von Rye liegende Ort steht im Schatten seines berühmten Nachbarn. Auch er zählte zu den Cinque Ports und erlangte Reichtum durch den Wollhandel. Weil sich die Bewohner Winchelseas im 13. Jahrhundert vor drohenden Überschwemmungen schützen wollten, baten sie Eduard I., eine neue Stadt weiter landeinwärts zu errichten. Der König willigte ein und begann drei Kilometer entfernt mit dem Bau einer Siedlung. Schwere Stürme sollten den Bürgern Recht geben, denn das alte Winchelsea wurde dabei völlig zerstört. Ergebnis dieses gigantischen "Umzugs" ist die großzügige Anlage der Straßen und deren rechtwinklige Anordnung. Auch die drei Stadttore und die dreischiffige St.-Thomas-Kirche stammen aus dieser Zeit.

Hastings

Bekannter als die Stadt selbst ist ihr Name, den der geschichtskundige Reisende mit der Schlacht von Hastings und damit mit dem Beginn der normannischen Vorherrschaft in England verbindet. Der eigentliche Schauplatz heißt Battle und ist ein kleinerer Ort neun Kilometer nordwestlich von Hastings.

Hastings besteht eigentlich aus drei Stadtteilen: Altstadt, Neustadt und St Leonards. Nachdem die alte Hafenstadt schon im 12. Jahrhundert zu den "Cinque Ports" zählte, entstand gegen Ende des 18. Jahrhunderts etwas westlich eine Art Seaside Resort für Londoner Badegäste. Im Laufe des 19. Jahrhunderts wuchs der Urlaubsort um das "feinere" St Leonards. Übrigens verbrachte der Duke of Wellington 1806 hier seine Flitterwochen. Am meisten Atmosphäre herrscht jedoch in der Altstadt von Hastings zwischen West Hill und East Hill. Dort befindet sich auch der pittoreske Fischerhafen mit den schwarzen Holzhütten (für die Fischernetze) und der *Fishermen's Church*. Das historische Hastings wird vom Kopfsteinpflaster der High Street und der All Saints Street geprägt, die wiederum eindrucksvoll von Tudor-Häusern flankiert werden. Hier steht auch das älteste Haus von Hastings: das *Shovell's* aus dem 16. Jahrhundert.

Information/Verbindungen/Adressen

- *Information*: **Tourist Information Centre**, Queens Square, Priory Meadow, Hastings, East Sussex, TN34 ITL, Tel. 01424-781111, Fax 781186. Internet: www.hastings.gov.uk
- *Telefonvorwahl*: 01424
- *Verbindungen*: **Bus** – Von der Queens Road am Shopping Centre regelmäßiger Busverkehr über Royal Tunbridge Wells nach London sowie nach Rye und Battle.

Zug – Bahnhof an der Upperton Road. Verbindungen nach London Victoria Station und Ashford; Hastings liegt an der Bahnlinie, die die gesamte Südküste entlangführt (Eastbourne, Brighton usw.).

- *Fahrradverleih*: Mit einem Fahrrad und einer guten Karte kann man in der Umgebung oder auf dem Weg nach Battle viele kleine Dörfer entdecken.

St Andrew's Market, Waldegrace St., Tel. 01424-444013. Dreigang-Räder kosten pro Tag £ 6 (£ 12/Woche), Mountainbikes etwa £ 8 (£ 15/Woche), Tandems £ 15 pro Tag (und £ 100 Kaution).

Übernachten

In Hastings und St Leonards gibt es einige B&Bs, die im Juli und August of ausgebucht sind. Daher sollte man rechtzeitig vorbestellen.

Bryn-Y-Mor Hotel, unser ganz heißer Tipp! Stilvolle Unterkunft in einzigartiger Hügellage. Aus den Fenstern des prunkvollen Speiseraums (Kronleuchter, goldverzierte Spiegel, Kamine, grüne Wände) hat man einen wunderschönen Blick über die Altstadt von Hastings. Die Zimmer sind geräumig, und irgendwie fühlt man sich in vergangene Jahrhunderte zurückversetzt. Im angrenzenden Garten liegen ein Fischtümpel und ein beheizter Swimmingpool. B&B £ 25–45 pro Person. Wer will, kann sich hier ein Wochenendhäuschen mieten (Preise telefonisch erfragen). 12 Godwin Road, Tel. 01424-722744, Fax 445933.

Waldorf Hotel, komfortables Gästehaus in Meeresnähe. Alle Zimmer sind mit einem Farbfernseher ausgestattet. B&B £ 19–22.50 pro Person. Wer am Wochenende zwei Nächte bleibt, spart pro Nacht £ 1–2. 4 Carlisle Parade, Tel./Fax 01424-422185.

Argyle Guest House, drei DZ ab £ 14 pro Person. 32 Cambridge Gardens, Tel./Fax 01424-421294.

Holme Guest House, acht Zimmer. B&B ab £ 12–16. St Leonards, 62 Church Road, Tel. 0142-4445182.

Marina Lodge, hübsche Übernachtungsmöglichkeit für £ 14–20 pro Person. St Leonards, 123 Marina Road, ✆ 01424-715067.

Grand Hotel, familiäres Hotel mit 20 Zimmern an der Promenade. B&B £ 14–50 pro Person. St Leonards, Grand Parade, ✆ 01424-428510, 📠 722387.

• *Jugendherberge*: **Guestling Hall**, an der A 259 nach Rye, 5 km östlich von Hastings. Großes Haus auf einer Anhöhe, Blick aufs Meer; im Januar geschlossen, Erwachsene £ 9.80, Jugendliche £ 6.75; Zelten möglich. Rye Road, Guestling, ✆ 01424-812373.

• *Camping*: **** **Shear Barn Holiday Park**, am Ortsrand von Hastings in Hügellage. Gut ausgestatteter großer Grasplatz mit Lebensmittelgeschäft, Restaurant und Waschmaschinen. Zelt £ 6.50–19. Im Jan. und Feb. geschl. Barley Lane, ✆ 01424-423583, 📠 718740.

Ein weiterer Campingplatz liegt in der Ivyhouse Lane (etwa 3,5 km nordöstlich von Hastings): **Stalkhurst Camp Site**, ✆/📠 01424-439015 (ganzjährig geöffnet). Zelt inkl. drei Personen etwa £ 8.50.

Essen

Röser's, das beste Restaurant vor Ort. In exklusiver Atmosphäre werden die schmackhaftesten Gerichte serviert. Die saisonabhängige Küche ist abwechslungsreich, die Palette reicht von Seezunge über Lammfleisch aus heimischen Gefilden bis zur französischen Cuisine. Wer sich hier abends verwöhnen lässt, sollte mit £ 25 rechnen. Ein Lunch kostet um die £ 19. Montag, Sonntag sowie Samstagmittag geschlossen. 64 Eversfield Place, ✆ 01424-712218.

Harris, nette Kneipe, serviert werden Tapas zwischen £ 3.50 und £ 4.50. Lecker sind die *Gambas à la Plancha*. Sonntag Ruhetag, 58 High Street.

Mermaid, auf weißen Plastikstühlen mit Blick auf die Net Shops genießt man hier die besten Fish and Chips der Stadt. 2 Rock-a-Nore.

Ye Olde Pump House, uriges Pub in einem alten Fachwerkhaus. George Street.

Die Fischer treffen sich im **Lord Nelson** unweit der Seepromenade.

Sport/Freizeit

Neben den Ausflügen und sportlichen Aktivitäten, die die Sprachschulen oft in ihrem Programm haben, bietet das **Hastings Sports Centre** (Summerfields, Bohemia Road) Schwimmen sowie Squash, Sauna und Solarium an; ✆ 01424-781777 (geöffnet täglich 9–22.30 Uhr, Schwimmen meistens ab 7 Uhr bis ca. 20 Uhr).

Hastings und die "Cinque Ports"

Hastings beansprucht für sich, der erste Hafen der "Cinque Ports" zu sein. Die fünf Städte Hastings, Romney, Hythe, Dover und Sandwich stellten die erste organisierte Flotte Englands. Schon vor dem ersten schriftlichen Vertrag zwischen Heinrich II. und Hastings/Hythe (1155) gab es zwischen den Hafenstädten und dem König Absprachen. 57 bemannte Schiffe wurden dem König für 15 Tage im Jahr zur Verfügung gestellt. Dafür erhielten die Städte weit reichende Rechte, so das auf eigene Gerichtsbarkeit und das Münzrecht. All dies war den Orten durchaus einträglich – was schnell am zunehmenden Wachstum und großen Reichtum abzulesen war. Andere Häfen bemühten sich um Aufnahme in diesen exklusiven Klub zur Verteidigung der nationalen Küsten und die damit verbundenen Privilegien. Doch schon im 14. Jahrhundert änderte sich die politische Lage. Der Hundertjährige Krieg mit Frankreich hatte zur Folge, dass die königliche Flotte selbst besser organisiert wurde. Zudem versandeten einige der Häfen, weshalb bald nur noch dem Hafen von Dover überregionale Bedeutung zukam.

Sehenswertes

Hastings Castle: Auf dem West Hill, den man im Sommer auch bequem mit dem Lift erreichen kann, befindet sich das älteste normannische Castle Englands, das Wilhelm der Eroberer bauen ließ. Von den Ruinen der Burg aus hat man eine schöne Aussicht über die Stadt.

• *Öffnungszeiten*: Mai–Okt. tgl. 10–17 Uhr, im Winter 11–15.30 Uhr. Eintritt: £ 3, erm. £ 2.40 oder £ 1.95.

• *Anfahrt*: mit West Hill Cliff Railway; 80 p, Kinder 40 p.

Smuggler's Adventure: Auf dem Weg zur High Street im Osten kommt man an den St Clement's Caves vorbei, Höhlen, die zum Teil während des Zweiten Weltkriegs zu Luftschutzbunkern ausgebaut wurden. Innen befindet sich das Smuggler's Adventure. Das Leben der Schmuggler, die hier ebenfalls Unterschlupf fanden, wird mit Hilfe von Wachsfiguren nachgestellt

Öffnungszeiten: Ostern bis Sept. 10–17.30 Uhr, im Winter nur bis 16.30 Uhr. Eintritt: £ 4.50, erm. £ 2.95.

Fischermen's Museum: Am Fuß des East Hill liegt das alte Fischerviertel. Zwischen hohen Holzbauten, die schon im Mittelalter als Speicher für Fischernetze dienten, ist in einer ehemaligen Kirche das Fischermuseum untergebracht.

Öffnungszeiten: Mai bis Ende Sept. tgl. 11–13.30 Uhr und 14.30–17 Uhr, im Winter kürzere Zeiten. Eintritt frei.

Town Hall Museum: Bei einem Spaziergang durch die High Street sollte eine Besichtigung des stadthistorischen Museums im alten Rathaus nicht fehlen. Ein Modell der Schlacht von Hastings gibt einen Überblick über die Kampfhandlungen im Jahr 1066.

Öffnungszeiten: Ostern bis Sept. 10–17 Uhr, Okt., Dez. und März 14–16 Uhr. Eintritt frei.

Shipwreck Heritage Centre: In der Rock-a-Nore Road liegt dieses audiovisuelle Theater. Auf einer großen Leinwand wird von dramatischen Schiffskatastrophen berichtet. Die Stimme des Erzählers ist übrigens die des berühmten englischen Schauspielers Christopher Lee, auch bekannt als Graf Dracula. Dazu gibt es noch eine Ausstellung zu besichtigen.

Öffnungszeiten: April–Okt. tgl. 10.30–17 Uhr. Eintritt: £ 2.20, erm. £ 1.50 oder £ 1.25.

Battle

Das zehn Kilometer nordwestlich von Hastings in einem lieblichen Tal gelegene Battle ist – wie der Name andeutet – der Ort, an dem sich die normannischen und angelsächsischen Ritter jene denkwürdige Schlacht lieferten, die König Harold Reich und Leben kostete. Zur Erinnerung an seinen Sieg und zur Buße für das Blutvergießen gründete Wilhelm der Eroberer ein Benediktinerkloster, das während der englischen Reformation zum größten Teil abgerissen wurde. Rund um das Kloster entstand später ein kleines Dorf, das sein mittelalterliches Flair bis heute bewahren konnte.

Battlefield & Battle Abbey: Da von der eigentlichen Schlacht keine Spuren erhalten sind, werden die Besucher in der für England typischen Weise auf eine multimediale Reise in die Vergangenheit eingeladen. Es gibt zwei Rundgänge rund um die Abtei, wobei die Schlacht aus angelsächsischer und aus normannischer Perspektive dargestellt wird.

Adresse/Öffnungszeiten: High Street. April–Sep. tgl. 10–18 Uhr, Okt. 10–17 Uhr, Nov.–März 10–16 Uhr. Eintritt: £ 4, erm. £ 3 bzw. £ 2 (EH).

The Battle of Hastings

Die Schlacht von Hastings gehört zu den großen Ereignissen, durch deren Ausgang die Weltgeschichte einen anderen Verlauf genommen hat. Es soll hier einmal dahingestellt bleiben, wessen Herrschaftsanspruch berechtigter war – beide Thronanwärter konnten plausible Gründe ins Feld führen, so dass die Entscheidung im Kampf fallen musste. Obwohl Wilhelm, seines Zeichens Herzog der Normandie, über eine besser ausgerüstete Streitmacht verfügte (seine Reiterei besaß schon Steigbügel und konnte daher vom Pferd aus kämpfen), war er Harold in taktischer Hinsicht unterlegen, da er sich mit einem relativ kleinen Heer in einem feindlichen Land befand und daher gezwungen war, mit seiner Flotte in Verbindung zu bleiben und baldmöglichst eine Entscheidung auf dem Schlachtfeld zu suchen. Wilhelm reizte seinen Gegner, indem er die Südküste systematisch verwüstete. Anstatt die Ruhe zu bewahren und die Zeit für sich arbeiten zu lassen, eilte Harold mit seinen Truppen in Gewaltmärschen aus Nordengland herbei, wo er soeben den norwegischen König Harald Hadrada besiegt hatte. Am Morgen des 14. Oktober 1066 trafen die beiden gleich starken Heere – jeweils rund 7000 Mann – in Battle aufeinander. Haralds Truppen hatten sich auf einem strategisch günstig gelegenen Hügel verschanzt, den die normannischen Reiter mehrmals vergeblich zu stürmen versuchten. Immer wieder brachen ihre Attacken unter den Hieben der angelsächsischen Streitäxte zusammen – einmal musste Wilhelm sogar seine ganze Autorität aufbieten, um seine Ritter an der Flucht zu hindern. Schließlich gelang es den Normannen, ihren Gegner mit Hilfe einer taktischen Finte aus der Defensive zu locken: Sie täuschten eine Flucht vor und rieben die disziplinlos hinterher stürmenden Angelsachsen auf. Von einem Pfeil ins Auge getroffen, fand Harold mit einem großen Teil des einheimischen Adels auf dem Schlachtfeld den Tod.

- *Information*: **Tourist Office**, 88 High Street, Battle, East Sussex TN33 0AQ, ✆ 01424-773721, 📠 773436. Zimmervermittlung, reichlich Informationen zur "Battle of Hastings".
- *Verbindung*: **Bus** – lokale Busse regelmäßig ab Hastings. **Zug** – Battle Station liegt an der Hauptstrecke zwischen Hastings und London (Züge alle 30 Min.).
- *Übernachten*: Aus den Steinen der Abtei baute man 1688 das ansehnliche Haus in der 27 High Street, heute **The Bull Inn & Wine Bar** genannt (✆ 01424-775171). Fünf komfortable Zimmer, mit Himmelbetten ausgestattet; Übernachtung im DZ £ 40. Preisgünstige Übernachtungen (ab £ 14) in B&Bs vermittelt das Tourist Office.

Bateman's

Der Literaturnobelpreisträger *Rudyard Kipling* (1865–1936) ließ sich 1902 am Rande von Burwash nieder. Bis zu seinem Tode bewohnte der weltberühmte Autor des "Dschungelbuchs" einen aus dem 17. Jahrhundert stammenden Landsitz. Kipling, der in seinen Kinderbüchern "Puck of Pook's Hill" die

Karte S. 140/141

Hügellandschaft des Weald anschaulich beschrieben hat, gestaltete den vier Hektar großen Garten von Bateman's nach seinen Vorstellungen, wobei er sich an den Idealen des englischen Gartenbaus orientierte. Die Innenräume des Anwesens wurden im Zustand von 1936 belassen, so dass sie eine recht authentische Atmosphäre ausstrahlen.

Öffnungszeiten: April–Okt. tgl. 10–17 Uhr, sonst Sa–Mi 11–17 Uhr. Eintritt: £ 5.

Bexhill-on-Sea

Bexhill, ein wenig aufregendes Seebad, liegt auf halbem Weg zwischen Hastings und Eastbourne. Auf der Promenade begegnet man zumeist Langzeiturlaubern älteren Semesters. Einen Besuch wert sind die *St Peter's Church*, mit deren Bau im Jahre 1070 begonnen wurde, sowie der *De LA Warr Pavilion*, ein großer Unterhaltungskomplex aus den dreißiger Jahren, der durch seine ungewöhnlich moderne Formensprache gefällt.

Eastbourne

Die schroff abfallenden Kreidefelsen und schier endlose Grünflächen versetzen so manchen Naturfreund in Begeisterung. Bis heute hat sich sich besonders die ländliche Region westlich der Stadt ihre Schönheit bewahrt.

Eastbourne selbst ist eine beliebte Badestadt und daher im Sommer überaus geschäftig. Ähnlich wie in Brighton ragt ein großer Pier ins Meer hinaus. Die breite Promenade war ursprünglich an den Seiten mit Bäumen bepflanzt, doch ein Sturm stürzte 1987 nicht nur Autos um und deckte zahlreiche Dächer ab, sondern zerstörte auch die Allee. Geblieben ist der Blick auf die prächtigen Hotelbauten mit ihren riesigen Speisesälen. Der windgeschützte, fünf Kilometer lange Strand, der Pier und die Promenade bieten Möglichkeiten zum Sport, Spazierengehen und Spielen (vor allem an den verschiedensten Automaten).
Der größte Reiz aber liegt in Eastbournes einzigartiger Umgebung. Ein phantastischer Ausflug führt nach *Beachy Head* – ein grellweißer Felsenvorsprung, darunter ein rot-weißer Leuchtturm. Auf dem Weg dorthin (über die steil ansteigende Beachy Head Road) hat man einen überwältigenden Panoramablick auf Eastbourne und die Pevensey Bay.

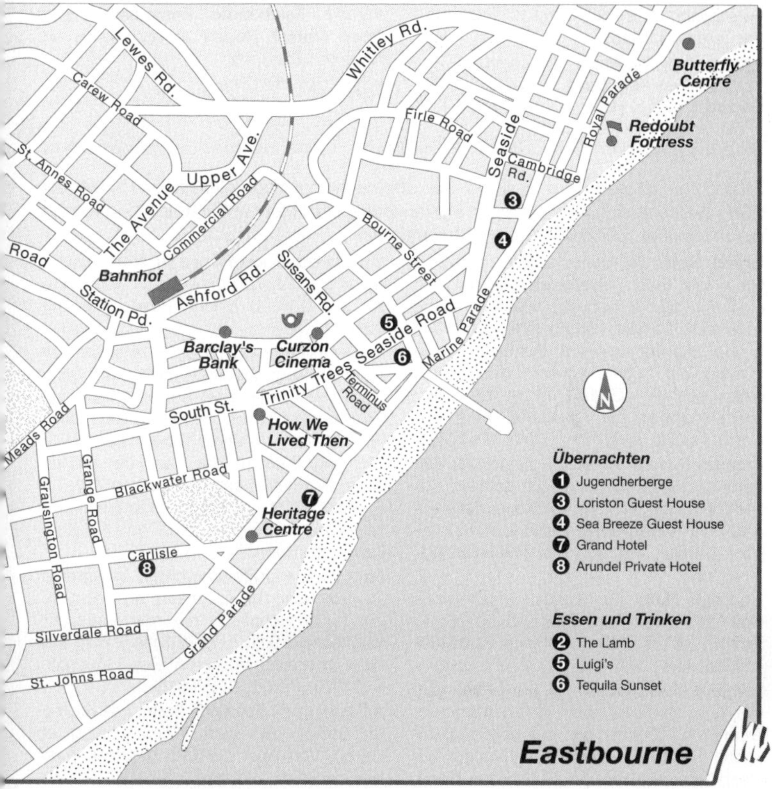

Nordwestlich von hier wartet ein Geheimnis aus vergangenen Jahrtausenden darauf, enträtselt zu werden: *The Long Man of Wilmington*, angeblich die älteste Darstellung eines Menschen in Europa.

Information/Verbindungen

- *Information*: **Tourist Information Centre**, Cornfield Road (in der Nähe des Arndale Centre), East Sussex BN21 4QL, ✆ 01323-411400, ℻ 649574. Internet: www.eastbourne.org. Leicht zu finden, wenn man vom Bahnhof Richtung Meer geht. Zimmervermittlung, Stadtplan, einige Prospekte auch in Deutsch, Postkarten. Im Sommer eine weitere **Auskunftsstelle** am Pier.
- *Telefonvorwahl*: 01323
- *Verbindungen*: **Bus** – Informationen beim *Bus Stop Shop* im Arndale Centre; ✆ 01323-416416. Busse fahren regelmäßig ab Terminus Road (Arndale Centre nahe dem Bahnhof) nach Lewes, Hastings, Rye und Brighton.
Zug – Bahnhof an der Ashford Road, Informationen über ✆ 08457-484950. Züge nach London über Brighton oder St Leonards Warrior Square (bei Hastings).
- *Fahrradverleih*: **Cuckmere Cycle Company**, ✆ 01323-870310.

Adressen

- *Einkaufen*: mehrere überdachte Einkaufszentren in der Innenstadt, z. B. **Arndale Centre**.
- *Polizei*: Grove Rd., ✆ 01323-412299.

• *Geldwechsel*: in der Cornfield Road und der Terminus Road.

• *Kinos*: **Virgin Multiplex**, The Crumbles Centre, Pevensey Bay Road, ✆ 01323-555159; **Curzon**, Langney Road, ✆ 01323-731441.

• *Markt*: **Eastbourne Enterprise Centre Open Market**, jeweils Fr und Sa in der Nähe des Bahnhofs.

• *Post*: Upperton Road.

Übernachten (siehe Karte Seite 182/183)

Eastbourne ist geradezu gespickt mit Übernachtungsmöglichkeiten. Die folgenden B&Bs befinden sich allesamt einen Katzensprung vom Meer entfernt und sind in ca. 5 bis 10 Minuten zu Fuß vom Bahnhof zu erreichen.

Grand Hotel (7), schon lange das erste Haus am Platz. Musikliebhaber erinnern sich an Claude Debussy, der bei einem Aufenthalt "La Mer" komponierte. Das Haus wurde unlängst renoviert und bietet Hotelkomfort auf hohem Niveau, dazu gibt's einen schönen Garten mit großzügigem Swimmingpool. DZ ab £ 145. King Edward's Parade, ✆ 01323-412345, 📠 412233.

Arundel Private Hotel (8), dieses familiär geführte Hotel hat uns gut gefallen. Im Sommer füllen sich die 40 Zimmer (alle en-suite) mit Reisegruppen; B&B £ 26–31. 43–47 Carlise Road, ✆ 01323-639481, 📠 431683.

Hadleigh Hotel (3), großes, ansehnliches Hotel mit 50 Zimmern. B&B £ 16.50–28 pro Person. 14–22 Burlington Place, ✆ 01323-417365, 📠 417887.

Loriston Guest House (4), ein Einzel- und vier Doppelzimmer (bzw. Mehrbettzimmer). Gemütliche Zimmer, mit der netten spanischen Besitzerin kommt man schnell ins Gespräch; ab £ 17. 17 St Aubyns Road, ✆ 01323-726193.

Sea Breeze Guest House (4), sechs saubere Zimmer. Ähnlich wie Loriston Guest House. Ab £ 16. 6 Marine Road, ✆ 01323-725440

• *Jugendherbergen*: **(1)** Das ehemalige Golfclubhaus liegt auf einer Anhöhe der South Downs und bietet einen schönen Blick über Eastbourne und die Pevensey Bay; zelten ist möglich. Anfahrt über die A 259 Richtung Seaford, dann auf der rechten Seite. Alternative: mit den Bussen 711–713 Richtung Brighton; Erwachsene £ 9.80, Jugendliche £ 6.75 (Okt.–März geschlossen). East Dean Road, ✆/📠 01323-721081.

Eine weitere **Jugendherberge in Alfriston** (13 km westlich), Landhaus aus dem 16. Jh. in landschaftlich reizvoller Lage. Erwachsene £ 9.80, Jugendliche £ 6.75 (Januar geschlossen). Frog Firle, Polegate, ✆ 01323-870423, 📠 870615.

• *Camping*: *** **Fairfields Farm**, fünf Kilometer östlich der Stadt. Übernachtung ab £ 6.50. Von April bis Okt. geöffnet. Eastbourne Road, Westham, ✆ 01323-763165, 📠 499175.

Essen (siehe Karte Seite 182/183)

Viele Fish-'n'-Chips-Läden, Schnellimbisse (Whimpy's) und Coffee/Tea Shops in der Innenstadt bzw. Einkaufsstraße.

Luigi's (5), das gemeinhin als bester Italiener der Stadt gehandelte Restaurant bietet wohlfeile Kost. Pasta £ 6–7, ein Klassiker wie *Saltimbocca alla Romana* kostet £ 8.95. 72 Seaside Road, ✆ 01323-736964.

Tequila Sunset (6), einladendes Ambiente, serviert wird italienische und mexikanische Küche. Sonntags gibt es ein *all-you-can-eat-buffet* für £ 5.95. 71 Seaside Road, ✆ 01323-732832.

The Lamb (2), neben der Church of St Mary. Mit Abstand das älteste Public House in Eastbourne: Seit sage und schreibe 750 Jahren wird hier der Durst gelöscht. High Street.

Fusciardi's, geräumiger Coffee/Tea Room mit gutem Kaffee; auch der entkoffeinierte ist sehr stark und wird in Riesentassen serviert. Außerdem sind Eisspezialitäten im Angebot. Carlisle Road neben Browns.

Sehenswertes

Im Gegensatz zum heutigen Stadtzentrum liegt der alte Ortskern 500 Meter weiter landeinwärts. Hier steht noch (südlich des Parks Motcombe Gardens) die **St Mary's Church** aus dem 12. Jahrhundert. Zwischen dem alten und dem neuen Zentrum befindet sich nahe dem Golfplatz der **Compton Palace**, in dem einst die Herzöge von Devonshire residierten. In dem Gebäude, mit dessen Bau bereits 1548 begonnen wurde, ist heute ein College untergebracht.

Redoubt Fortress: Das konzentrisch angelegte Redoubt Fortress, das 1810 zur Abwehr eines befürchteten napoleonischen Angriffs erbaut wurde, beherbergt heute ein umfangreiches Militärmuseum.

Adresse/Öffnungszeiten: Royal Parade, Eastbourne. April bis Anfang Nov. tgl. 9.30–17.30 Uhr. Eintritt: £ 2.10, erm. £ 1.05.

Wanderung auf dem South Downs Way

Ab Eastbourne erstreckt sich über fast 130 Kilometer der South Downs Way in westlicher Richtung. Dieser Wanderweg führt entlang der Hügelkette South Downs, einer Landschaft, die das Prädikat "outstanding natural beauty" verdient hat. Zunächst geht es zum *Beachy Head* (s. u.), dann nach *Burling Gap* (kleiner Ort direkt an den Klippen), schließlich vorbei an den *Seven Sisters* (Steilklippen) und durch den gleichnamigen Country Park. Jetzt biegt der Wanderweg ins Landesinnere. Bis nordwestlich von Brighton liegen auf der Strecke in regelmäßigen Abständen Jugendherbergen (jeweils eine Tagesetappe voneinander entfernt). Als Wanderausrüstung empfehlen wir festes Schuhwerk, Regenjacke und gutes Kartenmaterial (*Ordnance Survey*, 1:50.000, Nr. 197–199, je nach Wanderabschnitt im Tourist Office Eastbourne erhältlich). Der Schwierigkeitsgrad des Weges ist mäßig, Mountainbike-Fahrer sollten aber mit Geröll rechnen. Fotoapparat nicht vergessen!

• *Jugendherbergen*: Plant man eine Wanderung von Jugendherberge zu Jugendherberge, ist es ratsam, sich zuvor nach ihrer genauen Öffnungszeiten zu erkundigen.

Eastbourne, East Dean Road, ✆ 01323-721081 (Jan.–März geschlossen). Von hier geht es los. Erwachsene £ 9.80, Jugendliche £ 6.75.

Alfriston, Frog Frile, Polegate, ✆ 01323-870423. Liegt ca. 2 km vom South Downs Way und 13 km von Eastbourne entfernt; im Januar ist alles geschlossen. Erwachsene £ 9.80, Jugendliche £ 6.75.

Telscombe, Bank Cottage, ✆ 01273-301357, etwa 3 km vom Weg ab und fast 20 km von Alfriston entfernt (Sept.–März geschlossen); Erwachsene £ 9, Jugendliche £ 6.20.

Brighton, Patcham Place, London Rd., ✆ 01273-556196; 5 km von der Route und ca. 16 km von Telescombe entfernt. Im Januar geschlossen. Erwachsene £ 9.80, Jugendliche £ 6.75.

Umgebung von Eastbourne

Pevensey Castle: Die größte Sehenswürdigkeit des kleinen Seebades Pevensey an der gleichnamigen Bucht sind die Ruinen einer Burganlage, deren Ursprünge bis in die Römerzeit zurückreichen. Wilhelm der Eroberer, der der Überlieferung zufolge in Pevensey erstmals englischen Boden betreten haben soll, erteilte den Auftrag, Teile der von den Sachsen zerstörten römischen Festung zum Bau einer Burg normannischen Musters zu verwenden.

• *Öffnungszeiten*: April–Sept. tgl. 10–18 Uhr, Okt. tgl. 10–17 Uhr, Nov.–März nur Mi–So 10–16 Uhr. Eintritt: £ 2, erm. £ 1.50 oder £ 1 (EH).

• *Information:* am Castle, High Street, East Sussex BN24 5LE, ✆/℻ 01323-761444.

• *Verbindungen:* Zweimal pro Stunde fahren **Busse** von der Terminus Road in Eastbourne nach Pevensey.

Beachy Head

• *Camping:* **Bay View Tourist Park**, Old Martello Road, Pevensey Bay, ✆ 01323-768688, Zeltplatz in Meeresnähe (ca. 100 m). 60 Stellplätze für Zelte und Caravans, saubere Duschen, Waschmaschinen. Zelt inkl. zwei Personen ab £ 7.50 (Ostern–Okt.).

Beachy Head: Beachy Head ist ein Küstengebiet von außergewöhnlicher landschaftlicher Schönheit. Senkrecht fallen die bis zu 175 Meter hohen schneeweißen Kreidefelsen ins Meer ab; der rot-weiß gestreifte Leuchtturm zu Füßen Beachy Heads scheint ein Geschenk aus dem Lande Liliput zu sein. (Busse von Eastbourne Mai–September mehrmals täglich, von Oktober bis April nur sonntags.) Von Eastbourne geht man die Beachy Head Road hinauf (dann ausgeschildert). In dieser Gegend kann man schöne Spaziergänge entlang der Kliffs machen (vorsichtig an den Rand treten!), z. B. zu den etwas weiter westlich liegendenden *Seven Sisters* (ebenfalls beeindruckende Kreidefelsen).

The Long Man of Wilmington: Da liegt er nun, der lange Mann, der imposante 75 Meter misst. Aus einem sanft ansteigenden Hügel leuchten die weißen Konturen einer menschlichen Figur hervor, die in den Kalk geritzt wurden. Scheinbar stützt sie sich auf zwei Stöcke. Man nimmt an, dass diese Figur die älteste Darstellungen eines Menschen im westlichen Europa ist. Woher sie stammt und wer sie schuf, weiß niemand, auch die Wissenschaft steht vor einem Rätsel.

Anfahrt: Von Eastbourne über die A 27 Richtung Lewes, dann links nach Wilmington oder mit dem Bus nach Polegate.

Seaford: Der nächste Anlaufpunkt, falls man den Küstenbummel Richtung Westen fortsetzt. Nicht so städtisch und geschäftig wie die benachbarten Badestädte, außerdem viel kleiner und überschaubarer. Der breite und lange Kiesstrand bietet gute Möglichkeiten zum Wassersport. Seaford war bis vor 400 Jahren der Hafen von Lewes.

Information: 25 Clinton Place, East Sussex BN25 1NP, ✆/℻ 01323-897426.

Lewes

Das mittelalterliche Städtchen liegt 28 Kilometer nordwestlich von Eastbourne (Richtung Brighton) am Fluss Ouse. Die Stadt am Hügel, die von einer normannischen Burg überragt wird, ist ein guter Ausgangspunkt für Radtouren und Wanderungen durch die South Downs (s. o.). Nordwestlich der Stadt fand 1264 eine bedeutende Schlacht statt, in der Truppen von König Heinrich III. gegen aufbegehrende Adelige unter Simon de Montfort kämpften, die größeren politischen Einfluss zu erringen suchten. Die Niederlage der königlichen Truppen war ein erster Schritt zum Parlamentarismus.

• Information: **Tourist Information Centre**, 187 High Street, Lewes, East Sussex BN7 2DE, ☏ 01273-483448, ℻ 484003. Internet: www.lewes.gov.uk

• Verbindungen: **Bus** – Busbahnhof an der Eastgate Street, ☏ 01273-474747 (Country Busline), ☏ 0990-808080 (National Express).

Zug – nach London, Brighton, Gatwick Airport, Eastbourne und entlang der Südküste; Bahnhof in der Station Road. ☏ 0345-484950.

• Bücher: Fundgrube für Buchliebhaber ist der **15th Century Bookshop** in der High Street, der in einem Fachwerkgebäude aus dem Jahr 1450 untergebracht ist.

• Bier: **Harvey's Brewery Shop** (6 Cliffe High Street) führt ein überwältigendes Biersortiment.

• Übernachten/Essen: B&Bs in der Stadtmitte sind nicht gerade preisgünstig; beim Tourist Office gibt es ein Unterkunftsverzeichnis. Wer in Rye keine Unterkunft bekommt, kann auf die Nachbardörfer ausweichen.

White Hart Hotel, ehemalige Postkutschenstation mitten im Zentrum von Lewes. Durch einen Anbau wurde die Hotelkapazität auf 52 Zimmer (£ 52–90) erweitert. 55 High Street, ☏ 01273-476694, ℻ 476695.

Crown Hotel, eines der ältesten Hotels in Lewes mit hübschem Wintergarten. DZ £ 35–58. High Street, ☏ 01273-480670, ℻ 480679.

Tortellini, netter Italiener mit gutem Preis-Leistungs-Verhältnis. Pizza ab £ 5.50. 197 High Street, ☏ 01273-487766.

Südostengland
Karte S. 140/141

Sehenswertes

Lewes Castle: Attraktion des Ortes ist Lewes Castle. Die normannische Burganlage aus dem 11./12. Jahrhundert ist nur noch in spärlichen Resten erhalten. Vom Burgturm aus hat man einen schönen Blick über die Stadt.

Öffnungszeiten: Tgl. 10–17.30 Uhr, So erst ab 11 Uhr. Eintritt: £ 3.70, erm. £ 3.20 oder £ 1.90. Kombiticket mit Anne of Cleves House: £ 5, erm. £ 4.30 oder £ 2.60.

Gleich daneben ist im Barbican House (169 High Street) das **Archäologische Museum** und das **Lewes Living History Model** untergebracht. Eine 25-minütige audiovisuelle Vorführung gibt Aufschluss über die Geschichte der Stadt.

Anne of Cleves House: Anna von Kleve, die vierte Frau Heinrichs VIII., erhielt das kleine, verspielte Anwesen nach der Scheidung (1541) als Abfindung übereignet. Obwohl sie dort nie gewohnt hat, gewährt das hübsche, als Heimatmuseum genutzte Fachwerkhaus einen guten Einblick in die Wohnkultur des 16. Jahrhunderts.

Adresse/Öffnungszeiten: 52 Southover High Street. Tgl. 10–17 Uhr, So erst ab 12 Uhr, im Nov. und Dez. Mo geschlossen, im Jan. und Feb. nur Di, Do und Sa 10–17 Uhr. Eintritt: £ 2.50, erm. £ 2.30 oder £ 1.20. Kombiticket mit Lewes Castle: £ 5, erm. £ 4.30 oder £ 2.60.

Brighton

Wer hat noch nie etwas vom Palace Pier gehört oder gesehen? Der weit ins Meer ragende Vergnügungssteg auf Stelzen, ein beliebtes Fotomotiv, ist das Wahrzeichen des traditionellen Badeorts.

Wo einst ein Prinz (der spätere Georg IV.) mit seinen aristokratischen Gefolgsleuten bei reiner Seeluft Erholung vom Trubel der Hauptstadt suchte, tummeln sich heute an warmen Tagen die Massen sonnenhungriger Londoner.

Sie füllen die altehrwürdigen Hotels, die ihre Existenz dem vergangenen Boom verdanken. Unter dem lebenslustigen Thronfolger entwickelte sich das kleine Fischerdorf zu einem mondänen Seebad und in unseren Tagen zum meistbesuchten Seaside Resort Englands.

Etwa 200 Meter nördlich des Piers macht sich unübersehbar der exotisch-orientalische Sommersitz Georges, der *Royal Pavilion*, breit. Der architektonische Seitensprung ist Blickfang für jeden Besucher. Im hindu-gotischen Stil erbaut, wurde er vom König chinesisch eingerichtet – schließlich musste man ja dem weltumfassenden Empire gerecht werden.

Außerhalb des verkehrsreichen Ortskerns lassen sich ruhigere Viertel finden. In den *Lanes*, den schmalen, gewundenen Gassen hinter dem Hauptpostamt, kann man die Reste des einstigen Fischerdorfes entdecken. Zahlreiche Souvenirläden und eine Fülle verschiedener Restaurants ergänzen das Bild.

Wer sich für Antiquitäten interessiert, der findet sein Eldorado in der Gegend zwischen *Gloucester Road* und *Kensington Gardens*. Der geschäftigen Atmosphäre in den Antiquitäten- bzw. Trödelläden und Bookshops begegnet man am besten nach einem deftigen Frühstück in einem der kleineren, recht preisgünstigen Restaurants.

In den sechziger und siebziger Jahren war Brighton berüchtigt für die hier regelmäßig stattfindenden Schlägereien zwischen Mods, Teds und Rockern (bis aufs Blut verfeindete Jugendgruppen) bzw. aller zusammen gegen die Polizei (dafür vergaß man sogar den Streit untereinander). Diese Stimmung ist ganz gut in dem Musikfilm "Quadrophenia" der Rockband "The Who" wiedergegeben. Apropos Musik – auch heute noch hat Brighton ein ausgeprägtes Nachtleben mit allem, was das Herz begehrt.

Information/Verbindungen

• *Information*: **Visitor Information Centre**, Bartholomew Square, The Lanes, East Sussex BN1 1GS, ✆ 01273-292589, ℻ 29589. Internet: www.tourism.brighton.co.uk

Hier ist immer viel los, besonders im Sommer. Eine Informationsbroschüre über Brighton und Hove ist auch in deutscher Sprache erhältlich. Außerdem Zimmervermittlung, detaillierte Nachweise über Veranstaltungen, Übernachtungsmöglichkeiten, Sporteinrichtungen sowie Nachtleben.
Ein weiteres Informationsbüro liegt in **Hove** (Town Hall, Norton Road, ✆ 01273-778087).

• *Telefonvorwahl*: 01273

• *Verbindungen*: **Bus** – National Express und Southdown ab Old Steine (St James Street); Verbindungen nach Worthing, Bognor Regis, Chichester, Portsmouth, Arundel und häufig nach London (Expressbus nach Victoria Busstation). Information über Nahverkehrsbusse ebenfalls bei One Stop Travel.

Zug – Von der Central Station (Queen's Road) benötigen die Züge nach London Victoria Station (auch über Gatwick) ca. eine Std., gute Anbindung an alle Südküstenstädte.

Adressen

• *Apotheke*: **Ashtons Chemists**, 98 Dyke Rd., ✆ 01273-25020, täglich 9–22 Uhr.

• *Fahrräder*: **Freedom Bikes**, 96 St James Street, ✆ 681698; **Planet Cycle Hire**, Madeira Drive, ✆ 01273-695755. Tourenräder und Mountainbikes; Kaution und Ausweisvorlage wird gefordert.

• *Geldwechsel*: Mehrere Banken in der North St., z. B. **Barclay's**; **Streetwise**, Castle Square (Mo–Sa 9.30–18 Uhr, So 10.30–18 Uhr); **American Express**, North St./Ecke Western Rd. (Mo–Sa 9–17.30 Uhr).

• *Krankenhaus*: **Royal Sussex County**, Eastern Road, ✆ 01273-696955.

Abendliches Treiben in den Strandbars von Brighton

- *Märkte*: Mindestens sechs verschiedene Märkte, z. B. **Upper Gardener Street Market** mit vielen Antiquitäten (So 7–13 Uhr) oder **London Road Market**, ein Lebensmittelmarkt (Mo 7–13 Uhr, Di–Do 7–17 Uhr, Fr/Sa 6–18 Uhr). Der Sonntagsmarkt auf dem **Brighton Station Car Park** (9–14 Uhr) bietet ein buntes Sammelsurium von Antiquitäten, Lebensmitteln und Kleidung.
- *Polizei*: John Street, ✆ 01273-606744.
- *Post*: 51 Ship Street.
- *Waschen*: 53 St. James Street, Mo–Sa 7.30–20.45 Uhr; 99/101 Dyke Road, täglich 7–19 Uhr; 75 Preston Street, Mo–Sa 8–21 Uhr, So 9–19.30 Uhr.

Übernachten (siehe Karte Seite 190)

Wegen des großen Besucheransturms sind Quartiere in Brighton vergleichsweise teuer. Dennoch sind eine Reihe relativ preiswerter B&Bs in der Gegend nordöstlich des Palace Pier (*Madeira Place*) zu finden. Wer in Brighton ankommt und hier übernachten will, sollte sich vom Tourist Office helfen lassen. Eine wöchentlich neu erscheinende Liste, die ca. 30 Unterkünfte aufführt, ist dort erhältlich. Weitere B&Bs findet man in allen Orten entlang der Küste, aber auch *Lewes* (kein Badeort, s. o.) bietet schöne Alternativen.

Pelirocco (3), ein junges Londoner Pärchen, das in Brighton stets vergeblich nach einem trendigen Hotel Ausschau gehalten hat, hat im Mai 2000 sein eigenes Traumhotel eröffnet. Das Pelirocco (19 Zimmer) kann mit einer besonderen Attraktion aufwarten: Alle individuell gestylten Räume (je nach Wochentag £ 45–70) zitieren Themen aus der Rock- und Popgeschichte und verfügen über eine Playstation. Wer schon immer einmal mit Graffiti an den Wänden und einem Modell des Raumschiffs Enterprise als Telefon einschlafen wollte und trotzdem auf Komfort nicht verzichten will, ist hier genau richtig. Die Hotellounge besitzt Clubatmosphäre. Zentrale, aber ruhige Lage, nicht weit vom Meer entfernt. Und auch am Frühstück gibt es nichts auszusetzen. Nichtraucherhotel! Regency Square, ✆ 01273-327055, ℻ 733845. Internet: www.hotelpelirocco.co.uk

Cecil House Hotel (4), nette Unterkunft unter junger Leitung, direkt an der Uferpromenade gelegen. B&B £ 20–40. 126 Kings Road, ✆ 01273-325942, ℻ 325222.

Kempton Town Hotel (24), das einladende Hotel liegt in der Nähe des Piers. Die Zimmer sind klein, aber schön eingerichtet. B&B £ 23–38 pro Person. 33 Marine Parade, ✆ 01273-570248, ℻ 570248.

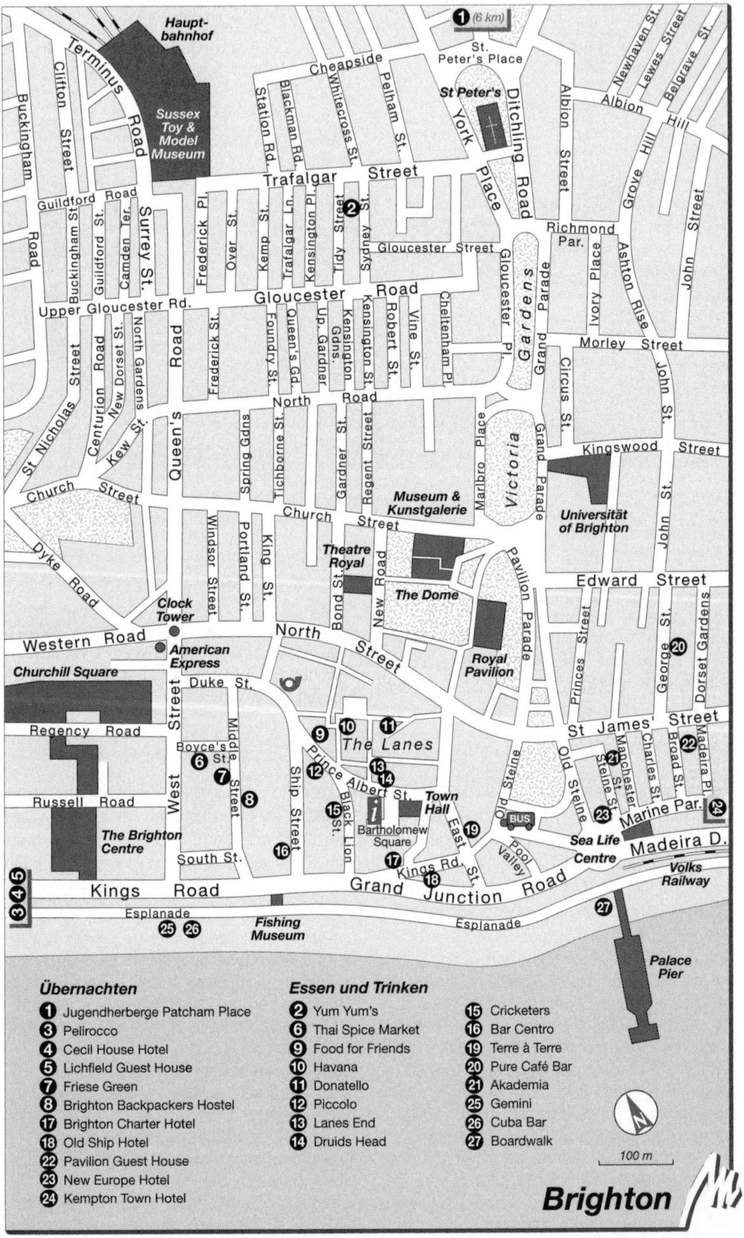
Hauptbahnhof
Sussex Toy & Model Museum
St Peter's
St. Peter's Place
Terminus Road
Clifton Street
Buckingham Road
Guildford Road
Buckingham St.
Guildford St.
Camden Ter.
Surrey St.
Frederick Pl.
Over St.
Kemp St.
Trafalgar Ln.
Kensington Pl.
Tidy Street
Sydney St.
Station Rd.
Blackman Rd.
Whitecross St.
Pelham St.
Cheapside
Trafalgar Street
York Place
Ditchling Road
Albion Street
Albion Hill
Newhaven St.
Lewes Street
Belgrave St.
Grove Hill
John Street
Richmond Par.
Gloucester Street
Gloucester Road
Gloucester Pl.
Gardens
Grand Parade
Ivory Place
Ashton Rise
Upper Gloucester Rd.
North Gardens
North Road
New Dorset St.
Centurion Road
St. Nicholas Street
Queen's Road
Frederick St.
Foundry St.
Queen's Gd.
Up. Gardner
Kensington Gdns.
Kensington St.
Robert St.
Vine St.
Cheltenham Pl.
Morley Street
Circus St.
John St.
Kew St.
Spring Gdns
Tichborne St.
Gardner St.
Regent Street
Marlbro Place
Victoria
Kingswood Street
Museum & Kunstgalerie
Universität of Brighton
Church Street
Dyke Road
Windsor Street
Portland St.
King St.
Theatre Royal
Bond St.
New Road
The Dome
Pavilion Parade
Edward Street
Clock Tower
Western Road
American Express
North Street
Royal Pavilion
Princes Street
George St.
Dorset Gardens
Churchill Square
Duke St.
West Street
Regency Road
Boyce's St.
Middle Street
The Lanes
Prince Albert St.
Black Lion St.
Ship Street
Town Hall
Bartholomew Square
East St.
Old Steine
St James' Street
Manchester St.
Charles St.
Broad St.
Madeira Pl.
Steine St.
Russell Road
The Brighton Centre
South St.
Kings Rd.
Pool Valley
BUS
Sea Life Centre
Marine Par.
Madeira D.
Volks Railway
Kings Road
Grand Junction Road
Esplanade
Fishing Museum
Palace Pier
(6 km)
100 m
Übernachten
1 Jugendherberge Patcham Place
3 Pelirocco
4 Cecil House Hotel
5 Lichfield Guest House
7 Friese Green
8 Brighton Backpackers Hostel
17 Brighton Charter Hotel
18 Old Ship Hotel
22 Pavilion Guest House
23 New Europe Hotel
24 Kempton Town Hotel
Essen und Trinken
2 Yum Yum's
6 Thai Spice Market
9 Food for Friends
10 Havana
11 Donatello
12 Piccolo
13 Lanes End
14 Druids Head
15 Cricketers
16 Bar Centro
19 Terre à Terre
20 Pure Café Bar
21 Akademia
25 Gemini
26 Cuba Bar
27 Boardwalk
Brighton

Old Ship Hotel (18), das traditionsreiche Hotel aus dem frühen 19. Jahrhundert hat schon bessere Zeiten gesehen. Übernachtung ab £ 39.50 pro Person. Kings Road, ✆ 01273-329001.

New Europe Hotel (23), Gay-Hotel direkt an der Seafront. Modernes Ambiente, abends treffen sich die Gäste in der hauseigenen Bar. B&B ab £ 25 pro Person. 31–32 Marine Parade, ✆ 01273-624462.

Brighton Charter Hotel (17), einfache, passable Unterkunft in absolut zentraler Lage. Von den meisten Zimmern bietet sich ein toller Meerblick. B&B ab £ 19 pro Person, am Wochenende rund 50 Prozent teurer. Kings Road, ✆ 01273-326878.

Pavilion Guest House (22), fünf saubere Doppelzimmer mit Farb-TV und Waschgelegenheit. Toiletten und Duschen im Flur, nette Wirtin. B&B £ 12–19 pro Person. 12 Madeira Place, ✆ 01273-683195.

Lichfield Guest House (5), sieben Zimmer, davon drei mit Dusche. Auf Wunsch Vegetarier- oder Diabetikerkost; ab £ 16.30. Waterloo Street, Stadtteil Hove, ✆ 01273-777740.

Brighton Backpackers Hostel (8), das 1991 eröffnete private Hostel liegt in zentraler Lage fast direkt am Meer. Keine Sperrstunde, lockere Atmosphäre. 2 bis 8 Betten pro Zimmer; Übernachtung ab £ 9, mit Meerblick £ 10, Doppelzimmer £ 12.50 pro Person. 75–76 Middle Street, ✆ 01273-777717, 📠 887778.
E-Mail: stay@brightonbackpackers.com

Friese Green (7), wenn das Backpackers Hostel ausgebucht ist, kann man es ein paar Häuser weiter in diesem kleinen, allerdings weniger gepflegten Hostel versuchen. Übernachtung ebenfalls ab £ 9. 20 Middle Street, ✆ 01273-747551.

• *Jugendherbergen*: **Patcham Place (1)**, ca. 6 km nördlich des Stadtzentrums an der A 23. Die Jugendherberge ist in einem 400 Jahre alten Gebäude untergebracht. Im Sommer oft voll, deshalb vorher anrufen oder schon morgens einchecken. Anfahrt mit Bus 773 Richtung Gatwick von Old Steine (aussteigen am Black Lion Hotel). Im Januar geschlossen; Erwachsene £ 9.80, Jugendliche £ 6.75. London Road, ✆ 01273-556196, 📠 509366.

Wenn Urlauber und Kongressteilnehmer alle Zimmer belegt haben, kann man in die Umgebung ausweichen. Eine Jugendherberge nördlich der A 27: **Tottington Barn**, Truleigh Hill, Shoreham-by-Sea, Erwachsene £ 9.80, Jugendliche £ 6.75. ✆ 01903-813419, 📠 812016 (im Winter geschlossen).

• *Camping*: Das Tourist Office gibt eine Liste heraus, auf der Adressen von Farmern verzeichnet sind, die das Zelten auf ihrem Grundstück akzeptieren. Oft ist nur eine begrenzte Anzahl von Campern zugelassen.

Südostengland
Karte S. 140/141

Essen und Trinken/Pubs und Discos

In Brighton herrscht ein ausgeprägtes Nachtleben. Für Interessierte gibt es viele Discos und Clubs mit Livemusik. Einige Londoner DJs jetten auch mal auf ein Wochenende hierher und zeigen, was sie können. Aktuelle Ereignisse sind der Tageszeitung oder einer Liste des Tourist Office zu entnehmen.

Yum Yum's (2), die Noodle Bar in der North Laine ist bekannt für frische asiatische Kost zu günstigen Preisen. Nur mittags geöffnet, im ersten Stock über einem asiatischen Supermarkt. 22–23 Sydney Street, ✆ 01273-606777.

Terre à Terre (19), das zentral gelegene, in wohligen Erdfarben gehaltene Restaurant genießt den Ruf eines vegetarischen Gourmettempels; allein wie die Speisen angerichtet sind, ist ein Augenschmaus. Hauptspeisen £ 9.95. Mittags keine Tischreservierung! 71 East Street, ✆ 01273-729051.

Donatello (11), der wohl beliebteste Italiener von Brighton. Trotz der großen Räumlichkeiten samt Straßenterrasse fällt es manchmal schwer, einen freien Platz zu ergattern. Geboten wird die ganze Bandbreite der italienischen Küche einschließlich Pizza. Lecker sind die Fischgerichte, wobei man am günstigsten mit einem der Menüs fährt: Menü mit zwei Gängen £ 7.90, mit drei Gängen £ 13.20. 1–3 Brighton Place, ✆ 01273-775477.

Piccolo (12), empfehlenswertes italienisches Restaurant. Leckere Pizzen. 56 Ship Street, ✆ 01273-203701.

Food for Friends (9), günstiges vegetarisches Restaurant in den Lanes. Die *healthy combination* (Suppe und Salat) gibt es für £ 4.75. 17 Prince Albert Street, ✆ 01273-202310.

Havana (10), Bar und Restaurant mit wohltuend puristischem Outfit. Die Küche zeigt sich Modern British, einfallsreiche und

Pub mit Tradition

leichte Kost dominiert die Speisekarte. 32 Duke Street, ✆ 01273-773388.

Boardwalk (27), in unmittelbarer Nähe zum Palace Pier werden hier auch kleine Gerichte und leckere Salate serviert. Nett sitzt man auf der Terrasse.

Lanes End (13), Café und Bar mit einem attraktiven Angebot an frisch zubereiteter Kost. 55 Meeting House Lane, ✆ 01273-729729.

Cricketers (15), das älteste Pub von Brighton ist immer für einen Abstecher gut. 15 Black Lion Street, ✆ 01273-329472.

Druids Head (14), für alle Bierfreunde bietet dieses Pub inmitten der Lanes eine breite Auswahl und eine nette Atmosphäre. 9 Brighton Place, ✆ 01273-325490.

Akademia (21), *stand-up comedy* mit Barbetrieb nach Vorstellungsende. 14–17 Manchester Street, ✆ 01273-622633.

Bar Centro (16), angesagter Treff unweit des Strands. Allabendlich legen DJs die neusten Rhythmen auf. Ship Street.

Gemini (25), kaum vorstellbar, dass es bis Anfang der neunziger Jahre noch keine Bars und Restaurants unterhalb der Promenade gab. Heute tummeln sich allabendlich zahllose Freaks am Strand und in den dortigen Clubs. Besonders beliebt ist das Gemini, eine Longe and Beach Bar mit vielen Sitzplätzen im Freien. Am späteren Abend verlagert sich das Geschehen ins Innere. 127–132 King's Road Arches unterhalb der Grand Junction Road.

Cuba Bar (26), ein paar Schritte weiter dröhnt aus den Boxen Reggea-Musik bis an den Strand. Diskobetrieb. 160 King's Road Arches, unterhalb der Grand Junction Road, ✆ 01273-770505.

Zanzibar , genau wie die berühmte Zanzibar in Cannes ist der Namensvetter eine beliebte Schwulenbar. 129 St James's Street.

Feste/Veranstaltungen

Rock- und Popkonzerte finden regelmäßig in den beiden großen Hallen von Brighton statt: **The Brighton Dome** (29 New Road, ✆ 01273-709709) und **Brighton Centre** (King's Road, ✆ 087079009100).

Für Bühnen-Enthusiasten ist das viktorianische **Theatre Royal** (New Road, ✆ 01273-328488) erste Adresse. Viele Ensembles reisen aus ganz England an, um hier spielen zu können.

Die leichteren Seiten des Lebens werden im **Komedia** (Gardner Street, ✆ 01273-647101) aufgeführt. Und schließlich gibt es noch das **Gardner Arts Centre**, ein Theater auf dem Uni-Gelände (✆ 01273-685861). Hier führen vor allem Studenten experimentelle Stücke auf. Allgemeine Infos unter ✆ 09061-401503.

Baden

Brighton hat eine über 11 km lange Küste, die zur Hochsaison mit Badefreunden voll belegt ist. Etwa 1,5 km westlich vom Palace Pier befindet sich der örtliche Nacktbadestrand.

Alternativen zu Brighton sind die kleineren Badeorte **Littlehampton** (ca. 32 km westlich an der A 25) und **Newhaven** (ca. 16 km östlich).

• *Sport*: Eine Liste mit Sportmöglichkeiten, die in Brighton angeboten werden, ist im Tourist Office erhältlich.

Blütenpracht vor dem Royal Pavilion

Sehenswertes

Royal Pavilion: Schon von außen ist das eigenartige architektonische Geschöpf, das gar nicht so richtig nach England passt, ein Blickfang. Zahlreiche Zwiebelkuppeln, gesäumt von Zinnen und zierlichen Minaretten, verleihen dem Komplex einen orientalisch-asiatischen Charakter. Der ursprüngliche Pavillon aus der zweiten Hälfte des 18. Jahrhunderts wurde von John Nash in der Zeit von 1815 bis 1822 um- und ausgebaut. Der exzentrische Prince Regent und spätere King George IV. verbrachte hier zusammen mit seinen Liebschaften angenehme Urlaubstage. Queen Victoria hingegen hat Georges Urlaubsdomizil nicht zugesagt. Sie verkaufte das Gebäude und ließ große Teile des Inventars nach Windsor schaffen; allerdings sind die Einrichtungsgegenstände heute wieder an ihrem ursprünglichen Platz.

Die Innenausstattung des Palastes ist nach verschiedenen chinesischen Epochen gestaltet. Ganz besonders beeindrucken drei Zimmer: Im *Banqueting Room* ertönen von allen Seiten "Ohs" und "Ahs" – ein großer Saal mit einem langen, königlich gedeckten Tisch. Auf zwei gegenüberliegenden Seiten befinden sich Kamine. Die exotisch anmutenden Kronleuchter lassen so manchen ins Staunen geraten. Hier hielt der Prinz seine Gelage ab, die oft aus über hundert Gängen bestanden. Um solche Mahlzeiten zubereiten zu können, benötigt man natürlich eine große *Küche* und viele Köche. In der Küche findet man einen offenen Kamin und kupfernes Geschirr vor (z. T. aus dem Besitz Wellingtons). Interessant ist auch die königliche *Privatbibliothek* mit einer Menge wertvoller alter Bücher.

Öffnungszeiten: Tgl. 10–17 Uhr, Juni–Sept. tgl. 10–18 Uhr. Eintritt: £ 4.50, erm. £ 3.25 oder £ 2.75.

Prince Regent alias King George IV.

Nach ihm wurde sogar ein Baustil benannt: der "Regency Style" (typisch: gebogene Fensterfronten, schmiedeeiserne Gitter). Weil sein Vater, King George III., an einer Geisteskrankheit litt, übernahm der Prince of Wales 1811 die Regentschaft (so kam er zu dem Titel Prince Regent). Nach dem Tod des Vaters wurde er 1820 gekrönt.
Als Zwanzigjähriger suchte der Prinz 1783 wegen einer Drüsenkrankheit samt Hofstaat Heilung in Brighton, damals noch ein völlig unbekannter Ort. Er kaufte sich eine Sommerresidenz und ließ sie später so herrichten, wie wir sie heute kennen. Alles, was auf sich hielt, folgte ihm – Brighton wurde schick. Bei der Bevölkerung war George als Dandy verschrien, galt als Gönner der Künste, als Freund des Glücksspiels und als Vielfraß. Tatsache ist jedenfalls, dass seine ausschweifende Lebensart nicht unerhebliche Löcher in die Staatskasse riss. So wurde eine Geldheirat unumgänglich. Pech nur, dass die dafür vom Parlament ausgesuchte Braut laut zeitgenössischen Beschreibungen eine ziemlich unförmige Deutsche namens Karoline von Braunschweig war. Schon ein Jahr nach der Hochzeit versuchte der Lebemann, sich scheiden zu lassen, doch sein Vorhaben misslang. Georges Ansehen nahm ab, je mehr seine Leibesfülle zunahm. Höhepunkt des Hasses auf den König war ein misslungener Attentatsversuch. Frustriert zog er sich wieder in die Hauptstadt zurück und starb 1830 in Windsor.

Palace Pier: Dieser Pier ist der Nachfolger des *Chain Pier*, der 1833 durch einen Brand vernichtet wurde. 1899 eröffnet und im folgenden Jahrzehnt um ein Theater und einen Pavillon erweitert, ist er Symbol der Badestadt Brighton. Nachdem er im Zweiten Weltkrieg arg in Mitleidenschaft gezogen wurde, erstrahlt er seit seiner Renovierung 1946 im alten Glanz. Noch heute ist der berühmte Steg ein Vergnügungstreff. Zwei riesige Spielhallen, Geschäfte, Fish-'n'-Chips-Buden, Eisdielen und ein Spielautomaten-Museum locken zum Besuch. Vom Ende des Palace Pier hat man eine gute Aussicht über die Stadt.

Brighton Museum and Art Gallery (direkt neben dem Royal Pavilion): Hier kann man sich über Alt-Sussex ebenso informieren wie über die Kunst des 20. Jahrhunderts; außerdem gibt's Ausstellungen zur Stadtgeschichte, eine Modegalerie und eine Sammlung von Keramik- und Töpferarbeiten.

Adresse/Öffnungszeiten: Chruch Street. Tgl. außer Mi 10–17 Uhr, So erst ab 14 Uhr. Eintritt frei.

Yachthafen: 1978 öffnete der größte Yachthafen Englands zwei Kilometer östlich vom Palace Pier (Kemp Town). Viele Interessierte spazieren hier entlang und begutachten die bis zu 2000 vor Anker liegenden Boote. Auch historische Klipper gibt es hier manchmal zu sehen. Vom Aquarium fährt regelmäßig die erste elektrische Eisenbahn Englands, die sog. *Volks Railway*, bis zum Yachthafen.

Arundel

Ein Ort, um den viel Werberummel in der Touristikbranche gemacht wird. Nicht ganz unverständlich, sieht man einmal vom störenden Durchgangsverkehr im Zentrum ab. Arundel ist übersichtlich und gemütlich zu Fuß zu erkunden. Dabei fallen vor allem in der Tarrant Street einige interessante Antiquitätenläden auf, die meist Möbelstücke anbieten, doch kann man hier und da auch ein kleineres Mitbringsel auftreiben.

Lässt man den Blick nach oben schweifen, erblickt man unweigerlich die mächtige Kirche. Sie wurde im letzten Drittel des 19. Jahrhunderts oberhalb des Stadtkerns errichtet, nicht nur um ihr einen würdigen Platz zu sichern, sondern weil für den pompösen Sakralbau im Zentrum nicht genügend Raum vorhanden war. Etwas unterhalb erhebt sich die zwischen 1890 und 1903 neu gebaute Burg (ursprünglich aus dem 11. Jahrhundert) mit einem schönen Park. Die beiden Bauwerke bilden einen imposanten Rahmen für den im Jahre 1086 erstmals urkundlich erwähnten Ort.

Nach dem Sightseeing locken in den historischen Straßen und Gassen einige Pubs und Teestuben zu einer Rast. Im August und September hallen die Verse Shakespeares durch die Gemäuer der hiesigen Burg, in Pubs und auf Plätzen wird Amüsantes geboten. Beim *Arundel Festival* gibt es neben Theater auch Musik, es wird um sportliche Ehren gewetteifert, ein großer Rummel veranstaltet, und außerdem finden zahlreiche Ausstellungen statt (Informationen im Tourist Office).

Von Arundel aus kann man Wanderungen durch ein landschaftlich reizvolles Gebiet unternehmen und beispielsweise ein *Wildfowl Centre* (Wildvögel) besichtigen. Auch dazu gibt es Auskunft im Touristenbüro.

Information/Verbindungen/Adressen

- *Information*: **Tourist Information Centre**, 61 High Street, West Sussex BN18 9AJ, ✆ 01903-882268, 📠 882419. Internet: www.sussex-by-the-sea.co.uk
- *Telefonvorwahl*: 01903
- *Verbindungen*: **Bus** – Nahverkehrsbusse halten auf der High Street und fahren nach Littlehampton und Worthing. Am Town Quay (unteres Ende der High Street) fahren die Busse nach Chichester und Bognor Regis ab. **Zug** – Arundel liegt an der Eisenbahnlinie zum Gatwick Airport und Londons Victoria Station (1,5 Std. Fahrzeit); außerdem besteht eine Anbindung zur Bahnlinie nach Portsmouth und Brighton (über Ford, dort umsteigen).
- *Apotheke*: Lloyds Chemist, 32 High Street.
- *Einkaufen*: Modernes Antiquariat im **Arundel Bookshop**, 10 High St. Welcher Wandersmann hätte nicht gerne einen original englischen Wanderstock? Eine große Auswahl der treuen Weggefährten gibt es in der **39 Tarrant Street**. Auch gebrauchte bis antike Wanderstäbe.
- *Geldwechsel*: **Lloyds**, 14/16 High Street; **NatWest**, 57 High Street; **Wechselbüro** in der Post.
- *Post*: 2 High Street (Ecke Mill Rd., am Fluss).

Übernachten

In der Altstadt von Arundel befinden sich zahlreiche B&Bs in der Maltravers Street. Diese privaten Unterkünfte haben eine sehr familiäre Atmosphäre und sind etwas preisgünstiger als die Pensionen und Hotels in der Innenstadt.

Bridge House Hotel, gemütliches Hotel aus dem 18. Jahrhundert mit 16 Zimmern. B&B £ 20–35 pro Person. 18 Queen Street, ✆ 01903-882142, 883600.

Arden Guest House, liegt etwas südlich der Altstadt, die Zimmer haben teilweise eine schöne Holzdecke; ein Doppelzimmer kostet £ 35 pro Nacht. 4 Queens Lane, ✆ 01903-882544.

Arundel House, eine weitere Alternative im Ortszentrum. Wer will, kann auch nur einen Tee trinken und sich an Kuchen und Sandwiches laben. B&B ab £ 22.50. 11 High Street, ✆ 01903-882136.

• *Jugendherberge*: **Youth Hostel Warningcamp**, kleine Jugendherberge östlich des Flusses Arun (ca. zwei Kilometer nördlich des Bahnhofs). Anfahrt: vom Bahnhof auf der A 27 rechts (in östlicher Richtung), nach wenigen Metern links ausgeschildert (erste links, dann zweimal rechts). Im Sommer ist auch das Zelten auf dem Grundstück der Jugendherberge möglich. Nov.–Feb. nur an Wochenenden geöffnet. Erwachsene £ 10.85, Jugendliche £ 7.40. ✆ 01903-882204.

• *Camping*: *** **Ship & Anchor Marina**, drei Kilometer südlich von Arundel in Ford (Bahnverbindung). Zelt und zwei Personen £ 10, März–Okt. geöffnet. ✆ 01243-551262.

Essen

The Swan Hotel, Pub/Restaurant mit Kaminzimmer als Speiseraum. In angenehmer Atmosphäre werden hier Mahlzeiten der mittleren Preisklasse serviert. An der Bar, an der übrigens auch bayerisches Hacker-Pschorr ausgeschenkt wird, tummelt sich überwiegend junges Publikum. B&B ab £ 32.50. 27 High Street, ✆ 01903-882136.

Norfolk Arms, in dem zünftigen Pub wird auch Pasta serviert, B&B ab £ 47.50. 22 High Street, ✆ 01903-882101.

Pizza Express, einladend, mit großer Fensterfront, breite Auswahl an Pizzen (£ 6). High Street.

Sehenswertes

Arundel Castle: Die überwältigende Burg stammt ursprünglich aus dem 11. Jahrhundert und war lange Zeit Sitz der Herzöge von Norfolk (Geschlecht der Howards). Das größtenteils neu gebaute Schloss wie auch die wertvollen Sammlungen der Herzöge (Gemälde, Möbel, Uhren, Roben, Uniformen u. a.) können bestaunt werden. Die riesige Baron's Hall ist mit prunkvollen Möbeln des 16. Jahrhunderts ausgestattet. Das Deckengewölbe ist aus Eichenholz. Ein Rundgang durch das Schloss führt außerdem durch eine Bibliothek, die Ahnengalerie und eine Waffenkammer.

Öffnungszeiten: April–Okt. tgl. außer Sa 12–17 Uhr. Eintritt: £ 7, erm. £ 6 oder £ 4.50.

Cathedral of Our Lady & St Philip Howard: Die Kirche ist neben dem Castle das auffälligste Gebäude in Arundel. 1868 wurde sie in Anlehnung an französische Kathedralen der Gotik unter Leitung von Joseph Hansom erbaut. Hier fand ein Mitglied des Howard-Geschlechts (St Philip) seine letzte Ruhestätte, nachdem er 1588 hingerichtet worden war, weil er in der englisch-spanischen Auseinandersetzung für die Spanier Partei ergriffen hatte.

Öffnungszeiten: täglich 9–18 Uhr, im Winter bis zur Dunkelheit.

Arundel Museum and Heritage Centre: Stadtgeschichte von der Frühzeit bis heute ist das Ausstellungsthema des städtischen Museums.

Adresse/Öffnungszeiten: 61 High Street. April–Sept. Mo–Sa 10–17 Uhr, So 14–17 Uhr. Eintritt: £ 1, erm. £ 0.50.

Umgebung von Arundel

Amberley: Liebhaber schöner Dörfer sollten einen Zwischenstopp in Amberley einlegen (etwa sieben Kilometer nördlich von Arundel). Als Belohnung warten zahlreiche denkmalgeschützte Häuser, die normannische Pfarrkirche St Michael und ein nettes Schloss mit wuchtigem Torhaus, das einst den Bischöfen von Chichester gehörte und heute ein luxuriöses Landhotel birgt.

• *Übernachten*: **Amberley Castle**, die ideale Herberge für Freizeitburggrafen. Das rund 900 Jahre alte Schloss beherbergt zwanzig individuell eingerichtete Hotelzimmer. Billig ist das Vergnügen nicht gerade, dafür besitzt aber auch jedes Bad einen Whirlpool. Zimmer ab £ 145 pro Nacht. ✆ 01798-831992.

Parham House: Zwei Kilometer nordöstlich von Amberley erhebt sich das Parham House, ein stattliches elisabethanisches Herrenhaus. Sehenswert sind die holzgetäfelte, 54 Meter lange *Long Gallery* mit ihrer reich verzierten Tonnendecke, die *Great Hall* sowie zahlreiche Porträts aus der Tudor- und Stuartepoche.

Öffnungszeiten: April–Okt. jeweils Mi, Do und So 12–17 Uhr (Parham Garden), Parham House ab 14 Uhr. Eintritt: £ 5.25, erm. £ 4.50.

Bignor Roman Villa: Anfang des 19. Jahrhunderts von einem Bauern zufällig beim Pflügen entdeckt, zählt die aus dem 2. Jahrhundert stammende römische Villa einige Kilometer westlich von Amberley mit einer Grundfläche von 50 mal 80 Metern zu den größten des Landes. Der Komfort, den die Villa ihren Bewohnern bot, wurde erst im georgianischen England wieder erreicht. Neben prachtvollen Bodenmosaiken lassen sich in einem kleinen Museum die bei den Grabungen gefundenen Münzen sowie Schmuck und Keramiken bewundern.

Öffnungszeiten: Juni–Sept. tgl. 10–18 Uhr, März–Mai sowie Okt. tgl. außer Mo 10–17 Uhr. Eintritt: £ 3.50, erm. £ 2.50 oder £ 1.50.

Petworth House: Direkt am Marktplatz des altertümlichen Städtchens Petworth gelegen (gut 20 Kilometer nördlich von Arundel), beeindruckt das Petworth House allein schon durch seine Dimensionen: Die Gartenfront erstreckt sich über 100 Meter! Bereits im Mittelalter erwähnt, erhielt der Landsitz sein heutiges Aussehen vor mehr als 300 Jahren unter Charles Seymour, dem 6. Herzog von Somerset. Seine überregionale Bedeutung verdankt das Petworth House einem späteren Besitzer, dem Kunstmäzen *Sir George O'Brien Wyndham* (1758–1837). Wyndham, seines Zeichens 3. Earl of Egremont, unterhielt rege Kontakte zu den angesehensten englischen Malern. John Constable und vor allem William Turner lebten und arbeiteten längere Zeit in Petworth House – Turner richtete sich sogar ein eigenes Atelier ein. Es verwundert daher nicht, dass Wyndham nach und nach eine überaus respektable Kunstsammlung anhäufte; die mehr als 300 Gemälde, darunter Werke von William Turner, van Dyck, Tizian, Lorrain, Bosch, Roger van der Weyden, Gainsborough, Reynolds und Blake, sind noch heute an ihrem ursprünglichen Ort zu bewundern. Unter den prunkvollen Räumen des Herrenhauses sticht der getäfelte Carved Room hervor, der von Grinling Gibbons meisterhaft aus Lindenholz gefertigt wurde.

Keineswegs versäumen sollte man einen Spaziergang durch den Park von Petworth. Von dem späteren königlichen Hofgärtner *Lancelot "Capability" Brown* angelegt, gilt er als ein Musterbeispiel vollendeter englischer Gartenbaukunst. Petworth Park erstarrt nicht zu einem künstlichen Gebilde wie die französischen Barockgärten, vielmehr erweckt er den Eindruck eines fließenden Übergangs zur sich öffnenden Landschaft. Hierzu gehören der serpentinenförmige See in der Nähe des Herrenhauses sowie gewundene Wege und lose verstreute Baumgruppen.

Öffnungszeiten: April–Okt. Sa–Mi 13–17 Uhr. Eintritt: £ 6, erm. £ 3 (NT). Die Gartenanlage ist ganzjährig von 8 Uhr bis Sonnenuntergang geöffnet und kostet keinen Eintritt.

Chichester

Die lebendige Kleinstadt besitzt zwei große Attraktionen: Eine normannische Kathedrale und das Chichester Festival Theatre, in dem alljährlich eines der renommiertesten englischen Theaterfestivals stattfindet.

Wie die Endung "chester" bereits andeutet, geht Chichester auf eine römische Gründung zurück. Der rechteckige Grundriss der Römerstadt *Noviomagus Regnensium* bestimmt noch immer den Straßenverlauf. Den Schnittpunkt von *Decumanus* (Längsachse) und *Cardo* (Querachse) markiert seit 1501 das Market Cross. In angelsächsischer Zeit als "Cissecaestre" urkundlich erwähnt, wurde Chichester wenige Jahre nach der normannischen Eroberung zum Bischofssitz erhoben. Schon von weitem sieht man den Glockenturm der Kathedrale, der eindrucksvoll aus der Dächerlandschaft herausragt. Im Spätmittelalter durch einen regen Woll-, Tuch- und Weizenhandel zu Reichtum gekommen, hat sich die Kleinstadt ihr altertümliches Erscheinungsbild bis heute bewahren können. Das Auto lässt man am besten zeitig stehen, da die Stadtverwaltung von Chichester das halbe Zentrum in eine Fußgängerzone verwandelt hat.

Chichester Cathedral

Information/Verbindungen

- *Information*: **Tourist Information Center**, 29a South Street, Chichester, West Sussex, PO19 1AH, ✆ 01243-775888, 📠 539449. Internet: www.chichester.gov.uk
- *Telefonvorwahl*: 01243
- *Verbindungen*: **Bus** – Chichester Bus Station, Southgate, ✆ 01243-536000; Busse fahren von hier aus halbstündlich nach Selsey und Witterings; stündlich nach Brighton, Portsmouth, Bognor Regis, Pagham und Emsworth; seltener nach Barsham. Coach Services auch nach London, Exeter, Southampton und Brighton.

Zug – Chichester Station, Southgate, Information unter ✆ 0345-959099; halbstündlich nach Portsmouth und Brighton; stündlich Züge nach London (Victoria Station) über Arundel und direkt nach London (Waterloo Station).

Adressen

- *Bootstouren*: werden von Itchenor (A 286 von Chichester) aus organisiert, Informationen im Tourist Office.
- *Campingausrüstung*: **Bells**, direkt neben dem Waschsalon (The Hornet/Market St.).
- *Geldwechsel*: Banken im Zentrum.
- *Krankenhaus*: **St. Richard's Hospital**, Spitalfield Lane, ✆ 01243-788122.
- *Markt*: in der Market Avenue, Mittwoch- und Samstagvormittag.
- *Polizei*: Kingsham Road (nahe Bahnhof), ✆ 01243-536733.
- *Post*: 10 West Street.
- *Stadtführungen*: werden veranstaltet vom Tourist Office. Termine: Juni–Sep. Mo und Sa 11 Uhr. Gruppenführungen werden nach vorheriger Anmeldung beim Tourist Office das ganze Jahr über durchgeführt. Teilnahmegebühr: £ 2.
- *Waschen*: am Roundabout The Hornet/Market Street (tgl. 8–20 Uhr).

Südostengland
Karte S. 140/141

Übernachten

Zahlreiche B&Bs an der Straße nach Fishbourne (*Salthill Road*) und in der *Worcester Road*. Die Mitarbeiter des Tourist Office helfen bei der Zimmersuche. In der Altstadt sind selten alle Unterkünfte belegt. Autofahrer können in die umliegenden Dörfer ausweichen.

The Ship Hotel, sehr zentral gelegenes, komfortables Hotel aus dem 18. Jahrhundert. Übernachtung und Frühstück kosten hier £ 46–75. North Steet, ✆/℡ 01243-778000.

Southfolk House Hotel, stilvolles georgianisches Hotel mit Zimmern ab £ 60. 3 East Row, ✆ 01243-778899.

Mrs Campbell-White, Privathaus im Zentrum. Die Besitzerin vermietet ein EZ ausschließlich an Frauen; B&B ab £ 20. Rechtzeitig anmelden. 5a Little London, ✆ 01243-788405.

Mrs Read, komfortables Anwesen in ruhiger Wohngegend mit Tennisplatz. B&B £ 25–35. Raucher und Kinder unter 12 Jahren sind nicht erwünscht. The Flint House, Pook Lake East Lavant, ✆ 01243-773482.

- *Camping*: ** **Southern Leisure Lakeside Village**, riesiges Campingareal mit 1500 Stellplätzen am südlichen Stadtrand. Mit Freibad. Von März bis Oktober geöffnet. Übernachtung ab £ 8. Vinnetrow Road, ✆ 01442-248668, ℡ 254956.

Stubcroft Farm, Stubcroft Lane, East Wittering (etwa 11 km südwestlich von Chichester an der A 286), ganzjährig geöffnet. Auf dem kleinen Camping Site zahlen Sie pro Zelt um £ 6. ✆ 01243-671469.

***** **Wicks Farm Caravan Park**, im Nachbarort, ländlich gelegen, mit kleinem Geschäft, Telefon und heißen Duschen; Zelt £ 9.50–11. Ganzjährig geöffnet. Redlands Lane, West Wittering, ✆ 01243-513116, ℡ 511296. In dieser Gegend gibt es noch weitere Campingplätze; das Tourist Office hält eine Broschüre bereit.

Essen

Bei einem Ausflug zum kleinen Hafen von *Itchenor* kann man die dortigen Fischspezialitäten probieren (z. B. im Ship Inn). Chichester selbst weist zahlreiche teure Restaurants auf, die während der Festivalsaison sehr beliebt sind.

Medieval Crypt Brasserie, stilvoll sitzt man unter einem rund 800 Jahre alten Gewölbe und genießt die breite Auswahl internationaler Spezialitäten, darunter Tapas für £ 3–4. Am besten, man nimmt eine Tapaauswahl für £ 12.50, von der auch leicht zwei Personen satt werden. 12 South Street, ✆ 01243-537033.

Pasta Factory, ein Haus weiter begeistert dieses im ersten Stock gelegene italienische Restaurant durch seine breite Auswahl an frischer Pasta und Pizza, jeweils zwischen £ 7 und £ 8. 5–6 South Street, ✆ 01243-785764.

Sadlers, das Restaurant besitzt ein wohltuend schlichtes Interieur, im Sommer sitzt man im lauschigen Garten. Die Küche ist Modern British, lecker die Hühnerbrust mit Koriander für £ 8.75. 42 East Street.

Little London Indian Restaurant, gilt als der beste Inder von Chichester, Currys um die £ 5, Chicken Tikka £ 6.95. 8 Little London, ✆ 01243-533248.

Costa Coffee, direkt gegenüber der Kathedrale gibt es den besten Kaffee der Stadt. West Street.

Feste/Veranstaltungen

Das **Chichester Festival Theatre** gilt als Englands bestes Theater – abgesehen von den Londoner Bühnen. Über 350.000 Zuschauer werden hier in der von März bis Oktober dauernden Saison gezählt. Wer sich diesen kulturellen Leckerbissen nicht entgehen lassen will, sollte sich rechtzeitig um ein Ticket kümmern. Reservierungen unter ✆ 01243-781312. Die Preise liegen zwischen £ 10 und £ 25; wenn man am Spieltag ab 18 Uhr an der Kasse ansteht, gibt es Karten schon ab £ 5.

Wer eher ein Verehrer der bewegten Bilder ist, kann beim **Chichester Film Festival** auf seine Kosten kommen, das in den letzten beiden Augustwochen stattfindet (aktuelle Informationen und Veranstaltungsprogramm im Tourist Office).

Die Einweihung der Kathedrale wird während der **Chichester Festivities** (zwei Wochen im Juli) zelebriert. Auf dem Programm stehen Jazz, Film, Tanz, Oper und anderes mehr. Viele Veranstaltungen finden dann auch in der Kathedrale statt.

Sehenswertes

Chichester Cathedral: Die 1075 erfolgte Erhebung zum Bischofssitz – noch heute der einzige in Sussex – machte den Bau einer Kathedrale erforderlich. Gut drei Jahrzehnte später wurde das Gotteshaus geweiht. Während das Langhaus noch die typischen normannischen Arkaden und Triforien aufweist, ist vor allem das Äußere der Kathedrale aufgrund zahlreicher Brände sowie mehrerer Um- und Anbauten im gotischen Stil verändert worden. Ungewöhnlich ist der spätmittelalterliche Campanile, handelt es sich doch um den einzigen frei stehenden Glockenturm Englands. Südlich der Kathedrale schließt sich ein trapezförmiger Kreuzgang an, der allerdings meistens verschlossen ist. Dem langjährigen Dekan *Walter Hussey* ist es zu verdanken, dass die Kathedrale mit mehreren modernen Kunstwerken verschönert wurde. Von John Piper stammt ein abstrakter Gobelin hinter dem Hochaltar, Marc Chagall hat ein in hellem Rot leuchtendes Glasfenster im nördlichen Chorseitenschiff geschaffen, und Graham Sutherland malte das Altarbild "Noli me tangere", das in der Südostkapelle zu bewundern ist. Eine Plastik von Henry Moore sorgt auf dem Rasen neben der Kirche für einen optischen Akzent.

Adresse/Öffnungszeiten: West Street. Tägl. 7.30–19 Uhr. Spende: £ 2, erm. £ 1. Führungen von Ostern bis Okt. tgl. außer So um 11 und 14.15 Uhr.

St. Mary's Hospital: Der schöne alte Bau am St. Martin's Square wurde im 12. Jahrhundert als Krankenhaus gegründet und beherbergt heute ein Seniorenheim.

Besichtigungen: Mo–Fr (nur nach Vereinbarung unter ✆ 01243-783377). Spenden sind willkommen.

Market Cross: Das Marktkreuz im Zentrum der Altstadt wurde im Jahre 1501 von Bischof Storey gestiftet. An dieser Stelle durften die armen Bürger Chichesters ihre Waren verkaufen, ohne dafür Abgaben leisten zu müssen.

Pallant House: Geht man vom Market Cross die South Street hinunter und biegt dann links ab, so kommt man in ein Viertel, das *The Pallant* genannt wird. Eng aneinander gedrängt stehen hier Bürgerhäuser aus dem 18. und 19. Jahrhundert. Eines davon ist das 1712 erbaute Pallant House. Heute ist in diesem Gebäude eine Kunstgalerie untergebracht. Ausgestellt sind moderne Gemälde (Sutherland, Nash, Moore, Klee u. a.), aber auch Möbelstücke aus dem 18. und 19. Jahrhundert.

Adresse/Öffnungszeiten: 9 North Pallant. Di–Sa 10–17 Uhr, So 12.30–17 Uhr. Eintritt: £ 4, erm. £ 3 oder £ 2.50.

Chichester District Museum: Relikte der römischen Vergangenheit sind im District Museum, das in einem alten Getreidespeicher untergebracht ist, zu besichtigen.
Adresse/Öffnungszeiten: 29 Little London. Di–Sa 10–17.30 Uhr. Eintritt frei.

Priory Park: Weiter nördlich, im Priory Park, sind neben Resten der Burg auch Teile der Stadtmauer aus römischer Zeit zu sehen. Folgt man den braunen Schildern, kann man auf der Stadtmauer Chichesters umherwandern.

Umgebung von Chichester

Fishbourne Roman Palace: Als eindrucksvolles Zeugnis der römischen Zivilisation gelten die herrschaftlichen Villen, die im gesamten Imperium Romanum zu finden waren. Auch in dem drei Kilometer östlich von Chichester gelegenen Dorf Fishbourne ließ sich wahrscheinlich der keltische Stammesfürst Cogidubnus einen palastartigen Landsitz samt Badehaus errichten, wobei er den Stil der römischen Besatzer übernahm. In der zweiten Hälfte des 3. Jahrhunderts bei einem Brand zerstört, fiel der Palast der Vergessenheit anheim. Nachdem man das Anwesen durch Zufall bei Kanalisationsarbeiten entdeckt hatte, wurde ab 1960 damit begonnen, den Palast ausgegraben. Ein Unterfangen, das bis heute noch nicht abgeschlossen ist, da zu dem Palast mehr als 100 Räume gehören, die sich über eine Fläche von 1500 Quadratmetern rund um einen Innenhof erstrecken. Faszinierend sind die freigelegten Bodenmosaike im Nordflügel, darunter die Darstellung des auf einem Delphin reitenden Gottes der Liebe. Um den Gesamteindruck des

Mosaik im Fishbourne Roman Palace

Südostengland
Karte S. 140/141

Palastes wiederzugeben, hat man versucht, einen Teil der Gartenanlagen in ihrem ursprünglichen Zustand zu rekonstruieren. Wie weitere Grabungen ergeben haben, befanden sich neben dem Palast auch militärische Vorratshäuser und eine kleine Hafensiedlung (Fishbourne lag vor 2000 Jahren noch am Meer). Ein kleines Museum und eine Videoshow geben zusätzliche Erläuterungen.

Adresse/Öffnungszeiten: Salthill Road. Feb. bis Mitte Dez. tgl. 10–17 Uhr, im August bis 18 Uhr, von Mitte Dez. bis Anfang Feb. nur Sa/So 10–16 Uhr. Eintritt: £ 4.40, erm. £ 3.70 oder £ 2.30.

Military Aviation Museum: Nur wenige Kilometer östlich von Chichester in Tangmere befindet sich an der A 27 das Military Aviation Museum. Auf diesem stillgelegten Militärflughafen ist ein halbes Jahrhundert Fluggeschichte ausgestellt (Zeppeline, Doppeldecker, Düsenjäger usw.).

Öffnungszeiten: März–Okt. tgl. 10–17.30 Uhr, Nov.–Feb. 10–16.30 Uhr. Eintritt: £ 3, erm. £ 1.50.

Goodwood House: In einem 5.000 Hektar großen Park liegt das Ende des 18. Jahrhunderts erbaute Goodwood House, das nach der Renovierung 1997 in neuem Glanz erstrahlt. Ein Rundgang führt durch die Staatsgemächer mit alten Möbeln, Porzellan und einer ansehnlichen Gemäldesammlung (van Dyck, Hogarth, Reynolds usw.). Anfahrt über die A 27 Richtung Westen (kurz hinter Chichester links ausgeschildert). Gleich nebenan befindet sich eine renommierte *Pferderennbahn*, die zusammen mit Ascot und Epsom zu den bedeutendsten in England zählt. Kunstliebhaber erfreuen sich an einem zeitgenössischen Skulpturenpark (Sculpture at Goodwood), den das Sammlerehepaar Jeanette und Wilfred Cass angelegt hat. Da die Kunstwerke jedes Jahr neu arrangiert und durch Zukäufe ersetzt werden, stellt der Park stets eine neue Herausforderung dar.

- *Goodwood House*: Ostern–Sept. So und Mo 14–17 Uhr, im Aug. auch Di–Do 14–17 Uhr. Eintritt: £ 5.20, erm. £ 3.70.
- *Skulpturenpark*: März–Okt. Do–Sa 10.30–16.30 Uhr. Eintritt: £ 10.

Weald & Downland Open Air Museum: Das in der Nähe von Singleton (einige Kilometer nördlich von Chichester) liegende Freilichtmuseum vermittelt einen hervorragenden Eindruck von der ländlichen Architektur Südenglands vom Spätmittelalter bis ins 19. Jahrhundert. In einem parkähnlichen Areal wurden rund 40 historische Gebäude originalgetreu wiederaufgebaut und mit dem entsprechenden Mobiliar eingerichtet, darunter eine Mühle, ein viktorianisches Schulhaus und ein Bauernhof mit Kühen, Schweinen, Schafen, Hühnern und allem, was sonst noch dazugehört.

Öffnungszeiten: März–Okt. tgl. 10.30–18 Uhr, Nov.–Feb. nur Mi, Sa und So 10.30–18 Uhr. Eintritt: £ 6, erm. £ 3.

Midhurst: 23 Kilometer nördlich von Chichester liegt Midhurst, eine kleine Stadt mit vielen alten Pubs und guten kleinen Restaurants in der North Street. In einem Park sind die Ruinen von *Cowdray House* (im Tudor-Stil) zu besichtigen. In der hiesigen Grammar School drückte *Herbert George Wells* (1866–1946) die Schulbank. Er gilt zusammen mit Jules Verne als Begründer des modernen Sciencefiction-Romans. Sein bekanntestes Werk ist "The Time Machine", das auch aus verschiedenen Filmfassungen bekannt ist.

Bognor Regis: Bognor Regis ist eines der zahlreichen Seebäder an der englischen Südküste mit dem üblichen Pier, diversen Bingo Halls, einem Sport- und Freizeitzentrum und einer Promenade. Bis 1929 hieß der Ort schlicht Bognor; erst nachdem König George V. hier erfolgreich eine Kur absolviert hatte, mutierte das Seebad zu "Bognor Regis". Tausende von Engländern verbringen alljährlich ihren Urlaub in den örtlichen Holiday Centres und Caravan Parks. Einen guten Eindruck von der hiesigen Atmosphäre bekommt man im Butlin's Holiday Centre. Während der Hochsaison sind hier mehr als 6000 Urlauber untergebracht! Ein Höhepunkt ist die im März stattfindende *International Clown Convention*, zu der sich Hunderte von Spaßmachern in Bognor Regis versammeln.

Bognor Regis – Urlaub mit Sonnengarantie

Die Engländer wissen genau, weshalb sie Bognor Regis als Urlaubsort wählen: Sieht man einmal vom Jahr 1997 ab, so ist Bognor Regis seit 1990 stets der Ort in Großbritannien gewesen, der die meisten Sonnenstunden verzeichnen konnte. Mit durchschnittlich 2146 Sonnenstunden pro Jahr – das sind knapp sechs Stunden pro Tag – bietet Bognor Regis beste Voraussetzungen für warme Ferientage.

• *Information*: **Tourist Information Centre**, Belmont Street (hinter der Esplanade im Zentrum), West Sussex PO21 1BJ, ✆ 01234-823140, Fax 820435.

• *Fahrräder*: Das Tourist Office hält eine Liste mit Verleihern bereit.

• *Verbindungen*: **Bus** – Southdown Busse nach Brighton, Portsmouth, Chichester; Informationen unter ✆ 01903-237661.

Zug – Bahnhof an der Station Road; Züge nach Chichester, Brighton und London Victoria Station.

• *Übernachten*: In Bognor Regis gibt es relativ günstige Hotels, z. B.:

Selwood Lodge, 93 Victoria Drive, ✆ 01234-865071, ab £ 17 pro Person (keine EZ).

Homestead Private Hotel, 90 Aldwick Road, ✆ 01234-823443, Übernachtung mit Frühstück ab £ 16.

Grafschaft Surrey

Fragt man einen Engländer, der in der Grafschaft Surrey wohnt, nach seiner Herkunft, so wird er "London" antworten. Tatsächlich scheint die ganze Region Vorgarten der Hauptstadt zu sein.

"Grüngürtel der Börsenmakler" wird Surrey genannt. Schon im 17. Jahrhundert pendelten die Bewohner von hier nach London. An Wochenenden versuchen dann die Londoner, der Großstadthektik zu entfliehen, quälen sich über verstopfte Autobahnen und genießen schließlich in Surrey einen Tag im Grünen, beispielsweise beim Pferderennen im *Sandown Park* nahe Esher oder in *Epsom*. Landschaftlich wird Surrey von den North Downs bestimmt; der hügelige Gebirgszug steigt westlich von Guildford an und kann auch entlang eines Fernwanderweges (*North Downs Way*) erkundet werden.

Am Fuße der North Downs, wo der Fluss Mole eine Schneise durch die Hügelkette schlägt, liegt die Kleinstadt **Dorking**, Ausgangspunkt für Erkundungen dieser Gegend (regelmäßige Zugverbindung nach London Victoria Station, 40 Kilometer). Am nördlichen Rand von Dorking erhebt sich der *Box*

Hill, ein Berg auf dem schon Generationen von Londonern picknickten. Hier riecht es nach gegrillten Würstchen und Wacholder. Berühmte Literaten wie John Keats ließen sich von einem Spaziergang auf dem Box Hill inspirieren. Nachahmer genießen bei einem Tee oben im Café die herrliche Aussicht auf die Umgebung. Viele Leute meinen, dass der North Downs Way, der von Dover bis in die Grafschaft Hampshire führt, hier am schönsten sei.

Höchste Erhebung Südostenglands ist der *Leith Hill* mit 295 Metern. Von oben kann man den Ärmelkanal im Süden und im Norden London ausmachen. Von der Jugendherberge in Holmbury St Mary wandert man ungefähr eine Stunde hierher. Von der Herberge in Tanners Hatch (vier Kilometer nordwestlich von Dorking) bis nach *Polesden Lacey* sind es ungefähr 1,5 Kilometer. In einem hübschen Park mit Allee liegt eine Regency-Villa. Das Herrenhaus wurde Anfang des 19. Jahrhunderts erbaut und 1906 grundlegend renoviert und erweitert. Innen sind französische Möbel und Malereien zu bestaunen. 1923 verbrachte der spätere König George VI., Vater der heutigen Königin Elisabeth, seine Flitterwochen hier.

Jugendherbergen: **Tanners Hatch**, Polesden Lacey, Dorking, ✆ 01306-877964, Erwachsene £ 8.10, Jugendliche £ 5.65. YH in **Holmbury St. Mary**, Radnor Lane, Dorking, ✆ 01306-730777, Erwachsene £ 9.80, Jugendliche £ 6.75.

Guildford

Die Hauptstadt der Grafschaft Surrey ist das am River Wey gelegene Guildford. Eine Universität, eine Kathedrale, eine Burgruine und eine wunderschöne Altstadt prägen den Ort, der sich auch gut als Ausgangspunkt für einen Abstecher nach London eignet.

Aufgrund der guten Verkehrsanbindungen und der räumlichen Nähe zu London erfreut sich Guildford als Wohnsitz für gestresste Großstädter einer steigenden Beliebtheit. Durchaus verständlich: Das historische Zentrum – Guildfords Wurzeln reichen bis in die angelsächsische Zeit zurück – vermittelt die Geborgenheit einer Kleinstadt, so dass Guildford nicht Gefahr läuft, zur reinen Schlafstadt zu mutieren. Zudem ist Guildford seit 1966 Sitz der University of Surrey, wodurch sich die alten Gassen ein wenig im studentischen Flair sonnen können. Die steile, kopfsteingepflasterte High Street mit ihren feinen Boutiquen lädt zum Einkaufsbummel ein. Dominiert wird die Hauptstraße von der Guildhall im Tudor-Stil mit ihrer markanten Uhr sowie dem Archbishop Abbot's Hospital, einem stattlichen Armenhaus aus dem Jahre 1619.

- *Information:* **Tourist Information Centre**, 14 Tunsgate, Guildford GU1 3QT, Surrey, ✆ 01483-444333, 📠 302046. Internet: www.guildfordborough.co.uk
- *Telefonvorwahl*: 01483
- *Verbindungen:* Guildfords Bahnhof liegt ungefähr eine halbe Meile nordwestlich des Zentrums. Es bestehen regelmäßige Verbindungen nach Portsmouth und London Waterloo.
- *Sport:* **Guildford Spectrum**, attraktive Indoor-Freizeitanlage: Schwimmen, Eislaufen, Bowling, Aerobic und weitere Sportarten. Tgl. 8–23 Uhr, Parkway, ✆ 01483-443322.
- *Theater:* **Yvonne Arnaud Theatre**, Opern, Ballett und West End Shows; gilt als eines der besten Regionaltheater Englands. Millbrock, ✆ 01483-440000.

The Electric Theatre, Onslow Street, ambitioniertes Amateurtheater, ✆ 01483-444789.

- *Übernachten*: **The Angel Hotel**, das altehrwürdige Hotel gilt als erstes Haus am Platz. B&B ab £ 120 pro Person. 91 High Street, ✆ 01483-64555, 📠 33770.

Blanes Court Hotel, ruhiges, familiäres Hotel in einem edwardianischen Haus mit beheiztem Hallenbad. Zum Frühstück gibt es hausgemachte Marmelade. B&B ab £ 68.50 pro DZ. Albury Road, ✆ 01483-573171, 📠 532780.

• Essen: **Cambio**, vorzüglicher und nicht teurer Italiener unweit des Castle. Bei einem zweigängigen Menü zu £ 10.50 folgten auf ein leckeres Carpaccio ebenso vorzügliche Schweinemedaillons. 10 Chapel Street, ✆ 01483-577702.

Café de Paris, Freunde der französischen Küche finden drei Häuser weiter eine Brasserie, die ein dreigängiges Menü zu £ 14.50 anbietet. 35 Castle Street, ✆ 01483-564555.

The Kings Head (4), rund 400 Jahre alter Pub in der Nähe der Burg. Im Sommer sitzt man im Hof, im Winter vor dem warmen Kaminfeuer. Hauptgerichte etwa £ 5. Quarry Street, ✆ 01483-575004.

Sehenswertes

Castle: Die von einer schönen Gartenanlage eingerahmte Ruine der normannischen Burg diente im Hochmittelalter als königliche Residenz. Wahrscheinlich ist *Johann Ohneland* von hier aus nach Runnymede aufgebrochen, um die Magna Carta zu unterzeichnen. In einem Teil der ehemaligen Befestigung befindet sich das Guildford Museum.

Öffnungszeiten: April–Sept. tgl. 10–18 Uhr. Eintritt: £ 0.85.

Guildford Museum: Ausgestellt sind Zeugnisse zur Lokalgeschichte, daneben widmet sich das Museum vor allem Charles Lutwige Dodgson, besser bekannt unter seinem Pseudonym *Lewis Carroll*. Der Autor von "Alice im Wunderland" erwarb im Jahre 1868 für seine sechs unverheirateten Schwestern das Haus *The Chestnuts* in der Quarry Street (Gedenktafel). Während seiner Semesterferien kam er oft nach Guildford, wo er am 14. Januar 1898 auch gestorben ist. Sein Grab befindet sich auf der anderen Seite des River Wey auf dem Friedhof The Mount.

Adresse/Öffnungszeiten: Castle Arch, Quarry Street. Tgl. außer So 11–17 Uhr. Eintritt frei.

Umgebung von Guildford

Clandon Park: Clandon Park ist der Familiensitz der Onslows. Der 2. Lord Onslow beauftragte den venizianischen Architekten *Giacomo Leoni*, östlich von Guildford ein Herrenhaus im palladianischen Stil zu errichten. Während das Äußere eher schlicht gehalten ist, überraschen die opulent ausgestatteten Innenräume; Aufmerksamkeit verdient eine Sammlung chinesischer Porzellanvögel. Die Parkanlagen gehen auf keinen Geringeren als den königlichen Hofgärtner *Capability Brown* zurück. Neuseelandfans können dort übrigens ein "Maori Meeting House" bewundern, das der 4. Lord Onslow, der einst Gouverneur von Neuseeland war, als Andenken mitbrachte.

Öffnungszeiten: April–Okt. Di–Do sowie So 11.30–16.30 Uhr. Eintritt: £ 4.30. Kombiticket mit Hatchlands Park: £ 6.20.

Hatchlands Park: Nur drei Kilometer von Clandon Park entfernt ließ sich Admiral *Edward Boscawen* 1758 von *Thomas Ripley* einen repräsentativen Landsitz errichten. Für die Innenausstattung des Ziegelsteinbaus zeichnete *Robert Adam* verantwortlich. Besonders sehenswert sind die Bibliothek und der Salon mit den kunstvollen Stuckarbeiten. Ausgestellt ist dort die *Cobbe Collection*, die weltweit wohl größte Sammlung alter Tasteninstrumente. Ein Teil des Gartens wurde von der Gartenbaukünstlerin *Gertrude Jekyll* gestaltet.

Öffnungszeiten: April–Okt. Di–Do sowie So 14–17.30 Uhr, der Park ist tgl. von 11.30–18 Uhr zugänglich. Eintritt: £ 4.30 oder £ 1.75 (nur Park). Kombiticket mit Clandon Park: £ 6.20.

Farnham

Das beschauliche Farnham liegt am Rande des Londoner Speckgürtels. Mehrere Kunstgalerien und das *Surrey Institute of Art and Design* weisen positiv auf den ästhetischen Dunstkreis von London hin. Der Ortsname leitet sich von dem sächsischen *Fearnhamme* ab, den "Flusswiesen, an denen Farnkraut wächst". Einen großen Einfluss auf das prosperierende Wirtschaftsleben von Farnham nahmen die Bischöfe von Winchester, die hier auf halben Weg zwischen ihrer Diözese und London eine Nebenresidenz unterhielten. Im Mittelalter war Farnham ein bedeutendes Zentrum der Wollindustrie, später stieg die Stadt zu einem der größten Weizenmärkte Englands auf. Optisch wird das Stadtbild weitgehend von Bauten aus dem 18. Jahrhundert geprägt, jener Epoche, in welcher die Bürger Farnhams durch den Hopfenanbau und -handel zu Wohlstand kamen. Nach dem Zweiten Weltkrieg rückte Farnham immer stärker in den Einzugsbereich von London, so dass sich die Bevölkerung seither verdoppelt hat. Die Eröffnung des *Surrey Institute of Art and Design* hat sich belebend auf das Flair von Farnham ausgewirkt. Kunststudenten sind nach Farnham gezogen, Galerien wurden eröffnet.

• *Information*: **Farnham Council Offices**, South Street, Farnham, Surrey GU9 7RN, ✆ 01252-715109, 📠 725083. Internet: www.farnham.co.uk

• *Verbindungen*: **Zug** – Verbindungen nach London (Waterloo), Alton Aldershot und Woking. **Bus** – nach Guildford, Aldershot, Midhurst und Winchester.

• *Stadtführungen*: Von April bis Okt. jeden ersten Sonntag im Monat um 15 Uhr. Treffpunkt: Wagon Yard Car Park/Ecke Downing Street.

• *Galerien*: **James Hockey Gallery**, West Surrey College of Art Design, The Hart; **New Ashgate Gallery**, Wagon Yard; **Maltings Gallery**, Farnham Maltings, East Wing.

Sehenswertes

Farnham Castle: Farnham Castle ist die am besten erhaltene Burg in der Grafschaft Surrey. Sie wurde 1138 auf Anordnung von *Henry de Blois*, dem Bischof von Winchester, errichtet und diente seinen Amtsnachfolgern noch bis ins Jahr 1927 als Residenz. Vom mächtigen normannischen Bergfried bietet sich ein schöner Blick auf die Dächer von Farnham. Die ehemalige Bischofsresidenz ist nur im Rahmen einer Führung zugänglich.

Öffnungszeiten: April–Sept. tgl. 10–18 Uhr (nur Bergfried). Wohntrakt nur Mi 14–16 Uhr. Eintritt: £ 2, erm. £ 1(EH).

Museum of Farnham: Das in einem georgianischen Gebäude untergebrachte Museum bietet einen Überblick über die Stadtgeschichte, wobei auch *William Cobbett*, ein aus Farnham stammender sozial engagierter Journalist des 18. Jahrhunderts gewürdigt wird. Zudem finden regelmäßig Wechselausstellungen statt.

Adresse/Öffnungszeiten: 38 West Street. Tgl. außer Mo 10–17 Uhr. Eintritt frei.

Waverley Abbey: Nur noch ein paar pittoreske Ruinen erinnern heute daran, dass Waverley Abbey 1128 die erste Abtei war, die der aufstrebende Zisterzienserorden in England gründet hat. Bis ins späte 15. Jahrhundert hinein stand das klösterliche Leben in voller Blüte. Im Rahmen der 1536 von Heinrich VIII. verfügten Klosterauflösungen wurde Waverley zerstört. Die Ruinen liegen 3 Kilometer südöstlich von Farnham. Eintritt frei.

Hampton Court Palace

Zu Recht wird Hampton Court Palace als die schönste königliche Residenz gerühmt. Umgeben von ausgedehnten Gartenanlagen, leuchtet der Palast noch immer im Glanz der Tudor-Zeit. Ursprünglich wurde Hampton Court zu Beginn des 16. Jahrhunderts im Auftrag von *Thomas Wolsey* (1475–1530), seines Zeichens Lordkanzler und Erzbischof von York, errichtet, doch *Heinrich VIII.* hatte nicht nur ein Faible für das weibliche Geschlecht, sondern auch für schöne Schlösser und forderte von seinem kirchlichen Gegenspieler, ihm Hampton Court zu "überlassen". Nachdem die Zwangsenteignung vollzogen war, wurde Hampton Court systematisch zu einem der größten englischen Königspaläste ausgebaut.

Kaum dem Zug entstiegen, strömen die meisten Besucher über die Themsebrücke dem Haupteingang des Hampton Court Palace entgegen. Mit seinen roten Backsteinen, weißen Zinnen sowie den zahlreichen kleinen Türmchen und Kaminen ist der Hampton Court Palace ein Musterbeispiel für die Tudorarchitektur. Farbig gekennzeichnete Rundgänge führen vom *Clock Court* durch die verschiedenen Bereiche des Palastes. Der Hof erhielt seinen Namen, als Heinrich VIII. 1540 eine astronomische Uhr anbringen ließ, die nicht nur die Zeit anzeigt, sondern auch Tag, Monat, Mondphase und die Gezeiten der Themse! Besonders eindrucksvoll sind die *Henry VIII's State Apartments* mit der Great Hall und der königlichen Kapelle. Ebenfalls sehr repräsentativ wirken die im Barockzeitalter entstandenen Gemächer des Königs (*The King's Apartments*) und der Königin (*The Queen's State Apartments*). *The Georgian Rooms* waren ein privates Refugium für das Herrscherpaar. Vom Alltagsleben im Hampton Court erzählen die *Tudor Kitchens*; in der wohl größten noch erhaltenen Küche des 16. Jahrhunderts mussten täglich über 500 Personen versorgt werden. Die ausgestellten Gerätschaften und Lebensmittel geben einen authentischen Einblick in die Essgewohnheiten dieser Epoche am englischen Hof. Kunstgenuss versprechen *The Wolsey Rooms & Renaissance Picture Gallery*; sie beherbergen eine wertvolle Gemäldesammlung mit Werken von Tintoretto, Tizian, Lucas Cranach, Peter Brueghel d. Ä. und Holbein.

Umgeben ist Hampton Court von ausgedehnten barocken Gartenanlagen, die William III. anlegen ließ, um seinen Rivalen, den französischen König Ludwig XIV., zu übertrumpfen. In der *Lower Orangery* ist eine Gemäldeserie ("Die Triumphe des Cäsar") von *Andrea Mantegna* ausgestellt, im Norden des Areals grenzen die Tudor Tennis Courts an, in denen bereits der übergewichtige Heinrich VIII. dem Ball hinterherjagte. Bei Kindern steht vor allem der kleine, durch Eibenhecken abgetrennte Irrgarten (*The Maze*) hoch im Kurs. Er wurde bereits 1691 angelegt und gilt somit als das älteste Heckenlabyrinth Englands.

Anreise/Öffnungszeiten: Mit dem Zug von London Waterloo Station oder U Richmond + Bus R 68. Tgl. 9.30–18 Uhr, Mo erst ab 10.15 Uhr. Eintritt: £ 10.50, erm. £ 8 oder £ 7 (inklusive Führung).

Calbourne, Isle of Wight: England wie aus dem Bilderbuch

Südengland

Hampshire – Isle of Wight – Wiltshire – Dorset

Die im Osten an Sussex und Surrey angrenzende Grafschaft *Hampshire* erhielt ihren Namen aus dem Altenglischen, er bedeutet so viel wie "wasserreiche Wiesenlandschaft". Die moderne Hafenstadt *Southampton* hieß ursprünglich "Homtun", also "die Farm in der Flusslandschaft". Leider trifft diese liebliche Beschreibung heute nicht mehr zu. Ähnlich wie in *Portsmouth* wurde der historische Stadtkern durch deutsche Bombenangriffe im Zweiten Weltkrieg fast völlig zerstört. In beiden Städten herrschen heute verkehrsreiche Schnellstraßen sowie moderne Wohn-, Büro- und Einkaufsblöcke vor. Doch die ruhmreiche Vergangenheit lebt in Museen und einigen gut erhaltenen oder restaurierten Gebäuden wieder auf. Portsmouth und Southampton schrieben Seefahrtsgeschichte, die es in jedem Fall zu erkunden lohnt.

Wer dem städtischen Trubel aus dem Weg gehen will, der kann im *New Forest*, einem ehemaligen königlichen Jagdrevier ein wenig westlich von Southampton, die Natur genießen. Die hier wachsende *Knightwood Oak* gilt als die älteste und größte Eiche Englands.

Ein weiteres Fleckchen voller landschaftlicher Schönheit ist die *Isle of Wight*, heute eigenständige Grafschaft. Sie liegt nur wenige Meilen südlich vor Portsmouth. Wanderfreunde können auf der Insel den knapp 100 Kilometer langen Küstenweg begehen.

In *Winchester*, der Hauptstadt des alten Königreichs Wessex, trifft man zum ersten Mal auf der Reise nach Westen auf die Artus-Sage. Hier befindet sich nämlich die Tafel, um die der sagenhafte Held seine ruhmreichen Ritter geschart haben soll. Der sehenswerte Ort hat außerdem die längste mittelalterliche Kathedrale Europas vorzuweisen.

Westliche Nachbargrafschaft von Hampshire ist *Wiltshire* mit der Hauptstadt *Salisbury*, in der der höchste Kirchturm Englands emporragt. In unmittelbarer Nachbarschaft von Salisbury kann man das rätselhafte Megalith-Denkmal **Stonehenge** besuchen – eine Reise in die noch nicht gänzlich entschlüsselte Vergangenheit der Insel.

Sowohl in Wiltshire als auch in *Dorset* stößt man immer wieder auf Zeugnisse prähistorischer Kulturen. Maiden Castle bei *Dorchester* ist eine über 5000 Jahre alte Befestigungsanlage. Noch viel älter sind die Fossilien, die *Lyme Regis* berühmt gemacht haben. Anfang des 19. Jahrhunderts entdeckte man hier das versteinerte Skelett eines Ichthyosaurus. Im Vergleich dazu erscheint die Geschichte des Seebades *Bournemouth* geradezu ärmlich. Noch 1809 stand hier nur ein einziges Gasthaus, ehe achtzig Jahre später der Aufstieg zum Badeort einsetzte. Gleich neben Bournemouth erstreckt sich die *Halbinsel Purbeck* mit ihrer sehenswerten Heidelandschaft. Der *Dorset Coast Path* führt die gesamte Küste der Grafschaft entlang.

Portsmouth

Wo sich heute die Docks mit ihren zahlreichen Lagerhallen, Kränen und Masten befinden, stachen vor Jahrhunderten Abenteurer und Admirale in See, um Geschichte zu schreiben.

Die 200.000-Einwohner-Stadt ragt in Form einer Spitze (Portsea Island) nordöstlich der Isle of Wight in den Ärmelkanal hinein. Flankiert von zwei weiteren Landzungen ist dieser Küstenabschnitt seit jeher ein optimaler Naturhafen. Schon die Römer legten mit ihren Galeeren hier an. Als Heinrich VII. Ende des 15. Jahrhunderts Portsmouth zum "Royal Dockyard" machte und hier das erste Trockendock der Welt anlegte, begann der ruhmreiche Aufstieg der Hafenstadt. Einen Einblick in diese Zeit bringt der Besuch in den *Royal Dockyards*, wo drei Schiffe und ein Museum besichtigt werden können. Vom heutigen Hafen aus verkehren Fähren zur Isle of Wight. Ansonsten bietet Portsmouth wenig Historisches. Die moderne Hafenstadt wird heute von Industrieanlagen, Bürohäusern und viel Verkehr dominiert.

Information/Verbindungen/Adressen

- *Information*: **Tourist Information Centre**, The Hard, Portsmouth, Hants. PO1 3QJ, ✆ 023-92826722, Fax 92822693. Internet: www.portsmouthcc.gov.uk. Zimmervermittlung, Prospektmaterial über die Sehenswürdigkeiten von Portsmouth. Weitere Informationsbüros: 102 Commercial Road und (nur im Sommer) "The Pyramids", Clarence Esplanade.
- *Telefonvorwahl*: 023
- *Verbindungen*: **Bus** – National Express fährt von der Haltestelle Hard (neben dem Bahnhof am Hafen) regelmäßig alle größeren Städte an. Im 90-Minuten-Takt nach London. Tickets gibt es im Sealink Office.

Zug – In Portsmouth gibt es zwei Bahnhöfe, in der Stadtmitte (ausgeschildert) und am Hafen. Von beiden fahren Züge die Südküste entlang. Regelmäßige Anbindung an London (Waterloo Station).

Fähren – Jede Stunde legen vom Hafen Passagier- bzw. Autofähren zur **Isle of Wight** ab (Dauer: ca. 35 Minuten). Von Southsea fahren die schnellen Hovercraft-Boote innerhalb von 9 Minuten zur Insel (£ 10.20, nur für Fußgänger).

- *Geldwechsel*: Zahlreiche **Banken** sind in der Commercial Road (Einkaufsstraße) zu finden.
- *Krankenhaus*: **Queen Alexandra Hospital**, Southwick Hill Rd., ✆ 023-92286000.
- *Polizei*: Winston Churchill Avenue, ✆ 023-92839333.
- *Post*: Slindon Street (nahe dem Stadtbahnhof).

Übernachten (siehe Karte Seite 213)

Relativ preiswerte Unterkünfte findet man im etwa 3 km östlich gelegenen Vorort *Southsea* (Busse dorthin ab The Hard, Stand M). *Whitwell Road, St. Roman's Road* und *Malvern Road* sind die dortigen B&B-Straßen.

The Sally Port Hotel (8), hübsches Pub aus dem 16. Jh. mit schiefen Wänden mitten in Portsmouth. Hier verkehrte schon Lord Nelson; *lamb chops* für £ 6.75. Es werden auch zehn Zimmer vermietet, EZ ab £ 37, DZ £ 55–65. 57 High Street, ✆ 023-92821860, ℻ 92821293.

Ibis (4), günstiges Kettenhotel mitten im Zentrum von Portsmouth, EZ £ 39.95, DZ £ 39.95–44.50. Kinder bis 12 Jahre schlafen kostenlos im Zimmer der Eltern. Winston Churchill Avenue, ✆ 023-92640000, ℻ 92641000.

Keppel's Head Hotel (2), direkt beim Eingang zum Royal Navy Historic Dockyard. DZ ab £ 49. The Hard, ✆ 023-92833231.

Fortitude Cottage (7), nettes B&B direkt am Hafen auf Spice Island, pro Person ab £ 23. 51 Broad Street, ✆/℻ 023-92823748.

Sailmaker's Loft (6), eine Ecke weiter, vergleichbares B&B (ab £ 20) mit Blick auf den Hafen. 5 Bath Square, ✆ 023-92823045, ℻ 92295961.

Portsmouth and Southsea Backpackers (9), ungezwungenes, sympathisches Backpackers Hostel in zentraler Lage (nicht weit vom Strand). 50 Betten, urgemütlicher Aufenthaltsraum, große Küche. Keine Sperrstunde. Übernachtung ab £ 9 (im Mehrbettzimmer) bis £ 22 (im DZ). 4 Florence Road, ✆ 023-92832495, ℻ 92832495.

University of Portsmouth (3), in der zentral

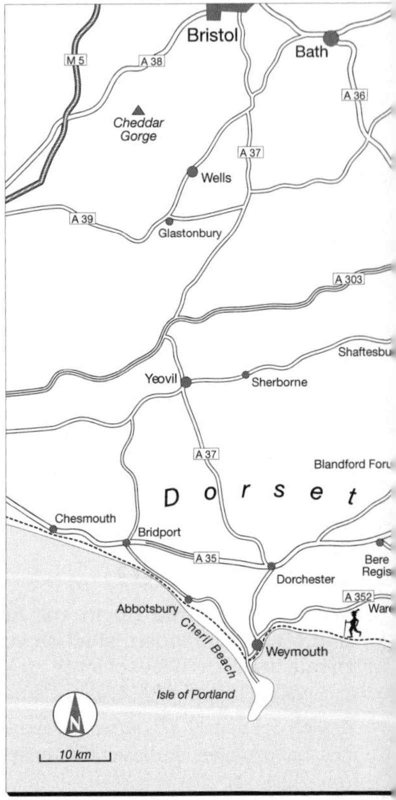

gelegenen Universität kann man von Mitte Juni bis Mitte September übernachten. B&B pro Person £ 23.50. Langstone Centre, Furze Lane, ✆ 023-92844884, ℻ 92844848.

- *Jugendherberge*: **Wymering Manor (1)**, in dem elisabethanischen Haus wohnte schon Catherine Parr, bevor sie die sechste Frau Heinrichs VIII. wurde. Anfahrt: mit dem Zug nach Cosham oder mit Bus 5 oder 22 von Portsmouth (The Hard) bis zur Post von Cosham, dann links auf die Medina Road; Erwachsene £ 9.80, Jugendliche £ 6.75. Old Wymering Lane Cosham, ✆ 023-92375661.
- *Camping*: **Southsea Caravan Park (12)**, im Osten der Küstenstraße (A 288) in Southsea; Zelt und zwei Personen ab £ 8. Melville Road, ✆ 023-92735070.

Südengland
Karte S. 210/211

Essen (siehe Karte Seite 213)

Viele Restaurants findet man in der Osborne Road, der Palmerston Road und der Claredon Road in *Southsea*. Schilder preisen die Lunch-Angebote der zahlreichen Pubs an (The Hard).

Spice Island Inn (5), einladendes Gasthaus am alten Hafen, von den großen Fenstern oder von der Terrasse kann man die Schiffe im Hafen sehen. Gutes Fischangebot, und wie der Name schon andeutet, liebt es der Koch, die Gerichte kräftig zu würzen, so beispielsweise das *chicken tandoori*. Bath Square, ✆ 023-92870543.

Bistro Montparnasse (10), gute französische Küche zu angemessenen Preisen, zu loben sind die Fischgerichte. 103 Palmeston Road, Southsea, ✆ 023-92816754.

Country Kitchen (11), die Adresse für Vegetarier und Teespezialisten. Viele preiswerte Gerichte. Abends geschlossen. 59 Marmion Road, Southsea, ✆ 023-92811425.

Sehenswertes

Den besten Blick auf die Flotte der Königin und die Hafenanlage bekommt man bei einer *Harbour Tour* mit einem Boot. Los geht es ab *The Hard*, wo auch die Passagierfähren ablegen. Fahrpläne und Tarife hält das Tourist Office bereit.

Flagship (Royal Navy Historic Dockyard): Dieses Gelände teilt sich die Navy mit einer Ausstellung zur historischen Hafenstadt. Wo heute moderne Kriegsschiffe gewartet werden, wurden im Mittelalter Segelschoner für Seeschlachten ausgerüstet. Einblick in vergangene (und ruhmreichere) Epochen gewähren das Museum und drei Schiffe. Im August (Information im Tourist Office) werden die modernen, mit Raketen bestückten Zerstörer manchmal für Besucher freigegeben.
Im Juli 1545 setzte die *Mary Rose*, das Flaggschiff Heinrichs VIII., die Segel, um gegen die französische Flotte zu kämpfen. Doch noch in der Nähe der Küste versank der Viermaster vor den Augen der Bürger und des Königs in den Fluten. 1982 wurde das Wrack äußerst aufwendig geborgen und restauriert. Jetzt wird es in der Ship Hall gehegt und gepflegt. Eine Besichtigung dieses Relikts aus der Tudor-Zeit gibt Aufschluss über das Leben an Bord eines Kriegsschiffes im 16. Jahrhundert.
Nicht weit von hier liegt ein zweites Schiff, das zum Ruhm Englands als Seefahrernation beigetragen hat. Die *H.M.S. Victory* ist ein Kriegsschiff aus der Zeit der britischen Vorherrschaft auf See. Lord Nelson besiegte mit diesem Flaggschiff im Jahre 1805 die spanisch-französische Flotte vor Trafalgar. Bei dieser berühmten Schlacht wurde Nelson an Bord der Victory von einer Kugel getroffen. Eine Gedenktafel markiert die Stelle, an der er starb.
Eine dritte Generation von Schiffen wird von der *H.M.S. Warrior* repräsentiert, dem ersten mit Eisen verkleideten Kriegsschiff der Welt. Es gehörte zur viktorianischen Kriegsflotte, war aber nie in Gefechte verwickelt.
Wer die geschichtlichen Hintergründe dieser drei Schiffe und der gesamten englischen Navy kennen lernen möchte, ist im *Royal Naval Museum* gut aufgehoben.

• *Adresse/Öffnungszeiten*: Queen Street. Tgl. 10–17.30 Uhr, im Winter nur bis 17 Uhr. Eintritt: £ 12.50, erm. £ 11 oder £ 9.25. Wer nur die H.M.S. Victory und das Royal Naval Museum besichtigen will, zahlt £ 6.50, erm. £ 5.75 oder £ 4.75. Warships by Water: £ 3.50, erm. £ 3 oder £ 2. Internet: www.flagship.org.uk

Dickens Museum: Das Geburtshaus des Schriftstellers, dessen Vater in den Dockyards beschäftigt war, ist renoviert und mit Möbeln aus dem frühen 19. Jahrhundert ausgestattet. Allerdings gibt es nur ein Möbelstück, das wirklich Dickens gehörte: das Sofa, auf dem er starb.
Adresse/Öffnungszeiten: 395 Old Commercial Road. April–Okt. tgl. 10–17.30 Uhr. Eintritt: £ 2, erm. £ 1.50 oder £ 1.20.

Submarine World: Eine äußerst interessante Ausstellung zur Geschichte der U-Boote – vom ersten (1902) bis zu modernen atomgetriebenen U-Booten. Erst wenn man in die Submarines hineinsteigt, sieht man, wie eng und beklemmend es innen ist. Das Museum liegt in Gosport und ist mit dem Auto über die M 275 und die A 32 oder per Fähre (ab The Hard) zu erreichen.
Öffnungszeiten: Tgl. 10–17.30 Uhr, Nov.–März bis 16.30 Uhr. Eintritt: £ 3.75, erm. £ 2.50.

Southsea Castle: An der Clarence Esplanade steht eine Festung, die Henry VIII. 1545 zur Sicherung der Küste erbauen ließ. Der Überlieferung nach beobachtete er von hier den Untergang der *Mary Rose*.
Öffnungszeiten: Tgl. 10–17 Uhr, im Winter nur bis 16.30 Uhr. Eintritt: £ 1.70, erm. £ 1.40 oder £ 1.

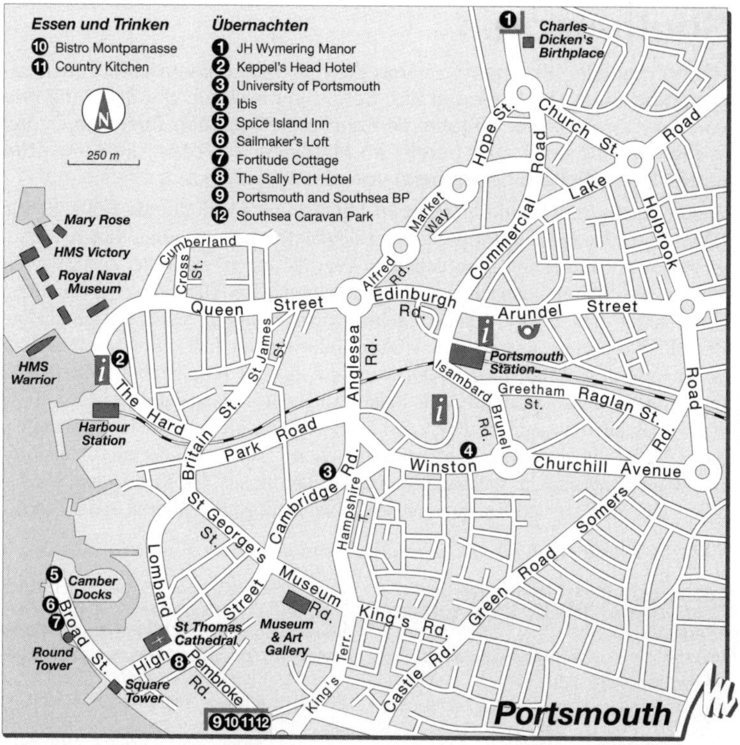

D-Day Museum: Gleich daneben liegt dieses Museum mit einer ausführlichen Dokumentation zur Invasion der Amerikaner und Engländer im von Hitler besetzten Frankreich. Unter dem Codewort "D-Day", das als Abkürzung für *Deliverance Day* ("Tag der Erlösung") steht, bereiteten die Alliierten an der Südküste Englands das größte Landungsunternehmen der Kriegsgeschichte vor. Eine audiovisuelle Vorführung und zahlreiches Kriegsgerät (Panzer, Gewehre usw.) sind zu sehen.

Adresse/Öffnungszeiten: Clarence Esplanade, Southsea. April–Okt. tgl. 10–17.30 Uhr, Nov.–März tgl. außer Mo 10–16 Uhr. Eintritt: £ 4.75, erm. £ 3.60 oder £ 2.85.

Portchester Castle: Zehn Kilometer nordwestlich von Portsmouth (M 27) liegt ein Kastell, das man sich nicht entgehen lassen sollte. Im 3. Jahrhundert von den Römern errichtet, ist diese Anlage so massiv konstruiert, dass die Normannen es nicht für nötig hielten, sie zu erweitern. Das Bauwerk zählt zu den am besten erhaltenen römischen Forts des nördlichen Europa. Henry II. baute später innerhalb der Mauern eine Burg.

Öffnungszeiten: April–Sept. tgl. 10–18 Uhr, im Okt tgl. bis 17 Uhr, im Winter tgl. bis 16 Uhr. Eintritt: £ 2.70 (EH).

Südengland
Karte S. 210/211

Southampton

Nähert man sich Southampton von Westen, fallen einem sofort die riesigen, modernen Dockanlagen auf. Schon immer lebte die Stadt mit und von ihrem Hafen. Hier begann die Fahrt der Pilgerväter über den Ozean in Richtung Amerika, und bereits im Mittelalter verließen die Kreuzritter (unter ihnen Richard Löwenherz) von diesem Hafen aus ihre Heimat.

Später spielte der Handel mit fernen Ländern eine bedeutende Rolle für die Wirtschaft. Moderne Dampfschiffe ermöglichten zudem einen regen Passagierverkehr. Trotz der schrecklichen Verwüstungen während des Zweiten Weltkriegs "findet" man in Southampton Geschichte. Die teilweise erhaltene Stadtmauer und einige schöne Fachwerkhäuser lassen noch das ehemalige Stadtbild erahnen, das in den letzten Jahrzehnten fast verschwunden ist. Southampton war auch der Hafen, von dem aus die *Titanic* am 10. April 1912 ihre Jungfernfahrt startete, die bekanntlich nicht sehr lang dauerte. 1936 stach auch das Passagierschiff *Queen Mary* von hier aus zum ersten Mal in See; seit 1967 ist sie als Touristenattraktion in Long Beach (Kalifornien) "auf Rente". Bemerkenswert in Southampton ist darüber hinaus das Kultur- und Nachtleben. Discos, Bars und Kneipen mit viel Livemusik gibt es überall in der Stadt.

Information/Verbindungen

- *Information*: **Tourist Information Centre**, 9 Civic Centre Road, ✆ 023-80221106, ℻ 80832082.
Internet: www.southampton.gov.uk
- *Telefonvorwahl*: 023
- *Verbindungen*: **Bus** – Nahverkehrsbusse, z. B. ab Pound Tree Rd., Infos unter ✆ 213600 (für Busse und Bahn). Mit einem Explorer Ticket kann man Tagesausflüge in die Umgebung mit Linienbussen unternehmen. **National Express Coach Station** (Informationen über ✆ 0990-808080), Western Esplanade, fährt in 2,5 Std. nach London sowie nach Bournemouth und weiter die Südküste entlang. Auch Verbindungen nach Salisbury, Oxford, Liverpool, Plymouth, Exeter, Bristol und Bath.

Zug – Hauptbahnhof an der Blechynden Terrace, Information unter ✆ 0345-484950. Verbindungen nach Bournemouth, Portsmouth, Bristol, Exeter, Winchester, Salisbury und London Waterloo Station (1 Std.).

Fähre – Zur **Isle of Wight** fahren regelmäßig die Red Funnel Ferries, ✆ 023-80334010. Ein Day-Return-Ticket kostet £ 7.80. Vom Town Quay verkehren außerdem noch Fähren der Whitehorse-Gesellschaft nach **Hythe**, ✆ 023-80840722.

Flugzeug – Etwa 6 Kilometer nördlich befindet sich *Southampton International Airport* (Eastleigh). Anfahrt mit Airlink (Zug) vom Bahnhof. Inlandsflüge nach Manchester, Birmingham, Glasgow und zu den Kanalinseln, ✆ 023-80620021.

Adressen

- *Geldwechsel*: Viele Banken in der High St., z. B. **Barclays Bank**, 171 High St.; **Wechselbüro** bei Thomas Cook, 15 Above Bar.
- *Hafenrundfahrten*: ab Town Quay.
- *Hallensport*: Squash, Tischtennis, Sauna und Solarium im **St. Mary's Leisure Centre** in der gleichnamigen Straße, ✆ 023-80227579.
- *Kino*: **Harbour Lights**, Ocean Village (am Yachthafen), Information unter ✆ 023-80234234, Kartenbestellung unter ✆ 023-80335533; **Virgin Cinemas**, Ocean Village, ✆ 0541-555132 (24 Std., Information und Kartenreservierung).
- *Konzerte*: Wer klassische Musik mag, kommt bei den Konzerten in der **Turner Sims Concert Hall** (an der Universität; ✆ 023-80595151) auf seine Kosten.
- *Kricket*: Wer typisch englischen Sport sehen möchte, sollte im Sommer zum Kricket gehen (und Zeit mitbringen – ein Spiel kann manchmal recht lange dauern):

Hampshire County Cricket Ground, Northlands Road, ✆ 023-80333788.

• Polizei: Civic Centre, ✆ 023-80581111.

• Post: High Street, Mo–Sa 9–17.30 Uhr.

• Schwimmen: **Oaklands Pool**, Fairisle Road, ✆ 023-80741414.

• Stadtführungen: Mitte Juni bis September täglich 10.30 Uhr und 14.30 Uhr, sonst jeden Sonntag und Montag 10.30 Uhr. Kostenlos! Startpunkt: The Bargate.

• Theater: Oper, Ballett, Musical und Theater bietet das **Mayflower Theatre** (Commercial Road, ✆ 023-80711811). Gute Theateraufführungen auch im **Nuffield Theatre** an der Universität (✆ 023-80671771). Recht interessant ist auch das Programm im **The Gantry** (✆ 023-80229319), Blechynden Terrace. Neben Kunstausstellungen und Aufführungen freier Theatergruppen werden auch unkonventionelle Filme gezeigt, die man sonst nicht im Kino sieht.

Übernachten (siehe Karte Seite 217)

Nahe dem Hauptbahnhof (Richtung West Park) mehrere B&Bs, davon viele in der Straße *The Polygon*. Zimmervermittlung beim Tourist Office. Ruhigere Übernachtungsmöglichkeiten in Winchester, Salisbury, New Forest oder auf der Isle of Wight (s. jeweils dort).

Elizabeth House Hotel (7), stilvolles Hotel mit komfortablen Zimmern, etwa 1 km vom Zentrum entfernt. DZ £ 55. 43–44. The Avenue, ✆/℻ 023-80224327.

Southampton Park Hotel (6), zentral gelegenes Hotel. Geräumige Zimmer, guter Service. Hallenbad, Sauna und Fitneßsstudio vorhanden. B&B ab £ 49. Cumberland Place, ✆ 023/80343343, ℻ 80332538.

Fenland Guest House (1), Haus in zentraler Lage. Sieben Zimmer mit Waschgelegenheit; B&B £ 16–20 pro Person. Nur für Nichtraucher. 79 Hill Lane, ✆/℻ 023-80220360.

Stadtmauern von Southampton

Highfield House Hotel (8), angenehmes Hotel in einem ruhigen Vorort von Southampton, drei Kilometer vom Zentrum entfernt. B&B ab £ 49, Highfield Lane, Portswood, ✆ 023/80359955.

Madeleine Guest House (2), 14 Betten in Zimmern mit Farb-TV, Waschgelegenheit und Teekocher; B&B £ 15 pro Person. 55 Polygon Street, ✆ 023-80333331.

Essen (siehe Karte Seite 217)

Im *Bargate Shopping Centre* befindet sich in der untersten Etage ein Café. Von hier aus kann man bei Kaffee und Kuchen die einkaufenden Leute beobachten. Rings um die Fußgängerzone sind natürlich auch viele Fast-Food-Shops vertreten.

Buon Gusto (5), empfehlenswerter Italiener in der Nähe des Theaters. Sonntag geschlossen. 1 Commercial Road, ✆ 023-780331543.

Aleha Cuisine (4), direkt nebenan gibt es ein günstiges und gutes *Bangladeshi Tandoori*. Studenten bekommen 10 % Ermäßigung. 13 Commercial Road, ✆ 023-80333140.

Duke of Wellington (10), eines der wenigen historischen Bauwerke im Zentrum, sehenswertes Fachwerk. Für Traditionalisten gibt es u. a. *Ploughman's Lunch* für £ 4, Lasagne und Spaghetti für etwa £ 3–4. Buggle Street.

Nachtleben

Southampton hat einiges zu bieten. Neben den Discos gibt es auch Bars und Nightclubs, in denen regelmäßig Livemusik gespielt wird. Über aktuelle Sessions informieren die kostenlose Zeitschrift "What's on" (erhältlich im Tourist Office) und die örtlichen Tageszeitungen.

Red Lion (12), Teile des ältesten Pubs der Stadt stammen noch aus dem 12. Jh. Hunderte von Möglichkeiten, den Durst zu stillen! In der stilvollen Bar soll Heinrich V. Gericht gehalten haben. 55 High Street, ✆ 023-80333595.

Bar Risa (11), beliebter abendlicher Treff in der Altstadt. High Street.

Old Fat Cat (9), in diesem geräumigen und gemütlichen Pub gibt es jeden Donnerstag Stimmung durch Karaoke. Above Bar (Nähe Art Gallery).

Cafe Sol (3), die Bar besitzt ein ungewöhnliches Ambiente, denn sie befindet sich in einer mittelalterlichen Kirche. Commercial Road.

Feste/Veranstaltungen

Neben den üblichen Veranstaltungen (Theater, Galerien) gibt es noch andere Highlights. Anfang Juni findet für etwa zwei Wochen das **Southampton Film Festival** statt. Im Kino "Harbour Lights" (Ocean Village, siehe Kinos) werden dann Filme der Extraklasse gezeigt.

Sehenswertes

Museum of Archaeology: Ganz im Süden der Altstadt in der Winkle Street, erhebt sich der God's House Tower, ein Wehrturm aus dem 15. Jahrhundert. In seinem Inneren ist das archäologische Museum untergebracht: Interessierte finden hier überwiegend Exponate aus der römischen Vergangenheit; daneben gewinnt man mit Hilfe von Modellen einen Eindruck vom Aussehen der Stadt in mittelalterlicher Zeit.

Adresse/Öffnungszeiten: Winkle Street. Di–Fr 10–12 Uhr und 13–17 Uhr, Sa 10–12 Uhr und 13–16 Uhr, So 14–17 Uhr. Eintritt frei.

Tudor House Museum: Das im typischen Tudorstil gehaltene Fachwerkhaus wurde 1495 errichtet; es beherbergt ein Museum, dessen Räume in verschiedenen Stilrichtungen des 16.–19. Jahrhunderts eingerichtet sind. Mit Hilfe originaler Gegenstände wird das Leben einer Familie im viktorianischen Zeitalter nachgestellt. Neben den Ausstellungen zur Lokalgeschichte lohnt noch ein Blick auf den nach historischen Vorbildern angelegten Kräutergarten.

Adresse/Öffnungszeit: St Michael's Square. Di–Fr 10–12 Uhr und 13–17 Uhr, Sa 10–12 Uhr und 13–14 Uhr, So 14–17 Uhr. Eintritt frei.

Medieval Merchants House: In England wie in ganz Europa gibt es nur noch wenige spätmittelalterliche Fachwerkhäuser. Aus diesem Grund ist das im Jahre 1290 erbaute Kaufmannshaus eine Rarität, die trotz mehrfacher Beschädigung (zuletzt im Zweiten Weltkrieg) bis in unsere Zeit erhalten geblieben ist. Das Haus wurde aufwendig renoviert und ist im Stil des 13. Jahrhunderts mit bunten Möbeln und Wandbespannungen eingerichtet. Im Rahmen einer Audioführung erhält man interessante Einblicke in das Alltagsleben einer wohlhabenden Kaufmannsfamilie im Spätmittelalter.

Adresse/Öffnungszeiten: 58 French Street. Tgl. 10–18 Uhr. Eintritt: £ 2.10, erm. £ 1.60 oder £ 1.10.

Maritime Museum: Weiter südlich findet man das *Wool House*. In diesem Lagerhaus aus dem 14. Jahrhundert wurden schon napoleonische Gefangene

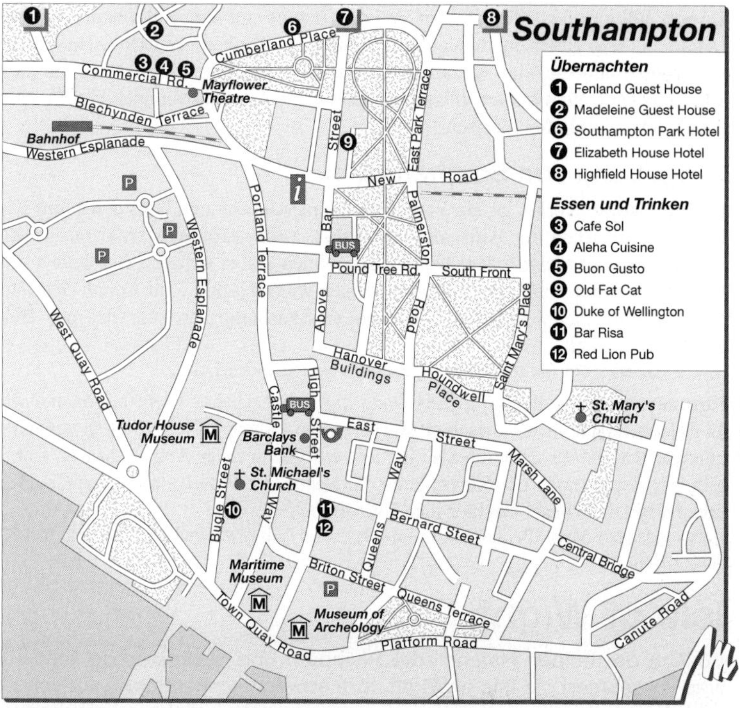

inhaftiert. Heute kommen die Besucher freiwillig hierher und erkunden das kleine und sehr interessante Seefahrtsmuseum. Ein Modell verschafft einen Überblick über die modernen Dockanlagen. In einer anderen Abteilung sind die Antriebsmaschinen einiger alter Dampfboote ausgestellt. Merkwürdig faszinierend sind die alten Zeitungsberichte von 1912 zum Titanic-Unglück.

Adresse/Öffnungszeiten: Bugle Street. Di–Fr 10–12 Uhr und 13–17 Uhr, Sa 10–13 Uhr und 14–16 Uhr, So 14–17 Uhr. Eintritt frei.

City Art Gallery: Höhepunkt für Kunst-Enthusiasten ist ein Besuch der städtischen Galerie im Civic Centre, das zwischen der Commercial Road und der Civic Centre Road liegt. Sie gilt als eine der bedeutendsten ganz Südenglands. Werke moderner Maler wie Graham Sutherland und Paul Nash, aber auch Gemälde englischer Klassiker wie Gainsborough und Reynolds nennt dieses Kunsthaus sein Eigen. Hinzu kommen verschiedene wechselnde Ausstellungen.

Adresse/Öffnungszeiten: North Guild Arts Complex, Commercial Road. Tgl. außer So 10–17 Uhr. Eintritt frei.

Hall of Aviation: In der Albert Road South befindet sich die Hall of Aviation, ein Luftfahrtmuseum. Bestaunen kann man Wasserflugzeuge, U-Boote, Helikopter sowie eine legendäre "Spitfire", die vom einheimischen Konstrukteur R. J. Mitchell entworfen wurde.

Öffnungszeiten: Di–Sa 10–17 Uhr, So 12–17 Uhr, während der Schulferien auch Mo 10–17 Uhr. Eintritt: £ 3, erm. £ 2.50 oder £ 2.

Ocean Village: Von der Hall of Aviation ist es nur ein Katzensprung zum Ocean Village, einem modernen Yachthafen mit Einkaufszentrum. Bummeln, schlemmen oder auf der Kaimauer sitzen – das sind die Aktivitäten, die hier angesagt sind. Vom Ocean Village aus sind auch Bootstouren nach Hythe oder durch den Yachthafen möglich.

Umgebung von Southampton

Netley Abbey: Netley ist ein Vorort von Southampton und liegt etwa fünf Kilometer südöstlich am Southampton Water. Seine größte Attraktion ist die 1239 gegründete Zisterzienserabtei. Angeblich lastet auf den Gemäuern ein Fluch, der jeden trifft, der Steine von hier wegschleppt... Im *Royal Victorian Country Park* picknicken viele Einwohner Southamptons. Anfahrt per Bus oder Zug möglich.

Öffnungszeiten: Tgl. bis zum Einbruch der Dämmerung. Eintritt frei.

Romsey: Über die A 3057 gelangt man in nordwestlicher Richtung nach etwa 14 Kilometern zum historischen Marktflecken Romsey. Neben einer normannischen Kirche (12. Jh.), die als eine der schönsten ihrer Art im ganzen Land gilt, begeistert noch ein Herrenhaus die Besucher: *Broadlands*. Prinz Charles und Lady Di verbrachten hier ihre Flitterwochen.

Öffnungszeiten: Vom 12. Juni bis 1. Sept. tgl. 12–17.30 Uhr. Eintritt: £ 5.50, erm. £ 4.70 oder £ 3.85.

Isle of Wight

Südlich der beiden Hafenstädte Plymouth und Southampton liegt etwas vorgelagert die Isle of Wight. Ihre abwechslungsreiche Landschaft und das milde Klima machen sie zu einem sehr beliebten Urlaubsziel. In der Hochsaison sind oft alle Betten ausgebucht.

Wenn einmal im Jahr die *Regatta von Cowes* stattfindet, wird die Insel von einer zweiten starken Besucherwelle überschwemmt. Zahllose Segelfans lassen sich dieses Ereignis nicht entgehen. Auch der deutsche Kaiser Wilhelm II. war ein großer Anhänger dieses Wettkampfes, den er selbst einmal gewinnen konnte. Er kopierte die Segelveranstaltung zu Hause vor der Küste Kiels (Kieler Woche).

Früher gehörte die Insel zur Grafschaft Hampshire; mittlerweile ist sie selbständig. Von Ost nach West erstreckt sie sich über rund 35 Kilometer, die Nord-Süd-Ausdehnung beträgt etwa 20 Kilometer. 130.000 Einwohner, darunter viele Rentner, leben hier. Dazu kommen weit über eine Million Besucher pro Jahr, die die Strände bevölkern. Wegen des milden Klimas gedeihen hier sogar subtropische Pflanzen. Die sommerlichen Temperaturen waren es auch, die Queen Victoria so schätzte. Kurzerhand verlegte sie ihre Sommerresidenz von Brighton nach Cowes. In ihrem Insel-Domizil *Osborne House* starb sie 1901. Der Königin folgten viele Berühmtheiten auf die Isle of Wight. Karl Marx suchte hier Genesung, Charles Dickens schrieb hier Teile seines Romans "David Copperfield", Charles Darwin zerbrach sich hier den Kopf über die Evolution. Nur der viktorianische Dichter Alfred Lord Tennyson zog sich schweren Herzens von hier zurück, weil ihn ständig Autogrammjäger belästigten.

Noch heute lebt die Insel vom Flair des 19. Jahrhunderts. Badeurlauber zieht es zu den Sonnenstränden von *Sandown*, *Shanklin* und *Ventnor*, die während der Saison ziemlich überfüllt sind. Wanderer dagegen erkunden die Insel auf dem fast 100 Kilometer langen Küstenwanderweg. Wälder, Wiesen und Berge laden zum Spazieren oder Radeln ein. Zumindest ein Tagesausflug auf die Insel (von Portsmouth oder Southampton) ist immer lohnenswert. Wer zum Baden hierher kommt, der sei darauf hingewiesen, dass widrige Strömungen das Schwimmen an vielen Stellen lebensgefährlich machen. Auskünfte über sichere Strände geben die lokalen Tourist Offices.

• *Information*: **Newport**, The Car Park, South Street, Isle of Wight PO30 1JS, ✆ 01983-813818.

Shanklin, 67 High St., Isle of Wight PO37 6JJ, ✆ 01983-862942.

Sandown, 8 High Street, Isle of Wight PO36 8DA, ✆ 01983-403886 (Zimmervermittlung ✆ 867979).

Ryde, 81–83 Union St., Isle of Wight PO33 2LW, ✆ 01983-562905.

Folgende Informationsbüros sind nur im Sommer besetzt:

Yarmouth, The Quay, Isle of Wight PO41 4PQ, ✆ 01983-760015 (Zimmervermittlung ✆ 867979).

Ventnor, 34 High St., Isle of Wight PO38 1RZ, ✆ 01983-853625 (Zimmervermittlung ✆ 867979).

• *Fähre/Hovercraft*: Es gibt drei Verbindungen vom Festland. Am schnellsten sind das Luftkissenboot und die Fußgängerfähre von Portsmouth nach Ryde (Wightlink, Hovertravel; day return £ 10.50, alle 30 Minuten). Autofähren auch von Southampton nach Cowes, Yarmouth und Lymington (mit Auto £ 60). Alle angegebenen Preise beziehen sich auf ein Hin- und Rückfaher - ticket. Wer mit dem Auto auf die Insel übersetzten will, sollte die Overnight- oder 5-Tage-Angebote der Fährgesellschaften nutzen, die um etwa 35 Prozent günstiger sind.

• *Verbindungen*: **Bus** – In allen Tourist Offices ist ein Busfahrplan (Southern Vectis, £ 0.50) erhältlich. Stündlich fahren Explorer-Busse einmal um die Insel (ca. 4 Std.). Freie Fahrt für einen Tag erlaubt das Day Rover Ticket (Sommer £ 6.25, im Winter billiger) und für eine Woche das Weekly Rover Ticket (£ 25.50).

Zug – Es gibt eine Verbindung von Ryde über Sandown nach Shanklin und eine Dampflok, die zwischen Smallbrook Junction und Wootton verkehrt.

• *Übernachten*: Über die Informationsbüros kann man sich **Zimmer** vermitteln lassen. Vor allem in den Sommermonaten sollte man reservieren. Mittlerweile gibt es auf der Insel nur noch zwei **Jugendherbergen**:

In *Sandown*, The Firs, Fitzroy Street, ✆ 01983-402651 (April–Okt. geöffnet; Erwachsene zahlen £ 10.85, Jugendliche £ 7.40). Einige Leser beschrieben diese Jugendherberge als dreckig und ungemütlich.

In *Totland Bay*, Hurst Hill, Summers Lane, ✆ 01983-752165 (Nov.–Jan. geschlossen; Erwachsene £ 10.85, Jugendliche £ 7.40).

Camping: Es gibt zahlreiche gut ausgerüstete Campingplätze; Adressen und aktuelle Preise halten die Tourist Offices bereit.

• *Fahrräder*: Das **Isle of Wight Tourist Board** gibt eine Broschüre (Bicycle Island) heraus, in der drei Rundtouren beschrieben werden. Zudem erhält man in den Informationsbüros Adressen von Fahrradverleihern.

Südengland
Karte S. 210/211

Südöstliche Küste

Der von Fähren und Luftkissenbooten am meisten angefahrene Hafen auf der Isle of Wight ist **Ryde**. Schon zu Anfang des 19. Jahrhunderts war der Erholungsort bei Besuchern sehr beliebt. Aus dieser Zeit stammen auch einige Gebäude der Stadt und der Anlegepier, der etwa 800 Meter ins Meer hineinragt. Der hiesige Sandstrand ist in den Sommermonaten überfüllt. Ähnlich sind die Verhältnisse in den südlicher gelegenen Dörfern **Sandown** und **Shanklin**, die mittlerweile fast zu einem Ort verschmolzen sind: gut besuchte Sandstrände, viele Kneipen und Restaurants, Wassersport sowie andere Freizeitmöglichkeiten

(Museum, Spielhallen usw.). Ein hübscher Spaziergang beginnt an der südlichen Esplanade von Shanklin und führt landeinwärts durch eine kleine Schlucht ("Chine"). Ein Bach mit Wasserfällen bahnt sich seinen Weg durch das Gestein, gesäumt von Farnen, Moosen und Sträuchern.

Wer sich hauptsächlich im Südosten der Insel aufhalten will, kann getrost **Ventnor** als Ausgangspunkt wählen. Dieser Ort erhält seinen Reiz durch seine beeindruckende Lage. Im Norden schützen die Kalkhügel vor kaltem Wind. Ventnor selbst liegt auf einem Plateau oberhalb der Badebucht. Kein Wunder, dass hier das mildeste Klima der ganzen Insel herrscht. Subtropische Pflanzen am Wegesrand machen die mediterrane Atmosphäre perfekt. Von hier aus oder von den Vororten **St Lawrence** und **Bonchurch** lässt sich die Südküste mit ihren senkrecht abfallenden Kreidefelsen, ihren Schluchten und Stränden erwandern. Gleich hinter Bonchurch erhebt sich der höchste Berg der Insel. *Boniface Down* ist zwar nur 240 Meter hoch, doch sorgt die äußerst steil abfallende Küste für einen aufregenden Anblick. Über den *Coast Path* erreicht man schließlich den südlichsten Punkt der Insel: *St Catherine's Point*, markiert durch einen modernen Leuchtturmkomplex. Etwas zurückversetzt steht noch ein weiterer, aus dem 14. Jahrhundert stammender Leuchtturm, der von den Einheimischen "Pepper Pot" genannt wird.

Nordwestliche Küste

Westlichster und zugleich auch beeindruckendster Punkt der Insel ist eine Reihe von drei etwa 30 Meter hohen Kalknadeln, treffend *The Needles* genannt. Ein Leuchtturm schmückt die äußerste Erhebung. Den besten Blick hat man bei einer Bootstour (Information in den Tourist Offices) oder vom Aussichtspunkt auf dem Festland (die Needles selbst kann man nicht begehen). Der Aussichtspunkt lässt sich nur mit einem ständig verkehrenden Minibus erreichen, da der Weg für Privatfahrzeuge gesperrt ist.
Nordöstlich an die Needles angrenzend liegt die *Alum Bay*. Diese Gegend ist von großem geologischem Interesse, da hier die verschiedenen Gesteinsschichten nicht horizontal, sondern vertikal und damit für jedermann sichtbar verlaufen. Jede Schicht hat eine andere Farbe, so dass diese Bucht sehr bunt erscheint.
Stützpunkt für den Tourismus im Westen der Insel sind die beiden Seebäder **Totland** und **Freshwater**. In Freshwater hatte der Dichter *Alfred Lord Tennyson* (1809–1892) für über drei Jahrzehnte sein Zuhause. Sein Lieblingswanderweg (der heutige "Tennyson Walk") führte von Freshwater entlang der atemberaubenden Steilküste zu den Needles (etwa 6 km).
Etwas nordöstlich liegt ein weiterer Hafen. Eine Autofähre verbindet **Yarmouth** mit Lymington im New Forest. Attraktionen wie die Überreste von *Yarmouth Castle* (16. Jh.) und *Fort Victoria* (19. Jh.; heute mit Aquarium), aber auch einige nette Pubs im Zentrum machen den Ort zu einem schöneren Ankunfts- oder Abfahrtshafen als Ryde.
Segelfreunden in der ganzen Welt ist **Cowes** ein Begriff. Hier inszeniert der exklusivste Segelverein des Commonwealth, die *Royal Yacht Squadron*, die *Cowes Week* (erste Augustwoche). Während der Regatta wimmelt der Hafen nur so von bunten Yachten. Übrigens wird hier auch alle zwei Jahre der *Admirals*

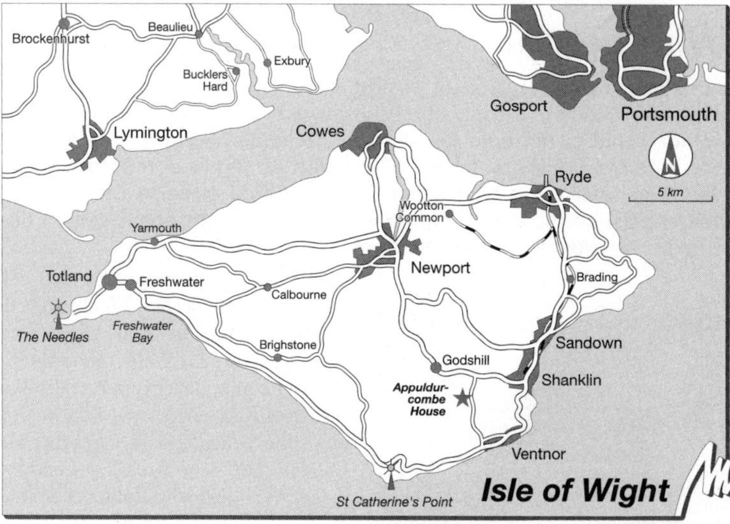

Südengland
Karte S. 210/211

Cup ausgetragen, *das* Segelereignis schlechthin. Cowes hatte für Heinrich VIII. eine wichtige strategische Bedeutung. Er ließ eine Burg zur Sicherung der Meerenge Solent bauen. Heute hat hier der erlesene Segelverein sein Clubhaus, und niemand außer den Mitgliedern darf das Grundstück betreten. Der deutsche Kaiser Wilhelm II. war in den frühen Neunzigern des 19. Jahrhunderts in den königlichen Yachtclub aufgenommen worden. Während seiner Besuche wohnte er in *Norris Castle*.

In East Cowes erhebt sich die Sommerresidenz Königin Viktorias - *Osborne House*. Thomas Cubitt setzte hier den Geschmack des Prinzenpaares Viktoria und Albert in den vierziger Jahren des 19. Jahrhunderts um. Bei einer Besichtigung geht man durch Räume, die mit Vasen, Deckchen und verschnörkeltem Inventar vollgestopft sind.

Öffnungszeiten: April–Sept. 10–17 Uhr. Eintritt: £ 6, Kinder £ 3.

Newport

Die einzige größere Stadt im Inselinneren ist zugleich auch die Hauptstadt der heutigen Grafschaft Isle of Wight. Newport ist der Mittelpunkt der Insel. Alle Straßen laufen hier zusammen, der Fluss Medina ist bis hierher schiffbar. Attraktion des Ortes ist *Carisbrooke Castle*, das am südwestlichen Stadtrand gelegen ist. Große Teile der Burg stammen aus dem 13. Jahrhundert. Im Burgfried wurde während des Bürgerkriegs (1642–48) König Charles I. von den Parlamentariern gefangen gehalten, ehe man ihn dann in London hinrichtete. Einer seiner Fluchtversuche endete zwischen den Gitterstäben eines Fensters, wo er stecken blieb. Zu besichtigen sind auch ein Castle-Museum und ein fast 50 Meter tiefer Brunnen.

Öffnungszeiten: April–Sept. täglich 10–18 Uhr, Okt.–März bis 16 Uhr. Eintritt: £ 3, Kinder £ 1.50.

Winchester

Auf einem massiven Sockel posiert die ehrwürdige Bronzestatue Alfreds des Großen. Seinen durchdringenden Blick ins Unendliche gerichtet, grüßt er mit dem gen Himmel gereckten Schwert den Reisenden aufs freundlichste. Im 9. Jahrhundert errang er den entscheidenden Sieg über die eingefallenen Dänen. Alfred sicherte die Grenzen des angelsächsischen Königreichs Wessex und hat somit seinen Ehrenplatz auf dem Broadway verdient.

Einst war *Venta Belgarum* eine der wichtigsten römischen Siedlungen in England. Auch als Marktstadt und Umschlagplatz für Wolle sowie als Bischofssitz mit der größten mittelalterlichen Kathedrale war Winchester eine der bedeutendsten Städte des Landes. Mit dem Aufstieg Londons jedoch verblasste die Rolle der Stadt.

Wichester Cathedral

Beim westlichen Stadttor (Westgate) hängt in der mittelalterlichen *Great Hall* ein Relikt aus sagenumwobener Zeit, der *Tisch der Tafelrunde* (The Round Table), an dem Artus seine Ritter platziert haben soll – leider ist er erst 600 Jahre alt...

Heute lockt Winchester Besucher aus nah und fern. Es sind Freunde des Straßenbummels, Musiker oder einfach Geschichts- und Kulturinteressierte. Letztgenannte werden ohne großen Umweg die *Winchester Cathedral* ansteuern, die nicht nur wegen ihrer immensen Ausmaße beeindruckt. Südlich der Kathedrale liegt das 1382 gegründete *Winchester College.* Es gehört zu den ältesten Privatschulen Englands. Vom *St Catherine's Hill* im Süden der Stadt hat man eine herrliche Aussicht.

In der ansehnlichen Stadt Winchester verbrachte die Schriftstellerin *Jane Austen* (geb. 1775) ihre letzten Lebensjahre, ehe sie am 18. Juli 1817 Selbstmord beging. Im *Jane Austen's House* in der College Street (Nr. 8) vollendete sie ihren Roman "Persuasion". Das Haus selbst ist für die Öffentlichkeit nicht zugänglich.

Die Artuslegende

Gehen wir zurück in die Zeit der blutigen Überfälle der Sachsen, Pikten und Jüten auf die einheimischen Briten, zurück ins "finsterste" Mittelalter. Die römischen Legionäre hatten sich in ihr zerfallendes Reich zurückgezogen. Hilflos waren die Bewohner Britanniens den brutalen Angriffen ausgeliefert. Eine Gruppe von mehreren tausend Männern unter Ambrosius Aurelianus, selbst "Überbleibsel" der römischen Herrschaft, begann sich standhaft zu wehren. In einer Schlacht am Badon Hill (etwa um 516, wahrscheinlich in der Nähe des heutigen Bath) fiel Ambrosius. Die Führung übernahm von nun an der junge Artus – und hier beginnt auch die Legende: In geradezu heroischer Manier konnte er die Eindringlinge verjagen und den Bauern der Gegend eine friedliche Existenz sichern. Zahlreiche Siege folgten. Artus scharte 24 Ritter um sich, die das Volk höchst ehrenhaft leiteten und beschützten. Zentrum seiner Macht war das rätselhafte Camelot, der bis heute unentdeckte legendäre Königshof.

Es gibt unzählige literarische Abwandlungen der Artuslegende. Seit Geoffrey of Monmouth (11./12. Jh.) bearbeiteten z. B. Wolfram von Eschenbach ("Parzival"), Sir Thomas Malory ("Le Morte d'Arthur") und Geoffrey Chaucer ("The Wife of Bath's Tale") diesen Heldenstoff für eigene Werke.

Information/Verbindungen

- *Information*: **The Guildhall**, The Broadway, Hampshire SO23 9LJ, ✆ 01962-840500, 📠 848180. Prospekte über Südengland, Geldwechsel, Zimmervermittlung, "Visitor's Guide" auch in Deutsch.
- *Telefonvorwahl*: 01962
- *Verbindungen*: **Bus** – Busbahnhof am Broadway; sieben Busse täglich nach London über Heathrow Airport, nach Bournemouth über Southampton sowie Busse nach Oxford, Portsmouth, Romsey und Salisbury.

Zug – Bahnhof an der Stockbridge Road (1,5 Kilometer nordwestlich der Kathedrale); regelmäßige Verbindungen nach London Waterloo Station, Bournemouth, Poole, Portsmouth und Southampton.

Adressen

- *Geldwechsel*: Banken in der High Street, z. B. **Barclays** (Kreuzung High/Jewery St.). Geldwechsel auch bei **Thomas Cook**, 107a High Street, oder im **Tourist Information Centre**.
- *Kino*: **The Screen**, Southgate Street, ✆ 01962-856009.
- *Krankenhaus*: **Royal Hampshire Hospital**, Romsey Road, ✆ 01962-863535.
- *Polizei*: North Walls, ✆ 01962-868100.
- *Stadtführungen*: Alle Führungen beginnen am Tourist Office; Mai–Sept. Mo–Sa 11 und 14.30 Uhr, So nur 11.30 Uhr; Apr. und Okt. von Mo–Sa um 14.30 Uhr, Nov.–März nur Sa um 11 Uhr (£ 2.50). Nach vorheriger Rücksprache werden auch Rundgänge mit Deutsch sprechenden Führern organisiert (für Gruppen bis 25 Personen £ 30).
- *Theater*: **Theatre Royal**, Jewry Street, ✆ 01962-843434; **John Stripe Theatre**, King Alfred College, Sparkford Rd, ✆ 01962-868725; **Chesil Theatre**, Chesil Street, ✆ 01962-867086; **Tower Arts Centre**, Romsey Road, ✆ 01962-867986.
- *Waschen*: **Winnall Launderette**, 27 Garbett Road, Winnall.

Übernachten

Verschiedene B&Bs in der *St Cross Road*, die aber alle nur über wenige Zimmer verfügen.

Moat House Hotel (1), komfortables Hotel am Stadtrand mit beheiztem Hallenbad, Fitnesscenter, Sauna und Whirlpool. B&B ab £ 47. Worthy Lane, ✆ 01962-709988, 📠 840862.

Royal Hotel (3), angenehmes Hotel in einem Haus aus dem 16. Jh. mit prächtigem Garten. 75 gemütliche Zimmer mit allem Komfort. B&B £ 111.50–122.50 pro DZ. St Peter Street, ✆ 01962-840840, 📠 841582. Internet: www.the-royal.com

Portland House Hotel (2), georgianisches Stadthaus in ruhiger Gegend zwischen Bahnhof und Kathedrale. B&B ab £ 24 pro Person. 63 Tower Street, ✆/📠 01962-865195.

Mrs. Edwards, hübsches Ziegelhaus mit runden Erkerfenstern, zwei Kilometer nordwestlich des Zentrums gelegen. Drei Doppelzimmer für £ 20 pro Person. Sycamores, 4 Bereweeke Close, ✆ 09132-867242.

Mrs. Pell, in ruhiger Wohngegend im Norden Winchesters. Ein gemütliches Doppel- und ein Mehrbettzimmer; £ 18 pro Person, Kinderermäßigung. The Lilacs, 1 Harestock Close, ✆ 01962-884122.

• *Jugendherberge*: **Youth Hostel (9)**, Jugendherberge in sehenswerter Mühle aus dem Jahr 1744 am Fluss Itchen (in den rustikalen Räumen hört man den Fluss vorbeiplätschern). Küche, uriger Gemeinschaftsraum. Prädikat "toll"; Erwachsene £ 9, Jugendliche £ 6.20. Vom Busbahnhof links auf den Broadway, nach etwa 150 m auf der linken Seite. 1 Water Lane, ✆ 01962-853723.

• *Camping*: **** **Morn Hill Caravan Club Site (8)**, fünf Kilometer östlich des Stadtzentrums. Von April bis Okt. geöffnet. Morn Hill, ✆ 01962-869877.

Essen

Viele preisgünstige Restaurants in der *Jewry Street* und der *City Road*. Mittagessen in einem der zahlreichen Pubs, z. B. im *Royal Oak* (in einer Seitenstraße der High Street, stammt aus der Zeit um die vorige Jahrtausendwende und ist das älteste Pub Winchesters) oder im *Eclipse Inn* (The Square), wo man auch draußen sitzen kann.

Wykeham Arms (11), das beste Pub in der Stadt in der Nähe des Winchester College, für ein Bier immer gut. Lunch (12–14.30 Uhr) ab £ 4.50. 13 Zimmer ab £ 79.50 (DZ). 75 Kingsgate Street, ✆ 01962-853834, 📠 854411.

Nine the Square (5), nettes Restaurant gegenüber dem Museum. In der Wine Bar gibt es leckere Gerichte, so beispielsweise Rigatoni mit Lachs zu £ 7.95. 9 Great Minster Street. ✆ 01962-864004.

Slug and Lettuce (6), zwei Häuser weiter trifft man vorzugsweise jüngeres Publikum, das seinen Hunger an leckeren Snacks stillt. Suppe und kleiner Salat zu £ 5. 5 Great Minster Street.

Eclipse Inn (7), kleines Pub mit Straßenterrasse, neben vielen Pies gibt es auch einen *Salade niçoise* zu £ 5.95. The Square, ✆ 01962-865676.

Ask (4), in einem alten Fachwerkhaus in der Fußgängerzone gibt's Pizza und Pasta zu angemessenen Preisen. Straßenterrasse. High Street.

Cathedral Refectory (10), unweit der Kathedrale. Im schönen, sonnigen Garten werden preisgünstige und leckere Lunches sowie Kuchen und Tee serviert. Mo–Sa 9.30–17 Uhr, So ab 10 Uhr, ✆ 01962-857258.

Feste/Veranstaltungen

Nach Ostern findet in Winchester das beliebte **Folk Festival** statt. Zwei Monate später, nämlich Ende Juli, sind die Straßen von Gauklern und Artisten bevölkert: "It's Hat Fair". Ein Wochenende lang werden dann Theateraufführungen angeboten, und überall in der Stadt sind die merkwürdigsten Kopfbedeckungen zu begutachten.

Der 5. November ist wie in ganz England **Guy Fawkes Day**. Doch die hier abgehaltene Prozession und das anschließende Feuerwerk sind über die Grenzen Hampshires bekannt.

Sehenswertes

Winchester Cathedral: Im Zentrum der Stadt erhebt sich, umgeben von einem kleinen Park, die mächtige Kathedrale. Das Kirchenschiff ist mit 170 Metern Länge nach der Peterskirche in Rom das zweitlängste in Europa! Trotz der verschiedenen Baustile (von der Romanik bis zur Spätgotik) präsentiert

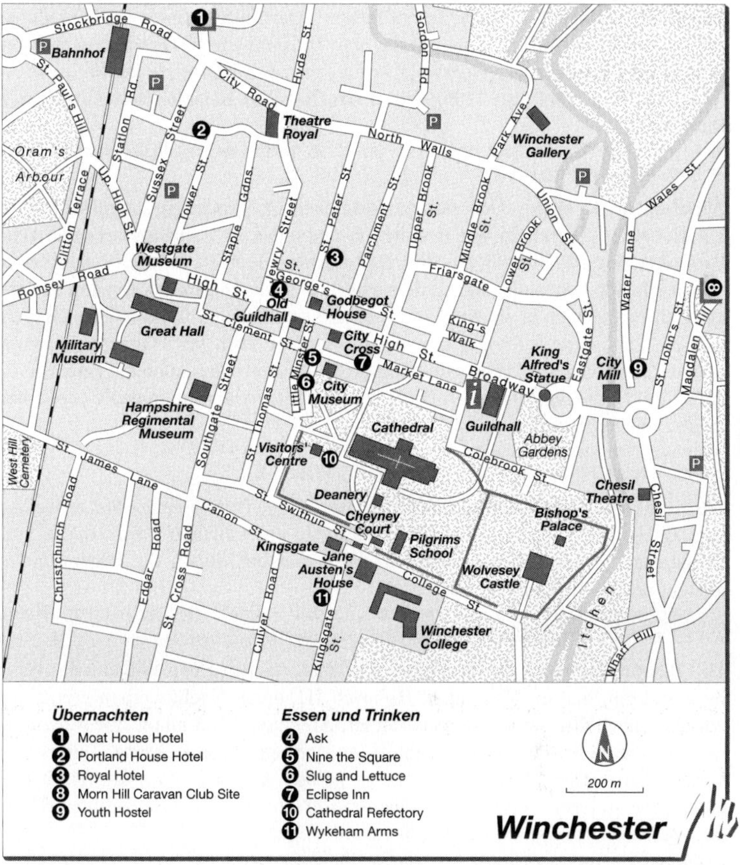

Südengland
Karte S. 210/211

sich das Gotteshaus als eine harmonische, aber prunklose Einheit. Im Inneren liegen zahlreiche sächsische und normannische Könige begraben. Eine schlichte, in den Boden eingelassene Gedenktafel erinnert an Jane Austen, die hier ebenfalls ihre letzte Ruhestätte fand. Wenn der Kirchenchor probt, verbreitet sich eine geradezu mystische Stimmung.

Die *normannische Krypta* gilt als die schönste ihrer Art in ganz England. Leider steht sie die meiste Zeit des Jahres unter Wasser. Führungen finden im Sommer statt (im Winter nur, wenn es der Wasserspiegel zulässt). Wer die Gelegenheit hat, sich die Krypta anzuschauen, der beachte zwei Statuen aus dem 14. Jahrhundert: Die eine stellt William of Wykeham dar (vgl. College), die andere den heiligen Swithun. Letzterer soll gegen seinen Willen in der Kathedrale begraben worden sein. Aus Verärgerung ließ er es vierzig Tage lang in Winchester regnen...

Adresse/Öffnungszeiten: The Close. Tgl. 7.15–18.30 Uhr. Eintritt prinzipiell frei, aber ohne eine Spende von £ 3 geht nichts. Chor: Mo–Sa (außer Mi) 17.30 Uhr, So 10, 11, 15 und 15.30 Uhr. Als Eintritt wird eine Spende von £ 2.50 erwartet.

Triforium Gallery & Library: Im südlichen Querschiff befinden sich Skulpturen, Metall- und Holzarbeiten, die die über tausendjährige Geschichte der Kathedrale dokumentieren. Wertvollstes Exponat der Bibliothek ist die berühmte Winchester-Bibel (um 1160), ein eindrucksvolles Beispiel mittelalterlicher Buchkunst.

Öffnungszeiten: Ostern–Sept. tgl. außer So 10.30–16.30 Uhr. Im Winter Termine unter ✆ 01962-857209 erfragen.

Winchester College: Der Gebäudekomplex ist großzügig angelegt, ohne Zweifel eine Eliteschule von Anfang an. Ende des 14. Jahrhunderts von *William of Wykeham*, Bischof von Winchester, gegründet, ist sie eine der ältesten Privatschulen Englands. Bewundernswert, dass die meisten Fassaden aus jener Zeit heute noch in einem guten Zustand sind. Die gepflegten Grünanlagen und die schuleigene Kirche imponieren. Immer noch trifft man hier junge Männer in schwarzen Talaren und klassisch geschnittenen Sakkos – ganz wie in dem Film "Der Club der toten Dichter". Am besten lernt man das College bei einer Führung kennen.

Adresse/Öffnungszeiten: College Street. Tgl. 10–13 Uhr und 14–17 Uhr, Sa nur 14–17 Uhr. Führungen um 11, 14 und 15.15 Uhr. Eintritt: £ 2.50, erm. £ 2.

Wolvesey Palace & Castle: Geht man die College Street einige Meter weiter nach Osten, trifft man links auf die Reste des bischöflichen Palastes, der von Christopher Wren erneuert wurde. Gleich daneben liegen die Ruinen einer mittelalterlichen Burg (12. Jh.).

Öffnungszeiten: Tgl. 10–18 Uhr, im Winter nur bis Einbruch der Dämmerung. Eintritt: £ 1.80, erm. £ 1.40 oder £ 0.90.

The Round Table: An der Stelle, wo einstmals die Burg von Wilhelm des Eroberers stand, ließ im Mittelalter Heinrich III. einen Nachfolgebau errichten, von dem noch die *Great Hall* erhalten ist. An einer Wand hängt der sagenumwobene runde Tisch ("Round Table"), an dem sich König Artus' Tafelrunde versammelte. Der "Artusmanie" tut es keinen Abbruch, dass der Tisch aus einer ganz anderen Zeit stammt. Höchstwahrscheinlich ließ ihn Eduard III. in der ersten Hälfte des 14. Jahrhunderts anfertigen.

Adresse/Öffnungszeiten: Castle Avenue. Tgl. 10–17 Uhr. Eintritt frei.

City Museum: Das stadtgeschichtliche Museum bietet einen interessanten Einblick in die lokale Historie von der Römerzeit bis in die Gegenwart (inklusive zweier rekonstruierter Geschäfte aus dem 19. Jahrhundert). Ein Besuch lohnt sich, zudem ist der Eintritt frei.

Adresse/Öffnungszeiten: The Square. Mo–Fr 10–17 Uhr, Sa 10–13 Uhr und 14–17 Uhr, So nur 14–17 Uhr.

Westgate Museum: Das aus dem Spätmittelalter stammende Stadttor – es wurde im 17. Jahrhundert zum Schuldturm umfunktioniert – beherbergt eine umfassende Sammlung alter Maße und Gewichte. Was nicht verwundert, waren doch Winchesters Eichmaße im Mittelalter neben denen von London in ganz England bindend. Das Museum bietet zudem einen netten Blick über die High Street.

Adresse/Öffnungszeiten: High Street. Feb.–Okt. Mo–Fr 10–17 Uhr, Sa 10–13 und 14–17 Uhr, So 14–17 Uhr. Eintritt: £ 0.30, erm. £ 0.20.

Hospital of St Cross: Das mittelalterliche Armenhaus wurde von Henry de Blois im Jahre 1136 gegründet und nahm seinen Statuten gemäß dreizehn Bürger als Brüder auf. Im 14. Jahrhundert kam noch der Orden "of noble poverty" hinzu, der sich aus 25 verarmten Adeligen zusammensetzte. Bekannt ist die älteste Wohlfahrtseinrichtung Englands, die noch heute existiert (als Seniorenheim), wegen des noch immer gepflegten Brauchs, jedem Bedürftigen auf dessen Wunsch hin "a horn of beer and a crust of bread" zu reichen. Das Hospital of St Cross liegt eineinhalb Kilometer südlich des College in der Nähe des River Itchen.

Öffnungszeiten: Tgl. außer So 9.30–17 Uhr (Sommer), im Winter tgl. außer So 10.30–15.30 Uhr. Eintritt: £ 2, erm. £ 1.25 oder £ 0.50.

Ausflug zum Jane Austen's House

Etwa 25 Kilometer östlich von Winchester liegt der kleine Ort **Chawton**. Hier wohnte und arbeitete Jane Austen in einem roten Ziegelhaus aus dem 17. Jahrhundert. In der Zeit zwischen 1809 und 1817 schrieb sie Romane wie "Pride and Prejudice" und "Emma". Innen ist ein kleines Museum untergebracht, das Gegenstände aus dem Besitz der Dichterin zeigt. Wer mit dem Auto unterwegs ist, erreicht den Ort von Winchester aus über die A 31. Ansonsten fahren auch Busse (Richtung Alton) nach Chawton.

Öffnungszeiten: März–Dez. tgl. 11–16.30 Uhr, im Jan. und Feb. nur Sa und So 11–16.30 Uhr. Eintritt: £ 3, erm. £ 2.50.

Südengland
Karte S. 210/211

Lohnenswert ist auch ein Ausflug zum etwa 18 Kilometer südwestlich liegenden Marktflecken **Romsey** mit normannischer Kirche und hübschem Herrenhaus (über die A 31).

New Forest

Mit einer Fläche von etwa 375 Quadratkilometern ist der zwischen dem River Avon und Southampton gelegene New Forest eines der letzten großen Waldgebiete Englands. Vor mehr als 900 Jahren machte Wilhelm der Eroberer aus dem "Nova Foresta" sein königliches Jagdrevier. Noch heute gelten hier seine Gesetze zum Schutz des Rotwilds.

Seinerzeit waren die Strafen für Wilderer drakonisch: Man hackte ihnen die Hände ab und stach ihnen die Augen aus. Allerdings waren die Beutezüge der Wilderer nicht die eigentliche Bedrohung für den Bestand des Waldgebietes. Im 18. Jahrhundert benötigte England eine Kriegsflotte, um der drohenden Invasion der Franzosen begegnen zu können. So entstanden aus dem Holz des New Forest unter anderem die Schiffe, mit denen Lord Nelson die spanisch-französische Flotte vor Trafalgar vernichtend schlug. Und wäre man nicht in der Mitte des 19. Jahrhunderts dazu übergegangen, Dampfschiffe aus Eisen zu bauen, wäre der New Forest heute wohl längst abgeholzt.

Das kräftige Grün der Eichen, Birken, Kiefern, Eiben und Buchen sowie die eigenwilligen Erdfarben der Heide prägen die Szenerie. Bei einer Wanderung trifft man oft auf die wilden New-Forest-Ponys, seltener auf Rotwild. Des Öfteren kommen die Tiere bis an die Straße (A 35) heran, weshalb Autofahrer sehr umsichtig fahren sollten. Jährlich verzeichnet das Erholungsgebiet bis zu acht Millionen Besucher, die auf der Suche nach Natureinsamkeit sind. An den Wochenenden, in den Ferien und besonders im Hochsommer ist diese Suche allerdings nicht allzu erfolgversprechend. Den Menschenmassen kann man jedoch vor allem im Frühjahr und Spätherbst entgehen. In dieser Zeit lädt der New Forest zu ausgedehnten Wanderungen ein (Wanderkarte von Ordnance Survey, Maßstab 1:25.000). Ein beliebtes Ziel ist z. B. die 600 Jahre alte *Knightwood Oak*, eine Eiche, deren Umfang rund sieben Meter beträgt. Sie steht im *Mark Ash Wood*, knappe fünf Kilometer westlich von Lyndhurst, wo der Wald am dichtesten ist. Angeblich ist sie die älteste und größte Eiche Englands. Lohnenswert ist auch eine Fahrradtour zu den kleinen Orten im New Forest. Wer keinen Drahtesel dabeihat, kann sich einen ausleihen (Adressen siehe unten).

• *Information*: **New Forest Visitor Information Centre**, Lyndhurst, The Main Car Park, ✆ 023-80282269.

• *Verbindungen*: Durch den New Forest führen die Bahnstrecke Southampton–Bournemouth und die Stichbahn nach Lymington. **Bahnhöfe** befinden sich in Totton, zwischen Beaulieu und Totton sowie zwischen Lyndhurst und Beaulieu, in Brockenhurst, Sway, Lymington, New Milton und Hinton.
Die **Wiltshire-Dorset-Busse** fahren von Bournemouth nach Southampton durch den New Forest. Der County-Bus bedient von Lyndhurst und Brockenhurst fast jede Ecke des Waldgebietes.

• *Jugendherberge*: **Burley Youth Hostel**, die einzige Jugendherberge im New Forest (Januar bis Mitte Februar geschlossen). Im Sommer empfiehlt es sich, vorher anzurufen oder zu reservieren. Hübsches Anwesen aus viktorianischer Zeit. Erwachsene £ 9.80, Jugendliche £ 6.75. Anfahrt: A 35 von Lyndhurst nach Burley Dorfmitte, dann die Brockenhurst Road hinauffahren, an der Gabelung links und am Golfplatz vorbei. Mit dem Bus XI (Bournemouth–Southampton) an der Durmast Corner aussteigen, von dort noch etwa 0,5 km. Cottesmore House, Cott Lane, Ringwood, ✆ 01425-403233.

• *Camping*: Es gibt insgesamt zehn Campingplätze im New Forest. Eine Broschüre verschickt **Forest Holidays**, Forest Commission, ✆ 0131-3340066.

• *Fahrräder*: Zum Ausleihen von Fahrrädern ist in jedem Fall ein Ausweis vonnöten, außerdem muss eine Kaution hinterlegt werden!
New Forest Cycle Experience, 2–4 Brookley Road, Brockenhurst, ✆ 0159-624204. Fahrräder ab £ 5.70 pro Tag, auch Tandem und Montainbike-Verleih sowie Helme und Kindersitze.
Bike Hire New Forest, Fern Geln, Gosport Lane, Lyndhurst, ✆ 023-80283349. Vergleichbares Angebot, für sportlich Ambitionierte gibt es auch geführte Touren.

• *Reiten*: Eine schöne Art, den Wald kennen zu lernen. Das Tourist Office in Lyndhurst hält eine Broschüre bereit, in der die Reitställe der Umgebung verzeichnet sind.

• *Baden*: Entlang der Küste gibt es Sandstrände in **Calshot** und **Lepe**. In **Milford-on-Sea** und **Barton-on-Sea** tummeln sich die meisten Badeurlauber.

Lyndhurst

In Lyndhurst, dem zentralen Ort, wo auch heute noch die Forstverwaltung im Queen's House ihren Sitz hat, bieten viele Geschäfte entlang der Hauptstraße Wild in jeder Form an. Die viktorianische Gemeindekirche mit den Buntglasfenstern von Edward Burne-Jones ist einen Besuch wert. Außerdem liegt hier Mrs. Reginald Hargreaves begraben. Sie diente Lewis Carroll als Vorlage für die Figur der Alice Liddell in "Alice im Wunderland". In Lyndhurst befindet sich auch das Informationsbüro des New Forest (hier gibt es auch Wanderkarten).

• *Information*: **New Forest Museum & Visitor Centre**, Main Car Park, Hampshire SO43 7NY, ✆ 023-80282269.

• *Übernachten*: **Knightwood Lodge Hotel**, komfortables Hotel mit 15 Zimmern, beheiztem Schwimmbad, Sauna und Whirlpool.

New-Forest-Ponys: halbwild und neugierig

Südengland
Karte S. 210/211

B&B ab £ 30 pro Person. Southampton Road, ✆ 030-28282502, 📠 80283730.
Ormonde House, ebenfalls gut ausgestattet, mit B&B ab £ 22 jedoch günstiger. Southampton Road, ✆ 023-808282806, 📠 80282004.

Über die A 31 (etwa fünf Kilometer nordwestlich von Lyndhurst) kommt man zu einem viel besuchten Denkmal, dem *Rufus Stone*. Im Jahre 1745 wurde der Stein zum Gedenken an William II., genannt William Rufus, errichtet. Er markiert die Stelle, an der dieser im Jahre 1100 von einem Armbrust-Pfeil getroffen niedersank und starb. Niemals wurde geklärt, ob es sich um einen Jagdunfall oder einen politischen Mord handelte. Tatsache ist jedenfalls, dass ein Mitglied der königlichen Jagdgesellschaft die Flucht nach Frankreich ergriff. Sein Bruder Henry griff ohne Zögern nach der Krone Williams und wurde noch im selben Jahr zum König gekrönt.

Fünf Kilometer südwestlich von Lyndhurst befinden sich die *Ornamental Drives*. Hier können schöne Spaziergänge durch einen Park mit exotischen Bäumen unternommen werden. Über die A 337 geht es nach **Brockenhurst**, einem kleinen Ort mitten im New Forest.

Übernachten: **Bridge House**, Brockenhurst, Lyndhurst Road, ✆ 01590-623135; vier nette Zimmer ab £ 20 pro Person.

Beaulieu

Die an einem Fjord gelegene Ortschaft Beaulieu (ausgesprochen wie "Bjulie") bildet den südöstlichsten Rand des New Forest. Mitten in einem schönen Waldgebiet erheben sich die Ruinen von *Beaulieu Abbey*, einem Zisterzienserkloster, das 1204 im Auftrag von King John erbaut und im 16. Jahrhundert weitgehend zerstört wurde. Das ehemalige Torhaus der Anlage, das heute *Palace House* genannt wird, kann besichtigt werden.

Seit dem 16. Jahrhundert residiert in dem "schönen Ort" (frz. *beau lieu*) die geschäftstüchtige Familie Montagu. In den fünfziger Jahren des vergangenen Jahrhunderts richtete Lord Montagu eine weitere Sehenswürdigkeit ein, deretwegen zahlreiche Autoliebhaber aus ganz England hierher reisen: das *National Motor Museum*. Mit derselben Eintrittskarte wie für das Palace House kann man rund ein Jahrhundert Automobilgeschichte und 250 Fahrzeuge bewundern.

Öffnungszeiten: Tgl. 10–18 Uhr, im Winter bis 17 Uhr. Eintritt: £ 9, erm. £ 7.75 oder £ 6.50.

Buckler's Hard

Der Ort liegt vier Kilometer südöstlich von Beaulieu. Im 18. Jahrhundert ließ ihn der 2. Duke of Montagu gewissermaßen als vorindustrielle Mustersiedlung errichten, und ein Jahrhundert später baute man hier riesige Segelschiffe. Nelsons' "HMS Agamemnon" wurde hier zu Wasser gelassen. Die Geschichte dieser Zeit wird im **Maritime Museum** wieder lebendig.

- *Öffnungszeiten*: Tgl. 10–18 Uhr, im Winter bis 16.30 Uhr. Eintritt: £ 4, erm. £ 3 oder £ 2.
- *Information*: **Tourist Information Centre** im John Montagu Building, Hampshire SO42 7NZ, ✆ 01590- 612345.
- *Übernachten*: **Westmoors**, East Boldre, Beaulieu, ✆ 01590-612435; familiäres B&B mit drei Zimmern ab £ 15 pro Person.

Lymington

Lymington ist ein beliebtes Seebad mit viel Flair. Vom Hafen führen Kopfsteinpflastergassen vorbei an georgianischen Häusern durch die Altstadt. Ältestes Gebäude der Stadt ist die Kirche *St Thomas the Apostle*, die zum Teil aus dem 13. Jahrhundert stammt. Von Lymington setzen alle halbe Stunde Auto- und Passagierfähren nach Yarmouth über. Die Fahrt zur Isle of Wight dauert etwa eine halbe Stunde.

Information: **St Barb Museum and Visitor Centre**, New Street, ✆ 01590-689000.

Salisbury

Salisbury ist ein "Ableger" der alten Römersiedlung Sarum, die heute drei Kilometer weiter nördlich ihr Ruinendasein fristet. Weil das später von den Sachsen ausgebaute Sarum nicht genügend Raum und Wasser für seine Bewohner bereithielt, wurde im 13. Jahrhundert eine neue Kathedrale am Zusammenfluss von Nadder, Avon und Bourne errichtet.

So schnell wie "New Sarum" an Bedeutung gewann, so zügig ging es mit "Old Sarum" bergab. Endgültig vorbei war es mit der Mutterstadt, als man begann, die Steine der alten Kirche für den Bau einer Mauer um die neue Kathedrale zu verwenden.

Aber es hat sich gelohnt. Dem Besucher eröffnet sich eine lebendige Stadt voll mittelalterlicher Atmosphäre, überragt vom höchsten Kirchturm Englands (123 Meter). Um die Kathedrale reihen sich hübsche alte Häuser, die gut erhalten sind und zum Teil Ausstellungen beherbergen.

Dienstags und samstags findet auf dem *Market Place* der traditionelle Markt statt, der Salisburys Charme entscheidend prägt. Auch der Viehmarkt (jeden Dienstag) nördlich der Bahnlinie ist einen Besuch wert.

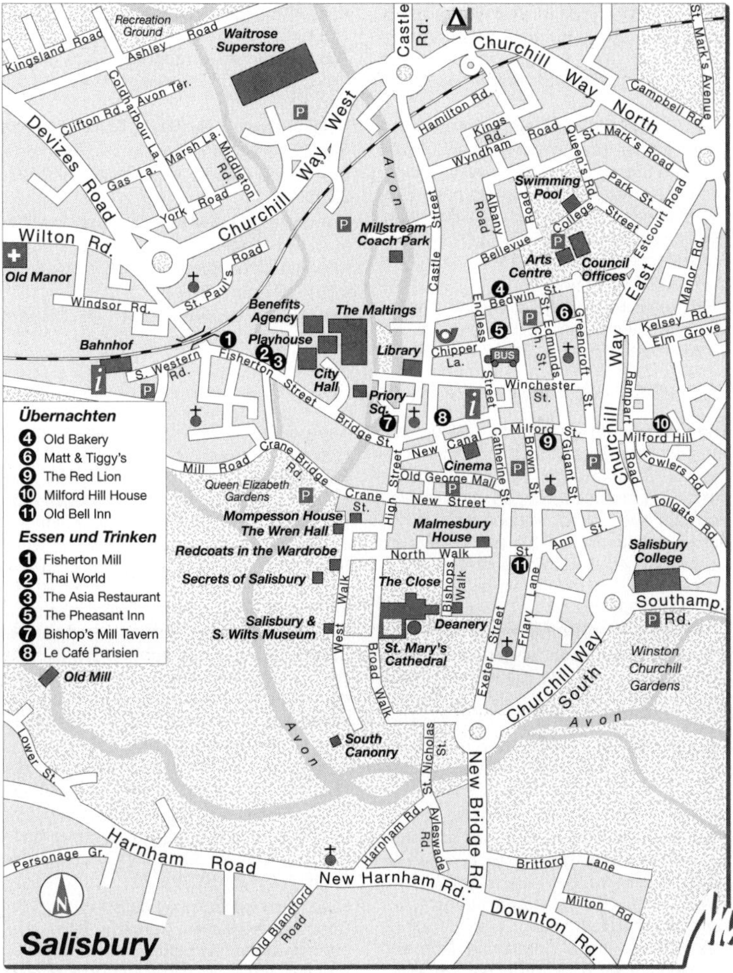

Ein Ausflug, den sich kein Besucher entgehen lassen wird, führt nach **Stonehenge (**17 Kilometer nördlich), einem rätselhaftes Zeugnis der Megalith-Kultur, dessen Ursprung bis heute noch nicht völlig geklärt ist.

Information/Verbindungen

- *Information*: **Tourist Information Centre**, Fish Row, Wiltshire SP1 1EJ, ✆ 01722-334956, 📠 422059.
Internet: www.salisbury.gov.uk/tourism
- *Telefonvorwahl*: 01722
- *Verbindungen*: **Bus** – Busbahnhof in der 8 Endless Street. Infos über ✆ 01722-336855. Fahrkarten im Travel Office (Mo–Fr 8.15–17.45 Uhr, Sa bis 17.15 Uhr); ein *Explorer Ticket* kostet £ 4.80 und ist oft billiger als ein reguläres Ticket. Für den Raum Wiltshire, Dorset, Hampshire wird das *Freedom*

Südengland Karte S. 210/211

Ticket angeboten; es ist eine Woche gültig. Mit National Express nach London Victoria 4-mal tgl. für £ 11.50 sowie nach Portsmouth, Bath und Bristol, ✆ 08705-808080.

Zug – Bahnhof in der South Western Road. Verbindungen über Andover nach London Waterloo Station (vormittags zweimal, nachmittags einmal stündlich) sowie nach Exeter, Paignton, Winchester, Southampton, Portsmouth und Bristol. Hier gibt es auch Schließfächer für das Gepäck. Auskunft unter ✆ 08457-484950.

• *Fahrräder*: **Hayball & Co Cycles**, diverse Bikes ab £ 9 pro Tag, £ 55 pro Woche. 26–30 Winchester Street, ✆ 01722-411378.

• *Stadtführungen*: Von Mai bis Sept. tgl. um 11 Uhr sowie So–Do um 18 Uhr. Treffpunkt: Tourist Information (dort sind auch die Tickets erhältlich). Teilnahmegebühr: £ 2.50, erm. £1.

• *Geldwechsel*: **Barclays Bank**, 2 High Street und 1 Castle Street.

• *Kino*: **The Odeon**, New Canal, ✆ 01722-335924.

• *Krankenhaus*: **Salisbury District Hospital**, ✆ 01722-336262.

• *Polizei*: Wilton Road, ✆ 01722-411444.

• *Post*: 24 Castle St.

• *Waschen*: **Washing Well**, 28 Chipper Lane, täglich 8–21 Uhr.

Übernachten (siehe Karte Seite 231)

The Red Lion (9), der bereits 1230 urkundlich erwähnte Gasthof liegt mitten im Zentrum von Salisbury. Wer Fachwerk, Antiquitäten und diversen Nippes schätzt und dennoch komfortabel wohnen will, ist hier genau richtig. B&B £ 57 pro Person im Doppelzimmer. Gutes Restaurant mit englischer Küche. 4 Milford Street, ✆ 01722-323334, 📠 325756.
E-Mail: reception@the-redlion.co.uk

Old Bakery (4), kleine Unterkunft in einem Cottage aus dem 15. Jahrhundert. B&B £ 25 im EZ, £ 38–50 im DZ. 33 Bedwin Street, ✆ 01722-320100.

Old Bell Inn (11), hübsches Inn mit Restaurant nahe der Kathedrale. Sieben gemütliche Zimmer; B&B ab £ 20 pro Person. 2 Saint Ann Street, ✆ 01722-327958.

Matt & Tiggy's (6), zentral gelegen, eine der gemütlichsten Unterkünfte, in denen wir abgestiegen sind. Die jungen Besitzer sind wirklich nett, und irgendwie herrscht hier Jugendherbergsstimmung. Alles ist bloß etwas lockerer (keine Sperrstunde). In den Zimmern stehen 2 bis 10 Betten. Die Bleibe ist nicht selten bis auf das letzte Bett ausgebucht (überwiegend Jugendliche). Die "Herbergs-Eltern" haben allerdings noch ein zweites Haus, in das man geschickt wird, wenn das erste voll ist. Übernachtung mit Frühstück kostet £ 11.50, Bettwäsche £ 0.80. 51 Salt Lane, ✆ 01722-327443.

• *Jugendherberge*: **Milford Hill House (10)**, nur einige Fußminuten östlich der Kathedrale. Vom Busbahnhof links in die Endless Street, über die Winchester Street hinweg, dann links in die Milford Street, die zum Milford Hill führt. Mit dem Auto sollte man allerdings den Stadtring benutzen und auf die Beschilderung achten; Erwachsene £ 10.85, Jugendliche £ 7.40. Nebenan kann man auch zelten (zum halben Normalpreis). Milford Hill, ✆ 01722-327572, 📠 330446. E-Mail: salisbury@yha.org.uk

• *Camping*: Eine Liste mit Zeltplätzen der Umgebung gibt es im hiesigen Tourist Office.
**** **Hudson's Field Camp Site**, Stellplätze für 100 Caravans und Zelte. Geöffnet April–Okt.; ab £ 11.80 für 2 Personen. Castle Road, ✆ 01722-320713.

Etwa 5 km westlich von Salisbury liegt der **Coombe Nurseries Caravan Park** (Raceplain, Netherhampton, ✆ 01722-328451). Von Netherhampton fährt man die A 3094 auf die Stratford Tony Road, dann die zweite links. Saubere Toiletten und Duschen; zwei Personen und Zelt etwa £ 8, Stromanschluss £ 1.50 (ganzjährig geöffnet).

Essen/Nachtleben (siehe Karte Seite 231)

Lunchen im Pub, z. B. *The Cloisters*, Catherine Street. Bei besonderen Anlässen lässt man sich mit einem saftigen Stück Hirschkeule bei *Haunch of Venison*, Minster Street, verwöhnen. Wer es besonders ausgelassen mag, geht ins *Hobgoblin*, 32 Milford Street, wohl das lauteste Pub in Salisbury.

Bishop's Mill Tavern (7), große Taverne mit überwiegend jugendlichem Publikum. Vorne befindet sich das Restaurant-Café, hinten die Bar. Auf zwei Etagen Sitzmöglichkeiten mit günstigem Überblick; neun Biersorten vom Fass, 50 Flaschenbiere. Großer Garten zum River Avon. Am Wochenende abends gut besucht und Popmusik. Bridge Street, The Maltings, ✆ 01722-412127.

Fisherton Mill (1), erfrischend alternativer Treffpunkt in einem Hinterhof; Café mit Tischen inmitten einer Kunst- und Handwerksausstellung. Hier gibt es schmackhafte kleine Speisen wie z. B. Roast Chicken mit Mango-Chutney für knapp £ 3; man kann auch im Hof sitzen und dem künstlerisch ambitionierten Schreiner bei der Arbeit zuschauen. Fisherton Street (Eingang schräg gegenüber einem Gemüseladen).

The Pheasant Inn (5), zünftiges Pub aus dem 15. Jahrhundert; junges Publikum, Lunch um £ 5, auch vegetarische Angebote. Kreuzung Salt Lane und Rollestone Street, ✆ 01722-327069.

The Asia Restaurant (3), gut gewürzte indische Köstlichkeiten, 90 Fisherton Street, ✆ 01722-327628.

Wer Thai-Küche vorzieht, geht ein paar Häuser weiter in die **Thai World (2)**, 58 Fisherton Street, ✆ 01722-414778.

Le Café Parisien (8), einladendes Café am Market Square, tgl. von 8–17 Uhr geöffnet. Oatmeal Row.

Feste/Veranstaltungen

Im Mai/Juni findet das **Salisbury Festival** statt. Die ganze Stadt ist auf den Beinen. Musik, Tanz, Theater und Weinproben sorgen für Unterhaltung. Informationen: ✆ 01722-320333 oder www.salisburyfestival.co.uk. Hinweise auf andere Veranstaltungen finden sich in dem zweimonatlich erscheinenden Magazin "What's On in Salisbury" (kostenlos).

Wer in den Genuss einer guten Theatervorstellung kommen will, sollte im **Playhouse**, Malthouse Lane (✆ 01722-320333), rechtzeitig reservieren.

Südengland
Karte S. 210/211

Sehenswertes

Cathedrale: Die Kathedrale von Salisbury steht in gewohnter Weise isoliert auf dem Rasen, dem *Cathedral Close*. Die geräumige Domfreiheit – die größte Englands –, die teilweise noch ummauert ist, wird von am Rande stehenden Kanonikerhäusern gesäumt. Kunsthistoriker heben die Kathedrale als Musterbeispiel des sog. frühenglischen (*Early English*) Stils der Gotik hervor, da sie zwischen 1220 und 1260 gewissermaßen aus einem Guss entstanden ist; spätere Ein- und Anbauten wurden bei der Restauration Ende des 18. Jahrhunderts entfernt.

Der frühgotische Kalksteinbau zeichnet sich durch eine nüchterne Strenge aus, die durch die regelmäßige Wiederholung gleicher Bauelemente noch erhöht wird. Fünfundzwanzig Meter ragt das aufstrebende Gewölbe des Hauptschiffs empor. Dominiert wird die Kathedrale von ihrem filigranen Vierungsturm, der mit seinen 123 Metern als höchster Kirchturm Englands gilt. Den Konservatoren gibt der Turm seit jeher Anlass zur Sorge, da er auf einem sumpfigen Gelände errichtet wurde und die in den Untergrund gerammten Pfeiler seinem enormen Gewicht von 6.400 Tonnen kaum gewachsen sind. Mit Strebepfeilern und Stahlbändern hat man sich gegen einen Einsturz gewappnet. Die Westfassade der Kathedrale ist mit Skulpturen geschmückt, der wohlproportionierte Innenraum aus hellem, gelbgrauem Kalkstein wird von schlanken Säulen aus schwarzem Purbeck-Marmor geziert. Der Grundriss mit zwei Querschiffen und einem quadratischen Chorabschluss ähnelt dem der im gleichen Jahr errichteten Kathedrale von Amiens. Allerdings begnügten sich die Bauherren von Salisbury mit einem dreischiffigen Langhaus. An der Südwestseite der Kathedrale schließt sich der um 1300 vollendete Kreuzgang mit dem Kapitelhaus an. Wandreliefs des auf einem oktogonalen Grundriss errichteten

Chapter House (Kapitelhaus) zeigen Szenen aus dem Alten Testament, doch das Interesse der meisten Besucher ist auf die hier ausgestellte *Magna Charta* gerichtet. Die dem ungeliebten König Johann Ohneland abgetrotzten 61 Artikel der Magna Carta (1215) beschnitten die königliche Autorität zu Gunsten von Freiheiten und Privilegien für die Kirche, den Adel sowie das Bürgertum: Eine Grundlage für die späteren konstitutionellen und demokratischen Entwicklungen in England.

Öffnungszeiten: Tgl. 7–18.15 Uhr, im Juli und Aug. bis 20.15 Uhr. Chapter House ab 9.30 Uhr. Zwangsspende: £ 3, erm. £ 2 oder £ 1.

Mompesson House: Direkt an die Domfreiheit grenzt das 1701 für Charles Mompesson errichtete Haus an. Sehenswert sind die stuckverzierten Innenräume mit wertvollen zeitgenössischen Möbeln und einer Sammlung von Trinkgläsern aus dem 18. Jahrhundert. Im Garten samt Tea Room findet die Besichtigung einen netten Ausklang.

Adresse/Öffnungszeiten: The Close. April–Okt. Mo–Mi sowie am Wochenende 12–17.30 Uhr. Eintritt: £ 3.40, erm. £ 2.90 oder £ 1.70; nur Garten: £ 0.80 (NT).

Salisbury and South Wiltshire Museum: Die äußerst informative Ausstellung vermittelt einen Überblick über die stadtgeschichtliche Entwicklung von Salisbury. Wer einen Ausflug nach Stonehenge machen will, kann sich hier mit den neuesten Theorien über den Sinn und Unsinn der Megalithen-Anordnung befassen. Wertvolle Glas-, Keramik- und Porzellanarbeiten sowie Aquarelle von William Turner gehören ebenfalls zum Museumsfundus.

Adresse/Öffnungszeiten: 65 The Close. Mo–Sa 10–17 Uhr, So (nur im Juli und Aug.) 14–17 Uhr. Eintritt: £ 3, erm. £ 2 oder £ 0.75.

The Medieval Hall: In der mittelalterlichen Banqueting Hall wird eine multimediale Informationsshow (40 Minuten) zur Geschichte Salisburys gezeigt. Auch in deutscher Sprache.

Adresse: West Walk. Tgl. um 11, 12, 13, 14, 15, 16 und 17 Uhr. Eintritt: £ 1.50, erm. £ 1.

Old Sarum: Rund drei Kilometer nördlich von Salisbury liegt Old Sarum. Schon in der Eisenzeit gab es hier eine Fliehburg, deren Wall- und Grabensystem erhalten geblieben ist. Römer und Sachsen siedelten hier, bevor die Normannen Old Sarum zum Bischofssitz machten. Es entstanden eine Kathedrale und ein Castle. Doch die wachsende Siedlung bot nicht genügend Raum und Trinkwasser für ihre Bewohner. So entschloss man sich 1220 zu einem Umzug in die unterhalb des Hügels gelegene fruchtbarere Gegend. Die alte Kathedrale wurde abgebaut, aus ihren Steinen die neue Stadtmauer errichtet. Auch die Bevölkerung wanderte nach New Sarum, dem heutigen Salisbury, ab. Gänzlich ausgestorben war Old Sarum dann im 19. Jahrhundert.

Öffnungszeiten: April–Sept. tgl. 10–18 Uhr, Okt. bis 17 Uhr, Nov.–März Mi–So 10–16 Uhr. Eintritt: £ 2, erm. £ 1.50 oder £ 1 (EH). Anfahrt: über die A 345 Richtung Stonehenge oder mit Bus 3 und 5–9 (viertelstündlich ab Salisburys Busbahnhof).

Old Sarum – ein "rotten borough"

Für Jahrhunderte war Old Sarum ein Wahlbezirk, der zwei Parlamentsabgeordnete nach London entsenden durfte. Das änderte sich auch nicht, als der Ort verwaiste und im 19. Jahrhundert kein einziger Mensch mehr dort lebte. Die Landeigentümer durften immer noch einen Kandidaten bestimmen und ins Londoner Parlament entsenden. Solche menschenleeren Wahlbezirke, die der Bevölkerungsverteilung nicht mehr entsprachen, nannte man "rotten boroughs" ("verrottete Flecken"). Berühmtester Abgeordneter von Old Sarum war *William Pitt d. Ä.* (1708–1778), später auch Premierminister. Erst die Wahlreform von 1832 (Reform Act) teilte die Wahlbezirke in Großbritannien neu auf und berücksichtigte dabei neu entstandene Zentren wie Manchester, Liverpool und Birmingham, die zuvor keinen Vertreter stellen durften. Die "rotten boroughs" verschwanden.

Südengland
Karte S. 210/211

Wilton House: Das ansehnliche Landhaus mit weitläufigem Park liegt fünf Kilometer westlich von Salisbury an der A 30. Das bemerkenswerteste Zimmer ist der *Double Cube Room* mit reich verzierten Wänden, prachtvoll bemalter Decke und riesigen Ölgemälden (van Dyck).

• *Öffnungszeiten*: Ostern–Okt. tgl. 10.30–17.30 Uhr. Eintritt: £ 6.75, erm. £ 5.75 oder £ 4. Anfahrt: Regelmäßig fahren Busse von Salisbury hierher (Nr. 25–27, 60, 61 oder X4).

Stonehenge, Silbury Hill, West Kennet, Avebury

Die Hochebene aus Kalkstein nördlich von Salisbury (Salisbury Plain) war beliebte Siedlungsstätte prähistorischer Kulturen. Ihre Spuren sind noch heute in Form von Megalithgräbern und Steinzirkeln nachzuvollziehen. Das bekannteste Zeugnis dieser Zeit ist Stonehenge, ein riesiger Steinzirkel. Kein anderes Relikt löste unter Wissenschaftlern eine so hitzige Diskussion um Herkunft und Zweck aus. Legenden ranken sich um Stonehenge. Der Zauberer Merlin habe die Steinblöcke von Irland hierher gebracht, besagt die eine. Andere schreiben den Ursprung der Steinkreise den Druiden, Römern oder Dänen zu. Es gibt sogar einige Spezialisten, die Stonehenge als Beweis für die Existenz einer außerirdischen Intelligenz interpretieren. Jeder darf seinen Senf dazugeben – das macht Stonehenge ja auch so interessant. Bei so viel Wirbel wundert es nicht, dass rund eine Million Besucher jährlich hierher pilgern. Ein besonderer Tag ist der 21. Juni eines jeden Jahres. Dann wird an dieser Stelle die Sommersonnenwende von Neo-Druiden und "Sonnenanbetern" gebührend zelebriert, was immer wieder zu Streitereien mit der Polizei führt.

Viele Besucher sind von Stonehenge enttäuscht. Das liegt nicht zuletzt an der Atmosphäre, die hier herrscht. Auf dem benachbarten Parkplatz reiht sich ein Touristenbus an den anderen. Es bilden sich Schlangen an den Kassen, und wer die vorher angekündigte mysteriöse Stimmung fotografisch festhalten will, kommt lediglich zu einem Gruppenbild mit Steinen. Wegen der ständigen

Absperrung kann man das Denkmal nicht näher begutachten, geschweige denn Anfassen – aber das ist im Hinblick auf seinen Erhalt auch gut so. Erscheint man schon zur Öffnung um 9.30 Uhr, hat man gute Chancen, den Touristenströmen zu entgehen. Den besten Überblick über die Anlage hat man vom Amesbury Hill (2 Kilometer über die A 303).

Entstehungsgeschichte

Auch wenn es auf den ersten Blick nicht so erscheint, Stonehenge ist das prähistorische Highlight Englands, wenn nicht sogar Europas. Der Name bedeutet "hanging stones", also "hängende Steine", womit wohl die aufliegenden Steine gemeint sind. Ähnlich wie mittelalterliche Kirchen ist Stonehenge ein Produkt mehrerer Epochen. Schon vor fünf Jahrtausenden wurde der äußere kreisförmige Graben ausgehoben und der sog. *Heel Stone* platziert. Innerhalb des Grabens legte man einen Kreis aus 56 Löchern an, die später mit einem Gemisch aus Erde und menschlicher Asche gefüllt wurden. Man geht davon aus, dass der älteste Steinzirkel um 2100 v. u. Z. errichtet wurde. Ursprünglich waren es sechzig aufrecht stehende Blöcke aus Blaustein, von denen heute noch sechs stehen. Geologen fanden heraus, dass diese ursprünglich aus Südwestwales (über 300 Kilometer Entfernung) stammten. Wie aber kamen sie hierher? Nach Meinung einiger Archäologen wurden sie von Wales hierher geschleift oder auf Flößen transportiert. Eventuell wurden die Monolithen auch in der letzten Eiszeit von einem Gletscher auf die Hochebene geschoben, so dass sie "nur noch" aufgestellt werden mussten. In der Zeitspanne von 2000 bis 1500 v. u. Z. wurde ein Kreis von 25 Trilithen (zwei aufrechte Steine, auf denen ein Stein liegt) errichtet, darin waren hufeisenförmig fünf weitere Trilithen angeordnet. Die dazu benutzten Sandsteine wurden aus der 30 Kilometer entfernten Hügelkette, den Marlborough Downs, hierher transportiert. Wiederum aus Blaustein formte man schließlich innerhalb der Trilithenanordnung einen kleinen Kreis und ein Hufeisen. Ist Stonehenge ein prähistorisches Grabmal oder ein Sonnentempel? Belege gibt es für beide Theorien. Die 56 Löcher mit menschlicher Asche und über 350 Hügelgräbern (teilweise mit kostbaren Grabbeigaben) in der Umgebung deuten auf eine Stätte des Totenkults. Stonehenge könnte aber auch als Observatorium genutzt worden sein. Die Anlage ist nämlich so in nordöstliche Richtung ausgerichtet, dass die Sonne am Tag der Sommersonnenwende – vom Altarstein gesehen – genau über dem Heel Stone aufgeht. Doch wird man wohl nie einwandfrei feststellen können, wozu das rätselhafte Megalith-Denkmal einst errichtet wurde. Oder ist Stonehenge am Ende doch eine Landeplatzmarkierung für UFOs?

- *Öffnungszeiten*: April–Sept. 9.30–18 Uhr, Juni–Aug. 9–19 Uhr, Nov.–März 10–16 Uhr. Eintritt (inklusive einer Audiotour): £ 4, erm. £ 3 oder £ 2 (EH & NT).
- *Anfahrt*: Wer nicht mit einem Touristenbus fährt, kommt auch mit dem **Fahrrad** oder **Auto** über die schöne, jedoch schmale Straße entlang dem Avon (18 km) von Salisbury nach Stonehenge.

Busse fahren regelmäßig ab Salisbury Zentrum und vom Bahnhof und kosten £ 4.80 (Explorer Ticket, Rückfahrt inbegriffen); Informationen über ✆ 01722-336855. Eine **Taxifahrt** von Salisbury nach Stone-

henge kostet etwa £ 30.
Des Weiteren werden für £ 12.50 (inkl. Eintritt) **Bustouren** angeboten. Doch die Anfahrt mit Linienbussen (s. o.) ist preisgünstiger, und man hat wenigstens die theoretische Chance, in Stonehenge allein zu sein.

Neben Stonehenge gibt es auf der nahezu kahlen Hochebene einige weniger bekannte frühzeitliche Stätten. An der A 4, etwa acht Kilometer westlich von Marlborough, erhebt sich **Silbury Hill**, der höchste von Menschenhand geschaffene prähistorische Hügel Europas. Mit einfachen Schaufeln häuften 2600 Jahre v. u. Z. Siedler eine fast 40 Meter hohe Erdschicht auf. Ihr Zweck ist nicht geklärt. Der Hügel ist nicht zu begehen, man muss sich mit einem Blick von einem Parkplatz zufrieden geben. Gleich gegenüber führt ein Fußweg zum knapp einen Kilometer entfernt liegenden *West Kennet Long Barrow*, einem Grab aus dem dritten Jahrtausend v. u. Z.

Die A 4 führt weiter westlich nach **Avebury**, einer Ortschaft, die ebenfalls wegen eines Megalith-Denkmals bekannt ist (ständig geöffnet, Eintritt frei). Die Steine sind etwas kleiner als in Stonehenge, doch ist der Kreis größer. Schätzungen datieren die Anlage auf etwa 2500 v. u. Z. Das *Alexander Keiller Museum* am Eingang zum Steinkreis zeigt Ausgrabungsfunde und informiert über Sinn und Zweck der Anlage.

Öffnungszeiten: April–Okt. tgl. 10–18 Uhr, Nov.–März tgl. außer So 10–16 Uhr. Eintritt: £ 2.50 (NT & EH).

Südengland
Karte S. 210/211

Grafschaft Dorset

Eine Bergkette aus Kalkstein bildet die Küste der Grafschaft Dorset. Besonders eindrucksvoll ist die Steilküste auf der *Isle of Purbeck*, einer Halbinsel westlich von Bournemouth. Auf der anderen Seite der Isle of Purbeck findet man beschauliche Dörfer inmitten üppig grüner Wiesen. Hier besticht die ursprüngliche Landschaft. Majestätisch erhebt sich das *Corfe Castle* auf einem Hügel, ein Motiv, das sich auf zahlreichen Postkarten wiederfinden lässt.

Die Küstenstädte Bournemouth, Weymouth und Lyme Regis sind Badeorte mit unterschiedlichem Charakter. *Bournemouth* war bis ins 19. Jahrhundert ein unberührter Ort, ehe am Ende des gleichen Jahrhunderts der Tourismus Einzug hielt. Die Stadt stellte sich auf die Bedürfnisse der Erholungssuchenden ein und ist heute ein moderner Badeort mit einem langen Sandstrand. Das überwiegend junge Publikum vergnügt sich mit Wassersport und genießt das kulturelle Angebot, um sich dann am Abend ins Nachtleben zu stürzen.

Von einem anderen Schlag ist da *Lyme Regis*, ein eher ruhiges Fischerdorf, dessen Badestrände bei weitem nicht so lang sind wie die von Bournemouth. Viele Fossiliensammler versuchen hier ihr Glück, nachdem in dieser Region zu Anfang des 19. Jahrhunderts ein versteinertes Skelett eines Ichthyosaurus gefunden wurde. *Weymouth* wiederum überzeugt durch seine schöne Altstadt. Der Ort erfreute sich schon früh höchster Aufmerksamkeit, King George II. badete hier am liebsten. Im Landesinneren liegt *Dorchester*, die Hauptstadt der Grafschaft. In ihrer unmittelbaren Umgebung findet man eine Befestigungsanlage namens *Maiden Castle*, mit deren Errichtung wahrscheinlich vor 5000 Jahren begonnen wurde.

Bournemouth

Die Seebäder Englands haben alle ihre eigene Atmosphäre, sei es das traditionelle Brighton, das proletarische Blackpool oder die den besseren Zeiten nachweinenden Bäder im Südosten. Bournemouth seinerseits war bis 1809 ein Stück unberührter Küste, ehe hier ein Gasthaus errichtet wurde. Die Entwicklung zum Seebad begann 1885 mit der Eröffnung eines Bahnhofs in der Nähe eines meilenlangen Sandstrandes. Heute lebt die junge Badestadt, die weder über einen Hafen noch über Industrie verfügt, allein vom Tourismus.

Jung ist auch das Publikum geblieben. Zahlreiche Sprachschulen ziehen Tausende von Teens und Twens aus den verschiedensten Ländern an. Meist bleibt man unter sich und nimmt höchstens bei einem Flirt Kontakt mit Jugendlichen aus anderen Ländern auf. Zum Amüsieren gibt es unzählige Möglichkeiten – in Discos, Pubs, am Strand und in den zahlreichen Parks der Stadt.

Aus der ersten Epoche des Seebads stammen die viktorianischen Bauten in den Straßen *Old Christchurch Road*, *Lower Richmond Hill*, *Poole Hill* und *Commercial Road*, in denen es heute gar nicht mehr so streng viktorianisch zugeht. Das Programm der Theater ist mehr auf gesetztes Publikum zugeschnitten. Musicals, Konzerte und Shows finden im Pavilion, Pier Theatre, Playhouse Theatre und in den Winter Gardens statt. Wer lieber selbst aktiv werden möchte, kann sich in vielfältiger Weise sportlich betätigen: Was beim Minigolf beginnt, kann vielleicht auf einem der großen öffentlichen Golfplätze enden. Das Meer ist ideal zum Fischen, Segeln und Windsurfen.

Für Regentage empfehlen sich die Museen mit teils kuriosen Sammlungen, so z. B. das **Russel Cotes Art Gallery & Museum** (East Cliff) mit den Hinterlassenschaften eines Bürgermeisters und Weltenbummlers (Di–So 10–17 Uhr, Eintritt frei).

Information/Verbindungen

- *Information*: **Bournemouth Visitor Information Bureau**, Westover Road, Dorset BH1 2BU, ✆ 01202-451700, 451743. Internet: www.bournemouth.gov.uk. Hilfreiches Informationsmaterial über Sportmöglichkeiten, Veranstaltungen usw., Stadtplan £ 1.

  Poole Marketing Services, 19 Strand Street, Poole, Dorset BH15 1SB, ✆ 01202-253253, 262684.

  Internet: www.poole.gov.uk/tourism
- *Telefonvorwahl*: 01202
- *Verbindungen*: **Bus** – Stadtbusse sind die Yellow Buses. Nahverkehrsbusse ab The Square; an der Holdenhurst Road fahren die National-Express-Fernbusse (u. a. nach London) ab. Günstig ist ein Explorer Ticket, mit dem man alle Wiltshire-&-Dorset-Busse einen Tag lang benutzen kann.

  Zug – Der Hauptbahnhof liegt in der Holdenhurst Road 1,5 Kilometer östlich des Zentrums (Busse vor dem Bahnhof). Stündlich Verbindungen nach Southampton, Portsmouth (in Farnham umsteigen), Bristol; zwei Züge stündlich nach London Waterloo Station (ca. 2 Std.).

Adressen

- *Fahrräder*: **Bournemouth Mountain Bike Centre** (4 Kinson Road, ✆ 01202-514344, Spezialist für Mountainbikes) und **Rent-A-Bike** (88 Charminster Rd., ✆ 01202-315855).
- *Geldwechsel*: sechs Banken in der Old Christchurch Road, z. B. **Barclays** (Nr. 61).
- *Kinos*: **ABC Film Centre** (Westover Rd., ✆ 01202-558433) und **Odeon Film Centre**

Jeder Küstenort braucht seinen Yachthafen

(Westover Rd., ✆ 01202-557627).

• *Nacht-Tankstelle*: **Bath Road Service Station**, 24 Stunden geöffnet.

• *Polizei*: Madeira Road, ✆ 01202-552099.

• *Post*: Post Office Road.

• *Reiten*: Die Umgebung der Stadt kann man auch auf einem Pferd erkunden. Reitställe gibt es in Ringwood, Christchurch und anderen Orten. Adressen in den Gelben Seiten des Telefonbuchs (unter "Riding Schools and Stables").

• *Waschen*: **Washerette**, 304 Wimbourne Rd., Mo–Fr 8–19.30 Uhr, Sa 8–18 Uhr, So 9–18 Uhr.

Übernachten (siehe Karte Seite 240)

Außerhalb der Sommersaison lässt sich problemlos ein Plätzchen in einem der zahlreichen Hotels und B&Bs von Bournemouth finden. Während der Saison ist eine Reservierung ratsam, ansonsten wendet man sich am besten gleich an die Tourist Offices, die gegen eine geringe Gebühr Zimmer vermitteln.

Langtry Manor (8), das einstige Domizil von Eduards VII. und seiner Mätresse, Lillie Langtry, wurde in ein komfortables Hotel verwandelt. Die Zimmer in dem von einem großzügigen Garten umgebenen Fachwerkhaus sind in üppiges Dekor gehüllt. B&B £ 49.75–89.75. 26 Derby Road, East Cliff, ✆ 01202-553887.
E-Mail: lillie@langtrymanor.com

Heathlands Hotel (7), stattliches Hotel mit schönem Swimmingpool. 115 Zimmer, B&B ab £ 37. 12 Grove Road, East Cliff, ✆ 01202-553336, ℻ 5555937. E-Mail: info@heathlandshotel.com

Bramcote Hall Hotel (11), ansehnliches Haus östlich des Stadtkerns in Meeresnähe. 14 Zimmer, z. T. mit WC und Bad sowie TV. Hier wird Brot selbst gebacken, auf Wunsch auch vegetarische Kost; £ 15–21. 1 Glen Road, ✆ 01202-395555, ℻ 398623.

The Bondi (2), eine der preisgünstigeren Unterkünfte im Zentrum von Bournemouth mit sieben Zimmern. B&B £ 14. Wer hier länger übernachtet, zahlt in der Nachsaison weniger. 43 St Michael's Road, ✆/℻ 01202-554893.

Sandy Bay Guest House (10), familiär geführtes, kleines Guest House mit sieben Zimmern, das im Winter hauptsächlich von Studenten bewohnt wird; sehr freundliche Wirtin. B&B ab £ 14. 3 Westby Road (im 1 km östlich gelegenen Stadtteil Boscombe), ✆ 01202-309245.

• *Camping*: Eine Liste mit Zeltplätzen der Umgebung ist im Tourist Office erhältlich. Es gibt zwar in Bournemouth einen

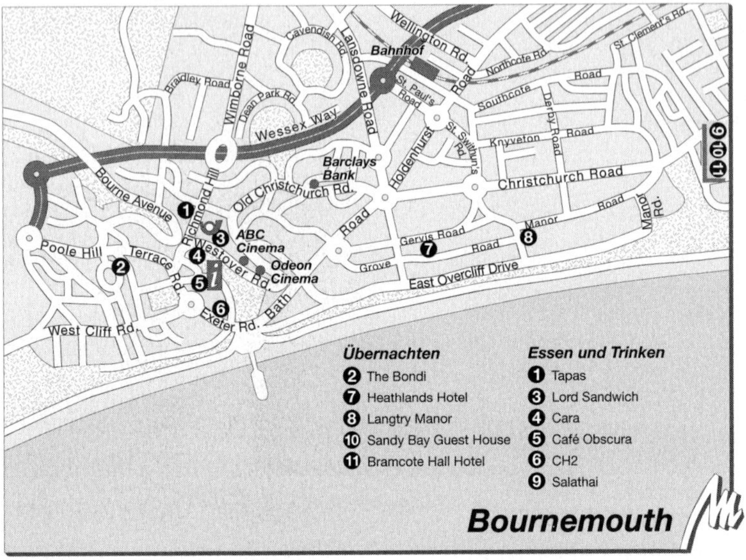

Campingplatz, doch sind dort nur Wohnmobile und Wohnwagen erlaubt. Ausweichen kann man in den östlich gelegenen Vorort Christchurch oder auf die Isle of Purbeck:

**** **Mount Pleasant Touring Park**, März–Okt. geöffnet, 95 Stellplätze, £ 5.50–12 pro Zelt und zwei Personen. Matchams Lane, Hurn, Christchurch, ✆ 01202-475474.

Essen

Viele Restaurants befinden sich am *Square* und in der *Westover Road*. Die Palette an Lokalen ist breit gefächert, für jedes Budget und jeden Geschmack ist etwas dabei.

CH2 (6), modern gestyltes Restaurant unweit des Piers. Mittags gibt es für £ 5.50 einen *Quick Lunch*. 37 Exeter Road.

Salathai (9), Liebhaber asiatischer Küche besuchen den Thailänder im östlich des Zentrums gelegenen Stadtteil Boscombe. Sonntag Ruhetag. 1066 Christchurch Road, ✆ 01202-420772.

Cara (4), Mischung aus Bar, Café und Lounge. Auf der Balkonterrasse lässt sich das Treiben im Zentrum gut beobachten. Sandwiches und eine große Salatauswahl zwischen £ 5 und £ 6. Lecker ist der *Grilled Red Snapper* für £ 6.95. The Square.

Tapas (1), mitten im Zentrum, leckere Tapas für £ 3–4, empfehlenswert sind der Serrano-Schinken oder *Gambas al Ajello*. Bourne Avenue, ✆ 01202-551430.

Café Obscura (5), der Pavillon mit der sonnigen Straßenterrasse ist ideal für eine kurze Pause. The Square.

Lord Sandwich (3), in der Nähe des Hauptpostamts befindet sich das wirklich winzige Take-away, in dem gerade einmal zwei Kunden Platz haben. Hier gibt es preiswerte und herzhafte Stullen für fast jeden Geschmack: Fleisch, Fisch und vegetarisch. Post Office Road.

Nachtleben

Am besten besorgt man sich das Magazin "Live Wire" mit vollständigem und sehr hilfreichem Programm für Bournemouth und Poole.

Viele **Discos** und **Clubs** in der Firvale Road (Zoo und The Cage) und der Glen Fern Road zwischen Old Christchurch und St Peter's Road.

Poole

Die Bucht von Poole gilt nach Sydney als zweitgrößter Naturhafen der Welt. Poole selbst ist eine Hafenstadt mit langer Tradition, netten Kneipen und einem gut erhaltenen historischen Zentrum.

Obwohl Poole bereits im 12. Jahrhundert gegründet wurde, steht die Stadt heute zu Unrecht im Schatten von Bournemouth, denn mit seinen alten Lagerhäusern und urigen Pubs – in der Altstadt stehen mehr als hundert denkmalgeschützte Häuser – besitzt Poole mehr Flair als Bournemouth. Doch auch an Poole sind die Jahrhunderte nicht spurlos vorübergegangen: Heute sind es nicht mehr die Handelsschiffe, sondern in erster Linie die Freizeitkapitäne, die den Naturhafen okkupieren: Der Yachthafen von Poole ist einer der beliebtesten an der englischen Südküste! Die sandigen Buchten laden zum Sonnenbaden und Picknicken ein. Ein Besuch der Compton Acres Gardens gehört zum Pflichtprogramm aller Gartenliebhaber. Wer von Poole nach Swanage fahren will, kann von Sandbanks mit einer Fähre über den Poole Harbour übersetzen.

- *Information*: **Poole Marketing Services**, 19 Strand Street, Poole, Dorset BH15 1 SB, ✆ 01202-253253, 📠 262684. Internet: www.poole.gov.uk/tourism
- *Telefonvorwahl*: 01202
- *Verbindungen*: **Zug** – Verbindungen nach Weymouth (37 Min.) oder London Waterloo (1 Std. 55 Min.), ✆ 0345-484950. **Bus** – zahlreiche Busverbindungen nach Bournemouth, Wimborne und Wareham.
- *Markt*: am Samstag.
- *Schwimmen*: **Splashdown**, Riesenrutschen, Sauna etc., Tower Park Leisure Complex, ✆ 01202-716000.
- *Übernachten*: **Antelope Hotel**, gemütliche, kleine Herberge im historischen Zentrum. B&B ab £ 25. High Street, ✆ 01202-672029.

Storm, die beste Adresse für delikate Fischgerichte in verschiedenen Variationen, darunter auch ein *Thai Green Fish Curry*. Hauptgerichte ab £ 11. Nettes Ambiente mit wuchtigen Holztischen. 16 High Street, ✆ 01202-674970.

King Charles, historisches Pub in unmittelbarer Hafennähe, serviert werden leckere Currys. Thames Street.

Customs House, nette Cafébar (mit Restaurant), deren großes Plus die Straßenterrasse mit Blick auf den Hafen ist. Wer will, kann sich an einer Bouillabaisse versuchen. Poole Quay, ✆ 01202-676767.

Sehenswertes

Waterfront Museum: Das in einem Lagerhaus aus dem 18. Jahrhundert und in mehreren mittelalterlichen Kellergewölben untergebrachte Museum bietet einen umfangreichen Überblick über die maritime Vergangenheit der Stadt. Viel bestaunt wird ein unlängst entdecktes Boot aus der Eisenzeit.

Öffnungszeiten: April–Okt. tgl. 10–17 Uhr, So erst ab 12 Uhr, Nov.–März tgl. 10–15 Uhr, So erst ab 12 Uhr. Eintritt: £ 4 (Kombiticket mit Scaplen's Court Museum).

Scaplen's Court Museum: Eines der ältesten mittelalterlichen Häuser von Poole beherbergt eine Ausstellung zur Stadtgeschichte samt einer historischen Apotheke und einer viktorianischen Küche.

Öffnungszeiten: 5. Aug. bis 3. Sept. tgl. 10–17 Uhr, So erst ab 12 Uhr. Eintritt: £ 4 (Kombiticket mit Waterfront Museum).

Umgebung von Poole

Compton Acres Gardens: Die etwa fünf Kilometer südöstlich von Poole gelegene Gartenlage wird als eine der schönsten von Südengland bezeichnet. Genau genommen handelt es sich um mehrere verschiedene Gärten, die unterschiedliche Stile (italienisch, englisch, japanisch etc.) aufweisen und einen weiten Blick auf die Bucht bis zur Halbinsel von Portland freigeben. Mit ihren Skulpturen, einem Seerosenteich und vielen anderen liebevoll arrangierten Details strahlen die Compton Acres Gardens eine zauberhafte Atmosphäre aus. Angelegt wurde der Garten von Thomas William Simpson, der das Areal im Jahre 1918 erwarb, um seinen persönlichen Gartentraum zu verwirklichen.

Anfahrt/Öffnungszeiten: Von Poole Bus Station mit den Bussen 147, 148 und 151. März–Okt. tgl. 10–18 Uhr. Eintritt: £ 4.95.

Wimborne Minster: Nur sieben Kilometer nördlich von Poole liegt am Ufer der Stour die alte Marktstadt Wimborne Minster mit ihren hübschen georgianischen Häusern und dem *Minster of St Cuthberga*. Schon im 8. Jahrhundert stand an dieser Stelle eine Abtei. Ein Turm stammt aus der normannischen Epoche, während der Westturm spätgotisch ist. In diesem befindet sich eine Uhr aus dem späten 16. Jahrhundert, auf der eine Sonne die Stunden und ein Mond die Tage anzeigt. Die *Chained Library* stammt aus dem Jahr 1686 und ist eine der ältesten öffentlichen Bibliotheken Englands. Ein weiterer Höhepunkt der Stadt ist das *Priest's House* an der High Street. Alle Zimmer sind im Stil vergangener Epochen eingerichtet.

Öffnungszeiten: **Chained Library**, Mo–Fr 10–12 Uhr und 14–16 Uhr, Eintritt: £ 0.50; **Priest's House**, April–Oktober tgl. außer So 10.30–17 Uhr, Juni–Sept. auch So 14–17 Uhr, Eintritt: £ 2.20, erm. £ 1.75 oder £ 1.

Kingston Lacy: Weitere vier Kilometer nordwestlich von Wimborne Minster liegt an der B 3082 Kingston Lacy, eines der stattlichsten Herrenhäuser Englands. Nachdem Cromwell Corfe Castle in Schutt und Asche gelegt hatte, ließ sich die Familie Bankes im 17. Jahrhundert hier ihre neue Bleibe erbauen. Ein riesiger Park umgibt den Gebäudekomplex. Die Besichtigung der Räume (mit wertvollen Gemälden) wird erschwert, wenn an Wochenenden Hunderte von Besuchern die Anlage überfluten. Um dieser Massen Herr zu werden, hat man zeitlich begrenzte Tickets eingeführt.

Öffnungszeiten: Mitte Feb. bis März nur Sa und So 11–14 Uhr, April–Okt. Sa–Mi 11–17.30 Uhr (Haus erst ab 12 Uhr). Eintritt: £ 6, erm. £ 3, nur Garten und Park £ 2.50, erm. £ 1.25 (NT).

Isle of Purbeck

Sanft geschwungene Hügel und üppige Wiesen, auf denen Schafe weiden, charakterisieren die landschaftlich reizvolle Isle of Purbeck. Über enge, kurvige Straßen, die von mannshohen Hecken gesäumt sind, erreicht man kleinere Ansiedlungen. Oft bilden nur wenige Natursteinhäuser, zum Teil mit Reet gedeckt, und eine gedrungene Kirche ein Dörflein.

Die Isle of Purbeck ist eine Halbinsel südwestlich von Poole. Wer mit der Fähre von Sandbanks übersetzt, gelangt zunächst in das Naturschutzgebiet Studland Heath, eine beschauliche Heidelandschaft. Swanage ist ein erholsamer Küstenort, ideale Basis für Erkundungstouren auf der Halbinsel. Ein Abstecher zum Corfe Castle lohnt sich, eine im Bürgerkrieg zerstörte Burg, deren Ruine malerisch auf einem grünen Hügel thront.

Reisen in einer Dampflok

Schon von weitem sind die weißen Dampfschwaden am blauen Himmel zu beobachten. Ohne sein Ohr in altbewährter Indianertradition auf die Gleise legen zu müssen, erkennt ein jeder, dass der "Steam Train" im Anmarsch ist. Die Reise in den gemütlichen Waggons durch das grüne Hinterland der Halbinsel Purbeck wird zu einem hübschen Ausflug. Außerdem kann man an bestimmten Tagen ein komplettes Mahl mitbuchen. Der historische Zug fährt auf einer etwa 10 Kilometer langen Strecke von Swanage unter anderem über Corfe Castle nach Norden.

Informationen über Abfahrtszeiten, Preise und Buchungen beim **Tourist Office Swanage**, ✆ 01929-422885, oder im **Wiltshire-&-Dorset-Büro** in Salisbury. Return Ticket von Swanage nach Norden £ 6.

Swanage: Ein Familienbad, dessen geschützte Lage den ehemaligen Fischerort schon früh zum Schlupfwinkel von Piraten werden ließ. Swanage bietet nur wenig historisch Interessantes, dafür in seiner unmittelbaren Umgebung eine herrliche Küstenlandschaft, die man über den *Dorset Coastal Path* erwandern kann. Zwischen High Street und King Street (gegenüber der St Mary's Church) lädt an Regentagen ein kleines *Heimatmuseum* zum Besuch ein. Die Fassade des örtlichen Rathauses ist von Christopher Wren entworfen worden und gehörte ursprünglich zur Londoner Mercer's Hall.

- *Öffnungszeiten des Heimatmuseums*: Variabel, da von Freiwilligen besetzt, im Sommer Mo–Fr etwa 10–17 Uhr; Eintritt: 50 p.
- *Information*: **The White House**, Shore Road, Swanage, Dorset, BH19 1LB, ✆ 01929-422885, ℻ 423423; Zimmervermittlung, Wanderkarten.
- *Verbindungen*: Busbahnhof in der King's Road, ✆ 01929-422528. Zugverbindungen ab Wareham, dorthin mit Bus 142, 143, 144.
- *Übernachten*: Das Tourist Office gibt ein monatlich neu erscheinendes Unterkunftsverzeichnis heraus, in dem Hotels und B&Bs (Übernachtung £ 15–40) aufgeführt sind. Viele B&Bs in der Ulwell Rd. (Hauptstraße nach Norden) und der King's Road (im Zentrum), z. B.:

Bellavista Hotel, Burlington Rd., ✆ 01929-422873; Hotel mit gepflegten Zimmern, einige mit Meeresblick; ab £ 20 pro Person.

Firswood, 29 King's Rd., ✆ 01929-422306; nette Unterkunft mit sechs Zimmern, B&B £ 17–18 pro Person.

- *Jugendherberge*: **Cluny**, eine der gelungensten Jugendherbergen Englands. Der Gemeinschaftsraum gleicht einem Clubzimmer mit Holzvertäfelung und Ledergarnituren. Aus einigen Zimmern hat man einen tollen Blick aufs Meer (z. B. Zimmer Nr. 5), die Betten sind abenteuerlich ineinander geschachtelt (Vorsicht Kopf!); Erwachsene £ 10.85, Jugendliche £ 7.40. Cluny Crescent, ✆ 01929-422113, ℻ 426327. E-Mail: swanage@yha.org.uk
- *Camping*: Beim Tourist Office ist ebenfalls eine Liste mit Campingplätzen der gesamten Halbinsel erhältlich. Sehr gut ausgestattet ist der **** **Ulwell Cottage Caravan Park**, Standplatz ab £ 10.50, im Feb. geschlossen (Ulwell, ✆ 01929-422823).

Zelten (£ 7.50) kann man auch beim **Priestway Holiday Park**, Priestway, ✆ 01929-422747 (Ostern–Okt.).

Studland Heath: Hat man nicht die Zeit, von Swanage oder Poole aus einen Ausflug in die Heide- und Dünenlandschaft der Studland Heath zu unternehmen, sollte man auf alle Fälle wenigstens die Straße durch das *Naturschutzgebiet* benutzen. Einige Wiltshire-&-Dorset-Busse fahren durch das reizvolle Gebiet, so dass man einen kleinen Eindruck von dieser eigenartigen Landschaft aus Seen und Sümpfen, Sandstränden und Heide bekommt. Zu Fuß geht es weiter über den *Dorset Coast Path* die Küste entlang oder mit dem Auto über die Straße nach *Studland*, einem Dorf mit normannischer Kirche. Von hier aus führt ein ausgeschilderter Weg zu den *Old Harry Rocks*, einer grellen Kalksteinformation, die vom tiefblauen Meer umspült wird.

Lulworth: Der Ort existiert genau genommen nicht. Es gibt nur die beiden Dörfer East und West Lulworth sowie Lulworth Cove, eine fast kreisrunde Bucht, die für ihren *Fossil Forest* bekannt ist. Versierte Geologen können den versteinerten Wald rund um die Bucht wie ein offenes Buch lesen. Allen anderen ist ein Besuch des am gebührenpflichtigen Parkplatz (£ 3) gelegenen Heritage Centre (Eintritt frei) zu empfehlen. Die informative Dauerausstellung widmet sich den geologischen Besonderheiten der Region. Lohnenswert ist noch ein knapp einstündiger Spaziergang entlang der Küste nach Westen zum Durdle Door, einem malerisch verwitterten Felstor, das in das Meer ragt. Die Ruine des ein Stück landeinwärts bei East Lulworth gelegenen Lulworth Castle (17. Jh.) ist nur von marginalem Interesse.

Ruinenromantik: Corfe Castle

Jugendherberge: **Lulworth Cove**, kleine Herberge in West Lulworth mit gerade mal 34 Betten, verteilt auf sieben Zimmer. Erw. £ 9.80, Jugendliche £ 6.75. School Lane, ✆ 01929-400564, 📠 400640.

Corfe Castle: Mittelpunkt der Isle of Purbeck ist Corfe Castle, eine pittoreske Burgruine, gut sichtbar auf einer Anhöhe gelegen. Zu ihren Füßen liegt das nicht minder attraktive Örtchen Corfe, das häufig Ziel ganzer Besucherscharen ist. Schon vor der vorigen Jahrtausendwende befand sich hier eine bedeutende sächsische Festung, in der im Jahre 978 König Eduard im Auftrag seiner Stiefmutter ermordet wurde, da sie ihren leiblichen Sohn auf dem Thron sehen wollte. Im Jahre 1646 von den Republikanern im Bürgerkrieg zerstört, stehen heute nur noch die Ruinen der einstmals weitläufigen Anlage.

Öffnungszeiten: April–Okt. 10–17.30 Uhr, im März 10–16.30 Uhr, Nov.–Feb. 10–15.30 Uhr. Eintritt: £ 4, erm. £ 2 (NT).

Wareham: Der hübsche 5000-Seelen-Ort ist umgeben von einem Erdwall aus sächsischer Zeit. Der Fluss Frome bahnt sich seinen Weg durch die Siedlung. In der *St Mary's Church* befindet sich der steinerne Sarg von Eduard dem Mär-

tyrer (s. o.). Ein Bildnis erinnert an einen anderen berühmten Toten: Thomas Edward Lawrence, besser bekannt als Lawrence von Arabien. Elf Kilometer nordwestlich befindet sich sein spartanisch eingerichtetes Landhaus *Clouds Hill*.
Öffnungszeiten: April–Okt. Mi–Fr und So 12–17 Uhr. Eintritt: £ 2.30 (NT).

Lawrence von Arabien – eine britische Legende

Wer hat nicht schon einmal vom tollkühnen "Lawrence von Arabien", dem glorreichen Wüstenhelden, gehört? Thomas Edward Lawrence starb 1935 bei einem Motorradunfall in Dorset, und zwar auf der Strecke zwischen Bovington Camp und seinem Landsitz *Clouds Hill*.
Am 15. August 1888 in Wales geboren, studierte Lawrence Archäologie und Orientalistik in Oxford. Später nahm er an Ausgrabungen im Nahen Osten teil und lernte Arabisch. Da er nun mit Land und Leuten vertraut war, warb ihn der britische Geheimdienst bei Ausbruch des Ersten Weltkriegs an. Lawrence wurde als Agent im Orient eingesetzt. Zusammen mit seinem engen Vertrauten, dem Emir Feisal (1918–20 König von Syrien, 1921–33 König des Irak), organisierte er 1916–18 den erfolgreichen Aufstand arabischer Beduinenstämme gegen die türkisch-deutsche Orientarmee. Die arabische Autonomie schien zum Greifen nahe, doch plötzlich und gegen vorherige Absprachen stand ihr die englische Orientpolitik ablehnend gegenüber. Lawrence fühlte sich von Großbritannien verraten und zog sich in sein Heimatland zurück. Auf der Halbinsel Purbeck lebte er als einfacher Soldat der Royal Air Force. Sein damaliger Wohnsitz war *Clouds Hill*, ein abgelegenes Landhaus, in dem er seine Memoiren "Die sieben Säulen der Weisheit" (1926) schrieb. Nach dieser Vorlage drehte man später den bekannten Monumentalfilm "Lawrence von Arabien" mit Peter O'Toole in der Hauptrolle. Als der große Freiheitskämpfer schließlich verunglückte, schickte King George V. seinen Leibarzt. Vergeblich. Lawrence starb am 13. Mai 1935. Bei seiner Beisetzung auf dem Dorffriedhof von *Moreton* nahm auch ein Weggefährte aus alten Tagen von ihm Abschied. Sein Name war Feisal, König des Irak.

Dorchester

Dorchester ist Verwaltungssitz und gleichzeitig landwirtschaftliches Zentrum von Dorset. Mittwochs werden auf dem lebhaften Wochenmarkt die Produkte der Region feilgeboten. Hier geht es beschaulich zu, so wie es in Thomas Hardys Romanen nachzulesen ist.

Geboren wurde Hardy, einer der bekanntesten englischen Schriftsteller, 1840 einige Kilometer östlich von hier in Bockhampton. Beigesetzt hat man ihn 1928 in Stinsford. Einen großen Teil seines Lebens verbrachte er in Dorchester, das er in seinen Romanen *Casterbridge* nannte. Zahlreiche andere Städte und Stätten dieser ländlichen Gegend dienten als Handlungsorte für seine Werke. Will man auf Hardys Spuren wandeln, ist der Prospekt "Discover the Hardy Country", erhältlich im Tourist Office, zu empfehlen. Ein Denkmal auf der High West Street erinnert an den berühmten Autor. Sein Leben

Südengland
Karte S. 210/211

und Wirken ist im *Dorset County Museum* dokumentiert. Sehenswürdigkeiten ganz anderer Epochen sind *Maumbury Rings*, ein römisches Amphitheater, und *Maiden Castle*, eine prähistorische Festungsanlage.
Wer in Dorchester übernachtet, kann von hier Wanderungen und Ausflüge in die Umgebung unternehmen, z. B. zum sagenumwobenen Rätsel der North Downs, dem *Giant of Cerne Abbas*.

Information/Verbindungen

• *Information*: **Tourist Information Centre**, Unit 11, Antelope Walk, Dorset DT1 1BE, ✆ 01305-267992, 📠 266079. Zimmervermittlung, Wanderkarten und Wegbeschreibungen, Stadtführer "All about Dorchester" mit Beschreibung der Sehenswürdigkeiten.

• *Telefonvorwahl*: 01305

• *Verbindungen*: **Bus** – Dorset ist leicht mit dem Bus zu erreichen. Verbindungen nach London (NatEx, ✆ 08705-808080) sowie Exeter, Salisbury, Poole und Weymouth. Dorchester Coachways (✆ 01305-262992) bedient das Umland und unterhält ebenfalls Verbindungen nach London. Die meisten Busse starten vom Parkplatz an der Acland Road.

Zug – Vom Südbahnhof (Weymouth Avenue) regelmäßige Verbindung nach Londons Waterloo Station (2 Std. und 15 Min.) und nach Exeter. Westbahnhof nahe der Maumbury Road, Züge nach Bristol, Bath und Weymouth (15 Min.).

Adressen

• *Einkaufen*: zahlreiche Geschäfte in der Fußgängerzone um die South Street.

• *Fahrräder*: **Dorchester Cycles**, 31a Great Western Rd., ✆ 01305-268787; Mountainbike oder Hybridbike £ 10 pro Tag, £ 50 pro Woche. Dazu gibt es eine kopierte Karte und Routenvorschläge.

• *Führungen*: zweimal täglich (vormittags und nachmittags) vorm Tourist Office; £ 2.50.

• *Geldwechsel*: mehrere Banken in der South Street, z. B. **Barclays** (Nr. 10) oder **National Westminster** (Nr. 49/50).

• *Markt*: Mi 9–14 Uhr am Corn Exchange (Weymouth Avenue).

• *Polizei*: Weymouth Ave., ✆ 01305-251212.

• *Post*: 43 South Street.

• *Waschen*: **Launderette**, 16c High East Street.

Übernachten/Essen

Yalbury Cottage Hotel, sehr angenehmes kleines Landhotel (8 Zimmer) im Südosten von Dorchester. Das Restaurant (nur abends geöffnet) gilt als das beste der Region. Das dreigängige Menü belastet die Reisekasse allerdings mit £ 25, eine Reservierung ist ratsam. Achtung: Der kleine Weiler Lower Bockhampton ist nicht einfach zu finden. EZ £ 51, DZ £ 78. ✆ 01305-262382, 📠 266412. E-Mail: yalbury.cottage@virgin.net

The Casterbridge Hotel, zentral gelegenes georgianisches Haus mit 15 Zimmern; ab £ 26 pro Person. 49 High East Street, ✆ 01305-264043, 📠 260884. E-Mail: reception@casterbridgehotel.co.uk

Maiden Castle Farm, familiär geführtes B&B in einem stattlichen Haus etwa 1,5 Kilometer außerhalb von Dorchester. Vier Zimmer mit TV, ab £ 25 pro Person. ✆ 01305-262356, 📠 251085.

The Three Compasses, Charminster (gut 3 Kilometer nördlich von Dorchester). B&B ab £ 20. The Square, ✆ 01305-263618.

• *Jugendherberge*: Siehe Weymouth.

• *Camping*: Etwa 11 Kilometer nördlich liegt der **Giant's Head Camping**; Zelt und zwei Personen ab £ 6; März–Okt. geöffnet. Old Sherbourne Road, Cerne Abbas, ✆ 01300-341242.

• *Essen:* Entlang der High West Street und der High East Street findet man viele Bäckereien und Shops, in denen es Sandwiches gibt.

Judge Jeffrey's Restaurant, in mehreren stilvollen Räumen und einem kleinen Garten wird gespeist und getrunken (moderate Preise). *Peppers Steak Baguette* mit Salat und Pommes frites für £ 6.95. Kinderteller für £ 2.99. 6 High West Street, ✆ 01305-264369.

Paninis, in der italienischen Coffeebar werden auch kleine Snacks serviert. Trinity Street.

Gorge Cafe, preiswertes Imbissrestaurant mit recht gemütlicher Einrichtung. *Jacket Potatoes* mit verschiedenen Füllungen ab £ 1.75, großes englisches Frühstück £ 3.20. Täglich 7.15–18.30 Uhr, So 9–17 Uhr. South Street.

Sehenswertes

Maumbury Rings: Die Römer gründeten "Durnovaria" im Jahre 70 u. Z. Doch weisen Ausgrabungsfunde in und um Dorchester darauf hin, dass hier schon zur Steinzeit Menschen siedelten. Auch Maumbury Rings in der Nähe des Südbahnhofs stammt aus dieser Epoche. Die Römer nutzten die prähistorische Kultstätte als Amphitheater. Als solches ist es heute auch noch zu erkennen. Im Mittelalter diente das Areal als Gerichtsort und als Hinrichtungsstätte.

Dorset County Museum: Die kunterbunte und zum Teil interaktive Ausstellung in der High West Street reicht vom Arbeitszimmer Thomas Hardys über archäologische Funde der Region bis zu Darstellungen der Geschichte von Maiden Castle.

Adresse/Öffnungszeiten: High West Street. Tgl. außer So 10–17 Uhr, nur im Juli und August So 10–17 Uhr. Eintritt: £ 3.50, erm. £ 1.50.

Dinosaur Museum: Ein Besuch des Dinosaurier-Museums ist nicht nur bei schlechtem Wetter eine Alternative. Vor allem Kinder haben ihren Spaß an den Nachbildungen der Urviecher, die neben Skeletten und Fossilien die Hauptattraktion des Museums sind.

Adresse/Öffnungszeiten: Icen Way. April–Okt. tgl. 9.30–17.30 Uhr, Okt.–März nur bis 16.30 Uhr. Eintritt: £ 3.50, erm. £ 2.25.

Dorset Military Museum: Präsentiert wird die Militärgeschichte der Grafschaft während der letzten 300 Jahre. Das Museum befindet sich am westlichen Ortsrand in der Bridport Road.

Öffnungszeiten: Ostern–Okt. tgl. außer So 9.30–17 Uhr. Eintritt: £ 2, erm. £ 1.

Tutankhamun – the Exhibition: Eine Ausstellung ganz anderer Art (nicht von der Schreibweise ablenken lassen, er ist es!). Detailgetreu ist das Grab im Tal der Könige nachgebildet, in dem der Engländer Sir Howard Carter 1922 den goldenen Sarkophag des Pharaos fand. Angesichts der kleinen und insgesamt dürftig präsentierten Ausstellung kommen allerdings Zweifel auf, ob der Eintrittspreis nicht doch etwas überteuert ist...

Adresse/Öffnungszeiten: High West Street. Tgl. 9.30–17.30 Uhr. Eintritt: £ 3, erm. £ 2.75 oder £ 2.25.

Umgebung von Dorchester

Maiden Castle: Bis zu einer Höhe von 27 Metern erheben sich die gewaltigen Erdwälle der größten und bedeutendsten keltischen Hügelfestung in Großbritannien (drei Kilometer südlich von Dorchester). Das zwanzig Hektar große Hügelplateau, das von den Wällen umschlossen wird, war wahrscheinlich schon in der frühen Bronzezeit besiedelt und diente im Kriegsfall als Rückzugsgebiet. Errichtet wurden die terrassenförmigen Erdwälle von den Kelten, die von hier aus das Umland kontrollierten. Dem Ansturm der römischen Legionäre war Maiden Castle allerdings nicht gewachsen. Im Jahre 44 u. Z. eroberten die Römer Maiden Castle und massakrierten die keltische Bevölkerung; die

Überlebenden wurden im neu gegründeten *Durnovaria* (Dorchester) angesiedelt. Auf dem Plateau errichteten die Römer später einen kleinen Tempel, dessen Grundriss noch heute zu erkennen ist.

Öffnungszeiten: Maiden Castle ist jederzeit frei zugänglich, Eintritt wird nicht erhoben.

"The Giant" bei Cerne Abbas

Cerne Abbas: Rund 10 Kilometer nördlich von Dorchester an der A 352 trifft man auf den zauberhaften Ort Cerne Abbas. Die sehenswerten Tudor-Häuser, die Abteiruinen und die zahlreichen gemütlichen Pubs sind die Gründe für die hohen Besucherzahlen, die der Ort verbuchen kann. Doch die eigentliche Attraktion ist der in Kalk geritzte *Cerne Giant*, ein keulenschwingender Riese von 60 Metern Größe, der schon von weitem an einem Hang der North Downs auszumachen ist. Manche sehen in der Gestalt mit dem erigierten Phallus ein keltisches Fruchtbarkeitssymbol aus dem zweiten Jahrhundert v. u. Z., andere halten die Zeichnung für eine Herkulesfigur und datieren sie auf das 2. Jahrhundert u. Z., als der römische Kaiser Commodus einen Herkuleskult einführte und sich selbst als einen Nachfahren des griechischen Helden ausgab. Überliefert ist, dass Frauen, die sich Nachwuchs wünschten, jahrhundertelang den Riesen aufsuchten, um sein Fruchtbarkeit verheißendes Glied zu berühren.

Weymouth

Eine Küstenstadt mit einem geschäftigen Hafen, gleichzeitig bedeutender Marinestützpunkt und beliebter Badeort mit Uferpromenade und Sandstrand. Ende des 18. Jahrhunderts war Weymouth das Lieblingsbad von King George III. Aus dieser Zeit stammen auch viele typische Gebäude der Altstadt.

Der im Sommer dicht bevölkerte Badestrand erstreckt sich östlich der Stadt bis nach Overcombe. Die Dünenlandschaft im Westen mit einer 25 Kilometer langen Nehrung wie auch die vorgelagerte Halbinsel *Isle of Portland* dienen der Marine als Stützpunkt und Übungsgelände. Fahren Sie einmal über die *Chesil Bank* hierher (vorher sollte man sich beim Tourist Office das Info-Heftchen Nr. 2 über die Insel Portland besorgen). Eine schmale Straße windet sich den Berg hinauf. Von oben hat man eine gute Sicht auf die Stadt und den Hafen. An der Mole liegt stets eine Reihe von Kriegsschiffen. Daneben ankern Fähren zu den Kanalinseln und nach Frankreich, dazwischen liegen wie bunte Tupfer Fischer- und Segelboote.

Information/Verbindungen/Adressen

• *Information*: **Tourist Information Centre**, Kings Statue, The Esplanade, Dorset, DT4 7AN, ✆ 01305-785747, 📠 788092. Internet: www.weymouth.gov.uk

• *Telefonvorwahl*: 01305

• *Verbindungen*: **Bus** – National Express fährt von der Kings Statue, The Esplanade, regelmäßig nach Bournemouth, Bristol, Bath und nach London; Southern National fährt die nähere Umgebung an. Tickets im Southern National Büro.

Zug – Bahnhof in der Ranelagh Road, regelmäßige Verbindungen nach London Waterloo, Bournemouth und Poole, seltener nach Bristol.

• *Fahrräder*: **Tilley's Bike Shop**, St. Thomas Rd., ✆ 01305-785672.

• *Geldwechsel*: **Barclays**, 2 St. Mary's St.; **NatWest** (früher National Westminster), 76 St. Thomas St.

• *Krankenhaus*: **Weymouth & District Hospital**, Melcombe Avenue, ✆ 01305-760022.

• *Polizei*: in der Dorchester Road, ✆ 01305-251212.

• *Post*: 67 St. Thomas Street.

• *Waschen*: **Launderette**, 64 Dorchester Rd., täglich 8–19.30 Uhr; **Whirl-Twirl**, 26 Lennox Street, täglich 8.30–19 Uhr.

Übernachten/Essen

Der Strand zieht vor allem in der warmen Jahreszeit viele Familien nach Weymouth, die für einen längeren Zeitraum ein Appartement mieten. Außerdem gibt es viele Hotels (£ 15–40) und B&Bs, deren Preise stark saisonabhängig sind. Im Sommer sollte man sich rechtzeitig um eine Unterkunft bemühen: "book-a-bed-ahead" im Tourist Office.

Bay Lodge, herrlicher Meeresblick aus den komfortablen Zimmern. B&B £ 30 pro Person. 27 Greenhill, ✆ 01305-782419, 📠 782828.

Globe Hotel, nette Unterkunft im historischen Hafenviertel, B&B ab £ 20. East Street, ✆ 01305-785849.

Warwick Court Hotel, etwas außerhalb des Stadtzentrums. Nichtraucherhotel. B&B ab £ 18. 20 Abbotsbury Road, ✆/📠 01305-783261.

• *Jugendherbergen*: Wer in einer Jugendherberge übernachten möchte, muss weiter westlich in Richtung Lyme Regis fahren. Das in einer ehemaligen Käsefabrik untergebrachte Youth Hostel von **Litton Cheney** ist eine preiswerte Alternative. Übernachtung: Erw. £ 9.80, Jugendliche £ 6.75. ✆ 01308-482340, meistens von Okt. bis Dez. geschlossen, zwischen A 35 und Küstenstraße.

• *Camping*: Rund um Weymouth gibt es mehrere Campingplätze (Infos beim Tourist Office). Nett ist beispielsweise die **Sea Barn Farm**, Fleet, ✆ 01305-782218.

• *Essen*: **Perry's**, das am Hafen gelegene Restaurant ist bekannt für seine exzellenten Fischgerichte. Das vergleichsweise günstige Lokal wurde auch vom Reisebuch-Entertainer Bill Bryson empfohlen. 4 Trinity Road, ✆ 01305-785799.

Mallam's, ein Haus weiter wird ebenfalls gute Fischküche serviert. Zweigängiges Menü £ 17.90. 5 Trinity Road, ✆ 01305-776757.

Ascension, moderne Coffeebar und Bistro mit großen Fenstern und Blick auf den Strand. The Esplanade.

Sehenswertes

Tudor House: Das ehemalige Kaufmannshaus aus dem 17. Jahrhundert erstrahlt noch heute in altem Glanz. Bei einer Besichtigung fallen die elisabethanischen Kostüme der Führer auf.

Adresse/Öffnungszeiten: 3 Trinity Street. Juni–Sept. Di–Fr 11–15.45 Uhr, Okt.–Mai nur jeden ersten So im Monat 14–16 Uhr. Eintritt: £ 2, erm. £ 1 oder £ 0.50.

Brewers Quay: Das Geschäftszentrum am alten Hafen bietet viel an Unterhaltung und Einkaufsmöglichkeiten. Restaurants und Cafés runden das Angebot ab.

Öffnungszeiten: Der gesamte Komplex ist tgl. von 9.30–17.30 Uhr geöffnet (im Sommer bis 21.30 Uhr).

The Timewalk: Die beliebteste Touristenattraktion von Weymouth befindet sich ebenfalls im Brewers Quay und bietet einen illustren Rundgang durch die Stadtgeschichte. Puppen und Modelle erinnern an Pest, Schmuggel und höfische Bälle.

Adresse/Öffnungszeiten: Hope Square. Tgl. 10–17.30 Uhr. Eintritt: £ 4.25, erm. £ 3.75 oder £ 3.

The Deep Sea Adventure: Auf drei Etagen wird der Besucher in die Geschichte des Tauchens eingeführt. Berichte von verschiedenen Schiffskatastrophen (selbstverständlich ist auch die Titanic vertreten) sowie Wrackbergungen gehören ebenfalls zum "Angebot".

Adresse/Öffnungszeiten: 9 Custom House Quay. Tgl. 9.30–20 Uhr, im Winter bis 19 Uhr. Eintritt: £ 3.75, erm. £ 3.25 oder £ 2.75.

Sea Life Park: Der Meerespark steht vor allem bei Kindern und Jugendlichen hoch im Kurs. Zu den größten Attraktionen zählen die tropische Hailagune und das Seelöwenbecken. Interessant sind aber auch die Quallen und anderes skurriles Meeresgetier.

Adresse/Öffnungszeiten: Lodmoor Country Park. Tgl. 10–18 Uhr. Eintritt: £ 5.50, erm. £ 4.95.

Umgebung von Weymouth

Isle of Portland: Südlich von Weymouth liegt die Halbinsel Isle of Portland. Bekannt ist diese Gegend weniger für ihre Schönheit (zahlreiche Steinbrüche und Baustellen verhindern das) als vielmehr für den hier abgebauten weißen Sandstein. Seit Generationen werden aus diesem Material Gebäude in der ganzen Welt errichtet. Bekannte Beispiele dafür sind die St Paul's Cathedral in London oder das UNO-Gebäude in New York (Fassaden). In Fortunswell befindet sich *Portland Castle*, eine Burg, die Henry VIII. 1520 erbauen ließ.

Im Nordwesten der Halbinsel schließt sich ein einmaliger Küstenabschnitt an. *Chesil Beach* ist eine 150 Meter breite und rund 25 Kilometer lange Landzunge, die vor der eigentlichen Küste bis fast nach Abbotsbury führt. Spaziergänge auf dem Kiesweg sind lohnenswert.

Öffnungszeiten Portland Castle: Tgl. 10–18 Uhr, im Winter bis 17 Uhr, Eintritt: £ 2.50 (EH).

Abbotsbury: Der Ort liegt 14 Kilometer nordwestlich von Weymouth. Wenn man auf der steilen Straße herunterkommt, erblickt man ein relativ intaktes Dorset-Dörfchen. Die alten steinernen Häuser sind alle noch nach traditioneller Art mit Stroh gedeckt. Neben der schönen kleinen Dorfkirche erkennt man die Ruinen einer *Benediktinerabtei* aus dem 11. Jahrhundert. Die Mönche legten zur Aufbesserung ihres Speisezettels einen *Schwanenteich* (Swannery) an. Wer sich mehr für wärmere Breiten interessiert, kann dem *subtropischen Garten* westlich des Ortes einen Besuch abstatten.

Öffnungszeiten: **Garten**, April–Okt. tgl. 10–18 Uhr, im Winter von 10 Uhr bis zum Einbruch der Dämmerung, Eintritt: £ 4.40. **Swannery**, April–Okt. tgl. 10–18 Uhr, Eintritt: £ 4.80.

Bridport: Eine hübscher Ortschaft, an der man auf dem Weg nach Lyme Regis vorbeikommt. Hier wurden früher Seile für die Schifffahrt hergestellt. Aus diesem Grund sind die Straßen auch so breit, denn die Seile wurden zwischen den Häusern aufgespannt. Sehenswert sind die mittelalterliche Kirche, zahlreiche georgianische Häuser und das Stadtmuseum, das sich in einem Tudor-Haus befindet. Der Hafen der Stadt ist *West Bay.* In der dortigen *Harbour Life Exhibition* kann man sich über die Herstellung von Seilen und die Geschichte des Hafens informieren.

Öffnungszeiten: **Stadtmuseum**, April–Okt. tgl. außer So 10–18 Uhr, Eintritt: £ 1.50. **Harbour Life Exhibition**, April–Okt. tgl. 10–18 Uhr, Eintritt: £ 1.

Lyme Regis

Eine übersichtliche alte Stadt direkt an der Grenze zur Grafschaft Devon. Steile, schmale Straßen, die zum alten Ortskern hinabführen. Stolz ist man auf berühmte Besucher wie Jane Austen und den Duke of Monmouth.

Am Ende der *Broad Street* beginnt die Uferpromenade, die den Strand entlang zur steinernen Mole *The Cobb* führt. An dieser Stelle stürzte Louisa Musgrove in Jane Austens Liebesgeschichte "Persuasion" ins Meer. Links und rechts der Hafenanlage liegen gleich zwei der fünf Sandstrände von Lyme Regis. Hier tummeln sich die Badegäste, während Fossiliensammler an der Steilküste ihrem Hobby nachgehen. Seitdem Mary Anning zu Anfang des 19. Jahrhunderts das erste versteinerte Skelett eines Ichthyosaurus fand, kommen jährlich viele Hobby-Paläontologen, um ähnlich erfolgreich zu sein. Aber auch die Stadt selbst bietet mit ihren drei Museen einiges an Sehenswertem. Einen detaillierten Stadtplan, in dem alles Interessante verzeichnet ist, bekommt man im Tourist Office.

Information/Verbindungen/Adressen

- *Information*: **Tourist Information Centre**, Guildhall Cottage, Church Street, Dorset DT7 3BS, ✆ 01297-442138, ℻ 443773.
- *Telefonvorwahl*: 01297
- *Verbindungen*: **Bus** – Bushaltestelle an der Broad Street; Bus 31 kommt von Taunton und fährt nach Weymouth, Nr. 899 nach Sidmouth. National Express fährt nach London, Plymouth und Bristol; Infos unter ✆ 01308-422080.

Zug – Nächster Bahnhof in Axminster (Bus 31 fährt dorthin). Auskunft unter ✆ 08457-484950.

- *Apotheke*: **Boots**, 45 Broad St.
- *Geldwechsel*: drei **Banken** in der Broad St.
- *Polizei*: Hill Rd., ✆ 01297-442603.
- *Post*: 37 Broad Street.
- *Waschen*: **The Launderette**, Pooles Court, täglich 8–21 Uhr.

Übernachten

Im Ort gibt es viele kleine Guest Houses, in denen ein Zimmer mit Frühstück um £ 14 pro Person kostet. Auskünfte über freie Appartements beim Tourist Office.

Thatch Lodge Hotel, das attraktive Landhotel befindet sich in dem kleinen Ort Charmouth unweit von Lyme Regis. Alle Zimmer des aus dem 14. Jahrhundert stammenden Gebäudes sind individuell eingerichtet. DZ ab £ 78. The Street, ✆ 01297-560407, ℻ 560407.

Red House, vornehmes B&B (ab £ 20). Nur Mitte März bis Mitte Nov. geöffnet. Sidmouth Road, ✆/℻ 01297-442055. E-Mail: red.house@virgin.net

Newhaven Hotel, sieben Zimmer, teilweise mit Blick aufs Meer. B&B £ 19, im Winter £ 2 billiger. 1 Pound St., ✆ 01297-442499.

Springfield, Zimmer mit Waschgelegenheit und Teekocher; £ 16–22. Woodmead Road, ✆ 01297-443409.

• *Jugendherberge*: Die nächste Jugendherberge befindet sich in Beer (15 km westlich). Adresse: **Bovey Combe**, Townsend, Beer, Seaton, ✆ 01297-20296 (im Winter geschlossen); Erwachsene £ 10.85, Jugendliche £ 7.40.

• *Camping*: Das Zelten ist 2,5 km westlich von Lyme Regis (Richtung Axminster) in Uplyme möglich: **Hook Farm**, Gore Lane, Uplyme, ✆ 01297-442801 (ab £ 7.50).

Essen

Im Tourist Office ist eine Liste mit Restaurants und Tea Shops erhältlich. Neben den üblichen Fish-'n'-Chips-Restaurants nahe der Flussbrücke ist ein schöner alter Pub in der Broad Street zu empfehlen.

The Bell Cliff Restaurant, urgemütlicher Tea Room mit alten Erkerfenstern. Im Hintergrund läuft sanfte Musik. Von der einfachen Tea Time (Tea & Tea Cake) bis zum zünftigen englischen Frühstück (Cornflakes, dann Spiegelei, Toast, Marmelade, Speck, Würstchen, Tomaten, Champignons und natürlich eine Kanne Tee); für £ 5– 6.50 durchweg leckere Hauptgerichte. 5 Broad Street, ✆ 01297-442596.

Lyme's Fish Bar, das Take-Away liegt etwa auf halber Höhe des Dorfes, doch schon für den Kabeljau ("cod", £ 2.15) lohnt es sich, vom Hafen hier hochzulaufen. 34 Sherborne Lane.

Baden

Entlang der Küste in östlicher Richtung befinden sich weitere Badestrände, z. B. in **Charmouth**. Danach windet sich die Straße steil nach oben; unten am Fuß der Klippen liegt der kleine Ort **Seatown**.

Sehenswertes

Lyme Regis Philpot Museum: Das kleine stadtgeschichtliche Museum befindet sich neben dem Rathaus. Gezeigt werden eine Ausstellung zur Ortsgeschichte sowie in Lyme Regis gefundene Fossilien. Selbstverständlich darf auch die Geschichte von Mary Anning nicht fehlen, die am Strand das erste versteinerte Skelett eines Ichthyosaurus (Fischsaurier) fand und später eine der renommiertesten Paläontologinnen Englands wurde. Literaturfreunde können sich mit Jane Austen und John Fowles beschäftigen.

Adresse/Öffnungszeiten: Bridge Street. April–Okt. Mo–Sa 10–17 Uhr, So 10–12.30 Uhr und 14.30–17 Uhr. Eintritt: £ 1.40, erm. £ 1.20 oder £ 0.50.

Dinosaurland: Eine bunte Ausstellung zum Leben der Dinosaurier. Hobby-Fossiliensammler können hier bestaunen, was an der Küste gefunden wurde.

Adresse/Öffnungszeiten: Coombe Street. Tgl. 10–17 Uhr, im August bis 18 Uhr. Eintritt: £ 3.20, erm. £ 1.90.

Marine Aquarium: Das Museum am alten Hafen zeigt Fischereigerätschaften aller Art und einige Meeresbewohner.

Adresse/Öffnungszeiten: The Cobb. Ostern–Okt. tgl. 10–17 Uhr. Eintritt: £ 1.50, erm. £ 0.80.

Mit dem "Aufzug" nach Lynton

Südwestengland

Devon – Cornwall – Somerset

Der Südwesten mit den Grafschaften Devon, Cornwall und Somerset ist die meistbesuchte Region Englands. Die Landschaft bietet viel Abwechslung, und wegen des Golfstroms ist es hier so warm wie nirgends sonst auf der Insel. In den Badestädten *St Ives*, *Newquay* oder *Torquay* findet man am Wegesrand sogar Palmen. *Dartmoor* und *Exmoor* sind die beiden großen Nationalparks, in denen man wunderbar wandern kann. Dramatische Steilküsten mit steifer Brise und hohen Wellen findet man z. B. auf der Lizard Peninsula. Und zwischendurch trifft man immer mal wieder auf ein verträumtes Fischernest mit einem Restaurant, in dem die leckeren Früchte aus Neptuns Reich frisch zubereitet serviert werden.

Die Südküste Devons

Der lange Küstenabschnitt zwischen Lyme Regis und Plymouth ist mit seinem Hinterland eines der wichtigsten Urlaubsgebiete Englands. Auch außerhalb der Ferienzeiten lohnt es sich, interessante Dörfer und abgelegene Strände auf eigene Faust zu erkunden.

Unbestrittene Zentren sind *Plymouth*, die alte Hafenstadt an der Grenze zu Cornwall, und *Torquay*. Hier findet man eine Vielzahl von Restaurants, und selbst am späten Abend ist in den zahlreichen Pubs noch was los. Aufgrund der vielen Sprachschulen trifft man junge Leute aus allen Ländern der Welt.

Devon

Der private Radiosender wiederholt zum es x-ten Mal: "beautiful Devon". Doch es ist wohl kaum noch nötig, den englischen Urlaubern dieses Gebiet zu empfehlen. Regelmäßig im Sommer rollt die Urlaubswelle in Richtung Westen. Die schmalen Straßen können die Blechlawinen kaum noch fassen, und die Hotels von Cornwall und Devon sind ausgebucht. Wer es sich leisten kann, hat hier ein Ferienhaus, wer weniger Geld hat, verbringt die Ferien im Wohnwagen.

Wind und Wetter meinen es gut mit Devon – so steht es jedenfalls in den Reiseprospekten. Aber wer einen verregneten Sommer in den Mooren verbracht hat oder gar im Winter dort eingeschneit wurde, weiß es besser. Denn wenn an der Südküste strahlender Sonnenschein herrscht, kann es im *Dartmoor* völlig anders aussehen. Hier ist das Wetter launisch, schnell braut sich eine dicke Wolkendecke zusammen, und alles verschwindet im Nebel. Die Badeorte der Südküste hingegen sind wegen ihres für englische Verhältnisse überdurchschnittlich milden Klimas gerade bei älteren Leuten beliebte Orte zum Überwintern. Im Gegensatz zur Küste am *British Channel* ist die am *Bristol Channel* nicht ganz so sonnenverwöhnt. Man sollte sich jedoch dadurch nicht den Norden verleiden lassen, scheint doch gerade das wechselnde Wetter viel besser zu der rauen Landschaft der Steilküste und der Moore zu passen.

Devon ist eine Urlaubsregion für Aktive, ganz gleich, ob Wandern, Fahrradfahren, Reiten oder Schwimmen auf dem Programm steht. Gut ausgebaute Wanderwege führen sowohl an der Nord- wie auch an der Südküste entlang. In den weiten Gebieten von *Dartmoor* und *Exmoor* kann man unbehindert von Hecken und Zäunen einfach querfeldein wandern (dabei sollte man allerdings an die raschen Wetterwechsel denken).

Auch eine Fahrradfahrt über die schmalen Landstraßen von Dorf zu Dorf kann viel Spaß machen, denn nur wenige Autos sind hier unterwegs. Radfahrer sollten bei der Planung ihrer Route das ständige Auf und Ab der Straßen und Wege berücksichtigen. Weil viele Nebenstraßen kaum breiter als ein Lastwagen sind, sollte man dementsprechend vorsichtig sein. Pferde kann man vor allem in den Dörfern rings um das Dartmoor mieten. Wer ungeübt ist, kann sich einige Reitstunden gönnen, bevor er allein mit seinem Pony loszieht. Auch auf einigen Farmen kann man an Reitkursen teilnehmen.

Wer baden will, muss schon ein entsprechend dickes Fell mitbringen, denn selbst im Sommer erreicht das Wasser hier kaum 20 °Celsius. Doch gerade in Devon lernt man noch viele andere Möglichkeiten für aktiven Urlaub kennen – wie wäre es mit Golf, hier keineswegs elitär, oder einer Angeltour?

Überall locken alte Pubs zu einer deftigen Mahlzeit oder einem Pint of Beer bzw. einem Glas Cider, dem regionstypischen Getränk. Wer Süßes bevorzugt, sollte unbedingt die *Devonshire Clotted Cream* probieren. Überall in den Cafés wird zum Frühstück und am Nachmittag *Cream Tea* serviert – ein Kännchen Tee mit süßen Brötchen (*Scones*), *Clotted Cream* und Erdbeermarmelade. Außerdem ist Devon berühmt für seinen *Fudge*, eine Süßigkeit, die es in verschiedenen Geschmacksrichtungen gibt. Wenn er frisch ist, zergeht er auf der Zunge und ersetzt vom Nährwert her ein ganzes Mittagessen!

Zwischen Lyme Regis und Plymouth liegen die recht ländlichen *South Hams*, das südlichste Gebiet Devons. Die etwas größeren Orte *Kingsbridge* und *Dartmouth* findet man an den Mündungen der Flüsse *Avon* und *Dart*. Die kleinen Dörfer an der Küste lassen sich meist nur über schmale Stichstraßen anfahren, einige Strände sind nur nach langen Klettertouren zu erreichen (dafür sind sie aber umso einsamer). Obwohl der Tourismus längst Einzug gehalten hat, sind die traditionellen Erwerbsquellen Fischerei und Landwirtschaft keineswegs verdrängt worden. Überall gibt es kleine Badebuchten, und solange Sie sich nicht im Bereich von Flussmündungen befinden, ist das Baden hier ungefährlich.

Lohnenswert, auch für ein, zwei Tage, ist z. B. eine Wanderung auf dem *South Devon Coast Path*, der bergauf, bergab die gesamte Südküste entlangführt. Wer von Lyme Regis die Inlandsroute wählt und über die A 35 und A 30 nach Exeter fährt, kommt dabei an den Orten *Honiton* und *Gittisham* vorbei (vgl. S. 264).

South Devon Coast Path: von Lyme Regis bis Newton Abbot

Ist man erst einmal auf dem South Devon Coast Path in Richtung Westen unterwegs, wird einem schon bald der Unterschied zwischen der Südküste West-Devons und der Südküste Ost-Devons auffallen. Die Hügelkette der recht ländlichen *South Hams* prägt den Westen. Während hier breite Flussmündungen und eine unzugängliche Steilküste die Entwicklung von Städten und Verkehrswegen eingeschränkt haben, sind die natürlichen Bedingungen der Südküste Ost-Devons günstiger. Vor allem der Eisenbahnbau im 19. Jahrhundert gab in den Küstenorten zwischen Exmouth, Torbay und Paignton den Anstoß zum Aufbau einer Tourismusindustrie. Überall finden sich hier kleine Buchten mit Sandstränden, eingerahmt von roten Felsen. Diese roten Sandsteinfelsen sind typisch für diesen Teil der Südküste.

Seaton: Direkt über eine steile Klippe am Meer – *The Landslip* genannt – führt der Coast Path von Lyme Regis nach Seaton. Der 5000-Seelen-Ort liegt an der Mündung der Axe. Bei Spaziergängen am Kieselstrand kann man mit viel Glück Halbedelsteine finden. Mit der *Tramway*, einer alten Zahnradbahn, kann man in den Sommermonaten die sechs Kilometer lange Strecke nach *Colyton* zurücklegen.

Information: **Torist Information Centre**, The Esplanade, Devon EX12 2QQ, ✆ 01297-21660, ℻ 21689.

Beer: Kurz hinter Seaton schließt sich der Ort mit dem wohlklingenden Namen Beer an. Seine kleine Badebucht liegt gut geschützt. In dieser Gegend hatten die Schmuggler keinerlei Probleme, einsame Buchten und Fischerdörfer zu finden, wo sie ihr Schmuggelgut entladen konnten. In der Zeit des Massentourismus und der EU erinnern nur noch einige Souvenirs in den alten Pubs an das illegale Treiben der früheren Bevölkerung. Bei den hohen Weinpreisen in England wäre es allerdings nicht verwunderlich, wenn es eine moderne Variante der alten Schmuggler gäbe – wo doch Frankreich vor der Tür liegt. Der Ort selbst scheint sich seit Jahrhunderten nicht verändert zu haben.

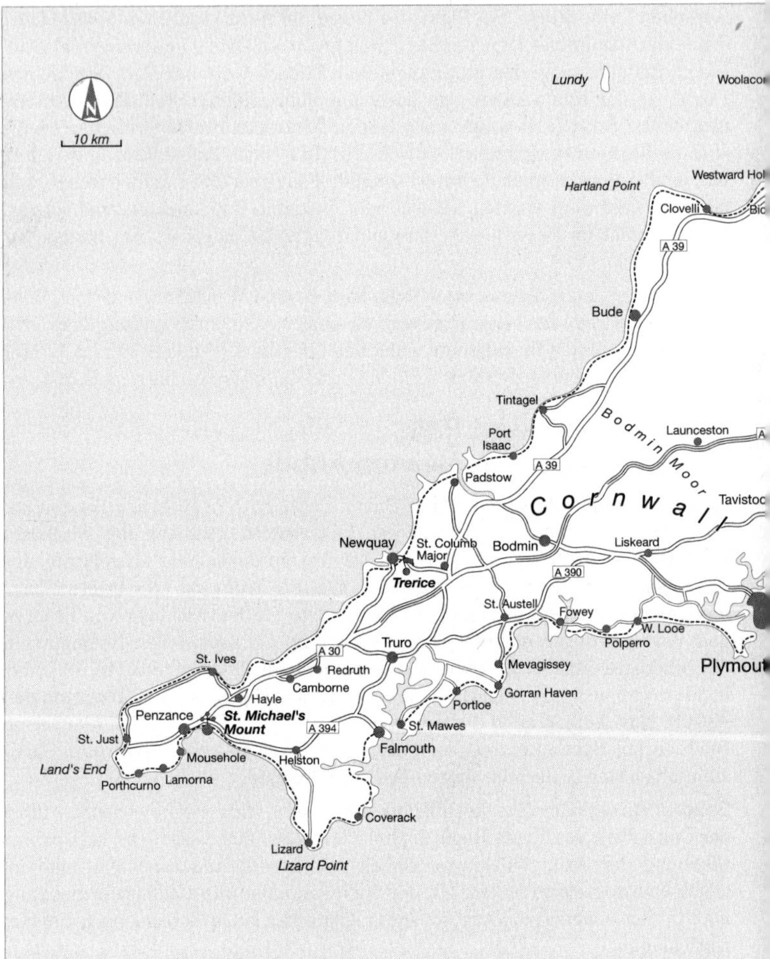

• *Jugendherberge*: In Beer befindet sich die einzige Jugendherberge auf der Strecke zwischen Lyme Regis und Torbay: **Youth Hostel**, Bovey Combe, Townsend, Beer, ✆ 01297-20296 (im Winter geschlossen); Erwachsene £ 10.85, Jugendliche £ 7.40.

Sidmouth: Weiter geht es nun entlang den weißen Klippen über *Beer Head* und *Branscombe* nach Sidmouth. Der Ort erstreckt sich von der A 3052 bis zur Küste. Die Strände hier sind besser als die der umliegenden Orte. Das trifft insbe-

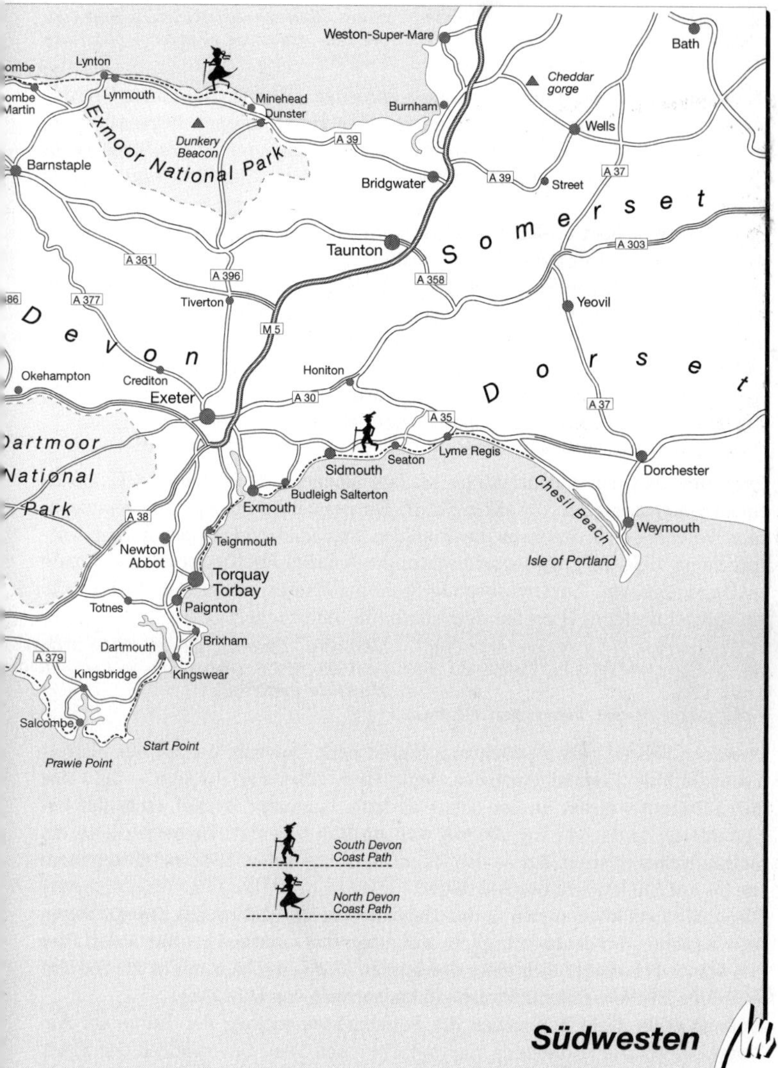

Südwestengland
Karte S. 256/257

sondere auf *Jacob's Ladder* zu, ein von der Steilküste eingerahmter Sandstrand westlich des Ortes. Im Stadtinneren prägen Gebäude im Regency-Stil das Ambiente. Kein Wunder, denn Sidmouth war im 19. Jahrhundert Modebad. Die Umgebung ist bestens geeignet für kurze Wanderungen und kleine Klettertouren.

• *Information*: **Tourist Information Centre**, Ham Lane, Devon EX10 8XR, ✆/📠 01395-516441.

• *Camping*: ****** Salcombe Regis Camping and Caravan Park**, der Platz befindet sich 2 km östlich von Sidmouth (ausgeschildert).

Gut ausgestatteter Campingplatz mit Waschmöglichkeit und kleinem Geschäft; 100 Stellplätze für Zelte, ebenso viele für Caravans; Zweimannzelt ab £ 6.75, April–Okt. geöffnet. Salcombe Regis, ✆/℻ 01395-514303.

Budleigh Salterton: Hier geht es ausgesprochen ruhig zu. Der kleine Ort, der im Westen von über 150 Meter aufragenden roten Klippen begrenzt wird, nennt noch einige Häuser aus dem frühen 19. Jahrhundert (Fore Street) sein Eigen. Bei klarem Wetter empfiehlt es sich, den Berg *West Down Beacon* hinaufzusteigen.

Etwas nördlich liegt an der A 376 *East Budleigh*. Kurz dahinter geht es links ab zum Landhaus *Hayes Barton*. Hier wurde 1522 *Sir Walter Raleigh* geboren. Der bedeutende englische Seefahrer gründete 1585 die erste britische Kolonie in Nordamerika, die er zu Ehren von Queen Elizabeth I. "Virginia" nannte. Er leitete mehrere Expeditionen nach Südamerika und brachte von dort Kartoffeln und Tabak ins Mutterland. Weil er bei seiner letzten Fahrt nach Guayana eine spanische Siedlung zerstört haben soll, wurde er auf Verlangen Spaniens 1618 von Charles I. im Tower von London hingerichtet.

Information: **Tourist Information Centre**, Fore Street, Devon EX9 6NG, ✆ 01395-445275.

Exmouth: Seit der Badeurlaub im 18. Jahrhundert in Mode kam, ist Exmouth ein Erholungszentrum, vor allem für die Einwohner von Exeter. An sommerlichen Wochenenden strömen die Familien mit Kind und Kegel hierher, entsprechend viele Vergnügungseinrichtungen wurden für Kinder die Esplanade entlang aufgebaut. Am Ortsausgang Richtung Exeter erhebt sich *A La Ronde*, ein sechzehneckiges Haus aus dem späten 18. Jahrhundert.

- *Öffnungszeiten A La Ronde*: April–Oktober So–Do 11–17.30 Uhr. Eintritt: £ 3.20, erm. £ 1.50.
- *Information*: **Tourist Information Centre**, Alexandra Terrace, Devon EX8 1NZ, ✆ 01395-222299 (ganzjährig geöffnet, im Winter nur vormittags).

Dawlish: Weiter geht es Richtung Süden nach Dawlish, das an der Haupteisenbahnlinie London–Penzance liegt. Hier führt die Strecke – teilweise durch Tunnel – direkt an der Küste entlang. Isambard Brunel, einer der berühmtesten britischen Ingenieure, war am Bau beteiligt. Er entwickelte ein hydraulisches System, das es den Zügen erlaubte, schon 1848 auf dieser Strecke bis auf 110 km/h zu beschleunigen.

Eisenbahnfans können sich in der Dawlish Warren Station das *Eisenbahnmuseum* ansehen (im Sommer täglich, ansonsten nur sonntags geöffnet). Am Pier von *Starcross* befindet sich eines der letzten Maschinenhäuser, das für die alte Bahnlinie Brunels errichtet wurde (5 km nördlich von Dawlish).

Weitaus mehr Urlauber ziehen die Badebuchten entlang der Küste an. Am *Boat Cove* (Boote zu mieten), *Coryton Cove* und *Shell Cove* südlich der Stadt tummeln sich an sonnigen Tagen vor allem englische Familien. Nördlich davon stehen die Chalets und Caravans wie Reihenhaussiedlungen am Meer.

- *Information*: **Tourist Information Centre**, The Lawn, Devon EX7 9PW, ✆ 01626-863589.
- *Camping*: **Cofton Holiday Park** (in Starcross), Luxus-Campingplatz mit Swimmingpool. 450 Stellplätze für Zelte; Zweimannzelt und Caravan ab £ 6.50 (März–Okt. geöffnet). ✆ 01626-890111.

Ein weiterer gut ausgestatteter Campingplatz bei Dawlish ist der **** **Peppermint Park**, Warren Road, ✆ 01626-863436 (ausgeschildert). 48 Stellplätze für Zelte; ab £ 5.50.

Teignmouth: Ein typisch englischer Badeort an der Mündung des Flusses Teign. Früher war der Hafen nicht nur für die Fischerei, sondern auch für die Verbindung nach Frankreich von Bedeutung. Waren die Beziehungen zwischen den beiden Ländern – wie so oft – nicht die besten, bekam es die Hafenstadt manches Mal zu spüren: 1340 und 1690 wurde sie von den Franzosen niedergebrannt.

Information: **Tourist Information Centre**, Sea Front, Devon TQ14 8BE, ✆ 01626-779769.

Newton Abbot

Der South Devon Coast Path führt weiter die Küste entlang nach Torbay. Alternativ dazu kann man mit dem Zug landeinwärts nach Newton Abbot fahren. Dieser Ort liegt verkehrsgünstig zwischen Torbay, Exeter und dem Dartmoor und ist Standort für Industriebetriebe, die landwirtschaftliche Produkte weiterverarbeiten. Gleichzeitig ist die Stadt Marktzentrum für das Umland (mittwochs und samstags Markt neben dem großen Parkhaus). Wer sehen bzw. probieren will, was in der Region hergestellt wird, kann die Töpferei (Abbot Pottery, Hopkins Lane), die Mälzerei (Teign Road) oder die Cider-Bar (East Street) besuchen.

• *Camping*: ***** **Dornafield**, Dornafield Farm; sehr gut ausgestatteter Campingplatz. Anfahrt: Von Newton Abbot über die A 381 (Richtung Totnes), nach knapp 4 km am Two Mile Oak Inn rechts, nach etwa 800 m die erste links, jetzt noch ca. 150 m (ausgeschildert); März–Okt. geöffnet, Zweimannzelt ab £ 8. Two Mile Oak, ✆ 01803-812732.

Exeter

Exeter ist die Hauptstadt von Devonshire und gleichzeitig Einkaufs-, Verwaltungs-, Industrie- und Kulturzentrum der Grafschaft. Eine Universität sorgt für viel Jugend in den zahlreichen Pubs, in denen oft Livemusik gespielt wird.

Rund 100.000 Menschen leben hier, und noch weitaus mehr kommen Tag für Tag aus den umliegenden Dörfern. Eingeklemmt zwischen Autos und Bussen fährt man während der Hauptverkehrszeit im Schritttempo nach Exeter hinein. Immer mal wieder taucht zwischen den Häusern im Nachkriegsstil eine Mauer oder Ruine aus vergangenen Jahrhunderten auf. Deutsche Bombenangriffe während des Zweiten Weltkrieges sorgten dafür, dass die historische Altstadt in Schutt und Asche gelegt wurde. Moderne Geschäfte entlang der Fußgängerzone, große Einkaufskomplexe und Bürogebäude prägen die Innenstadt. Da fällt die Kathedrale aus dem Spätmittelalter schon ins Auge.

Ähnlich geschäftig wie heute war es schon zur Zeit der Römer, die im Jahre 50 u. Z. Exeter als Verwaltungszentrum für den Westen der eroberten Insel gründeten. Damals war die Stadt von einer Mauer umgeben, deren Reste u. a. in der *Bartholomew Street* und nahe der *Paris Street* zu sehen sind.

Das römische *Isca Dumnoniorum* wurde dann zum sächsischen *Escancestre*. Im Jahre 876 erstürmten die Dänen die Stadt, und knapp zweihundert Jahre später zog Wilhelm der Eroberer nach einer langen Belagerung ein. Am Ende der Castle Street stand einst die normannische Burg. Auch die unterirdische Wasserleitung aus dem Mittelalter ist noch in Teilen erhalten, man findet sie nahe

Südwestengland
Karte S. 256/257

dem Eastgate in der Princesshay (nur an manchen Nachmittagen geöffnet). Princesshay und Castle Street kann man jeweils von der High Street aus erreichen.

In der Hauptstraße sind einige alte Gebäude restauriert worden, darunter die *Guildhall*, das älteste Verwaltungsgebäude Englands, das bereits um 1300 erbaut wurde und noch immer seine ursprüngliche Funktion erfüllt.

Information

• *Information*: **Civic Centre**, Paris Street, Devon EX1 1JJ, ✆ 01392-265700, 📠 265260 (auch für Zimmervermittlung), gegenüber dem Busbahnhof. Kostenloses Unterkunftsverzeichnis, jede Menge Kartenmaterial zu Dartmoor und Exmoor sowie die kostenlosen Informationszeitungen *Exmoor Visitor* und *Dartmoor Visitor*.

Informationen über das gesamte West Country (Cornwall bis Wiltshire) erhält man beim **West Country Tourist Board**, 60 St David's Hill, Exeter EX4 4SY, ✆ 425426, 📠 420891.

Internet: www.westcountryholidays.com

• *Telefonvorwahl*: 01392

Verbindungen

• *Bus*: Der Busbahnhof befindet sich in der Paris Street, ✆ 01392-427711. Verbindungen in alle Richtungen. Express-Busse nach Plymouth über die A 38. Täglich etwa acht Busse nach London, weitere Busse nach Bath, Bristol, Dorchester und Portsmouth.

• *Zug*: Der Hauptbahnhof ist **Exeter St David's Station**, St David's Hill; CDR Tickets u. a. nach Torquay, Exmouth, Plymouth, Penzance, Salisbury und London (stdl. nach Waterloo oder Paddington). Züge nach Barnstaple, Exmouth und London halten außerdem an der **Central Station** (Queen Street).

• *Flugzeug*: Flüge vom Exeter Airport (✆ 01392-367433) nach Irland, Birmingham und den Isles of Scilly.

Adressen

• *Apotheken*: **Boots**, 251 High Street, Mo–Sa 8.45–17.30 Uhr, Do bis 19 Uhr.

• *Fahrradverleih*: Mehr als 100 Räder und eine Reihe Tandems vermietet **Flash Gordon Camping & Cycle Hire**, 15–16 Clifton Road, ✆ 01392-424246. Sie kosten pro Tag £ 10–12 (Tandem £ 25), pro Woche £ 30–90 (täglich bis spätabends geöffnet). Hier gibt es außerdem alles, was der Camper so benötigt.

Saddles & Paddles, 21 The Cellars, The Quay, ✆ 01392-424241; Mountainbike- und Kanuvermietung.

• *Geldwechsel*: **Barclays**, Ecke High St./Bedford St., und mehrere weitere Banken in der High Street.

• *Krankenhaus*: **Royal Devon and Exeter**, Parrock Rd., ✆ 01392-411611.

• *Polizei*: Heavitree Rd., ✆ 0990-700400.

• *Post*: Bedford Street.

• *Stadtführungen*: Sie beginnen am Royal Clarence Hotel in der High St. (bis zu siebenmal täglich). Informationen im Tourist Office oder unter ✆ 01392-265700.

• *Waschen*: **St David's Laundrette**, 24 St Davids Hill. Tgl. 8–20 Uhr.

Übernachten

Wer zentral wohnen möchte, findet B&Bs am *St David's Hill*. Weitere Unterkünfte in der *Alphington Road* (Süden) und der *Blackall Road* (nördlich des Bahnhofs).

Royal Clarence Hotel (9), das schönste Hotel von Exeter, im Jahre 1769 eröffnet. Zu den Gästen zählten schon Lord Nelson und Zar Nikolaus I. B&B ab £ 60 pro Person, die Zimmer mit Blick auf die Kathedrale sind £ 10 teurer. Cathedral Yard, ✆ 01392-319955, 📠 439423.

White Hart Hotel (11), alte Postkutschenstation mit Flair und einem wunderschönen Kamin. Zimmer ab £ 49 (Wochenende). South Street, ✆ 01392 279897, 📠 250159.

Clock Tower Guest House (3), der freundliche Besitzer Chris hat ein Herz für Studenten, denn die bekommen 20 Prozent Rabatt pro Übernachtung. Die 16 Zimmer sind alle mit TV und Teekocher ausgerüstet. Übernachtung mit Frühstück ab £ 19. 16 New North Road, ✆ 01392-252493, ☏ 218445.

Park View Hotel (1), hübsches georgianisches Gebäude, nur wenige Fußminuten bis zur St David's Station. 15 große Zimmer mit Telefon, TV und Teekocher. B&B ab £ 20. 8 Howell Road, ✆ 01392-271772, ☏ 253047.

Telstar Hotel (2), nettes, kleines B&B, nicht weit vom Bahnhof und der Innenstadt entfernt. Übernachtung und Frühstück ab £ 16. 77 St. David's Hill, ✆/☏ 01392-272466.

Während der Semesterferien gibt es auch Zimmer in der **Universität**, meist Einzelzimmer, die mit Frühstück vermietet werden (£ 12.50 pro Person). Das Zentrum ist rund eine Meile entfernt. Wenden Sie sich am besten schon vorher an: Holiday Booking Office, University of Exeter, ✆ 01392-211500, ☏ 263512.
E-Mail: Conferences@exeter.ac.uk

• *Jugendherberge*: **(12)** Etwa 3 Kilometer südöstlich der Stadt, fast am Fluss, liegt die

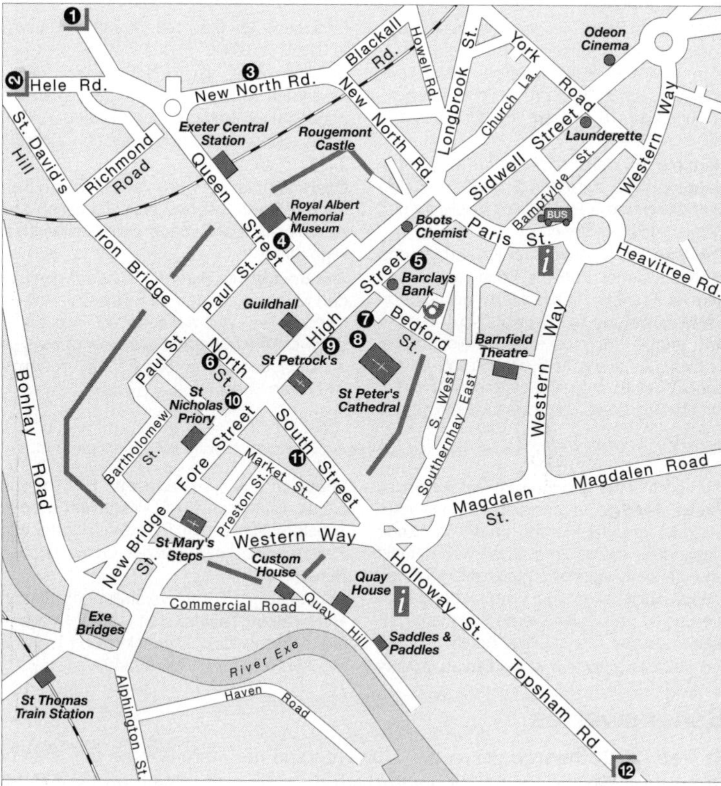

Übernachten
1. Park View Hotel
2. Telstar Hotel
3. Clock Tower Guest House
9. Royal Clarence Hotel
11. White Hart Hotel
12. Jugendherberge

Essen und Trinken
4. The Boston Tea Party
5. Costa
6. Herbie's
7. The Ship Inn
8. St Martin's
10. Mad Meg's

Exeter

Südwestengland
Karte S. 256/257

Jugendherberge. Mit Bus (K oder T) Richtung Topsham, beim Postamt Countess Wear aussteigen; von dort noch 400 Meter zu Fuß. Erwachsene £ 10.85, Jugendliche £ 7.40 (Zelten möglich). 47–49 Countess Wear Road, Topsham, ✆ 01392-873329, 📠 876939.

• *Camping*: mehrere Campingplätze in der Umgebung von Exeter; Liste im Tourist Office.

Essen/Pubs (siehe Karte Seite 261)

In den Fußgängerzonen erhält man überall einen kleinen Imbiss, sei es ein Sandwich oder einen Hamburger. *Paté* gibt es in allen Supermärkten und ist zusammen mit einem Tee in einem Schnellcafé das billigste Menü. Gute indische Küche bekommt man im *Taj Mahal*, 50 Queen Street. Am River Exe kann man gemütlich vor zwei Pubs draußen sitzen und sein Bier trinken. Im Tourist Office gibt es verschiedene Pub Guides für Exeter und Umgebung.

Mad Meg's (10), einst ein Nonnenkloster, heute ein preisgünstiges Restaurant in einem zünftigen Kellergewölbe. Mittelalterliche Atmosphäre und große Portionen (£ 4–7, montags 10 Prozent Studentenrabatt). 163 Fore Street.

Herbie's (6), der Treffpunkt für Vegetarier. Hauptgerichte zwischen £ 5 und £ 6. Lecker waren die Spaghetti mit Basilikum und Pilzen. 14 North Street.

The Ship Inn (7), zwischen Kathedrale und High St. Uriger Pub mit Fachwerkfassade und Sir Francis Drakes Lieblingskneipe in Exeter, über die er schrieb: "Next to mine own shippe, I do must love that old 'Shippe' in Exon, a tavern in Fyssh Street, as the people call it, or as the clergie will have it, St. Martin's Lane." Hauptmahlzeiten (große Portionen) ab £ 5. 1–3 St Martin's Lane, ✆ 01392-272040.

St Martin's (8), wer sich im hellen, zeitlos modernen Ambiente wohler fühlt, geht ein paar Häuser weiter in eine Coffeebar. Kleine Snacks werden auch gereicht. Cathedral Yard.

Costa (5), hier wird definitiv der beste Kaffee der Stadt ausgeschenkt. Zu essen gibt es italienisches Gebäck und Sandwiches. High Street.

The Boston Tea Party (4), kurz vor dem Albert Museum, modernes Bistro-Café mit erlesenen Tee- und Kaffeesorten. Wer unbedingt gesehen werden will, macht es sich auf der Couch im großen Fenster bequem. 84 Queen Street.

Feste/Veranstaltungen

Während dreier Wochen im Juli wird das **Exeter Festival** veranstaltet. Hauptschauplatz ist die Kathedrale, in der Konzerte stattfinden. Im Cathedral Close wird getanzt und gefeiert, während gleichzeitig Trödelmärkte abgehalten und verschiedene Ausstellungen präsentiert werden. Nähere Hinweise hält das Tourist Office bereit.

Ein weiteres Volksfest ist die **Devon County Show** im Mai (in Westpoint, 15 Min. von Exeter, Busverbindung). Präsentiert werden Theateraufführungen, Paraden, Hunde- und Pferdeshows sowie allerlei Gerät für den Bauernhof.

Regelmäßige Theatervorstellungen finden im **Northcott Theatre** statt (an der Universität). Adresse: Box Office, Northcott Theatre, Stocker Road. ✆ 01392-493493.

Sehenswertes

St Peter's Cathedral: Schon um 1100 entstand die erste Kirche auf diesem Platz, doch die heutige St Peter's Cathedral wurde weitgehend im 13. und 14. Jahrhundert erbaut. Nur die Türme stammen noch aus normannischer Zeit. Im linken Teil der Kirche befindet sich eine astronomische Uhr aus dem 15. Jahrhundert. Im *Chor* beeindrucken die *Miserikordien* (um 1260), die mit mythologischen Figuren verziert sind (Miserikordien nennt man die meist aus Holz geschnitzten Vorsprünge an den Sitzen des Chorgestühls, die beim Stehen als Stütze dienen). Gleich daneben steht der 18 Meter hohe *Bischofsthron*,

Exeter Cathedral

Südwestengland
Karte S. 256/257

ebenfalls mit beeindruckenden Schnitzereien. Er ist ganz ohne Nägel gearbeitet; Zapfen und Nuten halten ihn zusammen. Im Zweiten Weltkrieg wurde der Thron aus Angst vor Bombenangriffen abgebaut und später wieder hier zusammengesetzt. Ein weiteres Prunkstück ist die Dombibliothek im *Bishop's Palace*. Sie beherbergt unter anderem das *Exeter Book* aus dem Jahr 950, eine der wenigen großen Sammlungen altenglischer Versdichtung.

Führungen: Zwei Führungen täglich (auf Englisch); Spende von £ 2.50 wird erwartet. Chorproben finden Mo–Fr um 18.30 Uhr und Sa/So um 15 Uhr statt.

Rougemont Castle: Über die Castle Street gelangt man zu den Ruinen des Rougemont Castle. Nach der Eroberung Exeters ließ William the Conqueror hier ab 1068 eine Festung bauen. Erhalten sind die Burgmauer und ein Torhaus (1170). Links an das Burggelände grenzen die *Rougemont Gardens* an, ein hübscher Park mit bunten Blumenbeeten. Ein weiterer Park, die *Northernhay Gardens*, breitet sich gleich dahinter aus. Hier kann man auch Teile der römischen Stadtmauer bewundern.

Underground Passages: Wo Castle Street und High Street aufeinander stoßen (Princesshay Street), befindet sich der unauffällige Eingang zu den Underground Passages. Um Exeter mit Trinkwasser zu versorgen, legte man im Mittelalter mühsam ein unterirdisches Gangsystem an. Dieses kann während einer zwanzigminütigen Führung erkundet werden. Klaustrophob Veranlagten ist der Rundgang nicht zu empfehlen, denn ab und zu wird es ganz schön eng.

Adresse/Öffnungszeiten: Romangate Passage, Off High Street. Juli–Sept. tgl. außer So 10–17.30 Uhr, Okt.–Juni Mo–Fr 14–17.30 Uhr, Sa 10–17.30 Uhr. Eintritt: £ 3.50 (Juli und Aug.), sonst £ 2.50.

Royal Albert Memorial Museum: Für alle, die an Englands kolonialer Vergangenheit interessiert sind, ist dieses Museum in der Queen Street zu empfehlen. Verschiedene Ausstellungsstücke stammen noch von Captain Cooks Expeditionen.
Adresse/Öffnungszeiten: Queen Street. Tgl. außer So 10–17 Uhr. Eintritt frei.

Umgebung von Exeter

Tiverton: Dieses traditionelle Zentrum der Wollverarbeitung liegt 23 Kilometer nördlich von Exeter. Von der normannischen Burganlage, die über Jahrhunderte Sitz der Earls of Devon war, stehen nur noch zwei Türme. Ein Magnat der Wollindustrie ließ 1604 für die Jungen (!) des Ortes Blundell's School erbauen. Die Schule wurde als Handlungsort von Blackmores "Lorna Doone" bekannt und wird heute vom National Trust verwaltet. Das *Tiverton Museum* in der St Andrew Street besitzt eine gute Sammlung von Werkzeugen vergangener Jahrhunderte, die einen Eindruck von den damaligen Arbeitsbedingungen vermitteln. Während der Woche ist in der Newport Street eine aus dem 17. Jahrhundert stammende Bäckerei geöffnet. Wer gerne in vollgestopften Antiquitätenläden wühlt, sollte sich den *Wychware Antiques Market* in der Barrington Street nicht entgehen lassen.
Information: **Tourist Office**, Phoenix Lane, ✆ 01884-255827, ℻ 257594.

Bickleigh: Der Ort liegt an der A 376 zwischen Tiverton und Exeter am Fluss Exe. Hier spürt man noch etwas von der Atmosphäre vergangener Jahrhunderte. Am Fluss findet man eine restaurierte Mühle, in der verschiedene Handwerker bei der Herstellung von kunstgewerblichen Gegenständen beobachtet werden können (*Mill Craft Centre*), außerdem eine Farm, die noch nach alten Methoden ohne Maschinen arbeitet.

Crediton: Der Ort liegt etwa 13 Kilometer nordwestlich von Exeter (an der Kreuzung der A 377 und der A 3072). Ist man während der Sommermonate in Richtung Westen unterwegs, sind der Umweg über Crediton und später über die A 3072 sowieso zu empfehlen, da hier weitaus weniger Verkehr herrscht und die Strecke durch ein landschaftlich reizvolles Gebiet führt. Auf großen Tafeln wird auf den berühmten Missionar *Bonifatius* hingewiesen, der hier im Jahr 680 zur Welt kam und 719 von Papst Gregor II. mit der Germanenmission beauftragt wurde. Während sächsischer Zeit war die Stadt Bischofssitz und religiöses Zentrum, wovon inzwischen nicht mehr viel zu sehen ist. Zeugen dieser Zeit sind lediglich die Bonifatius-Statue im hiesigen Park und die spätmittelalterliche *Holy Cross Church*, die von ihren Dimensionen fast an eine Kathedrale heranreicht.

Honiton: Verlässt man Exeter auf der A 30 in Richtung Nordosten, kommt man nach Honiton, einem der größten Marktorte Ost-Devons mit einer Vielzahl von teuren Antiquitäten- und Kunstgewerbeläden (Spitzenklöppelei). Überregional bekannt sind die Produkte der *Honiton Pottery* in der High Street. Schon seit über 200 Jahren wird hier getöpfert und gebrannt. Im Sommer ist auch das *Allhallows Museum* neben der St-Paul's-Kirche geöffnet.

Torbay

Torbay, so heißt die Großgemeinde, zu der sich die Städte Torquay, Paignton und Brixham zusammengeschlossen haben. Tor Bay heißt aber auch die Bucht, in der die drei Orte liegen. Die Namensgebung für diese Verwaltungseinheit stellte die zuständigen Stellen also vor keine allzu großen Probleme.

Die Orte an der Tor Bay sind nach Osten, Westen und Norden durch Hügel geschützt, nur von Süden her weht ab und zu ein laues Lüftchen. Wegen des Golfstroms herrscht in der Bucht ein sehr mildes Klima, eine mediterran anmutende Flora konnte sich ausbreiten. "Englische Riviera" wird sie deshalb liebevoll von den Engländern genannt. Im Sommer wimmelt es hier von sonnenhungrigen Badeurlaubern und Sprachschülern aus ganz Europa.

Torquay, der Geburtsort der berühmten Krimiautorin *Agatha Christie*, ist der mondäne Teil, die Königin in diesem Dreigestirn. Eine eher untergeordnete Rolle spielen das volkstümlichere **Paignton** sowie **Brixham**, ein Fischerort, der seinen ursprünglichen Charme im endlosen Touristenstrom behaupten konnte. In Torquay genießen hauptsächlich die jüngeren Besucher einen typischen Badeurlaub: schwimmen, sonnenbaden, sehen und gesehen werden und am Abend mit Schwung ins Nachtleben.

Information/Verbindungen

• *Information*: **Tourist Board**, English Riviera, Guide Resarch, Vaughan Parade, Torquay TQ2 5JG, ✆ 01803-297428, 📠 214885.
Internet: www.TheEnglishRiviera.co.uk
Kleinere Büros auch in **Paignton** (Festival Hall, The Esplanade, ✆ 01803-558383, 📠 551959) und in **Brixham**, The Old Market House, The Quay, ✆ 01803-852861.

• *Telefonvorwahl*: 01803 (für Torquay, Paignton und Brixham)

• *Verbindungen*: **Bus** – NatEx ab Lymington Road in Torquay. Zweimal täglich nach Plymouth, Penzance, Bristol, stdl. nach Exeter. Nahverkehrsbusse ab "The Strand" (am Hafen). **Zug** – Bahnhof am Ende der Torbay Road, stündlich Verbindungen nach Bristol, Cardiff, Exeter und London.

Adressen

• *Fahrräder*: **Colin Lewis**, Torquay, 15 East St., ✆ 01803-295176. **Cyclehire**, Paignton, 20 Dartmouth Rd., ✆ 01803-521068. **Simply the Bike**, Torquay, 100–102 Belgrave Rd., ✆ 01803-200024.

• *Krankenhaus*: **Torbay Hospital**, Newton Road, Lower Bridge, ✆ 01803-614567.

• *Geldwechsel*: **Barclays**, 39–40 Fleet Street, **Nat West**, 108 Union Street.

• *Post*: Fleet Street.

• *Reiten*: In Torquay und Paignton gibt es mehrere Reitschulen. Auskünfte und Tarife hält das Tourist Office bereit.

• *Waschen*: **Launderama**, 256 Union Street, täglich 8–20 Uhr.

Übernachten (siehe Karte Seite 266/267)

In allen Preisklassen herrscht ein Überangebot, dennoch ist in den Sommermonaten fast alles belegt. Deswegen sollte man in dieser Zeit auf jeden Fall telefonisch ein Zimmer vorbestellen. Die Mitarbeiter des Tourist Office helfen, eine Bleibe zu finden.

• *Torquay*: Hier befinden sich viele B&Bs in der Bampfylde Road.
Livermead Cliff Hotel (2), das einzige Hotel von Torquay, das von keiner Straße vom Meer getrennt ist (direkter Zugang zum Strand). Schöne, geräumige Zimmer, einige

mit direktem Zugang zur Terrasse. Ab £ 50 pro Person, die Zimmer mit Meerblick sind naturgemäß teurer. Wem das Meer zu kalt ist, der kann sich im beheizten Swimmingpool tummeln. Sea Front (an der Straße nach Paignton), ✆ 01803-299666, ℻ 294496. E-Mail: livermeadcliffhotel@btinternet.com.uk

Chesterfield Hotel (4), in Bahnhofs- und Yachthafennähe. Eines der zahlreichen Hotels an der Belgrave Road. 12 Zimmer, die meisten davon mit eigenem Bad; B&B £ 15–25. 62 Belgrave Road, ✆ 01803-292318, ℻ 293676.

Torbay Rise Hotel, nettes Hotel mit Swimmingpool, auf einem Hügel gelegen. Von hier aus Blick über den Hafen. Elf Doppelzimmer und vier Einzelzimmer (alle en-suite). B&B £ 18–26.50. Old Mill Road, ✆ 01803-605541.

The Garlieston Hotel, sechs nett eingerichtete Doppelzimmer mit Dusche, ein Einzel- und zwei Mehrbettzimmer; B&B £ 12.50–17.50. 5 Bridge Road, ✆ 01803-294050.

Athina, drei zweckmäßig eingerichtete Doppelzimmer nahe der Police Station (einen knappen Kilometer vom Meer entfernt). £ 12–15. 8 Vansittard Road, ✆ 01803-297547.

• *Paignton*: **Torbay Holiday Motel**, Hotel mit Hallen- und Freibad, Sauna und anderem Luxus. 16 Doppelzimmer und zwei Einzelzimmer (alle en-suite). B&B ab £ 25. Totnes Road, ✆ 01803-558226.

Torbay Court Hotel, großes Hotel mit 48 Doppelzimmern (en-suite) und acht Einzelzimmern mit TV. B&B £ 15–23. Steartfield Road, ✆ 01803-663332.

• *Brixham*: Auch wenn das Tourist Office geschlossen ist, hängt an der Eingangstür eine Liste mit Übernachtungsmöglichkeiten (mit Telefonnummern).

Black Cottage Guest House, fünf Doppelzimmer und ein Einzelzimmer mit TV. B&B £ 13–18. 17 Milton Street, ✆ 01803-853752.

• *Jugendherberge*: Die nächste Jugendherberge in Galmpton (östlich von Brixham): **Maypool House (1)**, Galmpton, Brixham,

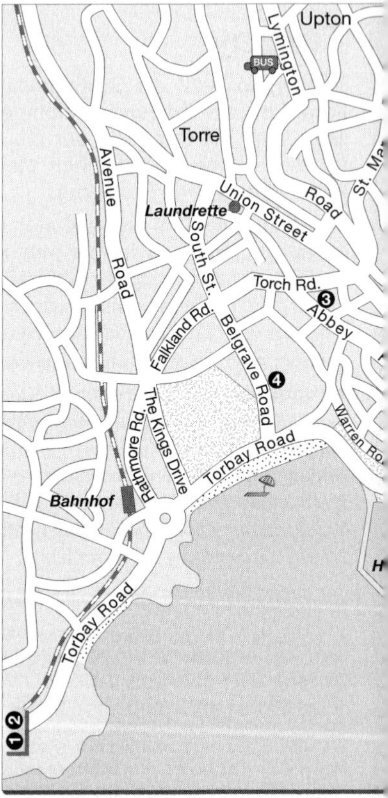

(Nov. bis Feb. meistens geschlossen); Erwachsene zahlen £ 9, Jugendliche £ 6.20. ✆ 01803-842444, ℻ 845939.

Torquay Backpackers (3), eine gute Alternative, wenn die Jugendherberge einmal voll ist. Unterbringung in Mehrbettzimmern, legere Atmosphäre und Selbstverpflegung; keine Sperrstunde. £ 7 pro Nacht, £ 35 pro Woche. Zehn Fußminuten vom Bahnhof entfernt. 119 Abbey Road, Torquay, ✆ 01803-299924.

Essen

Ganzjährig – außer im Sommer – bieten die Kochschüler des *South Devon Technical College* die Resultate ihrer Künste als Mittagessen an (Newton Road, ✆ 291212). In der Mensa sind alle Reisenden willkommen – eine gute Möglichkeit, mit Einheimischen Kontakte zu knüpfen. Preiswertes Essen bekommt man in den Take-Aways und Pubs in der Union Street.

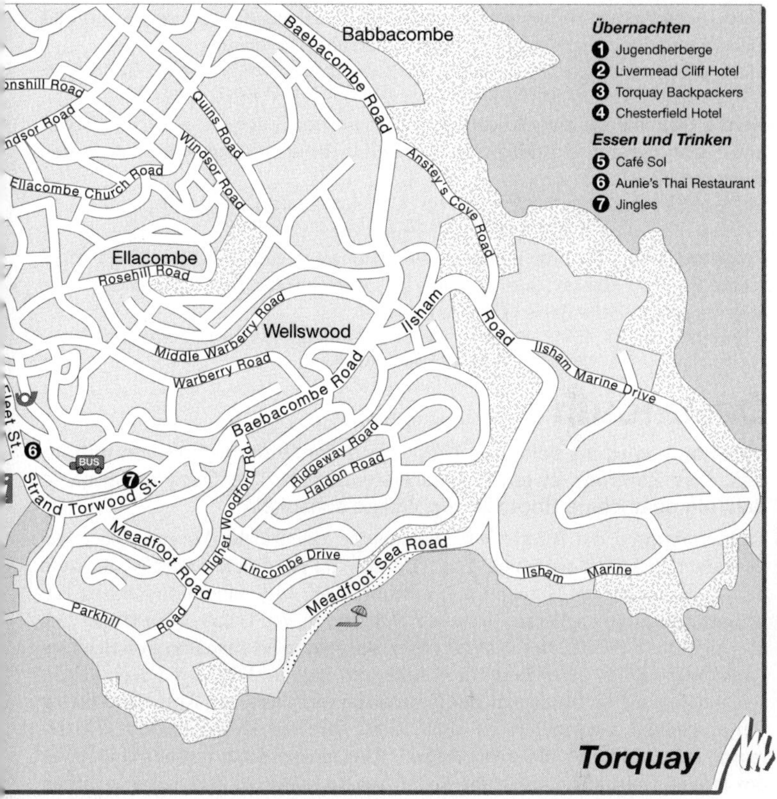

Annie's Thai Restaurant (6), abwechslungsreiche Thaiküche direkt in der Fußgängerzone (im ersten Stock). Currygerichte ab £ 7, lecker ist das *Neva Massaman* mit Zwiebeln und Erdnüssen. Fleet Street, ✆ 01803-295746.

Café Sol (5), unter hohen, lichten Räumen sitzt man auf Korbstühlen. Serviert wird einfallsreiche Küche, Modern British Style (mit asiatischer und mediterraner Note). Relativ preisgünstig. The Strand (unweit der Touristeninformation).

Jingles (7), ein beliebtes Lokal mit amerikanisch-mexikanischer Küche. Zum Teil recht scharfe Gerichte zu mäßigen Preisen. 34 Torwood Street (die Fortsetzung der Küstenstraße The Strand).

Sehenswertes

Torre Abbey: Die Ursprünge Torquays gehen auf eine Prämonstratenserabtei aus dem Jahre 1196 zurück. Nachdem unter Heinrich VIII. die Klöster aufgelöst worden waren, zerfiel auch dieses Gebäude. Heute ist es zum Teil wieder aufgebaut und wird von einer Kunstgalerie samt Agatha Christie Memorial Room genutzt. Die Abtei befindet sich direkt hinter den Tennisplätzen des Abbey Park.

Öffnungszeiten: Ostern–Okt. tgl. 9.30–18 Uhr. Eintritt: £ 3.

Torquay Museum: Neben archäologischen Funden aus Kant's Cavern darf eine Dauerausstellung über Agatha Christie natürlich nicht fehlen.

Adresse/Öffnungszeiten: 529 Babbacombe Road, Torquay. Ostern–Okt. Mo–Sa 10–16.45 Uhr, So 13.30–16.45 Uhr. Nov.–Ostern Mo–Fr 10–16.45 Uhr. Eintritt: £ 2, erm. £ 1.25.

Kent's Cavern: Die zwei Kilometer außerhalb der Stadt gelegene Tropfsteinhöhle war bereits in prähistorischen Zeiten bewohnt und später auch den Römern bekannt.

Adresse/Öffnungszeiten: Ilsham Road. Tgl. 10–16 Uhr, April bis Juni und Sept. bis 17 Uhr; Juli/Aug. bis 21.30 Uhr, Sa bis 17 Uhr. Eintritt: £ 3.75, erm. £ 2.40.

Paignton Zoo: Der erst unlängst für mehr als sechs Millionen Pfund renovierte Zoo (30 Hektar) besitzt einen ausgezeichneten Ruf. Die BBC drehte hier die erfolgreiche Serie "The Zookeepers".

Öffnungszeiten: Tgl. 10–18 Uhr, im Winter nur bis zum Einbruch der Dämmerung. Eintritt: £ 7.50, erm. £ 5.40. Internet: www.paigntonzoo.org.uk

Dartmouth

Dartmouth wird als schönste Hafenstadt der Grafschaft Devon gehandelt. Das Zentrum ist ein kleines Hafenbassin, The Quay genannt, in dem ein paar kleine Boote in den Wellen schaukeln.

Stolz verweisen die Bürger auf Dartmouths ruhmreiche Vergangenheit als Seehafen: Richard Löwenherz ging 1190 hier an Bord eines Schiffes, um zum dritten Kreuzzug ins Heilige Land aufzubrechen; 1347 sammelte Eduard III. in Dartmouth die englische Flotte zur Belagerung von Calais, 1588 trafen sich die englischen Schiffe zum Kampf gegen die spanische Armada. Den Schlusspunkt setzten 400 amerikanische Schiffe, die 1944 im Warfleet Creek ankerten, um sich auf die Invasion in der Normandie vorzubereiten. Angesichts dieser Vergangenheit verwundert es auch nicht, dass die Kriegsmarine in Dartmouth seit 1905 ihre Offiziere ausbildet. Oberhalb der Stadt thront gut sichtbar der riesige Gebäudekomplex des *Royal Naval College*, in dem die männlichen Mitglieder der Royal Family traditionell ihren Dienst in der Kriegsmarine absolvieren. Das eigentliche Stadtzentrum mit einigen schönen Fachwerkhäusern wurde auf einem zugeschütteten Bachbett errichtet. Eine besonders malerische Häuserzeile mit Kolonnaden aus dem 17. Jahrhundert ist *The Butterwalk*.

Im Süden der Stadt, wo sich der Fluss Dart zum Meer hin verengt, steht das Dartmouth Castle, von dem aus die Hafeneinfahrt bewacht wurde. Die kleine *St Petrox Church*, die kurz vor dem Castle liegt, ist im normannischen Stil errichtet. Ihr Ursprung soll jedoch bis ins 6. Jahrhundert zurückreichen. Steigt man den steilen Pfad auf der anderen Seite der Burg hinab, erreicht man zwei kleine Badebuchten. Noch bessere Bedingungen herrschen in der Bucht von Blackpool Sands, wo das Schwimmen sicherer ist als an der Flussmündung des Dart.

Informationen/Verbindungen/Adressen

- *Information*: **Dartmouth Tourism Services**, Mayors Avenue, The Engine House, Devon TQ6 9YY, ✆ 01803-834224, 📠 835631. E-Mail: enquire@dartmouth-tourism.org.uk
- *Telefonvorwahl*: 01803
- *Verbindungen*: **Bus** – Western National Local Bus verbindet Darmouth regelmäßig mit der Umgebung. **Zug** – Der nächste Bahnhof befindet sich in Kingswear (mit der Fähre zu erreichen).

- *Apotheke*: **Boots**, 6 The Quay.
- *Bootsverleih*: In Dartmouth gibt es mehrere Gesellschaften, bei denen man ein Boot chartern kann: **Dartmouth Sailing School**, 18 Fairfax Place, ✆ 01803-833975, vermietet Segelboote und veranstaltet Kurse.

Portway Yacht Charters, ✆ 01803-834100, bietet Luxus-Cruiser für 4 bis 7 Personen.

Dartmouth Boat Hire, R. und G. Horlor im Boat Hire Centre, North Embankment, ✆ 01803-832277 (nur abends).

- *Geldwechsel*: zwei Banken in der Duke St.
- *Krankenhaus*: **South Embankment**, ✆ 01803-832255.
- *Polizei*: Mayor's Ave., ✆ 0990-777444.
- *Post*: Victoria Rd.
- *Waschen*: **Dartmouth Launderette**, 2 Market Street.

Übernachten

Viele B&Bs befinden sich in der Victoria Road.

Royal Castle Hotel, traditionsreiches Hotel aus dem 17. Jahrhundert, direkt am inneren Hafenbecken gelegen. B&B £ 53.95 pro Person im Standardzimmer oder £ 71.95 in den Komforträumen. The Quay, ✆ 01803-833033, ✆ 835445.
E-Mail: enquiry@r-castle-hotel.co.uk

Little Admiral Hotel, Übernachten mit Stil in diesem Hotel (ehemals Victoria Hotel) mit zehn Zimmern (jedes mit eigenem Bad) in zentraler Lage. B&B im DZ ab £ 45 pro Person. 27 Victoria Road, ✆ 01803-832572, ✆ 835815.

Townstal Farm House, ein altes Haus mit Stil, einen knappen Kilometer vom Zentrum entfernt gelegen. Zimmer mit TV, Radio und Teekocher; ab £ 25. Townstal Road, ✆ 01803-832300, ✆ 835428.

Camelot, nur ein Katzensprung bis zum Hafen. Keine Einzelzimmer, Waschgelegenheiten und TV auf den Zimmern; ab £ 17. 61 Victoria Road, ✆ 01803-833805.

- *Jugendherberge*: Die nächste Herberge befindet sich in Maypool (siehe Torbay).
- *Camping*: **Deer Park Holiday Estate** in Stoke Fleming, ✆ 01803-770253. Mit Laden, Pub, Restaurant und Swimmingpool; ab £ 6.75 pro Stellplatz.

Südwestengland
Karte S. 256/257

Essen und Trinken

Carved Angel, eines der besten und teuersten Fischrestaurants von Devon. Wer sich den köstlichen Gaumenfreuden wie einem *rosted cod with truffeld potato* hingeben will, muss allerdings £ 39.50 für ein Menü erübrigen können. Nichtraucherrestaurant. Sonntagabend und Montag geschlossen. 2 South Embankment, ✆ 01803-832465.

Taylor's Restaurant, ein weiteres ausgezeichnetes, aber etwas günstigeres Fischrestaurant mit schönem Blick auf den Hafen. Der frische Fisch wird täglich vom Markt im benachbarten Brixham bezogen. Die Auswahl reicht von Lobster, Krabben, Steinbutt und Barsch über Forellen und Lachs aus dem River Dart (saisonabhängig). Die Preise bewegen sich in der mittleren bis oberen Kategorie, Hauptgerichte zwischen £ 10 und £ 15. 8 The Quay.

The Sloping Deck, das im ersten Stock gelegene Restaurant macht seinem Namen alle Ehre, denn keine Wand des alten Hauses steht mehr gerade. In uriger Atmosphäre wird köstlicher Tee gereicht. Der Kuchen ist zuckersüß und macht das größte Leckermäulchen satt. Traditionelles englisches Breakfast unter £ 4. Die anderen Gerichte wie Salate oder *Ploughman's Lunch* sind nur ein Pfund teuerer (nur bis 17 Uhr geöffnet). The Butterwalk.

The Cutter's Bunch, ein kleines Restaurant mit schönem Ambiente, das an ein französisches Bistro erinnert. Internationale Küche zu etwas höheren Preisen. Nur abends geöffnet, Montag Ruhetag. 33 Lower Street, ✆ 01803-832882.

Café al Recco, beliebter Treff mit gutem Frühstück und dem Flair einer Trattoria, nette Terrasse zum Draußensitzen. Mo und Di geschlossen. 37 Lower Street.

Wheelhouse (Filthy McNasty's), hier kann man für £ 4 frühstücken oder mal die saftigen Burger probieren, aber die meisten Leute kommen wegen der Fish 'n' Chips, die die besten der ganzen Stadt sein sollen. 7 Fairfax Place, ✆ 01803-833775.

Veranstaltungen

Jeden Sommer findet die traditionelle **Segelregatta** statt. Schön anzusehen sind dann die bunten Segelschiffe im Hafen von Dartmouth. Informationen über die genauen Termine sind beim Tourist Office erhältlich.

Sehenswertes

In der Altstadt trifft man auf **The Butterwalk**, ein fotogenes Fachwerk-Ensemble, dessen Straßenfronten auf Granitsäulen ruhen. 1640 wurden die Häuser für einen reichen Kaufmann errichtet. Die mit Holzschnitzereien verzierten Fassaden wurden nach dem Zweiten Weltkrieg originalgetreu restauriert. Im Erdgeschoss befinden sich heute Geschäfte und ein kleines **Museum**, das mit Kuriositäten aus der Seefahrt angefüllt ist.

Öffnungszeiten: April–Okt. Mo–Sa 10.30–17 Uhr. Eintritt: £ 1.50.

Newcomen's Steam Engine: Thomas Newcomen (1663–1729) war Schmied in Dartmouth. Er erfand und baute rund siebzig Jahre vor James Watt die erste Dampfmaschine, ein technischer Meilenstein der Industriellen Revolution. Das Prinzip ist denkbar einfach: In einen oben offenen Zylinder, in den ein Kolben (zieht wegen des Pumpengestänges nach oben) hineinreicht, wird Wasserdampf eingelassen. Wenn der Zylinder mit Dampf gefüllt ist, wird wiederum kaltes Wasser zugespritzt. Der Dampf kondensiert, und es bildet sich ein Vakuum, das den Kolben wieder nach unten zieht. Diese Art von Dampfmaschinen war in Englands Kohlebergwerken, aber auch in Deutschland, Österreich, Frankreich und den USA weit verbreitet. Wer sich selbst ein Bild machen will, kann eine wiederaufgebaute Maschine im Newcomen Engine House (Mayor's Road an den Royal Avenue Gardens) bewundern.

Öffnungszeiten: April–Sept. Mo–Sa 11–17 Uhr, Okt.–März 12–15 Uhr. Eintritt: £ 1.

Dartmouth Castle: Ein zwanzigminütiger Spaziergang entlang dem River Dart (über die South Town, dann links in die Castle Road) führt zum Dartmouth Castle. Der Bau stammt aus dem 15. Jahrhundert und diente der Überwachung der Dart-Mündung. Hier steht auch die kleine *St Petrox Church.* Wer sich den Fußweg zurück in die Stadt sparen möchte, kann von hier aus die Fähre nehmen, die zwischen April und Oktober übersetzt (90 p, Kinder 60 p).

Öffnungszeiten: April–Oktober täglich 10–18 Uhr, im Oktober bis Sonnenuntergang; November–März Mi–So 10–13 und 14–16 Uhr. Eintritt: £ 2.20.

Wer dem Küstenweg weiter folgt, gelangt zum hübschen Örtchen *Stoke Fleming* und erreicht schließlich nach einer dreiviertel Stunde den Sandstrand *Blackpool Sands.*

Den River Dart entlang

Totnes: Von Dartmouth aus kann man Bootsfahrten den Dart hinauf bis zur Dampferanlegestelle von Totnes unternehmen. Hier, wo sich die breite Flussmündung verengt, existierte schon in sächsischer Zeit eine Stadt mit Münzrecht. Unter den Normannen wurde auf dem Hügel ein *Castle* errichtet, dessen Ruinen zu besichtigen sind. Wie in Dartmouth trifft man im alten Stadtzentrum auf einen *Butterwalk,* wo früher die Bauern aus der Umgebung ihre Produkte verkauften. Ein Gedenkstein in der Fore Street erinnert an den sagenhaften *Brutus,* den Enkel des Aeneas von Troja, der hier gelandet sein soll. Sehenswert ist das in einem elisabethanischen Haus untergebrachte *Stadtmuseum,* in dem man sich anschauen kann, wie reiche Kaufleute in den vergangenen Jahrhunderten gelebt haben.

• *Museum*: 70 Fore Street. April–Okt. Mo–Fr 10.30–17 Uhr. Eintritt: £ 1.50.

• *Information*: **Tourist Information Centre**, Town Mill, Coronation Road, Devon TQ9 5DF, ✆ 01803-863168, 📠 865771. April–Sept. täglich 10–18 Uhr, im Okt. bis 17 Uhr; November–März Mi–So 10–13 und 14–16 Uhr. Eintritt: £ 1.60 (EH).

Dartington: Ein kleines Dorf an der A 384 (nordwestlich von Totnes), in dessen Herrenhaus *Dartington Hall* aus dem 14. Jahrhundert mit seinem herrlichen Garten seit 1925 das von der amerikanischen Millionärin Dorothy Elmhirst gegründete *Dartington College of Art* untergebracht ist. Mehr als 400 Studenten besuchen alljährlich die Kurse des von einer Stiftung geführten College. Mit seinen Konzerten, Ausstellungen und Vorträgen stellt die Kunstschule eine erhebliche Bereicherung für das Kulturangebot Devons dar.

South Devon Coast Path: East Portlemouth bis Bantham

East Portlemouth: Auf der westlichen Seite der Bucht gelegen (östlich von Salcombe, s. u.). Ein Fähre setzt regelmäßig nach Salcombe über. Von den Felsen aus bietet sich ein schöner Ausblick über die Förde bis nach Kingsbridge. Neben dem kleinen Hafen gibt es Sandstrände zum Baden. In der Hauptstraße stehen einige sehenswerte alte Häuser. Von hier führt der Coast Path südostwärts zum südlichsten Punkt von Devon, dem *Prawle Point*. Hier liegt auch das Wrack eines Frachters, der Opfer eines Sturms wurde.

Kingsbridge: Ein idealer Ausgangsort, wenn man die Hügelkette der *South Hams* zu Fuß oder mit dem Fahrrad kennen lernen will. Nur zehn Kilometer sind es nach Salcombe oder Torcross, einem kleinen Fischerort. Von einiger Bedeutung waren einst der Markt und der kleine Fördenhafen der Stadt. Rings um das Rathaus sind noch einige alte Bauten erhalten. Über regionale Geschichte und über die Anfänge der Porzellanindustrie informiert das *Cookworthy Museum* im Gebäude einer ehemaligen Schule, das aus dem 17. Jahrhundert stammt (108 Fore Street).

Salcombe: Wer sich in den South Hams aufhält, sollte auf keinen Fall Salcombe auslassen. Der Ort liegt an einem wunderschönen Küstenabschnitt mit üppiger Vegetation und vielen hübschen Badestränden. Salcombe schmiegt sich eng an die steil zur See abfallenden Hügel. Da das Parken an diesen Stellen so gut wie unmöglich ist, stößt man selten auf Ausflugsscharen. Alljährliches Großereignis ist die *Salcombe Town Regatta*, die im August Hunderte von Seglern und Zuschauern anlockt. Da der Segelsport auch in England meistens ein Hobby von Besserverdienenden ist, sind die Preise für Unterkunft und Verpflegung in der Saison entsprechend hoch. Trotzdem gibt es außerhalb des Ortes einige erschwingliche B&Bs. Ein paar Pubs und Restaurants findet man bei einem Spaziergang durch die Stadt. Wer es ein wenig ausgelassen mag, sollte im *Ferry Boat Inn* am Hafen vorbeischauen. An Bord trifft sich ein junges Publikum auf ein Bier, zum Dart oder Billard.

• *Jugendherberge*: **Sharpitor**, auf einem Kliff gelegen, ein wunderschönes Haus in einem tropischen Garten (Nov.–März geschlossen). Erwachsene £ 9.80, Jugendliche £ 6.75. Salcombe, ✆ 01548-842856, 📠 843865.

• *Fähren*: Passagierfähren nach South Sands und nach Portlemouth auf der anderen Seite der Bucht legen vom Ferry Inn ab. Während des Sommers fahren auch unregelmäßig Schiffe nach Kingsbridge.

Südwestengland
Karte S. 256/257

Hope Cove: Eigentlich zwei Orte, Inner und Outer Hope, die durch steile Felsenklippen voneinander getrennt sind. Ein Fußpfad und eine weiter landeinwärts verlaufende Straße verbinden beide Stadtteile. Oben von der Klippe hat man eine gute Sicht. Uns hat besonders die Mischung aus Fischerdorf und Badeort in Inner Hope gut gefallen. Zwischen Parkplatz und Strand findet man mehrere Cafés und teure Hotels.

Bantham: Einkommensquelle des Dorfes an der Flussmündung des Avon war früher das einträgliche Schmuggelgeschäft. Gegenüber liegt *Bigbury-on-Sea*, ein Badeort mit Sandstrand, der bei Surfern sehr beliebt ist. Zu der vorgelagerten *Insel Burgh* gelangt man bei Ebbe zu Fuß, ansonsten mit dem "Sea Tractor". Im Inselpub, *The Pilchard Inn*, spürt man noch die Atmosphäre aus vergangenen, ereignisreichen Jahrhunderten, als anstatt der heutigen Touristen noch Schmuggler ihr Ale an der Bar tranken.

Dartmoor National Park

Diese Landschaft hat viele Gesichter. Kalte, mit Heidekraut spärlich bewachsene Hügel und schroffe Bergspitzen, deren nackter Fels sich in den wolkenverhangenen Himmel bohrt – das ist eine Seite des Dartmoor. Munter plätschernde Bäche, grüne Flusstäler und von hohen Bruchsteinmauern umgebene Weiden die andere.

Kommt man an einem der vielen Regentage, so befällt eine düstere Stimmung das Gemüt. Dartmoor, Land der Legenden und Gruselgeschichten. Wie ein undurchsichtiger Schleier legt sich der Nebel über das Moor. Schatten scheinen hin und her zu huschen. Befindet sich hier nicht auch das berüchtigte "Dartmoor Prison" für Lebenslängliche? So manch ein entflohener Sträfling hat sich in der Finsternis des Moors verborgen – nicht nur in Sir Arthur Conan Doyles Roman "Der Hund von Baskerville".

Ein Sonnentag im Moor offenbart jedoch die ganze Schönheit dieser Region. Von den Höhen herab verliert sich der Blick in der Weite der Landschaft. Immer wieder stößt man auf frei umherlaufende Tiere wie Schafe, Rinder und Ponys. Letztere sind besonders übermütig. Wenn man, von der langen Wanderschaft erschöpft und hungrig, eine Rast einlegt und seinen Proviant auspackt, wird man im Nu von einer Herde kleinwüchsiger Wildpferde belagert. Das Füttern der Ponys ist jedoch zu deren eigenem Wohl streng verboten. Selbst wenn die zotteligen Gesellen noch so sehr bitten und betteln, sollte man hart bleiben und seine Sandwiches und Schokoladenkekse selber essen.

Weder der raue Wind, der einem um die Nase weht, noch der Anblick der in dicke Pullover und Windjacken gehüllten Touristen sollte einen davon abhalten, einige Tage durch das Dartmoor zu wandern. Fast 1000 Quadratkilometer umfasst dieser Nationalpark mitten in Devon. Hier hat man wie nirgends sonst in England die Möglichkeit, querfeldein zu wandern, ohne über Hecken und Zäune steigen zu müssen. Nicht grundlos wurde das Dartmoor wiederholt als "letzte Wildnis in Europa" beschrieben.

Das Dartmoor bietet für jeden etwas. Im Osten grüne Hügel, Wälder, klare Bäche, an denen vereinzelt kleine Dörfer und Bauernhöfe zu finden sind, die sich rings um eine aus Granit erbaute Kirche reihen. Kaum breiter als ein Auto sind die Straßen, beiderseits begrenzt von hohen Hecken. Im Westen erhebt sich das karge Hochmoor auf über 600 Meter Höhe. Immer öfter trifft man hier auf Schafe und Ponys, immer seltener aber auf Siedlungen. Dennoch, in dieser Gegend wohnten schon vor über 5000 Jahren Menschen, von denen verschiedene Gräber und Steinzirkel zeugen. Erst als sich das Klima vor knapp drei Jahrtausenden verschlechterte, begangen die Menschen, das unwirtliche Moor zu meiden. Einzig um Torf zu stechen, Steine zu brechen und Ton zu gewinnen, drang man in das Moor vor.

Information

Im Bereich des Nationalparks gibt es sieben Informationsbüros, die mit Broschüren und Kartenmaterial bestens ausgerüstet sind. Wer Interesse an den Megalithen hat, sollte sich das Heft *Dartmoor's Mysterious Megaliths* für £ 1.50 zulegen.

Im Winter, wenn die übrigen Information Offices geschlossen sind, kann man sich im **Princetown Visitor Centre**, ✆ 01822-890414, beraten lassen. Hier erhält man u. a. ein Faltblatt über den Dartmoor National Park mit einer brauchbaren Karte und guten Informationen, außerdem die Termine der geführten Wanderungen und Tourenvorschläge (täglich 10–17 Uhr, im Winter bis 16 Uhr).

Postbridge, Visitor Centre, ✆ 01822-880272, befindet sich auf dem Parkplatz an der B 3212. April–Okt. täglich 10–17 Uhr.

Tavistock, ✆ 01822-612938, am Bedford Square in der Town Hall. April–Okt. Mo–Sa 10–17 Uhr, in der Hochsaison auch So.

Haytor Visitor Centre, ✆ 01364-661520, am Parkplatz neben der Hauptstraße. April–Okt. täglich 10–17 Uhr.

Newbridge, ✆ 01364-631303, am Dart River.

Okehampton, 3 West Street, ✆ 01837-53020, in unmittelbarer Nachbarschaft zum White Hart Hotel in der Hauptstraße. April–Okt. Mo–Sa 10–17 Uhr, in der Hochsaison auch So.

Ivybridge, Leonard's Road, ✆ 01752-897035. Ganzjährig Mo–Sa 9.30–17 Uhr, im Hochsommer auch So.

Verbindungen

Busse stellen im Gebiet des Moors das einzige öffentliche Transportmittel dar (auch sonntags). Die Orte rings um das Moor werden das ganze Jahr über angefahren. Von Okehampton bestehen Verbindungen nach Exeter und von Tavistock nach Plymouth. Ashburton und Bovey Tracey sind von beiden Städten aus gut zu erreichen.

Auf der **Transmoor Link** verkehrt der Devon Bus (Plymouth – Yelverton – Princetown – Two Bridges – Postbridge – Moretonhampstead – Exeter) nur im Sommer täglich; im

Malerin im Dartmoor

Winter nur am Wochenende drei Busse in jede Richtung. Die Strecke Okehampton–Moretonhampstead wird von der Linie 173 das ganze Jahr über bedient.

Auskünfte zu den ständig wechselnden Busverbindungen sind bei der **Devon County Council's Public Transport Helpline** (Devon County Council, County Hall, Exeter, Devon EX2 4QW, ✆ 01392-382800) erhältlich. Gerne helfen auch die Informationsbüros mit Fahrplänen aus.

Übernachten

Bei den Tourist Offices ist ein Unterkunftsverzeichnis mit den aktuellen Preisen erhältlich.

• *Nord-Dartmoor*: Bei Okehampton z. B. die **Higher Cadham Farm**, ein schöner großer Bauernhof am Rand des Nationalparks; neun Zimmer, B&B £ 18.50–25 pro Person. Jacobstowe, ✆ 01837-851647, ℻ 851410.

In der Umgebung befinden sich B&Bs in Sticklepath, North Tawton und South Zeal auf Farmen und in Inns.

In Lydford gibt es mehrere Hotels, z. B. das **Lydford House Hotel** am Ende des Dorfes. B&B £ 36; für etwas mehr gibt es auch einige Zimmer mit Himmelbetten. Reitmöglichkeiten. ✆ 01822-820347.

• *Südwest-Dartmoor*: **Harrabeer Country House Hotel**, kleines, angenehmes Landhaus bei Yelverton. B&B ab £ 20 pro Person. ✆/℻ 01822-853302.

Wer kein eigenes Fahrzeug hat, wohnt besser in Tavistock, z. B. in der Chapel Street oder der Plymouth Road.

• *Zentral-Dartmoor*: Im zentralen Teil des Moors findet man einige Farmen, die B&B anbieten, aber auch teure Hotels.

In Widecombe-in-the-Moor z. B. die **Higher Venton Farm**, ✆ 01364-621235 (ab £ 18 pro Person), und **Sheena Tower** (Nichtraucher, £ 16.50), ✆ 01364-621308.

Two Bridges Hotel, Two Bridges, Landhotel mit Stil, B&B ab £ 35 pro Person. ✆ 01822-890581, ℻ 890575.

• *Nordwest-Dartmoor*: **Great Sloncombe Farm**, in Moretonhampstead kann man in einem Farmhaus aus dem 13. Jahrhundert für £ 22 (en-suite) übernachten. ✆/℻ 01647-440595.

Gate House, wunderschönes reetgedecktes Fachwerkhaus aus dem 15. Jahrhundert. Garten mit Swimmingpool. B&B ab £ 26. North Bowey bei Moretonhampstead, ✆/℻ 01647-440479.

• *Jugendherbergen*: Rings um das Dartmoor gibt es einige Jugendherbergen (Exeter, Dartington, Maypool, Plymouth). Mitten im Moor liegt die kleine Jugendherberge **Bellever** (südlich von Postbridge in Yelverton). Erwachsene zahlen £ 9.80, Jugendliche £ 6.75 (38 Betten, Ostern–Okt. geöffnet), ✆ 01822-880227, ℻ 880302.

Im östlichen Teil des Moors liegt eine weitere Jugendherberge: **Steps Bridge** in Dunsford, Erwachsene £ 8.10, Jugendliche £ 5.65 (24 Betten, Ostern–Sept. geöffnet), ✆ 01647-252435, ℻ 252948.

Eine private und absolut billige Herberge ist **The Plume of Feathers Inn**. Die Übernachtung im ältesten Gebäude von Princetown kostet £ 5.50. Die beiden Schlafsäle fassen jeweils 20 Personen, einige 4-Bett-Zimmer gibt es auch. Eine Gemeinschaftsküche steht zur Verfügung. Auf der Wiese hinter dem Haus kann man zelten (£ 2.50 pro Person). Im Sommer sollte man auf jeden Fall vorher anrufen, da die Herberge meistens durch Gruppen ausgebucht ist. Beim letzten Check wirkte alles etwas schmuddelig – dafür billig. Princetown, ✆ 01822-890240.

• *Camping*: In der kostenlosen Zeitung *The Dartmoor Visitor*, die in den Tourist Offices erhältlich ist, sind alle 26 Campingplätze der Umgebung aufgeführt. Hier eine Auswahl:

Norden: *** **Olditch Caravan & Camping Park**, Sticklepath (bei Okehampton), Zelt und 2 Personen ab £ 6. Geöffnet von Mitte März bis Okt., ✆ 01837-840734.

Westen: **** **Harford Bridge Holiday Park**, schöner Campingplatz am River Tavy. Zelt und 2 Personen ab £ 6. Von Ostern bis Nov. geöffnet. Peter Tavy (2 Meilen von Tavistock), ✆ 01822-810349.

Osten: **Ashburton Caravan Park**, angenehmer Platz, zwei Kilometer von Ashburton entfernt. Zelt und 2 Personen ab £ 7.50. Von Ostern bis Okt. geöffnet. Waterleat, ✆ 01364-652552.

Essen

• *Nord-Dartmoor*: Eines der schönsten Inns ist sicher das **New Inn** an der A 3072 nordöstlich von Okehampton (nahe Sampford Courtenay). Das reetgedeckte Haus (16. Jh.)

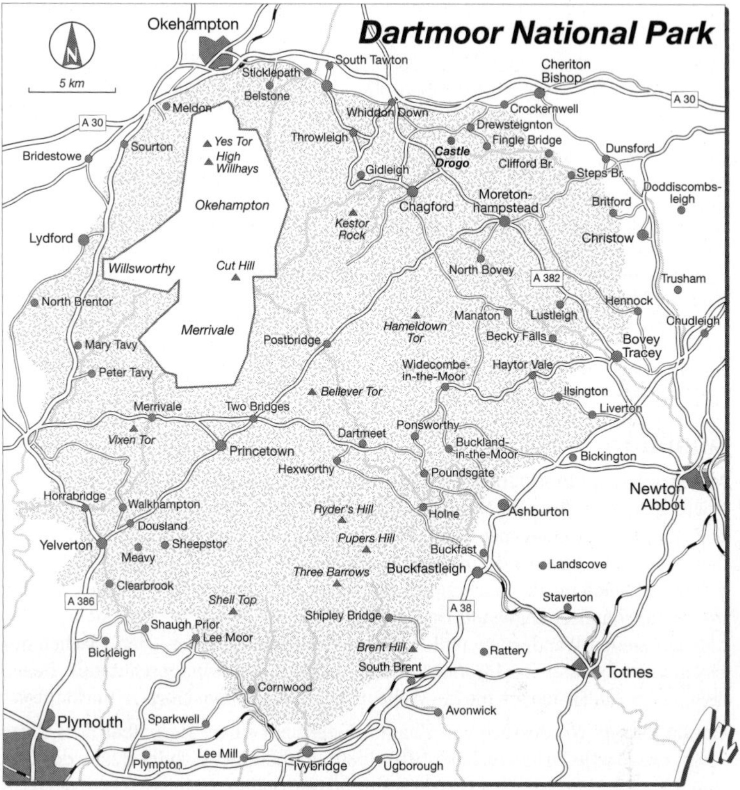

mit Garten wurde vor einigen Jahren zum Restaurant umgebaut; schön als Zwischenstation auf dem Weg nach Westen.

Eher ländlich-familiär geht es im **Oxenham Arms** von South Zeal zu (nördlich der A 382, östlich von Okehampton). Dicke Wände aus Granit, dunkles Eichenholz und ein großer Kamin. Hier wird auch B&B angeboten.

Auf dem Weg von Okehampton in Richtung Süden sollte man in Sourton (A 386) im **Highwayman Inn** einkehren. Dieses Pub soll es schon seit 1280 geben. Dementsprechend viele Antiquitäten und mit ihnen verbundene Geschichten gibt es hier.

Mittagessen mit leicht französisch-italienischem Touch im **Bearslake Inn** in einem alten Bauernhaus südlich des Dorfes Sourton.

• _Zentral-Dartmoor_: In den Moordörfern gibt es zahlreiche Ausflugslokale. Das **Warren House Inn** ist eines der höchstgelegenen Pubs Englands. Man erreicht es über die B 3212 in Postbridge. Bevor die Touristen kamen, waren die meisten Gäste hier Arbeiter aus den umliegenden Zinnminen. ✆ 01822-880208.

Tavistock Inn, mit gemütlichem Biergarten. Hier kehrt zum Lunch oder zur Tea Time zahlreiches Wandervolk ein. Das Angebot reicht vom Steak über Hähnchen bis zum Dartmoor Breakfast; außerdem vegetarische Spezialitäten. Poundsgate, ✆ 01364-63125.

The Forest Inn, Hexworthy, befindet sich an der Straße von Holne nach Princetown. Die Gerichte sind durchwegs lecker, sie werden aus frischen Zutaten der Region zubereitet. B&B kostet ab £ 24 im Haus und um £ 12 im einfachen "Bunk House", das auch zum Inn gehört.

Reiten

Reiten ist eine beliebte Sportart im Moor. Sollten auch Sie Lust haben, auf dem Rücken eines Pferdes die schöne Landschaft zu erkunden, hier einige Adressen. Man sollte sich immer mindestens einen Tag im Voraus anmelden. Übrigens, überall sind auch Anfänger willkommen.

Chowell Riding Stables, Mary Tavy, Tavistock, ✆ 01822-810526; £ 7 für eine Stunde, zwei Stunden £ 13.

Shilstone Rocks Riding & Trekking Centre, Widecombe-in-the-Moor, ✆ 01364-621281.

Moorland Riding Stables, Horndon, Mary Tavy bei Tavistock, ✆ 01822-810293; Ausritte kosten £ 6 pro Stunde, für zwei Stunden bezahlt man £ 11.

Babeny Farm Riding Stables, Poundsgate, Dartmeet, ✆ 01364-631296; vier Std. £ 20, der Preis für Einzelstunden ist höher.

Lydford House Riding Stables, Lydford House Hotel, ✆ 01822-820321; zwischen Okehampton und Tavistock an der A 386. £ 9.50 pro Std. und £ 17 für zwei Stunden.

Skaigh Stables, Skaigh Lane, Sticklepath, ✆ 01837-840417; Ostern–Oktober geöffnet; £ 10 für eine Stunde, £ 35 für einen Tag.

Sherberton Stables, Hexworthy, Princetown, Nähe Yelverton, ✆ 01364-631276; eine Stunde kostet hier £ 9.50.

Ausflüge

Moretonhampstead/Chagford: Ideale Ausgangspunkte für Ausflüge sind die etwas größeren Orte im Nordosten des Dartmoor: Moretonhampstead, ein an der Hauptstraße gelegener Marktflecken, und das kleinere Chagford, das durch den Woll- und Zinnhandel bereits im Mittelalter zu beachtlichem Wohlstand gelangte. Schon im 12. Jahrhundert wurde im Dartmoor Zinn gefunden und bis ins 19. Jahrhundert abgebaut. Den Ruinen der verlassenen Bergwerke begegnet man auf seinen Wanderungen überall. Die Schafzucht auf den öden Flächen des Hochmoors begann im 14. Jahrhundert, und in den windgeschützten Tälern ließen sich Siedler nieder, die die Wolle in den umliegenden Dörfern verkauften.

Castle Drogo: Nordöstlich von Chagford steht auf einem Berg über dem Fluss Teign das Castle Drogo (erbaut 1910–1930). Es befindet sich im Besitz des National Trust. Man kann das Castle während der Sommermonate (Ostern–Oktober) Sa–Do zwischen 11 Uhr und 17.30 Uhr besichtigen (Burg und Park £ 4.90).

> **Achtung!** Das nördliche Dartmoor ist *militärisches Sperrgebiet* ("Range Danger Area"). Hier wird scharf geschossen! Das Gebiet ist mit rot-weißen Markierungen am Boden und mit Schildern gekennzeichnet. Will man hier dennoch wandern, sollte man auf jeden Fall vorher abklären, ob geschossen wird. Fragen Sie nach den "Weekly Firing Timetables", die in den Informationsbüros, Herbergen, Campingplätzen, Polizeistationen und auch in den Pubs ausliegen. Heben Sie vorsichtshalber keinen metallischen Gegenstand auf, es könnte sich um ein scharfes Geschoss handeln!

Okehampton: Nördlich des Moors an der A 30 gelegen. Entsprechend lebhaft geht es während der Feriensaison auf der Hauptstraße zu. Die Stadt ist ein bedeutendes Geschäftszentrum. Sehr interessant ist *The Courtyard*, ein Arts and Crafts Centre mit Ausstellungen einheimischer Künstler, Workshops, Theateraufführungen und kleinen Verkaufsräumen (direkt neben der Kirche im Zentrum). Im Südwesten, am Rand der Stadt, steht das *Okehampton Castle*, eine normannische Befestigungsanlage. Über die Geschichte dieser Gegend klärt das *Museum of Dartmoor Life* auf. Und nicht nur das Moor hat seine Reize, auch die Gegend nördlich der A 30 ist einen Besuch wert. Hier liegen zahlreiche kleine Dörfer mit schönen Pubs, dazwischen große Bauernhöfe und einige Herrenhäuser. In diese Gegend verirren sich Touristen nur selten.

• *Öffnungszeiten*: **Okehampton Castle**, April–September täglich 10–18 Uhr, im Oktober bis zum Einbruch der Dunkelheit. Eintritt: £ 2.30 (EH).

Museum of Dartmoor Life, April–Oktober tgl. außer So 10–17 Uhr, Juni–September auch So, im Winter nur Mo–Fr. Eintritt: £ 2, erm. £ 1.

Lydford: Vor der dänischen Invasion im Jahre 997 gab es hier ein bedeutendes sächsisches Zentrum. Reste davon liegen westlich der Hauptstraße, wo dicke Mauern der einstigen Burg die tausend Jahre überdauert haben (April–Oktober 10–17.30 Uhr; £ 3.10). Auf der Straße geht es hinab zur über 20 Meter tiefen Schlucht, die sich der Fluss Lyd gegraben hat. Die *Lydford Gorge* ist die Hauptattraktion des Ortes. Bei einem Spaziergang durch die Schlucht kommt man zu einem schönen Wasserfall. Wer sich nicht mit dem Blick von der Brücke begnügen will, kann weitere drei Kilometer auf schmalen Pfaden durch die Schlucht wandern. Der Abstieg befindet sich rechts oberhalb der Brücke.

Tavistock: Eine geschäftige Stadt mit viel Geschichte. Schon vor der Jahrtausendwende befand sich hier eine Benediktinerabtei. Später wurde in Tavistock das Zinn taxiert – und etwas Geld blieb auch in der Stadt hängen. Die monumentale Figur mit dem Globus erinnert an den wohl bekanntesten Sohn der Stadt, *Sir Francis Drake*, dem im Stadtzentrum ein Denkmal gesetzt wurde. Am Bedford Square steht eine schöne alte Kirche, die aus dem 15. Jahrhundert stammt.

Princetown: Von dieser relativ großen Siedlung mitten im Moor geht eine gespenstische und bedrückende Stimmung aus. Selbst an sonnigen Tagen wirkt alles grau. Kommt man näher, lässt sich unschwer der riesige Gebäudekomplex des Dartmoor-Gefängnisses ausmachen. Im Jahre 1806 begann man inmitten eines unbewohnten, tristen Geländes mit dem Bau, der ursprünglich für Kriegsgefangene gedacht war. Bis zu 9000 Menschen waren hier zeitweise eingesperrt. Die Wächter und anderes Personal wohnten in Häusern rings um die Mauer. Die auf diese Art entstandene Stadt nannte man nach dem späteren König George IV. Princetown.

Two Bridges: Dieses Dorf mitten im Moor besteht nur aus wenigen Häusern und einem Hotel. Von hier aus sind sowohl das nördliche wie auch das südliche Moor gut zu erkunden.

Holne: Fährt man von Two Bridges die B 3357 Richtung Osten, kommt man nach Holne (rechts ausgeschildert). Im Pfarrhaus dieser idyllisch gelegenen Ortschaft wurde 1819 der Schriftsteller *Charles Kingsley* geboren. Nach seinem Roman "Westward Ho!" wurde später eine Stadt an der Nordwestküste Devons benannt. Wenige Kilometer weiter östlich liegt in einem grünen Tal die riesige Anlage der *Buckfast Abbey*. Die Abtei wurde erst 1938 eingeweiht, doch bereits im 11. Jahrhundert stand hier ein Kloster, das aber der "Dissolution" Heinrichs VIII. zum Opfer fiel. In der Krypta befindet sich eine Ausstellung zur Geschichte der Abtei.

Öffnungszeiten: Mai–Oktober tgl. 9–17.30 Uhr; Nov.–April 10–16 Uhr. Eintritt frei.

Plymouth

Die wichtigste Hafenstadt zwischen Southampton und Land's End. Über Jahrhunderte hinweg war Plymouth eine florierende Handelsstadt. Mit dem stetigen Anwachsen des Empire gewann auch Plymouth an Größe und Bedeutung. Am 6. September 1620 brachen die legendären Pilgerväter von hier aus mit der Mayflower in Richtung Amerika auf. Die Mayflower Steps, eine in den Boden eingelassene Steinplatte, erinnert daran.

Elizabethan House in Plymouth

Plymouth stand einige Male im Rampenlicht der Geschichte. Als 1588 die "unbesiegbare" spanische Armada vor der Küste auftauchte, musste *Sir Francis Drake* extra eine Bowlingpartie abbrechen, um sein Vaterland zu verteidigen. Mit der königlichen Flotte setzte er der spanischen Eliteflotte dermaßen zu, dass sie (beziehungsweise ihr Rest) umgehend den Rückzug antrat. Beruhigt konnte Drake daraufhin sein Bowling-Match zu Ende bringen. 1768 war Plymouth Ausgangshafen für die erste Expedition des wohl bedeutendsten englischen Seefahrers *James Cook.* Auf dieser Fahrt entdeckte und erforschte er die Ostküste Australiens und nahm sie als Neusüdwales für die englische Krone in Besitz.

Der Wohlstand der Stadt spiegelte sich lange in den prächtigen Kaufmannshäusern wider. Im März und April des Jahres 1941 jedoch wurde der größte englische Marinestützpunkt von deutschen Bombern in Schutt und Asche gelegt. Wie so viele andere Städte in Europa war Plymouth nicht mehr wiederzuerkennen. Einzig *The Barbican*, ein Stadtteil am Hafen aus elisabethanischer Zeit, blieb von der totalen Zerstörung verschont. Das *Merchant House* und das *Elizabethan House*, beides Museen, berichten von dieser Epoche.

Über die Madeira Road kann man hinauf zur *Zitadelle* spazieren. Charles II. ließ sie 1666 erbauen, um seine Macht gegenüber den Bürgern zu demonstrieren. Vom *Smeaton's Tower* hat man die beste Aussicht über die Stadt und den Hafen. Einen eindrucksvollen Blick über das moderne Zentrum und über die

Stadtgrenze hinaus hat man vom 14. Stock des *Civic Centre* (Aufzug bis zum 13. Stock). Im selben Gebäude finden wechselnde Ausstellungen in der *Exhibition Gallery* statt.

Das Plymouth von heute bietet vor allem gute Einkaufsmöglichkeiten, viel Unterhaltung, Pubs, Restaurants und touristische Einrichtungen aller Art.

Information/Verbindungen

• *Information*: **Tourist Information Centre**, 9 The Barbican, Island House (am Hafen), Devon, PL1 2LS, ✆ 01752-264849, Fax 257955. Ein weiteres Informationsbüro im **Plymouth Discovery Centre**, Crabtree (am Marsh-Mills-Kreisverkehr), PL3 6RN, ✆ 01752-266033. Internet: www.plymouth.gov.uk

• *Telefonvorwahl*: 01752

• *Verbindungen*: **Bus** – Stadt- und Nahverkehrsverbindungen ab Royal Parade, Fernbusse von Western National ab Bretonside Station (✆ 01752-222666) nahe St Andrew's Cross. National Express fährt u. a. London, Bristol und Exeter an. Das Ticket Office ist Mo–Sa 7–19 Uhr und So 9–17 Uhr geöffnet. In den Sommermonaten verkehrt der Transmoor Link über Princetown, Two Bridges nach Moretonhampstead regelmäßig (siehe Dartmoor), im Winter nur samstags.

Zug – Hauptbahnhof Milehorse in der North Road; liegt an der Strecke Penzance–Exeter über Truro, Totnes, Newton Abbot. Nach London und Bristol über Exeter.

Fähren – Brittany Ferries (✆ 0990- 360360) starten von den Millbay Docks. Vom Stadtzentrum kann man Bus 34 hierher nehmen. Fähren nach Roscoff (Frankreich) und Santander (Spanien). Tickets müssen mindestens 24 Std. zuvor gebucht werden.

Adressen

• *Apotheke*: **Boots**, 76 New George St. Mo–Fr 9–17.30 Uhr, Sa ab 8.30 Uhr.

• *Bootstouren*: Vom Hafen aus bieten mehrere Gesellschaften Rundtouren entlang der Mündungen der Flüsse Plym und Tavy an. Am besten vergleicht man zunächst die Preise und Routen, bevor man sich für einen Cruiser entscheidet.

• *Fahrradverleih*: **Alltrax**, Star Garage, Down Thomas, ✆ 01752-863272. **Cycle Scene**, Mutley Plain, ✆ 01752-257701.

• *Geldwechsel*: Banken in den Hauptgeschäftsstraßen von Plymouth; **Barclays**, Princess St.; **Thomas Cook**, 1 Old Town St. (nahe der Post).

• *Kinos*: **ABC Cinema**, Derry's Cross, ✆ 01752-225553; **Warner Village Cinema**, ✆ 01752-225553; **Plymouth Arts Centre**, 38 Looe St., ✆ 01752-206114.

• *Krankenhaus*: **Derriford Hospital**, Tavistock Road, ✆ 01752-777111.

• *Polizei*: Charles Cross, ✆ 0990-777444.

• *Post*: 5 St Andrew's Cross.

• *Waschen*: **Hoegate Launderama**, 55 Notte St. Mo–Do 8–20 Uhr, Fr–So 8–19 Uhr.

Übernachten (siehe Karte Seite 281)

Viele B&Bs liegen in der *Eton Avenue* oder der *Citadel Road*. Im Sommer sind die Übernachtungsgelegenheiten in der Innenstadt schon mal ausgebucht. In diesem Fall kann man sich vom Tourist Office eine Unterkunft etwas außerhalb (z. B. in der Devonport Rd.) vermitteln lassen.

New Continental Hotel (3), großes, modernes Hotel mit viel Komfort und eigenem Hallenbad. B&B £ 58 im EZ, £ 79 im DZ. Millbay Road, ✆ 01752-220782, Fax 227013. www.newcontinental.co.uk

Osmond Guest House (12), nettes B&B in Meeresnähe mit sechs gemütlichen Zimmern; B&B £ 17 pro Person. ✆ 01752-229705, 42 Pier Street.

Rusty Anchor (11), 9-Zimmer-Haus in Meeresnähe; B&B £ 15 für Einzel- und £ 30 für Doppelzimmer mit Bad. 30 Grand Parade, West Hoe, ✆ 01752-663924.

Squires Guest House (5), zwei Zimmer mit TV und Teekocher, fünf mit eigener Dusche; B&B ab £ 17 pro Person. 7 St James' Place East, The Hoe, ✆ 01752-261459.

Plymouth Backpackers Hostel (4), eine Alternative zur Jugendherberge. Einfache Schlafräume, lockere Atmosphäre. Nahe dem Hoe Park. Übernachtung im Schlafraum £ 8.50, im Dreibettzimmer £ 9 pro Person. Ermäßigungen für längeren Aufenthalt. 172 Citadel Road, ✆ 01752-225158, ✆ 207847.

• *Jugendherberge*: **Belmont House (1)**, an der A 3041, kurz hinter der Bahnlinie, 3 km nordwestlich vom Stadtzentrum. Anfahrt mit den Bussen (Western National) 14 A, 15/A, 81 oder den Citybussen 33 und 34 vom Bahnhof oder der Innenstadt. Ganzjährig geöffnet (Nov. und Jan./Feb. reduzierte Öffnungszeiten). Gut ausgestattete Jugendherberge mit großen und sauberen Schlafsälen. Erwachsene £ 10.85, Jugendliche £ 7.45. Devonport Road, Stoke, ✆ 01752-562189, ✆ 605360. E-Mail: plymouth@yha.org.uk

• *Camping*: Der nächstgelegene Campingplatz in Richtung Exeter (A 38 oder A 374) ist **Riverside Caravan Park**, ein Zweimannzelt kostet £ 6–9. Das ganze Jahr über geöffnet. Longbridge Road, Marsh Mills, ✆ 01752-344122.

Essen und Trinken/Nachtleben

Das alte Viertel *Barbican* ist ein touristischer Treffpunkt, und entsprechend leicht lässt sich hier ein Restaurant (meist teuer) oder ein Pub finden. Mehrere Fischrestaurants gibt es in der Mayflower Street.

Chez Nous (2), das kulinarische Highlight in Plymouth! Küchenchef Jacques Marchal schwört auf frische regionale Zutaten und versteht sich besonders auf die Zubereitung von Fischgerichten. Menü £ 34. Mittags ist eine Reservierung unerlässlich. So und Mo Ruhetag, drei Wochen im September Betriebsferien. 13 Frankfort Gate, ✆ 01752-266793.

Piermaster's (7), ausgezeichnetes Fischrestaurant. Sonntag Ruhetag. 3 Southside Street, ✆ 01752-229345.

The Ship (9), direkt am Fischerhafen. Unten traditioneller Pub, im ersten Stock Restaurant. In gepflegtem Ambiente wird eine Vielzahl verschiedener Gerichte serviert. Die Lunch-Specials (12–14.30 Uhr) werden in großen Portionen zu anständigen Preisen serviert. The Quay.

Plymouth Arts Centre (6), Kunstgalerie mit Café-Restaurant. Ein vorwiegend junges, studentisches Publikum genießt hier preiswerte Mahlzeiten, vor allem vegetarische Kost. Selbstbedienung (bis 20 Uhr geöffnet). 38 Looe Street.

Bistro & Crêperie (8), kleines, dunkles und gemütliches Café-Restaurant mit einer großen Auswahl an Crêpes (ab £ 1.60) – besonders gut schmecken die mit Schoko-Haselnuss-Füllung. Kuchen, Lunch, Tee/Kaffee; täglich 9–18 Uhr. Quay Road.

Cap'n Jaspers (10), laut Eigenwerbung "weltberühmte" Imbissbude am Hafen, in dem es frisch gefangenen Fisch und Crêpes, aber auch hausgemachte Hamburger gibt (knapp fünf Minuten Wartezeit). Barbican, South Street.

Destiny, Nachtclub im Barbican Leisure Park.

Sehenswertes

Merchant's House: Das hübsche alte Fachwerkhaus aus dem 17. Jahrhundert vermittelt einen Eindruck vom ehemaligen Stadtleben. Innen befindet sich ein kleines und sehr interessantes Stadtmuseum.

Adresse/Öffnungszeiten: 33 St Andrews Street. April–Okt. Mi–So 10–13 Uhr und 14–17 Uhr. Eintritt: £ 0.90, erm. £ 0.30.

Elizabethan House: Das schmucke Gebäude aus dem 16. Jahrhundert gehört zu den wenigen historischen Bauten, die den Bombenhagel des Zweiten Weltkrieges überstanden haben.

Adresse/Öffnungszeiten: 32 New Street. April–Okt. Mi–So 10–17 Uhr. Eintritt: £ 1, erm. £ 0.50.

Sutton Harbour: Geht man die New Street hinunter zum Sutton Harbour, kann man das bunte Treiben der Fischer beobachten. Am Morgen wird hier ein lebhafter Fischmarkt abgehalten. Außerdem befinden sich hier die *Mayflower Steps*. Das sind genau die Stufen, die die berühmten Pilgrim Fathers zu

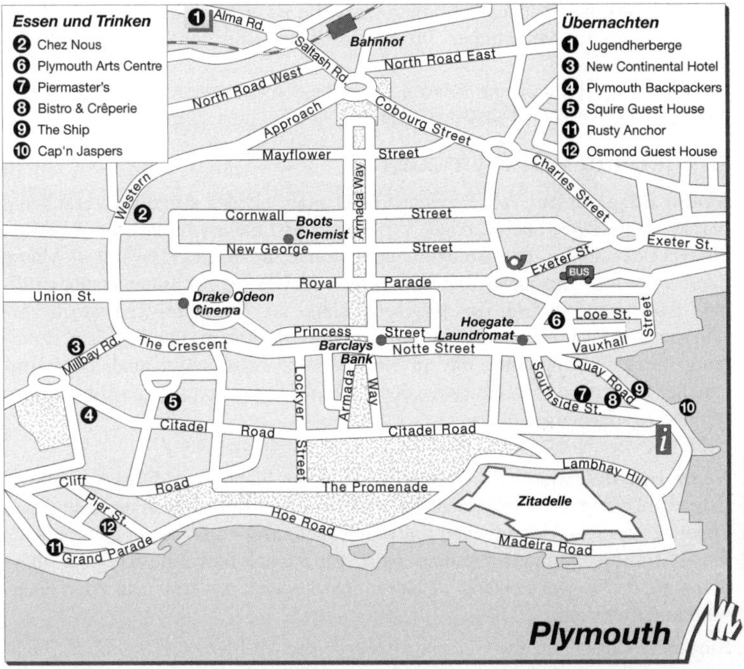

ihrem Ruderboot hinabgestiegen sind, das sie zur "Mayflower" brachte. Eine Steinplatte erinnert an die 102 puritanischen Aussiedler. Auch Captain Cook brach von hier in die Südsee, nach Australien und zur Antarktis auf.

City Museum and Art Gallery: Interessante Ölgemälde aus verschiedenen Jahrhunderten, die die Entwicklung der Stadt dokumentieren. Daneben zeigt man ständig wechselnde Kunstausstellungen, archäologische Funde, Porzellan und ein wenig Heimatkundliches.

Adresse/Öffnungszeiten: Drake Circus. Di–Fr 10–17.30 Uhr, Sa bis 17 Uhr. Eintritt frei.

The Hoe: Am Meer breitet sich der Hoe-Park aus. Schon von weitem kann man das Denkmal für Sir Francis Drake ausmachen. Davor erhebt sich der rot-weiß gestreifte *Smeaton's Tower*, von dem man einen schönen Rundblick hat. John Smeaton errichtete den Leuchtturm 1759 auf den rund 20 Kilometer entfernten Eddystone Rocks. Als 1882 dort ein modernerer Leuchtturm aufgebaut wurde, brachte man den Smeaton's Tower hierher. Gleich daneben befindet sich eine weitere Touristenattraktion: *Plymouth Dome* ist eine audiovisuelle und zum Teil interaktive Ausstellung (mit Wachsfiguren und "historischen" Gerüchen), die die Geschichte von Plymouth wieder zum Leben erweckt.

Öffnungszeiten: **Smeaton's Tower**, Ostern–Oktober tgl. 10.30–16.30 Uhr, Eintritt: £ 0.75. **Plymouth Dome**, tgl. 9–19.30 Uhr, im Winter bis 17.30 Uhr, Eintritt: £ 3.95, erm. £ 2.50 (inkl. Smeaton's Tower).

Royal Citadel: Östlich des Hoe-Parks liegt an der Madeira Road die Royal Citadel. Sie wurde 1666 von Charles II. erbaut. Die Festung wird noch heute vom Militär genutzt, doch kann man trotzdem an einer Führung durch die älteren Abschnitte teilnehmen. Im südwestlichen Teil der Zitadelle befindet sich ein *Aquarium.*

Öffnungszeiten: **Royal Citadel**, Führungen von Mai–September täglich 14 und 15.30 Uhr, Eintritt: £ 2.50. **Aquarium**, täglich 10–17 Uhr, Eintritt: £ 2.

Umgebung von Plymouth

Mount Edgecumbe: Von Plymouth fährt man mit der stündlich verkehrenden Passagierfähre nach *Cremyll*, von wo es nicht mehr weit ist zum Anwesen Mount Edgecumbe. Die Anlage – noch immer im Besitz des *Earl of Mount Edgecumbe* – ist das ganze Jahr über von acht Uhr bis zur Dämmerung geöffnet; der Eintritt ist frei. Das Herrschaftshaus aus der Tudor-Zeit wurde restauriert und ist nur im Sommer für die Öffentlichkeit zugänglich. Ein Rundgang führt durch Räume, die im Regency-Stil eingerichtet sind. Beeindruckender noch als das Gebäude ist der Park mit seinen gepflegten Blumenbeeten und exotischen Bäumen.

Öffnungszeiten: April bis Mitte Okt. Mi–So 11–17 Uhr. Eintritt: £ 4, erm. £ 2.

Rame Head/St Michael's Chapel: Eine kleine Wanderung führt von Mount Edgecumbe den Cornwall Coast Path entlang zum Rame Head und zur *St Michael's Chapel* an der südlichen Spitze der Halbinsel – 1397 als Leuchthaus für die Schiffe im Plymouth Sound erbaut. Ein Mönch hatte die Aufgabe übernommen, das Feuer in Gang zu halten. Doch zuvor passiert man noch Kingsand und Cawsand.

Kingsand/Cawsand: Zwei kleine Fischerdörfer am Plymouth Sound. Erreichbar über eine steil abfallende Straße von Millbrook. Cawsand war eines der typischen südenglischen Küstendörfer – ideal zum Schmuggeln. Zum einen war der große Markt von Plymouth direkt vor der Tür, so dass man das Schmuggelgut günstig absetzen konnte; zum anderen gab es genügend Verstecke.

Ein Zeitgenosse beschrieb folgende Szene am Strand: "Als wir den Hügel hinunter in Richtung Kingsand gingen, trafen wir mehrere Frauen, deren äußere Erscheinung so grotesk und außergewöhnlich war, dass ich mir nicht vorstellen konnte, auf welche Art und Weise sie ihre Formen so vollständig geändert hatten. Bis wir herausfanden, dass es sich um Alkohol-Schmuggler handelte. Sie hatten Blasen, gefüllt mit Alkohol, unter ihren Unterröcken befestigt, und tatsächlich, sie waren so schwer überladen, dass sie nur unter größten Schwierigkeiten entlangwatschelten. Der Hauptärger dieser 'ehrlichen' Händlerinnen ist ihr Umgang mit betrunkenen Seeleuten – es passiert recht häufig, dass die fröhlichen Söhne Neptuns mit ihren Messern die gefüllten Blasen aufstechen und viel Spaß dabei haben, die hervorgerufene Konfusion auszunützen."

Whitsand Bay: Rund zwei Kilometer südwestlich von Kingsand beginnt die lange Whitsand Bay. Endlos zieht sich der Sandstrand hinauf, eingefasst von senkrecht abfallenden Klippen. Oben führt der Cornwall Coast Path entlang. Immer wieder ziehen sich Serpentinenwege hinab zum Strand. Zwar baden hier viele Leute, doch können widrige Strömungen den Spaß zum gefährlichen Abenteuer werden lassen.

Saltram House: Fast vier Kilometer östlich von Plymouth liegt eines der größten Landhäuser Englands (über die A 38 erreichbar). Saltram House ist ein wiederaufgebautes Tudor-Haus, in dem vierzehn Porträts des englischen Malers Joshua Reynolds ausgestellt sind. Die Räumlichkeiten sind mit stilvollen Möbeln vergangener Jahrhunderte eingerichtet.

Öffnungszeiten: April–Okt. tgl. außer Fr und Sa 12–17 Uhr. Eintritt: £ 5.80 (NT), nur Garten £ 2.90. Anfahrt: Mit dem Bus Nr. 22 von der Royal Parade bis nach Cott Hill, von dort zehnminütiger Spaziergang (ausgeschildert).

Buckland Abbey: Die Zisterzienserabtei liegt rund zehn Kilometer nördlich von Plymouth am Rande des Dartmoor. Nachdem Henry VIII. die Auflösung aller Klöster verkündet hatte, wurde Buckland Abbey Privatbesitz. 1582 kaufte Sir Francis Drake das Anwesen und wohnte hier bis zu seinem Tod. Heute sind in dem Gebäude u. a. einige persönliche Gegenstände von Drake (Karten, Porträts usw.) sowie zahlreiche Schiffsmodelle ausgestellt.

Öffnungszeiten: April–Okt. tgl. außer Do 10.30–17.30 Uhr, Nov.–März nur am Wochenende 14–17 Uhr. Eintritt: £ 4.40 (NT). Anfahrt von Plymouth mit Bus 83, 84 oder 86 (Richtung Tavistock), in Yelverton in Minibus 55 umsteigen.

Bideford Bay

Wer sandige Strände zum Baden sucht, bevorzugt die westliche Küste um die Bideford Bay. Ganz anders sieht es im Osten aus, wo sich die wilde Exmoor-Landschaft bis zur Küste zieht. An der Bideford Bay findet man zwei malerische Orte: Clovelly und Westward Ho! Weiter im Nordwesten liegen die Marktstadt Bideford und das Verwaltungszentrum Barnstaple. Wer es etwas abgelegener mag, setzt mit einem Boot zur Insel Lundy über.

Clovelly

Clovelly ist ein kleiner, malerischer Ort, der an einer steilen Klippe in der Bideford-Bucht zu kleben scheint. Hinunter zum Miniaturhafen führt eine gewundene Kopfsteinpflastergasse, gesäumt von dicht gedrängten Häusern. Da die Straßen zu schmal für Autos sind, werden noch heute Esel zum Tragen der Lasten eingesetzt. Das Auto stellt man auf den Parkplatz oberhalb des Ortes ab. Für die Besichtigung Clovellys ist ein Eintritt zu entrichten. Mit diesem Geld wird die Erhaltung des Ortes finanziert. Im Sommer wimmelt es nur so von Touristen und Sonntagsmalern. Ein schöner Spaziergang am Hobby Drive (Abzweigung von der A 39 oberhalb der Stadt) führt fünf Kilometer weit in Richtung Meer zum Windbury Point; der Blick vom bewaldeten Klippenweg ist grandios.

- *Information*: **Tourist Information Centre**, Clovelly, Devon, EX39 5 TF, ✆ 01237-431781.
- *Eintritt zum Dorf*: £ 3.50, erm. £ 2.50.
- *Verbindungen*: Busverbindungen mit Bideford und Barnstaple (Western national Nr. 319).
- *Übernachten/Essen*: Falls noch Betten frei sind, kann man z. B. im **Red Lion Hotel** (✆ 01237-431237, DZ ab £ 45 pro Person) unten im Hafen übernachten. In den beiden Hotelrestaurants gibt es oft frisch gefangenen Hummer. Dreigängiges Menü £ 17.50.

Hartland Point

Über kleine Straßen geht es von Clovelly etwa 15 Kilometer nach Westen zum Hartland Point. Sehr viel attraktiver ist jedoch der Küstenwanderweg hierher. Kurz vor der Landspitze führt er am schönen Sandstrand *Shipload Bay* vorbei. Hartland Point selbst besteht aus senkrecht abfallenden Granitklippen, gegen die unaufhörlich das Meer klatscht. So manches Schiff ist hier auf Grund gelaufen. Etwas weiter südlich liegt *Hartland Quay*, einst ein geschäftiger Hafen, der von so berühmten Seefahrern wie Raleigh und Drake finanziert wurde.

• *Übernachten*: **Jugendherberge** in Elmscott, Hartland, 4 km südöstlich von Hartland Quay (Richtung Welcombe). Erwachsene £ 9, Jugendliche £ 6.20 (April–Sept. geöffnet). ✆ 01237-441367, 📠 441910.

Westward Ho!

Der kleine Ort fünf Kilometer nordwestlich von Bideford ist nach einem Roman von *Charles Kingsley* benannt (siehe Bideford). *Rudyard Kipling*, Nobelpreisträger für Literatur, besuchte in dieser Stadt mit dem Ausrufezeichen das College. Die meisten Gäste lockt der Sandstrand zum Surfen und Schwimmen. Von Westward Ho! kann man an einem der schönsten Küstenabschnitte den *North Devon Coast Path*, der in den *Cornwall Coast Path* übergeht, entlang bis Land's End wandern. Von den Höhen der Kliffs begeistert die Aussicht über die Bideford Bay.

Great Torrington

Great Torrington liegt nur elf Kilometer südöstlich von Bideford. Vom normannischen Kastell hat man eine gute Aussicht. Besonders im Frühjahr sollten man sich einen Besuch der östlich der Stadt gelegenen *Rosemoor Gardens* nicht entgehen lassen. Eine Touristenattraktion ist auch die *Glasbläserei Dartington Glass* an der A 386. Gegen Eintritt können die Glasbläser hier bei der Arbeit beobachtet werden.

Bideford

Bideford (ausgesprochen "Biddiford") ist eine Markt- und Hafenstadt an der Mündung des Flusses Torridge. Ursprünglich wurden in dem noch immer geschäftigen Hafen Wolle und Holz umgeschlagen. Seit dem späten 16. Jahrhundert wurden die Handelsbeziehungen mit Virginia jedoch weitaus profitabler, so dass sich bald ein gewisser Wohlstand bemerkbar machte. Aus dieser Zeit stammen noch das alte Tabaklagerhaus in der Bridgeland Street und das Grab des ersten Einwanderers aus der Neuen Welt (Raleigh, ein Indianer, der auf dem Friedhof an der *Parish Church* beigesetzt ist).

Das *Museum* im Rathaus gibt einem Gelegenheit, mehr über die Geschichte der Stadt zu erfahren. Hier wird unter anderem eine Schatzkiste der spanischen Armada gezeigt.

Charles Kingsley (1819–1875), ein sozialkritischer Dichter aus Bideford, bekam am nördlichen Ende des Hafenkais ein Denkmal gesetzt. Einer seiner Romane, nämlich "Westward Ho!", beschäftigt sich mit den Erfahrungen der ersten Auswanderer nach Amerika.

• *Information*: **Tourist Information Centre**, The Quay, Kingsley Road, Bideford EX 39 2QQ, ✆ 01237-477676, 📠 421853. E-Mail: bidefordtic@visit.org.uk. Das Personal hilft bei der Suche nach einer Unterkunft. Hier gibt es auch die Tickets für die Überfahrt nach Lundy sowie für Ausflugsboote.

Lundy

Im Bristol-Kanal erkennt man die Umrisse von Lundy. Eine felsige, gerade fünf Kilometer lange Insel mit einem Hotel, einem Laden, zahlreichen Ferienwohnungen (alle recht teuer), zwei Kirchen, drei Leuchttürmen, einer alten Ruine (wo gibt's in England keine?), Tausenden von Vögeln und keinen Autos. Die Insel erhielt ihren Namen von den Wikingern: Aus "lunde" (Papageientaucher) und "ey" (Insel) wurde "Lundy". Papageientaucher sind hier übrigens nur während der Paarungszeit (April und Mai) zu beobachten.

Im 12. Jahrhundert kam die Insel in den Besitz der berüchtigten *Marisco-Familie*. Sie machten die Schifffahrt im Bristol Channel unsicher. Von ihrer Beute konnten sie wohl ganz gut leben, was die Ruine des Marisco Castle heute noch beweist. Doch als sich ein Mitglied des Clans 1242 an einem Komplott gegen den König beteiligte, dann aber hingerichtet wurde, war es aus mit dem Reichtum der Mariscos. Im Jahre 1834 erwarb dann William Hudson Heaven die Insel, um hier sein "Kingdom of Heaven" zu errichten. Heute kommt man hierher, um auszuspannen und spazieren zu gehen. Oder man setzt sich in das Pub und genießt ein Glas "Old Light Bitter", das es nur auf Lundy gibt.

• *Information*: **The Lundy Sales Offices**, The Quay, Bideford, North Devon, EX39 2LY, ✆ 01237-470422.
Internet: www.lundyisland.co.uk

• *Verbindungen*: Mit **Dampfbooten** oder **Segelschiffen** setzt man von Ilfracombe Pier und Clovelly (mit Segelbooten nur im Sommer) oder Bideford Quay (ganzjährig) über. Tickets sind auf dem Schiff erhältlich. Die Überfahrt dauert 2 Std. und 15 Min.; Day-Return-Ticket £ 24, Period-Return-Ticket £ 35. Während der Hochsaison ist es ratsam, mindestens einen Tag im Voraus zu buchen. Auskünfte zum Fahrplan bei den Tourist Offices in Ilfracombe, Bideford oder unter ✆ 01237-470422 (24-Std.-Service).
Eine schnellere und teurere Art überzusetzen ist ein Flug mit dem **Helikopter** (10 Minuten) ab Bideford: Hin- und Rückflug für bis zu fünf Personen £ 330 zzgl. £ 30 pro Stunde Aufenthalt; ✆ 01237-421054.

• *Übernachten*: Die wenigen Unterkünfte (B&B ab £ 22.50) sind meist schon monatelang im Voraus ausgebucht. Prospektmaterial über Ferienwohnungen kann man sich zusenden lassen. Da Kurzaufenthalte maximal zwei Wochen vorher gebucht werden dürfen, hat man in der Vor- und Nachsaison gute Chancen, eine Unterkunft zu ergattern. Buchungen über Landmark Trust, ✆ 01237-470422. Fragen Sie, ob der Leuchtturm ("lighthouse") noch frei ist. Zudem steht ein Zeltplatz zur Verfügung.

Südwestengland
Karte S. 256/257

Barnstaple

Barnstaple, die größte Stadt und das Verwaltungszentrum Nord-Devons, liegt nahe der Mündung des Taw. Schon um die vorletzte Jahrtausendwende wurden hier Münzen geprägt. Die tausendjährige Stadt entwickelte sich an einer Furt, ihr ursprüngliches Zentrum lag etwa zwischen der *St Peter's Church* und der *Long Bridge*, die beide im 14. Jahrhundert entstanden (die Brücke wurde allerdings mehrmals erneuert). Töpfereien findet man in der Litchdon Street und der Newport Road. Beim Pannier Market ist fast jeden Tag etwas los. Seit 1855 wird in dieser Halle mit kunstvollen Holzverstrebungen der Markt abgehalten.

• *Information*: **Tourist Information Centre**, North Devon Library, Tuly Street, Barnstable, Devon EX31 1EL, ✆ 01271-375000, 📠 374037.

• *Verbindungen*: **Bus** – Bahnhof an der Castle Street; Verbindungen nach Exeter, Ilfracombe und Westward Ho!, National Express fährt nach London.

Zug – Eine Stichbahn führt von Exeter nach Barnstaple.

Ilfracombe

Die Stadt scheint auf den ersten Blick fast bescheiden. Dennoch fahren zahlreiche Touristenbusse während der Sommerwochen die schmalen Straßen zum Hafen hinab. Hier, wo sich die Meeresbrise mit dem Fish-'n'-Chips-Geruch mischt, legen die Ausflugsboote ab.

Einige schippern die Küste entlang, andere bieten Touren nach Wales oder auf die Insel Lundy an. Eine interessante Alternative ist es, mit den Fischern zum Makrelenfang hinauszufahren. Allerdings kann man keine Boote mieten und auf eigene Faust losziehen, da die starken Gezeiten und felsigen Klippen für Unkundige sehr gefährlich sind. Über Gelegenheiten zum Fischen und über die alljährlich stattfindenden Angelwettbewerbe informiert das Tourist Office. Neben einer Hafenbesichtigung kann man einen Ausflug zur *St-Nicholas-Kapelle* aus dem 14. Jh. machen. Den Schiffen diente sie als Orientierungspunkt bei der Einfahrt in den Hafen. Man hat von hier eine gute Aussicht; außerdem kann man in der Kapelle alte Stiche der Stadt bewundern.

Information/Verbindungen/Adressen

• *Information*: **Tourist Information Centre**, The Landmark, Sea Front, Ilfracombe, EX34 9BX, ✆ 01271-863001, 📠 862586. E-Mail: ilfracombetic@visit.org.uk. Mitten im touristisch geschäftigen Teil der Stadt in einem Pavillon. Hier auch Zimmervermittlung, Informationen über Boots- und Angeltouren sowie Tipps für Kunstgewerbefreunde, die in dieser Gegend einkaufen wollen.

• *Telefonvorwahl*: 01271

• *Verbindungen*: **Bus** – Busbahnhof in der Broad Street. *Red Bus* und *Devon Bus* fahren regelmäßig nach Barnstaple und über Croyde nach Woolacombe. *National Express* verbindet mit London (täglich) und Nordengland (über Bristol und Birmingham).

Zug – Der nächste Bahnhof befindet sich in Barnstaple.

Fähre – Von April–Okt. bestehen Fährverbindungen zur Insel Lundy ab Pier oder Hafen.

• *Geldwechsel*: mehrere Banken im Zentrum.

• *Kino*: High Street, ✆ 01721-863484.

• *Polizei*: Princess Avenue, ✆ 01721-863633.

• *Post*: High Street.

• *Theater*: Ein neues Theater wurde an der Promenade errichtet.

Übernachten

Es gibt eine ganze Reihe von Guest Houses in Ilfracombe. Die meisten liegen in der St. Brannocks Road und am Torrs Park, z. B. **Lyncott**, 56 St Brannocks Road, ✆ 01271-862425, ab £ 17 pro Person.

Langleigh Park House, wunderschönes, familiär geführtes Hotel in einer noch schöneren Lage (auf einer Anhöhe mitten im grünen Park). B&B £ 18–23 pro Person. Langleigh Park, ✆ 01271-862158.

Cavendish Hotel, nettes Hotel mit Meerblick. Geöffnet von März bis Okt., B&B £ 19–25 pro Person. Larkstone Terrace, ✆ 01271-863994.

• *Jugendherberge*: **Ashmour House**, Herberge mit schöner Aussicht über den Hafen und den Bristol Channel. Geöffnet Ostern bis September; Erwachsene £ 9.80, Jugendliche £ 6.75. 1 Hillsborough Terrace, ✆ 01271-865337, 📠 862652.

• *Camping*: **Hele Valley Caravan Park**, in der Hele Bay östlich der Stadt; auch für Zelte (ab £ 6 pro Stellplatz), ✆ 01271-862460.

Clovelly – viele Besucher meinen, dies sei der schönste Ort Devons

Südwestengland
Karte S. 256/257

Umgebung von Ilfracombe

Lohnenswert sind Wanderungen über die Klippen nach Westen, z. B. nach *Lee*, einem Dorf in einer kleinen Bucht mit teils noch reetgedeckten Häusern. Ein schmaler, unebener Pfad führt weiter über *Bull Point* nach *Morte Point*. Von hier aus gelangt man über die Straße nach **Woolacombe**, einem beliebten Urlaubsort. Ein langer Sandstrand lockt die Sommergäste. Überall stehen Hotels und B&Bs.

Information: Ein **Information Office** (Red Barn Cafe Car Park, Barton Rd., ✆ 01271-870553) hilft bei der Unterkunftssuche.

Weiter südlich (am Ende der *Morte Bay*) erheben sich die steilen Klippen von *Baggy Point*. Im Herbst wimmelt es hier von Möwen, Kormoranen und Sturmtauchern. Beliebt bei Surfern ist die *Croyde Bay* südlich des Baggy Point.

In Richtung Osten geht es steil hinauf zu dem über 130 Meter hohen *Hillsborough Hill*, dann zur Hele-Bucht mit einem kleinen Badestrand. Von hier ist es nicht mehr weit zum *Watermouth Castle*. Im 19. Jahrhundert im gotischen Stil erbaut, ist es inzwischen zu einer Touristenattraktion geworden – mit Läden, einem Café und Ausstellungen.

Öffnungszeiten: April–Okt. Mo–Fr sowie So 10–16 Uhr. Eintritt: £ 5.50.

Combe Martin liegt etwa acht Kilometer östlich von Ilfracombe und erstreckt sich über mehrere Kilometer im schmalen Umber-Flusstal fast bis zum kleinen, aber schönen Strand hinunter. Der Ort mit lediglich 2.500 Einwohnern besitzt mehrere Hotels und B&Bs.

Information: Informationsbüro (im Sommer) in der Cross St., ✆ 01271-883319.

Eine landschaftlich reizvolle Strecke führt von Combe Martin weiter nach Osten durch das Exmoor. Wer die 20 Kilometer nach Lynton und Lynmouth zu Fuß zurücklegen will, kann auf dem *North Devon Coast Path* durch die wilde Klippenlandschaft wandern. Empfehlenswert ist besonders die zweite Hälfte der Tour ab *Trentishoe*. Durch das Felsental, das *Valley of Rocks*, sollte man den *North Walk* (Richtung Meer) nehmen. Hier besticht der Blick über das Tal inmitten pittoresker Felsformationen.

Exmoor National Park

Im Süden des Exmoor ist das Land noch flach, ehe es langsam nach Norden hin hügeliger wird und am Bristol-Kanal steile Klippen abrupt ins Meer stürzen. Eine einzigartige Szenerie, die man auf einer Wanderung entlang dem "Somerset and North Devon Coast Path" beobachten kann.

Der kleinste Nationalpark Englands umfasst das Gebiet von *Combe Martin* bis *Minehead*, reicht im Süden bis *Dulverton* und gehört zu den Grafschaften Devon und Somerset. Jahrhundertelang erstreckte sich hier ein königlicher Forst, doch nach der Hinrichtung Charles I. im Jahre 1649 wurde das Land verkauft. Nur wenige Teile sind heute noch von Wald bedeckt. Der größte Teil des fruchtbaren Bodens wurde im Lauf der Zeit in Weide- und Ackerland umgewandelt, lediglich das Hochmoor behielt seine ursprüngliche Form. Auf Wanderungen quer durch den Nationalpark trifft man immer mal wieder auf Rotwild und auf die halbwilden Exmoor-Ponys (s. S. 290).

Auf der B 3223 nach *Simonsbath* erreicht man schon bald einen Cattlegrid, dahinter beginnt die Weite des Moors – ohne Hecken und Zäune. Ausgesprochen schön ist die Gegend um den 570 Meter hohen *Dunkery Beacon*, den höchsten Berg des Nationalparks. Besonders bei gutem Wetter lohnt sich der leichte Aufstieg, für den der "Kletterer" mit einer herrlichen Sicht belohnt wird.

Ein Name scheint mit dem Exmoor aufs engste verbunden: *Lorna Doone*. Richard Doderidge Blackmore machte 1869 mit diesem Roman die Bande der Doone (legendäre Räuber im Exmoor) auch überregional bekannt. Seit der Roman als Fernsehfilm die englische Nation erreichte, gehört das sog. *Doone Valley*, das Blackmore als Handlungsort und der Film als Kulisse wählte, zu einem der meistbesuchten Gebiete des Exmoor. Zahlreiche Wanderwege führen durch das Tal und die hügelige Landschaft. Ausgangspunkt ist *Malmsmead* an der A 39. Von hier aus kann man auch auf einem Pony die 10 Kilometer lange Strecke bewältigen (siehe Reiten).

Schön ist auch die recht bewaldete Gegend entlang der A 39. In den Wäldern des Moors lassen sich mit ein wenig Glück Rotwild und andere seltenere Tiere beobachten. Wer in diesem Gebiet einige Tage wandern möchte, bekommt im National Park Office Broschüren, in denen verschiedene Routen erläutert werden.

Wildbretfilet mit Wacholderbeeren

Die deftige Küche des Exmoor besteht hauptsächlich aus Wild-, Geflügel- und Fischgerichten. Und schön rosa muss es sein! An dieser Stelle sei dem Leser ein Gericht empfohlen, wie es in den hiesigen Restaurants und Pubs serviert wird:

Zutaten für 4 Personen: 500 g Wildbretfilet, 75 ml frischer Orangensaft, 150 ml Sahne, 2 Teelöffel Exmoor-Honig (gewöhnlicher Honig tut's aber auch), 25 g Wacholderbeeren, 10 g frischer Thymian, 1/2 Teelöffel Salbei, 50 g grüne Bohnen, 50 g Möhren, 50 g Sellerie und der Saft einer halben Zitrone.

Schneiden Sie zunächst Möhren, Bohnen und Sellerie in feine Streifen. Diese werden ca. 20 Sekunden blanchiert und anschließend kalt gestellt.
In eine Pfanne füllt man nun den Orangen- und Zitronensaft sowie den Honig. All das wird unter Zugabe von Thymian, Salbei, Wacholderbeeren, schwarzem Pfeffer und Salz erhitzt. Hinzu kommt nun so viel Sahne, bis die Sauce dick genug ist. Tipp: Halten Sie einen Löffel auf die Sauce. Bleibt eine Schicht am gesamten Löffelrücken hängen, ist die gewünschte Konsistenz erreicht.
Endlich ist es Zeit für die Zubereitung des Wildbrets. Dieses wird in zwölf gleich große Scheiben geschnitten und in Butter angebraten. Natürlich muss es hinterher noch englisch-rosa sein. Jetzt kommt auch das blanchierte Gemüse wieder ins Spiel. Erhitzen Sie es in ein wenig Butter zwei Minuten lang.
Die Sauce wird auf vier bereitstehende Teller gegeben. Darauf legen Sie jeweils drei Scheiben Wildbret und garnieren das Ganze mit dem Gemüse.
Der gesamte Kochvorgang dauert etwa 15 Minuten, für die Vorbereitung benötigen geschickte Finger 20 Minuten.

Guten Appetit!

Südwestengland
Karte S. 256/257

Information/Verbindungen

• *Information*: Es gibt fünf **Exmoor National Park Information Centres**. Das Hauptquartier befindet sich in **Dunster**, Dunster Steep, Somerset, ✆ 01643-821835; geöffnet Ostern bis Mitte November täglich 10–17 Uhr. Ein Muss für jeden Besucher ist die jährlich erscheinende Zeitung "Exmoor Visitor", die kostenlos erhältlich ist. Neben Wanderbroschüren können auch verschiedene Karten erworben werden.

Ein weiteres Office in **Dulverton**. Adresse: Dulverton Heritage Centre, The Guildhall, Dulverton, Somerset, ✆ 01398-323841.

Ein Office in **Lynmouth**, The Esplanade, ✆ 01598-752509.

Auch in **Combe Martin** kann man sich über das Exmoor informieren, und zwar in Seacot, Cross Street, ✆/📠 01271-883319, geöffnet April–September täglich 10–19 Uhr.

Hilfreiche Auskünfte erhält man auch in den lokalen Informationsbüros von Lynton, Lynmouth sowie in Minehead und Ilfracombe.

• *Verbindungen*: **Bus** – National Express fährt nach Bristol, Plymouth und Exeter. Im Moor ist der Busverkehr sehr unregelmäßig. Es ist daher ratsam, sich aktuelle Fahrpläne bei den Informationsbüros zu besorgen.

Zug – Intercity-Züge verbinden Taunton und Exeter mit London. Um von hier in das Exmoor zu gelangen, muss man auf Busse umsteigen.
Vom östlich gelegenen Taunton fährt die West Somerset Railway auch nach Minehead (Informationen unter ✆ 01643-704996).

Übernachten

Eine ausführliche Liste von Hotels, B&Bs und Farmen enthält die Zeitung "Exmoor Visitor". Bei der Zimmersuche helfen außerdem die lokalen Informationsbüros.

• *Jugendherbergen*: **Exe Mead** in Exford, ✆ 01643-831288; Erwachsene £ 9.80, Jugendliche £ 6.75. Weitere Jugendherbergen in Ilfracombe, Lynton und Minehead (vgl. dort).

• *Camping*: Zelten im Exmoor bereitet keine Schwierigkeiten. Der "Exmoor Visitor" hilft auch in diesem Fall weiter. Viele Farmbesitzer erlauben das Zelten auf ihrem Anwesen. Am besten vor Ort nachfragen!

Wandern/Reiten

• *Geführte Wanderungen*: Ein Verzeichnis der geführten Wanderungen ist ebenfalls im "Exmoor Visitor" zu finden. Ausflüge, die von Mitarbeitern des **National Park** durchgeführt werden, kosten je nach Dauer 50 p bis £ 1. Wanderungen des **National Trust** sind kostenlos (allerdings wird eine Spende erwartet).

• *Reiten*: Auf dem Rücken eines Pferdes kann man das Exmoor ausgezeichnet erkunden. In der Zeitung "Exmoor Visitor" sind die Farmen verzeichnet, die Pferde verleihen und geführte Ausritte unternehmen.

Exmoor-Ponys – prähistorische Relikte?

Schon lange bevor in Britannien erste Siedler der Abschlag- und Faustkeilkulturen (Altsteinzeit) auftauchten, gab es die Exmoor-Ponys. Ihr dunkelbraunes, zotteliges Fell, an dem kein Haar weiß sein darf, und ihre beigefarbenen Stellen um Maul und Augen sind seit Jahrtausenden unverändert geblieben. Und so sieht man auch heute noch ihre Nachkömmlinge im Exmoor friedlich weiden. Freilich handelt es sich bei dieser Pony-Art nicht um reine Wildponys. Vielmehr werden sie auf ausgewählten Farmen gezüchtet. So wird gewährleistet, dass sie sich nicht mit anderen Arten paaren. Zudem gibt es mittlerweile nur noch 600 Exemplare der prähistorischen Tiere. Eine Zucht ist daher zur Arterhaltung sinnvoll. Fast das ganze Jahr über tummeln sich die Vierbeiner in kleinen Herden auf dem Wiesen- und Weideland des Exmoor.

Lynton/Lynmouth

Ein Zwillingsdorf – der eine Ort am Meer, der andere an den Berg geschmiegt. Beide sind wie in alten Tagen durch eine steil die Felsen hinaufführende Zahnradbahn miteinander verbunden (Mo–Sa 8–13 Uhr und 14–19 Uhr, £ 0.80; in der Hochsaison auch noch nach 19 Uhr, dann £ 1). Fast senkrecht ragen die mit dichtem Laubwald bestandenen Klippen in den Himmel.

Im 19. Jahrhundert gaben romantische Naturen den beiden Orten den Beinamen "Little Switzerland of England". Lynmouth mit seinen eng in das schmale Tal gezwängten Häusern ist während stürmischer Tage kein angenehmer Aufenthaltsort. Während der großen Sturmflut im Jahre 1952 versank ein ganzes Dorf aus zehn Häusern im Meer. An sonnigen Tagen allerdings drängen sich die Touristen auf den schmalen Straßen, die zum Meer führen. Fahren Sie doch mal mit der Zahnradbahn in das ruhigere Lynton hinauf. Die beiden in Gegenrichtung laufenden Wagen werden energiesparend mit Hilfe von Wassertanks im steilen Winkel knapp 150 Meter hinaufgezogen. In Lynton befinden sich auch verschiedene öffentliche Einrichtungen sowie die meisten Unterkünfte.

Information/Verbindungen/Adressen

- *Information*: **Tourist Information Centre**, The Town Hall, Lee Road, Lynton, Devon EX35 6BT, ✆ 01598-752225, ℻ 752755; brauchbare Broschüre über beide Orte und ihre Umgebung. Außerdem eine Hotelliste sowie Informationsblätter (15–60 p pro Stück) für Touren in die Umgebung.
- *Telefonvorwahl*: 01598
- *Verbindungen*: **Bus** – Nahverkehrsbusse fahren nach Barnstaple (Linie 311) und Ilfracombe. Nach Exeter nimmt man den Bus 295 bis Dulverton und von dort die Linie 290. Zweimal tgl. auch Busverbindungen mit Taunton.

Zug – Ab Barnstaple Anschluss mit British Rail.

- *Apotheke*: 17 Lee Rd., Lynton.
- *Geldwechsel*: Lloyds, Lee Rd., Lynton.
- *Polizei*: Hollerday Drive, ✆ 752231, Lynton.
- *Post*: Lee Rd, Lynton.

Übernachten/Essen

Die preisgünstigsten B&Bs befinden sich in Lynton in den Straßen rings um das Tourist Office und in der *Lee Road*.

- *Übernachten*: Zahlreiche Hotels stehen direkt am Hang und bieten eine herrliche Sicht über das Meer und die Küste. Dafür muss man aber tiefer in die Tasche greifen.

Seawood Hotel, rosafarbenes Haus mit gepflegter Einrichtung, ab £ 30 pro Person. North Walk, ✆ 01598-752272.

The Retreat, fünf nett eingerichtete Mehrbett- und ein Einzelzimmer teilen sich drei Badezimmer. B&B £ 15. 1 Park Gardens, Lydiate Lane, Lynton, ✆ 01598-753526.

South View Guest House, ab £ 16 kann man in einem der fünf Mehrbettzimmer mit eigener Dusche übernachten. 23 Lee Road, ✆ 01598-752289.

North Cliff Hotel, Hotel in herrlicher Einzellage; ab £ 28. North Walk, Lynton, ✆ 01598-752357.

Die Hotels unten in Lynmouth wie auch das **Tors Hotel** (✆ 753236) auf dem östlichen Hügel gehören zu den teuersten Unterkünften mit Preisen zwischen £ 35 und £ 60 pro Person.

Bath Hotel, hübsches Hotel am Hafen von Lynmouth. Alle 24 Zimmer haben ein eigenes Bad. B&B ab £ 30 pro Person, Dinner und B&B ab £ 42. Harbourside, Lynmouth, ✆ 01598-752238.

- *Jugendherberge*: Kleine Herberge im Südosten Lyntons, liegt im Tal des West Lyn River. Im Winter geschlossen; Erwachsene zahlen £ 9.80, Jugendliche £ 6.75. Lynbridge, Lynton, ✆ 01598-753237.
- *Essen*: Wem das nötige Kleingeld für eine Übernachtung im **Rising Sun Hotel** fehlt, der sollte dennoch einen Blick in den dortigen Pub werfen. Das Haus aus dem 14. Jh. direkt am Hafen besitzt noch ein reetgedecktes Dach, und auch im Inneren ist alles recht traditionell mit viel Eiche eingerichtet. Harbourside, ✆ 01598-753223. Weitere Cafés und Restaurants findet man rund um den Hafen von Lynmouth.

Minehead

Ausgangspunkt für Touren durch das Exmoor. Wanderwege führen durch die bewaldete Küstenlandschaft. Vom kleinen Hafen, in dem ehemals Schmuggler Zuflucht fanden, fahren heute, rund 350 Jahre später, Ausflugsboote zum Küsten-Sightseeing nach Westen (Ilfracombe), Osten (Bristol) und nach Wales (Cardiff). Mit seinem milden Klima, einem Ferienzentrum mit typisch englischen Vergnügungen (Modellstadt und Mini-Eisenbahn) und dem Strand ist Minehead ein beliebter Ferienort für Familien. Lohnenswert ist ein Gang durch die engen, winkligen Gassen der Oberstadt zur *St Michael's Church* aus dem 14. Jahrhundert.

Mehrere uralte Diesellokomotiven fahren nun auf der stillgelegten Strecke Richtung Taunton. Etwas für Dampfross-Liebhaber! Die *West Somerset Railway* (vgl. Exmoor/Verbindungen) hat etwas höhere Fahrpreise als British Rail.

Südwestengland
Karte S. 256/257

Kleinstadtidylle in Dunster

• *Information*: **Tourist Information Centre**, 17 Friday Street, Somerset TA24 5UB, ✆ 01643-702624, ✆ 707166. Hier gibt es Informationen über den Exmoor National Park und den South-West Peninsula Coast Path, auf dem man die Küste von Devon und Cornwall erwandern kann.

• *Übernachten*: In der Tregonwell Road konkurrieren viele B&B's um den günstigsten Preis. Empfehlenswert ist das **Marshfield Hotel**, nur von März–Okt. geöffnet; 11 nett eingerichtete Zimmer mit TV und Teekocher. B&B ab £ 18 (EZ), £ 21 im DZ. Tregonwell Road, ✆/✆ 01643-702517.

• *Jugendherberge*: Eine kleine Jugendherberge (36 Betten) liegt westlich der Stadt (A 39), etwa 2 km außerhalb von Alcombe: **Alcombe Combe**, im Winter geschlossen, in der Nebensaison Mo Ruhetag; Erwachsene £ 9.80, Jugendliche £ 6.75; ✆ 01643-702595.

Dunster

Ein in vieler Hinsicht mittelalterlich wirkendes Dorf mit einer normannischen Burg, nur fünf Kilometer östlich von Minehead gelegen. Spazieren Sie einmal durch die engen Kopfsteinpflastergassen rings um den traditionellen Wollmarkt. Mittags kehrt man im *Luttrell Arms* ein, einem der ältesten englischen Pubs, in dem während des Bürgerkriegs General Blake sein Hauptquartier aufgeschlagen hatte, als er das im 13. Jahrhundert erbaute *Castle* belagerte. Die Angriffe von über 200 Soldaten konnte dieses Bauwerk einigermaßen unbeschadet überstehen. Heute wird es vom National Trust verwaltet.

Eine umfangreiche Sammlung von Puppen kann man in der *Memorial Hall*, High Street, bewundern. Daneben können weitere Bauwerke wie die *St George's Church* oder die alte Brücke unten am Fluss und die Mühle der Burg (National Trust) besichtigt werden.

Öffnungszeiten von Dunster Castle: April–Sept. Mo–Mi, Sa/So 11–17 Uhr; Okt. und Nov. Mo–Mi, Sa/So 11–16 Uhr. Eintritt: £ 5.50, erm. £ 3 (NT).

Cornwall

Die westlichste der englischen Grafschaften unterscheidet sich in vielen Dingen von den anderen Gebieten der Britischen Insel. Allein das milde Klima macht Cornwall zu etwas Besonderem – so werden im Winter in Falmouth Durchschnittstemperaturen von 6,3 Grad Celsius gemessen. Subtropische Pflanzen wachsen hier überall!

Natürlich ist nicht nur das Klima attraktiv, sondern viel mehr noch die einzigartige Landschaft mit ihren steilen Klippen, Fjorden, kleinen Flüssen, vielen Sandstränden und romantischen Dörfern. Die Menschen von Cornwall haben in ihrer langen, wechselvollen Geschichte viele Eigenheiten bewahrt – die cornische Sprache erlebte in den vergangenen Jahren eine Renaissance. Sie gehört zur Familie der keltischen Sprachen, ist also verwandt mit dem Walisischen, dem Bretonischen und dem Gälischen.

Unter dem Druck der Römer und später der Angelsachsen zogen sich viele keltische Bewohner des Südens in den Südwesten Englands zurück, ein Teil setzte auch über in die Bretagne. Irische Missionare brachten den rechten Glauben ins Land. Den sächsischen Eindringlingen wurde erbitterter Widerstand entgegengesetzt – erst nach der normannischen Invasion wurde der Südwestzipfel der Insel dem englischen Königreich einverleibt.

Die letzte Muttersprachlerin des Cornischen war *Dolly Pentreath*, die 1769 starb. Im 19. Jahrhundert galt die Sprache als ausgestorben. Im Jahre 1902 wurde die *Celtic-Cornish Society* gegründet, es wurden ein Wörterbuch und eine Grammatik der cornischen Sprache herausgegeben. Heute hört man Cornisch auf den Märkten und auf Volksfesten, wenn cornische Barden auftreten, und immer mehr Menschen lernen die beinahe vergessene Sprache.

Die Küste im Norden unterscheidet sich grundsätzlich von der im Süden. Findet man im Norden richtig wilde Steilküsten mit kleinen Buchten und schwer zu erreichenden Sandstränden, so gibt es im Süden eine Fjordküste mit tief ins Land reichenden Meeresarmen. Noch heute müssen hier Fähren die Verbindungen aufrechterhalten. Oder es führen uralte Brücken von der einen auf die andere Seite, wie etwa in Looe. Eine ganz moderne Brücke über den *Tamar River* verbindet Cornwall mit Devon. Überzeugte cornische Nationalisten gehen auch davon aus, dass ihr Land fast eine Insel sei und nur im äußersten Nordosten eine gemeinsame Landesgrenze mit Devon habe.

In Cornwall liegen gleichzeitig der westlichste und der südlichste Punkt Großbritanniens. Von *Land's End* hat wahrscheinlich jeder schon gehört, wer kennt jedoch den *Lizard Point* auf der gleichnamigen Halbinsel im äußersten Süden des Landes? Übrigens viel interessanter als Land's End, wo man kaum mehr als Nebel, Regen und viel atlantischen Wind erlebt.

An der Küste im Norden und Süden Cornwalls liegen zahlreiche jedem Engländer bekannte Ferienorte, die schon eine Menge touristisches Eigenleben entwickelt haben – Campingplätze vollgepfropft mit Wohnwagen, in den Sommermonaten total ausgebuchte Hotels und auf den Hauptstraßen endlose Schlangen sonnenhungriger Urlauber aus den Midlands oder anderen Gegenden der Insel. Günstigste Reisezeiten sind daher auf alle Fälle Frühling und

Karte S. 256/257

Frühsommer oder Herbst. Natürlich lohnt sich die 450 Kilometer lange Anfahrt von London auch in den Sommermonaten, gerade zwischen den großen Urlaubszentren findet man noch viel ursprüngliches Cornwall.

Ein paar Worte Cornisch

alls	Klippe	*lyn*	See
bean	klein	*morreb*	Strand
bod	Wohnsitz	*nan*	Tal
car	Befestigung	*pen*	Kopf
carrack	Felsen	*plu*	Gemeinde
chy	Haus	*porth*	Bucht
coombe	Tal	*ruth*	rot
zawn	Schlucht	*tewen*	Düne
ennis	Insel	*tre*	Haus, Stadt
forth	Straße	*treath*	Strand
garrack	Felsen	*ty*	Haus
garth	Garten	*veneth*	Hügel
goose	Holz/Wald	*win*	weiß
innis	Insel	*zance*	heiliger Boden

Looe

Looe, eines der traditionsreichsten Fischerdörfer Cornwalls, wird durch den gleichnamigen Fluss in zwei Hälften geteilt. Dank eines Sandstrandes im Ortszentrum bietet Looe auch für Familien mit Kindern viel Abwechslung.

Von den beiden Ortsteilen ist East Looe mit seinen engen Gassen und mittelalterlichen Häusern der größere. Recht erfindungsreich haben die Stadtväter von Looe den East Looe Beach vergrößert: Man hat Steinterrassen in die dahinter liegenden Felsen gehauen. Leider zählt der Strand seit Jahren zu den verschmutztesten des ganzen Landes. Dennoch ist hier im Sommer recht viel los. Wer es sauberer haben will, sollte den Sandstrand in Millendreath ansteuern, der sich zwei Kilometer östlich von Looe befindet und zu Fuß gut zu erreichen ist. Besonders schön (wenn auch nicht in der Hochsaison) ist ein Kurztrip zur St George's Island, auch Looe Island genannt, einer winzigen Insel ohne Läden, Straßen und ohne Verkehr!

Interessant ist ein Besuch im **Old Guildhall Museum**, das viel Wissenswertes zu Themen wie Geschichte, Bergbau, Leuchttürme, Fischerei, Schmuggel usw. präsentiert. Sehenswert ist auch die hiesige Sammlung über Okkultes. Aberglaube und magische Zauberkunst haben in der Abgeschiedenheit Cornwalls länger überlebt als in anderen Teilen Englands.

Adresse/Öffnungszeiten: Higher Market Street. Mai–Sept. tgl. außer Sa 11.30–16.30 Uhr. Eintritt: £ 1.

Information/Verbindungen

• *Information*: **Tourist Information Centre**, The Guildhall, Fore Street, Cornwall PL13 1AA, ✆ 01503-262072, 265462; Broschüren und Wanderkarten. Der Führer

"South East Cornwall – Looe & Polperro" beinhaltet einen Zimmernachweis.

• *Telefonvorwahl*: 01503

• *Verbindungen*: **Bus** – regelmäßig nach St Austell, Liskeard, Plymouth, Polperro und Saltash.

Zug – Bahnhof direkt am Zusammenfluss der beiden Flussarme im Ostteil der Stadt. Die Bahn fährt nach Liskeard, von wo aus man nach Plymouth oder Penzance weiterreisen kann.

Hochseeangeln

In Looe sollte man einmal das Hochseeangeln versuchen, die Stadt ist der Sitz des *Shark Fishing Club of Great Britain.* In den vergangenen 25 Jahren wurden hier um die 90.000 Haie aus dem Wasser gezogen. Doch keine Angst! Vor den Badestränden Cornwalls treiben sich diese Tiere nicht herum – man muss schon etwa 10 bis 20 Meilen mit dem Boot hinausfahren. Billiger und kürzer sind die Trips zum Makrelenfischen.

The Tackle Shop, The Quay, East Looe, ✆ 01503-262189. Motto: "Keep all you catch for £ 7" (Dauer: 2,5 Std.).

Übernachten/Essen

Zimmernachweis im Tourist Office im Rathaus (Guildhall), Fore Street, gleich am großen Parkplatz am Kai East Looe. Hier gibt es auch Informationen über Cottages und Appartements. Einige B&Bs befinden sich am Anfang der *Quay Road* in West Looe.

Commonwood Manor Hotel, elegante viktorianische Villa in hübscher Hügellage (zehn Fußminuten vom Hafen). B&B je nach Saison ab £ 31. St Martin's Road, ✆ 01503-262929, 📠 262632.

Sea Breeze, gemütliches Gästehaus in zentraler Lage. B&B ab £ 16. Lower Chapel Street, ✆ 01503-263131.

Schooner Point Guest House, nettes und familiär geführtes Gasthaus. Aus den meisten Zimmern hat man einen schönen Blick auf den Fluss. B&B £ 14–16. 1 Trelawney Terrace, Polperro Road, ✆ 01503-262670.

• *Camping*: ** **Looe Valley Touring Park**, großer Zeltplatz drei Kilometer westlich des Zentrums. Übernachtung £ 7–10.90. Polperro Road, ✆ 01503-262425.

• *Essen*: Am Hafen besticht das Fischrestaurant **Loft** mit Hummer und anderen Leckereien aus Neptuns Reich.

Preisgünstigere Fischgerichte (3 Gänge für £ 6.95) gibt es im **Golden Guinea**, Fore Street. Hier werden auch *Cream Teas* serviert. Davon abgesehen ist Fisch mit Pommes frites gerade in Looe uneingeschränkt empfehlenswert, da der Fisch frisch gefangen ist.

Zwei herrliche alte Pubs liegen mitten in der Stadt. **The Jolly Sailor**, West Looe Square, das 1997 ausbrannte, und auf der anderen Seite des Flusses **Fisherman's Arms** aus dem Jahr 1611. Trotzdem ist The Jolly Sailor das ältere Pub!

Südwestengland
Karte S. 256/257

Polperro

Das "malerische" Tausendseelendorf liegt an einer tief eingeschnittenen Bucht. Wahrscheinlich war das ein Grund, weshalb der Maler Oskar Kokoschka im Zweiten Weltkrieg als Emigrant in Polperro lebte und arbeitete.

Das vom National Trust zum "Historic Fishing Village" geadelte Dorf liegt am Ende eines engen, langen Tals, das sich durch die hohen Klippen frisst. Es hat enge Gassen und einen kleinen Hafen mit uralten Hafenmauern. Tagsüber darf kein Auto in den Ort, Fahrzeuge sind auf dem Parkplatz – wie immer in England gebührenpflichtig – am Ortseingang abzustellen. An Eisbuden und

Souvenirläden vorbei führt der Weg hinunter zum pittoresken Hafen. Trotz der Touristen bleiben die Bucht, die steilen Klippen und die schönen alten Häuser nicht ohne Wirkung auf den Betrachter. Mit ein bisschen Phantasie kann man sich dann in alte Zeiten zurückversetzen, in denen die cleveren Schmuggler von Polperro so manches Fässchen ins Trockene gebracht haben. Polperro hatte sich seinerzeit darauf spezialisiert, wendige und gut bewaffnete Schiffe zu bauen, die viel schneller als die der legalen Widersacher waren. Die Geschichte des Schmuggels in Cornwall kann man im kleinen *Smugglers' Museum* nachverfolgen. Stellen Sie sich übrigens darauf ein, nicht die einzigen Besucher im Ort zu sein, denn Polperro wird schon zu Ostern von einer ersten touristischen Welle überschwemmt.

• *Übernachten*: **Talland Bay Hotel**, ruhige Herberge mit viel Flair. Wem die Wassertemperaturen in der Talland Bay zu kühl sind, der kann im beheizten Swimmingpool baden. B&B £ 47–55 pro Person. Talland-by-Looe, ✆ 01503-272667, ℻ 272940. E-Mail: tallandbay@aol.com

Claremont Hotel, nette Unterkunft mitten im Zentrum. B&B ab £ 22 pro Person, gutes Restaurant. ✆ 01503-272241, ℻ 272152.

Penryn House Hotel, zwischen £ 22 und £ 29 zahlt man für B&B in diesem viktorianischen Haus. The Coombes, ✆ 01503-272157.

• *Essen*: **House on the Props**, empfehlenswertes Restaurant am Hafen. Überall hängen Schiffslaternen, Netze und andere Seefahrtserinnerungen. Besonders gut schmeckt das selbst gebackene Brot. Der schmackhafte Fisch ist für £ 5–10 zu haben.

The Kitchen, auf der Hauptstraße befindet sich ein weiteres Restaurant, in dem frische Fischgerichte zu moderaten Preisen angeboten werden. Nichtraucherrestaurant.

Crumplehorn, ein hübsches Pub gleich an der Ortseinfahrt (gegenüber dem großen Parkplatz). Ursprünglich ein altes Farmhaus, irgendwann vom Schmugglerkönig Job gekauft, heute kleine Bar und Restaurant.

Fowey

Gekonnt kreisen ganze Schwärme von Möwen über weißen, blauen und natursteinfarbenen Häusern und krächzen dabei unaufhörlich zum Rhythmus des seicht dahinplätschernden Wassers.

Alle zehn Minuten überquert die kleine Autofähre den Fluss Fowey und verbindet so die Stadt mit ihren westlichen Nachbarn. Im Sommer zieht einiges Volk in das romantische Fischerdorf – guter Geschmack spricht sich eben herum. Erstaunlich, dass die großen Frachter, die etwas weiter im Landesinneren (im Fluss!) ankern, ohne Probleme auslaufen können. Neben diesen Riesen prägen vor allem Segelyachten und Fischkutter das Hafenbild. Den besten Ausblick auf den Hafen und die Ansiedlung hat man vom *St Catherine's Castle*, einer Ruine aus vergangenen Zeiten. Von hier aus führt auch der Coastal Path die beeindruckende Steilküste entlang. Die Schriftstellerin *Daphne du Maurier* (1907–1989) verliebte sich in den Ort und wohnte lange Zeit in ihrem Haus "Ferryside", wo sie auch ihren Roman "Der Geist der Liebe" verfasste. Zwei weitere, zumeist allerdings nur Anglisten bekannte Schriftsteller lebten ebenfalls in Fowey: Kenneth Grahame und Sir Artur Quiller Couch.

• *Information*: **Tourist Information Centre**, 4 Custom House Hill, Cornwall PL23 1AA, ✆/℻ 01726-833616. Hier ist die Broschüre "Walking around Fowey" erhältlich, die einige Ausflugsziele beschreibt.

• *Verbindungen*: Mehrmals tgl. Busverbindungen nach St Austell.

• *Übernachten*: Fowey hat etwa zehn Hotels mit Übernachtungspreisen ab £ 16, aber auch eine ganze Menge Guest Houses.

Marina Hotel, direkt am Fluss Fowey gelegen. Besonders schön sind die etwas teureren Zimmer zum Fluss mit netten Balkonen. B&B ab £ 35 pro Person. Esplanade, ✆ 01726-833315, 📠 832779.

The Wheelhouse, freundliches B&B mit hübschem Garten und Meeresblick; ab £ 18 pro Person. März–Okt. geöffnet; 60 Esplanade, ✆ 017269832452.

• *Jugendherberge*: **Penquite House**, die Jugendherberge liegt in der Ortschaft Golant (westlich des River Fowey). Anfahrt mit Western National Nr. 24 (von Fowey nach St Austell). An der Castle Dore Crossroad aussteigen (Fahrer fragen). Von dort noch etwa 2 km zu Fuß nach Golant; Erwachsene £ 10.85, Jugendliche £ 7.40. ✆ 01726-833507, 📠 832947.

• *Camping*: Der nächste Campingplatz befindet sich auf der Ostseite des Fowey (ca. einen Kilometer entfernt): **Yeate Farm** in Bodinnick, April–Okt. geöffnet; Übernachtung £ 6–8. ✆ 870256.

• *Essen*: **The Ship**, nettes, zünftiges Pub mit preisgünstigen Lunch-Specials. Auch Zimmervermietung, B&B ab £ 17.50 pro Person. Trafalgar Square, Kreuzung Lostwithiel Street, ✆ 01726-833751.

Food for Thought, exklusives Fischrestaurant direkt am Hafen. 3-Gänge-Menü £ 19.95, Hauptgerichte ab £ 15. Direkt nebenan gibt es leckere Fish 'n' Chips ab £ 3.45. ✆ 01726-832221.

The Restaurant Cordon Bleu, viele frische Fischgerichte und sehr guter Hummer. 3 The Esplanade.

St Austell

St Austell ist keine besonders aufregende Stadt, wichtig sind jedoch die Verkehrsverbindungen in alle Richtungen.

Der Busbahnhof befindet sich am Bahnhofsvorplatz. Überlandbusse starten von hier nach Plymouth, Penzance, Liskeard, Camborne und London. In die nähere Umgebung fahren Busse regelmäßig nach Fowey, Mevagissey und Gorran Haven. Mit British-Rail-Zügen kommt man nach London.

Im 18. Jahrhundert wurde hier Kaolin gefunden, ein zur Herstellung von Porzellan notwendiger Rohstoff. Heute wird es sowohl für die Papierindustrie als auch für die Produktion von Farben und Arzneimitteln abgebaut. Von *Charlestown*, dem Hafen von St Austell, kann der Ort mühelos zu Fuß erkundet werden. Hinter dem Hafen befindet sich das *Shipwreck & Heritage Centre*, in dem die Geschichte dieser Gegend dokumentiert wird.

Öffnungszeiten: März–Okt. tgl. 10–18 Uhr. Eintritt: £ 4.45, Kinder und Jugendliche frei.

Mevagissey

Ein Ort, der einem sofort in den Sinn kommt, wenn man an cornische Fischerdörfer denkt. Ähnlich wie Polperro besteht das Dorf aus alten Häusern, die sich um den Hafen gruppieren.

Früher lebte auch Mevagissey vom Schmuggel und vom Fischfang. Zu Beginn des 18. Jahrhunderts erreichte der Sardinenfang seinen Höhepunkt. Die in Salz eingelegten Fische wurden nach Italien und sogar auf die westindischen Inseln exportiert. Für die britische Marine waren sie wichtiger Proviant. Heute ist der Tourismus zur Einnahmequelle Nummer eins geworden, glücklicherweise ist das Gedränge nicht ganz so schlimm wie in Polperro. Bei einem Bummel über die breite Kaimauer kann man den Fischern bei ihren Vorbereitungen zum Auslaufen oder beim Löschen des Fanges zusehen.

Das *Mevagissey Folk Museum* ist am Ende des Westkais in einem alten Werftgebäude untergebracht. Präsentiert werden Exponate rund um den Schiffsbau, denn früher liefen hier die schönsten Schoner vom Stapel.

Südwestengland
Karte S. 256/257

Ein Ausflug führt nach *St Gorran Churchtown* (etwa drei Kilometer südlich auf einem Hügel gelegen) und nach *Gorran Haven* unten am Meer. Beide Ortschaften besitzen interessante Kirchen. Von den Klippen über dem einstigen Krabbenfischerdorf Gorran Haven kann man bei gutem Wetter bis hinüber nach Prawle Point in Devon sehen (etwa 80 Kilometer Luftlinie).

Noch weiter südlich am 125 Meter hohen *Dodman Point* befindet man sich auf geschichtsträchtigem Gelände. In Sichtweite versammelte sich am 20. Juli 1588 die spanische Armada vor der Küste, bevor sie zum Angriff gegen die englische Flotte in Richtung Plymouth segelte. Etwas westlich vom Dodman Point befindet sich *Hemmick Beach*, ein hübscher Strandabschnitt zum Baden. Noch schöner ist Porthluney Cove.

• *Information*: **Tourist Information Centre**, 14 Church Street, ✆/℻ 01726-842266. E-Mail: mevatele@yahoo.co.uk

• *Übernachten*: **Sharksfin**, familiäres Hotel direkt am Hafen. Übernachtung ab £ 22 pro Person. Im Januar Betriebsferien. The Quay, ✆ 01726-843241, ℻ 842552. Internet: www.hotel.sagehost.co.uk

• *Jugendherberge*: In Boswinger, 6 km südlich von Mevagissey und 1,5 km südwestlich der Ortschaft Gorran und nur schwer mit öffentlichen Verkehrsmitteln zu erreichen. Nov.–Ostern geschlossen; Erwachsene £ 9.80, Jugendliche £ 6.75. ✆/℻ 01726-843234.

• *Camping*: **Treveor Farm**, 50 Stellplätze auf einem Bauernhof, nur etwa 5 Meilen von Mevagissey entfernt. Zelt und zwei Personen £ 7–12.50, April–Okt. geöffnet. Gorran, St Austell, ✆ 01726-842387.

***** **Sea View**, gut ausgestatteter Zeltplatz nahe der Jugendherberge. Zweimannzelt ab £ 6. Im Juli und August ist hier alles ausgebucht. Ostern–Sept. geöffnet. Boswinger, ✆ 01726-843425.

Portloe

Cornwall heißt für viele Ursprünglichkeit, unberührte Natur und Einsamkeit. In Portloe kann man von all dem ein wenig finden, denn das Fischerdorf liegt abseits der überlaufenen Tourismuszentren. Sein Hafen ist winzig, und die weiß gestrichenen Häuser stehen dicht gedrängt. Von den umliegenden Klippen bietet sich eine grandiose Aussicht auf die zerklüftete cornische Küste. Von hier aus können Wanderungen über den Cornwall Coast Path zum drei Kilometer entfernten *Nare Head* mit seiner beeindruckenden Steilküste gemacht werden.

Truro

Truro mit seiner Kathedrale ist eine Marktstadt mit 19.000 Einwohnern, weit entfernt von jeder Hektik. Wichtig ist sie als Verkehrsknotenpunkt im Herzen Cornwalls.

Von St Mawes aus ist Truro leicht mit der *King Harry Ferry* zu erreichen, die über einen der schönen südcornischen Fjorde verkehrt. Mittelpunkt der Stadt sind die modernen Einkaufszentren neben der Kathedrale. Diese wurde im Jahre 1910 fertig gestellt und war die erste anglikanische Kathedrale, die nach der Londoner St Paul's Cathedral in England errichtet wurde. Teile des Gotteshauses stammen von einer früheren Kirche, die bereits vorher an dieser Stelle stand. Wer sich für Mineralien, Spielzeug und Malerei interessiert, ist im *Royal Cornwall Museum* in der River Street richtig (Mo–Sa 10–17 Uhr, Eintritt: £ 2.50).

Küstenlandschaft bei Portloe

Information/Verbindungen/Adressen

- *Information*: **Tourist Information Centre** im Municipal Building, Boscawen Street, Cornwall TR1 2NE, ✆ 01872-274555, ✆ 263031.
- *Telefonvorwahl*: 01872
- *Verbindungen*: **Bus** – Busbahnhof in der City am Lemon Quay. National Express (✆ 0990-808080) fährt 4-mal tgl. nach London sowie nach Liskeard und Plymouth, Western National nach Penzance und Falmouth. Informationen unter ✆ 01209-719988.

Zug – Der Bahnhof liegt etwas außerhalb in der Station Road (den Richmond Hill hinauf). Truro liegt an der Strecke Penzance – London Paddington. Von hier aus führt auch eine Stichlinie nach Falmouth sowie nach St Ives.

Ausflugsboote – Von Truro (ab Town Quay) fahren 5-mal täglich Ausflugsschiffe nach Falmouth.

- *Fahrradverleih*: **Truro Cycles**, 110 Kenwyn Street, Truro, ✆ 01872-71703.
- *Geldwechsel*: mehrere Banken in der King Street und Umgebung; **National Westmister** und **Barclays** in der St Nichlas Street.
- *Krankenhaus*: **Treliske Hospital**, Treliske St., Truro, ✆ 01872-274242.
- *Polizei*: Tregolls Road, ✆ 0990-777444.
- *Post*: High Cross.
- *Reiten*: **Chiverton Riding Centre**, Silverwell, ✆ 01872-560471.

Übernachten/Essen

Mrs. Inglefield, knapp 15 Fußminuten vom Zentrum entfernt. Das Guest House zeichnet sich durch die schönen Räume, das großartige Frühstück und den freundlichen Umgang der Besitzer mit den Gästen aus; B&B ab £ 16 pro Person. 35 Treyew Road, ✆ 01872-262783.

Patmos, nettes Nichtraucher-B&B mit Blick auf den Fluss; B&B ab £ 16. 8 Burley Close, ✆ 01872-278018.

Karenza, ein weiteres nettes B&B (ab £ 17). 72 Tregolls Road, ✆ 01872-274497.

- *Camping*: ***** **Carnon Downs Park**, Anfahrt über die A 39 (etwa 3 km in westliche Richtung). 150 Stellplätze für Caravans und Zelte; Zelt plus zwei Personen £ 6–12. April–Okt. geöffnet. Carnon Downs, ✆ 01872-862283.

***** **Liskey Touring Park**, Anfahrt über die A 30 in westliche Richtung. Auf die A 390 und am nächsten Roundabout rechts. An einem kleineren Roundabout wieder rechts abbiegen, dann noch etwa 500 m. Kleiner, gut ausgestatteter Campingplatz; Zelt und zwei Personen £ 6.50–10.50. April–Sept. geöffnet. Greenbottom, ✆ 01872-560274.

• *Essen*: **Number Ten**, das zentrumsnahe Restaurant bietet ausgezeichnete internationale Küche, aber auch verschiedene Salate; preiswerte Mittagsgerichte ab £ 3.50. 10 Kenwyn Street, ✆ 01872-272363.

Feast, ein paar Häuser weiter werden vor allem Vegetarier glücklich. Abends und sonntags geschlossen. 15 Kenwyn Street.

Falmouth

Die Stadt mit ihren gut 18.000 Einwohnern hat zwei Gesichter. Das alte Falmouth am Inner Harbour ist eine echt cornische Stadt mit steilen, engen Straßen und vielen Fischerbooten im Hafen, der neue Teil der Stadt liegt auf einem Hügel direkt an der Südküste.

Die Stadt lebt natürlich vom Tourismus. Besonders im Sommer treten sich sonnenhungrige Engländer ganz schön auf die Füße. Mai, Juni oder September sind wie überall in Cornwall eigentlich die günstigsten Reisemonate – zum Erholen ideal! Auch die großen Strände an der Südküste sind dann nicht so überlaufen wie in der Ferienzeit.

Falmouth, einer der besten Naturhäfen der Welt, verdankt seine Entstehung wahrscheinlich – wie sollte es anders sein – dem Schmuggel. Die einflussreiche Familie *Killigrew* gründete den Ort. Sir John Killigrew, der neben seiner Tätigkeit als Pirat und Schmuggler auch Vizeadmiral von Cornwall war, leitete selbst die blutigen Überfälle auf spanische und französische Schiffe. Man erzählt sich die Geschichte, dass seine Frau eigenhändig mehrere Matrosen eines spanischen Schiffs ertränkt hat. Gut funktionierte die Zusammenarbeit mit den englischen Zollbehörden – Killigrew ließ für die braven Zöllner das *Customs House* am Hafen erbauen. Manchmal ankerten selbst große Schiffe aus Indien in Falmouth, dann machten die Offiziere und ihre Mannschaften gutes Geld. Die Zöllner bekamen etwas ab und drückten mehr als beide Augen zu.

Heute wird natürlich nicht mehr geschmuggelt. Die Stadt lebt schon seit über fünfzig Jahren von der Tourismusindustrie und vom Hafen. Seit jedoch die Reparaturdocks geschlossen wurden, ist die Arbeitslosenquote in die Höhe geschossen. Allerdings hat die British National Oil Corporation in Falmouth einen Stützpunkt zur Erkundung von Off-shore-Öl errichtet, so dass die Stadtväter auf neue Arbeitsplätze hoffen können.

Information/Verbindungen

• *Information*: **Tourist Information Centre**, 28 Killigrew St., Cornwall TR11 3PN, ✆ 01326-312300, ℻ 313457. Hier gibt es Informationen über Fähren und Boote.

• *Telefonvorwahl*: 01326

• *Verbindungen*: **Bus** – Haltestelle auf "The Moor" neben dem Tourist Office. In alle umliegenden Orte mit Western National; Nat-Ex-Busse regelmäßig nach Penzance, Plymouth, Newquay und London.

Zug – Bahnhof "The Dell Station" an der Avenue Road. Verbindungen nur über Truro, da Falmouth nur über eine kleine Stichbahn bedient wird.

Fähren – Regelmäßige Fähren nach St Mawes und Flushing ab dem Prince of Wales Pier. Im Sommer touren Boote auf dem River Fal nach Truro (nur bei Flut) und nach Malpas, z. B. mit **Enterprise Boats** (Prince of Wales Pier) in 2 Std. den River Fal hinauf nach Truro.

Verbindungen auch zur Isle of Roseland: Mo–Sa 8–21 Uhr; im Winter Mo–Sa 8–19 Uhr, So 10–17 Uhr; £ 2.50 pro Auto.

Adressen

• *Apotheke*: **Boots**, 47–49 Market Street.

• *Fahrräder*: **Aldridge Cycles**, 1 Swanpool Street, ✆ 01326-318600.

• *Post*: The Moor.

• *Krankenhaus*: **Falmouth Hospital**, Trescobeas Road, ✆ 01326-434700.

• *Polizei*: Commercial Road, Penryn, ✆ 01326-372231.

• *Geldwechsel*: mehrere Banken im Zentrum, z. B. **Barclays**, Killgrew Street, The Moor, oder **Midland Bank** in der Market St.

• *Waschen*: in der Trelawney Road (200 m den Berg hinaufgehen), Mo–Fr 8–19 Uhr, Sa 8–18 Uhr, So 9–17 Uhr; ein anderer Waschsalon in der Killigrew St. (Nr. 99), Mo–Sa 8–18 Uhr, So 8–15 Uhr.

Übernachten (siehe Karte Seite 302)

Viele B&Bs in der *Melvill Road* und der *Marlborough Road*. Die Gasthäuser an der Cliff Road und am Castle Drive bieten einen imposanten Blick auf das Meer, sind aber auch teurer. Die Zimmervermittlung des Tourist Office hilft bei der Unterkunftssuche. Übrigens vermieten viele B&Bs im Sommer nur wochenweise, deshalb hier auch überwiegend die Wochenpreise.

Green Lawns Hotel (8), völlig mit Efeu beranktes Hotel, das einem verwunschenen Schlösschen ähnelt. Wer in einem der vierzig komfortablen Zimmer übernachtet, kann sich nebenbei im hauseigenen Schwimmbad mit Sauna, Solarium und Fitnessraum in Schwung bringen. Höhepunkt aber ist die "Honeymoon-Suite" mit Himmelbett und (gleich daneben) einem kleinen Whirlpool. Übernachtungen sind entsprechend teuer; ab £ 40 pro Person. Western Terrace, ✆ 01326-312734, ℻ 211427.
Internet: www.green-lawns-hotel.co.uk

Trevu House (10), in diesem komfortablen Gasthaus gibt es B&B bevorzugt wochenweise. Alle Zimmer sind mit eigenem Bad ausgestattet. B&B ab £ 114 pro Person und Woche. 45 Melvill Road, ✆ 01326-312852, ℻ 318631.

Blue Haze Guest House (12), fünf Zimmer zur Bucht, Übernachtung ab £ 18. 7 Gyllyngvase Terrace, ✆ 01326-313132.

Castleton Guest House (7), sechs Doppelzimmer in einem 200 Jahre alten Haus; B&B ab £ 16. 68 Killigrew Street, ✆ 01326-311072.

Afton House Hotel (1), zehn Zimmer, davon sechs mit Duschen. Eine Nacht kostet £ 14–16, für eine Woche zahlt man ab £ 96 pro Person. 91 Trevethan Road, ✆/℻ 01326-212013.

Wodehouse Place (9), einen knappen Kilometer vom Zentrum und den Stränden entfernt werden in dem netten Haus von Juli bis September vier gut ausgestattete Appartements (4–6 Pers.) vermietet. Der Garten kann zum Spielen und Grillen genutzt werden. Je nach Saison und Größe kosten die Wohnungen zwischen £ 200 und £ 360 pro Woche. 31 Woodlane, ✆ 01326-314311.

• *Jugendherberge*: Sie liegt auf dem Gelände von **Pendennis Castle (11)**. Am Tor der Burg läutet man die Glocke oder geht durch die kleine Tür im großen Tor. Besonders schön ist es hier, wenn die Burg nachts angestrahlt wird. Erwachsene £ 9.80, Jugendliche £ 6.75, ganzjährig geöffnet. ✆ 01326-311435, ℻ 315473.
E-Mail: pendennis@yha.org.uk

• *Camping*: **Tremorvah Tent Park (14)**, hübscher Zeltplatz nahe dem Swanpool Beach (Busverbindung); ab £ 7 pro Zweimannzelt. Swanpool Road, ✆ 01326-318311.

Essen und Trinken (siehe Karte Seite 302)

Viele Cafés, Restaurants und Take-Aways in der *High Street*, *Church Street* und *Arwenack Street* (Einkaufszone). Hier findet sich sicher etwas für jeden Geschmack und Geldbeutel.

Pennypots Restaurant (6), das Restaurant im Greenbank Hotel zählt zu den besten von Cornwall. Nur abends geöffnet, Menüs zu £ 30 und £ 35. Mo und So Ruhetag. Harbourside, ✆ 01326-312440.

Bistro de la Mer, einladendes Restaurant mit rot-weiß karierten Tischdecken. Mehr Sitzplätze befinden sich im Untergeschoss. Gute Fischküche, 2-Gänge-Menü £ 12.95. Arwennack Street, ✆ 01326-316509.

Pirate Inn, gute Adresse für Freunde von Livemusik. Grove Place.

Südwestengland
Karte S. 256/257

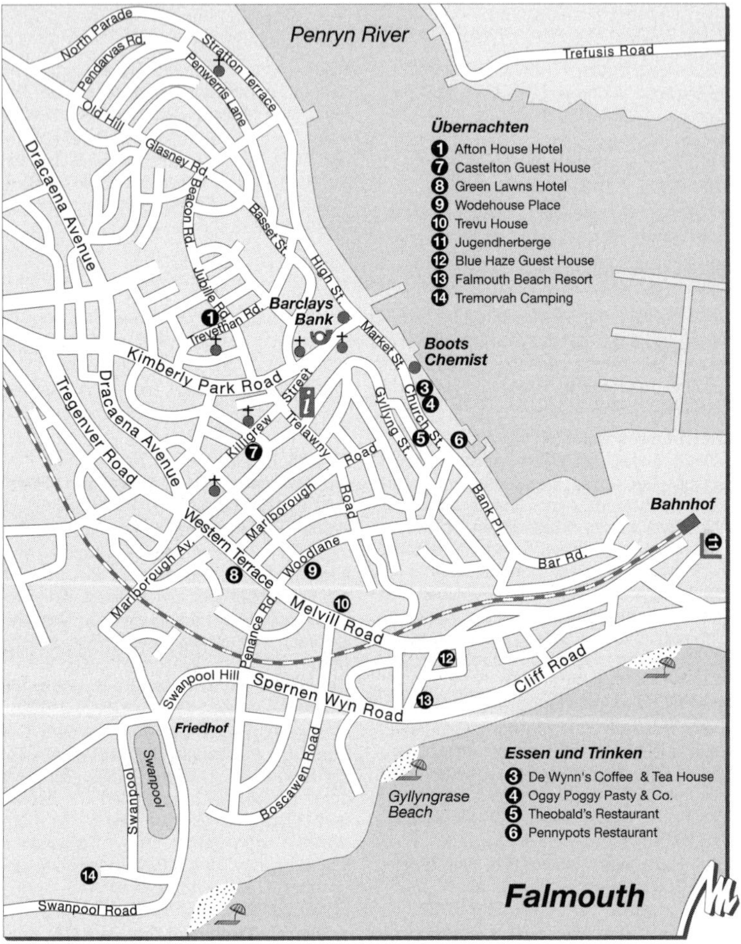

De Wynn's Coffee & Tea House (3), viel leckerer Kuchen und sehr guter Kaffee in diesem Traditionslokal mit der stilvollen Einrichtung. So beliebt, dass es um die Mittagszeit einen Mindestverzehr gibt. 55 Church Street.

Oggy Poggy Pasty & Co. (4), reine Pasty-Bäckerei mit großer Auswahl; mit rund zwanzig Sorten Cornish Pasty (75 p bis £ 1.65) wird jeder Geschmack bedient. 39 Church Street.

Theobald's Restaurant (5), preiswerte Fish 'n' Chips. In dieser Gegend gibt es weitere typisch englische Restaurants mit durchschnittlicher Küche. 31 Arwenack Street.

Badestrände

Castle Beach: feiner Kiesstrand mit Café und Toiletten.

Gyllyngvase Beach: Großer Strand, ideal zum Schwimmen bei Ebbe und Flut. Viele Windsurfer ziehen ihre Kreise. Umkleidekabinen, Toiletten, Cafeteria.

Swan Pool: kleiner, aber recht voller Sandstrand, dahinter auch ein Teich, an dem Boote vermietet werden (alles mit der typischen Ferienpark-Atmosphäre).

Meanporth Beach: Geschützter Strand ähnlichen Charakters. Von hier kann man schöne Spaziergänge auf den Kliffs unternehmen.

Sehenswertes

Pendennis Castle: Pendennis Castle ist Cornwalls größte Festung. Umgeben von zwei Mauerringen erhebt sich der runde Mittelturm wie ein Bollwerk über der Hafeneinfahrt. Im Bürgerkrieg trotzte die Besatzung der Festung 23 Wochen lang den Truppen Cromwells. Erst als keine Vorräte mehr vorhanden waren und der Hungertod drohte, kapitulierte der Kommandant.

Öffnungszeiten: April–Sept. tgl. 10–18 Uhr, Juli und August tgl. 9–18 Uhr, Okt.–März tgl. 10–16 Uhr. Eintritt: £ 3.80, erm. £ 2.80 oder £ 1.90 (EH).

Falmouth Art Gallery: Die 1978 eröffnete Kunstgalerie zeigt immer wieder anspruchsvolle Wechselausstellungen.

Adresse/Öffnungszeiten: The Moor. Tgl. außer So 10–17 Uhr. Eintritt frei.

Ausflug zur Isle of Roseland

Eine Fähre pendelt halbstündlich zwischen Falmouth und der Isle of Roseland. Die kleine Halbinsel zwischen dem River Fal im Westen und der Gerran Bay im Osten hat ihren Namen nicht etwa vom englischen Wort "rose", sondern vom cornischen "rosinis", was so viel wie "Moorinsel" bedeutet. Entdecken kann man eine ganze Menge, Wanderer sind in ihrem Element. An der Mündung des Fal gelegen, wird **St Mawes** häufig mit einem Hafen an der Riviera verglichen. Viele subtropische Pflanzen wachsen im milden Klima, der Ort ist durch seine Lage auch von Nordwinden geschützt. Vom Kai aus kann man Bootstouren unternehmen. Das *St Mawes Castle* wurde unter Heinrich VIII. erbaut und gilt als Meisterleistung der damaligen Verteidigungstechnik. Alle zwanzig Minuten legt die King Harry Ferry einige Kilometer nördlich von St Mawes ab und legt nahe den *Trelissick Gardens* wieder an. Hier steht eines der großartigsten georgianischen Landhäuser. Leider ist das Haus selbst nicht zu besichtigen, entschädigt wird man dafür durch den Park mit seinen Rhododendren, Magnolien und Kamelien. Besonders im Frühjahr sehenswert. Einen Besuch lohnt auch die kleine Kirche in *St Just-in-Roseland*, die sehr schön hinter Rhododendren versteckt am Ufer eines Flüsschen liegt. Ein malerisches Szenario.

- *Fährverbindungen*: Im Sommer Mo–Sa 8–21 Uhr; im Winter Mo–Sa 8–19 Uhr, So 10–17 Uhr; £ 2.50 pro Auto.
- *Öffnungszeiten St Mawes Castle*: April–Sept. tgl. 10–18 Uhr, Okt. tgl. 10–17 Uhr, Nov.–März tgl. außer Do 10–13 Uhr und 14–16 Uhr. Eintritt: £ 2.50 (EH).
- *Öffnungszeiten Trelissick Gardens*: März–Okt. tgl. 10.30–17.30 Uhr, So erst ab 12 Uhr. Eintritt: £ 4.30, erm. £ 2.20 (NT).

Helston

Helston ist eine verwinkelte alte Marktstadt, deren Geschichte bis in die Zeiten König Alfreds zurückreicht. Heutzutage findet der Markt am Montag- und Samstagvormittag statt. Helston war eine der wenigen Münzstädte, außerdem wurde hier das in Cornwall abgebaute Zinn auf seine Reinheit geprüft.

Bunt und vielfältig: Küstenvegetation

Eine touristische Attraktion der Stadt sind die im Mai stattfindenden *Furry Days* oder *Flora Days*. "Furry" hat übrigens nichts mit Fellen oder Ähnlichem zu tun, sondern leitet sich von dem cornischen Wort "feur" für "Feier" ab. Bereits seit Jahrhunderten tanzen die Einwohner Helstons – und nur diese dürfen an dem Tanz teilnehmen – an jedem 8. Mai in festgelegter Reihenfolge durch die Straßen der Stadt. Der Rummel beginnt bereits morgens um sieben Uhr. Zuerst tanzen die Schulkinder, später folgen die Erwachsenen, die sich in einer unendlich langen Schlange in traditionellen Kostümen an den fotografierenden Touristen vorbeibewegen. Für die Stadt ein riesiges Volksfest.

In der näheren Umgebung des Ortes lockt der **Flambards Village Theme Park**, wo Flugzeugfans auf ihre Kosten kommen. Das Gelände liegt an der A 3083 in der Nähe des Culdrose-Militärflughafens. Viele ältere und neuere Flugzeuge können hier besichtigt werden, aber auch das Cockpit einer Concorde. Es gibt zudem ein *Victorian Village* in Originalgröße und "Britain in the Blitz", den Nachbau einer englischen Straße während der deutschen Bombenangriffe. Ansonsten wird hier v. a. Kindern etwas geboten (Wasserrutschen, Karussells, Boote usw.).

Wer sich auf "The Lizard" einquartiert hat oder dorthin will, sollte am besten hier einkaufen, denn weiter im Süden sieht es in dieser Hinsicht düster aus.

• *Öffnungszeiten Flambards Village Theme Park*: April–Okt. tgl. 10.30–17 Uhr, in der Hochsaison bis 18 Uhr, in der Nebensaison häufig Mo und Fr geschlossen. Eintritt: £ 7.50, erm. £ 6.

• *Information*: **Tourist Information Centre**, 79 Meneage Street, Helston, Cornwall TR13 8RB, ✆ 01326-565431. April–September Mo–Fr 10–17 Uhr, Sa 10–16.45, Oktober–März Di, Do und Fr 10–17 Uhr, Mo und Sa 10–13 Uhr.

• *Telefonvorwahl*: 01326

• *Verbindungen*: Verschiedene Routen von **Western National** führen über Helston; 2/2A Falmouth–Penzance, T1 Truro – The Lizard und 13/13A von und nach St Ives. Informationen über ✆ 01209-719988.

• *Übernachten*: **Chycarne Farm Cottages**, etwa 4 km nordwestlich von Helston befindet sich in Sichtweite des Meeres eine Farm, auf der mehrere Cottages vermietet werden. Für eine Woche bezahlt man £ 150–390, abhängig von der Jahreszeit und von der Größe des jeweiligen Cottage (4–8 Personen). Reservierungen bei Mrs. Koss, Balwest, Ashton, Helston, ✆ 01736-762473.

Angel Hotel, direkt in Helston gelegen. B&B im EZ £ 35, im DZ £ 25 pro Person. 16 Coinagehall Street, ✆ 01326-572701.

• *Camping*: *** **Mullion Holiday Park**, bei Mullion (zehn Kilometer südlich von Helston). Angenehmer Platz mit Swimmingpool. Ostern–Sept. geöffnet. Übernachtung ab £ 7.50. ✆ 01326-240000.

• *Essen*: Auf der Fahrt durch Helston sollte

man auf jeden Fall in einem der beiden alten Pubs eine kurze Pause einlegen:

Angel, ein steinernes Haus aus dem 18. Jahrhundert (an der Hauptstraße auf halbem Weg den Berg hinauf gelegen). Früher mal Zollhaus, mal Gefängnis für Schmuggler, dient es heute einer angenehmeren Funktion. Neben dem Pub mit Kaminfeuer auch ein Restaurant.

Blue Anchor, das Pub liegt an der A 394 im Stadtzentrum und stammt aus dem 17. Jahrhundert. Da es das einzige Pub weit und breit ist, in dem das Bier selbst gebraut wird, lohnt ein Besuch allein schon deswegen. 50 Coinagehall Street.

• *Badestrände*: Auf dem Weg nach Penzance befinden sich an der A 394 zwei schöne Badestrände – **Praa Sands** und kurz danach **Perranuthnoe** (in der Nähe von Marazion).

Lizard Peninsula

Einen Trip – zu Fuß, mit dem Fahrrad oder dem Wagen – auf der Lizard Peninsula darf man sich einfach nicht entgehen lassen. Die Halbinsel südlich des Flusses Helford mit vielen kleinen, verschlafenen Fischerdörfern und Buchten bietet viel Abwechslung. Einzig in der Heidelandschaft der Goonhilly Downs wird das Naturerlebnis durch riesige Parabolantennen einer Satellitenstation gestört.

Am einfachsten fährt man von Falmouth über die B 3291 bis nach *Gweek*, dann die A 3083 und weiter hinunter zum *Lizard Point*, dem "most southerly" gelegenen Punkt Großbritanniens. Im Sommer wird er von Touristen überflutet. Hier wollen die blassen Ausflügler den Süden erleben, Sonne tanken und Eis essen. Häufig ist es jedoch anders als erwartet: raue Klippen, eine steife Brise von der See und sehr oft Regen, Regen, Regen...

Etwas weiter östlich steht ein Leuchtturm aus dem Jahr 1752. Nur im Sommer und zu unregelmäßigen Zeiten bzw. nach Vereinbarung kann man sich hier umschauen (✆ 01326-290431). Kleine, abgelegenere Buchten erreicht man über die Stichstraßen von der A 3083.

• *Verbindungen*: Die Lizard-Halbinsel ist nicht einfach mit öffentlichen Verkehrsmitteln zu erkunden. Nur mit dem **Pkw** oder mit einem **Fahrrad** kann man in die entlegensten Ecken fahren. Wer auf den **Bus** angewiesen ist, kann vom "Verkehrsknotenpunkt" Helston mit Bus 2 (von Falmouth nach Penzance) nach Porthleven fahren. Bus T1 (von Truro) fährt durch Helston und Mullion zum Ort The Lizard. Ferner verbinden die Busse T2/3 siebenmal täglich (Mo–Fr) Helston mit St Keverne und Coverack.

Cadgwith: Außerhalb der Saison ein verschlafenes Nest mit einer Hand voll reetgedeckter Häuser und einem Miniaturhafen. Die Boote stehen fast schon auf der engen Straße, die durch den hübschen Fischerort führt.

Mullion: Rund zehn Kilometer von Helston entfernt und das größte Dorf auf der Halbinsel Lizard. Eine Meile weiter befindet sich an der Mullion Cove ein winziger Hafen mit Schmugglervergangenheit. Surfer bevorzugen die benachbarten Strände Polurrian und Poldhu.

Kynance Cove: Inmitten einer beeindruckend schönen Landschaft an der Westküste liegt die Bucht Kynance Cove, die allerdings nur über eine Privatstraße zu erreichen ist. Bei Ebbe kann man hinüber nach *Asparagus Island* laufen. Die See hat unzählige Höhlen in die hohen Klippen gewaschen, jede davon hat einen Namen: *The Kitchen*, *The Drawing Room* oder *The Devil's Mouth*. Überragend ist der Blick auf die steile Felsküste. Unterhalb befindet sich ein schöner Sandstrand, an den man über einen kleinen Pfad gelangt. Bei Wind und Regen ist es hier besonders aufregend, weil man dann meist alleine ist und sich buchstäblich gegen die starke Brise stemmen muss, um nicht umgeblasen zu werden.

Coverack: Schon etwas touristischer, obwohl der Ort selbst viel Charakter bewahrt hat. Ein paar Häuser verteilen sich über die breite, felsige Bucht.

• *Jugendherberge*: Die einzige Jugendherberge auf Lizard Peninsula ist **Parc Behan**. Sie liegt wunderschön oberhalb des kleinen Ortes Coverack mit großartigem Blick auf die Küste; Erwachsene £ 9.80, Jugendliche £ 6.75 (im Winter geschlossen). School Hill, Coverack, ✆ 01362-280687, 📠 280119.

Lizard Point: Der südlichste Punkt Großbritanniens. Der Ort besteht aus ein paar Bauernhöfen, einem Restaurant, Cafés und Souvenirbuden sowie einem großen, ausnahmsweise gebührenfreien Parkplatz. Zum Lizard Point sind es nur wenige Fußminuten, etwas weiter östlich steht ein Leuchtturm aus dem Jahre 1752. Er besitzt eines der stärksten Leuchtfeuer der Welt.

Wandern auf dem Cornwall Coast Path

Wer gut zu Fuß ist, kann The Lizard auf Schusters Rappen umrunden. Der etwa 55 Kilometer lange Küstenpfad führt von Falmouth bis Porthleven. Die schönste Strecke mit zahlreichen Buchten ist der Weg von Church Cove am Lizard Point vorbei zur Kynance Cove. Wer die gesamte Strecke erwandert, kann sich neben einer guten Karte die Broschüre *Cornwall Coast Path*, eine Publikation des Cornwall Tourist Board (Municipal Building, Truro, ✆ 01872-74555), besorgen, in der sämtliche Wanderwege durch Cornwall detailliert beschrieben sind. Eine gute Hilfe ist auch *Bartholomew Map & Guide* "Walk the Cornish Coastal Path" für rund £ 5 (in den Tourist Offices oder im Buchhandel erhältlich).

Penzance

Penzance liegt geschützt an der Mount's Bay. Große Temperaturschwankungen gibt es hier nicht, und der Golfstrom lässt sogar im Winter Blumen blühen, die in anderen Landesteilen erst im Mai oder Juni zu sehen sind. In den städtischen Morrab Gardens wachsen subtropische Pflanzen in einer solchen Fülle, wie man sie in England kaum erwartet.

Penzance ist die größte Stadt an der cornischen Riviera. Wichtig ist sie als Ausgangspunkt für die gesamte *Land's-End-Halbinsel* und für einen Ausflug zu den *Isles of Scilly*. Wer in der Hochsaison durch Cornwall reist, wird in Penzance mit großer Wahrscheinlichkeit noch eine Unterkunft finden. Im Gegensatz dazu sind die kleinen Orte und Fischerdörfer zu dieser Zeit fast alle überlaufen. Die Geschichte der Stadt reicht zurück bis ins 11. Jahrhundert, als hier eine kleine Siedlung entstand. 1595 landeten Spanier in der Gegend und plünderten den Ort. 1614 wurde Penzance zur Stadt erklärt. Piraten aus Frankreich, Algerien und sogar aus der Türkei griffen den Ort noch bis zur Mitte des 18. Jahrhunderts an. 1859 erreichte die Eisenbahn Penzance, und die Zahl

der Besucher stieg stetig an. Im Zweiten Weltkrieg richteten deutsche Bomben viel Schaden an.
Von Penzance führt der *Cornwall Coast Path* etwa 24 Kilometer eine beeindruckende Küste entlang, bis das Land tatsächlich aufhört (Land's End). Über ganz enge cornische Straßen kann man auch mit dem Wagen hierher fahren, wenn es nicht gerade ein amerikanischer Straßenkreuzer ist (s. Umgebung von Penzance, S. 308).

Information/Verbindungen

• Information: **Tourist Information Centre**, Station Approach, Cornwall TR18 2NF, ✆ 01736-362207. Der kostenlose Prospekt "The West Cornwall Holiday Magazine" beinhaltet ein Unterkunftsverzeichnis und praktische Tipps zum Erkunden der Umgebung.

• Telefonvorwahl: 01736

• Verbindungen: **Bus** – Fernbusse der Western National fahren in alle Richtungen ab Albert Pier, Wharf Road (Infos unter ✆ 01209-719988); National Express (✆ 08705-808080) nach London über Heathrow. Bus 2 und 2A nach Falmouth (40 km). Nahverkehrsbusse fahren regelmäßig über die Penwith-Halbinsel: Bus 1 nach Land's End (16 km), Bus 2 nach Helston (21 km), Bus 8 nach Hayle (12 km), Bus 6B nach Mousehole (5 km), Bus 16, 17, 17A nach St Ives (16 km), Bus 2, 2A zum St Michael's Mount (5 km).

Zug – Penzance ist die Endstation der Eisenbahnlinie von London. Bahnhof in der Wharf Road; regelmäßig fahren Züge über Plymouth und Truro nach London/Paddington. Wer nach St Ives reisen will, muss in St Erth umsteigen. Nach Falmouth wechselt man den Zug in Truro, nach Newquay in Par.

Schiff – Verbindungen zu den Isles of Scilly.

Adressen

• Apotheke: Boots, 100–102 Market Jew Street, Mo–Sa 8.45–17.30 Uhr.

• Fahrräder: **Blewett & Pender**, Mountainbikes kosten £ 12 pro 24 Stunden, £ 6 für einen Tag von 9–17 Uhr und £ 40 pro Woche (fünf Tage). Geöffnet Mo–Sa 9–17 Uhr. Albert Street (in Bahnhofsnähe), ✆ 01736-333243.

Geoff's Bike, ähnliche Tarife. Victoria Place, ✆ 01736-363665.

• Geldwechsel: Mehrere Banken befinden sich im Zentrum, z. B. **Barclays** und **Lloyds** in der Market Jew Street. Wechseln auch bei der Post in derselben Straße.

• Kino: **The Savoy**, Causewayhead, ✆ 01736-363330.

• Krankenhaus: **West Cornwall Hospital**, St Clare Street, ✆ 01736-874000.

• Polizei: Penalverne Drive, ✆ 0990-777444.

• Post: 113 Market Jew Street (Kreuzung Jennings Street).

• Internet: **Penzance Public Library**, Morrab Road. £ 2.50 für 30 Minuten.

• Waschen: **Polyclean Centre**, 43 Leskinnick Place, täglich 9–18.45 Uhr (letzter Waschgang).

Übernachten (siehe Karte Seite 309)

Entlang der Küste befinden sich vor allem die teuren Hotels. Die preiswerteren konzentrieren sich überwiegend in und um die *Alexandra Road*. Man spart viel Zeit, wenn man in der Saison zunächst in dieser Straße ein Zimmer sucht. B&B kostet in der Regel etwa £ 12–15.

Summer House, das kleine Hotel verspricht mediterranen Lebensstil in einem Regency-Haus. Das ausgezeichnete Restaurant ist bekannt für seine leichte Küche. EZ £ 40, DZ ab £ 65. Cornwall Terrace, ✆ 01736-363744, 📠 360959.
E-Mail: summerhouse@dial.pipex.com

Trevelyan Hotel (7), gemütliche Unterkunft aus dem 18. Jahrhundert. Aus den Zimmern in der obersten Etage hat man die beste Aussicht. B&B ab £ 17. 16 Chapel Street, ✆ 01736-362494.

Blue Dolphin Penzance Backpackers (2), die Alternative zur Jugendherberge, zentrale

Lage. Übernachtung im Schlafsaal £ 9, DZ £ 18–22. Alexandra Road, ✆ 01736-363836, 📠 363844.
E-Mail: pzbackpack@ndirect.co.uk

• *Jugendherbergen*: **Castle Horneck (1)**, die Jugendherberge liegt an der Alverton Road, ca. 1,5 km in Richtung Land's End, dann rechts ab hinter dem strohgedeckten Haus. Hübsch gelegene Jugendherberge mit freundlichen Herbergseltern; Erwachsene £ 10.85, Jugendliche £ 7.40 (ganzjährig außer Weihnachten und Januar). Nebenan auf der Wiese kann man für den halben Erwachsenenpreis zelten. Alverton, ✆ 01736-362666, 📠 362663.
E-Mail: penzance@yha.org.uk.

• *Camping*: Das Tourist Office führt eine Liste der Campingplätze der Umgebung. Einer davon ist **Bone Valley Park**, ein kleiner, aber gut ausgestatteter Campingplatz im Norden von Penzance; Stellplatz und zwei Personen £ 6–7. März–Nov. geöffnet. Heamoor, ✆ 01736-360313.

Essen und Trinken

Co-Co's Tapas Bar (4), ansprechende Mischung zwischen Restaurant und Café mit guter Küche. Wer will, kann auch nur auf einen Kaffee hereinschauen und sich auf dem Sofa erholen. Chapel Street.

Admiral Benbow (5), ein Haus aus dem 16. Jahrhundert. Die Räume, die auf zwei Etagen verteilt sind, sind mit Seefahrtsgerät und Wrackteilen geschmückt. In gemütlicher Pubatmosphäre wird eine ordentliche Auswahl an Bar-Meals angeboten (£ 3–7). Chapel Street.

Turks Head (6), Penzances ältestes Pub mit einem Schmugglertunnel direkt zum Hafen. Neben dem üblichen Pubfood gibt es auch Steaks und Deftiges aus Neptuns Reich (ab £ 5). Ebenfalls in der Chapel Street.

Archie Browns Cafe and Gallery (3), oben Galerie, unten reizendes vegetarisches Café-Bistro mit bunten Tischen und bunten Bildern an den Wänden. Bread Street, hinter der Market Jew Street.

The Dolphin Tavern (8), führt im ganzen zehn Biersorten. Natürlich befindet sich auch hier Nautisches an den Wänden – und in ihnen Bullaugen. Das Frühstück wird den ganzen Tag über serviert. The Quay (an den Docks).

Sehenswertes

Maritime Museum: Im Seefahrtsmuseum sind Wrackteile von Schiffen, die vor der Küste von Cornwall gesunken sind, ausgestellt. Zu besichtigen ist auch ein Nachbau eines Schiffes von 1730 mit mehreren Decks, Kabinen und Kanonen.

Adresse/Öffnungszeiten: 19 Chapel Street. Ostern–Okt. Mo–Sa 10.30–16.30 Uhr. Eintritt: £ 2, erm. £ 1.50 bzw. £ 1.

Egyptian House: Das Egyptian House (erbaut 1830) mit seinen trapezförmigen Fenstern ist eines der eigenartigsten Gebäude in Cornwall. Der Architekt John Foulston zollte der Ägyptenbegeisterung seiner Zeit Tribut und entwarf die dreistöckige Fassade nach dem Vorbild der Egyptian Hall auf dem Piccadilly.

Penlee House Gallery and Museum: Das Museum besitzt eine umfangreiche Kollektion von Gemälden der 1884 von Stanhope Forbes gegründeten Newlyn School, zumeist impressionistische Küstenszenen.

Adresse/Öffnungszeiten: Morrab Road. Tgl. außer So 10.30–16.30 Uhr, Mai–Sept. tgl. außer So 10–17 Uhr. Eintritt: £ 2, erm. £ 1; am Samstag freier Eintritt. Internet: www. penleehouse.org.uk

Umgebung von Penzance

St Michael's Mount: Das englische Pendant zum Mont St. Michel in der Normandie. Die Ähnlichkeit ist nicht zufällig: Edward the Confessor übergab um 1050 eine auf dem Granitfelsen stehende Kapelle den Benediktinermönchen

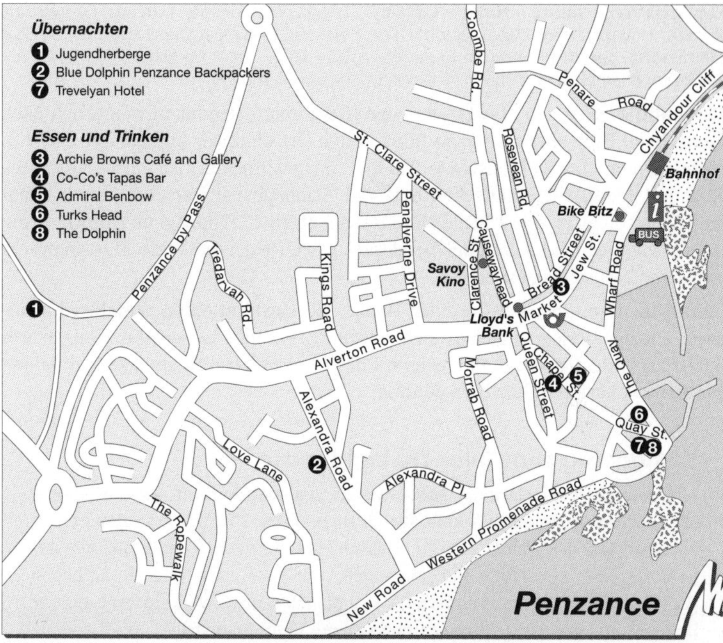

Südwestengland
Karte S. 256/257

vom Mont St. Michel, woraufhin diese nach dem normannischen Vorbild eine zweite Abtei gründeten. Das trutzige Kloster war auch von militärischer Bedeutung: So ließ Heinrich V. den Bau im Hundertjährigen Krieg befestigen. Als Heinrich VIII. landesweit die Klöster aufgelöst hatte, stand dem Ausbau der Insel zu einem Fort nichts mehr entgegen. Nach dem englischen Bürgerkrieg ging die Burg in den Besitz der Familie St Aubyn über. Die Familie – Marmorbüsten und Porträts von den Angehörigen sind in mehreren Räumen zu bewundern – ließ das Kloster zum Wohnsitz umbauen, so dass von der ursprünglichen Ausstattung nur noch wenig erhalten geblieben ist. Sehenswert ist übrigens auch der im 18. Jahrhundert angelegte Felsengarten, der das gesamte Schloss umgibt. Noch ein Hinweis: Zu Fuß zu erreichen ist die Insel nur bei Ebbe über einen gepflasterten Damm. Bei Flut fahren Boote (£ 1) ab Marazion.

Öffnungszeiten: April–Okt. Mo–Fr 10.30–17.30 Uhr, von Nov.–März sollte man sich vorab nach den Öffnungszeiten erkundigen (✆ 01736-710507). Eintritt: £ 4.40, erm. £ 2.20 (NT).

Newlyn: Der westliche Nachbarort von Penzance ist der bedeutendste Fischereihafen Cornwalls. Tag für Tag löschen mehr als 100 Tiefseetrawler ihren nächtlichen Fang. Und so verwundert es auch nicht, dass die hiesige Fischfabrik die einzige in England ist, in der noch *pilchards* (Riesensardinen) verarbeitet werden. Kunstkenner erinnern sich gerne daran, dass sich in Newlyn gegen Ende des 19. Jahrhunderts eine Künstlerkolonie gebildet hatte, zu der Stanhope Forbes, Walter Langley, Norman Garstin und Elisabeth Armstrong gehörten.

• *Übernachten*: **Abbey Hotel**, kleines, stilvolles Hotel in einem Haus aus dem 17. Jahrhundert, das dem einstigen Supermodel Jean Shrimpton und ihrem Ehemann gehört. Die Zimmer sind mit Geschmack und viel Liebe fürs Detail eingerichtet. B&B ab £ 50 pro Person. Abbey Street, ✆ 01736-366906.

Mousehole: Wer von Newlyn aus der Küste folgt, kommt unweigerlich nach Mousehole: Eine einzige Straße führt in den Ort hinunter und auf der anderen Seite wieder hinauf. Mousehole ("Mausl" ausgesprochen) ist ein verträumtes Nest mit kleinem Hafenbecken und viel Atmosphäre. Der Geruch von Tang und Algen liegt in der Luft. In Mousehole starb 1777 übrigens Dorothy Pentreath, diejenige Frau, von der behauptet wird, sie sei die letzte Muttersprachlerin des Cornischen gewesen.

Lamorna: Lamorna liegt in einer Bucht, die stark an einen Steinbruch erinnert. Riesige Felsen machen sich überall breit und lassen die Häuser wie Spielzeug aussehen. In dem hiesigen Pub "Lamorna Inn" kann man sich in uriger Atmosphäre ein Glas Bier gönnen.

Wanderung zum Tater-Du Lighthouse

Ein hübscher Spaziergang führt ca. 2,5 Kilometer durch eine beeindruckende Klippenlandschaft zum Leuchtturm Tater-Du. Oben an der Straße am Ausgang des Tales (auf der rechten Seite) stehen Relikte aus der geheimnisvollen keltischen Vergangenheit: Die zwei etwa vier Meter hohen Steine heißen *The Pipers* und *The Merry Maidens*; nicht weit entfernt auf der linken Seite sind 19 weitere Steine in einem Kreis angeordnet. Die Legende erzählt, dass es sich dabei um junge Mädchen handelt, die das Sonntagstanzverbot missachtet hatten und deshalb in Stein verwandelt wurden.

Porthcurno: Ein Freilichttheater in atemberaubender Umgebung befindet sich in dem kleinen Ort Porthcurno. *The Minack Theatre* liegt versteckt zwischen steilen Granitklippen direkt über dem Meer. Die Theater-Enthusiastin *Rowena Cade* mauerte eigenhändig fast fünfzig Jahre lang Bühne und Sitzreihen in die Klippen. So entstand das Minack Theatre nach dem Vorbild eines griechischen Amphitheaters. Zur Eröffnung wurde 1932 sinnigerweise Shakespeares "Sturm" gespielt. Seither finden hier in den Sommermonaten regelmäßig Aufführungen statt (Regenschutz, Decke und Sitzkissen nicht vergessen!). Das Donnern der Brandung und die melancholische Verfärbung des Abendhimmels spielen dann mit, als wäre es hundertmal geprobt.

• *Öffnungszeiten*: Die Spielzeit dauert 17 Wochen von Mai bis September. Einer der 750 Plätze kostet für Erwachsene £ 5.50 oder £ 6.50 und für Kinder unter 16 Jahren 3 £; Parkplätze für Pkws sind vorhanden. Aufführen finden Mo–Fr um 20 Uhr sowie Mi und Fr um 14 Uhr statt. Spielpläne hält das Tourist Office in Penzance bereit. Eintrittskarten können unter ✆ 01736-810181 (nur während der Spielzeit) vorbestellt werden (Kreditkarte erforderlich) oder 90 Minuten vor einer Aufführung erstanden werden. Buchungen im Internet sind ebenfalls möglich (www.minack.com).
Das Exhibition Centre ist von April–Sept. tgl. von 9.30–17.30 Uhr, im Winter tgl. von 10–16 Uhr geöffnet. Eintritt: £ 2.

• *Anfahrt*: Auch mit den Western National Bussen Nr. 1, 1A und 1C ab Penzance bis Porthcurno möglich. Von dort etwa 20 Minuten Fußmarsch. Wenn es abends kühler wird, sollte man sich eine Decke, ein Sitzkissen und für alle Fälle einen Regenschirm mitbringen.

Aufführungen im Minack Theatre sind unvergesslich

Land's End: Touristennepp in großem Stil. Hier gerät auch dem bestgelaunten Englandfan das Lächeln zur Grimasse. Der westlichste Zipfel der Britischen Insel besteht aus einem Vergnügungspark und dem dazugehörigen Parkplatz. *The Land's End Experience* wurde 1987 eingerichtet und präsentiert eine wenig überzeugende Multimedia-Show. Will man das Gelände dieser Einrichtung betreten, wird der Geldbeutel nicht unerheblich geschmälert (Eintritt £ 8.95, Parken kostet £ 2). Ganze Busladungen voll Touristen strömen hierher. Das "Ende des Landes" bietet nichts, was andere Stellen Cornwalls nicht auch haben: eine schöne Klippenlandschaft mit Wanderwegen, eine Aussicht, die nicht weiter reicht als anderswo, Möwen, die nach Brotresten suchen, klickende Kameras, bellende Hunde, Oma, Opa, Tante Gerda und die Klasse 5 b der Comprehensive School in Danby.

Wanderung von Land's End nach Lamorna

Eine Alternative für Reisende mit mehr Zeit und vernünftigen Schuhen ist der Coastal Path zwischen Land's End und Lamorna Cove. Dabei handelt es sich um einen 12-Meilen-Fußmarsch (ca. 20 km) an einem der schönsten Küstenabschnitte Cornwalls. Manchmal hat man in den Klippen das Meer beinahe 30 Meter direkt unter sich. Der Schwierigkeitsgrad ist mäßig, so dass einem Familienwandertag nichts entgegensteht.

Besonders im ersten Abschnitt zwischen Land's End und Porthgwarra gibt es mehrere stille, kleine Buchten. *Porthgwarra* selbst ist ein winziges Fischerdorf, von der Küste durch Klippen getrennt, durch die zwei Tunnel getrieben wurden. Der vielleicht schönste Strand überhaupt kommt dann in *Porthcurno.* Naturliebhaber entdecken auf einer solchen Wanderung ungewöhnliche Pflanzen und seltene Vögel, beispielsweise Papageientaucher oder Eissturmvögel.

Von Land's End nach St Ives

Von Land's End führt der Coast Path zur *Whitesand Bay*, einer Bucht mit einem etwa 1,5 Kilometer langen Strand. Wem das Schwimmen zu langweilig ist, der kann sich an der südlichen Bucht in **Sennon Cove** ein Surfbrett zum Wellenreiten mieten. Ein weiterer schöner Strand befindet sich vier Kilometer weiter nördlich am Cape Cornwall. In dieser Gegend baute man bis vor einigen Jahren Zinn und Kupfer ab. Einige verlassene Bergwerke mit eingefallenen Gebäuden und Schornsteinen zeugen von dieser Epoche. **St Just** war Zentrum der hiesigen Zinn- und Kupfergewinnung. Die Bergarbeiter wohnten in grauen Reihenhäusern, die noch heute das Stadtbild prägen.

• *Jugendherberge*: **Letcha Vean**, Anfahrt von St Just über die B 3306 Richtung Land's End. Noch bevor die B 3311 Richtung Penzance links abzweigt, rechts an der Kelynack Farm abbiegen (Sackgassen-Schild) und bis zum Ende fahren. Der Coast Path führt direkt an der Herberge vorbei. Erwachsene £ 9.80, Jugendliche £ 6.75. Im Winter außer Weihnachten geschlossen. St Just, ✆ 01736-788437, 📠 787337.

Rund fünf Kilometer nordöstlich von St Just liegen die beiden Dörfer **Trewellard** und **Pendeen.** Bis 1990 wurde hier noch Zinn gewonnen. Das Bergwerk *Greevor Tin Mine* wurde inzwischen zu einer Besucherattraktion umgewandelt. Heute kann man in den 700 Meter tiefen Schacht hinunterfahren und sich selbst einen Eindruck von der Arbeit in den Stollen verschaffen (Führungen im Sommer). Außerdem gibt es auf dem Gelände der *Greevor Tin Mine* noch ein Museum zur Zinnverarbeitung.

Öffnungszeiten: März–Juni, Sept. und Okt. tgl. 10.30–17 Uhr. Eintritt: £ 5, erm. £ 2.50.

Weiter geht es bis **Zennor**, einem kleinen Dorf mit einer Kirche aus dem 15. Jahrhundert und dem *Freilichtmuseum Wayside Inn*, das das Leben in Cornwall von prähistorischen Zeiten bis heute dokumentiert. Anfassen und ausprobieren erlaubt! Im Jahre 1916 lebte der Schriftsteller D. H. Lawrence zusammen mit seiner Frau Frieda für eineinhalb Jahre in Zennor und arbeitete an "Women in Love". Einfache und günstige Übernachtungsmöglichkeiten (£ 9 pro Person) bietet das Old Chapel Backpackers Hostel (✆ 01736-798307).

Öffnungszeiten Freilichtmuseum Wayside Inn: April–Sept. tgl. 10–18 Uhr; im Okt. tgl. außer Sa 11–17 Uhr. Eintritt: £ 2.20.

Nahe der Straße Richtung Penzance (B 3312) liegen auf einem Hügel die Überreste eines Dorfes aus der Eisenzeit. **Chysauster**, so sein Name, ist die am besten erhaltene prähistorische Siedlung im Südwesten Englands.

Öffnungszeiten: Ostern–Sept. tgl. 10–18 Uhr, im Okt tgl. 10–17 Uhr. Eintritt: £ 1.60 (EH).

Isles of Scilly

Nur 20 Minuten mit dem Hubschrauber von Penzance entfernt liegen mitten im Golfstrom die südlichsten Inseln Großbritanniens. Von Land's End sind es 45 Kilometer Luftlinie. Nur fünf Inseln sind bewohnt, wobei St Mary's mit rund 1.600 Einwohnern die größte ist.

Nachdem der Schiffsbau nichts mehr einbrachte, haben sich die insgesamt knapp 2000 Bewohner der Inselgruppe auf den Tourismus und die Blumenzucht verlegt – wie es aussieht, recht erfolgreich. Wer Abgeschiedenheit und

Ruhe sucht, sollte den Inseln einen Besuch abstatten, es wird sich lohnen – nur möglichst nicht im Juli oder August. Übernachtungsgelegenheiten sind nur begrenzt vorhanden, also rechtzeitig vorher buchen.

Isles of Scilly – ein Stück Cornwall?

Die Legende erzählt, dass ein großes Reich in den Fluten versank, als King Arthur vom Verräter Mordred niedergemacht wurde. "Long, long ago", heißt es, und das könnte auch sehr lange vor Beginn unserer Zeitrechnung gewesen sein. Vielleicht ist etwas Wahres an der Legende, denn die Inseln bilden die geologische Verlängerung der Bergkette von Cornwall.

Wahrscheinlich waren die heutigen Isles of Scilly die von dem griechischen Historiker Strabo beschriebenen "Cassiterides" (= Zinninseln) der Phönizier, die hier nach diesem Metall suchten. Den Römern dienten die *Insula Sylina* als Verbannungsort, den Dänen als Stützpunkt für Kaperfahrten in den Bristol Channel. Unter den Normannen gehörten die nördlichen Inseln zur Abtei von Tavistock, die südlichen wurden von einem Lord für den englischen König verwaltet. Im 16. Jahrhundert machte der desertierte Admiral Lord Seymour die Inseln zum Zentrum der Piraterie, bis er wegen Hochverrats hingerichtet wurde. Im Bürgerkrieg hielten sich die königstreuen Inselbewohner bis 1651. Die Kanonenkugeln, die damals von den Republikanern abgefeuert wurden, sind heute noch in den Gärten von Tresco zu sehen. Charles II. suchte nach seiner Flucht aus Falmouth 1645 hier Zuflucht.

Südwestengland
Karte S. 256/257

• *Information*: **Tourist Information Centre**, Wesleyan Chapel, Well Lane, St Mary's, Isles of Scilly Cornwall TR21 OJD, ✆ 01720-422536, 📠 422049.
Internet: www.simplyscilly.co.uk

• *Verbindungen*: **Fähre** – Von Penzance fährt das Passagierschiff "Scillonian III." St Mary's an, die größte der ca. 140 Inseln vor Englands Westspitze. Es ist eine teure Angelegenheit, die Inseln zu besuchen. Der günstigste Tarif (Day Trip) beträgt immerhin £ 34 (NS £ 30) für Erwachsene und £ 17 bzw. £ 15 für Jugendliche. Nur, was hat man von ein paar Stunden auf St Mary's? Eine normale Rückfahrkarte kostet £ 72 bzw. £ 62 (Jugendliche und Studenten erhalten 50 Prozent Ermäßigung). Wer nicht länger als drei Nächte auf den Inseln bleiben will, kauft das Short-Breack-Ticket für £ 52 bzw. £ 42. Die Schiffe verkehren Mo–Fr (im Sommer auch Sa). Einen Fahrplan gibt es beim Tourist Office, zumeist ist die Abfahrt um 9.15 Uhr ab Penzance bzw. um 16.30 Uhr ab St Mary's; Auskünfte und Buchungen direkt bei: **Isle of Scilly Travel Centre**, 16 Quay Street, Penzance, ✆ 0845-7105555.
Internet: www.isleofscilly-travel.co.uk

Flugzeug – Dieselbe Gesellschaft betreibt auch den Skybus (zweimotorige Flugzeuge), der u. a. vom Land's End Aerodrome, Exeter, Newquay, Plymouth oder Bristol zur Insel St Mary's fliegt. Die Reise dauert je nach Abflugort zwischen 15 und 70 Minuten, ist dafür aber auch um einiges teurer als die mit dem Schiff. Same Day Return kostet von Land's End £ 65 (NS £ 57), von Exeter £ 138 und von Newquay £ 70 (NS £ 67). Ein normales Rückflugticket ist noch teurer. Kinder bis 16 Jahre erhalten zwischen 25 und 50 Prozent Ermäßigung. Wer will, kann es spontan mit dem günstigen Stand-by-One-Way-Ticket versuchen. Information ebenfalls unter ✆ 0845-7105555. Internet: www.isleofscilly-travel.co.uk

Hubschrauber – Eine andere Möglichkeit, auf die Inseln zu kommen, bieten die Hubschrauber der British International Ltd., ✆ 01736-363871. Abflug ab Heliport (einen Kilometer östlich von Penzance). Der Flug dauert etwa 20 Minuten bis nach St Mary's und geht manchmal auch nach Tresco. Außer sonntags fliegen die Sikorsky-S61-Hubschrauber bis zu zwölfmal am Tag (je nach Saison). Flugpreise: Day Return £ 62, Normal Single £ 47, Normal Return bis zu £ 76.

Zwischen Oktober und März kann man ein Short-Break-Return-Ticket relativ günstig für £ 69 erstehen.

• *Verbindungen auf den Inseln*: Nur auf St Mary's gibt es öffentliche Busse. Zu den anderen Inseln fahren regelmäßig Boote. Fahrpläne gibt es am Kai in Hugh Town, wo die Boote ablegen.

• *Übernachten*: Auf den Isles of Scilly gibt es einige Hotels und B&Bs, die aber relativ teuer sind. Eine Übernachtung ist kaum unter £ 20 pro Person zu haben, zumeist wird zudem nur mit Halbpension vermietet. Die größte Schwierigkeit ist jedoch, überhaupt ein Zimmer zu bekommen. Nach Auskunft des Tourist Office sind alle Unterkünfte bis auf ein Jahr im Voraus ausgebucht. Also früh entscheiden, ob die Inseln ein geeignetes Ausflugsziel sind, und dann schleunigst beim Tourist Office buchen. Ansonsten kann man nur einen teuren Tagestrip auf die Inseln machen. Wild zelten ist übrigens streng verboten.

• *Camping*: Bestausgestatteter Zeltplatz der Isles of Scilly ist die **Garrison Farm**, St Mary's, ✆ 01720-422670. Übernachtung ab £ 3.75 pro Person. Auf den Inseln St Martin's, St Agnes und Bryher gibt es einfache Zeltplätze.

St Mary's

St Mary's ist die größte Insel des Archipels. Hier befinden sich die meisten Unterkünfte. Hauptstadt der Insel ist *Hugh Town* im Südwesten. Fähren von Penzance legen im Norden der Stadt an. Westlich von Hugh Town ragt die Halbinsel *The Garrisson* ins Meer hinein.

Aus Angst vor einem Angriff der spanischen Armada erbaute man im 16. Jahrhundert auf einem Hügel *Star Castle*. Die Burg erhielt ihren Namen wegen der sternenförmigen Mauer, die das Gebäude umgibt. Die Wehrhaftigkeit musste der Gastfreundlichkeit weichen, und aus der Festung wurde ein Hotel der Spitzenklasse. Wer es sich leisten kann (Halbpension um £ 64 pro Person, ✆ 422317), übernachtet hier. Ansonsten genießt man einfach die gute Aussicht über die gesamte Inselgruppe.

Ab Hugh Town führt ein Wanderweg zum südlich gelegenen *Peninnis Headland*. Dabei geht es vorbei an beeindruckenden Felsformationen bis zum Leuchtturm ganz im Süden. Entlang der Küste geht es Richtung *Old Town*, der ehemaligen Hauptstadt von St Mary's. Einige Cafés und ein Badestrand laden zum Verweilen ein.

Der Küstenweg zieht sich südlich am Flughafen entlang und an Giant's Castle (Burgruinen) vorbei zur Porth-Hellick-Bucht. Nach einer Schiffskollision, die im Jahr 1707 rund 1700 Menschenleben forderte, wurde hier Sir Cloudesley Shovell an Land gespült. Heute trägt ein schroffer Granitfelsen am Strand seinen Namen. Nördlich liegt ein rund 4000 Jahre altes *Hügelgrab*, das vermutlich von Siedlern der Iberischen Halbinsel (Bronzezeit) stammt, die die Isles of Scilly als Erste bewohnten.

Im nordöstlichen Teil der Insel, keine drei Kilometer von Hugh Town entfernt, liegt die *Pelistry Bay*, eine der schönsten Buchten: glasklares Wasser und ein wenig vorgelagert *Toll's Island*. Bei Ebbe ist die kleine Insel mit St Mary's verbunden.

Tresco

Tresco, die zweitgrößte Insel, liegt etwa drei Kilometer nordwestlich von St. Mary's. Boote machen meistens in *Carn Near*, dem südlichsten Punkt der Insel, fest. Vom Kai aus sind es ungefähr zehn Minuten zu Fuß zum *Abbey Gar-*

den (tgl. 10–16 Uhr), der eine für England einmalige Fülle von Blumen und sogar tropische Pflanzen wie Bambus, Bananen, Agaven, Zimtbäume, Palmen usw. aufweisen kann. Mit der Eintrittskarte (£ 5.50) kommt man auch in die *Valhalla*, eine Sammlung von Galionsfiguren und anderen Kuriositäten.

Auf Tresco gibt es viele Sandstrände, von denen der schönste *Appletree Bay* (bei Carn Near) ist. Trotzdem gilt auch hier: In den Sommermonaten findet man kein Zimmer mehr. Die Engländer buchen ihre Hotels schon ein Jahr im Voraus. Ein weiterer schöner Strand liegt in *New Grimsby*, wohin man auch Bootsausflüge machen kann. Etwa einen Kilometer nordwestlich von dort überblickt man vom *Charles' Castle* (16. Jh.) das Meer und die Nachbarinsel Bryher. Gleich daneben erhebt sich das besser erhaltene *Cromwell's Castle* (17. Jh.). Die nördliche Spitze der Insel bildet *Piper's Hole*, eine 30 Meter tiefe Höhle mit einem kleinen See, erreichbar von der Oberkante der Kliffs.

St Martin's

Auf St Martin's gibt es so gut wie keine Unterkunftsmöglichkeiten. Doch die herrlichen Sandstrände locken zu einem Tagesausflug von St Mary's aus. Die Anlegestelle liegt bei der *Higher Town Bay*, einem wunderschönen Sandstrand. Von hier aus führt eine Straße nach *Higher Town*, mit einigen Häusern und einem Geschäft die "Hauptstadt" der Insel. Im Osten, am *St Martin's Head*, dient der rot-weiße *Daymark* als Navigationshilfe für die Schifffahrt. An klaren Tagen sieht man von hier etwa zehn Kilometer draußen auf dem Meer eine Stelle, wo sich Wellen brechen. Dort liegt das *Seven Stones Reef*, auf das 1967 der Tanker *Torrey Canyon* lief und eine der schlimmsten Umweltkatastrophen der Welt verursachte.

St Agnes

St Agnes ist als die Vogelinsel unter den Isles of Scilly bekannt. Kormorane, Sturmtaucher, Krähenscharben und natürlich Möwen können hier beobachtet werden. Westlich vorgelagert liegen die *Western Rocks*, die im Rahmen von Bootstouren erkundet werden können. Auf den kleinen Inselchen tummeln sich auch Seehunde. Besucherboote legen auf St Agnes in *Porth Conger* an. Eine Straße zum westlichen Teil der Insel führt an einem der ältesten Leuchttürme Englands vorbei (1680). Im Osten ist bei Ebbe die Insel *Gugh* mit St Agnes durch eine Sandbank verbunden. Dann kann man zu Fuß hinüberlaufen und sich Überreste prähistorischer Siedlungen anschauen.

Bryher

Bryher ist die "wildeste" der bewohnten Inseln: Farn-, Heide- und Moosflächen im Inneren, eine wellenbrechende Felsküste im Norden und friedliche Sandstrände im Süden. Das ganze Panorama ist vom *Watch Hill* zu überblicken. *Hell Bay* im Nordwesten ist die Stelle, wo die Wellen am spektakulärsten und am lautesten auf das zerklüftete Gestein treffen. Vom Kai (im Osten) werden Bootstouren unter anderem auch zur benachbarten Insel *Samson* angeboten.

St Ives

Mit seinen engen, gewundenen Gassen und den kleinen Häusern, die den steilen Hügel rund um den Hafen säumen, ist St Ives ein überaus attraktiver Ort. Touristischer Höhepunkt ist aber fraglos ein Besuch der Tate Gallery.

St Ives ist nach der heiligen Ia benannt, die im 5. Jahrhundert die Kelten missioniert hat. Jahrhundertelang war der Ort das Zentrum der Sardinenfischerei, Virginia Woolf erlebte in ihrer Jugend noch eine "windige, lärmende, nach Fisch riechende, bewegte, enge Stadt; von der Farbe einer Muschel oder Schnecke; wie ein Klumpen Miesmuscheln auf einer grauen Mauer". Doch als die Sardinenschwärme bei ihren frühsommerlichen Wanderungen einen anderen Weg wählten, war es vorbei mit dem glitschigen Reichtum. Gewissermaßen als Entschädigung entwickelte sich St Ives in dieser Zeit zur renommiertesten englischen Künstlerkolonie.

St Ives

In Touristenprospekten wird St Ives als schönste Stadt Cornwalls gepriesen: malerische Lage, Kunstzentrum und darüber hinaus noch schöne Sandstrände. Und tatsächlich macht die Stadt einen idyllischen, fotogenen Eindruck. Subtropische Vegetation und das Flair einer Künstlerstadt erinnern fast an Südfrankreich, nur wirkt es hier alles etwas kühler britisch. In den engen Gassen der Altstadt herrscht eine geschäftige Hektik. Verkauft werden Schnitzereien und Muschelketten von den Philippinen, Korbarbeiten aus China und natürlich auch cornisch angehauchter Nippes. Kunstgalerien dürfen selbstverständlich auch nicht fehlen. Wer St Ives während der Vor- oder Nachsaison besucht, wird den Ort von seiner angenehmsten Seite kennen lernen. Zu dieser Zeit tummeln sich auch weniger Leute am malerischen Carbis Bay Beach. Den schönsten Blick über Stadt und Hafen hat man von der Straße The Terrace oben auf dem Hügel.

Künstler in St Ives

Die verträumte Bucht von St Ives übte auf Maler stets eine faszinierende Anziehungskraft aus. Der Amerikaner James Whistler und sein Schüler Walter Sickert "entdeckten" 1883 das Fischerdorf auf der Suche nach neuen Inspirationsquellen. Ein Beispiel, das Schule machte: Angezogen von den klaren Farben, der eigentümlichen Dramatik des Lichts und der rauen Landschaft, entstand in den dreißiger Jahren in St Ives eine regelrechte Künstlerkolonie, durch die der Ort auch überregional bekannt wurde. Zu den bekanntesten Mitgliedern gehörten Barbara Hepworth, Naum Gabo, Roger Hilton, Ben Nicholson, Bernard Leach und Patrick Heron. Einen hervorragenden Einblick in die Arbeiten der einstigen Künstlerkolonie bietet die Tate Gallery und das Barbara Hepworth Museum.

Information/Verbindungen/Adressen

- *Information*: **Tourist Information Centre**, The Guildhall, Street-an-Pol, Cornwall TR26 2DS, ✆ 01736-796297, ℻ 798309.
- *Telefonvorwahl*: 01736
- *Verbindungen*: **Bus** – Western-National-Busse fahren am Busbahnhof am Hafen (The Malakoff) ab; ✆ 01209-719988. Mit den Linien 16, 17, 17A und 17C kommen Sie nach Penzance. Cornwall Express fährt bis zu sechsmal täglich über Redruth, Truro, St. Austell nach Plymouth. Nur im Sommer kommt man mit dem Bus 15 auf der Küstenstraße nach Land's End. National Express fährt dreimal tgl. nach London (✆ 0990-808080).
Zug – Bahnhof an der Straße The Terrace, vielleicht der Bahnhof mit der besten Aussicht Englands; Information unter ✆ 08457-484950. Die Nebenlinie, die als eine der schönsten Eisenbahnlinien der Region gilt, führt an der Küste entlang von St Ives über Carbis Bay und Lelant nach St Erth. Von St Erth hat man dann wieder Anschluss in alle Richtungen (z. B. London). Manche Züge verbinden direkt mit Penzance.
- *Geldwechsel*: **Barclays**, High Street. Einen Wechselservice gibt es auch bei der Post.
- *Krankenhaus*: Edward Hain, St Ives, ✆ 01736-795044.
- *Polizei*: Dove Street, ✆ 01209-714881.
- *Post*: 1 Tregenna Place.

Übernachten (siehe Karte Seite 318)

Die meisten Hotels sind an der B 3306 und in deren Parallelstraßen zu finden. Außerhalb des Ortes reihen sich vor allem Unterkünfte der gehobenen Kategorie die Carbis Bay entlang bis nach Hayle.

The Countryman at Trink Hotel, fünf Autominuten vom Ortszentrum entfernt. Das kleine Nichtraucherhotel strahlt eine herzliche Atmosphäre aus. EZ £ 38, DZ ab £ 60. Old Coach Road, ✆/℻ 01736-797571.

The Grey Mullet (4), unter Denkmalschutz stehendes Haus aus dem Jahre 1776, zum Teil mit Efeu berankt. Eine Kopfsteinpflastergasse führt von hier zum nahen Strand. B&B um £ 22. 2 Bunkers Hill, ✆ 01736-796635.

Kandahar (11), "kandahar" bedeutet so viel wie "Haus, das glaubt, ein Schiff zu sein". Und tatsächlich, es befindet sich direkt am Meer. Unter den Zimmerfenstern klatscht das Meer an die Felsen. Drei Zimmer en-suite, für die anderen zwei Zimmer gibt es Badezimmer auf dem Flur. B&B £ 20–27 pro Person. 11 The Warren, ✆ 01736-796183.

Tregony, hübsche Zimmer mit TV und En-suite-Ausstattung, hilfsbereite Besitzer; B&B £ 22.50 ohne, £ 25 mit Meerblick. 1 Clodgy View, ✆ 01736-795884, ℻ 798942.

Gowerton (7), Gästehaus direkt am Old Pier. Aus den Zimmern hat man einen schönen Blick über die Bucht. £ 18 (nur Übernachtung). 6 Sea View Place, ✆ 01736-796805.

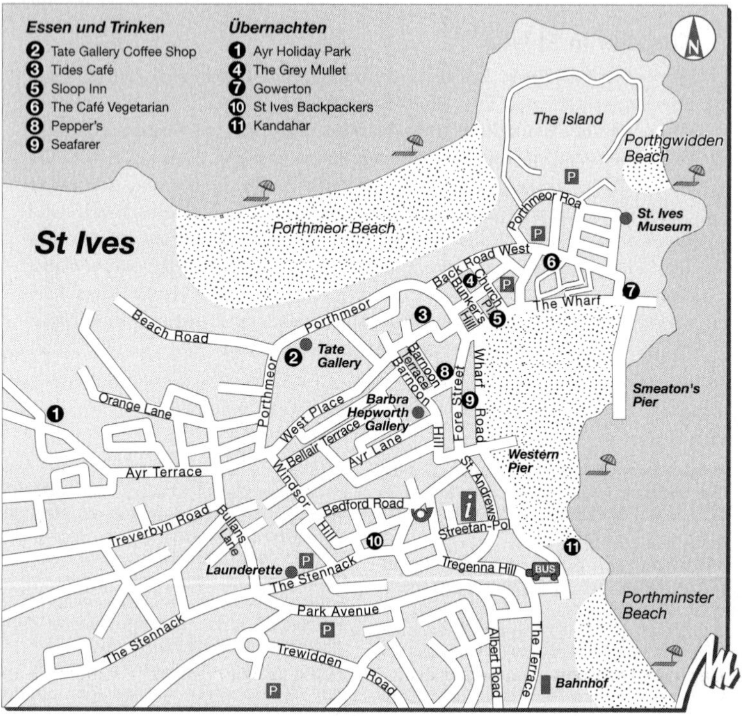

St Ives Backpackers (10), in einem historischen Gebäude im Zentrum. Übernachtung im Schlafsaal je nach Saison £ 8–12. The Stennack, ✆/℡ 01736-799444.
E-Mail: st-ivesbackpackers@dial.pipex.com

• *Camping*: **Ayr Holiday Park (1)**, weniger als 1 km westlich vom Zentrum befindet sich dieser Zeltplatz. Über die B 3306 knapp 500 m Richtung St Ives, dann in die Bullans Lane einbiegen. Von hier hat man einen schönen Blick auf die Bucht. Nur von April–Okt. geöffnet. Zweimannzelt £ 7–10. Higher Ayr, ✆ 01736-795855.

Essen

Kleine Snacks wie etwa *Cornish pasty* (Pastete mit Kartoffeln und Gemüse) kann man mittags in den Pubs essen. Besonders stilvoll ist das *Sloop* direkt am Meer (The Wharf). Das Pub soll bereits 1312 gebaut worden sein und steht unter Denkmalschutz.

Tides Café (3), nettes Café-Restaurant unweit der Tate Gallery. Die Küche ist international von mediterran bis thailändisch. Mittagsgerichte zwischen £ 5 und £ 8. ✆ 01736-799600.

Tate Gallery Coffee Shop (2), eine ausgezeichnete Adresse für all diejenigen, die beim Essen Wert auf ein designtes Ambiente legen. Terrasse. Porthmeor.

Seafarer (9), ein nettes Restaurant für Freunde von Meeresfrüchten. Der Preis für ein Fischgericht ist vergleichsweise niedrig, und aus den Fenstern hat man den Hafen im Blick. 45 Fore Street.

Sloop Inn (5), historisches Pub aus dem 14. Jahrhundert. Frischer Fisch ab £ 6. The Wharf, ✆ 01736-796584.

The Café Vegetarian (6), kleines Restaurant mit gutem Service, zudem schonend für die Reisekasse. Island Square, ✆ 01736-793621.

Pepper's (8), gute Adresse für Pizza und Pasta. Fore Street, ✆ 01736-794014.

Baden/Surfen

Zusammen mit dem Nachbarort Hayle hat St Ives fünf zum Teil sehr lang gestreckte Sandstrände. Der schönste unter ihnen ist ohne Zweifel die **Carbis Bay**. Aber auch der **Porthmeor Beach** in St Ives ist einen Besuch wert.

Sehenswertes

Tate Gallery St Ives: Die Tate Gallery in St Ives wurde 1993 gebaut, um die Werke der hiesigen Künstlerschule an ihrem Entstehungsort ausstellen zu können. Gleich ein Lob vorweg: Das von Eldred Evans und David Shalev entworfene Museum ist ein architektonisches Glanzstück im englischen Südwesten. Der Haupteingang liegt am tiefsten Punkt des Grundstücks. Die fünf Hauptausstellungsräume wurden in Form und Größe verschiedenen Künstlerateliers nachempfunden. Zu sehen sind Arbeiten von Patrick Heron, Terry Frost und Peter Lanyon sowie Keramiken von Bernard Leach und Skulpturen von Barbara Hepworth. Hinzu kommen die naiven Gemälde von Alfred Wallis, einem Fischer, der erst im Alter von 70 Jahren mit der Malerei begann. Dies ist auch das Außergewöhnliche an der Tate Gallery von St Ives: Es sind nur Werke von Künstlern ausgestellt, die in der Region gelebt und gearbeitet haben. Sehenswert ist auch das Restaurant in der oberen Etage: Von der Terrasse bietet sich ein schöner Blick hinunter auf den Porthmeor Beach und in den offenen, von einer Glaswand abgeschirmten Innenhof.

Öffnungszeiten: Di–So 10.30–17.30 Uhr, im Juli und Aug. auch Mo. Eintritt: £ 3.90, erm. £ 2.30. Kombiticket mit Barbara Hepworth Museum £ 6, erm. £ 3.30. Internet: www.tate.org.uk

Barbara Hepworth Museum and Sculpture Garden: Die Bildhauerin Barbara Hepworth (1903–1975) war zeitlebens von der "bemerkenswert heidnischen Landschaft fasziniert, die zwischen St Yves, Penzance und Land's End liegt". Barbara Hepworth, die zu den bedeutendsten Bildhauerinnen des 20. Jahrhunderts gezählt wird, stammte aus Yorkshire und war von ihrem Studienfreund Henry Moore beeinflusst. Ab 1939 lebte Barbara Hepworth zusammen mit ihrem zweiten Mann Ben Nicholson und ihren Drillingen in St Yves. Nach der Trennung von Nicholson bezog sie 1949 das von hohen Mauern umgebene Anwesen. In ihren Arbeiten (Holz, Marmor und Bronze) fühlte sie sich stets einer organischen Formensprache verpflichtet. Nachdem Barbara Hepworth 1975 bei einem Brand in ihrem Atelier auf tragische Weise ums Leben gekommen war, wurde ihr einstiges Wohnhaus samt Atelier und dem wunderschönen, von ihr selbst angelegten Garten in ein Museum verwandelt.

Adresse/Öffnungszeiten: Barnoon Hill. Di–So 10.30–17.30 Uhr, im Juli und Aug. auch Mo. Eintritt: £ 3.50, erm. £ 1.80. Kombiticket mit Tate Gallery £ 6, erm. £ 3.30.

St Ives Museum: Das städtische Museum zeigt Sammlungen zur Fischerei, Seefahrt und Lokalgeschichte.

Adresse/Öffnungszeiten: Wheal Dream. Mitte Mai bis Mitte Okt. tgl. 10–17 Uhr. Eintritt frei.

Über Hayle und Redruth nach Newquay

Redruth/Hayle: Um von St Ives nach Osten zu kommen, kann man zum einen die A 30 von Hayle in Richtung Camborne und Redruth benutzen. Die beiden Städte bildeten das industrielle Zentrum Cornwalls. Schon um 1100 waren in

Südwestengland
Karte S. 256/257

diesem Gebiet Zinn- und Kupferminen in Betrieb. Das Metall wurde in die Münzstädte Truro, Helston, Liskeard oder Lostwithiel gebracht, wo es auf seine Reinheit hin untersucht wurde und eine entsprechende Prägung erhielt. Die Schmelzöfen standen vor allem in der Umgebung von Hayle. Und noch heute ragen hier die Ruinen alter Fabriken mit dicken Schornsteinen aus der Landschaft.

Camborne: Eine touristisch wenig interessante Stadt, die jedoch mit ihrer Bergbauschule für den cornischen Bergbau eine besondere Rolle spielt. Der industrielle Erfindungsreichtum war eindrucksvoll: Schon 1797 konstruierte Richard Trevithick die erste dampfgetriebene Pumpe. Weniger erfolgreich waren die Erfinder Woolf und Brunton mit ihrem ersten dampfgetriebenen "laufenden Pferd". Die Konstruktion explodierte, und 13 neugierige Zuschauer fanden den Tod. Im nahen Pool geben die dem National Trust gehörenden *Cornish Mines and Engines* einen Einblick in die Industriegeschichte.

Über Hayle und St. Agnes nach Newquay

Interessiert man sich mehr für die Küstenlandschaft Cornwalls, dann ist die zweite Route – die B 3301 entlang der Küste – die günstigere Alternative. Zum Schwimmen und für Dünenspaziergänge bietet die *St Ives Bay* ausreichend Gelegenheit.

Gwithian: Ein schöner, kleiner Ort inmitten der Dünen. Völlig verändert sieht die Landschaft aus, wenn man weiter nach Osten kommt. In bis zu 100 Meter hohen Steilklippen fällt das Land zum Meer hin ab.

St Agnes: Ein weiteres Bergbauzentrum, in dem Mitte des 19. Jahrhunderts insgesamt zwölf Minen in Betrieb waren. In einigen Bergwerken von St Agnes wurde gleichzeitig Kupfer und Zinn gefördert. Die meisten Ruinen der alten, efeuumrankten Maschinenhäuser sind südwestlich der Stadt zu sehen. Hinter St Agnes liegt die *Trevaunance Cove* mit einem kleinen Strand, der interessant für Windsurfer ist. Die Wellen sind an der Nordküste höher als im Süden, da die Westwinde ungehindert vom Atlantik her wehen – weniger ideal für Schwimmer.

Perranporth: Perranporth hat im Gegensatz zu St Agnes einen etwa fünf Kilometer langen Sandstrand. Dahinter erstrecken sich riesige Sanddünen, die ins Landesinnere wandern und langsam das fruchtbare Land verschlucken. Zusammen mit Newquay ist Perranporth das Zentrum für Windsurfer; bei Flut muss allerdings mit hohen Brechern gerechnet werden. Der Ort selbst ist äußerst geschichtsträchtig: Die älteste Kapelle Englands wurde hier im 7. Jahrhundert von keltischen Missionaren erbaut. Im 16. Jahrhundert wurde sie vom Dünensand verschluckt, die Düne wanderte weiter und gab sie im 19. Jahrhundert wieder frei. Vor der Reformation war die Kapelle eine Pilgerstätte, da hier eine Reliquie des *heiligen Piran* aufbewahrt wurde. Im Jahre 1804 wurde in sicherer Entfernung zu den Dünen eine weitere Kirche erbaut. Heute lebt der Ort (3600 Einwohner) eher von den sonnenhungrigen Pilgern. Verschiedene Freizeiteinrichtungen sorgen dafür, dass sich auch Kinder gut amüsieren.

Newquay

Cornwalls größtes Seebad ist das Mekka aller Surffreaks. Höhere Wellen als am Fistral Beach lassen sich in Europa kaum finden. Doch nicht nur die braungebrannte Fungeneration, sondern auch Rentner und Familien haben Newquay ins Herz geschlossen.

Bis vor hundert Jahren war Newquay ein kleines Fischerdorf. Etwa einen Kilometer nordöstlich des Zentrums steht noch ein altes Gebäude am Meer, das *Huer's House*, ein letztes Überbleibsel der Fischereiindustrie des Ortes. Von dem alten Granitgebäude aus hat man einen schönen Blick auf die Bucht. Hier oben saß der "huer" (Schreier), der die Aufgabe hatte, das Wasser nach Fischschwärmen abzusuchen. Sobald die herannahenden Sardinenschwärme das Wasser verfärbten, schrie er den am Strand wartenden Fischern die Nachricht zu. Die Fischer kreisten die Beute mit ihren Netzen ein und brachten so einen reichen Fang an Land. Nicht die Fischereipolitik der EU, sondern der Bau der Eisenbahn vor hundert Jahren verschaffte dem "huer" die Kündigung. Denn mit dem Bahnanschluss wurde Newquay für den aufkommenden Tourismus erschlossen – die Schönheit der breiten, weißen Strände sprach sich herum, und vorbei war es mit der Fischerdorf-Idylle. Innerhalb weniger Jahrzehnte schnellte die Einwohnerzahl von 1000 auf 15.000 empor. Das gesamte Kliff wurde langsam zugebaut. Die alles überragende Kirche entstand zu Beginn des 20. Jahrhunderts. Pro Jahr reisen über eine Million sonnenhungriger Urlauber an; zur Verfügung stehen 78.000 Betten und Stellplätze auf zahlreichen Campingplätzen. Während hier in den Frühlings- und Herbstmonaten viele Rentner Erholung finden, wird Newquay im Sommer zur übervölkerten Badestadt. Schon im März kann man eine Hand voll Surfer in neonfarbenen "Antigefrieranzügen" beobachten, die sich mutig in die Brandung werfen.

Südwestengland
Karte S. 256/257

Information/Verbindungen

• *Information*: **Municipal Offices**, Marcus Hill Tourist Office (gegenüber dem Busbahnhof), Cornwall TR7 1BD, ✆ 01637-854020, 📠 854030. E-Mail: info@newquay.co.uk

• *Telefonvorwahl*: 01637

• *Verbindungen*: **Bus** – Busbahnhof an der East Street. National Express (✆ 08705-808080) fährt nach Bournemouth, Exeter und Plymouth sowie zweimal tgl. nach London; Western National nach St Austell (✆ 01208-79898).

Zug – Der Bahnhof befindet sich hinter der Cliff Road im Zentrum der Stadt an der Station Parade (✆ 08457-484950). Newquay liegt an einer Nebenstrecke, daher muss man in Par umsteigen, wenn man nach Penzance, Plymouth oder Richtung London reisen will.

Adressen

• *Apotheke*: **Boots**, East Street; **Kayes Pharmacy**, 6–8 East Street.

• *Fahrräder*: **Newquay Bike Hire**, Wesley Yard, ✆ 01637-874040, Mountainbikes um £ 10 pro Tag.

• *Geldwechsel*: mehrere Banken im Zentrum in der Fußgängerzone (Bank Street).

• *Krankenhaus*: **Newquay & District Hospital**, St. Thomas Road, ✆ 01637-893600.

• *Polizei*: Tolcarne Road, ✆ 0990-777444.

• *Post*: 31–33 East Street.

• *Surfausrüstung*: **Fistral Surf Village Shop**, 1 Beacon Road, ✆ 01637-850520, oder **Surfboard Factory**, Alma Place. Surfbrett jeweils £ 5 pro Tag, Neoprenanzug ebenfalls £ 5 pro Tag. Beide bieten auch Surfkurse an.

• *Waschen*: **Cornish Coinmatic**, 1 Beach Road, oder **Launderama**, 66 East Street.

Übernachten

Um die 500 Hotels haben Newquay und seine nähere Umgebung aufzuweisen, daneben noch Appartements, Campingplätze und Wohnwagenparks. Die teuren Hotels liegen größtenteils am Strand (Narrowcliff). In den Nebenstraßen sind die Preise niedriger. Im Tourist Office ist eine kostenlose Unterkunftsliste erhältlich, die auch Campingplätze aufführt. Im Sommer ist es schwierig, ein B&B zu finden. Deshalb sollte man rechtzeitig buchen.

Headland Hotel (1), toll gelegenes Hotel in unmittelbarer Nähe zum Fistral Beach. Hier wurde Roald Dahls "Hexen hexen" verfilmt. Mit Swimmingpool. B&B ab £ 39 pro Person. Fistral Beach, ✆ 01637-872211, 📠 872212. Internet. www.headlandhotel.co.uk

Watergate Bay Hotel (7), familiär geführtes Hotel direkt hinter dem Strand der Watergate Bay. Großes Sport- und Freizeitangebot: Squash, Tennis und beheiztes Freibad. B&B ab £ 28 pro Person. Watergate Bay, ✆ 01637-860543, 📠 860333. Internet: www.watergate.co.uk

Wheal Treasure Hotel (8), hübsches kleines Hotel mit buntem Garten nahe den Trenance Gardens. B&B um £ 20, während des Sommers nur wochenweise, £ 130–160. April bis Mitte Okt. geöffnet. 72 Edgecumbe Avenue, ✆ 01637-874136.

Quebec Guest House, sechs komfortable Doppelzimmer, zum Teil mit Bad; B&B £ 12–15 pro Person. 34 Grosvenor Avenue, ✆ 01637-874430.

• _Privatherbergen_: Keine Jugendherberge, aber es gibt in Newquay sechs Backpackers Hostels, von denen im Folgenden zwei aufgelistet sind.

Newquay International Backpackers (3), alternative Herberge und Surfertreff in der Nähe des Fistral Beach. Eine Übernachtung kostet £ 10, im Winter £ 8. 69 Tower Road, ✆ 01637-879366. E-Mail: backpacker@dial.pipex.com

Towan Beach Backpackers (4), kleine private Herberge ohne Sperrstunde, in der man viele Surfer trifft. Übernachtung £ 5–7. 16 Beachfield Avenue, ✆ 01637-874668.

• _Camping_: In Newquay und Umgebung gibt es zahlreiche Campingplätze (Liste im Tourist Office), zumeist riesige Anlagen mit allem Schnickschnack.

Der größte Campingplatz weit und breit ist ****** Hendra Holiday Park** im Ortsteil Trennick (ausgeschildert!). 700 Stellplätze für Wohnwagen und Zelte, im Sommer gibt es sogar Live-Entertainment. Swimmingpool. Das Zelten pro Person kostet ohne Auto £ 3.30–5.15. Nur Familien oder Paare. April–Okt. geöffnet, ✆ 01637-875778.

Sunnyside Holiday Park, einige Kilometer südöstlich der Stadt. Der Zeltplatz ist von den Stellplätzen für Caravans abgetrennt. Pro Person zahlt man £ 4–6. März–Okt. geöffnet. Quintrell Downs, ✆ 01637-873338.

Essen/Treffpunkte

Feinschmecker sind in Newquay eher am falschen Platz. Englisches Durchschnittsessen gibt es an jeder Ecke, und Snackbars bzw. Imbissbuden sind leicht zu finden.

The New Maharajah (6), mit seiner z. T. scharfen indischen Küche und den leckeren vegetarischen Gerichten stellt das Restaurant sicherlich eine Abwechslung dar. 39 Cliff Road, ✆ 01637-877377.

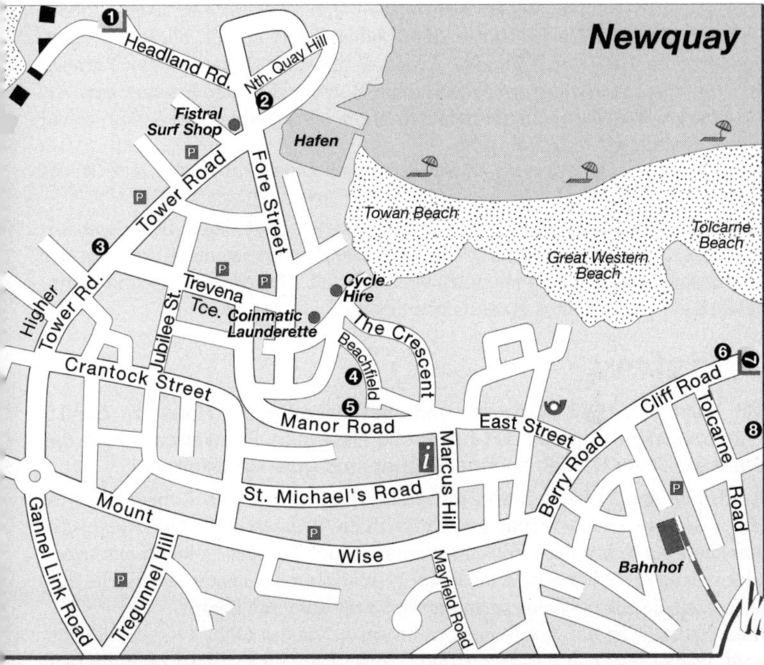

Südwestengland
Karte S. 256/257

Newquay Arms (5), mit Disco, Musikvideos (TVs über der Bar), Dart und Pool Billard. Im ersten Stock befindet sich ein Restaurant. Schon von weitem hört man selbst tagsüber die laute Musik. Bank Street, ✆ 01637-878887.

The Red Lion Inn (2), ein beliebter Treffpunkt der Surferszene, hauptsächlich jüngeres Publikum. Hauptgerichte unter £ 6. North Quay Hill, ✆ 01637-872195.

Feste/Veranstaltungen

Eher unregelmäßig (d. h. nicht jedes Jahr) findet das **Newquay Festival** statt. Eine Woche im September bietet Newquay Märkte, verschiedene Ausstellungen und Paraden. Man sollte sich beim Tourist Office erkundigen, ob die Veranstaltung stattfindet.

Baden/Surfen

Historisch Interessantes ist in der Bade- und Surfstadt Newquay nicht zu finden. Dafür kommen aber die Strandgänger auf ihre Kosten. Newquays Küste ist gesäumt von einem langen Sandstrand, der allerdings bei Flut erheblich an Fläche einbüßt. Dann wimmelt es hier von Wellenreitern und Surfern. Der **Fistral Beach** ist in ganz England für seine hervorragenden Surfbedingungen bekannt. Bis 1998 wurden hier alljährlich im August die World-Surf-Championships ausgetragen. Gebadet wird ebenfalls am Fistral Beach, aber auch in der **Newquay Bay** und weiter nordwestlich in der **Watergate Bay**. Ein traumhafter, von Klippen eingerahmter Strand sind die zehn Kilometer nordöstlich von Newquay gelegenen **Bedruthan Steps**.

Umgebung von Newquay

Trerice Manor: Ein mächtiges Landhaus südöstlich von Newquay. Der englische Adel ging hier der Fuchsjagd und anderen Vergnügungen nach. Mit Efeu überwucherte Bauten stehen hier einsam inmitten riesiger, parkähnlicher Wiesenlandschaft. Trerice wurde im 16. Jahrhundert erbaut, blieb über Jahrhunderte im Besitz der Familie Arundell und gehört heute dem National Trust und kann besichtigt werden (dunkle Möbel und riesige Kamine, eine Atmosphäre wie im Film). In der Scheune ist ein erstklassiges und entsprechend teures Restaurant untergebracht.

Anfahrt/Öffnungszeiten: Über die A 3058 Richtung St. Austell (Bus Nr. 50). April–Okt. tgl. außer Di und Sa 11–17 Uhr, vom 24. Juli bis 10. Sept. auch Di und Sa. Eintritt: £ 4.20 (NT).

St Columb Minor: Fährt man weiter nach Norden, lässt sich in St Columb Minor eine kurze Zwischenstation einlegen. Sehenswert ist die Kirche, an der eine besonders schöne Sonnenuhr angebracht ist. Hinter dem Friedhof befindet sich ein schönes altes Haus, *Glebe Cottage*.

Padstow

Mit seinen engen Gassen und mittelalterlichen Häusern besitzt Padstow mehr Flair als das hektische Newquay. Ein weiteres Plus der Stadt am River Camel: schöne Strände und gute Restaurants.

Am Hafen von Padstow liegen zahlreiche Boote vor Anker. Lohnenswert ist eine hier angebotene Vergnügungsfahrt in die Padstow Bay. Außerdem setzt von hier eine Fähre nach *Rock* über, wo man die St Enodoc Church anschauen oder sich an einen der Sandstrände um Polzeath tummeln kann. Zahlreiche Surfer nutzen die hohen Wellen zu gewagten Ritten auf ihren Boards.

Ganz Padstow ist auf den Beinen, wenn am 1. Mai das *Obby-Oss-Fest* gefeiert wird. Eigentlich heißt das Fest *Hobby Horse*, also Steckenpferd, aber die Leute hier sprechen das "H" nicht aus. Alle sind eingeladen, beim Tanz um den Maibaum mitzumachen. Der "Oss" ist eine ganz in Schwarz gekleidete Figur mit einer furchterregenden Maske, die von einem keulenschwingenden Mann verfolgt wird. Und jeder weiß, dass der Winter nun endgültig ausgetrieben wird.

• *Information*: **Tourist Information Centre**, Red Brick Building, North Quay (am Hafen), Cornwall PL28 8AF, ✆ 01841-533449, 532356. E-Mail: padstowtic@visit.org.uk

• *Verbindungen*: **Bus** – Western National fährt nach Wadebridge, von dort aus geht es mit Bussen nach Tintagel, Bodmin oder Plymouth. Am Tag fahren sechs Busse von Padstow nach Newquay, von wo aus man den Rest von Cornwall mit dem Bus bereisen kann.

Zug – Nächster Bahnhof Bodmin Parkway (s. S. 328).

• *Übernachten*: In Padstow gibt es viele Hotels und B&Bs, die aber insbesondere im Hochsommer oft ausgebucht sind. In der Nebensaison schließen einige Gasthäuser ihre Pforten. Am besten, man lässt sich über das Tourist Office eine Unterkunft vermitteln.

Old Ship Hotel, mehrere Fischerhäuser wurden zu einem komfortablen Hotel umgebaut. Übernachtung und Frühstück ab £ 28 pro Person. Mill Square, ✆ 01841-532357.

• *Jugendherberge*: **Treyarnon**, wunderschön gelegen am Strand von Treyarnon Bay (am Coast Path). Mit öffentlichen Verkehrsmitteln von Padstow nicht einfach zu erreichen: Bus 55 oder 56 nach Constantine, dann ca. 1 km Fußmarsch. Erwachsene £ 9.80, Jugendliche £ 6.75. Nov.–März geschlossen. Tregonnan, Treyarnon Bay, ✆/📠 01841-520322.

• *Camping*: Gleich neben der Jugendherberge befindet sich ein Campingplatz: **Trethias Farm**, April–Sept. geöffnet, Zweimannzelt ab £ 7. ✆ 01841-520323.

Weitere Zeltplätze um Padstow herum, z. B. in St Marryn: **Carnevas Holiday Park**, (April–Okt. geöffnet). Zelt und zwei Personen £ 6–10. ✆ 01841-520230.

• *Essen*: Am Hafen gibt es einige Snackbars und Geschäfte, in denen man sich *Cornish pasty* kaufen kann. Wer sich jedoch einen gekonnt zubereiteten Fisch oder Lobster schmecken lassen will, sollte es im **Seafood Restaurant** (Riverside, ✆ 01841532485) versuchen – es ist eines der besten und teuersten Fischrestaurants in ganz England. Deshalb unbedingt vorher reservieren.

Sehenswertes

Prideaux Place: Nahe der St Petrox Church erhebt sich Prideaux Place, der elisabethanische Sitz der Prideaux-Familie. Ein großer Park umgibt das Anwesen. Die Räumlichkeiten sind mit sehenswerten Möbelstücken ausgestattet.

Öffnungszeiten: Ostern–Sept. So–Do 13.30–17 Uhr. Eintritt: Haus und Park £ 4.50, nur Park £ 2.50.

St Petroc Church: Auf einem Hügel überragt die St Petroc Church die Szenerie. Sie ist Cornwalls wichtigstem Heiligen geweiht, der, von Wales oder Irland kommend, hier im 6. Jahrhundert lebte und der Stadt ihren damaligen Namen gab: Petroc's Stow. Von der Kirche aus schweift der Blick über die sehenswerte Umgebung von Padstow.

Kurzwanderung zum Stepper Point

Ein Spaziergang zur etwa neun Kilometer langen und manchmal über einen Kilometer breiten Mündung des River Camel ist beeindruckend. Flussabwärts geht es zunächst zur Rock Ferry, mit der man auch den Camel überqueren kann. Danach kommt man zur St George's Well, einer aus dem Fels sprudelnden Quelle mit kühlem Wasser. Hinter einer kleinen Landzunge kommt Tregirls Beach, gegenüber liegt die Doom Bar, eine Sandbank, die der Legende nach von einer Nixe, die von einem jungen Mann aus Padstow tödlich verletzt worden war, aufgeschüttet wurde. Von hier ist es nicht mehr weit zum Stepper Point, einer 80 Meter hohen Klippe an der Flussmündung.

Südwestengland
Karte S. 256/257

Von Padstow nach Bude

Port Isaac: Der Ort war früher ein einfaches Fischerdörfchen, heute ist auch hier der Tourismus eingekehrt. Dennoch ist einiges an Atmosphäre spürbar geblieben, so beispielsweise im *Golden Lion*, einem alten Pub aus dem Jahre 1715. Angeblich führte zur Zeit des einträglichen Schmuggels von hier aus ein Tunnel zum Hafen, der später von pflichtbewussten Zöllnern zugemauert wurde. Port Isaac ist vor allem wegen seiner leckeren Krabbengerichte bekannt. In mehreren Take-aways am Hafen kann man sie preisgünstig kosten. Wer probieren will, wie diese Meeresfrüchte von Experten zubereitet werden, sollte sich im *Slipway Hotel* einfinden. Etwas preiswerter, aber ebenso delikat sind die Krabben im Restaurant *Old School* oben im Dorf.

Tintagel: Nordöstlich von Port Isaac beginnt eine wilde, zerklüftete Landschaft mit steilen Klippen. Der vom Atlantik kommende Wind tobt sich in dieser Gegend aus. Viele Einheimische behaupten, dies sei der schönste und aufregendste Küstenabschnitt Cornwalls. Eine geradezu mystische Szenerie, die den Hintergrund für die jahrhundertealte Artus-Sage bildet. Die Burg von

Hochkreuz in Cornwall

Tintagel ist nämlich angeblich der Geburtsort des sagenumwobenen Königs. *King Arthur's Castle* stand ursprünglich auf einer Insel, doch haben Wind und Strömung eine Verbindung zum Land hergestellt. Heute sind nur noch Ruinen zu besichtigen, die zu einer normannischen Festung gehörten. Der Baubeginn der Burg wird auf das Jahr 1145 datiert. Ausgrabungen haben jedoch ergeben, dass an dieser Stelle schon im 6. Jahrhundert ein keltisches Kloster gestanden hat. Manche Wissenschaftler gehen davon aus, dass in diesem Teil Cornwalls schon früh das Christentum Fuß fassen konnte.

- *Öffnungszeiten*: April–Sept. tgl. 10–18 Uhr, Okt. tgl. 10–17 Uhr, Nov.–März 10–16 Uhr. Eintritt: £ 2.80, erm. £ 2.10 oder £ 1.40 (EH).
- *Verbindungen*: Von Newquays East Bus Station fahren Western National Nr. 122 und 125 ein paar Mal am Tag nach Tintagel.
- *Jugendherberge*: **Dunderhole Point**, über 150 Jahre altes Haus, das früher zum Schiefersteinbruch gehörte, überwältigend durch seine atemberaubende Lage auf einem Kliff. Zu erreichen über den Weg, der zur Tintagel Church führt. Nach 400 Metern auf National-Trust-Schilder achten (die Jugendherberge ist vom Dorf aus nicht zu sehen). Erwachsene £ 9.80, Jugendliche £ 6.75. Okt.–Ostern geschlossen. ✆ 01840-770334, 📠 770733.

Nur wenige Reisende wissen von der Existenz einer Einsiedelei und eines 20 Meter hohen Wasserfalls ganz in der Nähe von Tintagel. Den **St Nectan's-Wasserfall** und eine kleine Kapelle erreicht man nach etwa 2,5 Kilometern auf der Straße nach Boscastle (in Trethevy zum Rock Valley Hotel – ab hier ausgeschildert).

Boscastle: Acht Kilometer weiter nordöstlich liegt das 800-Seelen-Dorf Boscastle. Die Küste hier gehört zu den faszinierendsten in ganz England. Die höchste Klippe ragt beinahe 250 Meter steil nach oben, darunter tost das Meer. Wer den Cornwall Coast Path entlangwandert, wird mit herrlichen Ausblicken belohnt.

• *Verbindungen*: Fry's Bus Services und Western National (Nr. 122 und 125) fahren von Tintagel über Boscastle nach Bude (sieben- bis achtmal täglich).

• *Jugendherberge*: **Boscastle Harbour**, die Jugendherberge liegt am alten Fischerhafen (das letzte Haus auf der rechten Seite hinter dem "Pixie House"). Mitte März bis Anfang November geöffnet; Erwachsene £ 9.80, Jugendliche £ 6.75. Palace Stables, ☏ 01840-250287 oder 01840-250615.

Bude: Im äußersten Norden von Cornwall liegt Bude, ein kleines und beliebtes Seebad. Den besonderen Reiz dieser Gegend machen die Sandstrände um Bude aus. Im Ort selbst findet man den sauberen *Summerleaze-Strand*. Südlich von Bude liegt die *Widemouth Bay*. Hier tummeln sich Badefreunde und Surfer. In *Crackington Haven*, sieben Kilometer weiter südlich gelegen, nutzen Surfer die steife Brise und den recht beachtlichen Wellengang. Über 100 Meter hohe Klippen säumen die Bucht.

Information: **Bude Visitor Centre**, The Crescent Car Park (im Zentrum), Cornwall EX23 8LE, ☏ 01288-354240, 📠 355769. E-Mail: budetic@visit.org.uk

Bodmin Moor

Bodmin Moor ist neben Dartmoor und Exmoor das dritte Hochmoor im Südwesten Englands. Allerdings ist es kleiner, weniger überlaufen und hat ein milderes Klima. Da es mitten in Cornwall liegt – Süd- und Nordküste sind gleich weit entfernt –, ist es von überall her gut zu erreichen.

Bodmin Moor erinnert an ein weites, wogendes Meer aus Gelb- und Grautönen, gesprenkelt mit Inseln aus Heide und leuchtend grünem Moos. Die zerklüfteten Höhen werden von "tors" gekrönt, mächtigen Granittürmen, die Regen und Sturm seit Urzeiten trotzen. Die unwirtliche Ebene erstreckt sich über rund 260 Quadratkilometer und lässt sich mit dem eigenen Fahrzeug relativ leicht erkunden, da sie von der A 30 geteilt wird. Daphne du Maurier hat die unwirtliche Landschaft in ihrem Roman "Jamaica Inn" eindrucksvoll beschrieben: "Es war eine schweigsame, verlassene Gegend, aber gewaltig und von Menschenhand unberührt. Auf den hohen Felsblöcken standen aneinandergelehnt die Steinplatten als seltsame Formen und Gestalten, wuchtige Schildwachen. Einige sahen aus wie riesige Möbel. Große, lange Steine standen wie zurückgelehnt und schienen wunderlich zu schwanken, als überließen sie sich dem Wind. Und da gab es flache Altäre, deren glatte und glänzende Flächen gen Himmel schauten, auf Opfer wartend, die niemals kamen."

Bodmin

Wegen der günstigen Lage im Zentrum von Cornwall war Bodmin einst eine bedeutende Handelsstadt. Im späten 19. Jahrhundert allerdings verweigerte man die Anbindung ans Netz der Great Western Railway, so dass zahlreiche Geschäftsleute nach Truro abwanderten.

Bis 1989 war Bodmin die Hauptstadt von Cornwall, obwohl sie längst im Schatten anderer cornischer Städte stand. Sehenswert ist die *St Petroc's Church*, die größte mittelalterliche Kirche Cornwalls. Innen steht ein normannisches Taufbecken aus dem 12. Jahrhundert. Außerdem befindet sich hier ein Kästchen aus Elfenbein, in dem einst die Gebeine des heiligen Petroc aufbewahrt wurden.

Südwestengland
Karte S. 256/257

Nebenan zieht eine ganz andere Attraktion die Besucher an. Im *Bodmin Jail* (Berrycombe Road) wurden bis ins frühe 20. Jahrhundert hinein Hinrichtungen durchgeführt. Das war "notwendig" geworden, weil ab 1862 öffentliche Exekutionen verboten waren. Ein Rundgang führt durch die Zellen des Gefängnisses (tgl. 10–18 Uhr, Eintritt: £ 3).

Rund drei Kilometer südlich von Bodmin liegt *Lanhydrock*. Das sehenswerte Landhaus stammte ursprünglich aus dem 17. Jahrhundert, wurde aber nach einem Brand im Jahre 1881 wieder neu aufgebaut. Dementsprechend sind auch die Räume im viktorianischen Stil eingerichtet. Umgeben ist das Anwesen von einem schönen Park mit bunten Blumenbeeten.

• *Öffnungszeiten Lanhydrock*: April–Oktober Di–So 11–17.30 Uhr, im Okt. bis 17 Uhr. Eintritt: Haus und Park £ 6.40, nur Park £ 3.20 (NT).

• *Information*: **Shire House**, Mount Folly Square, Bodmin, Cornwall PL31 2 DQ, ✆/℡ 01208-76616.

• *Verbindungen*: Western-National-Busse fahren regelmäßig von Padstow (Bus 55) und St Austell (Bus 29, 29A). Einmal täglich kommt der Bus X2 von Plymouth und Newquay.

Die **Busverbindungen im Moor** sind allerdings nicht so günstig. Tilley's Coaches Nr. 225 pendeln unregelmäßig zwischen Bolverton, Altarnun und Launceston. Western National-Bus X3 fährt noch seltener von Bodmin nach Bolventor. Bus 77 fährt von Liskeard nach St Neot.

Zug – Bodmin Parkway Station liegt an der Penzance-Plymouth-Linie, stündlich Anschluss, ca. 6 km außerhalb der Stadt (Bus 55). Auskunft ✆ 0872-76244.

• *Camping*: Der nächste Campingplatz liegt ca. 2 km nördlich an der Old Callywith Road, ✆ 0208-73834 (geöffnet März–Nov.); Zweimannzelt ab £ 6.

Blisland: Der Ort liegt im Camel-Tal am südwestlichen Ausläufer des Moors. Eine kleine Kirche, ein Park und Wohnhäuser aus viktorianischer und georgianischer Zeit prägen das Ortsbild.

Bolventor: Genau zwischen Bodmin und Launceston liegt die Ortschaft Bolventor inmitten des Bodmin Moor. Das hiesige *Jamaica Inn* war einst Treffpunkt von Schmugglern, die ihr kostbares Gut von der Küste Cornwalls ins Landesinnere schafften. Die englische Erzählerin Daphne du Maurier sammelte hier 1930 Inspirationen für einige Werke über das Schmugglerdasein. Alfred Hitchcock verfilmte übrigens mehrere Romane von du Maurier, u. a. "Jamaica Inn", "Die Vögel" und "Rebecca".

Neben einigen Erinnerungsstücken, die dem Besuch der Schriftstellerin Daphne du Maurier in Bolventor gewidmet sind, gibt es im Jamaica Inn noch ein kleines *Museum of Curiosities* mit viktorianischem Krimskrams und ausgestopften Tieren. Vom Parkplatz des Gasthofs kann man Wanderungen unternehmen.

Öffnungszeiten: Ostern–Oktober täglich 10–17 Uhr, im Winter 11–16 Uhr. Eintritt: £ 2.50.

Dozmary Pool: Weniger als zwei Kilometer südlich von hier erstreckt sich der Dozmary Pool, ein See, der mit der Artus-Sage in Verbindung gebracht wird. Nach dem Tod von König Artus schleuderte Sir Bedevere Excalibur, das Schwert des Helden, in den See. Eine Hand, die aus der unendlichen Tiefe herausragte, nahm die Waffe in Empfang. Wenn allerdings im Sommer Dozmary Pool größtenteils austrocknet ist, platzt die mystische Stimmung wie eine Seifenblase.

Liskeard: Anlaufpunkt für den Südosten des Moors. Die Stadt hat Anbindung ans Eisenbahnnetz. Von hier aus fahren außerdem Busse nach *St Neot*, einer der schönsten Ortschaften im Moor. Mitten im Zentrum erhebt sich eine Kirche aus dem 15. Jahrhundert. Aus dieser Zeit stammen auch die Fenster aus buntem Glas, einzigartig in ganz England. Dieser Teil des Moores ist grüner und bewaldeter als der Norden. Der Grund dafür sind die zahlreichen kleinen Flüsse, die in den River Fowey münden. Eine der landschaftlich schönsten Stellen sind die *Golitha Falls*, mehrere kleine Wasserfälle unterhalb Draynes Bridge. Ein Wanderweg führt durch den Wald zum Damm des *Siblyback Lake* (zwei Kilometer nördlich).

Camelford: Camelford liegt im nördlichen Teil des Moors und ist eine relativ uninteressante Stadt, abgesehen davon, dass man von hier aus Wanderungen ins Bodmin Moor unternehmen kann. Hat man hier sein Lager aufgeschlagen, kann man sich im *North Cornwall Museum* über die Geschichte der Region informieren. Im gleichen Gebäude ist auch das Tourist Office untergebracht. Sechs Kilometer südöstlich von Camelford erhebt sich der *Rough Tor* auf knapp 400 Meter und ist damit der zweithöchste Berg im Moor. *Brown Willy* (südöstlich) überragt Rough Tor nur um 20 Meter.

Öffnungszeiten North Cornwall Museum: April–September tgl. außer So 10–17 Uhr. Eintritt: £ 1.50.

Altarnun: Im Nordosten des Moors liegt Altarnun, ein nettes kleines Dörfchen mit einer sehenswerten Kirche. Ihr Taufbecken stammt noch aus der normannischen Zeit. Südlich des *North Hill* befindet sich ein "natürliches Kunstwerk": *The Cheesewring*, mehrere Gesteinsblöcke, die von Wind und Wetter verformt wurden. Drei Kilometer südlich bilden drei Steinzirkel ein Relikt aus der Bronzezeit: *The Hurlers* wurden schätzungsweise 1500 Jahre v. u. Z. aufgebaut. Am besten gelangt man über die Ortschaft *Minions* hierher. Auch *Trethevy Quoit* ist von Minions zu erreichen. Hierbei handelt es sich um ein über 2,5 Meter hohes Hügelgrab mit einem massiven Stein obendrauf.

Grafschaft Somerset

Somerset liegt an der Mündung des *Severn* am *Bristol Channel*. Von der Küste kann man schon die Umrisse der walisischen Hafenstadt Cardiff erkennen.

Geprägt wird Somerset im Westen von den *Brendon Hills* und den *Quantock Hills*, ideale Gegenden für erholsame Spaziergänge. Der Osten ist in erster Linie wegen seiner reizvollen Städte interessant. *Glastonbury* ist die Stadt der Mythen und Wunder. Hier soll der Legende nach der Heilige Gral versteckt sein. Einige Kilometer nördlich von Glastonbury liegt die kleinste Kathedralenstadt Englands. Nach den im Stadtgebiet entspringenden Quellen heißt sie *Wells*. Wer weiter in nördliche Richtung reist – etwa nach Bristol –, kann einen Abstecher nach *Cheddar* machen und sich hier den gleichnamigen Käse schmecken lassen.

Südwestengland
Karte S. 256/257

Taunton

Taunton ist das Verwaltungszentrum von Somerset. Eingekeilt zwischen Quantock, Brendon und Blackdown Hills, ist der Ort idealer Ausgangspunkt für Erkundungen der landschaftlich reizvollen Grafschaft.

Ein besonders farbenfrohes Bild bietet sich während der Zeit der Apfelblüte. Wenn die Äpfel reif sind, presst man sie, lässt den Saft gären und schenkt ihn schließlich im alkoholischen Zustand aus. Cider nennt sich das erfrischende Getränk, das hier besonders gut schmeckt. Das hiesige *Castle, das* größtenteils verfallen ist, wurde im frühen 12. Jahrhundert erbaut. In einem erhaltenen Teil der Burg ist das *County Museum* untergebracht. Zu sehen sind dort Ausstellungsstücke von der Römerzeit bis zur Gegenwart.

Öffnungszeiten: April–Okt. Di–Sa 10–17 Uhr, Nov.–März Di–Sa 10–15 Uhr. Eintritt: £ 2.50, erm. £ 0.50.

Der Henker von Taunton

Als Charles II. starb, folgte ihm sein Bruder Jakob von York auf den Thron. Doch vielen Bewohnern von Südwestengland war es ein Gräuel, dass ein katholischer König an der Spitze der anglikanischen Kirche stand. Am 20. Juni 1685 wurde deshalb auf dem Marktplatz von Taunton der protestantische Duke of Monmouth, illegitimer Sohn von Charles II., zum Gegenkönig ausgerufen. Doch wurde diese Rebellion von der königstreuen Armee im Keim erstickt. In der Schlacht von Sedgemoor, fünf Kilometer von Bridgwater entfernt, prallten die beiden Heere aufeinander. Die unorganisierte Armee der Rebellen unterlag, der Duke of Monmouth wurde nach London abgeführt und später hingerichtet.

Für die Bürger von Taunton war dies aber der Anfang des Leids. Der oberste Henker der Krone, Judge Jeffreys, wurde nach Somerset geschickt, um die Schuldigen zu bestrafen. In der großen Halle der Burg fand ein Standgericht statt, das 500 Aufständische zum Tode verurteilte. Noch heute sind diese Schreckensverhandlungen als "Bloody Assize" bei den Bewohnern von Somerset gegenwärtig. Legenden besagen, dass in den Räumen der Gerichtsverhandlung die Geister der Opfer umherwandeln. Flüche liegen auf der Burg und dem Tudor-Haus, in dem einst Judge Jeffreys wohnte.

• *Information*: **Tourist Information Centre**, Paul Street, Taunton, Somerset TA1 3XZ, ✆ 01823-336344, 📠 340308.
Internet: www.tauntondeane.gov.uk/tourism

• *Verbindungen*: **Bus** – Southern National Bus Company, Tower Street, ✆ 01823-272033. Busse nach London, Glastonbury, Bridgwater, Bristol und Exeter sowie ins Exmoor.

Zug – In Taunton gabelt sich die Bahnlinie nach Norden (Bristol) und Osten (London). Verbindungen z. B. nach Bristol, Weston-super-Mare, Exeter. Informationen über British Railways, ✆ 0345-484950.

• *Übernachten/Essen*: Die Wellington Road ist in Taunton die B&B-Straße:

Bryngwyn, 15 Wellington Rd., ✆ 01823-254953. Einfamilienhaus mit vier Gästezimmern; B&B ab £ 15.

Heathercroft, 118 Wellington Rd., ✆ 01823-275516. Familiär geführtes B&B mit 2 Zimmern; B&B ab £ 16.

Cider-Probe

Lohnendes Ziel für eine Ausflug ist z. B. *Sheppy's Farm* in *Bradford-on-Tone*, fünf Kilometer Richtung Wellington gelegen. In der alten Cider-Presse kann man die Herstellung des beliebten Getränks beobachten und vom Ergebnis kosten. Traditionsbewusst wird in einem kleinen Museum die Cider-Historie dokumentiert.

Bridgwater

Bridgwater ist eine 700 Jahre alte Stadt mit zahlreichen roten Backsteinhäusern und der Geburtsort von *Admiral Robert Blake* (1598–1657), dem Oberbefehlshaber von Cromwells Flotte. Die Stadt errichtete ihm ein Denkmal, und aus seinem Geburtshaus in der Blake Street wurde das *Blake Museum*. Hier befinden sich Erinnerungsstücke an die Schlacht von Sedgemoor. Wer sich intensiver mit der britischen Geschichte beschäftigen will, kann den Originalschauplatz fünf Kilometer südöstlich der Stadt besichtigen. Im Bürgerkrieg wurden große Teile der Stadt zerstört, so dass nur wenige alte Bauwerke zu sehen sind. Eines davon ist die *St Mary's Church* aus dem 13. bis 15. Jahrhundert. Wenn man dem Fluss Parrett vorbei an den alten Docks (am Westufer) in Richtung Norden folgt, kommt man etwa acht Kilometer nördlich der Stadt auf eine Landzunge, die ein Naturschutzgebiet für besonders seltene Vogelarten ist (keine guten Wege).

- *Öffnungszeiten Blake Museum*: Di–Sa 10–16 Uhr. Eintritt frei.
- *Information*: **Tourist Information Centre**, nur von April bis Mitte November gibt es eine Auskunftsstelle neben der Town Hall, High Street, Somerset TA6 3BL, ✆ 01278-427652.
- *Verbindungen*: **Bus** – Von Bridgwater aus fährt Southern National in alle Richtungen, z. B. Nr. 17 nach Glastonbury, Nr. X96 nach Bristol.
  Zug – Wie Taunton liegt auch Bridgwater an der Bahnlinie Bristol–Exeter, allerdings halten die Züge hier seltener. Man fährt besser mit dem Bus.

Südwestengland
Karte S. 256/257

Quantock Hills

Landschaftlich reizvoll (wenn auch für Radfahrer etwas strapaziös) ist eine Tour durch die Quantock Hills nördlich von Tonton. Die Hügelkette – immerhin bis zu 400 Meter hoch – erstreckt sich bis zur Küste und ist praktisch ein Ausläufer des Exmoor. Zu erreichen ist diese Gegend mit Nahverkehrsbussen von Taunton oder Bridgwater. Von Taunton über die A 358 kommend, erreicht man zunächst den Ort **Bishops Lydeard.** Ein hübscher spätgotischer Kirchturm lockt zu einer Besichtigung. Hier befindet sich auch der Bahnhof für die *West Somerset Railway*, eine private Bahnlinie, die bis nach Minehead (siehe dort) führt. Von März bis Oktober fahren täglich bis zu fünf Diesel- und Dampfloks die etwa 30 Kilometer lange Strecke. Wer in einer Jugendherberge übernachten will, kann mit der Bahn nach *Crowcombe* fahren.

Jugendherberge: **Denzel House**, Crowcombe Heathfield, ✆/📠 01984-667249. April–Sept. geöffnet; Erwachsene £ 9, Jugendliche £ 6.20.

Nächster Stopp mit der Eisenbahn Richtung Minehead könnte **Watchet** sein, der einzige wichtige Hafen Somersets. Einen schönen Gesamteindruck von dieser Stadt bekommt man vom Turm der *St Decuman's Church*. Danach steuert die West Somerset Railway den Bahnhof von **Washford** an. Von hier aus sind es zehn Fußminuten zur *Cleeve Abbey*. Die Zisterzienserabtei aus dem späten 12. Jahrhundert ist noch recht gut erhalten.

Öffnungszeiten: April–Sept. tgl. 10–18 Uhr, Okt. tgl. 10–17 Uhr, Nov.–März 10–13 Uhr und 14–16 Uhr. Eintritt: £ 2.60 (EH).

Etwa zwölf Kilometer westlich von Bridgwater liegt am Fuß der Quantock Hills das kleine Nest **Nether Stowey**. Bekannt wurde es durch *Samuel Taylor Coleridge*, der sich mit seiner Familie 1796 hierher zurückzog. Kurze Zeit später suchte sich auch *William Wordsworth* in den Quantock Hills eine Bleibe, die er in Alfoxton fand. Zusammen schufen die beiden Dichter die "Lyrical Ballads", ein Hauptwerk der englischen Romantik. Geblieben ist *Coleridge Cottage*, das man besichtigen kann.

- Öffnungszeiten Coleridge Cottage: April–September Di–Do und So 14–17 Uhr. Eintritt: £ 2.50 (NT).
- Information: In der nahen Stadtbücherei von Nether Stowey befindet sich ein Informationsbüro, das bei der Quartiersuche hilft.
- Übernachten: In Holford gibt es eine Jugendherberge mit Zeltplatz: **Sevenacres**, ✆ 01278-741224. Geöffnet von Ostern bis August; Erwachsene £ 8.10, Jugendliche £ 5.65.

Von Nether Stowey windet sich eine kleine Straße zum höchsten Berg der Quantock Hills, dem *Wills Neck* (385 m). Vom Triscombe Stone am Rande des Quantock Forest führt ein Fußweg hinauf zum Gipfel.

Karten: Empfehlenswerte Karten für Wanderungen zu Fuß und Fahrrad sind *Landranger 181* (Maßstab 1:50.000) sowie *Pathfinder 1216* (Maßstab 1:25.000).

Glastonbury

Eingebettet in viel Grün liegt in einem breiten Tal das geschichtsträchtige Glastonbury. Um diese kleine Stadt ranken sich Mythen und Legenden, seit einigen Jahren ist sie auch Hochburg einer beträchtlichen Anzahl von New-Age-Anhängern.

Die Einstellung der Bewohner zu den "gammelnden Zottelköpfen" wurde uns eindrucksvoll von einer Dame mittleren Alters erläutert: "If you can't beat them, join them". Tatsächlich hat man sich inzwischen arrangiert. Schließlich bezahlt auch ein Hippie für Zeltplatz und Bier.

Was Glastonbury so interessant macht, sind die Legenden, die sich um den Ort ranken. So wird z. B. erzählt, dass *Joseph von Arimathäa* im Jahre 63 u. Z. in das ferne England zog, um dessen Bevölkerung zu bekehren. Als er seinen Reisestab in den Boden steckte, schlug dieser Wurzeln und begann auszutreiben. Tatsache ist, dass am *Wearyall Hill* (die Hill Lane Richtung Osten) ein Dornbusch wächst, der ursprünglich aus Palästina stammt – vielleicht doch ein Ableger des Wanderstocks? Joseph führte noch einen weiteren Gegenstand mit sich – den *Heiligen Gral*. Diesen Kelch, mit dem Jesus sein letztes Abendmahl feierte und in dem das Blut des Gekreuzigten aufgefangen wurde, vergrub Joseph am *Chalice Hill*. Um den "Holy Grail" ranken sich wiederum andere Legenden: Artus schickte seine Ritter nach dem Kelch aus, um sich und sein Königreich zu retten. Seine letzte Ruhestätte fand Artus der Über-

Wo Joseph von Arimathäa eine Kapelle errichtet hat, erheben sich heute die Ruinen einer Abtei

lieferungen zufolge auf der Isle of Avalon. Tatsächlich war Glastonbury einmal eine Insel (Lake Village), umspült vom Bristol Channel – ein weiteres Indiz für die Existenz von König Artus? Überzeugte Esoteriker hegen daran keinen Zweifel: Für sie ist der Glastonbury Tor mit der mythischen Isle of Avalon identisch; statt nach dem Heiligen Gral zu suchen, sind sie aber auf der Suche nach ihrem eigenen Gral, ihrer eigenen Erleuchtung. Die Alternativszene hat sich im Zentrum von Glastonbury längst ihre eigene Soziokultur geschaffen. Dementsprechend groß ist das Angebot an esoterischen Buch- und Bioläden, Yogakursen usw. Ein alljährlicher Höhepunkt ist das zur Zeit der Sonnenwende stattfindende Glastonbury Festival. Englands größtes Sommerfestival lockt seit 1970 Jahr für Jahr Abertausende von Besuchern an. Drei Tage lang zelten die Zuschauer auf einer Farmwiese, um alle Auftritte mitverfolgen zu können.

Wer nicht so viel von Mythen hält, der kann sich immerhin an den überwältigenden Ruinen der *Glastonbury Abbey* ergötzen oder den belegbaren Geschichten in den Museen nachgehen.

Information/Verbindungen/Adressen

• *Information*: **Tourist Information Centre**, Tribunal Building, 9 High Street, Somerset BA6 9HG, ✆ 01458-832954, 📠 832949. Befindet sich im selben Gebäude wie das Lake Village Museum. Hier erhält man selbstverständlich viel Lektüre zur Artuslegende, außerdem eine Straßenkarte und den "Glastonbury Guide" mit Informationen über die Sehenswürdigkeiten. Internet: *www.glastonbury.co.uk* oder *www.isleofavalon.co.uk*

• *Telefonvorwahl*: 01458

• *Verbindungen*: **Bus** – Busse halten an der Town Hall auf der Magdalene Street. Badgerline (✆ 01458-123456) verbindet mit der Westküste, der Bus Nr. 376 fährt stündlich über Wells nach Bristol. National Express fährt bis zu zweimal täglich nach London. Wer nach Bath reisen will, muss in Wells umsteigen.

Zug – Der nächste Bahnhof befindet sich in Bridgwater, regelmäßige Zugverbindungen jedoch nur in Bath und Bristol.

• *Geldwechsel*: Banken in der High Street.

• *Markt*: jeden Dienstag auf dem St. John's Square.

• *Polizei*: Die nächste Polizeidienststelle befindet sich in Street (etwas südostlich von Glastonbury); ✆ 01934-635252.

• *Post*: in der High Street.

• *Waschen*: **Glastonbury Launderette**, 46a High St., täglich 8–19 Uhr geöffnet.

• *Führungen*: Äußerst interessant, aber teuer sind die **Mystical Tours of Glastonbury and Ancient Britain**. Die "Ancient-Avalon-Tour" dauert drei Stunden und führt zu den Sehenswürdigkeiten der Stadt (£ 40 für eine Person, zwei Personen £ 50, drei bis vier Personen £ 60, ab fünf £ 14 pro Person). Daneben werden Tages- und Wochentouren (Thema: Legenden und Mythen) durch England angeboten. Buchung und Informationen in der Buchhandlung **Gothic Image**, 7 High Street, ✆ 01458-831453.

Übernachten

George & Pilgrims, der mehr als 500 Jahre alte Gasthof im Herzen von Glastonbury besitzt ein Restaurant mit gepflegter Atmosphäre. Hier trifft man sich zum Lunch (um £ 4, z. B. für gebackenen Camembert) oder genießt einfach den leckeren Lemon Meringue Pie (£ 2.30). Zimmer ab £ 65. 1 High Street, ✆ 01458-831146.

Glastonburys Backpackers Hostel, beliebter Globetrottertreff mit internationaler Atmosphäre. DZ ab £ 26, im Schlafraum £ 9. Ein Café mit Straßenterrasse und ein Restaurant runden das Angebot ab. 4 Market Place, ✆ 01458-833353.
E-Mail: glastonbury@backpackers-online.com

Waterfall Cottage, drei Zimmer in einem Haus aus dem 17. Jahrhundert mit Garten und schöner Aussicht. New Age Centre; hier gibt es Aromatherapie und Massage, und man erfährt alles über Heilung mit Kristallen (auch Kurse). Vegetarier sind willkommen; B&B ab £ 16. 20 Old Wells Road, ✆ 01458-831707.

• *Jugendherberge*: **The Chalet**, im dem Ort Street. Anfahrt über die A 39, dann B 3151 Richtung Somerton. Nach ca. 3,5 km rechts Richtung Bridgwater (ausgeschildert), nach weiteren 500 Metern auf der rechten Seite. Auf einer Anhöhe bietet die Jugendherberge einen schönen Blick über die Moorlandschaft. Geöffnet Ostern bis Okt., Erwachsene £ 9, Jugendliche £ 6.20. Möglichst vorher anrufen, denn das Haus hat nur wenige Betten. Ivythorn Hill Street, ✆ 01458-442961, Fax 442738.

• *Camping*: **Isle of Avalon**, großer, gut ausgestatteter Platz im Nordwesten des Ortes: der Northload Street (später Meare Road) folgen, dann rechts und auf die Beschilderung achten. £ 5 pro Zelt, £ 1.85 pro Person. Godney Road, ✆ 01458-833618.

Essen und Trinken

Rainbow's End, ein paar Schritte vom Tourist Office; "best value for money in town" (so die Kellnerin). Vegetarische Gerichte und Vollwertkost, große Portionen, z. T. unter £ 2. Geöffnet jeden Tag von 10–16.30 Uhr. 17a High Street, ✆ 01458-833896.

The Global Coffee Shop, preiswertes Coffee House und Restaurant, einige der angebotenen Produkte aus "fair trade"-Anbau. Angeboten werden Cream Teas, aber auch deftige Lunches. 24 High Street.

Blue Note Café, beliebter Treff für einen Café mit Kuchen, gelegentlich finden Konzerte statt. 4 High Street.

Verkauf/Treffpunkte/Veranstaltungen

• *Verkauf/Treffpunkte*: **Gothic Image** befindet sich ebenfalls in der High St. Hier erhält man alles, was dem Esoteriker wichtig sein muss: Spiritual Sky Oils, Kerzen in verschiedenen Preislagen, Bücher über Yoga und Massage und natürlich Räucherstäbchen.

Lederwaren, z. B. Jacken (in nicht allzu guter Qualität), verkauft **Four Seasons** in der High St. Daneben gibt es noch Schafwolle und Lederstücke zum Selbernähen.

Alternative Treffpunkte befinden sich in der High Street; in den **Assembly Rooms** wird über Sinn und Unsinn des Lebens diskutiert. **The Glastonbury Experience** bietet dagegen vielerlei Wohltaten für Geist und Körper (z. B. Massagen), aber auch Geschäfte, in denen man Didgeridoos kaufen kann (£ 10–20).

• Veranstaltungen: Verständlicherweise haben hier die interessanten Veranstaltungen immer etwas mit dem New-Age-Kult zu tun. In den Sommermonaten steigen einige Festivals, z. B. das **Glastonbury Arts Festival** (klassische Musik, Ausstellungen und Lesungen) und das **Dance Festival** mit Tänzen aus aller Welt.

Sehenswertes

Glastonbury Abbey: Die Geschichte von Glastonbury ist in erster Linie die Geschichte seiner Abtei. Heute zeugen nur noch die von einer weitläufigen Parkanlage umgebenen Ruinen der Abbey von der einstigen klösterlichen Pracht. Die Abtei von Glastonbury wurde gegen Ende des 7. Jahrhunderts von dem angelsächsischen König Ina von Wessex gegründet. Nach einem verheerenden Brand, der im späten 12. Jahrhundert das normannische Kloster zerstörte, "entdeckten" die findigen Benediktinermönche die Gräber von Artus, Genoveva und Joseph von Arimathäa. Schnell entwickelte sich der Ort zur landesweit bekannten Pilgerstätte und brachte den Klosterbrüdern das nötige Kleingeld für den kostspieligen Wiederaufbau der Abtei. Die Klosterkirche war mit einer Länge von 177 Metern der längste Sakralbau Englands. Dem Schrein, in welchem angeblich die Gebeine von Artus ruhten, gebührte selbstverständlich ein Ehrenplatz im Chor (die Stelle ist noch heute markiert). Auf Befehl Heinrichs VIII. wurde das Kloster 1539 zerstört, die Schätze und Reichtümer der Glastonbury Abbey fielen an die Krone. Die Bewohner von Glastonbury nutzten die Abtei fortan als Steinbruch zum Bau ihrer Häuser. Erst als das Areal im Jahre 1908 in den Besitz der Church of England kam, wurden die Ruinen unter Denkmalschutz gestellt und restauriert. Beeindruckend sind vor allem die Ausmaße der Abtei, die ihre einstige Bedeutung erahnen lassen. Die pittoresken Ruinenmauern schaffen eine reizvolle Szenerie, deren Zauber man sich nur schwer entziehen kann. Die am besten erhaltenen Gebäude der einstigen Abtei sind die spätnormannische *Lady Chapel* und die achteckige *Abbot's Kitchen* mit ihrem trichterförmigen Dach.

Öffnungszeiten: Tgl. 9.30–18 Uhr, Juni, Juli und Aug. 9–18 Uhr, im Winter 10 Uhr bis Einbruch der Dämmerung. Eintritt: £ 2.50, erm. £ 2 oder £ 1.

Somerset Rural Life Museum: Das Museum ist in der ehemaligen Zehntscheune (14. Jh.) der Abtei und den umliegenden Gebäuden untergebracht. Beispielhaft werden hier die ländlichen Arbeitsweisen des 19. und frühen 20. Jahrhunderts vorgestellt. Weitere Schwerpunkte sind das Torfstechen und die Herstellung von Cider.

Öffnungszeiten: Ostern–Okt. Di–Fr 10–17 Uhr, am Wochenende 14–18 Uhr, Nov.–März Di–Sa 10–15 Uhr. Eintritt: £ 2.20, erm. £ 0.50. Internet: www.somerset.gov.uk/museums

Glastonbury Tor: Der aus dem Marschland 150 Meter hoch aufragende Bergkegel wird von den Verehrern von König Artus als *Isle of Avalon* angesehen. Für alle New-Age-Anhänger ist eine Besteigung des Hügels ein Muss. Die markante Bergkuppe krönt seit dem 14. Jahrhundert eine Kirchturmruine. Wie auch immer man es mit König Artus hält: Der herrliche Ausblick ist beeindruckend! Bei günstigen Sichtverhältnissen kann man sogar die Umrisse der Kathedrale von Bristol erkennen. Hier, wo einst die *St Michael's Chapel* stand und heute nur noch ihr Turm erhalten ist, wurde der letzte Abt der Glastonbury Abbey hingerichtet. Er hatte den Befehl Heinrichs VIII., alle katholischen Klöster aufzulösen, "unglücklicherweise" nicht umgesetzt. Der Turm ist jederzeit für jedermann zugänglich.

Chalice Well: Der legendären Quelle am Fuße des Tors werden besondere Heilkräfte zugeschrieben. Angeblich hatte Joseph von Arimathäa den Kelch mit dem Blut Jesu hier versteckt, worauf eine blutrote Quelle entsprang. Heute weiß man freilich, dass die rote Färbung des Wassers auf Rostrückstände zurückzuführen ist. Nichtsdestoweniger wird dem Wasser eine heilende Wirkung nachgesagt. Im Oktober 1990 bemühte sich sogar Prinz Charles hierher, nachdem er sich beim Polo den Arm gebrochen hatte. Ob ihm der Schluck aus der Heilquelle geholfen hat, blieb trotz intensiver Nachforschungen unklar. Die eigentliche Quelle ist heute ein trockenes Loch voller Geldstücke, die die Besucher hier hineinwerfen. Wer das Wasser probieren will, muss sich etwas weiter den Berg hinaufbemühen. Dort nämlich fließt es aus einem Löwenkopf.

Öffnungszeiten: Ostern–Okt. 10–18 Uhr, Nov.–Feb. 13–16 Uhr. Eintritt: £ 1.50, erm. £ 0.75.

Wells

In keiner anderen englischen Stadt besteht ein größeres Missverhältnis zwischen der Dimension ihrer Kathedrale und ihrer Einwohnerzahl. Über der Domfreiheit, den schmucken Fachwerkbauten und den gelben Sandsteinhäusern scheint stets Ferienstimmung zu liegen.

"Wells ... ist eigentlich nicht eine Stadt mit einer Kathedrale, sondern eine Kathedrale, zu deren Füßen sich die Häuser eines Städtchens scharen, nicht viel mehr als ein Anhängsel der ausgedehnten Domfreiheit. Man fühlt überall die Gegenwart der schönen Kirche", befand schon Henry James zu Beginn des 20. Jahrhunderts. Und noch heute liegt Wells im Schatten seiner Kathedrale, die nur durch ein altes Torhaus (*Penniless Porch*) von der Stadt getrennt wird. Wer sich der Altstadt von Wells von Süden her nähert, sollte allerdings nicht den Fehler begehen, St Cuthbert mit der Kathedrale zu verwechseln. St Cuthbert ist zwar die größte Pfarrkirche von Somerset, doch wird sie von der Bischofskirche noch weit übertroffen. Rund um den schmucken Marktplatz laden zahlreiche Gasthöfe zu einer Pause ein.

Die Geschichte von Wells ist untrennbar mit dem Bischofssitz verbunden. Bereits im Jahre 909 ist mit Athelm ein erster Bischof urkundlich verbürgt. Aus heute nicht mehr genau nachvollziehbaren Gründen wurde der Bischofssitz 1088 von den Normannen nach Bath verlegt – ein Umstand, mit dem sich Wells nicht abfinden wollte. Mehr als zweieinhalb Jahrhunderte lang stritten sich die beiden Städte um dieses Vorrecht, bis der Papst mit einem Schlichtungsversuch per Dekret Erfolg hatte: Seither residiert der jeweilige Kirchenfürst in Wells und führt den Titel "Bischof von Bath und Wells".

Information/Verbindungen/Adressen

- *Information*: **Tourist Information Centre**, Town Hall Wells, Somerset BA5 2RB, ✆ 01749-672552, 📠 670869. E-Mail: wells.tic@ukonline.co.uk
- *Telefonvorwahl*: 01749
- *Verbindungen*: **Bus** – Ab Priory Road/ Princess Road nach Bristol, Bath, Glastonbury und Street; National Express nach London.

Zug – Die nächsten Bahnhöfe befinden sich in Bath, Bristol und Castle Cary.

• *Parken*: Mehrere große, gut ausgeschilderte Parkplätze rund um die Altstadt.

• *Fahrräder*: **Bike City**, Broad Street, ✆ 01749-671711; Mountainbikes £ 10–12 pro Tag, £ 15 inklusive Tour durch die Mendips (erfordert Kondition).

• *Führungen*: Freddy Gibbons (✆ 676139), der 'town crier', organisiert für Gruppen Führungen durch die Stadt (£ 2).

• *Geldwechsel*: Banken am Market Place und in der High Street.

• *Krankenhaus*: **Wells and District Cottage Hospital**, St. Thomas' Street, ✆ 01749-673154.

• *Markt*: findet mittwochs und samstags auf dem Market Place statt (9–16 Uhr).

• *Polizei*: Glastonbury Road, ✆ 01934-635252.

• *Post*: Market Place.

• *Waschen*: Eine Launderette befindet sich in der 39 St Cuthbert Street. 8–19 Uhr.

Übernachten

In Wells sind viele B&Bs in der *Chamberlain Street* und der *St. Andrew's Street* zu finden.

Beryl, liebevoll geführtes Hotel in einem neogotischen Haus mit ländlichem Flair, knapp zwei Kilometer von der Kathedrale entfernt. EZ ab £ 50, DZ ab £ 70. Hawkers Lane, ✆ 01749-678738, 📠 670508.

Star Hotel, zünftige Postkutschenstation aus dem 16. Jahrhundert. Zu empfehlen ist auch das Restaurant, Lammsteak mit Rosmarin und Knoblauch für £ 4.95. EZ ab £ 45, DZ ab £ 50. 18 High Street, ✆ 01749-670500, 📠 672604.

The Crown Inn, in uriger Atmosphäre werden deftige Brotzeiten serviert: Ploughmans Lunch (halbes Baguette mit Schinken, Cheddar-Käse, Pickled Onions usw.) für £ 4. Abendmenüs werden zwischen 18 Uhr und 21 Uhr angeboten. Unterkunft ab £ 30 pro Person. Market Place, ✆ 01749-673457, 📠 679792.

Tor House, schönes Haus aus dem 17. Jahrhundert mit Blick auf die Kathedrale. B&B ab £ 24. 20 Tor Street, ✆ 01749-672322.

Hallow Tree Farm, auf der Glastonbury Road (Richtung Glastonbury) bei Browne's Garden Centre links abbiegen, nach ca. 1,5 km auf der rechten Seite der Bungalow. Von hier aus hat man einen phantastischen Blick auf die Stadt. Sehr angenehm ist auch die ruhige Lage. Zu mieten sind zwei Zimmer ab £ 16 pro Person. Launcherley, ✆ 01749-673715.

• *Jugendherberge*: Siehe Cheddar.

• *Camping*: Der **Homestead Park** in Wookey Hole ist gut ausgestattet, dafür aber auch teuer; Zelt und zwei Personen rund £ 10. ✆ 01749-673022.

Essen

Somerset ist bekannt für *Cider* und *Wein*. Mehrere Weingüter kann man in der Nähe der Stadt besichtigen. Informationen dazu erhält man im Rathaus.

Ritcher's Restaurant & Bistro, mehrfach ausgezeichnetes Restaurant mit täglich wechselnden Gerichten. Die Küche ist international mit französischem Akzent. Unten das Bistro mit Sitzgelegenheit im Innenhof. Menüs ab £ 12.50, im Bistro ab £ 5.50, auch Tapas. 5 Sadlers Street.

Ancient Guest House, ein paar Häuser weiter (auf der anderen Straßenseite) befindet sich ein guter Italiener. *Rigatoni al Arrabiata* für £ 4.50, hinterher eine Scholle für £ 8.60. Sadlers Street, ✆ 01749-672029.

Le Café Bleu, das schönste Café von Wells, in einem von der Sadlers Street abzweigenden Hinterhof gelegen. Lecker sind die Ökokekse. Nur tagsüber geöffnet, einzig am Freitagabend wird ein leckeres Menü aufgetischt. 9 Heritage Court.

Cloister Restaurant, in einem Nebentrakt der Kathedrale befindet sich ein nettes Selbstbedienungsrestaurant, das ein schönes Kreuzrippengewölbe besitzt. Gereicht werden kleinere Mahlzeiten (Suppen, Hähnchen usw. für £ 1–4).

Feste/Veranstaltungen

Von März bis Dezember finden in der Kathedrale zahlreiche **Konzerte** statt. Prospekte mit näheren Informationen (z. B. "Music in Wells") sind beim Tourist Office erhältlich.

Mitte Juni steigt im Cathedral Green das **Wells Dance Festival** mit Prozessionen und Volkstanz.

Die Kathedrale von Wells

Sehenswertes

Cathedral: Die Kathedrale von Wells gilt als ein Juwel der englischen Sakralarchitektur. Ein gotischer Traum, der von seinem genialen Baumeister geschaffen wurde, ohne auf die berühmten französischen Vorbilder zurückzugreifen – so wurden die abgebrochen wirkenden Türme nicht ans Ende der Seitenschiffe, sondern außerhalb neben sie gesetzt. Besonders prachtvoll ist die außergewöhnlich breite Westfassade, die von einem einzigartigen Skulpturen-Zyklus geschmückt wird: Von den einst über 400 Figuren sind noch rund 300 erhalten. Die Bauarbeiten begannen um 1180 und waren rund eineinhalb Jahrhunderte später abgeschlossen. Das vergleichsweise niedrige Langhaus, die westlichen Querschiffe und der Chor sind ein Musterbeispiel für den Early English Style (englische Frühgotik). Im Inneren beeindrucken die doppelt geschwungenen "Scherenbögen", die den Vierungsturm stützen. Trotz ihrer großen Proportionen schmälern die Stützbögen den Gesamteindruck des feingliedrigen Gotteshauses nicht, im Gegenteil: Sie sind eine architektonische Meisterleistung und verleihen der Kathedrale eine geradezu schwerelose Wirkung. Vom nördlichen Querschiff führt eine ausgetretene Steintreppe hinauf zum oktogonalen Chapter House, das von Kunsthistorikern als das schönste von ganz England gerühmt wird: Das Deckengewölbe des um 1300 errichteten Kapitelhauses wird von einem einzigen fragilen Pfeiler getragen! Ein Kleinod ist auch die astronomische Uhr im Nordschiff. Über dem Zifferblatt tragen vier Ritter ein imaginäres Turnier aus. Alle fünfzehn Minuten geht einer der kämpfenden Ritter zu Boden. Südlich an die Kathedrale grenzt ein Kreuzgang an, dessen nördlicher Flügel ein nettes Café beherbergt.

Öffnungszeiten: Tgl. 7–19 Uhr. Spende: £ 3, erm. £ 1.

Bishop's Palace: Gleich rechts neben der Kathedrale befindet sich eines der am längsten bewohnten Häuser Englands – der Bishop's Palace. Im 13. Jahrhundert erbaut, wurde dem Sitz des Bischofs von Bath und Wells später ein Wassergraben hinzugefügt, um den jeweiligen Hausherrn vor rebellischen Bürgern zu schützen – deshalb auch der Festungscharakter des Palastes.

<u>Öffnungszeiten</u>: April–Okt. Di–Fr 10.30–18 Uhr, So 14–18 Uhr, im Aug. tgl. 10.30–18 Uhr, So 14–18 Uhr. Eintritt: £ 3, erm. £ 2 oder £ 1.50.

Wells Museum: Gegenüber der Kathedrale liegt das Wells Museum. Besonders interessant sind hier die Funde aus den *Wookey Hole Caves* (s. u). In diesen Höhlen entdeckte man nicht nur Fossilien, sondern auch Zeugnisse von Höhlenbewohnern aus der frühen Eisenzeit.

<u>Adresse/Öffnungszeiten</u>: 8 Cathedral Green. Juli und Aug. tgl. 10–20 Uhr, Ostern–Nov. 10–17.30 Uhr, Nov.–Ostern Mi–So 11–16 Uhr. Eintritt: £ 2, erm. £ 1.50 oder £ 1.

Umgebung

Wookey Hole Caves and Papermill: Die Höhlen von Wookey Hole – sie befinden sich etwa drei Kilometer nordwestlich von Wells in den Mendip Hills – sind eine riesige unterirdische Touristenattraktion. Bereits vor mehr als 2000 Jahren bewohnt, aber erst 1914 wiederentdeckt, öffnet sich dem Besucher eine faszinierende Welt aus Stalaktiten, Stalagmiten und unterirdischen Seen. Um die teilweise bizarren Tropfsteine ranken sich Legenden, beispielsweise um die "Witch of Wookey", eine versteinerte "Hexe". Neben den Höhlen kann man auch eine Papiermühle, eine antike Kirmes und ein Spiegellabyrinth besuchen.

<u>Anfahrt/Öffnungszeiten</u>: Von Wells mit dem Minibus 172 (stündlich). Ostern–Okt. tgl. 10–17 Uhr. Eintritt: £ 7, erm. £ 5.25 (wenn man das Ticket im Wells Tourist Office ersteht) oder £ 3.50.

Shepton Mallet: Der Wohlstand der alten Marktstadt beruht auf der Schafzucht und dem Wollhandel, weswegen sich der Name von Shepton Mallet auch von *Sheep Town* ableitet. Neben dem schmucken Marktplatz beeindruckt die spätgotische *Pfarrkirche St Peter and Paul* mit ihrer prächtigen hölzernen Kassettendecke. Wer will, kann einen Ausflug nach Nunney unternehmen. Das zwölf Kilometer östlich von Shepton Mallet gelegene Straßendorf besitzt eine pittoreske Burgruine.

Mells: Eines der schönsten Dörfer der Grafschaft Somerset. John Selwood, seines Zeichens Abt von Glastonbury, leitete Ende des 15. Jahrhunderts einen Neubau des Dorfes in die Wege, wobei er sich an mediterranen Vorbildern orientierte.

Cheddar

Cheddar – wer denkt dabei nicht an den gleichnamigen Käse? Neben dieser Gaumenfreude ist Cheddar vor allem für eine spektakuläre Schlucht bekannt, die nördlich des Städtchens ein faszinierendes Naturszenario bietet.

Der *Cheddar Cheese* ist der bekannteste englische Käse. Schon Daniel Defoe war des Lobes voll: "Zweifellos ist der Cheddar der beste Käse, den England, wenn nicht die ganze Welt, anzubieten hat." Heute gilt Cheddar als Synonym für einen gelblichen, mittelharten Käse, der dem Gouda ähnelt. Leider wird er oft als langweiliges, abgepacktes Industrieprodukt verkauft, das sich geschmacklich stark von dem handgeschöpften Original unterscheidet. Die Stadt Cheddar selbst ist touristisch nur von marginalem Interesse, sieht man einmal von der Kirche und dem historischen Marktkreuz ab.

• *Information*: **Tourist Information Centre**, The Gorge, ✆ 01934-744071, 📠 744614; im Sommer 10–17 Uhr, im Winter nur So 11–16 Uhr.

• *Verbindungen*: Von Wells fährt Badgerline 126 stdl. über Cheddar nach Weston-super-Mare.

• *Jugendherberge*: Im Ort nahe der Feuerwehr. Wer von Wells über die A 371 kommt, lässt die Abfahrt zur Schlucht links liegen und biegt dafür ca. 800 m weiter in The Hayes ein, dann wieder links (Hillfield). Da die Herberge (53 Betten) gewöhnlich ziemlich voll ist, sollte man im Voraus buchen oder schon vormittags kommen. Erwachsene £ 10.85, Jugendliche £ 7.40. Hillfield, Cheddar, ✆ 01934-742494.

• *Camping*: **** **Broadway House Holiday Touring Caravan and Camping Park**, Zelturlauber finden in der Nähe einen Vier-Sterne-Campingplatz, der besonders Kindern gut gefällt. £ 5–13.50 pro Stellplatz (März–Nov. geöffnet). Anfahrt über die A 371 Richtung Axbridge. Am anderen Ortsende gibt es noch zwei weitere Plätze. ✆ 01934-742610.

Sehenswertes

Cheddar Caves: Die Tropfsteinhöhlen von Cheddar wurden durch unterirdische Flüsse nach der letzten Eiszeit geformt. Funde belegen, dass sie schon vor 10.000 Jahren bewohnt waren. Der 1877 freigelegte Eingang zur Höhle ist aufgrund der Menschenmenge nicht zu verfehlen. Im *Cheddar Cave Museum* sind die Funde aus den Höhlen ausgestellt, darunter das 9000 Jahre alte Skelett eines Mannes.

Öffnungszeiten: Mai bis Mitte Sept. tgl. 10–17 Uhr, Mitte Sept. bis April tgl. 10.30–16.30 Uhr. Eintritt: £ 7.50, erm. £ 4. (inkl. Jacob's Ladder, s. u.).

Cheddar Gorge: In den Sommermonaten und am Wochenende wälzen sich wahre Autoschlangen durch die knapp zwei Kilometer lange Schlucht des River Yeo. Bis zu 138 Meter ragen die Kalksteinformationen links und rechts der Straße empor. Über die 322 Stufen der *Jacob's Ladder* gelangt man zur Spitze der Felsen, von wo aus sich bei einem kurzen Rundgang ein schöner Rundblick über die *Mendip Hills* bietet. Mit anderen Worten: ganz nett, aber für Liebhaber rauer Landschaften wohl eher enttäuschend. Zudem wird das Naturerlebnis durch die zahlreichen Parkplätze, Souvenirshops und Imbissläden getrübt.

Umgebung von Cheddar

Axbridge: Der Ort liegt nördlich der Schlucht und ist nicht so stark von Touristen überlaufen wie Cheddar. Hier sollen die leckersten Erdbeeren der Gegend wachsen. Verwinkelte Häuser aus der Tudorzeit schmücken die High Street. Im Ortszentrum ist die *King John's Hunting Lodge* sehenswert, ein schöner Fachwerkbau aus dem 16. Jahrhundert (Eintritt frei).

Burnham-on-Sea: Das an der Mündung des Parrett gelegene Städtchen gehört zu den ruhigeren Seebädern an der Westküste. Einen längeren Aufenthalt rechtfertigt es dennoch kaum, und angesichts der traurigen Tatsache, dass der Ortsstrand zu den verschmutztesten von England gehört, sollte man sowieso besser von einem Bad Abstand nehmen. Kunsthistorisch interessierte Reisende können die *Pfarrkirche St Andrew* besichtigen, die einen schönen Schnitzaltar (Whitehall-Altar) besitzt.

New College, Oxford

Westengland

Die einstige Grafschaft Avon beeindruckt durch ihre langen Sandstrände. Hier befindet sich auch der typisch englische Urlaubsort *Weston-super-Mare* mit seinem weit ins Meer reichenden Pier. Man vergnügt sich an den zahlreichen Spielautomaten oder aalt sich gemütlich in der Sonne. Zwei weitere Städte der ehemaligen Grafschaft erregen die Aufmerksamkeit des Besuchers: *Bath* und *Bristol*. Bath ist berühmt für seine georgianische Architektur und seine römischen Bäder. In Bristol hingegen dreht sich seit Jahrhunderten alles um den großen Hafen. Von hier aus wurde mit den Kolonien in Amerika reger Handel getrieben – auch mit Sklaven. Später verschrieb sich die Stadt ganz dem Schiffsbau und wurde deshalb im Zweiten Weltkrieg von den Deutschen massiv bombardiert. Heute glänzt Bristol mit einem breiten Kulturangebot; vor allem die Jazz- und Theaterszene ist äußerst lebendig.

In Oxfordshire ist vor allem die Grafschaftshauptstadt einen Besuch wert. Wer traditionelle Universitätsatmosphäre erleben will, kann in den altehrwürdigen Straßen von *Oxford* umherwandeln oder auch einmal in ein College hineingehen (soweit das erlaubt ist). In der Nähe von Oxford findet man den barocken *Blenheim Palace*, den ländlich gelegenen Geburtsort von Winston Churchill. Ein Ausflug dorthin lohnt sich allemal.

Im Westen von Oxfordshire erheben sich urplötzlich die *Chiltern Hills*, eine Kalksteinformation, die sich in Nord-Süd-Richtung erstreckt. Der *Ridgeway Path* führt entlang des Höhenkammes und verwöhnt den Wanderer mit beeindruckenden Fernsichten.

Wer von Bristol weiter in den Norden fährt, sollte sich *Berkeley Castle* anschauen, eines der schönsten Herrenhäuser der Region. Weiter nördlich liegt am River Severn *Gloucester*, einst eine wichtige Hafenstadt. Heute spielt hier der Tourismus die größte Rolle. Sehenswert sind die Kathedrale und einige Museen.

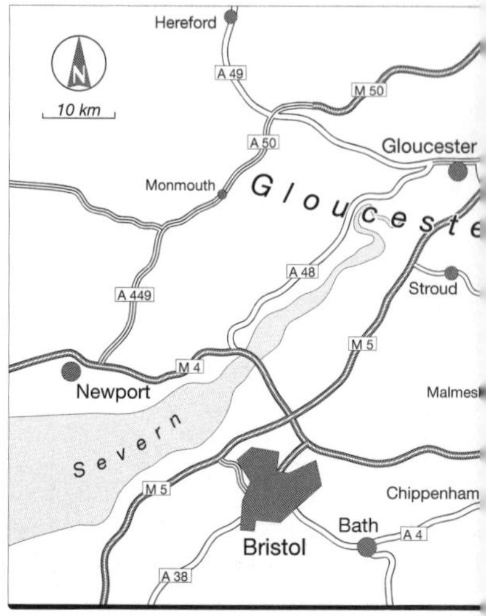

Bristol

Bristol, die traditionsreiche Hafenstadt am Avon, hat in den letzten Jahrzehnten einen atemberaubenden Wandel vollzogen. Die Pop-Hauptstadt der 1990er Jahre bietet ein aufregendes Nachtleben mit vielen Clubs und Bars.

Bristol war im Gegensatz zu anderen wichtigen Städten Englands keine römische Gründung, sondern geht auf eine sächsische Ansiedlung zurück. Und schon die Sachsen trieben regen Handel mit Wikinger-Kolonien in Irland. Die wirtschaftliche Bedeutung Bristols erkannten die normannischen Eroberer sofort. Im 12. und 13. Jahrhundert machte man sich daran, die Hafenanlage durch Kanäle wesentlich zu erweitern. Im 14. Jahrhundert wurde aus Bristol der wichtigste Umschlaghafen für Wolle aus den Cotswolds. Erst der englische Bürgerkrieg konnte den stetigen Aufschwung der Stadt bremsen. Bei den abwechselnden Belagerungen durch die Royalisten und Parlamentarier wurde nicht nur die normannische Burg zerstört.

Eine neue Blüte wurde der Stadt durch den Sklavenhandel mit Amerika beschert. Doch schon einige Jahrzehnte vor dem Ende des Sklavenhandels geriet Bristol in eine Phase des wirtschaftlichen Niedergangs, Arbeitslosigkeit und Armut gehörten zum Alltag. John Wesleys Methodisten hatten einen regen Zulauf, gleichzeitig kam es mehrfach zu öffentlichen Missfallenskundgebungen. Unvergessen ist der Arbeiteraufstand von 1831, als der Bischofspalast gestürmt und die bischöfliche Bibliothek in Flammen aufging. Dies konnte allerdings nichts an der Tatsache ändern, dass die Werften und Docks von Bristol den Erfordernissen des 19. Jahrhunderts nicht mehr genügten und die Wollweber in den industrialisierten Norden abwanderten. Einzig der Import des teuren Sherrys florierte noch. Zeitweise wurden mehr als zwei Drittel des spanischen Exports in Bristol umgeschlagen und von hier aus vertrieben. Die bekannteste Sorte war und ist "Harvey's Bristol Cream", ein dunkelgoldener Südwein mit ausgewogen mildem Geschmack. Erst als die wirtschaftliche Vormachtstellung der *Society of Merchant Venture* gebrochen und die Stadtverfassung demokratisiert werden konnte, setzte eine Phase des Aufschwungs

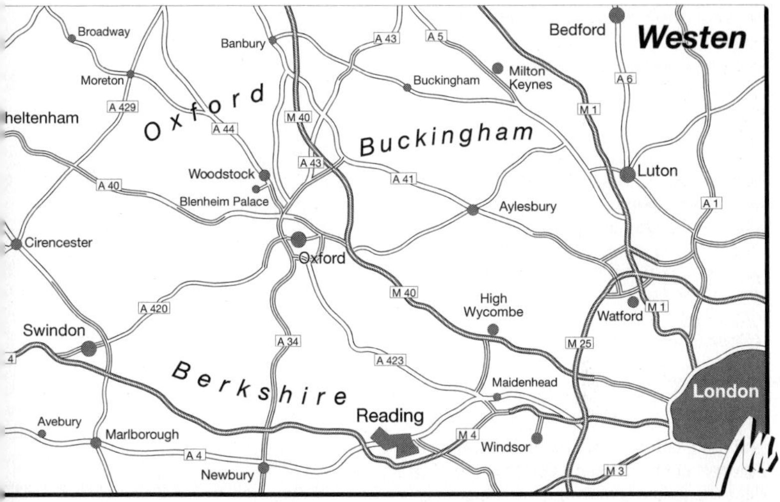

ein. Katastrophal waren die Folgen der deutschen Bombenangriffe während des Zweiten Weltkrieges, die große Lücken in die historische Bausubstanz rissen. Sicherlich genauso schwerwiegend wirkte sich das fehlende Fingerspitzengefühl der Stadtväter beim Wiederaufbau aus, so dass das Zentrum von Bristol heute weitgehend von gesichtslosen Bauten im Betonstil der fünfziger und sechziger Jahre dominiert wird.

Information/Verbindungen

• *Information*: **Tourist Information Centre**, St Nicolas Church, St Nicolas Street, Bristol BS1 1UE, ✆ 0117-9260767, 📠 9297703. Internet: www.visitbristol.co.uk. In der hier erhältlichen "Bus Map" sind alle Stadtbusse verzeichnet.

• *Telefonvorwahl*: 0117

• *Verbindungen*: **Bus** – Der Busbahnhof befindet sich in der Marlborough Street neben dem Einkaufszentrum Broadmead (Information für Stadtbusse und National Express über ✆ 0117-9555111). Im Ticket Office der Badgerline wird ein Day-Rambler-Ticket angeboten, mit dem man einen ganzen Tag bis Salisbury, Taunton, Gloucester oder Südwales fahren kann. Außerdem verkehren von hier Busse nach Bath, Cheltenham, Bridgwater, Wells und zum Flughafen.

Zug – Ab Temple Meads Station; Verbindungen in alle Richtungen. Alle zwei Stunden verkehren Züge nach London Paddington Station, Portsmouth, Exeter, Liverpool und Salisbury. Etwas außerhalb liegt der Bahnhof Parkway.

Adressen

• *Apotheke*: **Boots**, The Centre. Mo–Fr 8–20 Uhr, Sa bis 17.30 Uhr, So 6–20 Uhr.

• *Geldwechsel*: Viele Banken in der Innenstadt, z. B: **Barclays**, 40 Corn St., und **Thomas Cook**, 6 Baldwin St. Bei **American Express**, 74 Queens Rd., werden Reiseschecks gebührenfrei eingelöst.

• *Kino*: In Bristol gibt es acht Kinos, deren Adressen und Telefonnummern im Telefonbuch unter "Cinemas" verzeichnet sind.

• *Internetzugang*: **Internet Café**, 140 Whiteladies Road, ✆ 0117-9736323. Mo–Fr 10–19 Uhr, Sa 11–18 Uhr. 30 Minuten £ 2.50.

• *Deutsches Konsulat*: 111–117 Victoria St.,

✆ 0117-9298040.

• *Krankenhaus*: **Bristol Infirmary**, Marlborough St., ✆ 0117-9230000.

• *Polizei*: **Central Police Station**, Bridewell, ✆ 0117-9277777.

• *Post*: The Galleries, Union Street.

• *Markt*: **Corn Exchange**, Corn Street. Mo–Fr 9–16 Uhr und Sa 9–17 Uhr, jedoch variieren die Zeiten etwas. Radios, Kunsthandwerk und Kleidung.

• *Sport*: **Whitchurch Sports Centre**, Bamfield, Whitchurch, ✆ 01275-9833911. Sauna, Solarium, Gewichtheben, Squash, Tennis, Badminton usw.

• *Waschen*: 78 Alma Rd. oder 34 Princess Victoria St. (beide im Stadtteil Clifton).

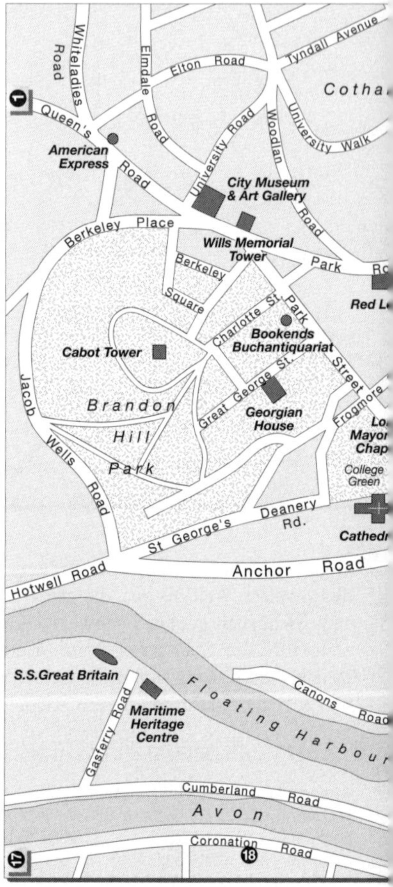

Übernachten

Viele B&Bs liegen in der *Gloucester Road* und der *Coronation Road*. Nur schwer sind Zimmer unter £ 15 zu bekommen. Das Bettenkontingent ist hauptsächlich auf Geschäftsreisende zugeschnitten. In der Jugendherberge (s. u.) hängen an einem Schwarzen Brett neben der Rezeption einige Zettel mit Wochenangeboten von Privatleuten (um £ 150).

City Inn (12), das 1999 eröffnete Stadthotel gefällt durch sein zeitlos modernes Ambiente. Preislich liegt das anonyme Hotel kaum über einem langweiligen B&B, bietet dafür aber viel Komfort: So steht in jedem Zimmer ein Sofa samt TV. Wer will, kann sich im Fitnessraum betätigen. Direkt hinter dem Hotel lädt ein kleiner Park zum Relaxen ein, zu Fuß gelangt man in zehn Minuten ins Stadtzentrum. Die Zimmerpreise richten sich nach dem jeweiligen Wochentag: Mo–Do £ 51.50, Fr–So £ 44.95. Parkplätze vor dem Hotel. Temple Way, ✆ 0117-9251001, ℻ 9074116. Internet: www.cityinn.com

Oakfield Hotel (1), familiäres B&B im Stadtteil Clifton. Traditionell eingerichtete Zimmer. EZ ab £ 28.50, DZ ab £ 38.50. 52 Oakfield Road, ✆ 0117-9735556, ℻ 9744141.

Camden Hotel (18), jenseits des River Avon an einer viel befahrenen Straße (1 km vom Zentrum entfernt). Anfahrt über Bedminster Bridge, dann rechts in die Coronation Rd. Vier Einzel- und sechs Mehrbettzimmer; ab £ 17.50 pro Person. 129 Coronation Road, ✆ 0117-9231062.

St Michael's Guest House (2), einfache Unterkunft über einem Café, internationales Flair. EZ £ 25, DZ £ 35. 145 St Michael's Hill, ✆ 0117-79077820.

Basca House (3), zwei Einzel- und zwei Doppelzimmer, etwa 1,5 km nördlich der Innenstadt gelegen, nur Nichtraucher. £ 22–28. 19 Broadway Road, ✆ 0117-9422182.

University of Bristol, günstige Alternative während der Semesterferien, £ 23.50 pro Person. ✆ 0117-9545900.

• *Jugendherberge*: **Hayman House (14)**, Zwei- bis Vierbettzimmer mit teilweise schönem Blick auf Bristol. Gute und heiße Duschen auf dem Flur. Zentrale Lage, nur zehn Minuten Fußweg von Bahnhof und Busstation (von dort ausgeschildert). Erwachsene £ 11.90, Jugendliche £ 8.20. Achtung Autofahrer: Wer vor der Herberge

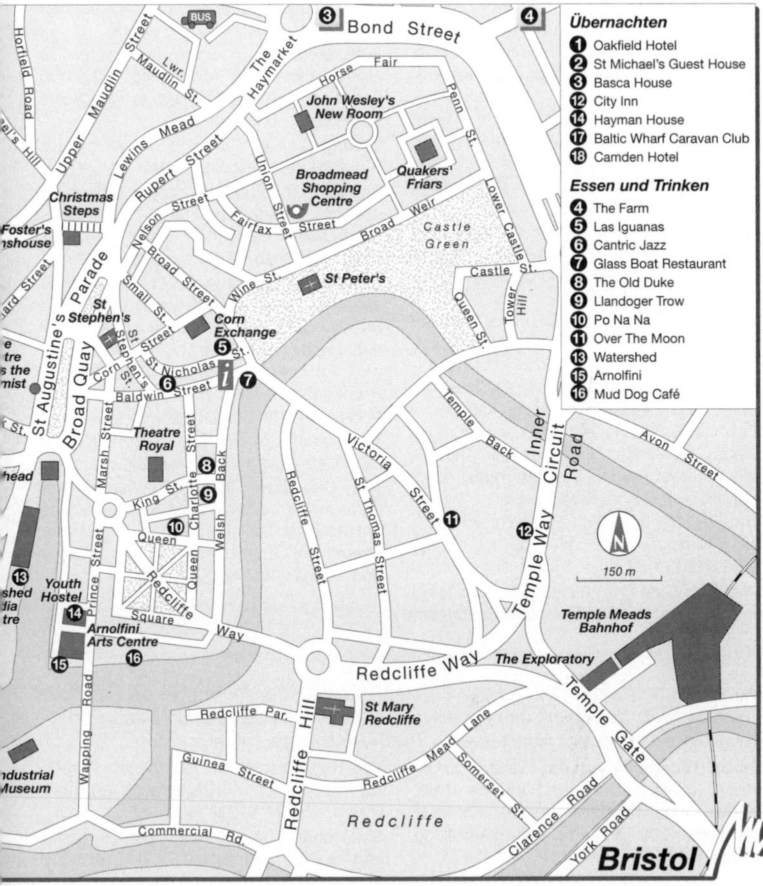

Westengland
Karte S. 342/343

(Prince Street) parkt, wird erbarmungslos abgeschleppt: Kostenpunkt £ 145! 14 Narrow Quay, ✆ 0117-9221659, ℻ 9273789. E-Mail: bristol@yha.org.uk

• *Camping*: **Baltic Wharf Caravan Club (17)**, den Floating Harbour und das Maritime Heritage Centre entlang, dann rechts. 50 Stellplätze für Caravans sowie neun Grasplätze für Zelte. Okt.–März geschlossen. Cumberland Road, ✆ 0117-9268030.

Brook Lodge Farm, kleiner, ländlicher Platz 15 Kilometer südwestlich der Stadt. Cowslip Green, Red Hill, ✆ 01934-862311.

Essen/Trinken/Nachtleben

In der *Park Street* liegen Kneipen, Restaurants und Cafés direkt nebeneinander. Viele Take-aways findet man in der Innenstadt. Über die aktuellen Trends im Nachtleben informiert das kostenlos ausliegende Magazin "DV 8".

Glass Boat Restaurant (7), hinter der Bristol Bridge auf der Victoria Street. Restaurant auf einem schwankenden Schiff mit nobler Einrichtung. Hauptgerichte £ 14-21 (für Hummerlasagne), dreigängiges Mittagsmenü £ 18.95. ✆ 0117-9297338.

Over The Moon (11), hinter einer ansprechenden blauen Fassade befindet sich auf zwei Etagen eines der einladendsten Restaurants von Bristol. Die Küche zeigt sich Modern British. Auf eine Roulade mit Hühnchen, Spinat und Pilzen folgt eine delikate Entenbrust in einer Schwarzbeeren-Rotwein-Soße. Zweigängiges Menü £ 15, dreigängiges Menü £ 18.75. 117 St Georges Road, ✆ 0117-9272653.

Bell's Diner, nettes Bistro nördlich vom Zentrum (zehn Minuten Fußweg); preiswerte Menüs in gemütlicher Umgebung. 1 York Street, ✆ 0117-9240357.

Las Iguanas (5), einfaches mexikanisches Restaurant, in warmen Farben eingerichtet. Die Tortillas kann man sich hier selbst füllen. Mittags gibt es dreigängige Menüs, die man selbst zusammenstellen kann (um £ 5). Von Do bis Sa legt ein DJ im Untergeschoss die neusten Rhythmen auf. 10 St Nicholas Street (gegenüber der Tourist Information), ✆ 011779276233.

Arnolfini (15), nette Café-Bar im gleichnamigen Kunstzentrum. 16 Narrow Quay, ✆ 0117-9299191.

Mud Dog Café (16), interessante Mischung aus Bikeshop mit Bar-Café und Restaurant am Flussufer. Den schönsten Blick hat man vom großen Balkon. 40 The Grove.

Watershed (13), moderne Bar im roten Design am Hafenquai (abends legen DJs auf). Direkt nebenan das **Chicago**, ein Rockcafé, sowie das Pub **Brasshouse**.

Cantric Jazz (6), Café und Bar mit lockerer Atmosphäre. St Nicolas Street.

The Farm (4), Pub in ländlicher Umgebung nordöstlich des Zentrums. Im Sommer ist der hübsche Biergarten immer gut gefüllt. Hopetown Road, St Werburgh's.

Lakota, es ist nicht leicht, in Bristols angesagtesten Club zu kommen (6 Upper York Street). Dafür legen dort die besten DJs des Landes auf. Wer nicht reingelassen wird, kann es ein paar Häuser weiter im **Propaganda** versuchen.

Po Na Na (10), Nachtclub mit House- und Technomusik in Uninähe, marokkanisches Flair. Viele Studenten. Queen Street.

The Old Duke (8), für Anhänger des traditionellen Jazz ein unbedingtes Muss ist der ältesten Jazzclub Bristols in der King Street/Ecke Queen Charlotte Street. Fast jeden Abend findet ein Konzert statt.

Veranstaltungen

Die Theaterszene in Bristol ist beachtlich. Im Tourist Office erhalten Sie die Broschüre *Entertainments Bulletin* mit den aktuellen Spielplänen. Dienstags und freitags sind die Aufführungstermine auch in der Zeitung *The Evening Post* zu finden.

Bristol Theatre Royal, das älteste, durchgängig bespielte Theater Englands bietet umfassendes Theaterprogramm, Konzerte und Tanz. King Street, Kartenvorbestellung unter ✆ 0117-9877877.

The Hippodrome, St. Augustine's Parade: Musicals, Ballett, Konzerte (auch Jazz) und Opern, ✆ 0117-9299444.

St. George's, Brandon Hill. Oper, Orchester- und Kammerkonzerte, ✆ 0117-9230359.

Sehenswertes

St Mary Redcliffe: Bis ins 15. Jahrhundert war Redcliffe eine eigenständige Gemeinde, erst dann wurde der noble Vorort vom aufstrebenden Bristol geschluckt. Die prachtvolle Pfarrkirche ist das letzte Zeugnis von Redcliffe, da die deutschen Bombengeschwader im Zweiten Weltkrieg ganze Arbeit leisteten. Wie durch ein Wunder blieb das hochgotische Gotteshaus auf den roten Klippen unversehrt. An der Nordwand des Hauptschiffs befindet sich das Grab des königlichen Admirals *Sir William Penn*. Sein gleichnamiger Sohn gründete die Quäkerkolonie Pennsylvania.

Adresse/Öffnungszeiten: 11 Redcliffe Parade West. Tgl. 8–17 Uhr, im Sommer bis 20 Uhr.

Cathedral: Die Kathedrale von Bristol in der Deanery Road ging aus einer 1140 gegründeten Augustinerabtei hervor. Nach der von Heinrich VIII. verfügten landesweiten Auflösung der Klöster erhielt die Abtei 1542 den Status einer Kathedrale. Von dem ursprünglich normannischen Bau sind nur noch der Kapitelsaal und ein Torhaus erhalten; die Querschiffe entstanden gemeinsam mit dem Vierungsturm zwischen 1470 und 1515. Abgeschlossen wurde der Bau der Bischofskirche erst im 19. Jahrhundert mit der Vollendung des Hauptschiffs und der Westtürme. Auffällig im Inneren sind die hoch aufstrebenden Arkaden des Chors, die höchsten in England.

City Museum & Art Gallery: Das direkt neben der Universität gelegene Museum bietet ein wahres Sammelsurium an Kunstschätzen unterschiedlichster Art, darunter die größte Sammlung chinesischer Glaskunst außerhalb Chinas. Die im zweiten Stock untergebrachte Kunstgalerie zeigt u. a. Werke von Cranach, Bellini, Seurat und Delacroix. Einen Blick wert ist auch der angrenzende *Wills Memorial Tower*, der 1920 als Wahrzeichen der Universität errichtet wurde. Der neogotische Turm wurde, wie sein Name verrät, vom größten Gönner der hiesigen Hochschule, dem Tabak-Großhändler Wills, gespendet.

Adresse/Öffnungszeiten: Queen's Road. Tgl. 10–17 Uhr. Eintritt: £ 2, erm. £ 1.

Blaise Castle House Museum: Das in einem schmucken georgianischen Haus untergebrachte Museum beherbergt eine Ausstellung zur Alltagsgeschichte von Bristol. Zu sehen sind u. a. Spielzeug, Kleidungsstücke und Haushaltsgeräte.

Adresse/Öffnungszeiten: Henbury Road. April–Okt. Sa–Mi 10–17 Uhr. Eintritt frei.

Bristol Industrial Museum: Das am Hafen gelegene Museum dokumentiert die industrielle Entwicklung der Region. Ausgestellt sind u. a. Fahrzeuge aus der heimischen Autoindustrie, Flugzeugturbinen und das Modell eines Cockpits der Concorde. Hinzu kommen der älteste Dampfschlepper der Welt und ein Feuerwehrboot aus den 1930er Jahren. Unlängst wurde auch eine neue Ausstellungssektion eröffnet, die Bristols Rolle im transatlantischen Sklavenhandel dokumentiert. Einen Besuch des Museums sollte man daher nicht versäumen.

Adresse/Öffnungszeiten: Princes Wharf, Wapping Road. April–Okt. Sa–Mi 10–17 Uhr, Nov.–März nur Sa/So 10–17 Uhr. Eintritt frei.

Westengland
Karte S. 342/343

The Georgian House: Wie der Name schon andeutet, handelt es sich um ein typisches georgianisches Haus aus dem späten 18. Jahrhundert. Damals wurde es für einen wohlhabenden Kaufmann als Wohnhaus erbaut; heute beherbergt es ein hübsches Museum. Die Zimmer sind mit alten Möbeln eingerichtet und geben einen Einblick in die Wohnkultur dieser Epoche.

Adresse/Öffnungszeiten: 7 Great George Street. April–Okt. Sa–Mi 10–17 Uhr. Eintritt: £ 1, erm. £ 0.50.

The Red Lodge: Die Red Lodge ist eines der wenigen Gebäude Bristols, die noch aus elisabethanischer Zeit stammen. Das um 1590 errichtete Kaufmannshaus ist gar nicht so leicht zu finden, da es von modernen Bauten umgeben ist. Nach einer "Zwischennutzung" als Mädchenschule steht die Red Lodge als Museum interessierten Besuchern offen. Die Räume sind stilvoll eingerichtet, so beispielsweise der Oak Room: Stuckdecke, Eichentäfelung und ein alter Kamin. Hinter dem Haus lädt ein kleiner Garten im klassischen Tudorstil zum Verweilen ein.

Adresse/Öffnungszeiten: Park Row. April–Okt. Sa–Mi 10–17 Uhr. Eintritt: £ 1, erm. £ 0.50.

John Wesley's Chapel (New Room): Mit der schlichten John Wesley's Chapel besitzt Bristol die älteste methodistische Kirche der Welt – allerdings wirkt das inmitten des hektischen Einkaufszentrums gelegene Gotteshaus etwas verloren. In der von Armut und Arbeitslosigkeit schwer gebeutelten Stadt fanden die Gläubigen Trost in der methodistischen Lehre des Predigers *John Wesley* (1703–1791). Wesley verkündete keine neue Theologie, sondern verfolgte das Ziel, durch das Erlebnis der existentiellen Sündhaftigkeit irdischen Daseins dem Einzelnen die Überzeugung zu vermitteln, dass Christus auch zur Vergebung seiner Sünden gestorben sei.

Adresse/Öffnungszeiten: The Horsefair. Mo–Sa 10–16 Uhr. Eintritt frei.

SS Great Britain: Verglichen mit modernen Luxuslinern nimmt sich die *SS Great Britain* geradezu bescheiden aus, doch galt das von Isambard Kingdom Brunel (1806-1859) erbaute Eisenschiff bei seinem Stapellauf 1843 als das luxuriöseste Schiff der Welt. Zugleich war es das erste dampfgetriebene Schiff, das den Atlantik überquerte. Insgesamt 43 Jahre lang verrichtete die SS Great Britain als Fracht- und Passagierschiff ihren Dienst, dann wurde sie 1886 in einem Sturm vor Kap Horn so schwer beschädigt, dass sie nur noch als Warenlager Verwendung fand. Im Jahre 1970 kam das Schiff nach Bristol zurück, wo es mit viel Liebe von den Restauratoren in seinen Originalzustand zurückversetzt wurde. Direkt neben der 98 Meter langen *SS Great Britain* liegt auch ein Nachbau der berühmten *Matthew* vor Anker, mit der John Cabot 1497 Neuengland entdeckte. Angeschlossen ist zudem ein informatives Maritime Heritage Centre.

Adresse/Öffnungszeiten: Gas Ferry Road. Tgl. 10–17.30 Uhr, im Winter bis 16.30 Uhr. Eintritt: £ 6.25, erm. £ 5.25 oder £ 3.75. Internet: www.ss-great-britain.com

Clifton Suspension Bridge: Clifton ist eines der vornehmsten Stadtviertel von Bristol und besitzt mit der Hängebrücke über den Avon das Wahrzeichen der Stadt. Das Meisterwerk des genialen Ingenieurs Isambard Kingdom Brunel überspannt den Fluss in einer Höhe von knapp 80 Metern. Die zwischen zwei burgartigen Türmen aufgespannte Brücke wirkt trotz ihrer Länge von 210 Metern sehr filigran. Brunel erbaute die Brücke zwischen 1831 und 1864 und verwendete dabei Teile der alten Londoner Hungerford Bridge. Wer die Brücke überquert, kommt auf der anderen Seite zu einem dichten Wald- und Parkgebiet, den Leigh Woods. Zurück in Clifton, lädt etwas oberhalb der Hängebrücke das *Observatorium* zum Besuch ein.

Öffnungszeiten: Das Visitor Center der Clifton Suspension Bridge ist tgl. von 10–18 Uhr geöffnet. Eintritt: £ 1, erm. £ 0.80.

Bristol Zoo Gardens: Nordöstlich der Clifton Bridge befindet sich der städtische Zoo, in dem mehr als 300 verschiedene Tierarten sowie seltene Baumarten zu finden sind. Als Attraktionen gelten eine Vogelfreiflughalle, der Flamingosee und die Gorillainsel. Beliebt ist die künstliche Seehund- und Pinguinküste, wo Besucher die Möglichkeit haben, die Tiere über und unter Wasser zu beobachten.

Öffnungszeiten: Tgl. 9–17.30 Uhr, im Winter bis 16.30 Uhr. Eintritt: £ 6.50, erm. £ 3.50.

@Bristol: Pünktlich zum Millennium wurde am Hafen von Bristol ein Natur-, Wissenschafts- und Kunstzentrum eröffnet, das aus zwei Hauptattraktionen

Neues Leben im alten Hafenbecken von Bristol

besteht: "Wildscreen" vermittelt einen neuen Zugang zur Natur und ihren kleineren Bewohnern, während "Explore" an das Vorstellungsvermögen der Besucher appelliert und zu Experimenten ermuntert. Ergänzt wird das neue Zentrum durch ein IMAX-Kino, diverse Geschäfte, Cafés und Restaurants.

Adresse/Öffnungszeiten: Explore Lane. Tgl. 10–20 Uhr, im Winter bis 18 Uhr.

Ausflüge in die Umgebung

Dyrham Park: Der 20 Kilometer östlich von Bristol gelegene Landschaftspark und das barocke Schloss samt Orangerie, einer der beeindruckendsten Landsitze Westenglands, wurden von 1691 bis 1702 für *William Blathwayt*, den Staatssekretär Williams III., errichtet. Neben den weitläufigen Gärten ist auch das kostbare Interieur des Herrenhauses sehenswert: Wandbespannungen aus Leder, Delfter Porzellan und Täfelungen aus Eiche, Zedern- und Nussbaumholz.

Öffnungszeiten: April–Okt. Fr–Di 11–17.30 Uhr, Herrenhaus erst ab 12 Uhr. Eintritt: £ 7.50, erm. £ 3.70; nur Garten: £ 2.60, erm. £ 1.20 (NT).

Clevedon: Der Ausflugsort liegt gut 20 Kilometer südwestlich von Bristol. Spaziergänge an der hübschen Strandpromenade werden mit Ausblicken auf Wales belohnt. Vom Pier aus kann man mit einem Boot nach Bristol, Gloucester oder nach Wales fahren. Lohnenswert ist auch ein Besuch von *Clevedon Court*, einem Landhaus aus dem 14./15. Jahrhundert einige Kilometer östlich der Stadt. Ausgestellt sind hier Töpferwaren und alte Möbel. Der berühmte viktorianische Schriftsteller William Makepeace Thackeray schrieb hier große Teile seiner Gesellschaftssatire "Vanity Fair". Auch einige seiner Zeichnungen sind hier zu begutachten.

Adresse/Öffnungszeiten: Tickenham Road. April–Sept. Mi, Do und So 14–17 Uhr. Eintritt: £ 4, erm. £ 2 (NT).

Westengland
Karte S. 342/343

Weston-super-Mare: Das größte Seebad am Bristol Channel südlich von Clevedon ist ein beliebtes Ausflugsziel sonnenhungriger Besucher aus Bristol. Mit seinem bröckelnden viktorianischen Charme ist das einstige Fischerdorf aber auch für kontinentale Besucher von Interesse. An warmen Sonntagen zeigen sich die Besucher oft in ihren besten Kleidern am breiten Sandstrand, bauen Burgen, die der Union Jack krönt, picknicken im Familien- und Freundeskreis und hoffen, von der raren Sonne verwöhnt zu werden. Im Wintergarten spielt eine Blaskapelle zum Tanz auf, auf dem großen Pier amüsiert man sich mit Computerspielen und Slotmachines, und die Damen gesetzteren Alters zieht es zum Bingo. Man ist auf Familienurlaub eingestellt: Ponyreiten am Strand, ein Modelldorf und ein Mini-Zoo fehlen selbstverständlich auch nicht.

Information: **Tourist Information Centre** an den Beach Lawns, Weston-super-Mare BS23 1AT, ✆ 01934-888800, 📠 641741.

Berkeley Castle: Auf dem Weg von Bristol nach Gloucester liegt nach rund 30 Kilometern Berkeley Castle, eine der schönsten Burgen der Region. Umgeben ist die Festung, die aus dem 12. Jahrhundert stammt, von einer weitläufigen Parkanlage. Im Jahr 1327 wurde hier Eduard II. ermordet. Eine Innenbesichtigung führt u. a. in den Raum, in dem die Bluttat begangen wurde.

- *Anfahrt*: Mit dem Auto über die A 38 oder mit dem Bus 308 ab Bristol (Mo–Sa im 2-Std.-Rhythmus).
- *Öffnungszeiten*: April und Mai Di–So 14–17 Uhr; Juni und Sept. Di–Sa 11–17 Uhr, So 14–17 Uhr; Juli und Aug. Mo–Sa 11–17 Uhr, So 14–17 Uhr; Okt. nur So 14–17 Uhr. Eintritt: £ 4.80.

Gloucester: Schon die Römer nutzten die Stadt am Ostufer des Severn als Hafen. Zur Zeit der Normannen war Gloucester Sitz des Geschlechts der Plantagenets – Heinrich III. wurde hier sogar gekrönt. Ihre wirtschaftliche Blüte erlebte die Stadt im 14. Jahrhundert, in das auch der Bau der prächtigen *Kathedrale* fällt. Im frühen 19. Jahrhundert hob man einen Kanal aus, der den Schiffsverkehr und damit die heimische Wirtschaft ankurbeln sollte. Heute fahren hier vor allem Ausflugsboote. Die viktorianische Dockanlage wurde renoviert und zu einer Touristenattraktion umgestaltet. Hier befinden sich jetzt drei sehenswerte Museen (*Robert Opie Museum of Packaging and Advertising, National Soldiers Museum* sowie *Regiments of Gloucester Museum*). Reizvoll sind auch die Ausflüge von Gloucester in die Cotswolds.

Bath

"Aquae Sulis" nannten die Römer die Stadt mit der einzigen heißen Quelle Englands. Sie bauten die Bäder, die Bath so berühmt machten und ihm den Namen gaben. Eine zweite Glanzzeit erlebte der Ort am River Avon im 18. Jahrhundert. In dieser Zeit entstanden auch die pompösen Villen aus dem beigefarbenen Bath-Stein. Hier tummelte sich die High Society und verschaffte der Stadt enormes Prestige.

Nachdem Queen Anne Bath zu Anfang des 18. Jahrhunderts besucht hatte, riet sie ihren Freunden, hier eine Kur durchzuführen. Alsdann begab sich der Adel in die heilenden Bäder, um seiner Gesundheit und gesellschaftlichen Verpflichtung gerecht zu werden. Der Baumeister *John Wood* und sein gleichnamiger Sohn sorgten für den architektonischen Rahmen. Es entstanden präch-

Die Pultney Bridge wird oft mit dem Ponte Vecchio in Florenz verglichen

tige Reihenhäuser und Siedlungen, einige davon nach römischem Vorbild, z. B. *The Circus*, eine im Kreis angeordnete Häuserzeile. Sie diente ursprünglich für Versammlungen, später als Unterkunft für kurende Adlige. Ebenfalls typisch für die gelungene Architektur ist *The Royal Crescent*, eine Anlage mit dreißig Häusern, die in einem großen Bogen angeordnet sind. Auch hier stiegen berühmte Persönlichkeiten ab, um sich vom Flair der Stadt einfangen zu lassen. Bath ist heute eine großartig renovierte Universitätsstadt mit über 80.000 Einwohnern. Ein großer Teil der Bauten im Zentrum steht unter Denkmalschutz. Leider brachte die Zeit auch Nachteiliges für Bath. So darf das Wasser der ehemaligen Heilquellen nicht mehr unbehandelt getrunken werden, da es Krankheitserreger enthält.

Information/Verbindungen

- *Information*: **Tourist Information Centre**, Abbey Chambers, Abbey Church Yard, Bath BA1 1LY, ✆ 01225-477101, 📠 477787. Internet: www.visitbath.co.uk. Während der Sommermonate ist das Büro oft überfüllt. Zahlreiches Buch- und Prospektmaterial, Unterkunftsverzeichnis, Zimmervermittlung. Im selben Raum auch ein Schalter von American Express mit Geldwechsel.
- *Telefonvorwahl*: 01225
- *Verbindungen*: **Bus** – Busbahnhof an der Manvers Street, ✆ 01225-464446. NatEx fährt von hier direkt nach London (✆ 08705-808080). Nach Bristol kann man mit Badgerline fahren. Das *Day Rambler Ticket* von Badgerline gilt für einen Tag in der Region (Glastonbury, Bristol, Wells; £ 5.30, Studenten £ 3.75).

Zug – Railway Station Bath Spa an der Kreuzung Dorchester Street und Manvers Street. Praktisch jede Viertelstunde Verbindungen nach Bristol (Dauer: 20 Minuten) und stdl. mit dem Intercity nach London Paddington Station (Dauer 90 Minuten), 2-mal tgl. nach London Waterloo, 15-mal tgl. nach Exeter und 6-mal tgl. nach Oxford.

Adressen

• *Einkaufen*: **The Royal Photographic Society** (Milsom St.) verkauft hübsche Postkarten (ab 35 p) und Poster (ab £ 3) mit Motiven aus Bath.

Arcania (Union Passage) ist ein Esoterikladen, der Öle, Schmuck, Räucherstäbchen usw. anbietet.

Waterstone's Booksellers (Milsom St.) führt Karten, Reiseführer und Reiselektüre. Mo–Fr 9–21 Uhr, Di ab 10 Uhr, Sa 9–19 Uhr, So 11–17 Uhr.

• *Fahrräder*: **Avon Valley Cyclery**, "Underneath the Arches", Arch 37 (am Bahnhof), ✆ 01225-461880; Mountainbikes kosten £ 14 pro Tag (nach schlechten Erfahrungen nimmt das Geschäft jetzt £ 350 Kaution, per Kreditkarte zu hinterlegen), Tandems pro Tag £ 25.

• *Führungen*: Ohne Anmeldung trifft man sich im Abbey Church Yard am Schild "Free Walking Tours Here" (täglich 10.30 Uhr, Mo–Fr 14 Uhr, So 14.30; Mai–September auch Di/Fr/Sa 19 Uhr; Informationen beim Tourist Office); die Rundgänge sind gratis.

Mit den offenen Bussen von Guide Friday/ Badgerline kann man eine **Stadtrundfahrt** machen (Informationen am Busbahnhof); Erwachsene £ 6.50, Studenten £ 5, Kinder £ 2.

• *Geldwechsel*: Vier Banken befinden sich in der Milsom St. (z. B. National Westminster); **Barclays**, 1 Manvers St. Außerdem ist das Tauschen auch in der Post möglich (schlechter Kurs).

• *Kinos*: **ABC Beau Nash**, Westgate St., ✆ 01225-461730; **The Little Theatre**, St. Michael's Place, ✆ 01225-466822; **Robins**, neben Theatre Royal, ✆ 01225-461506.

• *Post*: 21–25 New Bond Street.

• *Polizei*: Manvers Street (etwas nördlich vom Busbahnhof), ✆ 01225-444343.

• *Theater*: **Theatre Royal**, Sawclose, ✆ 01225-448844; **The Rondo**, St. Saviours Rd., ✆ 01225-444003.

• *Waschen*: Launderette in der Upper Bristol Road.

Übernachten

Viele B&Bs sind in der *Upper Bristol Road* zu finden. Wer in einem der noblen Kurhotels übernachten will, muss mit mindestens £ 70 rechnen.

Kennard Hotel (5), nur einen Katzensprung von der Pulteney Bridge entfernt, bietet das

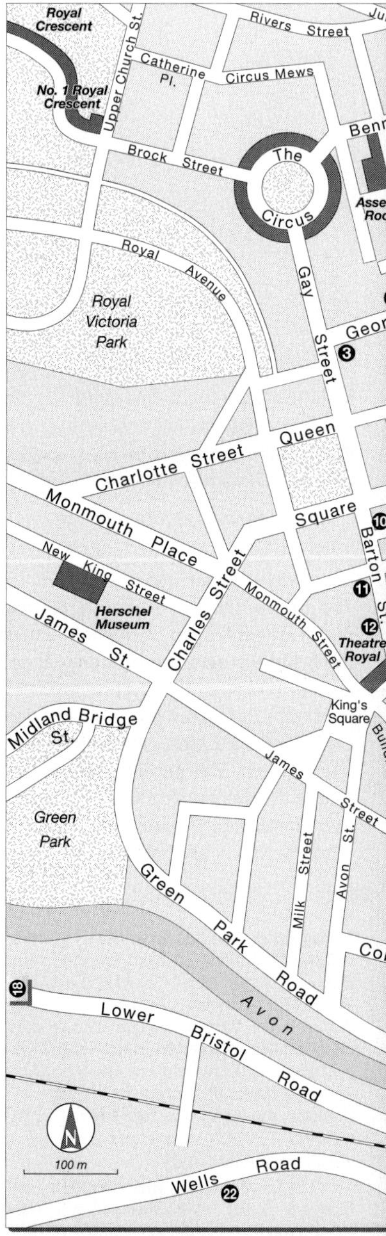

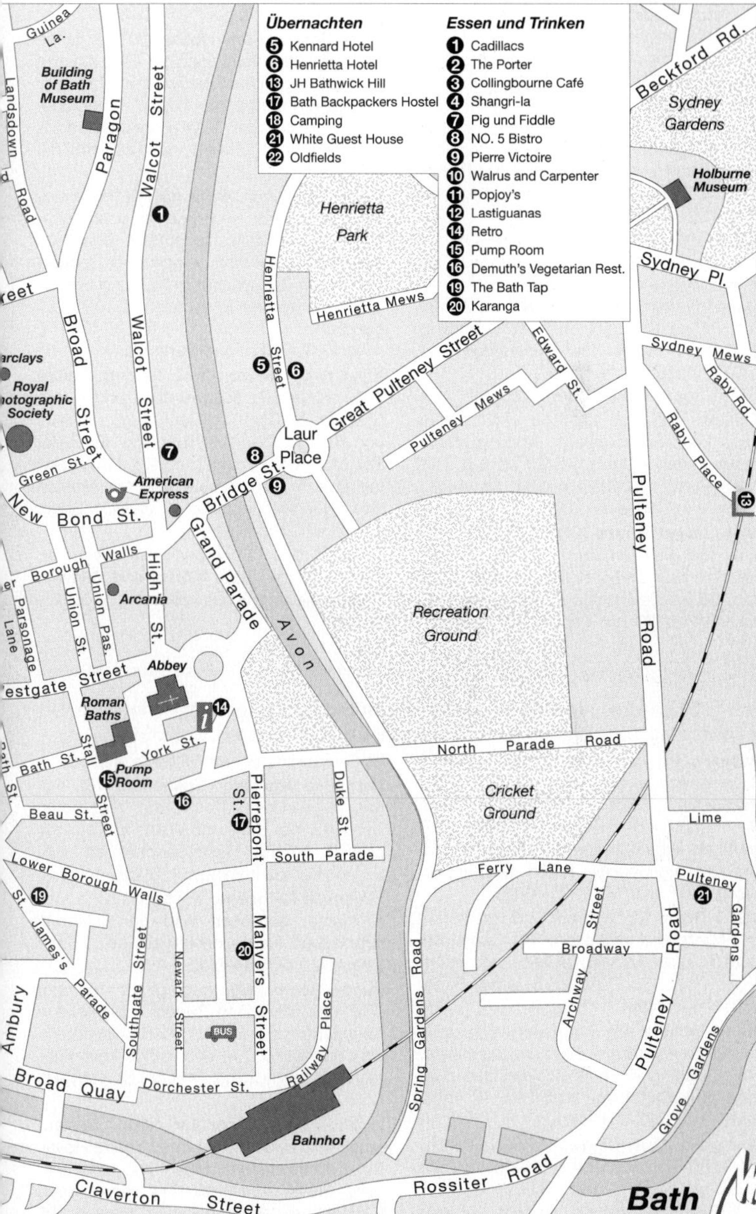

Westengland
Karte S. 342/343

kleine, intime Hotel den idealen Rahmen zu Erkundung von Bath. EZ ab £ 48, DZ ab £ 84. 11 Henrietta Street, ✆ 01225-310472, ✆ 460054. Internet: www.kennard.co.uk

Henrietta Hotel (6), schräg gegenüber, etwas einfacher ausgestattet, dafür auch deutlich günstiger: EZ ab £ 35, DZ ab £ 45. Falls ausgebucht, das benachbarte Georgian Guest House hat ein ähnliches Preisniveau. 30 Henrietta Street, ✆ 01225-447779, ✆ 444150.

Apsley House, eine Meile vom Zentrum entfernt, verspricht das einst für den Duke of Wellington errichtete Haus mit seinem großen Garten einen angenehmen Aufenthalt. EZ ab £ 50, DZ ab £ 70. Swimmingpool im Garten. 14 Newbridge Hill, ✆ 01225-336966, ✆ 425462.
E-Mail: apsleyhouse@easynet.co.uk

Oldfields (22), das stattliche viktorianische Haus bietet viel Komfort. Achtung: Nichtraucherhotel. EZ ab £ 55, DZ ab £ 60. 102 Wells Road, ✆ 01225-317984, ✆ 444471.
E-Mail: info@oldfields.co.uk

White Guest House (21), hübsches Gasthaus fünf Minuten vom Zentrum. An den Fenstern hängen bunte Blumenkästen, was dem B&B schon einige Preise eingebracht hat; ab £ 22.50 pro Person. Bei längerem Aufenthalt 10 Prozent Ermäßigung. 23 Pulteney Gardens, ✆/✆ 01225-426075.

Bath Backpackers Hostel (17), einfache Herberge mit internationalem Flair. Absolut zentrale Lage. Laut Eigenwerbung "a totally fun-packed mad place to stay". Übernachtung im Schlafraum £ 12, Breakfast £ 1.50. 13 Pierrepoint Street, ✆ 01225-446787, ✆ 446305.

• *Jugendherberge*: **Bathwick Hill (13)**, ganzjährig geöffnete Herberge in einem hübschen Haus in italienischem Stil, etwa 1 km östlich des Zentrums gelegen. Mit Badgerline 18 (ab Busbahnhof in Richtung Universität) zu erreichen. Erwachsene £ 10.85, Jugendliche £ 7.40. ✆ 01225-465674, ✆ 482947. E-Mail: bath@yha.org.uk

• *Camping*: **Newton Mill Touring Centre (18)**, der perfekt ausgestattete und videoüberwachte Camping liegt 5 km westlich von Bath (A 39). 105 Stellplätze für Zelte; Zelt und zwei Personen etwa £ 11. Anfahrt mit Bus 5 vom Busbahnhof bis Newton Road. Ganzjährig geöffnet. Newton Street Loe, ✆ 01225-333909.

Wer mit dem Wohnmobil unterwegs ist, kann auch den **Bath Marina and Caravan Park** ansteuern, Brass Mill Lane, ✆ 01225-424301.

Essen (siehe Karte Seite 352/353)

Fish-'n'-Chips-Läden sowie Take-aways verteilen sich auf die gesamte Innenstadt. Wer Stilvolles mag, darf sich den *Pump Room* nicht entgehen lassen (s. S. 355").

Popjoy's (11), das in der Nähe des Theatre Royal gelegene ehemalige Wohnhaus des städtischen Zeremonienmeisters Beau Nash und seiner Geliebten Popjoy birgt heute ein liebenswertes Restaurant, die Küche zeigt sich Modern British. Sonntag Ruhetag. Sawclose, ✆ 01225-460494.

NO. 5 Bistro (8), Weinbar und Restaurant, im Hintergrund ertönt dezente Jazzmusik. Gute Küche, Mittwochabend gibt es frischen Fisch. So Ruhetag. 5 Argyle Street, ✆ 01225-444499.

Pierre Victoire (9), lobenswertes französisches Gourmetbistro. Ein ausgezeichnetes Preis-Leistungs-Verhältnis bietet das zweigängige Mittagsmenü zu £ 6.95. 16 Argyle Street, ✆ 01225-334334.

Shangri-la (4), thailändisches Restaurant für die Anhänger asiatischer Gaumenfreuden. 2 George Street, ✆ 01225-338200.

Collingbourne Café (3), schöner, auf altertümlich getrimmter Tearoom. Zu essen gibt es delikate Häppchen. 12 George Street.

Demuth's Vegetarian Restaurant (16), kleines vegetarisches Restaurant. Angeboten werden sogar Biere und Weine aus biologischem Anbau. Hauptgerichte ab £ 7. 2 North Parade Passage, ✆ 01225-446059.

Firehouse Rotisserie, wohltuend schlichtes Ambiente, gegessen wird an einfachen Holztischen. Hauptgerichte ab £ 10. 2 John Street, ✆ 01225-482070.

Pump Room (15), gediegener Tearoom über den römischen Bädern. Distinguierte Atmosphäre mit mächtigen Kronleuchtern. Das Wasser für Tee und Kaffee kommt direkt aus der Quelle. Abbey Churchyard, ✆ 01225-444477.

Walrus and Carpenter (10), Restaurant/Bistro in der Nähe des Theatre Royal. Bei Kerzenlicht und Musik isst man Burgers, Steaks, Geflügel oder vegetarische Gerichte zu angemessenen Preisen. 25 Barton Street.

The Porter (2), der einzige vegetarische Pub in Bath. Es wird auch Ökobier ausgeschenkt. 15 George Street, ✆ 01225-404445.

Retro (14), einfaches, aber sehr einladendes Tagescafé, abends trifft man sich in dem einen Stock höher gelegenen Restaurant. 18 York Street, ✆ 01225-7339347.

Lastiguanas (12), südamerikanisches Restaurant mit Bar, Tische im Innenhof, gehobenes Preisniveau. Barton Street.

Pig und Fiddle (7), beliebtes Pub mit Terrasse und vielfältigem Bierangebot. Walcot Street.

Karanga (20), beliebte Bar mit Lounge-Ambiente. Manvers Street.

The Bath Tap (19), der Schwulen- und Lesbentreff in Bath. Freitag- und Samstagabend wird im Club Eros zu heißen Rhythmen getanzt. 19-20 St James's Parade.

Cadillacs (1), in dem beliebten Club wird die aktuelle Chartmusik gespielt. 103 Walcot Street.

Feste/Veranstaltungen

Bath International Festival of Music and Art, von Mitte bis Ende Mai wird in Bath gefeiert mit Ausstellungen und Konzerten aller Stilrichtungen.
Ein Höhepunkt ist sicherlich die **Contemporary Art Fair**, die Künstler und Kunstenthusiasten aus ganz England anlockt. Eine Informationsbroschüre wird jährlich im Februar veröffentlicht. Sie ist zu bestellen bei: Bath Festival, Linley House, Pierrepont Place, Bath BA1 1JY, ✆ 01225-462231.

Sehenswertes

Roman Baths: Die größte Sehenswürdigkeit von Bath sind zweifellos die römischen Bäder, die der Stadt ihren Namen gaben. Die römischen Thermen wurden erst 1755 wiederentdeckt und sukzessive ausgegraben; sie liegen mehrere Meter unter dem heutigen Straßenniveau, da man die Originalfundamente unangetastet lassen wollte. Die heiße Quelle (konstante 46,5 Grad Celsius), die schon die Kelten nutzten, wurde von den Römern Minerva, der Göttin der Heilkunst, geweiht. Ihr zu Ehren errichteten sie einen Tempel über der heiligen Quelle. Mit Hilfe von Bleileitungen wurde das heiße Wasser – dreizehn Liter pro Sekunde – in die einzelnen Bäder befördert.

Jeder Besucher wird im Rahmen einer informativen Audioführung durch den römischen Badekomplex geleitet. Damit man sich den ursprünglichen Zustand besser vorstellen kann, werden entsprechende Modelle gezeigt. Ferner sind Skulpturen, Votivgaben und Schmuckstücke ausgestellt, die bei den Ausgrabungen gefunden wurden. Die Hauptattraktion der Anlage ist der von einer schönen Säulenhalle umzogene *Natatio*. Das 12 mal 24 Meter große und 1,50 Meter tiefe Schwimmbecken wurde erst 1880 vollständig freigelegt; es war ursprünglich überdacht (die grüne Färbung des Wassers ist eine Folge des Lichteinfalls), die Säulenhalle mit den Figuren ist eine spätere Ergänzung. An das zentrale Schwimmbad grenzen noch verschiedene Warm- und Kaltbäder an.

• *Adresse/Öffnungszeiten*: Abbey Churchyard. April–Sept. 9–18 Uhr, im August bis 21.30 Uhr; Okt.–März 9.30–17 Uhr. Eintritt: £ 6.30, erm. £ 3.80. Kombiticket mit Costume Museum: £ 8.70, erm. £ 5. Die im Eintrittspreis enthaltenen elektronischen Audio Guides gibt es auch in Deutsch.

The Pump Room: Über dem römischen Bad befindet sich der Pump Room. Er wurde entworfen, um den Bädern einen seriösen und zugleich luxuriösen Anstrich zu geben, und fungierte vor allem als zwangloser Ort des Kennenlernens. Auch in unseren Tagen ist noch die Gediegenheit des prunkvollen

Gebäudes zu spüren. Mächtige Kronleuchter hängen von der Decke, Säulen zieren die Wände, und die großen Fenster werden von langen Vorhängen geschmückt. An kleinen Holztischen genießt man sein Frühstück oder den Tee und lauscht dabei der klassischen Musik, die morgens (im Sommer auch nachmittags) gespielt wird. Das Wasser für Tee und Kaffee wird übrigens von der Quelle hierher hochgeleitet; laut Charles Dickens schmeckt es allerdings "nach Bügeleisen".

Öffnungszeiten: Mo–Sa 10.30–12 Uhr und 15–17.30 Uhr.

Bath Abbey: Die 675 gegründete Abtei von Bath ist ein historisch bedeutsamer Ort: Im Jahre 973 wurde hier mit Edgar erstmals ein König von ganz England gekrönt, später residierten in dem Gebäude eineinhalb Jahrhunderte lang die "Bischöfe von Bath and Wells". Die heutige Kirche ist allerdings weitgehend im Perpendicular Style des 16. Jahrhunderts errichtet worden. Besonders prächtig ist das Westportal, das in Richtung Pump Room blickt, sowie das reich ornamentierte Chorgewölbe. Vollendet war die Abteikirche, als Heinrich VIII. die Auflösung der Klöster verfügte. Da die Bürger von Bath nicht gewillt waren, dem König die Kirche abzukaufen, wurde sie dem Verfall preisgegeben. Erst im 17. Jahrhundert leitete man Restaurierungsmaßnahmen ein.

Öffnungszeiten: Mo–Sa 9–16.30 Uhr, So 13–14.30 Uhr und 16.30–17.30 Uhr; eine Spende von £ 2 wird erwartet.

Holburne Museum of Art: Das in einem der elegantesten georgianischen Gebäude von Bath untergebrachte Museum besitzt einen großen Fundus bildender und dekorativer Kunst aus dem 18. Jahrhundert, darunter Gemälde von Gainsborough, Turner, Stubbs, Guardi und Raeburn. Die meisten Exponate stammen aus der Sammlung von Sir William Holburne (1793–1874). Ergänzt wird die Dauerausstellung durch Werke führender britischer Künstler aus dem 20. Jahrhundert. Im Garten befindet sich ein Teehaus.

Adresse/Öffnungszeiten: Great Pulteney Street. Mitte Feb. bis Mitte Dez. Mo–Sa 11–17 Uhr, So 14.30–17.30 Uhr. Eintritt: £ 3.50, erm. 1.50. Internet: www.bath.ac.uk/holburne

Assembley Rooms & Museum of Costume: Während des Zweiten Weltkrieges zerstört und später rekonstruiert, erstrahlen die früheren Gesellschafts- und Ballräume nun wieder in ihrem alten Glanz. Man benötigt nur wenig Phantasie, um sich festlich gekleidete Herrschaften trinkend, tanzend und spielend in diesen Räumlichkeiten vorzustellen. Wer mehr über die Garderobe der vergangenen Jahrhunderte erfahren will, sollte das im Untergeschoss untergebrachte *Kostümmuseum* besuchen. Die mehr als 200 Puppen tragen kostbarste Gewänder aus der Zeit des späten 16. Jahrhunderts bis in die Gegenwart. Als sehr informativ erweist sich die Audioführung.

Adresse/Öffnungszeiten: Bennet Street. Tgl. 10–17 Uhr. Eintritt: £ 3.90, erm. £ 2.80. Kombiticket mit Roman Baths: £ 8.70, erm. £ 5.

Building of Bath Museum: Das in einer ehemaligen Methodistenkapelle untergebrachte Museum erklärt mit Hilfe eines großen Stadtmodells und zahlreicher Entwürfe die Architekturgeschichte von Bath.

Adresse/Öffnungszeiten: The Countess of Huntingdon's Chapel. Mitte Feb. bis Nov. tgl. außer Mo 10.30–17 Uhr. Eintritt: £ 3, erm. £ 1.50.

The Circus – wer dem Pfeil folgt, fährt im Kreis

No. 1 Royal Crescent: Der Royal Crescent mit seinen Wohnhäusern im palladianischen Stil zählt zu den schönsten Beispielen der europäischen Städtebaukunst. *John Wood der Ältere* (1704–1754) und später sein Sohn *John Wood der Jüngere* (1727–1781) errichteten diese halbrunde, 184 Meter lange Häuserzeile in der Mitte des 18. Jahrhunderts, die zum Wegweiser für den englischen Städtebau wurde. Das als Museum genutzte ehemalige Haus des Herzogs von York zeigt anschaulich, wie die Menschen im georgianischen Bath lebten.
Adresse/Öffnungszeiten: Royal Crescent. März–Okt. tgl. außer Mo 10.30–17 Uhr, im Nov. tgl. außer Mo 10.30–16 Uhr. Eintritt: £ 4, erm. £ 3.20.

Westengland
Karte S. 342/343

Royal Photographic Society Gallery: Ein Muss für die Liebhaber anspruchsvoller Fotokunst ist die Galerie des ältesten Fotovereins der Welt. In der Octagon Gallery finden regelmäßig anspruchsvolle Wechselausstellungen statt, zudem sind historische Fotoapparate und Holographien zu bewundern. Eine gut sortierte Fachbuchhandlung und ein Café ergänzen das Angebot.
Adresse/Öffnungszeiten: Milsom Street. Tgl. 9.30–17.30 Uhr. Eintritt: £ 2.50.

Jane Austen Centre: Das Jane Austen Centre befindet sich in einem georgianischen Haus in der Gay Street, nur unweit von jenem Gebäude mit der Hausnummer 25 entfernt, in dem Jane Austen nach dem Tod ihres Vaters mehrere Monate lang gelebt hat. Austen, die in Bath ihre berühmten Romane "Persuasion" (dt. "Überredungskunst") und "Northanger Abbey" (dt. "Die Abtei von Northanger") schrieb, fühlte sich in der Kurstadt mit dem mondänen Flair allerdings nie richtig heimisch. Das Zentrum bietet ausführliche Informationen zum Leben und Wirken der Schriftstellerin.
Adresse/Öffnungszeiten: 40 Gay Street. Tgl. 10–17.30 Uhr, So erst ab 10.30 Uhr. Eintritt: £ 4, erm. £ 3 oder £ 2. Internet: www.janeausten.co.uk

Oxfords Straßen – Zeugen einer langen Geschichte

Oxford

Vom Carfax Tower streift der Blick über die ehrwürdigen Colleges, deren Geschichte bis ins 13. Jahrhundert zurückreicht. Geradezu majestätisch überragen die Türme der Kapellen die zahlreichen Kuppeln und Zinnen der übrigen Wohnhäuser. In den Straßen wimmelt es von Studenten, die auf ihren Fahrrädern die verschiedenen Hochschulen ansteuern. Auf den Flüssen Cherwell und Themse gleiten Kähne, auf denen sich eine Person mit einem Stab vom Grund abstößt, um für den nötigen Schub zu sorgen.

Alles in allem eine Atmosphäre, die den Besucher in längst vergangene Zeiten eintauchen lässt. *Heinrich II.* war maßgeblich für die Entstehung dieser wissenschaftlichen Hochburg verantwortlich. Mit einem Erlass, der Engländern verbot, im fernen Paris zu studieren, schuf er die Voraussetzung für die Errichtung der ersten Colleges. *University College* und *Balliol College* nahmen im 13. Jahrhundert ihren Lehrbetrieb auf. Die Studenten wohnten zu dieser Zeit in Wirtshäusern oder bildeten Wohngemeinschaften. Das Verhältnis zwischen Studenten und Einheimischen wurde immer wieder durch vehemente Zusammenstöße getrübt. Nach den überlieferten Chroniken soll es auf der *High Street* zwischen St Martin's und St Mary's Church keinen einzigen Quadratmeter geben, der nicht irgendwann einmal mit Blut befleckt wurde.

Heute bietet sich dem Betrachter ein weitaus friedlicheres Bild. Das *Christ Church College* mit der *Oxford Cathedral* besticht durch seine große Parkanlage, dem *Christ Church Meadow.* 13 Premierminister waren Absolventen dieser größten und bekanntesten Hochschule der Stadt! Aber sie brachte auch andere Größen hervor, die heute einen festen Platz in den Geschichtsbüchern einnehmen: *Sir Walter Raleigh*, *Sir Christopher Wren*, *Thomas Edward Lawrence* (bekannt als Lawrence von Arabien), *Oscar Wilde* und *Edward VIII.*, um nur einige zu nennen. Wer sich einen Überblick über die Stadtgeschichte verschaffen will, ist im *Oxford Museum* im Rathaus gut aufgehoben. Stadtführungen, die das Tourist Office veranstaltet, geleiten die Touristen zu den wichtigsten Colleges und sorgen für das nötige Hintergrundwissen.

Oxford zählt heute 120.000 Einwohner, von denen etwa 14.000 Studenten sind. Nur etwa ein Drittel der Studenten ist weiblich, und es gibt noch heute Colleges, die keine Frauen aufnehmen. Aber in England braucht bekanntlich jede Änderung einer Tradition ihre Zeit.

Etwas außerhalb des Stadtkerns hat die Autoindustrie ihren Sitz. Zum Glück ist davon im historischen Stadtzentrum nichts zu sehen. Ein Tipp: Wer nach Oxford reist, sollte sich rechtzeitig um eine Unterkunft bemühen. Extrem hohe Besucherzahlen während der Sommermonate können bei der Zimmersuche zum Problem werden.

Information/Verbindungen

• *Information*: **Oxford Tourist Information Centre**, The Old School, Gloucester Green (neben dem Busbahnhof), Oxfordshire OX1 1DA, ✆ 01865-726871, 📠 240261. Ausführliche Prospekte und Führer zu den Sehenswürdigkeiten, außerdem Informationen über Stadtrundfahrten. Mo–Sa 9.30–17 Uhr, im Sommer auch So 10.30–15.30 Uhr.

• *Telefonvorwahl*: 01865

• *Verbindungen*: **Bus** – Busbahnhof am Gloucester Green (am Ende der George St.). Alle 30 Minuten fahren Oxford CityLink 190 (✆ 01865-785400) und Oxford Tube (✆ 01865-772250) direkt nach London. National Express verbindet mit Bristol und Cambridge.

Zug – Bahnhof in der Botley Road (an der A 420 Richtung Swindon); Ticket Office geöffnet: Mo–Fr 6–20 Uhr, Sa 6.30–20 Uhr, So 8–20 Uhr. Züge nach London Paddington Station (90 Min.), Stratford, Birmingham und in den Südwesten über Reading. Infos: ✆ 01865-794422.

Westengland
Karte S. 342/343

Adressen

• *Apotheke*: **Boots**, 6 Cornmarket Street.

• *Bootsverleih*: An der **Folly Bridge** und der **Magdalen Bridge** kann man sich Ruderboote und Punts ausleihen (£ 9–10 pro Stunde; £ 25–35 Kaution). Liste mit genauen Adressen beim Tourist Office.

• *Einkaufen*: **Blackwell's Music Shop**, Biographien und Texte verschiedener Musikgruppen; viel Material über Soul-, Pop- und Rockgrößen (von den Beatles bis zu Michael Jackson). Ganze Schränke voller Literatur über klassische Komponisten und Musik (auch Noten). Verkauf von Konzert-tickets. 38 Hollywell Steet.

Avid Records, gebrauchte Platten und Kassetten vieler Musikrichtungen außer Klassik. 4 Gloucester Street.

HMV, viele LPs, CDs, Kassetten und Musikvideos. T-Shirts mit originellen Motiven. 43 Cornmarket Street.

• *Führungen*: Die vom Tourist Office angebotenen Rundgänge finden mindestens zweimal tgl. statt und kosten für Erwachsene £ 4.50 und für Kinder £ 3.

• *Fahrräder*: **Cycle King**, 55 Walton St. Räder mit Fünfgangschaltung £ 12 pro Tag oder £ 17.60 pro Woche, Kaution £ 35.

Pennyfarthing, 5 George St., ✆ 01865-249368. Hier kostet ein klettertaugliches Rad £ 10 pro Tag (£ 40 Kaution).

• *Geldwechsel*: viele Banken in der Innenstadt (Queen St., High St., St. Aldate's, Cornmarket St.): **Barclays** und **National Westminster** in der Cornmarket St.; **Keith Bailey Travel**, 98 St. Aldate's; **Thomas Cook**, 5 Queen Street; **American Express** gleich nebenan.

• *Kino*: Beim Tourist Office ist eine Liste mit den sechs Kinos der Stadt erhältlich.

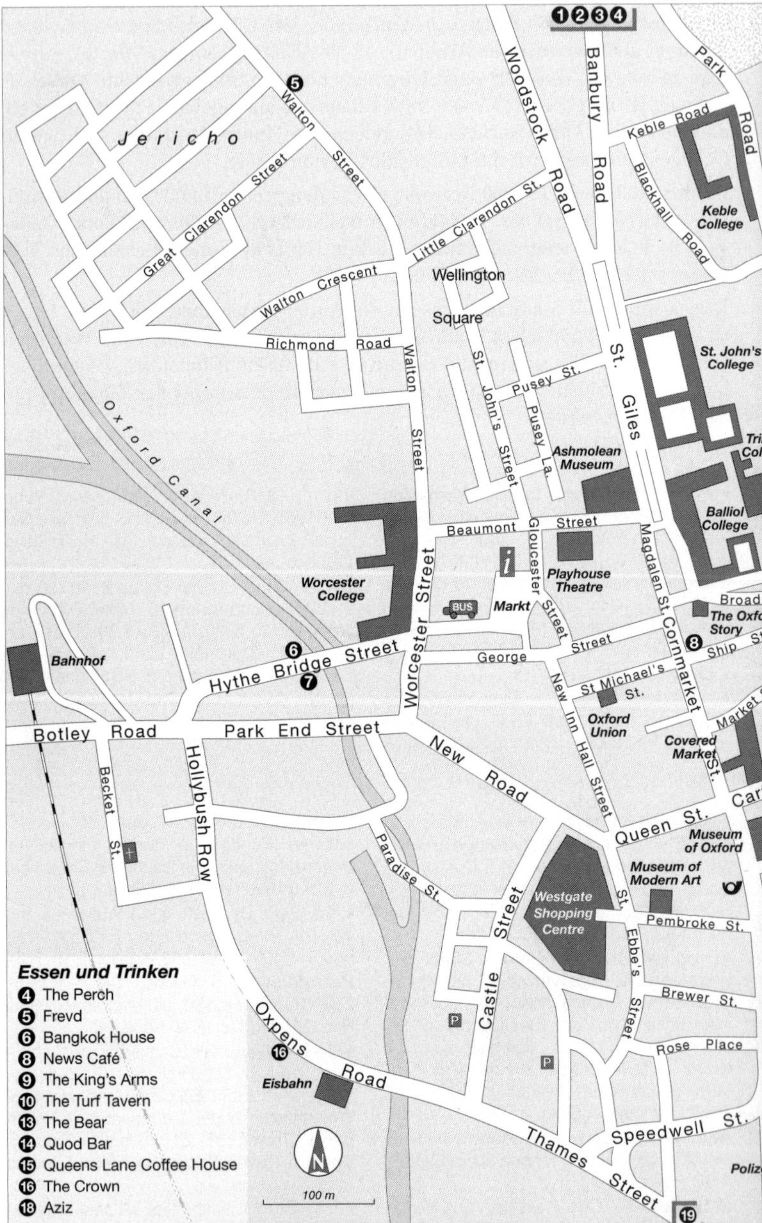
Jericho
Walton Street
Great Clarendon Street
Little Clarendon St.
Woodstock Road
Banbury Road
Park
Keble Road
Road
Blackhall Road
Keble College
Walton Crescent
Wellington Square
Richmond Road
Walton Street
St. John's Street
Pusey St.
Pusey La.
St. Giles
St. John's College
Oxford Canal
Ashmolean Museum
Trir Coll
Balliol College
Beaumont Street
Gloucester Street
Magdalen St.
Worcester College
Worcester Street
Playhouse Theatre
Markt
BUS
Broad
The Oxfo Story
Bahnhof
Hythe Bridge Street
George Street
Cornmarket
Ship St
St Michael's St.
New Inn Hall Street
Oxford Union
Market S
Botley Road
Park End Street
New Road
Covered Market
St.
Becket St.
Hollybush Row
Queen St.
Carf
Museum of Oxford
Museum of Modern Art
Paradise St.
Westgate Shopping Centre
Castle Street
St. Ebbe's Street
Pembroke St.
Brewer St.
Rose Place
Oxpens Road
Eisbahn
Thames Street
Speedwell St.
Polize
100 m
N
Essen und Trinken
4 The Perch
5 Frevd
6 Bangkok House
8 News Café
9 The King's Arms
10 The Turf Tavern
13 The Bear
14 Quod Bar
15 Queens Lane Coffee House
16 The Crown
18 Aziz
1 2 3 4
5
6
7
8
16
19

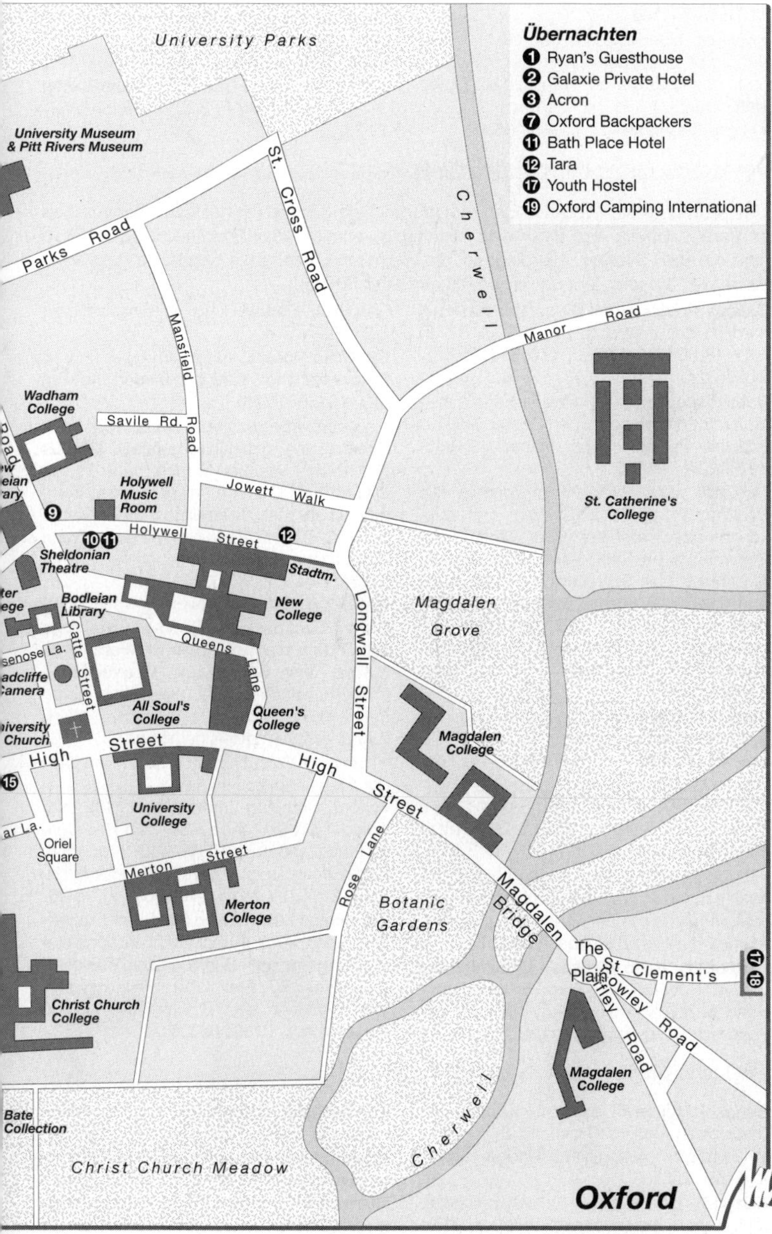

Westengland
Karte S. 342/343

• *Krankenhaus*: **John Radcliffe Hospital**, ✆ 01865-741166.

• *Märkte*: Überwiegend gebrauchte Kleidung gibt es auf dem Markt, der mittwochs und donnerstags am Gloucester Green stattfindet.

• *Polizei*: St Aldate's, ✆ 01865-266000.

• *Post*: 102–104 St Aldate's.

• *Internet*: **Daily Information**, 31 Warnbourough Road. £ 1 pro 10 Minuten.

• *Waschen*: **Coin-Up**, 127 Cowley Rd., täglich 8.30–19.30 Uhr; **Safari Launderette**, 113 Walton St., Mo–Fr 8.30–19.30, Sa/So 9–19.30.

Übernachten (siehe Karte Seite 360/361)

Um Schwierigkeiten vorzubeugen, bucht man sein Zimmer mindestens zwei Wochen im Voraus. Häufig wird dafür eine Anzahlung verlangt. *Iffley Road* und *Cowley Road* sind die B&B-Straßen. Allerdings ist die Iffley Road eine lange Straße, so dass viele B&Bs weit ab vom Zentrum liegen (es gibt aber Busse).

Galaxie Private Hotel (2), modernes Hotel nördlich des Zentrums. EZ ab £ 39, DZ ab £ 65. 180 Banbury Road, ✆ 01865-515688, 📠 556824.

Bath Place Hotel (11), kleines Hotel mitten im Zentrum in einer ruhigen Gasse. B&B ab £ 39 pro Person. 4 Bath Place, ✆ 01865-791812, 📠 791834.

Tara (12), nette Unterkunft im Zentrum. Die Besitzer, Mr. und Mrs. Godwin, sind taub, können aber lippenlesen. Nur während der Zeit von Juli bis Sept. werden hier Studentenzimmer (mit Schreibtisch, Kühlschrank und TV) für Besucher angeboten. Unbedingt vorher buchen! B&B £ 20 für ein Einzelzimmer und £ 38 für ein Doppelzimmer. 10 Holywell St., ✆ 0800-515152 oder 01865-202953.

Acron (3), edwardianisches Haus zwei Kilometer nördlich des Zentrums. EZ ab £ 25, DZ ab £ 40. 260 Iffley Road, ✆/📠 01865-247998.

Ryan's Guesthouse (1), angenehme Unterkunft nördlich des Zentrums. B&B £ 22 pro Person. 164 Banbury Road, ✆/📠 01865-558876.

• *Studentenunterkünfte*: In den Trimesterferien (besonders Juni bis September) kann man versuchen, in den Studentenunterkünften des College zu übernachten, z. B.:

Canterbury Road Houses, 12 Canterbury Rd., ✆ 01865-554642; über die Woodstock Road in nördliche Richtung, noch vor der Polstead Road rechts in die Canterbury Road. 18 Doppel- und 18 Einzelzimmer; £ 23 pro Person.

Old Mitre Rooms, 40 Einzelzimmer und 18 Mehrbettzimmer, £ 23 pro Person. 4b Turl St., ✆ 01865-279821.

• *Jugendherberge*: **Youth Hostel (17)**, Jack Straw's Lane, ganzjährig geöffnet. Minibus Nr. 10 fährt vom Job Centre (nahe Tourist Office) zur Herberge. Während der Sommermonate ist frühzeitiges Reservieren oder die Ankunft am frühen Morgen ratsam. Erwachsene £ 10.85, Jugendliche £ 7.40. ✆ 01865-62997, 📠 769402.
E-Mail: oxford@yha.org.uk

Oxford Backpackers (7), private Herberge zehn Fußminuten vom Zentrum. Waschmöglichkeit, keine Sperrstunde. Übernachtung ohne Frühstück £ 9–10. Ganzjährig geöffnet. 9 Hythe Bridge St., ✆ 01865-721761.
E-Mail: oxford@hostels.demon.co.uk

• *Camping*: Beim Tourist Office ist eine Liste der Campingplätze erhältlich.

Oxford Camping International (19), 426 Abingdon Road (gegenüber dem Red Bridge Park & Ride), ✆ 01865-244088 (ganzjährig geöffnet). Liegt südlich von Oxford. 130 Stellplätze; Zelt und zwei Personen £ 13.20.

Cassington Mill Caravan Site, April–Okt. Anfahrt über die A 40 ca. 6 km in nördliche Richtung (mit dem Bus von Steve Travel ab Westgate). 83 Stellplätze; Zelt inklusive zwei Personen ab £ 6. Eynsham Road in Cassington, ✆ 01865-881081.

Essen und Trinken (siehe Karte Seite 360/361)

Bangkok House (6), der beste Asiate in der Stadt bietet leckere Thaiküche zu moderaten Preisen. 42a Hythe Bridge Street, ✆ 01865-200705.

Aziz (18), großräumiges indisches Restaurant, in dem fast immer etwas los ist. Viele scharfe Fleischgerichte, aber auch Auswahl für Vegetarier. Unteres bis mittleres Preisniveau. 230 Cowley Road, ✆ 01865-798033.

Queens Lane Coffee House (15), ein kleines Stehcafé mit einigen Sitzgelegenheiten. Italienischer Espresso, Kuchen und Kekse zu akzeptablen Preisen. 40 High Street.

Quod Bar (14), trendige Bar mit wohltuend

schlichtem Ambiente und kleinem Garten. Ganztags geöffnet, Hauptgerichte um die £ 10. *Fettuccine carbonara* für £ 4.95. 92–94 High Street, ✆ 01865-202505.

News Café (8), wer sich über die neuesten Nachrichten informieren will, ist hier genau richtig. Neben Zeitungen halten zwei Fernseher die Besucher des Cafés auf dem Laufenden. 1 Ship Street.

The Turf Tavern (10), kleines und besonders verwinkeltes Studentenpub aus dem 17. Jh.; ist nicht ganz so einfach zu finden (durchfragen!). Äußerst urig eingerichtet. Um das Gebäude herum stehen Holzbänke, auf denen man gemütlich sitzen und sein Bier trinken kann. Oder man bedient sich innen an der Salatbar (12–14 Uhr). 4 Bath Place (an der Hollywell Street).

The Perch (4), ein halbstündiger Spaziergang durch die Wiesenlandschaft von Port Meadow (zwischen Bahnlinie und Themse) nordwestlich des Zentrums. Pub mit tollem Garten. Das Essen ist gut, und an Sonntagen ist es hier gerammelt voll. Binsey Village.

The Bear (13), leicht angejahrtes Studentenpub mit einer Krawattensammlung an Wänden und Decke. Pub Food zu mittleren Preisen, doch muss man zum Sattwerden nicht selten nachbestellen. Ecke Bear Lane und Alfred Street.

Frevd (5), das in einer ehemaligen neoklassizistischen Kirche untergebrachte Café strahlt viel Flair aus. Tgl. ab 11 Uhr geöffnet. Walton Street, ✆ 01865-311171.

The King's Arms (9), oft überfüllt mit Studenten. *Jacket Potatoe* £ 3.85, Baguettes ab £ 3.75, Pint of Bitter £ 1.50. 40 Holywell Street.

The Crown (16), beliebter Nightclub, viele Schwule und Lesben. Oxpens Road.

Feste/Veranstaltungen/Nachtleben

Informationen über ständig wechselnde Veranstaltungen findet man in der Informationsbroschüre *This Month in Oxford*, die kostenlos im Tourist Office erhältlich ist. Dort sind auch Pubs, Discos und Clubs verzeichnet, in denen Livemusik aufgeführt wird. Ansonsten dreht sich bei den Veranstaltungen in Oxford natürlich vieles um die Colleges. Auf deren Gelände finden in den Sommermonaten zahlreiche Theateraufführungen und Konzerte statt.

Ein reizvoller und beliebter Treffpunkt für einen Abend mit Oper, Ballett, Pantomime oder Musical ist das **Apollo Theatre** in der George Street (Programmhinweise und Vorbestellungen ünter ✆ 01865-244544).

Unter dem Motto "Beautiful Music in Beautiful Places" veranstaltet das **City of Oxford Orchestra** Konzerte in den Kapellen einiger Colleges, in der Kathedrale, im Sheldonian Theatre und im Holywell Music Room, Europas ältester Konzerthalle. 32 Holywell Street, ✆ 01865-798600.

Ein alljährlicher Höhepunkt ist die **Eights Week** (Ende Mai/Anfang Juni), wenn für die Studenten der Stress der Prüfungen vorüber ist und die berühmt-berüchtigten Ruderregatten auf der Themse ausgetragen werden. Besonders reizvoll ist das **Rennen der College-Achter** (eights) zwischen den stark rivalisierenden Universitätsstädten Oxford und Cambridge.

Westengland
Karte S. 342/343

Sehenswertes

Carfax Tower: An der Kreuzung von High Street, Cornmarket Street, Queen Street und St Aldate's erhebt sich der Westturm der alten Kirche St Martin, die im 19. Jahrhundert wegen Baufälligkeit abgerissen wurde. Steigt man die knapp hundert Stufen hinauf zur Aussichtsplattform, bietet sich ein überwältigender Blick auf die Universitätsstadt.

Öffnungszeiten: Ganzjährig jeden Tag 10–18 Uhr bzw. bis Einbruch der Dunkelheit (nach 17.30 Uhr kein Einlass mehr). Eintritt: £ 1.20, erm. £ 0.60.

Museum of Oxford: Vorbildliche Ausstellung zur Lokalgeschichte. Gezeigt wird, wie aus dem kleinen sächsischen Dorf, wo Ochsen die Ises/Upper Thames überquerten (Ox-Ford), die Wissenshochburg Englands wurde.

Adresse/Öffnungszeiten: St Aldate's. Di–Fr 10–16 Uhr, Sa 10–17 Uhr, So 12–16 Uhr. Eintritt: £ 1.50, erm. £ 0.50.

Ashmolean Museum: Das Museum wurde 1683 gegründet und ist damit das älteste in England. In dem riesigen neoklassischen Gebäude sind die Kunstsammlungen und archäologischen Sammlungen der University of Oxford untergebracht. Wenn man sich alles anschauen wollte, könnte man hier ohne weiteres mehrere Tage verbringen. Die Treppe hinunter geht es zur ägyptischen Abteilung mit einigen sehr gut erhaltenen Mumien und Sarkophagen. Ein weiterer Höhepunkt ist der *Tradescant Room*, in dem sich eine Laterne von Guy Fawkes (der Mann, der das Parlament samt König in die Luft sprengen wollte) und die Totenmaske von Oliver Cromwell befinden. Die Kunstausstellung setzt ihre Schwerpunkte auf italienische, französische und britische Künstler.
Adresse/Öffnungszeiten: Beaumont Street: Di–Sa 10–17 Uhr, So ab 14 Uhr. Eintritt frei.

Museum of Modern Art: Die ständig wechselnden Ausstellungen finden sowohl bei Fachleuten als auch bei den übrigen Besuchern viel Anerkennung. Das Tourist Office informiert über das jeweils aktuelle Programm.
Adresse/Öffnungszeiten: 30 Pembroke Street: Tgl. außer Mo 11–18 Uhr (Do 11–21 Uhr). Eintritt: £ 2.50, Kinder £ 1.50. Mi 11–13 Uhr und Do 18–21 Uhr ist der Eintritt frei.

Museum of the History of Science: Dieses Haus beherbergt eine Sammlung alter wissenschaftlicher Instrumente, wie z. B. Sonnenuhren, Mikroskope, chirurgische Instrumente und Kameras. Eine Besonderheit ist eine Tafel, die Albert Einstein so manches Mal vollgekritzelt haben dürfte.
Adresse/Öffnungszeiten: Broad Street. Di–Sa 12–16 Uhr. Eintritt frei.

The Oxford Story: Wie in der Geisterbahn fährt man in einem kleinen Wagen durch die Geschichte der Universitätsstadt. Erzählt wird (auch auf Deutsch) von berühmten Persönlichkeiten, die in Oxford studiert haben. Mit Hilfe von Videoeinspielungen soll der Besucher über die Vergangenheit informiert werden.
Adresse/Öffnungszeiten: 6 Broad Street. April–Okt. tgl. 9.30–17 Uhr (letzter Einlass), Juli und Aug. 9–18 Uhr, Nov.–März tgl. 10–16.30 Uhr. Eintritt: £ 5.50.

Oxford University

Oxfords eigentliche Sehenswürdigkeit ist die Universität bzw. seine 35 unabhängigen Colleges. Wegen der großen Besucherströme, die den Lehrbetrieb in der Vergangenheit erheblich gestört haben, wurden mehrere Pforten für die Öffentlichkeit geschlossen. Andere Colleges haben mittlerweile festgelegte Öffnungszeiten oder sind nur für kleine Gruppen zugänglich. Im Information Centre werden die aktuellen Öffnungszeiten bekannt gegeben. Im Folgenden ein Überblick über die wichtigsten und interessantesten Colleges:

University College: Das University College (High Street, Logic Lane) nimmt für sich in Anspruch, das älteste in Oxford zu sein. Gegründet wurde es angeblich schon unter *Alfred dem Großen* im 9. Jahrhundert. Die eigentliche Stiftung fand aber erst im Jahre 1249 statt, und der heutige Bau stammt aus dem 17. Jahrhundert. Der Dichter *Percy Bysshe Shelley* besuchte das University College ein halbes Jahr lang, ehe er 1811 wegen seiner gotteslästerlichen Schrift "The Necessity of Atheism" von der Schule verwiesen wurde. Heute erinnert eine Statue an den berühmten Schüler. Etwa 250 Meter die High Street hinunter findet man den *Botanischen Garten*.
Öffnungszeiten: Tgl. 9–17 Uhr, im Winter bis 16.30 Uhr; Eintritt: £ 2.

Magdalen College: Gleich gegenüber dem Botanischen Garten liegt an der High Street das Magdalen College mit seiner riesigen Garten- und Parkanlage. Hier kann man am Fluss Cherwell entlangspazieren und dem Rotwild beim Äsen zusehen. Magdalen wurde 1458 vom Bischof von Winchester, *William Waynflete*, gegründet. Der *Glockenturm* aus dem 15. Jahrhundert ist ein Wahrzeichen der Stadt.

Öffnungszeiten: Das College hat tgl. von 12–18 Uhr geöffnet. Eintritt: £ 2.50, erm. £ 1.50.

Magdalen College – Hier spielte der Film "Shadowlands"

Queen's College: Geht man nun wieder auf der High Street in Richtung Carfax Tower, erblickt man auf der rechten Seite (gegenüber dem University College) das Queen's College. 1340 gegründet, kann es heute prächtige Bauten aus dem 17. und 18. Jahrhundert aufweisen. Am Eingangstor steht die Statue von *Queen Caroline*, der Gattin von George II. Die Kapelle wurde von Christopher Wren entworfen. Leider wird einem nur im Rahmen einer Führung des Tourist Office Eintritt gewährt.

Bodleian Library: In der Broad Street (Parallelstraße zur High Street) befindet sich die Hauptbibliothek Oxfords. Die Bodleian Library (Radcliffe Camera, New und Old Bodleian Library) nennt sage und schreibe sechs Millionen Bücher ihr Eigen. Von praktisch jedem Buch, das in England gedruckt wurde, gibt es hier ein Exemplar. *Sir Thomas Bodley* stiftete die Bibliothek 1602.

Öffnungszeiten: Mo–Fr 9–18 Uhr, Sa 9–13 Uhr. Eintritt: £ 3.

Sheldonian Theatre: Gleich nebenan erhebt sich das ehrwürdige Sheldonian Theatre. Christopher Wren plante und erbaute es zwischen 1664 und 1668. Mit den Büsten am Zaun, der das runde Gebäude umgibt, wirkt das Sheldonian wie ein römisches Theater. Heute werden hier die feierlichen Zeugnisübergaben zelebriert. Während der jährlich im Juni stattfindenden *Encaenia* (Verleihung von Ehrentiteln) prozessiert eine Schar von Studenten und Professoren in pompösen Gewändern durch die Straßen Oxfords zum Sheldonian – ein Ereignis, das man sich nicht entgehen lassen sollte. Vom Dach hat man eine grandiose Aussicht über die Stadt.

Öffnungszeiten: Mo–Sa 10–12.30 Uhr und 14–16.30 Uhr, im Winter bis 15.30 Uhr. Eintritt: £ 2, erm. £ 1.50.

Balliol College: Das Balliol College (Kreuzung Broad St. und Magdalen St.) stammt aus den sechziger Jahren des 13. Jahrhunderts und war über 300 Jahre Schülern aus ärmeren Verhältnissen vorbehalten. Das College mit dem viktorianischen Äußeren mauserte sich im 19. Jahrhundert zu einer der bedeutendsten Lehranstalten. Berühmte Studenten waren der Dichter *Matthew Arnold*, die Premierminister *Macmillan* und *Heath* sowie der Schriftsteller *Aldous Huxley*.

Öffnungszeiten: Tgl. 14–17 Uhr. Eintritt: £ 1.

Trinity College: Das Trinity College entstand 1555 an der Stelle, an der vorher das Durham College lag. Da Letzteres eine kirchliche Institution war, fiel es den Plünderungen unter Heinrich VIII. zum Opfer.

Adresse/Öffnungszeiten: Broad Street. Tgl. 10–12 und 14–17 Uhr. Eintritt: £ 2, erm. £ 1.

New College: Nachdem die Pest im 14. Jahrhundert viele Opfer gefordert hatte, glaubte William of Wykeham, die Ausbildung der Jugend fördern zu müssen, um ausreichend Staatsmänner und Kirchendiener hervorzubringen. 1379 gegründet, ist das New College in der New College Lane die erste Viereckanlage, die um einen Innenhof gebaut wurde. In der Kapelle ist die Lazarus-Statue von Jacob Epstein zu sehen. Außerdem bestechen die farbigen Glasfenster aus dem 14. Jahrhundert. Der hübsche Park wird an zwei Seiten von der alten Stadtmauer eingerahmt.

Öffnungszeiten: April–Okt. tgl. 11–17 Uhr, Nov.–März 14–16 Uhr. Eintritt: £ 2, im Winter frei.

Christ Church: Vom Carfax Tower geht es nun wieder die St Aldate's in südliche Richtung. Auf der linken Seite das wohl herrschaftlichste College – Christ Church. Kardinal Wolsey gründete 1525 diese Schule unter dem Namen Cardinal College, Heinrich VIII. machte daraus im Jahr 1546 das Christ Church College. Die *Christ Church Chapel* ist gleichzeitig Oxfords Kathedrale. Schon im 8. Jahrhundert stand hier ein Nonnenkloster. Über dem Eingangstor thront der sog. *Tom Tower*, ein Werk von Sir Christopher Wren. Oben im Turm hängt die sieben Tonnen schwere "Great Tom" (1680 gegossen). Jeden Abend um 21.05 Uhr läutet sie 101 Mal im Andenken an die ursprünglich 101 Christ-Church-Studenten. Früher wurden nach dem Läuten die Tore aller Colleges geschlossen, und wer zu spät kam, musste bezahlen.

Öffnungszeiten: Mo–Sa 9–17 Uhr, So 9–13 Uhr. Eintritt: £ 3, erm. £ 2.

Christ Church Picture Gallery: In der Galerie am Canterbury Quad kann man die Bilder einiger europäischer Maler bestaunen. Wer nur in die Galerie will, sollte das College über die Oriel Street betreten.

Öffnungszeiten: Ostern–Sept. Mo–Sa 10.30–13 Uhr und 14–16.30 Uhr, So 14–17.30 Uhr. Eintritt: £ 1, erm. £ 0.50.

Ausflug nach Woodstock

Busse fahren vom Busbahnhof Oxford in das 15 Kilometer nördlich gelegene hübsche Dorf mit vielen Pubs, Cafés und Boutiquen. Eigentliche Attraktion ist aber der *Blenheim Palace*, Geburtsort von Winston Churchill. Dessen Urahn John Churchill besiegte die Truppen Ludwigs XIV. in Blenheim im Jahre 1704. Von Queen Anne bekam er zum Dank diesen sehenswerten Barockpalast geschenkt, der von einer weitläufigen Parkanlage mit einem kleinen See umgeben ist. Als Winstons hochschwangere Mutter 1874 an einer festlichen Veranstaltung in dem herrschaftlichen Haus teilnahm, traten plötzlich die Wehen ein und der spätere Premierminister ward geboren.

Öffnungszeiten: Mitte März bis Okt. tgl. 10.30–17.30 Uhr, der Park ganzjährig 9–16.45 Uhr. Eintritt: Palast und Park £ 8.50, erm. £ 6.50 oder £ 4; nur Park £ 3 bzw. £ 1.50.

Trinity Guildhall in King's Lynn – eine Fassade wie ein Schachbrett

Ostengland

Wer von London aus Ostengland bereist, fährt zunächst durch die Grafschaft Essex. Anfänglich wirken die Ortschaften noch wie Vororte von London, ehe sich immer mehr Wiesenlandschaft ausbreitet. In den 1980er Jahren dehnte sich der Großraum London nach Osten aus. East Anglia, bestehend aus Essex, Suffolk und Norfolk sowie östlichen Teilen von Cambridgeshire, wurde interessant als Wohngebiet für Pendler, die in London arbeiteten.

Zug um Zug siedelten sich auch neue Unternehmen der Computerbranche entlang der Verkehrsachsen an, und die Häfen in Harwich und Felixstowe wurden ausgebaut. Vom ersten Eindruck sollte man sich jedoch nicht täuschen lassen, denn East Anglia ist reich an Geschichte und hat viele der typischen Merkmale Englands, die Besucher der Insel so schätzen.

Das flache Land mit der vom Festland gut zugänglichen Küstenregion war bereits für die Römer interessant, denen sich die einheimischen Stämme unter Boadicea im Jahre 61 u. Z. widersetzten (s. Kasten "Der Aufstand der Iceni" auf S. 370). Im 6. Jahrhundert fielen von Dänemark aus die Angeln ein und gründeten das aus *Suffolk* (das Land des Südvolkes) und *Norfolk* (das Land des Nordvolkes) bestehende Königreich *East Anglia*. Im Mittelalter wurde hier hauptsächlich Schafzucht betrieben, was zu einer kurzen Blüte der Textilindustrie und einem regen Handel mit den Niederlanden führte. Später verlagerte sich die Haupteinnahmequelle der Region auf landwirtschaftliche Produkte, und noch heute wird ein Großteil des Weizenbedarfs der Insel von hier

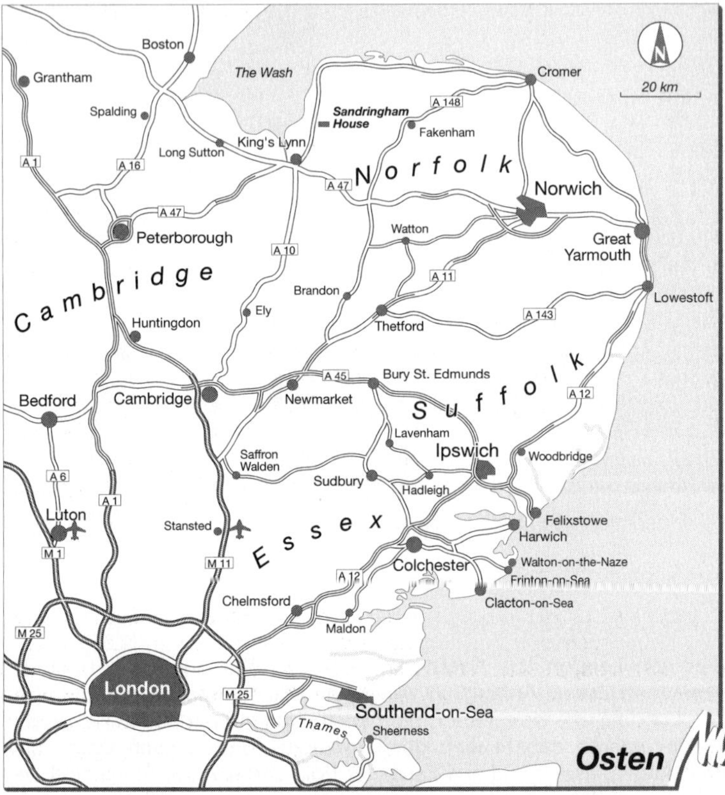

aus gedeckt. Im Zweiten Weltkrieg wurden die weitläufigen Felder dann für andere Zwecke genutzt: Die Alliierten errichten hier über 700 Start- und Landebahnen für die Luftwaffe.

Viele Teile East Anglias haben sich bis heute eine ländliche Ursprünglichkeit bewahrt. Besondere Merkmale dieser geschichtsträchtigen Region sind die großartigen Herrenhäuser, die meist für Besucher geöffnet sind. Die meisten Landsitze warten mit beeindruckenden Park- und Gartenanlagen sowie eigenen Cafés auf, so dass sich ein Besuch wunderbar mit einer Gartenbesichtigung und einer englischen Teestunde kombinieren lässt.

Hauptanziehungspunkt der Region Essex ist *Colchester*, sehr wahrscheinlich die älteste englische Stadt. Von hier aus ist es nicht mehr weit zu den Badeorten *Clacton*, *Frinton* und *Walton*. Die flache Landschaft bietet sich zum Radfahren, Reiten und Wandern an. Suffolk und das Tal des Flusses Stour sind auch als "Constable Country" bekannt. Der englische Landschaftsmaler John Constable (1776–1837) stammte aus dieser Gegend (East Bergholt) und schuf hier einige seiner bekanntesten Werke. Auch der Maler Thomas Gainsborough verewigte die leicht hügelige Landschaft in vielen Gemälden, er stammte aus Sudbury. Rund um Sudbury finden sich viele mittelalterliche Städtchen, deren Fachwerk- und Backsteinhäuschen in einer Zeit entstanden, als die Textilindustrie für Wohlstand sorgte. In der nördlichen Küstenregion findet man keine großen Industrieanlagen und nur wenige größere Städte. Die *Broads*, eine geschützte Seen- und Flusslandschaft östlich von Norwich, sind ein beliebtes Feriengebiet, ebenso die Küste von Great Yarmouth bis Cromer.

Die Bischofsstadt *Norwich* nennt nicht nur die Kathedrale mit dem zweithöchsten Turm Englands ihr Eigen, sondern kann noch viele andere mittelalterliche Kirchen aufweisen. Eine der eindrucksvollsten und größten Kathedralen Englands steht in *Peterborough*, einer modernen Einkaufs- und Industriestadt.

Cambridgeshire im Westen besteht hauptsächlich aus Marschland, den *Fens*, die jahrhundertelang unzugänglich waren und schließlich durch Kanäle trockengelegt wurden, um Ackerland zu gewinnen. Während der Norden dieser Grafschaft völlig flach ist, steigen im Süden fast unmerklich die *Gogmagog Hills* an mit ihrer höchsten Erhebung, dem *Great Chishill*. Die meisten Besucher kann ohne Zweifel die Universitätsstadt *Cambridge* verbuchen. Aber auch die historische Stadt *Ely* nördlich von Cambridge ist einen Besuch wert. Schon aus der Ferne kann man die Silhouette der schönen Kathedrale ausmachen.

Colchester

Colchester beansprucht für sich, die älteste Stadt Englands zu sein. Und tatsächlich ist eine Siedlung schon für das 5. Jahrhundert v. u. Z. nachzuweisen, als der Führer des keltischen Stammes der Trinovantes (Cunobelin) hier eine Festung errichtete. Die Römer wählten die prosperierende Stadt Camulodunum zur Hauptstadt der Provinz Britannien. Von hier aus starteten sie ihre Eroberung der Insel.

Ostengland
Karte S. 368

Die römische Vergangenheit der Stadt am Fluss Colne ist allgegenwärtig; die schachbrettartige Straßenführung und die Stadtmauer stammen aus dieser Zeit. Letztere gehört zu den ältesten ihrer Art in England und wurde nach den Übergriffen Boadiceas in den Jahren 65–80 u. Z. angelegt. Die gesamte Stadtgeschichte wird im hiesigen Museum dokumentiert, das in der normannischen Burg untergebracht ist. Diese Burg wurde von Wilhelm dem Eroberer im 11. Jahrhundert über den Ruinen eines römischen Tempels gebaut. Um 1189 erhielt Colchester die Stadtrechte. 1565 kam es zu einer Einwanderungswelle religiöser Flüchtlinge aus Holland und Flandern, die der Textilindustrie zum Aufschwung verhalfen und die Blumenzucht als neuen Gewerbezweig mit in ihre neue Heimat brachten. Während des englischen Bürgerkrieges wurde Colchester im Jahr 1648 von den Parlamentariern belagert. Innerhalb der Stadtmauern brach eine große Hungersnot aus, und nach elf langen Wochen musste man sich ergeben. Das *Siege House* am East Hill trägt noch heute die Zeichen der Kämpfe: Wer genau hinschaut, erkennt 17 Einschusslöcher an der Westfassade.

Heute präsentiert sich Colchester von seiner modernen Seite, und die ist gar nicht so unattraktiv. Culver Street, Sir Isaak's Walk, Lion Walk und Trinity

Street heißen die verkehrsberuhigten Einkaufsstraßen: links und rechts zwei- bis dreigeschossige Läden, dazwischen immer mal wieder historische Fachwerkhäuser, die meistens Pubs oder Tea Rooms beherbergen. Bei einem Cream Tea lässt sich das geschäftige Treiben am besten beobachten.

Der Aufstand der Iceni

Als Claudius im Jahre 43 v. u. Z. vier Legionen mit 40.000 Soldaten nach Britannien schickte, konnte er bei seinem Eroberungsfeldzug auf die Unterstützung einiger britischer Stämme zählen. So verbündeten sich die in Norfolk ansässigen Iceni mit den Invasoren. Doch auch von ihnen verlangten die Römer später, die Waffen niederzulegen. Die Iceni weigerten sich, und die Römer reagierten mit Gewalt. Nachdem das Oberhaupt der Iceni, Prasutagus, gestorben war, konfiszierten die Römer fast den gesamten Besitz des Stammes, um die Iceni und die Trinovantes zu loyalen Untertanen des Kaiserreiches zu machen. Als Prasutagus' Gemahlin Boudica (lat. Boadicea) sich dagegen verwehrte, ließen die Römer sie verprügeln und vergewaltigten ihre Töchter. Im Gegenzug organisierte die tapfere Königin im Jahr 61 u. Z. eine Rebellion gegen die Besatzer in den südlichen Regionen Britanniens. Sie zerstörte die römische Hauptstadt Camulodunum (Colchester), verwüstete Londinium (London) und Verulamium (St Albans). Überlieferungen zufolge forderten die Überfälle mehr als 70.000 Menschenleben. Schließlich wurden die Rebellen von der römischen Armee geschlagen, und Boudica beging Selbstmord.

Information/Verbindungen/Stadtführungen

- *Information*: **Visitor Information Centre**, 1 Queen St., Essex CO1 2PJ, ✆ 01206-28292, ℻ 282924. Nicht weit entfernt vom Castle. Das Tourist Office organisiert auch Führungen.
- *Telefonvorwahl*: 01206
- *Verbindungen*: **Bus** – Der Busbahnhof liegt zwischen Queen Street und East Hill (hinter der Touristeninformation). Das National Express Büro befindet sich in der Queen St., Information und Buchung über die überregionale Rufnummer 0990-808080.

Zug – Colchester hat zwei Bahnhöfe. Die Main Line Station (North Station), Station Way, liegt ca. 1,5 km nördlich vom Zentrum (Bus 2B). Hier fahren die Züge von London und Harwich ein. Die Town Station, Magdalen St., ist der Bahnhof für Züge in die Seebäder wie Clacton und Frinton sowie Harwich.

- *Stadtführungen*: Juni–September 14 Uhr (So 11 Uhr) vom Tourist Office aus (Dauer: ca. 1,5 Std.); £ 2, Kinder £ 1.

Adressen

- *Apotheke*: **Boots**, 5 Lion Walk, ✆ 01206-577303.
- *Bücher*: **Waterstone's Booksellers**, Culver Precinct; gut bestückter Buchladen mit vielen englischen Romanen (Pinguin Edition, Taschenbuch).
- *Einkaufen*: südlich der High St. im Culver Square Shopping Centre.
- *Fitness*: **Colchester Leisure World**, Fitness-Center mit modernen großem Schwimmbad sowie den Aqua Springs mit Sauna und Dampfbädern. Cowdray Avenue, ✆ 01206-282000 oder 282010.
- *Kino*: **Odeon Film Centre**, Crouch Street, ✆ 0870-5050007.
- *Krankenhaus*: **Colchester General Hospital**, Turner Rd., ✆ 01206-853535.

• *Markt*: samstags in der Vineyard Street.

• *Polizei*: Colchester Police Station, 10 Southway, ✆ 01206-762212.

• *Post*: Head St./Priory Walk.

Übernachten

Colchester bietet eine große Auswahl an Unterkünften in allen Preislagen. Die Touristeninformation verfügt über ausführliche Informationen. Viele B&Bs finden sich in der *Roman Road*, einer Straße mit hübschen Häusern, die an der Stadtmauer entlangführt.

*** **Rose and Crown**, das im 15. Jahrhundert erbaute Fachwerkhaus wurde erst kürzlich modernisiert und bietet nun sogar einen Schönheitssalon. Übernachtung und Frühstück £ 55–83 pro Zimmer. East Gates Street, ✆ 01206-866677, 📠 866616.

*** **The George Hotel**, Qualitätshotel in zentralster Lage, einige Zimmer sind klimatisiert. £ 61–120 pro Zimmer. 116 High St., ✆ 01206-578494, 📠 761732.

The Old Manse, viktorianisches B&B in der Nähe des Castle Park. Nur ein paar Schritte bis zum Castle, Leisure World und dem Stadtzentrum; £ 30–50 pro Zimmer. 15 Roman Rd., ✆ 01206-545154.

D'Arcy House, denkmalgeschütztes georgianisches Haus im Stadtzentrum, alle Zimmer mit Bad und TV. 3–5 Culver Street, ✆ 01206-768111, 📠 763938.

• *Jugendherberge*: Die nächste Jugendherberge befindet sich im 15 km entfernten Halstead (siehe Sudbury, S. 381).

• *Camping*: **Colchester Camping Caravan Park**, westlich von Colchester nahe der A 121 gelegen (in Fußnähe zum Stadtzentrum). Vom Nordbahnhof Anfahrt mit Bus 15 und 17. Gut organisierter und ausgestatteter Zeltplatz. Wohnwagen und Zelte £ 6 pro Nacht. Cymbeline Way, Lexden, ✆ 01206-545551, 📠 710443.

Essen und Trinken

Alishan Tandoori, hier gibt es gepflegte indische Küche zu gemäßigten Preisen. Osborne Street.

Brambles, Café mit Vollwertkost. St John Street.

Hole in the Wall, Pub aus dem 17. Jh. mit nettem Biergarten. Hier trifft sich die Jugend bei Hard Rock und Bier. Balkerne Gate Passage.

Smith's Cafe & Restaurant, Tea Room mit Selbstbedienung und hübsches Restaurant im Kellergewölbe. Neben Tee, Kaffee, Kuchen, Fish 'n' Chips und Burgers auch einige vegetarische Gerichte; große Portionen zu kleinen Preisen. Church Street.

The Forester's Arms, Pub mit Wohnzimmeratmosphäre. Castle Road.

The Stockwell Arms, gemütliches Pub im Dutch Quarter mit leckerem Mittagstisch. Bei sonnigem Wetter lässt es sich im Biergarten gut aushalten. Kreuzung West Stockwell St. und Nunn's Road.

Tilly's Tea Rooms, viktorianisches Teehaus mit Imbissen und Kuchen. Trinity Street.

Warehouse Brasserie, modernes Bistro mit internationaler Küche. Chapel Street/St. John Street.

Kultur/Veranstaltungen

Colchester Arts Centre, gleich neben dem Balkerne Gate. Ehemalige viktorianische Kirche, in der heute Tanz- und Theateraufführungen, aber auch Rock-, Folk- und Jazz-Konzerte stattfinden. ✆ 01206-577301.

Ganz in der Nähe befindet sich das **Mercury Theatre**. Es bietet ein vielseitiges Programm an eigenen Produktionen und Gastspielen, ✆ 01206-573948.

Auch die **Lakeside Theatre & University Gallery** der hiesigen Universität bietet ein interessantes Programm sowie Ausstellungen. ✆ 01206-873261.
E-Mail: arts@essex.ac.uk

Sehenswertes

Rathaus: Eindrucksvollstes Gebäude auf der *High Street* Colchesters, die noch aus der römischen Zeit stammt, ist ohne Zweifel das Rathaus. Es wurde im Jahr 1902 errichtet und ist ein exzellentes Beispiel für spätviktorianische

Ostengland Karte S. 368

Architektur. Obenauf thront die Bronzestatue der heiligen Helena. Sie war die Tochter von Old King Cole, dem berühmtesten König von Colchester, und Mutter von Konstantin dem Großen. Die Innenräume des Rathauses können nur nach Voranmeldung besichtigt werden (Anmeldungen für Gruppen über das Sekretariat des Bürgermeisters, ✆ 01206-282206).

Dutch Quarter: Nördlich der High Street (hinter dem Rathaus) liegt das Dutch Quarter. Hier siedelten sich im 16. Jahrhundert holländische und flämische Flüchtlinge an. Sie brachten ihre Fachkenntnisse der Webkunst nach Colchester und verhalfen der Stadt zu einem wirtschaftlichen Aufschwung. Empfehlenswert ist ein Spaziergang entlang der West und der East Sockwell Street, wo gedrungene Häuser mit spitzen Giebeln viel Atmosphäre verbreiten.

Colchester Castle Museum: Die informativste Einführung in die Geschichte der Stadt bietet ein Besuch der Burg. Sie liegt im Castle Park nördlich der High Street. Wilhelm der Eroberer ließ sie ein Jahrzehnt nach der Schlacht von Hastings erbauen, an der Stelle, wo zu römischer Zeit ein Tempel gestanden hatte. Innen befindet sich ein Museum, in dem insbesondere archäologische Funde aus der römischen Besatzungszeit ausgestellt sind. Außerdem werden Führungen durch die unterirdischen Tunnel angeboten. Auch der Park selbst bietet zahlreiche Freizeitmöglichkeiten.

Öffnungszeiten: Mo–Sa 10–17 Uhr (März–Nov. auch So 13–17 Uhr). Eintritt: £ 3.80, erm. £ 2.50, ✆ 01206-282931.

Tymperley Clock Museum: Südlich der High Street locken zwei Sehenswürdigkeiten in die Trinity Street. Das Tymperleys Clock Museum ist ein ansehnliches Fachwerkhaus, das gegen Ende des 15. Jahrhunderts erbaut wurde. Zu bestaunen gibt es eine beachtliche Sammlung von Wand-, Stand- und Taschenuhren. In einem Raum sind auch Turmuhren ausgestellt.

Öffnungszeiten: April–Okt. Di–Sa 10–17 Uhr, 13–14 Uhr Mittagspause. Eintritt frei.

Holy Trinity Church: Auf der gegenüberliegenden Straßenseite befindet sich die aus angelsächsischer Zeit stammende Holy Trinity Church, die von 1971 bis 1973 restauriert wurde.

Wasserturm und Balkerne Gate: Westlich der High Street erhebt sich ein Wasserturm aus dem 19. Jahrhundert, der wegen seiner Höhe (etwa 40 Meter) auch Jumbo genannt wird. Geht man die Verlängerung der High Street weiter zur Stadtmauer, kommt man zum größten erhaltenen Torweg aus der römischen Zeit – Balkerne Gate.

St Botolph's Priory: Südöstlich des Zentrums liegen nahe der Stadtmauer die Ruinen der St Botolph's Priory. Im 12. Jahrhundert gegründet, war dies die erste Abtei der Augustiner in England. Im Zuge der "Dissolution" Heinrichs VIII. wurde sie aufgelöst und im folgenden Bürgerkrieg zerstört.

East Anglian Railway Museum: Hier gibt es Wissenswertes über die Eisenbahngeschichte der letzten 150 Jahre zu erfahren. Unter anderem wird erklärt, wie Dampfloks und wie Signale auf der Bahnstrecke funktionieren.

Öffnungszeiten: Chappel Station. Tägl. 10–17 Uhr. Eintritt: £ 3, erm. £ 2.

Umgebung von Colchester

Layer Marney Towers: Von Colchester aus fährt man ungefähr acht Kilometer auf der B 1022 in Richtung Maldon zu diesem sehenswerten Anwesen aus der Tudorzeit. Das höchste Torhaus in England aus dieser Zeit ist wirklich beeindruckend; u. a. kann das Gebäude zahlreiche Ornamente aus dem frühen 16. Jahrhundert im italienischen Stil aufweisen. Die normannische Familie der Marneys plante ursprünglich den Bau eines ganzen Palastes, doch die letzten Familienangehörigen verstarben, noch bevor das Gebäude fertig gestellt wurde. Auf dem Anwesen gibt es heute zudem einen Streichelzoo für Kinder, eine Galerie sowie ein Puppenmuseum.

Öffnungszeiten: April–Okt. tägl. außer Sa 12–17 Uhr, an nationalen Feiertagen 11–18 Uhr. Eintritt: £ 3.50, erm. £ 2, Familienticket £ 10.

St Osyth Priory: Historisch sehenswert ist die sechs Kilometer westlich von Clacton an der B 1027 gelegene St Osyth Priory. Das Münster besteht aus verschiedenen Gebäuden, die an das sehr sehenswerte Torhaus aus dem 15. Jahrhundert angrenzen. Auch die Gartenanlagen sind bemerkenswert. Bereits um 1100 wurde hier zu Ehren von Osyth, der Tochter des ersten christlichen Königs der Ostangeln, von Augustinermönchen eine Abtei errichtet. Osyth wurde sehr wahrscheinlich für ihren Glauben hingerichtet. Der Legende nach soll sie sich, nachdem ihr der Kopf abgeschlagen wurde, erhoben haben und mit dem Kopf unter dem Arm noch mehrere Kilometer bis zu dieser Kirche gelaufen sein. Innen ist eine interessante Kunstsammlung ausgestellt, die u. a. einige Werke des holländischen Meisters van Dyck aufweisen kann.

Öffnungszeiten: Torhaus und Garten Mai–Sept. täglich 10–17 Uhr; Kunstausstellung So–Fr 11–14.20 Uhr. Eintritt: £ 4.

Clacton, Frinton und Walton

Vom Stadtbahnhof in Colchester fahren die Züge nach Clacton-on-Sea, Frinton-on-Sea und Walton-on-the-Naze (mit dem Auto nimmt man die A 133). Die drei auf der *Halbinsel Tendring* gelegenen Badeorte entwickelten sich gegen Ende des 19. Jahrhunderts und dienen bis heute hauptsächlich den Bewohnern Londons als Naherholungsgebiet.

Clacton war vorwiegend das Mekka der Arbeiterklasse aus dem Osten Londons. Anfang der 1930er Jahre entstanden hier ganze Feriensiedlungen aus selbst gebauten Wellblechhütten. Der Pier in diesem größten der drei Orte wurde 1873 erbaut und in den 1930er Jahren erweitert. Es finden sich die üblichen Spielarkaden und verlassen aussehende Rummelplätze, wie sie für die sterbenden englischen Seebadeorte charakteristisch sind. Insgesamt herrscht hier jedoch eine etwas gehobenere Atmosphäre als in dem südlich von hier an der Themsemündung gelegenen Ort *Southend-on-Sea*, der für viele zum Inbegriff dieser Abwärtsentwicklung geworden ist und im Volksmund entsprechend auch *Costa Cockey* genannt wird.

Walton diente der gehobenen Bürgerschicht zur Erholung und besitzt ebenfalls einen Pier. Enge Straßen und eine gewundene Uferpromenade sorgen jedoch für ein netteres Ambiente. Die Stadt hat ihren Beinamen "on-the-Naze" von der Landspitze, die wenige Kilometer nördlich von Walton ins Meer ragt (*naze* = Landspitze). Ein Spaziergang führt entlang der Küste zum 25 Meter hohen Naze Tower.

In **Frinton**, das besonders bei der Upper Class der 1920er Jahre beliebt war, sucht man vergeblich nach "niederen" Formen des Amüsements. Hier verkehrten einst die politische Prominenz, Mitglieder der königlichen Familie und Filmstars, und noch heute strahlt Frinton eine gewisse zurückhaltende Eleganz aus. Am langen Sandstrand tummeln sich im Sommer die sonnenhungrigen Urlauber.

• *Information*: **Tourist Information Centre Clacton**, hier gibt es Informationen über die gesamte Tendring-Halbinsel. ✆ 01255-423400, 📠 430906.

• *Übernachten/Essen*: ** **Esplanade Hotel**, Strandhotel in Fußnähe zur Stadt mit allem Komfort, £ 27.50–70. Marine Parade East, Clacton, ✆ 01255-220450, 📠 221800.

** **The Rock**, Hotel-Restaurant in einem Haus aus der Zeit der vorigen Jahrhundertwende mit Meeresblick, £ 49–85. Esplanade, Frinton-on-Sea, ✆ 01255-677194, 📠 675173.

Levere House Hotel, gastfreundliches viktorianisch eingerichtetes Hotel in privater Hand, £ 27.50–50. 15 Agate Road, Marine Parade West, Clacton, ✆/📠 01255-423044.

• *Campingplatz*: **Tower Holiday Park**, Jaywick, Clacton-on-Sea, ab £ 10 für Wohnwagen, ✆ 01255-820372, 📠 820060.

Harwich

Jede Viertelstunde fahren von Colchesters North Station Züge zum Hafen von Harwich. Der Ort liegt an der Mündung des River Stour, der hier mit dem River Orwell zusammenfließt. Der Stour ist westlich von Harwich sehr breit und von den Gezeiten betroffen, er bildet die Grenze von Essex nach Suffolk. Von Harwich aus setzen regelmäßig Fähren nach Hoek van Holland und Hamburg über (auch nach Dänemark und Schweden). Eine regelmäßige Verbindung nach Holland besteht bereits seit 1661. Im hiesigen Dock wurde die *Mayflower* gebaut, mit der die Pilgerväter nach Amerika übersetzten. Direkt gegenüber, auf der anderen Seite der Mündung, liegt der Containerhafen Felixstowe. Weitere Informationen über Schiffe und Fähren kann man vor Ort in den Agenturen am Parkeston Quay erhalten.

• *Information*: **Tourist Information Centre**, Iconfield Park, Freshfield Road, ✆ 01255-506139, 📠 240570.

• *Übernachten/Essen*: ** **Hotel Continental**, ungezwungenes, freundliches Hotel mit individuell gestalteten Zimmern, Strandbar, Straßencafé und Restaurant, £ 30–60; 28–29 Marine Parade, Dovercourt, ✆ 01255-551298, 📠 551698.

Paston Lodge, modernisiertes B&B in einem viktorianischem Haus, sauber und freundlich, in Fußnähe zum Hafen; £ 20–45, ✆ 01255-551390.

Sehenswertes

Electric Palace: Wer von Harwich die Fähre nimmt und noch ein wenig Zeit hat, kann sich z. B. den Electric Palace in der King's Quay Street anschauen, ein Kino aus edwardianischer Zeit (1911), das heute unter Denkmalschutz steht.

Harwich Redoubt: Dieses Museum ist in einem runden Fort untergebracht, das 1808 als eines von vielen Küstenbefestigungen zur Verteidigung gegen Napoleon errichtet wurde.

Öffnungszeiten: Mai–August tägl. So 10–17 Uhr, Sept.–April nur sonntags 10–12 Uhr und 14–17 Uhr. Eintritt: £ 1.

Low Lighthouse und High Lighthouse: Weiterhin interessant sind die zwei Leuchttürme Low Lighthouse mit dem Marinemuseum sowie das High Lighthouse, wo sich ein Fernseh- und Radiomuseum befindet. Beide liegen in der Nähe der Parkanlagen an der Esplanade.

Öffnungszeiten: Low Lighthouse, Mai–August tägl. So 10–13 Uhr und 14–17 Uhr, Eintritt: 50 p; High Lighthouse, Mai–Sept. tägl. 12.30–16.30 Uhr, Eintritt: £ 1.

Ipswich

Wo der Fluss Orwell für Frachter schiffbar wird, liegt die Hauptstadt der Grafschaft Suffolk. Als Handelshafen hatte Ipswich im Mittelalter eine Blütezeit. Der modernisierte Containerhafen in Felixstowe hat Ipswich jedoch inzwischen den Rang abgelaufen.

Die Angelsachsen errichteten bereits im 6. Jahrhundert an der Stelle der heutigen Stadt eine Siedlung. Im Mittelalter wurde Ipswich mit der günstigen Lage am Fluss Orwell eine bedeutende Handelsstadt. Insgesamt 12 Kirchen – einige davon kann man heute noch besichtigen – zeugen vom damaligen Reichtum der Stadt. Im Jahr 1472 wurde hier *Thomas Wolsey* geboren, der spätere Erzbischof von York und Kanzler Heinrichs VIII.

Bereits während der Bauwut der viktorianischen Zeit verlor die Stadt viel von ihrem alten Charakter, und bis heute ist kein richtiges Konzept in der Stadtplanung zu erkennen. Die Docks entstanden Mitte des 19. Jahrhunderts und gehörten lange zu den wichtigsten an der Ostküste. Die Stadt Ipswich taucht in dem Roman "Pickwick Papers" von Charles Dickens auf, der höchstpersönlich in der Taverne *Great White Horse* übernachtete und sich über die nachlässig geführte, heruntergekommene Herberge beklagte, was diese jedoch nicht davon abhält, heute noch mit seinem Besuch zu werben.

In den letzten Jahrzehnten ist das Stadtbild von Ipswich auf Kosten der alten Bausubstanz kontinuierlich modernisiert worden. Ein Tagesausflug in die Einkaufsstadt lohnt dennoch, schon allein für einen Bummel durch die Fußgängerzone.

- *Information*: Die Touristeninformation liegt zwischen Busbahnhof und Ancient House. ✆ 01473-258070.
- *Führungen*: Geführte Rundgänge unter dem Motto *Ipswich Town Trail* gibt es von Mai–Sept. jeweils Di und Do um 14.15 Uhr, Preis: £ 1.50. In der Touristeninformation erhält man auch ein Flugblatt, mit dem man auf eigene Faust einen Rundgang unternehmen kann.
- *Verbindungen*: **Bus** – Busbahnhof am Old Cattle Market (einen Häuserblock südlich des Ancient House); Stadtbusse ab Tower Rampart.

Zug – Der Bahnhof befindet sich auf der südlichen Seite des River Orwell und ist über die Princess Street zu erreichen. Direkte Verbindungen nach London (Dauer: 70 Minuten) und über Bury St Edmunds nach Cambridge.

- *Übernachten*: **Great White Horse**, die Taverne, in der bereits Dickens übernachtete, wirbt heute mit dem Autor, obwohl dessen Kommentar über die Unterkunft damals nicht sehr positiv ausfiel; ab £ 40. Tavern Street, ✆ 01473-256558.

Mount Pleasant, hübsches viktorianisches Haus in zentraler Lage. Ein Einzel- und drei Mehrbettzimmer; ab £ 50. 103 Anglesea Rd., ✆ 01473-251601.

Bridge Guest House, Unterkunft in der Nähe des Bahnhofs. Von hier aus läuft man ca. 15 Minuten bis ins Zentrum. 16 Einzel- und Mehrbettzimmer; B&B £ 35. 4 Ancaster Rd., ✆ 01473-601760.

Ostengland
Karte S. 368

• *Essen*: Zahlreiche Restaurants der mittleren Preisklasse und mit guter Küche findet man am Wet Dock (Albion Wharf und Neptune Quay). Dort auch gute Fischrestaurants, z. B. **Mortimer's on the Quay**.

Sehenswertes

Cornhill Market: Mittelpunkt der Stadt und zugleich ein guter Ausgangspunkt, um Ipswich zu erkunden, ist der alte Marktplatz, der noch aus der Zeit der Angelsachsen stammt. Heute wird der Platz eingerahmt von einigen sehenswerten Gebäuden wie dem Rathaus und dem klassizistischen Postamt. Westgate, Tavern und Carr Street sind die Einkaufsstraßen, die für den Autoverkehr gesperrt sind.

Ancient House: Wo von der Tavern Street links die Tower Street abgeht, öffnet sich auf der rechten Seite eine Durchgangsgasse, die zur Fußgängerzone Buttermarket führt. Hier steht eines von Ipswichs berühmtesten Gebäuden, das Ancient House. Das Haus wurde im Jahre 1567 errichtet und um 1670 im Barockstil umgebaut. Besonders beeindruckend sind die vielen Verzierungen, die symbolisch verschiedene Länder darstellen, die mit der Stadt in Verbindung standen. Man kann auch einen Blick ins Innere des Hauses werfen, denn hier ist ein Laden untergebracht. Das Haus war etwa 200 Jahre im Besitz der Kaufmannsfamilie Sparrow, daher wird es auch als *Sparrow's House* bezeichnet. Ganz in der Nähe findet sich das ehemalige viktorianische Rathaus aus dem Jahr 1878 sowie das alte Zollhaus aus dem Jahr 1844, das über das Wet Dock hinausblickt.

Christchurch Mansion/Wolsey Art Gallery: Am Ende der Tavern Street biegt man links in die Northgate Street ein, die geradewegs zum riesengroßen Christchurch Park führt. Hier liegt auch das Tudorhaus Christchurch Mansion, das ehemalige Landhaus eines Kaufmannes aus London; erbaut wurde es in den Jahren 1548–50. Innen befindet sich eine umfangreiche Ausstellung von Werken der Maler *Constable* und *Gainsborough*, außerdem kann man historische Möbel bewundern.

Öffnungszeiten: Di–Sa 10–17 Uhr, So 14.30–16.30 Uhr. Eintritt frei, ✆ 01473-253246.

Wolsey Gate: Im Süden des Zentrums (über Queen und St Nicholas Street) liegt die St Peter's Street, die von einigen hübschen Fachwerkhäusern gesäumt wird. Am Ende dieser Straße geht die College Street links ab. 1528 gründete hier Kardinal Thomas Wolsey ein College, das als Konkurrenz zu Eaton und Winchester gedacht war, jedoch nie vollendet wurde. Nur das Wolsey Gate ist von dem Bau übrig geblieben.

Wet Dock: Eine Straße weiter südlich befindet sich das Wet Dock. Als es 1845 in Betrieb genommen wurde, war es das größte in ganz Europa.

Ipswich Transport Museum: Dieses Museum präsentiert die verschiedenen Transportmittel, die im Laufe der Jahre in der Stadt benutzt wurden – von Fahrrädern bis zu Feuerwehrwagen. Angeschlossen sind ein Café und ein Souvenirladen.

Öffnungszeiten: April–Okt. So und feiertags 11–16.30 Uhr, in den Schulferien Mo–Fr 13–16 Uhr. Eintritt: £ 2.25, ✆ 01473-715666.

Umgebung von Ipswich

Woodbridge: Etwa zwölf Kilometer nordöstlich von Ipswich liegt Woodbridge (auch Zugverbindung), eine im 16. Jahrhundert im Schiffbau führende Hafenstadt. Heute laufen hier luxuriöse Segelyachten vom Stapel. An die Glanzzeiten der Stadt erinnert die *Tide Mill*, eine weiße Mühle am Meer. Das Mühlrad dreht sich abhängig von den Gezeiten.

Öffnungszeiten: Mai–September täglich 11–17 Uhr. Eintritt: £ 1.

Sutton Hoo: Über die B 1083 gelangt man von Woodbridge nach Sutton Hoo. 1939 stießen Wissenschaftler hier auf ein bedeutendes angelsächsisches Grab: ein einfacher Erdhügel, darunter die Überreste eines umgekehrten, 27 Meter langen Ruderbootes, angefüllt mit kostbarsten Beigaben, die nun im British Museum in London ausgestellt sind. Man vermutet, dass es sich um das Grab des etwa im Jahr 625 u. Z. verstorbenen Königs Raedwald von Ostanglien handelt. Weitere Funde wurden in den letzten Jahren freigelegt, darunter ein zweites Grab.

Öffnungszeiten: April–Aug. Sa und So 14 und 15 Uhr. Eintritt: £ 1.50.

Felixstowe: Wer nach Felixstowe kommt, will meist von hier mit der Fähre nach Zeebrugge oder Hamburg übersetzen. Der Industriehafen bietet wenig Sehenswertes für den Besucher. Drei Kilometer südlich des Zentrums setzt nahe dem *Landguard Fort* eine Passagierfähre nach Harwich über.

Bury St Edmunds

Ostengland
Karte S. 368

Der Ort Bury St Edmunds ist ein bedeutendes Stück englischer Geschichte. An der Stelle des Schreins für Edmund, den Märtyrerkönig East Anglias, entstand um 1020 eine Benediktinerabtei. Um 1215 wurde die Kirche zur Geburtsstätte der Magna Charta. Bury St Edmunds ist heute eine sehr lebendige Stadt, die hauptsächlich von der Zuckerrübenverarbeitung lebt.

Bereits um 633 entstand am Fluss Lark eine kleine Abtei, gegründet von Sigbert, dem ersten christlichen König der Angeln. König Edmund, ebenfalls christlichen Glaubens, wurde schon mit 15 Jahren von König Offa zu seinem Nachfolger ernannt und musste bald gegen die marodierenden Wikinger ins Feld ziehen. Da er seinem Glauben nicht abschwören wollte, wurde er zum Opfer eines Ritualmordes. Der jugendliche König wurde zu einer Märtyrerfigur und schließlich heilig gesprochen. Der Ort, an dem sich sein Grab befand, wurde in St Edmundsbury umbenannt. Um 1020 entstand unter König Canute ein Schrein für König Edmund, der um 1080 in eine normannische Abteikirche ausgebaut wurde.

Die Abtei wurde im Jahr 1214 zur Geburtsstätte der Magna Charta. Hier trafen am St.-Edmunds-Tag die 25 mächtigsten Männer Englands am Grab König Edmunds zusammen und schworen feierlich, König John zur Unterzeichnung der Magna Charta zu zwingen. Die rebellierenden Barone, die um den Verlust ihres Eigentums fürchteten, wollten sich mit der Magna Charta gewisse Grundrechte sichern und die Macht des Königs eingrenzen. Aus Angst vor einer Eskalation unterzeichnete John 1215 die Magna Charta wenige Monate später in Runnymede. Die Magna Charta wird heute als Grundstein des englischen Verfassungsrechts angesehen. Der Wahlspruch der Stadt – "Schrein eines Königs und Wiege des Gesetzes" – spiegelt diese beiden wichtigen Ereignisse wider.

Das Zentrum von Bury St Edmunds steht heute fast vollständig unter Denkmalschutz. Das im Schachbrettmuster angelegte Straßensystem aus normannischer Zeit erleichtert die Orientierung bei einem Rundgang. Leider verbirgt sich das mittelalterliche Fachwerk oft für den Besucher nicht sichtbar hinter grauen Backsteinfassaden, die aus dem 17. und 18. Jahrhundert stammen. Ein Rundgang durch die ansehnliche Stadt führt auch zum efeuberankten *Angel Hotel*, in dem Charles Dickens mehrmals übernachtete.

Auch Liebhaber des englischen Biers kommen in Bury St Edmunds auf ihre Kosten. Der Geruch von Hopfen und Malz deutet es schon an: Hier befindet sich die bekannte *Brauerei Greene King* (vgl. Sehenswertes), wo das leckere *Abbot Ale* gebraut wird. Außerdem eignet sich Bury St Edmunds als Basis für Ausflüge ins Stour Valley und in die umliegenden "Wool-Towns", die im 14. und 15. Jahrhundert durch das Weberhandwerk zu großem Reichtum kamen, der sich noch heute in den zahlreichen historischen Gebäuden widerspiegelt.

Information/Verbindungen

• *Information*: **Tourist Information Centre**, 6 Angel Hill, ✆ 01284-764667, 📠 757084, Internet: www.stedmundsbury.gov.uk. Hier kann man neben einem konventionellen Rundgang durch die Stadt und den Abteigarten u. a. Führungen buchen, bei denen Schauspieler in der Gestalt historischer Personen auftreten und die Sehenswürdigkeiten aus dieser Perspektive erläutern.

• *Telefonvorwahl*: 01284

• *Verbindungen*: **Busse** und Fernbusse starten von der Bus Station direkt gegenüber bzw. etwas oberhalb der Library (St Andrew's North). Informationen: ✆ 01284-702020.

Zug – Der Bahnhof befindet sich in der Northgate St. (etwa zehn Minuten zu Fuß vom Zentrum). Regelmäßige Verbindungen gibt es nach London über Cambridge, nach Ipswich, Colchester (in Ipswich umsteigen) und Peterborough.

• *Veranstaltungen*: **Theatre Royal**, Westgate Street, ✆ 01284-769505. Ein Theatergebäude aus der georgianischen Zeit, in dem das ganze Jahr über Aufführungen stattfinden. Die Palette umfasst Drama, Comedy und Tanz, allerdings kann man sich tagsüber auch einfach das sehenswerte Gebäude anschauen, vorausgesetzt, es finden keine Proben statt.

Übernachten/Essen

Viele Gasthäuser in Bury St Edmunds sind in historischen Gebäuden untergebracht, die unter Denkmalschutz stehen. Ein Erlebnis ist es schon, einmal in einem Zimmer zu übernachten, in dem Wände und Decken schief sind und das Fachwerk in den Raum ragt. Leider haben die kleinen Häuschen oft nur ein bis zwei Zimmer, und der Andrang ist groß.

Angel Hotel, die erste Adresse in Bury St Edmunds. Hier hat schon Charles Dickens übernachtet. Viel Komfort und gediegene Atmosphäre. Übernachtung ohne Frühstück ab £ 70, Angel Hill, ✆ 01284-753926. Das Hotel ist auch als Restaurant eine gute Adresse. Täglich wechselnde Gerichte. Das Einkehren lohnt sich besonders mittags, wenn leckere Menüs angeboten werden (£ 15).

The Chantry Hotel, georgianisches Haus in der Nähe des Manor House Museum; ab £ 60. 8 Sparhawk St, ✆ 01284-767427.

Oak Cottage, uriges Tudorhaus im Zentrum, B&B, ab £ 30. 54 Guildhall St., ✆ 01284-762745.

Holland & Barrett, vegetarisches Café mit Kaffee, Kuchen und kleinen Gerichten. Über einem Health-Food-Laden. Brentgrovel Street.

Mortimer's, Fischrestaurant mit Spezialitäten aus der Nordsee und frischem Ale aus der benachbarten Brauerei (Greene King, Abbot). 31 Churchgate Street.

Nutshell, angeblich das kleinste Pub in ganz England. Aber nicht nur deshalb ist es hier oft zum Bersten voll. Es ist sehr beliebt bei Einheimischen und Besuchern. The Traverse.

Sehenswertes

Abteiruinen: Wenn man die Ruinen wie dünne Finger aufragen sieht, kann man sich nur noch mit viel Phantasie die imposante Abtei vorstellen, die sich hier im 11. Jahrhundert erhob. Sie galt damals als eine der größten und prächtigsten in ganz England. Die Auflösung der Klöster unter Heinrich VIII. wurde dem Gebäude zum Verhängnis, denn danach wurden die Baumaterialien des Gebäudes für andere Bauten geplündert. Zwar ist der Grundriss noch auszumachen, doch ist das Gemäuer fast vollständig zerstört. Lediglich zwei Tortürme sind noch erhalten. Der *Norman Tower* entstand von 1120–48 und führte früher über die Churchgate Street direkt zur Abteikirche. Das fast viereckige *Abbey Gate* wurde im 14. Jahrhundert mit zahlreichen Dekorationen, aber auch stärkeren Befestigungen wiederaufgebaut, nachdem es beim Aufstand der Stadtbürger im Jahre 1381 niedergerissen worden war. Im *Abbey Visitor Centre* an der Westseite der Abtei kann man sich mit einem Kopfhörer für die Audio-Tour ausstatten lassen, außerdem gibt es hier Texttafeln, die über die Geschichte der Abtei informieren. Die Ruinen der Abtei liegen inmitten der sehr sehenswerten und preisgekrönten *Abbey Gardens* (ein ehemaliger botanischer Garten). Hier findet man ein Sommercafé und kann auf einem Weg den River Lark entlangspazieren.

Öffnungszeiten: Tgl. bis zur Dämmerung (Abbey und Abbey Gardens). Eintritt frei. Abbey Visitor Centre April–Okt. 10–17 Uhr, Audio-Tour £ 1.50. ✆ 01284-763110.

St Edmundsbury Cathedral: An die Ruinen der Abtei grenzt die Kathedrale von Suffolk an. Bis 1914 war sie noch eine einfache gotische Pfarrkirche aus dem 16. Jahrhundert, die wahrscheinlich vom Architekten Jon Wastell konzipiert wurde, der auch das King's College in Cambridge entwarf. Dann wurde die Kirche vom Architekten Stephen Dykes Bower im großen Stil ausgebaut. Weitere bauliche Erweiterungen fanden kurz nach dem Zweiten Weltkrieg und um 1960 bzw. 1997 statt. Im Jahr 2000 wurde der zentrale Turm restauriert und ein neues Besucherzentrum eingerichtet. Das Innere wird bestimmt von den bläulichen Kniepolstern, 1088 an der Zahl, die mit verschiedenen Motiven der Gemeinden in Suffolk bestickt ist, sowie von der vor wenigen Jahren neu verzierten Stichbalkendecke.

Öffnungszeiten: Tgl. 8–18 Uhr, im Sommer 8–20 Uhr. Eintritt frei.

St Mary's Church: In dieser gotischen Kirche die Crown Street etwas weiter hinauf liegt *Mary Tudor* (1496–1533) begraben. Sie war die Schwester Heinrichs VIII. und wurde durch die Vermählung mit Ludwig XII. zur Königin von Frankreich.

Öffnungszeiten: Mo–Sa 10–16 Uhr, im Winter bis 15 Uhr. Eintritt frei.

Manor House Museum: Das Museum ist in einer renovierten georgianischen Villa untergebracht (hinter der St Mary's Church links ab). Hier kann man

Ostengland
Karte S. 368

u. a. Uhren und Bekleidung aus vergangenen Jahrhunderten bewundern. Angeschlossen ist ein Café und ein Museumsshop.
Öffnungszeiten: Feb.–Dez. Mi–So 12–17 Uhr. Eintritt: £ 2.70.

Greene King Brewery: Für Biertrinker ein unbedingtes Muss, denn hier wird seit über 200 Jahren das in ganz England bekannte Abbot Ale gebraut. Als bitter-süffig und kräftig könnte man den Geschmack dieses Bieres beschreiben. Wie üblich beim britischen Gerstensaft enthält auch das Abbot Ale weniger Kohlensäure als deutsche Biersorten. Probieren kann man das Bier bei einer Brauereiführung (nach Voranmeldung) und natürlich in den zahlreichen Pubs von Bury St Edmunds.
Öffnungszeiten: Informationen über das Besucherzentrum, ✆ 01284-714382.

Moyse's Hall Museum: Der Einkaufsbezirk von Bury St Edmunds liegt zwischen Buttermarket und Cornhill. Hier befindet sich auch eines der wenigen heute noch erhaltenen normannischen Häuser (Corn Hill). Es wurde 1180 erbaut und ist damit das älteste Haus der Stadt. Im Laufe der Jahrhunderte diente es u. a. als Polizeiwache und Gefängnis, seit über hundert Jahren als Heimatmuseum. Innen gibt es eine Menge Krimskrams zu bestaunen: von Musikinstrumenten über Uhren bis zum Kirchenmodell aus Schneckenhäusern.
Öffnungszeiten: Mo–Sa 10–17 Uhr, So 14–17 Uhr. Eintritt: £ 1.70.

Bury St Edmunds Art Gallery: Dieses Gebäude, genannt *Market Cross*, wurde 1774 von dem Architekten Robert Adams als Theater und Markthalle entworfen. Später diente es als Rathaus, und heute ist hier eine Kunstgalerie mit Wechselausstellungen untergebracht (u. a. Malerei, Skulpturen und Kunsthandwerk).
Öffnungszeiten: Di–Sa 10.30–17 Uhr. Eintritt: 50 p.

Umgebung von Bury St Edmunds

Ickworth House: Fünf Kilometer südwestlich von Bury St Edmunds erreicht man über die A 143 das Örtchen Horringer. Gleich dahinter liegt auf der rechten Seite das Ickworth House. Der vierte Earl of Bristol veranlasste den Bau dieses ansehnlichen Herrenhauses gegen Ende des 18. Jahrhunderts, um dort seine Kunstsammlung einzurichten, die u. a. Werke von Tizian, Gainsborough und Velasquez umfasst. Das kreisrunde Hauptgebäude wird von zwei Flügeln flankiert, von denen einer noch vom Marquis von Bristol bewohnt wird. Die übrigen Teile des Anwesens können besichtigt werden.
Öffnungszeiten: März–Okt. Di, Mi, Fr–So 13–17 Uhr (im Okt. 13–16 Uhr). Eintritt: £ 5.50. Ein hübscher Garten umgibt das Gebäude, tgl. 7–19 Uhr, £ 2.40.

West Stow Anglo-Saxon Village: Wer sich für die Frühgeschichte dieser Region interessiert, kann über die A 1101 in Richtung Nordwesten (vor Icklingham rechts ab) nach West Stow fahren und sich im dortigen Freilichtmuseum kundig machen. Hier stieß man nämlich bei Ausgrabungen zwischen 1965 und 1972 auf die Überreste eisenzeitlicher, römischer und angelsächsischer Siedlungen. Rekonstruktionen der Hütten sollen das Leben der Bewohner realistisch nachstellen. Ausgrabungsfunde ergänzen die Ausstellung.
Öffnungszeiten: Tgl. 10–17 Uhr, letzter Einlass 16.15 Uhr. Eintritt: £ 4.50, Familienticket £ 13, ✆ 01284-728718.

Land der Wind- und Wassermühlen

Das historische Erbe East Anglias sind seine Wind- und Wassermühlen. Viele dieser Mühlen kann man besichtigen. Das County Council von Suffolk gibt eine Broschüre heraus, die solche Mühlen auflistet. Sie ist in den Touristeninformationen erhältlich. Hier nur zwei Beispiele:

Pakenham Water-Mill: Von Bury St Edmunds auf der 142 in Richtung Diss; Wassermühle aus dem 18. Jahrhundert, liegt an einem schönen Flussufer. Sie ist noch in Betrieb, und man kann frisch gemahlenes Mehl kaufen. April–September Mi, Sa, So und feiertags 14–17.30 Uhr, Eintritt: £ 2, erm. £ 1.20, ✆ 01359-270570.

Thelnetham Windmill: Von Ixworth biegt man nach Norden auf die Landstraße B 1111 ab. Auch diese Mühle aus dem 19. Jahrhundert stellt noch per Windkraft Mehl her. Juli–September sonntags, feiertags und manchmal samstags, ✆ 01473-726996 oder 01359-250622.

Sudbury

Südlich von Bury St Edmunds sollte man nicht versäumen, einen Ausflug in die landschaftlich schön gelegenen Wollstädte zu unternehmen. Sudbury, die größte dieser Städte, liegt am Stour (vor der Nordseemündung) und war jahrhundertelang ein Zentrum des Textilhandels und der Seidenweberei. Noch heute werden hier exklusive Designerstoffe hergestellt. Außerdem ist Sudbury die Geburtsstadt des bedeutenden Porträt- und Landschaftsmalers *Thomas Gainsborough* (1727–1788), dessen Werke man sich in seinem zum Museum umgewandelten Geburtshaus anschauen kann (*Gainsborough's House*). Es stammt aus viktorianischer Zeit und ist von einem schönen Garten umgeben. Am Marktplatz steht außerdem eine Statue, die an Gainsborough erinnert.

- *Öffnungszeiten Gainsborough's House*: Di–Sa 10–17 Uhr, So 14–17 Uhr. Eintritt: £ 3.
- *Information*: **Tourist Information Centre**, Town Hall, Market Hill, ✆ 01787-881320.
- *Fahrräder*: **Norfolk and Suffolk Cycle Centre**, Sudbury, ✆ 01781-310940.
- *Bootstouren*: Boot fahren auf dem Stour kann man an Sonn- und Feiertagen von April bis Oktober; am Granary-Kunstzentrum in der Quay Lane (wechselnde Ausstellungen, April–Okt. ebenfalls sonntags) legen die Boote ab. **The River Storu Trust**, ✆ 01206-825002.

Hadleigh

Südwestlich in Richtung Ipswich (an der A 1071) liegt Hadleigh. Auf dem Weg dorthin passiert man *Kersey*, das ebenfalls ein ansehnliches, allerdings etwas verschlafenes Örtchen ist. Die Brücke aus rotem Backstein, die in Hadleigh über den Fluss Brett führt, stammt aus dem 14. Jahrhundert. Im Zentrum des Ortes erinnern Gebäude aus verschiedenen Jahrhunderten an die Blütezeit des Weberhandwerks: Wenn man die Church Street entlangläuft, passiert man vor allem klassizistische Gebäude. Wenn freitags und samstags in Hadleigh Markt abgehalten wird, ist der Ort am belebtesten.

Die *Guildhall* auf dem Marktplatz ist ein ansehnliches Fachwerkhaus, das um 1430 als Markthalle errichtet und später vergrößert wurde, um den fünf Gilden

Ostengland Karte S. 368

der Stadt Platz zu bieten. Besichtigen kann man den Gildenraum, den alten Rathaussaal, einen Versammlungssaal aus der georgianischen Zeit sowie einen viktorianischen Ballsaal. Außerdem lädt hier ein Café zu einer Rast ein. Zu erwähnen sind noch zwei Gebäude, die Thomas Gainsborough um 1748 in einem seiner Bilder festgehalten hat: die *Pfarrkirche St Mary's* und der gleich gegenüberliegende *Deanery Tower, ein* Torhaus aus dem 15. Jahrhundert aus rotem Backstein.

• *Öffnungszeiten Guildhall*: Juni–September Do und So 14–17 Uhr. Eintritt: £ 1.50.

• *Information*: **Tourist Information Point**, Hadleigh Library, 29 High Street, ✆ 01473-823778.

• *Verbindungen*: Wer nicht mit dem Auto unterwegs ist, gelangt mit dem Linienbus von Sudbury bis Ipswich zweimal täglich nach Hadleigh.

Long Melford

Nur einen Katzensprung nördlich von Sudbury liegt Long Melford. Über drei Kilometer zieht sich die Hauptstraße durch den Ort, eingerahmt von sehenswerten Fachwerkhäusern. Auch diese Stadt wurde im Mittelalter durch die Wollverarbeitung sehr wohlhabend. In den alten Häuschen auf der Hauptstraße befinden sich heute viele Antiquitätengeschäfte.

Auf einem Hügel am Rande des Ortes liegt die riesige *Holy Trinity Church*, die von reichen Textilkaufleuten in den Jahren von 1460–96 finanziert wurde. Sie wurde im Perpendikularstil errichtet und wird durch zahlreiche farbenprächtige mittelalterliche Fenster erhellt. Zum Teil sind diese Fenster mit Glasmalereien flämischer Künstler verziert.

Am nördlichen Ende der Hauptstraße befindet sich *Melford Hall*, ein Herrenhaus aus der Tudorzeit, das von Sir William Cordell um 1560 erbaut wurde. Das rote Backsteingebäude hat mehrere Türmchen mit kuppelartigen Aufsätzen. Im Inneren kann man neben dem Bankettsaal, einer Bibliothek und zahlreichen Familienporträts u. a. Gemälde der Künstlerin Beatrix Potter bewundern, die eine entfernte Verwandte der Familie ist. Auch der angrenzende Park ist einen Rundgang wert.

Mit *Kentwell Hall* besitzt die Stadt noch ein weiteres Herrenhaus aus der Tudorzeit, das sogar einen Burggraben vorweisen kann. Im Sommer finden hier Kostümfestspiele statt, die das Leben der Tudorzeit wieder heraufbeschwören. Auf dem Gelände gibt es außerdem ein Café und einen Geschenkshop sowie eine Musterfarm mit seltenen Tierarten.

• *Öffnungszeiten*: **Melford Hall**, Mai–Sept. tgl. Mi–So 14–17.30 Uhr, April u. Okt. nur Sa/So. Eintritt: £ 4.30 für Haus, Garten und Park.

Kentwell Hall, zu unregelmäßigen Zeiten geöffnet, daher empfiehlt sich ein Anruf (✆ 01787-310207). Eintritt: £ 5. Kostümfestspiele an verschiedenen Wochenenden im Sommer, bitte ebenfalls vorher anrufen. Eintritt: £ 7.95.

• *Information*: Siehe Sudbury.

Lavenham

An der A 1141 nordwestlich von Sudbury liegt inmitten von Feldern Lavenham, wo sich der Besucher ins Mittelalter zurückversetzt fühlt. Die Fachwerkhäuschen des Ortes gehören zu den besterhaltenen in ganz England. Zur

Zeit Heinrichs VIII. gehörte Lavenham zu den wohlhabendsten Orten im Lande. Im Laufe der Jahrhunderte wurden hier alle Arten von Textilien hergestellt; die letzte Weberei schloss erst im Jahr 1930.

Das Rathaus (*Guildhall of Corpus Christi*) aus dem Jahr 1502 dominiert den Marktplatz des Ortes. Im Laufe der Jahrhunderte wurde es als Gefängnis und Armenhaus genutzt, daher ist das Innere nicht mehr ganz authentisch, es finden sich aber noch einige Friese und Schnitzereien. In dem heute hier untergebrachten *Historischen Museum* kann man einiges über die lange Geschichte der Textilindustrie lernen und sich u. a. einen alten Webstuhl anschauen. Im Garten des Hauses werden Pflanzen angebaut, die damals zum Färben der Wolle benutzt wurden. Angeschlossen ist ein Café und ein Laden.

Little Hall, die ehemalige Bleibe eines Wollhändlers, befindet sich ebenfalls am Marktplatz und stammt aus dem 15. Jahrhundert. Das Haus wurde in den 1930er Jahren komplett restauriert und kann besichtigt werden.

Ebenfalls sehenswert ist die *Lavenham Church* im Perpendikularstil, die einen besonders hervorstechenden Turm hat. Sie ist eine der vielen Kirchen, die durch den Wollreichtum finanziert wurden.

• *Öffnungszeiten*: **Historisches Museum im Rathaus**, April–Okt. tgl. 11–17 Uhr, März u. Nov. nur Sa und So 11–16 Uhr. Eintritt: £ 3.

Little Hall, April–Okt. Mi, Do, Sa, So 14–17.30 Uhr. Eintritt: £ 1.50.

Lavenham Church, im Sommer 8.30–17.30 Uhr, im Winter bis 15.30 Uhr.

• *Information*: **Tourist Information Centre**, Lady Street, ✆ 01787-248207.

• *Führungen*: Ein Walkman für eine Audio-Führungen ist in der Apotheke auf der High Street erhältlich. Durch den Kopfhörer können Sie Wissenswertes über alle Gebäude der Stadt erfahren. Lavenham Pharmacy, 99 High Street.

• *Übernachten/Essen*: **Swan**, schickes Hotel in einem historischen Haus; ab £ 100. ✆ 01787-247477.

Angel Hotel, ein restauriertes historisches Gebäude mit eigenem Restaurant; £ 50–60. Marktplatz, ✆ 01787-247388.

Karte S. 368

Norwich

Vom St James' Hill im Osten der Stadt schweift der Blick über das historische Norwich im Herzen von Norfolk mit seinen 33 mittelalterlichen Kirchen. Außer London gibt es in ganz England keine Stadt, die so viele Gotteshäuser aus dieser Zeit aufweisen kann. Überragt wird die Szenerie von der normannischen Kathedrale, deren spitzer Turm 96 Meter in den Himmel ragt.

Dahinter lässt sich gleich *Norwich Castle* ausmachen, in dem heute ein Museum untergebracht ist. Romantisch sind Spaziergänge durch die engen Kopfsteinpflastergassen der Altstadt. Es geht vorbei am lebhaften Markt und durch historische Straßen wie *Elm Hill*. Stilvolle Tea Rooms und urige Pubs versüßen den Aufenthalt.

Obwohl die Stadt heute der Verkehrsknotenpunkt der Region ist und sich viele neue High-Tech-Unternehmen hier angesiedelt haben, hat sie sich mit ungefähr 130.000 Einwohnern eine angenehme Größe bewahrt. Eines der wenigen Industrieprodukte aus Norwich ist der berühmte *Colman's Mustard*, der einen ganz besonders pikanten Geschmack hat und von dem man sich unbedingt ein Glas mit nach Hause nehmen sollte. Er wird hier schon seit 1804 produziert.

Norwich ist außerdem ein idealer Ausgangspunkt, um das riesige Marschland *Norfolk Broads* und die einsame Nordseeküste zu erkunden. Eine Stunde Busfahrt trennt Norwich von *Great Yarmouth*. Und auch nach *Cromer* dauert die Reise nicht viel länger.

Als Prägung auf Silbermünzen König Aethelstans I. (10. Jahrhundert) tauchte der Name "Northwic" (= Nordstadt) zum ersten Mal auf. Doch schon zuvor siedelten hier am Fluss Wensum die Angelsachsen und standen mit Flandern und Frankreich in regen Handelsbeziehungen. Mit der normannischen Eroberung erfuhr Norwich einen weiteren Aufschwung, und gegen Ende des 11. Jahrhunderts zählte die Stadt zu einer der größten in ganz England. Ein Bischofssitz wurde hierher verlegt, und man errichtete eine Burg und eine Kathedrale. Beide Gebäude prägen noch heute das Bild der Innenstadt. Die Stadt gelangte durch die Textilfertigung zur Blüte; das hier produzierte grobe Gewebe war als *worsted* bekannt. Eine Zuwanderungswelle flämischer Weber im 14. und 15. Jahrhundert begünstigte diese Entwicklung. Erst im 19. Jahrhundert verlagerte sich die Textilproduktion in den maschinell weiterentwickelten Norden, so dass die Einnahmequelle versiegte.

Eine der neueren Errungenschaften Norwichs ist die University of East Anglia, die in den 1960er Jahren gegründet wurde und deren Zentrum für bildende Kunst durch eine Stiftung der Sainsbury-Familie ins Leben gerufen wurde.

Die Brüder Kett

Die Brüder William und Robert Kett gingen als "Helden von Norfolk" in die Geschichte ein. Im Jahre 1549 führten die Brüder einen Bauernaufstand gegen die neuen Gesetze der Landeinfriedung an. Das zuvor allen Bürgern zugängliche "common land" wurde neu aufgeteilt, um größere landwirtschaftliche Erträge erwirtschaften zu können. Daran verdienten die Landbesitzer, während die einfachen Bauern und Landarbeiter ihr Einkommen verloren. Die beiden Kett-Brüder konnten Norwich während des Aufstandes fast einen Monat lang halten, dann fiel die belagerte Stadt, und Robert Kett wurde an den Turm von Norwich Castle gekettet, wo er jämmerlich verhungerte.

Information/Verbindungen

- *Information*: **The Guildhall**, hier gibt es zahlreiche Prospekte über Stadt und Region in verschiedenen Sprachen sowie Auskünfte und Informationsmaterial über die Norfolk Broads. Gaol Hill, ✆ 01603-666071, ℻ 765389.
E-Mail: tourism.norwich@gtnet.gov.uk
- *Telefonvorwahl*: 01603
- *Verbindungen*: **Bus** – Der Busbahnhof liegt in der Surrey Street. National Express fährt regelmäßig nach London (Liverpool Street) und Cambridge. King's Lynn und Peterborough wird von der Eastern Counties Line bedient (Tickets kauft man im Bus). Informationen über den örtlichen Nahverkehr erhält man über das Bus Information Centre, Castel Meadows, ✆ 0845-3006116. Auskünfte zu Tagestouren in die Umgebung unter ✆ 01263-732322.

Zug – Züge aus London, Cambridge, Peterborough und King's Lynn halten am Bahnhof in der Thorpe Road. Informationen der North Norfolk Railway unter ✆ 0345-484950.

Riverbus – Norwichs Wasserwege, die Flüsse Yare und Wensum, sind auch per

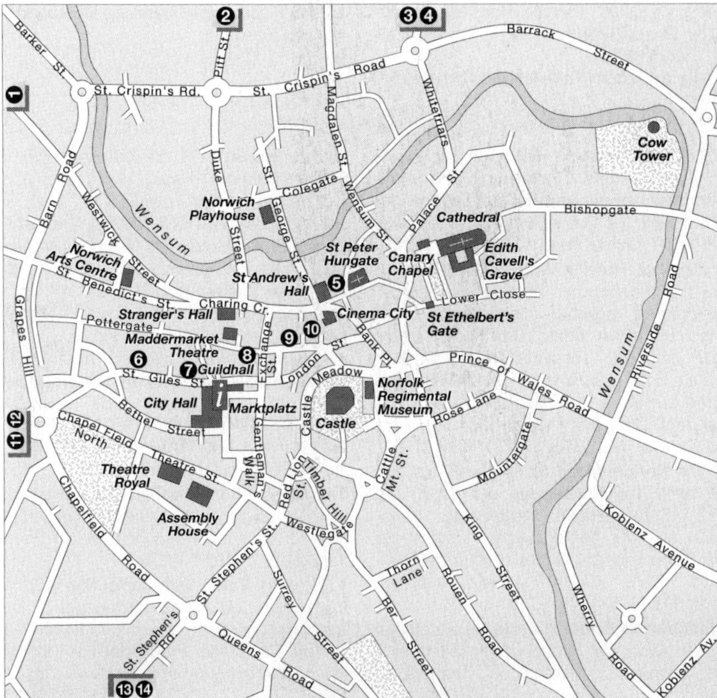

Übernachten

- ❶ Jugendherberge
- ❷ Stakis Norwich Hilton
- ❸ Norfolk Mead Hotel
- ❹ Arrow Guest House
- ⓫ Beeches Hotel
- ⓬ Corner House
- ⓭ Eaton Vale Camp Site
- ⓮ Wedgewood House

Essen und Trinken

- ❺ Briton's Arms Coffee House
- ❻ Adlards
- ❼ Andersen's
- ❽ Tree House
- ❾ Hector's
- ❿ Alleycats Jazz Café

200 m

Norwich

Ostengland
Karte S. 368

Boot befahrbar: eine etwas andere Art, die Stadt zu durchqueren. Gegenüber vom Bahnhof befindet sich der Thorpe Road Quay. Von dort kann man bis zum Elm Hill mitfahren. Dieser Service ist nur von Mai bis September verfügbar und kostet £ 1.50.

Adressen

• Fahrräder: **Bicycle Hire**, Greenhouse, 42–46 Bethel St., ✆ 01603-631007. Verleih £ 6 pro Tag, man unterstützt damit gleichzeitig die "Norwich Cycle Campaign".

Highcraft, Griffin Lane, Thorpe St Andrew, ✆ 01603-701701.

• Geldwechsel: Mehrere Banken befinden sich auf der London Street.

• Polizei: Bethel Street, ✆ 01603-768769.

• Kino: **Odeon**, Multiplexkino am Anglia Square Shopping Centre in der Magdalen Street. Ein weiteres wird gerade in der hinter dem Bahnhof gelegenen Koblenz Avenue gebaut.

• *Krankenhaus*: **Norfolk Hospital**, Brunswick Road (Kreuzung St Stephen's St.), ✆ 01603-286286.

• *Märkte*: Großer **Freiluftmarkt** (Mo–Sa) am Market Place. Jeden Samstag **Viehmarkt** in der Hall Road.

• *Post*: 13–17 Bank Plain.

Übernachten (siehe Karte Seite 385)

****** Stakis Norwich Hilton (2)**, schickes, modernes Hotel mit Sportstudio und Swimmingpool, ideale Lage für Besuche in der Stadt und der Umgebung, Doppelzimmer £ 84–130. Cromer Road, ✆ 01603-410544.

**** Beeches Hotel & Victoria Gardens (11)**, wer auf altenglischen Charme aus ist, aber gleichzeitig jeglichen modernen Komfort möchte, ist hier richtig. Das Hotel besteht aus mehreren restaurierten historischen Häusern mit wunderschönem Garten. Fußnähe zur Stadt, mit ausgezeichnetem Restaurant, Doppelzimmer ab £ 76. 2–6 Earlham Road, ✆ 01603-621167, 📠 620151.

**** The Norfolk Mead Hotel (3)**, im Stadtteil Colitshall (im Nordwesten der Stadt) am Fluss Bure gelegen. Umgebautes Landhaus aus der georgianischen Zeit, sogar mit Swimmingpool, Doppelzimmer mit Frühstück £ 75. Church Loke, Coltishall, ✆ 01603-737531, 📠 737521.

Wedgewood House (14), kleines Stadthotel in der Nähe aller Sehenswürdigkeiten, einige Zimmer nur Nichtraucher, Doppelzimmer mit Frühstück ab £ 42. 42 Stephens Road, ✆ 01603-625730, 📠 615035.

Corner House (12), freundliches B&B in viktorianischem Haus in Stadtnähe, Doppelzimmer mit Frühstück ab £ 36. 62 Earlham Road, ✆ 01603-627928, 📠 627928.

Arrow Guest House (4), auf dem Mousehold Heath mit gutem Blick auf die Stadt. Nicht alle Zimmer mit Bad, DZ mit Frühstück ab £ 38. 2 Britannia Road, ✆ 01603-628051.

• *Jugendherbergen*: **Youth Hostel (1)**, ganzjährig geöffnet, liegt am Westende der Stadt am River Wensum (Bus 19/20), zu Fuß vom Zentrum etwa 30 Minuten. Erwachsene £ 9.80, Jugendliche £ 6.75, 112 Turner Road, ✆ 01603-627647, 📠 629075.

The Tunstall Camping Barn, Unterbringung in einer umgebauten Scheune mit Schlafsaal für bis zu 20 Personen. Manor Farm, Tunstall, ✆ 01493-700279.

• *Camping*: **Eaton Vale Camp Site (13)**, im Südwesten der Stadt gelegener Platz, ganzjährig geöffnet, gehört zum Eaton Vale Activity Centre der Pfadfinder von Norfolk. Auch Unterbringung in Bungalows. Church Lane, Eaton, ✆ 01603-501228, 📠 01603-457631.

Essen und Trinken/Nachtleben (siehe Karte Seite 385)

Adlards (6), 79 Upper Giles Street. Wer groß ausgehen möchte und genug Geld in der Tasche hat, kann hier die neue britische Küche kosten; Reservierung empfohlen. ✆ 01603-633522.

Andersen's Danish Café-Restaurant (7), dänisches Gebäck und Kaffee. Morgens wird auch Frühstück serviert. Große Auswahl an Sandwiches, abends auch warme Gerichte. 52 St Giles Street.

Briton Arms (5), stilvolles Haus aus dem Jahre 1420. Sandwiches, Kuchen, Tee und Kaffee. Spezialität des Hauses ist Fischpastete. 9 Elm Hill.

Hector's House (9), Bistro, Pub, Restaurant und Disco auf drei Etagen. Viele Studenten lassen sich hier preisgünstige Salate, Nudel-, Fisch- und Fleischgerichte schmecken. Im Bistro mit den großen Fenstern und grünen Wänden werden Frühstück, Tee und Kaffee serviert. Im Hintergrund läuft Musik. 18 Bedford Street.

Alleycats Jazz Café (10), geschmackvoll eingerichtete Musikkneipe. Tagsüber Café mit Frühstück und Snacks und abends Restaurant. Ab und zu Livemusik, außer Jazz und Blues auch Pop. Bridewell Alley

Take 5, Bistro/Pub mit Rittersaalatmosphäre: hohe Decken mit Holzverstrebungen, großes Glasfenster mit Wappen, historisches Holztor aus dem Jahr 1500 und Holzfußboden. An den weißen Wänden hängen farbenfrohe Bilder lokaler Künstler; es gibt auch eine Gartenterrasse. Angeboten werden Toasts, Quiche, hausgemachter Kuchen und täglich wechselnde Specials. Cinema City, St Andrew's Plain.

Pizza Express, preiswerte Pizza in dieser Filiale der bekannten Pizza-Kette. 15 St Benedict Street.

Tree House (8), befindet sich über dem Reformhaus Rainbow. Vegetarische Gerichte und Vollwertkost zu moderaten Preisen. Dove Street.

Red Lion, Treffpunkt der Kunststudenten der University of East Anglia. Die Gerichte sind deshalb äußerst preiswert. St George Street.

The Adam and Eve, wahrscheinlich ältester Pub von Norwich (13. Jahrhundert). Liegt am nördlichen Anfang des Riverside Walk. Bishopgate.

Waterfront, einer der alteingessenen Clubs der Stadt mit vielen Konzerten und DJs an manchen Abenden. 139–141 King's Street.

Kunst und Kultur

• *Ausstellungen*: **Sainsbury Centre for Visual Arts**, in dem modernen, von Sir Norman Foster gestalteten Gebäude aus dem Jahr 1977 sind zahlreiche Werke moderner Kunst ausgestellt (von Picasso bis Moore), aber auch alte Kunstwerke. Alle Werke stammen aus der Sammlung der Familie Sainsbury, die das Museum stiftete. Constable Terrace (an der Universität), geöffnet Di–So 11–17 Uhr, Eintritt: £ 2.50, ✆ 01603-7593199.

• *Theater*: Über Theaterwelt und aktuelle Veranstaltungen klärt der Prospekt "Out and About" (kostenlos im Tourist Office) auf.

Norwich Playhouse, mitten in der Stadt gelegenes Theater, aufgeführt werden zeitgenössische Stücke. Mit Caféterrasse. St George's, ✆ 01603-633635, Theaterkasse: ✆ 0845-6010805.

Maddermarket Theatre, angesehenes Theater, in dem Stücke britischer und internationaler Autoren aufgeführt werden. St John's Alley, ✆ 01603-620917.

Norwich Puppet Theatre, für Kinder und Erwachsene gleichermaßen interessant, es werden auch Puppenbastelworkshops angeboten. Whitefriars, ✆ 01603-629921.

• *Kino*: **Cinema City**, ein Alternativkino, das in der Andrew's Street in einem mittelalterlichen Haus untergebracht ist. Außer erstklassigen internationalen Filmen gibt es ein gutes Café und Restaurant. ✆ 01603-622047.

Sehenswertes

Die Kathedrale von Norwich

Kathedrale: Die Kathedrale mit dem zweithöchsten Kirchturm Englands ist auch wegen ihrer im Sommer stattfindenden Konzerte ein kultureller Treffpunkt geworden. 1096 wurde mit dem Bau des Gotteshauses begonnen. Bischof *Herbert de Losinga* hatte den Bischofssitz von Thetford zuvor nach Norwich verlegt. Dieser Kirchenfürst war im Gefolge Wilhelms des Eroberers aus der Normandie nach England gekommen. Seinen Bischofsthron, der immer noch an seinem Originalstandort in der Apsis hinter dem Altar steht, hatte er vom Festland mit hierher gebracht. Er ist heute der älteste erhaltene in England. Unter Losinga wurden Chor und Seitenschiffe im normannischen Baustil fertig gestellt, doch erst sein Nachfolger erlebte die Vollendung des Hauptschiffs. Der Grundriss des Bauplans entspricht der Kathedrale in Rouen. Der hohe Turm wurde im 14. Jahrhundert durch einen Sturm zerstört und im Jahr 1490 durch einen gotischen Steinturm ersetzt. Mit seinen 96 Metern Höhe ist der Kirchturm nach dem Turm der Kathedrale von Salisbury der zweithöchste in England. Auch im Inneren vermischen sich die Baustile: Das gotische Kreuzrippengewölbe ruht auf normannischen Säulen.

Vom Südschiff gelangt man zu den zweistöckig angelegten Kreuzgängen, die einzigen ihrer Art in England. Sie wurden um 1297 begonnen und erst um 1430 fertig gestellt. Auf den Zwischensteinen des Deckengewölbes befinden sich etwa 400 fein gemeißelte Abbildungen von religiösen Motiven, die man allerdings nur mit einem Fernglas genau begutachten kann.

Um die Kathedrale herum liegt die Domfreiheit (Cathedral Close), in der man spazieren gehen kann. Geht man zum Fluss hinunter, gelangt man zu *Pull's Ferry*, einem alten Fährhaus. Ein kleiner Kanal, auf dem Waren befördert wurden, führte früher bis zur Kathedrale. Am Fluss entlang in nördlicher Richtung gelangt man zur *Bishop Bridge* aus dem Jahr 1340, einer der wenigen noch erhaltenen Brücken aus dem Mittelalter.

Westlich der Kathedrale befindet sich das *Carnery College*, ehemals King Edward VI. School. Die Statue Lord Nelsons, des berühmtesten Schülers des College, steht gleich daneben.

Öffnungszeiten: Tgl. 7.30–18 Uhr (im Sommer bis 19 Uhr). Spende von £ 2 erbeten. Führungen Mo–Sa 14.15 Uhr.

Elm Hill: Durch das St Ethelbert's Gate aus dem Jahr 1272 gelangt man auf die Straße Tombland (bzw. Wensum Street) vor der Kathedrale. Vor der Brücke über den Fluss befindet sich die Anlegestelle des Riverbus und anderer Ausflugsboote. Hier zweigt auch Elm Hill ab, ein schmales, längliches Gässchen mit vielen Fachwerk- und Backsteinhäuschen, aber auch klassizistischen Gebäuden, in denen sich heute viele Boutiquen aneinander reihen. Über Kopfsteinpflaster geht es eine leichte Steigung auf den "Hügel" hinauf. Zur Blütezeit der Weberstadt Norwich im späten Mittelalter lebten in dieser Straße reiche Kaufleute. Die Rückseite der Häuserzeile geht zum Fluss hinunter; hier befanden sich die Werkstätten und Warenlager sowie die Hinterhofhäuser der Arbeiter. Das Haus mit der Nummer 43 ist *Wright's Court*, das als einziges noch einen solchen Hinterhof besitzt. Den Namen bekam die Straße von den Ulmen (Elm Tree), die hier schon seit der Zeit Heinrichs VIII. wuchsen. Sie stehen allerdings schon lange nicht mehr hier. Im Kaffeehaus *Briton Arms* (vgl. Essen), das als einziges Haus die Feuersbrunst von 1507 überlebte, kann man bei einem Stück Kuchen die Atmosphäre genießen.

St Andrew's Hall/Blackfriars Hall: Nicht weit von hier (zwischen Elm Hill und St George's Street) stehen die St Andrew's Hall und die Blackfriars Hall. Früher einmal waren diese Hallen Hauptschiff und Chor einer Dominikanerkirche. Nach der Reformation wurde die Blackfriar's Hall als Versammlungs- und Festsaal der Stadt und die St Andrew's Hall zur Bewirtung königlicher Gäste genutzt. Heute ist hier die Akademie der bildenden Künste untergebracht. Da sich in der einstigen Krypta eine Coffee Bar befindet, kann man sich die Hallen bei einem Tee von innen anschauen und u. a. im Chorgestühl der Blackfriars Hall Porträts verschiedener namhafter Bürger von Norwich betrachten. Dreimal jährlich findet hier außerdem ein Musikfestival statt.

Öffnungszeiten: Tgl. 10–16.30 Uhr.

Bridewell Museum: Auf der Südseite der St Andrew's Street befindet sich eine kleine Gasse namens Bridewell Alley. Hier ist in einem ehemaligen Wohnhaus, das dann über Jahrhunderte als Gefängnis genutzt wurde, das Museum zur regionalen Industrie- und Handwerksgeschichte untergebracht. Unter anderem kann man hier auch die zu Queen Viktorias Zeiten besonders beliebten Seidenschals bewundern, die in Norwich noch hergestellt wurden, als die Textilindustrie bereits brachlag. Andere Produkte aus der Region waren Schuhe, Bier und das berühmte Macintosh-Konfekt.

Öffnungszeiten: Ostern–Sept. Di–Sa 10–17 Uhr. Eintritt: £ 1.50.

Coleman's Mustard Shop: Der ganz dem viktorianischen Stil verpflichtete Mustard Shop in der Bridewell Alley Nr. 3 beherbergt eine Ausstellung zur Senfherstellung. Eine große Auswahl an verschiedenen Senfsorten wird hier auch zum Kauf angeboten. Unternehmensgründer war Jeremiah Coleman, der 1804 mit der Produktion begann. Er verwendete Senfpflanzen, die auf den umliegenden Feldern angebaut wurden. Heute ist das Familienimperium marktführend in England und auch in anderen Bereichen der Lebensmittelherstellung tätig.

Öffnungszeiten: Mo–Sa 9.30–17 Uhr.

Marktplatz: Über die Lower Goat Lane gelangt man zum bunten Marktplatz der Stadt. Seit nunmehr neun Jahrhunderten wird hier Obst und Gemüse feilgeboten. Die Stände sind durch bunt gestreifte Markisen vor Regen geschützt. Am Platz stehen einige interessante Gebäude, so beispielsweise die *Guildhall* aus den Jahren 1407–1413, die über die Jahrhunderte hinweg als Gerichtsgebäude, Gefängnis und Tuchhalle diente und in der heute die Touristeninformation untergebracht ist. Die *City Hall* aus dem Jahr 1913 ist aus rotem Backstein im nordischen Stil erbaut; ihr Glockenturm dominiert den Platz. Die Perpendikularkirche *St Peter Mancroft* stammt aus der Mitte des 15. Jahrhunderts und besticht durch ihren spätgotischen Turm. Nach Osten zweigt die *Royal Arcade* vom Platz ab, die 1905 im Jugendstil erbaut wurde.

Theatre Royal und Assembly House: Vom Marktplatz aus in südwestliche Richtung gelangt man über die Theatre Street zum namhaften Theatre Royal (siehe Kunst und Kultur, S. 387), in dem unterschiedlichste Hausaufführungen und Gastspiele stattfinden. Das benachbarte Assembly House wurde um 1754 errichtet. Hier wurden früher elegante Bälle und offizielle Empfänge veranstaltet.

Norwich Castle: Über der Ostseite des Marktplatzes thront auf einem künstlichen Hügel die Burg, die der Earl of Norfolk in der zweiten Hälfte des 12. Jahrhunderts errichtete. Bereits vom 14. Jahrhundert an bis ins 19. Jahrhundert wurde das Gebäude als Gefängnis genutzt. Die heutige Fassade wurde von 1833 bis 1839 komplett restauriert, und auch die Innenräume entsprechen nicht mehr der ursprünglichen Form. Heute ist hier ein Museum untergebracht. Ausgestellt sind Gegenstände, die die Stadt- und Burggeschichte dokumentieren, sowie Werke regionaler Landschaftsmaler aus dem 19. Jahrhundert. Wer mehr von der Burg sehen will als nur das Museum, kann sich einer Führung anschließen (Battlements & Dungeon Tours, viermal am Tag).

Öffnungszeiten: Mo–Sa 10–17 Uhr, So 14–17 Uhr. Eintritt: £ 3.50.

University of East Anglia und Sainsbury Centre of Visual Arts: Etwa fünf Kilometer westlich des Zentrums (über die Earlham Road) liegen die Gebäude der University of East Anglia, die meisten davon von Denys Lasdun in den Jahren von 1962–72 errichtet. Das Sainsbury Centre of Visual Arts, das von dem Architekten Sir Norman Foster 1974–78 erbaut wurde, erhebt sich am Rande des Universitätscampus. Das Innere dieses außergewöhnlichen Hallenbaus ist angefüllt mit sehenswerten modernen Kunstwerken, u. a. von Picasso. Außen stehen einige Skulpturen Henry Moores. Man findet allerdings auch ältere Artefakte aus südamerikanischen und ägyptischen Kulturen, Bronzefiguren aus der Römerzeit und sogar Eskimokunst. Dieses Museum wurde durch eine Stiftung der Familie Sainsbury (Inhaber der berühmten Supermarktkette) in den 1970er Jahren ermöglicht.

Öffnungszeiten: Di–So 12–17 Uhr. Eintritt: £ 2, Studenten £ 1. Die Busse 12, 14, 15, 26, 27 und 35 fahren vom Castle Meadow hierher.

Umgebung von Norwich

Blickling Hall: Über die A 140 in Richtung Norden gelangt man bei Aylsham zu dem Anwesen Blickling Hall. Gebaut wurde dieses beeindruckende Herrenhaus im frühen 17. Jahrhundert für Sir Henry Hobart, Lord Chief Justice von James I. Der rote jakobinische Backsteinbau mit den kuppelartigen Aufsätzen auf den schmalen Seitentürmen erinnert an die nordische Architektur. Die jakobinische Stuckdecke in der Galerie des Ostflügels ist besonders sehenswert. Heute befindet sich in der Halle eine Bibliothek mit über 12.000 Büchern, viele davon sehr wertvolle alte Stücke. Das Anwesen besitzt natürlich auch einen wunderschönen Garten, ein Café und ein Restaurant.

Öffnungszeiten: April–Okt. Mi–So 13–17 Uhr, Garten: April–Okt. 10.30–17.30 Uhr, Park: tgl. bis Dämmerung. Eintritt: £ 6.50, nur Garten £ 3.50 (NT). ✆ 01263-738049.

Norfolk Broads

Im Mittelalter gehörte das flache Land Norfolks zu den dichtestbesiedelten Gebieten Englands, heute kann man meilenweit spazieren gehen, ohne auf Menschen zu treffen.

Östlich von Norfolk breitet sich eine riesige Marschlandschaft aus: die Norfolk Broads; seit 1989 wurden 303 Quadratkilometer davon zum Nationalpark erklärt. Drei große Flüsse – Yare, Waveney und Bure – sorgen für die Bewässerung des Gebiets, ehe sie bei Great Yarmouth in die Nordsee fließen. Die Broads sind Englands größtes Feuchtgebiet und einer der letzten Zufluchtsorte vieler bedrohter Vogel- und Pflanzenarten. Vielleicht auch deshalb ist diese Region eines der beliebtesten Ferienziele in Ostengland.

Lange Zeit glaubte man, die Broads seien natürlich entstanden. Tatsächlich aber waren menschliche Eingriffe ausschlaggebend: Weil es in Norfolk kaum Holz gab, mussten schon die Römer auf einen anderen Brennstoff umsteigen. So wurde Torf gestochen. Die Sachsen und die Normannen schürten ihre Öfen ebenfalls mit Torf. Fast ganz Norfolk wurde so über Jahrhunderte hinweg von hier mit Heizmaterial versorgt. Als im 13. und 14. Jahrhundert der Meeresspiegel anstieg, liefen die bis zu vier Meter tiefen Gräben voll Wasser, und die

Boards entstanden. Heute leidet die Wasserqualität dieser künstlich entstandenen Landschaft unter den Folgen der Umweltverschmutzung, die bereits zum Aussterben vieler Tier- und Pflanzenarten geführt hat.

Wer das Gebiet erkunden will, kann dies am besten mit einem Hausboot tun. Über 200 Kilometer schleusenfreie Wasserstraßen stehen dem Urlauber zur Verfügung. Doch wird mittlerweile versucht, dem anwachsenden Tourismus entgegenzuwirken. Wie sich das auf den Bootsverkehr auswirken wird, bleibt abzuwarten. Eine andere beliebte Art zu reisen ist das Fahrradfahren auf dem gut ausgebauten Radwegenetz (man kann in fast allen Orten Fahrräder mieten). In dem Gebiet zwischen Norwich und Great Yarmouth finden sich zahlreiche kleine Örtchen, die eine gute Ausgangsbasis zur Erkundung der Gegend sind.

• *Broads Information Centres*: **Beccles**, The Quay, Fen Lane, ✆/℡ 01502-713196.

Diss, The Meresmouth, Mere Street, ✆ 01379-650523, ℡ 650838.

Hoveton (Wroxham), Station Road, ✆/℡ 01603-782281.

How Hill (Ludham), Toad Hole Cottage Museum, Ludham, ✆ 01692-678763.

Loddon, The Old Town Hall, 1 Bridge Street, ✆ 01508-521028.

Potter Heigham, The Staithe, Bridge Road, ✆/℡ 01692-670779.

Ranworth, The Staithe, ✆/℡ 01603-270453.

Alle Touristeninformationen sind bei der Vermittlung von Unterkünften, Booten etc. behilflich.

Broadlands Conservation Centre, dieses Zentrum bietet eine Ausstellung über das Ökosystem der Broads. Von hier aus kann man auch dem etwa einen Kilometer langen Lehrpfad folgen. Ranworth, The Staithe, ✆ 01603-270453.

• *Verbindungen*: Die öffentlichen Verkehrsanbindungen in den Broads sind leider nur unzureichend. Züge fahren von Norwich nach Wroxham, Reedham und Acle. Busse verbinden Norwich (Surrey Street) unregelmäßig mit Wroxham, Harning, Potterheigham und anderen Dörfern. Täglich fährt ein National-Express-Bus von Norwich nach Wroxham.

• *Bootsvermietungen*: **Broadland Riverine Boatcraft Ltd**, Loddon, ✆ 01508-528735.

Funnel Broads Tours, Faircraft Loynes, Burehaven, ✆ 01603-782207. Bietet auch ein- bis dreistündige Bootsausflüge an.

Hoseasons, Lowestoft, bietet Hausboote an, vier Personen pro Woche ab £ 340 bis £ 510 in der Hochsaison. Sunway House, Lowestoft, ✆ 01502-516900. E-Mail tt@hoseasons.co.uk.

Moore & Co., Motorbootvermietung in Wroxham, ✆ 01603-783311.

Southern River Steamers, Norwich. Bietet Bootsausflüge in die Broads an; Abfahrt von verschiedenen Kais des River Wensum, etwa £ 2–6, abhängig vom Einstiegsort. 43 Ebbingham Drive, ✆ 01603-624051.

• *Fahrräder*: **Camelot Craft**, Hoveton, ✆ 01603-783096; **Hickling Pleasure Boat Stores**, Hickling; **Thurne Village Shop**, Thurne, ✆ 01493-369235.

Sehenswertes

Bure Valley Railway: Seit 1990 verkehrt dieser Miniaturzug zwischen *Wroxham* (nordöstlich von Norwich) und *Aylsham*. Etwa 15 Kilometer lang tuckert der Zug durch die Landschaft und passiert dabei Herrenhäuser, kleine Dörfchen und alte Kirchen. Wroxham ist die "Hauptstadt" der Broads und ehemaliges Textilzentrum. Die Kirche St Mary's aus dem 15. Jahrhundert ist besonders sehenswert. Aylsham ist eine kleine Marktstadt mit vielen klassizistischen Häusern, die etwa drei Kilometer von Blickling Hall (s. o.) entfernt liegt. Man kann einen Ausflug mit der Bahn auch mit einer Bootsfahrt verbinden, denn der Anlegesteg der Broads Tours in Aylsham ist nur wenige Fußminuten vom Bahnhof entfernt. Von Wroxham gibt es direkte Bahnverbindungen nach Norwich, Cromer und Sheringham.

Abfahrten: April–Sept. fast täglich. Hin- und Rückfahrt Erw. £ 7, erm. £ 4, ✆ 01263-733903 (Aylsham).

Museum of the Broads: Dieses noch relativ neue Museum in *Potter Heigham* ist in einem alten Bootshaus untergebracht. Es widmet sich vor allem den verschiedenen Berufen, denen die Bewohner der Broads in den letzten Jahrhunderten nachgingen, beispielsweise dem Bau der Plattbodenschiffe und der Aalfischerei.

Öffnungszeiten: April–Oktober 12–16 Uhr. Eintritt frei. ✆ 01692-630486 oder 631181.

Great Yarmouth

Wo der River Yare in die Nordsee mündet, liegt das beliebte Seebad Great Yarmouth. Die Stadt spaltet sich in zwei Teile, das Viertel um die Strandpromenade und die Altstadt am Fluss.

An der Vergnügungspromenade, die sich den endlos langen Sandstrand entlangzieht, reihen sich im typisch englischen Stil Freizeitangebote aneinander: Spielhallen, Minigolfanlagen, ein Sea Life Centre und vieles mehr. Die Stadt ist vollständig auf Tourismus ausgerichtet; allerdings war die Wasserqualität hier lange Jahre nicht besonders gut. Daher haben viele der Hotels und Caravan Parks ihre eigenen Swimmingpools. Am Flussufer der South Quay Promenade liegen zahlreiche Boote an, und es finden sich noch einige historische Häuser, die die Bombenangriffe des Zweiten Weltkriegs überstanden haben.

Im 14. Jahrhundert war Yarmouth einer der wichtigsten Handelshäfen Englands und das "Tor zu Norfolk", da von hier aus über den Yare eine direkte Verbindung nach Norwich bestand. Damals entstanden die "Rows", enge Gässchen, die nur mit speziellen schmalen Pferdewagen befahren werden konnten (vier Meter lang, einen Meter breit). Hier lebten Seefahrer und Kaufleute.

Jedes Jahr fand in Great Yarmouth die Fischmesse statt (Free Herring Fair), zu der Interessierte aus dem ganzen Ost- und Nordseeraum anreisten, um gesalzenen Fisch zu kaufen. Im 19. Jahrhundert brachte die Heringsverarbeitung einen erneuten Aufschwung. Die vor der Küste gefangenen Heringe wurden hier gepökelt und geräuchert und dann in die ganze Welt verschifft. Der Kaufmann John Andrews wurde durch den Handel zum "Heringskönig"; seine Villa am South Quay aus dem 18. Jahrhundert, das spätere Zollhaus (Nr. 20), kann man noch besichtigen.

Bei den Millionen Tonnen an Hering, die hier jährlich gefördert wurden, kam es bald zu einer Überfischung, so dass der Bestand in den 1960er Jahren rapide abnahm. Die Fangquoten ließen eine lukrative Weiterverarbeitung nicht mehr zu (dies wird besonders im *Maritime Museum* dokumentiert).

Fast zur gleichen Zeit wurden vor der Küste von Great Yarmouth in der Nordsee größere Ölvorkommen entdeckt; heute stehen hier zahlreiche Fördertürme.

Information/Verbindungen/Adressen

• *Information*: Es gibt zwei Touristeninformationen in der Stadt, die kleinere (Central Marine Parade) ist nur im Sommer geöffnet. Beide Büros sind nicht nur behilflich bei der Zimmervermietung, sondern helfen auch bei der Zusammenstellung von Touren:

Town Hall, Hall Plain, ✆ 01493-846345, 📠 846221
E-Mail: tourism@great-yarmouth.gov.uk.

Central Marine Parade, ✆ 01493-842195.

• *Telefonvorwahl*: 01493

• *Verbindungen*: Der **Busbahnhof** befindet sich in der Stadtmitte an der Sandown Road (nahe der Strandpromenade). Beach Coach Station, ✆ 01493-857345.

Der **Bahnhof** befindet sich in Runham, vom Stadtzentrum in westliche Richtung.

• *Kino*: **Hollywood**, Multiplexkino an der nördlichen Marine Parade, ✆ 01493-842043.

• *Krankenhaus*: Lowestoft Road im Süden der Stadt, ✆ 01493-452452.

• *Post*: Das Postamt befindet sich am South Quay in der Altstadt, Regent Street 19–20.

• *Schwimmbad*: **Marina Leisure Centre**, Marine Parade, ✆ 01493-851521.

Übernachten/Essen und Trinken

** **Regency Dolphin Hotel**, im Süden der Promenade gelegen. Schickes Hotel mit gutem Restaurant und eigenem Schwimmbad, B&B pro Person £ 37.50. Albert Square, ✆ 01493-855070.

*** **The Star Hotel**, Hotel im Stadtzentrum in einem der Gebäude aus dem 17. Jahrhundert, Restaurant mit Außenterrasse und Blick auf den Fluss Yare, angenehme Bar, B&B pro Person ab £ 36. Hall Quay, ✆ 01493-842294, 📠 330215.

** **Knights Court Hotel**, kleines, komfortables Hotel in guter Lage mit Blick auf die See, B&B pro Person ab £ 20. 22 North Drive, ✆ 01493-843089.

** **Burlington Palm Court Hotels**, modernes Familienhotel mit Schwimmbad, gutes Essen, B&B pro Person ab £ 38. 26 North Drive, ✆ 01493-844568, 📠 331848.

The Russell Hotel, private Pension im südlichen Stadtzentrum mit allem Komfort, B&B pro Person ab £ 17. Nelson Road South, ✆ 01493-843788.

Bramalea & Balmoral, in der Nähe des Busbahnhofs gelegen. Private Pension, B&B pro Person ab £ 15. 114 u. 115 Wellesley Road, ✆ 01493/84422.

Richmond House, sauberes und freundliches B&B im südlichen Stadtzentrum, ab £ 12. 113 Wellesley Road, ✆ 01493-853995.

• *Jugendherberge*: Großes viktorianisches Haus im Zentrum in Strandnähe. Erwachsene £ 9, Jugendliche £ 6.20, April–Okt. geöffnet. 2 Sandown Road, ✆ 01493-843991.

• *Camping*: **Vauxhall Holiday Park**, nicht weit vom Bahnhof im Stadtteil Runham (auf der Insel zwischen Bure und Yare), 12 New Acle Road, ✆ 01493-857231.

Seashore Holiday Centre, North Denes (auf halbem Weg Richtung Caister-on-Sea), ✆ 01493-851131.

In **Burgh Castle** südwestlich von Great Yarmouth befinden sich drei weitere Caravan-Ferienparks mit Sportanlagen und anderen Unterhaltungsangeboten. Wer sich gerne Nase an Nase mit amüsierwütigen Touristen schmiegt, ist hier richtig: **Cherry Tree** (Haven), Mill Road, ✆ 01493-780024; **Liffens Holiday Park**, ✆ 01493-780357; **Liffens Welcome Holiday Centre**, Butt Lane, ✆ 01493-780481.

Am Strand entlang in nördlicher Richtung befinden sich in den Orten **Caister-on-Sea**, **California**, **Newport** und **Hemsby** zahllose Campingplätze in Strandnähe.

Veranstaltungen

In die verschiedenen **Pier-Theater** geht man nicht wegen der hochklassigen Vorführungen – die haben einen morbiden Charme –, sondern weil man manchmal recht bekannte englische Stars aus Film und Fernsehen sehen kann; die Shows finden normalerweise regelmäßig von Juli bis September statt: **Britannia Theatre**, Britannia Pier, ✆ 01493-842209; **Wellington Theatre**, Wellington Pier, ✆ 01493-842244; **Gorleston Pavillion Theatre**, Pavillion Road, ✆ 01493-662832; **Hippodrome Circus**, St George's Road, ✆ 01493-844172.

Ostengland
Karte S. 368

Sehenswertes

Elizabethan House Museum: Am South Quay Nr. 4 steht dieses Kaufmannshaus aus dem 16. Jahrhundert. Hier sind besonders die holzgetäfelten Innenräume sehenswert, in denen eine Ausstellung das Stadtleben der vergangenen Jahrhunderte dokumentiert.

Öffnungszeiten: Juni–September So–Fr 10–13 Uhr und 14–17 Uhr. Eintritt: £ 2 (Kombiticket, gilt auch für Tollhouse Museum und das Maritime Museum). ✆ 01493-855746.

Old Merchant's House: Altes Kaufmannshaus aus dem 17. Jahrhundert in der Row Nr. 117 mit Stuckdecken und schönen Fenstern (direkt an der South Quay Promenade am Flussufer). Über das benachbarte Haus Nr. 111 gelangt man zu den Kreuzgängen eines ehemaligen Franziskanerklosters, das bei Bergungsarbeiten nach einem Bombenangriff im Zweiten Weltkrieg freigelegt wurde.

Öffnungszeiten: April–Okt. tgl. 10–13 Uhr und 14–17 Uhr. Eintritt: £ 2. ✆ 01493-857900 bzw. 01493857900.

Tollhouse Museum: Wenn man vom South Quay in die Yarmouth Street und dann in den Tollhouse Way abbiegt, gelangt man zum einstigen Gericht und Stadtgefängnis aus dem 13. Jahrhundert. Heute befindet sich im ersten Stock ein Heimatmuseum. Außerdem kann man die Verliese aus viktorianischer Zeit besichtigen.

Öffnungszeiten: Juni–Sept. So–Fr 10–13 Uhr und 14–17 Uhr. Eintritt: £ 2 (Kombiticket, siehe Elizabethan House Museum). ✆ 01493-858900.

Maritime Museum: Alles über die Seefahrt und das Leben an Land in Yarmouth erfahren Sie in diesem Museum an der Marine Parade, das in einem ehemaligen Heim für gestrandete Matrosen untergebracht ist. Besonderes Augenmerk wird auf die Geschichte des Heringfischfangs und die Schifffahrt in den Broads gerichtet.

Öffnungszeiten: Juni–Sept. So–Fr 10–13 Uhr und 14–17 Uhr. Eintritt: £ 2 (Kombiticket, siehe Elizabethan House Museum). ✆ 01493-842267.

St Nicholas Church: Auffälligstes Gebäude der Stadt ist die 80 Meter lange Kirche, die 1942 völlig ausbrannte und später wieder instand gesetzt wurde.

Anna Sewell House: In der Nähe der Kirche steht das Geburtshaus von Anna Sewell, der Autorin der Kinderbuchreihe "Black Beauty". Heute ist hier eine Teestube untergebracht.

Lyda Eva Floating Fishery Museum: Dieser einzige überlebende Heringskutter mit Dampfbetrieb aus dem Jahr 1930 wurde zum Museum hergerichtet. Je nach Wetter liegt er entweder am South Quay oder im Jachthafen in Lowestoft.

Öffnungszeiten: Juli–Okt. tgl. 10–16.30 Uhr. Eintritt frei.

Umgebung von Great Yarmouth

Burgh Castle: In Burgh Castle, etwa fünf Kilometer westlich des Stadtzentrums von Yarmouth, stehen die Überreste der römischen Festung Gariannonum mitten in der Wiesenlandschaft. Bis Anfang des 4. Jahrhunderts wurde das Fort zur Abwehr gegen Wikinger und Sachsen genutzt. Heute stehen nur noch Teile der massiven Mauern.

Cromer

In der Umgebung von Cromer bietet die Steilküste einen Kontrast zu der flachen Küstenlandschaft Norfolks. Leider sind die hiesigen Klippen sehr stark von der Erosion betroffen, so dass viele Häuser ins Meer "abgerutscht" sind. Die Strandpromenade des Ortes ist überschaubar und kompakt und hat sich etwas vom Charme vergangener Jahrhunderte erhalten.

Bereits seit Ende des 18. Jahrhunderts war der Ort ein Geheimtipp unter wohlhabenden Familien. Der Aufschwung zum Seebad erfolgte Ende des 19. Jahrhunderts mit dem Ausbau der Eisenbahnlinie. In den luxuriösen Hotels mit klangvollen Namen gaben sich blaublütige Badefreunde die Ehre. Zu den Gästen zählten zum Beispiel Wilhelm II. und Österreichs Kaiserin Sissi, die sich hier in eine der dubiosen "Bademaschinen" setzen ließen, mit denen man dann ins tiefere Wasser gekarrt wurde. Vom einstigen Glanz ist jedoch nur noch das *Grand Hotel de Paris* am Pier geblieben, in dem einst Lord Suffield residierte und das in viktorianischer Zeit zum Hotel umgebaut wurde. Auch der Pier, der im Jahr 1993 komplett restauriert wurde, stammt ursprünglich aus dieser Zeit. Der Ort wird überragt von dem knapp 49 Meter hohen Kirchturm der Kirche St Peter und Paul; er ist der höchste in ganz Norfolk und stammt aus dem 14. Jahrhundert.

Nur noch wenige Krabbenboote zeugen heute von der einstigen Haupteinnahmequelle der Stadt, der Krabbenfischerei. In der Fangzeit von April bis September kann man in den Restaurants Hummer, Krebse und Krabben probieren.

Ostengland Karte S. 368

• Information: Bus Station, Prince of Wales Road, ✆ 01263-512497.

• Verbindungen: Es gibt täglich **Bahnverbindungen** nach Norwich, Sheringham und Thetford. Der Bahnhof liegt an der A 148 in Richtung Holt.

Busse fahren von der Cadogan Road (in der Nähe der Prince of Wales Road, Touristeninfo) ebenfalls nach Norwich und Sheringham, im Sommer auch nach King's Lynn und Hunstanton. Informationen unter ✆ 01263-512497.

• Übernachten: **Hotel de Paris**, von außen sieht das Hotel am Pier immer noch großartig aus, allerdings bietet es nicht mehr den Luxus vergangener Zeiten. B&B pro Person ab £ 25. ✆ 01263-513141.

Bath House, mit Seeblick an der Promenade, B&B pro Person ab £ 25. ✆ 01263-512085.

Victoria House, einfaches B&B in der Nähe des Bath House, B&B pro Person ab £ 20. ✆ 01263-511266.

• Essen: Frische Krabben gibt es vorwiegend in den vielen Fish-&-Chips-Läden der **Garden Street**, die vom Pier ins Stadtzentrum führt.

Dolphin Pub, überblickt den Pier und bietet die üblichen Pubgerichte.

Le Moon, chinesisches Restaurant, 5a Prince of Wales Road, ✆ 01263-768909.

Sea Marge Hotel, in diesem Hotel in Overstrand (südlich von Cromer) gibt es besonders feine Fischgerichte. 16 High Street, Overstrand, ✆ 01263-579579.

• Veranstaltungen: Das **Pavilion Theatre** am Pierende zeigt von Juni bis September die übliche leichte Kost; hier gibt es auch ein Café und eine Bar, die allgemein zugänglich sind. ✆ 01263-512495.

Sehenswertes

Cromer Museum: In einem ehemaligen Fischerhäuschen gleich neben der Kirche befindet sich dieses Heimatmuseum.

Öffnungszeiten: Mo 10–13 und 14–17 Uhr, Di–Sa 10–17 Uhr, So 14–17 Uhr. Eintritt: £ 1.50.

Lifeboat Museum: In der Rettungsstation am Pier befindet sich das Lifeboat Museum. Die Geschichte der Seenotrettung Cromers wird hier anhand von Modellen veranschaulicht. Insbesondere im Zweiten Weltkrieg wurden über 500 Menschen mit dem dadurch berühmt gewordenen Rettungsboot "H F Bailey" geborgen.
Öffnungszeiten: Mai–Okt. tägl. 10–17 Uhr geöffnet, ✆ 01263-512503.

Blakeney Point

Blakeney ist ein kleines, hübsches Örtchen westlich von Cromer mit einem Rathaus aus dem 13. Jahrhundert. Der Turm der Pfarrkirche wurde einst als Leuchtturm genutzt. Nördlich von hier, zu erreichen über Cley-next-the-Sea, ragt eine spitze Landzunge ins Meer, genannt Blakeney Point. Von hier aus kann man Seehunde beobachten, die wegen des Krabbenreichtums hierher kommen. Das Wetter hier ist rau, und der Wind fegt über die Küstengegend hinweg. Es ist eher beschwerlich, zu Fuß bis zum Ende der steinigen Landzunge zu laufen. Am besten nimmt man eines der Ausflugsboote, von denen aus man auch eher Gelegenheit erhält, die scheuen Seehunde zu sichten. Die Boote fahren von Morston aus, die Abfahrtszeiten richten sich nach dem Gezeitenstand, daher sollte man vorher anrufen.
Bootstouren: **Jim Temple**, The Anchor Pub, Morston, Mo–So, ✆ 01263-740791; **Bean's Boat Trips**, 12 The Street, ✆ 01263-740038, und 69 Morston Road, ✆ 01263-740505. Jeweils £ 4.

King's Lynn

Wo die Great Ouse in die Nordsee mündet, liegt King's Lynn an einer Bucht mit Namen Wash. Die Stadt war im 17. Jahrhundert Mitglied der Hanse, und die hiesigen Kaufleute betrieben einen regen Handel mit den Häfen in Hamburg und Bremen, aber auch Skandinavien und Frankreich. In den 1930er Jahren wurde der Großteil der typischen Ziegelbauten aus der damaligen Zeit abgerissen, das Hansekontor blieb jedoch erhalten.

In den fünfziger und sechziger Jahren wurde bei schweren Überflutungen ein Teil der Altstadt stark beschädigt und musste ebenfalls abgerissen werden. Geblieben sind dennoch viele historische Gebäude, die noch immer etwas vom Charme vergangener Jahrhunderte verbreiten. Mehrere Herrenhäuser und Burgen in der Umgebung von King's Lynn machen die Stadt außerdem zu einem günstigen Ausgangspunkt für Erkundungstouren.

Um 1101 wurde vom Bischof von Norwich auf dem heutigen Stadtgebiet ein Benediktinerkloster errichtet, dass "Bishop's Lynn" genannt wurde. Nachdem Heinrich VIII. die Klöster aufgelöst hatte, wurde die Stadt in "King's Lynn" umgetauft. Während des Bürgerkriegs verschanzten sich hier die Königstreuen. Im Mittelalter gewann King's Lynn als Handelshafen Bedeutung. Zu den Waren, die hier umgeschlagen wurden, gehörten u. a. Getreide und Wolle, Salz und Wein. In der King Street und der Queen Street hatten die Kaufleute ihre Häuser und Geschäfte, und bis heute ist noch gut zu erkennen, wie dieses Geschäftsviertel angelegt war.

Information/Verbindungen/Adressen

• *Information*: **The Custom House**, Purfleet Quay, ✆ 01553-763044, ℻ 01553-777281.

• *Telefonvorwahl*: 01553

• *Verbindungen*: **Busse** fahren vom Busbahnhof, Market Street (vom Bahnhof die Waterloo St. hinunter), nach Peterborough und Norwich.

Zug – Der Bahnhof befindet sich in der Blackfriar's Road. Regelmäßige Verbindungen nach London und Peterborough (über Cambridge) und nach Ely.

• *Apotheke*: **Boots**, Kreuzung High Street und Conduit Street.

• *Geldwechsel*: mehrere Banken am Tuesday Market Place.

• *Post*: Ecke Broad St. und New Conduit St.

Übernachten

*** **Duke's Head Hotel**, Nobelhotel im Stadtzentrum in klassizistischem Gebäude, zwei Restaurants und zwei Bars. Tuesday Market Place, ✆ 01553-774996, ℻ 763556.

** **Tudor Rose Hotel**, komfortables Hotel in zentraler Lage im Fachwerkhaus (mit Bar), B&B ab £ 30 pro Person. St. Nicholas Street, ✆ 01553-762824.

The Beeches, Gasthaus in Familienbesitz in einer Wohngegend südlich des Zentrums, B&B ab £ 19 pro Person. 2 Guanock Terrace, ✆ 01553-766577.

• *Jugendherberge*: **Thoresby College**, geöffnet von Februar bis Oktober. Ein ehemaliges Priesterseminar aus dem Jahre 1500 in einer kleinen Gasse, die direkt zum Fluss führt. Erwachsene £ 9, Jugendliche £ 6.20. College Lane, ✆ 01553-772461.

• *Camping*: In der Nähe gibt es einen ganzjährig geöffneten Campingplatz mit 200 Stellplätzen: **Pentney Park**, Pentney, ✆ 01760-337479.

Essen

Rococo, nettes, kleines und schickes Restaurant am Saturday Market Place mit einem großen Angebot an Gerichten (von Wild bis zu vegetarischen Spezialitäten). Mittagsmenü.

Crofters, Coffee House und Theaterbar im Kulturzentrum der Guildhall, halb Gewölbe, halb Saal und mit massiven Holzbalken an der hohen Decke. Empfehlenswert für die Tea Time.

Riverside Rooms, Restaurant mit Aussicht auf den Fluss. Fischspezialitäten und andere Gerichte. Auch einige preiswerte Gerichte wie Omelette, Pancake, Pies und Chicken Curry. 27 King Street, ✆ 01553-773134.

Globe Hotel, sehr hübsches und großes Pub mit Restaurant in einem Hotel; das Gebäude stammt aus dem 17. Jahrhundert. Lunches, Teas und Dinner zu moderaten Preisen, ✆ 01553-772617.

Tudor Rose, das oben angeführte Hotel hat eine nette öffentliche Bar.

Feste/Veranstaltungen

Ende Juli findet in King's Lynn das beliebte **Arts Festival** statt: Konzerte, Theateraufführungen und Ausstellungen im King's Lynn Arts Centre. Dann sind nicht selten alle Übernachtungsmöglichkeiten ausgebucht.

Sehenswertes

Kirche St Margaret: Nahe der Great Ouse erhebt sich die schon von weitem auszumachende Kirche St Margaret. Bischof Herbert de Losinga ließ sie um das Jahr 1100 erbauen und gründete damit Bishop's Lynn. Durch die Lage ist die Kirche besonders von Hochwasser und Sturm betroffen. Außer den Gezeitenständen sind daher auch die Hochwassermarkierungen hier angebracht. In den Jahren 1953 und 1978 litt die Stadt besonders, was man an der Markierung erkennen kann. Gleich neben der Kirche breitet sich der kleinere und ältere der zwei Marktplätze der Stadt aus, der mehr oder weniger das Stadtzentrum bildet.

Hanseatic Warehouse: Am Fluss standen früher zahlreiche Lagerhallen. Die schönste heute noch erhaltene ist die des ehemaligen Hansekontors aus dem Jahr 1428 (Kreuzung Margaret's Lane und Nelson Street). Ab dem Jahr 1475 war dieses Fachwerkgebäude eine der vier Hanseniederlassungen in England. Um 1750 wurde das Haus von einheimischen Kaufleuten übernommen. Heute befindet sich hier das Standesamt der Stadt.

Green Quay Discovery Centre: In diesem Lagerhaus aus dem 16. Jahrhundert wurde ein interaktives naturkundliches Museum über die Flora und Fauna der Gegend am Wash eingerichtet. Angeschlossen ist ein Café.

Öffnungszeiten: Mai–September tgl. 10–18 Uhr, Okt.–April 10–16 Uhr. Eintritt: £ 3.50, erm. £ 2. Saturday Market Place, ✆ 01553-774297.

Trinity Guildhall: Eines der interessantesten Gebäude von King's Lynn ist die mächtige Guildhall in der Queen Street. Das ursprüngliche Gebäude entstand um 1421, wurde dann aber in verschiedenen Stilen ausgebaut und gegen Ende des 19. Jahrhunderts im neogotischen Stil umgebaut. Auffälligstes Merkmal ist die dekorative Fassade im Schachbrettmuster.

Townhouse Museum: In einem viktorianischen Wohnhaus ist dieses Museum untergebracht, das das Stadtleben der vergangenen Jahrhunderte dokumentiert.

Öffnungszeiten: Mai–Sept. Mo–Sa 10–17 Uhr, So 14–17 Uhr; Oktober–April Mo–Sa 10–16 Uhr, So geschlossen. Eintritt: Erw. £ 2, Kinder £ 1. 46 Queen Street, ✆ 01553-773450.

Old Gaol House: Rechts daneben befindet sich das Old Gaol House mit Gefängniszellen aus dem 18. und 19. Jahrhundert und der Polizeiwache aus den 1930er Jahren. Eine schaurige Wachspuppenausstellung veranschaulicht, mit welchen Strafen die Übeltäter in den letzten Jahrhunderten belegt wurden.

Öffnungszeiten: Ostern–Okt. tgl. 10–17 Uhr (letzter Einlass 16.15 Uhr), Nov.–Ostern Mi und Do geschlossen. Eintritt: £ 2.20, Kinder £ 1.80. Saturday Market Place, ✆ 01553-774297.

Custom House: In dem alten Zollhaus aus dem 17. Jahrhundert ist nach einem Umbau nun die Touristeninformation untergebracht. Das viereckige Gebäude mit dem Turm in der Mitte kann aber auch besichtigt werden. Im ersten Stock (im Long Room) befindet sich eine Ausstellung über die Seefahrer und Kaufleute der Stadt.

Öffnungszeiten: Ostern–Okt. Mo–Sa 9.15–17 Uhr, So 10–16 Uhr, Nov.–Ostern tägl.10–16 Uhr. Eintritt frei.

Clifton House: Das Clifton House in der Queen Street ist eines der alten Kaufmannshäuser, die über die Jahre hinweg in verschiedenen Stilen ausgebaut wurden. Die Front stammt aus georgianischer, der Wachtturm aus elisabethanischer Zeit.

St George's Guildhall: Weiter geht es über die King Street. Hier findet man die St George's Guildhall, um 1400 erbaut und damit das älteste Rathaus Englands. Nachdem im Jahr 1547 die Gilden aufgelöst wurden, wurde das Gebäude als Lagerraum genutzt. In der elisabethanischen Zeit war es ein Theater, in dem Shakespeare selbst bei einem seiner Stücke mitgespielt haben soll. Heute gehört die Anlage zum Arts Centre, was den Vorteil hat, dass man das sehenswerte Theater während einer der allabendlichen Aufführungen unter die Lupe nehmen kann. Jedes Jahr im Spätsommer findet hier ein renommiertes Festival klassischer Musik statt.

Öffnungszeiten: April–Sept. Mo–Fr 10–14 Uhr. Eintritt frei.

Tuesday Market Place: Ein Stück weiter die King Street hinauf gelangt man zum großen Tuesday Market Place, auf dem dienstags und freitags Obst und Gemüse feilgeboten werden. Auffälligstes Gebäude ist hier das *Duke's Head Hotel* aus dem Jahr 1689.

True's Yard: Wer einen Eindruck vom Leben der Fischer im 19. und frühen 20. Jahrhundert gewinnen will, sollte True's Yard in der North Street nicht verpassen. In den 1930er Jahren räumte man hier gründlich auf und riss dabei auch die verfallenen historischen Häuser ab. Zwei Cottages sind alles, was von diesem Fischerviertel übrig geblieben ist. Die allerdings wurden sorgfältig renoviert. Auf zwei Etagen mit jeweils einem engen Zimmer wohnten hier einst bis zu elf Menschen. Alle Kinder schliefen in einem Bett, während sich die Eltern auf den Boden legten. Dabei gab es kein Abwassersystem und kein fließendes Wasser. Die sehr interessanten Führungen (auch auf Deutsch) machen die Vergangenheit lebendig.

Öffnungszeiten: Tgl. 9.30–16.30 Uhr (letzter Einlass 15.45 Uhr). Eintritt: £ 2, Kinder £ 1.80. North Street, ✆ 01553-770479, 📠 765100.

Umgebung von King's Lynn

Castle Rising: Wenige Kilometer nordöstlich von King's Lynn (auf dem Weg nach Sandringham) liegen die gut erhaltenen Ruinen von Castle Rising. Zu sehen ist neben den Erdwällen auch der normannische Turm.

Anfahrt: Mit Eastern-Counties-Bussen 409–415 von King's Lynn.

Sandringham House: Weiter geht es mit dem Bus durch die riesige Parklandschaft des neojakobinischen Sandringham House. 1861 kaufte Queen Viktoria das Anwesen für ihren Sohn Edward VII. Eine Innenbesichtigung führt durch herrschaftliche Räume und durch eine Ausstellung mit Puppen und Autos. Auch im umliegenden Park mit Restaurants und Picknickplätzen kann man sich umsehen.

- *Öffnungszeiten*: Ostern–Sept. tgl. 11–16.45 Uhr. Eintritt: Haus und Park £ 5, Studenten £ 4, Kinder £ 3.
- *Anfahrt*: Die Eastern-Counties-Busse 409–415 fahren auch hierher.

Houghton Hall: Knapp acht Kilometer östlich von Sandringham steht Houghton Hall. Das Herrenhaus im Palladio-Stil wurde um 1730 für *Sir Robert Walpole*, den ersten Premierminister Englands, gebaut. Architekt war Colen Campbell. Auch hier ist eine Innenbesichtigung möglich. Die meisten der Kunstschätze, die die Familie Houghton hier angesammelt hat, befinden sich heute in der Eremitage in St. Petersburg. Die Kunstwerke mussten um 1779 verkauft werden, da die Familie in finanzielle Schwierigkeiten geraten war. Dennoch gibt es hier schon allein an Innendekoration viel zu sehen.

Öffnungszeiten: Ostern–Sept. Do und So 14–17 Uhr. Eintritt: £ 6.

Castle Acre: Diese Burg steht gut sichtbar auf einer der wenigen Erhebungen in Norfolk (knapp 20 Kilometer östlich von King's Lynn). Von Castle Acre, kurz nach der normannischen Eroberung erbaut, ist kaum noch etwas zu sehen. Dafür kann man aber die besser erhaltenen Ruinen einer Abtei besichtigen, die ebenfalls aus normannischer Zeit stammt.

Öffnungszeiten: April–Okt. tgl. 10–18 Uhr, Nov.–März Mi–So 10–13 und 14–16 Uhr. Eintritt: £ 3, Kinder £ 1.50.

Ely

Zwischen King's Lynn und Cambridge liegt die Stadt Ely, deren Kathedrale von allen Ecken der Stadt das Blickfeld dominiert.

Die historische Stadt am Fluss hat neben einer schönen Lage auch einige Sehenswürdigkeiten und gute Einkaufsmöglichkeiten aufzuweisen. Donnerstags ist Markttag, dann ist die Stadt besonders lebendig. Eine der bekanntesten Gestalten der englischen Geschichte verbrachte im 17. Jahrhundert einige Jahre in Ely: *Oliver Cromwell*. In seinem Wohnhaus ist heute ein Museum eingerichtet. Ely ist ein idealer Ausgangspunkt für eine Erkundung der *Fens*, die heute ein fruchtbares Getreideland mit seltenen Vögeln und Schmetterlingen sind.

Bevor das große Sumpfgebiet der Fens trockengelegt wurde, konnte man die Gegend nur mit erfahrenen Führern durchqueren. Damals war die unzugängliche Insel inmitten des Marschlandes noch als "Isle of Eels" (Insel der Aale) bekannt. In den Sumpf hatte sich der legendäre Held von Cambridgeshire, *Hereward the Wake*, zurückgezogen, um von hier aus seinen Widerstand gegen die unter William dem Eroberer einfallenden Normannen zu organisieren. Er fand schließlich das unvermeidbare Ende und wird seit seiner Ermordung als "the last of all English" bezeichnet. Nachdem das Gelände eingenommen war, errichteten die Normannen die Kathedrale.
Im 17. Jahrhundert begann man mit der Trockenlegung des Sumpfgebietes, doch erst mit der Erfindung dampfgetriebener Pumpen im frühen 19. Jahrhundert war das Unternehmen erfolgreich.

• *Information*: **Oliver Cromwell House**, im selben Gebäude untergebracht wie das Museum. Kostenlose Straßenkarte, 29 St Mary's St. ✆ 01353-662062, 📠 6681518.

• *Telefonvorwahl*: 01353

• *Verbindungen*: **Bus** – Von der Haltestelle auf der Market Street fahren stündlich Busse nach Cambridge (Nr. 109, 107).

Zug – Bahnhof in der Station Rd. südlich des Zentrums. Ely liegt an der Linie London – King's Lynn – Norwich – Peterborough.

• *Übernachten*: **Castle Lodge Hotel**, liegt in einem ruhigen Viertel von Ely, ca. fünf Minuten Fußweg bis zur Kathedrale. £ 27.20 pro Person. 50 New Barns Rd., ✆ 01353-662276.

The Post House, auch dieses Guest House ist nur wenige Fußminuten von Kathedrale und Zentrum entfernt. Nur Nichtraucher. Ab £ 19 pro Person. 12 Egremont St., ✆ 01353-667184.

• *Jugendherberge*: nächste Jugendherberge in Cambridge (siehe dort).

• *Camping*: **Riverside Caravan and Camping**, in Littleport befindet sich dieser Platz für Wohnwagen; auch Bungalows werden vermietet. 21 New Bank, Littleport, ✆ 01353-860255.

• *Essen*: **Steeplegate Craft Galleries and Tearooms**, 16–18 High St. In Nachbarschaft der Kathedrale steht dieses hübsche mittelalterliche Haus mit Kunstgalerie. In dem Café gibt es Frühstück, einfache Mittagsgerichte sowie Kuchen.

Spice City, 30 Forehill, gehobenes indisches Restaurant.

Sehenswertes

Kathedrale: Mittelpunkt von Ely ist seine majestätische Kathedrale, wegen der allein sich schon ein Besuch lohnt. Bereits im Jahr 673 gründete Ethelreda, Königin von Northumbria, hier ein Kloster. Im Jahre 1081 begannen die Normannen nach der erfolgreichen Eroberung der Stadt mit dem Bau der Kathedrale. Fast 300 Jahre vergingen, bis sie fertig gestellt war. Architektonische

Besonderheit ist der mächtige, achteckige Kirchturm, einzigartig in ganz England. Als 1322 der alte Zentralturm zusammengestürzt war, brauchte man 400 Tonnen Eichenholz, um den oktogonalen *Lantern Tower* zu errichten. Ein Blick nach oben ins Innere des Turms lässt die aufwendige Konstruktion erahnen.

Die Kathedrale von Ely

Den schönsten Blick auf die Kathedrale hat man, wenn man – vom Bahnhof kommend – von der Broad Street auf den Pfad abbiegt, der in westlicher Richtung durch den die Kathedrale umgebenden Park führt. Von der kleinen Erhebung aus geht man am besten durch die *Ely Porta*, den früheren Haupteingang, zum ehemaligen Kloster.

Das Kirchenschiff ist besonders lang gestreckt, das auffallendste Merkmal sind die Kreuzbögen aus der normannischen Zeit.

Öffnungszeiten: Sommer tgl. 7–19 Uhr, Winter Mo–Sa 7.30–18 Uhr, So 7.30–17 Uhr. Eintritt: £ 4, Kinder bis 16 J. frei. Chapter House, ✆ 01353-667735.

Stained Glass Museum: Wer sich für mittelalterliche Glasmalerei interessiert, findet hier sehenswerte Exponate aus den vergangenen 700 Jahren. Das Museum wurde gegründet, um wertvolle Stücke dieses Kunstartikels zu bewahren und zu restaurieren.

Öffnungszeiten: April–Okt. Mo–Fr 10.30–17 Uhr, Sa 10.30–17.30 Uhr, So 12–18 Uhr; Nov.–März Mo–Fr 10.30–16.30 Uhr, Sa 10.30–17 Uhr, So 12–16.15 Uhr. Eintritt: £ 3.50, Kinder £ 2.50. The South Triforium, ✆ 01223-327367.

Oliver Cromwell House: Ein kurzer Spaziergang über das Palace Green vor der Kathedrale in westliche Richtung führt zur St Mary's Street. Hier befindet sich das Oliver Cromwell House, in dem auch die Touristeninformation untergebracht ist. Eine Ausstellung dokumentiert das Leben Cromwells, der in diesem schönen Fachwerkhaus in den dreißiger Jahren des 17. Jahrhunderts etwa für zehn Jahre mit seiner Familie lebte. Der in Huntingdon geborene Politiker hatte hier Land geerbt. Im Bürgerkrieg von 1642–48 war er der Führer der puritanischen Parlamentarier. Nach erbitterten Kämpfen wurde im Jahre 1649 die Monarchie abgeschafft und Charles I. enthauptet. Cromwell wurde zum *Lord Protector* des Commonwealth, das zwar nominell eine Republik war, tatsächlich aber eher einer Militärdiktatur ähnelte. Im Jahr 1660, zwei Jahre nach Cromwell's Tod, wurde die Monarchie jedoch wieder hergestellt. Das

Museum dokumentiert die Lebensgeschichte Cromwells und informiert ausführlich über die *Fens*.

Öffnungszeiten: Mai–Sept. tgl. 10–18 Uhr, Oktober–April Mo–Sa 10–17.15 Uhr. Eintritt: £ 2.30, Kinder und Studenten £ 1.80.

Ely Museum: Dieses Museum beschreibt die Entstehung der *Fens* und dokumentiert das Leben ihrer Bewohner.

Öffnungszeiten: Sommer tgl. 10.30–17.30 Uhr, Winter tgl. 10.30–16.30 Uhr. Eintritt: £ 2, erm. £1.25.

Die Fens

"The Fens" wird die Moorlandschaft genannt, die sich um den Meeresbusen "The Wash" ausbreitet. Als man im 17. Jahrhundert unter der Leitung des holländischen Ingenieurs Cornelius Vermuyden mit Hilfe von Kanälen dieses Gebiet trockenlegte, änderte sich nicht nur der Verlauf des Flusses Ouse, auch das Leben der Bewohner der Gegend wurde grundlegend beeinflusst. Zunächst sank das Land ab, so dass es zu Überschwemmungen kam. Man versuchte, mit eigens dafür gebauten Windmühlen das Wasser abzuleiten, doch erst nachdem um 1820 die dampfgetriebene Pumpe erfunden worden war, konnte das Überflutungsproblem langfristig gelöst werden. Erst Mitte des 19. Jahrhunderts wurde das Gelände in fruchtbares Weideland umgewandelt.

Im Naturreservat *Wicken Fen* (etwa zehn Kilometer südöstlich von Ely) kann man noch einen Eindruck von dem Gebiet der Fens vor der Trockenlegung erhalten. Auf dem großen Gelände befindet sich auch eine der letzten Windmühlen der Gegend, die Wicken Windmill.

Wicken Fen National Nature Reserve, Lode Lane, Wicken. Naturpark: ganzjährig jeden Tag bis zur Dämmerung. Visitor Centre: tgl. außer Mo 10–17 Uhr. Eintritt: £ 3.70, erm. £1.20.

Cambridge

Seit mehr als 700 Jahren ist Cambridge Universitätsstadt, und auch heute wird die Atmosphäre in erster Linie von der Universität und den zahlreichen Studenten geprägt. Im Gegensatz zu vielen modernen Hochschulen auf dem Kontinent - aber auch in England - wird hier Tradition groß geschrieben. Dies liegt auch nahe, wenn man sich die Fakultäten in den zeitentrückten historischen Gebäuden betrachtet.

Höhepunkt des Studentenlebens ist die Feier mit Sektumtrunk nach Bestehen des Abschlussexamens, das in der Regel nach drei Jahren abgelegt wird. Anzug, Krawatte und weißes Hemd sind dann obligatorisch. Aber auch an Werktagen sieht man die traditionellen dunklen Schuluniformen.

Cambridge ist eine Kleinstadt, die sich zwar weiterentwickelt hat, jedoch ihr homogenes Erscheinungsbild erhalten konnte. Die Straßen wimmeln von den unzähligen Fahrrädern der Studenten. In den engen Kopfsteinpflastergassen der Altstadt scheint die Zeit stehen geblieben zu sein.

Cambridge ist keine reine Hochburg des Wissens. Es hat im Vergleich zu seinem ewigen Konkurrenten Oxford mehr Charme, weniger Industrie und weniger Verkehrsprobleme. Alles in der Stadt kann per pedes erreicht werden. Mehrere Fußgängerzonen halten die Autos aus der Innenstadt fern. Nach der Besichtigung eines der vielen Colleges findet man Entspannung in einem der zahlreichen Parks. Oder man erholt sich beim "punting" auf dem River Cam – in flachen Booten stakt man den Fluss hinauf oder hinab. Im Sommer verdienen sich Studenten als "Gondoliere" und Reiseführer ihr Zubrot. Spannend wird es, wenn die traditionellen Ruderregatten ("bumps") ausgetragen werden. Dabei wird versucht, das vor einem liegende Boot zu rammen. Ein Riesenspaß für die Zuschauer.

Bereits im ersten Jahrhundert v. u. Z. siedelte auf dem heutigen Stadtgebiet eine Gruppe von *Belgen*. Um das Jahr 40 u. Z. bauten die Römer über den Fluss *Granta* (heute Cam) eine Brücke, über die die *Via Devana* führte. Dieser Handels- und Heeresweg verband Colchester mit dem Militärlager in Lincoln. Eine Ansiedlung entstand, die später von Sachsen und Normannen bewohnt wurde.

Angeblich wurde die Universität von Studenten ins Leben gerufen, die im Jahre 1209 aus Oxford fliehen mussten. Insbesondere der Franziskaner- und der Karmeliterorden hatten Einfluss auf die Entwicklung der Universität. Das erste offizielle College wurde im Jahre 1271 vom Bischof von Ely aus der Taufe gehoben, das *Peterhouse* (siehe unten), an dessen Stelle das heutige St. John's College steht, dem in den nächsten Jahrhunderten weitere folgten.

Heute zählt die Universität, die aus dem Zusammenschluss der einzelnen Hochschulen besteht, immerhin 31 Colleges, drei davon nur für Frauen. Frauen waren allerdings nicht immer zugelassen, als letztes College öffnete Magdalene sogar erst 1989 seine Pforten für das weibliche Geschlecht.

Das soziale Gefälle zwischen den Bürgern der einfachen Marktstadt und den Akademikern führte zu Konflikten, die fast 600 Jahre andauerten. Die Fakultäten waren von der Krone begünstigt und besaßen einen umfangreichen Teil der umliegenden Ländereien und damit auch politischen Einfluss. Erst im Jahr 1856 führte eine Reform schließlich dazu, dass die Universität ihre Rechte an die Stadt abtreten musste, und der Konflikt "Town versus Gown" wurde beigelegt.

Erst kürzlich hat sich Microsoft in die Universität "eingekauft" und sponsert nun ein neues Forschungszentrum, das von den Studenten genutzt werden kann.

Information/Verbindungen/Stadtführungen

• *Information*: **Tourist Information Centre**, The Old Library, Wheeler Street, ✆ 01223-322640. Zimmervermittlung, reichlich Informationsmaterial über die verschiedenen Colleges; organisiert auch Stadtführungen (s. u.).

• *Telefonvorwahl*: 01223

• *Verbindungen*: **Bus** – Busbahnhof in der Drummer Street. National Express (✆ 08705-808080) fährt regelmäßig nach London, Norwich und Oxford. Regelmäßige Verbindungen nach London, Great Yarmouth und Norwich auch durch andere Gesellschaften.

Zug – Bahnhof in der Station Road. Schnellzüge in regelmäßigen Abständen nach London (King's Cross Station 50 Min., Liverpool Street Station 1 Std. und 10 Minuten), nach Peterborough sowie in die östlichen Städte (Norwich, Ely, King's Lynn, Ipswich).

• *Stadtführungen*: Das Tourist Office bietet sowohl Busrundfahrten als auch Stadtführungen zu Fuß an. Die täglich mehrmals stattfindenden Führungen durch die Colleges dauern etwa zwei Stunden und kosten £ 6.25 pro Person (Eintritt Kings College inklusive). Treffpunkt ist das Tourist Office, in dem man auch weitere Informationen erhält. Wenn Sie zum erstenmal in der Stadt sind, sollten Sie sich unbedingt einer dieser Führungen anschließen, ohne die Sie wahrscheinlich nur schwer einen Überblick über die verschiedenen Colleges gewinnen.

Adressen

• *Fahrräder*: Im Tourist Office ist eine Liste mit Fahrradverleihern erhältlich, darunter: **Cambridge Recycles**, 61 Newham Road, ✆ 01223-506035, pro Tag etwa £ 7–10; **Geoff's Bike Hire**, 188 New Market Road, ✆ 01223-65, und Devonshire Road; **Mike's Bikes**, 28 Mill Road. ✆ 01223-312591.

• *Geldwechsel*: zahlreiche Banken im Zentrum der Stadt, z. B. **Barclays**, Sidney Street; **National Westminster**, 56 St. Andrew's St. und Benet St.

• *Kino*: **Arts Cinema**, Market Passage, ✆ 01223-504444; **Warner Bros. Cinema**, Grafton Centre, ✆ 01223-460442, zur Zeit das größte und modernste Kino der Stadt.

• *Krankenhaus*: **Addenbrookes Hospital**, Hills Road, ✆ 01223-245151.

• *Markt*: Mo–Sa auf dem Market Square (am Rathaus).

• *Polizei*: Parkside, ✆ 01223-358966.

• *Post*: 9–11 St. Andrew's Street.

• *Punting*: Wie in Oxford ist auch hier Punting eine beliebte Freizeitbeschäftigung. Punts und Ruderboote kann man sich an der **Quayside** (die Magdalene Street von Norden kommend links ab) oder in der **Mill Lane** (an der Silver Street) ausleihen. Punts und Ruderboote kosten stündlich ca. £ 10 (Kaution £ 50).

• *Theater*: **Arts Theatre Club**, Peas Hill, ✆ 01223-503333; **ADC Theater**, Park St., ✆ ebenfalls 01223-503333.

• *Waschen*: **Victoria Avenue Launderette**, 12 Victoria Avenue; **Coin-Op**, 161 Mill Road.

Übernachten

Zahlreiche B&Bs findet man auf der *Jesus Lane*, der *Tennison Road* und der *Chesterton Road*.

** **Arundel House Hotel (4)**, eleganter viktorianischer Bau in wunderschöner Lage am Fluss Cam, sehr gutes Restaurant. Übernachtung mit Frühstück £ 35–96 pro Person. Chesterton Road, ✆ 01223-367701, 📠 367721.

Hamilton Hotel (3), kleines, ruhiges Hotel etwa zwei Kilometer vom Stadtzentrum. Übernachtung mit Frühstück £ 20–65 pro Person. 156–158 Chesterton Road, ✆ 01223-365664.

A&B Guest House (12), nur 4 Minuten vom Bahnhof entfernte Familienpension. B&B £ 25–55 pro Person. 124 Tennison Road, ✆ 01223-315702, 📠 576702.

Alpha-Milton Guest House, Unterkunft an der A 10 Richtung Ely (im Norden von Cambridge beim Science Park). Sechs Zimmer, davon vier mit Dusche und WC. B&B £ 20–60 pro Person. 61–63 Milton Road, ✆ 01223-311625.

Antony's Bed & Breakfast (1), auf der Fortsetzung der Castle Street in Richtung Norden befindet sich diese relativ großräumige Pension. Übernachtung mit Frühstück £ 15–40 pro Person. 4 Huntingdon Road, ✆ 01223-357444.

Netley Lodge (2), Familienpension in viktorianischem Gebäude am Fluss, etwa 20 Min. zu Fuß bis in die Stadt. Übernachtung mit Frühstück £ 22–47 pro Person. 112 Chesterton Road, ✆ 01223-363845.

• *Jugendherberge*: **(14)** Ganzjährig geöffnet. Vom Hauptbahnhof in der Station Rd. die erste Straße rechts (Tennison Rd.), dann auf der rechten Seite. Die Jugendherberge ist im Sommer oft schon am frühen Morgen ausgebucht, darum rechtzeitig anmelden. In den Zimmern stehen vier bis sechs Betten, in der Cafeteria kann man frühstücken und zu Abend essen. B&B £ 11.90, Jugendliche £ 8.20. 97 Tennison Road, ✆ 01223-354601.

• *Camping*: Im Tourist Office ist ein Liste mit einigen Campingplätzen der Umgebung erhältlich.

Highfield Farm Camping Park (15), in Comberton (Long Rd.), dem Stadtzentrum am nächsten gelegener Zeltplatz, ganzjährig geöffnet. Anfahrt über die A 603 in südwestliche Richtung. Nach etwa 4,5 km rechts auf die B 1046, die man dann noch 2 km weiterfährt (CamBus Nr. 118 vom Busbahnhof). ✆ 01223-262308, 📠 312780.

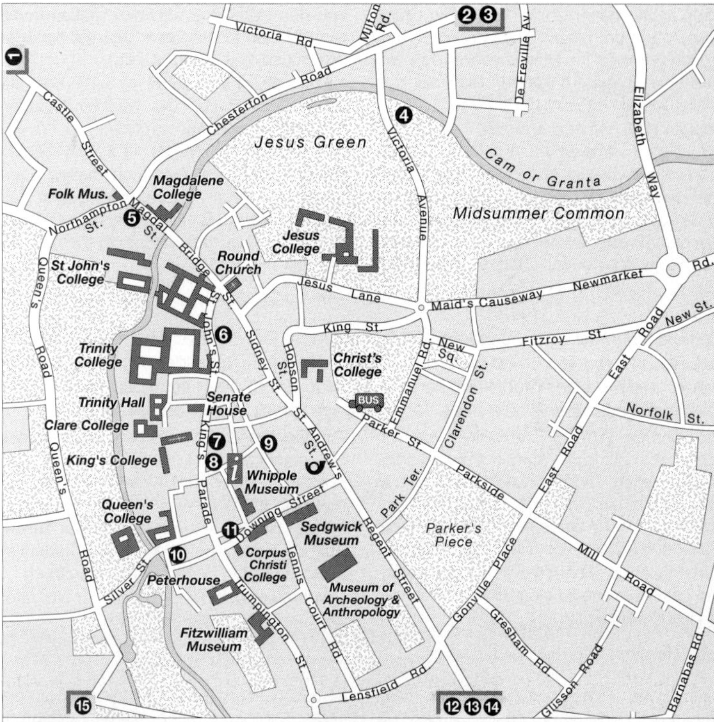

Übernachten

- ❶ Antony's Bed and Breakfast
- ❷ Netley Lodge
- ❸ Hamilton Hotel
- ❹ Arundel Guest House
- ⓬ A&B Guest House
- ⓮ Jugendherberge
- ⓯ Highfield Farm Camping

Essen und Trinken

- ❺ Pickerel
- ❻ Nadja's
- ❼ Auntie's Tea Shop
- ❽ The Copper Kettle
- ❾ The Red Cow
- ❿ The Anchor
- ⓫ Henry's
- ⓭ Raj Belash

200 m

Cambridge

Ostengland
Karte S. 368

Essen

Für den kleinen Hunger zwischendurch kann man sich auf dem *Markt* (vgl. Adressen) Obst und Gemüse besorgen. Auffällig ist, dass es in der Universitätsstadt Cambridge so gut wie keine Filialen der großen Schnellimbissketten gibt (bis auf Wimpy's). Dagegen findet sich an fast jeder Ecke ein Restaurant oder ein Café/Tearoom, in die man getrost einkehren kann.

Raj Belash (13), dieser Inder besticht durch seine große Auswahl an Currygerichten; auch Take-away-Service. 36–38 Hills Road.

Auntie's Tea Shop (7), ein netter Laden, in dem die Caféterie (grob gemahlener Kaffee, wird per Hand in einer gläsernen Karaffe gefiltert) besonders gut schmeckt. Aber auch die Sandwiches sind lecker. 1 St. Mary's Passage.

The Copper Kettle (8), Selbstbedienungsrestaurant/-café und beliebter Studententreff. Hier kann man einen erstklassigen

Cappuccino genießen. Mit ein wenig Glück bekommt man einen Sitzplatz direkt am großen Fenster im Hinterzimmer, von wo man einen beeindruckenden Blick auf das Trinity College hat. King's Parade.

Henry's (11), immer gut für die Tea Time in gemütlicher Atmosphäre. Kuchen, Scones, Pastries und Croissants. 5a Pembroke Street.

The Red Cow (9), an der Kreuzung Wheeler Street und Corn Exchange (kommt man aus dem Tourist Office, ca. 50 m in westliche Richtung gehen). Nettes Café/Bistro, von den Barhockern an den großen Fenstern hat man einen guten Blick auf die Straße (Frühstück 8.30–11.30 Uhr).

Nadja's (6), eine Bäckerei mit vielen Köstlichkeiten (Take-away). Die herzhaft belegten Brötchen genießt man am besten auf der gegenüberliegenden Mauer. 11 St. John Street.

Dadie's Bar, schickes und nettes Café gleich am Arts Theatre. Hausgemachtes Gebäck wie z. B. *Flapjack* (süße Haferschnitte mit Nüssen und Korinthen). 6 St. Edward's Passage.

Pubs (siehe Karte Seite 405)

Mehrere Pubs mit einer ausgeprägten Studentenszene locken zu einem Kneipenbummel. Besonders reizvoll sind die an verschiedenen Tagen stattfindenden Musikabende. Plakate in der ganzen Stadt kündigen diese Ereignisse an. Aber auch das Tourist Office hält Informationsmaterial über diese Veranstaltungen bereit. Hier eine Auswahl guter Pubs:

The Anchor (10), ein reizvolles Pub am Fluss mit mehreren Räumen auf verschiedenen Etagen. Die Einrichtung ist ganz aus Holz. Auch hier trifft man besonders am Abend zahlreiche Studenten. Auch die Musik ist studentengerecht gemischt. Silver Street.

Burleigh Arms, hier trifft sich die Schwulen- und Lesbenszene zu einem Pint of Beer. 9–11 Newmarket Road.

The Geldart, ein Pub, in dem oft (meistens Do, manchmal So) Irish-Folk- und Rock-Konzerte stattfinden. 1 Ainsworth Street.

Pickerel (5), das älteste Pub von Cambridge. Hier kann man mittags gut essen. Abends treffen sich dann viele Studenten zu einem Pint of Beer. Magdalene Street.

Boathouse, gemütliches Pub am Nordufer der Cam. 14 Chesterton Road.

Feste/Veranstaltungen

Alljährlicher Höhepunkt sind die **May Weeks** am Ende des Hochschuljahres. Sie finden Anfang Juni statt und bieten Konzerte, Theateraufführungen, Feste und vieles mehr. Dies ist auch die Zeit, in der die berüchtigten "May Bumps" auf dem River Cam ausgetragen werden.

Im Juli locken gleich mehrere Festivals die Leute auf die Straßen. Theateraufführungen, Konzerte und Ausstellungen werden veranstaltet. Am letzten Juliwochenende trifft man sich zum **Cambridge Folk Festival**, das im Freien stattfindet.

Über aktuelle Veranstaltungen informiert das Tourist Office.

Sehenswertes

The University of Cambridge

Die Universität besteht aus 31 Colleges. Das erste College, *Peterhouse*, wurde 1284 gegründet, das bislang letzte, *Robinson College*, öffnete 1977 seine Pforten. Ein Rundgang durch die Universitätsstadt bedeutet immer auch eine Zeitreise in längst vergangene Jahrhunderte, bei der man an zahlreiche Berühmtheiten erinnert wird. Leider sind nicht alle Colleges für die Öffentlichkeit zugänglich. Die Tafel, die jeweils an den Eingängen angebracht ist, weist auf die unterschiedlichen Besuchszeiten hin. Die Pförtner lassen in der übrigen Zeit keinen Neugierigen passieren. Ein Universitätsjahr in England ist nicht wie bei uns in Semester, sondern (noch) in Trimester eingeteilt. Die drei jeweils achtwöchigen Abschnitte heißen *Michaelmas* (Oktober bis Anfang Dezember), *Lent* (Mitte Januar bis Mitte März) und *Easter* (Ende April bis Mitte Juni). Während eines Trimesters sind die Besuchszeiten der Colleges stark eingeschränkt.

King's College – Palast oder Hochschule?

Trinity College: Beginnen Sie Ihren Rundgang am besten am nördlichen Ende der St. John's Street. Auf der rechten Seite liegt das Trinity College. Das größte College der Stadt wurde 1546 von Heinrich VIII. gegründet, damals wurden mehrere schon vorhandene Hochschulen zusammengefasst. Unter den Studenten waren die später berühmt gewordenen Wissenschaftler und Philosophen *Sir Isaac Newton*, *Ernest Rutherford*, *Ludwig Wittgenstein* und *Bertrand Russel* sowie die Schriftsteller *John Dryden*, *Lord Byron*, *Lord Tennyson* und *George Herbert*. Aber auch Könige wie *Eduard VII.* und *Georg VI.* ließen sich hier ausbilden. *The Great Court* ist der größte Innenhof der Stadt. In seiner Mitte steht ein kleiner Springbrunnen, der zu Anfang des 17. Jahrhunderts errichtet wurde. In der Kapelle aus der Mitte des 16. Jahrhunderts befinden sich die Statuen der berühmtesten Schüler des College.
Geht man weiter in Richtung Cam über das Collegegelände, erreicht man die *Wren Library*. Diese wurde ab 1676 nach Plänen des Architekten Christopher Wren errichtet, der u. a. auch die St Paul's Cathedral in London entwarf. Innen befinden sich zum Teil sehr alte Holzregale, die mit einzigartigen Bücherschätzen gefüllt sind. Der Besucher kann in Glasvitrinen einige Manuskripte weltbekannter Klassiker beäugen.

Geöffnet: Tgl. 10–18 Uhr. Eintritt: College und Library £ 1.75.

King's College: Nun geht es die King's Parade in südliche Richtung. Hier erhebt sich das altehrwürdige King's College, das wohl einem Palast ähnlicher ist als einer Hochschule. Der helle Steinbau, die reich verzierten Spitzen und Häubchen der unzähligen Türmchen machen einen imposanten Eindruck. 1441 gründete Heinrich VI. dieses College, heute das älteste Haus in Cambridge, und veranschlagte dafür fast ein Viertel der Fläche der mittelalterlichen

Stadt. Ein Prunkstück ist die sehenswerte *Kapelle*. Noch heute gilt sie als der "krönende Glanzpunkt" der Universität von Cambridge. Schon der erste Blick auf die Kapelle bestätigt dieses Urteil. Innen überwältigen die beeindruckenden farbigen Glasfenster aus dem 16. Jahrhundert mit ihren biblischen Motiven. Ein Blick nach oben in das Fächergewölbe lässt die aufwendigen Bauarbeiten erahnen. Immerhin benötigte man über 65 Jahre, um das Gotteshaus fertig zu stellen. Sehenswert sind neben den Glasfenstern das Chorgestühl, die sorgfältig gearbeitete Holzverkleidung der Orgel und das Gemälde "Adoration of the Magi" von *Peter Paul Rubens* (hinter dem Altar).

Öffnungszeiten: Während des Trimesters Mo–Fr 9.30–15.30 Uhr, Sa 9.30–15.15 Uhr, So 13.15–14.15 Uhr, sonst Mo–Sa 9.30–16.30 Uhr. Eintritt: £ 3.

Queen's College: Gleich neben dem King's College liegt das Queen's College (zu erreichen über Silver Street und Queen's Lane). Viele behaupten, dies sei das malerischste College von allen. Gegründet wurde es 1448 von *Margarete von Anjou*, der Gemahlin Heinrichs VI. Juwel der Anlage mit ihrem ansehnlichen Innenhof ist die *President's Lodge* (am Cloister Court). Sie wurde 1537 errichtet und beherbergt holzgetäfelte Räume aus der ersten Hälfte des 16. Jahrhunderts. In dieser Hochschule lehrte im 16. Jahrhundert für kurze Zeit der Humanist *Erasmus von Rotterdam*.

Öffnungszeiten: Tgl. 13.45–16.30 Uhr (im Trimester), in den Sommerferien i. d. R. auch von 10.15–12.45 Uhr. Eintritt: Erwachsene £ 1, Kinder 50 p.

Peterhouse: Nun geht's zurück auf die King's Parade, die weiter südlich zur Trumpington Street wird. Auf der rechten Seite erhebt sich das älteste College der Stadt, das *Peterhouse*. 1284 wurde es durch den Bischof von Ely gegründet, und noch heute existieren Teile des ursprünglichen Gebäudes. Das Ostfenster der Schulkapelle ist nach Entwürfen von *Peter Paul Rubens* entstanden.

Öffnungszeiten: Täglich 8–14 Uhr u. 17–18 Uhr. Eintritt frei.

Jesus College: Im Norden der Altstadt findet man in der Jesus Lane das Jesus College. *John Alcok*, Bischof von Ely, rief es im Jahre 1496 ins Leben. Die ehemaligen Klostergebäude wurden für den Schulbetrieb einfach umgerüstet, so dass ein großer Teil der mittelalterlichen Architektur erhalten geblieben ist. So befindet sich die aus dem 12. Jahrhundert stammende Klosterkirche und heutige Collegekapelle in ihren wesentlichen Bauelementen noch im Originalzustand. Im Innenhof des College breitet sich ein wunderschöner Garten aus. Schön anzusehen ist auch das mächtige Torhaus, durch das man die Anlage betritt.

Öffnungszeiten: Der Innenhof ist tgl. bis 18 Uhr (außer während der Examenszeit) geöffnet.

Christ's College: Vom Jesus College gelangt man über die Malcolm Street und Hobson Street zur Sidney Street, die in südliche Richtung in die St Andrew's Street übergeht. Hier liegt das Christ's College, das auf eine Stiftung von *Lady Margaret Beaufort* im Jahre 1505 zurückgeht. Diese Anlage wird von einem wunderschönen Park umgeben und gehört zu den sehenswertesten Colleges von Cambridge. Der Dichter *John Milton* soll hier bereits unter dem Maulbeerbaum gesessen haben. Ein anderer später berühmt gewordener Student war *Charles Darwin*, der mit seinen Schriften über die Entstehung der Arten für reichlich Diskussionsstoff sorgte.

Öffnungszeiten: Park Mo–Fr 14–16 Uhr, im Sommer auch 9.30–12 Uhr. Eintritt: £ 1.

Corpus Christi College: Dieses College an der King's Parade wurde 1352 gegründet und besitzt den am besten erhaltenen mittelalterlichen Court (Innenhof) der Stadt.

St John's College: Diese Anlage in der Magdalene Street wurde 1511 ebenfalls von *Lady Margaret Beaufort* gegründet. Man betritt das Gelände durch ein eindrucksvolles Torhaus. Über den River Cam führt die *Bridge of Sighs* (Seufzerbrücke), eine Nachbildung der Seufzerbrücke in Venedig. Im Garten des College befindet sich die aus Stein und Holz erbaute *School of Pythagoras*, das älteste Gebäude der Stadt (12. Jh.).

Öffnungszeiten: School of Pythagoras Mo–Fr 10–17.30 Uhr, Sa/So 9.30–17.30 Uhr. Eintritt: £ 1.75.

Museen

Fitzwilliam Museum: Ein kunsthistorisches Museum von Weltrang in der Trumpington Street. Es beherbergt eine umfangreiche Ausstellung westeuropäischer Malerei, aber auch Skulpturen, Keramiken, Textilien und Ähnliches mehr aus Ägypten, Asien, Griechenland und dem alten Rom. In der Galerie hängen Werke von Dürer, da Vinci, Michelangelo, Monet und vielen anderen. Ein Besuch lohnt sich.

Öffnungszeiten: Di–Sa 10–17 Uhr, So 14.15–17 Uhr. Eintritt prinzipiell frei, es wird jedoch um eine Spende in Höhe von £ 3 gebeten.

University Museum of Archaeology & Anthropology: Dieses Museum in der Downing Street legt seinen Schwerpunkt auf die Frühgeschichte und zeigt u. a. archäologische Funde aus aller Welt. Zudem wird die Stadtgeschichte von der Frühzeit bis in das Spätmittelalter dokumentiert.

Öffnungszeiten: Mo–Sa 14–16.30 Uhr. Eintritt frei.

University Museum of Zoology: Ebenfalls in der Downing Street befindet sich ein weiteres Universitätsmuseum. Hier kann man vor allem Schalentiere und exotische Vögel bestaunen; außerdem gibt es einen Raum über die Evolution des Menschen.

Öffnungszeiten: Mo–Fr 14–16 Uhr. Eintritt frei.

Whipple Museum of Science: Hier sind wissenschaftliche Instrumente aus den verschiedensten Bereichen ausgestellt. Zeitraum: 14.–20. Jahrhundert.

Öffnungszeiten: Mo–Fr 14–16 Uhr. Eintritt frei.

Botanic Gardens: Am besten benutzt man den Eingang von der Bateman Street, um in diesen Garten zu gelangen. Die wunderschöne Anlage eignet sich bestens zum entspannten Spazierengehen.

Öffnungszeiten: Kernzeit Mo–So 10–16 Uhr, im Frühling bis 17 Uhr und im Sommer bis 18 Uhr. Eintritt: £ 2.

Umgebung von Cambridge

Grantchester: Nur fünf Kilometer südwestlich von Cambridge liegt der kleine Ort Grantchester mit seinen vielen reetgedeckten Häuschen und Kastanienbäumen. An sonnigen Tagen spaziert man eine dreiviertel Stunde am River Cam entlang oder mietet sich in Cambridge ein Boot, um die Strecke per Punting zurückzulegen. Drei Pubs locken zum Lunch.

Ostengland
Karte S. 368

Saffron Walden: Über die A 1301 gelangt man nach rund 22 Kilometern in diesen sehenswerten Ort. Von Cambridge aus fahren auch Züge ins benachbarte Audley End (s. u.). Saffron Walden ist bekannt für seine mittelalterlichen Straßen, die von beeindruckenden Fachwerkgebäuden gesäumt werden. Besonders die engen Gassen um den Markt herum entführen den Besucher in vergangene Jahrhunderte. Das wohl schönste Haus steht auf der Church Street, das *Old Sun Inn*. Informationen über die Stadtgeschichte erhält man im Museum an der Museum Street; 1996 wurde es um eine Flora-und-Fauna-Ausstellung erweitert.

Entspannen beim Punting

- Öffnungszeiten Museum: Ostern–Okt. Mo–Sa 10–17 Uhr, So 14.30–17 Uhr; November–Ostern Mo–Sa 11–16 Uhr, So 14.30–16.30 Uhr. Eintritt: £ 1, Kinder bis 16 J. frei.
- Jugendherberge: Die Jugendherberge ist in einem historischen Gebäude untergebracht und liegt gegenüber vom Pub Eight Bells. Geöffnet März–Okt., Feb. und Nov. nur Fr/Sa., B&B ca. £ 10. 1 Myddylton Place, ✆ 01799-523117.

Audley End: Zwei Kilometer westlich von Saffron Walden liegt das jakobinische Anwesen Audley End, das man auch mit dem Zug von Cambridge aus erreichen kann. Das prächtige Herrenhaus gelangte 1669 in den Besitz von Charles II. und wurde später oft von seinen Nachfolgern genutzt. Heute sind mehr als dreißig Räume für die Öffentlichkeit zugänglich.

Öffnungszeiten: Ostern–Sept. Mi–So 11–18 Uhr. Eintritt: £ 5.75 für Haus und Garten (EH).

Peterborough

Die Industrie- und Einkaufsstadt liegt etwa 40 Kilometer nordwestlich von Cambridge am River Nene. Wichtigster Anziehungspunkt für den Besucher ist die herrliche Kathedrale, eine Insel der Ruhe in der geschäftigen Stadt.

Seit über acht Jahrhunderten wird die Stadt von der normannischen Kathedrale, eine der größten und schönsten Englands, überragt. Die Stadt, die lange nicht so ein Touristenmagnet ist wie Ely und Norwich, die anderen beiden Kathedralenstädte East Anglias, hat sich in den letzten Jahren gehörig angestrengt und ihr Freizeitangebot stark erweitert. Im Rahmen des

Projekts "Millennium Green Wheel" wurden Rad- und Spazierwege durch die Stadt und in die Umgebung angelegt.

- *Information*: Zimmernachweis und viele Informationen über die Region. 3 Minster Precinct, ✆ 01733-4532336, ℻ 452353.
- *Telefonvorwahl*: 01733
- *Verbindungen*: **Bus** – Busbahnhof im Queensgate Shopping Centre, Tickets dort und im Tourist Office; alle zwei Stunden fahren Busse nach London. Auch um in den Süden oder Südwesten Englands zu gelangen, muss man dort umsteigen; Informationen unter ✆ 01733-453540.

Zug – Der Hauptbahnhof befindet sich am westlichen Stadtrand am Bourges Boulevard. Peterborough liegt an der Bahnstrecke Norwich–Birmingham bzw. Manchester–Liverpool. Regelmäßig und direkt fahren Züge nach London, darunter auch mehrere Intercitys (Dauer etwa eine Stunde).

- *Bootstouren*: **Key Ferry Boat Trips**, am "Embankment"-Ufer des Nene legen Ausflugsboote an.
- *Einkaufen*: Mitten in der Stadt befindet sich das große Queensgate-Einkaufszentrum. In Herward Cross nordwestlich von hier gibt es mehrere kleinere Geschäfte.
- *Fahrradfahren*: Entlang der neuen "grünen Straße" führen viele Fahrradwege. Infos über ✆ 01733-760883.
- *Geldwechsel*: Mehrere Banken findet man am Cathedral Square; **Barclays**, 1 Church Street.
- *Kinos*: Einziges Kino ist das Mulitplexkino **Showcase Cinema**, Mallory Road, Boongate, ✆ 01773-558498.
- *Post*: Cowgate.
- *Schwimmbad*: **Regional Pool**, Bishops Road, ✆ 01733-551474.
- *Stadtführungen*: Führungen (Dauer ca. 90 Min.) müssen im Tourist Office gebucht werden. Auf Wunsch kann man auch an einer Führung durch die Kathedrale teilnehmen.
- *Stadtplan*: Der *Miniguide* mit einer groben Straßenkarte ist im Tourist Office erhältlich.
- *Übernachten*: Peterborough ist, was die Unterkunft betrifft, ein eher teures Pflaster. Im Tourist Office gibt es einen Zimmernachweis.

** **Lodge Hotel & Restaurant**, zentral gelegenes Hotel mit Wochenendangeboten, B&B ab £ 40 pro Person. 130 Lincoln Road, ✆ 01733-341489, ℻ 753437.

- *Jugendherberge*: Kleine Jugendherberge mit 40 Betten, B&B Erw. £ 10.85, Jugendliche £ 7.40. Thorpe Meadows, ✆ 01629-82893.

Eine weitere Jugendherberge (März–Okt. geöffnet) findet man im etwa 25 Kilometer nördlich liegenden Ort **Thurlby**, B&B Erw. £ 9, Jugendl. £ 6.80. 16 High Street, Thurlby, Bourne, ✆ 01778-425588.

Sehenswertes

Peterborough Cathedral: Mit dem Bau des Gotteshauses wurde im Jahr 1118 begonnen, aber schon etwa um das Jahr 655 stand an dieser Stelle die kleinere Kirche eines Klosters. Bis zur Reformation war die Kathedrale im Besitz des Benediktinerordens; seit der Auflösung der Klöster durch Heinrich VIII. gehört sie der anglikanischen Kirche. Ein Totengräber namens Robert Scarlett beerdigte hier seinerzeit eigenhändig zwei Königinnen. Während eine der zahlreichen Frauen Heinrichs VIII., *Katharina von Aragon* (das Grab ist mit den Fahnen Spaniens und Englands geschmückt), hier ihre ewige Ruhestätte fand, wurde der Leichnam von *Maria Stuart* später nach London in die Westminster Abbey verlegt.

Öffnungszeiten: Ganzjährig 8.30–17.15 Uhr. Eintritt frei, aber Spende von ca. £ 3 erbeten.

Peterborough Museum & Art Gallery: Ein interessantes Heimatmuseum mit einer Abteilung über Naturgeschichte, in der die Dinosaurier natürlich nicht fehlen dürfen (Eintritt frei).

Shakespeares Geburtshaus

Mittelengland

Mittelengland ist eine Region, welche die meisten Urlauber nur von der Durchreise nach Norden kennen. Und tatsächlich hat dieses Gebiet nicht so viel zu bieten wie etwa der Süden oder der Norden. Doch auch hier gibt es einige attraktive Ziele, die zumindest einen Zwischenstopp lohnen.

Unangefochtener Besuchermagnet ist *Stratford-upon-Avon*, der Geburtsort von *William Shakespeare.* Auf seinen Spuren wandeln jährlich Millionen von Besuchern, so dass ein längerer Aufenthalt ziemlich nervtötend sein kann. Theaterfreunde sollten sich allerdings eine Aufführung der *Royal Shakespeare Company* nicht entgehen lassen.

Wenige Kilometer nordöstlich erhebt sich aufsehenerregend *Warwick Castle*, das als das besterhaltene mittelalterliche Schloss Englands gilt. Auch der imposante Herrensitz *Ragley Hall*, rund zwölf Kilometer westlich von Stratford, ist einen Besuch wert. Zentrum Mittelenglands ist *Birmingham*, die zweitgrößte Stadt Englands. Wie andere großen Industriestädte auch versucht Birmingham seit einigen Jahren, seine Attraktivität für Besucher zu steigern. Mit dem Bau des *International Convention Centre* (ICC) wurden sowohl Geschäftsleute als auch Kulturfans angelockt, denn hier spielt heute eines der besten Orchester Englands.

Im Osten von Mittelengland bieten sich Aufenthalte in Nottingham, Lincoln und Boston an. Am schönsten ist sicher *Lincoln* mit seinen mittelalterlichen Gassen, die hinauf zur dreitürmigen Kathedrale führen, und den Ruinen einer normannischen Burg. *Nottinghams* modernes Stadtbild ist zwar nicht sonderlich attraktiv, doch erinnern zahlreiche Museen und einige historische Bauten an vergangene Jahrhunderte. Etwas nördlich breitet sich der *Sherwood Forest* aus, der Wald, in dem *Robin Hood* und seine Gesellen Unterschlupf gefunden haben sollen. Während die Legende über die Jahrhunderte hinweg ausgeschmückt und immer mehr erweitert wurde, ließen die systematischen Rodungen im Zuge der Industrialisierung den Wald zusammenschrumpfen. In den relativ kleinen Gebieten, wo es noch heute Wald gibt – der Sherwood Forest breitete sich einst über ganz Nottinghamshire aus –, kann man zumindest einen Rundgang machen, bevor man sich ins Besucherzentrum begibt. Eine nette Abwechslung auf der Fahrt nach Norden.

Stratford-upon-Avon

Stratford ist vor allem deshalb bekannt, weil der berühmteste Sohn der Stadt William Shakespeare war. Und so kommen unzählige Besucher, um auf den Spuren des großen Dichters zu wandeln.

Drei Theater stehen im Mittelpunkt des Interesses: *Main House*, *The Swan* und *The Other Place* sind die Stätten, an denen die Royal Shakespeare Company (RSC) für unvergessliche Theatererlebnisse sorgt. Auch wer nicht perfekt Englisch kann, wird von der Ausdruckskraft der Schauspieler mitgerissen. Außerdem locken fünf Häuser, die im Besitz von Shakespeare oder seiner Familie waren, zur Besichtigung. Richten Sie sich aber auf eine wahre Touristenschwemme ein.

Information/Verbindungen

• *Information*: **Tourist Office**, viel Material über den berühmtesten Sohn der Stadt und die mit Shakespeare verbundenen Sehenswürdigkeiten. Die Zimmervermittlung weiß immer, wo noch ein Bett frei ist. Hier werden auch Bustickets verkauft und Reiseschecks gewechselt. Bridgefoot, ✆ 01789-293127.

• *Telefonvorwahl*: 01789

• *Verbindungen*: **Bus** – National-Express-Busse halten hinter dem Leisure Centre am Bridgeway. Die Bushaltestelle für Nahverkehrsbusse befindet sich in der Bridge Street. Von London aus fahren mehrere Unternehmen Stratford regelmäßig an.
Zug – Den Bahnhof findet man in der Alcester Road. Etwa stündlich fahren Züge nach Birmingham, alle zwei Stunden nach Warwick und Leamington Spa, Direktverbindung nach London/Paddington.

Übernachten

Coach House Hotel, mittelgroßes Hotel in der Nähe des Theaters, B&B ab £ 35 pro Person. 16–17 Warwick Road, ✆ 01789-204109.

Brett House, hübsches B&B in viktorianischem Haus, B&B ab £ 17 pro Person. 8 Broad Walk, ✆ 01789-266374.

Eastnor House Hotel, B&B im viktorianischen Stadthaus. B&B ab £ 22 pro Person. 33 Shipston Road, ✆ 01789-299557.

Parkfield, heimeliges B&B nördlich vom Zentrum. B&B ab £ 17 pro Person. 3 Broad Walk, ✆ 01789-293313.

• *Jugendherberge*: **Hemmingford House**, ganzjährig geöffnet. Liegt etwa 3 km außerhalb und ist mit dem Bus Nr. 18 zu erreichen. Das große, über 200 Jahre alte Haus wurde erst vor einigen Jahren renoviert. B&B Erw. £ 14.90, erm. £ 11.20. Alveston, ✆ 297093.

• *Camping*: **Dodwell Park**, ganzjährig geöffnet, etwa 3 km südwestlich an der B 439 gelegener Camping mit 50 Stellplätzen. Zelte ab £ 5. Evesham Rd., ✆ 01789-20497.

Mittelengland
Karte S. 416/417

Feste/Veranstaltungen

Selbstredend dreht sich an einem Ort wie Stratford vieles ums Theater, aber es gibt auch andere Veranstaltungen wie z. B. das **Flute Festival**, das im Juli eines jeden Jahres abgehalten wird. Daneben wird auch Warwick Castle (s. S. 416) gerne als Ort für Sonderveranstaltungen genutzt. Hier findet Ende August ein **Medieval Festival** statt, will sagen: Ritterspiele, Tanz und Mummenschanz. Eine Woche im Oktober geht es etwas weniger schöngeistig zu, wenn an diesem Ort Ritterduelle ausgetragen werden.

Royal Shakespeare Company (RSC)

Wer schon einmal in Stratford ist, sollte sich eine Aufführung der Royal Shakespeare Company nicht entgehen lassen. Da diese Darbietungen häufig ausverkauft sind, ist eine rechtzeitige Vorbestellung ratsam. Im Jahre 1879 öffnete das erste Theater in Stratford seine Pforten. Nachdem ein Feuer das Haus 1926 in Schutt und Asche gelegt hatte, wurde ein zweites Theater erbaut, das *Main House*. Hier werden regelmäßig Stücke von Shakespeare aufgeführt. Erst 1980 wurden die Ruinen des älteren Theaters wieder aufgebaut. Es heißt heute *The Swan*. *The Other Place* ist das dritte Haus am Ort; hier werden moderne und experimentelle Stücke gegeben.

Aufführungen im Main House kosten £ 5–39, im Swan £ 5–36 und im The Other Place £ 10–20. Das Box Office im Main House öffnet tgl. um 9.30 Uhr seine Pforten, doch bei besonders beliebten Stücken stehen einige schon ab 6 Uhr morgens Schlange. ✆ 01789-403403. Man kann auch an einer Besichtigungstour durch die Theater teilnehmen, ✆ 01789-403405.

Sehenswertes

Stratfords Sehenswürdigkeiten sind eng mit dem Leben von William Shakespeare verwoben. *Shakespeare Houses* nennen sich die fünf Ausstellungen (Birthplace, New Place, Hall's Croft, Anne Hathaway's Cottage und Mary Arden's House). Wer mehrere Attraktionen aufsuchen will, kauft sich am besten ein Kombinationsticket für alle fünf (£ 11) oder drei (£ 7.50) der Sehenswürdigkeiten (Info über die Touristeninformation).

Birthplace Museum: Shakespeares Geburtshaus in der Henley Street ist wahrscheinlich eines der meistbesuchten Gebäude Englands; dabei ist es keineswegs erwiesen, ob er wirklich hier geboren wurde. Tatsache ist, dass ein Teil des Gebäudekomplexes von John Shakespeare, Williams Vater, im Jahre 1556 gekauft wurde. Das Museum im Inneren dokumentiert Leben und Werk des Dichters. Der Eingang für das Geburtshaus ist das *Shakespeare Visitor Centre* nebenan, in dem der Besucher erst einmal über die Lebensumstände Shakespeares aufgeklärt wird. Studenten können hier in der Bibliothek herumstöbern und sich am umfangreichen archivierten Material ergötzen. Außerdem finden hier Lesungen, Konzerte und andere Veranstaltungen statt.

Öffnungszeiten: März–Okt. Mo–Sa 9–17.30 Uhr, So ab 9.30 Uhr; im Winter Mo–Sa 9.30–16 Uhr, So ab 10 Uhr. Eintritt: Erw. £ 4.90.

New Place/Nash's House: Wer die High Street in südliche Richtung geht, kommt auf der Chapel Street zu einem weiteren Gebäude, das mit Shakespeare in Verbindung gebracht wird. Im Nash's House wohnte Shakespeares Enkeltochter *Elizabeth Hall* mit ihrem ersten Mann *Thomas Nash.* Im daneben liegenden Garten erkennt man noch das Fundament von New Place, dem Haus, in dem der Schriftsteller bis zu seinem Tod wohnte. 1759 wurde es abgerissen – nicht etwa weil es baufällig war, sondern weil der damalige Besitzer Francis Gastrell den nicht enden wollenden Pilgerstrom satt hatte. Den besten Blick auf diesen Teil des Gartens hat man vom benachbarten *Shakespeare Memorial Garden*, den man von der Chapel Lane betritt.

Öffnungszeiten: März–Okt. Mo–Sa 9–17.30 Uhr, So 9.30–17.30 Uhr; Nov.–März Mo–Sa 9.30–16 Uhr, So 10.30–16 Uhr. Eintritt: Erw. £ 3.30.

Hall's Croft: Shakespeares älteste Tochter *Susanna* lebte zusammen mit ihrem Mann *Dr. John Hall* in diesem wunderschönen Tudor-Haus in der Straße *The Old Town.* Heute befindet sich hier eine Ausstellung mit medizinischen Instrumenten dieser Zeit. Hinter dem Haus liegt auch ein kleiner Garten.

Öffnungszeiten: März–Okt. Mo–Sa 9.30–17 Uhr, So 10–17 Uhr; Nov.–März Mo–Sa 10–16 Uhr, So 10.30–16 Uhr. Eintritt: Erw. £ 3.30.

Blut klebt an ihren Händen – Lady Macbeth

Anne Hathaway's Cottage: Ab Evesham Place (südlich vom Market Place) ist ein ca. 1,5 Kilometer langer Spazierweg zum Anne Hathaway's Cottage ausgeschildert. Von der Bridge Street fahren aber auch Busse nach Shotterey. In diesem reetgedeckten Haus wohnte Shakespeares Frau vor ihrer Heirat. Heute befinden sich hier einige Möbel aus den vergangenen Jahrhunderten. Will man in den angrenzenden *Shakespeare Tree Garden*, muss man zunächst einige Souvenirabteilungen durchqueren.

Öffnungszeiten: März–Okt. Mo–Sa 9–17 Uhr, So 9.30–17 Uhr, Nov.–März bis 16 Uhr. Eintritt: £ 3.90.

Mary Arden's House: Drei Kilometer nördlich von Stratford liegt in Wilmcote das Mary Arden's House. Hier wohnte die Mutter des Dichters. Nach dem Tod ihres Vaters war der Besitz 1556 in ihre Hände übergegangen. Das Innere ist im Stil der elisabethanischen Zeit eingerichtet. Das angeschlossene *Countryside Museum* informiert über das Landleben der vergangenen Jahrhunderte.

- *Öffnungszeiten*: März–Okt. Mo–Sa 9.30–17 Uhr, So 10–17 Uhr; Nov.–März Mo–Sa 10–16 Uhr, So 10.30–16 Uhr. Eintritt: £ 4.40.
- *Anfahrt*: Von Stratford per Zug (außer So) oder Bus. Auch Guide-Friday-Tour-Busse fahren regelmäßig zum Mary Arden's House. Vom Anne Hathaway's Cottage führt ein ausgeschilderter Fußweg hierher.

Umgebung von Stratford-upon-Avon

Ragley Hall: Rund zwölf Kilometer westlich von Stratford über die A 435 (bis Alcester) liegt in einer riesigen Parkanlage der Herrensitz Ragley Hall. Hier ist der Earl von Yarmouth zu Hause. Eine Innenbesichtigung führt durch stilvoll eingerichtete Räume. Der Irrgarten im Park macht nicht nur Kindern Spaß.

- *Öffnungszeiten*: Ostern–September Do–So sowie an Feiertagen 12–17 Uhr. Eintritt: Erw. £ 6, Kinder £ 4.
- *Anfahrt*: Fünf Busse fahren täglich außer So von Stratford nach Alcester, von wo man noch ca. 2 Kilometer zu Fuß gehen muss.

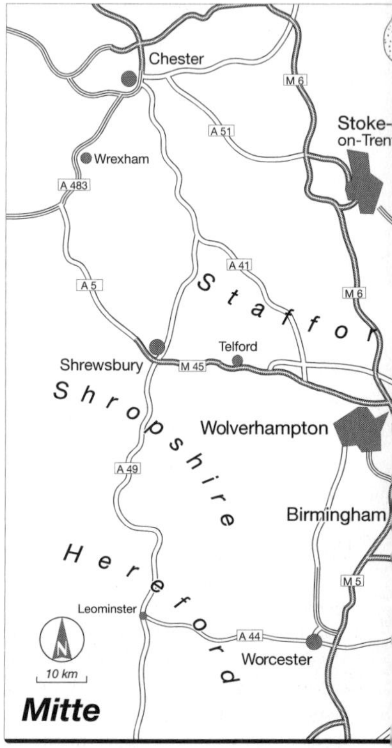

Warwick

Zwischen Stratford und Coventry liegt Warwick, ein Städtchen mit mittelalterlichem Flair. Im Jahr 1694 fiel Warwick einem Brand zum Opfer, daher besteht der Stadtkern heute hauptsächlich aus Gebäuden der georgianischen Zeit. Rund um das Zentrum sind jedoch noch mittelalterliche Bauten erhalten.

- *Information*: **Tourist Information**, The Court House, Jury Street, ✆ 01926-492212, 📠 494837.
- *Verbindungen*: **Bus** – Stündlich fahren von Stratford aus Busse nach Warwick. Auch von London und Birmingham gibt es Ausflugsbusse. **Zug** – Ebenso regelmäßig kommt man mit dem Zug hierher.
- *Essen*: Die meisten Pubs und Restaurants befinden sich in und um die Smith Street. In der St. Nicholas Church Street findet man ein hübsches, altes Pub namens **New Bowling Green**, das besonders wegen seines Biergartens beliebt ist. Die Touristeninformation hält eine Liste mit Restaurants bereit.

Sehenswertes

Höhepunkt eines Besuchs ist eine Besichtigung von **Warwick Castle**, dem hübschesten mittelalterlichen Schloss von Großbritannien. Eine erste hölzerne Festung wurde hier wahrscheinlich von Wilhelm dem Eroberer im Jahr 1068 errichtet. Kurze Zeit später ersetzte man sie durch eine massive Burg. Die Grafen von Warwick waren sehr einflussreich, und im Mittelalter gelangte die Stadt durch Handel zu Wohlstand. Im 17. und 18. Jahrhundert baute man die

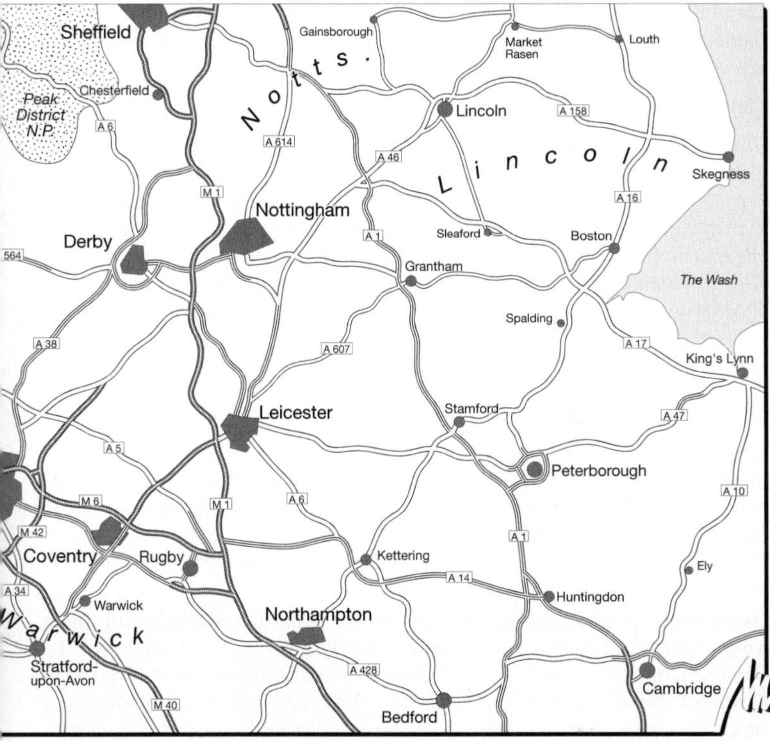

Mittelengland
Karte S. 416/417

Anlage zu einem schlossartigen Landsitz aus. Während des Hundertjährigen Krieges wurden französische Soldaten hier in den Verliesen des *Caesar Tower* eingekerkert. Heute gehört die ganze Anlage Madame Tussaud's, was sich in stolzen Eintrittspreisen niederschlägt. Die herrschaftlichen *State Apartments* stehen unter dem Motto "Royal Weekend Party" – Wachsfiguren stellen eine noble Gesellschaft bei einer Tea-Time-Gesellschaft nach. Erholung verspricht ein Rundgang durch die Parkanlage, deren Höhepunkt ein hübscher Rosengarten ist. Im Sommer finden regelmäßig Ritterturniere statt.

Öffnungszeiten: Tgl. 10–18 Uhr, Nov.–Feb. nur bis 17 Uhr. Eintritt: £ 10.50.

Oken's House and Doll Museum: Am Eingang zur Burg befindet sich in der Castle Street das Fachwerkhaus Oken's House, in dem man eine Puppenausstellung und Spielzeug aus verschiedenen Jahrhunderten besichtigen kann.

Öffnungszeiten: April–Okt. Mo–Sa 10–17 Uhr, So 11–17 Uhr; Nov.–März nur Sa von 10 Uhr bis zur Dämmerung. Eintritt: £ 2.

Collegiate Church of St Mary: Die schöne Pfarrkirche im Ort am Old Square ist berühmt für die *Beauchamp-Kapelle*, Gräber aus dem Mittelalter und der Tudorzeit und für ihren Turm.

Öffnungszeiten: Im Sommer tägl. 10–18 Uhr, im Winter 10–16 Uhr. Eintritt frei. Turmbesteigung je nach Wetterverhältnissen (£ 1).

Lord Leycester Hospital: Dieses Hospital in der High Street, das im Jahr 1571 als Garnisonshaus angelegt wurde, weist eine schöne Kapelle und einen Ratssaal auf.
Öffnungszeiten: Im Sommer tägl. außer Mo 10–17 Uhr, im Winter bis 16 Uhr. Eintritt: £ 2.75.

Coventry

Über die A 46 in nördliche Richtung gelangt man von Stratford nach Coventry, einer Stadt, die ihre Blüte im 17. Jahrhundert der Tuchherstellung verdankte. Deutsche Bomben im Jahr 1940 legten die Stadt zum größten Teil in Schutt und Asche. Neubauten, die nach dem Krieg entstanden, lassen wenig vom einstigen Glanz der Altstadt erahnen. Einzig die 1962 erbaute *Kathedrale* ist einen Besuch wert. Sie wurde an die Überreste der alten *Cathedral of St Michael* angebaut, die im Krieg zerstört wurde. Dank der riesigen bunten Fenster ist das Innere lichtdurchflutet.
Information: Bayley Lane (gegenüber der Kathedrale), ✆ 01203-832303.

Birmingham

Birmingham ist nach London die zweitgrößte Stadt Englands. Die Industrielle Revolution ließ die mittelgroße Marktstadt in wenigen Jahrzehnten zu einem riesigen Industriezentrum werden. "Brum", wie die Bürger ihre Stadt nennen, versucht wie die anderen Industriestädte in England auch, Bürgern und Besuchern durch neue Projekte mehr Lebensqualität zu vermitteln.

Dennoch hat die Stadt unter Engländern einen denkbar schlechten Ruf. Denn wo die nördlichen Metropolen zumindest ihre Musikszene zu bieten haben, ist Birmingham eine ziemlich unansehnliche Betonwüste geblieben, in der man vor allem einer Beschäftigung nachgeht – dem Geldverdienen. Entspannend ist allerdings eine Fahrt auf einem der Kanalboote, und auch das aufgepeppte *Jewellery Quarter* lohnt einen Besuch. Ein weiterer Lichtblick für den Besucher sind die zahlreichen kostenlosen Museen und Galerien.

Birmingham war die erste Stadt der Welt, die man schon zu Anfang des 19. Jahrhunderts als vollständig industrialisiert bezeichnen konnte. So berühmte Erfinder und Techniker wie *James Watt*, *Matthew Boulton* und *Erasmus Darwin* schlossen sich hier zusammen, um die Industrialisierung voranzutreiben. Die Stadt wurde schnell zum Handelszentrum. Von hier aus wurden Juwelen, Gewehre, Schwerter und Knöpfe in die ganze Welt geliefert. Während des Zweiten Weltkriegs legten dann deutsche Bomben große Teile der Innenstadt in Schutt und Asche. So prägen heute moderne und nicht unbedingt ansehnliche Neubauten das Zentrum von Birmingham.

Information/Verbindungen/Stadtrundfahrten

- Information: **Birmingham Convention & Visitor Bureau**, auch wenn man primär auf Geschäftstourismus ausgerichtet ist, sind die Materialien des Touristenbüros sehr umfangreich und gut gestaltet. Außerdem ist man bei der Zimmervermittlung behilflich. 2 City Arcade, ✆ 0121-6432514, 📠 6161038.

Weitere Filialen gibt es in der **130 Colmore Row** (am Victoria Square), ✆ 0121-6936300; **im NEC (National Exhibition Centre)**, The Piazza, ✆ 0121-7804321; im **Kongresszentrum ICC**, Broad Street, ✆ 0121-6656116.

- Telefonvorwahl: 0121

• *Verbindungen*: **Bus** – Der Busbahnhof Digbeth Station befindet sich in der High Street; von hier starten sowohl Überland- als auch Nahverkehrsbusse. Der National Express fährt regelmäßig nach London, Manchester und Cardiff. West-Midland-Busse verbinden mit Coventry und Wolverhampton.

Zug – Birmingham ist ein Verkehrsknotenpunkt für Züge nach London, Wales, in den Südwesten Englands sowie zu vielen nördlichen Zielen. Die meisten Züge halten in der New Street Station. Verbindungen nach Warwick und Stratford-upon-Avon am besten von den Bahnhöfen Snow Hill und Moor Street, die man zu Fuß von der New Street innerhalb von zehn Minuten erreichen kann (ausgeschildert).

Flugzeug – Der Birmingham International Airport liegt rund 12 km östlich vom Zentrum. Vom Hauptbahnhof in Birmingham fahren regelmäßig Züge hierher, die großen Airlines unterhalten auch kostenlose Shuttle-Busse. Auskünfte unter ✆ 0121-7675511; Fluginformation unter ✆ 0121-7677798.

• *Stadtrundfahrten*: Von verschiedenen Haltestellen in der Stadt fahren Doppeldeckerbusse alle wichtigen Sehenswürdigkeiten und Museen an. Eine Karte ist den ganzen Tag gültig und kostet für Erwachsene um £ 8. Auskünfte und Tickets in den Informationsbüros (man kann aber auch direkt in den Bus einsteigen). Rundfahrten der Birmingham City Tour beginnen stündlich am Victoria Square.

Adressen

• *Apotheke und ärztliche Versorgung*: **NHS Medical Centre at Boots**, dies ist eines der neuen "ambulanten Krankenhäuser" in England, wo man sich ohne lange vorherige Anmeldung von einem Arzt untersuchen lassen kann. Danach kann man sich dann gleich in der Apotheke mit Medikamenten eindecken. 66 High Street, ✆ 0845-4647.

• *Bootfahren*: Die Industriestadt Birmingham war schon früh auf die Kanäle für den Warentransport angewiesen. Heute fahren hier Ausflugsboote vom Gas Street Basin, ICC (International Convention Centre und dem National Sea Life Centre). Canal Leisure Services, ✆ 0121-5070477. Second City Canal Cruises, ✆ 0121-2369811.

• *Einkaufen*: **Bull Ring Indoor Market/Rag Market**, im Bull Ring Shopping Centre, Edgbaston Road, befinden sich gleich mehrere Märkte: Auf über 500 Marktständen werden Frischwaren (Mo–Sa), Kleidung, Möbel, aber auch viele klassische Mitbringsel und Secondhand-Artikel (Di, Fr, Sa) angeboten. Antikmärkte finden jeweils am zweiten oder dritten Mittwoch im Monat statt. Das Zentrum wird momentan umgebaut, und einige der Märkte werden in Zukunft in der unterirdischen Busstation am Bull Ring zu finden sein.

Jewellery Quarter Shopping Centre, Hockley. In dem traditionellen Goldschmiedezentrum der Stadt kann man sehr ausgefallene oder traditionelle Schmuckstücke ergattern.

The Pavillions Shopping Centre, 36 High Street. Hier findet man die gängigen Kaufhaus- und Boutiqueketten.

• *Geldwechsel*: **American Express**, im Bank House, Cherry Street; **Barclays Bank**, 15 Colmore Row; **Post Office**, 1 Pinfold Street und 19 Union Passage.

• *Krankenhaus*: **City Hospital**, Dudley Road, ✆ 0121-2368611.

• *Polizei*: In der Nähe des Stadtzentrums befinden sich die Stationen **Steelhouse Lane** und **Digbeth**, ✆ 0121-6266000.

• *Post*: an der Kreuzung Victoria Square und Pinfold Street.

Übernachten/Essen (siehe Karte Seite 421)

Birmingham ist auf Geschäftsleute eingestellt, die eine Messe oder Kongresse besuchen, daher sind die meisten günstigen Unterkünfte sehr weit außerhalb des Stadtzentrums. Die großen Hotels bieten jedoch alle günstige Wochenendtarife an. Am besten informiert man sich in der Touristeninformation.

Da Birmingham eine internationale Stadt ist, gibt es zahlreiche gute Restaurants. Preiswertere Küche findet man z. B. im Chinese Quarter am oberen Ende der Hurst Street.

• *Übernachten*: **Comfort Inn (6)**, in der Innenstadt gelegenes Komforthotel in der Nähe des NEC und des Flughafens. B&B ab £ 50 pro Person. Station Street, ✆ 0121-6431134.

Central Guest House (12), an der A 45 in der Nähe des Stadtzentrums gelegene komfortable Pension. B&B ab £ 36 pro Person. 1637 Coventry Road, ✆ 0121-7067757.

• *Essen*: **Chung Ying Garden Restaurant (9)**, exklusives kantonesisches Restaurant mitten in Chinatown. 17 Thorp Street, ✆ 0121-6666622.

El Paraiso (7), das einzige kubanische Restaurant in Birmingham mit "paradiesischer" Einrichtung. 14–16 Suffolk Street, Queensway, ✆ 0121-6337770.

Oceanic Restaurant (1), modernes Café-Restaurant mit Fischspezialitäten. 89–91 Livery Street, ✆ 0121-2367500.

Sum Ye (11), wen spät abends der Hunger überfällt, der bekommt in diesem chinesischen Fastfood-Restaurant den richtigen Snack für wenig Geld. Arcadian Centre, Hurst Street.

Old Contemptibles (2), altes Pub mit viel Atmosphäre, in dem es vor Geschäftsleuten wimmelt. Das Pub ist bekannt für seine leckeren Lunch-Gerichte. 176 Edmund Street.

The Victoria (5), irisches Pub neben der Ikon Gallery. Hier gibt es die besten Lunch-Gerichte der unteren Preiskategorie. John Bright Street.

Caffe Uno (3), Ableger der Kette, die man überall in England findet; man kann hier auch frühstücken. 126 Colmore Row.

Casa Paco (4), sehr zu empfehlendes spanisches Restaurant mit Fischspezialitäten, Fr/Sa Livemusik. 7 Fletcher's Walk, ✆ 0121-2331533.

Maharadja (10), gute indische Küche zu mittleren Preisen in eleganter Umgebung. Gute Auswahl auch für Vegetarier. 23–25 Hurst Street (neben dem Hippodrome Theatre), ✆ 0121-6222641.

McClusky's (8), amerikanisches Dinner mit Salaten, Burgern etc. Das Café-Restaurant verwandelt sich später in eine Bar mit Musik und Tanzfläche, bis 2 Uhr geöffnet. Smallbrook Queensway.

Nachtleben

DNA, der größte und neueste Club der Stadt mit den neuesten Sounds, John Bright Street, ✆ 0121-6337456.

Dome II, Riesendisco mit Themennächten (donnerstags Dance Tracks, freitags 70ties, etc.). Horsefair, ✆ 0121-6222233.

Ronnie Scott's Club, hier spielen die Jazzgrößen, tägl. bis 2 Uhr geöffnet (außer So). Eintritt um £ 10. Broad Street, ✆ 0121-6434525.

The Jam House, auf drei Ebenen kann man hier essen, trinken und tanzen, zu Rhythm 'n' Blues, Soul etc. Eintritt wird nur samstags erhoben. St. Paul's Square, ✆ 0121-2003030.

The Fiddle & Bone, netter Club am Kanal mit Jazz, Celtic Rock und R&B. Sheepcote Street, nahe Brindleyplace, ✆ 0121-2002223.

The Medecine Bar, untergebracht in der Custard Factory, einer der angesagtesten Clubs der Stadt. ✆ 0121-6936333.

Kultur

• *Theater*: **Birmingham Repertory Theatre,** der Ort für moderne Theateraufführungen, Centenary Square, Broad Street, ✆ 0121-2364455.

Birmingham Hippodrome, auch hier finden Konzerte und andere Veranstaltungen statt, u. a. tritt hier auch das Royal Ballet von Birmingham auf. Hurst Street, ✆ 0121-6893030.

The NEC Arena, hier finden große Popkonzerte statt, ✆ 0121-7804133.

Symphony Hall, hier tritt u. a. das symphonische Orchester von Birmingham auf. The ICC, Broad Street, ✆ 0121-2002000.

• *Festivals*: **Birmingham Jazz Festival**, in den ersten zwei Wochen im Juli wird ein beliebtes Jazz-Festival veranstaltet. Über 200 Bands sorgen dann für Unterhaltung.

Sehenswertes

Birmingham Museum and Art Gallery: Diese bekannte Ausstellung in einem schönen viktorianischen Gebäude befindet sich am Chamberlain Square. Zu sehen gibt es die wohl größte Sammlung präraffaelitischer Glas- und Keramikkunst. Ein ganzer Raum ist dem Maler *Sir Edward Burne-Jones* gewidmet, der 1833 in Birmingham geboren wurde. Andere Räume beschäftigen sich mit der europäischen Malerei, der Archäologie und der Naturgeschichte. Außerdem kann man sich in einem nachgebauten Tearoom aus edwardianischer Zeit umschauen. Die *Gas Hall Exhibiton Gallery* präsentiert Wechselausstellungen.

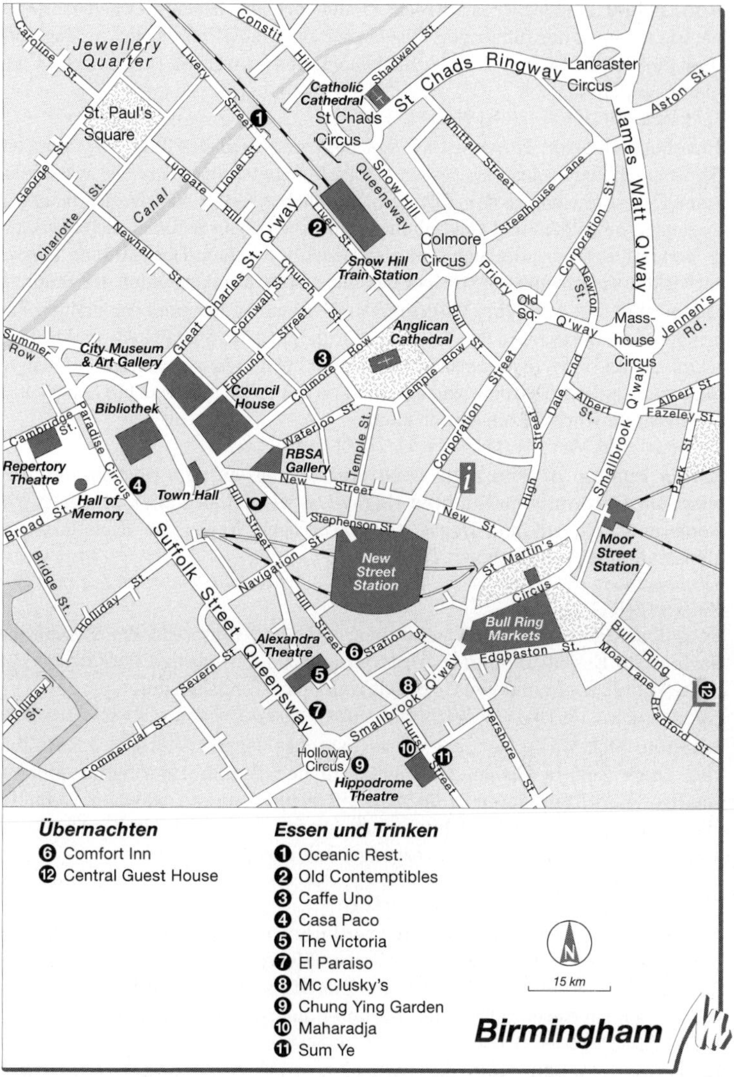

Mittelengland Karte S. 416/417

<u>Öffnungszeiten</u>: Mo–Do und Sa 10–17 Uhr, Fr ab 10.30, So ab 12.30 Uhr. Eintritt frei (bis auf die Wechselausstellungen).

Discovery Centre: Das alte Science Museum wurde zum Zeitpunkt der Recherche modernisiert; die Wiedereröffnung unter neuem Namen war für Anfang 2002 geplant. Zu sehen gibt's dann eine interaktive Ausstellung zur Technologiegeschichte.

<u>Öffnungszeiten</u>: Anfragen unter ✆ 0121-3032983 bzw. ✆ 3031315.

Ikon Gallery: Auf der Broad Street befindet sich am Brindleyplace diese Galerie. Sie ist eines der führenden Museen für zeitgenössische Kunst in England. Hier gibt es ein Café und einen Buchladen, und es werden thematische Führungen angeboten.

Öffnungszeiten: Di–So 11–18 Uhr. Eintritt frei.

Jewellery Quarter: Nordwestlich des Zentrums liegt das Jewellery Quarter (Hinweisschilder beachten), dessen Gebäude hauptsächlich aus der viktorianischen Zeit stammen. Ab der Mitte des 18. Jahrhunderts siedelten sich in dieser Gegend viele Silber- und Goldschmiede an. Noch heute befinden sich hier einige hundert Betriebe, die man teilweise besichtigen kann. Das hübsche Viertel entwickelt sich momentan zu einer der schicksten Wohngegenden der Stadt.

Museum of the Jewellery Quarter: Das Museum ist in einem ehemaligen Fabrikgebäude untergebracht. Auf einem Rundgang wird das Gold- und Silberschmiedehandwerk dokumentiert (man kann bei der Arbeit zuschauen). Angeschlossen sind ein Tearoom und ein Shop, in dem man ausgesuchte Stücke aus den hiesigen Werkstätten kaufen kann.

Öffnungszeiten: Mo–Fr 10–16 Uhr, Sa 11–17 Uhr. Eintritt: £ 2.50.

Barber Institue of Fine Arts: Diese Ausstellung auf dem Gelände der Birmingham University im Stadtteil Edgbaston widmet sich alten Meistern wie Rembrandt, Rubens und Degas, zeigt aber auch Werke von Künstlern wie Monet, Picasso, van Gogh und Turner.

Öffnungszeiten: Mo–Sa 10–17 Uhr, So 14–17 Uhr. Eintritt frei. Anfahrt mit Zug oder Bus vom Zentrum.

Botanical Gardens and Glasshouses: Erholung verspricht der Botanische Garten von Edgbaston in der Westbourne Road. Die riesige Parkanlage mit Seen, Treibhäusern und viel Grün lädt zum Spazierengehen ein.

Öffnungszeiten: Tägl. 9–19 (im Winter bis zur Dämmerung). Eintritt: Erw. £ 4.30.

Sarehole Mill: Was viele nicht wissen, ist, dass der Schriftsteller J.R.R. Tolkien lange Zeit in Birmingham lebte. In der Tourist Information gibt es eineBroschüre, mit deren Hilfe man auf seinen Spuren wandeln kann. In dieser Mühle aus dem 18. Jahrhundert, wo der Autor sich als Kind aufhielt, wird man in die viktorianische Vergangenheit zurückversetzt.

Öffnungszeiten: März–Okt. 14–17. Eintritt frei, Spenden erbeten. Cole Bank Road, Hall Grenn, Anfahrt mit Bus Nr. 4. ✆ 0121-7776612.

Aston Hall: Im rund zwei Kilometer nördlich vom Zentrum gelegenen Vorort Aston steht ein imposantes jakobinisches Herrenhaus (Trinity Road). Vom Anfang der Corporation Street fährt Bus 7 bis zur Trinity Road. Zwanzig Räume können besichtigt werden, darunter auch die getäfelte *Long Gallery*.

Öffnungszeiten: April–Okt. täglich 14–17 Uhr. Eintritt: £ 5.

Umgebung von Birmingham

Das Gebiet im Westen und Norden von Birmingham ist als "Black Country" bekannt. Diese ländliche Region wird nur von kleineren Industrieorten durchbrochen. Hier kann man gut spazieren gehen, und es gibt einige interessante Industriemuseen zu besichtigen.

Black Country Living Museum: Dieses anschauliche Freiluftmuseum rekonstruiert ein ganzes Dorf, wie es Mitte des 19. Jahrhunderts für diese Gegend typisch war. Unter anderem kann man eine Kohlengrube besichtigen und ein Kino aus den 20er Jahren besuchen. In dem Dorf leben Personen, die in Originalkostümen den ganzen Charakter der Zeit heraufbeschwören.

Öffnungszeiten: März–Okt. tgl. 10–17 Uhr, Nov.–Feb. Mi–So 10–16 Uhr. Eintritt: £ 7.50. Anfahrt von Birmingham mit dem Bus Nr. 87 oder 126 (nach Dudley), ✆ 0121-5579643.

The Ironbridge Gorge Museum: Etwas weiter entfernt von Birmingham (auf der M 54 nach Westen) liegt in Telford dieses interessante Museum. Während der Industriellen Revolution wurde hier die erste Eisenbrücke der Welt gebaut. Die hiesige Industriellenfamilie Darby verfeinerte den Prozess der Eisenschmelzung, wodurch der Bau einer solchen Brücke erst möglich wurde. Die Brücke wurde von der UNESCO 1986 zum Weltkulturerbe erklärt. Außer der Brücke gibt es natürlich ein Besucherzentrum sowie andere Gebäude zu besichtigen, so dass man hier durchaus den ganzen Tag verbringen kann.

Öffnungszeiten: Ganzjährig tägl. 10–17 Uhr (im Winter sind einige Sehenswürdigkeiten geschlossen, daher vorher anrufen, ✆ 01952-433522). Eintritt: £ 10 (Kombiticket für alle Sehenswürdigkeiten).

Nottingham

Mit über 280.000 Einwohnern gehört Nottingham durchaus zu den größeren Städten Englands. Unansehnliche Bürogebäude und Parkhäuser auf der viel befahrenen, mehrspurigen Umgehungsstraße lassen Nottingham auf den ersten Blick nicht allzu attraktiv erscheinen. Robin-Hood-Romantik sucht man hier vergeblich. Dennoch gibt es auch in Nottigham allerlei historisch Interessantes zu entdecken. Außerdem hat die Stadt eine lebhafte Studentenszene mit vielen Kneipen und kulturellen Veranstaltungen vorzuweisen.

Das heutige Stadtbild wird vor allem durch unansehnliche Hochhauskonstruktionen der Nachkriegszeit geprägt. In der Innenstadt gibt es jedoch einige nette Einkaufsstraßen, Cafés und schöne Plätze. Die meisten Touristen steuern direkt auf das Schloss zu, in dem der Legende nach der berüchtigte Sheriff von Nottingham aus der Robin-Hood-Legende residierte. Unterhalb befinden sich auch Höhlen, die man besichtigen kann, sowie das Jerusalem Pub, dessen Geschichte bis ins Mittelalter zurückgeht. Zahlreiche Museen und einige historische Bauten erinnern an vergangene Jahrhunderte.

Mittelengland
Karte S. 416/417

Gegründet wurde die Stadt von den Sachsen, die ihr den Namen "Snotingaham" gaben. Wilhelm der Eroberer ließ 1068 auf den Hügeln eine Festung bauen. Fast alle Könige des Mittelalters residierten hier regelmäßig. Im Jahre 1642 hisste King Charles I. hier seine Standarte, um dann mit seinen Truppen militärisch gegen das Parlament in London vorzugehen (Beginn des Bürgerkriegs). Nottingham blieb lange Zeit eine beschauliche Marktstadt. Das sollte sich im Zuge der Industrialisierung ändern. Von der zweiten Hälfte des 18. Jahrhunderts an spielte die Textilherstellung, insbesondere das Spitzenklöppeln, eine entscheidende Rolle. Die Kurzwarenindustrie brachte technische Neuerungen in die Stadt: Der Weber und Erfinder *James Hargreaves* siedelte nach Nottingham über und führte hier seine berühmte Spinnmaschine "Spinning Jenny" ein. Fabriken wurden errichtet, und die Stadt stieg zu einem der führenden Textilzentren Europas auf. Als im 19. Jahrhundert eine Rezession das Gewerbe erfasste und zahlreiche Weber kurz vor dem Hungertod standen, kam es zu den sog. Ludditen-Unruhen: Zwischen 1811 und 1816 stürmten Arbeiter die Fabriken und zerstörten systematisch die Maschinen. Anfang des 20. Jahrhunderts begann man, viele alte Gebäude der Stadt abzureißen und die Ringstraße um die Innenstadt anzulegen. Leider wurde hierbei der Ästhetik kein allzu großer Wert beigemessen.

Der Tourismus in der Stadt lebt im Wesentlichen von der Pflege der Legende um Robin Hood. Nördlich von Nottingham breitet sich der berühmte Sherwood Forest aus (bzw. das, was von ihm übrig geblieben ist). Hier gibt es weitere Besucherzentren zu diesem Thema.

• *Information*: Am alten Marktplatz findet sich das Informationszentrum mit einer Unmenge von kostenlosen Broschüren und Stadtkarten. 1–4 Smithy Row, Nottinghamshire, ✆ 0115-9155330.

• *Telefonvorwahl*: 0115

• *Verbindungen*: **Bus** – National Express startet ab Broadmarsch Coach Station südlich des Zentrums (Collin Street), Stadt- und Nahverkehrsbusse ab York Street.

Zug – Der Bahnhof liegt im Süden (fünf Minuten Fußweg vom Zentrum) an der Carrington Street.

• *Apotheke*: **Boots**, Broad Marsh Centre, 40 Lister Gate.

• *Geldwechsel*: **Thomas Cook**, 16 Clumber Street; **American Express**, 2 Victoria Street.

• *Polizei*: North Church Street, ✆ 0115-9482999.

• *Post*: Queen Street.

• *Übernachten*: Die meisten B&Bs der Stadt liegen etwas abgelegen in den Vororten. Am besten lässt man sich eine Unterkunft vom Tourist Office vermitteln.

Quality George Hotel, komfortables Hotel im Stadtzentrum, B&B ab £ 40 pro Person. George Street, ✆ 0115-9475641.

Adams Castle View Guesthouse, renoviertes viktorianisches Haus, B&B ab £ 17 pro Person. 55 Castle Boulevard, ✆ 0115-9500022.

• *Essen und Trinken*: **Antibo**, Italiener mit guten Tagesgerichten. Lower Parliament Street.

Bell Inn, historisches Pub mit Außenterrasse und guter Bier- und Whiskeyauswahl. Angel Row.

Café Rouge, französisches Bistro mit mediterraner Küche. 312 Briddelsmith Gate.

Mogal-E-Azam, einer der besseren Inder der Stadt und immer gut besucht. Goldsmith Street, ✆ 0115-9528777.

Sonny's, sehr schickes Restaurant mit mediterraner Küche. Carlton Street, ✆ 0115-9473041.

The Hole in the Wall, einer der beliebtesten Studententreffs. North Sherwood Street.

The Waterfront, moderne Cafébar am Kanal mit Außenterrasse. Castle Wharf Development, Canal Street.

• *Nachtleben*: Nottingham hat eine beachtliche Kneipenlandschaft zu bieten. Hier nur einige Clubs:

Bomb, zum Zeitpunkt der Recherche einer der angesagten Clubs. 45 Briddlesmith Gate.

Lost Weekend, Club auf mehreren Ebenen mit zwei Tanzflächen. 169 Huntingdon Street.

The Maze, hier wird nicht nur getanzt, sondern auch aufgeführt. Fast jeden Abend finden andere Veranstaltungen statt. 270 North Sherwood Street.

Sehenswertes

Nottingham Castle/Museum & Art Gallery: Leicht unterhalb des Schlosses steht verborgen hinter Büschen die Bronzestatue von Robin Hood, dem König der Diebe, der der Legende nach mit seinen Mannen den Sherwood Forest unsicher machte. Von der ursprünglichen Burg, die Wilhelm der Eroberer erbauen ließ, ist heute nichts mehr übrig, denn sie wurde während des Bürgerkrieges von den Parlamentariern geschleift. Erst der Herzog von Newcastle ließ das Castle in der zweiten Hälfte des 17. Jahrhunderts wieder aufbauen – dann aber im italienisch beeinflussten Renaissancestil. Innen ist heute die *History of Nottingham Exhibition* zu bewundern, die die Stadtgeschichte illustriert. Eine kleine, aber sehr sehenswerte Sektion befasst sich mit der Alabaster-Schnitzerei, für die Nottingham im Mittelalter sehr berühmt war. In der obersten Etage ist die *Art Gallery* mit Gemälden aus dem 19. Jahrhundert untergebracht.

Öffnungszeiten: Tgl. 10–17.45 Uhr, Nov.–Feb. freitags geschlossen. Eintritt: Mo–Fr frei, Sa/So £ 2.

Ye Olde Trip to Jerusalem

Mortimer Hole: Außerdem kann man die unterhalb des Schlosses gelegenen Höhlen besichtigen. Am Haupteingang zum Schloss führen zwei Treppen zu einem unterirdischen Gängesystem, das nur mit einem Führer betreten werden kann.

Öffnungszeiten: Mo–Sa 15–18 Uhr. Eintritt: Erw. £ 1.50.

Ye Olde Trip to Jerusalem: Wenn man vom Schloss hinunterläuft, befindet sich am Fuße des Hügels dieses sehenswerte Pub. An dieser Stelle stand bereits im Mittelalter eine Herberge, und wer das Innere betreten hat, ist überzeugt, dass das Haus mindestens einige hundert Jahre alt sein muss. Berühmt wurde die Herberge, nachdem Kreuzritter auf dem Weg ins Heilige Land im Jahr 1189 hier gerastet und sich erfrischt hatten – daher der ungewöhnliche Name.

Museum of Costume and Textiles: Von der Mitte des 18. Jahrhunderts bis zum Ersten Weltkrieg war Nottingham ein Zentrum der Bekleidungsindustrie. Auf drei Etagen kann man Kleider, Anzüge, Unterwäsche und Accessoires vergangener Jahrhunderte bestaunen.

Öffnungszeiten: Mi–So 10–16 Uhr. Eintritt frei. 51 Castle Gate, ✆ 0115-9153500.

The Lace Centre: Unterhalb des Schlosses befindet sich in der Castle Road in einem Fachwerkhaus dieses Zentrum für Nottinghamer Spitzen. Hier kann man sich eine Auswahl an verschiedenen Mustern ansehen und einen Einblick in das Spitzenklöppeln gewinnen.

Öffnungszeiten: April–Okt. tägl. 10–17 Uhr, Nov.–März 11–16 Uhr. Eintritt frei.

Lace Market: Über die Castle Gate gelangt man vom Schloss ins Stadtzentrum und zum Viertel Lace Market. Enge Straßen winden sich um die *St Mary Church*, eine Perpendikular-Kirche aus dem 15. Jahrhundert. Hier oben befand sich übrigens die sächsische Siedlung "Snotingaham". Am Broadway reihen sich einige viktorianische Lagerhallen aneinander. In der Stoney Street steht die wohl größte und interessanteste – die Lagerhalle von *Page & Co* mit ihren sehenswerten Steinreliefs und den großen Fenstern im Dach. Etwas südlich befindet sich das ehemalige Verwaltungsviertel von Nottingham. In High Pavement steht die imposante *Shire Hall* aus dem Jahr 1770. Charakteristisch sind die neoklassizistischen Säulen und die Kuppel.

The Museum of Nottingham Lace: Wer noch nicht genug über die Spitzenherstellung erfahren hat, kann sein Wissen hier vertiefen.

Öffnungszeiten: Tgl. 10–17 Uhr (im Winter vorher anrufen, ✆ 0115-9897365). Eintritt: Erw. £ 3.

Robin Hood in Nottingham

Wohl jeder kennt die Legende von Robin Hood, der von den Reichen nahm und es den Armen gab. Viele Plätze in England erheben Anspruch darauf, irgendwie mit diesem Mann in Verbindung zu stehen. In Nottingham finden sich zahlreiche touristische Einrichtungen, die die Legende vermarkten. Wer das Ganze mit Humor nimmt, kann an einigen spaßigen Veranstaltungen teilnehmen. Im Folgenden sind einige davon aufgeführt. Die "Robin-Hood-Erfahrung" ist natürlich erst dann komplett, wenn man auch den Sherwood Forest besucht hat (s. u.).

The Tales of Robin Hood: Hier können Sie für ein paar Stunden in die Haut Robin Hoods schlüpfen. 30–38 Maid Marian Way, in der Nähe des Schlosses, ✆ 0115-9483284.

The Evil Sheriff of Nottingham's Banquett: In ein mittelalterliches Kostüm gekleidet, kann man hier wie im Mittelalter speisen. Weniger wegen des Essens interessant; das Spektakel kitzelt aber auf jeden Fall die Lachmuskeln. Sheriffs Lodge, 162–176 Canal Street, ✆ 0115-9240088.

The World of Robin Hood: Hier führt Sie eine kostümierte Sagengestalt zurück ins Mittelalter, und Sie erleben hautnah, wie es damals gewesen sein könnte. Retford, Notts, Sherwood Forest, ✆ 01623-860210.

Sherwood Forest

Der Sherwood Forest ist im Ausland das wohl bekannteste Waldgebiet Englands. Die Legende besagt, dass Robin Hood hier sein Unwesen getrieben haben soll. Tatsache ist, dass der einst dichte Eichen- und Birkenwald im Mittelalter Schutz für zahlreiche Gesetzlose bot. Robin Hood selbst ist aber keine historische Person. Erste Erwähnung findet er in William Langlands Epos "Piers Plowman" (14. Jh.). Erst im 15. Jahrhundert wurde die Figur wieder aufgegriffen und mit einer eigenen Handlung ausgeschmückt. Noch später entstanden weitere Charaktere wie Bruder Tuck oder Marianne.

Früher breitete sich der Sherwood Forest über fast ganz Nottinghamshire aus. Rodungen im Zuge der Industrialisierung ließen nur noch einige kleinere Flecken übrig. Ein Spaziergang durch die Überreste des Waldes ist allerdings nicht sonderlich beeindruckend; in England finden sich wesentlich romantischere Waldgebiete.

Rund 30 Kilometer nördlich von Nottingham gelangt man über die B 6034 nahe Mansfield in den Ort **Edwinstowe**, der den Eingang zum *Sherwood Forest Country Park* bildet. Hier befindet sich auch ein Besucherzentrum mit einer kleinen Ausstellung zur Robin-Hood-Legende (mit Souvenirverkauf).

Öffnungszeiten Besucherzentrum: April–Okt. tgl. 10.30–17 Uhr, Nov.–März nur bis 16 Uhr. Eintritt frei. ✆ 01623-823202. Der Park ist jeden Tag bis zur Dämmerung geöffnet.

Lincoln

Unter den Römern hieß die Stadt "Lindum Colonia". Das Nordtor, heute Newport Arch genannt, ist das einzige sichtbare Überbleibsel aus dieser Zeit. Mittelalterliche Kopfsteinpflastergassen bahnen sich ihren Weg hinauf zur imposanten Kathedrale. Unterhalb des alten Stadtkerns liegt der modernere Teil Lincolns mit seinem schönen Einkaufsviertel.

Während der Hauptgeschäftszeit scheint die gesamte Bevölkerung in der Fußgängerzone der High Street unterwegs zu sein. Zu jeder halben Stunde wird das geschäftige Treiben vom Geläut der *Kathedrale* übertönt. Nur einen Katzensprung entfernt befinden sich die Reste der Burg. Vom *Observatory Tower*, einem nachträglich erbauten Eckturm, hat man einen sagenhaften Ausblick auf die flache Landschaft von Lincolnshire. Sehens- und entdeckenswert ist die gesamte Altstadt um die Kathedrale, z. B. die alten Häuser am *Steep Hill*, dann die High Street hinunter zur *Guildhall* (Rathaus) und zur *High Bridge*, der ältesten überbauten Brücke Englands.

Die Römer ließen sich in dieser strategisch gut gelegenen Gegend bereits im Jahr 48 u. Z. nieder. Unter den Wikingern wurde Lincoln zu einem bedeutenden Handelszentrum. Die Normannen errichteten die große Burg und die Kathedrale. Im frühen Mittelalter entwickelte sich die Stadt zu einem Zentrum der Wollverarbeitung und zu einem der wichtigsten Häfen Englands für Textilexporte.

Die "bessere" Gegend in Lincoln sind die Teile der Stadt, die sich auf dem Hügel (Up Hill) befinden. In den Niederungen (Down Hill) wohnten ab dem 19. Jahrhundert die Arbeiterfamilien.

Mittelengland
Karte S. 416/417

Information/Verbindungen/Führungen

• *Information*: **Tourist Information**, 9 Castle Hill, ✆ 01522-529828, 579055. Kostenlose Veranstaltungsführer "The Major Events" und "Diary of Events", Zimmervermittlung, Liste der Übernachtungsmöglichkeiten ("Where to stay").

Ein weiteres Informationsbüro im Stadtzentrum beim Cornhill ist von Mo–Sa geöffnet. 21 Cornhill, ✆ 01522-579056.

• *Telefonvorwahl*: 01522

• *Verbindungen*: **Bus** – Fernbusse halten an der *City Bus Station* gegenüber vom Hauptbahnhof. Von hier aus bestehen Verbindungen nach Leeds, Bristol, London, Yorkshire und Peterborough.

Zug – Der Hauptbahnhof befindet sich in der St Mary's Street. Zwei Züge fahren stündlich über Newark-on-Trent (umsteigen) nach London/King's Cross. Alle zwei Stunden fahren Züge nach Doncaster, von wo man nach York weiterreisen kann.

• *Stadtrundgänge*: In der Touristeninformation kann man sich mit Infomaterial eindecken, anhand dessen man die Stadt auf eigene Faust durchqueren kann.

Darüber hinaus starten jeden Tag um 11 und um 14.15 Uhr vom Castle Square organisierte Stadtführungen.

Außerdem werden thematische Führungen angeboten, z. B. "Auf den Spuren der Römer".

Adressen

• *Apotheke*: **Boots**, 311/312 High Street, ✆ 01522-524303.

• *Geldwechsel*: Banken in der High Street; **Thomas Cook**, 4 Cornhill Pacement (Nähe Touristeninformation).

• *Kino*: **Odeon**, Valentine Way, ✆ 01522-543021.

• *Krankenhaus*: **Lincoln County Hospital**, Greetwell Rd., ✆ 01522-512512.

• *Polizei*: Beaumont Fee (West Parade), ✆ 01522-882222.

• *Post*: 19/20 Guildhall Street.

• *Waschen*: **Maytag Launderette**, 8 Burton Road; **Westparade Launderette**, 75 West Parade.

Übernachten

Viele B&Bs befinden sich in der *Carline Road*, der *Yarborough Road* und der *West Parade*. In der Touristeninformation gibt es eine Broschüre, in der auch Hotels verzeichnet sind.

The Old Rectory (1), ein hübsches renoviertes B&B aus edwardianischer Zeit. Drei Minuten Fußweg zur Kathedrale. B&B ab £ 38 im DZ. 19 Newport, ✆ 01522-514774.

Admiral Guest House (2), hübsche Zimmer in einem 100-jährigen Haus. Fünf Minuten zu Fuß in die Stadt. B&B ab £ 35 im DZ. 16/18 Nelson Street, ✆ 01522-544467.

Linholme Guest House (3), kleinere Pension in viktorianischem Haus in der Nähe der Innenstadt. B&B ab £ 38 im DZ. 116 West Parade, ✆ 01522-522930.

• *Jugendherberge*: **Lincoln Youth Hostel (7)**, Januar geschlossen. Vom Bahnhof rechts die St Mary's St. hinunter. An der Kreuzung mit Pelham Bridge (später Canwick Rd.) wieder rechts. Dann rechts in South Park (eine Kreuzung hinter South Park Avenue). Erw. £ 10, erm. £ 6.75. 77 South Park, ✆ 01522-522076.

Essen

Auf dem oberen Teil der High Street, dem Steep Hill und der Bailgate befinden sich einige gemütliche Tea Rooms, z. B. **Mappins** (hinter der Touristeninformation), wo exzellenter Kaffee, leckere Obsttorten und deftiger Lunch serviert werden.

Stokes High Bridge Café (6), das ansehnliche Fachwerkhaus wurde 1540 auf einer Brücke, die aus dem frühen 12. Jahrhundert stammt, errichtet. Serviert wird im ersten und zweiten Stockwerk. Das schwarze Fachwerk und die kleinen Räume verbreiten eine urige Atmosphäre. Auf der Speisekarte steht alles, was zur traditionellen Tea Time gehört. Vom Mug of Coffee über Eis bis zu diversen Afternoon Tea Specials. Die täglich wechselnden Lunch-Gerichte sind preisgünstig und lecker. 207 High Street.

The Spinning Wheel Restaurant (5), Restaurant in einem schönen Fachwerkhaus mit einfachen Gerichten und Snacks. 39 Steep Hill.

Wig and Mitre (4), Pub in einem Gebäude aus dem 14. Jahrhundert. Während man unten preisgünstige Menüs bekommt, ist das Restaurant im Obergeschoss etwas teurer. 29 Steep Hill.

Feste/Veranstaltungen

Im Tourist Office ist der kostenlose Veranstaltungskalender *Major Events* erhältlich. Darin findet man die wichtigsten Ausstellungen, Festivals und sportlichen Veranstaltungen.

Im Mai gibt es das **Arts Festival** mit Kunstausstellungen und Theateraufführungen.

Anfang Juni kommen die Weinfreunde beim **Lincoln Wine Festival** auf ihre Kosten. Angeboten werden dabei auch Weine und Speisen aus Lincolns deutscher Partnerstadt Neustadt an der Weinstraße. Mehrere Veranstaltungen finden im Lincoln Castle statt. Die Broschüre *Lincoln Castle Events* informiert über die genauen Termine.

Mitte Dezember werden mehrere Stände für den **Weihnachtsmarkt** aufgebaut.

Darüber hinaus sorgen mehrere Theater für Unterhaltung:

Theatre Royal ist die Bühne für Dramen, Pantomime und Opern. Clasketgate, ✆ 01522-525555.

The Lawn Theatre, hier finden alle Arten von Veranstaltungen statt (von Konzerten bis zu modernem Tanz), ✆ 01522-560330.

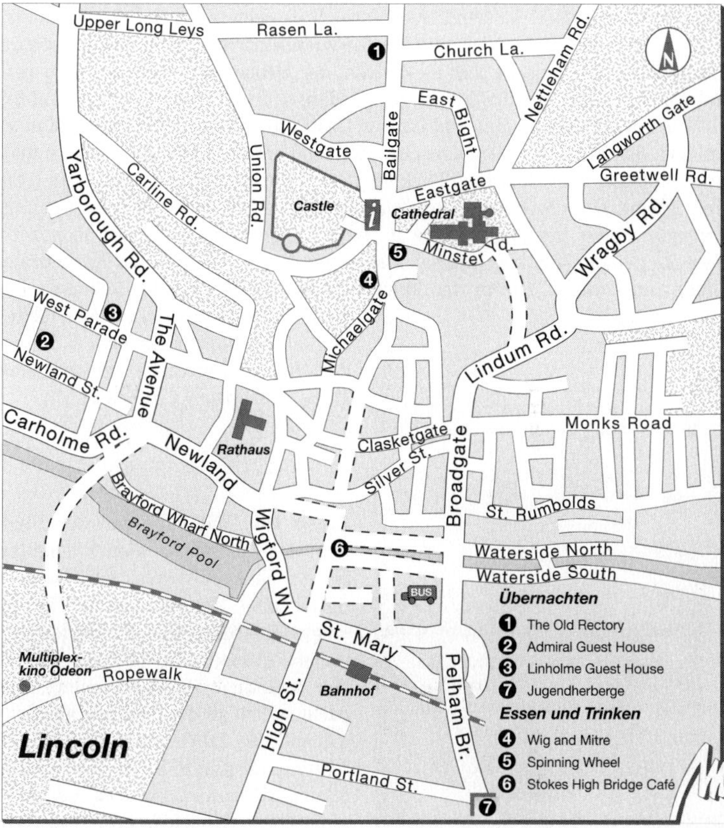

Sehenswertes

Lincoln Cathedral: Nirgendwo sonst in England dominiert die Kathedrale so augenfällig das Stadtbild wie in Lincoln. Ihr zentraler Turm zählt außerdem zu den höchsten Kirchtürmen des Landes. 1070 wurden große Teile der Kirche erbaut. Zwei Jahrzehnte später erfolgte die Einweihung, doch ein Feuer (1141) und ein Erdbeben (1185) zerstörten das Gotteshaus. Geblieben aus dieser Zeit sind die *Westfassade* und der untere Teil der beiden *westlichen Türme*. Mit dem Wiederaufbau wurde 1186 Hugh of Avalon beauftragt. Heute zeigt sich das Gebäude in einer Mischung aus englischer Spätgotik und Early-English-Stil. Im *Zentralturm* hängt die über fünf Tonnen schwere Glocke *Great Tom*, die ihren massigen Klangkörper stündlich in Bewegung setzt. Besonders sehenswert sind die zwei mittelalterlichen Fenster *Bishop's Eye* (14. Jahrhundert) und *Dean's Eye* (13. Jahrhundert).

Öffnungszeiten: Juni–Aug. Mo–Sa 7.15–20 Uhr, So bis 18 Uhr; Sept.–Mai. Mo–Sa 7.15–18 Uhr, So bis 17 Uhr. Spenden erbeten (Erw. £ 4).

Lincoln Castle: Von der herrlichen Kathedrale geht es durch das mittelalterliche *Exchequer Gate* in Richtung Westen zu den nur wenige Meter entfernten Burgruinen. Und wieder war es Wilhelm der Eroberer, der für den Bau verantwortlich zeichnet. 1068 befahl er, 166 Häuser der sächsischen Siedler abzureißen, um mit diesem Material Lincoln Castle zu errichten. Einzig die Maueranlagen der Burg aus normannischer Zeit sind erhalten. Auf diesen kann man auch einmal um den heutigen Park spazieren. Bekannt ist die Anlage auch für drei Türme: *Lucy Tower* und *Cobb Hall* waren im Mittelalter Verliese. Der *Observatory Tower* hingegen wurde im letzten Jahrhundert für astronomische Zwecke gebaut. Von hier aus hat man einen herrlichen Blick auf Kathedrale, Stadt und Umland. Hinter den Mauern befindet sich das alte Gefängnis, ein roter Backsteinbau. In einem abgedunkelten Raum kann man sich eine der vier letzten noch existierenden Kopien der *Magna Charta* ansehen.

Steep Hill – eine der schönsten Gassen Englands

Öffnungszeiten: Im Sommer Mo–Sa 9.30–17.30 Uhr, So 11–17.30 Uhr; im Winter Mo–Sa 9.30–16 Uhr, So 11–17.30 Uhr. Eintritt: Erw. £ 2.50.

Steep Hill: Will man von der Burg bzw. der Kathedrale wieder hinunter in die Einkaufsstraße, kommt man durch eine der schönsten Gassen Englands – *Steep Hill*. Auf beiden Seiten sieht man hübsche Häuserfassaden aus dem 19. Jahrhundert, die nachträglich an die Gebäude aus dem 14. und 15. Jahrhundert angebracht wurden. So sind z. B. die Häuser Nr. 38 und 39 Fachwerkbauten mit georgianischen Erkerfenstern. *The Wig and Mitre* ist heute ein schöner Pub, untergebracht in einem Fachwerkhaus aus dem 14. Jahrhundert.

Jew's Court: Das mittelalterliche Lincoln war eines der Zentren der jüdischen Bevölkerung von England. Davon zeugen mehrere Häuser aus dem 12. Jahrhundert am Steep Hill. Jew's Court, ein imposantes Steinhaus, soll die Synagoge gewesen sein. Gleich daneben stehen das ebenfalls beeindruckende *Jew's House* und das *House of Aaron the Jew*. Im 13. Jahrhundert wuchs in England die antisemitische Stimmung und endete mit der Ausweisung aller Juden durch Edward I. (1290). Erst 400 Jahre später kehrten sie nach England zurück.

Stonebow: Zurück im neuen Zentrum Lincolns, läuft man zunächst durch einen Steinbogen (Stonebow), ehe man in die Einkaufsstraße gelangt. Dieser

Bogen war im 15. Jahrhundert das südliche Stadttor Lincolns. Auf dem Stonebow befindet sich das *Rathaus* der Stadt, in dem der Stadtrat seit 1371 tagt. Ausgestellt sind hier auch die Schwerter von Richard II. und Heinrich VII.

High Bridge: Etwas unterhalb auf der High Street überspannt die *High Bridge* (12. Jahrhundert) den River Witham. Sie ist die einzige Brücke Englands, die noch heute mit mittelalterlichen Häusern bebaut ist (vgl. Stokes High Bridge Café). Steigt man eine Treppe (rechts neben dem Café) hinunter, bietet sich ein schöner Blick auf die Gebäude.

Museum of Lincolnshire Life: Das interessanteste und meistbesuchte Museum der Umgebung ist das Museum of Lincolnshire Life in der Burton Road, in dem 200 Jahre Sozialgeschichte der Region wieder lebendig werden. So kann man eine alte Küche aus der viktorianischen Zeit und eine nachgebildete Apotheke bestaunen. Außerdem sind Maschinen und Gerätschaften aus Industrie und Landwirtschaft zu sehen.

Öffnungszeiten: Im Sommer Mo–So 10–17.30 Uhr, im Winter Mo–Sa 10–17.30 Uhr, So 14–17.30 Uhr. Eintritt: Erw. £ 2.

Die Kathedrale von Lincoln

Boston

Knapp 55 Kilometer südöstlich von Lincoln liegt der ehemals wichtigste Hafen für englische Textilexporte (13. und 14. Jahrhundert). Aus dieser Blütezeit stammt auch die sehenswerte *Church of St. Botolph*. Von ihrem 90 m hohen Turm hat man eine grandiose Aussicht über Lincolnshire. In die Geschichtsbücher kam die Stadt, weil sich im 17. Jahrhundert ganze Gemeinden von puritanischen Pilgern hier zusammenfanden, die später in die Neue Welt auswanderten und dort die Stadt Boston gründeten. Ihr erster Versuch, im Jahre 1607 auf die große Reise zu gehen, endete allerdings mit ihrer Gefangenschaft im *Rathaus* (heute ein Museum).

- Öffnungszeiten Museum: Mo–Sa 8.30–16.30 Uhr, So 8.30–16 Uhr, im Winter So bis 12 Uhr. Eintritt: £ 2.
- Information: **Tourist Information**, Market Place, ✆ 01205-356656.
- Anfahrt: Von Lincoln fahren Züge nach Boston (in Sleaford umsteigen).

Yorkshire Dales: Natur pur

Yorkshire/Nordostengland

Yorkshire, die größte englische Grafschaft, wurde nach mehreren Gebietsreformen aufgeteilt in South, North und West Yorkshire sowie das East Riding of Yorkshire (nördlich des Flusses Humber, ehemals Humberside). Yorkshire ist ein romantisches Feriengebiet und in vielerlei Hinsicht weitaus typischer für England als z. B. Cornwall.

Die *Yorkshire Dales* mit ihren Hochlandmooren und dazwischen sich ausbreitenden Tälern sind ein beliebtes Feriengebiet, haben sich aber gleichzeitig eine Menge Ursprünglichkeit bewahrt. Unternehmungslustige können hier noch auf Entdeckungsreise gehen. Das Wetter ist zwar recht wechselhaft (es regnet oft, vom sanften Nieselregen bis zum kräftigen Schauer), allerdings bläst der Wind die Wolken meist schnell auseinander, und wenn dann die Sonne hervorlugt, entstehen faszinierende Farbenspiele auf den Hügelketten, die der kargen Torf- und Heidelandschaft ein dramatisches Aussehen verleihen. In den östlichen Gebieten der Dales ist es im Durchschnitt etwas trockener.

Auch die *North York Moors* mit ihren vielen Wandermöglichkeiten sind ein echtes Naturerlebnis. Im kargen Hochmoor weiden zottelige, braune Rinder und viele Schafe, verstreut liegen winzige Dörfer oder einsame Höfe. Unzählige kleine, erstaunlich saubere Flüsse und Bäche plätschern hinab zum Meer.

Die Nordseeküste zwischen *Spurn Head* und *Whitby* lädt zum Wandern und Spazierengehen ein. In den Badeorten *Bridlington* und *Scarborough* ist noch ein Hauch vergangenen viktorianischen Glanzes zu spüren.

Selbstverständlich besitzt Yorkshire nicht nur eine einmalige Landschaft, sondern auch viel Historie und zahlreiche malerische Orte. Für die alte Hauptstadt *York* reicht ein Tag allein kaum aus. Überall in den Dales finden sich Bilderbuchansichten mit aus Naturstein erbauten Marktstädtchen, Abteien und Burgen. Man versucht hier, Geschichte zu bewahren. In den alten Städten Yorkshires kommt es recht selten vor, dass sich im mittelalterlichen Zentrum plötzlich der Betonkasten eines großen Warenhauskonzerns erhebt, der nicht ins Straßenbild passen will. In einer Gegend, die lange Zeit weitgehend von der Textilindustrie bestimmt wurde, gibt es außerdem zahlreiche interessante Monumente der frühen Industriegeschichte zu besichtigen, z. B. alte Textilmühlen. Die wildromantische Landschaft dient als Hintergrund für zahlreiche in England bekannte Fernsehserien, z. B. "Emmerdale" oder "Heartbeat".

Die größte Stadt in Yorkshire ist mit ca. 1.000.000 Einwohnern die einstige Textilhochburg *Leeds*. Die Stadt bietet dem Besucher ein reichhaltiges Angebot an Kultur- und Kommerz, und in der näheren Umgebung finden sich zahllose Möglichkeiten für interessante Ausflüge. Die Stadt eignet sich außerdem hervorragend als Ausgangsbasis für eine Erkundung der Yorkshire Dales.

Leeds

Die ehemalige Textilmetropole ist heute nach London das größte Finanzzentrum Englands. Nachdem die heutige Universitätsstadt in der Vergangenheit insbesondere durch die Textilindustrie sowie später den Maschinenbau prosperierte, ging es in den siebziger Jahren des 20. Jahrhunderts plötzlich wirtschaftlich bergab. Im Gegensatz zu den anderen Metropolen des Nordens, z. B. Liverpool und Manchester, gelang Leeds jedoch ganz besonders erfolgreich der Absprung in das neue Zeitalter.

Inzwischen ist Leeds zu einer angesagten Hauptstadt des Nordens avanciert: Das viktorianische Stadtzentrum wurde saniert, die alten Lagerhäuser und Anlagen in der Stadt, am Fluss Aire sowie dem Leeds-Liverpool-Kanal wurden zu Wohnhäusern und Café-Restaurants umgebaut. Die Stadt bietet ein lebendiges Kultur- und Nachtleben sowie ausgezeichnete Einkaufsmöglichkeiten.

Das Angenehme an Leeds ist seine vergleichsweise bescheidene Größe – das Stadtzentrum lässt sich bequem zu Fuß erkunden. Wer vom Bahnhof oder Busbahnhof kommt, kann sich gleich mitten in das lebhafte Innenstadtgewühl werfen. Das Herz des Einkaufsbezirks erstreckt sich in dem Viereck zwischen *Park Row*, *Headrow*, *Vicar Lane* und *Boar Lane*. Parallel zur Vicar Lane durchschneidet die alte Hauptstraße *Briggate* den Bezirk. Links und rechts davon erstreckt sich eine geschäftige Fußgängerzone, die von renovierten viktorianischen Geschäftsarkaden wie der *Queen's Arcade* und dem *Victoria Quarter* geprägt wird. Bei einem Rundgang sollte man einen Spaziergang am Fluss *Aire* bzw. dem *Leeds-Liverpool-Kanal* nicht verpassen, denn hier befinden sich z. B. das *Brauereimuseum* sowie die *Royal Armouries*, das größte Waffenmuseum Englands. Die meisten Kneipen und Cafés finden sich rund um den *Corn Exchange* und auf der *Call Lane*, die an den unteren Teil der *Briggate* angrenzt.

River Aire in Leeds

Die Region um Leeds am Fluss Aire war bereits in der Bronze- und Eisenzeit besiedelt, was Funde in der Nähe der Hauptstraße Briggate belegen. Es wird angenommen, dass auf dem Quarry Hill im Osten der Stadt einst die römische Festung *Cambodunum* stand. Um 617 u. Z. wurde die Region vom angelsächsischen König Edwin erobert; in den Schriften des Kirchenhistorikers Bede taucht der Name "Loidis" auf, aus dem sich später "Leedis" und schließlich "Leeds" entwickelte. Um 1086 kamen die Normannen in die Region, und der Ort fiel in die Hände einer normannischen Adelsfamilie. Im Jahr 1152 errichteten die Zisterziensermönche nordwestlich des Zentrums am Fluss Aire die *Kirkstall Abbey*. Sie betrieben Landwirtschaft und Schafzucht und lieferten die Wolle, die von den frühen Garnherstellern von Leeds versponnen wurde. Bereits um 1207 entstand die spätere Hauptstraße Briggate, auf der die Handwerksleute ihre Waren verkauften. Ab 1341 gab es jedes Jahr eine Frühjahrs- und eine Herbstmesse. Gegen Ende des 14. Jahrhunderts fiel der Ort an Henry of Lancaster, den späteren König Henry IV.

Im 16. Jahrhundert rangen Leeds, Halifax und Wakefield der Stadt York die Vorherrschaft in der Textilindustrie ab. Nach der Auflösung von Kirkstall Abbey zogen viele Textilarbeiter aus der Umgebung in die Stadt. Leeds entwickelte sich zum größten Tuchfertigungsort und Textilumschlagplatz der Region. Um 1626 verlieh Charles I. Leeds die Stadtrechte.

Mitte des 18. Jahrhunderts gab es neben der Textilindustrie bereits andere Produktionszweige, so beispielsweise die Lederwarenverarbeitung. Auch die benachbarten Steinbrüche in den Yorkshire Dales und der Kohlebergbau waren wichtige Einnahmequellen. Ab Mitte des 19. Jahrhunderts kam der Maschinenbau hinzu. In der Kohlengrube *Middleton Colliery* wurde die Kohle gefördert, die zum Betrieb von Dampfmaschinen benötigt wurde. Ab 1812 wurde diese direkt auf der ersten kommerziell genutzten Dampfeisenbahn in die Stadt gefahren. Die Gleise dieser Strecke kann man heute noch am Fuß der Middleton Woods besichtigen. Negative Begleiterscheinung der florierenden Industrie waren die Abgase durch die Kohleverbrennung, die die Luft verpesteten und die Häuser schwärzten, während die Abwässer der Industrieanlagen das Trinkwasser aus dem Fluss verdarben. Während die wohlhabenderen Bürger verstärkt in die Außenbezirke flohen, wurden die Arbeiter in speziellen Siedlungen untergebracht, deren charakteristische Bauweise die "back-to-back houses" waren: Häuser, deren vorderer und hinterer Teil mit einer Trennwand durchzogen war und die somit zwei Familien Unterkunft boten. In Außenbezirken mit den ehemaligen Arbeitersiedlungen kann man noch das eine oder andere Exemplar dieser Häuser entdecken.

Um 1830 war Leeds im Rahmen der Reform Bill des Parlaments der Vorreiter in der Bewegung für die Verkürzung der Wochenarbeitszeit und die Reform der Kinderarbeit ("Ten Hours Movement"). 1851 beschloss die wohlhabende Stadt den Bau eines neuen Rathauses, das 1858 von Queen Victoria eröffnet wurde.

Während des Ersten Weltkrieges war Leeds bedeutend für die Waffenfabrikation. Im Zweiten Weltkrieg überlebte die Stadt relativ unbeschadet neun Bombenangriffe. In den 1960er und 1970er Jahren begann man damit, die Stadt zu modernisieren, ein Prozess, der noch lange nicht abgeschlossen ist. Die alten Kohlengruben wurden inzwischen aufgefüllt, und viele der schwarzen Schlackeberge, die sich daneben auftürmen, wurden bepflanzt und in Parks umgewandelt. Am Fuß der Middleton Woods verläuft noch die Strecke der ehemaligen Kohlebahn. Wirtschaftlich ging es bis in die 1970er Jahre hinein eher bergab. 1981 kam es durch die hohe Arbeitslosigkeit im Bezirk Chapeltown zu den "Chapeltown Riots". Heute werden viele dieser ehemaligen Problembezirke von Studenten und Einwanderern aus aller Welt bewohnt.

Die Tuchproduktion in Yorkshire

Die frühe Tuchproduktion fand in Familienbetrieben statt, fast jedes Haus war im Besitz eines Spinnrads sowie eines Webstuhles, und die ganze Familie war in den Prozess eingespannt. Die Wolle wurde gekämmt, gefärbt, gesponnen und dann zu einem groben Tuch gewebt. Schwieriger war der Prozess der Weiterverarbeitung:

Beim sog. Walken wurden die Fasern in einer Mischung aus Wasser, Urin und Walkerde getränkt; anschließend trat man kräftig darauf herum. Danach musste der Stoff auf Rahmen gespannt und getrocknet werden. Um 1322 wurde die erste Walk-Mühle in Leeds gebaut, in die die Weber der Umgebung ihre Stoffe zur Weiterverarbeitung brachten, und am Ufer des Aire entstanden große Trockenfelder für den bearbeiteten Stoff. Schon früh entwickelten sich Märkte für den Handel mit Tuch, und immer besser ausgebaute Transportwege ermöglichten eine weite Verbreitung. Dabei wurde nicht nur für den englischen Markt produziert, sondern auch für kontinentale Abnehmer, z. B. in Holland und Deutschland. Und über den Leeds-Liverpool-Kanal (1770–1815) gelangten Waren in den Westen und von dort sogar weiter nach Amerika.

Mitte des 18. Jahrhunderts profitierten die Familienbetriebe von Erfindungen wie der "Spinning Jenny", einem handbetriebenen Spinnrad mit bis zu acht Spindeln (John Hargreaves, 1770), sowie wasserbetriebenen Webstühlen.

Die Regionen um Leeds hatten sich auf die Herstellung bestimmter grober Stoffarten spezialisiert: im westlichen Tal des Aire breites Tuch aus verschiedenfarbigem Garn, in Wakefield, Huddersfield und Bradford weißes oder auch ungefärbtes Tuch, im West Riding schmales Tuch und Kammgarn. Leeds war der Umschlagplatz für zwei Drittel der gesamten Wollproduktion dieser Regionen. Der Tuchmarkt, zunächst auf der Leeds Bridge und dann bis Mitte des 18. Jahrhunderts auf der Briggate abgehalten, verlagerte sich in eigens errichtete Tuchhallen, wobei jede Tuchart in einer eigenen Halle verkauft wurde. Die Mixed Cloth Hall aus dem Jahr 1756 (an der Stelle des heutigen City Square) hatte z. B. 1700 Stände und bot Platz für 20.000 Menschen.

Benjamin Gott (1762–1840) schuf den ersten Textilgroßbetrieb in Leeds, der auch die Armley Mills einschloss. Um 1813 besaß er 133 Webstühle, an denen 235 Arbeiter tätig waren. Das heutige Museum in den Armley Mills informiert darüber (s. u.). Die neue Technik der Dampfmaschine wurde mehr und mehr auch in der Textilindustrie eingesetzt, d. h. die Fachkenntnisse, die die Handwerker über Jahrhunderte hinweg überliefert und perfektioniert hatten, waren nun nicht mehr gefragt. Mitte des 19. Jahrhunderts waren daher die meisten Familienbetriebe vom Untergang bedroht, und die Facharbeiter mussten sich in den Fabriken als Maschinenarbeiter verdingen. Die Unternehmer bevorzugten Frauen und Kinder, die hier unter unmenschlichen Bedingungen arbeiteten. Viele Arbeiter kamen bei Unfällen ums Leben, die durch mangelnde Sicherheitsvorkehrungen verursacht wurden.

Mitte des 19. Jahrhunderts verlagerte sich die Nachfrage auf leichtere, feinere Stoffe, und das traditionelle grobe Yorkshire-Tuch kam aus der Mode. Die Umstellung auf Flachs- (Leinen) und Baumwollverarbeitung begann zu spät, und in der Zwischenzeit hatten Lancashire und East Anglia Yorkshire bereits den Rang abgelaufen. Die Textilproduktion erlebte einen neuen Aufschwung, als John Barren (1821–1905) als einer der ersten Fabrikanten des Landes die Produktion von Konfektionsware in Angriff nahm. Dieser Industriezweig blieb noch bis nach dem Ersten Weltkrieg eine bedeutende Einnahmequelle für die Stadt, auch die bekannte Kaufhauskette Marks & Spencer nahm hier ihren Anfang.

Information/Verbindungen/Adressen

• *Information*: Eine große und extrem gut ausgestattete Tourist Information, das **Gateway Yorkshire Regional Travel and Tourist Information Centre**, befindet sich im Bahnhof, ✆ 0113-2425242, 📠 2468246, Internet: www.leeds.gov.uk, E-Mail: tourinfo @leeds.gov.uk (ein wesentlich kleines Büro befindet sich am Busbahnhof). Hier erhält man für £ 1.50 den monatlichen Veranstaltungskalender "The Leeds Guide" mit vielen nützlichen Adressen (auch an Zeitungskiosken). Außerdem finden sich hier verschiedene Informationsblätter über aktuelle Veranstaltungen, Unterbringung, Ausflüge, etc.

• *Telefonvorwahl*: 0113

• *Verbindungen*: **Flugzeug** – Es gibt von Deutschland aus Direktflüge zum Leeds Bradford International Airport, ✆ 0113-2509696. Von dort fahren bis ca. 22 Uhr etwa alle 90 Minuten Shuttle-Busse in die Innenstadt (ca. 14 km nordwestlich). Natürlich kann man auch über London fliegen und dann von dort den Zug oder Bus nehmen, was unter Umständen wesentlich preiswerter sein kann.

Fähre – Eine weitere Möglichkeit ist die Fährverbindung von Hoek van Holland nach Hull, was nicht ganz billig ist. Natürlich können Sie auch als Passagier ohne Pkw die Fähren benutzen. Ab Hull kann man dann mit dem Bus oder der Bahn in Richtung Nordwesten weiterreisen.

Bus – Der Busbahnhof befindet sich am Kirkgate Market im Osten (nur 5 Minuten von der Innenstadt). Der National Express fährt täglich ab 10 Uhr bis 23.30 Uhr nach London Victoria und etwa alle zwei Stunden nach Leeds. Hin- und Rückfahrt ca. £ 18, Fahrtzeit etwa zweieinhalb bis drei Stunden.

Zug – Auch der Bahnhof im Süden der Stadt befindet sich praktisch mitten im Zentrum. Von Leeds zum Londoner King's Cross Bahnhof fahren täglich etwa jede halbe bis eine Stunde Züge, Hin- und Rückfahrt ca. £ 60, Fahrtzeit ca. zweieinhalb Stunden.

Auto – Von London aus führt die M 1 North direkt nach Leeds. Von Manchester aus gelangt man auch über die M 62 direkt in die Stadt. Vorsicht, das Stadtzentrum besteht aus einem verwirrenden Netz von Einbahnstraßen und Umgehungsautobahnen. Wer einmal falsch abbiegt, hat es schwer, wieder zum Ausgangspunkt zurückzufinden.

• Parken: Mehrere Parkmöglichkeiten gibt es um den Busbahnhof herum, z. B. Union Street, Edward Street und Templar Street. Hinter dem Bahnhof gibt es mehrere Parkplätze in der Nähe der Whitehall Road. Die Einkaufszentren im Stadtzentrum haben zum großen Teil Parkhäuser: Bond Street Shopping Centre, Bond Street; Schofield Shopping Centre, Albion Street; St. John's Centre, Merrion Street/Albion Street.

• Krankenhaus: **Leeds General Infirmary**, Calverley Road, ✆ 0113-2432799.

• Polizei: **Milgarth Police Station**, 0113-2435353.

• Schwimmen: Der **Leeds International Pool** aus den 1970er Jahren ist in einer riesigen Halle von olympischen Ausmaßen untergebracht. Die Architektur ist zwar beeindruckend, aber das Bad ist dennoch veraltet und soll wahrscheinlich bald abgerissen werden. Westgate, ✆ 0113-2145000.

Übernachten (siehe Karte Seite 439)

In Leeds gibt es zahlreiche Übernachtungsmöglichkeiten in allen Preisklassen. Die Hotels im Stadtzentrum sind im Schnitt etwas teurer. Preiswertere Hotels und viele B&Bs finden sich im Stadtteil Headingley im Norden, der an das Universitätsviertel angrenzt und nur etwa 10 Minuten vom Zentrum entfernt ist. Aber auch von den etwas weiter außerhalb liegenden Stadtteilen gelangt man bequem mit dem Bus in die Innenstadt. Studenten können über einen Zimmerservice der Universität in den Sommermonaten preiswerte Zimmer in Studentenwohnheimen buchen (✆ 0113-2336100).

***** **42 The Calls (4)**, modernes Designer-Hotel am Fluss mit vielen Extras (u. a. kann man hier vom Zimmer aus die Angelrute auswerfen). Mitten im angesagten "Calls"-Viertel, £ 98–150, Suiten ab 185, Wochenendtarife ab £ 38 pro Person. The Calls, ✆ 0113-2440099, 📠 2344100. E-Mail: hotel@42thecalls.co.uk

*** **The Golden Lion Hotel (6)**, eines der alteingesessenen Hotels in Leeds, direkt auf der geschichtsträchtigen Hauptstraße, innen moderner Komfort, £ 99–120, Wochenende ab £ 30 pro Person. 2 Lower Briggate, ✆ 0113-2436454, 📠 2429327.

** **Ascot Grange Hotel**, etwa 4 km vom Stadtzentrum, gute Busverbindung, auf der Straße nach Otley gelegenes Familienhotel, £ 40–55 pro Person. Stadtteil Headingley, 126–130 Otley Road, ✆ 0113-2934444, 📠 2935555.

Comfort Inn (5), einfaches Hotel in der Nähe des Bahnhofs, £ 50 pro Person, Wochenendtarife ab £ 25 pro Person. 107 Bishopsgate, ✆ 0113-2422555, 📠 2423076.

Travelodge (7), Hotel der bekannten Kette auf der ruhigeren Seite der Bahngleise, alle Zimmer £ 49.95 pro Person. Blayds Court, Blayds Yard, bei Swinegate, ✆ 0113-2445793.

The Boundary Hotel, gutes Preis-Leistungs-Verhältnis in diesem einfachen B&B, £ 25–45 pro Person. ✆/📠 0113-2757700.

Fairbarn House (2), freundliches B&B in einem viktorianischen Bau direkt im angenehmen Universitätsviertel (etwa 10 Min. vom Stadtzentrum), £ 25–50 pro Person. ✆ 0113-2336913, 📠 2336914.

Ash View, gemütliches B&B in viktorianischem Ambiente, nicht weit von der Universität und dem Stadtzentrum, £ 20–38 pro Person, ✆ 0113-2750703.

Essen & Trinken

In Leeds gibt es fast an jeder Ecke moderne Café-Bars, die gängige Bistroküche wie Pasta und Salate anbieten. In den schickeren Restaurants ist vorherige Reservierung empfohlen.

Arts Café, Weinbistro im französischen Stil mit Bistroküche und heimeliger Atmosphäre. 42 Call Lane, ✆ 0133-2438243.

Blue Café-Bar, Bistro in einer Seitenstraße der geschäftigen Fußgängerzone (Eingang gegenüber dem Schofields Shopping Centre).

Café le East, einfacher, aber stilvoller Inder mit ausgefallenen Speisenkombinationen, kein Alkoholausschank, man kann aber eine eigene Flasche mitbringen. 23 Eastgate, östl. Verlängerung der Headrow, ✆ 0113-2436060.

China Garden, kantonesische Küche in einfacher und traditioneller Atmosphäre. 16 Merrion Street, ✆ 0113-2439352.

Pool Court at 42, schickes Restaurant des Hotels 42 The Calls, Reservierung empfohlen. 42 The Calls, ✆ 0113-2444242.

Dino's, schicker Italiener mit einfallsreichem Menü. 1 Bishopgate Street, ✆ 0113-2344241.

Harvey Nichols the Fourth Floor, nachgeahmter Ableger des Kaufhauses in London, schick und mit moderner Küche. Do–Fr 10–23 Uhr, Sa 9–23 Uhr. 107 Briggate, ✆ 0113-2048888.

Shalimar, traditioneller Inder mit Tandoor-Spezialitäten. 20 New Briggate, ✆ 0113-2426612.

Teppanyaki, japanisches Restaurant, die Speisen werden direkt am Tisch zubereitet. Belgrave Hall, Belgrave Street, ✆ 0113-2453345.

Tudor's Fish Restaurant, Fish-and-Chips-Imbiss und Fischrestaurant, das stark an die 1950er Jahre erinnert. Verlängerung der Briggate (New Briggate), nördlich der Headrow (hinter der St-John's-Kirche).

Nachtleben

Bourbon, weitläufige Kneipe in der Nähe des Civic Theatre mit nostalgischer Einrichtung, großer Bourbon-Auswahl und kleinen Gerichten. Cookridge Street, ✆ 0113-2422990.

Elbow Room, Billardtische und eine große Bar versprechen einen unterhaltsamen Abend. Mittwochs Live-Bands. 64 Call Lane, ✆ 0113-2457011.

Fruit Cupboard, der Platz für Funk, R&B, Garage und andere moderne Sounds. 50–54 Call Lane.

Len's Bar, mittelgroße Bar in der Nähe des Corn Exchange. 19–23 York Place, ✆ 0113-2443590.

Moderno Café, angenehmes Jazz-Café mit Studioatmosphäre und regelmäßigen Live-Auftritten im ersten Stock, im Erdgeschoss befindet sich tagsüber eine Sandwichbar. 165 Briggate.

Milo, freundliche und lebhafte Bar mit trendigem Publikum, die Einrichtung erinnert an die 1970er Jahre. 5 Call Lane.

Norman, eine weitere beliebte Designer-Bar. 36 Call Lane.

Oporto, Bar-Restaurant, auch abends sehr belebt. 33 Call Lane.

Po Na Na, *der* Platz für Hip-Hop, R&B, Soul und House. 2 Waterloo House, Assembly Street.

Queen's Court, lebhafte Schwulenkneipe mit gemischtem Publikum im historischen Hinterhofgässchen. Innen zieht sich die Kneipe auf mehreren Ebenen in die Länge. Im Sommer verlagert sich das Geschehen auf den heimelig-romantischen Hinterhof. Eingang Lower Briggate.

Think Tank, Studentenclub, der auf zwei verschiedenen Tanzflächen Indie-Musik und Hits den 80er Jahren spielt. 2A Call Lane.

Wardrobe, *die* Jazzadresse in Leeds mit vielen Live-Auftritten. St Peter's House, St Peter's Square.

Theater/Kino

• *Theater*: **West Yorkshire Playhouse**, auf dem Quarry Hill befindet sich das renommierte West Yorkshire Playhouse mit zwei Bühnen: dem Quarry Theatre und dem Courtyard Theatre. Gezeigt werden moderne und klassische Stücke sowie avantgardistische Tanzveranstaltungen des *Yorkshire Dance Centre*. Quarry Hill Mount, ✆ 0113-2137700.

City Varieties, eines der Varieté-Theater,

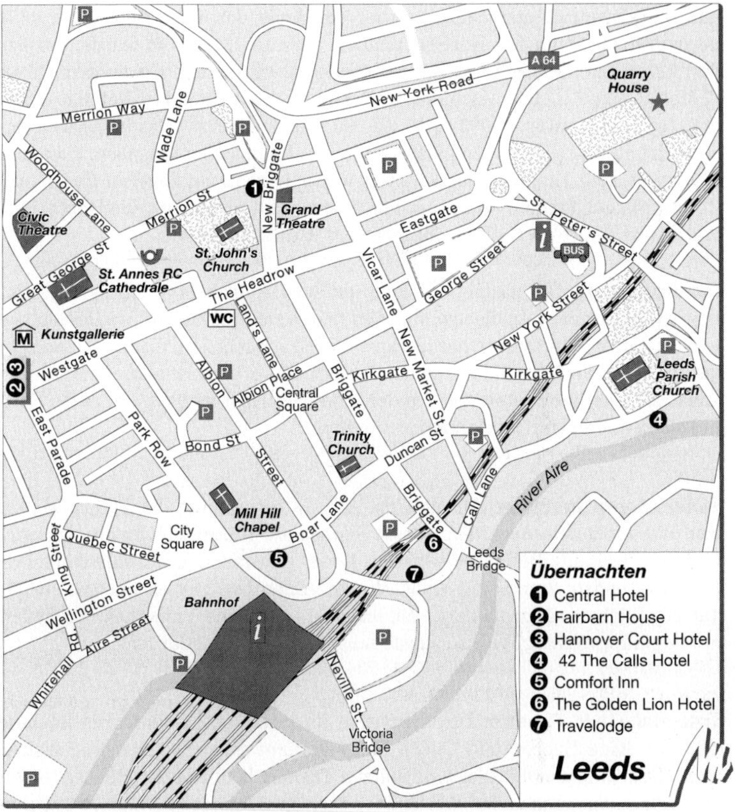

wie sie in den 1950er Jahren üblich waren. Das heutige Programm ist bunt gemischt und von Nostalgie geprägt. Swan Street, The Headrow, ✆ 0113-2430808.

Civic Theatre, altmodisches Theater aus viktorianischen Zeiten, in dem leichte Kost wie Agatha Christie und Musicals gezeigt werden. Cookrodge Street, ✆ 0113-2455505.

Grand Theatre and Opera House, vorwiegend klassische Ballett- und Opernaufführungen. 46 New Briggate, ✆ 0113-2226222.

Leeds Town Hall, verschiedene Veranstaltungen, u. a. Symphoniekonzerte, Karten über das Civic Theatre. The Headrow, ✆ 0113-2455505.

• Kino: **Hyde Park Picture House**, historisches Programmkino, das bereits auf das Jahr 1914 zurückgeht und noch Innendekor aus der edwardianischen Zeit aufweist. Im Stadtteil Hyde Park an der Kreuzung von Brudenell Road und Queen's Road (etwa drei Kilometer nordwestlich vom Stadtzentrum), ✆ 0113-2752045. Anfahrt mit Bus Nr. 56, 57 oder 63.

Odeon, Multiplexkino auf der Headrow, ✆ 08705050007.

Sehenswertes

Town Hall: Vom Bahnhof aus verläuft die Quebec Street vorbei am *City Square* aus dem Jahr 1903 mit dem Standbild des "Schwarzen Prinzen" von James Watt. In Richtung Nordwesten gelangt man über King Street und East Parade zur Town Hall. Erst Mitte des 19. Jahrhunderts entschloss man sich zum Bau eines richtigen Rathauses für die Stadt, das am 7. September 1858 unter großem Pomp von Königin Viktoria persönlich eröffnet wurde. Bei der Fertigstellung war das von *Cuthbert Broderick* entworfene Gebäude mit dem 61 Meter hohen Glockenturm das größte Rathaus des Landes. Der Bau hatte anstatt der geplanten 45.000 satte 122.000 Pfund gekostet. Das imposante Gebäude ist auf allen Seiten von klassizistischen Kolonnaden umgeben; links und rechts vor dem Eingang wachen zwei weiße Löwen. Im Inneren findet sich viktorianischer Pomp. Nur bis 1884 hatte die Stadtverwaltung hier ihren Sitz, heute dient die Town Hall als Konzert- und Ausstellungshalle.

Öffnungszeiten: The Headrow, ✆ 0113-2477989; siehe aktuelle Veranstaltungshinweise.

City Art Gallery: Das nächste Gebäude auf der Headrow in Richtung Osten ist die City Art Gallery. In diesem Museum finden sich Landschaftsmalereien aus dem 18. Jahrhundert sowie herausragende französische und britische Gemälde aus dem 19. und 20. Jahrhundert. Insbesondere die Sammlung britischer Kunst ist eine der besten des Landes. Natürlich gibt es auch ein gutes Café und einen gut ausgestatteten Museumsshop.

Öffnungszeiten: The Headrow, ✆ 0113-2478248. Mo–Sa 10–17 Uhr, Mi bis 20 Uhr, So 13–17 Uhr. Eintritt frei.

Henry Moore Institute: An die City Art Gallery grenzt das Henry Moore Institute an, in dem Architektur- und Bildhauerei-Ausstellungen gezeigt werden. Der berühmte Bildhauer wurde in Leeds geboren; dies ist wahrscheinlich die umfassendste Sammlung seiner Werke. Außerdem gibt es eine gut ausgestattete Bücherei über moderne Bildhauerei sowie eine Videothek. Es finden außerdem regelmäßig Wechselausstellungen junger Künstler statt.

Öffnungszeiten: 74 The Headrow, ✆ 0113-2343158. Mo–Sa 10–17 Uhr, Mi bis 20 Uhr, So 13–17 Uhr. Eintritt frei.

Civic Hall/Civic Theatre: Das derzeitige Rathaus von Leeds wurde im Jahr 1933 von King George und Queen Mary eröffnet (s. auch *Town Hall* weiter oben). Das Gebäude mit den zwei spitzen Türmen läuft auf der Rückseite wie ein Dreieck zusammen. Auf den Turmspitzen sitzen goldene Eulen, das Wahrzeichen der Stadt. Davor befindet sich die neueste Errungenschaft der Stadt, der *Millennium Square*, auf dem in den Wintermonaten eine Eislaufbahn aufgebaut wird. Auch das Civic Theatre wurde von Stadtbaumeister *Cuthbert Broderick* erbaut. Das Gebäude im französischen Stil entstand um 1865 als Versammlungsort für die Bürger der Stadt und beherbergt heute ein Theater und die Oper.

Briggate: Über die Headrow gelangt man zur Briggate, die nach Süden hin abzweigt. Diese alte Hauptstraße von Leeds, die bereits auf das Jahr 1207 zurückgeht, ist auch heute noch eine der geschäftigsten Straßen der Stadt. Westlich und östlich von hier erstreckt sich das Geschäftsviertel von Leeds mit Fußgängerzonen und hübschen Einkaufsarkaden aus der viktorianischen Zeit.

Das **Victoria Quarter** am Nordostende der Briggate umfasst zwei Geschäftsarkaden aus dem Jahren 1898–1900, in denen sich hauptsächlich teure Designerläden und ausgefallene Boutiquen befinden. Die **Thornton's Arcade** wurde im Jahr 1878 von Charles Thornton erbaut. Die riesige Uhr über der Arkade stellt Charaktere aus Sir Walter Scotts Roman "Ivanhoe" dar. Hier und in der **Queen's Arcade**, die um 1889 entstand, finden sich preiswertere Designerketten. Die einzige Filiale des Luxuskaufhauses **Harvey Nichols** außerhalb von London dokumentiert den Yuppiestatus des modernen Leeds.

Corn Exchange

Kirkgate Market: Von der Vicar Lane gelangt man in Richtung Busbahnhof zum Kirkgate Market, einem Marktgebäude aus dem frühen 20. Jahrhundert im edwardianischen Baustil mit dem angrenzenden Freiluftmarkt mit überdachten Ständen. Das Gebäude ist allerdings sehenswerter als die darin zu erhaltenden Waren. Hier baute *Michael Marks* einst seinen ersten Verkaufsstand auf, an dem er "Waren für nur einen Penny" anbot. Aus diesen bescheidenen Anfängen entwickelte sich später in Zusammenarbeit mit *Thomas Spencer* eine der größten Kaufhausketten Englands: *Marks & Spencer.*
Öffnungszeiten: Mo–Sa 7.30–17.30 Uhr, Mi ab 13 Uhr geschlossen.

Corn Exchange: Am Südende der Boar Lane steht der runde Corn Exchange, eine Markthalle aus dem Jahr 1863, in dem heute ebenfalls Boutiquen untergebracht sind. Auch dieses Gebäude wurde von dem Architekten der Town Hall, *Cuthbert Broderick*, erbaut, der sich bei dem Entwurf an römischen Vorbildern orientierte.

The Calls: Direkt dahinter erstreckt sich bis zur Straße *The Calls* ein Kneipenviertel (in restaurierten alten Lagerhäusern und den Arkaden der oberhalb verlaufenden Bahngleise). Nur ein paar Ecken weiter westlich haben sich in den engen, kopfsteingepflasterten Gässchen des Queen's Court weitere Kneipen angesiedelt. Überquert man die Straße *The Calls*, gelangt man hinunter zum Fluss.

Royal Armouries: In Richtung Osten erhebt sich am Fluss das Waffenmuseum. Es umfasst die größte Waffensammlung Englands und zeigt auf fünf Stockwerken Waffen aus aller Welt, und zwar von der Frühgeschichte bis zur heutigen Zeit. Regelmäßig führen Schauspieler Szenen aus verschiedenen

Epochen der Geschichte vor. Es gibt zahlreiche Monitore, auf denen Wissenswertes zu dieser Thematik vermittelt wird. Außerdem können Interessierte an einem interaktiven Kriegsplanspiel teilnehmen.

Öffnungszeiten: Tgl. 10.30–17.30 Uhr, im Winter bis 16.30 Uhr. Eintritt: Erw. £ 4.90, erm./Kinder £ 3.90. Armouries Drive, ✆ 0113-2201999. Zu Fuß ungefähr 10 Minuten vom Busbahnhof, Anfahrt mit den Bussen 95, 655 und 955.

Brauereimuseum: Auf der Südseite des Flusses steht im Osten der Stadt die Tetley's Brewery Wharf, wo das beliebte Tetley's Ale gebraut wird. *Josua Tetley* startete den Brauereibetrieb um 1822. Heute gibt es ein Besucherzentrum, in dem man eine Besichtigungstour buchen kann. Die Besichtigungen, die auch eine Bierprobe mit einschließen, finden zweimal täglich statt.

Öffnungszeiten: Mo–Sa 7.30–17.30 Uhr, Mi ab 13 Uhr geschlossen. Josua Tetley & Son (Carlsberg Tetley), Hunslet Road, ✆ 0113-2594594.

Waterfront Walk: Auf der Südseite des Flusses verläuft der Waterfront Walk. In Richtung Osten erschließen sich hier die Wasserwege der *Aire and Calder Navigation*, und in Richtung Westen zweigt der *Leeds-Liverpool-Kanal* ab. In den alten Warenhäusern am Fluss wurden inzwischen teure Appartements eingerichtet. Leider ist der Spazierweg auf der Südseite nicht ganz durchgängig. Er endet kurz vor der Leeds Bridge, die im Mittelalter der Mittelpunkt der Stadt war; hier fand auch der Textilmarkt statt. Am besten überqueren Sie die Brücke und laufen nun auf der anderen Flussseite weiter bis zur Schleuse, die den Anfang des Leeds-Liverpool-Kanals markiert.

Granary Wharf: Direkt hinter der Schleuse (nördlich des Kanalbeckens) befindet sich die *Granary Wharf*, die praktisch in einem Zwischengeschoss unterhalb des Bahnhofs und oberhalb des Flusses untergebracht ist. In den hohen, höhlenartigen Gängen sind zahlreiche Kunsthandwerksläden und auch Cafés untergebracht. Sonntags ist hier am meisten los. Aus Glasfenstern hat man beim Herumwandern den unterhalb gelegenen Fluss im Blick, der früher von Handelsbooten befahren wurde.

Armley Mills Museum: Folgt man von der Granary Wharf dem Fluss und dem Kanal, die hier eine ganze Weile parallel verlaufen, gelangt man nach ca. drei Kilometern zu der ehemaligen Textilmühle Armley Mills. Hier kann man sich ganz ausführlich über die Geschichte der Textilindustrie und über die Lebensbedingungen der Mühlenarbeiter informieren. Die Mühle entstand wahrscheinlich bereits Mitte des 16. Jahrhunderts, wurde im Jahr 1804 von dem erfolgreichen Fabrikanten *Benjamin Gott* aufgekauft und nach einem Feuer komplett wiederaufgebaut und modernisiert. Erst 1969 stellte die Mühle die Betrieb ein. Angeschlossen ist u. a. ein Kino im Stil der Stummfilmära, in dem alte Filme gezeigt werden. Im Sommer fährt außerdem die alte Dampfeisenbahn hinunter zum Picknickplatz am Fluss.

Öffnungszeiten: Di–Sa 10–17 Uhr, So ab 13 Uhr. Eintritt: Erw. £ 2, erm. £ 1, Kinder in Begleitung 50 p. Canal Road, ✆ 0113-2637861. Vom Stadtzentrum in Richtung Kirkstall/Otley oder mit den Bussen 732–736 wie Kirkstall Abbey (s. u.).

Kirkstall Abbey: Dieses wohl bedeutendste Gebäude in Leeds, die Abtei, die zur Entstehung der Wollindustrie beitrug und der Stadt ihren Reichtum bescherte, ist noch erstaunlich gut erhalten. Das riesige Kloster wurde wahrscheinlich von Zisterziensermönchen aus der Fountains Abbey in Ripon

River Aire – Tetley's Brewery Museum

gegründet. Man kann zwischen den imposanten Ruinen herumwandern, die inmitten eines Parks am Fluss Aire gelegen sind. Im Sommer finden auch Führungen statt, die einen näheren Einblick in die verschiedenen Klosterräume sowie deren ehemalige Nutzung bieten. Im Sommer finden außerdem Open-Air-Vorführungen statt.

Öffnungszeiten: Tägl. von 8 Uhr bis zur Dämmerung. Eintritt frei. Kirkstall Road, ✆ 0113-2637861. Anfahrt mit den Bussen 732, 733, 734, 735 und 736 vom Busbahnhof oder über die A 65 in Richtung Kirkstall/Otley.

Abbey Road Museum: Direkt gegenüber der Abtei (auf der anderen Seite der A 65) befindet sich das Abbey Road Museum, in dem man einen Einblick in die industrielle Blütezeit von Leeds gegen Ende des 19. Jahrhunderts gewinnen kann. Unter anderem wurde hier eine viktorianische Einkaufsstraße nachgebildet. Außerdem wird die Geschichte der Kirkstall Abbey dokumentiert.

Öffnungszeiten: Di–Sa 10–17 Uhr, So ab 13 Uhr. Eintritt: Erw. £ 3, erm. £ 2, Kinder in Begleitung £ 1. Abbey Road, ✆ 0113-2637861.

Thwaite Mills Watermill: Eine weitere Mühle findet sich im Stadtteil Stourton im Südwesten, und zwar auf einer Art Insel zwischen dem Fluss Aire und dem Aire & Calder Navigation Channel. Hier kann man die riesigen Wasserräder bei der Arbeit beobachten und einen Eindruck vom viktorianischen Alltagsleben gewinnen.

Öffnungszeiten: April–Okt. Di–Sa 10–17 Uhr (im Winter bis 16 Uhr), So 13–17 Uhr (im Winter bis 16 Uhr). Thwaite Lane, Stourton, ✆ 0113-2496453. Busse Nr. 110, 130, 151–157 oder mit dem Auto auf der A 61 nach Süden.

Middleton Railway: Die älteste Eisenbahnlinie der Welt, auf der ab 1758 die Kohle aus der Grube direkt in die Stadt transportiert wurde, wird heute immer noch an bestimmten Tagen befahren. Ab 1812 verkehrte hier die erste kommerziell genutzte Dampfeisenbahn der Welt. Die Strecke ist relativ kurz, aber die alten Dampfloks und die Waggons sind auf jeden Fall sehenswert. Hinter dem Bahnhof erhebt sich auf einem Hügel der Middleton Park mit einer ehemaligen Kohlengrube, wo man im Sommer gut picknicken oder spazieren gehen kann. Vom Hügel hat man einen guten Ausblick auf die Umgebung.

Öffnungszeiten: April–Sept. jedes Wochenende, März–Okt. an ausgewählten Wochenenden. Eintritt: Erw. £ 2, erm. £ 1. Moor Road, Hunslet, ✆ 0113-2710320. Mit dem Auto über die M 621, Ausfahrt Nr. 5; Busse Nr. 61, 61b und c vom Bahnhof.

Harewood House: Nordöstlich des Stadtzentrums auf der A 61 in Richtung Harrogate gelangt man zum Harewood House. Der heutige Besitzer, der Earl von Harewood, ist der Cousin von Königin Elisabeth II. Die prunkvolle klassizistische Anlage aus dem Jahr 1772 erinnert stark an Versailles. Die Innenräume des Schlosses vereinen Mobiliar von *Thomas Chippendale* und Stuckwerk von *Robert Adams.* Zu sehen ist darüber hinaus eine umfassende Sammlung an chinesischem Porzellan und Renaissancekunst. Unter den Gemälden in der Galerie befinden sich Werke von Gainsborough, Turner und sogar Picasso. Natürlich gibt es auch einen riesigen Park mit einem See, auf dem man Boot fahren kann. In der angrenzenden Voliere sind über 120 exotische Vogelarten untergebracht. Im Sommer finden auch hier zahlreiche Festivals und Open-Air-Kulturveranstaltungen statt.

Öffnungszeiten: Schloss April–Okt. tägl. 11–16.45 Uhr, Park und Voliere März–Okt. tägl. von 10 Uhr bis zur Dämmerung. Eintritt: Erw. £ 7.25, erm. £ 5. Abbey Road, ✆ 0113-2181010. Bus Nr. 36 Richtung Harrogate.

Bradford

Westlich von Leeds liegt Bradford, wo zu viktorianischen Zeiten ebenfalls die Wollindustrie boomte. Das Industriezentrum, das sich von Textilmühle zu Textilmühle erstreckte, hatte jedoch nie besondere Sehenswürdigkeiten zu bieten. Seit den 1960er Jahren lebt hier eine große asiatische Gemeinschaft, vorwiegend Inder und Pakistani, die durch ihre Kultur das Leben der Stadt bereichern. Hier kann man in jedem Curryhaus eine gute Küche erwarten. Im Zentrum wurden einige viktorianische Gebäude und alte Warenhäuser renoviert, z. B. in *Little Germany* nördlich der Leeds Road, wo früher deutsche und jüdische Kaufleute ihre Waren lagerten. Ein Besuch in Bradford lohnt sich vor allem wegen der interessanten Museen.

National Museum of Photography, Film and Television: Dieses interaktive Museum gehört zu den meistbesuchten in England. Auf den fünf Stockwerken eines umgebauten alten Kinos können Sie vollständig in die Welt der Fotografie und des Films eintauchen. Es werden Kameras und Kamerazubehör präsentiert, technische Informationen über Film und Fernsehen geliefert, man kann sich zahlreiche Ausschnitte aus Filmen ansehen und außerdem das IMAX-Kino besuchen.

Öffnungszeiten: Di–So 10–18 Uhr. Eintritt: Erw. £ 9.80, erm. £ 7, ✆ 01274-202030.

Colour Museum: In diesem einzigartigen Museum erfährt man alles über Farbe und Farbenherstellung. Textilfärbungsprozesse aus verschiedenen Kulturen und Zeiten werden vorgeführt.

Öffnungszeiten: Di–Sa 10–16 Uhr. Perkin House, Providence Street, Bradford, ✆ 01274-390955. Anfahrt über die A 647 von Leeds.

Salt's Mill: Im Saltaire, dem Nachbarstädtchen von Bradford, lohnt sich der Besuch der Fabrikanlage des Unternehmers Sir Titus Salt, der hier zwischen 1852 und 1872 eine Modellfabrik im Stil der italienischen Renaissance errichten ließ. Mit dem Bau des Produktionsortes, der Wohnhäuser für die Arbeiter und eine eigene städtische Infrastruktur besaß, wollte der Unternehmer sein soziales Engagement dokumentieren. In der *Galerie 1853*, die in einer langen Fabrikhalle eingerichtet wurde, sind Werke des Künstlers *David Hockney* ausgestellt, der hier geboren wurde.

Haworth – Brontë Country

Westlich von Leeds gelangt man über die Landstraße A 650 nach Keighley und biegt dann südlich nach Haworth ab. Der Ort liegt inmitten einer rauen Moorlandschaft und schmiegt sich an einen Hügel. Die kopfsteingepflasterte Hauptstraße verläuft ziemlich steil nach oben in den noch ursprünglichen Stadtkern, wo man sich sofort um 300 Jahre zurückversetzt fühlt. Jedes Jahr pilgern zahllose Touristen aus aller Welt an diesen Ort, um sich die mythenbehaftete Heimat der Brontë-Schwestern anzusehen, die hier ihre literarischen Werke verfassten. Trotz des Touristenandrangs strahlt der Ort bis heute eine geheimnisvolle Aura aus. Die umliegende Moorlandschaft trägt sicher dazu bei. Die Brontës gehören, gleich nach Jane Austen, zu den wichtigsten Schriftstellerinnen der englischen Literaturgeschichte. Dabei ist die tragische Lebensgeschichte der Schwestern mindestens genauso oft publiziert worden wie die Romane selbst (s. Kasten, S. 446). Man kann sich nur schwerlich in dem Ort verlaufen, denn alle Wege führen früher oder später zu den Brontës. Zum Ausruhen gibt es zahlreiche hübsche Teestuben und Gasthäuser.

Sehenswertes

Brontë Parsonage Museum: Das ehemalige Pfarrhaus, in dem die Schwestern lebten, wurde von der *Brontë Society* in ein Museum umgewandelt. Diese Gesellschaft wurde bereits im Jahr 1893 gegründet, um das literarische Erbe der Familie zu bewahren. Daher finden sich hier viele handschriftliche Originaldokumente, z. B. die Miniaturbücher der jungen Brontës. Das Haus selbst entstand in der georgianischen Zeit um 1778/79 und ist weitgehend noch mit den Originalmöbeln aus dem Besitz der Familie ausgestattet. Im Museumsshop kann man Bücher aller Art von und über die Brontës erstehen. Angeschlossen ist eine Bibliothek, für deren Besuch man sich allerdings anmelden muss (siehe Webseite).

Öffnungszeiten: April–Sept. 10–17.30 Uhr, Okt.–März 11–17 Uhr. Eintritt: Erw. £ 4.50, Kinder £ 1.40. ✆ 01535-642323. Internet: www.bronte.org.uk

Haworth Parish Church: Schräg gegenüber vom Pfarrhaus befindet sich die Kirche mit dem alten Friedhof. In der Krypta liegt bis auf Anne Brontë die gesamte Familie begraben. Deren Grab findet man auf dem Friedhof in Scarborough.

Black Bull Inn: In diesem Pub, das direkt unterhalb der Kirche liegt, soll das "Enfant terrible" der Familie, Branwell Brontë, schon gezecht haben. Heute gibt es hier annehmbare einfache Gerichte, und wer will, kann hier sogar übernachten.

Wuthering Heights: In Anlehnung an den gleichnamigen Roman von Emily Brontë (auf Deutsch "Sturmhöhen") verläuft hinter der Kirche ein Wanderweg hinauf auf das windige Moor, das Emily angeblich zu ihren Roman inspirierte. Oben hat man einen Blick über die karge, windgefegte Landschaft, die tatsächlich eine sehr wildromantische Atmosphäre ausstrahlt. Es gibt verschiedene Rundwege von unterschiedlicher Länge, z. B. nach Top Withens, einer Bauernhausruine am Berg, zu den Brontë-Wasserfällen und zur Brontë Bridge.

Keighley and Worth Valley Railway: Eine der vielen alten Dampfeisenbahnen Yorkshires befährt die ca. acht Kilometer lange Strecke von Keighley nach Oxenhope und hält unterwegs auch in Haworth. An bestimmten Wochenenden fahren historische Lokomotiven mit alten Holzwaggons.

Information: The Railway Station, Haworth, ✆ 01535-645214, 24-Std.-Information: ✆ 01535-647777. Abfahrtszeiten: Sa/So 9–16 Uhr etwa stündlich, Tageskarte £ 8.

Geschichte der Brontës

Der aus Irland stammende Patrick Brontë nahm nach seinem Studium am St John's College in Cambridge eine Stelle als Gemeindepfarrer in Haworth an und zog mit seiner Frau Maria und sechs Kindern im Jahr 1820 in das dortige Pfarrhaus. Beide waren literarisch interessiert, Patrick Brontë verfasste selbst mehrere Gedichtbände und Kurzgeschichten. Kurz nach dem Umzug verstarb Maria Brontë im Alter von 39 Jahren an Krebs, und ihre Schwester zog in das Pfarrhaus, um die Erziehung der Kinder zu übernehmen.

Die ältesten Töchter wurden ins Internat geschickt, jedoch bald wieder nach Hause geholt, nachdem zwei von ihnen, Maria und Elizabeth, sehr wahrscheinlich aufgrund der ungesunden Lebensbedingungen in dem Internat an Tuberkulose erkrankten und gestorben waren. Die verbleibenden Geschwister, Charlotte, Branwell, Emily und Anne, lebten mit ihrem Vater und ihrer strengen Tante, die dann bald zur Stiefmutter wurde, in einer engen Gemeinschaft in dem Pfarrhaus, ohne andere Spielkameraden, inmitten der kargen Landschaft, die wenig Abwechslung bot. Die phantasiereichen Kinder erdachten sich ihre eigene Welt, die große Glasstadt und das Königreich Angria, die sie mit den Spielzeugsoldaten des Bruders Branwell nachspielten. Diese Abenteuer wurden ab 1826 bis ins Erwachsenenalter hinein in sog. Miniaturbüchern festgehalten (5 mal 4 cm). Jedes der Geschwister veröffentlichte so seine eigene "Zeitung". Emily und Anne gründeten schließlich ihren eigenen Staat *Gondal*.

Die Mädchen erhielten eine Ausbildung als Gouvernante, um später ihren Lebensunterhalt als Lehrerinnen verdienen zu können. Der aufstrebende Maler Branwell sollte eine Kunstakademie in London besuchen. Unterwegs verspielte und vertrank er allerdings das gesamte Geld. Wieder zu Hause, versuchte er erfolglos, als Maler zu überleben, und verfiel schließlich dem Alkohol und später dem Opium.

Charlotte nahm eine Stelle in dem Internat an, wo sie ihre eigene Ausbildung bekommen hatte, während Emily ihre Ausbildung als Gouvernante bald abbrach, worauf Anne an ihre Stelle trat. Im Laufe der Jahre nahmen die Schwestern verschiedene Stellungen als Lehrerinnen an, die sie jedoch stets bald wieder verließen, um nach Haworth zurückzukehren. Diese Erfahrungen flossen in die Romane mit ein. 1842 gingen Charlotte und Emily als Englischlehrerinnen in ein Pensionat in Brüssel. Charlotte verliebte sich in den Direktor Heger, einen verheirateten Mann. Wieder zu Hause, versuchten die Schwestern, eine eigene Schule einzurichten, jedoch ohne Erfolg.

Die Romane der Schwestern sind durchweg vom Freiheitsdrang gekennzeichnet und lehnen sich gegen die Unterwerfung in die traditionellen Geschlechterrollen auf, weshalb sie zunächst sehr kontrovers aufgenommen wurden. Das erste Buch, einen Prosaband, veröffentlichen die drei Schwestern 1846 unter männlichen Pseudonymen, bekannten sich dann jedoch zu ihrer Literatur. Es folgen 1847 die Romane *Wuthering Heights* (Emily Brontë), *Agnes Grey* (Anne Brontë) und *Jane Eyre* (Charlotte Brontë). 1848 verstarben Branwell und Emily kurz hintereinander an Tuberkulose. Im Mai 1849 starb Anne. Charlotte übernahm die Fortsetzung des Lebenswerks der Geschwister und publizierte weitere Romane. 1854 heiratete sie den Kurator ihres Vaters A. B. Nicholls und starb ein Jahr darauf im Kindbett.

Yorkshire Dales

Nördlich des Ballungszentrums Leeds/Bradford liegt eine der ursprünglichsten und reizvollsten Landschaften Englands – die Yorkshire Dales. Weite Teile der Dales wurden im Jahr 1954 in den Yorkshire Dales Nationalpark eingegliedert, der eine Fläche von etwa 1765 Quadratkilometern umfasst. Das Hochplateau wird bestimmt von sanft geschwungenen Hügeln, kargen Gipfeln, zahlreichen Wasserfällen, Höhlen und Schluchten. An den Hängen und in den Tälern finden sich von Steinmauern durchzogene Felder, urige Dörfer und immer wieder blökende Schafe: eine Atmosphäre, wie sie James Harriot in "Der Doktor und das liebe Vieh" beschreibt.

Einige erinnern sich sicher noch an die englische TV-Serie, die die Erzählungen des berühmten Tierarztes James Herriot im malerischen Dorf Askrigg im Wensleydale filmisch umsetzte. Der nördliche Teil der Yorkshire Dales wird in den Touristenführern inzwischen sogar als "Herriott County" bezeichnet. Die ursprünglichen, aus Naturstein erbauten Dörfchen sind oft von Kanälen durchzogen, auf denen früher die Waren transportiert wurden, und in manchen alten Bahnhöfen verkehren für den Fremdenverkehr Dampflokomotiven auf historischen Bahnstrecken.

Die Dales, deren Bewohner heute hauptsächlich von der Schafzucht und vom Tourismus leben, haben eine recht bewegte Geschichte aufzuweisen. Bereits in der Bronzezeit wurde hier auf den einsamen Hügeln Landwirtschaft betrieben, in den zahlreichen Höhlen hat man Hinweise auf prähistorische Besiedelung gefunden. Die Römer nutzten einige der bereits vorhandenen Bleiminen und legten Höhenwege durch die Penninen an. Später hinterließen die einfallenden Wikinger und die Dänen ihr sprachliches Erbe, so dass sich nordische Wörter mit der altenglischen und keltischen Sprache zu einem eigenartigen Dialekt vermischten. So geht z. B. das Wort "dale" (ursprünglich "dalr") auf die Wikinger zurück.

Im Mittelalter gewannen verschiedene Mönchsorden an Einfluss. Sie bauten zahlreiche beeindruckende Abteien und begründeten die Wollproduktion. Auch die Nachfrage an Naturstein und Marmor aus den hiesigen Steinbrüchen führte kurzzeitig zur wirtschaftlichen Blüte. Im 17. und 18. Jahrhundert erlebte die Region einen weiteren kurzen Aufschwung durch die Bleiminen (Swaledale, Arkengarthdale und Pately Bridge) und den Textilboom. Viele Cottages hatten einen eigenen Webstuhl, und die ganze Familie wurde in den Spinn- und Webprozess eingebunden. Moderne Industrieanlagen verdrängten jedoch diese traditionelle Produktionsweise, was dazu führte, dass viele alteingesessene Familien der Region den Rücken kehrten. Heute leben in dem ganzen Gebiet nur noch etwa 18.000 Menschen. In vielen der kleinen Dörfchen wirkt es noch heute, als sei die Zeit damals, vor zweihundert Jahren, stehen geblieben.

Die Schluchten und tief eingeschnittenen Täler des Nationalparks, in denen sich Sand- und Kalksteinformationen abwechseln, wurden von den Gletschermassen der letzten Eiszeit geformt. Die nur spärlich bewaldete Landschaft mit ihren Höhlen und Wasserfällen präsentiert sich teilweise rau, teilweise aber auch lieblich und lädt zu Entdeckungstouren ein. Die Gipfel reichen zwar nirgends über 750 Meter in die Höhe, sind jedoch durch den fehlenden Baumwuchs relativ ungeschützt, deswegen sollte man auf Temperaturschwankungen vorbereitet sein.

Autofahrer können bei einer Rundfahrt die verschiedenen Dales beliebig miteinander kombinieren. Die Entfernungen zwischen den Orten sind nicht besonders groß, aber die Straßen können sehr steil, schmal oder kurvig sein, so dass der Verkehr sich erheblich verlangsamt. Hin und wieder blockiert auch schon mal eine Schafherde kurzfristig die Straße. Wanderer, die die Wanderwege verlassen, haben mit dem Problem zu kämpfen, dass es an der Straßenseite kaum Platz für Fußgänger (oder Radfahrer) gibt. Dafür hat man bei Wanderungen über die Gipfel Gelegenheit, die unvergleichliche Aussicht zu genießen und Plätze zu entdecken, die mit dem Fahrzeug nicht zugänglich sind.

Die angenehmste Reisezeit für die Dales sind die Monate Mai bis September; im August blüht das Heidekraut. Im Frühjahr und Spätherbst ist die Moorlandschaft durch Schnee und Regen zum Wandern oft zu morastig, es wird früher dunkel, und außerdem weht oft ein beißend kalter Wind. Hinzu kommt, dass viele touristische Einrichtungen nur im Sommer geöffnet haben und man außerhalb der Saison viele Veranstaltungen verpasst.

Im Folgenden sind einige Routen aufgeführt, die einen guten Einblick in die facettenreiche Landschaft bieten. Als Einstieg empfiehlt sich ein Ausflug von Leeds in Richtung Nordwesten in das südliche *Wharfedale* (eines der meistbesuchten und zugänglichsten Täler) über Otley, Ilkley bis Skipton (mit dem Auto folgt man einfach der A 65, oder man nimmt von Leeds aus zunächst den Bus oder Zug nach Ilkley). Am besten schlägt man seine Basis in einem der größeren Städtchen auf und erforscht von dort aus die Umgebung.

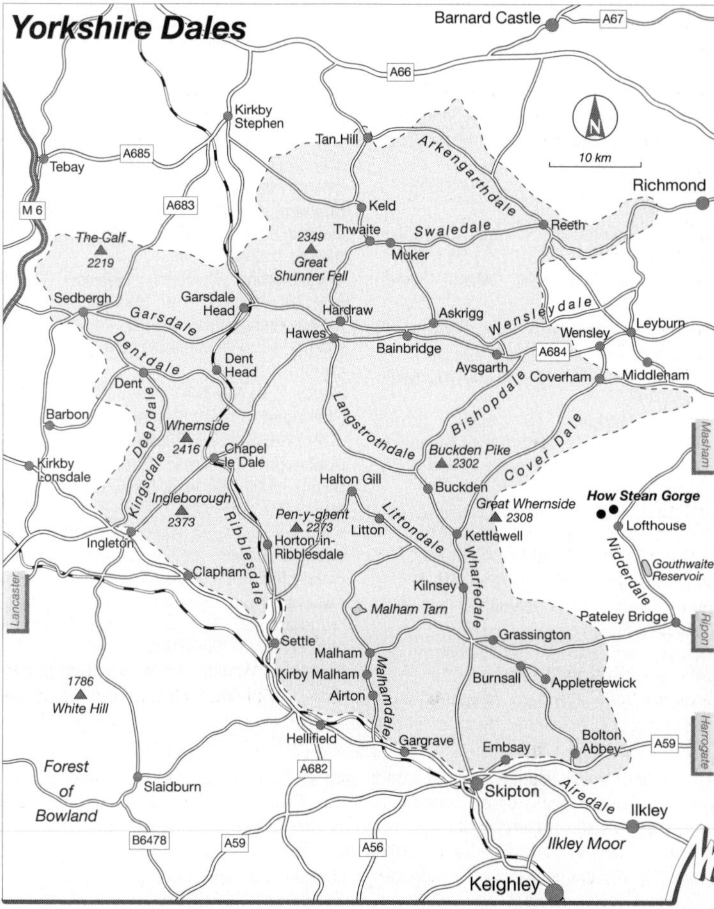

Vom südlichen Wharfedale aus können Sie Ihre Route beliebig wählen: über Malham bis ins *Ribblesdale* mit den drei höchsten Gipfeln, den *Three* Peaks, und zahlreichen Höhlen, über das nördliche *Wharfedale* ins *Nidderdale*, durch das *Wenseleydale*, dem Herkunftsort der gleichnamigen englischen Käsesorte, durch das *Swaledale* bis hinauf nach Richmond etc.

Information

Die unten aufgelisteten *Touristenbüros* und *National Park Information Centres* sind mit Auskünften, Informationsmaterial und zahlreichen Wanderkarten behilflich. Die *National Park Authority* gibt außerdem einmal jährlich die kostenlose Zeitung *The Visitor* mit allerlei nützlichen Informationen heraus. Wer eine längere Wanderung ins Auge fasst, sollte die Route vorher im Information Centre noch einmal durchgehen. Ansonsten kann man sich hier auch Tourenvorschläge geben lassen. Die Öffnungszeiten variieren, in der Regel gilt, dass die Informationsbüros zwischen April und Oktober täglich mindestens von

10–16 Uhr geöffnet sind (im Sommer teilweise länger). Ab Mitte Oktober schließen die Büros in den kleineren Städtchen oder haben nur noch am Wochenende geöffnet.

• *Tourist Information*: **Harrogate**, Royal Baths Assembly Rooms, Crescent Road, ✆ 01423-537300, 📠 537305; ganzjährig geöffnet.

Horton in Ribblesdale, Pen-y-ghent Cafe, ✆ 01729-860333.

Ilkley, Station Rd., ✆ 01943-602319, 📠 436200.

Ingleton, Community Centre Car Park, ✆ 015242-41049.

Kirkby Lonsdale, 24 Main Street, ✆/📠 015242-71437.

Leyburn, 4 Central Chambers, Railway St., ✆ 01969-623069, 📠 622833.

Otley, Council Offices & Boroughgate, ✆ 0113-2477707.

Pateley Bridge, 18 High Street, ✆/📠 01423-711147; Ostern bis Okt, außerhalb der Saison Informationen über das Büro in Harrogate (s. o.).

Richmond, Richmondshire Tourism, Leisure and Economic Development Unit, Friars Wynd, ✆ 01748-829100, 📠 850897.

Ripon, Minster Road, ✆ 01765-604625.

Settle, Town Hall, Cheapside, ✆ 01729-825192, 📠 824381.

Skipton, zum Zeitpunkt der Recherche geschlossen, siehe auch Settle.

• *National Park Centres*: **Aysgarth**, Aysgarth Falls, ✆ 01969-663424.

Clapham, ✆ 015242-51419.

Hawes, Dales Countryside Museum, Station Yard, ✆ 01969-667450; es gibt eine elektronische Informationstafel, die durchgängig zugänglich ist.

Malham, ✆ 01729-830363; es gibt eine elektronische Informationstafel, die durchgängig zugänglich ist.

Grassington, Colvend, Hebden Road, ✆ 01756-752748, 📠 752745, Internet: www.yorkshiredales.org.uk; es gibt eine elektronische Informationstafel, die durchgängig zugänglich ist.

Reeth, ✆ 01748-884373 u. 884059.

Richmond, Friary Gardens, Victoria Rd., ✆ 01748-850252 u. 825994,

Sedbergh, 72 Main Street, ✆ 015396-20125, 📠 21732; April bis Ende Okt. tägl., Nov.–März nur Fr/Sa.

• *Andere nützliche Adressen*: **British Waterways Board**, Willow Grange, Church Road, Watford, ✆ 01923-226422.

National Trust, Yorkshire Regional Office, Goddards, 27 Tadcaster Road, Dringhouses, York, ✆ 01904-702021.

Yorkshire Wildlife Trust, 10 Toft Green, York, ✆ 01904-659570.

Verbindungen

Am Bahnhof sowie Busbahnhof in Leeds gibt es Touristenbüros, die gerne mit der genauen Ausarbeitung einer Reiseroute in den Dales behilflich sind. Insbesondere wenn man auf die Busverbindungen innerhalb der Dales angewiesen ist, sollte man sich vorher genau über die Abfahrtszeiten informieren.

• *Auto*: Die Autobahn M 6 von Birmingham über Manchester verläuft am westlichen Rand der Dales, man hat u. a. Zufahrt nach Sedbergh, zur A 684 oder zur A 65. Von London aus verläuft die M 1 in Richtung Norden bis Leeds. Von dort gelangt man auf die A 65 in die südlichen Dales oder fährt auf der A 1 am Ostrand der Dales weiter in den Norden.

• *Zug*: Informationen über Fahrpläne erteilt *National Rail Enquiry*, ✆ 08457-484950.

Die **Settle-Carslisle-Bahnlinie** aus dem Jahr 1876 führt quer durch einige der schönsten Gegenden in den Dales bis fast hinauf zur schottischen Grenze; ✆ 01729-822007. Juli–Sept. viermal tägl. ab Leeds Hauptbahnhof über Skipton, Settle, Ribblehead, Dent, Garsdale, Kirkby Stephen nach Carlisle. Die Fahrtdauer für die Strecke von Settle nach Carlisle beträgt nur ca. eindreiviertel Stunden.

Die **Leeds-Morecambe-Bahnlinie** bedient von Juli bis Sept. täglich viermal Skipton und Clapham und endet in Morecambe an der Westküste.

Für beide Strecken kann man ein Tagesticket erwerben, mit dem man beliebig ein- und wieder aussteigen kann.

• *Bus*: Vom zentralen Busbahnhof in Leeds fahren die **Metroline-Busse** von April bis Okt.; ✆ 0113-2457676: **Nr. 800** (9.45 Uhr) nach Ilkley, Bolton Abbey, Grassington, Kilnsey, Kettlewell, Buckden, Aysgarth Falls, Hawes und Reeth. Die **Nr. 805** (8.15 Uhr) fährt nach Ilkley und dann weiter nach Grassington, Kilnsey, Kettlewell und Buckden. Die **Nr. 804** fährt von Leeds (8.35 Uhr) nach Skipton und dann weiter bis Malham Tarn.

Der **Keighley & District Bus Nr. 800** (✆ 01535-603284) fährt vom 25. Juli bis zum 29. August von Leeds (9.30 Uhr) nach Ilkley, Grassington, Kilnsey, Kettlewell, Buckden, Aysgarth Falls und Hawes. Bus **Nr. 802** fährt ab Leeds (9.20 Uhr) nach Otley, Pateley Bridge, Brimham Rocks, Fountains Abbey, Ripon, Masham und Jervaulx bis nach Leyburn. Die **Nr. 807** fährt von Bradford über Keighley, Settle Horton, Hawes nach Aysgarth. Die **Nr. 25** von Harrogate fährt über Pateley Bridge durch das Nidderdale.

In Skipton, Settle, Garsdale und Kirkby Stephen kann man von der Settle-Carlisle Railway auf den **Bus** umsteigen und weiter in die Dales vordringen. **Yorkshire Public Transport Information Services** (Green Line), ✆ 0870-608020608; **Cumbria County Council's journey planner** (Red Line), ✆ 01128-606000.

Adressen/Sport

• *Angeln*: Für einige Flüsse kann man auch als Besucher Angelscheine erwerben, die zum Fischen für einen Tag oder eine ganze Woche berechtigen:

Ilkley, ✆ 01943-602319, Post Office Embsay, ✆ 01756-793308; **Kilnsey Park Trout Farm**, ✆ 01756-752150; **Hawes Blackburn Trout Farm**, ✆ 01969-667524.

• *Fahrrad*: In den **National Park Information Centres** erhalten Sie eine Liste mit Fahrradverleihern. Zudem sind einige Adressen im *Visitor* verzeichnet. Bei den Orten sind unten jeweils einige Unternehmen aufgeführt, bei denen die Tagestarife für ein Mountainbike bei £ 12 liegen (pro Woche etwa £ 60). Routenvorschläge für Fahrradtouren sind in den Informationsbüros erhältlich.

• *Golf*: Ilkely Golf Club, ✆ 01943-600214; Skipton Golf Club, ✆ 01756-795657; Settle/Giggleswick Buckshaw Brow, ✆ 01729-825288; White Hills Golf Driving Range/Skipton, ✆ 01756-793325; Harrogate Golf Club, ✆ 01423-862999; Knaresborough Golf Club, ✆ 01423-86290; Ripon Golf Club, ✆ 01756-603640; Leyburn Akebar Park Golf Club, ✆ 01677-450201; The Richmond Golf Club, ✆ 01748-823231.

• *Höhlenwandern*: Das **National Park Centre** in Grassington informiert über die zahlreichen Möglichkeiten zur Erkundung der Höhlen in den Dales. Weitere Infos über Sedbergh, **Freetime Activities**, Sun Lea, Joss Lane, ✆ 01539-620828; **White Scar Caves**, ✆ 015242-41244; **Ingleborough Cavern**, ✆ 015242-51242.

• *Kanalfahrten*: Näheres siehe Skipton.

• *Klettern*: Gesteinsformationen zum Klettern (im Englischen *rock climbing* bzw. *abseiling*) befinden sich in Malham, Gordale und Kilnsey, außerdem bei den Brimham Rocks und den Felsen im Ilkley Moor. Genauere Informationen gibt es über den **Leeds Mountaineering Club**, c/o Mr S. Telford, 48 Spibey Lane, Rothwell, Leeds, LS2 0NW, oder die Organisatoren der **Free Climbing Wall** in Leeds, ✆ 0113-2341554.

• *Reiten*: **Kilnsey Tracking Centre**, Conistone, ✆ 01756-752861; **Yorkshire Dales Trekking Centre**, Holme Farm, Malham, ✆ 01729-830325; **Trail Riding Holidays**, D&P Equestrian, Low Haygarth Farm, Cautley, Sedbergh, ✆ 015396-20349.

• *Wandern*: In den National Park Offices gibt es viele hilfreiche Informationen. Vor einer Wanderung kann man sich in den Zentren auch über die aktuellen Wetteraussichten informieren. Zunächst empfiehlt sich das hier (und auch in größeren Buchläden) erhältliche Kartenmaterial. Ideale Wanderkarten sind die **Ordnance-Survey-Serien** *Outdoor Leisure* (1:25.000) Nr. 2, 19, 30; *Landranger* (1:50.000) Nr. 98, 99, 103, 104; und *Explorer* (1:25.000) Nr. 26, 27 (jeweils ca. £ 6.50). Hier sind selbst die kleinsten Details eingezeichnet, was für Wanderungen in den Mooren unerlässlich ist. Erwerben kann man außerdem noch zahlreiche Wanderführer.

Interessant sind auch Langstreckenwanderungen, die sich oft an einem bestimmten Thema orientieren, wie z. B.:

The Herriott Way – auf den Spuren von James Herriott (90 km), von Aysgarth aus quer durch die Dales; **The Dales Way** – ein Spaziergang durch die Täler von Ilkely bis Windermere (130 km); oder das berühmte **Three Peaks Race** – über die drei höchsten Gipfel Ingleborough, Whernside und Pen-y-ghent (40 km).

Genaue Informationen über geführte Wanderungen finden sich in der kostenlosen Publikation *The Visitor*.

Südliches Wharfedale – von Leeds bis Skipton

Der südliche Teil des Wharfdale ist im Sommer wie Winter das Naherholungsgebiet für die Einwohner des Ballungszentrums Leeds/Bradford. Von Leeds aus gelangt man über die A 660 zunächst nach Otley. Im Sommer sind das *Ilkely Moor* und die *Bolton Abbey* oft recht überlaufen. Dafür kann man zu dieser Zeit auch im Wharfe baden, und die Ausflugslokale entlang der Wanderstrecken sind geöffnet.

Otley

Eine kleine Marktstadt, in der sich ein Besuch hauptsächlich während des seit dem Jahr 1222 stattfindenden großen Viehmarktes lohnt (montags und freitags). Dienstags, freitags und samstags werden außerdem Straßenmärkte abgehalten. Otley ist die Geburtsstadt des bekannten Möbeldesigners *Thomas Chippendale* (1718–1779), der aus einer hiesigen Tischlerfamilie stammte. In seinem ehemaligen Wohnhaus (Bondgate Nr. 3) ist heute der *Cobbelstones Tea Room* untergebracht, in dem man außer Tee und Kaffee auch kleinere Mahlzeiten erhält.

Information: **Council Offices & Boroughgate**, ✆ 0113-2477707.

Ilkley

Ilkley ist ein hübsches grünes Städtchen, dem man seine Vergangenheit als Kurort an den Gebäuden und Geschäftsarkaden aus der viktorianischen und edwardianischen Zeit immer noch ansehen kann. Der Wharfe fließt direkt durch die Stadt. Wenn man von der Brücke im Zentrum in Richtung Süden geht, gelangt man zu dem Fußweg, der recht abrupt hinauf zum *Ilkley Moor* führt, das direkt in das *Rombalds Moor* übergeht.

• *Information*: Station Rd., ✆ 01943-602319 (nicht alle Informationen über den Nationalpark, das nächste *Visitor Centre* ist Grassington).

• *Übernachten/Essen*: *** **Rombald's Hotel & Restaurant**, eleganter georgianischer Bau in Fußnähe zum Wanderweg ins Ilkely Moor und zum Stadtzentrum; £ 69.50–89 pro Person. West View, Wells Rd., ✆ 01943-603201, ✆ 816586.

* **Riverside Hotel**, komfortables Hotel in Innenstadtlage am Fluss, eigenes Restaurant und Bar; £ 40–55 pro Person. Bridge Lane, ✆/✆ 01943-607338.

Cow and Calf Hotel, B&B mit Pub direkt gegenüber den Cow und Calf Rocks, schöne Aussicht; £ 45–55 pro Person. Hangingstone Road, ✆ 01943-607335, ✆ 604712.

Mrs P. Roberts Family B&B, etwas außerhalb des Zentrums auf der Straße nach Skipton, Kamin im Esszimmer, ca. 5 Fußminuten von Bus- und Bahnstation, Rauchen nicht erlaubt; £ 25–36 pro Person. 63 Skipton Road, ✆ 01943-817542.

Summerhill Guest House, viktorianische Villa in ruhiger Lage, deren Garten direkt aufs Ilkley Moor blickt; £ 17–34 pro Person. 24 Crossbeck Rd., ✆ 01943- 607067.

Sehenswertes

White Wells Cottage: Direkt am Hang, der hinauf zum Ilkley Moor führt, befindet sich auch das White Wells Cottage, wo sich ursprünglich die hiesige Kurquelle befand und in dem man heute noch eines der "Bäder" besichtigen kann. Nach dem Bau der Eisenbahnstrecke im Jahr 1865 kam es hier zu einem regelrechten Kur-Boom.

Öffnungszeiten: Wells Road, ✆ 01943-608035. April–Sept., meist nur an Wochenenden und Feiertagen. Nähere Informationen siehe Manor House Gallery and Museum.

Manor House Gallery and Museum: Direkt am Hang nordwestlich der *All Saint's Church* im Ort, in deren Turm aus dem 15. Jahrhundert u. a. drei angelsächsische Kreuze aus dem 9. Jahrhundert untergebracht sind, steht das *Manor House* mit Bauelementen aus dem 15., 16. und 17. Jahrhundert. Im Untergeschoss befindet sich ein Heimatmuseum und im Obergeschoss eine Kunstgalerie. Man geht davon aus, dass auf dem Gelände hinter dem Manor House im Jahr 79 u. Z. das römische Fort Olicana stand.

Öffnungszeiten: Castle Yard, Church Street, ✆ 01943-600066. Ganzjährig Mi–Sa 11–17 Uhr, sonntags 13–16 Uhr.

Ilkley Moor

Ilkley Moor und Rombalds Moor: Vor der Einfahrt nach Ilkley in Burley ist die Abzweigung zum Moor ausgeschildert, ein Parkplatz befindet sich bei den *Cow and Calf Rocks*. Von der Stadtmitte aus gelangt man nur bis an den Fuß des Hügels und muss dann zu Fuß den recht steilen Weg bis zu den Felsen hinaufsteigen. Spätestens seit der Kirchenchor aus Halifax die schaurige Moritat "On Ilkley Moor B'aht'At" veröffentlichte, weiß jeder Bewohner Yorkshires, dass man das Ilkley Moor nur mit guter Kopfbedeckung besteigt, denn sonst ergeht es einem wie dem Helden des Liedes, der sich "b'aht'at" (ohne Hut) im kalten Wind hier oben verkühlte und verstarb. Vom Fuß der *Cow and Calf Rocks* kann man sich dem Touristenstrom anschließen und beliebig über die Felsen kraxeln und von den *Ilkely Crags* den wunderbaren Ausblick genießen. Wem der Wind nicht zu kalt ist, kann noch weiter in das Rombalds Moor vordringen. Der Sage nach war Rombald ein Riese, der auf den hiesigen Felsen herumwütete und dabei einige der Felsformationen schuf, auf denen heute die Kletterer ihr Glück versuchen. Tatsächlich führen noch einige Wege aus prähistorischer Zeit über das Moor. Schräg gegenüber den *Cow and Calf Rocks* befindet sich ein Hotel-Restaurant, in dem man sich nach dem Wandern aufwärmen kann; im Sommer hat auf dem Parkplatz außerdem ein Kiosk mit warmen Imbissen geöffnet. (Für ausgiebigere Wanderungen siehe Ordnance Survey, Landranger, Nr. 104.)

Bolton Abbey

Von der A 65 zweigt man kurz vor *Addingham* auf die B 6160 nach Bolton Abbey ab. Parken kann man hier nur auf einem der ausgeschilderten Parkplätze. In dem hübschen Ort selbst gibt es einige Geschäfte und Restaurants und die bekannte *Bolton Priory*, eine Abtei aus dem 12. Jahrhundert. Von den Ufern des Wharfe gehen zahlreiche Spazier- und Wanderwege aus.

• *Information*: **Bolton Abbey Post Office**, ✆ 01756-710533.

• *Übernachten/Essen*: *** **Devonshire Arms Country House Hotel**, im Süden des Ortes gelegen. Stilvolle Herberge mit Brasserie und Bar; ab £ 140 pro Person. Bolton Abbey, ✆ 01756-710441, ✆ 710564.

Hesketh Farm Cottage, gehobenes B&B etwa 1 km außerhalb des Ortes; ab £ 30 pro Person. Bolton Abbey, ✆ 01756-793371.

Holme House Farm, B&B auf dem Bauernhof mit Blick auf den Fluss und Barden Tower; £ 17.50–20 pro Person. Barden, ✆ 01756-720661.

Barden Bunk Barn, Herberge mit Schlafräumen für Gruppen in einer umgebauten historischen Scheune; ab £ 18 pro Person. Barden, ✆ 01756-720330.

Bondcroft Farm, gehobenes B&B auf dem Bauernhof; ab £ 20 pro Person. Embsay, ✆ 01756-793371.

• *Camping*: **Howgill Lodge**, für Zelte und Caravane, außerdem kann man ein Bungalow mieten oder im hauseigenen B&B übernachten (mit eigenem Restaurant); pro Woche im Bungalow ab £ 230 für 4–6 Personen. Barden, ✆ 01756-720655.

• *Essen*: **The Cavendish Pavillion**, Café und Restaurant mit Gartenterrasse, ganzjährig geöffnet, im Winter eingeschränkte Öffnungszeiten, direkt am Wharfe auf dem Weg von Bolton nach Barden, ✆ 01756-710245.

The Priest's House, Café und Restaurant mit Gartenterrasse in einem historischen Gebäude neben dem Barden Tower, ✆ 01756-710616.

Sehenswertes

Bolton Priory: Die eigentliche Sehenswürdigkeit des Ortes ist die hiesige Abtei. Sie wurde im 12. Jahrhundert von Augustinermönchen gegründet, die hier fast 400 Jahre ansässig waren. Die imposanten Ruinen befinden sich in einer sehr romantischen Lage auf den Auen des Flusses Wharfe, der hier eine scharfe Biegung macht. Schon der Dichter *Wordsworth* und der Maler *Turner* ließen sich von der Schönheit dieses Fleckens inspirieren. Im Sommer ist das Flussufer mit badenden und picknickenden Ausflüglern übersäht. Das Gelände gehört seit 1750 zum Besitz des Duke und der Duchess von Devonshire. Die angrenzende Kirche *St Mary und St. Cuthbert* blieb von den Übergriffen Heinrichs des VIII. verschont und hat noch einige Baumerkmale aus dem 12. Jahrhundert bewahrt; sie wurde Mitte des 19. Jahrhunderts umfangreich restauriert. Mit dem Bau des Westturms wurde im Jahr 1520 begonnen, vollendet wurde er nie.

Öffnungszeiten: **Bolton Abbey Estate**, ✆ 01756-710533. Ganzjährig Mo–Do 8.30–19 Uhr bzw. bis zur Dämmerung, Fr nur bis 16 Uhr. Eintritt frei, aber der Kauf eines Parktickets ist zwingend (gilt für den ganzen Tag, £ 3).

The Strid: Von der Abteiruine gehen zahlreiche Wanderwege in alle Richtungen über das Gelände und die Hügel aus. Ein Muss ist der Spaziergang entlang der bewaldeten Ufer des Wharfe bis zum Strid, einer Stromschnelle des Flusses. Am besten läuft man direkt unterhalb der Abtei am westlichen Ufer des Wharfe stromaufwärts bis zur Brücke und wandert dann am Ostufer weiter. Bei Niedrigwasser kann man den Fluss hier auch über die im Wasser liegenden Felsenbrocken überqueren. Wahlweise können Sie auch einen der weiter nördlich liegenden Parkplätze anfahren, wo sich weitere Übergänge über den Fluss befinden. Am Bolton-Parkplatz gibt es ein Ausflugscafé (Cavendish Pavillion). Dort lichtet sich der Wald, und bald hat man einen guten Blick auf den in der Schlucht über die Felsen tosenden Fluss. Immer wieder versuchen Abenteuerlustige Ihr Glück und springen über die engste Stelle der Stromschnellen des Flusses, der hier bis zu neun Meter tief ist. Aber Vorsicht: Bisher ist noch niemand, der hier unterging, lebendig wieder herausgekommen. Ratsamer ist es, bis nach Barden weiterzuwandern, wo sich der nächste Übergang über den Fluss befindet.

Embsay & Bolton Abbey Steam Railway: Vom Bahnhof in Bolton Abbey verkehrt dieser Dampfzug die fünf Meilen lange Strecke nach Embsay. Er fährt ganzjährig jeden Sonntag (im Sommer sogar jeden Tag), und an einigen Abenden werden historische Waggons angehängt, in denen man einen Snack zu sich nehmen kann.

Abfahrtszeiten: ✆ 01756-795189, Informationen: ✆ 01756-710614. Preise: Erw. £ 5, Kinder £ 2.50.

Skipton

Nach dem Einfall der Normannen in die Dales fiel die Siedlung Skipton (angelsächsisch *Sceptone = sheep town*) um 1090 an *Robert de Romille*, der in der Nähe des Flusses Eller eine Festung errichtete. 1204 erhielt Skipton das Marktrecht, und noch heute finden hier viermal wöchentlich Märkte statt (Mo, Mi, Fr und Sa). Von der Hauptstraße zweigen viele kleine Sträßchen ab, die eine Erkundung lohnen. Man findet viele kuriose Geschäfte, Cafés und Kunsthandwerksläden und kann auf Ausflugsbooten den Leeds-Liverpool-Kanal befahren.

• *Information*: Das hiesige Touristenbüro war zum Zeitpunkt der Recherche für unbestimmte Zeit geschlossen. Alternativ kann man sich an die Tourist Information in Settle wenden, ✆ 01729-825192, ℻ 824381.

• *Fahrradverleih*: In Skipton beginnt und endet der **Yorkshire Dales Cycle Way**, ein ca. 210 km langer markierter Rundweg. Nähere Informationen sind über die National Park Authority erhältlich.

Eric Burgess Cycles, Water Street, ✆ 01756-794 386; **David Ferguson Cycles**, 1 Brook St., ✆ 01756-795367. Pro Tag jeweils etwa £ 12.

• *Übernachten/Essen*: **Skipton Park Guest Hotel**, komfortable Unterkunft nur wenige Minuten vom Stadtzentrum; ab £ 22.50 pro Person. 2 Salisbury St., ✆ 01756-700640, ℻ 700641.

Unicorn Hotel, mitten im Stadtzentrum, daher etwas lauter; £ 22–36 pro Person. Devonshire Place, Keighley Road, ✆ 01756-794146, ℻ 793376.

Highfield Hotel, komfortables und freundliches Hotel in vorteilhafter Lage; £ 17.50–18.50 pro Person. 58 Keighley Rd., ✆ 01756-793182, ℻ 793182.

Red Lion, im ältesten Pub der Region übernachtet man ab £ 30 pro Person. High Street, ✆ 0175-790718.

The Plough Inn, gehobenes Country Pub aus dem Jahr 1725, schöne Aussicht und gutes Essen. Wigglesworth/Skipton, ✆ 01729-840243.

• *Ferienwohnungen*: **Holiday Cottages (Yorkshire) Ltd.**, Water Street, Skipton, ✆ 01756-700510.

Sehenswertes

Skipton Castle: Das Schloss, dessen Eingang sich am Kopf der Hauptstraße befindet, ist seit 1310 im Besitz der Familie Clifford. Das Torhaus des Schlosses stammt noch aus dem 12. Jahrhundert, während das übrige Gebäude unter der Leitung von Lady Anne Clifford nach dem Bürgerkrieg um 1657 wiederaufgebaut wurde. Beim Rundgang durch die Anlage sieht man im Innenhof eine Eibe, die von Lady Anne gepflanzt wurde. John Clifford ("der Schlächter" oder auch "blutiger Clifford", 1430–61) wurde in einem Drama Shakespeares verewigt – er kämpfte im Rosenkrieg gegen das Haus von York.

Öffnungszeiten: High Street, ✆ 01756-792442. März–Sept. Mo–Sa 10–18 Uhr, So 10–12 Uhr; Okt.–Feb. 10–16 Uhr. Erw. £ 4.20, Kinder £ 2.10, unter 5 Jahre frei. Für den Rundgang erhalten Sie eine Broschüre in 8 Sprachen.

Church of Holy Trinity: In der Kirche neben dem Schloss, die ebenfalls unter Lady Anne Clifford instand gesetzt wurde, befinden sich neben einigen Grabstätten und Gedenksteinen der Familie Clifford auch ein jakobinischer Taufstein aus dem 12. Jahrhundert und eine Lettnerempore aus dem Jahr 1533.
Öffnungszeiten: Tgl. 8.15–17.30 Uhr, im Winter bis ca. 16.30 Uhr. Eine Spende von £ 1 wird erbeten.

Boote auf dem Leeds-Liverpool-Kanal bei Skipton

Craven Museum: Dieses Museum der Region Craven ist im Rathaus untergebracht. Hier erfährt man in einer bunt gemischten Ausstellung einiges über die Vergangenheit Skiptons und der Region. Neben Funden aus der Bronzezeit ist eine Ecke des Museums auch dem berühmtesten Sohn der Stadt gewidmet: *Thomas Spencer*, dem Mitbegründer der Kaufhauskette *Marks & Spencer*.
Öffnungszeiten: ✆ 01756-706407. April–Sept. Mo–Sa 10–17 Uhr, So 14–17 Uhr, Di geschlossen; Okt.–März Mo–Fr 13.30–17 Uhr, Sa 13–16 Uhr, Di u. So geschlossen. Eintritt frei.

Red Lion und Black Horse Inn: Ebenfalls auf der Hauptstraße befindet sich das angeblich älteste Pub in Craven, das *Red Lion* aus dem Jahr 1205. Gleich gegenüber steht das *Black Horse Inn* aus dem 17. Jahrhundert, das auf einem Gelände erbaut wurde, das einst im Besitz Richards III. war.

Leeds-Liverpool-Kanal: Überall erinnern Hinweisschilder an eine der Hauptattraktionen des Ortes, den hiesigen Abschnitt des Leeds-Liverpool-Kanals, auf dem man unbedingt eine Ausflugsfahrt unternehmen sollte. Die bunt dekorierten "narrow boats" (s. u.) wurden speziell für die hiesige Kanalschifffahrt entworfen. Von der Coach Street läuft man über einen kopfsteingepflasterten Platz hinunter zur Anlegestelle (Waterside Court), wo sich auch das Ticketbüro befindet.

Pennine Boat Trips, ✆ 01756-701212. Eine Ausflugsfahrt nach Niffany oder Snaygill dauert ca. eineinviertel Std. Abfahrtszeiten: April u. Okt. tägl. 11.30 Uhr; Mai, Juni u. Sept. 11.30 Uhr, 13.30 Uhr und 15 Uhr; Juli u. August 11.30 Uhr, 13.30 Uhr, 15 Uhr und 16.30 Uhr. Erw. £ 3.50, Kinder £ 1.50.

Pennine Cruisers, ✆ 01756-795478. Verleiht Boote für Tagesausflüge; die Tourist Information in Skipton hat weitere Informationen.

Bootfahren auf dem Leeds-Liverpool-Kanal

Die englischen Kanäle entstanden vorwiegend in der Zeit von 1760 bis 1840, waren aber schon bald den Anforderungen des modernen Gütertransports nicht mehr gewachsen. Der Leeds-Liverpool Kanal wurde zwischen 1770 und 1815 gebaut und verband Leeds über den Fluss Aire mit den südlichen Dales und der Hafenstadt Liverpool im Westen. Inzwischen sind die Kanäle ein Bestandteil der Landschaft geworden und werden hauptsächlich für den Freizeitspaß genutzt. Da diese Kanäle so schmal angelegt wurden, mussten auch die Boote dementsprechend schlank sein – zum Ausgleich zog man sie in die Länge. In den letzten Jahrzehnten wurden diese sog. "narrow boats" restauriert oder im alten Stil nachgebaut und dienen nun als Ausflugsboote. Die früher von Pferden gezogenen Boote sind heute natürlich motorisiert. Wer ein solches Boot mietet, fährt oft durch einsame ländliche Gegenden, aber auch durch die verborgenen Ecken kleiner und großer Städte. Ein Problem sind die zahlreichen Schleusen (im Durchschnitt alle drei Kilometer), die die Fahrtgeschwindigkeit erheblich drosseln. Auf einem "narrow boat" haben bis zu acht Personen Platz. Da man die Schleusen per Kurbel selbst bedienen muss, sollte man möglichst in einer Gruppe reisen. Auf der Strecke von Leeds nach Liverpool muss man bei Bingley fünf Schleusen hintereinander passieren, um den Höhenunterschied ins Flachland auszugleichen. Wer nur einen kurzen Ausflug unternehmen will, sollte in Skipton eines der Passagier-Ausflugsboote besteigen (s. o.). Nähere Informationen über Bootsvermietungen für längere Urlaube erteilt das **Britische Fremdenverkehrsamt** oder das **British Waterways Board**, Willow Grange, Church Rd., Watford, ✆ 01923-226422.

Westliche Dales – von Settle bis Kirkby Lonsdale

Von Skipton aus fahren Sie auf der A 65 durch das Airdedale bis nach Settle, das eine gute Ausgangsbasis für Besuche im *Malhamdale* und im *Ribblesdale* ist. Auf dieser Route erwarten den Reisenden zahlreiche Höhlen, Schluchten und die drei höchsten Gipfeln der Dales: Pen-y-ghent, Ingleborough und Whernside. Wer nicht mit dem Auto unterwegs ist, fährt mit der Settle-Carslisle Railway bis Settle und von dort mit dem Bus weiter.

Settle

Die kleine Marktstadt liegt schön zwischen dem Fluss Ribble und den Kalksteingebirgen der Region Craven. Am Markttag (jeden Dienstag) geht es hier besonders lebhaft zu. Der Marktplatz hat noch sein ursprüngliches Aussehen aus dem 17. Jahrhundert.

• *Information*: **Tourist Information**, Town Hall, Cheapside, ✆ 01729-825192, 📠 824381.

• *Übernachten*: *** **Falcon Manor Hotel**, Hotel mit allen Extras, ab £ 45 pro Person. Skipton Road, ✆ 01729-823814, 📠 822087.

** **Royal Oak Hotel**, Komforthotel mit Restaurant, man kann sich für Wanderungen sogar Luchpakete zusammenstellen lassen; ab £ 28.50 pro Person. Market Place, ✆ 01729-822561, 📠 823102.

Golden Lion Guest House, am Marktplatz. Ehemalige Kutschenstation aus dem 17. Jahrhundert, heute eine stimmungsvolle Herberge mit Kaminfeuer und gutem Restaurant; ab £ 24.50 pro Person. Duke Street, ✆ 01729-822203, 📠 824103.

Yorkshire Rose Guest House, gehobenes B&B in Familienbesitz, ab £ 16 pro Person. Duke Street, ✆ 01729-822032.

Whitefriars Guest House, B&B im historischen Gebäude aus dem 17. Jahrhundert mit schönem Garten; ab £ 18.50 pro Person. Church Street, ✆ 01729-823753.

Husbands Barn, in der Nähe der Jugendherberge in Stainforth. Mit Schlafräumen in einer umgebauten Scheune, nur Nichtraucher; ab £ 22 pro Person, ✆/📠 01729-822240.

- *Jugendherberge*: im Nachbarort Stainforth (3 km entfernt), am südlichen Ortsende; ab £ 12 pro Person. ✆ 01729-823577.
- *Camping*: Stainforth Hall/Little Stainforth, ✆ 01729-822200.
- *Essen*: **Ye Olde Naked Man Café**, Frühstück und leichte Speisen, tägl. 7–17 Uhr, Mi bis 16 Uhr. Royal Oak, Market Place, ✆ 01729-822 561.

Settle Tandoori, indische und bangladesische Küche, tägl. 17.30–23.30 Uhr. Commercial Court Yard Settle, ✆ 01729-823393.

The Little House, traditionelle englische Küche mit kontinentalen Einflüssen, tägl. ab 17.30 Uhr. Duke Street, ✆ 01729-823963.

Sehenswertes

Shambles: Auch die sog. *Shambles* auf dem Marktplatz stammen aus dem 17. Jahrhundert. Der zweistöckige Gebäudekomplex mit den Geschäftsarkaden war ursprünglich eine offene Markthalle, der zweite Stock wurde gegen Ende des 19. Jahrhunderts hinzugefügt. Das bekannteste Café am Ort ist *Ye Olde Naked Man*. Denselben Namen trug einst ein hiesiges Gasthaus, dessen Wirt gegen die übertriebene Kleidermode der damaligen Zeit rebellierte.

Richard's Folly: Nicht weit vom Marktplatz (auf dem School Hill) steht das Gebäude, dessen Name auf die "Verrücktheit" des Bauherren hinweist. Dem wohlhabenden Gerber Richard Tanner gingen beim Bau des Hauses, der um 1675 begann, die Geldmittel aus. Es stand jahrelang leer, bevor es schließlich restauriert wurde.

Watershed Mill Visitor Centre: Auf der Langcliffe Road nördlich vom Zentrum befindet sich in einer alten Mühle aus dem frühen 18. Jahrhundert dieses sehenswerte Besucherzentrum. Im Angebot sind Strickwaren, Töpferwaren und Kunsthandwerk aus den Dales. Außerdem gibt es ein Café.

Öffnungszeiten: ✆ 01729-825539. Mo–Sa 10–17.30 Uhr, So 11–17.30 Uhr.

Victoria Cave: Östlich der Bahnlinie verläuft ein Wanderweg, der vorbei am *Attermire-Felsen* und der *Attermire Cave* zur *Victoria Cave* führt. Diese riesige Höhle wurde im Jahr 1838 von einem Wanderer entdeckt, dessen Hund sich durch eine Öffnung im Felsen verirrt hatte. Bei Ausgrabungen entdeckte man hier Knochen prähistorischer Tiere, aber auch Artefakte aus der Bronzezeit sowie römische Münzen.

Die Settle and Carlisle Railway

Auslöser für den Bau dieser Bahnstrecke, die durch eine der landschaftlich schönsten Gegenden des Landes führt, war eine Auseinandersetzung zweier Eisenbahnunternehmen. Die *London and North West Railway* betrieb die profitablen Schienenverbindungen zur Westküste, und die *Midland Railway* wollte daher eine neue Linie in Angriff nehmen. Der Bau der neuen Linie der Midland Railway Company von West Yorkshire bis an die schottische

Grenze nach Carlisle dauerte ganze sechs Jahre. Der Güterverkehr startete 1875, die Personenbeförderung folgte ein Jahr darauf. Die Ingenieure, die die Schienenführung über die westlichen Pennines mit ihren sumpfigen Mooren, Felsformationen und dem unsteten Wetter ausarbeiteten, hatten keine einfache Aufgabe. Von den sechstausend Arbeitern, die an dem Bau beteiligt waren, starben Hunderte durch Unfälle, Seuchen und Krankheiten. In den Hüttensiedlungen entlang der Strecke lebten die Arbeiter zum Teil zusammen mit ihrer gesamten Familien unter unmenschlichen Bedingungen (bis zu 140 Personen in nur neun Holzhütten). In *Little Chapel-le-Dale* befinden sich die Gräber von zweihundert unbekannten Toten, die durch die Pocken umkamen. Auf der nur 116 km langen Eisenbahnstrecke finden sich 14 Tunnels und über 20 Viadukte. Das beeindruckendste ist das 32 Meter hohe *Ribblehead Viaduct*, das sich in 24 Bögen über das *Batty Moss* erstreckt. Der Bahnhof in Dent ist der höchstgelegene in England, und bei Aisgill führen die Schienen in einer Höhe von 356 Metern über den höchsten Gipfel der Strecke.

In den 1980er Jahren war die Strecke durch Rationalisierungsmaßnahmen der British Rail von der Schließung bedroht. Viele Interessengruppen protestierten dagegen, letztlich mit Erfolg: Nach Restaurierungsarbeiten wird die Bahnlinie nun hauptsächlich von Touristen genutzt. Am besten kombiniert man eine Fahrt mit der Bahn mit einer anschließenden Wanderung. Von den Stationen aus werden geführte Touren angeboten (Informationen über die Touristenbüros).

Malham

Östlich von Settle gelangt man über *Kirkby Malham* zunächst nach Malham. Ein Großteil des Gebietes mit den erstaunlichen Felsformationen gehört dem English National Trust und ist von besonderem geologischen Interesse.

• *Information*: **National Park Centre/Malham**, hier gibt es viele Informationen über die Naturgeschichte der Region; geöffnet April–Okt., ✆/📠 01729-830363.

Malham Tarn Field Centre, wenn Sie genügend Zeit haben, können Sie hier einen Kurs in Naturgeschichte belegen, ✆ 0172-830331.

• *Übernachten/Essen*: **River House Hotel**, Gästehaus in einem viktorianischen Landhaus aus dem Jahr 1664, sehr gutes Essen im Restaurant. £ 21–57 pro Person, ✆ 01729-830315, 📠 830672.

Eastwood House, B&B mit sehr komfortablen Zimmern, ab £ 18 pro Person. ✆ 01729-830409.

• *Ferienwohnungen*: **Scalegill**, vollständig ausgestattete Ferienhäuser und -wohnungen in einer alten Mühle bzw. angrenzenden Landhäusern mitten im Naturpark; £ 173–335 pro Woche, c/o Pam Hall, Kirkby Malham, ✆ 01729-830293.
E-Mail: scalegill@compuserce.com

Sehenswertes in Malham und Umgebung

Malham Tarn: Das auf einem Schieferuntergrund ruhende Gewässer ist einer der zwei natürlichen Gebirgsseen in den Dales. Vom See führt ein Pfad zum *Malham Tarn Field Centre*, das Seminare zur Naturgeschichte der Gegend veranstaltet. Das Haus war ehemals eine Jagdhütte und später Heimat des Industriellen *Walter Morrisson*. Unter anderem waren hier *Charles Darwin*, *John Ruskin* und *Charles Kingsley* zu Gast; Letzterer wurde hier zu seinem Buch

"The Water Babies" inspiriert. Große Teile des Naturschutzgebietes sind nicht zugänglich, aber von einer Aussichtsplattform kann man einen Überblick gewinnen und die zahlreichen Wasservögel beobachten.

Malham Cove: Vom Ort Malham aus führen gut markierte Fußpfade am kleinen Flüsschen entlang bis zur Malham Cove, einer halbmondförmigen Kalksteinklippe, die terrassenförmig in das Flusstal abfällt und ungefähr 80 Meter hoch und 200 Meter breit ist. Einst erstreckten sich die Wassermassen des *Malham Tarn* über das gesamte (inzwischen ausgetrocknete) Tal, und über die Klippen ergoss sich ein riesiger Wasserfall. Heute jedoch verschwindet das Wasser bei einer als "Water Sinks" bezeichneten Stelle unterhalb des Sees in den Untergrund und kommt südlich von Malham als Fluss *Aire* wieder nach oben. Wenn man auf der Klippe steht, kann man die bizarren Formationen sehen, die das Wasser in den Felsen gefressen hat, bevor es versickerte.

Gordale Scar: Außerdem kann man von Malham aus Gordale Scar, eine Kalksteinschlucht mit Wasserfall, erwandern. Ebenso wie Malham Cove entstand diese Schlucht durch Erdbewegungen der Craven-Falte.

Horton in Ribblesdale

Die B 6479 führt – immer parallel entlang der Bahnlinie – über Stainforth nach Horton. Der Ort ist besonders beliebt als Ausgangsbasis für Wanderungen auf die drei höchsten Gipfel der Dales. Wenn man von Süden auf Horton zufährt, fallen ab *Hellwith Bridge* zunächst die Steinbrüche auf. Im 19. Jahrhundert wurde der hier abgebaute Kalkstein für Steinböden, Grabsteine, Torpfosten und Ähnliches mehr verwendet. Über die Ebene hinweg, die einst von einem Gletschersee bedeckt war, sieht man in der Ferne den beeindruckenden Gipfel des Pen-y-ghent aufragen.

- *Information*: **Pen-y-ghent Café**, Informationspunkt, Treffpunkt für Wanderer und Café, ✆ 01729-860333.
- *Fahrradverleih*: **Three Peaks Mountain Bikes**, Horton, Studfold House, ✆ 01729-860200.
- *Höhlenwandern*: Einführungen in das Höhlenwandern (auch für Familien) können Sie über das **National Park Centre** in Grassington buchen, ✆/📠 01729-860357.
- *Wanderung*: In Horton beginnt und endet die **"Three Peaks Challenge"**: Jedes Jahr wettstreiten hier am letzten Sonntag im April Wanderer darum, wer die drei Berge Pen-y-ghent (694 m), Whernside (736 m) und Ingleborough (723 m) in der kürzesten Zeit in einem Marathonmarsch hintereinander erklimmen kann. Die Strecke ist insgesamt 41 Kilometer lang, und es müssen 1524 Höhenmeter überwunden werden. Ausgangspunkt ist das *Three Peaks Café*, wo die Wanderer sich zur eigenen Sicherheit in ein Register eintragen können und vor der Wanderung den aktuellen Wetterstand erfahren. Jeder, der diese Wanderung in unter 12 Stunden schafft, wird in den *Three Peaks of Yorkshire Club* aufgenommen.
- *Übernachten*: **Crown Hotel**, Pubhotel und bei weitem die luxuriöseste Unterkunft im Ort; ab £ 21 pro Person (in der Nähe der Brücke), ✆ 01729-860209, 📠 860444.

Rowe House, ab £ 18 pro Person, ✆ 01729-860212.

Willows Guest House, durchschnittliches B&B, März–Nov. geöffnet; ab £ 19 pro Person, ✆ 01729-860373.

Station Inn, wer sich in die einsame Gegend um das Ribblehead-Viadukt wagen möchte, kann hier in der Nähe des Bahnhofs übernachten; ab £ 20.50 pro Person, ✆ 015242-41274.

- *Camping*: auf der Holme Farm in der Nähe der Kirche (nur Zelte), ✆ 01729-860281.

Sehenswertes in der Umgebung von Horton

Hunt Pot und Hull Pot: Auch wer nicht über die Gipfel klettern mag (s. o. "Wanderung"), kann bei einer Wanderung die Gegend erforschen. Unter anderem gibt es hier die Höhlen Hunt Pot (eine Felsspalte, die etwa 2 Meter breit und 200 Meter tief ist) und *Hull Pot* (100 Meter lang, 20 Meter breit und tief) auf der Westseite des Pen-y-ghent zu sehen.

Ribblehead Viaduct: Etwas weiter nördlich auf der B 6479 befindet sich das Ribblehead Viaduct aus dem Jahr 1875, das wohl beeindruckendste der zahlreichen Viadukte, die das Moorland auf der Settle-Carslisle-Eisenbahnstrecke überspannen. Vom Tal aus betrachtet, erheben sich die 24 Bögen des Viadukts in der beachtlichen Höhe von 50 Metern. Am anderen Ende verschwindet die Eisenbahn in den Bleamore-Tunnel.

Chapel-le-Dale: Vom Ribblehead-Viadukt geht es auf der B 6255 südwestlich in Richtung Ingleton. Unterwegs passieren Sie Chapel-le-Dale mit der winzigen Kirche St. Leonhard. Auf dem benachbarten Friedhof sind 200 Arbeiter begraben, die beim Bau der Settle-Carlisle-Bahnlinie umkamen. Eine Gedenktafel erinnert an sie. Hinter der Kirche führt ein Weg zu den Höhlen *Hurtle Pot* und *Jingle Pot* sowie zur *Weathercote Cave*, zu der Stufen hinabführen. Vom Ort aus hat man die besten Aufstiegsmöglichkeiten auf den Whernside.

Übernachten: **Hill Inn**, ✆ 015242-41256, altes Gasthaus aus dem Jahr 1615 und heute Wanderertreff.

White Scar Caves: Kurz vor Ingleton passieren Sie die White Scar Caves, wohl die beeindruckendste der begehbaren größeren Höhlen der Gegend. Während der ca. eineinhalbstündigen Führung wandern Sie entlang unterirdischer Wege, die über dem Flusslauf angelegt wurden, vorbei an tosenden Wasserfällen, durch weitläufige Höhlen mit Stalaktiten und Stalagmiten, engen Grotten und sogar prähistorischen Schlammlöchern. Ein Student entdeckte die Höhle, die stellenweise bis zu 30 Meter hoch ist, im Jahr 1923. Beim Parkplatz am Eingang gibt es ein Café sowie einen Souvenirladen.

Öffnungszeiten: ✆ 015242-41244. Tägl. 10–17.30 Uhr. Eintritt: £ 7, Führungen stündlich, letzte Führung um 17.30 Uhr. Sicherheitshelme werden vor der Führung ausgegeben. Die Temperatur in der Höhle beträgt 8 °C, daher wird warme Kleidung empfohlen.

Ingleton

Das touristisch stark frequentierte Städtchen Ingleton lebte ursprünglich vom Kohlebergbau und später von der Woll- und Baumwollspinnerei. Heute reihen sich in den engen, gewundenen Gässchen der Innenstadt B&Bs, Souvenirläden und Restaurants aneinander. Die Pfarrkirche St. Mary wurde mehrfach wiederaufgebaut, beherbergt aber noch eines der besterhaltenen normannischen Taufbecken in ganz Yorkshire und weist einen Turm aus dem 15. Jahrhundert auf.

Den größten Anreiz bietet jedoch die Nähe zu den umliegenden Naturschauspielen. Von Ingelton ist es nicht weit bis zu verschiedenen Aufstiegsmöglichkeiten auf den *Ingleborough* mit seinem Gipfelplateau (Wanderwege auch von Chapel-le-Dale, Horton und Clapham). Beim Fluss im Stadtzentrum beginnt der **Ingleton Waterfalls Walk**. Bis Mitte des 19. Jahrhunderts waren die spektakulären Wasserfälle der zwei Flüsse Twiss und Doe bei Ingleton weitgehend unentdeckt, da das Gelände nur schwer begehbar war. Auf Initiative von Joseph Carr wurden Maßnahmen unternommen, den Spazierweg an den Wasserläufen durch Stufen, Brücken und Pfade für die Allgemeinheit zugänglich zu machen. Bereits im Jahr 1893 brachte die Eisenbahnlinie 100.000 Touristen nach Ingleton, die die Fälle bewunderten. Der sieben Kilometer lange Spaziergang führt durch das Swilla Glen bis zu den Pecca-Fällen, die in mehreren Stufen hinabrauschen, und dann weiter bis zum 14 Meter hohen Thornton Force. Unterwegs gibt es ein Ausflugscafé.

• *Ingleton Waterfalls Walk*: **Broadwood Entrance**, Ingleton, ✆ 015242-41930, ganzjährig von 9 Uhr bis zur Dämmerung. Eintritt: £ 3.

• *Information*: **Tourist Information Ingleton**, Community Centre Car Park, ✆ 015242-47049.

• *Übernachten*: **Springfield Country House Hotel**, viktorianische Villa mit großem Garten, B&B ab £ 34 pro Person. 26 Main Street, ✆ 015242-41280.

Ingleborough View Guest House, ebenfalls viktorianisch und mit Blick auf den Fluss, in der Nähe der Tourist Information. B&B ab £ 34 pro Person. ✆ 015242-41523.

Bridge End Guest House, georgianisches Haus in der Nähe der Wasserfälle. B&B ab £ 20 pro Person. Mill Lane, ✆ 015242-41413.

Stacksteads Farm, Schlafsäle auf dem Bauernhof, etwa 2 km südlich in Richtung High Bentham. Ab £ 20 pro Person, ✆ 015242-41386.

• *Camping*: **Moorgarth Farm**, ✆ 015242-41428.

Clapham

Von Ingleton sind es nur wenige Kilometer auf der A65 in Richtung Süden bis in das hübsche Städtchen Clapham mit vier alten Steinbrücken. Auch hier ist man auf Touristen eingestellt, und hier befindet sich auch ein National Park Centre. In Clapham beginnt der **Reginald Farrer Nature Trail**, benannt nach dem berühmten englischen Botaniker (1880–1920), der hier viele aus aller Welt importierte Pflanzen züchtete. Der Wanderpfad beginnt bei der alten Sägemühle, wo man Eintrittskarten kaufen kann. Durch den Wald geht es am See entlang bis zur *Ingleborough Cave*, für die man leider eine gesonderte Eintrittskarte erstehen muss. Eine Besichtigung der großen Höhle mit unterirdischen Flüssen, See, und Felsformationen lohnt sich jedoch allemal. Die Höhle wurde um 1837 entdeckt. Der Pfad verläuft noch weiter bis *Gaping Gill*, einer der berühmtesten Höhlen der Dales. Höhlentaucher folgten im Jahr 1983 unterirdisch dem Flusslauf, der hier in der Erde verschwindet, und stellten fest, dass er in der Ingleborough Cave wieder auftaucht. Jeweils zweimal im Jahr (Bank Holiday im Frühjahr und Bank Holiday im August) schlagen die Mitglieder der Höhlenforscherclubs aus der Umgebung hier ihre Zelte auf. Dann kann man sich auf einem mit einer Seilwinde betriebenen Sitz in die Tiefen der Höhle abseilen lassen. Die Höhle ist etwa 37 Meter hoch und 152 Meter lang.

• *Ingleborough Cavern*: ✆ 015242-51242, Broadwood Entrance, Ingleton, ✆ 015242-41930. März–Okt. tägl. 10–17, Nov.–Feb. nur am Wochenende. Eintritt: £ 5.

• *Information*: **National Park Centre Clapham**, ✆ 015242-51419.

• *Übernachten*: **New Inn Hotel Clapham**, altes Gasthaus aus dem 18. Jahrhundert, ab £ 60 pro Person. ✆ 015242-51203.

Arbutus B&B, ab £ 40 pro Person. Riverside, ✆ 015242-51240.

Kirkby Lonsdale

Von Ingleton auf der A 65 in Richtung Nordwesten gelangt man nach Kirkby Lonsdale, das bereits an der Grenze zu Cumbria liegt. Das hübsche Marktstädtchen bietet zahlreiche Cafés und B&Bs und jedes Jahr im September ein viktorianisches Festival mit vielen Attraktionen. Der Marktplatz wird bestimmt von Gebäuden aus dem 18. Jahrhundert. Der Fluss Lune, der früher die Mühlräder der Spinnereien auf der steilen Mill Brow betrieb, verläuft heute unterirdisch. Der Dichter *William Wordsworth* war ebenso wie der Maler *Frederick Turner* von der Landschaft des Lunesdale begeistert. Turner hat sogar die Ansicht der Kirche St Mary in einem Aquarell mit dem Titel "Kirkby Lonsdale Churchyard" verewigt. Über den Fluss spannt sich die *Devil's Bridge*, die zum Kulturerbe erklärt wurde und nicht mehr für den Verkehr genutzt wird. Sie stammt wahrscheinlich aus dem 14. Jahrhundert.

• *Übernachten*: * **Hipping Hall**, Landhaus aus dem 17. Jahrhundert, B&B ab £ 44. Cowan Bridge, ✆ 015242-71187.

Swan Inn, hübsches Landhaus mit Bar und gutem Restaurant, B&B ab £ 20. Middleton, ✆ 015242-71716.

• *Veranstaltungen*: **Kirkby Londsale Victorian Fair**, Anfang September, ✆ 015242-71261.

Zentrale und nordwestliche Dales – von Grassington bis Sedbergh

Grassington

Von Skipton fährt man auf der B 6265 in das Wharfedale hinein bis nach Grassington. In dem hübschen Städtchen gab es bereits seit dem 13. Jahrhundert Bleiminen, heute ist der Tourismus die Haupteinnahmequelle. Die Innenstadt ist für den Autoverkehr gesperrt, man parkt am besten auf dem Parkplatz des *National Park Centre* (an der B 6265, Hebden Road). Hier kann man sich auch gleich mit Informationen über die Geschichte der Bleiindustrie eindecken. Sie sollten auch einen Streifzug durch die engen Gässchen unternehmen, die vom winzigen Marktplatz abgehen. Die meisten Häuser entstanden zur Zeit des Bleibooms im 17. Jahrhundert. Wer von Grassington aus bis zum Hebden Moor wandert, kann noch Überbleibsel des Bleiabbaus sehen, z. B. einen 12 Meter hohen Schornstein und flache Tunnel, die davon abzweigen. Im *Upper Wharfedale Museum*, das in zwei ehemaligen Minenarbeiterhäuschen auf dem Marktplatz untergebracht ist, werden die letzten zwei Jahrhunderte der Geschichte des Wharfedale dokumentiert.

• *Öffnungszeiten Museum*: ✆ 01756-752604. April–Sept. tgl. 14–16.30 Uhr (Juli-Aug. zusätzlich 10.30–12.30 Uhr); Okt.–März nur Sa/So 14–16.30 Uhr.

• *Information*: **National Park Centre**, Colvend, Hebden Rd., ✆ 01756-752774.

• *Fahrräder*: **Grassington Hardware**, 5 Chapel Street, Grassington, ✆ 01756-752592.

• *Übernachten*: **Ashfield House**, Hotel in einem Haus aus dem 17. Jahrhundert; B&B ab £ 29 pro Person. Summers Fold, ✆ 01756-752584.

Station House, ehemaliges Bahnhofshaus mit einem Doppelzimmer. Übernachtung mit einem sehr guten Frühstück ab £ 17 pro Person. Threshfield, ✆ 01756-752667.

Grassington Lodge, nur wenige Meter vom Marktplatz entferntes viktorianisches Gästehaus mit Parkplatz; B&B ab £ 28 pro Person. ✆ 01756-752518.

• *Jugendherberge*: **The Old Rectory**,

ganzjährig geöffnet, aber im Winter an Wochenenden geschlossen. Recht komfortabel, da vor kurzem renoviert. Erw. £ 9.80, erm. £ 6.75. Im Nachbarort Linton-in-Craven, ✆ 01756-752400.

• *Essen*: **The Dales Kitchen**, 51 Main Street. **Lury Fold Tearooms**, Garrs Lane. Frühstuck, Mittagstisch, Nachmittagstee. **Foresters Arms**, Main Street. Mittagstisch und Abendessen.

• *Veranstaltungen*: **Grassington Summer Festival**, Mitte Juni bis Anfang Juli, ✆ 01756-753093. Musik, Theater und Ähnliches mehr.

Schutzhütte bei Kilnsey

Kilnsey

Weiter auf der B 6160 gelangt man bald nach Kilnsey. Der Ort besteht nur aus wenigen Häusern, und ehe man sich versieht, ist man bereits an der Felsformation des *Kilsney Crag* vorbeigefahren. Der überhängende Kalksteinfels ist mit 52 Metern nicht besonders hoch, aber dennoch immer von Kletterern bevölkert. Am besten parkt man beim Pub *Tennant Arms*. Von hier aus führt auch ein Weg in Richtung *Kilsney Park and Trout Farm* mit Aquarium, Forellenfarm und Restaurant. Für Kinder werden Angelkurse und Ponyreiten angeboten.

• *Kilsney Park and Trout Farm*: ✆ 01756-752150. Park tägl. 9–17.30 Uhr. Ponyreiten: ✆ 01756-752861.

• *Information*: **National Park Centre**, Colvend, Hebden Rd., ✆ 01756-752774.

• *Übernachten*: **Tennant Arms**, ✆ 01756-752301, ab £ 30 pro Person.

Kettlewell

Nächster Halt auf der B 6160 ist das hübsche Dörfchen Kettlewell. Viele der für Yorkshire so typischen grauen Natursteinhäuser stammen aus dem 17.

und 18. Jahrhundert und waren von Minen- und Textilarbeitern bewohnt. Der Ort ist jedoch wesentlich älter, denn er erhielt bereits im 13. Jahrhundert das Marktrecht. Der Dales-Wanderweg führt direkt durch den alten Ortskern, dessen Gasthäuser und Café-Restaurants meistens von Wanderern bevölkert sind. Östlich des Orts erhebt sich der 700 Meter hohe *Great Whernside*. Man kann ihn von Kettlewell aus auf einem schmalen Pfad erklimmen.

• *Fahrräder*: **W R M Wilkinson, The Garage**, Kettlewell, ✆ 0756-760225.

• *Übernachten*: **Jugendherberge Whernside House**, Kettlewell, ✆ 01756-760232. Ganzjährig geöffnet, nur im Winter Mi/Do geschlossen. Erwachsene £ 7.70, Jugendliche £ 5.15.

Ferienwohnungen Dalegarth & The Ghyl, ✆ 01756-760877; ab £ 282 pro Woche.

Buckden und Hubberholme

Bevor die B 6160 am oberen Ende des Wharfedale auf die kargen Moore ansteigt, passieren Sie das Dreiseelendorf **Buckden**, eine ehemalige normannische Siedlung für die Förster des Langstrothdale. Östlich von hier können Sie einen Abstecher in dieses alte Jagdrevier machen. Vom Buckden Pike, der sogar noch etwas höher ist als der Pen-y-ghent, hat man einen guten Ausblick auf das obere Wharfdale. Der Ort hat nicht viel mehr zu bieten als ein Café, in dem Wanderer sich gerne bei einer Tasse Tee erfrischen.

In **Hubberholme** am Eingang zum Langstrothdale befindet sich eine sehenswerte Kirche im typischen Perpendikularbaustil. In dieser Kirche hat eine Lettnerempore aus Eichenholz aus dem Jahr 1558 überlebt. In dem berühmten *George Pub* aß und trank bereits der Autor J. B. Priestley. Jeden ersten Montag im Januar findet hier eine Auktion statt, das "Hubberholme Parliament", auf der pro forma Weideland für ein Jahr an die Bauern verpachtet wird. Die Einnahmen werden für karitative Zwecke verwendet.

• *Übernachten*: **Buck Inn Pub**, Buckden. Unterkunft mit allem Komfort in traditionellem Gasthaus; ab £ 60, ✆ 01756-760228.

The George, ab £ 30 pro Person. Hubberholme, ✆ 01756-760223.

Grange Farm, Hubberholme. Hier übernachtet man im Schlafsaal einer umgebauten Scheune; ab £ 20 pro Person, ✆ 01756-760259.

Aysgarth

Von Buckden durchfährt man eine sehr abwechslungsreiche Landschaft über Hochlandmoore durch das Bishopsdale bis in das lieblichere Wensleydale nach Aysgarth. Hier befindet sich eine der bekanntesten Sehenswürdigkeiten des Wensleydale, die *Aysgarth Falls*. Das Dörfchen liegt direkt an der A 684; zum Wasserfall biegt man in Richtung Norden auf eine sehr steil nach unten abfallende Straße ab. Sie können entweder auf dem Parkplatz oberhalb der *St. Andrew Church* halten und das kurze Stück bis zum ersten Teil des Wasserfalls hinunterlaufen oder über die Brücke bis zum Parkplatz des National Park Centre fahren.

• *Information*: **Aysgarth National Park Centre**, Aysgarth Falls, ✆ 01969-663424.

• *Übernachten*: ** **Stow House Hotel**, viktorianische Villa mit eigenem Tennisplatz, gutem Restaurant und Bar mit Kamin; B&B ab £ 30 pro Person. ✆ 01969-663635.

Field House, etwas zurückgesetzt von der A 684, mit schöner Aussicht; ab £ 18 pro Person. East End, ✆ 01969-663556.

St Andrew – Aysgarth

Sehenswertes

St. Andrew: Die Kirche stammt zum großen Teil aus dem Jahr 1866, nur der untere Teil des Turms geht noch auf das Mittelalter zurück. Auch hier befindet sich im Inneren eine Lettnerempore, die sehr wahrscheinlich aus der Abtei Jervaulx entwendet wurde. An der Stelle des heutigen Hotels Palmer Flatt stand einst ein Hospital, in dem Pilger bei ihrer Rückkehr aus dem Heiligen Land Zuflucht suchten.

Yorkshire Carriage Museum: Die Straße ins Tal macht hinter der Kirche eine scharfe S-Kurve und führt dann zur Yore Mill aus dem Jahr 1784. Heute ist in der Mühle das Yorkshire Carriage Museum mit einer Kutschen-Sammlung untergebracht. Daran grenzen direkt die *Mill Race Tearooms* an.

Öffnungszeiten: April–Okt. tgl. von 9.30 Uhr bis zur Dämmerung, im Winter reduzierte Öffnungszeiten. Yore Mill, Yorebridge, ✆ 01969-663399.

Upper, Middle, Lower Falls: Der Fluss Ure fällt über mehrere nicht besonders steile, aber recht breite Stufen ins Tal hinab. Das Wasser hat eine etwas ungesunde gelbbraune Farbe, die durch die Pflanzenpartikel des Moorlandes entsteht. Bei den Upper Falls, die man auch von der Brücke aus gut sehen kann, befindet sich eine Wiese, auf der im Sommer viele Besucher picknicken. Direkt hinter der Brücke führt ein Wanderweg zunächst zum National Park Centre. Hier kann man sich mit Informationen eindecken. Von hier aus führt dann ein gut markierter Wanderweg entlang der bewaldeten Ufer des Flusses entweder zu den Upper Falls oder den Middle und Lower Falls. Bei den Lower Falls kann man auf den Steinformationen am Ufer herumspazieren.

Castle Bolton

Die gewundene Landstraße führt in Richtung Nordosten über Caperby nach Castle Bolton mit der sehenswerten Burg *Bolton Castle* aus dem 14. Jahrhundert. Von Aysgarth führt übrigens auch ein schöner Wanderweg hierher. Maria Stuart wurde vom Juli 1586 bis zum Januar 1569 in der Burg gefangen gehalten. Außer dem Raum, den sie bewohnt haben soll, kann man eine Ansammlung an Wandteppichen, Waffen und ein Verlies besichtigen. Der Film "Elizabeth" (1999) wurde vor dieser Kulisse gedreht.

Öffnungszeiten: März–Okt. tägl. 10–17 Uhr. Eintritt: £ 3. ✆ 01969-623981.

Askrigg

Von der A 684 biegt man bei Bainbridge ab in Richtung Askrigg. Hier wandeln Sie im *Herriott Country*, denn hier wurde die Fernsehserie "Der Doktor und das liebe Vieh" gedreht. Im Jahr 1587 wurde dem Ort das Marktrecht verliehen; danach erlebte er eine kurze Blüte in der Textilindustrie und im Uhrmacherhandwerk. Dann verfiel das Dorf in einen Dornröschenschlaf, wodurch es sich die Authentizität bewahrt hat, die heute die Touristen anlockt.

• *Übernachten*: * **Winville Hotel & Restaurant**, im Stadtzentrum gelegenes Hotel in einem historischen Haus mit schickem Restaurant, Garten und Bar; B&B ab £ 23 pro Person. Main Street, ✆ 01969-650515.

The Apothecary's House, dreistöckiges georgianisches Gebäude mit Blick aufs Wensleydale; £ 20 pro Person. Market Place, ✆ 01969-650626.

Hawes

Hawes ist eine der typischen alten Marktstädte der Region. Jeden Dienstag ist Markttag, außerdem wird noch ein eigener Viehmarkt abgehalten. In Hawes kann man übrigens gut ein Stück Wensleydale-Käse probieren. Wer die Animationsfilme "Wallace & Gromit" kennt, weiß, wovon die Rede ist. Im Besucherzentrum der Wensleydale Creamery im Süden der Stadt kann man sich aber nicht nur an diesem Weichkäse laben, sondern auch bei der Herstellung des Produkts zusehen. Die Käserei nahm bereits im Jahr 1897 ihre Arbeit auf. Das Rezept für den Käse, der entweder als weißer oder blauer (nachgereifter) Wensley verkauft wird, kam ursprünglich aus Frankreich und wurde von den Zisterziensermönchen der Jervaulx Abbey eingeführt. Wen bei der Besichtigung der Hunger gepackt hat, kann im angegliederten *Buttery Restaurant* einkehren.

Wenige Kilometer weiter in westlicher Richtung liegt **Bainbridge**. Von hier aus kann man einen Abstecher zum *Semer Water* machen, einem der zwei natürlichen Seen in den Dales.

• *Wensleydale Creamery*: April–Okt. tägl. 9.30–17.30 Uhr, Nov.–März 9.30–16.40 Uhr. Gayle Lane, ✆ 01969-6667664.

• *Information*: **Hawes Tourist Information und National Park Centre**, Dales Countryside Museum, Station Yard, 01969-667450.

• *Übernachten*: **Herriots Hotel & Restaurant**, kleines Familienhotel auf der Hauptstraße, in dem man auch Mountainbikes ausleihen kann; B&B ab £ 25 pro Person. Main Street, ✆ 01969-667536.

Steppe Haugh, Cottage aus dem 17. Jahrhundert mit Holzbalkendecke, gutes Frühstück; B&B ab £ 18 pro Person. Town Head, ✆ 01969-667645.

Sehenswertes in Hawes und Umgebung

Dales Countryside Museum: Das Museum befindet sich im ehemaligen Bahnhof, der Anfang der 1960er Jahre stillgelegt wurde. Heute ist hier nicht nur eine kleine Ausstellungen über die ehemaligen Strickereibetriebe und den Torfabbau untergebracht, sondern auch das *National Park Centre* und die *Tourist Information*.

Öffnungszeiten: April bis Ende Okt. tägl. 10–17 Uhr; Nov.–März tägl. außer Mo 11–16 Uhr. Eintritt: £ 2. ✆ 01969-667450.

The Hawes Ropemakers: Direkt gegenüber vom Station Yard befindet sich die Werkstatt eines Seilmachers, dem man bei der Herstellung seiner Waren zuschauen kann. Natürlich können Sie hier auch die unterschiedlichsten Seile einkaufen.

Öffnungszeiten: Juli–Okt. Mo–Fr 9–17.30 Uhr, Sa 10–17.30 Uhr, ✆ 01969-667487.

Hadraw Force: Auf der Landstraße in Richtung Norden gelangt man zum Hardraw Force, dem höchsten Wasserfall Englands (29 Meter). Hinter dem *Great Dragon Inn*, bei dem man eine Eintrittsgebühr zahlen muss, beginnt der Spazierweg zum Wasserfall. Wenn es regnet, wird dieser Weg ziemlich schlüpfrig; allerdings ist der Wasserfall dann auch imposanter, denn bei trockenem Wetter fällt er etwas dürftig aus. Die halbrunde Felsklippe hat eine gute Akustik; jeden Sommer spielen hier die für Yorkshire typischen Blaskapellen.

Buttertubs Pass: Folgt man der steil ansteigenden Landstraße von Hadraw Force etwa sieben Kilometer weiter nach Norden, gelangt man zu den Buttertubs. Auf beiden Seiten der Passstraße befinden sich hier ausgehöhlte Kalksteinformationen, aus denen kristallartige Gebilde hervortreten. Über die Entstehung des Namens "Buttertubs" gibt es mehrere Theorien: Die einen sagen, dass die Händler, die einst die Passstraße zwischen dem Wensleydale und dem Swaledale nutzten, ihre unverkaufte Butter in die Höhlen hinabließen und sie dort bis zum nächsten Markttag zwischenlagerten. Die anderen behaupten, dass die Kalksteinsäulen in der Tiefe alten Butterfässern ähneln.

Dent und Cowgill

Dent ist ein sehr authentisch gebliebenes, charmantes Dörfchen. Ungewöhnlich sind die weiß gekalkten Häuser und die kopfsteingepflasterten Straßen. Einst ein bedeutender Marktflecken, in dem viele Handwerksbetriebe angesiedelt waren, besaß der Ort sogar sein eigenes Gymnasium, die *Dent Grammar School*, die bereits im Jahr 1604 gegründet wurde. Das 17. und 18. Jahrhundert war die Blütezeit der Strickereibetriebe, in denen die ganze Familie in den Herstellungsprozess einbezogen war. Die Stricker von Dent wurden als "terrible knitters" bezeichnet, weil sie gut und besonders schnell strickten. Es gab sogar renommierte Strickschulen, und zeitweilig wurde von hier aus der Sockenbedarf ganzer Armeen gedeckt. Automatisierte Webstühle und Strickmaschinen sorgten für den Untergang dieses Produktionszweiges. Es gibt einige Pubs im Ort, in denen man die Bierhausmarke probieren kann. Im *Dent Crafts Centre* am Ortsausgang in Richtung Sedbergh gibt es einen Kunsthandwerksladen sowie ein Café-Restaurant.

Dent Station ist der höchstgelegene Bahnhof Englands (350 Meter). Er liegt etwa acht Kilometer vom eigentlichen Ort entfernt, was Unwissenden schon oft zum Verhängnis wurde. Im Sommer fahren zweimal täglich Busse von hier nach Dent, ansonsten muss man die Strecke auf Schusters Rappen zurücklegen. Etwa einen Kilometer südlich überspannt das Dent Viaduct mit seinen 10 Bögen das Blea Moor.

Gleich hinter dem Bahnhof liegt *Cowgill*, das vom Durchgangsverkehr der in die Irre geführten Touristen profitiert und wo man zumindest ein Bett für die Nacht findet. Der Geologe Adam Sedgwick gründete in Cowgill im Jahr 1837 eine große Quäkergemeinde. Der vielseitig interessierte Mann, auch Lektor am Trinity College in Cambridge, verfasste verschiedene Bücher über die Geschichte, das Klima und die Dialekte der Yorkshire Dales. Etwa vier Kilometer westlich von Sedbergh (an der A 684) befindet sich der *Sedgwick Geological Trail*, der am Fluss Clough entlangführt. Sedgwick entdeckte hier die sog. Dentfalte, einen Bruch in der Erdkruste, der vor etwa 290 Millionen Jahren entstanden ist. Bei einem Rundgang kann man den Verlauf der Falte verfolgen. Nähere Informationen über das National Park Centre in Sedbergh, ✆ 015396-20125.

• *Übernachten*: **Stone Close**, Dent. Cottage aus dem 17. Jahrhundert mit Teestube; B&B ab £ 17 pro Person. Main Street, ✆ 015396-25231.

The White House, Dent. Cottage aus dem 18. Jahrhundert mit schönem Garten, nahe am Park; B&B ab £ 17 pro Person. ✆ 015396-25041.

River View, Cowgill. 300 Jahre altes früheres Quäkerhaus direkt am Fluss; ab £ 18 pro Person. Lea Yeat, ✆ 015396-25592

Sedbergh

Am Fluss Dee entlang geht es weiter in nordwestliche Richtung nach Sedbergh. Der Ort gehört seit der Gebietsreform eigentlich zu Cumbria. Früher trafen sich hier die Verbindungsstraßen nach Westen an die Küste und nach Norden in den Lake District, auf denen einst Waren transportiert wurden. In Sedbergh befindet sich eine der bekanntesten Privatschulen des Landes, die noch auf das Jahr 1525 zurückgeht. Mitten im Ort mit den kopfsteingepflasterten Straßen liegt an der Hauptstraße das *National Park Centre*. Viele der Häuser auf der Main Street stehen unter Denkmalschutz.

• *Information*: **Yorkshire Dales National Park & Tourist Information Centre**, 72, Main Street, ✆ 015396-20125.

• *Übernachten*: **Ingmire Hall**, wunderschönes altes Landhaus mitten in der Landschaft (erinnert an einen alten Agatha-Christie-Krimi), in dem man Ferienwohnungen mieten kann, alle mit Kamin; ab £ 250 pro Woche. ✆ 015396-21116.

Marshall House, romantisches Stadthaus aus dem 18. Jahrhundert; B&B ab £ 22. ✆ 015396-21053.

Bull Hotel, auf der Hauptstraße gelegenes Pub mit Restaurant und Barsnacks; B&B ab £ 25. ✆ 015396-20264.

Nordöstliche Dales – von Harrogate nach Richmond

Harrogate

Von Leeds aus gelangt man über die A 61 in Richtung Norden nach Harrogate. Die größte Stadt im Osten der Yorkshire Dales ist heute vorwiegend ein Konferenzzentrum. In Harrogate mit seinen klassizistischen Gebäuden und schön angelegten Parks und Grünanlagen spürt man noch einen Hauch der vergangenen Kurbadatmosphäre. Im Grüngürtel im Süden, genannt *Stray*, fanden sich früher die meisten Pumpenanlagen für die Kurquelle. Wie in jeder Kurstadt gibt es auch in Harrogate zahlreiche teure Hotels und Restaurants, aber auch Unterhaltungsangebote, wie z. B. Theateraufführungen und Konzerte sowie Sportmöglichkeiten.

• *Information*: **Royal Baths Assembly Rooms**, hier kann man sich u. a. über geführte Rundgänge informieren, die entweder von hier aus oder von den Royal Baths aus tägl. mehrmals stattfinden. Crescent Road, ✆ 01423-537300.

• *Übernachten*: ** **Ascot House Hotel-Restaurant**, kleines, aber feines Hotel, ab £ 74 pro Zimmer. 53 King's Road, ✆ 01423-503523.

Alexa House Hotel, B&B im Zentrum in einem georgianischen Gebäude mit angebautem Schwimmbad und Gymnastikraum; ab £ 65 pro Zimmer. 26 Ripon Road, ✆ 01423-501988.

Alexandra Court Hotel, viktorianisches Stadthaus mit dem nötigen Komfort; B&B ab £ 50. 8 Alexandra Road, ✆ 01423-502764.

Claremont House, nahe am Zentrum gelegene, freundliche Familienpension; B&B ab £ 34. 8 Westcliff Grove, ✆ 502738.

• *Camping*: **Highmoor Farm Caravan Park**, etwa 6 km westlich von Harrogate in den Ausläufern der Dales gelegener Campingplatz. Skipton Road, ✆ 01423-563637.

• *Essen*: **Betty's Tea Rooms**, im Zentrum auf der Parliament Street Nr. 1 gelegen, legendäres Café mit Spezialitäten der Region.

Café Rouge, Café, Bar und Restaurant im französischen Stil. 21–29 Beulah Street.

Harrogate Tandoori, indische Spezialitäten, auch Mittagstisch. 21 Cheltenham Crescent.

Olivers 24, moderne Café-Bar mit europäischer Küche. 24 Kings Road.

Sehenswertes

Royal Pump Room: Die Kurquelle wurde bereits im Jahr 1571 von einem Herrn namens William Slingsby entdeckt, der in Deutschland zum ersten Mal von solchen Quellen gehört hatte. Als Kurort boomte Harrogate allerdings erst gegen Ende des 18. Jahrhunderts. In dem achteckigen Kuppelbau, der hier um 1842 um die Quelle herum entstand, ist heute ein interessantes Museum untergebracht. Außerdem kann man hier immer noch ein Glas des stark schwefelhaltigen Wassers (angeblich das stärkste in ganz Europa) zu sich nehmen.

Öffnungszeiten: April–Okt. Mo–Sa 10–17 Uhr, So 14–17 Uhr, Nov.–März jeweils nur bis 16 Uhr. Eintritt: Erw. £ 2, erm. £ 1.50. ✆ 01423-556188.

Royal Baths Assembly Rooms/Türkische Bäder: Wenn man die Cold Bath Road überquert, gelangt man auf der anderen Seite des Kreisverkehrs zu den Assembly Rooms. Hier kann man in den wunderschön gekachelten Bädern aus der viktorianischen Zeit auf türkische Art ein Dampfbad nehmen. Es gibt mehrere Dampfräume, ein Tauchbad, Massageangebote und Ähnliches mehr.

Öffnungszeiten: Tägl. (für Männer und Frauen getrennte Saunazeiten). Eintritt: ca. £ 10. Crescent Road, ✆ 01423-562498.

Mercer Art Gallery: Im ehemaligen Promenadengang aus dem Jahr 1806 (der gleichzeitig das erste Pumpenhaus war) wurde diese Kunstgalerie untergebracht. Hier werden Wechselausstellungen und eine interessante archäologische Abteilung präsentiert. Die Galerie ist nur wenige Meter vom Royal Pump Room entfernt.

Öffnungszeiten: Di–Sa 10–17 Uhr, So 14–17 Uhr. Eintritt frei.

Knaresborough

Östlich von Harrogate liegt nur wenige Kilometer auf der A 59 nach Westen Knaresborough, ein sehenswerter, außergewöhnlich angelegter Ort mit Viadukt und Burgruine. Die Stadt erhebt sich auf einer Anhöhe über dem Fluss Nidd, der dem Nidderdale seinen Namen gab. Am Flussufer im unteren Teil der Stadt gibt es schöne Spazierwege; außerdem kann man hier Ruderboote mieten und hat einen wunderschönen Blick auf das Viadukt.

• *Information*: **Tourist Information**, hier gibt es Wissenswertes über alle Sehenswürdigkeiten sowie Veranstaltungshinweise für Ausstellungen und das alljährliche Sommer-Musikfestival. Market Place, 9 Castle Courtyard, ✆ 01423-866886.

• *Übernachten*: **Newton House Hotel**, ehemalige Kutschenstation und Gasthaus aus dem 17. Jahrhundert, nur wenige Minuten vom Zentrum entfernt, geräumige Zimmer;

B&B pro Nacht ab £ 53. 5/7 York Place, ✆ 01423-869748.

• *Camping*: **Kingfisher Caravan & Camping Park**, Low Moor Lane, Farnham/Knaresborough, ✆ 01423-869411.

Sehenswertes in Knaresborough und Umgebung

Mother Shipton's Cave: Eine Kuriosität findet sich am der Stadt gegenüberliegenden Flussufer: die Höhle der angeblichen Wahrsagerin und Hexe von Knaresborough, *Mother Shipton*. Die Legende besagt, dass Mother Shipton, die angeblich im Jahr 1488 in der Höhle geboren wurde, später zahlreiche Ereignisse vorausgesagt hat, z. B. das große Feuer in London 1666 und den Niedergang der spanischen Armada. Nahe der Höhle befindet sich der *Petrifying Well* (Versteinerungsbrunnen), in dem man einen Eindruck davon gewinnen kann, wie Objekte durch die dauerhafte Berieselung mit Kalkwasser "versteinert" werden können. Außerdem gibt es ein kleines Museum.

Öffnungszeiten: April–Okt. täglich 9.30–17.45 Uhr, Nov.–März 10–16.45 Uhr. Eintritt: £ 4.50. ✆ 01423-864600.

Knaresborough Castle/Old Court House Museum: Die Burg, die sich oberhalb des Flusses auf einer Klippe erhebt und von deren Parkgelände man einen schönen Ausblick auf den Fluss hat, geht wahrscheinlich noch auf die Zeit der normannischen Eroberungen zurück und gehört heute zum Herzogtum Lancaster. Zahlreiche Könige waren hier zu Gast. Richard II. soll hier eine Zeit lang im Kerker gesessen haben. Das Originalverlies mit geheimem Zugang ist noch zu besichtigen.
Das Court House stammt aus dem 14. Jahrhundert und beherbergt ein Museum, in dem man einiges über die wichtigen Persönlichkeiten der Gegend erfahren kann. Außerdem wird die mittelalterliche Geschichte der Stadt lebendig dargestellt, und man kann noch den alten Gerichtssaal aus Tudorzeiten besichtigen.

Öffnungszeiten: Ostern–Okt. tgl. 10.30–17 Uhr. Eintritt: Erw. £ 2, erm. £ 1.50.

Ripley Castle: Weiter auf der A 61 in Richtung Norden ist man bald in Ripley. Der Ort entstand zu Beginn des 19. Jahrhunderts unter der Leitung des damaligen Schlossherren im Stil eines elsässischen Dorfes. Das Schloss ist schon seit dem Jahr 1320 im Besitz der Familie Ingilby. Am besten macht man eine Führung mit, im Rahmen derer man etwas über die Familiengeschichte der Eigentümer erfährt. Außerdem gibt es einen wunderschönen Schlossgarten und ein Café.

Öffnungszeiten: Jan.–Mai/Sept.–Dez. Di, Do, Sa, So, 10.30–15 Uhr, Garten 9–17 Uhr; Juni–August tägl. zu denselben Zeiten. Eintritt: £ 5, Kinder £ 2.50.

Pateley Bridge

Von der A 61 biegt die B 6165 nach Westen Richtung Pateley Bridge ab. Hier befinden Sie sich mitten im Nidderdale, das, obwohl es nicht mehr direkt zum Nationalpark der Dales gehört, relativ unberührt ist. In der Ortsmitte von Pateley Bridge steigt die Hauptstraße von der Brücke aus steil an; von ihr gehen kleine Seitengässchen mit Häusern aus dunklem Stein ab. Die Haupteinnahmequelle von Pateley waren früher die Bleiminen und später die Steinbrüche. Heute eignet sich die Stadt vor allem als Ausgangspunkt für Ausflüge in die nähere Umgebung, wo sich zahlreiche Natursehenswürdigkeiten befinden, z. B. Höhlen und eine Klamm.

• *Information*: **Tourist Information**, 18 High Street, ✆ 01423-711147.

• *Übernachten*: ** **Grassfield Country House Hotel & Restaurant**, hier nächtigen Sie in einem eleganten Landhaus mit Parkanlage aus georgianischer Zeit und einem ausgezeichneten Restaurant; B&B ab £ 50 pro Nacht. Low Wath Road, ✆ 01423-711412, ℻ 712844.

Roslyn Hotel, in der Stadtmitte gelegenes, freundliches, kleines Hotel mit gutem Restaurant; B&B ab £ 38 pro Nacht. 9 King Street, ✆ 01423-711374.

North Pasture Farm, dieser Bauernhof ist mehrere hundert Jahre alt und hat besonders viel Charme. Er liegt in der Nähe der Brimham Rocks, wo sich gute Wandermöglichkeiten bieten. B&B ab £ 45 pro Nacht. Brimham Rocks, Summerbridge, ✆ 01423-711470.

• *Camping*: **Manor House Farm Caravan Park**, ebenfalls nicht weit von den Brimham Rocks und direkt am Fluss Nidd gelegener Platz mit vielen Wandermöglichkeiten. Summerbridge, ✆ 01423-780322.

Sehenswertes in Pateley Bridge und Umgebung

Nidderdale Museum: Zu den Attraktionen der Stadt gehört vor allem dieses Museum, das in einem viktorianischen Arbeitshaus untergebracht ist. Hier kann man sich die originalgetreu ausgestattete Werkstatt eines Schumachers sowie verschiedene Geschäfte aus dieser Zeit anschauen. Außerdem gibt es eine Ausstellung über Mineralien und Fossilien.

Öffnungszeiten: April–Okt. tägl. 14–17 Uhr, August 11–17 Uhr, Nov.–März nur an Wochenenden 14–17 Uhr. Eintritt: Erw. £ 1.50, Kinder 75 p.

Stump Cross Caverns: Weiter in Richtung Westen auf der B 6265 bei Greenhow kann man einen Abstecher zu den Stump Cross Caverns machen, die Mitte des 19. Jahrhunderts von Bergarbeitern beim Bleiabbau entdeckt wurden. Auf einem Pfad kann man die Höhlen mit den Stalaktiten und Stalagmiten durchwandern. Hier wurden u. a. Tierknochen gefunden, die über 100.000 Jahre alt sind.

Öffnungszeiten: Mitte März bis Nov. tgl. 10–16 Uhr, im Sommer bis 17.30 Uhr, Dez.–Feb. nur nach Anmeldung. Eintritt: £ 4.50. Greenhow/Pateley Bridge, ✆ 01756-752780 oder 01423-711282.

How Stean Gorge: Von Pateley Bridge bietet sich noch ein weiterer Ausflug an, nämlich eine Fahrt zur nordwestlich von hier gelegenen *How Stean Gorge*. Diese Klamm wird auch "Kleine Schweiz" genannt, denn ihre zerklüfteten Felsen erheben sich teilweise bis zu 24 Metern hoch. Der Wanderweg führt durch das Dickicht das Flussbett entlang; unterwegs kann man auch einige Höhlen besichtigen.

Fountains Abbey/Studley Royal

Auf der B 6265 Richtung Ripon passiert man die Fountains Abbey, die man sich keinesfalls entgehen lassen sollte, denn die Anlage gehört zum Weltkulturerbe. Die Zisterzienserabtei aus dem Jahr 1132 ist die größte Klosterruine in Europa. Der stellenweise noch sehr gut erhaltene Bau mit einigen wunderschönen Kreuzgängen aus dem 12. und 13. Jahrhundert und einem Turm aus dem 16. Jahrhundert liegt wunderschön in dem riesigen Parkgelände *Studley Royal* mit einem Wassergarten aus georgianischer Zeit. Gegründet wurde Fountains Abbey von 13 Mönchen der Yorker St-Mary-Abtei, die sich ans Ufer des Flusses Skell zurückzogen, um hier ein asketischeres Leben zu führen als ihre Ordensbrüder in York. Zunächst konnte die Abtei nur durch Spenden der reichen Familien aus der Umgebung überleben, die den Ordensbrüdern enorm viel Land übereigneten. Hinzu kamen riesige Schafherden und Einnahmen aus der Bleiverarbeitung sowie den umliegenden Steinbrüchen, bis Heinrich VIII. mit der Schließung der Klöster im Jahre 1539 dem Ganzen ein jähes Ende bereitete. Heute befindet sich hier außerdem eines der größten Besucherzentren des National Trust.

Öffnungszeiten: Abtei und Wassergarten sind ganzjährig geöffnet: im Winter täglich 10–17 Uhr, im Sommer täglich 10–19 Uhr. Eintritt: Erwachsene £ 4.20, Kinder £ 2. ✆ 01765-608888.

Ripon

In der mittelalterlichen Marktstadt Ripon, die eine kleine, aber sehenswerte Kathedrale vorzuweisen hat, findet jeden Donnerstag auf dem Marktplatz, der von einem Obelisken aus dem Jahr 1780 dominiert wird, ein Wochenmarkt statt. Vom Platz aus bläst jeden Abend um 21 Uhr ein Wächter auf einem Horn den Zapfenstreich – eine jahrhundertealte Tradition, die früher zum Zeitvergleich aller Uhren der Stadt diente.

• *Information*: Minster Rd., ✆ 01756-604625.

• *Übernachten*: ** **Unicorn Hotel**, wer mittendrin wohnen möchte, kann hier direkt am Marktplatz in dieser alten Kutschenstation logieren; B&B ab £ 67. Market Place, ✆ 01765-602202.

Riverside Hotel, freundliche Familienunterkunft mit Blick auf den Kanal und den Fluss Skell; B&B £ 42. 20/21 Boroubridge Road, ✆ 01765-603864.

Middle Ridge, etwa 10 Fußminuten vom Zentrum gelegenes Familienhotel; B&B ab £ 38. 42 Mallorie Park Drive, ✆ 01756-690558.

• *Camping*: **Sleningford Watermill Caravan and Camping Park**, etwa 7 Kilometer nördliche des Ortes am Fluss gelegen. North Stainley, ✆ 01765-635201.

Woodhouse Farm & Country Park, in der Nähe der Fountains Abbey inmitten eines großen Wiesengeländes mit zwei Seen. Winksley, ✆ 01765-658309.

Sehenswertes

Ripon Cathedral: Bereits im Jahr 672 erbaute der Abt St. Wilfrid an der Stelle der heutigen Kathedrale eine Klosterkapelle. Die Krypta dieser Kapelle kann man heute noch in der Kathedrale besichtigen. Baumeister aus Italien und Frankreich waren am Bau der Kathedrale beteiligt. Weiterhin sehenswert ist das Chorgestühl aus dem 15. Jahrhundert, die Westfront im altenglischen Stil, der Perpendikularturm aus dem frühen 16. Jahrhundert sowie die Kanzel im Jugendstil. Was viele Besucher wahrscheinlich erstaunen wird, sind die Anspielungen auf den Roman "Alice im Wunderland" von Lewis Carroll, die sich in den Schnitzereien im Chorgestühl finden, z. B. der weiße Hase, die Herzkönigin etc. Caroll war von 1852 bis 1868 als Dekan in der Kathedrale tätig. Im Jahre 1976 wurde in der Nähe der Kathedrale eine wertvolle Brosche gefunden, die wahrscheinlich noch aus ihrer Anfangszeit stammt. Eine Nachbildung kann man im angegliederten Museum bewundern, das Original befindet sich im Münstermuseum von York.

Öffnungszeiten: Tägl. 7.30–18.30 Uhr, Spende von £ 2–3 erbeten, ✆ 01765-603462.

Yorkshire Law and Order Museum: Dieses Gefängnis nördlich des St Marygate stammt aus dem 18. Jahrhundert und wurde in ein Museum über die Verbrechensbekämpfung (insbesondere zu viktorianischen Zeiten) verwandelt, wo man sich allerlei schaurige Utensilien anschauen kann.

Öffnungszeiten: April–Okt. tägl. 10.30–16 Uhr, im Winter nur Sa 10.30–15 Uhr und So 12–15 Uhr. Eintritt: Erw. £ 2, erm. £ 1.50. St. Marygate, ✆ 01765-690799.

The Workhouse Museum of Poor Law: Dieses Museum zeigt, unter welchen Umständen die Armen zu Zeiten Viktorias in den sog. Arbeitshäusern leben mussten. Es liegt etwas außerhalb des Stadtzentrums beim Allhallowgate.

Öffnungszeiten: April–Okt. tägl. 10.30–16 Uhr, im Winter nur Sa 10.30–15 Uhr und So 12–15 Uhr. Eintritt: Erw. £ 1.25, erm. £ 1. Allhallowgate, ✆ 01765-690799.

Jervaulx Abbey

Auf der A 6108 in Richtung Westen gelangt man nach *Masham*, einem kleinen Marktflecken mit etwa 900 Einwohnern und einer schönen steinernen Brücke am Ortseingang. Hier befinden Sie sich wieder im Wensleydale. Etwa acht Kilometer weiter kommt man zur Jervaulx Abbey aus dem Jahr 1156. Die Zisterzienserabtei gehörte einst zu den wichtigsten Abteien der Gegend. Die mit Moos und Farnen überwachsenen Ruinen der Abtei liegen etwas abseits der Straße und sind heute in Privatbesitz. Eine besonders beeindruckende Atmosphäre herrscht hier an neblig-feuchten Tagen. Dann sind ringsherum die Wiesen nur schemenhaft zu erkennen, und über den dunklen Mauern krächzen die Raben.

Öffnungszeiten: Tägl. vom Morgengrauen bis zur Dämmerung. Spende von £ 2 erbeten.

Middleham

Kommt man nach Middleham, erstaunen die Ruinen einer alten Burg, die mitten im Ort liegen. Hier residierte einst Richard III., dessen Sohn Edward im Jahr 1473 in der Burg geboren wurde. Der Bau entstand jedoch bereits um 1170. Middleham behauptet, die kleinste Stadt in Yorkshire zu sein, und hat dennoch zwei Marktplätze. Besonders bekannt ist die Stadt für die Rennpferde, die in den hiesigen Gestüten im Middleham Low Moor gezüchtet werden. Die freundliche Stadt bietet zahlreiche Cafés, Restaurants und Geschäfte.

Öffnungszeiten Middleham Castle: April–Nov. tägl. 10–18 Uhr, Nov.–März Mi–So 10–13 und 14–16 Uhr. Eintritt: Erw. £ 2.20, erm. £ 1.70.

Leyburn

In diesem lebhaften Marktflecken, der auf einer Anhöhe gelegen ist, findet der Wochenmarkt jeden Freitag statt. Die Stadtrechte erhielt Leyburn erst 1684, doch bereits vorher hatte es einige Funktionen der durch eine Pestepidemie gebeutelten Stadt Wensley übernommen. Heute finden in Leyburn u. a. zwei- bis dreimal im Monat in der Harmby Road Antiquitäten-Auktionen statt, auf denen man manchmal ein Schnäppchen ergattern kann. Vom Westende der Stadt geht der Spazierweg *Leyburn Shawl* aus, von dem man einen wunderbaren Blick auf das Wensleydale hat.

- *Information*: **Tourist Information**, 4 Central Chambers, ✆ 01969-623069, 📠 622833.
- *Übernachten*: **Clyde House**, diese ehemalige Kutschenstation aus dem 18. Jahrhundert ist sehr komfortabel, und es gibt einige gute Restaurants ganz in der Nähe; B&B ab £ 19 pro Person. Railway Street, ✆ 01969-623941.

Secret Garden House, dieses ansehnliche Haus aus georgianischer Zeit wurde bereits für die Fernsehserie "Der Doktor und das liebe Vieh" im Bild festgehalten; es gibt einen großen Wintergarten und einen Privatparkplatz. B&B im DZ ab £ 51. Grove Square, ✆ 01969-623589.

Richmond

Von Leyburn führt die A 6108 zur geschichtsträchtigen, von einer stattlichen Burg dominierten Stadt Richmond am östlichsten Ende des Swaledale. In der relativ kleinen, aber hübschen Marktstadt mit den Kopfsteinpflastergässchen und vielen hübschen Gebäuden wird noch heute jeden Sonnabend ein Markt abgehalten. Auf dem Marktplatz aus georgianischer Zeit steht ein seltsam konischer Obelisk aus dem Jahr 1771. Die Stadt geht zurück auf die Normannen, die hier um 1071 auf einem Hügel am Fluss Swale eine Burg errichteten ("Riche-Mont"). Bereits 1329 erhielt Richmond das königliche Stadtrecht, und neben den herkömmlichen landwirtschaftlichen Produkten wurde hier auch mit so exklusiven Waren wie Seide, Wein und Salz gehandelt. Dass die Stadt einst bedeutsam war, zeigt sich auch am Vorhandensein eines georgianischen Theaters, das in den Dales wohl einzigartig ist.

- *Information*: **Tourist Information**, Friary Gardens, Victoria Rd., ✆ 0178-850252.
- *Fahrradverleih*: **Arthur Caygill Cycles**, Gallowfields Trading Estate, ✆ 0178-825469.
- *Unterkunft*: **** The Frenchgate Hotel**, schöner georgianischer Bau mit gutem Restaurant und romantischem altem Garten; B&B DZ ab £ 45. 59/61 Frenchgate, ✆ 01748-822087.

Nun's Cottage, wunderschönes, denkmalgeschütztes Haus mit Holzbalkendecke und altem Garten, ruhig gelegen, aber nahe beim Zentrum; B&B ab £ 34. 5 Hurgill Road, ✆ 01748-822809.

West End Guest House and Cottages, ruhig gelegenes Haus aus dem 19. Jahrhundert, nahe am Fluss mit Garten; B&B ab £ 22. 45 Reeth Road, ✆ 01748-824783.

Sehenswertes

Richmond Castle: Wahrzeichen der Stadt ist die Burg, die von einem etwa 30 Meter hohen Felsen den Fluss Swale überragt. Dahinter breitet sich die Stadt aus. Die Burg ist ein guter Ausgangspunkt für einen Spaziergang, denn von hier aus hat man einen guten Blick auf die Stadt und die Umgebung. Auf der Seite, die der Stadt zugewandt ist, steht der etwa 25 Meter hohe Burgfried mit seinen drei Meter dicken Mauern. In der Südostecke befindet sich *Scolland's Hall* aus dem 11. Jahrhundert.

Öffnungszeiten: April–Okt. tgl. 10–18 Uhr, Nov.–März 10–16 Uhr. Eintritt: Erw. £ 2.20, Kinder £ 1.10. ✆ 01748-822493.

Georgian Theatre Royal: Das Theater aus dem Jahr 1788 ist das zweitälteste bespielte Theater Englands und wurde von Samuel Butler erbaut. Die Familie Butler führt das Theater bis ins Jahr 1848, dann wurde es geschlossen. Erst im Jahr 1962 fand eine gründliche Renovierung statt. Heute wird das Theater wieder regelmäßig bespielt; Sie sollten unbedingt eine Vorstellung besuchen. Im angegliederten *Georgian Royal Museum* kann man sich viele Theater-Memorabilia aus verschiedenen Jahrhunderten anschauen; am besten schließt man sich einer Führung an.

Öffnungszeiten: April–Okt. Mo–Sa 10.30–16.30 Uhr, So 11–13.15 Uhr. Eintritt: £ 1.50. ✆ 01748-823710.

Holy Trinity Church und Green Howards Museum: Gegenüber vom King's Head Hotel steht die Trinity Church, die ursprünglich aus dem Jahr 1150 stammt und heute u. a. das Green Howards Museum beherbergt. In diesem Militärmuseum werden Uniformen, Waffen, Orden und Ähnliches mehr präsentiert.

Öffnungszeiten: April–Okt. Mo–Sa 9.30–16.30 Uhr, So 14–16.30 Uhr; Nov., März und Feb. Mo–Fr 10–16.30 Uhr. Eintritt: £ 2.

Richmondshire Museum: Dieses Museum beschäftigt sich mit der Stadtgeschichte. Freude von James Herriot ("Der Doktor und das liebe Vieh") können hier die Originaldekoration der BBC aus der ersten Verfilmung der Fernsehserie bestaunen. Nach dem Abdrehen hatte der Fernsehsender die Ausstattung an das Museum abgetreten, da nicht mit einer Fortsetzung der Serie gerechnet wurde. Später versuchte man, das Ganze wieder zurückzukaufen – natürlich vergeblich, denn es hatte sich bereits zum Touristenmagneten der Stadt entwickelt.
Öffnungszeiten: April–Okt. tgl. 11–17 Uhr. Eintritt: £ 2.50.

York

York zählt ohne Zweifel zu den attraktivsten Städten Englands. Seine Geschichte reicht bis in die Römerzeit zurück, und bis ins 19. Jahrhundert hinein war York eine der bedeutendsten Städte des Landes. Innerhalb der noch erhaltenen mittelalterlichen Stadtmauer wird in den engen Kopfsteinpflastergassen Geschichte lebendig. Dominiert wird das malerische Stadtbild von einem der größten Münster in Europa.

Seine ehemalige Bedeutung sieht man York nicht an, es wirkt trotz Touristenschwärmen recht heimelig und eher wie eine Kleinstadt. Dies hängt u. a. damit zusammen, dass die Industrialisierung mehr oder weniger spurlos an der Stadt vorbeigegangen ist. Alles wirkt sehr homogen, die wichtigsten Sehenswürdigkeiten liegen nah beieinander im Zentrum, und schöne Straßenzüge wie *The Shambles*, *The Pavement*, *Stonegate* und *St Saviourgate* machen einen Rundgang zur ungetrübten Freude (wenn man vom Gedränge mal absieht). Überall trifft man auf kleine Tea Rooms und Restaurants, in denen man sich für das Sightseeing stärken kann.

Zur Erkundung der Stadt sollte man sich mindestens zwei Tage Zeit nehmen. Wer sich für die geschichtlichen Hintergründe interessiert, braucht noch länger. Die früheren Bewohner der Stadt – ob es nun Römer, Sachsen, Dänen, Normannen oder andere waren – haben überall ihre Spuren hinterlassen. Unter dem Feldherrn *Quintus Petilius Cerealis* begannen die Römer im Jahr 71 mit dem Bau von Befestigungsanlagen am wichtigen Flussübergang über die Ouse. *Eboracum*, so der römische Name, wurde schon bald ein bedeutendes Zentrum der römischen Provinz Britannia und diente Kaiser Hadrian als Stützpunkt für seine nördlichen Feldzüge.

Unter den Sachsen avancierte York unter dem damaligen Namen Eoforwic zur Hauptstadt des Königreiches *Deirta*. Bis zum Jahre 625 hatte sich die Stadt zu einem christlichen Zentrum entwickelt, von dem die missionarischen Tätigkeiten der christlichen Sachsen ausgingen. Glanzvollster Fund aus der sächsischen Epoche ist der *Coppergate Helmet* (im Castle Museum ausgestellt). Um 866 eroberten die Wikinger die Stadt, und *Jorvik* wurde zum Herrschaftszentrum einer neuen Macht. Im *Jorvik Viking Centre*, das direkt auf einer Ausgrabungsstelle errichtet wurde, kann man sich ein gutes Bild von der damals blühenden Stadt machen.

Als um 1075 die Normannen einfielen, zerstörten sie den Dom und einen Großteil der Stadt. Nach dem Wiederaufbau erstrahlte die Stadt jedoch prächtiger als je zuvor. Anfang des 13. Jahrhunderts begann man mit dem Bau einer gotischen Kathedrale; noch heute sind einige Bauelemente aus dieser Zeit im Münster zu bewundern. Auch der *Clifford Tower* der normannischen Burg stammt aus dieser Zeit.

Das Münster von York

Unter der Dynastie der Plantagenets wurde York zu einer bedeutenden Handels- und Hafenstadt, wobei Wolle sicher der wichtigste Exportartikel war. In dieser Zeit wurde auch die Stadtmauer gebaut. *Edward III.* war der Erste, der den Titel "Herzog von York" an seinen zweitgeborenen Sohn verlieh; damit begründete er eine Tradition, die bis heute Bestand hat (momentan ist Prinz Andrew Träger des Titels).

Nachdem York im 17. Jahrhundert seine große Bedeutung im Textilhandel an andere größere Städte (z. B. Leeds) abtreten musste, brachte zwischen 1830 und 1840 die Eisenbahn den letzten größeren wirtschaftlichen Aufschwung. Heute ist neben der Schokoladenherstellung von Produkten wie *After Eight* durch Rowntree-Macintosh (das Unternehmen wurde inzwischen von Nestlé aufgekauft) der Tourismus die Haupteinnahmequelle der Stadt.

Information/Verbindungen/Stadtführungen

- *Information*: **Tourist Information**, westlich des Münsters in einem wunderschönen klassizistischen Bau. Kostenloser Miniguide mit Straßenkarte und Auflistung der Sehenswürdigkeiten, auch Zimmervermittlung. De Gray Rooms, Exhibition Square, ✆ 01904-621756, Fax 639986.
Ein weiteres **Informationsbüro** befindet sich im Bahnhof, ✆ 01904-621756.
Auf der Webseite kann man sich schon vorher genau über alles informieren: www.york-tourism.co.uk.
- *Telefonvorwahl*: 01904
- *Verbindungen*: **Bus** – Busbahnhof in der Rougier St. (Station Road). National Express fährt nach London, Leeds und Schottland. Rider-York-Busse (✆ 01904-435637) sind für den Stadtverkehr zuständig. Der *Coastliner* (Metro-Busse 840, 842, 843 und 845) verbindet regelmäßig mit Scarborough im Osten sowie Leeds im Westen.
Zug – Der Hauptbahnhof befindet sich in der Station Road. York ist ein Verkehrsknotenpunkt Nordostenglands. Intercity-Züge fahren mehrmals stündlich nach London/ King's Cross und über Durham nach Schottland. Regelmäßig auch über die Städte Harrogate, Leeds und Manchester nach Liverpool. Außerdem nach Bridlington, Filey, Hull, Scarborough und Newcastle.
- *Stadtführungen*: Kostenlose Führungen werden von der **Association of Voluntary Guides to The City of York** angeboten

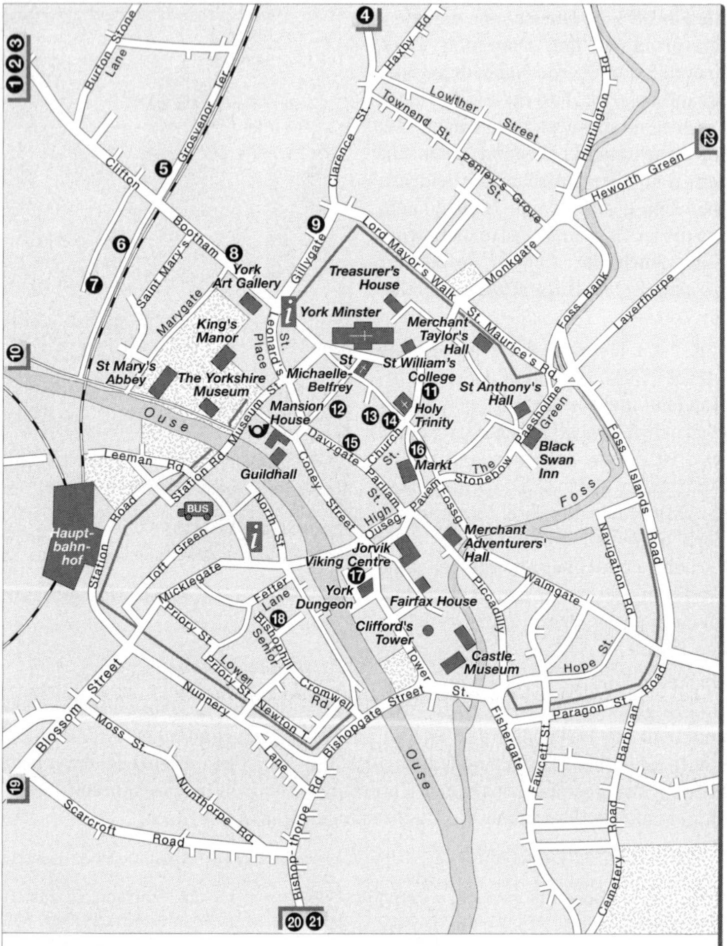

Übernachten

- ❷ The Bloomsbury Hotel
- ❸ Grange Lodge
- ❺ Minster View Guest House
- ❻ Abbeyfields Guest House
- ❼ Queen Anne's Guest House
- ❽ Churchill Hotel
- ❿ Jugendherberge
- ⓲ Bishophill House Youth Hotel
- ⓳ Knavesmire Manor Hotel
- ㉑ Staymor Guest House

Essen und Trinken

- ❶ Maxi's
- ❹ Jaipur Spice
- ❾ Gillygate Wholefood Bakery
- ⓫ National Trust Tea Rooms
- ⓬ Rubicon Vegetarian Café-Rest.
- ⓭ Patio Rest.
- ⓮ Petergate Fisheries
- ⓯ Borders Books
- ⓰ Earl Grey Tea Rooms
- ⓱ King's Arms
- ⓴ Melton's
- ㉒ Black Swan

N

200 m

York

(Informationen beim Tourist Office). Daneben gibt es noch zahlreiche andere Führungen, die zum Teil unter verschiedenen Mottos stehen. Über Preise und Termine klärt die Tourist Information gerne auf.

Wer lieber mit dem Bus die Stadt erkunden will, der kauft einfach ein Tagesticket und steigt in die oben offenen Doppeldeckerbusse (Haltestellen ebenfalls im Informationsbüro erfragen).

York City Sightseeing, Exhibition Square und 15 weitere Haltestellen, ✆ 01904-692505.

The York Tour by Guide, in den Bus kann man mit einem Tagesticket ein- und wieder aussteigen, Haltestellen bei der Tourist Information und am Bahnhof. ✆ 01904-640896.

Adressen

• *Antiquariate*: In York gibt es um die 15 Buchläden, die eine große Auswahl an seltenen und alten Büchern haben. Die Broschüre "Bookshops & Booksellers in York" ist in der Tourist Information kostenlos erhältlich. Darin findet sich eine Auflistung der Adressen und der Fachgebiete, auf die sich die Buchhandlungen spezialisiert haben.

• *Boofahren*: Auf Passagierschiffen kann man den River Ouse ab Lendal Bridge flussaufwärts fahren; flussabwärts ab Ouse Bridge. Auf manchen Booten gibt es auch Mahlzeiten.

The Boatyard, Lendal Bridge, Feb.–Nov. Tagestouren, April–Okt. auch Abendfahrten, ✆ 01904-628324.

York Marine Services, Ferry Lane, Bishopsthorpe, ✆ 01904-704442.

• *Fahrräder*: **York Cycle Works**, 14–16 Lawrence Street, ✆ 01904-626664. Fahrräder für £ 10 pro Tag, £ 50 Kaution.

• *Geldwechsel*: ist am Bahnhof und im Tourist Office möglich. Zudem gibt es in der Innenstadt mehrere Banken, z. B. **Barclays**, 2 St Helen's Square.

• *Krankenhaus*: Wiggonton Road, ✆ 01904-631313.

• *Markt*: Newgate Market, Mo–Sa 8–17 Uhr.

• *Polizei*: Fulford Road, ✆ 01904-631321.

Yorkshire Pudding

Diese Spezialität, die wenig mit dem uns bekannten Pudding zu tun hat, ruft bei den Besuchern vom Festland geteilte Reaktionen hervor. Während einige auf den Yorkshire Pudding schwören, fühlen sich andere eher an die gewöhnungsbedürftige englische Küche mit ihren eigenwilligen Kreationen erinnert. Nichtsdestotrotz sollte man einmal diese traditionelle Beilage probieren. Genau genommen ist der Yorkshire Pudding nichts anderes als ein sehr dünner Pfannkuchen aus Mehl, Eiern und Milch, der mit Rinderfett in der Bratröhre in einer speziellen Form gebacken wird, bis er aufgeht und goldbraun ist. Man sollte jedoch darauf achten, dass der Pudding frisch zubereitet ist und nicht aus der Tiefkühltruhe stammt (wie leider in vielen Pubs üblich) – er sollte auf jeden Fall knusprig sein. Serviert wird der hohle Yorkshire Pudding, der ungefähr die Form eines Suppentellers hat, entweder als Vorspeise oder als Beilage, wobei man z. B. Lammbraten und Gemüse in den Pudding legt und das Ganze mit Bratensaft sowie Minzsoße übergießt.

Übernachten

Viele preiswerte B&Bs befinden sich in der *Bishopthorpe Road*, einer lauten Durchgangsstraße; versuchen Sie, dort ein Zimmer nach hinten zu bekommen. Auch in *The Moor* (vom Bahnhof rechts die Blossom Street hinunter) befinden sich einige B&Bs. Wer mehr ausgeben will, findet in York einige sehr romantische und sehr luxuriöse Hotels in historischen Häusern.

*** **The Churchill Hotel (8)**, Privathotel in einem georgianischen Herrenhaus im Stadtzentrum, die Zimmer sind mit Antiquitäten ausgestattet, wahrhaft fürstlich. Bei mehr als einer Übernachtung gibt es gute Rabatte, z. B. B&B sowie Abendessen ab £ 45 pro Person (DZ). 65 Bootham, ✆ 01904-644456.

** **Knavesmire Manor Hotel (19)**, georgianisches Stadthaus mit schönem Garten und Swimmingpool; B&B ab £ 28 pro Person. 302 Tadcaster Road, ✆ 01904-702941.

The Bloomsbury Hotel (2), schönes, freundlich eingerichtetes viktorianisches Stadthaus, B&B je nach Geschmack mit englischem oder kontinentalem Frühstück ab £ 38 pro Person (DZ). 127 Clifton, ✆ 01904-634031.

Grange Lodge (3), die Zimmer sind ordentlich und besitzen eine Waschgelegenheit, Teekocher und TV, nicht alle Zimmer mit Bad. Das englische Frühstück ist sehr reichlich; B&B ab £ 35 (DZ). 52 Bootham Crescent, ✆ 01904-621137.

Abbeyfields Guest House (6), B&B in einem viktorianischen Stadthaus, nur knapp fünf Minuten Fußweg vom Zentrum. Alle Räume mit Bad und TV. B&B £ 22 pro Person. 19 Bootham Terrace, ✆ 01904-636471.

Minster View Guest House (5), hübsche Unterkunft nordwestlich vom Münster. B&B um £ 14 pro Person. 2 Grosvenor Terrace, ✆ 01904-655034.

Queen Anne's Guest House (7), hübsches Gasthaus, ebenfalls fünf Minuten zu Fuß vom Zentrum. Die Zimmer bieten den üblichen Standard und sogar einen Föhn; ab £ 18 pro Person. 24 Queen Anne's Rd., ✆ 01904-629389.

Staymor Guest House (21), relativ preisgünstiges B&B in der Nähe der Stadtmauer und des Bahnhofs. Von der Bishopgate Road in Richtung Süden, dann rechts ab. B&B ab £ 16 pro Person. 2 Southlands Road, ✆ 01904-626935.

• *Jugendherberge*: **York International Youth Hostel (10)**, liegt etwa 1,5 km vom Zentrum, zu erreichen über die Museum Street, dann am nördlichen Ufer der Ouse entlang. Vorbildliche Herberge in einem alten Herrenhaus mit preisgekröntem Garten. Daher sind die Preise auch etwas höher. B&B Erwachsene £ 15.05, Jugendliche £ 11.25. Water End, Clifton, ✆ 01904-653147. E-Mail: york@yha.org.uk

York Youth Hostel (18), touristische Herberge im Zentrum von York, auch für Familien. B&B um £ 20. 11–13 Bishophill Senior, ✆ 01904-625904.

• *Camping*: **Naburn Caravan Park**, etwa 6 km vom Stadtzentrum an der Ouse gelegen. Naburn/York, ✆ 01904-728697.

Essen & Trinken (siehe Karte Seite 478)

Borders Books Music Video Café (15), großer Buchladen mit darüber gelegenem Café, in dem man in Büchern und Zeitschriften stöbern kann. 1–5 Davygate.

Jaipur Spice (4), indische, vegetarische und englische Küche in einem opulent dekorierten Raum. 103 Haxby Road.

Maxis (1), kantonesische und chinesische Küche (auch *Dim Sum*, tgl. 12–18 Uhr) in einem großräumigen Restaurant. Ings Lane, Nether Poppleton.

Melton's (20), moderne englisch-französische Küche im Stadtzentrum, vom englischen Automobilclub AA ausgezeichnet (zwei Rosetten). 7 Scarcroft Road.

Patio Restaurant (13), Café-Bistro mit europäischer Küche in einem ruhigen Hinterhof (Terrasse). 13 Swinegate Court East.

Petergate Fisheries (14), mittlerweile seit fast einem Jahrhundert Tradition in York. Hier gibt es die besten Fish 'n' Chips. Low Petergate.

Rubicon Vegetarian Café-Restaurant (12), sehr einfallsreiche vegetarische Küche. Little Stonegate.

The Earl Grey Tea Rooms (16), ein kleines, gemütliches Café in der historischen Metzgerstraße – The Shambles. Massive schwarze Holzbalken sorgen für die altertümliche Atmosphäre. Cream Tea (£ 5) und große Auswahl an Kuchen. The Shambles.

The National Trust Tea Room (11), wer einen Tee trinken und dabei Gutes tun will, ist in diesem schlicht eingerichteten Café gut aufgehoben, da man mit jeder Tasse die Arbeit des National Trust unterstützt. 30 Goodram Gate.

King's Arms (17), ein schön gelegenes Pub – direkt am Fluss kann man auf Holzbänken sein frisches Ale schlürfen. King's Straith (am River Ouse).

Black Swan (22), Peasholme Green. In dem ältesten Pub der Stadt gibt es relativ preisgünstige traditionelle Pubküche (Hamburger und Frittiertes sowie Pies).

Theater/Veranstaltungen

Theatre Royal, hier werden klassische und auch moderne Stücke gespielt (auch Comedy). St. Leonard's Place, ✆ 01904-623568.

Grand Opera House, Cumberland Street, ✆ 01904-671818.

National Centre for Early Music, hier finden jedes Jahr im Frühjahr, Sommer und Winter Festivals sowie andere Veranstaltungen statt (York Early Music Festival). St. Margaret's Church of Walmgate, ✆ 01904-632220.

The Original Ghost Walk of York, einer der in England beliebten "Mystery Walks", bei dem man verschiedene Plätze der Stadt aufsucht, an denen Schauspieler die Vergangenheit wieder lebendig werden lassen; jeden Abend um 20 Uhr. Kings Arms Pub, Ouse Bridge, ✆ 01759-373090.

Sehenswertes

Stadtmauer: Der beste Weg, einen ersten Eindruck von der Stadt zu gewinnen, ist ein Rundgang entlang der mittelalterlichen Stadtmauer. Der Erdwall mit der Mauer ist fast durchgängig begehbar, und man passiert auch die noch erhaltenen vier Stadttore aus dem 14. Jahrhundert.

Richard III Museum: Im Turm des Stadttores *Monkgate* befindet sich das sehenswerte Museum über Richard III., der eine wirklich faszinierende Gestalt der englischen Geschichte ist. Über das Tun und Lassen des missgestalteten "Bösewichtes", den bereits Shakespeare beschrieb, können Sie sich hier informieren.

Öffnungszeiten: März–Okt. tgl. 9–17 Uhr, Nov.–Feb. 9–16 Uhr. Eintritt: £ 2.

Enge Gassen rund um das Münster

York Minster: Das Münster von York ist nicht nur die größte gotische Kirche in England. York ist auch der Sitz eines Erzbischofs, der gleich nach dem Erzbischof in Canterbury die zweitwichtigste Rolle in der anglikanischen Kirche einnimmt. Schon zur Römerzeit stand an dieser Stelle ein Gebäude. Urkundlich erwähnt wurde die Kirche jedoch zum ersten Mal im Zusammenhang mit der Taufe von König Edwin von Northumbria im Jahr 627. Aus der kleinen Holzkirche wurde später ein Gotteshaus aus Stein. Nach der völligen Zerstörung der Stadt durch die Normannen errichtete der Erzbischof Thomas Bayeux um 1080 eine neue Kirche. Aus dieser Baustruktur entwickelte sich im Laufe der Jahre durch Anbauten das heutige Gebäude. Heute vereinigen sich daher unterschiedlichste Stilrichtungen zu einem prächtigen Gesamtbild.

Das im hochgotische Stil erbaute Langhaus wurde um 1350 fertig gestellt. Am Deckengewölbe befinden sich hier täuschend echte Steinimitationen aus Holz. Man griff auf Holz zurück, da sich mit den damaligen Kenntnissen der Statik Steingewölbe noch nicht sicher bauen ließen. Das *Chapter House* (Kapitellhaus) im Decorated Style stammt aus dem Jahr 1300. Im südlichen Querschiff, das 1984 bei einem Brand fast zerstört wurde, finden sich noch frühgotische Bauelemente aus dem Jahr 1220.

Besonders sehenswert sind die mittelalterlichen Glasfenster – etwa die Hälfte der noch erhaltenen mittelalterlichen Glaskunst Englands befindet sich in dem Münster. Beim Hauptportal an der Westfassade erkennt man ein achtteiliges Fenster aus dem Jahr 1338, in das als "Heart of Yorkhire" bekannte herzförmige Muster eingelassen sind. An der Außenwand des nördlichen Querschiffes befindet sich das "Five Sisters Window" aus dem Jahr 1290 (diese Bezeichnung stammt von Charles Dickens). Im Chorgestühl sind Statuen der englischen Könige von Wilhelm I. bis Heinrich VI. zu sehen. Ganz am Ostende des Querschiffes sieht man das Ostfenster aus dem Jahr 1408 mit Darstellungen aus dem Alten Testament. Die Fensterrose im südlichen Querschiff aus dem Jahr 1500 erinnert an die Beendigung der Rosenkriege der Häuser Lancaster und York.

Krypta: Vom Chorgestühl und dem Presbyterium aus gelangt man in die Krypta, die man unbedingt besichtigen sollte. Hier befinden sich noch Originalbauteile der normannischen Kathedrale aus dem 11. Jahrhundert.

Central Tower: Wer einen unvergesslichen Blick von York erhaschen will, sollte vom südlichen Querschiff aus die knapp 280 Stufen des Mittelturms erklimmen.

Foundations: In den 1960er Jahren stellte man fest, dass die Fundamente des Baus nicht mehr sicher waren und sich die Bausubstanz zur Seite neigte. Während der nötig gewordenen umfassenden Sicherungsarbeiten fand man bei Grabungen Mauerreste aus der römischen und angelsächsischen Zeit. Diese kann man im unterirdischen Gewölbe *(The Foundations)* besichtigen. Hier ist auch die Geschichte des Münsters dokumentiert.

• *Öffnungszeiten*: **York Minster**, Juni–Sept. tgl. 7–20 Uhr; Okt.–Mai 7–17 Uhr. Eine Spende von £ 3 wird erbeten.

Chapter House, gleiche Öffnungszeiten. Eintritt: £ 1.

Krypta, Mo–Fr 9.30–16.30 Uhr, Sa 9.30–15.30 Uhr, So 13–15.30 Uhr. Eintritt: £ 1.

Central Tower, täglich 10–18.30 Uhr. Eintritt: £ 2.50.

Foundations, im Sommer täglich 9.30–18.30 Uhr. Eintritt: £ 2.50.

St William's College: Gleich hinter dem Münster findet man auf der College Street das St William's College. Seit 1453 eine Ausbildungsstätte für Priester, wurde das College unter Heinrich VIII. säkularisiert. Karl I. deponierte hier während des Bürgerkriegs (17. Jh.) die königliche Druckerpresse und Münze. Heute dient das Gebäude als Besucherzentrum.

Öffnungszeiten: Mo–Sa 10–17 Uhr, So 12.30–17 Uhr. Eintritt: £ 1. College Street.

Treasurer's House: Dieses elegante Stadthaus aus dem 17. Jahrhundert war ursprünglich das Haus des Schatzmeisters des Münsters. Der Industrielle Frank Green restaurierte das Haus und lebte hier von 1895 bis 1930. Das Mobiliar stammt weitgehend aus dieser Zeit. Es gibt hier eine kleine Kunstgalerie sowie ein Café.

Öffnungszeiten: April–Okt. tgl. 11–16.30 Uhr. Eintritt: £ 4. Chapter House Street/Minster Yard.

York City Art Gallery: Hier sind Werke europäischer Malerei aus sechs Jahrhunderten ausgestellt; darunter finden sich auch zahlreiche Werke englischer Künstler (z. B. Lowry, Hockney und Hepworth).

Öffnungszeiten: Tgl. 10–17 Uhr (letzter Einlass 16.30 Uhr). Eintritt frei. Exhibition Square.

The Shambles: Am südlichen Ende des Goddramgate beginnt diese enge Gasse mit den mittelalterlichen Fachwerkhäusern, deren Dächer beinahe aneinander stoßen. Hier fühlt man sich in die Vergangenheit zurückversetzt. Man versuchte durch diese Bauweise, den knappen Baugrund nach oben hin auszudehnen, weshalb die Häuser überladend auf die Straße hinausragen. Die meisten der Gebäude entstanden zwischen 1350 und 1450. Zum größten Teil lebten hier Metzger mit ihren Familien: In den oberen Zimmern wohnte man, unten wurde gearbeitet, und vor der Haustüre verkaufte man die Produkte. Noch heute erinnern die zahlreichen Fleischerhaken an den Hauswänden an die einstige Metzgerstraße. In den alten Häuschen gibt es mehrere hübsche Cafés.

Guy Fawkes – bekanntester Sohn Yorks

1570 wurde im heutigen *Young's Hotel* (Petergate) Guy Fawkes geboren. Er besuchte später die *St Peter's School* (Bootgate). Nachdem er zum Katholizismus übergetreten war, diente Fawkes als spanischer Soldat in den Niederlanden. Zusammen mit anderen Katholiken plante er den *Gunpowder Plot* (Pulververschwörung). Am 5. November 1605 wollte er in den Kellerräumen des Parlamentsgebäudes in London mit Schwarzpulver den protestantischen König James I. samt Parlament in die Luft jagen. Die Verschwörung wurde jedoch aufgedeckt und der Übeltäter Fawkes im Januar 1606 hingerichtet. Seither werden vor jeder Eröffnung einer Sitzungsperiode die Keller des Parlaments nach Sprengstoff durchforstet.

Am 5. November eines jeden Jahres wird noch heute in ganz England der *Guy-Fawkes-Tag* gefeiert. Kinder basteln und verkleiden Strohpuppen und sammeln unter dem Motto "A penny for the guy" Geld für das traditionelle Feuerwerk. Am Abend werden alle Puppen feierlich auf einem Lagerfeuer verbrannt – nur nicht in der St Peter's School.

The Viking City of Jorvik: Bei Bauarbeiten entdeckte man an der Stelle dieses heutigen Museums so viele Fundstücke aus der Zeit der alten Wikingerhochburg Jorvik, dass man beschloss, direkt an dem Fundort eine Ausstellung einzurichten, die Einblick in das Leben der Wikinger bietet. Das alte Jorvik Centre wurde gerade mit einer Investition von 10 Millionen Pfund renoviert und in das 21. Jahrhundert befördert. In der interaktiven Ausstellung werden die Ausgrabungsfunde in nachgestellten Gebäuden präsentiert. Auf einem kleinen Wagen kann man sich außerdem auf eine Zeitreise von der Wikingerzeit bis heute begeben. Leider muss man oft schon beim Kartenkauf Schlange stehen.

Öffnungszeiten: April–Okt. tgl. 9–17.30 Uhr, Nov.–März 9–16.30 Uhr. Eintritt: £ 6. Coppergate.

Mittelalterliche Glasfenster im Münster von York

York Castle (Clifford's Tower): Von York Castle, eine der beiden Burgen, die William the Conqueror in der Stadt errichten ließ, ist nur noch der Clifford's Tower übrig. Die Burg wurde im Jahr 1190 zerstört, als nach antisemitischen Übergriffen etwa hundertfünfzig Juden hier Schutz suchten.

Öffnungszeiten: April–Sept. tgl. 10–18 Uhr, Oktober bis 17 Uhr, Nov.–März bis 16 Uhr. Eintritt: £ 2.50. Tower Street.

Castle Museum: Eines der bekanntesten und größten Volkskundemuseen Englands. Nachgebildet sind Straßen aus der viktorianischen und edwardianischen Zeit mit Geschäften, einer Feuerwehrstation und einem Gefängnis. Zu bestaunen gibt es auch Zimmer, die im Stil verschiedener Epochen eingerichtet sind und viele sehenswerte Details enthalten. Höhepunkt einer Besichtigung ist der *Coppergate Helmet*, ein Wikinger-Helm, der bei Ausgrabungsarbeiten gefunden wurde. Alles in allem eine gelungene und sehr sehenswerte Ausstellung.

Öffnungszeiten: April–Okt. Mo–Sa tgl. 9.30–17 Uhr, So ab 10 Uhr; Nov.–März tgl. 9.30–16.30 Uhr, So ab 10 Uhr. Eintritt: £ 5.

Yorkshire Museum und St Mary's Abbey: In diesem Museum mitten im Botanischen Garten (nicht weit vom Bahnhof) kann man noch mehr über die Geschichte der Stadt erfahren. Präsentiert werden u. a. Funde aus der Zeit der Römer, der Angelsachen und der Wikinger. So befindet sich hier z. B. der beim Middelham Castle ausgegrabene Middleham Jewel aus dem 15. Jahrhundert . Zu dem Museumsgebäude gehört auch ein Teil der ehemaligen St Mary's Abbey aus dem Jahr 1080.

Öffnungszeiten: Tgl. 10–17 Uhr. Eintritt: £ 4.50, erm. £ 3. Museum Gardens.

National Railway Museum: Ein wahres interaktives Paradies für Eisenbahnfans. 25 verschiedene Lokomotiven und zahlreiche Waggons garantieren eine vielfältige Ausstellung. Besonders sehenswert ist der luxuriöse Waggon von Queen Viktoria.

Öffnungszeiten: Tgl. 10–18 Uhr. Eintritt: £ 5.50. Leeman Road.

Guildhall York und Mansion House: Das imposante Rathaus der Stadt am Ostufer des Flusses Ouse (in der Nähe der Lendal Bridge) stammt ursprünglich aus dem 15. Jahrhundert. Im Zweiten Weltkrieg wurde das Gebäude weitgehend zerstört und in den 1950er Jahren wiederaufgebaut. Direkt neben der Guildhall befindet sich das Mansion House aus dem Jahr 1725, wo der Bürgermeister der Stadt residiert. Leider ist eine Besichtigung nur nach Voranmeldung möglich.

Öffnungszeiten: Mai–Okt. Mo–Fr 10–17 Uhr, So 14–17 Uhr; Nov.–April Mo–Fr 9–17 Uhr. Eintritt frei. St Helen's Square. Mansion House, ✆ 01904-552012.

Ausflug zum Castle Howard

Castle Howard – ein herrliches Schloss aus dem 18. Jahrhundert, etwa 25 Kilometer nordöstlich von York gelegen (an der A 64) – ist heute noch immer im Besitz der Howards. Für viele Besucher ist dies das schönste Schloss in England. Die großzügige Parkanlage verleiht dem Bau einen ehrwürdigen Rahmen. Beeindruckend ist das Innere des Schlosses. Man geht durch riesige Räume, kommt vorbei an Gemälden von Gainsborough, Rubens und van Dyck und bestaunt Möbel, Porzellan und Plastiken aus den letzten Jahrhunderten. *Evelyn Waughs* Roman "Wiedersehen mit Brideshead" wurde hier verfilmt, wodurch das Gebäude vielen in Erinnerung geblieben ist.

In den alten Stallungen befindet sich heute die *Costume and Regalia Gallery*, eine große Sammlung von Kleidungsstücken aus den letzten drei Jahrhunderten.

- *Öffnungszeiten*: Mitte März bis Ende Okt. tgl. 11–17 Uhr, Park ab 10 Uhr. Eintritt: £ 7. ✆ 01653-648444.
- *Verbindungen*: Die **Tourist Information** informiert über die Busverbindungen von York nach Castle Howard. Yorktour Coaches bieten z. B. Tagesausflüge an (ca. £ 7).

Radtour von York in den North York Moors National Park

Eine Fahrradtour für geübte Radler mit Übernachtung in Jugendherbergen führt von York über Malton hinauf in die Moors nach Whitby und Robin Hood's Bay.

Am ersten Tag geht es von York nach *Malton* (gute 30 km; nach Möglichkeit nicht auf der A 64 fahren), einer alten Römersiedlung; am Markt präsentiert ein Museum Funde aus römischer Zeit. Die Stadt mit etwa 4.000 Einwohnern besitzt mehrere Hotels. Wer nicht in der Jugendherberge übernachten kann, wird sicher etwas anderes finden.

Von Malton aus kann man am zweiten Tag *Castle Howard* (s. o.) besichtigen. Am dritten Tag geht es von Malton über *Pickering* (vgl. North York Moors) durch den Nationalpark nach *Goathland*. Dieser Abschnitt führt über die A 169, die parallel zur Eisenbahnlinie verläuft. Am vierten Tag radelt man weiter von Goathland durch das *Eskdale* nach *Westerdale*. Fünfter Tag: Von Westerdale führen mehrere Routen nach *Whitby*. Bei Konditionsproblemen kann man in *Castleton* samt seinem Drahtesel einen Zug besteigen. Für das Rad muss man noch einmal den halben Fahrpreis bezahlen. Am sechsten Tag geht es mit viel Muße von Whitby nach *Robin Hood's Bay*.

Der Nordosten Englands besitzt zwar ein großes Industriegebiet um Newcastle-upon-Tyne (in der Region Tyne and Wear), aber weite Teile *Northumbrias* und des Grenzgebietes zu Schottland sind so gut wie menschenleer, und der *Northumberland National Park* ist ein wahres Naturparadies. Das Gebiet war zu Zeiten der Römer von ständigen Einfällen durch die kriegerischen nördlichen Stämme gekennzeichnet, weshalb man sich schließlich zum Bau einer befestigten Mauer, des *Hadrian's Wall*, entschloss. Nach dem Abzug der Römer wurde die Gegend bedeutungslos. Lediglich an der Küste finden sich einige Burgen, die von den damaligen Feudalherren verteidigt wurden.

Hull (Kingston-upon-Hull)

Hull – eigentlich Kingston-upon-Hull – liegt an der Nordseemündung des Humber und war früher der drittgrößte Hafen Großbritanniens. Inzwischen haben ihm die petrochemischen Umschlaghäfen den Rang abgelaufen. Die alten Dockanlagen wurden inzwischen restauriert und sind nun hauptsächlich für Touristen interessant. Sehenswert ist auch die lange Hängebrücke über den Humber, die Lincolnshire mit Yorkshire verbindet.

Der Spruch "Hull is dull" stimmt in mancher Hinsicht. Auf den ersten Blick ist Hull eine relativ unattraktive, flach gelegene Stadt mit viel Verkehr. Doch findet man auch hier einige urige Pubs und Nachtclubs, in denen man das Tanzbein schwingen kann. Darüber hinaus gibt es einige sehenswerte Museen und eben die Hafenanlagen, die sich beinahe 10 Kilometer den Fluss Humber entlang erstreckt.

Bereits im Jahr 1299 wurde Hull von Edward I. als Seehafen *Wyke-upon-Hull* angelegt. Der Schiffsbau und der Handel waren in der Folgezeit die wichtigsten Einnahmequellen. Im Jahr 1642 weigerte sich die Stadt, Charles I. Zutritt zu gewähren, womit bereits dem späteren Bürgerkrieg vorgegriffen wurde. Ende des 18. Jahrhunderts wurde in Hull die erste Marineschule der Welt gegründet, und bis ins 19. Jahrhundert war der Walfang eine der Haupteinnahmequellen der hiesigen Schifffahrt.

Im Zweiten Weltkrieg wurde Hull von deutschen Bombern fast völlig zerstört. Zwar waren an der Küste riesige Verteidigungsanlagen erbaut worden, doch hielten sie den Luftangriffen nicht stand. 1981 entstand die *Humber Bridge*, damals eine der größten Einzelspann-Hängebrücken der Welt, die noch heute wirklich sehenswert ist.

Information/Verbindungen

- *Information*: **Hull Tourist Information Centre**, ausreichend Informationsmaterial, Stadtplan, Busfahrplan, Zimmernachweis, Veranstaltungskalender, Theaterkasse usw. Außerdem Auskünfte über die Fährverbindungen. 1 Paragon Street, ✆ 01482-223559, ℻ 613959.
- *Telefonvorwahl*: 01482
- *Verbindungen*: **Bus** – Busbahnhof am Ferensway gleich neben dem Bahnhof. Von hier aus fahren Fernbusse und Nahverkehrsbusse. Der National Express verbindet in regelmäßigen Abständen mit London/

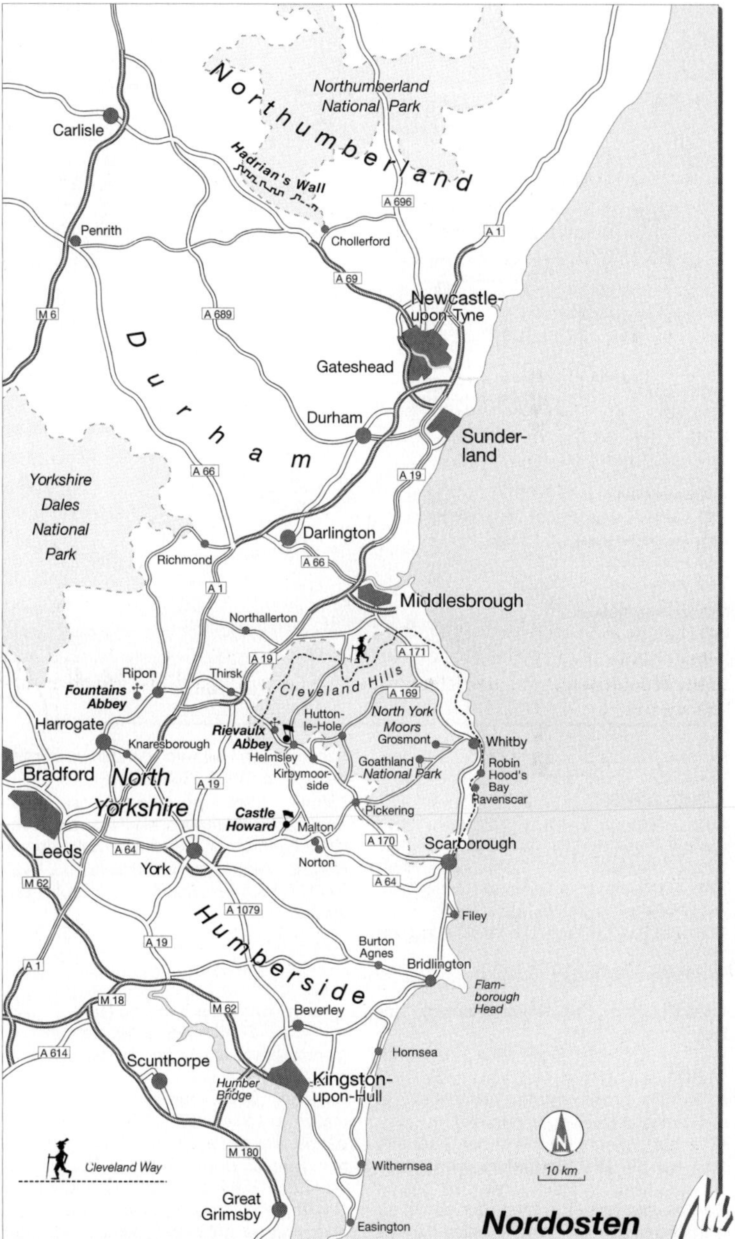

Nordostengland/Yorkshire
Karte S. 487

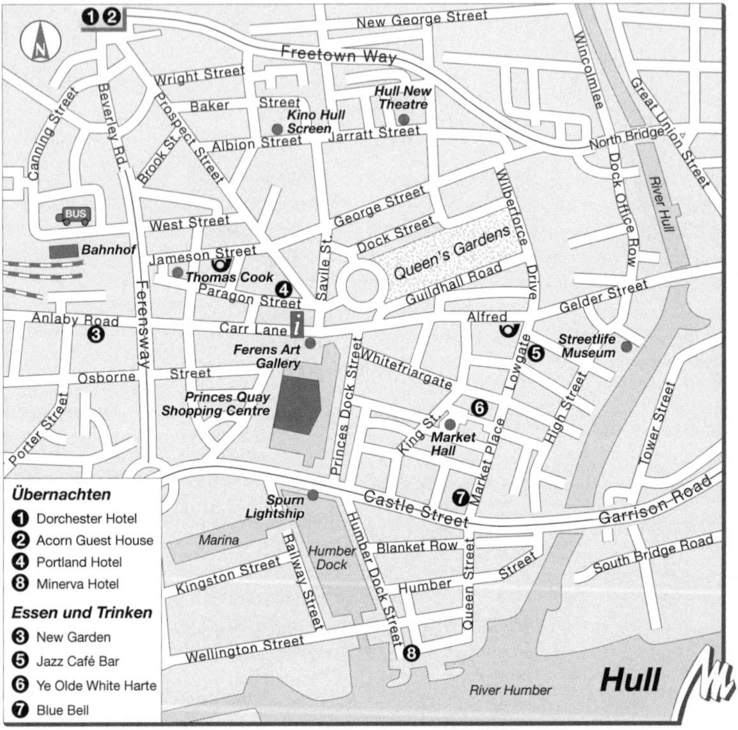

Victoria, York und anderen großen Städten. Auskünfte über den National Express, ✆ 0990-808080.

Zug – Paragon Station, Ferensway; regelmäßige Verbindungen nach London/King's Cross, Newark und Doncaster. Nach Lincoln muss man in Doncaster umsteigen. Regelmäßige Verbindungen auch nach York und Scarborough. Die Verbindung von London nach Hull wird von den Hull Trains bedient, ✆ 01482-606388.

Fähren – Vom King George Dock östlich des Stadtzentrums starten Passagierfähren (P&O Ferries) zum Kontinent (Rotterdam in Holland, Zeebrugge in Belgien), ✆ 01482-377177. Vom Terminal fährt ein Shuttle-Bus ins Zentrum.

Adressen/Stadtrundgänge

• <u>Krankenhaus</u>: **Hull Royal Infirmary**, Anlaby Road, ✆ 328541.

• <u>Polizei</u>: Queen's Dock Ave., ✆ 01482-210031.

• <u>Post</u>: Eine große Postfiliale befindet sich in der Jameson St. (Fußgängerzone).

• <u>Stadtrundgänge</u>: Überall in der Stadt trifft man auf die **Hull Navigators**, freundliche Touristenführer in roten Jacken mit gelben Streifen, die dem Touristen, der den Weg nicht findet, aus der Patsche helfen (Mo–Sa 8–17 Uhr). Zwischen April und Oktober werden Montag bis Samstag (außer Di) verschiedene **Führungen** angeboten; sie beginnen jeweils um 14 Uhr an der Tourist Information. Preis: £ 2.50.

Außerdem erhält man in der Tourist Information verschiedene Faltblätter über Rundgänge, die man auf eigene Faust unternehmen kann, z. B. den **Hull Ale Trail**, im Wesentlichen das, was der Engländer "Pub Crawl" nennt (= Kneipentour; man kann aber nicht nur gut trinken, sondern bekommt auch einige historische Pubs zu sehen).

Übernachten

Um den Bahnhof herum liegen die teuren Hotels. Viele B&Bs gibt es vor allem in der *Spring Bank West* und in der *Beverley Road.*

*** **Portland Hotel (4)**, in der Stadtmitte, ab £ 45 pro Person (preiswerte Wochenendtarife). Paragon Street, ✆ 01482-326462.

* **Dorchester Hotel (1)** , komfortables Hotel, ab £ 25 pro Person. 273/277 Beverly Road, ✆ 01482-343276.

Acorn Guest House (2), gehobenes B&B, ab £ 16 pro Person. 719 Beverly Road, ✆ 01482-853248.

• *Jugendherberge*: **Hull International Hostel**, ab £ 10 pro Person im Vierbettzimmer. Ivy House, Malm Street, Boulevard, ✆ 01482-216409.

Essen

Ye Olde White Harte (6), planen Sie bei einem mittäglichen Stadtbummel zur klassischen Pub-Öffnungszeit einen Besuch in diesem Pub mit ein. In dem uralten Haus aus dem 16. Jh. mit offenem Kamin herrscht viel Atmosphäre. Im ersten Stock wird gutes Essen serviert. 25 Silver Street.

Blue Bell (7), Market Place. Regelmäßig Livemusik (meist Rock/Folk), das Bier ist ausgezeichnet.

Jazz Café Bar (5), modernes Café mit mediterraner Speisekarte und guter Hintergrundmusik. 41 Lowgate.

Minerva Hotel (8), von hier aus hat man einen guten Blick über den Yachthafen, besonders von der Außenterrasse. Nelson Street.

New Garden (3), chinesisch, kantonesisch, auch zum Mitnehmen. 15 Anlaby Road. In derselben Straße gibt es noch weitere recht ansprechende Restaurants.

Operetta, hier gibt es italienische Küche von Pizza bis Pasta. Bond Street.

Theater/Veranstaltungen

Hull New Theatre, vielfältiges Angebot an Musicals, Opern, Ballettveranstaltungen und Konzerten etc. Kingston Square, ✆ 01482-226655.

Hull Arena, auf der Westseite des Humber (in einiger Entfernung zur Stadt) befindet sich eine große Konzerthalle, in der die gängigen großen Bands spielen. English Street.

Carnival of the Sea, Festival im August mit zahlreichen Musikveranstaltungen und anderer Unterhaltung, ✆ 01482-223559.

Sehenswertes

Humber Bridge: Wer mit dem Auto von Südosten kommt, kann direkt über die gigantische Humber Bridge fahren. Zur Zeit der Fertigstellung (1981) war sie die größte Einzelspann-Hängebrücke der Welt. Die Türme sind je 155 Meter hoch, und das tragende Kabel besteht aus fast 15.000 ineinander gedrehten Stahlseilen. Die hier verarbeiteten Seile würden ausgerollt eineinhalbmal die Erde umspannen. Die berühmte Brücke hat sogar eine eigene Touristeninformation (✆ 01482-640852). Man kann auch als Fußgänger über die Brücke wandern. Wer sie sich nur einmal anschauen möchte, tut dies am besten vom angrenzenden Country Park, in dem sich ein Café und auch die Tourist Information befindet.

Hull Maritime Museum: Hier ist alles ausgestellt, was mit der langen Seefahrtstradition der Stadt zu tun hat (Schiffsbau, Fundstücke vom Meeresboden etc.). Untergebracht ist das Ganze in dem beeindruckenden Gebäude der ehemaligen *Town Docks Offices* direkt in der Stadtmitte (westlich des Viktoria Square und nördlich des Princes-Quay-Einkaufszentrums, das ein modernes Flair in die alten Docks bringt).

Öffnungszeiten: Mo–Sa 10–17 Uhr und So 13.30–16.30 Uhr. Eintritt frei.

Nordostengland/Yorkshire
Karte S. 487

Die längste Hängebrücke der Welt

Recht interessant ist die Vorgeschichte dieser längsten Hängebrücke der Welt (1.410 m, die Golden Gate Bridge in San Francisco misst nur 1.280 m). Eine Labour-Abgeordnete auf Stimmenfang versprach den Bau dieser an sich umstrittenen Brücke. Das *Humber Bridge Board* wurde bereits 1959 gegründet. 1972 wurde mit den Arbeiten begonnen, aber erst neun Jahre später konnten die Autos über die Humber-Mündung fahren. Schon im Juli 1978 wurden die Kosten auf 67 Millionen Pfund geschätzt; tatsächlich hat die Brücke dann 91 Millionen Pfund gekostet! Etwa 75 % des erforderlichen Kapitals stellte der Staat dem Humber Bridge Board zur Verfügung. Kritiker des Projekts gehen davon aus, dass es weitaus günstiger und billiger gewesen wäre, eine gut funktionierende Fährverbindung einzurichten.

Ferens Art Gallery: Gleich gegenüber vom Maritime Museum befindet sich diese Kunstausstellung. Zu besichtigen sind Porträts aus dem 18. und 19. Jh. (von Malern wie Constable und Canaletto) sowie moderne Kunst.

Öffnungszeiten: Mo–Sa 10–17 Uhr und So 13.30–16.30 Uhr. Eintritt: £ 1.

Spurn Lightship: Im Jachthafen liegt dieses alte Schiff, das früher mit seinen leuchtturmartigen Scheinwerfern den Schiffen von *Spurn Head* (s. u.) aus den Weg in den Hafen wies.

Öffnungszeiten: erfragen unter ✆ 01482-613902. Eintritt: £ 1.

Holy Trinity Church: Vom Jachthafen in Richtung Osten gelangt man in die Altstadt. Die Holy Trinity Church ist eine der größten Gemeindekirchen Englands (wenn man das Gelände, auf dem sie steht, hinzurechnet). Sie wurde bereits 1285 gegründet und hat noch Mauerwerk sowie Glasmalereien aus dem Mittelalter vorzuweisen.

Öffnungszeiten: erfragen unter ✆ 01482-446757 bzw. 323120.

Wilberforce House: Ziemlich weit im Nordosten der Altstadt (am Fluss Hull) steht in der High Street das Wohnhaus von William Wilberforce, einem ehemaligen Parlamentsabgeordneten. Er war zu Beginn des 19. Jahrhunderts der bedeutendste Verfechter der Abschaffung der Sklaverei in England. England handelte damals mit Sklaven, die als billige Arbeitskräfte in der Neuen Welt benötigt wurden. Über dieses traurige Kapitel der Geschichte gibt es hier viel zu sehen. Außerdem kann man sich schöne Silber-, Kleider- und Möbel-Kollektionen anschauen.

Öffnungszeiten: Mo–Sa 10–17 Uhr und So 13.30–16.30 Uhr. Eintritt frei.

Hull and East Riding Museum: Ebenfalls in der High Street befindet sich im alten Corn Exchange der Stadt dieses Museum über die Geologie und Naturgeschichte des östlichen Yorkshire mit vielen Ausgrabungsstücken.

Öffnungszeiten: Mo–Sa 10–17 Uhr und So 13.30–16.30 Uhr. Eintritt frei.

Street Life, Hull's Museum of Transport: Als dritter Anlaufpunkt in der High Street bietet sich dieses Museum an, das zweihundert Jahre Geschichte der Fortbewegungsmittel in Hull dokumentiert.

Öffnungszeiten: Wegen Umbaus voraussichtlich bis 2002 geschlossen, ✆ 01482-613902.

Wo früher eine Fähre die beiden Ufer verband, überspannt heute die längste Hängebrücke der Welt den Humber

Umgebung von Hull

Spurn Head: Für Freunde von rauer See und Dünen! Die schmale Halbinsel reicht vier Kilometer hinaus in die Humbermündung und ist manchmal kaum breiter als die darüber führende Straße, die vor Jahren im Winter teilweise weggespült wurde. Spurn Head gilt als wichtiges Vogelschutzgebiet. Autofahrer müssen eine geringe Gebühr bezahlen, wenn sie hineinfahren wollen. Schöner ist jedoch ein Spaziergang die raue Nordseite bis zur Spitze hinauf, um den Leuchtturm herum und auf der windgeschützten Humberseite wieder zurück. Keine direkten Verbindungen, Busse fahren nur bis Easington.

Öffnungszeiten: **Visitor Centre Spurn National Nature Reserve**, ganzjährig am Wochenende, in der Hauptreisezeit tägl. außer Fr. Gebühr für Autos £ 2.50.

Beverley: Ebenfalls interessant ist ein Aufenthalt in der mittelalterlichen Marktstadt Beverley mit ihrem *Münster* aus dem 13. Jahrhundert, dem Nachfolgebau eines Klosters aus dem 8. Jahrhundert, und der Kirche St. Mary. Das historische Stadtzentrum ist noch gut erhalten, so dass sich ein Rundgang durchaus lohnt. Samstags ist hier Markttag.

- *Information*: **Tourist Information**, 34 Butcher Row, ✆ 01482-867430.
- *Verbindungen*: **Bus** – Busbahnhof am Sow Hill, NatEx verbindet einmal täglich mit York und Carlisle. Die Nahverkehrsbusse fahren regelmäßig nach Hull. ✆ 01482-327146.

Zug – Bahnhof am Station Square; regelmäßige Verbindungen nach Hull und Scarborough.

- *Jugendherberge*: **Beverley Friary**, geöffnet Mitte März bis Ende Oktober. Schöne Herberge in einem mittelalterlichen Dominikanerkloster; ab £ 8.10 pro Person. Friar's Lane, ✆ 01482-881751.

Nordostengland/Yorkshire
Karte S. 487

Hornsea: Ein ehemaliges Schmugglernest an der Nordsee, dessen Einwohner bis heute das Töpferhandwerk pflegen. In den vergangenen Jahren ist die *Hornsea Pottery* zwar stark für Besucher aufgepeppt worden – Teegarten, Minigolfanlage, Minizoo usw. –, aber die Preise für die überall in England erhältliche Hornsea-Keramik sind hier dennoch so niedrig geblieben wie nirgendwo sonst. Im Verkaufsraum findet man auch Ware zweiter und dritter Wahl, die meist kaum sichtbare Fehler aufweist und bedeutend billiger ist. Man kann auch bei der Herstellung zuschauen.

Tourist Information: 120 Newbigin, ✆ 01964-536404.

Bridlington

Bridlington ist ein Seebad an der Nordseeküste mit einem historischen Hafen, der über 900 Jahre alt ist. Hier gibt es die typisch englischen Amüsements und eine lange Uferpromenade. Für die Sonnentage des Jahres stehen zum Baden zwei schöne Sandstrände zu Verfügung, zwischen denen der alte Fischerhafen liegt. Auf der Kaimauer sitzen die Angler und lassen sich den Wind um die Ohren pfeifen, während die Fischer im Schutz der Bucht ihre Netze flicken. Aus den Restaurants an der Hafenstraße kann man das Treiben gut beobachten.

- *Information*: **Tourist Information**, 25 Prince Street, ✆ 01262-673474, 📠 401797.
- *Verbindungen*: **Busse** fahren ab Princess Street. Nahverkehrsbusse nach Hull und Scarborough. Der National Express verbindet einmal täglich mit York, Leeds, Manchester und Liverpool. **Zug** – Hauptbahnhof an der Station Approach. Stündlich Bahnverbindungen nach Hull und Scarborough.
- *Übernachten/Essen*: **The Bay Court Hotel**, hübsches Hotel gegenüber vom North Beach; B&B ab £ 20 pro Person. 35a Sands Lane, ✆ 01262-676288.
- *Camping*: **Lime Kiln**, von März bis Ende Oktober geöffnet, ruhig gelegener Caravan-Park. ✆ 01262-673733.

Sehenswertes in der Umgebung von Bridlington

Flamborough Head: Machen Sie mal einen Spaziergang etwa sechs Kilometer an der steilen Kalksteinküste entlang zum Flamborough Head. Am Ende befindet sich ein Leuchtturm inmitten der rauen Hügellandschaft. Außer dem Leuchtturmwärter trifft man hier nur noch einige Camper, die jedem Wind und Wetter trotzen. Gleich neben dem Campingplatz liegt ein Golfplatz. Hier kann man die Geschicklichkeit einiger Engländer bewundern, die trotz stürmischen Wetters den Ball zielsicher von Loch zu Loch schlagen.
Am South Landing, Flamborough, steht ein altes Herrenhaus, von dem man einen guten Blick über die Landschaft hat. Außerdem gibt's hier ein Restaurant, dessen besondere Spezialität Forelle mit Zitrone und Meerrettich ist. Die Halbinsel ist Vogelschutzgebiet und besitzt die einzige Brutkolonie Weißer Seeraben.

Burton Agnes Hall: Etwa zehn Kilometer südwestlich von Bridlington liegt der kleine Ort Burton Agnes (an der A 166). Sehenswert ist das überwältigende elisabethanische Herrenhaus aus dem 16. Jahrhundert. Besonders schön sind die alten Wandteppiche, Möbel, das Porzellan und die Schnitzarbeiten. Um das Haus rankt sich die folgende Legende: Ann, die jüngste Tochter des Erbauers von Burton Agnes Hall, wurde einst von einem Straßenräuber in der Nähe von Harpham überfallen. Als sie erkannte, dass sie dem Tod nahe war, bat sie darum, dass ihr Kopf in dem Haus bleiben solle, das sie so liebte. Dies wurde ihr versprochen, aber nach ihrem Tod nicht eingelöst. Deshalb spukte ihr Haupt in Burton Agnes Hall so grausig, dass man sich schließlich entschloss, ihren Sarg wieder auszugraben. Weder der Rumpf noch die Gliedmaßen Anns waren zerfallen, nur der Kopf, vom restlichen Körper losgelöst, war schon zum Totenschädel geworden. Alle Versuche, Anns letzten Willen doch noch zu erfüllen und den Schädel im Haus beizusetzen, scheiterten an schauerlichen Begebenheiten.

Öffnungszeiten: April–Okt. tgl. 11–17 Uhr. Eintritt: £ 5. Anfahrt mit Bussen von Bridlington.

North York Moors (Nationalpark)

Die North York Moors, neben den Dales der zweite Nationalpark in Yorkshire, bestehen zum Großteil aus Heideland und Wäldern. Begrenzt werden sie im Osten von der Nordseesteilküste, im Norden und Westen von schroff abfallenden Brüchen. Im Süden laufen die Höhenzüge aus und gehen ab Helmsley und Pickering ins Flachland über.

Bei Besuchern vom Kontinent ist diese Gegend eigentlich recht unbekannt, dabei ist sie schon seit dem Neolithikum (wenn auch spärlich) bewohnt. Das Hochmoor, stellenweise bis zu 450 Meter über dem Meeresspiegel gelegen, wird immer wieder von Tälern durchschnitten. Je nach Jahreszeit wechseln die Farben der Landschaft. Im Frühjahr kurz nach der Schneeschmelze ist alles intensiv grün, im Herbst goldbraun. In höheren Lagen kommen dazu im Juli und August noch die Farben des Heidekrauts.

Ein ganz anderes Bild bietet dagegen die Küste mit ihren pittoresken Fischerorten. Besondere Juwele sind *Whitby* und *Robin Hood's Bay*. Entlang der Küste verläuft der *Cleveland Way*, der dem Wanderer einige atemberaubende Ausblicke bietet. Als Ausgangspunkt für Wanderungen eignen sich die Orte der Ostküste oder aber die kleinen Marktflecken wie *Pickering, Helmsley* oder *Thirsk*. Wenige Kilometer nordwestlich von Helmsley liegt die Ruine der größten Zisterzienserabtei dieser Gegend: *Rievaulx Abbey*. Von Whitby zieht sich das *Esk Valley* in westliche Richtung bis nach Danby. Dieses Tal ist eines der schönsten Gegenden im Moor. Wer es mit dem Auto durchfahren will, muss steile Berge hinauf und oft einen großen Umweg in Kauf nehmen, um von einem Ort zum anderen zu gelangen. Bequemer hat man es da schon mit der Eisenbahn, die zielstrebig ihren Weg durch das Tal sucht.

Reisende, die wenig Zeit haben, sollten von Whitby wenigstens die A 169 hinunter nach *Pickering* fahren – einen kleinen Eindruck bekommt man so zumindest doch. Zuerst fährt man aus dem *Eskdale* hinauf zur Hochebene, die fast menschenleer und nur mit niedriger Heide bewachsen ist. Später geht es wieder hinab bis nach Pickering.

Nordostengland/Yorkshire
Karte S. 487

Information

- *Danby*: **The Moors Centre**, das größte Informationszentrum im Park. Lodge Lane, Danby, ✆ 01287-660654 oder 660540.
- *Helmsley*: **Town Hall**, Market Place, ✆ 01439-770173.

- *Hutton-le-Hole*: **Ryedale Folk Museum**, ✆ 01751-417367.
- *Pickering*: **Yorkshire Coast and Country**, ✆ 01751-473791, ✆ 473487.
- *Whitby*: **Tourist Information Centre**, Langborn Road, ✆ 01947-602674, ✆ 606137.
- *Scarborough*: **Tourist Information Centre**, Unit 3, Pavilion House, Valley Bridge Road, ✆ 01723-373333, ✆ 363785.
- *Thirsk*: **National Park Centre**, 14 Kirkgate, Thirsk, ✆ 01845-522755.

Verbindungen

In jedem Informationsbüro ist ein kostenloses Flugblatt mit den Fahrtzeiten von Bus und Bahn erhältlich. In der Zeitung *Moors Visitor* sind die wichtigsten Verbindungen aufgeführt. Besonders sehenswert ist die von *der North York Yorkshire Moors Railway* befahrene Strecke zwischen Pickering und Grosmont.

- *Bus*: Busverbindungen gibt es von Scarborough über Whitby und Helmsley bis nach Middlesbrough im Norden. Eine weitere Anfahrtsmöglichkeit besteht von York mit dem **Yorkshire Coastliner** (✆ 01653-692556), der auch nach Castle Howard fährt. Im Sommer wird auch der sogenannte **Moorsbus** von York oder Leeds eingesetzt. Dieser fährt Sehenswürdigkeiten und wichtige Punkte wie etwa das Moors Centre in Danby an.
- *Zug*: Durch den nördlichen Teil des Parks führt die **Esk Valley Line** von Whitby nach Middlesbrough. Etwa alle zwei Stunden fahren hier Züge und halten z. B. in Danby, Grosmont und Kildale. Die andere Stichbahn bringt einen von York über Malton nach Scarborough. Eine besonders schöne Art zu reisen erlebt man in einer alten Dampflok der **North Yorkshire Moors Railway**, die durch hübsche Täler von Grosmont über Goathland, Newtondale und Levisham bis nach Pickering fährt. Die Tarife sind zwar vergleichsweise hoch, doch entschädigt die Szenerie dafür. ✆ 01751-472508, Fahrplanauskunft unter ✆ 01751-473535.

Sport

- *Reiten*: Die North York Moors sind ein Reiterparadies, für Anfänger wie für Profis. Adressen von Unternehmen, die Pferde verleihen oder Ausritte organisieren, sind in der Zeitung *Moors Visitor* verzeichnet. Hier zwei Beispiele:

Mistling Croft Riding & Trekking Centre, Ivy Cottage, Lockton, Pickering, ✆ 01751-460325.

Pony Trekking Centre, Johnstone Arms, Boltby, Thirsk, ✆ 01845-537392.

- *Fahrräder*: Ein beliebter Sport in den North York Moors ist das Fahrradfahren. Mit dem Mountainbike geht es auf die Berge, an den Straßen entlang und durch den Wald. Hat man kein Fahrrad dabei, kann man sich ohne Probleme eines mieten. Im *Moors Visitor* sind mehrere Verleiher aufgelistet, z. B.:

Visitor Centre Dalby, schlägt auf Anfrage eine Route durch den Park vor, ✆ 01751-460295.

Footloose in North Yorkshire, in Borogate, Helmsley, ✆ 01439-770886.

Mountain Bike Hire, hier organisiert man auch Touren und stellt einen erfahrenen Führer. Gales House, Gillamoor, ✆ 01751-431258.

- *Segelflug*: Seit 1931 betreibt man in dieser Gegend Segelflug. In der hügeligen Umgebung sorgen kräftige Westwinde für ordentliche Thermik. Wer gerne mal eine Runde drehen will, meldet sich am besten bei folgenden Adressen:

Yorkshire Gliding Club, Sutton Bank, Thirsk, ✆ 01845-597237.

Newcastle & Teeside Gliding Club, Carlton Bank, Carlton Village, Stokesley, ✆ 01642-778234.

- *Wandern*: Die schönste Art und Weise, das Moor kennen zu lernen, ist das Wandern. Allerdings ist es ratsam, zuvor einige Vorbereitungen zu treffen. Extrem wichtig sind eine **Wanderkarte** (z. B. die Outdoor-Leisure-Karten Nr. 26 und 27 für je £ 7, Maßstab 1:25.000) und ein **Kompass**. Vor einer längeren Tour sollte man die Informationszentren des National Park aufsuchen und sich beraten lassen. Dort gibt es auch die kostenlose Broschüre *Moorland Safety* mit einigen Sicherheitstipps. Die **Wettervorhersage** bekommen Sie kostenlos im Tourist Office. Im *Moors Visitor* werden einige Wanderrouten vorgeschlagen.

Die Küstenregion

Scarborough

Scarborough ist seit langem der populärste Badeort im Norden Englands. An der North Bay konzentrieren sich die modernen Hotels, an der South Bay mit dem alten Hafen die Restaurants und Vergnügungseinrichtungen. Dazwischen steht auf einem ins Meer hinausragenden Felsen die Ruine der mittelalterlichen Burg.

Die Stadt wirkt etwas eleganter als die meisten anderen englischen Badeorte, vor allem weil noch ein wenig von der Atmosphäre des einstigen Kurortes zu spüren ist. Oben auf den Klippen der North und der South Bay kann man an schönen Wegen entlangspazieren und einen wunderbaren Ausblick genießen. Lohneswert ist auch ein Stadtrundgang mit einem Cafébesuch in der Altstadt, ein Einkaufsbummel oder ein Spaziergang durch die eleganten Parkanlagen.

Bereits seit dem 17. Jahrhundert bis ins viktorianische Zeitalter hinein war Scarborough ein Heilbad. Wer es sich leisten konnte, wohnte damals im "Royal" oder im "Grand", den eleganten Hotels an der South Bay. In den 1950er Jahren wurde die englische Nordseeküste zum Erholungsgebiet für die arbeitende Bevölkerung aus den Ballungsräumen. Nachdem die letzten Jahrzehnte eine Besucherflaute erlebten, hat man die alten Badeorte in jüngster Zeit wiederentdeckt.

Information/Verbindungen

- *Information*: **Tourist Information**, Unit 3, Pavilion House, Valley Bridge Road (in der Nähe des Bahnhofs), ✆ 01723-373333, 📠 363785.
- *Telefonvorwahl*: 0173
- *Verbindungen*: **Zug** – Bahnhof an der Westborough Road. Züge fahren in Richtung Bridlington/Hull und nach Malton/York, jeweils etwa stündlich.

Bus – Die Stadtbusse fahren vor dem Bahnhof ab, der National Express hinter dem Bahnhof (u. a. in Richtung York, Whitby und Hull).

Adressen

- *Fahrräder*: **Munro Mountain Bike Hire**, Cloughton (6 km von Scarborough an der A 171 nach Whitby), ✆ 0173-373494. Um £ 8 pro Tag.
- *Kino*: **Futurist Theatre**, Foreshore Road (am Südstrand).
- *Markt*: Täglich am Market Place; sonntags wird in Lebberston (etwa 3 km südlich von Scarborough) ein Kleider- und Schmuckmarkt abgehalten.
- *Polizei*: Northway, ✆ 01723-500300.
- *Post*: Aberdeen Walk.
- *Theater*: **Stephen Joseph Theatre**, in der Nähe des Bahnhofs und der Tourist Information. Das Gebäude, in dem dieses Kulturzentrum eingerichtet ist, stammt aus der Jugendstil-Epoche. Alle Stücke des Schriftstellers Alan Ayckborn, der aus Scarborough stammt, werden hier uraufgeführt. Außerdem Filme, Konzerte und weitere Theateraufführungen von Stücken anderer Autoren. Valley Bridge Road, ✆ 01723-370541.
- *Waschen*: **Jacksons**, 48 North Marine Road; **Viking Launderette**, 97 Falsgrave Rd.; **Launderette**, 38 Newlands Park Drive.

Übernachten (siehe Karte Seite 497)

In Scarborough gibt es Hotels und B&Bs aller Preislagen und Kategorien. In der Tourist Information ist eine Liste der Übernachtungsmöglichkeiten kostenlos erhältlich.

Crown Leisure Hotel (7), im alten Kurviertel an der South Bay gelegenes Drei-Sterne-Hotel aus viktorianischen Zeiten mit wunderbarem Ausblick und allen Extras wie Schwimmbad und Sauna. B&B ab £ 23 pro Person, Halbpension ab £ 33.

Parade Hotel (8), komfortables Hotel aus viktorianischen Zeiten mit Blick auf die South Bay; ab B&B £ 25. 29 Esplanade, ✆ 01723-361285.

Howdale Hotel (2), an der North Bay gelegen, mit schönem Ausblick auf die Burg und in Fußnähe zur Innenstadt. 121 Queens Parade. B&B ab £ 20 pro Person, ✆ 01723-372696.

• *Jugendherberge*: **The White House (1)**, Herberge in einer umgebauten alten Mühle (in Fußnähe zur Stadt); pro Nacht £ 9, Jugendl. £ 6.20. Burniston Road, Scalby Mills, ✆ 01723-361176. Anfahrt: auf der A 165 in Richtung Norden bis zum weißen Gebäude am Flussufer (in der Nähe der Brücke).

• *Camping*: **Cayton Village Caravan Park**, in Fußnähe zum Strand, Zelt und zwei Personen ab £ 8. Ostern–Sept. geöffnet. Liegt 6 km südlich von Scarborough (über die A 165). Mill Lane, Cayton Bay, ✆ 01723-583171.

Scalby Close Camping, in der Nähe der North Bay, mit kleinem Restaurant. Zeltplätze ab £ 10. Burniston Road, ✆ 01723-365908.

Flower of May, wem der Sinn mehr nach Action steht, findet auf diesem Platz auf der Straße zwischen Scarborough und Filey alles – vom Schwimmbad bis zur Disco. Zelte ab £ 9. Dept. D, Lebberstone, ✆ 01723-584311.

Essen

Wer sich nicht jeden Abend am Hafen mit Fish 'n' Chips begnügen will, sollte einmal in eines der großen Hotels zum Dinner gehen.

Royal Hotel (5), historisches Hotel in der Stadtmitte mit gutem Restaurant. St. Nicholas Street, ✆ 01723-364333.

Southlands Hotel (9), das moderne Restaurant "Windsor" in diesem Hotel bietet internationale Küche. West Street, South Cliff, ✆ 01723-361461.

Bonnets (4), gemütliches Café in der Einkaufsstraße. Angeboten werden Kaffee, Tee und Kuchen. Huntriss Row.

Lanterna (3), schickes, gut etabliertes Restaurant mit italienisch beeinflusster Küche. Zu empfehlen sind auch die Fischspeisen zu mittleren bis hohen Preisen. 33 Queens Street, ✆ 01723-363616.

Le Café Jardin (6), Café auf drei Etagen. Die Gerichte werden in großen Portionen zu vernünftigen Preisen serviert. Wer möchte, kann auch nur einen Kaffee trinken. 25 Huntriss Row.

Sehenswertes

Scarborough Castle: Der ursprünglich aus dem 12. Jahrhundert stammende Burgfried wurde im Bürgerkrieg und im Ersten Weltkrieg stark beschädigt. Vom Gemäuer hat man eine herrliche Aussicht über die Landschaft. Schon die Römer nutzten diesen von überall einsehbaren Platz für einen Signalturm; außerdem hat man bei Ausgrabungen Fundstücke aus der Zeit der Normannen und der Wikinger ans Tageslicht befördert.

Öffnungszeiten: April–Okt. tgl. 10–18 Uhr, Nov.–März Mi–So 10–13 und 14–16 Uhr. Eintritt: £ 2.

St Mary's Church/Anne Brontës Grab: Gleich unterhalb der Burg (auf der Castle Road) befindet sich die Kirche St Mary's mit dem Grab von Anne Brontë, der einzigen der berühmten Schwestern, die nicht in Haworth beerdigt ist. Kurz vor ihrem Tod reiste sie mit ihrer Schwester Charlotte und ihrer Freundin Ellen Nussey nach Scarborough. Zu dieser Zeit war Anne bereits todkrank. Ihr letzter Wunsch war ein Besuch am Meer; sie verstarb am 28. Mai 1849 an Schwindsucht.

Old Harbour: Wenn man vom Castle in Richtung Altstadt hinunterwandert, gelangt man zum alten Hafen. Hier legen die Fischkutter an. Kabeljau, Schellfisch, Weißfisch, Krabben und Hummer werden am *Fish Pier* entladen und später versteigert. Im *East Harbour* dagegen liegen die Vergnügungsboote und Yachten.

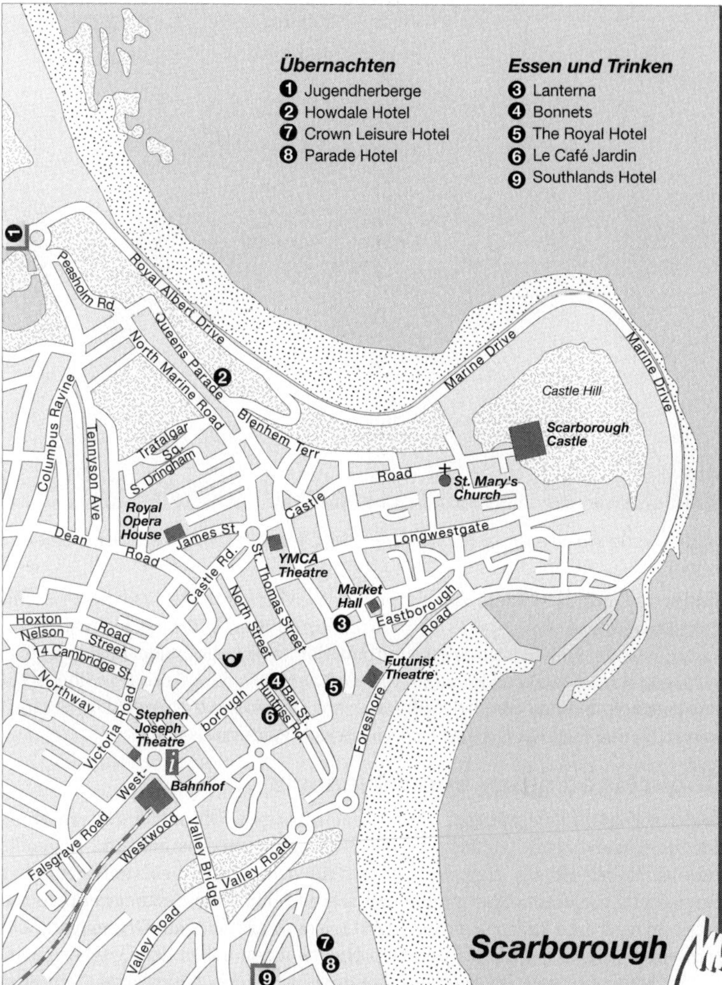

North Bay: Die modernere North Bay bietet zahlreiche Amüsements, z. B. das "Kinderland" mit großen Wasserrutschen und das *Sea Life Center*.

South Bay: An der South Bay kann man noch ein paar großartige Kurhotels aus vergangenen Zeiten bestaunen, z. B. das Grand Hotel aus dem Jahr 1867, das von *Cuthbert Broderick* gebaut wurde. Wenn man an den ehemaligen Kuranlagen vorbeigeht, führt ein Spazierweg mit wunderbarer Aussicht über die südliche Klippe.

Wandern auf dem Cleveland Way

Ab Scarborough in Richtung Norden führt ein Teilstück des Cleveland Way hinauf nach *Whitby*. Die phantastische Küstenlandschaft, z. T. felsig und dann

Nordostengland/Yorkshire
Karte S. 487

Robin Hood's Bay – einst soll sich hier der Dieb der Diebe versteckt haben

wieder mit Sandstränden, zieht sich von Scarborough bis nach *Staithes*. Mit *Ravenscar* und *Robin Hood's Bay* (s. u.) liegen zwei hübsche ehemalige Fischerdörfchen und Schmugglerhäfen auf dem Weg, die beide noch viel Ursprünglichkeit bewahren konnten. Sie sind auch mit dem Auto über die A 171 zu erreichen. Lassen Sie das Auto aber am Ortseingang stehen. Die Straßen sind zu schmal und die Orte zu Fuß viel besser zu erkunden.

Robin Hood's Bay und Ravenscar

Der Ort liegt in einem engen Tal zwischen felsigen Klippen direkt am Meer. Die abgelegene Lage begünstigte die Schmuggler, und es geht die Legende, dass in Robin Hood's Bay die kleinen Häuschen durch ein unterirdisches Tunnelsystem miteinander verbunden waren, damit die Schmuggelware unentdeckt weiterbefördert werden konnte. Vom Parkplatz am Ortseingang hat man einen schönen Blick auf den Ort. Hier wohnen neben den Fischern auch einige Künstler, und im Sommer kommen noch die zahlreichen Touristen hinzu. Dennoch ist Robin Hood's Bay ein schönes, intaktes Dorf mit engen gepflasterten Gassen und hell getünchten Häusern. Wer den Trubel der Städte satt hat und sich lieber in die kleinen Orte zurückziehen möchte (ohne Musik-Pub und vielfältiges Restaurantangebot), der kann das hier tun. Zu seinem Namen kam das Dorf, weil sich der Dieb der Diebe hier versteckt haben soll.

Südlich von Robin Hood's Bay liegt die kleine Ansiedlung **Ravenscar** (ebenfalls ein ehemaliges Fischerdorf und Schmugglernest) mit einem reizvollen Ausblick auf das Meer. Ein kleiner Pfad führt hinunter zum Strand.

• *Übernachten*: **Flask Inn**, zum Gasthaus umgebaute Kutschenstation in der Nähe von Robin Hood's Bay; B&B ab £ 25. Fylingdales, ✆ 01947-880305.

Smuggler's Rock Contry House, umgebautes georgianisches Landhaus mit Blick auf Nationalpark und Meer, auch Ferienwohnungen erhältlich; B&B ab £ 33. Smuggler's Rock, Ravenscar, ✆ 01723-870044.

Whitby

Der kleine Badeort Whitby liegt an der Mündung des Esk River. Auf der Ostseite des Flusses steht auf einem Hügel die Ruine der Whitby Abbey, die auf das 7. Jahrhundert zurückgeht. Der Kirchenfriedhof St. Mary inspirierte Bram Stoker zu Teilen seines Romans "Dracula". Der berühmte Seefahrer und Entdecker James Cook stammt von hier.

Das Klima an der Steilküste bei Whitby ist rau, aber die gut erhaltene Altstadt im Osten ist recht hübsch und wird bei vielen Film- und Fernsehproduktionen als Kulisse genutzt. 199 Stufen führen ziemlich steil von der Stadt hinauf zur Kirche St Mary und der oberhalb davon gelegenen Abteiruine. Im Stadtteil *West Cliff*, der auf der anderen Seite des Flusses liegt, stammt der Großteil der Gebäude aus dem 18. und 19. Jahrhundert, der Blütezeit der Stadt. Hier steht auch das Denkmal zu Ehren von James Cook, das den Badestrand der Stadt, *Whitby Sands*, überblickt.

Gegründet wurde die Abtei von Whitby von der heiligen Hilda im Jahr 657. 664 fand die berühmte *Synode von Whitby* statt, die dem christlichen Glauben den Weg nach Nordengland ebnete. 867 wurde die Stadt von den Dänen zerstört. Erst um 1078 entstand ein Benediktinerkloster anstelle der zerstörten Abtei.

Im 18. Jahrhundert diente besonders der Walfang als Einnahmequelle. James Cook ging hier zur Marineschule und brach im Jahr 1768 zur ersten Entdeckungsreise in den Pazifik auf. Er kartographierte auf dieser Reise u. a. Tahiti und erkundete die Ostküste Australiens. Später umsegelte er große Teile des Erdballs und machte dabei zahlreiche Entdeckungen. Im Jahr 1779 wurde er von Eingeborenen auf den Sandwichinseln erschlagen. Ein sehenswertes Museum (s. u.) gibt Einblick in sein abenteuerliches Leben. Im 19. Jahrhundert wurde Whitby zu einem beliebten Badeort, was die Stadt bis heute geblieben ist.

Bram Stokers Dracula

Der irische Autor Bram Stoker wurde bei einem Besuch auf dem Friedhof St Mary in Whitby im Jahr 1890 zu Teilen seines 1897 veröffentlichten Romans "Dracula" inspiriert. In drei Kapiteln des Buches werden Einzelheiten der Stadt so genau beschrieben, dass Besucher das Buch noch heute als Reiseführer benutzen könnten.

Dracula erreicht auf einem Schiff aus Transsylvanien in einer stürmischen Nacht die Ufer Whitbys. Das Schiff strandet, und der Graf hetzt die 199 Stufen hinauf zum Friedhof der St Mary Church, wo er sich über die Jungfrau Lucy hermacht. Vergeblich versucht Freundin Mina, sie zu retten; der Graf sucht sich anschließend in einem der Gräber eine sichere Bleibe. Im Touristenbüro kann man sich über einen Rundgang auf Draculas Spuren *(Dracula Trail)* informieren.

Karte S. 487

Information/Verbindungen/Adressen

• *Information*: Die **Tourist Information** hat eine Zimmervermittlung und gibt Straßenkarten sowie Prospektmaterial heraus. Außerdem erhält man hier nähere Informationen über (thematische) Stadtführungen, z. B. den *Dracula Trail*. Langborne Road, ✆ 01947-602674 ✆ 606137.

• *Telefonvorwahl*: 01947

• *Verbindungen*: **Bus** – Es gibt recht regelmäßige Verbindungen nach Scarborough und Middlesbrough sowie nach York und Pickering. Alle Busse halten am Station Square vor dem Bahnhof (dort befindet sich auch die Tourist Information).

Zug – Die Stadt ist Endstation der Stichbahn von Middlesbrough. Dorthin fahren täglich vier Züge.

• *Fahrräder*: **Cycle Hire Trailways**, Old Railway Station, Hawkser (knapp 6 km südlich an der A 171), ✆ 01947-820207. Mountainbikes für £ 12 pro Tag (plus Kaution).

• *Reiten*: **Wellfield Trekking Centre**, Staintondale Road, Ravenscar (an der B 1447 Richtung Scarborough), ✆ 01723-870182. £ 30 pro Tag, Lunch inklusive.

• *Waschen*: an der Kreuzung Church Street und Bridge Street.

Übernachten/Essen

Die Gegend zwischen *Crescent Avenue* und *Silver Street* ist übersät mit B&Bs. Dennoch ist es in der Hauptsaison sehr schwierig, eine Unterkunft zu finden.

*** **Bagdale Hall Hotel**, in einem historischen Stadthaus aus der Tudorzeit untergebrachtes Hotel mit antik eingerichteten Zimmern; B&B ab 59 pro Person. ✆ 01947-602958.

Seacliffe Hotel, komfortables Hotel direkt an der Strandpromenade. Im Haus befindet sich auch ein renommiertes Restaurant mit Fischspezialitäten. B&B ab £ 32 pro Person. 12 North Parade, West Cliff, ✆ 01947-603139.

Weardale Guest House, die großen, hellen Doppelzimmer werden in der Vor- und Nachsaison manchmal auch als Einzelzimmer vermietet. Reichhaltiges Frühstück, B&B ab £ 21. 12 Normanby Terrace, ✆ 01947-820389.

Seaview Guest House, schöne, freundliche Familienpension mit gutem Blick auf die See und die Abtei; B&B ab £ 18 pro Person. 5 East Crescent, ✆ 01947-604462.

Bramblewick, im Stadtteil West Cliff in einem viktorianischen Haus untergebrachte Pension mit reichlichem Frühstücksbuffet; B&B ab £ 20 pro Person. 3 Havelock Place, ✆ 01947-604504.

• *Jugendherbergen*: Das **Youth Hostel** befindet sich gleich unterhalb der Abbey und gegenüber dem Friedhof der St Mary Church. Schöne Aussicht aufs Meer, allerdings müssen Fußgänger die 199 Stufen erklimmen. Anfahrt mit dem Auto vom Zentrum über die Bridge Street auf die Church Street, dann auf die Chruch Lane. März–Nov. geöffnet; B&B Erw. £ 9.80, Jugendl. £ 6.75. Church Lane, ✆ 01947-602878.

• *Camping*: ***** **Sandfield House Farm Caravan Park**, ruhig gelegener Platz in Strandnähe und nur wenige Kilometer vom Stadtzentrum; Wohnwagen ab £ 9 pro Nacht. Sandsend Road, ✆ 01947-602660.

• *Essen*: Die meisten Pubs und Cafés finden sich im Stadtteil West Cliff. Sehr gutes Essen bietet das Seacliffe Hotel (s. o.).

Sehenswertes

St Mary: Um zu dieser Kirche zu gelangen, muss man die 199 Stufen hinaufsteigen, die schon vom legendären Grafen Dracula erklommen wurden. Über die ursprünglich aus Holz bestehenden Stufen trugen die Sargträger einst die Verstorbenen zur Beerdigung auf dem Friedhof hinauf. Die Kirche selbst geht auf das Jahr 1110 zurück, hat aber auch Bauelemente aus dem 18. Jahrhundert. Im Inneren sieht man neben einer dreistöckigen Kanzel noch die sog. *Box Pews* aus dem 18. Jahrhundert (Kirchenbänke wohlhabender Familien).

Whitby Abbey: Obwohl die Abtei bereits auf das 7. Jahrhundert zurückgeht und hier im 12. Jahrhundert ein Benediktinerkloster errichtet wurde, stammt der Großteil der heutigen Ruinen aus dem 13. und 16. Jahrhundert.

Captain Cook Memorial Museum: Das Museum in der Grape Lane, wo Cook seine Lehrzeit verbrachte, erinnert an den großen Entdecker.
Öffnungszeiten: März Sa/So 11–15 Uhr, April–Okt. tgl. 10–17 Uhr. Eintritt: £ 3.

Das Inland

Pickering und der Südosten

Im Jahre 270 v. u. Z. gründete König *Peredurus* hier eine Siedlung. Der Legende nach verlor er im nahen Fluss Costa einen wertvollen Ring und bezichtigte eine Jungfrau aus dem Ort des Diebstahls. Als jedoch der königliche Koch einen Hecht (pike) zubereitete, fand er den Ring im Magen des Fisches. Zum Zeichen der Reue heiratete der König die Jungfrau und nannte den Ort von nun an "Pike-ring". In der Umgebung von Pickering liegen die wenigen noch bewaldeten Gebiete des Moores. Ausgebaute Wanderwege führen zu den schönsten Ecken, die Touren sind größtenteils in einem halben Tag zu schaffen. Im hiesigen *National Park Information Centre* gibt es verschiedene Wegbeschreibungen.

- Information: **Yorkshire Coast and Country**, Eastgate Car Park, ✆ 01751-473791, ✆ 473487.
- Telefonvorwahl: 01751
- Übernachten: **Fox & Hounds Country Hotel**, hübsches Landhaus in einem Dorf wenige Kilometer nordwestlich von Pickering (über die A 170). B&B ab £ 30 pro Person. Main Street, Sinnington, ✆ 01751-431577.

High Farm B&B, ein umgebautes Bauernhaus aus viktorianischen Zeiten mit schönem Garten und Blick auf die Moors (über die A 170 in Wrelton nach Cropton abbiegen); B&B ab £ 22. High Fram, Cropton, ✆ 01751-417461.

Westgate, einfaches B&B, ab £ 17 pro Person. 103 Westgate, Pickering, ✆ 01751-472500.

Sunnyside, das Chalet ist ca. 1,5 km von Pickering entfernt (über die A 170). Alle Zimmer mit Bad, sonniger Garten. Alle Sehenswürdigkeiten in erreichbarer Nähe; B&B ab £ 23 pro Person. Carr Lane, Middleton, ✆ 01751-476104.

- Jugendherberge: **The Old School**, die ehemalige Schule liegt in einem kleinen, von Wald und Moorlandschaft umgebenen Bauerndorf; recht spartanische Ausstattung. B&B Erw. £ 7.35, Jugendl. £ 5.05. Lockton, Pickering, ✆ 01751-460376. April–Okt. geöffnet.
- Camping: **Vale of Pickering Caravan Park**, März–Okt. geöffnet, Anfahrt über die A 170 Richtung Allerston, dann auf die B 1415 (ab hier ausgeschildert). Guter Campingplatz in reizvoller Umgebung; Zelte ab £ 7. Carr House Farm, Allerston, ✆ 01723-859280.

Upper Carr Park, sehr gut ausgestatteter Campingplatz an der A 64. Zelte ab £ 7. Upper Carr Lane, Black Bull, Pickering, ✆ 01751-473115.

Wayside Caravan Park, April–Okt. geöffnet, von Pickering die A 170 etwa fünf Kilometer in westliche Richtung, hinter Wrelton ausgeschildert. Gut ausgestatteter Campingplatz, Zelte ab £ 9. Wrelton, ✆ 01751-472608.

Sehenswertes

Burgruine: Die gut erhaltende Burgruine aus dem 12. Jahrhundert lohnt eine Besichtigung. Acht englische Könige bewohnten die Burg, darunter auch Edward II.
Öffnungszeiten: April–Okt. tgl. 10–18 Uhr, Nov.–März Mi–So 10–16 Uhr. Eintritt: Erw. £ 3.

St Peter und Paul: In der hiesigen Gemeindekirche mit einem normannischen Taufbecken wurden im Jahr 1851 farbenfrohe Fresken aus dem 15. Jahrhundert entdeckt. Der Pfarrer übertünchte die Malereien, da er sie für anstößig hielt. Inzwischen hat man versucht, sie wieder freizulegen; das Ergebnis können Sie in der Kirche bewundern.

Nordostengland/Yorkshire
Karte S. 487

North Yorkhire Moors Railway: Pickering ist Ausgangspunkt dieser historischen Eisenbahnstrecke. 18 Meilen legt die alte Dampfeisenbahn in Richtung Norden zurück. Die Strecke führt durch für englische Verhältnisse recht bewaldete Täler (Newtondale, Raindale) und das kleine Dorf *Goathland*, dann weiter durch das *Murk Esk Dale* nach *Grosmont*. Die Eisenbahnlinie, eine der ersten des Landes, wurde im Jahre 1836 unter der Leitung von George Stephenson gebaut. Etwa 12 Jahre lang zogen Pferde die Wagen, was die Überwindung der Höhenmeter etwas schwierig machte. Im Jahr 1847 wurde dann die Dampflokomotive eingeführt. In den 1960er Jahren wurde die Linie für den normalen Betrieb geschlossen; seit Mitte der 1970er Jahre ist sie für Touristen in Betrieb. Mit einem Tagesticket kann man unterwegs aus- und in einen späteren Zug wieder einsteigen.

Abfahrten: April–Okt. tgl., im Winter an manchen Wochenenden. Genaue Zeiten in der Tourist Information. Tagesticket £ 10, Kinder £ 5. ✆ 01751-472508, Fahrplanansage unter ✆ 01751-473535.

Thornton-le-Dale: Nicht weit östlich von Pickering liegt dieser hübsche Ort. In den Hauptstraßen mit ihren jahrhundertealten Häusern, teilweise reetgedeckt, scheint die Zeit stehen geblieben zu sein. An Wochenenden wimmelt es hier aber von unzähligen Besuchern.

Goathland: Ziemlich weit nördlich auf der Strecke der North Yorkshire Moors Railway liegt kurz vor Grosmont dieser Ort, der den Briten hauptsächlich aus der Fernsehserie *Heartbeat* bekannt ist. Die Station wurde erst im Jahr 1865 eröffnet, da man aufgrund des steilen Anstiegs der Strecke zwischen Beck Hole und Goathland die Bahngleise verlegen musste. Der seltsame Name geht wahrscheinlich auf frühe dänische Siedler zurück (Goda-land). Hier gibt es ein sehr ungewöhnliches Hotel, das in einem umgebauten alten Eisenbahnwaggon untergebracht ist, den man für eine ganze Woche mieten kann. Der Waggon verfügt über alle Extras – vom modernen Bad bis hin zur vollständig eingerichteten Küche.

Übernachten: **Camping Coach at Goathland Station**, £ 300 für eine Woche und bis zu vier Personen im alten Eisenbahnwaggon, ✆ 01751-472508.

Helmsley und der Südwesten

Helmsley ist ein weiterer guter Ausgangsort für Touren ins Moor. Jeden Freitag findet auf dem Marktplatz der Wochenmarkt statt. Beim Marktkreuz beginnt der Wanderweg *Cleveland Way*, der von hier aus zunächst am Westrand der North York Moors entlangführt, dann in nordöstlicher Richtung bis zur Ostseeküste verläuft und sich schließlich wieder südlich entlang der Küste bis nach Scarborough zieht (siehe auch Scarborough).

- *Information*: **Tourist Information**, Town Hall, Market Place, ✆ 01439-770173.
- *Fahrräder*: **Footloose in North Yorkshire**, in Borogate, Helmsley, ✆ 01439-770886.
- *Übernachten*: **Stilworth House**, B&B in georgianischem Stadthaus mit Ausblick aufs Schloss und die Kirche; ab £ 22 pro Person. 1 Church Street, ✆ 01439-771072.

Castle View Guest House, angenehmes B&B im Stadtzentrum; ab £ 18 pro Person. 19 Bridge Street, ✆ 01439-770618.

Barn Close Farm, in einem schönen Tal gelegener Bauernhof mit Zugang zu zahlreichen Wanderwegen; ab £ 22 pro Person. Rievaulx, ✆ 01439-798321.

Im Kirkbymoorside, östlich an der A 170 gelegen, gibt es einige kleine Gasthäuser, z. B.:

Red Lion House, in einer ruhigen Seitenstraße gelegenes, geschmackvoll eingerichtetes Haus. B&B ab £ 35 für zwei Personen; Mr. und Mrs. Thompson gewähren 10 % Rabatt bei Vorlage dieses Buches. Crown Square, Kirkbymoorside, ✆ 01751-431815.

• Jugendherberge: **Youth Hostel**, März–Okt., etwa 500 m östlich des Marktplatzes (an der Kreuzung von Carlton Rd. und Carlton Lane). B&B £ 9, Jugendl. £ 6.20. Carlton Lane, Helmsley, ✆ 01439-770433.

Cote Ghyll, Februar–Nov., Tees-Bus Nr. 90/A hält auf der Strecke von Middlesbrough nach Northallerton in Osmotherley. B&B ab £ 9. Osmotherley, Northallerton, ✆ 01609-883715.

• Camping: **Golden Square Caravan and Camping Park**, 4 km südwestlich von Helmsley, ca. 1,5 km von Ampleforth entfernt (ausgeschildert). Liegt in offener Landschaft mit angrenzendem Wald. Zelte ab £ 7. Oswaldkirk, ✆ 01439-788269. März–Okt. geöffnet.

Foxholme Touring Caravan Park, Campingplatz im Nadelwäldchen etwa 1 km südöstlich von Helmsley (Richtung Wombleton). Zelte ab £ 6, ✆ 01439-770416.

Sehenswertes

Helmsley Castle: Am Stadtrand stehen die Reste der Burg, die im 11. Jahrhundert von den Normannen gegründet und um 1186 unter *Robert de Roos*, Lord of Helmsley, ausgebaut wurde. Der Turm am Haupteingang stammt aus dem 13. Jahrhundert. Im Jahr 1644 wurde die Burg von den Republikanern erobert. Die Königstreuen flohen, und die Mauern der Anlage wurden geschleift. Später wurde die Burg an Sir Charles Duncombe verkauft.

Öffnungszeiten: April– Okt. tgl. 10–18 Uhr, Nov.–März Mi–So 10–16 Uhr. Eintritt: Erw. £ 3.

Duncombe Park: Etwas außerhalb am Fluss Rye liegt dieser Park mit einem schönen barocken Herrenhaus, das im Jahr 1713 ebenfalls für die Familie Duncombe erbaut wurde. Ab 1916 befand sich hier eine Mädchenschule. 1985 wurde das Gebäude in alter Pracht wieder hergerichtet.

Öffnungszeiten: Mai–Sept. tgl. 11–17.30 Uhr. Eintritt für Garten, Park und Haus: Erw. £ 6.

Rievaulx Abbey: Vier Kilometer westlich von Helmsley liegt im landschaftlich schönen Tal der Rye die 1131 von französischen Mönchen gegründete Rievaulx Abbey, eine der zahlreichen großen Abteien des Nordens und die größte Zisterzienserabtei der Gegend: Zeitweilig lebten hier bis zu 550 Menschen. Einkommensquelle war die Schafzucht – weite Gebiete des Moores gehörten dem Orden. 1536 war auch für Rievaulx das Ende gekommen, als Heinrich VIII. alle Klöster des Landes auflöste. Die romantischen Ruinen waren im 18. Jahrhundert Anlass genug für den Ausbau einer Parkanlage mit Terrassen und kleinen Tempeln. Heute gehört das Gelände der English Heritage. Eine Ausstellung informiert über die verschiedenen Erwerbszweige der Mönche (Schafzucht, Glasproduktion und Eisenverarbeitung).

Öffnungszeiten: April–Sept. tgl. 10–18 Uhr (Juli/August bis 19 Uhr); Okt. tgl. 10–17 Uhr; Nov.–März tgl. 10–16 Uhr. Eintritt: Erw. £ 4, Kinder £ 2. ✆ 01439-770773.

Radtour von Helmsley nach Stokesley

In Helmsley kann man sich Fahrräder mieten und die North York Moors auf eigene Faust entdecken. Hier ein Tourenvorschlag von etwa 80 km quer durch das Moor nach Stokesley:

Zuerst auf der A 170 nach *Kirkbymoorside*. Hinter Kirkby Mills nach links in Richtung *Hutton-le-hole*, ein Dorf, das einem Bilderbuch entsprungen sein könnte. Untrainiertere Radtouristen können hier übernachten. Ansonsten

Nordostengland/Yorkshire Karte S. 487

geht es weiter durch den Ort bis zu einer Gabelung. Man wählt die linke Straße, die am *River Dove* entlangführt. Im Frühling ist das Tal von den überall wachsenden Narzissen in tiefes Gelb gehüllt. Fährt man immer Richtung Norden, kommt man ins *Westerdale Moor*. Am River Esk in *Westerdale* liegt die Endstation des ersten Abschnitts.
Frisch ausgeruht radelt man von Westerdale über *Commondale* (hier links) nach *Kildale*, immer an der Bahnlinie entlang. Auf einer kleinen Straße geht es dann bis *Stokesley*.

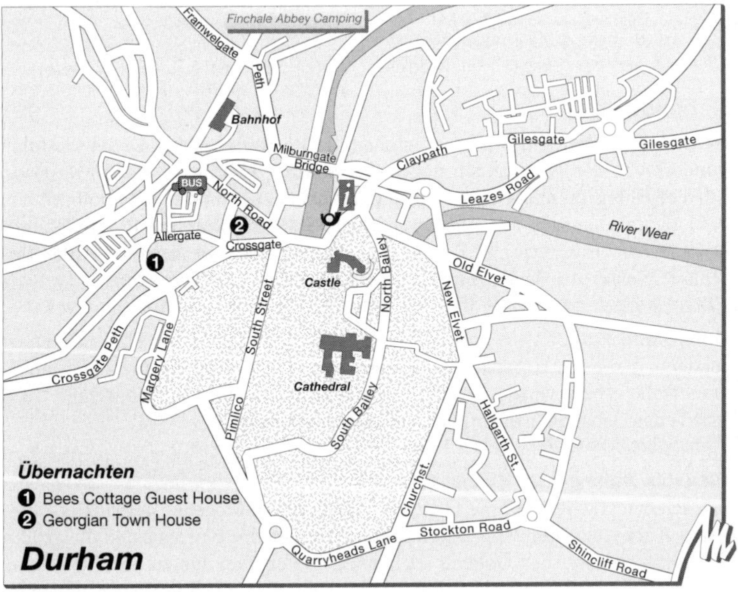

Durham

Ein lohnenswerter Abstecher auf dem Weg in den Norden ist die hübsche Kathedralen- und Universitätsstadt Durham (Grafschaft Durhamshire). Wo der River Wear eine enge Schleife formt, entstand einst der Stadtkern. In der Mitte erhebt sich unübersehbar die schön gelegene normannische *Kathedrale*. Vier Brücken führen über den Fluss Wear, und man sollte zumindest einmal die *Framwellgate Bridge* überqueren, die noch aus dem 12. Jahrhundert stammt und eine prächtige Aussicht eröffnet.

• *Information*: **Tourist Information**, Market Place, ✆ 0191-3843720.

• *Verbindungen*: **Zug** – Der Bahnhof liegt nordwestlich des alten Stadtkerns. Alle zwei Stunden fahren Züge über Newcastle nach Carlisle; regelmäßig nach Glasgow und Edinburgh; nach Hull über Thirsk und York. Intercity-Züge fahren nach London. Über Middlesbrough geht es in die östlichen North York Moors. Wer von London kommt, fährt über das Eisenbahnviadukt und hat einen besonders guten Blick auf die Stadt auf dem Hügel.

Busse fahren von der North Road ab. Der

National Express verbindet mit London und Leeds. Lokale Busgesellschaften fahren nach Middlesbrough.

• *Übernachten*: Viele B&Bs gibt es in den Straßen Gilesgate (nordöstlich des Marktplatzes) und Crossgate (südlich des Busbahnhofs).

Bees Cottage Guest House (1), bietet eine gutes Preis-Leistungs-Verhältnis; B&B ab £ 20 pro Person. Bridge Street/Sutton Street, ✆ 0191-3845775.

Georgian Town House (2), nettes B&B mit gutem Frühstück und Blick auf die Kathedrale; B&B ab £ 25 pro Person. 10 Crossgate, ✆ 0191-3868070.

• *Camping*: **Finchale Abbey**, etwa 5 km nördlich von Durham an der gleichnamigen Abtei. Zelte ab £ 6, ✆ 0191-3866528.

Sehenswertes

Durham Cathedral: Als im späten 9. Jahrhundert dänische Wikinger die Insel Lindisfarne überfielen, flüchteten die Mönche mit den Gebeinen des heiligen Cuthbert der Legende zufolge nach Durham, wo sie eine Holzkirche errichteten. Im Jahr 1092 ließ Bischof Carileph die alte Kirche abreißen und veranlasste den Bau einer Kathedrale. Der Sarg Cuthberts zog einen wahren Strom von Pilgern in die Stadt; heute ist er in der *Chapel of the Nine Altars* ausgestellt. Das Langhaus ist im romanischen Stil gebaut, andere Teile weisen maurische Elemente auf. Im Bürgerkrieg wurde die Kathedrale kurzfristig als Gefängnis genutzt, wobei der Großteil der Holzbauteile und Einrichtungsgegenstände buchstäblich verheizt wurde. Bereits 1660 wurde die Kathedrale jedoch wieder restauriert; das Chorgestühl stammt aus dieser Zeit.

Öffnungszeiten: Mai–Sept. tgl. 7.30–20 Uhr, Okt.–April 7.30–18 Uhr. Eine Spende von £ 2.50 wird erbeten.

Durham Castle: Gleich gegenüber der Kathedrale liegt Durham Castle, eine Befestigung aus der Zeit Wilhelm des Eroberers. Die Burg ist heute im Besitz der Universität, die geführte Rundgänge anbietet.

Öffnungszeiten: Ostern und Juli–Sept. 10–12.30 und 14–16 Uhr, So 10–12 und 14–16 Uhr; Okt.–Juni Mo, Mi u. Sa 14–16 Uhr. Eintritt: £ 3.50.

Newcastle upon Tyne

Newcastle ist nicht nur die größte, sondern auch die lebendigste Stadt des Nordostens, auch wenn man auf den ersten Blick nicht alle Besonderheiten entdeckt. In der Stadt, vor wenigen Jahrzehnten noch Zentrum der Stahlindustrie, blühen heute die Banken- und Geschäftswelt und ganz besonders das Nachtleben. Die "Geordies", wie die Bewohner der hiesigen Gegend genannt werden, sprechen zwar einen gewöhnungsbedürftigen Dialekt, sind aber warmherzig und freundlich.

Die Innenstadt ist überschaubar, und die Preise sind für eine Großstadt moderat. Von Gateshead auf der gegenüberliegenden Seite des Tyne hat man einen ersten Überblick über einige der wichtigsten Sehenswürdigkeiten: die historischen Brücken, die massive Burg und die Kathedrale St Nicholas. Seinen Namen hat Newcastle übrigens nicht von dieser Burg, sondern von der Vorgängerin, die bereits im Jahre 1080 entstand und noch aus Holz gebaut war. Lange davor, nämlich um das Jahr 120 u. Z., hatten die Römer hier bereits eine Festung und die erste Brücke über den Fluss errichtet.

Schon im Mittelalter war Newcastle eine bedeutende Handelsstadt, erlebte aber mit ihrem erfolgreichen Kohlehandel während des 16. Jahrhunderts nochmals einen gewaltigen Aufschwung. "Carrying coals to Newcastle" ist noch heute eine gebräuchliche Redensart, die unserem "Eulen nach Athen tragen" entspricht. Neben dem Schiff- und Lokomotivbau war vor allem die Stahlindustrie der Brötchengeber in Newcastle. Mit dem Niedergang dieser Industrie kam es hier, wie auch in den anderen Metropolen des Nordens, zu großer Arbeitslosigkeit. Aber seit den 1980er Jahren baute die Stadt erfolgreich ihren Dienstleistungs- und Kultursektor aus, was sich heute positiv auswirkt.

Information

• *Information*: **City and Tourist Information**, Central Library, Princess Square, ✆ 0191-2610610.

Tourist Information im Bahnhof, ✆ 0191-2300030. Von hier aus kann man seine Übernachtung buchen. Außerdem erhält man zahlreiche Broschüren über Veranstaltungen, öffentliche Verkehrsmittel und Museen sowie einen kostenlosen Stadtplan.

Tourist Information am Flughafen, Passenger Terminal, Newcastle International Airport, Woolsington, ✆ 0191-214 4422.

Verbindungen/Stadtführungen

• *Bus*: **Gallowgate Coach Station**, von hier fährt der National Express u. a. nach Edinburgh, Carlisle und London. Gallowgate/Corporation Street.

Die Linien für den ganzen Großraum und zur Küste starten ab **Eldon Square Shopping Centre** (Station unterirdisch).

• *Zug*: Newcastle ist eine wichtige Durchgangsstation für Züge von Edinburgh über Birmingham in den Süden. Der Hauptbahnhof liegt etwas südlich des Stadtzentrums an der Neville Street. Zum Airport sowie nach Gateshead, North und South Shields fährt man am besten mit der **Tyne and Wear Metro** (alle 8–15 Min. ab Greys Monument, Central Station, St. James und Haymarket).

• *Flughafen*: Der Flughafen von Newcastle liegt rund 10 km nordwestlich vom Zentrum. Internationale Flüge sind allerdings seltener als von London oder Manchester. Vom Hauptbahnhof fahren regelmäßig Züge sowie die Metro.

• *Fähren*: Während der Sommermonate mehrere Fähren pro Woche nach Deutschland (Hamburg), Holland, Norwegen und Schweden. Die Schiffe legen an der Tyne-Mündung in North Shields (12 km westlich) an. Es gibt einen Shuttle-Bus.

• *Stadtführungen*: Es gibt ca. 20 geführte Touren, von denen jede ihr eigenes Motto hat, z. B. "Tyne Bridges" oder "Nächtliche Touren durch mittelalterliche Winkel". Auskunft und Broschüre mit Terminen in den Touristen-Informationen. Alternativ dazu kann man auch das Heftchen "Heritage Trails" kaufen und auf eigene Faust losgehen, indem man den Messingplatten folgt, die in die Gehwege eingelassen sind.

Adressen

• *Apotheke*: **Medicentre Chemist**, 117 Grainger Street.

• *Einkaufen*: **Eldon Square Shopping Centre**, riesiges, modernes Einkaufszentrum mit Geschäften, Restaurants, Busbahnhof und mehreren Parkhäusern, auch an Sonntagen geöffnet. In schöner Lage, nämlich unter der Tyne Bridge auf der Nordseite des Flusses, findet sonntags (9–14.30 Uhr) der **Quayside Market** (Flohmarkt) statt.

• *Geldwechsel*: An der Northumberland St. und der Grainger Street findet man Niederlassungen aller großer Banken.

• *Kino*: **Warner Cinemas**, Manors (Metrostation Manors), ✆ 0191-2210222; **Tyneside Cinema**, Pilgrim Street (Metro Monument), ✆ 0191-2325592.

• *Krankenhaus*: **Royal Victoria Infirmary**, Queen Victoria Road, ✆ 0191-2325131.

• *Polizei*: Market Street/Ecke Pilgrim Street.

• *Post*: Eine Post befindet sich im Eldon Square Shopping Centre.

• *Waschen*: **Launderette**, 4 Clayton Road, Jesmond.

Übernachten (siehe Karte Seite 508)

Obwohl Newcastle eher auf Geschäftsreisende als auf Touristen eingestellt ist, lassen sich zahlreiche, auch preiswerte Unterkünfte finden. Am besten bucht man über die Tourist Information.

Swallow Hotel (10), sehr komfortables Hotel in bester Lage. Restaurant im 6. Stock mit britisch-französischer Küche. B&B ab £ 30 pro Person (im DZ), günstigere Wochenendtarife. Newgate Arcade, Newgate Street, ✆ 0191-2328428.

Dene Hotel (2), in einer ruhigeren Wohngegend gelegen. Gutes Mittelklassehotel in Fußnähe zur Stadt; B&B ab £ 26. 38–42 Grosvenor Road, Jesmond, ✆ 01912-2811502.

Jesmond Park Hotel (3), Privathotel, ebenfalls in ruhiger Lage, nur 4 Minuten zum Stadtzentrum; B&B ab £ 19. 74–76 Queens Road, Jesmond, ✆ 0191-2812821.

Holly Guest House (8), B&B ab £ 20. 188 Heaton Park Road, ✆ 0191-2656933.

• Jugendherbergen: **Newcastle Youth Hostel (4)**, Dezember und Januar geschlossen. B&B Erw. ab £ 10.85, Jugendl. £ 7.40. 107 Jesmond Road (Metrostation Jesmond oder 15 Min. zu Fuß vom Zentrum), ✆ 0191-2812570.

• Camping: **Gosforth Park Racecourse Campsite (1)**, Wiesen- und Waldgelände beim Pferderennplatz. Von Newcastle Richtung Morpeth (A 1), in Gosforth ausgeschildert (Racecourse). ✆ 0191-22363258.

Essen und Trinken (siehe Karte Seite 508)

Die meisten Restaurants im Zentrum sind, genau wie die Hotels, auf eine solvente Geschäftsklientel eingestellt und bieten zum großen Teil Gerichte der gehobenen Preisklasse an. Es gibt aber außer den üblichen Schnellrestaurants auch einige erschwingliche Lokale.

"21" Queen Street (11), wahrscheinlich das beste (und teuerste) Lokal der Stadt mit vorzüglicher internationaler Küche zu gehobenen Preisen. Reservierung empfohlen. 21 Queen St. (unterhalb der Tyne Bridge), ✆ 0191-2220755.

Asha Ravel (13), gehobenes indisches Restaurant mit einigen ausgefallenen Gerichten. Reservierung empfohlen. 27 Queen Street, ✆ 0191-2327799.

Breadcrumbs (5), repräsentiert das andere Ende der Preisskala. In dem funktionell eingerichteten Bistro gibt es preiswertes internationales Fast Food. Vor den großen Fenstern halten ständig Busse, und es gibt viel zu sehen. 5 St. Mary's Place.

Gianfranco (6), alteingesessener Italiener mit großer Auswahl. 6–10 Leazes Park Road, ✆ 0191-2220659.

Heaven Café (9), modernes Café mit internationalen Bistro-Snacks. 47 Pink Lane und 83 Westgate Road.

Scruffy Murphy's (7), neueres Pub einer Kneipenkette, das auf alt getrimmt wurde. Besonders beliebt bei Studenten, denn montags und sonntags schlägt um 18 Uhr die Happy Hour. Jeden Dienstag und Donnerstag gibt es Livemusik, meistens Irish Folk. Preiswertes, gängiges Pub Food zwischen 12 und 16 Uhr. Eldon Garden (gleich hinter Eldon Shopping Centre).

The Cooperage (12), schmuckes Pub in einem alten Tudorhaus, ebenfalls Livemusik. 32 The Close (zwischen Queen Elizabeth Bridge und High Level Bridge).

Nachtleben

Praktisch jeden Tag geht in Newcastle das Nachtleben gleich nach Feierabend los. Studenten und Angestellte strömen zu den zahlreichen Happy Hours zusammen und halten durch bis nach Mitternacht, am Wochenende auch bis in die frühen Morgenstunden. Die lebenslustigen Geordies haben ihrer Hauptstadt einen Spitzenplatz in der Rangliste der besten Partymetropolen beschert. In der Tourist Information bekommt man eine umfangreiche Liste ("Nightlife") mit den interessantesten Clubs, Pubs und

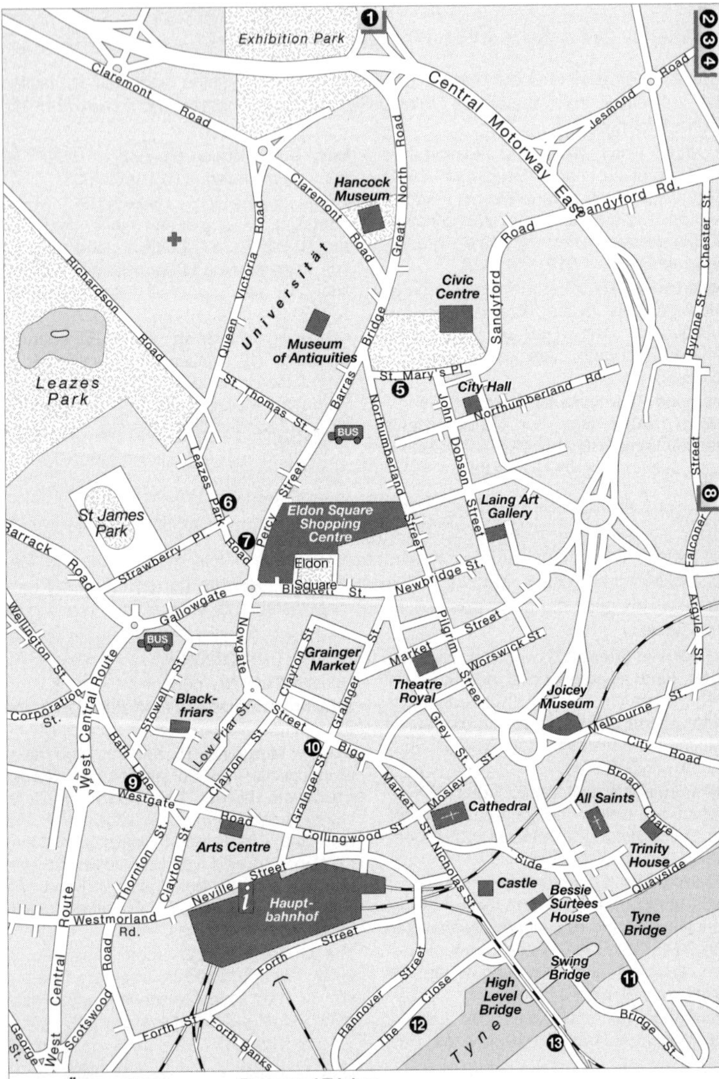

Übernachten

1. Campsite
2. Dene Hotel
3. Jesmard Park Hotel
4. Jugendherberge
8. Holly Guest House
10. Swallow Hotel

Essen und Trinken

5. Breadcrumbs
6. Gianfranco
7. Scruffy Murphy's
9. Heaven Café
11. 21'' Queen Street
12. The Cooperage
13. Asha Ravel

N

150 m

Newcastle upon Tyne

Veranstaltungsorten, in der sogar angegeben wird, welche Lokale rollstuhlgerecht ausgestattet sind. Informativ sind auch die kostenlosen Monatsmagazine *The Crack* und *Paint it Red*. Nachfolgend eine kleine Auswahl der beliebtesten Adressen.

Tuxedo Princess, unter der grünen Tyne Bridge am südlichen Flussufer (am besten über die Swing Bridge gehen). Vielen noch als "Tuxedo Royale" ein Begriff, von ihren Gästen schlicht "The Boat" genannt. Mehrere Räume. Montags viele Studenten (Eintritt bis 21 Uhr frei), samstags geht es etwas schicker zu (keine Jeans oder Turnschuhe). Di geschlossen.

Bliss, Turnschuhe nur Mo–Mi erlaubt. Beste Tage: Mittwoch (student night) und Freitag (dancemix). Eintritt: £ 3. Bamburgh House, Market Street (Metro: Monument).

Riverside, So–Do Popkonzerte, sonst Disco: freitags Indie (Studenten), samstags House (gepflegte Kleidung erwünscht). Eintritt für Konzerte: £ 3–8.50. 57–59 Melbourne Street (Metro: Manors).

Powerhouse, der einzige "strictly gay club" der Stadt. Garage und Progressive House. Eintritt: freitags £ 3. Waterloo Street.

Rendevous Jazz Café, Mo–Sa jeden Abend Live-Jazz. Eintritt inkl. Essen £ 6, Studentenermäßigung. Pink Lane (wenige Schritte vom Bahnhof).

Cumberland Arms, fast täglich Livemusik, Eintritt meist frei. Dienstag Folk, Mittwoch Irish, Do–Sa oft Blues. Byker Building (Metro Byker).

O'Neill's, für eingefleischte Freunde des Irish Folk gibt es in diesem Pub an vier Tagen pro Woche Livemusik. 38 Neville Street.

Newcastle Arena, nicht nur größere Popkonzerte (z. B. Tina Turner), sondern auch Eishockey- und Basketballspiele werden hier veranstaltet. Konzerte £ 20–30. Arena Way (südwestlich des Bahnhofs).

Theater/Konzerte/Festivals

Über aktuelle Konzerte, Theater und darstellende Kunst in der Region informiert die kostenlose Zeitung *The Northern Review*.

• *Theater/Konzerte*: In Newcastle ist das international anerkannte Kammerorchester **Northern Sinfonia** zu Hause, dessen Konzerte meist in der **City Hall** oder im prachtvollen **Tyne Theatre and Opera House** stattfinden.

Die bekannteste Bühne ist das schöne viktorianische **Theatre Royal** an der Grey Street, die mit ihrer unberührten klassischen Architektur schon eine Sehenswürdigkeit für sich ist und nach Meinung vieler schöner als die Regent Street in London.

Im **Newcastle Playhouse** (Barras Bridge) gibt es neben Klassikern auch zeitgenössische Bühnenstücke.

• *Festivals*: Selbstverständlich hat Newcastle auch zahlreiche Festivals zu bieten, davon hier nur eine kleine Auswahl:

Das große **Comedy Festival** findet in den ersten beiden Novemberwochen statt.

Ein großes Sportereignis ist **The Great North Run** am 15. September, ein Halbmarathon von Newcastle bis South Shields, an dem um die 25.000 Läufer teilnehmen.

Eins von mehreren Musikfestivals ist das **Tyneside Irish Festival** im Oktober. Fast drei Wochen lang irische Musik, aber auch Theater und Literaturlesungen an verschiedenen Plätzen der Stadt.

Sehenswertes

Brücken: Die markantesten Wahrzeichen von Newcastle sind seine Brücken, von denen die drei interessantesten sich über 200 Meter Flusslänge verteilen. Die älteste von ihnen ist die 1849 eröffnete und von Robert Stephenson erbaute *High Level Bridge*, die die erste Brücke der Welt war, über die gleichzeitig Züge und privater Verkehr rollten. Nur wenige Meter flussabwärts spannt sich die *Swing Bridge* aus dem Jahr 1876 über das Wasser. Sie kann sich komplett um 90 Grad drehen, um höhere Schiffe durchzulassen. An dieser Stelle soll sich auch die alte Römerbrücke befunden haben. Die grüne *Tyne Bridge* (Baujahr 1929) ist von den hier genannten Brücken zwar die jüngste,

Karte S. 487

Die High Level Bridge von Newcastle

genießt aber den höchsten Bekanntheitsgrad. Im australischen Sydney gibt es eine Brücke, die mit der Tyne Bridge nahezu identisch ist und nur vier Jahre später eröffnet wurde.

Castle: An der Stelle der heutigen Anlage normannischen Stils stand bereits zur Zeit der Angelsachsen eine Festung aus Holz. Die heute noch zu sehenden Grundmauern stammen aus den Jahren 1172 und 1178 und wurden unter Heinrich II. errichtet. Die Kapelle ist im spätnormannischen Stil erbaut.

Öffnungszeiten: April–Sept. Di–So 9.30–17.30 Uhr, Okt.–März bis 16.30. Eintritt: £ 2. St. Nicholas Street.

St. Nicholas Cathedral: Die Kathedrale, die während des 14. und 15. Jahrhunderts entstand, ist eine der kleinsten in England. Besonders hervorzuheben ist die charakteristische Turmspitze, der Lantern Tower aus dem Jahr 1470, eine Bauweise, die es auf der gesamten Insel nur viermal gibt. Die erste Kirche an diesem Ort war bereits im Mittelalter entstanden. Im Innern der heutigen Kathedrale sind noch einige Reste dieses Baus zu sehen.

Öffnungszeiten: Mo–Fr 7–18 Uhr, Sa 8–16 Uhr, So 9–12 und 16–19 Uhr. Spenden sind willkommen.

Newcastle Discovery: Das größte Museum der Stadt und der ganzen Gegend ist das Discovery Museum am Blandford Square. Hier gibt es eine Menge zu besichtigen: die windschnittige "Turbinia", ehedem das schnellste Schiff der Welt; die Geschichte der Stadt seit dem Ersten Weltkrieg, dargestellt in Szenen und Bildern; die bei Kindern beliebte *Science Factory*, in der alles nach Herzenslust ausprobiert werden darf.

Öffnungszeiten: Mo–Sa 10–17 Uhr, So 14–17 Uhr. Eintritt frei.

Laing Art Gallery: Die wichtigste Kunstgalerie von Northumbria beherbergt Gemälde, eine Glassammlung und Kostüme aus der Region. Besonders für Kinder bis acht ist die Kindergalerie gedacht.
Öffnungszeiten: Mo–Sa 10–17 Uhr, So 14–17 Uhr. Eintritt frei.

Hancock Museum: Das Haus an der Claremont Road ist in erster Linie ein anerkanntes Naturkundemuseum mit einer umfangreichen Sammlung von Insekten und Mineralien sowie einer Ägypter-Ausstellung mit einer 4.000 Jahre alten Mumie. Es gibt aber auch publikumswirksamere Exponate wie etwa eine dreidimensionale prähistorische Landschaft mit lebensgroßen Urechsen – aus Plastik, versteht sich. Darüber hinaus werden Wechselausstellungen über erfolgreiche Kinofilme und Fernsehserien veranstaltet (meist interaktiv).
Öffnungszeiten: Mo–Sa 10–17 Uhr, So 14–17 Uhr. Eintritt: £ 3. Sonderausstellungen kosten extra.

Newcastle Breweries Ltd.: Wer einmal eine Brotzeit der besonderen Art erleben möchte, sollte sich zu einer Führung durch die Newcastle Breweries Ltd. anmelden, wo auch das bekannte *Brown Ale* hergestellt wird. Mittagsführungen inkl. Lunch kosten £ 5.50, am Abend zahlt man £ 8 pro Person. Anmeldung über Tyne Brewery, Gallowgate, ✆ 0191-2325091.

Quayside Sandhill: In diesem Viertel in der Nähe der Tyne Bridge wurden die alten Häuser restauriert. Man trifft hier auf viele interessante Läden und Restaurants. Sonntags findet ein Flohmarkt statt.

Umgebung von Newcastle

South Shields: Wer gerne am Sandstrand baden oder sich abends in den Trubel der *Amusement Centres* stürzen will, ist in South Shields genau richtig. Mit der Tyne Metro ist der Vergnügungsort von Newcastle aus in kurzer Zeit erreichbar. Auch ein Museum mit Kunstgalerie ist hier zu besichtigen (Eintritt frei).

Hadrian's Wall: Newcastle dürfte der beste Ausgangspunkt für Ausflüge zum alten Römerwall sein. Kaiser Hadrian ließ die Mauer ab dem Jahr 127 als Grenzbefestigung errichten. Insgesamt war die Mauer 122 Kilometer lang und wurde von ca. 100 kleinen und größeren Forts und Türmen flankiert. Ein gut erhaltener Abschnitt ist beim kaum 10 Kilometer entfernt gelegenen Ort *Heddon-on-the-Wall* an der A 69 zu bestaunen. Der Ort ist gut mit den stündlich verkehrenden Bussen (684, 685) zu erreichen. Auch zur Tynemündung in *Wallsend* (fünf Metrostationen ab Hauptbahnhof) hat man es nicht weit: Es handelt sich um das östliche Ende des Römerwalls; allerdings sind hier nur noch spärliche Überreste der Mauer und eines Forts zu begutachten. Mehr zu sehen bekommt man auf der Teilstrecke zwischen Corbridge und Haltwhistle. Die B 6318 führt teilweise fast parallel an der Mauer vorbei.

Burgen an der Küste

Wer noch weiter nach Norden fährt, sollte unterwegs nicht versäumen, sich die eine oder andere Burg an der Nordseeküste anzuschauen. Hier nur zwei Beispiele:

Karte S. 487

Dunstanburgh Castle: Man erreicht die Burgruine vom Parkplatz im Örtchen Craster in einem Spaziergang entlang der windigen Küste. Die mittelalterliche Burg, vom Earl of Lancaster um 1313 errichtet, wurde während der Rosenkriege belagert, bis die Angreifer des Hauses York siegten.

Öffnungszeiten: April–Okt. 10–18 Uhr, Nov.–März Mi–So 10-16 Uhr. Eintritt: £ 1.80 (NT).

Bamburgh Castle: Schon die Kelten hatten hier eine Befestigungsanlage errichtet. Unter dem angelsächsischen König Oswald gewann sie im 7. Jahrhundert an Bedeutung. Ende des 19. Jahrhunderts geriet das Gebäude in den Besitz der Armstrong-Familie und wurde komplett umgebaut. Heute ist dieses renovierte Schloss mit allerlei Memorabilia (z. B. Waffen und Ritterrüstungen) zu besichtigen. Das Besondere ist die Lage in einer einsamen Dünenlandschaft in Seenähe, wo das Gemäuer seit Urzeiten Wind und Wetter ausgesetzt ist.

Öffnungszeiten: April–Okt. tgl. 11–17 Uhr. Eintritt: £ 4.

Holy Island – Lindisfarne

Diese Insel kann man bei Ebbe über das Watt erreichen. Man sollte sich genau über die Ebbe- und Flutzeiten informieren, denn sonst ist man unter Umständen gezwungen, auf der Insel, die außer zwei Sehenswürdigkeiten nicht viel zu bieten hat, zu übernachten.

Lindisfarne Priory: Hier befand sich im 11. Jahrhundert eine Abtei, die Lindisfarne Priory, deren Ruinen man noch besichtigen kann. Missionare trugen von hier aus den christlichen Glauben bis auf das europäische Festland hinaus. Die illustrierten *Lindisfarne Gospels* sind ein Zeugnis keltischer Religionsgeschichte aus dem Jahr 700 und befinden sich heute im Museum of London. Während der Angriffe der Wikinger auf die englische Nordseeküste mussten die Mönche fliehen und trugen die Überreste des heiligen Cuthbert mit sich nach Durham (s. o.).

Öffnungszeiten: April–Okt. tgl. 10–18 Uhr, Nov.–März tgl. 10–16 Uhr. Eintritt: £ 3.

Lindisfarne Castle: Ebenfalls sehenswert ist die Burg, die 1549 zum Schutz gegen die Schotten erbaut wurde. Sie wurde Anfang des 20. Jahrhunderts zu einem Wohnhaus umgestaltet und kann besichtigt werden.

Öffnungszeiten: April–Okt. tgl. außer Fr 13–17.30 Uhr. Eintritt: £ 4.

Berwick upon Tweed

Berwick lag lange Zeit im Grenzgebiet zwischen England und Schottland und wurde erst 1482 England zugesprochen. Es gibt eine wunderschöne Brücke aus dem 17. Jahrhundert sowie eine alte Eisenbahnbrücke aus dem Jahr 1850 zu bestaunen. Ebenfalls sehenswert ist die Festung aus dem 16. Jahrhundert.

Information: **Tourist Information**, Zimmervermittlung und Auskünfte über Ausflüge in die Umgebung. Castlegate Car Park, ✆ 01289-330733.

Wer Einsamkeit sucht, kann sie im Lake District finden

Nordwestengland

Im Nordwesten Englands liegen viele ehemalige industrielle Zentren, die seit den 1960er Jahren einen bitteren wirtschaftlichen Abstieg hinnehmen mussten – Fabriken wurden geschlossen, die Arbeitslosenzahlen stiegen erheblich. Seit den 1990er Jahren geht es jedoch bergauf, und man versucht, sich von der Vergangenheit freizustrampeln.

Die Docks, einst Grundstock für den Reichtum *Liverpools*, werden nur noch von wenigen Schiffen angefahren. Dafür sind heute im *Albert Dock* zwei der interessantesten Museen Nordenglands untergebracht. Die Beatles-Stadt nennt außerdem zwei architektonisch völlig gegensätzliche *Kathedralen* ihr Eigen.

Manchesters kultureller Reichtum zeigt sich vor allem in einem Gebiet, das sich *Castlefield* nennt. Hier befindet sich das wohl beste Museum zur Industriellen Revolution in ganz England. Auf dem Gelände findet man außerdem den ältesten Passagierbahnhof der Welt. Die Stadt ist aber genauso bekannt für ihre Musikszene: *Oasis*, *Simply Red* und *M-People* sind nur einige berühmte Popgruppen, die aus Manchester kommen. So finden sich hier unzählig viele Clubs und Discos, in denen man so manche Nacht verbringen kann.

Nördlich der Ballungsgebiete (in der Region Lancashire) befinden sich die riesigen Strände der monströsen Badeorte *Blackpool* und *Morecambe*, die immer noch vom Glanz vergangener Jahre träumen. Wenige Kilometer südöstlich von Manchester breitet sich der älteste Nationalpark Englands aus, der *Peak District*. Hochmoore, grüne Täler und hübsche Dörfer, aber auch einsame, windgefegte Hügel bestimmen das Bild. Über die Hügelkette der *Pennines*

Karte S. 514

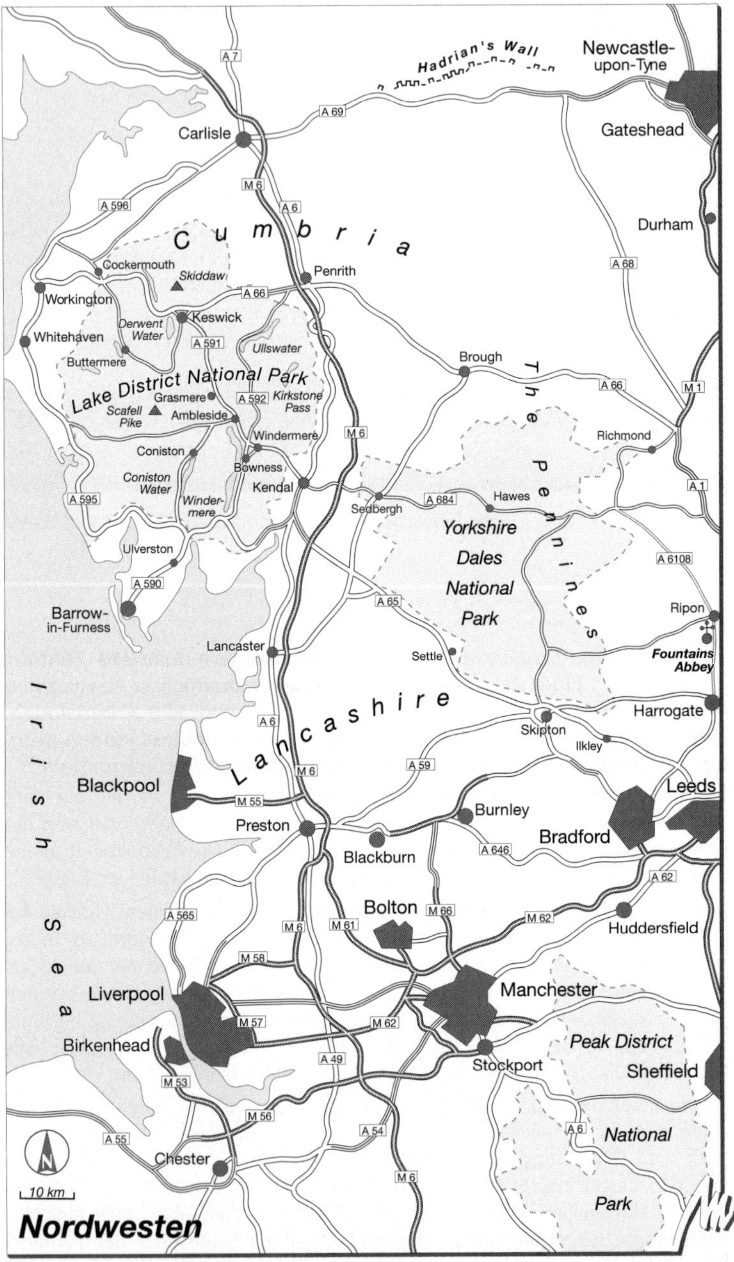
Hadrian's Wall
Newcastle-upon-Tyne
Gateshead
Durham
Carlisle
Cumbria
Cockermouth
Skiddaw
Penrith
Workington
Keswick
Derwent Water
Whitehaven
Buttermere
Ullswater
Lake District National Park
Grasmere
Kirkstone Pass
Scafell Pike
Ambleside
Windermere
Coniston
Bowness
Coniston Water
Windermere
Kendal
Brough
The Pennines
Richmond
Sedbergh
Hawes
Yorkshire Dales National Park
Ulverston
Barrow-in-Furness
Ripon
Fountains Abbey
Lancaster
Settle
Lancashire
Harrogate
Skipton
Ilkley
Irish Sea
Blackpool
Leeds
Burnley
Preston
Bradford
Blackburn
Bolton
Huddersfield
Manchester
Liverpool
Peak District National Park
Birkenhead
Stockport
Sheffield
Chester
A 7
A 69
M 6
A 6
A 596
A 66
A 591
A 592
A 68
M 1
A 595
A 684
A 1
A 6108
A 590
A 65
A 59
M 55
A 646
A 62
A 565
M 61
M 66
M 62
M 58
M 57
A 49
M 53
M 56
A 54
A 55
10 km
Nordwesten

führt der Langstreckenwanderweg *Pennine Way* bis zur schottischen Grenze. Südlich von Liverpool (an der Grenze zu Wales) liegt *Chester*, eine der schönsten mittelalterlichen Städte Englands.

Der äußerste Nordwesten Englands gehört zur Grafschaft Cumbria. Der Norden und das Küstengebiet an der Irischen See sind relativ flach, während der mittlere Teil und der Südwesten entscheidend durch den Nationalpark des *Lake District* geprägt werden. Hier erheben sich auch die höchsten Berge Englands, der *Scafell Pike* mit 977 Metern und der *Skiddaw* mit 931 Metern. Die imposante Bergwelt wird kontrastiert von hübschen Tälern und recht großen Seen, den *Lakes*, die dieser Region ihren Namen gaben. Unzählige Wanderwege führen durch das bergige Gelände und bieten imposante Fernsichten, oft bis zur *Isle of Man*. Diese Szenerien inspirierten die Lake-Romantiker *Wordsworth* und *Coleridge* zu vielen schwärmerischen Gedichten. Aber der Lake District hat auch seine moderne Seite, und die ist nicht die allerbeste. An der Küste steht das 1950 erbaute Atomkraftwerk *Sellafield*. Mehrere Störfälle sorgten dafür, dass die Irische See zum am stärksten radioaktiv verseuchten Meer der Welt wurde.

Südlich der heutigen Grenze zu Schottland verläuft der *Hadrian's Wall*, ein Relikt aus der römischen Invasionszeit. Die Ruinen dieser im 2. Jahrhundert u. Z. errichteten Schutzmauer sind östlich von *Carlisle* bis hinüber nach Newcastle zu besichtigen.

Cheshire Plain

Auf dem Weg von Birmingham nach Manchester oder Liverpool durchkreuzt man unweigerlich Cheshire. Die relativ flache und wiesenreiche Landschaft *Cheshire Plain* prägt die Mitte und den Westen der Grafschaft, während im Nordosten die Sandsteinhügel des Peak District für Abwechslung sorgen. Die westliche Grenze von Cheshire bildet Wales.

Ein Abstecher in die Ebene Cheshire Plain ist durchaus lohnenswert. *Nantwich* zum Beispiel ist ein verschlafener Ort mit zahlreichen Fachwerkhäusern aus dem 16. und 17. Jahrhundert. Cheshire ist aber vor allem wegen des hier produzierten *Cheshire Cheese* bekannt. Es gibt diesen Käse in den Farben Weiß, Rot und Blau. Können Sie den Unterschied schmecken?

Chester

Vorbildlich kombiniert Chester, die Stadt am Fluss Dee, der die Grenze zu Wales bildet, das Traditionelle mit dem Modernen. Hinter mit Schnitzereien verzierten Fachwerkfassaden vergangener Zeiten verstecken sich moderne Geschäfte, Restaurants und Cafés.

Unter den mittelalterlichen Einkaufsarkaden (englisch "rows") aus dem frühen 14. Jahrhundert kann man gemütlich ganze Straßenabschnitte durchwandern und hat dabei ständig einen hübschen Logenblick auf das Straßenleben. Besonders eng wird es hier an Wochenenden, wenn sich zahlreiche Familien aus der Umgebung zu einem Einkaufsbummel einfinden. Kommt man an so einem

Nordwestengland
Karte S. 514

Tag in die Stadt, lässt man sich am besten mit der Menschenmenge treiben, vorbei an Musikern und Akrobaten, Museen, Kirchen und der Kathedrale bis hinunter zum River Dee. Eine erfrischende Bootstour kann jetzt nicht schaden, oder vielleicht doch ein Ale? So lässt sich auch die Geschichte Chesters leichter vergegenwärtigen. Um einen ersten Überblick zu gewinnen, sollte man einen Spaziergang auf der alten Stadtmauer unternehmen.

In der Römerzeit hieß die Stadt *Deva Castra* und war ab dem Jahr 79 u. Z. eine der drei Garnisonsstädte in Britannien. Nach dem Abzug der Römer wurde Chester ein blühendes Handelszentrum. Die Burg war jedoch weiter militärisch bedeutsam, denn man hatte die feindlichen Waliser direkt vor der Haustür. Noch heute wird um 21 Uhr das Stadttor bei der Kathedrale symbolisch zugeschlossen, damit sich nachts kein "Feind" in die Stadt einschleichen kann. Im Handel mit diesen "Feinden" brachten es die Bürger der Stadt im Mittelalter jedoch zu nicht unerheblichem Wohlstand. Von Chester, einem der größten Häfen Englands, ging ein reger Handel mit Irland aus, und einige Schiffe fuhren sogar bis hinunter nach Portugal. Als jedoch der Fluss Dee langsam versandete, half auch der Versuch, einen neuen Kanal zu bauen, nichts mehr. Liverpool hatte der Stadt bereits den Rang abgelaufen.

Information/Verbindungen/Stadtführungen

• *Information*: **Chester Visitor Centre**, gegenüber dem Amphitheater findet sich diese Information, die bei der Zimmervermittlung behilflich ist und Prospektmaterial über die Stadt und Umgebung verteilt. Vicar's Lane, ✆ 01244-319019.

Tourist Information, Town Hall, Northgate, ✆ 01244-313126, 📠 315789 (gegenüber der Kathedrale).

Außerdem gibt es noch ein Büro am **Bahnhof**, ✆ 01244-322220.

• *Telefonvorwahl*: 01244

• *Verbindungen*: **Bus** – Busbahnhof in der Delamere Street (außerhalb des Northgate). Regelmäßige Anbindung über Birmingham, Coventry mit London/Victoria Station sowie nach Nordwales. Busse nach Schottland über Manchester, Preston und Carlisle. Verbindungen auch nach Cornwall (nach Penzance über Plymouth).

Zug – Hauptbahnhof nordöstlich vom Zentrum in der City Road/Foregate Street. Stündlich nach London/Euston Station; alle 30 Minuten nach Liverpool.

• *Stadtführungen*: Vom Visitor Centre aus finden täglich Stadtrundgänge statt: jeweils 10.30 Uhr, von April–Sept. auch um 14 Uhr (Erw. £ 4.50). Im Informationsbüro ist eine Liste mit weiteren Führungen erhältlich, die jeweils unter einem speziellen Motto stehen. Erkunden kann man die Stadt auch mit den offenen Bussen, die vom Bahnhof starten.

Adressen

• *Apotheke*: **Royal House Late Night Pharmacy**, 12 Upper Northgate Street, ✆ 379268. Täglich 9–22 Uhr.

• *Fahrräder*: **Davies Bros.**, 6–8 Cuppin Street, ✆ 01244-318899; **Bke Factory**, Delamere St., Boughton, ✆ 01244-317893. Jeweils um £ 15 pro Tag, £ 40 pro Woche.

• *Boote*: Am River Dee gibt es einige Unternehmen, die Ruder-, Tret- und Motorboote vermieten. Oder man macht einfach auf einem der Passagierschiffe eine kleine Rundreise (Preise in der Tourist Information).

• *Geldwechsel*: mehrere Banken auf der Eastgate Street.

• *Kino*: **Odeon**, Kreuzung Hunter St. und Northgate Street.

• *Krankenhaus*: in der Liverpool Road, ✆ 01244-365000.

• *Parken*: Es gibt zwei Arten von Parkplätzen, Long Stay und Short Stay Car Parks (beschildert). Für Besucher der Stadt empfehlen sich die Long-Stay-Parkplätze, die außerhalb der Stadtmauer liegen, aber auch günstiger sind. Von hier läuft man in wenigen Minuten ins Zentrum. Samstags allerdings sind nach 10 Uhr die meisten Parkplätze belegt.

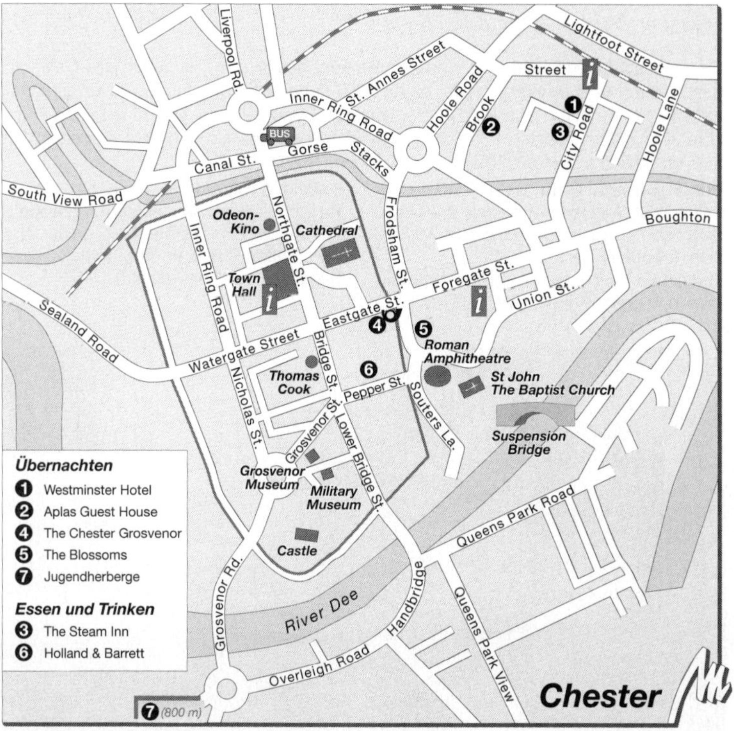

• *Polizei*: Grosvenor Road, ✆ 01244-350000.
• *Post*: 2 St John Street.
• *Waschen*: 35 Handbridge und Garden Lane.

Übernachten

Preiswerte B&Bs liegen an der *Hoole Road* oder in *Hoole* selbst (nordöstlich von Chester). Im Tourist Office ist ein Unterkunftsverzeichnis kostenlos erhältlich.

***** **The Chester Grosvenor (4)**, dieses wunderhübsche Fachwerkhaus steht in unmittelbarer Nachbarschaft zum Eastgate. Um die £ 200 kostet die Übernachtung in dem 1866 eröffneten Hotel; preiswerte Wochenendtarife. Eastgate Street, ✆ 01244-324024.

** **Dene Hotel**, etwa 20 Minuten zu Fuß von der Innenstadt entfernt liegt dieses freundliche Hotel mit angeschlossener französischer Brasserie; ab £ 35 pro Person. 95 Hole Road, ✆ 01244-321165.

The Blossoms (5), seit etwa 400 Jahren existiert dieses Hotel, die Inneneinrichtung ist jedoch auf dem neuesten Stand. Wochenendsparpreis ab ca. £ 45 pro Person. St. John Street, ✆ 01244-323186.

Westminster Hotel (1), ein weiteres Hotel mit Anspruch in einem viktorianischen Haus. B&B ab £ 35 (Normaltarif). City Road, am Bahnhof, ✆ 01244-317341.

Aplas Guest House (2), etwa fünf Minuten nordöstlich der Kathedrale. B&B £ 20. 106 Brook Street, ✆ 01244-312401.

• *Jugendherberge*: **Hough Green House (7)**, ganzjährig geöffnet. Gut ausgestattetes, großes viktorianisches Gebäude, ca. 1,5 Kilometer südwestlich der Kathedrale gelegen (auf der anderen Seite des Flusses). B&B Erw. £ 10.85, Jugendl. £ 7.85. 40 Hough Green, ✆ 01244-680056.

• *Camping*: **Chester Southerly Caravan Park**, März–Nov. geöffnet. Anfahrt über die A 483 (5 km). Zelte ab £ 8. Balderton Land, Marlston-cum-Lache, ✆ 01829-270697.

Nordwestengland
Karte S. 514

Essen und Trinken (siehe Karte Seite 517)

Die Innenstadt von Chester ist voller Bäckereien, denen zum Teil ganz nette Cafés angeschlossen sind. Außerdem gibt es rund 50 Pubs und Weinstuben, davon 22 innerhalb der Stadtmauern. Hier wird auch der größte Durst gelöscht. Günstige Lunch-Angebote sind in den meisten Pubs zu haben (auf Aushänge achten). Auf Studenten trifft man im **Telford's** am Kanal (nahe der nördlichen Stadtmauer).

Dutton's Health Food, nicht weit von der Kathedrale. Angeboten werden preiswerte Brötchen mit Käse oder Paté zum Mitnehmen. 8 Godstall Lane.

The Steam Inn (3), neben dem Westminster Hotel gelegenes Pub in der City Road.

Holland & Barrett (6), auch hier gibt es "Health Food" zum Mitnehmen, z. B. vegetarische *Pork Pies*. *Flapjacks* in großer Auswahl. Paddock Row (in der Einkaufsgalerie, Eingang Grosvenor Precinct).

Hier macht das Einkaufen Spaß

Veranstaltungen/Theater

Im Tourist Office kostenlos erhältlich ist die Broschüre *What's on in Chester* mit Veranstaltungstipps, Ausflugsmöglichkeiten und Terminen für die Stadtrundgänge.

Im Südwesten der Stadt (zu erreichen über die New Crane St.) liegt **The Rodee**, Chesters Pferderennbahn. Viermal pro Jahr (Anfang Mai, Ende Juni, Mitte Juli, Ende August) werden hier die ältesten Rennen Englands veranstaltet.

Eine große **Sportveranstaltung** findet zwischen Ende Juni und Anfang Juli statt. Neben einem Floßrennen auf dem River Dee werden zahlreiche andere Sportarten präsentiert. Informationen beim Tourist Office.

Beim **Summer Music Festival** rückt die Kathedrale in den Mittelpunkt. Zahlreiche Orchester und Bands geben hier Ende Juli Konzerte. Die Tourist Information klärt über die genauen Termine auf.

Gateway Theatre, auf dem Programm stehen Konzerte, Theatervorstellungen und Filmvorführungen. The Forum, Hamilton Place, ✆ 01244-340392 und 340393.

Sehenswertes

Town Wall: Einen schönen Gesamteindruck von Chester bekommt man bei einem Spaziergang über die drei Kilometer lange Stadtmauer. Die Römer hatten einst einen Wall um ihr Lager errichtet. Dieser bildete dann teilweise die Grundlage für die im Mittelalter erbaute Stadtmauer aus rotem Sandstein. Im Norden befindet sich der *King Charles' Tower*. Im September 1645 betrachtete der König vom Dach des Turmes aus die entscheidende Schlacht seines Heeres gegen die Parlamentarier (Battle of Rowton Moor). Innen ist heute ein kleines Museum eingerichtet, das an den Bürgerkrieg erinnert. In der nordwestlichen Ecke der Stadtmauer erhebt sich ein Eckpunkt der Stadtbefestigung, der *Water Tower*.

Öffnungszeiten: Beide Türme April–Okt. Sa 10–16 Uhr, So 14–17 Uhr. Eintritt: £ 1.

Eastgate/Newgate: Geht man von hier wieder südwärts, kommt man an der Kathedrale vorbei zum *Eastgate*, das auf fast jedem Bild von Chester zu finden ist. Als Haupteingang zur Stadt wurde es zum fünfzigjährigen Krönungsjubiläum Königin Victorias mit einem Uhrturm geschmückt. Von dort oben hat man einen guten Blick auf die Eastgate Street, die Haupteinkaufsstraße der Stadt. Nicht weit vom Eastgate findet man das moderne *Newgate* (1938).

Amphitheater: Geht man die Vicars' Lane einige Meter hinunter, stößt man auf das römische Amphitheater aus dem ersten Jahrhundert u. Z. Es wurde 1928 entdeckt, aber erst in den 1960er Jahren freigelegt und ist das größte römische Theater in England.

Öffnungszeiten: April–Sept. tgl. 10–18 Uhr, Okt.–März 10–13 und 14–16 Uhr. Eintritt frei.

Northgate: Bevor man schließlich bei seinem Mauerrundgang wieder am Ausgangspunkt anlangt, trifft man auf das Northgate. Anfang des 19. Jahrhunderts wurde das alte Stadttor mit Gefängnis durch ein neueres ersetzt.

Kathedrale: Von der Northgate Street gelangt man zur Kathedrale. Um die erste Jahrtausendwende wurde hier eine Kirche erbaut und der heiligen Werburgh geweiht. Ihr Schrein war Ziel der zahlreichen Pilger, die Chester im Mittelalter bereisten. In der Folgezeit wurde die Wallfahrtsstätte mehrmals umgebaut und zur Kathedrale erweitert. Der heutige Bau besteht aus Bauelementen des normannischen Stils, des Early English Style und des Perpendikularstils.

Öffnungszeiten: tgl. 9.30–18 Uhr.

Grosvenor Museum: Interessantes verspricht ein Besuch im Grosvenor Museum in der Grosvenor Street. Zwei Galerien beschäftigen sich mit der römischen Periode der Stadt. Ausgestellt sind außerdem Aquarelle, Zeichnungen und Drucke, die Chester darstellen oder Werke einheimischer Künstler sind.

Öffnungszeiten: Mo–Sa 10.30–17 Uhr, So 14–17 Uhr. Eintritt frei. 27 Grosvenor Street.

Chester Castle/Chester Military Museum: Wiederum eine Burg, die von Wilhelm dem Eroberer in Auftrag gegeben wurde. Vom ursprünglichen Gebäude ist seit dem Umbau im 18. Jahrhundert nicht mehr viel zu sehen. In einem Teil der Burg befindet sich ein Militärmuseum.

Öffnungszeiten: Burg April–Sept. tgl. 10–17 Uhr, Okt.–März nur bis 16 Uhr. Eintritt frei. Museum tgl. 10–17 Uhr. Eintritt: Erw. £ 2.

Nordwestengland
Karte S. 514

Liverpool

Wo der River Mersey in einem großen Bogen in die Irische See strömt, liegt Liverpool, eine Großstadt voller Gegensätze. Monumentale Büro- und Verwaltungsgebäude aus dem 19. und 20. Jahrhundert stehen Seite an Seite mit Bausünden aus den 1970er Jahren. Den einstigen Glanz der Metropole vermag nur das renovierte Albert Dock wiederzuspiegeln. Arbeitslosigkeit, Armut, leer stehende und verfallende Häuser in den Vorstädten gehören leider immer noch nicht völlig der Vergangenheit an.

Viele bringen die Stadt hauptsächlich mit ihrem bekanntesten Exportartikel in Verbindung – mit den *Beatles*. Immerhin findet noch jedes Jahr am Bank-Holiday-Wochenende im August das große *Mathew Street Festival* mit der Beatles-Woche statt, bei dem die ganze Stadt auf den Beinen ist und viele Touristen anreisen.

Die renovierten Albert Docks haben sich in letzter Zeit zu einem lebendigen kulturellen Zentrum mit einigen interessanten Museen sowie Cafés und Restaurants entwickelt. Das breite Flussbecken des Mersey (1,2 km) ist beeindruckend, und eine Fahrt auf einer Merseyfähre vermittelt nicht nur einen Eindruck von der ehemaligen Bedeutung der riesigen Hafenanlagen, sondern ermöglicht auch den besten Blick auf die Stadt selbst. Besonders aktiv wird Liverpool bei Nacht, denn viele Pubs haben eine Lizenz bis 1 oder 2 Uhr nachts, und aufgrund der lebhaften Musikszene kann man sich die unterschiedlichsten Konzerte ansehen. Die Einheimischen, "Scousers" genannt, kann man am besten mit dem deutschen Ausdruck "Herz und Schnauze" charakterisieren; sie sind freundlich und dennoch geradeheraus.

Bis ins 17. Jahrhundert hinein war Liverpool nicht viel mehr als ein kleines, unbedeutendes Fischerdörfchen. Erst als die Stadt im 17. Jahrhundert Chester den Rang als Handelshafen ablief, ging es bergauf. 1715 wurde das erste Dock eröffnet, und schon kurze Zeit später reihten sich auf über 11 Kilometern Länge die Docks aneinander. Aus Westindien und Amerika kam die Baumwolle, die dann in den Spinnereien und Tuchfabriken Lancashires weiterverarbeitet und schließlich wieder von Liverpool aus in die ganze Welt verschifft wurde. Eine zusätzliche Einnahmequelle bildete der Sklavenhandel mit Amerika.

1840 eröffnete Samuel Cunard den ersten Linienverkehr von Liverpool über Halifax nach Boston in der Neuen Welt. Binnen kurzer Zeit avancierte die Stadt zum bedeutenden Auswanderungshafen nach Amerika und Australien. Mehr als 9 Millionen Emigranten aus ganz Europa brachen zwischen 1830 und 1930 von hier aus auf, um in Übersee ein neues Leben zu beginnen. Die Hungersnot in Irland trieb in den 1840er Jahren die Iren nach Liverpool. Außerdem kam es zu Einwanderungswellen aus den Commonwealth-Gebieten in China und der Karibik. Da sich viele Ausreisewillige der unterschiedlichsten Nationalitäten letztendlich dazu entschlossen, vor Ort ansässig zu werden, entstand bald ein multikultureller Schmelztiegel. Dieses Völkergemisch ist unter anderem für den harten "Scouse"-Dialekt der Einheimischen verantwortlich. Noch zu Anfang des 20. Jahrhunderts begann man mit dem Bau zweier sehr unterschiedlicher Kathedralen, die allerdings erst in den 1960er und 1970er Jahren fertig gestellt wurden. Zu dieser Zeit war Liverpool aber schon im wirtschaftlichen Niedergang begriffen. Nach und nach mussten die Docks geschlossen werden, und wichtige Wirtschaftsunternehmen kehrten der Stadt den Rücken. Liverpool wurde zum Synonym der britischen Konjunkturschwäche.

Allein auf kulturellem Gebiet erlebte die Stadt in den 1960er Jahren einen Höhepunkt. Aus jedem Keller ertönte der neue Musiksound – der *Merseybeat*. Die *Beatles* mit Paul McCartney, John Lennon, George Harrison und Ringo Starr trugen ihn in die ganze Welt und wurden bald zur berühmtesten Popgruppe der Musikgeschichte.

Seit den späten 1980er Jahren ging es wirtschaftlich langsam wieder etwas bergauf, u. a. mit finanzieller Unterstützung durch die europäische Wirtschaftshilfe. Insbesondere im Stadtzentrum ist der Aufschwung spürbar, während in den Vororten immer noch überwiegend Arbeitslosigkeit und Armut das Bild bestimmen.

John Lennon

Information/Verbindungen

- *Information*: **Queen Square Centre**, hier gibt es Stadtpläne, Infos über die öffentlichen Verkehrsmittel sowie eine Zimmervermittlung. Der informative "Liverpool & Merseyside Visitor Guide" enthält die wichtigsten Informationen. Queen Square Shopping Centre, ✆ 0906-6806886 (von Deutschland ✆ 0044-151-7095111).

Ein kleineres Büro befindet sich im **Atlantic Pavilion** am Albert Dock, ebenfalls ✆ 0906-6806886.

- *Telefonvorwahl*: 0151

- *Verbindungen*: Allgemeine Informationen des Verkehrsverbundes *Merseytravel* für alle Verkehrsmittel unter ✆ 0151-2367676.

Bus – Der Busbahnhof befindet sich in der Norton Street nordöstlich des Bahnhofs. Fünfmal täglich verkehrt der National Express in alle großen Städte Englands. ✆ 0990-808080.

Zug – Lime Street Station, Lime Street; im Bahnhof befindet sich das *Lime Street Travel Centre*, wo man Fahrkarten kaufen kann. Von hier aus gibt es regelmäßige Verbindungen in alle größeren Städte. Fahrtzeit nach London: zweieinhalb Stunden. ✆ 08457-484950.

Merseyrail – An fünf unterirdischen Bahnstationen in der Stadt kann man auf den Zug zusteigen, der wie eine Untergrundbahn funktioniert: Lime Street, Central und unterhalb von Ranelagh/Bold Street. ✆ 0151-2367676.

Fähre – Vom Pier Head nahe dem Albert Dock starten Fähren nach Dublin (ca. 4 Std.) und Holyhead in Wales (2 Std.) sowie

Nordwestengland
Karte S. 514

auf die Isle of Man (allesamt nicht gerade billig). Über Abfahrtszeiten und aktuelle Tarife informiert die Tourist Information und der Fährenpavillon am Pier Head. Superseacat nach Irland, ✆ 015108705-523523. Außerdem kann man hier **Rundfahrten auf dem Mersey** buchen (um £ 3.50). ✆ 0151-6301030. Vgl. auch Sehenswertes "Pier Head und Merseyfähren".

Flughafen – Vom hiesigen Flughafen aus verkehren Jets nach Amsterdam, in verschiedene Städte Spaniens, nach Belfast, Nizza und auf die Isle of Man. ✆ 0151-2884000. Ein größerer internationaler Flughafen befindet sich in Manchester.

Adressen/Stadführungen

- *Apotheke*: **Moss Chemists**, 68–70 London Road.
- *Geldwechsel*: **Thomas Cook**, 75 Church Street; **American Express**, 54 Lord Street.
- *Kinos*: Einige Kinos befinden sich gegenüber der Lime Street Station sowie hinter dem Bahnhof auf der London Road.
- *Krankenhaus*: **Royal Liverpool University Hospital**, Prescot Street, ✆ 0151-7062000.
- *Polizei*: Church Street, ✆ 0151-7096010.
- *Post*: 23–33 Whitechapel.
- *Waschen*: **Liver Launderette**, 26 Princess Road.
- *Stadtführungen*: Die einstündige **Beatles Magical History Tour** bringt Beatles-Fans auf einem Doppeldeckerbus vom Albert Dock zu den bekannten Plätzen wie den *Strawberry Fields* und der *Penny Lane*; unterwegs erhält man einen Kommentar mit vielen Anekdoten rund um die Gruppe. Zu buchen in der Tourist Information, £ 10, Beginn 14.40 Uhr.

Neu ist das **Beatles-Combo-Ticket** (£ 15), das gleichzeitig den Eintritt zum Museum Beatles-Story, dem Cavern Club und für die obige Stadtrundfahrt umfasst und für eine ganze Woche gültig ist (Infos über Tourist Information).

In den Touristenbüros liegt eine Liste für weitere Führungen mit Preisen, Treffpunkten und Terminen aus.

Übernachten

In der Innenstadt gibt es nur wenige günstige B&B-Adressen, dafür kann man jedoch während der ruhigeren Jahreszeit gerade in den großen Hotels Vergünstigungen bekommen. Die Tourist Information kann Zimmer reservieren lassen, die bei Buchung im Hotel wesentlich teurer wären.

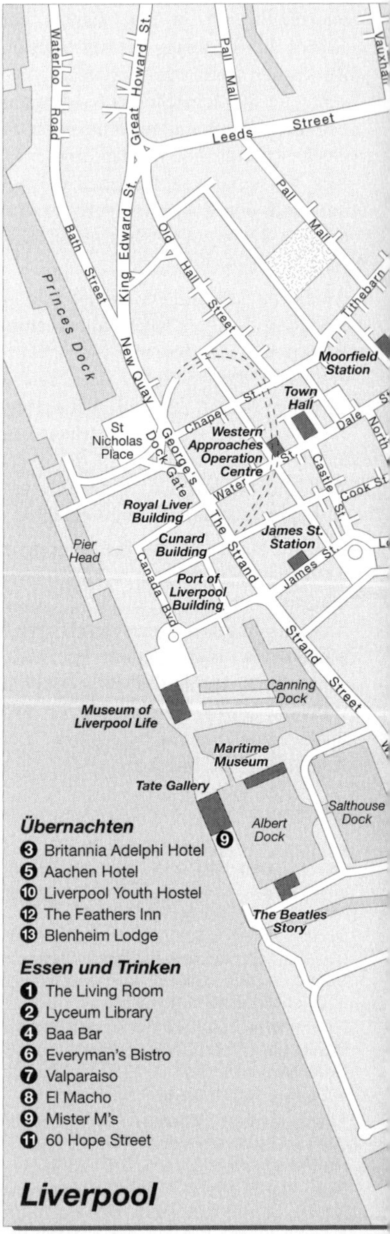

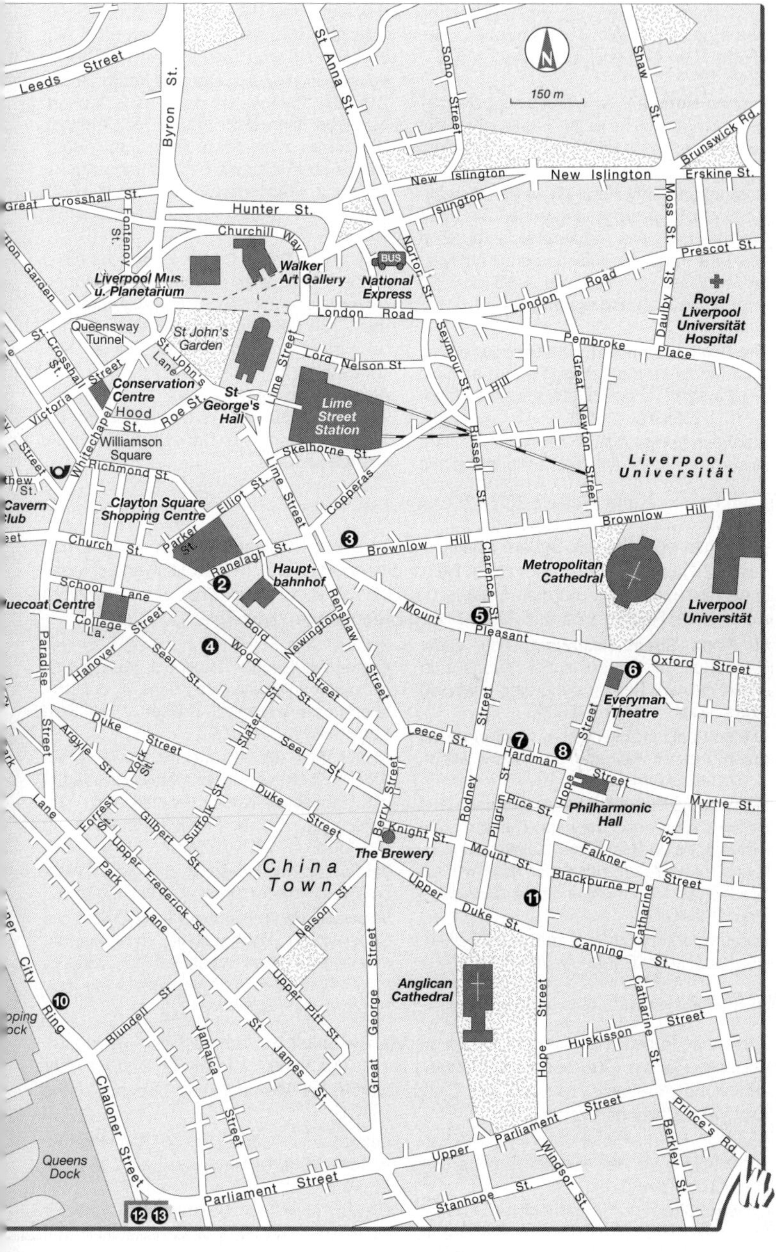
150 m
Leeds Street
Byron St.
St Anna St.
Soho Street
Shaw St.
Brunswick Rd.
Erskine St.
New Islington
Islington
Great Crosshall St.
Fontenoy St.
Hunter St.
Churchill Way
Moss St.
Prescot St.
Norton St.
Walker Art Gallery
National Express
Liverpool Mus. u. Planetarium
London Road
Daulby St.
Royal Liverpool Universität Hospital
Queensway Tunnel
St John's Garden
Lime Street
Lord Nelson St.
Seymour St.
Pembroke Place
Great Newton Street
Crosshall Street
St. John's Lane
Conservation Centre
St George's Hall
Lime Street Station
Hill
Victoria Street
Hood St.
Roe St.
Whitechapel
Williamson Square
Skelhorne St.
Russell St.
Richmond St.
Liverpool Universität
Cavern Club
Clayton Square Shopping Centre
Elliot St.
Copperas
Brownlow Hill
Church St.
Parker St.
Ranelagh St.
Hauptbahnhof
Clarence St.
Metropolitan Cathedral
School Lane
Bluecoat Centre
College La.
Hanover Street
Bold St.
Wood St.
Newington
Renshaw Street
Mount Pleasant
Liverpool Universität
Paradise Street
Seel St.
Oxford Street
Everyman Theatre
Duke Street
Argyle St.
York St.
Slater St.
Leece St.
Hardman St.
Rodney Street
Hope Street
Philharmonic Hall
Myrtle St.
Suffolk St.
Berry Street
Pilgrim St.
Rice St.
Forrest St.
Gilbert St.
Knight St.
The Brewery
Mount St.
Falkner Street
China Town
Nelson St.
Blackburne Pl.
Upper Frederick St.
Park Lane
Upper Duke St.
Catharine Street
Canning St.
Strand City Ring
Great George Street
Anglican Cathedral
Upper Pitt St.
Blundell St.
Jamaica Street
St. James St.
Huskisson Street
Hope Street
Upper Parliament Street
Prince's Rd.
Windsor St.
Berkley St.
Queens Dock
Chaloner Street
Parliament Street
Stanhope St.
BUS
2
3
4
5
6
7
8
10
11
12
13

*** **Carlton Blundellsands**, in einem der angenehmeren Vororte liegt diese gehobene Herberge in einem viktorianischen Gebäude. The Serpentine, Crosby, ✆ 0151-9246515.

Aachen Hotel (5), ausgezeichnete Herberge mitten in der Stadt mit Frühstücksbuffet ("all you can eat"); B&B ab £ 40 pro Person. 89–91 Mount Pleasant, ✆ 0151-7093477.

Britannia Adelphi Hotel (3), eines der größten Hotels in Liverpool und früher die Unterkunft für betuchte Transatlantikfahrer. Eine Tea-Time in der luxuriösen Lounge mit Kristalllüstern ist zu empfehlen. B&B ab £ 60 pro Person (DZ). Ranelagh Place, ✆ 0151-7080743.

The Feathers Inn (12), Familienpension mit allen Extras im Stadtzentrum, B&B ab £ 30 pro Person. 1 Paul Street, Vauxhall Road, ✆ 0151-2361203.

Blenheim Lodge (13), etwas außerhalb liegt dieses hübsche viktorianische Stadthaus (mit dem Auto 15 Minuten vom Stadtzentrum). Hier lebte einst der ehemalige Beatle Stuart Suttcliffe. B&B ab £ 33 pro Person. 37 Aigbuth Drive, Sefton Park, ✆ 0151-7277380.

• *Jugendherberge*: **Liverpool Youth Hostel (10)**, erst 1998 wurde diese neue Jugendherberge nahe dem Albert Dock eröffnet. Hier ist es zwar etwas teurer, aber dafür gibt es alle Extras wie Selbstbedienungsküche und Waschmaschine. Erw. £ 17.40, Jugendl. £ 13.10. 25 Tabley Street, ✆ 0151-7098888.

• *Camping*: **Wirral Country Park**, zunächst mit der Mersey-Fähre nach Woodside übersetzen, dann mit Bus 71 weiter (Fahrer fragen). Von der Bushaltestelle sind es dann noch rund 1,5 km zu Fuß. Zelt ab £ 4. Thurstaston, ✆ 0151-6484371.

Abbey Farm, hat nur zwölf Stellplätze für Zelte, aber 80 für Caravans. Zelt ab £ 4 (Auto £ 2 Zuschlag). Dark Lane, Ormskirk, ✆ 01695-572686.

Essen (siehe Karte Seite 522/523)

Läuft man vom Falkner Square über die Duke Street Richtung Zentrum, kommt man nach *Chinatown*. Insbesondre in der *Nelson Street* reihen sich relativ preiswerte chinesische Restaurants aneinander. Entlang der *Hope* Street und *Hardman Street* befinden sich weitere Restaurants; das *Albert Dock* ist ebenfalls ein guter Anlaufpunkt.

60 Hope Street Restaurant (11), Café-Restaurant mit europäischer Küche und guten Weinen. Reservierung empfohlen. 60 Hope Street, ✆ 0151-7076060.

El Macho (8), mexikanisches Restaurant mit guten *Frozen Margheritas*. Hope Street, ✆ 0151-7086644.

Everyman's Bistro (6), cooles Cafeteria-Bistro im Keller des Everyman-Theaters. Die Bistroküche umfasst Pizza, Salate und Ähnliches mehr. Auch Vegetarier kommen auf ihre Kosten. 9–11 Hope Street (Kreuzung Mount Pleasant).

Lyceum Library (2), befindet sich in einem klassizistischen Gebäude mit dicken Säulen vor dem Eingang und gehört zu den besten Adressen in Liverpool. Hier gibt es gehobene internationale Küche zu entsprechend bemessenen Preisen. 1a Bold Street, ✆ 0151-7097097.

Mister M's (9), im Atlantic Pavillion am Albert Dock untergebrachtes Restaurant mit Fischspezialitäten, vegetarischen Gerichten etc. Atlantic Pavilion, Reservierung empfohlen. ✆ 0151-7072202.

Tai Pan, alteingesessener und guter Chinese. Great Howard Street, ✆ 0151-2073888.

Valparaiso (7), lateinamerikanische/chilenische Spezialitäten, Fischgerichte und Vegetarisches. 4 Hardman Street, ✆ 1515-7086036.

Nachtleben

Zahlreiche Pubs konzentrieren sich um die *Mathew Street*, wo sich auch der wieder aufgebaute *Cavern Club* aus Beatles-Zeiten findet. Die Tourist Information verfügt über zahlreiche Adressen von Pubs und Clubs. Auch in der Abendzeitung *Liverpool Echo* sind Veranstaltungen verzeichnet.

Baa Bar, ein moderner Club, in dem spätabends DJs für die neusten Sounds sorgen. 43–45 Fleet Street.

Cavern Club, der ursprüngliche Cavern Club wurde hier originalgetreu wieder aufgebaut. Live-Auftritte Do–So, samstags im Anschluss Party Zone bis 3 Uhr. Mathew Street.

Cream, einer der beliebtesten Clubs für House und Techno mit Gastauftritten von bekannten DJs. Eintritt: £ 10–12, Türkontrolle. Wolstenhome Square.

Rawhide Comedy Club, im Albert Dock befindet sich dieser Club, in dem immer freitags und samstags bekannte Stand-up-Komiker auftreten. ✆ 0151-2832939.

Lomax & L2, hier gibt es Livemusik unterschiedlicher Bands sowie Themen-Discos am Wochenende (60ties/70ties, Indie etc.). Hotham Street, ✆ 0151-7079977.

The Lisbon, einfacher Schwulen-Pub, in dem aber auch Heteros willkommen sind. 35 Victoria Street.

The Living Room (1), Piano Bar mit gutem Restaurant und ausgezeichneter Cocktail-Bar. 15 Victoria Road.

The Picket, ein nettes Pub hinter dem Gewerkschaftsgebäude. Im Obergeschoss spielen oft gute Bands. 24 Hardman Street.

The Brewery, Pub mit eigener Hausbrauerei. In der oberen Etage spielen oft Bands. Bis 2 Uhr morgens geöffnet. 21–23 Berry Street.

Veranstaltungen/Konzerte/Theater

• *Festivals*: Das bekannteste Festival in Liverpool ist sicherlich das **Mathew Street Festival/Beatles Week**, das jeweils am Bank-Holiday-Wochenende im August stattfindet und bei dem die ganze Stadt in Beatles-Songs erklingt. Die Straßen der Innenstadt sind dann gesperrt, und überall sind Bühnen aufgebaut, auf denen Bands die unterschiedlichsten Cover-Versionen von Beatles-Hits spielen. Aus jedem Pub erdröhnen die Musikboxen, und Menschenmassen drängen sich fröhlich singend und tanzend durch die Gassen. An diesem Wochenende ist es so gut wie unmöglich, Eintritt in den Cavern-Club zu bekommen, denn es stehen lange Warteschlangen davor. Zusätzlich gibt es meist noch einen Jahrmarkt in der Innenstadt. Hier kann man drei kulturgeladene Tage verbringen, besonders attraktiv ist, dass der Straßenverkehr völlig eingestellt ist und man ungehindert von Veranstaltung zu Veranstaltung pilgern kann. Wer die ganze Beatles-Woche erleben will, muss bereits am Donnerstag vor dem Wochenende anreisen und bis Dienstag bleiben. Das *Liverpool Echo* druckt für jeden Tag eine Sonderausgabe (in jedem Zeitungsladen erhältlich), in der alle Auftritte mit Standpunkt der Bühnen aufgelistet sind.

• *Fußball*: Liverpool hat zwei Fußballmannschaften, die (derzeit) in der Premier League, der ersten Liga des englischen Fußballs, spielen: den **FC Liverpool**, der Rekordmeister Englands , und den weniger erfolgreichen **FC Everton**.

Der FC Liverpool spielt im Anfield-Stadion, das man mit dem Bus Nr. 17 erreicht; Eintrittskarten unter ✆ 0151-2608680.

Der FC Everton ist im Goodison Park zu Hause, den man am besten mit Bus Nr. 19 anfährt; ✆ 0151-3302300. Das englische System, nach dem fast nur noch Langzeit-Mitglieder die überteuerten Tickets erstehen können, lässt allerdings die Chancen für ein Ticket recht gering werden.

Liverpool Football Club Museum & Tour Centre: Wer kein Glück beim Ergattern einer Karte hatte, kann daher zum Trost an einer Besichtigung des Stadions mit Museum teilnehmen; diese Führungen finden natürlich nur statt, wenn nicht gespielt wird, ✆ 0151-2606677.

• *Pferderennen*: Am ersten Wochenende im April findet das in aller Welt wegen der brutalen Behandlung der Pferde umstrittene Hindernisrennen **Grand National** in Aintree statt. Dieses Hindernisrennen bildet in Großbritannien einen Höhepunkt des Pferdesports. Jeder, der etwas auf sich hält, wettet auf ein Pferd und verfolgt dann das Rennen zumindest am Bildschirm. Tierschützer protestieren jedes Jahr aufs Neue, da bei jedem Rennen mehrere Pferde stürzen und sich so schwer verletzen, dass sie notgeschlachtet werden müssen. Aber nicht nur für die Pferde, sondern auch für die Jockeys kann das Rennen gefährlich werden, wie sich in der Vergangenheit gezeigt hat.

• *Konzerte*: Das **Royal Liverpool Philharmonic Orchestra**, das zu den besten Englands zählt, tritt regelmäßig in der Philharmonic Hall in der Hope Street auf. Im Juli finden auch Freiluftkonzerte am Albert Dock statt.

• *Theater*: Im August findet jeweils das **Brouhaha Straßentheaterfestival** mit Auftritten von Gruppen aus aller Welt statt.

Everyman Theatre, eines der interessantesten Theater mit einer guten Mischung aus alten und modernen Stücken sowie Comedy und Konzerten. 1 Hope Street, ✆ 0151-7094776.

Bluecoat Centre, ebenfalls eine ausgefallene Mischung aus Theater, Tanz, Lesungen

Nordwestengland
Karte S. 514

und Ausstellungen wird in diesem alten Fabrikbau aus dem 18. Jahrhundert geboten. School Lane, ✆ 0151-7095297. Ausstellungen sind jeden Tag von 10.30–17 Uhr zu besichtigen. Außerdem gibt es ein nettes Café.

Beatlemania und Mersey-Beat

Ein Phänomen ganz besonderer Art breitete sich in den *Swinging Sixties* von Liverpool wie ein Virus aus, bis es die ganze Welt erfasst hatte: die *Beatlemania*. Sie ließ mehr Frauen ohnmächtig werden als die Schwindsucht und nötigte die meisten Frisöre der Welt dazu, den völlig unvorteilhaften "Langhaar"-Pilzschnitt in ihr Repertoire aufzunehmen. Im Gegensatz zu vielen anderen Bands ihrer Zeit schafften die "Fab Four" den Sprung zur Unsterblichkeit. Die frühe "Boygroup" zeichnete sich durch die unaufhörliche Produktion von Ohrwürmern aus und eroberte schon bald die Medien. Der Refrain "yeah, yeah, yeah" wurde zum Ausdruck für das Lebensgefühl der 1960er Jahre.

Dass die Erinnerung an die Beatles noch heute gepflegt wird, merkt man besonders in der Mathew Street. Der *Cavern Club*, wo die Beatles 1961 zum ersten Mal auftraten, wurde zwar bereits 1966 geschlossen, doch 1973 erbaute man einen neuen Club (Hausnr. 10) und benutzte dabei angeblich Baumaterial des Originals. Gleich gegenüber befindet sich die *Wall of Fame*, wo kleine Metallplaketten mit Namen berühmter Musiker angebracht sind. Außerdem befindet sich hier eine lebensgroße Bronzestatue von John Lennon, neben der sich natürlich jeder gerne fotografieren lassen möchte. Souvenirjäger treffen sich im *Beatles Shop* (Hausnr. 31), wo man fast alles kaufen kann, was an die Gruppe erinnert.

Wer mehr über die Hintergründe erfahren will, sollte im Albert Dock das Museum *The Beatles Story* besuchen (s. u.). Zum Abschluss sollte man dann unbedingt noch die Stadtrundfahrt zu den Originalschauplätzen mitmachen (s. o.).

Der Merseybeat bescherte noch weiteren Gruppen in den 1960ern große Erfolge. Unvergesslich ist sicher der Song von *Gerry and the Pacemakers*, der noch heute auf den Merseyfähren gespielt wird: "O Ferry, cross the Mersey". Ein weiterer englischer Dauerhit ist "You'll never walk alone" von der gleichen Gruppe – die Hymne des Fußballclubs FC Liverpool.

Sehenswertes

Zentrum

St George's Hall: Gleich gegenüber vom Hauptbahnhof erhebt sich in der Lime Street die ehrwürdige *St George's Hall*. Sie wurde von 1838 bis 1854 im klassizistischen Stil erbaut und ist einer der Prunkbauten, die den Reichtum Liverpools durch den Transatlantikhandel widerspiegeln. Die knapp 1.800 Menschen fassende Halle ist leider nur im Juli und August für Publikum geöffnet. Dann finden unter anderem Konzerte auf der schönen Orgel statt, die zu den größten in Europa zählt.

Öffnungszeiten: Mitte Juli bis Ende August Mo–Sa 10.30–16.30 Uhr. Eintritt: £ 3. ✆ 0151-7072391.

Liverpool Museum and Planetarium: Auf der William Brown Street steht ein weiteres auffälliges Gebäude, in dem dieses Museum für Naturgeschichte, Archäologie und Völkerkunde untergebracht ist (mit Ausstellungsstücken aus der ganzen Welt). Außerdem gibt es interessante Sonderausstellungen und eine Abteilung mit Wissenswertem über das Weltall.

Öffnungszeiten: Mo–Sa 10–17 Uhr, So 12–17 Uhr. Eintritt: £ 3, Planetarium nochmals £ 1.

Walker Art Gallery: Gleich daneben befindet sich eine der schönsten Kunstausstellungen Englands, die Walker Art Gallery. Europäische Malerei vom Mittelalter bis heute ist hier unter einem Dach versammelt. Neben Werken von Rembrandt und Poussin findet man Gemälde von Degas, Cézanne und Monet, aber auch britische Maler wie Turner.

Öffnungszeiten: März–Sept. Mo–Sa 10–17 Uhr, So 12–17 Uhr. Eintritt: £ 3.

Mathew Street: Auf dem Weg hinunter zum Hafen bietet sich ein Spaziergang durch die Mathew Street an, vorbei am Cavern Club, dem Cavern Pub und dem Beatles Shop (s. Kasten).

Mathew Street Gallery: Diese Galerie hat sich auf die Kunst von *John Lennon* spezialisiert, der neben seiner Hauptbeschäftigung als Musiker auch zeichnete und Bücher schrieb.

Öffnungszeiten: Mo–Sa 10–17 Uhr, So 11–16 Uhr. Eintritt frei. ✆ 0151-2360009.

Western Approaches Operations Centre: Von diesem unterirdischen, labyrinthartigen Gebäudekomplex in der Rumford Street wurden von 1941 bis Kriegsende angloamerikanische Angriffe auf Nazi-Deutschland koordiniert. Die Einrichtung wurde restauriert, auch die riesigen Landkarten hängen wieder an den Wänden.

Öffnungszeiten: März–Okt. Mo–Do und Sa 10.30–16.30 Uhr. Eintritt: £ 5.

Pier Head und Albert Dock

Royal Liver Building: Eines der markantesten und prunkvollsten Gebäude am Hafen ist das Royal Liver Building. Es hat zwei Uhrtürme mit weißen Kuppelaufsätzen, auf denen je ein Liver-Bord (Kormoran) sitzt. Diese Vögel, die das Wahrzeichen der Stadt sind, sind auch auf dem Stadtwappen zu sehen und haben unter Umständen etwas mit der Namensgebung der Stadt zu tun.

Öffnungszeiten: Nur geführt Rundgänge nach Anmeldung. April–Sept. Mo–Fr 14 Uhr. Eintritt frei. ✆ 0151-2362478.

Cunard Building: Mitte des 19. Jahrhunderts eröffnete Samuel Cunard den ersten Linienverkehr für die Passagierschifffahrt nach Amerika, der von Liverpool nach Boston führte. In diesem viereckigen Bau befand sich damals die Verwaltung. Die Firma Cunard Whitestar baute später auch die *Titanic*, die allerdings vom Hafen in Southampton an der Südküste Englands startete. Die Schiffe der Cunard Line, unter anderem die weltberühmte *Queen Elizabeth II*, überqueren heute immer noch den Atlantik, allerdings nicht mehr von Liverpool aus, sondern ebenfalls von Southampton.

Titanic Memorial: Westlich der beiden eben genannten Gebäude wurde ein Gedenkstein für die auf der Titanic umgekommenen Maschinisten errichtet.

Pier Head und Merseyfähren: Direkt am Wasser befindet sich der Pier Head. Wo früher die großen Passagierschiffe an- und ablegten, ist heute kaum

Karte S. 514

noch etwas los. Einzig die *Mersey Ferries* sorgen noch für ein wenig Bewegung. Von hier aus fahren sie nach Birkenhead und Seacombe. Eine Fahrt auf diesen Fähren gehört zu einem gelungen Liverpool-Ausflug einfach dazu, da man vom Wasser aus einen besonders guten Blick auf die Hafenanlagen und die Stadtsilhouette hat. Fahrkarten erhält man im Pavillon schräg gegenüber der Anlegestelle.

Abfahrten: Mo–Fr 10–15 Uhr, am Wochenende 10–18 Uhr. Erw. £ 3.50. Eine Rundfahrt dauert etwa 50 Minuten.

Albert Dock: Wenn Sie von hier aus in südlicher Richtung am Pier entlangspazieren, sehen Sie bereits die weitläufigen Anlagen des Albert Dock. Es entstand um 1846, der Blütezeit Liverpools, unter der Anleitung des Ingenieurs Jesse Hartley. Fünfstöckige Lagerhallen aus rotem Ziegelstein mit mächtigen Pfeilern bildeten die Kolonnaden um das Bassin. Als die Schiffe zu Beginn des 20. Jahrhunderts immer größer und schwerer wurden und damit auch größeren Tiefgang erreichten, wurden die Docks langsam unbrauchbar. Das letzte Schiff lief hier im Jahr 1972 aus. Bis Anfang der 1990er Jahre wurden die Lagerhallen saniert und umgebaut; heute sind sie eine der Hauptattraktionen der Stadt. Einen ganzen Tag kann man hier damit verbringen, durch Museen und Geschäfte zu wandern und sich anschließend in den schicken Cafés und Restaurants zu verköstigen, die in den Kolonnaden untergebracht sind.

Museum of Liverpool Life: Bevor man die Kolonnaden betritt, sollte man sich dieses Museum anschauen, das direkt am Hafenbecken außerhalb des Docks liegt. Dort wird die Vergangenheit und Gegenwart der Stadt anhand zahlreicher Ausstellungsstücke veranschaulicht. Besonderen Stellenwert nehmen die Aktivitäten der Gewerkschafts- und die Frauenbewegung zu Beginn des 20. Jahrhunderts ein. Es werden aber auch die Unruhen in den 1980er Jahren im Stadtteil Toxteth dokumentiert, wo Arbeitslose auf die Barrikaden gingen.

Tgl. 10–17.30 Uhr. Eintritt: £ 4, Pensionäre ab 60 J. und Kinder unter 16 J. frei.

Merseyside Maritime Museum: Eines der im Dock untergebrachten Museen ist das Maritime Museum, das einen ganzen Flügel der Anlage einnimmt. Zahlreiche Schiffsmodelle und Schautafeln zeichnen die Geschichte des Hafens nach. Als Mitte des 19. Jahrhunderts die große Auswanderungswelle aus Europa nach Amerika und Australien einsetzte, entstanden im Zentrum von Liverpool ganze Straßenzüge mit kleinen Hotels, in denen die Emigranten bis zur Auswanderung Unterkunft fanden. Eine dieser Straßen ist im Museum nachgestellt. Auch über den Sklavenhandel gibt es eine ausführliche Dokumentation. In der vierten Etage befindet sich ein nettes Café-Restaurant. Von hier oben hat man eine schöne Aussicht auf das Royal Liver Building.

Täglich 10–17 Uhr. Eintritt: £ 4. Pensionäre ab 60 und Kinder unter 16 frei.

Tate Gallery Liverpool: Dieses Museum ist ein Ableger der Tate Gallery London. Zum Museum gehört ein Café mit Außenterrasse, die das Dock überblickt. Der einstige Spender des Museums, Sir Henry Tate, betrieb in Liverpool eine Zuckerfabrik.

Di–So 10–18 Uhr. Eintritt für die ständige Ausstellung frei, Sonderausstellungen um £ 3.

The Beatles Story: Im südlichen Flügel des Docks ist das Beatles-Museum untergebracht. Hier wird die Erfolgsgeschichte der Band nachgezeichnet. Berücksichtigt werden auch die Solokarrieren der Bandmitglieder nach der Auflösung der Gruppe.

März–Okt. tgl. 10–18 Uhr, Nov.–Feb. 10–17 Uhr. Eintritt: Erw. £ 8.

Die Kathedralen

Metropolitan Cathedral: Geht man von der Lime Street Station in Richtung Osten auf den Mount Pleasant hinauf, gelangt man zur katholischen *Metropolitan Cathedral of Christ the King*. Der Bau, der einem riesigen Zelt mit einer spitzen Krone ähnlicher sieht als einer Kirche, wird von den Einwohnern entsprechend "Paddy's Wigwam" genannt. Die Stahl-Beton-Konstruktion mit großen farbigen Fenstern und einem Glasturm wurde 1967 fertig gestellt.

Anglican Cathedral: Nur wenige hundert Meter entfernt (über die Rodney oder Hope Street zu erreichen) erhebt sich auf einem kleinen Hügel die anglikanische Kathedrale. Sie sieht um Jahrhunderte älter aus als ihr katholisches Pendant, ist aber tatsächlich elf Jahre jünger. Nach Plänen von Sir Giles Gilbert Scott wurde dieses letzte neogotische Großprojekt ab 1904 gebaut, aber erst 70 Jahre später fertig gestellt. Die Kathedrale ist die fünftgrößte neogotische Kirche der Welt. Im 100 Meter hohen Turm hängt ein Glockenspiel, dessen schwerste Glocke vier Tonnen wiegt. Im Kircheninneren erwähnenswert ist besonders die Willis-Orgel, die mit ihren 9.704 Pfeifen ebenfalls zu den größten der Welt gehört. Einen überwältigenden Ausblick über Liverpool und die walisischen Hügel hat man vom Turm, den man besteigen kann. Interessierte können auch an einer kostenlosen Führung durch die Kirche teilnehmen.

Öffnungszeiten: Tgl. 8–18 Uhr. Eintritt: Kirche frei (Spenden erbeten), Turm £ 2. Informationen über Führungen unter ✆ 0151-7096271.

Manchester

Wie die anderen Industriestädte des Nordens, Liverpool und Leeds, ist auch Manchester, die ehemalige Hochburg der Arbeiterbewegung, seit geraumer Zeit damit beschäftigt, sein Image als trostlose Industriewüste abzuschütteln. 1996 legte ein Bombenanschlag durch die IRA große Teile der Innenstadt in Schutt und Asche. Dieses traurige Ereignis nahm man zum Anlass, der Stadt ein neues, zeitgemäßes Gesicht zu verleihen. Die Musikszene Manchesters brachte einige der größten Bands der 1990er Jahre hervor.

Wer durch die Vororte in die Stadt fährt, bekommt noch einen Eindruck davon, wie das "alte Manchester" mit den Arbeiterhäuschen aus rotem Backstein ausgesehen hat. Teile der Innenstadt wurden jedoch bereits im Zweiten Weltkrieg zerstört und in den 1960er Jahren mit unansehnlichen Hochhäusern wieder aufgebaut. Die nochmalige Zerstörung durch die IRA hat bewirkt, dass die Innenstadt – im Gegensatz zu vielen Vororten – nun einen ganz anderen Charakter gewonnen hat. Die Stadt ist lebhaft, und man spürt, dass hier eine kulturelle Szene vorhanden ist. Besonders der Stadtteil *Castlefield* und das Gebiet um die *Canal Street* (das *Gay Quarter*), die beide am Kanalufer liegen, bieten zahlreiche Cafés, Restaurants und Clubs, wo man besonders im Sommer auch gut draußen sitzen kann (wenn es gerade mal nicht regnet). Außerdem gibt es gute Einkaufsmöglichkeiten. Viele Besucher kommen sogar einzig wegen des hervorragenden Nachtlebens und der guten Musikszene hierher. Aus Manchester stammen beispielsweise die Bands *Oasis*, *M-People* und *Simply Red*, um nur die bekanntesten zu nennen. Und mit ein wenig Glück wird man Zeuge eines Live-Auftritts einer Band, die vielleicht schon morgen an der Spitze der Charts steht. Andere wiederum sind Anhänger des traditionsreichen Fußballclubs *Manchester United*, der sich wiederholt die englische Meisterschaft sicherte und seit einigen Jahren unangefochten die *Premier League*, die höchste englische Spielklasse, dominiert.

Nordwestengland
Karte S. 514

Das Rathaus ist das Wahrzeichen

Im heutigen Manchester spürt man nur wenig von dem Geist, der hier während der 19. Jahrhunderts herrschte, als die ehemals kleine Stadt durch den Import von Baumwolle zur führenden Industriestadt in England und zur Keimzelle der Industriellen Revolution wurde. Durch die Verbesserungen in der Spinn- und Webtechnik und den Einsatz dampfbetriebener Maschinen entwickelte sich Manchester bald zum Zentrum der baumwollverarbeitenden Industrie Europas. Kanäle und ab 1830 auch Eisenbahnlinien bildeten die Transportwege für die Güter. Der *Manchester-Ship-Canal* sollte eine Verbindung zur See herstellen und damit den Konkurrenten Liverpool übertrumpfen. Die Entstehung der Industriegesellschaft hatte natürlich auch ihre bekannten Schattenseiten, denn große Teile der Bevölkerung arbeiteten unter unmenschlichen Bedingungen und lebten in unzumutbaren und verarmten Verhältnissen. Am 16. August 1819 fanden sich in den *St Peter's Fields* 80.000 Arbeiter- und Arbeiterinnen sowie Kinder ein, um gegen diese Verhältnisse während einer genehmigten Demonstration zu protestieren. Im letzten Moment wollte die Stadtverwaltung die Kundgebung verhindern und ließ die Versammlung von berittenen Truppen auseinander treiben. Dabei gab es zwölf Tote und Hunderte von Verletzten. Der Tag ging als das *Massaker von Peterloo* in Englands Geschichte ein. Eine Gedenktafel an der *Free Trade Hall*, St Peter's Street, markiert den Ort des Geschehens.

1842 kam *Friedrich Engels* nach "Cottonopolis", um in der Fabrik seines Vaters Erfahrungen zu sammeln. Seine Eindrücke von den sozialen Problemen hielt er in seinem Buch "Die Lage der arbeitenden Klasse in England" fest, Gedanken, die später auch in das mit Karl Marx zusammen verfasste "Kommunistische Manifest" Eingang fanden.

Mitte des 20. Jahrhunderts kam es auch in Manchester zur Stilllegung der meisten Industrieanlagen und zu großer Arbeitslosigkeit. Inzwischen haben sich allerdings wieder viele große Unternehmen hier angesiedelt, und auch die Film- und Musikindustrie spielt eine wichtige Rolle. Die zweitwichtigste Fernseh-Soap-Opera der Nation, *Coronation Street*, spielt ebenfalls in Manchester.

Information/Verbindungen/Stadtführungen

• *Information*: **Town Hall Extension**, hier gibt es viel Prospektmaterial über Manchester und die Region, kostenlose Straßenkarten und den monatlichen Veranstaltungskalender "What's On"; außerdem Zimmervermittlung. Lloyd Street (Albert Square), ✆ 0161-2343157, 📠 2369900. 24-Stunden-Information unter ✆ 0906-8715533.

Ein weiteres Informationszentrum befindet sich im **Manchester Airport**, Terminal 1, International Arrivals, ✆ 0161-4363344.

Außerdem gibt es Filialen in den Vororten von Greater Manchester, z. B. Salford und Trafford.

• *Telefonvorwahl*: 0161

• *Verbindungen*: **Bus** – Chorlton Street Coach Station (westlich vom Piccadilly-Bahnhof) ist der größte Busbahnhof in Manchester. Von hier starten National-Express-Busse regelmäßig in alle größeren Städte. Außerdem gibt's hier eine Gepäckaufbewahrung. Der Lokalverkehr wird von Stagecoach und der Straßenbahn bedient, der wichtigste Knotenpunkt ist Piccadilly Garden nur einige Meter weiter nördlich.

Straßenbahn – Die Metrolink-Straßenbahn fährt quer durch das Stadtzentrum und verbindet mit den Außenbezirken, u. a. auch mit dem Stadion Old Trafford im Südwesten. Wichtigste Stationen der Innenstadt: G-Mex (Castlefield), Central Library und Piccadilly Station.

Zug – Manchester hat fünf Bahnhöfe. Piccadilly Station liegt im Osten der Stadt (London Road). Hier halten Züge aus dem Süden, Westen und Osten (das Gleiche gilt für die Oxford Road Station). Für den Norden ist die Victoria Station zuständig.

Flug – Manchester International Airport liegt etwa 20 km südlich des Zentrums und ist mit der Bahn gut zu erreichen. Dieser eher unansehnliche Flughafen ist der zweitgrößte in England und bietet zahlreiche Verbindungen in die ganze Welt.

• *Stadtführungen*: Das Tourist Office organisiert zahlreiche Führungen, die unter den unterschiedlichsten Mottos stehen. Lassen Sie sich eine Liste mit den Angeboten geben. Zu manchen Führungen muss man sich zuvor anmelden (£ 3). Interessant ist z. B. eine Tour durch Castlefield (*Castlefield Guided Tour*) oder eine Bootsrundfahrt durch die Kanäle (*City Centre Cruises*).

Adressen

• *Apotheke*: **Cameolord Ltd.**, 7 Oxford Street. Tgl. rund um die Uhr geöffnet.

• *Einkaufen*: Es gibt mehrere große Einkaufszentren in der Stadt, unter anderem das **Arndale Centre** zwischen Market Street und Cannon Street im Nordosten oder das neue **Millennium Quarter** gleich gegenüber in der Corporation Street. Ein Stück weiter südlich in der St. Ann Street befindet sich das **Royal Exchange Shopping Centre** mit ausgefallenen Läden. Entlang der **Deansgate** und **King Street** finden sich teure Designerboutiquen. In der Oldham Street im **Northern Quarter** trifft man auf die meisten Plattenläden.

• *Geldwechsel*: alle größeren Banken im Stadtzentrum.

• *Kinos*: **Odeon**, 1 Oxford Street; **Cornerhouse**, 70 Oxford Street; **Belle Vue Showcase Cinema**, Hyde Road Bellevue; **UCI Cinemas/Imax 3D-Kino**, Printworks Entertainment Complex, Millennium Quarter.

• *Krankenhäuser*: **Manchester Royal Infirmary and Royal Eye Hospital**, Oxford Road, ✆ 0161-2761234.

Dental Hospital (Zahnklinik), ✆ 0161-2756666.

• *Polizei*: Bootle Street, ✆ 0161-8725050.

• *Post*: 26 Spring Gardens.

• *Waschen*: **Mr. Bubbles**, 244 Wilmslow Road, Fallowfield, etwa 1,5 km vom Zentrum.

Übernachten (siehe Karte Seite 533)

In Manchesters Zentrum gibt es zahlreiche Hotels, die auf Geschäftsreisende zugeschnitten sind. Das bedeutet für Budget-Traveller, dass sie auf der Suche nach erschwinglichen Unterkünften meist in die Vororte ausweichen müssen.

Britannia Sachas Hotel (2), modernes Hotel im Zentrum mit Gymnastikraum und Swimmingpool; B&B ab £ 66 pro Person. Tib Street, Piccadilly, ✆ 0161-2281234.

Walkabout Inn (3), modernes Hotel in der Nähe des Zentrums, alle Zimmer mit Sat-TV/Telefax, wenn erwünscht; B&B ab £ 36 pro Person. 13 Quay Street, ✆ 0161-8174800.

Hazlemere Hotel (12), Hotel im Stadtteil Trafford, in der Nähe der Haltestelle der Metrolink-Straßenbahn und des Stadions; B&B ab £ 36 pro Person. 69 Northenden Road, Sale, Trafford, ✆ 0161-9739464.

Monroe's Hotel (7), die Lage gegenüber dem Bahnhof ist zwar zentral, aber nicht besonders ruhig, dafür ist dies eine freundliche und recht preiswerte Unterkunft; B&B ab £ 26 pro Person. 38 London Road, ✆ 0161-2360564.

Lindeth (13), einfache Privatpension mit guter Anbindung ans Zentrum, in der Nähe gibt es Pubs und Restaurants. B&B ab £ 18. 2 Goulden Road, Whitington, ✆ 0161-2837407.

• *Jugendherbergen*: **Potato Wharf (8)**, ganzjährig geöffnet. Neu eröffnetes Haus mit 160 Betten in Zentrumsnähe; zu erreichen zu Fuß oder mit der Straßenbahn (Station G-Mex aussteigen). Übernachtung ohne Frühstück Erw. £ 17.40, Jugendl. £ 13.10. Castlefield, ✆ 0161-8399960.

Woodies Backpackers (1), Schlafsäle sowie Einzel- und Doppelzimmer bietet diese freundliche Herberge in der Nähe des Zentrums, es gibt eine Selbstbedienungs-Küche; ab £ 12 pro Person. 19 Blossom Street, Ancoats, ✆ 0161-2283456.

Essen

In *Chinatown* gibt es zahlreiche gute und preiswerte Restaurants. Am *Albert Square* und rund um die *Deansgate* finden sich Bistros im europäischen Stil und in *Castlefield* feine Restaurants – hier ist abends auch am meisten los. Wer richtig gut indisch essen will, muss sich nach "Klein-Asien", d. h. in den Stadtteil *Rusholme* im Südosten, begeben. Hier findet man allein auf der *Wilmslow Road* an die 50 Restaurants, die das gesamte Repertoire der indischen Küche abdecken!

Beaujolais Restaurant (5), ältestes französisches Restaurant von Manchester. Wechselnde Gerichte zu mittleren Preisen. 70 Portland Street, Reservierung empfohlen, ✆ 0161-2363333.

Castlefield Hotel (9), moderne englische Küche mit europäischen Einschlägen serviert dieses Restaurant an der Castlefield-Werft. Liverpool Road, Castlefield, ✆ 0161-8327073.

Cornerhouse Café (11), gemütliches Café in der zweiten Etage einer Kunstgalerie. Angeboten werden auch Salate, Snacks und Kuchen. 70 Oxford Street.

Dmitri's (10), griechisches Restaurant in Castlefield mit Außenterrasse und einer Bar im Keller. Campfield Arcade, Tonman Street, Castlefield.

El Machos Cantinas (6), große Auswahl an mexikanischen Gerichten zu mittleren Preisen. Dazu trinkt man Margheritas. 103 Portland Street.

Pacific (4), dieses zeitgemäße Restaurant hat zwei Ebenen, eine für Thai-Küche und eine für chinesische Küche. 58–60 George Street, ✆ 0161-2360191.

Teppanyaki (4), japanisches Restaurant, Zubereitung der Gerichte direkt am Tisch. 58–60 George Street, ✆ 0161-2282219.

Nachtleben

Vor allem das Nachtleben ist es, wofür Manchester so bekannt ist. Die hiesige Musikszene wird momentan nur durch die Londoner übertroffen. In zahlreichen Clubs spielen Live-Bands auf. Seit Jahren werden in Manchester Musiktrends geboren, die sich dann weltweit ausbreiten. So löste die Gruppe *Oasis* in den 1990er Jahren eine "Britpopwelle" aus. Die großen Rock- und Pop-Konzerte finden in einem der beiden Fußballstadien (s. S. 534) oder im G-Mex statt. Das *Northern Quarter* und der Stadtteil *Castlefield* bieten viele Café-Bars, in denen abends DJs auflegen. Das "Gay Village" um die Princess Street garantiert Unterhaltung bis spät in die Nacht. Über das laufende Programm informiert man sich im *City Life* oder in den *Manchester Evening News*.

21 Piccadilly Discothèque, donnerstags gibt es hier Musik aus den 1970ern und 80ern, am Wochenende gängige Chart-Hits. 21 Piccadilly Gardens, ✆ 0161-2367825.

Academy, befindet sich auf dem Campus

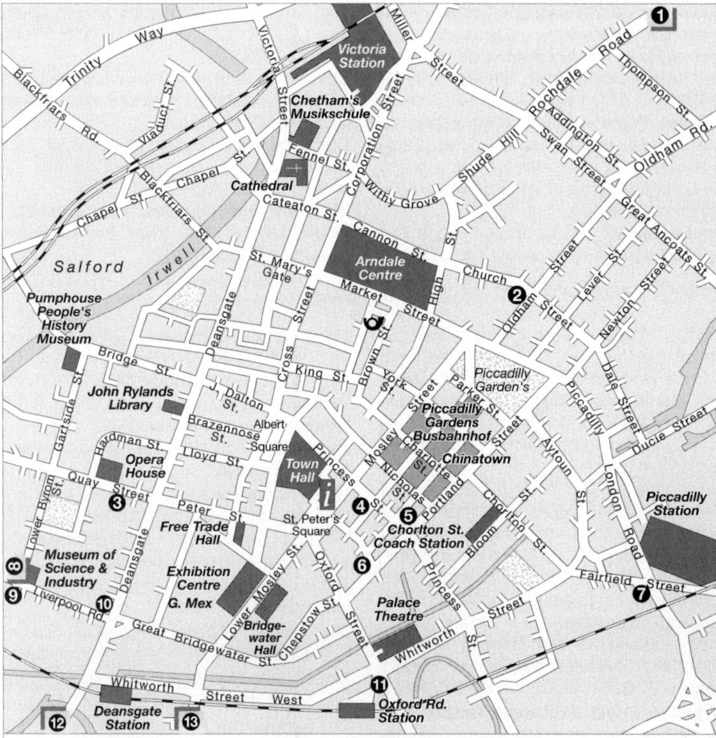

Übernachten

1. Woodies Backpackers
2. Britannia Sachas Hotel
3. Walkabout Inn
7. Monroe's Hotel
8. Jugendherberge
12. Hazlemere Hotel
13. Lindeth

Essen und Trinken

4. Pacific/Teppanyaki
5. Beaujolais Rest.
6. El Machos Cantinos
9. Castlefield Hotel
10. Dmitri's
11. Cornerhouse Café

Manchester

der Universität. In einem engen Raum treten neue und altbekannte Bands auf. Oxford Road.

Band on the Wall, *die* Adresse für Live-Konzerte im Northern Quarter. 25 Swan Street, ✆ 0161-8326625.

Café Hollywood, riesiger Amüsierkomplex im Gay Village mit 24-Stunden-Zugang, allein die Disco ist mindestens bis 8 Uhr früh geöffnet; sehr junges Publikum. 100 Bloom Street, ✆ 0161-2366151.

Generation X, House und Techno bis in die frühen Morgenstunden. 11–13 New Wakefield Street, ✆ 1616-2364899.

Hacienda, hier spielten schon so berühmte Bands wie *The Smiths* und *New Order*. Ansonsten legt hier ein DJ Platten der verschiedensten Richtungen auf. Der Laden ist schon öfter geschlossen worden, also vorher anrufen. 11–13 Whitworth Street West, ✆ 0161-2365051.

Manchester Roadhouse, Konzerte aufstrebender Bands sowie gute Clubnächte. 8–10 Newton Street, ✆ 0161-2281789.

Nordwestengland
Karte S. 514

Manto-Bar, alteingesessene Schwulen-Café-Bar mit wechselnden DJs (auch tagsüber geöffnet); es gibt auch kalte und warme Küche. 46 Canal Street, ✆ 0161-2362667.

Paradise Factory, dieser Club gehört zu den neueren Errungenschaften der Clublandschaft und zieht Heteros genauso an wie Schwule. Bester Abend ist Freitag. 223–116 Princess Street.

The Boardwalk, hier hatte die Gruppe *Oasis* ihren ersten Gig, und der Club ist immer noch voll von hoffnungsvollen jungen Talenten; auch Clubnächte. 15 Little Peter Street, ✆ 0161-2283555.

Dukes '92, in einem alten Warenhaus am Kanal in Castlefield befindet sich dieses Café-Pub. Castle Street.

Corbieres Wine Cavern, gleich hinter dem St. Ann Square, alteingesessene Bar mit Musikbox. Half Moon Street.

The Mark Addy (1), hübscher Pub mit Sitzmöglichkeit am River Irwell. Stanley Street (Kreuzung Bridge Steet).

Fußball/Theater/Konzerte

• *Fußball*: Fußball steht natürlich auch in Manchester im Zentrum des Interesses. Zwei Vereine, nämlich **Manchester United** und **Manchester City**, ziehen Fans aus ganz England an. Manchester United ist ohne Zweifel der erfolgreichere; die Spieler werden wie Popstars verehrt.

United spielt in Old Trafford, das man mit dem Zug von der Oxford Road oder mit der Metrolink erreichen kann. Manchester City spielt im Stadion an der Maine Road in Rusholme (Buslinie 11). Bei den Tickets gilt die übliche Regel in England – für Nichtmitglieder kaum zu ergattern.

Auch hier kann man zum Trost an einer Stadion- und Museumsbesichtigung teilnehmen. Di–So 9.30–16 Uhr. ✆ 0161-8774002.

• *Theater*: **Royal Exchange Theatre**, bekannte Theaterstücke werden hier aufgeführt. St. Ann's Square, ✆ 0161-8339833.

Contact Theatre, für moderne Einflüsse aufgeschlossen ist dieses der Manchester University angeschlossene Theater. 15 Oxford Road, ✆ 0161-2743434.

Frog & Bucket Comedy Club, Stand-up-Comedy, wie sie nur die Engländer fertig bringen, gibt es in diesem Club von Do–Sa jeweils ab 20.30 Uhr. 102 Oldham Street, ✆ 0161-2369805.

Green Room Theatre, hat den Ruf einer anspruchsvollen Avantgardebühne. 54–56 Whitworth Street West, ✆ 0161-9505900.

• *Konzerte*: Konzerte bekannter Bands und andere Großveranstaltungen bieten u. a. die folgenden Bühnen:

Manchester Apollo, Ardwick Green, ✆ 0161-2422503.

Manchester Evening Arena, Victoria Station, Hunts Bank, ✆ 0161-9308000.

The Bridgewater Hall, Lower Mosely Street, ✆ 0161-9079000.

The Roadhouse, 8 Newton Street, Piccadilly, ✆ 0161-2281789.

Sehenswertes

Zentrum

Town Hall: Am Albert Square (ungefähr in der Mitte des Stadtzentrums) erhebt sich das neogotische Rathaus, das von Türmchen nur so strotzt. Der viktorianische Architekt Alfred Waterhouse entwarf das ansehnliche Rathaus, das 1877 eröffnet wurde. In dem Gebäude befindet sich ein Bilderzyklus von *Fort Madox Brown*, der die Stadtgeschichte darstellt. Man kann hier frei ein- und ausgehen.

John Rylands Library: Südlich der Town Hall steht die Bücherei aus den 1930er Jahren. Von außen erinnert sie eher an einen Dom als an eine Bibliothek. Eigentlich kein Wunder, denn die Central Library ist eine der größten öffentlichen Bibliotheken Europas.

Öffnungszeiten: Mo–Do 10– 18 Uhr, Fr/Sa bis 17 Uhr.

City Art Gallery: Geht man von hier die Mosley Street Richtung Norden, kommt man zu dieser Kunstgalerie. Hier befindet sich eine umfassende Gemäldesammlung aus dem 17. bis 20. Jahrhundert, wobei der Schwerpunkt auf dem 19. Jahrhundert liegt. Über die Princess Street gelangt man in den Teil der Galerie, der die ständig wechselnden Ausstellungen präsentiert.

Öffnungszeiten: Im Jahr 2001 blieb die Galerie wegen umfassender Renovierungsarbeiten geschlossen. Die zukünftigen Öffnungszeiten waren zum Zeitpunkt der Recherche noch nicht festgelegt.

National Museum of Labour History: Die kleine Ausstellung in der Princess St. 103 gibt Einblick in die Entstehungsgeschichte der britischen Gewerkschaftsbewegung.

Öffnungszeiten: Di–Sa 10–17 Uhr. Eintritt: £ 1, an Freitagen frei.

Chinatown: Manchesters Chinatown hat eine der größten chinesischen Gemeinden in England. Hier gibt es nicht nur zahlreiche günstige und gute Restaurants, sondern auch viele Läden, die einen Besuch lohnen.

Chinatown in Manchester

Manchester-Castlefield

Der historische Stadtteil Castlefield, an den Werften des Kanals im Südwesten der Stadt gelegen, war einst der belebte Warenhafen Manchesters. Inzwischen hat man am Kanal- und Kanalbecken Spazierwege angelegt und zahlreiche Cafés und Restaurants in den alten Warenhäusern eingerichtet. Das ganze Gebiet wurde kurzerhand zum *Urban Heritage Park* erklärt und darf als Freilichtmuseum bezeichnet werden. Nördlich von hier, an der Liverpool Road, befinden sich einige sehr sehenswerte Museen, die ebenfalls Einblick in die bewegte Geschichte der Stadt ermöglichen.

Museum of Science and Industry: Die Entwicklung von Industriemaschinen und -techniken und die Frage, wie diese das Leben in Manchester beeinflussten, sind die Themen dieses Museums. In der *Power Hall* stehen zahllose Dampfmaschinen aus dem 18. und 19. Jahrhundert, die regelmäßig auch zum Laufen gebracht werden. Ein weiterer Höhepunkt ist die Eisenbahnabteilung. Hier steht ein originalgetreuer Nachbau der "Planet", einer Lokomotive, die 1830 von Robert Stephenson konstruiert wurde. An Wochenenden können die Besucher mit ihr rund einen halben Kilometer zum ältesten Bahnhof der Welt fahren. Unterhalb des Bahnhofs beschäftigt sich eine Ausstellung mit den Abwasserproblemen Manchesters im 19. Jahrhundert. In der *Textile Gallery* können Klöppel-, Spinn- und Webmaschinen besichtigt werden.

Öffnungszeiten: Tgl. 10–17 Uhr. Eintritt: £ 6. ✆ 0161-8322244.

Air and Space Gallery: Gleich gegenüber befindet sich in zwei ehemaligen Markthallen die Air and Space Gallery, die eine beträchtliche Ansammlung von Flugzeugtypen ausstellt – vom ultraleichten Hängegleiter bis zum modernen Überschalljäger. Für ein realistisches Fluggefühl sorgt ein Simulator, der den Besucher für eine Extra-Gebühr einige Minuten durch die Luft schüttelt.
Öffnungszeiten: Tgl. 10–17 Uhr. Eintritt: £ 6.

Granada Studios Tour: Dritter Komplex in diesem Museumstrio sind die Granada Film- und Fernsehstudios in der Water Street, die ein weiterer Besuchermagnet sind. Hier sind die Kulissen zahlreicher britischer Fernsehproduktionen zu besichtigen. Wer schon einmal in England ferngesehen hat, dem ist bestimmt auch die seit mehreren Jahrzehnten ausgestrahlte Seifenoper *Coronation Street* aufgefallen (die britische *Lindenstraße*). Hier werden die Studioaufnahmen für diese Serie gedreht. Der Rundgang führt über einen amerikanischen Boulevard und durch Sherlock Holmes' Baker Street. Man kann Filmausschnitte eigenständig vertonen und in einem 3-D-Kino Achterbahn fahren, bis man den Boden unter den Füßen verliert.
Öffnungszeiten: variieren, bitte vorher anrufen: ✆ 0161-8324999. Letzter Einlass drei Stunden, bevor geschlossen wird. Eintritt: Erw. £ 15.

Museen und Ausstellungen

Cornerhouse: Manchesters Zentrum für Filmkunst. Neben den drei Kinos gibt es hier auch drei Galerien, in denen wechselnde Ausstellungen gezeigt werden. Besonders nett ist auch das Café.
Öffnungszeiten Galerien: Di–Sa 11–18 Uhr, So ab 14 Uhr. Eintritt frei. 70 Oxford Road.

Whitworth Art Gallery: In einem roten Ziegelsteingebäude der University of Manchester (Oxford Road) ist eine weitere Kunstgalerie untergebracht. Diese Galerie ist für ihre umfangreiche Sammlung von Textilien bekannt. Aber auch Aquarelle (Turner, Constable), Drucke und Skulpturen sind ausgestellt.
Öffnungszeiten: Mo–Sa 10–17 Uhr, So erst ab 14 Uhr. Eintritt frei.

Chinese Arts Centre: Mitten in Chinatown liegt dieser chinesische Kulturtreff mit ständig wechselnden Ausstellungen und Veranstaltungen. Tee und Kuchen genießt man im angeschlossenen Café.
Öffnungszeiten: unregelmäßig, deshalb unter ✆ 0161-8327271 nachfragen. Eintritt frei. 39–43 Edge Street.

The Lowry: Neu eröffnetes Kulturzentrum mit zwei Bühnen sowie Kunstgalerien mit Schwerpunkt auf den Werken des Volksmalers *L. S. Lowry*. Das Gebäude im Industriedesign befindet sich an den Salford Quays im Stadtteil Salford (etwas außerhalb des Zentrums am River Irwell). Hier kann man den ganzen Tag verbringen und Kultureinrichtungen besuchen sowie sich in einem der Cafés und Restaurants am Fluss entspannen.
Öffnungszeiten: variieren, deshalb unter ✆ 0161-8762000 nachfragen.

Pankhurst Centre: In diesem Haus wurde 1903 die "Women's Social and Political Union" gegründet. Dies war ein Meilenstein in der britischen Suffragettenbewegung, in der für das Frauenstimmrecht gekämpft wurde. Die Aktivitäten der Bewegung, die teils mit politischen Mitteln und teils mit gewalttätigen Provokationen arbeitete, sind hier in einer kleine Ausstellung dokumentiert.
Öffnungszeiten: Mo–Fr 10–15 Uhr. Eintritt frei. 60/62 Nelson Street, Chorlton-on-Medlock.

Peak District National Park

Der Peak District ist der älteste Nationalpark Englands (seit 1951). Er breitet sich in dem Dreieck zwischen den Industriestädten Manchester, Sheffield und Derby aus und ist das Naherholungsgebiet für die Großstadtbewohner.

Der Peak District besteht aus zwei recht gegensätzlichen Landschaften. Der nördliche Teil, nur etwa 25 Kilometer von Manchester entfernt, ist geprägt von Hochmooren und schroffen Sandsteinfelsen. Dieser *Dark Peak* genannte Teil liegt an den südlichen Ausläufern der Penninen, die sich hier bis über 600 Meter hoch erheben. Besonders beliebt ist diese Gegend bei Wanderern, denn hier führt der Langstreckenwanderweg *Pennine Way* entlang. Vom *Edale* zieht sich der Pennine Way durch die Yorkshire Dales (s. S. 447) bis zur schottischen Grenze. Der südliche Teil des Peak District, *White Peak* genannt, wird von flachen Sandsteinhügeln bestimmt, die von bewaldeten Tälern durchschnitten werden. In den hübschen Tälern liegen kleinere Dörfer, die durch Wanderwege miteinander verbunden sind. Bemerkenswert in dieser Gegend sind die zahlreichen Höhlen, die man zum Beispiel um *Castleton* und *Buxton* besichtigen kann. Hier wurden Hinweise auf eine Besiedelung in der Steinzeit gefunden. Buxton ist übrigens ein alter Kurort, der wegen seines jährlich stattfindenden "Well-Dressing" bekannt ist. Dabei handelt es sich um einen vorchristlichen Brauch, bei dem die Brunnen mit Blumen geschmückt werden. Die beiden schönsten Herrenhäuser in dieser Gegend sind *Chatsworth House* und *Haddon Hall*. Sie befinden sich in der näheren Umgebung von *Bakewell*.

• Verbindungen: **Bus** – Der National Express fährt einmal täglich (vormittags) von Manchester über Leicester in den Peak District.

Zug – Zwei Bahnlinien führen von Manchester in den Peak District. Während die eine Linie schon in Buxton endet, führt die zweite (Hope Valley Line) durch den Nationalpark hindurch bis nach Sheffield (hält in Hope und Hathersage)

• Übernachten: Der Nationalpark ist übersät mit B&Bs, Zeltplätzen und Jugendherbergen. Wer nicht gerade zur Hauptsaison hierher fährt, dürfte bei der Unterkunftssuche keine Schwierigkeiten haben.

Bakewell: Dieser Ort ist in ganz England für die *Bakewell Tart* bekannt, einen trockenen Kuchen aus Mandelmehl. Die Sehenswürdigkeiten des Ortes selbst beschränken sich auf die Pfarrkirche *All Saints* mit Bauelementen aus der normannischen und frühgotischen Zeit sowie einem sächsischen Steinkreuz und das *Old House Museum*. Letzteres ist in einem Haus aus der Tudorzeit untergebracht, das sich einst im Besitz des Erfinders des dampfbetriebenen Webstuhls, Richard Arkwright, befand.

Tourist Information: Old Market Hall, Bridge Street, ✆ 01629-813227.

Chatsworth House: Dieses Gebäude, das ursprünglich aus dem 16. Jahrhundert stammt, ist sicher eines der protzigsten Herrenhäuser Englands. Seine heutige Form erhielt es Ende des 17. und Anfang des 18. Jahrhunderts. Die Innendekoration wurde von Fachleuten aus ganz Europa zusammengestellt, und auch die Kunstschätze, zu denen Gemälde flämischer Maler wie van Dyck und Rembrandt gehören, stehen dem Äußeren in Sachen Prunk in nichts nach. Seit über 400 Jahren gehört das Gebäude zum Besitz des Duke of Devonshire.

Öffnungszeiten: März–Okt. tgl. 11–16.30 Uhr. Eintritt (Haus und Park): £ 7. ✆ 01246-565300.

Buxton: Der Ort ist in England vor allem wegen seines guten Mineralwassers bekannt, das man im ganzen Land kaufen kann. Schon die Römer wussten die Mineralquellen zu schätzen. Im 18. Jahrhundert ließ der Duke of Devonshire die Stadt planmäßig errichten und dabei auch *The Crescent* sowie *The Stables* erbauen. Als 1863 die Eisenbahnlinie eröffnet wurde, folgten auch die Touristen. In den nächsten Jahrzehnten setzte ein lang anhaltender Aufschwung ein, und Hotels sowie das Opernhaus wurden gebaut.

Tourist Office: The Crescent, Buxton, ✆ 01298-25106.

Castleton: In Castleton befinden sich zwei der größten Höhlen des Peak District sowie eine mittelalterliche Burg. Letztere wurde im 11. Jahrhundert von *William Peverel*, einem illegitimen Sohn von Wilhelm dem Eroberer, erbaut. Von hier aus wurde der königliche Jagdforst in den Peaks überwacht. In der *Peak Cavern*, die einen riesigen Eingang hat, befand sich einst eine kleine Ansiedlung und die Werkstatt eines Seilmachers. Sie liegt direkt hinter der Stadt.

- *National Park Visitor Centre*: Castle Street, ✆ 014933-620679.
- *Öffnungszeiten*: **Peveril Castle**, April–Sept. tgl. 10–18 Uhr, ✆ 01433-620613. **Peak Cavern**, April–Okt. tgl. 10–17 Uhr, ✆ 01433-620285.

Edale: Edale ist der Ausgangspunkt für Wanderer in den nördlichen Peaks, denn hier beginnt der *Pennine Way*, der sich von hier auf den 636 Meter hohen Kinder Scout erhebt. Obwohl das Gebiet den Arbeitern zu Erholung diente, war bis in die 1930er Jahre das freie Wandern hier nicht erlaubt, denn die reichen Landbesitzer verboten den Durchgang. 1932 demonstrierten Arbeiter in einer "Massenwanderung" gegen diese Regelung, und obwohl einige dafür im Gefängnis endeten, führten diese Proteste zwanzig Jahre später zur Öffnung des seither für alle zugänglichen Nationalparks.

National Park Centre: Fieldhead, ✆ 01433-670207, vom Bahnhof bergaufwärts, ca. 400 m.

Holmfirth: Dieser Ort, am nordöstlichsten Rand der Peaks wunderhübsch inmitten der Hügel gelegen, ist aus einer englischen Fernsehserie bekannt: "Last of the Summer Wine" wurde hier verfilmt, und die Originalschauplätze sind zu besichtigen. So kann man beispielsweise in *Sid's Café*, aus dem eine lebensgroße Statue aus der Fernsehserie entgegenwinkt, einen Tee trinken. Wer sich nicht für die Serie interessiert, sollte auf jeden Fall einen Rundgang durch die Altstadt und am Fluss entlang unternehmen.

Tourist Office: Huddersfield Road, ✆ 01484-687603.

Saddleworth Moor: Wer auf der A 635 von Holmfirth in Richtung Manchester fährt, gewinnt einen Eindruck von der dunklen Seite des *Dark Peak*. Angesichts der kargen, windgefegten Moorlandschaft fühlt man sich in eines der Bücher Tolkiens versetzt. Mit den lieblichen grünen Tälern der südlichen Peak hat dies hier nichts mehr zu tun.

Badeorte an der Irischen See

Ab Mitte des 19. Jahrhunderts bis in die 1960er Jahre waren die Badeorte an der englischen Küste das Mekka der Arbeiter aus den Industriezentren. Ein langer Strand war die Grundvoraussetzung, und durch den Bau von Vergnügungsarkaden, Jahrmärkten und Pubs stellte man sich auf den Massentourismus ein. Nachdem ab den 1960er Jahren Reisen in die Mittelmeerregionen zur

Morecambe Bay

Mode und preislich erschwinglicher wurden, begannen die großen heimischen Seebadeorte zu "versanden" – der Besucherstrom blieb aus. Die Wasserqualität ist an den meisten Orten umstritten, und auch die an den Promenaden zu findenden Vergnügungsangebote sind mittlerweile nicht mehr ganz zeitgemäß. Ein Promenadenspaziergang in einem der Seebäder ist dennoch empfehlenswert, denn hier wird eine für Touristen eher unbekannte Seite Englands sichtbar, die jedoch sehr markant von der Entwicklung des Landes erzählt.

Blackpool

Blackpool ist eines der wenigen Seebäder, die sich relativ erfolgreich über die Flaute gerettet haben. Dies hängt zum Teil damit zusammen, dass die Stadtbevölkerung aus den Ballungsgebieten in Lancashire und Yorkshire den Ort immer noch als Naherholungsgebiet für Kurz- oder Tagesausflüge nutzt. Jahrelang fand in der Stadt der Parteitag der Labour-Party statt, was zusätzlich Gelder brachte. Im Jahr 2000 kamen statt Labour die Konservativen zur jährlichen Zusammenkunft.

Wahrzeichen der Stadt ist der große, rote Eiffelturmnachbau, der weithin sichtbar ist. Das Nachtleben Blackpools sucht in England seinesgleichen, so dass Vergnügungssüchtige hier genau richtig sind. Von September bis Oktober wird die Promenade von über einer halben Million Lichtern hell erleuchtet: *The Illuminations* nennt sich diese Aktion, die jeweils von einem Prominenten vorgenommen wird.

Tourist Office: ✆ 01253-478222.

Morecambe

Morcambe wird in den meisten Reiseführern nicht erwähnt, obwohl es an einer wunderschönen Bucht gelegen ist. Die weitläufige *Morecambe Bay* ermöglicht einen Blick auf die Berge des Lake District am gegenüberliegenden Ufer. Bei Ebbe ist die Bucht fast trocken, und es werden Wattwanderungen angeboten. Wie an der Nordsee gilt jedoch, dass man nicht auf eigene Faust ins Watt wandern sollte, denn dies ist gefährlich. Die Bucht ist Zwischenstation für zahlreiche Vogelarten auf dem Weg nach Süden oder Norden.

Die Promenade in Morecambe ist kilometerlang und das Meer verlockend, doch die hiesigen Vergnügungsanlagen bieten einen traurigen Anblick – wie eine riesige Geisterstadt reihen sich geschlossene und verfallene Gebäude aneinander. Die meisten Pensionen und Hotels sind leer, nur hin und wieder trifft man auf einen Imbisswagen, und selbst im Hochsommer ist es hier nie überfüllt.

Auch wenn man nicht unbedingt die Nacht hier verbringen sollte, lohnt sich doch ein Ausblick auf die Bucht und ein Spaziergang, mit dem man auf jeden Fall einen Nachmittag füllen kann. Wer noch etwas Historie will, kann auch im hübschen Lancaster übernachten, das unmittelbar an Morecambe angrenzt.

Tourist Office: ✆ 01524-582808.

Lancaster

Die am Fluss Lune gelegene Stadt gelangte besonders durch den Sklavenhandel zu Reichtum; die meisten Gebäude stammen aus der georgianischen Periode. Bereits zu römischen Zeiten stand auf dem Hügel inmitten der Stadt eine Festung. Heute wird die Burg als Gefängnis und Gerichtshof genutzt. Die Burg war einst Sitz des Hauses Lancaster, das in den Rosenkriegen den Gegenpol zum Hause York darstellten. Ein direkter Abkomme dieses Hauses ist die Queen, die den offiziellen Titel "Duke of Lancaster" trägt.

• *Information*: **Tourist Information**, 29 Castle Hill, ✆ 01524-328878, 📠 382849.

• *Stadtführungen*: Zu bestimmten Terminen im Jahr werden Stadtführungen durch das historische Lancaster angeboten, die von kostümierten Führern aus verschiedenen geschichtlichen Epochen angeführt werden. Beginn jeweils 19 Uhr vom John O-Gaunt Gateway in der Burg. Informationen über Termine in der Tourist Information.

• *Übernachten/Essen*: *** **Royal King's Arms**, komfortables Hotel im historischen Stadtzentrum; B&B ab £ 38. Menzies Hotel, Royal Kings Arms, Market Street, ✆ 01542-32451.

Priory Bed & Breakfast, beim Schloss gelegenes B&B in einem historischen Haus, ausgezeichnete Qualität, in Fußnähe zum Zentrum; B&B ab £ 25. 15. St. Mary's Street, Parade, Castle Hill, ✆ 01542-845711.

The Waggon and Horses, Gasthaus in einem Pub am Fluss, große Speisekarte. B&B ab £ 23. 27 St. Georges Quay, ✆ 01542-846094.

Sehenswertes

Lancaster Castle: Das Schloss, heute im Besitz der Queen, geht auf die römische Festung Lun-Castrum zurück. Die Normannen erbauten um 1102 einen soliden Turm, und im 12. und 13. Jahrhundert wurde die Anlage erweitert. Bereits ab dem 17. Jahrhundert wurde hier Gericht gehalten, gleichzeitig diente das Gebäude als Gefängnis. Sehenswert sind unter anderem die *Shire Hall* (Gerichtshalle) und der *Hadrian's Tower* aus dem 13. Jahrhundert, der besonders dicke Mauern hat. Während eines Rundgangs kann man sich auf Wunsch probeweise in eines der dunklen Verliese einsperren lassen. Unter anderem war das Schloss Schauplatz der Hexenprozesse im Jahr 1612.

Führungen: April bis Mitte Dezember tgl. 10.30–16 Uhr (kostenlos). ✆ 01542-64998.

Priory Church of St. Mary: Gleich in der Nähe der Burg befindet sich diese Kirche aus dem Jahr 1094, die von den Normannen an der Stelle einer älteren angelsächsischen Kirche erbaut wurde. Die Kirche hat ein Portal aus sächsischer Zeit aufzuweisen sowie schönes Chorgestühl.

Öffnungszeiten: Tgl. 9.30–17 Uhr. Eintritt frei.

Judges Lodging: Dieses älteste Stadthaus in der Church Street (unterhalb der Kirche) hat gleich mehrere Ausstellungen zu bieten: Das *Museum of Childhood* zeigt Spielsachen aus der Zeit vom 18. Jahrhundert bis heute. Einige Räume sind wie ehemalige Kinderzimmer eingerichtet. Außerdem kann man im *Gillow Museum* feine Möbelstücke im Regency Style aus der Werkstatt der Gillows besichtigen. Unter anderem stattete die Firma im 19. Jahrhundert große Luxusschiffe aus.

Öffnungszeiten: Okt. und April–Juni Mo–Sa 14–17 Uhr; Juli–Sept. Mo–Fr 10.30–13 Uhr u. 14–17 Uhr, Sa 14–17 Uhr. Eintritt: £ 3. ✆ 01542-32808.

City Museum: Am Marktplatz befindet sich dieses sehenswerte Museum, das im alten Rathaus aus dem Jahr 1781 untergebracht ist. Seit 1923 wird hier bereits Wissenswertes über die Geschichte der Stadt präsentiert.

Öffnungszeiten: Mo–Sa 10–17 Uhr. Eintritt frei. ✆ 01542-64637.

Maritime Museum: Weiter unten am Fluss befindet sich im alten Zollhaus aus dem Jahr 1764 das Maritime Museum. Die Ausstellung versucht, mit Wachspuppen, Geräuschen und Gerüchen vergangene Glanzzeiten der Hafenstadt Lancaster wachzurufen. Außerdem erfährt man einiges über das Ökosystem der Morecambe Bay.

Öffnungszeiten: April–Okt. tgl. 11–17 Uhr, Nov.–März tgl. 12.30–16 Uhr. Eintritt: £ 3. ✆ 01542-64637.

Williamson Park/Ashton Memorial: Im Osten der Stadt befindet sich dieser Park auf einem Hügel, von dem aus man die Stadt und die Morecambe Bay gut überblicken kann. Etwa in der Mitte des Parks befinden sich ein Schmetterlingshaus in einem alten Palmenhaus aus der edwardianischen Zeit, ein Reptilienhaus sowie das *Ashton Memorial*, ein eindrucksvoller Kuppelbau, den der Millionär Lord Ashton 1909 für seine verstorbene Frau errichten ließ. Unterhalb der Kuppel gibt es eine Aussichtsgalerie, von der man einen noch besseren Blick auf die Umgebung hat.

Öffnungszeiten: April–Okt. tgl. 10–17 Uhr; Nov.–März Mo–Fr 11–16 Uhr, Sa/So 10–16 Uhr. Ashton Memorial. Eintritt: £ 1, Schmetterlingshaus und Reptilienhaus £ 4 (in diesem Ticket ist das Memorial inkl.). ✆ 01524-33318.

Isle of Man

Die Isle of Man, vor der Nordwestküste Englands gelegen, ist eine kleine, hübsche Insel, die allerdings oft von rauem Wetter geplagt ist. Am einfachsten gelangt man mit der Fähre von Liverpool bzw. Hesham/Morecambe hierher. Die facettenreiche Insel ist nur 53 Kilometer lang und ca. 20 Kilometer breit. Eine der Hauptattraktionen sind verschiedene Rennen, die hier im Sommer stattfinden, z. B. das Motorradrennen *Manx Grand Prix* (August/September), die *Manx International Ralley* (Anfang August) und der *Kart Racing Grand Prix* (Ende Juni). Außerdem gibt es viele Sport-, Wander- (ein Wanderweg rund

Karte S. 514

um die Insel) und Radfahrmöglichkeiten, außerdem Museen und natürlich die wunderschöne Natur, die von weißen Sandstränden bis zu dschungelartigen Wasserfällen reicht.

Ein guter Ausgangspunkt ist die Hauptstadt *Douglas*, in der es eine Promenade am Hafen, zahlreiche Hotels und Restaurants gibt. Fähren und Flugzeuge kommen hier an. *Peel* im Westen bietet einen schönen Strand sowie ein Schloss; *Port Erin* im Süden glänzt ebenfalls mit einem hübschen Strand und guten Wandermöglichkeiten auf den Klippen; in *Castletown* im Süden befindet sich eine mittelalterliche Festung; im Osten fährt von *Laxey* aus die *Snaefell Mountain Railway* durch ehemalige Minenanlagen, außerdem kann man hier den wunderschönen Wasserfall im *Dhoon Glen* besichtigen; und auch in *Ramsey* im Norden gibt es einiges zu sehen: einen schönen Hafen und einen See, außerdem befindet sich hier die Motorradrennstecke.

Die Insel hat ihre eigene Verwaltung, die allerdings der englischen Krone untersteht. Außerdem herrscht hier das Inselgesetz, und selbst das Geld hat eine andere Prägung (wenn auch denselben Wert). Das Wahrzeichen der Insel ist der "dreibeinige Mann", der auf der Flagge und auch auf dem Geld zu sehen ist. Bereits seit Beginn des 19. Jahrhunderts entwickelte sich die Insel hauptsächlich als Ausflugsziel, und der Tourismus spielt noch heute eine bedeutende Rolle. Ähnlich wie auf den Kanalinseln haben sich hier aufgrund der niedrigen Steuern viele Briefkastenfirmen niedergelassen – wundern Sie sich also nicht, wenn Sie in der Hauptstadt Douglas mehr Banken als Sand am Meer finden.

• *Information*: **Tourist Office Douglas**, hier gibt es umfassende Informationen über die ganze Insel, und man ist auch mit der Zimmervermittlung behilflich. Sea Terminal Building, Douglas, ✆ 01624-686766, 📠 686800.

• *Verbindungen*: **Fähren** – Von Liverpool oder Heysham/Morecambe verkehrt die Superseacat und die Seacat ganzjährig. Auch von Irland (Belfast und Dublin) gibt es regelmäßige Verbindungen.

Flugzeug – Von London, Manchester, Liverpool, Leeds, Bradford, Glasgow, Birmingham sowie von Bristol und Southampton verkehren kleine Propeller- oder Düsenflugzeuge hierher.

Bus/Bahn/Pferdewagen – Auf der Insel verkehren Busse, Bergbahnen und Pferdewagen (man kann ein Kombiticket erstehen).

Lake District

Deutlich hebt sich der blaue Himmel von den karg bewachsenen, schroffen Bergen ab. Eine fast unwirkliche Szenerie, die in ihrer wildromantischen Ausstrahlung kaum zu übertreffen ist. Grau-, Rot- und Grüntöne vermischen sich zu einem aufregenden Bild. Tief unten bahnt sich glasklares Wasser seinen Weg durch die Täler und bildet einen sich heftig windenden Bach. Auch die Wolken tragen ihren Teil zu dem beeindruckenden Farbenspiel bei: Wie schwarze Schatten ziehen sie über die Landschaft hinweg und scheinen zusammen mit den weidenden Schafen das Einzige zu sein, was sich bewegt.

Der Lake District ist eine richtige Bilderbuchlandschaft mit den höchsten Bergen Englands (bis 978 Meter), zahlreichen Seen, darunter auch dem tiefsten und größten des Landes, rauen Hochtälern und blumenübersäten Wiesen. Wen wundert es, dass dieser Nationalpark zu den beliebtesten Feriengebieten der Engländer gehört. Pro Jahr kommen etwa 18 Millionen

Wanderparadies Lake District

Besucher hierher, fast ein Drittel der Bevölkerung der Insel. Bei uns in Mitteleuropa ist die *Grafschaft Cumbria*, in der der größte englische Nationalpark liegt, kaum bekannt. Engländer jedoch sind zu jeder Jahreszeit hier anzutreffen. In gelben Öljacken, mit Bergschuhen an den Füßen und einem kleinen Rucksack auf dem Rücken wandern sie voll Sehnsucht nach möglichst unverfälschter Natur über die Berge und um die Seen.

Entdeckt wurde die Schönheit der wilden Landschaft erst gegen Ende des 18. Jahrhunderts von den Dichtern und Malern der Romantik. Der in den Lakes geborene Dichter *William Wordsworth* (1770–1850) verbrachte fast sein ganzes Leben hier und wurde von der Landschaft zu seiner Prosa inspiriert. Im Jahr 1835 veröffentlichte er den ersten Reiseführer über das Gebiet ("A Guide through the District of the Lakes"), der ein großes Interesse für die Lakes auslöste.

Einsamkeit kann man hier oben immer noch finden – Wanderungen auf die *Fells*, wie die Menschen seit Wikingerzeiten hier ihre Berge nennen, sind schon allein wegen des phantastischen Ausblicks ein großartiges Erlebnis. Der höchste Berg Englands, der *Scafell Pike*, mutet hochgebirgsgewohnten Kletterern mit seinen 978 Meter vielleicht wie ein Hügel an. Man sollte sich jedoch nicht täuschen, denn auch hier gibt es teilweise recht schwierige Kletterverhältnisse. Noch zu Ostern kann man schneebedeckte Berge finden, und in den frühen Morgenstunden sind die Seen oft in Nebel gehüllt. Im Sommer sind besonders die leichter zugänglichen Gebiete, z. B. der Lake Windermere, völlig überlaufen.

Die Landschaft, die in der letzten Eiszeit geformt wurde, teilt sich in verschiedene Zonen auf: Im Süden zwischen *Coniston* und *Windermere* ist es eher lieblich;

Karte S. 514

Ulverston – Das Mekka der Laurel-&-Hardy-Fans

Im kleinen Provinznest Ulverston, Stan Laurels Geburtsstadt, befindet sich das einzige Laurel-&-Hardy-Museum Englands. Der ursprüngliche Lagerraum in einem Hinterhof wurde Anfang der 1980er Jahre vom ehemaligen Bürgermeister Bill Cubin zum Museum umfunktioniert. Es besteht aus drei kleinen Räumen: In dem einen befindet sich ein Kino mit alten Kinosesseln und modernem Videogroßbild; hier laufen nonstop L&H-Filme und Dokumentationen. Die zwei anderen Ausstellungsräume sind vollgestopft mit L&H-Kuriositäten: Fotos, Figuren, Nippes, Kitsch, aber auch Original-Autogramme. Für den Fan gibt es natürlich auch einiges zu kaufen; außerdem bekommt man eine Wegbeschreibung zu Stan Laurels Geburtshaus.

Laurel & Hardy Museum, Marion Cubin, 4c Uper Brook Street, Ulverston (Town Center), ✆ 01229-582292. Tgl. 10–16.30 Uhr (im Januar geschlossen). Eintritt: Erw. £ 2.50.

Die Fotos auf dieser Seite stammen aus dem empfehlenswerten Buch "Laurel & Hardy, Life & Magic", Trescher Verlag, Berlin 1994.

im mittleren Teil um *Wasdale* und *Wast Water* finden sich die größten Extreme (vom höchsten Gipfel zum tiefsten See); und der Norden wird von sanften Hügeln sowie den Seen *Derwent, Crummock* und *Buttermere* gekennzeichnet. Wer genug Zeit hat, sollte auch einen Ausflug zur Westküste nicht versäumen, wo man in kleinen Fischerorten wie etwa *Ravenglass* eine besondere Atmosphäre findet.

Im Meer zu schwimmen oder zu baden ist an der gesamten Küste allerdings nicht empfehlenswert, denn das Wasser ist stark radioaktiv verseucht. Nur wenige Kilometer nördlich von Ravenglass wird man brutal mit der Ursache dieser Verseuchung konfrontiert: Bei Calder Bridge befindet sich das Atomkraftwerk *Sellafield.* Auf den Straßen hier trifft man oft auf schwere Lkws, die radioaktive Abfälle nach Sellafield bringen. Naturschützer kämpfen seit Jahren für die Schließung der Anlage.

Südlicher Lake District

Kendal

Die 20.000-Einwohner-Stadt ist die größte Stadt im Lake District und oft überfüllt, obwohl der Kern des Gebietes noch etliche Kilometer entfernt ist. Auf einem Spaziergang durch den Ort, der vom Fluss Kent durchzogen wird, sieht man viele hübsche Gässchen sowie eine Burgruine, die einen guten Ausblick bietet. Kendal ist für seinen Minzkuchen bekannt, den man unbedingt probieren sollte.

- *Information*: **Town Hall**, Highgate, ✆ 01539-725758.
- *Veranstaltungen*: Folk, Jazz, Pantomime und/oder modernes Theater im alten Gemäuer erlebt man in einer alten Brauerei mitten im Zentrum von Kendal, im **Brewery Arts Centre** (mit Restaurant und Bar), 122a Highgate, ✆ 01539-725133.
- *Übernachten*: **Hillside Guest House**, B&B mit allem, was man braucht; B&B £ 17 pro Person. 4 Beast Banks, ✆ 01539-722836.
  Riverview, B&B in einem viktorianischen Haus mit Blick auf den Fluss Kent; B&B £ 15 pro Person. 31 Aynam Road, ✆ 01539-728738.
- *Jugendherberge*: Highgate (gleich neben der Brauerei), geöffnet Ende Februar bis Dezember. Erw. £ 12.80, Jugendl. £ 9.85. ✆ 01539-724066.

Sehenswertes in Kendal und Umgebung

Kendal Museum of Natural History and Archeology: Diese zu den ältesten Museen Englands gehörende Sammlung gegenüber dem Bahnhof informiert über Flora und Fauna des Nationalparks.

Öffnungszeiten: Tgl. außer So 10.30–17 Uhr, Nov.–März bis 16 Uhr (Januar geschlossen). Eintritt: £ 3. ✆ 01539-721374.

Museum of Lakeland Life at Abbot Hall/Abbot Hall Art Gallery: Das Museum in der Nähe der Pfarrkirche bietet eine sehr gute Ausstellung zum Lake District und seinen Bewohnern und geht dabei etwa 200 Jahre in die Vergangenheit zurück. In der Abbot Hall Art Gallery (direkt hinter dem Museum of Lakeland Life) ist englische Landschaftsmalerei aus dem 18. bis 20. Jahrhundert ausgestellt sowie Mobiliar aus der Gillows-Werkstatt (s. auch Lancaster, S. 540).

Öffnungszeiten: Galerie und Museum April–Okt. tgl. 10.30–17 Uhr, Nov.–Feb. bis 16 Uhr (Januar geschlossen). Eintritt: £ 3. ✆ 01539-722464.

Nordwestengland
Karte S. 514

Levens Hall/Sizergh Castle: Von Süden kommend, findet man auf der A 6 in Richtung Kendal zwei interessante Gebäude. *Levens Hall* ist ein elisabethanisches Herrenhaus mit normannischem Turm, das sich im Besitz der Familie Bagot befindet. Der Garten wurde bereits im Jahr 1694 angelegt. Zwei Kilometer weiter befindet sich das *Sizergh Castle* mit einem Turm aus dem 14. Jahrhundert. Der Rest des Gebäudes stammt weitgehend aus elisabethanischen Zeiten, während der Garten einen im 18. Jahrhundert angelegten Steingarten vorweisen kann.

Öffnungszeiten: **Levens Hall**, April–Okt. Garten und Tearoom So–Do 10–17 Uhr; Haus 12–17 Uhr. Eintritt: Erw. £ 5. **Sizergh Castle**, April–Okt. Haus und Garten So–Do 13.30–17.30 Uhr. Eintritt: Erw. £ 4.

Tipp für Fahrradfans

Eine 90 Kilometer lange Strecke führt von Kendal über die Haweswater Reserve und das Ullswater nach Windermere. Man mietet sich in Kendal ein Fahrrad bei *Askews Cycle Hire*, Wildman St., ✆ 728057.

Eine schmale Straße führt flussaufwärts nach Burneside. Von dort über die Garnett Bridge nach Sadgill. Hier hört die Straße auf, und man muss das Fahrrad bis zum südlichen Ende der Haweswater Reserve schieben. Am See entlang geht es weiter nach Bampton und Askham. Dann auf einer kleinen Straße in Richtung Pooley Bridge. Hinter dem Ort kommt man auf die A 592 und fährt am Ullswater entlang bis Patterdale. Hier findet man eine moderne Jugendherberge: Goldrill House, ✆ 017684-82394. Dann über den Kirkstone-Pass nach Troutbeck. Danach erreicht man Windermere, und von hier aus geht es zurück nach Kendal.

Windermere/Bowness

Bis zum Eisenbahnanschluss an den Rest der Welt im Jahr 1847 war der Ort Windermere am gleichnamigen See (dem größten Englands) gänzlich unbedeutend. Der Schriftsteller *William Wordsworth* wehrte sich energisch gegen diesen Einfall der Technik – aber es half nichts, und so transportiert British Rail heute die Urlaubermassen hierher. Ein Fußpfad führt den *Queen Adelaide's Hill* hinauf, von wo man eine gute Aussicht hat. Windermere ist ein idealer Ausgangspunkt für Ausflüge in die Umgebung. Man findet hier viele Übernachtungsmöglichkeiten, vor allem zahlreiche Ferienhäuser und -wohnungen.

Im Lake Windermere gibt es einige kleine Inseln, von denen sogar eine, die *Belle Isle*, bewohnt ist. Sie ist jedoch seit einiger Zeit in Privatbesitz und nicht für die Öffentlichkeit zugänglich. Die unbewohnten Inseln kann man z. B. mit einem gemieteten Ruderboot erreichen.

Für regnerische Tage empfiehlt sich das *Windermere Steam-Boat Museum*, wo man sich über die Entwicklung im Bootsbau von 1780 bis zur Gegenwart informieren kann.

- *Öffnungszeiten Museum*: März–Okt. tgl. 10–17 Uhr. Eintritt: £ 3. Von Bowness Bay aus nördlich auf der A 592 (ausgeschildert). ✆ 015394-45565.
- *Information*: **Tourist Office Windermere**, Victoria Street (am Bahnhof), ✆ 015394-46499.
Tourist Office Bowness, an der Bootsanlegestelle, ✆ 015394-42895.
- *Verbindungen*: Am Hauptbahnhof verkehren

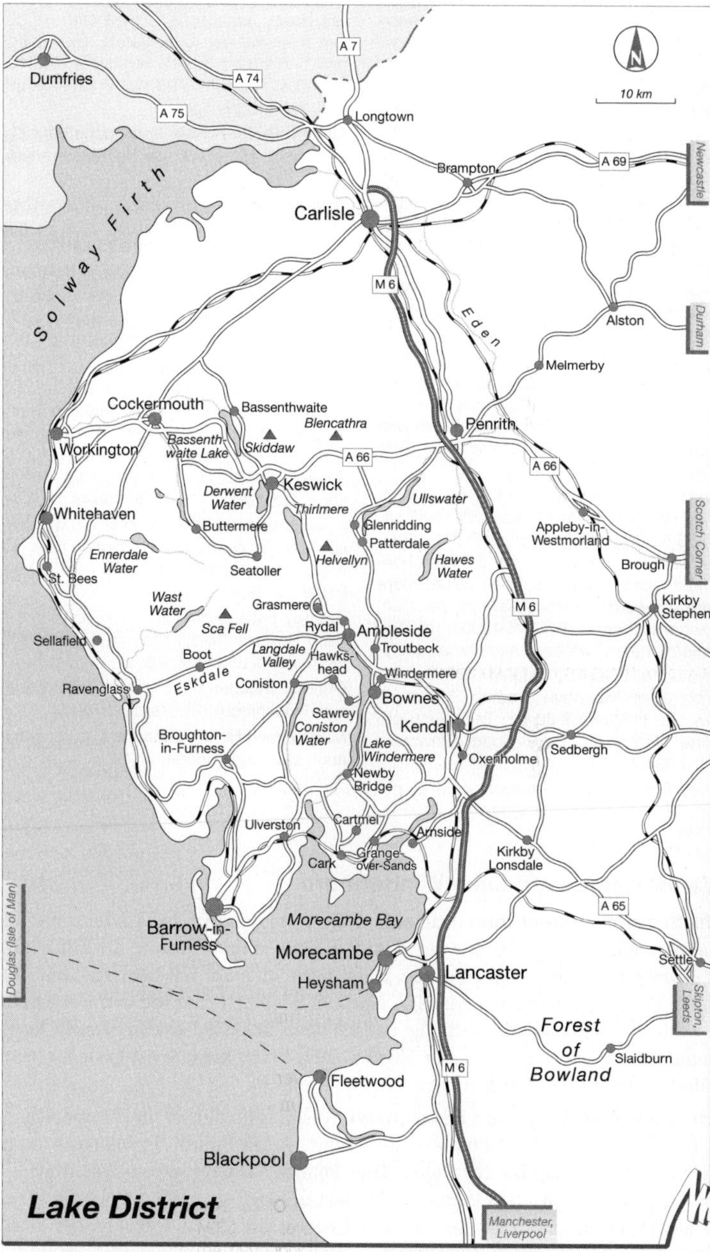

Nordwestengland
Karte S. 514

auch **Busse** nach Kendal, Lancaster, Ambleside, Grasmere, Keswick, Newby Bridge, Ulverston und Penrith. Empfehlenswert ist ein Explorer Ticket. Damit stehen einem alle Ribble-&-Cumberland-Busse und Eisenbahnen in Cumbria und einem Teil von Lancashire vier Tage lang zur Verfügung.

Seit 1972 expandiert auch ein privates Busunternehmen (Mountain Goat), das Ford-Transit-Busse auf diversen Strecken im Lake District einsetzt. Außerdem fährt Mountain Goat seit 1984 während der Saison bis nach York.

Züge fahren ab Victoria Street. Regelmäßige Verbindungen gibt es nach Carlisle, Chester, Liverpool und London.

• *Bootsausflüge*: Schön sind die verschiedenen Bootsausflüge auf dem See. Vom *Lake Side Pier* in Bowness fahren in den Sommermonaten mehrmals täglich Dampfer nach Ambleside und Lake Side (Sealink).

Bowness – Lake Side (40 Min.) ca. £ 6 (return). Bowness – Ambleside (30 Min.) ca. £ 5.50 (return). Round the Lake (Bowness – Lake Side – Ambleside) ca. £ 9. Wochenkarte möglich. Näheres über **Windermere Lake Cruisers**, ✆ 015395-31188, oder am **Bowness Pier**, ✆ 015394-43056. In den Wintermonaten werden manchmal preisgünstigere Rundfahrten angeboten.

• *Fahrräder*: **Mountain Trading**, Mountainbike und Helm für £ 20 pro Tag. Auch geführte Radtouren. Lake Road, Bowness, ✆ 015394-44786.

Daisy Cycle Hire, Fahrräder ab £ 12 pro Tag. 135 Craig Walk, Bowness, ✆ 015394-42144.

• *Übernachten in Windermere*: *** **Beech Hill Hotel**, freundliches Privathotel mit gutem Blick auf den See. Sauna, Swimmingpool und eigene Bootsanlegestelle; B&B ab £ 37 pro Person. Newby Bridge Road, ✆ 015394-42137.

Almaria Guest House, freundliche Pension, B&B ab £ 15. 17 Broad St., Windermere, ✆ 015394-43026.

Boston House, elegante viktorianische Villa, gutes Frühstück; B&B ab £ 22 pro Person. The Terrace, ✆ 015394-43654.

• *Übernachten in Bowness*: **Above the Ferry**, großräumige Herberge mit Gymnastikraum und gutem Blick auf den See; B&B ab £ 20 pro Person. Ferry View, ✆ 015394-43941.

• *Jugendherberge*: Außerhalb von Windmere in Troutbeck Bridge (am Beginn des Troutbeck Valley). Auf der A 591 in Richtung Ambleside, nach dem Abzweig der A 592 in die Bridgelane. Erw. £ 10.85, Jugendl. £ 7.40. High Cross Castle, Bridge Lane, Troutbeck, ✆ 015394-43543.

• *Camping*: **Limefitt Park**, in einem wunderschönen Tal gelegen, zu erreichen über die A 592 (ausgeschildert). Zelte ab £ 9.50. Patterdale Road, ✆ 015394-32300.

• *Essen*: Entlang der Uferstraße bis hinunter nach Bowness findet man viele preiswerte Restaurants und Snackbars.

Oriental Kitchen, indische Küche (auch zum Mitnehmen). 13 Crescent Road.

Miller Howe Hotel Restaurant, gute, wenn auch sehr teure Küche.

Wanderungen am Lake Windermere

Am Seeufer entlang zum Adelaide Hill: Vom Bahnhof in Windermere die Hauptstraße entlang. Hinter der *St Mary's Church* den Fußweg am Ende des St Mary's Park hinab bis zum See. Dann nach links am Ufer entlang, auf der linken Seite liegt der Adelaide Hill. Nach einem Abstecher auf den Berg geht es noch eine Weile am See entlang, danach über die A 592 die Birthwaite Road hinauf. Geht man am Ende der Straße nach links, kommt man wieder zum Bahnhof zurück (ca. 4 km).

Am Seeufer entlang nach Hawkshead: Ausgangspunkt ist die Tourist Office in Bowness hinter der Dampferanlegestelle. Gehen Sie die Promenade (oder das Seeufer) entlang bis zur Fähre. Hier können Sie übersetzen und am anderen Ufer dem mit weißen Punkten markierten Weg folgen. Man geht die Straße am Fährhaus entlang, danach scharf rechts auf einen Fußweg, der nach Norden führt. Am ersten Zauntritt nach links, durch verschiedene Tore durch den Wald, dann am Waldrand entlang, vorbei am *High Blind How* (269 m) bis zum *Latterbarrow* (ca. 9 km). Jetzt befindet man sich auf der Straße nach Hawkshead.

Brockhole

Jeder Besucher des Lake District sollte mindestens einen Vormittag hier im *National Park Centre* verbringen. Brockhole liegt etwa auf halbem Weg zwischen Windermere und Ambleside an der A 591. Das große Landhaus wurde Ende des letzten Jahrhunderts von einem Industriellen aus Manchester erbaut und steht in einer ausgedehnten Parkanlage direkt am See. In einer riesigen Ausstellung kann man sich über den Lake District informieren: von Geologie über Zoologie und Botanik bis zur Geschichte. Im Centre erhält man Bücher, Landkarten, Broschüren und Faltblätter (Wandervorschläge). In einem weiteren Raum werden Diavorträge über den Park gehalten, unter anderem auch in deutscher Sprache. Ab und an finden Filmvorführungen über spezielle Themen statt. Dazu kann man ein Gesamtprogramm "What's On at Brockhole" bekommen. Die Filme bzw. Vorträge sind natürlich auf Englisch.

Öffnungszeiten: **Brockhole Lake District National Park Visitor Centre**, Windermere, April–Okt. tgl. 10–17 Uhr. ✆ 015394-46601.

Tipps für Wanderer

Besorgen Sie sich für Bergwanderungen die *Ordnance Survey Outdoor Leisure Maps*. Für den Lake District kommen die Karten Nr. 4 bis 7 im Maßstab 1:25.000 in Frage. Eine Alternative ist die *Bartholomews Walking Map (1 inch/mile)*. In den verschiedenen Informationsbüros erhält man die *A–Z Visitors Map Lake District* (£ 5). Diese Karte genügt für den Durchschnittsreisenden vollauf.

Noch ein paar Worte zum Wetter. Selbst bei schönstem Wetter sollte man regenfeste Kleidung einpacken. Plötzlich einsetzende Regenfälle verwandeln Wege in Sturzbäche. Wichtig sind daher gute Schuhe. In einigen Gebieten, vor allem im zentralen Bergland, ist die Niederschlagsmenge fünfmal so groß wie am Meer. Spitzenwerte erreicht Seathwaite mit 3.350 mm im Jahr – nur in den Tropen fällt sonst im Durchschnitt so viel Regen. Ähnliche Vorsicht ist gegenüber plötzlichen Kälteeinbrüchen geboten. Denken Sie auch daran, dass es auf den Bergen wesentlich kühler ist als im Tal, je nach Wetterlage um 0,6 bis 1° C je 100 Meter.

Ambleside

Dieses kleine, unscheinbare Städtchen am nördlichen Ende des Lake Windermere ist neben Keswick der beste Ausgangspunkt für Trips im Lake District. Schon vor 2.000 Jahren stand ein römisches Fort direkt am See, und zwar im heutigen Borrans Park im Süden. Modelle davon kann man im *Brockhole Visitor Centre* besichtigen. Eine lange Tradition hat das Kirchweihfest *Ambleside Rushbearing*, ein Umzug bis zum Marktplatz, angeführt von der Stadtkapelle (erster Samstag im Juli).

- Information: **Tourist Office**, Central Buildings, Market Cross, ✆ 015394-32582.
- Verbindungen: **Bus** – Von der Keswick Road fährt der Bus 599 über Windermere nach Bowness, Nr. 505/506 nach Coniston und Nr. 555 nach Keswick bzw. über

Nordwestengland
Karte S. 514

Windermere, Kendal nach Lancaster. Auch National-Express-Busse halten dort.

• *Fahrräder*: Es gibt leider keine Garantie dafür, dass alle angegebenen Cycle-Shops in der Hochsaison Dutzende von Fahrrädern vorrätig haben. Die meisten haben nur 10 bis 15 Räder im Angebot, und die sind in den Sommermonaten leider oft alle verliehen.

Bike Treks, 2 Old Post Office Building (gegenüber vom Kino), ✆ 015394-31245.

Ghyllside Cycles, The Slack, ✆ 015394-33592.

• *Übernachten*: **3 Cambridge Villas**, Herberge mit gutem englischem oder vegetarischem Frühstück; B&B ab £ 16 pro Person. Kelsick Road, ✆ 015394-31343.

Thorneyfield Guest House, B&B ab £ 16. Compston Road, ✆ 015394-32464.

• *Jugendherberge*: **Ambleside Youth Hostel**, B&B £ 12.95, Jugendl. £ 9. Waterhead am See, ✆ 015394-32304.

• *Camping*: **The Croft Caravan and Camp Site**, ruhiger Familiencampingplatz, Zelte ab £ 9.50. North Lonsdale Road, ✆ 015394-36374.

• *Essen*: Bei kleinen, übersichtlichen Orten wie Ambleside hat man keinerlei Probleme, Pubs und Snackbars auf eigene Faust zu finden. Gehobene Küche gibt es in den meisten Hotel-Restaurants, die drei- bis fünfgängige Menüs anbieten. Reservierung wird hier empfohlen.

Rothary Manor Restaurant, Rothary Bridge, ✆ 015394-33605; **Regent Hotel**, Borrans Road, ✆ 015394-32254; **Wateredge Hotel**, Borrans Road, ✆ 015394-32332; **Rydal Lodge**, Rydal, ✆ 015394-33208.

Sehenswertes

Adrian Sankey Glass Makers: Wer gerne bei dem Prozess der Glasbläserei zuschauen möchte, ist hier richtig. Außerdem gibt es ein Café und natürlich auch die verschiedensten Glaswaren zu kaufen.

Öffnungszeiten: Tgl. 9–17.30 Uhr. Eintritt: £ 2.

Rydal Mount: Etwa zwei Kilometer nördlich von Ambelside findet man Rydal Mount, ursprünglich ein Bauernhaus aus dem 16. Jahrhundert. *William Wordsworth* ließ es umbauen und lebte hier von 1813 bis zu seinem Tod 1850. Es gibt einen Souvenirshop, und es werden Lesungen veranstaltet, allerdings nur nach Voranmeldung.

Öffnungszeiten: März–Okt. tgl. 9.30–17 Uhr, Nov.–Feb. 10–16 Uhr. Eintritt: £ 3. ✆ 015394-33002.

Wanderungen von Ambleside

Besonders schön sind die Wanderungen in den Flusstälern, die zum Lake Windermere hinunterführen:

Zum Stock Ghyll Force und Kirkstone-Pass: Die kleine Wanderung zum Wasserfall ist sehr beliebt. Der Weg beginnt am *Hotel Salutation* und führt durch die Parktore an einem kleinen Bach entlang bis zu dem 30 Meter hohen Wasserfall. Will man weiter bis zum *Kirkstone*, hat man noch 10 Kilometer leichten Fußmarsch vor sich: Vom Wasserfall zur *Kelsick Grammar School* und dann weiter bis zur *Middle Grove Farm* auf einem ziemlich schlechten Feldweg. Bis zur Ruine, dann auf dem Fußweg den Berg hinunter. Über den Bach kommt man auf die Straße zum Pass. Von hier hat man eine gute Sicht über die Berge und den *Brotherswater-See* im Norden. Zurück kommt man über die Straße nach Ambleside. Machen Sie im *Kirkstone Inn* auf dem Pass eine kleine Pause – es ist das höchstgelegene Gasthaus im Lake District.

Nach Patterdale über den Kirkstone-Pass: Nehmen Sie die gleiche Route bis zum Pass wie oben beschrieben. Bleiben Sie aber dann auf der Straße und biegen Sie nach 1,5 Kilometern links auf den Pfad ab, der zum *Brotherswa-*

Sie trotzen Wind und Wetter – die Lake-Angler

ter-See führt. Der Weg durch den Wald verläuft parallel zur Straße. Kommt man wieder zurück auf die Straße, führt der Weg nach *Patterdale* auch an der modernen Jugendherberge vorbei (Goldrill House, Patterdale, ✆ 017684-82394; geöffnet Februar bis Dezember).

Zum Elterwater: Von der A 593 hinter der Brücke Richtung Coniston nach rechts die Straße nach Rydal, dann bis kurz vor der Einmündung in die A 591. Über das Cattle Grid nach links hinunter zum *Rydal Water*. Hier hat man zwei Alternativen: Ein Weg verläuft am See entlang, der andere (weiter oberhalb) führt zu alten Schieferbrüchen. Die unterschiedlichen Routen treffen sich kurz vor dem Wald wieder, dann nach links. Oben von der *Loughrigg Terrace* hat man eine schöne Aussicht über den See und *Grasmere*. Gehen Sie den Weg weiter durch das Tor in den Wald und links den Hügel hinauf bis zur Straße. Auf der linken Seite (300 Meter weiter) befindet sich die Jugendherberge *High Close* (Loughrigg, Ambleside, ✆ 015394-37313; ganzjährig geöffnet). Die Straße führt bis *Elterwater*. Hinter dem Dorf findet man eine weitere Jugendherberge: Elterwater, Ambleside, ✆ 015394-37245. Will man zum See, biegt man vor der Brücke nach links ab. Insgesamt ca. 9 Kilometer Fußmarsch.

Wanderung/Autofahrt von Ambleside nach Ravenglass

Die Strecke hinüber nach *Boot* und weiter nach *Ravenglass* gehört zu den schönsten im Lake District. Man kann die 25 Kilometer zu Fuß oder mit dem Auto zurücklegen. Im Pkw ist man nicht unbedingt viel schneller, denn es

Nordwestengland
Karte S. 514

geht in schmalen Zickzackkurven auf und ab. Ausweichen ist an vielen Stellen nur durch Rückwärtsfahren auf eine breitere Stelle der Straße möglich. Zudem ist ringsherum die Landschaft so interessant und der Blick von den Höhen immer wieder neu, dass man so oft wie möglich anhalten sollte. Besonders am Anfang der Strecke versperren steinerne Straßenbegrenzungen häufig die Sicht – man verpasst viel, wenn man einfach durchfährt. Die "Ortschaften", durch die man kommt, sind meist nichts anderes als ein großer Bauernhof – zwischen Wohnhaus und Stallungen führt die "Straße" quer durch den Hof. Cattle Grids versperren den grasenden Schafen den Weg nach draußen. Beschaffen Sie sich aber eine gute Karte, denn die normalen Straßenkarten nutzen hier nur wenig. Viele Kreuzungen sind überhaupt nicht eingezeichnet, so dass man erst nach 10 Kilometern feststellt, dass man bereits vor zwei Kilometern durch einen Ort hätte kommen müssen.

Nehmen Sie von *Ambleside* die Straße in Richtung *Coniston*, dann hinter *Skelwith Bridge* nach rechts und über Colwith zum *Wrynose-Pass*. Durch das Tal, das sich langsam verengt, schlängelt sich die Straße den Berg hinauf. Bei Colwith hat man einen schönen Blick über die kleinen Seen. Danach führt die Straße (besser gesagt: der Feldweg) auf halber Höhe in das lange Tal hinein. Hier liegt malerisch ein kleiner See.
Besucht man dieses Tal im Frühjahr, sieht man im Hintergrund noch die schneebedeckten Berge. Je weiter man den Pass hinaufkommt, desto spärlicher wird die Vegetation. Über den *Hardknott-Pass* führt die Straße weiter nach *Boot* durch das *Eskdale* bis zur Einmündung in die A 595. Fahren Sie auf ihr nach Süden bis zum Abzweig nach Ravenglass.

Auf der oben beschriebenen Abfahrt ins Eskdale kommt man an den Überresten eines alten römischen Forts vorbei. Heute nennt man es *Hardknott Roman Fort*, doch vor 1.880 Jahren hieß es noch *Medio Bogdum*. Im Jahr 1954 wurde es teilweise mit den Originalsteinen restauriert. Von hier oben hat man eine herrliche Aussicht über das ganze Eskdale, bei gutem Wetter bis zum Meer. Auf dieser Seite des Gebirges ist es häufiger bereits klar, wenn es weiter im Osten noch in Strömen regnet. Bei solchen Wetterlagen bilden die wolkenverhangenen Berge auf der einen und die klaren Hügel auf der anderen Seite einen reizvollen Kontrast. Auf der rechten Seite befindet sich die *Jugendherberge Eskdale*, die von allen Herbergen dieser Gegend sicherlich am schönsten liegt. Aus dem rötlich schimmernden Granit der Region erbaut, passt sie sich gut in die Landschaft ein.

Etwa zwei Kilometer sind es von der Jugendherberge bis nach *Boot*, der Endstation einer privat betriebenen *Minieisenbahn*. Wer zu Fuß unterwegs ist und keine Lust mehr zum Wandern hat, kann hier auf einer Holzbank sitzend das Tal hinabgondeln. Wer mit dem Auto unterwegs ist, sollte hinter *Eskdale Green* den rechten Abzweig (Holmrock) bis zur Hauptstraße (A 595) nehmen. Dann nach Süden bis zu einer scharfen Kurve. Hier führt die kleine Straße nach *Ravenglass*.

Übernachten: **Jugendherberge Eskdale**, ein idealer Ausgangspunkt, um den höchsten Berg Englands, den *Scafell Pike*, zu besteigen. Feb.–Dez. geöffnet, B&B £ 9.80, Jugendl. £ 6.75. Holmrook, ✆ 019467/23219.

Grasmere

Grasmere ist ein kleiner und wunderschöner Ort am gleichnamigen See. Er ist längst nicht so hektisch wie Windermere und eine gehörige Portion romantischer als Ambleside. Bekannt wurde Grasmere als Wohnort von *William Wordsworth*, der hier von 1799 bis 1808 im *Dove Cottage* lebte, das man besichtigen kann (tgl. 9.30–17.30 Uhr, außer Januar; Eintritt: £ 2.50).

• *Information*: **Tourist Office**, Redbank Road, ✆ 015394-35245.

• *Verbindungen*: Siehe Ambleside.

• *Übernachten*: **The Harwood House**, mitten im Zentrum von Grasmere. Das Frühstück ist hier ausgesprochen gut. B&B ab £ 18.50. Red Lion Square, ✆ 015394-35248.

Ash Cottage, freundliche, ungezwungene Atmosphäre in dieser Herberge in der Stadtmitte, schöner Garten. B&B ab £ 24. Red Lion Square, ✆ 015394-35224.

• *Jugendherberge*: **Thorney How**, eine der ältesten Jugendherbergen Englands (wurde 1932 eröffnet) in einem alten Farmhaus etwa einen Kilometer außerhalb von Grasmere (an der Straße ins Easedale). B&B ab £ 9. ✆ 015394-35316.

• *Essen*: **Michael's Nook Country House Hotel**, gut, aber teuer. ✆ 015394-35496.

Dove Cottage Restaurant, ✆ 015394-35268.

Coniston

Ein kleiner Ort mit weniger als 1.000 Einwohnern (in der Hochsaison sind es allerdings wesentlich mehr). Der See *Coniston Water* ist schmal und lang gestreckt und wird vom "Old Man of Coniston" überragt. Besonders beliebt sind hier Bootsfahrten. Coniston gelangte im Jahr 1967 zu trauriger Berühmtheit, als der Wissenschaftler *Donald Campbell* hier bei dem Versuch, den Geschwindigkeitsrekord auf dem Wasser zu brechen, tödlich verunglückte. Er erreichte 300 Meilen in der Stunde, bevor sein Gefährt *Bluebird* sich überschlug und explodierte. Nach jahrelanger Suche hat man die Überreste des Boots nun im Frühjahr 2001 geborgen und will zum Gedenken an den Wissenschaftler ein Museum einrichten.

• *Information*: **Tourist Office**, Broschüren und Karten bekommt man an der Ruskin Avenue (am großen Parkplatz), ✆ 015394-41533.

• *Verbindungen*: **Busse** nach Ambleside (Anschluss nach Windermere und Keswick) und Ulverston (nicht in den Ferien).

• *Übernachten*: **Shepherd's Villa**, ab £ 18 pro Person. Tilberthwaite Avenue, ✆ 015394-41337.

Thwaithe Cottage, hübsches Cottage aus dem 17. Jahrhundert in Seenähe. £ 21 pro Person, Waterhead, ✆ 015394-41367.

• *Jugendherbergen*: **Coppermines House**, zwischen dem "Coniston Old Man" und dem Wetherlam in einem Tal gelegen. Den Aufstieg zum "Alten Mann" schafft man von hier recht schnell. B&B ab £ 7. ✆ 015394-41261.

Holly How, an der Straße nach Ambleside, kurz hinter Coniston. B&B ab £ 8. Far End, Coniston, ✆ 015394-41323.

Sehenswertes/Wanderungen

The Ruskin Museum: Ähnlich wie Grasmere mit William Wordsworth ist Coniston mit dem Maler *John Ruskin* (1819–1900) verbunden, der die letzten 28 Jahre seines Lebens hier verbrachte. In *Brantwood* am Ostufer des Sees Coniston Water befand sich sein Zuhause.

Öffnungszeiten: April–Nov. tgl. 10–17.30 (im Winter vorher anrufen). ✆ 015394-41164. Eintritt: £ 4.

Nordwestengland
Karte S. 514

Coniston Old Man: Der Ort ist ideal für Wanderungen, z. B. für eine Besteigung des *Coniston Old Man* (803 Meter). Mehrere Pfade führen auf diesen "Alten Mann". An den Hängen entdeckt man viele Kupferminen und Schieferbrüche. Ein Weg verläuft am Church Beck entlang und führt dann links zu einem dieser Brüche. Von oben hat man eine großartige Sicht, bei gutem Wetter bis zu den Yorkshire Dales, zum *Snowdon* (1.085 Meter) in Nordwales oder zur Isle of Man.

Das Küstengebiet und Ravenglass

Ravenglass: Das Dorf an der Mündung des River Esk und zweier weiterer Flüsse besteht aus einer einzigen Straße. Auch hier gab es einst eine römische Siedlung. Damals war Ravenglass noch ein wichtiger Hafen. Heute liegen nur kleine Fischerboote an der versandeten Mündung, größere Orte gibt es weit und breit nicht. Touren hinauf in die Berge können von hier, also der Westseite, genauso gut unternommen werden wie von den überfüllten Touristenzentren im Osten. Das große Dünengebiet ist Nistplatz tausender Möwen sowie der seltenen Seeschwalben und lohnt einen Besuch.

Whitehaven: Die Küste südlich von Whitehaven ist schöner und interessanter als die weiter oben im Norden. Whitehaven selbst ist eine graue Stadt, umgeben von zahlreichen Kohlegruben. Zum Teil wurden die Stollen bis unters Meer getrieben.

Information: **Tourist Office**, The Beacon, West Strand, ✆ 01946-852939.

St Bees: Ein paar Meilen südlich von Whitehaven liegt der kleine Ort St Bees mit einem herrlichen Sandstrand. Machen Sie einen Spaziergang in Richtung Norden bis zum *St Bees Head*; von hier kann man bei gutem Wetter die Isle of Man sehen.

Sellafield: Weiter im Süden ragt die riesige Atomanlage von Sellafield in die Landschaft. Sellafield war das erste britische Atomkraftwerk überhaupt, erbaut wurde es im Jahre 1950. Seit Inbetriebnahme gibt es Probleme mit der Anlage, die auch Plutonium für die britischen Atombomben herstellt. Seit 1986 werden vom cleveren Betreiber BNFL (British Nuclear Fuels Ltd.) kostenlose Besichtigungen angeboten, um die Besucher von der Ungefährlichkeit dieser Technologie zu überzeugen. Tatsache ist, dass die Irische See das am meisten radioaktiv verseuchte Meer der Welt geworden ist, wie eine Untersuchungskommission 1986 feststellte. Mit riesigen Summen wird hier Imagepflege betrieben.

Nördlicher Lake District

Carlisle

Wenn man den nördlichen Lake District über die M 6 anfährt, kommt man durch Carlisle, das bereits in der Nähe der schottischen Grenze liegt. Dieser Ort war der ewige Zankapfel zwischen Cumbria (England) und Schottland. *The Cumberland Show* (Cumberland = Cumbria), ein Landwirtschaftsfestival mit Ständen und verschiedenen Aktivitäten zum Mitmachen, wird jährlich

Mitte Juli abgehalten. Genaueres über diese und andere Veranstaltungen erfahren Sie bei der Tourist Information.

Sehenswert ist auch das *Castle* aus dem 11. Jahrhundert. Es stellt ein beeindruckendes Monument englischer Befestigungstechnik dar. Seine Mauern sind zwischen 2,5 und 5 Metern dick. In einem Teil ist heute das *Border Regiment Military Museum* untergebracht. Wer noch mehr über die bewegte Vergangenheit der Stadt erfahren will, besucht am besten das *Tully House Museum* neben dem Castle.

• *Öffnungszeiten*: **Castle**, im Sommer täglich 9.30–18 Uhr, im Winter nur bis 16 Uhr. Eintritt: £ 3.

Tully House Museum and Art Gallery, Mo–Sa 10–17 Uhr, So 12–17 Uhr. Eintritt: £ 3.50.

• *Information*: **Old Town Hall**, von hier aus starten auch mehrstündige Bustouren (ab dem späten Nachmittag) durch den Lake District. Green Market, ✆ 01228-512444.

• *Verbindungen*: **Busse** fahren von der Lowther Street und der West Tower Street in die großen Städte Englands.

Zug – Für die Bahn ist Carlisle ein wichtiger Verkehrsknotenpunkt: regelmäßig Züge nach Chester (in Warrington umsteigen), Glasgow und London. Nach Windermere in Oxenhome umsteigen.

• *Übernachten*: **Angus Hotel and Almonds Bistro**, viktorianisches Gebäude, B&B ab £ 25 pro Person. 14 Scotland Road, ✆ 01228-523546.

Calreena Guest House, freundliches Gasthaus kurz vor der Einfahrt in die Stadt; B&B ab £ 15. ✆ 01228-525020.

• *Camping*: **Dalston Hall Caravan Park**, März–Oktober. Anfahrt über die B 5299, in Dalston ausgeschildert. Zelte ab £ 5.50. Dalston Hall, ✆ 01228-710165.

Penrith

Die kleine Marktstadt an der M 6 hat eine lange Geschichte, denn schon um das Jahr 500 v. u. Z. siedelten Kelten in diesem Gebiet. Wie in vielen anderen Orten im Grenzgebiet zu Schottland sind die Straßen hier sehr eng angelegt und um einen großen Marktplatz gruppiert. Man hoffte damals, angreifende Schotten in engen Straßen besser bekämpfen zu können. Im *Castle Park* gegenüber vom Bahnhof stehen die Ruinen der alten Burg aus dem 14. Jahrhundert. Außerdem besitzt Penrith mehrere schöne alte Häuser aus dem 16. Jahrhundert.

• *Information*: **Robinson's School**, Middlegate, ✆ 01768-867466.

• *Verbindungen*: **Busse** fahren vom Bahnhof nach Windermere und Bowness.

Zug – Bahnhof an der Ullswater Road. Penrith liegt an der Linie Preston–Schottland. Regelmäßig fahren Züge nach Carlisle, Glasgow, London und Windermere.

Ullswater

Wenn man von Penrith (A 88) kommt, muss man unbedingt einen Stopp am Ullswater einlegen. Viele Leute streiten sich, ob *Ullswater* oder *Derwent Water* der schönste See im Lake District ist. Der Ullswater-See ist beinahe 15 Kilometer lang, sein Ufer lässt sich in drei völlig unterschiedliche Abschnitte einteilen. Das nördliche ist recht ländlich, in der Mitte scheinen die Berge direkt aus dem See aufzusteigen, im südlichen Teil dagegen herrscht die typische Lake-District-Atmosphäre.

Lohnend ist ein Ausflug mit dem Motorboot ab *Pooley Bridge* an der nördlichsten Spitze des Sees. Zwei schon hundert Jahre alte Dampfer schippern zwischen *Glenridding* und *Pooley Bridge* hin und her und benötigen dazu etwa eine Stunde. Wenn man den Aufpreis nicht scheut, ist eine Rundfahrt anstelle einer einfachen Überfahrt empfehlenswert. Noch ein Tipp für Segelfreunde: Auf dem Ullswater-See können Boote gemietet werden; außerdem kann man Segelunterricht nehmen. Näheres bei *The Ullswater Sailing School*, Landends, Watermillock.

• Information: **Tourist Office**, Main Car Park, Glenridding, ✆ 017684-82414.

• Übernachten: Gefällt Ihnen der Ullswater-See, dann können Sie in Howtown, Glenridding oder Pooley Bridge übernachten. Allerdings gibt es kaum B&Bs, es sind überwiegend Cottages oder Bungalows zu mieten, meist nur ab einer Woche. Näheres über das Tourist Office.

• Jugendherberge: **Helvellyn**, November–Dezember geschlossen. Umgebaute und erweiterte Jugendherberge, etwa 2,5 km von Glenridding entfernt; zuerst auf der Straße in Richtung Pooley Bridge, danach links hinauf Richtung Sticks-Pass. Die Jugendherberge ist ein geeigneter Ausgangspunkt für Besteigungen des Great Dodd (856 m) und des Helvellyn (950 m). B&B £ 9.80, Jugendl. £ 6.75. Greenside, Glenridding, ✆ 017684-82269.

Keswick

Wollen Sie im nördlichen Lake District Ihre Zelte zur Erkundung des Nationalparks aufschlagen, so empfiehlt sich Keswick als Standort. Im Norden von *Derwent Water* gelegen, ist dieses Zentrum des nördlichen Lake District ein idealer Ausgangspunkt für Wanderungen. Leicht zu erreichen sind selbst zu Fuß noch andere Seen wie *Bassenthwaite Lake*, *Thirlmere* und – etwas weiter – die drei kleinen Seen rund um *Buttermere*. Insgesamt macht der Ort mit 4.800 Einwohnern einen ruhigeren Eindruck als die Dörfer und Städte weiter im Süden. Zudem ist hier alles etwas billiger als in den anderen Touristenzentren. An Samstagen findet auf dem Marktplatz vor der alten *Moot Hall* der Wochenmarkt statt.

Machen Sie einen kleinen Spaziergang zum See hinunter, vorbei am Golfplatz. Im Sommer finden dort *Freilichttheateraufführungen* statt. Von der Lake Road sieht man die Bootsanlegestelle. Man kann sich ein Motor- oder Ruderboot mieten und sich auf dem See treiben lassen.

Im Winter ist die Umgebung von Keswick voller Wintersportler, denn hier gibt es in den Bergen gute Abfahrtshänge. Wer lieber spazieren geht, findet im Nordosten einen schönen Park mit Museum.

• Information: **Tourist Office/Nation Park Information Centre**, hier gibt es eine Fülle von Vorschlägen für Wanderrouten, man wird individuell beraten. Zimmervermittlung. Moot Hall, Market Square, ✆ 017687-72645.

• Verbindungen: Von der Tithebarn Station an der Main Street fahren **Stagecoach-Busse** nach Grasmere, Ambleside und Windermere sowie nach York und Newcastle.

• Fahrradverleih: **Keswick Mountain Bikes**, ein Mountainbike mit 21 Gängen kostet pro Tag rund £ 20. Southey Hill Ind. Est. (hinter dem Stiftmuseum), ✆ 017687-75202.

The Lakeland Pedlar, MTB-Verleih mit dazugehörigem Wholefood Café, gehört zum Laden oben und hat auch dieselben Preise. Henderson's Yard, Bell Close, ✆ 017687-75752,

Fiat Bicycle Hire, um £ 11 pro Tag. Lake Rd., ✆ 017687-72064.

• Übernachten: Viele Hotels aller Größen und Kategorien, im Durchschnitt wesentlich günstiger als im südlichen Lake District.

Pitcairn House, Gasthaus fünf Fußminuten vom Marktplatz. Man bekommt hier ein gutes Frühstück. B&B ab £ 16 pro Person. 7 Blencathra Street, ✆ 017687-72453.

Bonshaw Guest House, familiär geführtes B&B. B&B ab £ 17 pro Person. 20 Eskin Street, ✆ 017687-73084.

Kevley, hübsches viktorianisches Haus fünf

Minuten vom Ortskern. Hier wird außer einem reichhaltigen Frühstück auch Abendessen angeboten. B&B ab £ 17 pro Person. 10 Southey Street, ✆ 017687-73455.

• *Jugendherberge*: Die Herberge ist in einem ehemaligen Hotel untergebracht. Erw. £ 10.85, Jugendl. £ 7.40. Station Road, ✆ 017687-72484.

• *Camping*: **Castlerigg Hall**, März–November. Anfahrt von Keswick über die A 591 (südlich), nach etwa 1,6 km ausgeschildert. Zelte ab £ 6. ✆ 017687-72437.

Dalebottom Farm, März–Oktober. Liegt etwa 3,5 km südlich von Keswick (über die A 591 in Richtung Windermere). Zelte ab £ 6. Dale Bottom, Naddle, ✆ 017687-72176.

Derwent Water, Nov.–Dez. geschlossen. B&B ab £ 10. Barrow House, Barrowdale, Keswick, ✆ 017687-7246.

• *Essen*: Gehen Sie abends mal ins **Dog and Gun** in der Lake Road. Zu ganz vernünftigen Preisen erhält man dort typisch englische Gerichte wie *Shepherd's Pie* oder *Roast Ham*. Urige Atmosphäre.

In derselben Straße finden Sie auch **Mayson's**. Serviert werden hier große Portionen zu angemessenen Preisen, z. B. vegetarische Lasagne.

Sehenswertes/Wanderungen

Cumberland Derwent Pencil Museum: Der Eingang zu diesem Museum befindet sich in einem unscheinbaren Laden. Ein Besuch lohnt sich auf jeden Fall, denn hier wird die Geschichte des Bleistiftes seit der Entdeckung des Borrowdale-Graphits im 16. Jahrhundert erzählt. Sie finden es auf dem Weg in Richtung Cockermouth (kurz vor der Brücke); auf der anderen Seite steht die Bleistiftfabrik.

Öffnungszeiten: Tgl. 9.30–16 Uhr. Eintritt: £ 2.50. ✆ 017687-73626.

Cars of the Stars Motor Museum: Autofreunde treffen sich in diesem Museum in der Standish Street, in dem z. B. der Lotus von James Bond und der VW-Käfer mit der Nummer 53 (Herbie) sowie das Batmobil zu besichtigen sind.

Öffnungszeiten: Tgl. 10–17 Uhr (im Winter unregelmäßige Zeiten). Eintritt: £ 3.

Rund um Derwent Water: Um den wahrscheinlich schönsten der nördlichen Seen kann man verschiedene Spaziergänge unternehmen oder ihn ganz umwandern. Etwa fünf Kilometer ist der See lang und zwei Kilometer breit. Die verschiedenen kleinen Inseln sind alle im Besitz des National Trust und teilweise sogar bebaut. Man kommt nur mit einem gemieteten Boot hin. Regelmäßige Fähren verbinden die Orte rund um den See mit Keswick – im Sommer fast stündlich. Im Folgenden die Anlegestellen und die von hier aus zu erwandernden Gebiete:

Ashness Gate: Einen 35 Meter hohen Wasserfall, die *Barrow Falls*, findet man direkt hinter der Jugendherberge, einem alten Landhaus, von dem man den See und die dahinter liegenden Cat Bells gut überblicken kann. Im *Barrowdale* führt ein Wanderweg bis zum *High Seat* (608 m).

Lodore: Guter Ausgangspunkt, um das Derwentdale in Richtung Süden zu erkunden. Kurz hinter der Bootsanlegestelle auf der anderen Straßenseite finden Sie die *Lodore Falls*. Die Straße führt nach *Rosthwaite*. Südlich des Ortes rechts ab zu einer weiteren Jugendherberge, von der man ausgezeichnet Wanderungen ins Borrowdale unternehmen und den *Great Gable* oder den *Scafell Pike* besteigen kann.

Man kann von hier auch zur Jugendherberge *Derwent Water* (oder umgekehrt) wandern. Am nördlichen Ortsausgang von Rosthwaite (800 m von der Jugendherberge entfernt) auf einem Wanderweg nach rechts zum *Watendlath Tarn* hinauf. Man erreicht einen kleinen See, dann folgt man über die Brücke einer Straße, die bis zur Jugendherberge Derwent Water führt. Am Ende der Straße bietet sich ein schöner Blick über den See.

Von den Lodore Falls aus kann man auch am Ufer entlang nach *High Brandelhow*, der nächsten Anlegestelle, und von dort nach *Low Brandelhow* und *Hawse End* wandern.

Nordwestengland
Karte S. 514

Skiddaw (931 m): Für diese Tour, die nicht besonders schwierig ist, muss man für Auf- und Abstieg etwa fünf Stunden einkalkulieren. Nehmen Sie die Straße hinter dem Bahnhof nach Brassenthwaite. Überqueren Sie die A 66 und gehen Sie die Spoony Green Lane (rechts) etwa eine halbe Stunde lang weiter; es geht immer bergauf bis zu einem Feldtor, danach gleich wieder links einen Zaun entlang. Jetzt hinauf zum *Jenkins Hill*, von wo ein recht guter Pfad bis zur Bergspitze führt. Von hier oben hat man einen herrlichen Blick bis zum *Solway* (Schottland), der *Isle of Man* und natürlich auf viele andere Berge im Süden.

Handwerkliches aus dem Lake District

Noch heute leben viele Bewohner des Lake District von den Erzeugnissen aus Handwerk und Heimarbeit. Nun werden sie allerdings nicht mehr auf dem Markt feilgeboten, sondern in Spezialgeschäften und Werkstätten an die Urlauber verkauft.

Die traditionsbewussten Engländer nehmen gern einen handgestrickten Pullover aus den Berggegenden ihres Landes als Souvenir mit nach Hause. Eine "Spezialität" des Lake District ist die ungebleichte, dunkle Schafwolle. Im rauen Klima der Berge entwickeln die Schafe ein besonders dichtes Fell.

Weitere traditionelle Zweige sind die Schieferverarbeitung (kleine Schiefertafeln mit eingravierten Hausnummern oder Namen als Souvenir), die Glasbläserei, Schmiedearbeiten und – wie überall in England – die Töpferei. Gerade in diesem Bereich entwickelten sich in jeder Region eigene Bearbeitungsverfahren. Am schönsten sind natürlich die kleinen Töpfereien, in denen man die Arbeit an der Drehscheibe beobachten kann. Hier sieht kein Topf aus wie der andere. Einmal im Jahr gibt es in Windermere eine Ausstellung. Von Mitte Juli bis Anfang September kann man hier Beispiele von Arbeiten der unterschiedlichsten Handwerker der Region besichtigen: Lederarbeiten, Strickwaren und andere Wollsachen, Töpferwaren sowie Gold- und Silberarbeiten. Daneben kann man einigen Handwerkern bei der Arbeit zusehen (wobei die Atmosphäre im Gegensatz zu den echten Werkstätten sehr steril ist) und fertige Gegenstände kaufen. Wer etwas Zeit mitbringt, sollte die einheimischen Werkstätten selber aufsuchen – viele Betriebe haben am Straßenrand Hinweisschilder angebracht.

Das **Cumbria Tourist Board** gibt ein Adressenverzeichnis heraus, in dem über 60 Anschriften aufgelistet sind: "Craft Workshops in Cumbria". Cumbria Tourist Board, Holly Rd., Ashleigh, Windermere, Cumbria LA23 2AQ, ✆ 015394-444444. Die Broschüre ist auch in manchen anderen Touristenbüros erhältlich.

Mit dem Rad von Keswick nach Buttermere

Eine Rundfahrt von 35 Kilometern. Fahren Sie von Keswick am Ostufer des Sees entlang bis *Grange*. Vergleichen Sie hierzu die Beschreibung der Wanderungen um den See, und planen Sie am besten die Abstecher mit ein (z. B. Wasserfälle).

Von Grange die Hauptstraße weiter ins *Borrowdale* hinein. Auf der linken Seite kommt man nach etwa zwei Kilometern zum *Bowder Stone*. Der ungewöhnlich in der Landschaft liegende, 2.000 Tonnen schwere Stein ist vor langer Zeit von einem Felsen heruntergestürzt und findet sich auf vielen Postkarten als Bildmotiv. Über eine Leiter kann man bequem hinaufklettern. Danach fährt man durch einen landschaftlich besonders faszinierenden Abschnitt. Das Borrowdale wird als eines der schönsten Täler immer wieder hoch gelobt – nicht ohne Grund. Hinter *Seatoller* fährt man über den *Honister-Pass* nach *Buttermere*. Hier liegen drei kleine Seen hintereinander: *Buttermere*, *Crummock Water* und *Loweswater*. Wanderpfade führen rund um die Seen. Auf dem Loweswater kann man auch rudern, Boote gibt's am Kirkstile Inn.

Der höchste *Wasserfall* Europas rauscht am Crummock Water. Von der Hauptstraße führt ein längerer Fußweg dorthin. Trotz seiner imposanten Höhe von 40 Metern ist er nicht sehr beeindruckend.

Buttermere: Von den Seen ist er der schönste – immer noch stehen Maler am Ufer und mischen ihre Farben, um die Kompositionen in Blau auf ihre Leinwand zu bannen. Im Kampf gegen die Normannen war das Tal von Buttermere das heimliche Hauptquartier der Einheimischen, die trotz vieler Kämpfe unbesiegt blieben. Wollen Sie zurück nach Keswick, nehmen Sie den schmalen Weg über den *Newlands-Pass* quer durch die Berge.

• *Übernachten*: ** **Bridge Hotel**, Buttermere, B&B ab £ 50. ✆ 017687-70252.

King George VI. Memorial Hostel, Jugendherberge, Nov.–Dez. geschlossen. B&B £ 10.85, Jugendl. £ 7.40. ✆ 07687-70245.

Was haben Sie entdeckt?

Welches Pub haben Sie in besonders guter Erinnerung, wo haben Sie die schönsten Wanderungen gemacht, welches Hotel oder B&B hat Ihnen am besten gefallen, welchen Campingplatz würden Sie wieder besuchen?

Bitte schreiben Sie uns, wenn Sie Kritik, Verbesserungen, Anregungen oder Empfehlungen haben.

Ralf Nestmeyer
Stichwort "England"
c/o Michael Müller Verlag
Gerberei 19
91054 Erlangen
E-Mail:r.nestmeyer@michael-mueller-verlag.de

Nordwestengland
Karte S. 514

Verlagsprogramm

Unsere Reisehandbücher im Überblick

Deutschland:
- Altmühltal
- Allgäu
- Berlin & Umgebung
- *MM-City* Berlin
- Bodensee
- Franken
- Fränkische Schweiz
- Mainfranken
- Nürnberg, Fürth, Erlangen
- Oberbayerische Seen
- Schwäbische Alb

Niederlande:
- *MM-City* Amsterdam
- Niederlande
- Nordholland – Küste, Ijsselmeer, Amsterdam

Nord(west)europa:
- England
- Südengland
- Irland
- Island
- *MM-City* London
- Norwegen
- Südnorwegen
- Südschweden
- Schottland

(Süd-)Osteuropa:
- Baltische Länder
- Kroatische Inseln & Küste
- Nordkroatien – Kvarner Bucht
- Polen
- *MM-City* Prag
- Slowenien & Istrien
- Ungarn
- Westböhmen & Bäderdreieck

Griechenland:
- Amorgos & Kleine Ostkykladen
- Chalkidiki
- Griechenland
- Griechische Inseln
- Nord- u. Mittelgriechenland
- Karpathos
- Korfu & Ionische Inseln
- Kos
- Kreta
- Kreta – der Osten
- Kreta – der Westen
- Kreta Infokarte
- Kykladen
- Lesbos
- Naxos
- Paros/Antiparos
- Peloponnes
- Rhodos
- Samos
- Samos, Chios, Lesbos, Ikaria
- Santorini
- Skiathos, Skopelos, Skyros, Alonnisos – Nördl. Sporaden
- Thassos, Samothraki
- Zakynthos

Südosteuropa:
- *MM-City* Istanbul
- Türkei – Mittelmeerküste
- Türkei – Südküste
- Türkei – Westküste
- Zypern

Frankreich:
- Bretagne
- Côte d'Azur
- Korsika
- Languedoc-Roussillon
- *MM-City* Paris
- Provence & Côte d'Azur
- Provence Infokarte
- Südwest-Frankreich

Italien:
- Apulien
- Chianti – Florenz, Siena
- Elba
- Gardasee
- Golf v. Neapel
- Italien
- Italienische Riviera & Cinque Terre
- Kalabrien & Basilikata
- Liparische Inseln
- Oberitalien
- Oberitalienische Seen
- *MM-City* Rom
- Rom/Latium
- Sardinien
- Sizilien
- Toscana
- Toscana Infokarte
- Umbrien
- *MM-City* Venedig
- Venetien & Friaul

Schweiz u. Malta:
- Tessin
- Malta, Gozo, Comino

Nordafrika u. Vorderer Orient:
- Sinai & Rotes Meer
- Tunesien

Spanien:
- Andalusien
- Costa Brava
- Costa de la Luz
- Ibiza
- Katalonien
- Madrid & Umgebung
- Mallorca
- Mallorca Infokarte
- Nordspanien
- Spanien

Kanarische Inseln:
- Gomera
- Gran Canaria
- *MM-Touring* Gran Canaria
- Lanzarote
- La Palma
- *MM-Touring* La Palma
- Teneriffa

Portugal:
- Algarve
- Azoren
- Madeira
- *MM-City* Lissabon
- Lissabon & Umgebung
- Portugal

Lateinamerika:
- Dominikanische Republik
- Ecuador

Aktuelle Informationen zu allen Reiseführern finden Sie im Internet unter www.michael-mueller-verlag.de

Gerne schicken wir Ihnen auch das aktuelle Verlagsprogramm zu.

Michael Müller Verlag GmbH, Gerberei 19, 91054 Erlangen
Tel.: 0 91 31 / 81 28 08-0; Fax: 0 91 31 / 20 75 41;
E-Mail: mmv@michael-mueller-verlag.de

Kleines Speiselexikon

Zubereitungen

baked	gebacken
boiled	gekocht
braised	geschmort
cooked	gekocht
fried	gebraten
jellied	geliert
marinated	mariniert
medium	halb durchgebraten
poached	gedünstet
rare	kaum durchgebraten
roasted	im Ofen gebacken
smoked	geräuchert
steamed	gedämpft
stewed	geschmort
stuffed	gefüllt

Eintöpfe (stews)

Irish Stew	Eintopf aus Hammelfleisch, Kartoffeln und Zwiebeln, gewürzt mit viel Thymian und Petersilie
Dublin Coddle	Eintopf aus Würstchen, Schinken, Zwiebeln und Kartoffeln

Fisch, Meeresfrüchte (seafood)

bream	Brasse
brill	Meerbutt
chowder	Fischsuppe (auch Schalentiere)
clams	Venusmuscheln
cockles	Herzmuscheln
cod	Kabeljau
crabs	Krabben
crawfish	Languste
eel	Aal
haddock	Schellfisch
hake	Seehecht
halibut	Heilbutt
kippers	geräucherte Heringe
lobster	Hummer
mackerel	Makrele
monkfish	Seeteufel
mussels	Muscheln
oysters	Austern
plaice	Scholle
prawn	Garnele
salmon	Lachs
scallops	Jakobsmuscheln
shellfish	Schalentiere
sea trout	Meeresforelle
squids	Kalamares
sole	Seezunge
trout	Forelle
tuna	Thunfisch
turbot	Steinbutt
on/off the bone	mit/ohne Gräten

Fleisch (meat)

bacon	Schinkenspeck
bacon & cabbage	Kohl (meist Wirsing) mit Speck
beef	Rindfleisch
blackpudding	Blutwurst
chicken	Huhn
chicken curry	Hühnerfrikassee
chop	Kotelett
duck	Ente
gammon steak	gegrillter Schinken
ham	gekochter Schinken
hare	Hase
joint	Keule
kidney pie	mit Nieren gefüllte Pastete
lamb	Lammfleisch
leg of lamb	Lammkeule
liver	Leber
loin	Lendenstück
meatballs	Fleischklößchen
minced meat	Hackfleisch
mutton	Hammelfleisch
pheasant	Fasan
pork	Schweinefleisch
poultry	Geflügel
rabbit	Kaninchen
rib	Rippe
roast	Braten
roast beef	Rinderbraten
saddle of lamb	Lammrücken
sausage	Wurst
shepherd's pie	Rind- bzw. Hammelfleisch mit Zwiebeln und Kartoffeln überbacken
sirloin steak	Rumpsteak
snails	Schnecken
turkey	Truthahn
veal	Kalbfleisch
vension	Reh bzw. Hirsch

Gemüse (vegetables), Salate (salads), Obst (fruit)

asparagus	Spargel
baked potatoes	in Folie gebackene Kartoffeln
beans	Bohnen
Brussels sprouts	Rosenkohl
cabbage	Kohl
cauliflower	Blumenkohl
carrots	Karotten
celery	Sellerie
chips	Pommes frites
colecannon	Kartoffelbrei mit Kohl, Butter, Milch
coleslaw	Krautsalat
corn	Mais
creamed potatoes	Kartoffelbrei
cucumber	Salatgurke
egg mayonnaise	russische Eier
French beans	grüne Bohnen
fruit salad	Obstsalat
grapes	Weintrauben
horse radish	Meerettich
leek	Lauch
lentils	Linsen
lettuce	Kopfsalat
mashed potatoes	Kartoffelbrei
mushrooms	Pilze (Champignons)
onions	Zwiebeln
parsley	Petersilie
peach	Pfirsich
pear	Birne
peas	grüne Erbsen
peppers	Paprikaschoten
pineapple	Ananas
potato	Kartoffel

stewed fruit	Kompott
strawberries	Erdbeeren
spinach	Spinat
turnips	weiße Rüben

Sonstiges

carageen	mit Milch gekochter Seetang
cereals	Müsli
cheese	Käse
cream	Sahne
custard	Vanillesauce
dumplings	Klöße
egg	Ei
garlic	Knoblauch
horseradish	Meerrettich
jam	Marmelade, Konfitüre
marmalade	Bittermarmelade
mint sauce	Pfefferminzsauce
mustard	Senf
noodles	Nudeln
pancake	Pfannkuchen
porridge	Haferbrei
rice	Reis
scrambled eggs	Rühreier
sour cream	saure Sahne
soup	Suppe
sugar	Zucker
trifle	(süßer) Auflauf
vinegar	Essig

Brot (bread), Gebäck (pastry)

barm bread	süßes Brot
biscuits	Kekse
boxties	gefüllte Pfannkuchen
brown bread	Weizenvollkornbrot
Guinness cake	mit Bier gewürztes Früchtebrot
cream gateau	Sahnetorte
lemon meringue pie	Zitronencremekuchen mit Baiserhaube
scones	Teegebäck
soda bread	Sodabrot
tart	Obsttorte

Getränke (beverages)

beer	Bier
stout	dunkles Bier, Typ Guinness
lager	helles, pilsähnliches Bier
ale	leichtes Dunkelbier, Typ Export
bitter	leichtes Dunkelbier, Typ Alt
cider	Apfelwein
mead	Met
Irish tea	Whiskey-Grog, gewürzt mit Nelken und Zitrone
Irish coffee	Kaffee mit einem Schuss Whiskey, zwei Teelöffeln braunem Rohrzucker und einer Sahnehaube obenauf
Irish cream	Likör auf Whiskey-Basis mit Schokolade und Sahne
Irish mist	Likör auf Whiskey-Basis mit Honig und Kräutern
ginger ale	Ingwerlimonade
malt beer	Malzbier
red wine	Rotwein
sparkling wine	Sekt
white wine	Weißwein

Sach- und Personenregister

London

Geographisches Register